中国乡镇企业年鉴

（1994）

中国乡镇企业年鉴编辑委员会　编

中　国　农　业　出　版　社

▲1　福建省福安市坂中民族机电厂的职工正在检验产品　　项　启供图

▲2　福建省福州市万德福有限公司磁带生产车间

郑震孙摄

▼3　中外合资江西意特利装饰建材有限公司生产线

李文美供图

◀4　西藏自治区农民正在生产具有地方特色的陶器

罗锦辉摄

▲5　浙东名镇邱鄦镇是宁波市乡镇企业发展较快的乡镇之一，图为镇街一角

董其岳供图

▲6　江苏省江阴市华西村新建的万锭毛纺车间，年产量 2000 吨羊毛针织绒　　徐　彭摄

▼7　浙江省温州市苍南县龙港镇晴纶线市场　　郑震孙摄

▶8 湖北省兴山县大力发展旅游业，为山区乡镇企业发展增添活力 葛天平供图

▼9 甘肃省兰州市七里河区崔家崖乡办集体企业——兰州黄河集团公司 张富奎供图

▼10 河北省霸州市胜芳镇东升工业总厂外景 李宁纪摄

▲11　山东省泰安市泰山乡镇企业学院电子计算机机房　　邵　伟摄

▼12　被誉为花园式企业的江苏省昆山市苏晋集团公司　　乔仲林摄

编辑说明

一、《中国乡镇企业年鉴》是一部综合反映我国乡镇企业发展进程和成就的资料性工具书，每年出版一卷。

二、年鉴的文章主要是由业务主管部门和专业研究人员撰写的。统计资料由农业部乡镇企业司和各省、自治区、直辖市、计划单列市乡镇企业局提供，并经审核。

三、本年鉴选自有关报刊的文章，编委会按统一体例进行了删节。

四、各省、自治区、直辖市按行政区划顺序排列；计划单列市按其所在地区的行政区划顺序排列。

五、各类资料数据均未包括台湾省。

栏　目

目　录

发展综述

行业概况

各地概况

文献法规

统 计 资 料

经营管理

深化改革

科技教育

外经外贸

环保安全

专题文章

先进县市

明星乡镇

优秀企业

企业家

大事记

附 录

发 展 综 述

1993年乡镇企业发展综述

农业部乡镇企业司

1993年，是我国建立、完善社会主义市场经济体制取得突破性进展的一年，也是乡镇企业发展史上最辉煌的一年。国务院作出了《关于加快发展中西部地区乡镇企业的决定》召开了全国乡镇企业工作会议，进一步提高了对乡镇企业重要作用和深远意义的认识，明确了今后的发展方针、目标和任务，提出了增加专项贷款、赋予进出口经营权、实施东西部地区合作示范工程等重要政策措施。全国乡镇企业系统广大干部职工，解放思想，抓住机遇，深化改革，强化科技，开拓外向，调整结构，实现了乡镇企业持续、快速、健康发展。

发展特点

1. 生产发展势头持续强劲。1993年全国乡镇企业实现总产值31 540.68亿元，比上年增长78.6%，占国民生产总值的1/4。各个行业齐头并进，农业产值401.90亿元，比上年增长67.1%；工业产值234 465亿元，比上年增长78.56%；建筑业产值3 227.32亿元，增长86.08%；交通运输业产值1 978.14亿元，增长81.51%；商业、饮食业产值2 486.73亿元，增长97.37%。为适应市场需要，乡镇企业生产的能源、原材料及城乡生活用品等主要产品有较大幅度增长。原煤5.13亿吨，增长44.58%；发电量189.55亿千瓦小时，增长15.74%；罐头食品162.11万吨，增长37.18%；配合饲料1.12万吨，增长304.62%；布515 151万米，增长31.74%；丝6.93万吨，增长103.23%；丝织品16.09亿米，增长53.53%；服装58.08亿件，增长78.01%；皮革制品13.46亿张，增长81.88%；机制纸及纸板1 132.34万吨，增长43.55%；农用化肥370.63万吨，增长78.72%；水泥1.35亿吨，增长29.81%；砖6 408.41亿块，增长25.68%；水泥预制构件2.27亿立方米，增长149.45%；暖气片1.78亿片，增长28.99%；中小农具18.36亿件，增长62.48%；电风扇4 503万台，增长40.46%；房屋竣工面积11.1亿平方米，增长61.57%。

2. 中西部地区加快发展，东部地区加快提高。国务院中西部地区乡镇企业经验交流会议之后，中西部地区增强了发展乡镇企业的历史责任感和时代紧迫感，奋起直追，加快了发展步伐，实现了超常规、跳跃式发展。1993年中部地区10省乡镇企业总产值达到9 448.4亿元，增长80.9%，高于全国平均速度的4.6个百分点；西部地区9省、区（未含西藏）乡镇企业总产值达到1 478.5亿元，增长92.2%，高于东部地区乡镇企业在提高中更快发展，迅速与国际市场接轨，更大规模、更高层次地发展外向型经济，开创了一个上规模、上水平、上质量、上效益的新局面。东部10省、市乡镇企业总产值20 613.8亿元，占全国乡镇企业总产值的65.3%，增长58.4%。东部10省、市乡镇企业出口产品交货值达2 175.4亿元，占全国乡镇企业出口产品交货总值的92.55%。

继江苏、山东、浙江、广东、河南、河北、四川7省之后，又有辽宁、安徽、福建、湖北4省乡镇企业总产值超千亿元，山东、江苏、浙江、广东、河南已突破2 000亿元大关，分别达到4 725、4 702、2 759、2 202、2 191亿元。

3. 对国家贡献日益增大。乡镇企业的发展，转移了农村大量剩余劳动力，加快了农业现代化和农民脱贫致富的步伐。1993年乡镇企业从业人员达到12 345万人，比上年增长6.59%。乡镇企业工资总额为2 563.18亿元，人均工资2 273元；全国农民人均纯收入中乡镇企业的工资收入占到30.4%，提高5.8个百分点；农民人均净增收入的64%来源于乡镇企业。乡镇企业上缴国家税金947.82亿元，增长48.10%，一些发达县乡镇企业上缴税金占当地财政收入的80%以上。全国乡镇企业用于农村福利事业、教育、小城镇建设等各项建设资金达290亿元，以工补农、建农资金130亿元，分别增长50%和20%。乡镇企业越发达的地区，农业集约化经营程度，农业、农村现代化水平越高的趋向十分明显。

4. 经济效益明显提高。1993年全国乡镇企业完成经营销售总收入28 835亿元，增长64%；实现利润总额1 965亿元，增长69.25%；上缴税金947.82亿元，增长48.10%，均高于产值增长。全员劳动生产率达到2.57万元，增长47.24%；产销率91.08%，提高10.47

个百分点；资本金利润率46.52%，提高8.32个百分点。乡村企业经济效益有较大改善，实现利润总额976亿元，增长82.92%，增幅创历史最好水平；资产利税率13.96%，提高0.33个百分点；应收帐款周转率10.29次，提高3.73次；资本金利润率34.19%，提高13.01百分点；流动资金周转次数3.71次，提高1.41次。

5. 外向型经济迅猛发展。一是出口企业、创汇猛增。1993年全国乡镇企业出口创汇企业达到13.45万个，增长28.34%；完成出口商品交货总值2 193亿元，占全国出口商品收购总额的45%；出口创汇突破300亿美元，约占全国出口创汇的1/3。出口商品交货值占乡村工业总产值的比重达到15.17%，提高了3.06个百分点。二是出口产品向制成品、高档次，高附加值发展。机电、化工、轻纺、服装等制成品出口大幅度增长，如机械增长99.90%；轻工增长139.88%；服装增长94.94%。化工、机械、轻工、服装所占比重由上年的42.94%提高到48.55%。三是积极引进外资，大力兴办“三资”企业。全年新建“三资”企业12 153个，合同利用外资115.7亿美元，是“三资”企业增长最多、引进外资最多的一年。已投产的“三资”企业累计达27 506个，出口产品生产总值737.07亿元。四是自己开拓国际市场的能力增强。全国已有156家乡镇企业取得外贸自营进出口权，1993年完成自营出口额351.25亿元，占全国乡镇企业出口商品交货总值的16.02%。五是大胆走出国门办企业。全国乡镇企业到境外办企业已达428个，总投资3.7亿元。外向型经济迅速发展已成为整个乡镇企业发展的巨大“引擎”。

6. 企业技术进步加快。1993年全国乡镇企业技术进步对总产值增长的贡献，由1990年的35%提高到45%；技术装备水平及资本有机构成有较大幅度的提高，乡村企业有大专以上学历的职工53.3万人，各类专业技术人员217万人，分别增长81.9%和16%；全年培训职工167.6万人，增长15.3%；乡村企业职工中等专业技术人员占3.75%，提高0.12个百分点；初中以上文化程度的职工占73.64%，提高6.26个百分点。1993年是乡镇企业科技进步的投入最多的一年，全年乡村企业技改、扩建项目7.16万个，投入资金724.2亿元，增长75.36%。投资热点转向高附加值、高创汇、高新技术，加快了技术进步的步伐，增强了发展后劲。

7. 企业内部管理工作加强，企业素质有较大改善。经过近几年的努力，全国有70%以上的乡村集体企业，完成了七项基础管理和五项专业管理建设，形成了比较完善的管理制度。一批重点骨干企业推行了现代化管理方法，有相当一批乡镇企业领到企业基础管理验收合格证、全面质量管理达标合格证和计量合格证。全国有国家一级企业2个，国家二级企业149个，部级先进企业357个，省级企业上千个。同时培养了一批懂经营、会管理、敢于开拓、自强不息、乐于奉献的乡镇企业家，全国乡镇企业家有700多名，省级乡镇企业家几千名。

8. 股份合作制、企业集团由试点向面上铺开。各种形式的经济、技术联合越来越普遍，并以资产为纽带向集团化发展。全国各类形式的联营企业达到3.3万个，产值2 262亿元，占全国乡镇企业总产值的7.79%。全国性乡镇企业集团已有近百个，一批省级及各层次企业集团纷纷涌现，优化了生产要素组合，增强了乡镇企业整体竞争能力。1993年，全国乡镇股份合作制企业达13.28万个，资本金达到598亿元，实现增加值534.58亿元，利税总额198.90亿元，分别占全国乡村企业总数的7.88%、11.59%、11.82%和11.15%。

9. 第三产业迅速崛起。近年来乡镇企业第三产业发展明显加快，超过了第一、二产业的发展。1993年第三产业总收入达到6 390.62亿元，比上年增长88.63%，比第二产业的增长高10.55个百分点，第三产业总收入占乡镇企业总收入的比重达到22.16%，提高了1.04个百分点；从业人员达到2 973.46万人，比上年增长20.19%，比第二产业的增长高5.01个百分点。各地在大力发展交通运输业、商业饮食业等传统产业的同时，加快了房地产、旅游、信息、咨询、金融等新型行业的发展，乡镇企业第三产业开始向多元化、综合型发展。

10. 个体私营经济空前活跃。乡镇企业各种经济成分的企业都得到了较大发展，特别是合作、个体经济发展势头更猛。1993年全国乡镇企业中合作、个体企业从业人员达到6 578万人，营业收入11 531亿元，固定资产原值1 669亿元，利税1 282亿元，比上年分别增长12.04%、76.73%、59.04%和74.82%。从合作、个体企业占乡镇企业的比重看：从业人员占53.96%，提高2.62个百分点；收入占39.38%，提高2.66个百分点；固定资产原值占25.92%，提高2.66个百分点；利税占45.32%，提高4.53个百分点。

11. 投入力度明显加大。1993年是乡镇企业投资规模最大的一年，全国乡村企业施工的建设项目达27.28万个，比上年增长29.54%；完成固定资产投资2 176.27亿元，比上年增长107.89%；新增固定资产1 762.79亿元，增长175.88%；全国乡镇企业固定资产原值已达6 339亿元，增长42.7%。各地根据市场需要，加大投入力度并把重点放在适销对路、附加值、创汇和技术含量高的产品上。新开工项目22.86万个，占总施工项目的83.8%。在全国乡村企业的2 176.27亿元的投资中，国家扶持资金占1.09%；主管部门下拨资金占3.89%；银行贷款占30.83%；横向联合引进资金占8.18%；引进外资占8.29%；企业积累资金占28.74%；群众集资占8.10%；其他占10.88%。与上年相比，国家扶持资金、主管部门下拨资金、银行贷款分别下降0.69个百分点、0.35个百分点和8.06个百分点；而横向联合引进资金、引进外资分别提高0.29个百分点和2.37个百分点；企业积累资金、群众集资分别提高1.11个百分点和2.63个百分点。

12. 骨干企业的台柱作用日益增强。随着投资力度的加大，乡镇企业规模迅速扩大，平均每个乡村集体企业的固定资产原值由上年的22.8万元，提高到31.38万元，职工人均占有固定资产原值达到1.08万元，比上年增长63.56%。全国乡镇企业有400多个企业产值超亿元，超千万元的企业19 196个。全国乡镇企业产值超亿元的县市有713个，比上年增加200个，产值超亿元的乡镇达到5 467个。

13. 乡镇工业小区开发迅猛。各地把兴办工业小区与推进农村小城镇建设紧密结合起来，使投资环境明显改善，为乡镇企业相对集中、连片发展创造了良好条件，促进了乡镇企业上规模、上效益的提高。全国具有一定规模的乡镇工业小区达500多个。建设工业小区与分散建设相比，可节约土地5%～10%，基础设施投资可节约10%～15%，生产要素集约化程度、环境保护综合效益和社会化服务水平都可以大大提高。发展工业小区是乡镇企业从扩大总量向提高素质转变的客观要求。

14. 产业结构不断调整优化。乡镇企业坚持以市场为导向求发展，促进了产业结构的调整优化。在乡镇企业总产值中，农业、工业、建筑业、交通运输业、商业饮食业所占比重由上年的1.50∶74.71∶10.14∶6.27∶7.37，调整为1.30∶74.14∶10.25∶6.30∶8.01，建筑业、交通运输业、商业饮食业发展快于农业、工业。乡村工业仍是乡镇企业的主体，也是调整的重点。在乡村工业产值中，轻重工业所占比重由上年的53.10∶46.90，调整为50.94∶49.06，重工业发展快于轻工业。在轻工业中，以农产品、非农产品为主要原料的工业所占比重由上年的57.74∶42.26，调整为56.05∶43.95，以非农产品为原料的工业发展快于以农产品为主要原料的工业。在重工业中，采掘工业、原料工业、加工工业所占比重由上年的11.47∶20.14∶68.39，调整为10.85∶21.16∶67.99，原材料工业发展快于采掘工业和加工工业。乡村企业投资结构有较大调整，新建、扩建、技改、其他项目投资所占比重由上年的53.12∶21.51∶20.91∶4.46，调整为61.37∶22.46∶10.82∶5.35，出现了新建项目投资猛增，各类项目注重上规模、上外向、上高新技术的新特点。

15. 东西部地区合作出现良好开端。近年来，东部地区与中西部地区开展互惠互利经济合作的省份越来越多，山东、江苏、浙江、广东、陕西、云南、广西、海南等省、区间的乡镇企业合作已取得明显效果。通过苏陕、鲁陕的干部交流，与陕西省合建项目300个，落实资金4 937万元，引进技术100多项和人才600多人，1993年实现产值4.41亿元，利税6 554万元。浙江省已有100多名乡镇企业家在中西部地区“落户”。山东省与云南省乡镇企业已经开始了广泛合作。广东省的一些资源型、劳动密集型产业已向广西的玉林地区转移，不仅腾出了一些市场，而且出现资金、技术、设备、向外转移。东部地区经济的快速增长，创造了广阔的劳务市场，吸纳了上千万来自中西部地区的民工。1993年仅四川、湖南两省分别向省外输出劳力500多万和260万人，年劳务收入达100亿元和31.2亿元。这些民工通过多种形式向家乡传递技术、信息，为中西部地区与东部地区的交流架起了桥梁。一些昔日外出的“打工仔”、“打工妹”，如今已回到家乡经商办厂，带领家乡人民致富。

基本经验

1993年乡镇企业之所以取得如此辉煌的成就，有很多成功的经验，最主要的是以下几条：

1. 领导重视，多方支持。党中央、国务院领导非常重视乡镇企业，很多部门也都把发展乡镇企业作为己任，给予大力支持。1993年，地方各级领导对大力发展乡镇企业的认识高度、重视程度、工作深度前所未有。许多省、市、区一把手总负责亲自抓，分管领导专门抓，几大班子、各部门配合抓，主管部门全力以赴具体抓，上下形成共识，左右形成合力，并把领导的高度认识变为广大干部群众的实际行动；各地都从当地实际情况出发，制定了一系列新的扶持政策。湖南省把发展乡镇企业列为全省十大经济工作的第一件大事；广西区党委书记赵富林提出，广西的振兴在此一举，不抓乡镇企业、抓不好乡镇企业的领导，是不明智、不全面、不称职的领导，要把发展乡镇企业作为重中之重来抓；安徽省委书记卢荣景说，不抓乡镇企业将犯历史性错误，将是死路一条；河南省把发展乡镇企业作为加快经济发展的主旋律。

2. 围绕市场，深化改革。乡镇企业从它诞生之日起，就坚持以市场为导向，要素从市场中来，产品到市场中去，不断地适应、开拓和创造市场。1993年，乡镇企业产销率达到90%以上，乡镇企业深化改革中一项最为引人注目的成就，就是约有10%左右的企业已经实行了产权清晰、政企分开、机制灵活的股份合作制或股份制经营，据浙江、山东、湖北、广东、安徽、福建、黑龙江等省的实践表明，这类企业的经济效益、增长速度约高于本地区一般乡镇企业15个百分点。企业集团较快发展，既保持了"船小调头快"的优势，又增加了"船大顶风浪"的实力。承包、租赁、拍卖、兼并、破产等项改革措施的实施，进一步优化了生产要素配置，明晰了产权，调动了能人和优势企业的积极性，促进了生产力的发展。

3. 因地制宜，分类指导。各级乡镇企业行政主管部门在指导发展乡镇企业的工作上，始终注意从实际出发，既不重东轻西，也不抑东扬西，而是要求东部地区大力发展高新产业、外向型经济，腾出一部分市场，一些资源加工企业，以及劳动密集型产业，向中西部梯度转移，要求中西部地区加快发展，为东部地区的提高，参与国际市场竞争，创造条件。从而实现全国乡镇企业的大发展、大提高。同时，要求各地根据不同生产力水平，实行不同经济成分共同发展，多轮驱动，哪个轮子转得快，就让它快转；从本地资源出发，大力发展优势产业，在有市场、有效益、不污染环境的前提下，能发展什么就发展什么，从而大大解放和发展了生产力。各地注意抓重点、带一般，如江西省搞了个"山海战略"，"山"就是骨干企业，形成"群山林立之势"，"海"就是各种乡镇企业形成商品经济的"汪洋大海"，形成了一业带多业、一厂带多厂、一户带多户的好局面。河南省注重培植重点，抓县市、乡镇、村、企业"四强"。效果都很好。

4. 依靠科技，加大投入。乡镇企业发展那么快，靠的是科技和人才，1993年，全国乡镇企业技术进步对总产值增长的贡献由"七五"期间的24%提高到45%。江苏无锡、苏州等地技术改造的投入占整个投入的70%；广西自治区大力发展"能人经济"、"专利经济"。黑龙江省建立乡镇企业项目库，注重发展高起点、高技术含量的项目和产品。各地采取多种形式，广辟投资渠道，加大投入力度，在投入资金的同时，重视技术、人才、管理等要素的综合投入，提高了企业素质。1993年，全国乡村企业固定资产投资1 046亿元，其中江苏、山东、广东投资都超过百亿元以上；还有一些省份，建立乡镇企业的发展基金，一些企业建立新产品和技术改造的开发基金，增强了发展后劲。

困 难 和 问 题

1. 资金短缺是制约乡镇企业发展的首要因素。1993年中西部地区50亿元专项贷款到位不及时，很多地区是在第四季度到位的，使正常生产建设受到影响。乡镇企业贷款占全国贷款总规模的比重仅5%左右，这与乡镇企业在国民经济中的地位和对社会的贡献极不相称。不少合资项目因中方资金不能及时到位而中止或不能正常发挥生产效益。同时，也有一些地区和企业不顾实际的可能，摊子铺得过大，加剧了资金的紧张。

2. 税制改革之后，乡镇企业税赋陡升。实行新税制后，乡镇企业将增加税赋452亿元。新税制对国有企业取消了调节税，免缴能源交通建设基金和预算调节基金，而对乡镇企业照收"两金"，按1993年盈利水平测算，仅此乡村集体企业就多负担114亿元。同时，在税收之外，1993年乡镇企业以工补农、建农及支援农村各项事业建设资金达420亿元，如加上这些，乡镇企业的综合税率就远高于33%，实际上与国有企业处于不平等竞争地位。

3. 乡镇企业人才缺乏，尤其是高素质的管理和技术人员奇缺。全国乡村集体企业专业技术人员的密度仅为国有企业的1/7，大专以上学历人才密度仅为国有企业的1/25。由此，导致乡镇企业整体管理和技术水平相对较低，与市场经济和现代企业要求极不适应。

4. 原材料、能源涨价，企业生产成本上升，对外向型企业影响突出。汇率并轨后，总的看有利于加快出口，对两头在外的加工业却相对削弱了竞争优势，造成了东部沿海，特别是以轻纺产品密集地区乡镇企业外向型经济效益严重下滑，部分企业只好停产、半停产。

5. 新的"三角债"又有抬头和蔓延之势。截至1993年底，全国乡镇企业各项应收款达1 808.65亿元，比上年增加117.11%，占全年乡村集体企业流动资金的27.9%，其中3/4是国有企业欠款。

6. 乡镇企业发展缺乏有力的法律保障。社会有关方面利用职权和各种手段，向乡镇企业摊派、非法收费和罚款，改变乡镇企业所有者性质，侵占企业财产，侵犯企业和职工的合法权益等事件时有发生，亟待从法律上保障和促进乡镇企业持续健康发展。

7. 在机构改革中，一些地方出现了乡镇企业管理机构被削弱、队伍不稳定的问题。有的地方撤并了乡镇企业管理机构，有的在经费上"断奶"，乡镇一级的管理机构普遍被排斥在大农业服务体系之外，工作条件和福利待遇低，造成人心不稳，影响了工作的正常开展。

8. 乡镇企业自身存在一些亟待解决的问题。一些乡村集体企业，不同程度地存在产权不清，政企不分的问题；有些企业盲目仿效过去计划经济体制下国营企业的作法，出现经营机制弱化、退化现象；一些企业经营管理粗放、技术装备落后，产品质量不高，经济效益较差；一些企业不重视引进、培养人才，市场信息不灵，已严重制约着企业的发展。

对策措施

1. 进一步统一、深化对发展乡镇企业战略意义的认识。实践证明，解决我国农村三大难题，即增加农民收入、转移农村剩余劳动力、加大农业投入，主要靠发展乡镇企业。而且，发展乡镇企业的深远意义还在于它把亿万农民吸纳到工业化的进程中，走出了一条具有中国特色的城市工业与农村工业相结合的国家工业化道路；它把工业文明注入广大农村，大大加快了农村城市化和现代化的步伐；它是我国社会主义市场经济的先导力量，必将进一步推动社会主义市场经济体制的建立和完善；它对我国的政治稳定、经济发展、社会进步具有重大的战略意义。

2. 增加贷款规模，确保资金到位。乡镇企业的贷款规模应与其在国民经济中的地位和作用相一致；应将乡镇企业 100 亿元专项贷款列为政策性贷款，并保证贷款的规模和资金同时到位；乡镇企业主管部门要帮助企业选好项目，提高资金利用率。税制改革后，乡镇企业向国家缴纳税金将大幅度增加。应从中央和地方财政每年新增乡镇企业税收中拿出适当比例，建立乡镇企业发展基金，扶持乡镇企业发展。

3. 对乡镇企业实行税收扶持。乡镇企业承担着“办农业、办农村社会、办乡镇政府”的大量支出，各项负担沉重。税制改革后，乡镇企业税赋陡升，负担未减，面临的形势十分严峻。①对乡镇企业应免征“两金”。②乡镇企业以工补农、建农和农村社会性开支的费用应实行税前列支或税收返还。③乡镇企业实行新税应逐步到位，近 5 年内实行 18%的比例税率。④应重申国家制定的扶持乡镇企业发展的政策不变。如 1993 年国务院《关于加快发展中西部地区乡镇企业的决定》中对中西部乡镇企业实行的一些税收优惠政策，应继续执行。

4. 加快乡镇企业的人才培养和引进。国家的教育、人才政策要向乡镇企业倾斜，要把乡镇企业的人才培养列入国家教育发展计划，每年从统一招生规模中拿出一定的指标，采取定向招生，单独招生，为乡镇企业培养人才；要采取多形式、多渠道、多层次的教育培训，加快乡镇企业人才培养步伐；鼓励科技人员向乡镇企业流动；主管部门要与有关部门搞好技术职称评定，发给国家承认的职称证书。

5. 稳定机构，加强力量。乡镇企业行业众多，涉及面广，行政管理工作繁重艰巨，各级乡镇企业行政主管部门是各级人民政府主管乡镇企业的综合管理机构，符合宏观管理的方向，在机构改革中，只能加强，不能削弱。乡镇一级的管理机构，即乡镇企业办公室或委员会应列入全民事业编制，经费由国家财政、乡镇企业上缴利润或乡镇企业管理费开支。

6. 实施《乡镇企业东西合作工程》，推动东中西部地区间的经济技术合作。要遵循互惠互利、共同发展的原则，以东部的资金、人才、技术与中西部的资源、劳动力合理配置，实行优势互补。东部地区要努力开拓国际市场，发展外向型经济，将一些资源加工型、劳动密集型产业向中西部地区转移，带动中西部地区乡镇企业发展。要把贯彻国务院《关于加快发展中西部地区乡镇企业的决定》的政策落到实处，用足、用活。

7. 深化改革，完善、强化企业经营机制。一是要抓紧以股份合作制和股份制为中心的产权制度改革，贯彻积极推行、正确引导、不断完善、逐步规范的原则。二是大力推进各种横向经济技术联合与合作，鼓励以优势产业、名牌产品和骨干企业为龙头，在互惠互利的原则下组建企业集团。三是对小型、微利、亏损企业提倡实行兼并、租赁和拍卖。加快乡镇企业向现代企业制度过渡的步伐。

8. 加强法制建设。尽快制定《中华人民共和国乡镇企业法》，从根本上保证和促进乡镇企业持续健康发展。

乡镇企业个数、职工人数发展情况

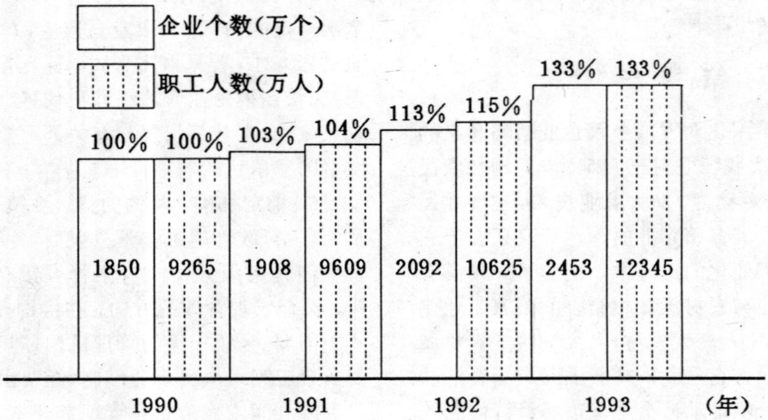

乡镇企业利税总额、总收入、总产值增长情况

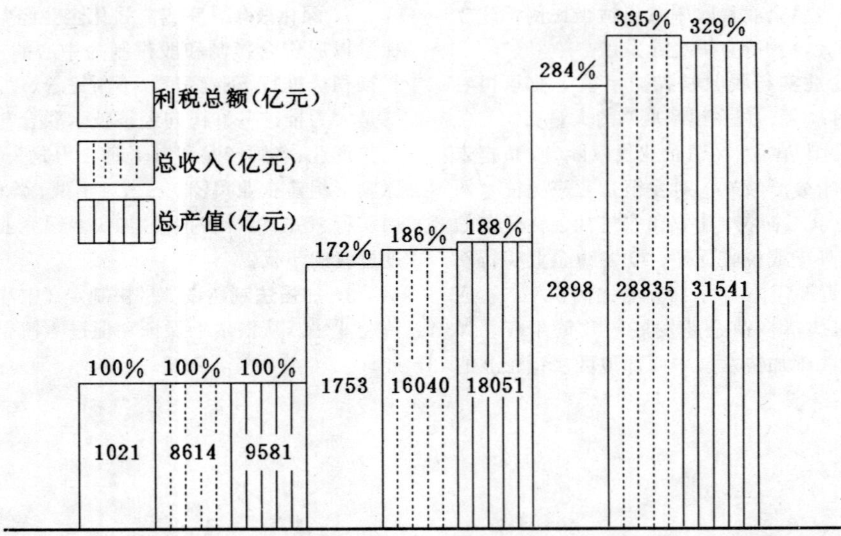

1993 年全国乡镇企业工作会议简报

农业部乡镇企业司

1993 年 9 月 18 日至 21 日国务院在北京召开的全国乡镇企业工作会议。参加会议的有全国各省、直辖市、自治区、计划单列市主管乡镇企业工作的副省长、副主席、副市长，计委、经委、外经委和乡镇企业局的领导人，国家有关部门和新闻单位的人员，近 300 人。

这次会议的任务是：深入贯彻党的十四大和中央 6 号文件精神，检查 1992 年中西部地区发展乡镇企业经验交流会和国务院《关于加快发展中西部地区乡镇企业的决定》贯彻落实情况；总结交流新经验；研究如何解决当前面临的突出问题，在新形势下，把握机遇，深化改革，扩大开放，推动乡镇企业高效、持续、健康地发展。

会议开始时，国务委员陈俊生首先传达了李鹏总理 9 月 17 日对大力发展乡镇企业的重要批示，并代表国务院作了题为“抓住机遇，深化改革，促进乡镇企业高效、持续、健康发展”的报告。他在报告中充分肯定了乡镇企业近几年来所取得的新成就、新经验，阐述了发展乡镇企业的重要意义，分析了乡镇企业面临的新形势，提出了到 2000 年全国发展乡镇企业的指导思想、奋斗目标，对下一步乡镇企业工作作了部署。河南、广西、江西、山东、江苏、吉林、陕西 7 个省区在大会上介绍了经验，国家计委、经贸委和中国农业银行介绍了他们支持乡镇企业的措施及今后的打算。会议用两天时间分组讨论。

参加会议的代表认为，这次会议开得很及时，很必要，充分体现了党中央、国务院对发展乡镇企业的高度重视，受到很大鞭策和鼓舞。会议的主要收获是：

第一，进一步提高了对发展乡镇企业重要作用和深远意义的认识，统一了思想，提高了认识，坚定了信心。代表们认为，当前农村经济总的形势很好，但仍有一些问题没有得到很好解决。如：农民收入增长缓慢、农业剩余劳动力转移困难、工农产品剪刀差拉大，等等。大力发展乡镇企业就是解决农村、农业、农民问题的一条根本途径，是实现农民小康的希望所在，是推动国民经济发展，缩小工农差别，缩小城乡差别，建设社会主义现代化新农村的重要力量。

第二，明确了今后的发展方针、目标和任务。代表们在讨论中认为，到 2000 年乡镇企业总产值达到 76 000 亿元，税利 7 500 亿元，再转移 5 000 万劳动力，这个目标任务是积极的，经过艰苦努力是可以实现的。党中央、国务院为发展乡镇企业采取了一系列重大的政策措施，国家有关部门也都大力支持发展乡镇企业，这为乡镇企业创造了良好的外部环境，关键在于乡镇企业一定要下很大的力量解决好自身的问题。有些企业经营机制弱化、退化；一些企业经营管理粗放，技术装备落后，产品质量不高，经济效益较差。要通过深化改革，扩大开放，发扬艰苦创业的精神，加强管理，来解决好提高产品质量和经济效益问题。

第三，解决了或提出了需要解决的几个实际问题。一是从 1994 年起每年再增加 50 亿元专项贷款。二是赋予符合条件的乡镇企业进出口经营权。三是提出了《乡镇企业东西部合作工程》方案。代表们对这三个方面的举措如何实施的问题，讲了许多很好的意见。

这次会议上，各地提出的需要进一步解决和落实的问题，归纳起来主要有：

一是资金问题。各地普遍认为，当前制约乡镇企业发展的最大困难是资金短缺。1992 年国务院决定给中西部地区乡镇企业 50 亿元专项贷款，但资金到位不理想。河南省反映，1993 年乡镇企业贷款规模 6.85 亿元，上半年农行贷款仅为 9 800 万元，较上年同期减少 2.11 亿元，发展中西部地区乡镇企业专项贷款 4.92 亿元，到位率只有 12%。陕西省的中西部地区乡镇企业专项贷款规模指标 3.7 亿元，实际到位只有 6 000 万元，由于乡镇企业在农业银行开户，陕西农业银行资金有 20%呆滞，30%左右被农副产品收购占压，50%用于当年农业生产救灾，拿不出资金扶持乡镇企业。普遍反映，两个 50 亿元专项贷款资金的落实，难度很大。

二是应采取更有力的措施，扶持粮棉主产区（主要是中西部地区）和少数民族地区发展乡镇企业。这些地区的代表反映，由于种粮种棉比较效益低，农民收入增长缓慢，地方财政也困难，所以想给乡镇企业增加投入，也心有余而力不足。湖北省代表说，仅粮棉油等主要农产品收购资金，每年就需 90 多亿元。吉林省库存粮食占款 170 亿元，黑龙江 174 亿元。这些地区建议国务院给予重点倾斜，增加乡镇企业贷款，扶持其发展农副产品加工业等，以增强以工补农建农的实力。

三是机构问题。各级乡镇企业行政主管部门是各级人民政府主管乡镇企业的综合职能部门，对乡镇企业实行宏观管理，为乡镇企业的发展做了大量工作，发挥了重要作用。目前一些地方有削弱乡镇企业管理机构的迹象，有的撤销了，有的合并了，造成管理队伍不稳。代表们认为，乡镇企业总产值已占农村社会总产值的 2/3，占全国社会总产值的 1/3，各级乡镇企业管理部门的工作，都有待加强，切不可削弱。

四是乡镇企业管理费问题。这是会议上各地代表反映比较集中和强烈的一个问题。减轻农民负担，乡镇企业管理费被列入清理项目。本来这笔管理费收取比例就很小，又停止了收缴工作，这就影响到各级乡镇企业管理队伍的稳定和工作的正常开展。各级乡镇企业主管机构设立较晚，国家给的行政编制和经费少，相当多数乡镇企业主管部门有一半以上人员的工资靠管理费开支。代表们提出，各级乡镇企业主管部门应继续适当收取乡镇企业管理费，以解决行政经费严重不足的问题。

五是关于落实扶持乡镇企业政策问题。会议代表普遍认为，党中央、国务院制定的扶持乡镇企业的政策措施很好，很有力，关键是落实。希望会议之后，各有关部门抓紧制定有关配套政策措施，并付诸实施，确保党中央、国务院的政令畅通。

全国乡镇企业工作会议于 1993 年 9 月在京召开。国务院副秘书长刘济民、国务委员陈俊生、农业部部长刘江等领导人出席会议，并作了重要讲话

抓住机遇 深化改革 促进乡镇企业高效持续健康发展

——陈俊生在全国乡镇企业工作会议上的讲话

（1993 年 9 月 18 日）

这次全国乡镇企业工作会议是国务院召开的一次重要会议。当前，我国农村经济进入一个新的重要发展时期，农村经济总的形势很好。乡镇企业在农村经济和整个国民经济中的地位和作用越来越突出。党中央和国务院对发展乡镇企业十分重视。1992 年 11 月在西安召开了全国加快发展中西部乡镇企业经验交流会，1993 年 2 月，国务院作出了《关于加快发展中西部地区乡镇企业的决定》。这对全国乡镇企业的发展起到巨大的推动作用。

这次会议的任务是：深入贯彻党的十四大和中央 6 号文件精神，检查《决定》有关政策措施的落实情况；总结交流乡镇企业发展的新成就和新经验；研究如何解决当前面临的突出问题，在新形势下抓住机遇，深化改革，进一步推动乡镇企业高效、持续、健康发展。

会议期间，朱镕基副总理将作重要讲话。现在，我讲四个方面的意见。

一、肯定成就，总结经验，深刻认识发展乡镇企业的战略意义

1992 年以来，在邓小平同志视察南方重要谈话和党的十四大精神鼓舞下，各地认真贯彻西安会议和国务院《决定》精神，全国乡镇企业出现加速发展、加快提高的好形势，取得了令人欣喜的新成就。

中西部地区增强了发展乡镇企业的历史责任感和时代紧迫感，奋起直追，加快了发展步伐。1992 年，中西部 20 个省区乡镇企业总产值 5 897 亿元，比上年增长 46.3%；利税总额 626 亿元，比上年增长 40.9%。今年上半年总产值比去年同期增长 82.8%；利税总额增长 75.2%。

东部地区在原有基础上加快提高，迅速与国际市场接轨，更大规模、更高层次地发展外向型经济，开创了一个上规模、上水平、上质量、上效益的新局面。1992 年，东部 10 个省市乡镇企业出口商品交货值达 1 093 亿元，比上年增长 82.9%，占全国乡镇企业出口商品交货值的 91.6%。全国乡镇企业产值超过 10 亿元的县 446 个，东部占 313 个；超 5 亿元的乡镇 322 个，东部占 312 个。

就全国来讲，乡镇企业发展呈现出勃勃生机，已成为农村经济的主体和国民经济的重要支柱。1992 年，全国乡镇企业总产值 17 600 亿元，占全国社会总产值的 31.6%，占农村社会总产值的 69.5%；利税总额 1 797 亿元，比上年增长 46.7%；出口商品交货值 1 193 亿元，占全国外贸出口商品收购总额的 42%。乡镇企业是我国国民经济最有活力的增长点。全国社会总产值净增量的 51.6%、税收净增量的 68.2%、外贸出口商品收购总额净增量的 47.2%来自乡镇企业。1993 年上半年继续保持了强劲的发展势头。乡村企业与去年同期相比，总产值增长 76%，利税总额增长 75%，出口商品交货值增长 78%。事实说明，乡镇企业在我国社会主义现代化建设和社会发展中的作用令人瞩目。

目前，在农村实际工作中，有三大问题困扰着我们。一是农民要实现小康，仅靠粮棉生产，产量再高，收入增长也不会太快，不仅农村一些急需办的事情无力解决，农民负担也难以从根本上减下来，实现小康是很困难的；二是全国有 1 亿多农村剩余劳动力，一年四季都出现“民工潮”，特别是春节期间，造成铁路运输更加紧张，平时也影响到大城市的社会治安，只靠种植业、养殖业，大批剩余劳动力难以安排；三是发展农业，一靠政策，二靠科技，三靠投入，但目前和今后一段时间内，由于国家财力有困难，仅靠国家大量向农业投入是不现实的。如何解决这些问题？历史已经证明、并将继续证明，大力发展乡镇企业就是解决目前农村困扰着我们难题的根本出路。

——乡镇企业是农民奔小康的希望所在，是最大的扶贫和致富工程。只有乡镇企业发展了，集体经济才能壮大，农民收入才能较快增加。这也是减轻农民负担

的治本措施。去年全国农民人均收入净增部分的61.7%来自乡镇企业。

——乡镇企业是实现农业现代化的根本保证，是增加农业投入的重要源泉。1978年以来，全国乡镇企业直接用于补农建农资金达652亿元，相当于国家同期对农业投入的84.3%。1992年直接用于农业的资金105亿元，相当于国家当年对农业投入的93.2%。如果没有乡镇企业给农业注入大量资金，那么农业的综合生产能力就无法增强。

——乡镇企业是缩小城乡差别的根本途径，是转移农村剩余劳动力的最终出路。截至1992年，全国乡镇企业职工总数达1.06亿，超过国有企业职工总数，转移了农村剩余劳动力的一半。1992年新增就业972万人，1993年上半年又吸收就业300多万人。全国16 000个建制镇和大批工业小区，主要是依托乡镇企业形成的。凡是乡镇企业发达的地方，小城镇都建设得比较好，城乡差别、工农差别缩小，农村城市化的步伐加快。

——乡镇企业是实现国家工业化的重要一翼，是实现中国特色工业化的必由之路。1992年，乡镇工业产值达13 200亿元，占全国工业产值的35.6%，涌现出一大批规模大、水平高、效益好、创汇多的企业。1992年全国产值超亿元的乡镇企业达365个，出口交货值超5 000万元的达230个。乡镇企业成为我国中小企业的主体，使农村工业化与城市工业化相结合，大大加快了我国工业化的进程。

——乡镇企业是推动农村精神文明建设的物质基础，是提高全民族整体素质的千秋大业。乡镇企业的发展促进了农民的知识化、专业化，造就了一支新型产业大军，涌现出大批优秀的企业家；为农村教育、文化等各项事业的发展，为农民素质的全面提高，提供了物质保证，解决了国家和地方政府无力解决的许多重大问题；在搞好农村社会治安、计划生育、社会福利等方面发挥了重要作用。1978年以来，乡镇企业为农村教育、小城镇建设、社会福利等项事业提供资金达1 210亿元。

乡镇企业为什么能够取得如此辉煌的成就？我认为主要经验有以下几点：

1. 领导重视，各级党政一把手把发展乡镇企业摆上重要位置亲自抓。党中央、国务院领导非常重视乡镇企业。地方各级党政一把手都把发展乡镇企业作为振兴本地区经济的战略重点。特别是中西部地区和一些乡镇企业欠发达地区的党政一把手重视抓乡镇企业，更引人注意。例如：湖南省把发展乡镇企业列为全省十大经济工作的第一件大事；广西区党委书记赵富林同志提出，广西的振兴在此一举，不重视、不亲自抓、抓不好乡镇企业的领导，不是明白的、有远见的和有能力的领导；安徽省委书记卢荣景同志说，不抓乡镇企业将犯历史性错误，将是死路一条；辽宁省把大力发展乡镇企业作为第二次创业的突破口；河南省把发展乡镇企业作为加快经济发展的主旋律。经验证明，党政一把手重视，对乡镇企业的发展起着关键作用。

2. 深化改革，积极推行股份合作制。近几年，乡镇企业深化改革的一个突出内容是积极推行股份合作制。目前，全国乡镇企业约有10%已经实行股份合作制或股份制，中西部有一些乡镇企业，就是靠合股集资办起来的。浙江、山东、湖北、广东、安徽、福建、黑龙江等省的情况表明，股份合作制企业的经济效益、增长速度都高于本地区其他乡镇企业。这种企业组织形式，

便于聚集资金、合理组织要素、明晰企业产权、强化经营机制，符合市场经济的客观要求，很受农民欢迎。

3. 多轮驱动，支持各种所有制成分放开发展。各地根据不同的生产力发展水平，实行多轮驱动，多轨运行，不看成分看发展，哪个轮子转得快，就让它快转，尤其是中西部地区、少数民族地区转变观念，放手发展个体、私营和联户企业，大大解放和发展了生产力。

4. 依靠科技，高度重视人才的巨大作用。各地在发展乡镇企业中，重视资金、科技、人才、管理等要素的综合投入，注重提高企业素质。1992年，全国乡镇企业技术进步对总产值增长的贡献，由1990年的35%提高到45%。"星火计划"的实施为推动乡镇企业的技术进步起到了示范作用。江苏省无锡、苏州等地技术改造的投入占整个投入的70%；广西大力发展"能人经济"、"专利经济"。这些作法取得明显效果。

5. 扩大开放，大力发展外向型经济。近几年，各地特别是沿海地区和沿边地区面向国际市场，把发展外向型经济作为一个战略重点，充分利用资源、劳动力等优势，发展出口创汇产品，引进外资、技术、设备，发展三资企业。1992年，全国乡镇出口企业达10万多家，其中年创汇300万美元以上的企业有1 000多家。江苏省苏州市乡镇企业有1/4的产品销往海外，1/3的固定资产投资靠利用外资。无锡市实施"外向带动"战略，取得显著效益。这个市宜兴的太华乡近几年重点发展外向型经济，1992年出口商品交货值达到1.69亿元，比1989年增长10倍多。

各地发展乡镇企业的经验都很丰富，我概括的不全，只讲了几个突出的方面，希望大家认真总结新鲜经

验。

二、正视问题，把握机遇，努力巩固和发展乡镇企业的好形势

在我们充分肯定乡镇企业取得显著成就的同时，也要看到当前的突出矛盾和问题。

一是有的地方和部门对发展乡镇企业的战略意义认识不足，没有很好落实中央、国务院关于支持发展乡镇企业的政策措施。国务院《决定》要求有关部门制定配套文件，至今仅国家经贸委、外经贸部等部门按照国务院的要求做了；有的地方对已经明确的政策不兑现；有些同志片面、消极地理解中央关于加强宏观调控的精神，误认为是一次全面紧缩，乡镇企业也就不要加快发展了；一些地方削弱乡镇企业管理机构，人心浮动，队伍不稳；有的部门向企业乱摊派、乱收费、乱罚款，加重了企业负担。

二是资金紧缺的矛盾十分突出。今年国务院决定给中西部地区乡镇企业增加50亿元专项贷款，实际落实情况很不理想，上半年资金到位率只在20%左右。再加上金融秩序紊乱，农村资金外流，以及有的地方急于求成，摊子铺得过大，加剧了资金的紧张。从而致使一些已上马的项目因资金不足，不能按期竣工投产；一些企业缺少流动资金，处于停产或半停产状态；一些合资合作项目，由于中方资金不到位，引起外方撤资。

三是乡镇企业自身发展中存在一些亟待解决的问题。一些乡村集体企业，不同程度地存在着产权不清、政企不分的问题；有些企业盲目仿效过去计划经济体制下国营企业的作法，出现经营机制弱化、退化现象；一些企业经营管理粗放，技术装备落后，产品质量不高，经济效益较差；一些企业不重视引进、培养人才，市场信息不灵。

解决乡镇企业发展中的矛盾和问题，关键是要认清形势，抓住机遇，加快改革开放步伐。乡镇企业经历了三十多年的曲折和磨难，从来都是顺利和困难同在，挑战和机遇同在。那么，目前的机遇有哪些呢？我认为至少有三个方面：

第一，江泽民同志在党的十四大报告中对乡镇企业作出了高度评价："它为农村剩余劳动力从土地上转移出来，为农村致富和逐步实现现代化，为促进工业和整个经济的改革和发展，开辟了一条新路。"并强调指出：今后要"继续大力发展乡镇企业，特别是扶持和加快中西部地区和少数民族地区乡镇企业的发展"。邓小平同志把乡镇企业作为建设有中国特色社会主义三大优势之一。国务院在不到一年时间内就召开两次乡镇企业会议，发布了一系列政策措施，中央不久还要召开农村工作会议，将把发展乡镇企业作为一项重要内容，充分体现了党中央、国务院把发展乡镇企业作为我国加快改革、加快发展的一项重要战略任务。党中央、国务院的高度重视，是乡镇企业加快发展的最好机遇，是最重要的保证。

第二，社会主义市场经济体制的逐步建立和完善，为乡镇企业开辟了广阔天地。乡镇企业是市场经济的先导力量，从诞生之日起就坚持以市场为导向，要素从市场中来，产品到市场中去，不断地适应、开拓市场。因此，在向社会主义市场经济体制转化过程中，乡镇企业占有市场机制的优势。过去乡镇企业面临的是局部的、发育不全的、没有形成体系的市场，乡镇企业的市场机制没有得到充分发挥。随着市场经济体制的逐步建立，生产要素市场、商品市场和市场竞争规则将不断完善，必将使乡镇企业的生机和活力得到更充分的发挥。

第三，党中央、国务院采取宏观调控措施，狠抓党风和廉政建设，开展反腐败斗争，必将为整个国民经济包括乡镇企业的改革与发展创造一个更加有利的外部环境。目前，金融秩序开始好转，城乡储蓄回升，股票热、房地产热明显降温。投资体制的改革、产业结构的调整将向着更加有利于加强农业、能源、交通等基础产业倾斜。明年，国家将采取更加坚决有力的措施，在国民收入分配格局中，增加对农业和农村的投入。这样的宏观环境，对乡镇企业的发展是十分有利的。

与此同时，更要看到，乡镇企业也面临着严峻的挑战。随着市场经济体制的形成，各类企业公平竞争的态势会更加明显。随着深入贯彻《条例》，转换机制，国有企业会摆脱旧体制的束缚走向市场。国有企业一旦松绑放手，它在技术、管理、资金、人才上的优势将会释放。随着我国对外开放的扩大和恢复关贸总协定地位，外资企业会进一步进入中国，中国市场也会进一步国际化。相比之下，目前乡镇企业的比较优势就会弱化，以至消失。因此，乡镇企业和有关方面应当居安思危，迎接挑战。

总之，我们应当正确分析和认识当前的困难、机遇和挑战。首先要找准企业自身存在的差距和不足，不能护短，不能讳疾忌医，要有针对性地制定改进措施。要全面、准确地理解中央6号文件的精神实质，认清形势，增强信心，坚持发展乡镇企业不动摇。要特别注意维护政策的连续性和稳定性，保护基层干部、群众的积极性和创造性，保护企业的合法权益，保护依法经营的企业家。要十分珍惜来之不易的好形势。

三、注重实效，加快改革，积极推动乡镇企业再上一个新台阶

今后一个时期，全国乡镇企业的发展，要坚定不移地贯彻党和国家的各项方针政策，坚持以提高经济效益为中心，以市场为导向，不断深化改革，调整、优化结构，推进科技进步，加强企业管理，增强整体素质。力争到2000年总产值达到76 000亿元，其中工业产值54 000亿元，利税7 500亿元，再转移劳动力5 000万人，推动乡镇企业再上一个新台阶，成为国民经济的“半壁江山”。

要实现上述目标，必须做好以下工作：

1. 重视提高经济效益，把效益放在第一位。近些年来，乡镇企业发展速度较快，特别是近两年速度明显加快，这是一个好势头。但是要始终注意速度和效益的统一，效益应该是第一位的。这个问题应当引起高度重视。个别地区不从资源和市场实际出发，重复建设的情况比较严重；有的地方片面追求产值，忽视产品质量和经济效益。加快发展乡镇企业必须有一定的增长速度作保证，但是，如果不注重经济效益，再高的速度也是没有用的。各级政府尤其是领导干部、主管部门、企业都要有明确的认识。今后考核乡镇企业主要看效益。

2. 深化改革，完善强化企业机制。乡镇企业的好形势来自于改革开放，它的进一步发展也寄希望于改革开放。乡镇企业深化改革的内容很多，要着重抓好以下几项改革：一是积极推行和完善股份合作制或股份制。全国各地股份合作制和股份制乡镇企业发展较快，这是农村经济发展中一种新的产权组织形式，要热情支持广大农民进行探索和实践。但不要提出一刀切的要求，不要一哄而起，一定要坚持自愿原则。二是大力推进各种横向经济技术联合与协作，鼓励以优势产业、名牌产品或骨干企业为龙头，在自愿原则下组建企业集团。三是对小型、微利、亏损企业提倡实行兼并、租赁和拍卖。

3. 大力推进技术进步和科学管理。切实把乡镇企业的发展重点转移到依靠技术进步和提高劳动者素质的轨道上来。要增加科技投入，抓好技术改造，抓紧新产品开发，大力发展名优产品和高附加值、高技术含量、高创汇产品，提高产品质量和档次。对那些效率低、耗能高的设备要尽快淘汰。好的机制并不能掩盖管理上的落后，要更好地发挥乡镇企业的优势，就要把好的机制再加上好的管理。要注重学习、借鉴国内外先进的管理方法和经验，做好企业管理工作。搞好职工教育培训，采取多形式、多渠道、多层次培养、引进人才。重视环境保护和安全生产。

4. 加大投入力度。1993年50亿元支持中西部地区乡镇企业专项贷款，要在1994年一季度内保证资金到位。原有贷款存量和正常新增贷款也要保证到位。国务院决定，从1994年开始到2000年，除给中西部乡镇企业每年增加50亿元专项贷款外，再增加50亿元专项贷款，这笔贷款怎么用，进一步研究后再定。贷款的规模和资金要保证同时到位。保证资金到位很重要，但选好项目更重要。没有好的项目，资金就无法到位。这些贷款一定要用在效益好的项目上，新上项目一定要经过充分论证。黑龙江省建立乡镇企业项目库，既避免了重复建设，又注重发展高起点、高科技含量的产品，这样做是十分必要的。各级乡镇企业行政主管部门与农业银行应共同协商、制定办法，做好资金的投放和管理工作。国务院要求各级地方政府，从1994年开始还要相应增加乡镇企业资金投入，上下共同努力，各方面给予支持。

5. 积极调整产业结构。从市场需要出发，只要效益好，能发展什么就发展什么，能发展多快就多快，这是乡镇企业的一个突出特点。要认真贯彻国家的产业政策，任何企业都不能继续生产国家明令淘汰的产品，要按产业政策和市场需求调整产业结构和产品结构。比如：大力发展农副产品加工业，实现农副产品的转化、增值；发展外向型经济，提高出口产品的质量和档次。为鼓励乡镇企业增加出口创汇，在已经批准赋予56家乡镇企业进出口经营权的基础上，会前又批准了83家；鼓励和扶持农民兴办商业、饮食服务业、交通运输业和旅游、咨询、信息等第三产业。

6. 乡镇企业要相对集中、连片发展。相对集中、连片发展，好处很多，是一条成功的路子：有利于节约土地，节省投入，提高公共设施的利用率；有利于工业小区和小城镇建设；有利于避免重复建设；有利于企业之间的横向联合和相互促进，提高企业素质。各级政府和主管部门，要把这个问题提上议事日程，做好规划，合理布局。

7. 推动东中西部地区间的经济合作。在市场经济条件下，东部地区与中西部地区之间的经济合作，要坚持互惠互利、共同发展的原则，这样的合作各方面才有积极性，才有生命力。要以东部的资金、技术、人才与中西部的资源、劳动力合理配置，实行优势互补；东部地区要将一些资源加工型、劳动密集型产业向中西部地区转移，从而带动中西部地区乡镇企业发展。东部地区要把与中西部地区的合作，作为一种义不容辞的责任。近两年，东部对中西部地区的合作、援助已取得一些成效，有一些很好的典型和成功做法。比如，江苏与陕西的干部交流，办成一批合作项目，带动了陕西的经

济发展；广东一些资源型、劳动密集型产业已经开始向相邻的广西玉林地区转移，不仅腾出一些市场，而且出现资金、技术、设备向外转移。这次会议上提出的《乡镇企业东西合作工程》，是一件大事，经讨论确定后，各级政府和有关部门要高度重视这项工作，抓紧组织实施，作出成效。

8. 大力弘扬艰苦创业精神。乡镇企业是亿万农民的伟大创业实践，它的发展史是一部自力更生、艰苦奋斗的创业史。今后乡镇企业的改革与发展，仍然离不开艰苦创业的精神。给钱再多，如果没有艰苦创业的精神，也办不好乡镇企业。扶贫工作也是这样，扶贫要先扶志。河南省林县艰苦创业"三步曲"很有典型意义。这个县过去是贫困山区，人均只有0.8亩耕地，交通不便，资源匮乏。但是，他们没有在困难和险境面前低头，硬是凭着艰苦创业的精神，打了翻身仗。60年代以愚公移山的大无畏精神，修建了举世闻名的人造天河红旗渠，全渠蜿蜒3 000里，从而改善了基本生存条件；80年代十万大军出太行，走向全国建筑大市场，解决了温饱问题；90年代又以再造一条"改革开放、发展经济的红旗渠"精神，大力发展乡镇企业，加快了致富奔小康进程。1992年乡镇企业产值、利税在全省名列前矛。纵观林县创业"三步曲"，体现了林县人民把艰苦奋斗的优良传统作风同现代文明、商品意识相结合，把物质文明建设同精神文明建设相结合，这种结合释放出巨大的能量。林县的经验很值得提倡和学习。

四、加强领导，通力协作，共同创造乡镇企业发展的良好环境

发展乡镇企业不仅是农民的事业，也是全党全社会的共同事业，是一项关系全局的战略任务。大家要共同努力，推动这一事业不断发展。

第一，各级人民政府要切实加强领导，把发展乡镇企业作为经济建设的一项战略任务摆上日程。实践表明，只要党政一把手重视，摆上位置，各种困难和问题就容易解决，工作局面就会迅速打开。1992年江西省就成立了以省长吴官正为组长的发展乡镇企业领导小组，并确定市、县政府一把手担任办好乡镇企业第一责任人。近几年，江西省乡镇企业发展势头很好。各级党政领导要深入实际，调查研究，经常研究解决乡镇企业发展中的困难和问题，并配备强有力的工作班子抓好这项工作。今后，应该把乡镇企业发展实绩，作为考核各级干部尤其主要领导干部政绩的重要内容之一。

第二，各部门要认真贯彻执行国务院制定的政策措施，为发展乡镇企业献策出力。过去，从中央到地方的有关部门，为促进乡镇企业的发展做了大量工作。今后应继续共同配合，在资金、技术、人才等方面给予支持，积极主动地为乡镇企业排忧解难。国务院制定的各项政策措施，是符合实际的，各地、各部门要认真贯彻执行，各级政府要切实加强监督检查。

第三，加强法制建设。从根本上保证和促进乡镇企业持续健康发展，必须加快立法步伐。全国人大常委会已将起草《中华人民共和国乡镇企业法》列入立法工作计划，有关部门要积极配合，抓紧工作，力争明年人大通过。各省、区、市要结合本地实际，研究制定有关乡镇企业的地方性法规和规章。

第四，稳定机构，加强力量。乡镇企业行业众多，涉及面广，行政管理工作繁重艰巨，必须加强管理机构建设，选派和配备得力干部充实和加强各级乡镇企业主管部门。各级乡镇企业局是各级人民政府主管乡镇企业的综合职能部门，符合宏观管理的方向，在机构改革中只能加强，不能削弱，为其提供必要的工作条件，保证队伍的稳定。

第五，要始终坚持物质文明和精神文明一起抓，切实加强思想政治工作。用社会主义、爱国主义、集体主义思想教育乡镇企业干部职工。深入进行艰苦创业、遵纪守法、移风易俗、职业道德和科学文化的教育。注意加强对乡镇企业家的教育和管理。天津市静海县大邱庄企业集团总公司原董事长，从一个农民企业家蜕变为国法不容的罪犯，教训是深刻的，应当引以为鉴。要培育一支"有理想、有道德、有文化、有纪律"的干部职工队伍。把思想工作与解决实际问题结合起来，充分调动乡镇企业干部职工的积极性和创造性，为乡镇企业的发展提供精神动力和思想保证。

乡镇企业是中国农民的一个创举，是一项伟大、光明、灿烂、充满希望的事业。它的崛起和发展，已给我国经济、社会的发展带来深刻而巨大的变化。到本世纪末，要实现全国人民的小康，关键在农村，难点在农村，希望也在农村。我们要肩负起历史的重任，努力工作，促进乡镇企业高效、持续、健康发展，为实现我国现代化建设的宏伟目标作出新的贡献。

正视困难和问题 坚定大力发展乡镇企业的信心

刘　江

在我国由计划经济体制向社会主义市场经济体制转化过程中，乡镇企业的发展也遇到了一些困难和问题，既有外部的原因，也有内部的原因。从外部原因看，最突出的是资金紧缺，1993年新增的50亿元发展中西部地区乡镇企业的贷款，落实情况很不理想；国务院要求制定的支持发展乡镇企业的配套措施也不完备；有的地方在机构改革中撤并乡镇企业管理机构，削减经费和人员等，对乡镇企业的管理和服务工作也带来不便。

从内部原因看，部分乡村集体企业不同程度存在着产权不清，政企不分，负盈不负亏的问题；有些企业的经营机制也发生了变化，出现干部能上不能下，职工能进不能出，收入能高不能低等现象；有的地方和企业盲目追求发展速度，不注重技术改造和企业管理，产品质量不高，经济效益较差；有的地方和企业市场信息不灵，盲目上项目，铺摊子，加剧了资金的紧张，造成生产力的浪费；不少地方都不同程度地存在企业布局分散，产业结构、产品结构单一，经济效益较低等问题。

对于上述问题，我们要不护短、不遮丑。问题出在哪儿，就在哪儿解决。凡属于乡镇企业自身的问题，要通过加大改革力度去解决。各级乡镇企业主管部门都要深入研究解决乡镇企业运行中的事关全局的重大问题，研究大力提高乡镇企业整体素质的办法，防止由于工作不当而影响乡镇企业的发展。

在正视乡镇企业外部环境和自身存在问题的同时，我们还要看到当前乡镇企业发展的有利条件和机遇：

一是党中央、国务院和地方各级党政领导对乡镇企业的发展高度重视。从邓小平同志巡视南方的重要谈话、党的十四大、中西部乡镇企业会议，到1993年全国乡镇企业工作会议，都充分体现了党中央、国务院对发展乡镇企业的重视；地方各级党委、政府加强对发展乡镇企业的领导，实事求是调整发展战略，因地制宜地制定扶持政策，千方百计地为企业排忧解难等，这都是当前乡镇企业加快改革和发展的良好机遇。

二是加强宏观调控，更有利于乡镇企业发展。乡镇企业发展中不少问题的解决有赖于宏观经济环境的改善。经过整顿金融秩序，理顺投资体制、财税体制，纠正行业不正之风等，将为乡镇企业创造平等的市场竞争环境。

三是社会主义市场经济体制逐步建立和完善，使乡镇企业用武之地扩大。乡镇企业是在市场竞争中诞生和发展起来的，社会主义市场经济体制的建立和完善，必定会使乡镇企业的灵活机制得以完善，使之更加充满活力地向前发展。

四是广大农民奔小康的强烈愿望和空前高涨的创业精神，为乡镇企业发展奠定了牢固的基础。中国农民是最讲实际的。办好乡镇企业，可以使他们的收入成倍增加，负担问题、就业问题、子女读书问题、请医吃药问题、住房问题，都能得到较好地解决。因此，广大农民兴办乡镇企业的积极性越来越高，这是一股巨大的潜在力量。

五是市场经济环境造就了成千上万的乡镇企业家。这批企业家在市场风浪中，培养了一股顽强的拼搏精神，掌握了按市场经济规律组织生产和经营活动的许多本领，炼就了在各种环境中谋求发展的能力。这是乡镇企业克服困难，抓住机遇，加快发展的宝贵财富。

总之，有党中央、国务院强有力的领导，有各部门的支持，地方各级政府的重视，以及坚实雄厚的群众基础，尽管前进中出现一些矛盾和困难，但都是可以克服的，坚持发展的信心不能动摇。

（摘自1993年9月19日在全国乡镇企业工作会议上的讲话）

加强宏观指导与协调服务是发展乡镇企业的重要保障

陈 耀 邦

乡镇企业行业众多，产品包罗万象，它的发展几乎涉及到国民经济各个方面、各个部门，需要各级政府和有关部门通力协作与大力支持。加强和完善对乡镇企业的宏观指导与协调服务，从宏观上解决乡镇企业发展过程中面临的种种问题，是促进乡镇企业发展的重要保障。

1. 把乡镇企业纳入国民经济总体中，统筹安排。各级经济综合部门要根据建立社会主义市场经济体制的要求，转变观念、转变职能，由主要着眼于全民所有制经济活动，转向引导和调控全社会经济问题，把乡镇企业纳入国民经济总体中，统筹规划。要统筹城乡工业，乡镇企业与农业，搞好综合平衡，尽可能避免不合理的低水平重复建设和盲目发展。在有关行业的发展规划和生产力布局与结构安排上，要充分考虑乡镇企业这一大块，在资源配置上给乡镇企业留出发展空间。要运用信贷、税收等经济杠杆及信息引导等方式，加强对乡镇企业产业政策的指导，促进乡镇企业结构的调整和布局的优化。宏观经济政策的制订要有利于乡镇企业的发展。不能因为一些地区的乡镇企业存在着技术水平不高、产品质量低的问题，就全盘否定乡镇企业。要分清主流和支流，要看到如同任何新生事物一样，乡镇企业有一个发展、提高的过程。对乡镇企业发展过程中存在的问题，要积极加以引导，帮助解决，不能因此就限制、压制乡镇企业。

2. 加强东部对中西部的对口支援。开展东部对中西部的对口支援，以中西部原材料和能源支持东部，以东部的资金、技术、人才援助中西部，优势互补，互惠互利，共同发展，是在我国现有条件下先富带后富，逐步走向共同富裕的一种好形式，是推动中西部乡镇企业发展的重要措施。要提高对对口支援重要意义的认识，加强规划指导和组织协调工作。

对口支援工作要以提高中西部乡镇企业自我发展能力为目标，根据各地区自身的经济特点和发展水平，有计划、有重点、有步骤地进行。力求做到三方面结合：一是对口支援与扶贫开发相结合。被援助地区可从国家拨给的扶持贫困地区发展资金中划出一定比例，与支援地区的项目、技术捆起来发展乡镇企业。要做到扶持一个企业，建成一个企业；扶持一片，发展一片，巩固一片，脱贫致富一片。二是对口支援要与资源开发利用相结合，充分发挥东部的资金、技术、人才、管理、信息等优势，促进中西部乡镇企业开发利用农业资源和矿产资源，把资源优势转化为经济优势。三是对口支援要与沿边开放和开发相结合。中西部沿边省区，具有发展对外贸易的区域优势。东部地区要不失时机地参与沿边地区的对外开放，建立出口贸易基地，帮助沿边地区乡镇企业开发具有地方特色的产品，发展边境贸易；帮助中西部乡镇企业到东部沿海开设“窗口”，参与国际贸易，增强中西部对外开放能力。

制订相应的鼓励性政策措施，支持对口支援工作。如东部到中西部从事联合开发和建设具有当地优势的对口支援项目，享受中西部地区有关优惠政策。对承担支援任务并给受援企业和地方带来较高经济效益的企业和个人给予表彰和奖励。从国家支持中西部乡镇企业发展的贷款中安排一部分，用以支援那些投资少、见效快、经济效益好，能在短时间内带动地区经济发展的乡镇企业项目。

3. 多渠道筹集乡镇企业发展资金。一是要增强企业自我积累、自我发展能力。合理确定企业税后利润分配比例，保证留给企业的部分不少于60%，其中绝大部分要用于扩大再生产。二是每年按照乡镇企业计划发展速度安排相应的乡镇企业贷款增长幅度。三是鼓励有条件的省、市、区设立乡镇企业发展基金。四是尽量多争取安排一些国际金融机构的贷款，用于发展乡镇企业。

4. 发展乡镇企业与农村小城镇建设相结合。农村城市化是社会主义现代化的重要标志，也是农村小康社会的发展方向。把发展乡镇企业与小城镇建设结合起来，对于促进乡镇企业的发展与提高，扩大农业剩余劳动力就业容量，带动农业上新台阶，促进农村经济社会协调发展，具有重要战略意义。90年代要着力从以下几个方面促进乡镇企业与小城镇同步发展。第一，要搞好布局规划。乡镇企业发展过程中存在布局过于分散的情况，形不成积聚效益。这不仅不利于节约土地、基础设施投资和管理费用，而且也使得为第一、第二产业服务的第三产业难以发展起来，应采取优惠政策，引导乡镇企业相对集中、连片发展，在小城镇周围建设工业小区，依托乡镇企业推动小城镇建设。有关部门要通过若干个小城镇建设试点，总结、归纳具有普遍性的问题和经验，为小城镇建设有关政策的制订提供依据。第二，研究制订适应社会主义市场经济的小城镇建设和管理的办法。第三，多渠道筹集小城镇建设资金。鼓励农民集资建设小城镇，吸引乡村集体经济组织和先富起来的农民进入小城镇异地兴办二、三产业。开辟小城镇房地产业，对小城镇进行连片开发建设，向农民出售商品房，临街铺面房的使用权。第四，对农业剩余劳动力流入城镇的规模、速度和就业结构进行规划指导。打破乡村社区界限，促进地区间生产要素的合理流动与组合。为抓好这项工作，国家计委已在全国选择了一百个小城镇，进行加快农村小城镇建设的综合试点，以促进全国小城镇的建设。

5. 继续推动乡镇企业外向型经济的发展。“七五”后三年和“八五”期间，经国务院批准由人民银行安排1亿元贷款规模和资金，中央财政和地方财政各安排500万元贴息贷款，设置了乡镇企业“贸工农”出口基地建设基金，鼓励乡镇企业发展出口生产。六年来共安排项目749个，总投资16.48亿元，其中贴息贷款5.56亿元，企业自筹10.92亿元，占总投资的66.3%。项目实施后，可增加创汇16.13亿美元，平均每投入1元人民币，新增创汇1美元左右。实践表明，这笔资金对提高乡镇出口企业技术装备水平，挖掘乡镇企业出口潜力，扩大我国对外贸易，起到了积极的推动作用。

6. 与国家重点项目及国有大中型企业配套，带动乡镇企业的发展。国家重点建设及国家大中型企业的配套项目，要通过联合开发、联合办厂、补偿贸易、产品扩散、联牌生产或组织企业集团等方式向乡镇企业转移扩散，以带动乡镇企业的发展，促进城乡工业合理分工协作及社会化专业生产组织结构的形成。对那些技术要求不高的劳动密集型行业、产品，要有计划地逐步向农村转移。“三线”军工企业、国有企业、科研单位蕴藏着很大的技术、人才潜力，要积极组织城乡工业的联营与协作，把这部分潜力发挥出来，促进乡镇企业的发展与提高。

7. 促进乡镇企业积极发展农副产品加工。农村地区农副产品资源丰富，搞种养加一条龙，发展农副产品加工业前景相当广阔。农副产品加工把乡镇企业与农业直接结合起来，是促进农业综合开发的有效途径。要根据靠近原料产地、就地加工、经济合理的原则，统筹规划农副产品加工布局，有计划、分步骤地把凡是适于在农村搞的农副产品加工项目尽可能放到农村去。对城市现有农副产品加工企业，要根据城市重点搞精加工、高档产品；农村搞初加工、中低档产品的原则，采取城乡联营与协作的方式，把城市现有的一般农副产品加工逐步向农村转移。

大力发展乡镇企业是关系农村经济全面振兴和实现我国经济发展第二步、第三步战略目标的宏伟事业，只要抓住机遇，不断深化改革，认真贯彻执行中央关于发展乡镇企业的一系列方针、政策，就一定能在90年代把乡镇企业提高到一个新的发展水平。

（摘自1993年9月19日在全国乡镇企业工作会议上的讲话）

积极配合　为乡镇企业的持续发展服务

陈　清　泰

国家经贸委担负着宏观经济运行协调、深化企业改革、促进工业生产等项任务。这些经济管理职能，是公平地面对社会各种所有制企业，面对全社会经济运行加以管理，最终的目的是创造平等的市场竞争环境。要建立市场经济就要形成众多的、相互独立的市场竞争主体，通过各自独立的决策，使市场在社会资源配置上起基础性作用。我们在推进建立社会主义市场经济体制，强调企业要进入市场时，要特别注意保护中小企业并使其形成与大中型企业互补的力量。中小企业是形成市场活力的不可缺少的成员。乡镇企业已经成为我国中小企业的主体。乡镇企业的发展在国民经济中占有十分重要的地位。对进入市场经济有十分重要的作用。鉴于国有企业特别是国有大中型企业转换经营机制的迫切性、艰巨性，近年来，国家经贸委的主要精力放在了搞好国有大中型企业上。为追求规模效益，还采取了促进企业集团发展等措施。最近一个时期，国家经贸委正着手研究中小企业问题，积极参与并配合有关部门做好城镇集体企业和乡镇企业的规划、协调、指导和服务。1993年8月初，经贸委已制订并下发了支持中西部地区乡镇企业发展的七条具体意见，各地经委（计经委）要认真贯彻执行。各级政府有关部门，要提高对乡镇企业重要作用的认识，改变过去只注意抓国有企业，忽视乡镇企业发展的做法，在抓好国有大中型企业的同时，把支持乡镇企业，尤其是中西部地区乡镇企业的发展作为一项重要任务来抓。各地经委（计经委）要把这项任务纳入工作日程，切实抓好。各行业主管部门要将乡镇企业的发展纳入统一的行业管理范围，做到统一规划，加强协调、指导和服务。对乡镇企业发展和生产经营中的重大问题，要及时找有关部门协力解决。要制订和完善有关乡镇企业的经济法规，指导企业依法经营。要加快市场体系的培育和发展，促进乡镇企业与流通企业的有机结合，特别是要根据中西部地区的资源特点，加速发展具有当地优势的不同类型的商品市场，并利用中西部地区有较长边境线这一有利条件，发展边境贸易、促进乡镇企业的进一步发展。为鼓励更多的乡镇企业参加国际竞争，国家经贸委和外经贸部在审批乡镇企业自营进出口权时，将采用与国有企业统一的标准，对中西部地区的高科技和外向型乡镇企业还可在统一标准基础上适当放宽些。

各地经委配合有关方面抓乡镇企业工作时，主要是作好协调、服务和指导，绝不能再用“管”的办法。如果像过去管国有企业那样，扼杀了乡镇企业灵活的机制，就会造成新的大的失误。

（摘自1993年9月19日在全国乡镇企业工作会议上的讲话）

努力增加信贷投入　加强信贷管理 支持乡镇企业健康发展

何　林　祥

乡镇企业的发展，必须有金融业的大力扶植。与其相适应，农业银行、信用社开展了大量的工作，大力筹集资金，逐年加大对乡镇企业的信贷投入，逐步完善信贷政策，适时调整贷款结构，不断强化信贷管理，支持了乡镇企业持续、稳定、协调的发展。

第一，大力筹集资金，不断增加对乡镇企业的信贷投入。自1979年农业银行恢复以来，农行、信用社累计发放乡镇企业贷款13 000多亿元，截至1993年6月末，行、社乡镇企业贷款余额已达2 100多亿元，年递增率达35.9%，对乡镇企业的贷款比农行恢复初期增长了63倍。总体上看，贷款较大幅度的增加，是促进乡镇企业加快发展的重要因素。特别是小平同志南巡谈话发表以后，农业银行、信用社进一步增加了对乡镇企业的信贷投入，从1992年初至1993年8月末，乡镇企业贷款净增加776亿元，是历史上投放最多的时期之一。

第二，发挥信贷杠杆作用，促进优化行业、企业和产品结构。通过认真贯彻执行“积极扶持，合理规划，正确引导，加强管理”的方针，坚持“区别对待，择优扶持”的原则，树立以市场为导向，效益为中心的指导思想，合理确定贷款的投向、投量。并且按照国家的产业政策，在有关部门配合下，开办了“星火计划”、“贸工农”、“科技开发”等专项贷款，支持乡镇企业采用新技术、新设备、新工艺，实行各种形式的联合，提高产品质量，增加出口创汇。在农行、信用社贷款的乡镇企业已达100多万家，行社支持的乡镇企业由小到大，由土到“洋”，由单个企业到大型企业集团，由低水平的初加工到机械、电子、航空、航天等高科技领域，由国内市场走向国际市场。在农行开户贷款的乡镇企业中已有一批年创产值数亿元乃至几十亿元的骨干企业，成为乡镇企业的中坚力量。

第三，强化信贷管理，促进企业提高经济效益。根据乡镇企业发展的客观要求，农业银行、信用社十分注重强化信贷管理，改善金融服务，逐步摸索了一套行之有效的信贷管理办法。各级行社积极参与乡镇企业发展战略规划的制定，帮助企业改善经营管理，监督企业合理分配利润，同时进一步改进银行结算，为企业提供信息咨询等多种服务，加速了资金周转，促进了企业经济效益的不断提高。

乡镇企业在快速发展的过程中，乡镇企业资金短缺的矛盾日益突出，已成为各界十分关注的问题。形成这一问题的主要原因：

一是固定资产投资过猛，发展速度过多地超越了资金可承受的能力。1992年乡村企业固定资产投资已逾千亿元，比上年增长180%，当年全国乡镇企业产值增长54%，在此高速增长的基础上，1993年上半年又快于上年速度。与此同时，1992年行社增加乡镇企业贷款469亿元，比上年增长33.3%，1993年上半年又增加了231亿元，可以说是使尽了全力，但仍不能满足乡镇企业发展的需要。而且，钢材、水泥、木材等生产资料价格上涨较猛，进一步拉大了资金供求的缺口。

二是金融秩序混乱，农村资金严重分流。乱集资和违章拆借不仅盲目扩大了投资规模，增加了流动资金需求，也导致银行、信用社存款增长缓慢。1993年1～6月份行社存款比上年同期少增加92亿元，影响了乡镇企业贷款投放进度。

三是部分乡镇企业经济效益不理想，反映到银行信贷上，贷款占压多、周转慢、效益差、风险大的问题仍较突出，逾期、呆滞、呆帐贷款继续增加，相当部分贷款本息不能按期收回。乡镇企业呆滞、呆帐贷款达到一定比例，影响了贷款的周转使用。

尽力缓解当前资金紧缺的矛盾、提高资金使用效益是更有效地促进乡镇企业健康发展的重要环节。对此，农业银行、信用社担负着十分繁重艰巨的任务，应采取以下几项主要保障措施：

1. 坚持筹集资金与盘活资金存量并重的指导思想，努力加大信贷投入力度。各级行社要抓住国家调整利率和整顿金融秩序的有利时机，紧紧依靠当地党政领导，充分发挥现有机构和新增网点的作用，广泛开展储蓄宣传，切实改善服务态度和服务手段，动员群众积极参加储蓄，扩大资金来源，力争农村储蓄有更大的增长。同时，要对乡镇企业不断扩大开户单位，加强结算服务，办好企业定期存款，大力吸收对公存款，做好农口资金集中管理工作，增加农村信贷资金可用量。努力实行计划内乡镇企业贷款规模的资金需要。

要增强农业银行系统的资金调控能力，搞好系统内资金调度，及时合理配置信贷资金，努力加速信贷资金周转，提高信贷资金的运用效率，增加对乡镇企业信贷的最佳投入。同时，还要运用好信托、外汇、特种贷款、票据贴现以及向世行、亚行、政府间和国外商业银行借款等诸多手段，加大对乡镇企业的扶持。

解决乡镇企业的资金困难，还要眼睛向内，挖掘潜力，加速现有2 100多亿信贷资金周转，提高资金使用效益。一定要盘活沉淀的信贷资金，收回逾期呆滞乡镇企业贷款，使信贷资金能够顺畅归流，加速周转，一元钱发挥几元钱作用。用资金增量优化带动存量的盘活，以形成信贷和企业资金投入、产出的良性循环，是缓解乡镇企业资金困难的重要途径。

要保证资金筹集的正常展开，使支持乡镇企业的信贷投入稳定增长，必须统一思想，提高认识，全面贯彻落实中央6号文件精神，继续整顿农村金融秩序，引导资金流向，规范农村集资、合作基金会以及民间借贷等融资行为，不断健全企业的自我发展、自我积累、自我约束的经营机制，逐步建立起以自我积累为主、银行贷款为辅、其他资金为补充的乡镇企业投资新体制。

2. 坚持因地制宜，分类指导的方针，进一步完善区域信贷政策。积极扶持发展乡镇企业，特别是加快中西部地区乡镇企业的发展，农村金融部门必须在尊重经济规律的前提下，依据国家统一规划，按照因地制宜、合理分工、各展所长、优势互补、共同发展的原则，进一步完善和落实区域信贷政策。人才缺乏、交通运输困难、信息闭塞、市场发育程度较低等，是造成中西部地区经济落后于东部地区的重要原因。在中西部地区，农业银行、信用社要充分发挥信贷杠杆作用，凝聚各方力量，创造条件，帮助改善发展环境。中西部地区信贷扶持要"突出重点、兼顾一般"，重点扶持国家农产品生产基地和贫困地区、民族地区，充分发挥农业资源、矿产资源、水利资源、土地资源、人力资源相对丰富的有利条件，本着就地取材，宜工则工、宜农则农、宜商则商地发展多种形式的乡镇企业。在支持好现有企业的同时，从实际出发，量力而行，发挥优势，注重支持一些农副产品加工、资源开发、农村能源和交通等新开项目。

支持中西部地区乡镇企业发展，必须改变"撒胡椒面"的做法，适度集中资金，支持企业走相对集中、集团经营、连片发展的路子。重点扶持依托现有集镇、现有企业以及利用沿江、沿线、沿边的有利条件按经济原则发展起来的、有一定规模的骨干企业和各种形式的企业集团，以带动周边地区的发展。对不顾条件、滥占耕地、竞相攀比、一哄而起，盲目设立的工业开发小区，要从严掌握贷款。

东部沿海地区，已成为我国乡镇企业发展最具活力的区域，农业银行、信用社要在执行国家信贷总量调控政策的前提下，发挥行、社的整体功能，实行本币、外币相配套，对资产负债率低、规模效益好、科技含量高、出口创汇等企业或项目，优先提供贷款；对试行股份制、股份合作制以及集团化经营的企业，要摸索经验，大胆扶持，促使这些企业锦上添花、再展宏图。

为了发挥东部地区的龙头带动作用，推动地区经济、技术联合，国务院提出了《乡镇企业东西合作工程》的重大举措，农业银行、信用社要同有关部门同心协力，密切配合，使这项举措落到实处。搞好调查研究，积极参与规划，从中选择一批影响大、效益好、具有较强辐射、吸纳能力的项目，采取联合贷款、银团贷款、专项贷款、外汇贷款等诸多手段相结合，推动地区间经济协作，促进经济合理布局和整体优势的发挥。

3. 坚持区别对待，择优扶持的原则，支持产业结构调整。适应建立社会主义市场经济体制的要求和资金紧缺的情况，必须坚持以提高经济效益为中心，突出支持重点企业和重点项目，实行扶优限劣的原则。对符合国家产业政策、生产适销对路的工业企业、出口创汇企业、能源、原材料等国家优先发展项目等方面的合理资金需要，将在贷款规模和资金上给予优先支持。要对在建项目逐一进行清理，分类排队。对市场前景看好、预测经济效益高的续建项目要继续支持，促其如期投产；对那些产品无销路，扭亏无指望的企业坚决不放新贷款；严格控制新开项目，对自筹资金不落实、效益差或重复建设的项目不予贷款，集中资金解决现有企业合理的流动资金需要。与此同时，要加大对有自营进出口权企业的信贷扶持，力争这部分贷款有较多的增长。要用好"贸工农"出口基地企业专项贷款、"星火计划"和"科技开发"专项贷款，并把这部分贷款与一般贷款结合起来使用，发挥更大效益。同时，要大力筹集外汇资金，加强国际结算，为出口企业提供全方位、优质、便捷、高效的金融服务。

4. 坚持支持发展与加强管理两手抓，减少信贷资产风险，促进企业不断提高经济效益。信贷扶持工作，必须坚持一手抓支持，一手抓管理，以提高贷款安全性、周转性、效益性为目标，促进企业提高效益。1993年中国农业银行制定了《中国农业银行实行信贷资产风险管理的暂行规定》。这个规定的基本要求是，依据企业的信用状况、贷款方式、资产占用形态综合确定贷款的风险度，并据此掌握贷款的发放，对风险度大的从紧掌握，甚至停止贷款。实施这项工作，应要组织力量，对在农业银行、信用社开户企业进行一次风险程度的度量、认定，分类排队，确定扶优限劣的名单，作为发放贷款的依据。用3～5年时间，逐步建立起开拓业务经营，支持乡镇企业发展与防范风险相统一的新的运行管理机制。

改革开放，新情况、新问题层出不穷。要深入学习，广泛开展调查研究，了解和掌握社会主义市场经济下银行信贷资金和乡镇企业资金运动变化的规律，运用银行的优势，将信贷管理与企业自有资金管理结合起来，参与企业经营管理的全过程，实行跟踪服务，监督企业合理分配利润，帮助企业建立风险保证金制度，正确处理国家、集体、职工个人利益关系，增强企业发展后劲。在当前复杂的经济环境中，银企双方要加强合作，相互配合，开展防诈骗活动，最大限度地减少企业和银行的资金损失。为此，要进一步加强资信和项目评估工作，不断为企业提供信息、咨询等项服务。

（摘自1993年9月19日在全国乡镇企业工作会议上的讲话）

明晰思路　做好乡镇企业重点工作

齐　景　发

1993年9月，全国乡镇企业工作会议提出："今后一个时期，全国乡镇企业的发展，要坚定不移地贯彻党和国家的各项方针政策，坚持以提高经济效益为中心，以市场为导向，不断深化改革，调整优化结构，推进科技进步，强化企业管理，增强整体素质。力争到2000年总产值达到76 000亿元，其中工业产值54 000亿元，利税7 500亿元，再转移劳动力5 000万人，推动乡镇企业再上一个新台阶，成为国民经济的'半壁江山'"。

根据这个指导思想，乡镇企业的主要工作概括地说就是：在注重经济效益的前提下，加快发展，加快提高。为此，国家各项重大改革措施将陆续出台，这是发展乡镇企业的一个难得的历史机遇。东部地区起步早，已有很好的基础，要加快提高，上规模、上档次、上质量、上水平，同时也要加快发展，尤其要加强与中西部的经济技术合作，帮助中西部地区和本地区内那些后进的地方。中西部地区起步晚，基础差，与东部地区差距很大，潜力也很大，应该进一步加快发展，在发展中要注意高起点，使发展和提高并重。

无论是东部地区，还是中西部地区，都应十分注意处理好速度和效益的关系，真正转到以提高企业经济效益为中心的轨道上来，使速度和效益同步增长。

按照上述工作思路，乡镇企业应重点做好五项工作：

1. 继续深化改革。积极推进乡镇企业产权制度改革；进一步推行和完善股份合作制；继续完善经营承包责任制；有条件的积极组建企业集团。坚持“多轮驱动，多轨运行”的方针，鼓励和支持个体、私营企业的发展。通过深化改革，进一步增强乡镇企业的生机和活力。在调查研究的基础上，树一批深化改革的典型，系统地总结他们的经验。一方面，使好的作法、经验得到推广；另一方面，通过总结经验，拿出一些规范性意见。

2. 促进科技进步。一是鼓励乡镇企业与科研单位、大专院校挂钩，积极引进技术、吸引人才，各地要逐步建立“人才库”。二是加大科技投入，督促企业注重自身积累，按销售收入的1%提取技改基金，加快技术改造。三是搞好新产品开发，各地应建立新产品开发档案，并主动与科技等部门联系，研究新产品开发有关问题。四是继续加强对各级乡镇企业培训中心的整顿、提高、管理，办好各类乡镇企业管理干部院校，对企业不同层次人员进行培训，提高干部、职工素质。同时要与有关部门协调，把乡镇企业科技教育工作与“星火计划”、“燎原计划”的实施有机结合起来。

3. 调整结构和布局。一是根据国家产业政策、市场需求和乡镇企业实际情况，积极引导乡镇企业发展国家鼓励的产业、适销对路的产品，大力开发高科技含量、高附加值、高创汇、高效益的产品。在粮棉主产区发展农副产品加工业、资源加工业，实现多次增值。二是搞好规划，相对集中，连片开发，建设工业小区，同实施东西合作工程结合起来，建立乡镇企业示范小区，并提出小区建设的有关政策和管理办法。三是依托发展乡镇企业，促进现有小城镇的改造，发展一批新型小城镇。抓好小城镇建设的示范。通过调整，不断优化乡镇企业产业结构和布局。

4. 发展外向型经济。全方位扩大开放，外资、外经、外贸一起上，大力发展外向型经济，积极引进境外资金、先进技术与管理经验，开拓国际资金、资源、产品市场，继续办好乡镇“三资”企业、“三来一补”企业。在东、中、西部地区大力发展贸工农一体化企业。加强国际经济技术合作，组织乡镇企业到境外设窗口、办厂，了解国际市场信息。同有关部门一起管好、用好贸工农基地建设扶持贷款。外商看好我国中小企业特别是乡镇企业，我们要与他们广泛接触，储备项目，争取投资。

5. 加强企业管理。抓好基础管理，强化专项管理，推进企业管理现代化。重点抓好财务管理（贯彻实施新的财务会计制度；加强各项资金管理，提高资金使用效益）、质量管理（积极推行全面质量管理；逐步推行ISO9000国际质量体系认证；加强产品质量的检查与监督）、现场管理（改善劳动生产环境，搞好文明生产）、安全管理（重点是乡镇企业煤矿、烟花爆竹安全生产和防火工作）、环保管理（抓好炼焦、造纸、化工、砖瓦等污染企业的改造；继续开展与世界银行在这方面的项目合作）。逐项提出管理办法与工作目标。

行 业 概 况

乡镇工业综述
轻工业
采矿业
食品工业
纺织工业
皮革工业
　全国乡镇皮革行业技术改造先进
　　企业名单
建材工业
机械电子工业
建筑业
交通运输业
商饮服务业

乡镇工业综述

1993年，乡镇工业企业实现总产值23 446.6亿元(1990年不变价，下同)，比上年增长72%，占乡镇企业总产值的74.3%。其中乡办8 806.9亿元，村办8 155.4亿元，合作1 566.3亿元，个体4 917.9亿元。利税总额2 300亿元，比上年增长60%以上。1993年乡镇工业企业918.4万个，比上年增长16%，其中乡办29.1万个、村办77.8万个、合作58.4万个、个体753.1万个。企业职工人数7 259.6万人，比上年增长14.6%，其中乡办1 995.8万人，村办2 243.5万人，合作582.3万人，个体2 437.9万人。企业亏损面在10%左右，与上年基本持平。

1993年乡村两级集体企业实现工业总产值16 962亿元，比上年增长65%。其中轻工业8 870亿元，重工业8 092亿元，分别比上年增长61%和70%。以农副产品为原料的加工业总产值4 988亿元，以非农产品为原料的加工业总产值3 882亿元：采掘工业总产值960亿元，原料工业总产值1 478亿元，加工工业总产值5 654亿元，分别比上年增长42%、67%、75%、54%和74%。

1993年乡村工业主要行业实现产值为：煤炭采选业278亿元，金属矿采选业156亿元，建材及非金属矿采选业439亿元，食品制造业1 040亿元，饮料制造业225亿元，饲料工业97亿元，纺织业2 030亿元，缝纫业839亿元，皮革、毛皮及其制品业314亿元，造纸

江苏江阴市华厦毛绒公司现化代生产线

及纸制品业377亿元，木材加工及竹、藤、棕、草编织业220亿元，印刷业148亿元，文教体育用品制造业133亿元，工艺美术品制造业339亿元，炼焦、煤气及煤制品业67亿元，化学工业875亿元，医药工业120亿元，化纤工业96亿元，橡胶制品业158亿元，塑料制品业570亿元，建材及其他非金属矿物制品业1 947亿元，金属冶炼及压延加工业1 012亿元，其他工业1 065亿元，分别比上年增长35%、81%、76%、70%、56%、59%、49%、67%、71%、46%、77%、47%、66%、57%、60%、46%、62%、50%、44%、50%、64%、90%和98%。其中以金属冶炼及压延加工业、其他工业和建材及非金属矿采选业发展最快。

1993年乡镇工业主要产品产量：原煤5.1亿吨，铁矿石1.2亿吨，发电量190亿千瓦小时、粮食加工6.2亿吨、饮料酒514万吨、配合饲料1.1亿吨、棉布51.5亿米、丝织品16.1亿米，服装58.1亿件，皮革制品13.5亿张，机制纸及纸张1 132万吨，水泥1.4亿吨，水泥预制件2.3亿立方米，砖瓦7 176亿块

(片)，大理石板材 2 610 万平方米，花岗石板材 6 141 万平方米，暖气片 1.8 亿片，电风扇 4 503 万台，中小农具 18.4 亿件、竹藤棕草制品 35.8 亿件，分别比上年增长 21%、100%、16%、59%、15%、267%、32%、53%、78%、82%、44%、30%、152%、45%、175%、24%、29%、41%、62%和 11%。其中配合饲料、粮食加工和砖瓦增幅最大。另外食用植物油完成 369.9 万吨，工艺美术品完成 245.9 亿元，分别比上年下降 34%和 14%。

(戚惟恺)

轻 工 业

基本概况

1. 生产稳定增长。1993 年全国乡村两级轻工业有企业 59.23 万个，从业职工 2 040 万人，实现总产值 8 639.97 亿元（现行价，下同），销售产值 8 016.16 亿元。与 1992 年相比，企业、从业职工、总产值分别增长 8.7%、11.56%和 56.97%。

2. 产业结构日趋合理。乡镇轻工业以农产品为原料的加工企业有 38.21 万个，从业职工 1 096.53 万人，实现总产值 4 842.96 亿元，销售产值 4 405.74 亿元。与 1992 年相比，企业、从业职工、总产值分别增长 6.4%、11.50%和 50.15%。以非农产品为原料的加工企业有 21.02 万个，从业职工 943.48 万人，实现总产值达 3 796.99 亿元，销售产值3 610.43亿元。与 1992 年相比，企业、从业职工、总产值分别增长 15.12%、17.57%和 69.31%。1991 年以农产品为原料的乡镇轻工业所占比重为 59.47%，以非农产品为原料的乡镇轻工业所占比重为 40.53%，而 1993 年，前者比重调整为 56.05%，后者比重调整为 43.95%，结构日趋合理。

3. 轻工业产值超百亿元的省(市)有所增加。1993 年乡村两级轻工业总产值超百亿元的省（市）有 15 个，在 1992 年的基础上增加了一个湖南省。这 15 个省(市)是：北京、天津、河北、辽宁、上海、江苏、浙江、安徽、福建、山东、河南、湖北、湖南、广东、四川。15 个省(市）乡镇轻工企业总产值和为 8 223.75 亿元，销售产值和为 7 480.9 亿元。乡村两级轻工业企业产值突破千亿元大关的省，在 1992 年只有江苏的基础上增加了浙江、山东两个省，三省总产值和为 4 355.32 亿元。乡村两级轻工业企业销售总产值突破千亿元的有江苏、浙江、山东三省，三省销售总产值和为 4 086 亿元。

4. 产品产量增加，名牌产品增多。1993 年乡村两级轻工业企业生产的产品产量：工艺美术品达 245.86 亿元，竹藤棕草制品达 35.83 亿件；日用陶瓷制品达 37.44 亿件；塑料制品达 471.7 万吨，其中，塑料人造革为 49.55 万吨，制鞋用塑料为 24.6 万吨；机制纸及纸板达 1 132.34 万吨，其中，机制纸为 676.62 万吨；家具达 79 349 万件；皮革制品（折合牛皮）达 134 587 万张；乡镇轻工业企业在产品产量增加的同时，注重产品质量的提高和争创名牌产品。如上海的"霞飞"化妆品，广东的"美的"空调电器等已享誉国内外。

5. 出口创汇成效显著。1993 年乡镇企业生产轻工出口产品的企业有 13 927 个，从业职工 172.9 万人，出口产品生产总值达 490.02 亿元，出口产品交货值达 446.2 亿元，"三来一补"工缴费收入达 142.76 亿元，分别占全国乡镇企业出口产品生产企业、从业职工、出口产品生产总值、出口产品交货值、"三来一补"工缴费收入的 10.35%、20.96%、19.14%、20.34%和 40.44%。与 1992 年相比，乡镇企业轻工业出口产品交货值增长 139.88%，"三来一补"工缴费收入增长 102.27%。

工艺美术品出口企业有 58 546 个，从业职工 148.88 万人，出口产品生产总值达 245.35 亿元，出口产品交货值达 215.28 亿元，"三来一补"工缴费收入达 23.98 亿元，与 1992 年相比，工艺美术品出口交货值、"三来一补"工缴费收入分别增长 62.72%和 84.75%。工艺美术品行业是劳动密集型的产业，其产品最适合乡镇企业加工；工艺美术品在很长一段时间里又是出口创汇的主要产品，其增长幅度较大。

乡镇轻工业出口产品交货值超 10 亿元以上的有上海、江苏、浙江、福建、山东、广东等六省（市）。六省（市）轻工产品出口交货值和为 416.88 亿元。其中，广东省乡镇企业轻工产品出口交货值已突破百亿元大关，达到 191.24 亿元，江苏省达 94.89 亿元。广东省乡镇轻工业"三来一补"工缴费收入达 142.29 亿元。

乡镇工艺品出口产品交货值超 10 亿元以上的有江苏、浙江、福建、山东、河南、广东等六省。六省工艺品出口产品交货值和为 165.51 亿元。出口工艺品制造业"三来一补"工缴费收入达亿元以上的有安徽和广东两省。两省的收入分别是：安徽

1.08亿元；广东21.32亿元。

主要行业情况

1. 制鞋业。1993年全国乡村两级有企业4 627个，从业职工33.69万人，总产值达116.06亿元，销售产值达118.08亿元，分别比上年增长49.26%、62.75%、68.93%和185.02%。近年来，乡镇企业制鞋业发展比较快，特别是"三资"、合资、独资等企业发展快。因此，企业职工数量增长幅度较大。由于"三资"、合资、独资企业的增多，进口原料增加，鞋的档次、质量提高，效益明显增加。

1993年乡村两级制鞋业总产值超亿元的有天津、河北、辽宁、上海、江苏、浙江、安徽、福建、山东、河南、湖北、广东等12个省（市）。12个省（市）的总产值和为114.06亿元。其中，福建、广东、浙江、山东四省制鞋业总产值已超过10亿元。福建达52.15亿元；广东达14.84亿元；浙江达12.21亿元；山东达10.16亿元。

1993年乡村两级皮鞋产量达12.14亿双。产量超亿双的有上海、浙江、福建、广东四省（市）。四省（市）产量和为8.71亿双。

布鞋产量达9.77亿双。产量超亿双的有浙江、福建、山东、河南四省。四省产量和为5.85亿双。

2. 造纸及纸制品业。1993年全国乡村两级有企业20 631个，从业职工109.59万人，总产值达369.02亿元，销售产值达343.08亿元，分别比上年增长7.69%、8.03%、48.42%和46.65%。其中，造纸业有企业8 899个，从业职工51.88万人，总产值达168.42亿元，销售产值达159.17亿元，分别比上年增长7.64%、10.5%、49.68%和53.79%。

造纸及纸制品业总产值超10亿元的有河北、辽宁、上海、江苏、浙江、福建、山东、河南、广东、四川等十省（市）。十省（市）造纸及纸制品业总产值和为291.2亿元。造纸业总产值超10亿元的有河北、浙江、山东、河南、广东等五省。五省造纸业总产值和为100.91亿元。

1993年乡村两级机制纸及纸板产量达1 132.34万吨，比上年增长43.85%。机制纸及纸板的产量超100万吨的有河北、山东、河南三省。三省的产量分别是：河北189.48万吨；山东140.24万吨，河南243.91万吨。机制纸及纸板的产量超10万吨的省（市），在1992年16个的基础上又增加了北京和广西。

1993年乡村两级机制纸产量达676.62万吨，占全国轻工业造纸业总产量1 820万吨的37.18%。其中突破100万吨产量的有河北和河南两省。产量达10万吨以上的有河北、山西、江苏、浙江、安徽、福建、山东、河南、湖南、四川、陕西等11个省。11个省产量和为620.32万吨。

3. 塑料制品业。1993年全国乡村两级有企业29 221个，从业职工123.28万人，总产值达538.16亿元，销售产值达493.3亿元。分别比上年增长11.03%、4.67%、41.38%和47.18%。

1993年乡村两级塑料制品业产值超10亿元的有北京、天津、河北、辽宁、上海、江苏、浙江、安徽、福建、山东、河南、广东、四川等13个省（市）。13个省（市）产值和为509.99亿元。其中，江苏省产值达到136.64亿元，比上年增长31.35%。

1993年乡村两级塑料制品业产量达471.7万吨。产量超10万吨的有天津、河北、辽宁、江苏、浙江、安徽、福建、山东、河南、广东、四川等11个省（市）。11个省（市）产量和为440万吨。其中，塑料人造革、合成革的产量达49.55万吨；产量超万吨的有江苏和浙江两省，两省产量和为47.67万吨。制鞋用塑料产量达24.6万吨。其中河北、浙江、福建、河南、广西五省（区）的产量和为22.05万吨。宁波市乡村两级塑料制品业比较发达，1993年产量达11.2万吨，占浙江省产量的21%。

4. 木材加工及竹、藤、棕草编织业。1993年全国乡村两级有企业3.15万个，从业职工69.5万人，总产值达221.44亿元，销售产值达202.43亿元，分别比上年增长16.24%、20.81%、78.6%和85.27%。

1993年木材加工及竹、藤、棕草编织业产值超10亿元的有辽宁、上海、江苏、浙江、福建、江西、山东、广东、四川等九省（市）。九省（市）产值和为162.67亿元。

5. 家具制造业。1993年全国乡村两级有企业1.7万个，从业职工40.61万人，总产值达154.5亿元，销售产值达141.58亿元，分别比上年增长18.88%、10.99%和66.88%。

1993年乡村两级家具制造业产值超10亿元的有北京、江苏、山东、广东、四川等五省（市）。五省（市）产值和为108.02亿元。

1993年乡村两级家具产量达7.93亿件。产量超亿件的有河南和广东两省。两省产量和为3.3亿件。其中，木制家具产量达5.96亿件；产量超亿件的有河南和广东两省。两省的产量和为3.88亿件。

6. 玩具制造业。1993年全国乡村两级有企业2 039个，从业职工29.72万人，总产值达69.17亿元，销售产值达164.81亿元。与1992年相比，企业、从业职工、总产值分别比上年增长3.35%、18.12%和65.84%。

1993年乡村两级玩具制造业

产值超亿元的有上海、江苏、浙江、安徽、福建、山东、广东等7省(市)。7省(市)产值和为67.62亿元。

7. 化妆品制造业。1993年全国乡村两级有企业588个,从业职工3.44万人,总产值达42.81亿元,销售产值达41.44亿元,分别比上年增长-1.19%、12.79%、64.91%和80.33%。

1993年乡村两级化妆品制造业产值超亿元的有天津、上海、江苏、浙江、安徽等五省(市)。五省(市)产值和为39.25亿元。

8. 工艺美术品制造业。1993年全国乡村两级有企业2.67万个,从业职工169.05万人,总产值达335.524亿元,销售产值达311.31亿元,分别比上年增长8.98%、5.45%、55.21%和62.01%。

1993年乡村两级工艺美术制造业产值超10亿元的有北京、天津、江苏、浙江、福建、江西、山东、河南、湖南、广东等十省(市)。十省(市)产值和为280.65亿元。超过10亿元的省(市)比1992年增加了4个,分别是北京、福建、江西和河南。

1993年乡村两级工艺美术品的产量达245.86亿元。产量过10亿元的有河北、江苏、浙江、福建、山东、河南、湖南、广东等八省。八省产量和为211.5亿元。青岛市工艺美术品业比较发达,1993年产值达13.62亿元,产值达11.95亿元,分别占山东省工艺美术品总产值的19.47%和总产量的20.22%。

抽纱刺绣工艺品制造业。1993年全国乡村两级有企业3 907个,从业职工27.57万人,总产值达50.49亿元,销售产值达48.01亿元,分别比上年增长22.28%、20.52%、66.63%和72.14%。

1993年乡村两级抽纱刺绣制造业产值超亿元的有上海、江苏、浙江、安徽、山东、河南、广东等七省(市)。七省(市)产值和为47.06亿元。

地毯制造业。1993年全国乡村两级有企业5 865个,从业职工36.79万人,总产值达57.58亿元,销售产值达52.79亿元。分别比上年增长9.24%、18.49%、52.29%和63.69%。

1993年乡村两级地毯制造业产值超亿元的有天津、河北、江苏、浙江、安徽、山东、河南七省(市)。七省(市)产值和为53.41亿元。

雕塑工艺品制造业。1993年全国乡村两级有企业519个,从业职工7.3万人,总产值达20.89亿元,销售产值达19.38亿元,分别比上年增长18.95%、40.38%、133.41%和150.37%。

1993年乡村两级雕塑工艺品制造业产值超亿元的有江苏、浙江、福建、山东、广东等五省。五省产值和为16.77亿元。

竹藤棕草工艺品制造业。1993年乡村两级有企业2 443个,从业职工15.71万人,总产值达24.54亿元,销售产值达22.82亿元,分别比上年增长33.79%、24.58%。总产值增长99.51%和82.56%。

1993年乡村两级竹藤棕草工艺品制造业产值超亿元的有江苏、浙江、安徽、福建、山东、广东、广西等七省(区)。七省(区)产值和为20.4亿元。

1993年乡村两级竹藤棕草制品产量达35.83亿件。产量过亿件的有浙江、安徽、福建、江西、山东、湖南、广东、广西、四川等九省(区)。九省(区)产量和为32.98亿件。

陶瓷工艺品制造业。1993年全国乡村两级有企业1 264个,从业职工4.75万人,总产值达6.94亿元,销售产值达6.54亿元,分别比上年增长-1.74%、-26.74%、-2.16%和0.31%。

1993年乡村两级日用陶瓷产量达37.44亿件。产量过亿件的有:河北、福建、江西、山东、河南、湖南、广东、广西等八省(区)。八省(区)产量和为35.32亿件。

1993年乡镇企业陶瓷工艺品制造业形势比较严峻。这主要是乡镇企业陶瓷工艺品制造业生产设备落后,工艺落后,缺乏优秀的设计人才。而国际、国内的陶瓷工艺品市场要求较高艺术含量的陶瓷工艺品,以量取胜的乡镇陶瓷工艺品制造业就再不具备优势了。因此,乡镇企业陶瓷工艺品制造业要靠科技和先进的技术才能走出困境。

烟花鞭炮制造业。1993年全国乡村两级有企业4 286个,从业职工36.39万人,总产值达42.68亿元,销售产值达38.88亿元,分别比上年增长11.12%、0.14%、39.8%和43.81%。

1993年乡村两级烟花鞭炮制造业产值超亿元的有河北、安徽、江西、山东、河南、湖南、广东、广西、四川等九省(区)。九省(区)产值和为37.85亿元。产值超亿元的省(区)比1992年增加了6个,分别是河北、安徽、河南、广东、广西、四川。

(李建珠)

采 矿 业

1993年全国乡村两级矿山企业个数达到94 136个；从业人员449.04万人；矿业总产值896.45亿元，比上年增长70.33%。全国矿产品出口企业达到2 018个；从业职工22.16万人；完成出口产品生产总值81.16亿元；矿产品出口交货值达到68.67亿元，比上年增长68.97%。全国原煤产量达到51 343万吨，比上年增加8 986万吨，占全国原煤产量的43.38%；铁矿石11 892万吨，比上年增加5 526万吨；磷矿石1 552万吨，比上年减少1 086万吨；硫铁矿石1 065万吨，比上年增加365万吨；原盐439万吨，比上年下降93万吨；大理石板材2 610万立方米，比上年增加1 662万立方米。1993年乡镇矿业基本上控制了砂石、粘土类矿石的开采，乡镇铁矿石的产量占全国铁矿石产量的50%，乡镇磷矿石的产量占全国磷矿石产量的50%左右，其他金属、非金属矿和能源矿的产量也已达到或接近全国总产量的40%。

1. 乡镇矿业已具有相当大的规模。乡镇矿业已成为国家矿业的重要组成部分，特别是乡镇煤矿的产量已与国有重点煤矿的产量持平，成为我国煤炭工业中的一支不可忽视的重要力量。乡镇煤矿的大发展，为缓解全国煤炭供求关系紧张局面起到了重要作用。乡镇煤矿的迅速发展支持了国民经济快速发展。乡镇煤矿在重点产煤县已成为主要经济支柱。一般重点产煤县40%的财政收入来自乡镇煤矿，有的高达80%左右。全国乡镇矿业的迅速发展为我国矿产资源的充分开发利用，保障国家矿产品的有效供给，为农村特别是中西部地区的经济振兴、脱贫致富和转移剩余劳动力，产生了积极的重要作用。

2. 产业结构得到进一步优化。乡村集体煤矿的平均规模，已由1992年的1.5万吨/年扩大到1993年的1.9万吨/年，其他矿种集体矿山的平均规模也有不同程度的提高。许多地区在促进区域产业结构调整中，变单一的矿业优势为综合经济优势，逐步实现由资源型单元经济向资源加工型经济转变，从单一矿种和初级产品开发向综合开发和深加工、精加工、多品种转变。山西省阳泉市优化乡镇矿业结构，大力发展矿产品加工产业，走出一条矿产资源与高新技术相结合和矿产品加 工延伸振兴之路，实现了由地下采掘向地上加工转移，矿产品由初级加工向深加工转移，初加工与深度加工结合；加工由传统工艺向高新工艺转移，老工艺与新技术相结合。

3. 企业内部改革取得新进展。许多地区乡镇矿业在继续稳定和完善承包经营责任制和矿长负责制的基础上，积极引导企业推行股份合作制，促进联合办矿和规模经营。江苏省铜山县利国乡牛头山选矿厂带头兴办股份合作制矿山企业，至1992年已形成年处理铁矿石18万吨的生产能力，产值达到2 020万元。

4. 伤亡事故得到有效控制。1993年乡镇煤矿死亡人数为3 700人，百万吨死亡率为7.2人，比上年有大幅度下降。虽然安全生产形势有所好转，但煤碳百万吨死亡率仍然较高，与国有重点煤矿相比还有不少差距。造成这种局面的原因有很多，主要是一些地方办矿审批不严，无证非法开采。另外，由于投资有限，生产设备和技术管理水平差，特别是部分厂矿安全意识淡薄和职工文化素质普遍较低，事故隐患依然较多。

5. 东部、中部和西部三大经济区发展水平很不均衡。在矿山企业中，东部地区占25.376%，中部地区占65.176%，西部地区占9.448%；在矿业总产值中东部地区占46.68%，中部地区占46.88%，西部地区占6.44%。东、中、西部地区矿业的发展差距大，而且呈逐年拉大之趋势，特别是西部地区的各个省区，大都是我国的能源大省，资源丰富，但西部省区的矿业企业不仅在数量上、规模上不如东部地区的企业，而且企业的管理水平，企业的效益也远远不如东部地区。最近几年来中部地区乡镇矿业有了长足的发展，而且发展势头很好。西部地区矿产资源的优势没有得到很好的利用，发展缓慢。

6. 对策。乡镇煤矿的蓬勃发展，是国家大力扶持和引导的结果，改革开放以来，从基础设施建设到外部条件都得到了显著的改善，各级地方政府也相继制定了很多扶持措施以促进乡镇矿业的发展。为了扶持和引导乡镇矿业健康发展：①要增加对乡镇矿业的必要投入，搞好基础设施建设。乡镇矿业的发展主要靠自我积累，同时，国家也应给以必要的扶持。各方面的扶持资金应当按照提高经济效益、改善安全生产条件、增强企业后劲的原则安排使用，不能投向效益差、无证开采、资源无保障的企业。②积极引导乡镇矿业企业进行改造、提高。对乡镇矿业企业应合理布局，择优选点，促使企业通过各种方式引进先进的生产技术和管理技术，使企业的总体水平上一个新台阶。通过改造一批企业，对全国乡镇矿业企业起示范作用，以促进全国乡镇矿业的健康发展。③对矿产资源要合理开发，要打破行业界限，按照谁投资谁受益的原则开办矿产企业，各级政府应积极支持乡镇矿业的发展。④乡镇矿业的发展直接关系到中西部地区经济的发展，关系到广大落后地区农民的脱贫致富，而乡镇矿业是中西部地区的一个重要经济支柱，国家应在乡镇矿业方面在政策上，特别是在资金上，对中西部地区应给以大力支持。

（蔡春华）

食品工业

1993年是历史上乡镇食品工业发展最快的一年。1993年全国乡村两级食品工业总产值1 183亿元，比上年增长52.5%，占全国乡村两级工业总产值8.9%，占全国食品工业总产值的比重达34.8%。

1993年乡镇食品工业比全国食品工业发展速度高出37.5个百分点。食品工业在乡镇工业各部门中仍居于机械、纺织工业之后，列第三位。在食品工业中，食品制造业增长69.7%，饮料制造业增长56.3%，烟草加工业增长271%，采盐业增长63.6%。除烟草工业之外的13个食品工业行业中增长最快的是粮食加工业，增幅为82.1%；水产品加工业、白酒加工业、汽水制造业增幅均超过60%。唯一下降的行业是制糖业，下降幅度达51.1%。

1. 企业结构发生了较大的变化。1993年，乡村两级食品工业企业企业数24.3万个，企业人数278.5万人，分别比上年增长4.3%和9.8%。企业平均规模增大，企业平均创产值由上年的32.8万元增长到1993年的48万元，企业平均人数由10.9人增加到11.5人。劳动生产率由上年的3万元增长到1993年的4.2万元。

2. 有效供给大幅度增加。1993年，乡镇食品工业企业主要产品产量：食用植物油370万吨，比上年增长19.6%；罐头食品162万吨，增长37.1%；饮料酒514万吨，增长15.1%，其中白酒226万吨，增长60.1%，啤酒176万吨，增长35.9%；乳制品11.6万吨，增长18.4%。

3. 技术改造的步伐加快。至1993年，全国乡镇食品工业企业已引进或扩建了320条方便面生产线，年产方便面20万吨。以方便面为代表的各种主、副食方便食品、复合调味品、快餐食品发展很快，成倍增长。等级面粉，专用面粉也取得较快发展。食用植物油中的二级油率已达到67%。啤酒行业有6家企业采用了微机管理，红嘴子啤酒厂生产能力40万吨的生产线已建成投产，1993年生产12万吨啤酒。低度白酒已占白酒总量的45%。辊封式500ml玻璃瓶容器和锡焊罐已逐渐被淘汰，有85%的罐头采用了旋封式玻璃瓶包装和高频焊罐。饮料行业中加强了食品卫生管理，加快了罐装生产线的改造步伐，新上67条罐装生产线，酸枣、沙棘、杏仁等天然果汁饮料大规模地被开发。

全国乡镇食品工业的快速发展同乡镇企业的其他产业发展的势头相适应，有利地支持和保障了全国副食品的供应与全国人民的菜篮子。

（聂新鹏）

纺织工业

1993年全国有乡村两级纺织企业6.48万个，比上年增加5 600个，就业职工568.14万人，比上年增加43.34万人；纺织工业总产值（1990年不变价）2 965.37亿元，比上年增长54.3%；销售收入2 752.82亿元，比上年增长59.4%。

1. 主要行业情况。1993年乡镇纺织行业中发展最快是化纤业，增长速度由上年第四位跃居第一位，其次是缝纫、毛纺织、棉纺织、针织业。化纤业1993年有企业1 248个，工业总产值96.34亿元，销售总产值88.07亿元，分别比上年增长201%、82.02%和82.45%。江苏省乡镇化纤业总产值达50.64亿元。缝纫业有企业32 037个，总产值838.54亿元，销售产值778.42亿元，分别比上年增长12.9%、66.58%和72.67%。毛纺织业有企业2 720个，总产值265.44亿元，销售产值241.15亿元，分别比上年增长2.2%、51.89%和37.7%。棉纺织业有企业8 284个，总产值539.39亿元，销售产值518.57亿元，分别比上年增长0.9%、46.07%和50.27%。针织品业有企业9 646个，工业总产值285.24亿元，销售产值258.55亿元，分别比上年增长25.68%、35.28%和

40.24%。

2. 产品产量。丝 69 285 吨，比上年增长 103%。棉布 515 151 万米，比上年增长 31.7%，其中乡办 282 327 万米，村办 174 536 万米。服装 58.08 亿件，比上年增长 78.16%，其中乡办 18.73 亿件，村办 23.59 亿件。

3. 结构调整情况。一是产品档次明显提高，以服装为例，被市场公认名牌产品，乡镇企业约占一半以上。二是发挥当地优势，实行专业化、系列化、一条龙配套生产。三是发展多元化产品，形成了"一业为主，多业发展"产业结构。四是企业组织结构向规模经营发展。1993 年，产值亿元以上乡镇纺织企业达 100 多家。最大的乡镇纺织企业产值 10 多亿元。有的乡镇纺织企业集中的产区，工业产值超过 40 亿元以上。

4. 出口创汇情况。乡镇纺织企业把发展外向型经济作为推动乡镇企业发展的"引擎"，通过出口创汇，引进了技术、设备，使乡镇企业产品提高了档次，增强了竞争能力。1993 年乡镇纺织出口企业 21 801 个；职工人数 238.98 万人；出口产品交货值 808.04 亿元，比上年增长 87.42%。其中服装 399.46 亿元，比上年增长 114.27%；丝织 105.46 亿元，比上年增长 80.43%；纺织 303.11 亿元，比上年增长 62.74%。1993 年出口收购值较高的省份有：江苏省出口收购值 285.99 亿元；浙江 136.82 亿元；广东 131.4 亿元；上海市 73.02 亿元；福建省 34.85 亿元。

（李　侠）

皮 革 工 业

1993 年，乡镇皮革工业充分利用当地资源，变资源优势为经济优势，调整产业结构，取得了可喜的成就。

1. 生产持续稳定发展。1993 年全国乡村两级皮革、毛皮及制品业有企业 10 291 个，职工 72.32 万人，总产值 317.99 亿元，销售产值 293.84 亿元，分别比上年增长 7.57%、14.38%、76.52%和 15.54%，总产值的增幅比上年高 36.36 个百分点。其中，皮革制品业有企业 6 494 个，职工 47.6 万人，产值达 205.55 亿元，销售产值达 190 亿元。

乡镇皮革、毛皮及制品业总产值超亿元的有天津、上海、江苏、浙江、山东、河南、广东等七省（市）。七省（市）总产值和为 260.14 亿元。其中，皮革制品总产值超过 10 亿元的有上海、江苏、浙江、山东、广东等五省（市）。五省（市）总产值和为 163.57 亿元。

1993 年全国乡村两级皮革制品产量（折合牛皮）达 13.46 亿张。产量超过亿张的有上海和河南两省（市）。两省（市）产量和为 10.42 亿张。

1993 年全国乡村两级皮鞋产量达 12.14 亿双。产量超亿双的有上海、浙江、福建、广东四省（市）。四省（市）产量和为 8.71 亿双。

2. 行业发展快，产品种类齐全，产品质量稳定提高。经过几年的发展，乡镇企业皮革、毛皮及制品业已拥有皮革制品、制革、皮革机械、皮革化工、皮革五金、鞋用材料、皮鞋、箱包袋等行业。随着国际、国内皮革市场的变化，乡镇皮革工业的发展起点高，设备好，技术先进。从而使产品种类增多，产品质量稳定提高。乡镇皮革工业除生产一般的皮革制品外，还能生产鞋面革、服装革、软面革、印花革、磨砂革、变色革、家具革等中高档皮革。产品的档次、规格、花色品种齐全，质量稳定。许多企业的产品曾获部优、省优称号，有的产品还被推荐为质量信得过产品。出口的一些皮革制品免检。

3. 形成了一大批骨干企业和企业集团。乡镇皮革工业已有一大批企业规模大、产品质量好的骨干企业。如浙江雪豹实业总公司、浙江上林制革厂、浙江桐乡越丰制革厂、福建莆田协丰鞋业有限公司、广东中山市南头制革厂、河南鹿邑鞋城皮革制品有限公司等。这些企业不仅规模大，而且总产值都已超过 1.5 亿元。1993 年全国乡镇皮革、毛皮及制品业企业产值超亿元的企业约 50 多家。其中，有的企业总产值超过 2 亿元。如福建莆田协丰鞋业有限公司总产值达 4.5 亿元。

为了适应竞争激烈的市场，乡镇皮革工业以骨干企业、拳头产品企业为龙头组建了一大批企业集团。如浙江足佳鞋业（集团）公司、江苏森达集团、河南项城皮革集团等。浙江足佳鞋业（集团）公司是一个拥有 21 个分厂，由制革、制鞋、制跟、制帮、制底、制胶、包装、彩印等分厂组成的较大的集团公司。该公司职工达 3 000 人，1993 年产值 1.7 亿元。江苏森达集团在 1993 年中国质量协会举办的"鞋王"展销活动中，获得"中国鞋王"贵冠称号。

4. 出口创汇增长快。1993 年乡镇皮革工业出口创汇总额约占全国皮革工业出口创汇总额的二分之一。出口产品交货总额达 5 000 万元以上的企业约 50 个。乡镇皮革、毛皮及制品业出口的产品多为皮鞋、皮革服装、箱包袋等。

随着乡镇皮革工业产品出口量的增长，为了使企业生产更多的产品出口，1993年经对外贸易经济合作部审核批准，乡镇皮革工业首批获赋予外贸经营进出口权的企业有：浙江足佳鞋业（集团）公司、广东南海市里水镇制鞋实业有限公司、江苏将宁县外贸皮毛工艺厂等。

5. 一品一业兴起龙头产业，形成了一批初具规模的"鞋城"、"制革城"、"皮革机械城"。福建的莆田市，广东的东莞、南海，浙江的桐乡、温州，江苏的张家港等地已是鞋的集中产区——"鞋城"。河北留史镇，河南项城、鹿邑，浙江海宁等地已是制革的集中产区——"制革城"。杭州的大兴是一个专生产皮革机械、制鞋机械的"皮革机械城"。这些"城"的形成，促进了乡镇皮革工业分散经营向集中经营转变，也促进了企业向专业化、群体化、规模化方向发展。

6. 以市兴厂，以厂兴市。各地在原料皮、革制品市场的周围，涌现了一批皮毛、革制品加工专业村、专业户。如河北留史镇围绕着国内乃至亚洲最大的皮毛市场，人称"东方皮毛城"建起了皮毛加工企业1 200多家，从事皮毛加工业的人员达2.4万人，年加工各类生皮2 800万张。加工产品从过去的车马挽套具发展到生产中高档鞋面革、服装革、裘皮服装革等。改变了以前单纯经营皮毛倒买倒卖的状况，向生产经营转化。仅此一项全镇获利2 000万元。乡镇皮革加工业以市场为龙头，依托皮毛市场发展皮革加工业，形成了以市促厂，以厂兴市的良性循环，为乡镇皮革工业的健康、持续发展奠定了基础。

7. 对策。皮革工业是最具有国际性和贸易最活跃的产业之一。随着世界产业结构的调整，生产贸易格局的变化，给我国乡镇皮革工业的发展、提高和扩大出口带来了难得的机遇。为把握机遇，迎接挑战，争取乡镇企业皮革工业再上新台阶，乡镇皮革、毛皮及制品业企业应做好以下几方面的工作：①以技术改造为龙头，紧紧抓住产品质量这项中心工作不放。企业要加大技改投入，改造生产工艺，引进先进设备，制定规章制度，保证产品质量。②以外向型经济为突破口，不断调整皮革产品结构，增加花色品种，提高产品档次，努力扩大国际、国内市场的占有率。③大力发展股份制、股份合作制企业，发挥集团优势，提高规模效益。④东中西部地区要资源互补，经济互利，共同发展皮革工业。西部地区有丰富的皮毛资源，东部地区有较强、较发达的制革工业、制件技术。皮革工业是东中西地区合作潜力较大的行业。因此，东中西部地区应在皮革工业的横向联合上求共同发展。⑤治理污染。皮革工业的污染问题一直困绕着企业的健康发展，应下大力气治理污染。

（李建珠）

全国乡镇皮革行业技术改造先进企业名单

北京市

顺义县东方皮革服装厂

天津市

东丽区军粮城皮件厂

河北省

辛集市万华制革厂

辛集市皮革皮毛工业总公司

辛集市福利皮毛厂

山西省

清徐县东罗白制革厂

辽宁省

锦州顺昌裘革皮制衣有限公司

沈阳市苏家屯区皮鞋二厂

吉林省

扶余市三岔河皮革厂

上海市

闵行区畜产进出口公司黎明皮革联营厂

奉贤文泰运动鞋厂

闵行区宝屐皮鞋厂苏民联营厂

闵行区中马皮件厂

江苏省

江苏森达集团公司

启东市制革厂

江宁县南京万里皮鞋总厂马甫分厂

工贸合营无锡江南皮件厂

浙江省

雪豹（中国）实业总公司

海宁市华丰制革厂

海宁市上林制革厂

桐乡市越丰制革厂

桐乡市足佳鞋业集团

黄岩市利民皮鞋总厂

瑞安市春雷塑胶实业公司

安徽省

临泉县福利皮革总厂

淮北市飞灵皮革厂

福建省

莆田振兴鞋业有限公司

晋江国源皮业有限公司

石狮福林鞋业有限公司

山东省

定陶县陈集国华贸易公司制革厂

郓城县苏阁皮革制品总厂

河南省

鹿邑县鞋城皮革制品有限公司

西峡县皮革股份有限公司

湖北省

红安县制革制鞋工业公司

湖南省

长沙县金井制革厂

广东省

番禺市化龙手袋集团公司

恩平县江鸿制革有限公司

广西壮族自治区

宾阳县南方制革厂

四川省

万县市东方皮鞋厂

云南省

沧沅县川沅制革厂

陕西省

三原县皮革厂

甘肃省

兰州金星皮革工业公司

重庆市

江北区塔山皮革厂

大连市

沙河口区红旗皮鞋厂

建材工业

1993 年乡镇建材工业企业 18.44 万个，比上年增长 7.55%；职工 867.26 万人，比上年增长 10.89%；工业总产值 1 947.39 亿元，比上年增长 64.15%。乡镇建材几大行业的发展情况为：水泥制造业乡村两级企业 5 532 个，职工 85.63 万人，产值 253.37 亿元，分别比上年增长 1.86%、17.77%和 54.40%；砖瓦制造业乡村两级企业 8.96 万个，职工 457.55 万人，产值 602.04 万元，分别比上年增长 —4.27%、0.98%和 26.08%；水泥预制件制造业乡村两级企业 2.96 万家，职工 82.60 万人，产值 251.27 万元，分别比上年增长 18.94%、50.57%和 1.16 倍；建筑用石加工业乡村两级企业 1.07 万个，职工 32.17 万人，产值 111.45 亿元，分别比上年增长 51.77%、74.36%和 2.38 倍；轻质建筑材料制造业乡村两级企业 5 599 个，职工 18.32 万人，产值 64.31 亿元，分别比上年增长 58.21%、85.99%和 3.07 倍；建筑卫生陶瓷制造业乡村两级企业 2 573 个，职工 23.68 万人，产值 85.39 亿元，分别比上年增长 31.88%、58.29%和 1.05 倍。

1992 主要产品产量：水泥 1.35 亿吨，比上年增长 30%；石灰 4.15 亿吨，比上年增长 — 7.55%；砖 6 408.41 亿块，比上年增长 29.34%；卫生陶瓷 7.12 亿件，比上年增长 30%；水泥预制构件 2.27 亿立方米，比上年增长 1.51 倍；大理石板材 2 610 万平方米；花岗岩板材 3 968 万平方米；水磨石板材 3 968万平方米；水泥砖 72.50 亿块。

1993 年乡镇建材工业的特点如下：

1. 发展速度明显加快。1993 年乡镇建材工业产值增长速度比上年提高 11.9 个百分点；水泥产量比上年净增 3 000 万吨，砖产量净增 1 450 亿块标块；比上年多吸纳农村剩余劳动力 85 万人。1993 年乡镇建材工业发展速度高的原因主要是受经济高速发展的拉动，以及 1993 年大量投资于乡镇建材工业的结果。

2. 投资力度加大。1993 年各地用于乡镇建材工业的投资超过 20 亿元。相当于整个“七五”期间各地用于乡镇建材工业的投资。由于新上的乡镇建材企业项目大部分是当年建设、当年生产、当年见效的“短平快”项目，因此，对乡镇建材工业的快速发展影响很大。

各地在选择项目时，特别注意提高新上项目的起点，其中一批是高精尖项目。江苏泰兴玻璃厂幕墙玻璃生产线投资 1 600 万元，引进国际上最先进的高科技磁控溅射镀膜新工艺生产，全部采用计算机程序控制。新上项目起点的提高，既防止出现低水平的重复，又防止了新建企业的“幼稚老化症”，对提高整个行业的技术水平作用也很大。

3. 发展的不平衡性依然存在，东、中西部地区的差距相对缩小。1993 年东部十个省市乡镇建材工业产值 1 272.45 亿元，其中仅山东省乡镇建材工业产值就达 457 亿元，占东部十省市的 35.91%。东部十省市的乡镇建材工业产值占全国乡镇建材工业总产值的 65.34%，而中西部二十个省区的乡镇建材工业产值仅占其 34.66%。但 1993 年东部十省市乡镇建材工业产值占全国乡镇建材工业产值的比重已比上年下降了 8.16 个百分点。这表明中西部地区的乡镇建材工业比东部地区获得了更快的发展，相对缩小了东部与中西部地区乡镇建材工业的差距。

4. 技术改造步伐明显加快。1993 年乡镇建材工业继续围绕节能、节土、利废、提高产品质量和经济效益这个中心，不断进行技术改造。

乡镇水泥工业的技术改造的重点是对现有的机立窑生产线按技术要求进一步配套、完善。主要采用预加水成球煅烧工艺、闭门操作技术、立窑煅烧新技术等改进焙烧工艺；增建各类均化库，改人工配料为机械配料；立窑热工参数的微机监测与控制技术等。对普通立窑生产基础好的改造为机立窑生产线。

各地乡镇墙体材料工业的技术改造制定出了改造方案、实施计划及保障措施。为配合新型墙体材料建筑应用试点，选择了不同层次的企业进行不同层次的技术改造。突出抓了一批就地取材、投资少、见效快的粉煤灰烧结砖、煤矸石砖、混凝土砌块、粘土空心砖等技术改造项目。在以墙体材料革新为目的的技术改造的同时，各地还普遍抓了粘土实心砖生产企业的技术改造工作，提高了企业的整体素质，为这些企业转产新型墙体材料奠定了基础。

乡镇建筑卫生陶瓷的技术改造集中在积极推广高效率、低能耗的隧道窑、辊道窑；大力推行轻型、优质、节能窑具和耐火材料；成型技术有：卫生陶瓷发展中压、高压注浆成型，建筑陶瓷推广大吨位压机，提高了成型效率。

乡镇石灰工业的技术改造主要集中在对生产规模较大的企业，改普通立窑为简易机立窑；推广综合节能技术，合理改造窑炉结构和煅烧工艺，改进保温隔热措施。

1993年农业部乡镇企业司在全国乡镇建材企业中评选表彰了100个全国乡镇建材工业技术改造先进单位。这次技术改造先进单位评选活动，对在乡镇建材企业中建立技术改造激励机制，促进乡镇建材工业进一步搞好技术改造工作起到较好的作用。

5. 加强了对乡镇建材企业进行分类指导。针对乡镇建材企业的状况相差较大的实际，各地采取了分类指导办法。特别是在墙体材料工业中，为贯彻国务院转发的两部两局关于加速发展新型墙体材料和推广节能建筑的决定，在实行墙体材料革新的地区对乡镇粘土砖生产企业进行普查，并根据企业能耗、产品质量和占地取土状况对企业进行了分类排队，划分等级，进行分类指导。对基础较好的企业，积极引导其生产新型墙体材料；对能耗高、质量差的企业，限期达标；对毁田烧砖的企业则要求其限期转产，调整产品结构；对无法转产的则进行关停并转。

6. 行业结构、产品结构进一步得到优化。乡镇新型墙体材料的发展，提高了新型墙体材料的比重，1993年乡镇新型墙体材料的比重占当年生产的墙体材料总量的9%左右；水泥制造业的高标号水泥、特种水泥比重增加；中高档建筑、卫生陶瓷制品增加。室内装饰装修建筑材料也通过不断开发新产品，积极调整产品结构，以适应市场的需要。河北省丰润县白官屯镇塑料建材厂在1993年中瞄准市场，开发出三项新产品，其研制的石英塑料地板砖，在全国第七届发明展览会上，荣获名优新高产品最佳奖。

通过关停并转一些能耗高、效益差的企业，以优化行业结构。1993年仅乡村两级砖瓦行业就共关停并转了3 998个砖瓦企业。企业兼并、租赁促进了乡镇建材工业的发展。

通过进一步横向联合、组建企业集团和积极推行股份合作制，乡镇建材工业的企业组织结构和规模结构得到优化。山东淄博祥和水泥股份有限公司1993年初改组股份制后，用足用好募集股金，积极扩大生产规模，生产、销售、利税均比上年有较大幅度的增长，水泥产量也由过去年产20万吨扩大到40万吨。从整个乡镇建材工业看，1993年每个企业职工47.03人，比上年增加0.43人；每个企业产值105.6万元，比上年增长72.84%；全员劳动生产率为2.26万元，比上年增长71.41%。

7. 建材工业节能、节地、利废工作成效显著。由于乡镇建材企业在发展过程中，认真贯彻了以节能、节地、利废为中心的方针，建材工业的节能、节地、利废工作取得较好成效。江苏省大丰县草堰水泥厂不断加强内部管理，开展节能降耗、“双增双节”活动，全年节能降耗为企业增加效益达50万元以上。1993年全国乡镇砖瓦企业万块标砖能耗已降到1吨以下，提前实现了“八五”规划的目标；1993年乡镇建材工业节能折合标煤400多万吨，节地近1万亩，利废5 000万吨；其中，因生产新型墙体材料节能300多万吨，节地6 000亩，利废3 000多万吨，效果尤为明显。

（王秀忠）

机械电子工业

1993年，全国共有乡、村两级机械电子企业146 804个，比上年增长9.489%；从业人员714.41万人，比上年增长5.79%；机电工业总产值（1990年不变价，下同）达到4 130.288亿元，比上年增长80.07%；销售产值为3 797.37亿元，产销率为91.84%；乡镇机电工业总产值已占当年全国乡村工业总产值的17.62%，占全国乡镇企业总产值的13.09%，占全国机械电子工业总产值的50%以上。乡镇机械电子工业已连续多年成为全国乡镇企业各行业中最大的行业，并已成为全国机电行业中一支越来越重要的组成部分。

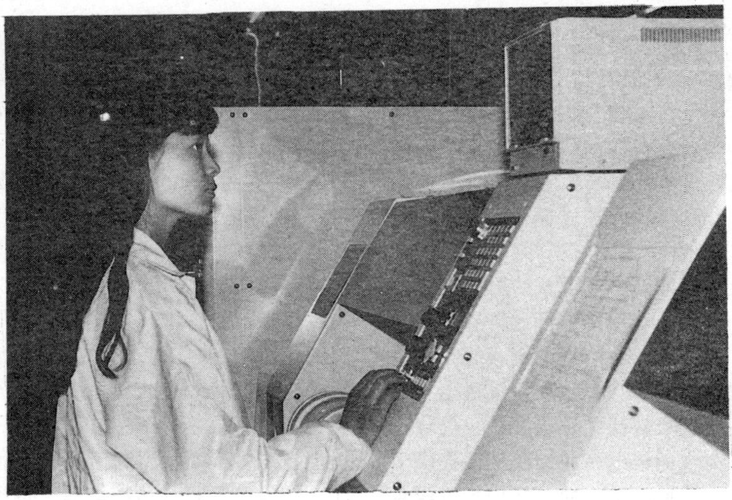

江苏无锡市丽蒲电子有限公司——我国第一家笔记本电脑生产厂

1. 六大行业情况。1993年，金属制品业总产值为1 112.85亿元，比上年增长79.34%；企业51 971个，比上年增长11.23%；从业人员21.98万人，比上年增长12.63%。机械工业总产值为1 708.94亿元，比上年增长79.94%；企业64 478个，比上年增长6.4%；从业人员332.31万人，比上年增长10.01%。交通设备制造业总产值为323.38亿元，比上年增长88.01%；企业9 582个，比上年增长17.31%；从业人员54.16万人，比上年增长21.29%。电气机械及器材制造业总产值为662.76亿元，比上年增长65.86%；企业13 136个，比上年增长9.2%；从业人员90.11万人，比上年增长9.1%。电子及通讯设备制造业总产值为262.53亿元，比上年增长101.95%；企业5 285个，比上年增长16.51%；从业人员48.28万人，比上年增长26.34%。仪器仪表及其他计量工具制造业总产值为59.94亿元，比上年增长67.57%；企业2 352个，比上年增长11.95%；从业人员13.21万人，比上年增长4.76%。

2. 各经济地带发展状况。乡镇机电工业大部分都集中于东部沿海地区和大中城市周围，中西部地区特别是西部地区发展较慢。1993年，东部十省市乡镇机电工业总产值达到3 330.57亿元，中部十省区总产值为752.49亿元，而西部十省区总产值仅为47.227亿元。这两年中部地区乡镇机电工业奋起直追，基本上保持了与东部地区同等的发展速度，甚至发展速度有超过东部地区的趋势。但中部地区乡镇机电行业不论在行业整体实力上，还是在企业规模、效益上与东部地区的差距还很大。西部地区这两年的发展速度相对于东中部地区来说显得太慢，其差距越来越大。

3. 主要省份情况。1993年，江苏、山东、浙江、广东四省仍是全国乡镇机电工业的龙头大省。四省1993年乡镇机电工业总产值达2 582.36亿元，占全国乡镇机电工业总产值的62.52%。1993年江苏省乡镇机电工业总产值为1 210.29亿元，企业23 424个，从业人员174.56万人；山东省乡镇机电工业总产值为624.1亿元，企业15 588个，从业人员84.68万人；浙江省乡镇机电工业总产值为443.89亿元，企业18 811个，从业人员88.85万人；广东省乡镇机电工业总产值为304.08亿元，企业10 087个，从业人员67.96万人。

4. 主要产品情况。1993年，生产电风扇4 503万台，比上年增长40.46%，占全国电风扇产量的74.49%；暖气片17 790万片，比上年增长27.07%，占全国同类产品产量的85%；中小农具183 608万件，比上年增长62.48%，占全国中小农具产量的95%左右。另外，乡镇机电企业还涌现出了一大批具有竞争力的产品，如科龙电器、美的电器、神州电器等。广东蚬华微波制品有限公司1993年生产能力突破100万台，家电产品40万台，微波炉产量占全国的95%，出口量占全国的90%，微波炉取得了16个国际安全及标准认证，产品畅销全球100多个国家和地区。

5. 出口创汇情况。1993年全国乡村机电企业出口创汇达到250多亿元，占全国机电产品出口额的10%以上。其中乡镇机械产品出口生产总值为182.04亿元，比上年增长96.37%；出口交货值为145.56亿元，比上年增长99.96%。乡镇机械产品出口生产总值和出口交货值连续两年增幅超过80%，成为全国机电产品出口企业中一支重要生力军。

1993年，全国乡镇机电出口企业已近万家，其中北京市通县宁庄铸造总厂等46家企业出口交货值超过500万美元，并被评为全国机电产品出口先进单位。同时，北京市昌平北方企业总公司等64家企业获得了自营进出口权。全国涌现出了一批实力雄厚的乡镇机电出口企业，出口交货值超过1 000万美元的已达到15家，其中美的电器股份有限公司的出口交货值超过3 000万美元，年产值达到12亿元，成为一家生产空调、电风扇等家用电器的大型企业。万向集团1993年出口达到1 000多万美元，成为全国汽车零部件行业中最大的出口企业。电风扇、五金工具、标准件、蓄电池、铸铁管、汽车万向节、玻璃钢冷却塔等已在全国同类出口产品中占主要地位。1993年，乡镇机械行业出口交货额前五位的省份是：江苏省66.54亿元，比上年增长108.09%；浙江省20.63亿元，比上年增长116.25%；山东省18.13亿元，比上年增长115.07%；广东省13.92亿元，比上年增长205.26%；辽宁省5.7162亿元，比上年增长71.33%。

6. 企业整体素质不断提高。1993年，乡镇机电行业工业总产值的增长速度远远高于企业数量和人数的增长速度。1993年，企业规模不断扩大，企业的平均人数达到48.67人；劳动生产率大幅度提高，全员劳动生产率达到5.78万元，比上年增长70.1%。这些成绩主要是各企业大力推进科技进步，引进高新技术，不断提高产品质量取得的。

7. 不断深化改革，完善经营机制。随着乡镇机电工业的不断发展，企业规模的不断扩大，原有生产经营方式已越来越显得与企业的发展不相适应，为了与国际接轨，不少企业在这方面作了有益的尝试。股份合作制在乡镇机电行业得到大力推广，为改善乡镇机电企业的经营机制，明晰企业产权，使乡镇机电企业逐步适应现代企业制度，股份合作制为乡镇机电企业健康发展提供了一个好的发展方向。在推行股份合作制的同时，不少具有一定规模的企业已开始按正规股份制企业的要求进行改造，如杭州万向集团，在杭州万向节总厂的基础上，通过清产核资，明确股权，成立了杭州钱潮万向股份有限公司，其公司的股票已经在深圳交易所上市。在上海、深圳上市股票的乡镇机电企业还有上海嘉宝实业股份有限公司、美的电器股份有限公司。

8. 存在的问题。乡镇机电企业在1993年虽然有了迅速的发展，但其企业规模总的来说还较小，企业平均产值只有281.35万元，因而规模效益难以发挥出来，像科龙集团、美的公司、万向集团这样有实力、有规模、有效益的企业总的来说还很少。另外，企业的产品结构不尽合理，技术含量高、附加值高的产品少，长线产品和劳动密集型产品还占有相当数量，而且有不少的重复。同时企业资金投入特别是技术改造投入严重不足，开发新产品的能力较为薄弱。

（蔡春华）

建筑业

1993年，全国乡镇建筑企业在上年快速发展的基础上，抓住机遇，深化改革，面向市场，实现了超常规发展，成为乡镇建筑业历史上发展最快的一年。

1. 企业发展迅猛。1993年，全国乡镇建筑企业达到121.69万个，从业人员达到1 826.93万人，分别比上年增长23.68%和18.58%。其中乡村集体建筑企业达到7.06万个，从业人员926.80万人，分别比上年增长11.53%和15.33%。1993年是乡村集体建筑企业从业人员最多的年份，比历史上人数最多的1988年还多100万人。乡镇建筑企业数比上年增长30%以上的有6个省（区）：浙江为350%，安徽为91.33%，青海为75%，辽宁为32.41%，新疆为31.91%，广西为30.63%。乡镇建筑企业从业人员超过100万人的有6个省：山东244.2万人，河南229.82万人，四川198.91万人，安徽108.09万人，河北103万人，江苏100万人。从业人员增长35%以上的有4个省（区）：青海47.26%，内蒙古39.72%，辽宁39.31%，广西35.64%。发展乡镇建筑业是转移中西部地区农村剩余劳动力的重要途径。

2. 施工生产持续高速增长。1993年全国乡镇建筑业完成总产值3 227.32亿元，比上年增长86.08%，增幅比上年提高32.9个百分点。完成房屋竣工面积11.10亿平方米，比上年增长69.47%。乡村集体建筑企业总产值突破2 000亿大关，达到2 060.18亿元，比上年增长83.25%，比增长最快的1984年高出24.26个百分点。全国乡镇建筑企业产值超过200亿元的省由上年的1个（山东省）增加到6个省：山东552亿元，四川384亿元，河南290亿元，辽宁213亿元，广东204亿元，江苏200亿元。有6个省（区）的乡镇建筑企业总产值比上年翻一番，广西增长172.65%，内蒙古增长133.30%，辽宁增长116.83%，安徽增长105.66%，山东增长105.35%，四川增长100.13%。四川省乡镇建筑企业积极开拓城市建筑市场，全年进城施工人数达到94.51万人，完成施工产值168亿元，分别占其总数的47.51%和43.75%。

3. 经济效益进一步提高。1993年全国乡村集体建筑企业完成总收入1 588.06亿元，实现利润总额135.43亿元，利润总额50.02亿元，上缴国家税金48.18亿元，分别比上年增长68.59%、73.72%、

73.85%和73.81%。人均创利税1 461亿元，是国有建筑企业的1.62倍；比上年增长30.1%，高于国有建筑企业增长的7.5倍。利税总额超10亿元的有4个省：山东26.59亿元，辽宁12.78亿元，广东12.37亿元，河南10.28亿元。1993年全国乡镇建筑企业和乡村集体建筑企业全员劳动生产率分别达到17 835元和22 229元，分别比上年增长56.93%和58.59%，增幅分别高出上年的19.01个百分点和15.58个百分点，分别是国有企业增长的6.7倍和6.9倍。全国乡村集体建筑企业亏损面由上年的1.45%降为1.29%。

4. 企业规模迅速扩大。1993年平均每个乡村集体建筑企业拥有职工131.27人，固定资产原值32.89万元，年创产值461.51万元，利税19.18万元，分别比上年增长3.39%、30.88%、159.79%和55.68%。一批骨干企业得到加快发展和提高，规模效益显著。1992年全国乡镇建筑企业产值超亿元的企业只有8个，1993年仅广东省就有10个乡镇建筑企业营业收入超亿元。辽宁、山东、内蒙古、广州、成都等省（区）、市乡镇建筑企业总产值超5 000万元的企业分别达到30个、30个、6个、12个和17个，其中超亿元的企业分别为16个、6个、1个、7个和5个。如大连市登沙河建筑公司拥有职工5 000人，固定资产2 904万元，1993年创产值3.3亿元，增加值9 900万元，利税5 084万元。北京市房山区建筑企业集团总公司名列全国建筑企业500强第60名。

5. 企业集团和股份制企业迅速兴起。各地以建筑企业为龙头组建一批企业集团，优化了生产要素，增强了企业竞争力和应变能力。全国以乡镇建筑企业为主，具有一定规模的企业集团100多家。山东省以乡镇建筑企业为核心企业产值超5 000万元的企业集团有7家。四川新兴集团公司是依靠建筑企业发展起来的综合性企业集团，有固定资产1.2亿元，年产值2.55亿元，其中建筑企业分别只占8.9%和47.45%。北京市房山区建筑企业集团总公司则是以建筑施工为主的建筑企业集团，下属14个土建公司，与之配套的有材料、机械设备、市政、房地产开发公司，及设计所、质检中心、职工学校等单位，1993年晋升为建筑一级企业，当年1～7月完成产值4.15亿元，比上年同期增长165.5%。股份合作制已成为乡镇建筑企业争相采用的新的组织形式，已占乡村建筑企业总数的10%，一些有条件的企业实行了股份制。不仅解决了资金紧张状况，更重要是完善了机制，规范了管理，提高了效益。山东省有200多家乡镇建筑企业推行股份合作制，有一批企业率先实行了股份制，仅淄博市产值超5 000万元的建筑股份制企业就有6家，其中淄博起风建工实业股份公司拥有股金4 293万元，1993年实现产值1.14亿元，创利税897万元。

6. 企业素质有较大提高。1993年全国乡村集体建筑企业中具有初中以上文化程度职工所占比例为70.27%，有职称的专业技术人员所占比例为5.76%，分别比上年提高3.98个和0.75个百分点。尤其是高素质人员增长加快，大专以上学历的职工达到8.36万人，有中级以上职称的工程技术人员达到15.92万人，分别比上年增长70.26%和128.74%，分别占职工总数的0.89%和1.95%，比上年提高0.28个和1.08个百分点。聘用有职称的工程技术经济人员8.91万人，技术工人18.5万人，分别比上年增长92.86%和37.34%。1993年培训各类人员22.54万人，其中大专以上的3.54万人，分别比上年增长25.15%和76.12%。企业技术装备有较大提高，年末固定资产原值达到232.17亿元，比上年增长45.95%；人均固定资产原值2 505元，人均技术装备率1 429元，分别比上年增长26.58%和30.03%。随着企业技术和管理水平的提高，企业资质得到较快提高，1993年北京市房山区建筑企业集团总公司等2家企业晋升为一级建筑企业，全国乡镇建筑企业已有3家一级企业。甘肃省乡镇建筑企业二级企业达到了24家。安徽省良友建筑工程总公司等17家企业被农业部评为全国先进乡镇企业。

7. 建筑外向型经济开始起步。乡镇建筑企业越来越重视开拓国际建筑市场，不少企业通过各类途径到国外承包工程和提供劳务。1993年我国签订对外承包劳务合同额68亿美元，完成营业额45.38亿美元，年末在外人员17.37万人，10%是乡镇建筑企业的员工。黑龙江省有几千人在独联体从事建筑、建材业，江苏省已有近万人次出国施工。积极引进外资，兴办合资、合作企业，成为乡镇建筑业加快发展、提高的有效途径。1993年全国乡村集体建筑企业引进外资达1.22亿元。大胆走出国门办企业，直接参与国际市场竞争。1990年哈尔滨东方建筑公司与独联体合资的阿尔西姆公司，是我国在独联体建立的第一家具有从事建筑工程设计、施工、咨询、工程承发包和国际贸易等经营权的公司，效益很好。

8. 对社会贡献日益增大。全国乡镇建筑企业全年新接纳农村剩余劳动力286万人，占全国乡镇企业新增人数的16.38%。乡镇建筑企业增加值达到815亿元，房屋竣工面积11.1亿平方米，分别占全国建筑业总数的38.72%和70%。乡村集体建筑企业工资总额204.49亿元；人均工资 2 206 元，比上年增长 25.42%，农民人均纯收入净增的 10%来源于乡镇建筑企业。全国乡村集体建筑企业上缴国家税金 48.18 亿元，比上年增长 73.81%。同时，乡镇建筑企业的高速发展，带动了农村相关产业的发展，1993 年全国乡村集体建筑企业消耗钢材 1 171 万吨，锯材 183.06 万立方米，水泥 7 600 万吨，分别比上年增长 73.22%、38.12%和 68.89%，分别占全国乡村集体企业消耗总量的 29.39%、39.27%和 69.72%。

乡镇建筑业也面临一些亟待解决的问题。在外部环境上，一是乡镇建筑企业参与平等竞争的市场条件还没有完全形成，乱摊派、乱罚款、乱收费、改变企业隶属关系的事件时有发生。二是建设单位拖欠企业工程款现象严重，导致企业流动资金紧张，影响正常生产。三是建筑材料和设备大幅度涨价，生产成本上升，企业效益下降。从企业自身看，一是一些企业不同程度地存在产权不清、政企不分，企业家族化现象严重，企业机制相对弱化。二是一些企业放松管理，安全事故增多，建筑质量下降。因此，乡镇建筑企业应通过不断深化改革，加快调整与提高，努力实现从建筑队伍数量的扩大转向依靠科技进步和现代管理提高劳动者素质的发展轨道上来。

（胡永万）

交通运输业

1993 年全国乡镇企业交通运输业总收入 2 940 亿元，比上年增长 78.9%；货运量 2 763.6 亿吨，比上年增长 56%，均占全国交通运输业总收入和总运量 45%以上。但乡村两级交通运输业所占比例不大。1993 年，乡村两级交通运输业只完成总收入 162.5 亿元（其中乡办 70 亿元，村办 92.5 亿元）；实缴税金 155.4 亿元，实现利润 41.4 亿元，分别占乡镇企业交通运输业的 10%、9.2%和 8.1%。

1993 年乡镇企业交通运输业有企业 636.27 万个，其中乡办 2.42 万个，村办 12.0 万个，合作办 112.2 万个，个体办 510 万个。乡村两级企业个数呈下降趋势。而股份合作、个体企业呈发展趋势，但企业素质普遍不高，事故率比 1992 年呈上升趋势。1993 年乡镇企业交通运输业从业人员 1 441.4 万人，其中乡办 50 万人，村办 144.8 万人，合作办 363 万人，个体办 883.6 万人。交通运输业发展较早、较快、较好的是沿海地区，如广东、浙江、江苏、山东、上海市五省市乡镇企业交通运输业的总收入约占全国的一半。从增长幅度看，中西部地区增长迅猛，如广西、海南、云南、内蒙古等省（区），翻了近一番。中部如河南、四川、江西、安徽省、陕西、湖北、吉林等省，增长速度都超过 50%。

乡镇企业交通运输业经营领域，正从传统的马车、人力车、拖拉机、汽车、水泥船等运输工具向现代化的集装箱运输、铁路运输、航空运输、海上运输方向发展：

1. 航空运输业。是乡镇企业近几年来涉及的新行业。1988 年 6 月，黑龙江省牡丹江通用航空公司（由牡丹江市沿江乡立新企业公司创办）就开始营业，编制飞机 10 架，主要经营护林防火、森林草原播种、施肥等项目。而真正实行客货运输，是由山东省烟台市福山区陌堂村在 1992 年 9 月首创的。由该村参股 1/4组建的烟台客货包机有限公司，已有 2 架飞机投入运营。1993 年北京市通县大稿村自己生产了第一架直升飞机，并试飞成功。一些采取承租方式进行客货运输的乡镇企业也纷纷涌现。

2. 铁路运输业。由于铁路运输紧张，制约了乡镇企业产品的流通。为此，激发了乡镇企业投资兴办铁路事业的积极性。山东省栖霞县城关村 1990 年在山西投资 400 多万元，开辟了中国农民购买火车皮搞煤炭运输的先例。山东省烟台市之罘区珠玑村投资 1 000 万元，修建铁路货场，兴办了全国第一家农民铁路储运公司，年货运量占烟台主要货运站珠玑站的 40%。河北省迁安县农民近年来投资 1 430 万元，在京秦铁路沿线修建了六条铁路专用线。

3. 海上运输业。沿海地区乡镇企业利用临海优势，积极发展海运业。连江县倚仗福州市海上门户的优势，大力发展乡镇海运业，年产值 500 万元以上的乡镇海运公司就有 4 个。烟台市牟平县新牟里村购买了两艘 5 000 吨多用途货船，组建了全洲海运公司，航行日本、香港和东南亚各地，开辟了乡镇企业远洋运输的先例。

4. 集装箱运输业。为适应我国外向型经济发展需要，沿海地区乡镇集装箱运输业迅速发展。大连渤海集装箱大件运输公司 1992 年实现产值 1 000 万元，利润 130 万元，税金 87 万元。

5. 城市出租汽车业。一些经济实力较强的乡镇企业，率先进城发展客运出租业务。上海马桥乡旗中村、江苏昆山市张浦镇、北京市通县南磨房乡、湖北潜江市幸福村等一批乡镇企业到大城市兴办了出租汽车公司。仅上海县就有4家乡镇企业出租汽车公司，马桥乡旗中村的出租汽车公司拥有100辆轿车。潜江市幸福村在武汉市兴办的幸福出租汽车公司拥有200辆豪华小轿车。

（李国文）

商饮服务业

乡镇企业的“商饮服务业”，是一个综合性的大行业，主要包括商业、饮食业、饭店、综合大厦、旅店、旅游、修理修配等行业，还包括文化娱乐等服务业。1993年，全国乡镇企业商饮服务业有企业649.2万个，比上年增加22.4%。其中乡办4.4万个，村办11.2万个，合作办140.5万个，联户办493.2万个。乡办商饮服务业，近年来发展个数保持相对平稳，但企业的规模、档次在不断提高；联户办的发展势头不减。

1993年，乡镇企业商饮服务业实现总收入2 148.6亿元，比上年增长66.7%，约占全国商业总收入18.8%。其中乡办385.5亿元，村办417.1亿元。乡村两级企业共上缴税金66.2亿元，实现利润40.5亿元。

1993年，乡镇商饮服务业从业人员1 582.6万人，比上年增长38.2%。其中乡办48万人，村办105.4万人，合作办439万人，联户办990万人。

乡镇商饮服务业主要行业情况：

1. 商饮业。主要包括商业和饮食服务业两大类。有纯商业企业，有纯饮食企业，多数是以一业为主兼营其他。1993年，全国共有企业160.1万个。其中乡办0.63万个，村办13.1万个，合作办23.1万个，联户办123.7万个。商饮业中，联户个体办占绝大部分，其中不少企业属早晚流动营业服务。

1993年，乡镇商饮业从业人员450.1万人。其中乡办48.1万人，村办56.4万人，合作办51.2万人，联户办290万人。

1993年，乡镇商饮业实现总收入1 380.6亿元，占全国乡镇企业第三产业总收入的31.7%。其中乡办386.7亿元，村办345.4亿元，合作和联户办共648.3亿元。

2. 服务业。主要包括宾馆、旅社、综合服务楼等。1993年，全国共有企业171.4万个。其中乡办8.9万个，村办8.4万个，合作办20.7万个，联户办133.4万个。

1993年，乡镇服务业共有从业人员430.4万人。其中乡办43.7万人。村办29.9万人，合作办68.2万人，联户办288.6万人。

1993年，乡镇服务业实现总收入367.0亿元，占全国乡镇企业第三产业总收入5.1%。其中乡办84.6亿元，村办96.4亿元，合作和联户办共186.8亿元。乡办和村办服务业，人均收入都超万元，但利润不高。而合作和联户办的服务业，人均收入虽不算高，由于成本低，人均创利润反而高于乡村企业。

3. 其他服务业。主要包括科技、金融、文化等方面的服务业。如信息服务中心、科技服务站等。1993年，全国共有企业120.1万个。其中乡办0.64万个，村办11.59万个，合作办22.45万个，联户办85.4万个。与1992年比较，增长较快的是联户办企业，村办企业减少了近0.2万个。

1993年，其他服务业共有从业人员354.0万人。其中乡办29.66万人，村办42.8万人，合作办50.3万人，联户办230.1万人。这些从业人员主要集中在东部、中部地区；少数民族地区、西北地区，从事这个行业的人数较少。

1993年，乡镇其他服务业实现总收入419.0亿元。其中乡办103.9亿元，村办104.8亿元，合作和联户办共210.0亿元。“其他服务业”，点多面广，业务门类多，不少是流动个体户。全行业年人均收入1.18万元。其中乡办3.5万元，村办2.44万元，合作和联户办0.74万元。

商饮服务业是我国乡镇第三产业中的重要行业，从宏观来看，1993年发展总的趋势是：在继续发展的同时，各地结合自己的实际，突出自己的优势和特点，新中求异，异中求奇。同时，根据国际国内的需要，及时适应改革开放和消费结构的变化，出现了企业上规模，设备上档次，管理上水平，服务上质量的好势头：

1. 乡镇商业加快改造，规模和档次提高。如安徽省合肥市郊区常青乡对前几年从市中心买下青云楼商场，重新进行改造装修，提高了服务档次，生意兴隆。上海市南汇县航头乡兴建的航头商城于1992年营业，商城投资高达11.5亿元，占地2 000亩，营业面积33万平方米，摊位1.3万个。

2. 乡镇饮食服务业实行高、中、低档并举，经营范围扩大，服务质量提高。不少乡镇企业进入大中城市兴办宾馆、饭店、酒店、饭庄、旅店、茶楼、快餐店及其他服务业。广州市10层以上的乡镇酒店就有十多座，其中海珠区联星村办的江南大酒店高达 30 层，投资近亿元；白云区的西城大酒店、天河区登峰大酒店等荣获省级先进企业称号。

3. 乡镇仓储业在大中城市郊区特别是沿海地区发展较快，在巩固的基础上向外向型、多功能、全方位、高水平发展。上海市各郊县共有仓储企业 2 295 个，仓储面积 849 万平方米，年存储物资量 120 多亿元，收入 3 亿多元。

4. 兴办旅游公司，直接为国内外旅客服务。1989 年我国乡镇企业第一家旅游公司即天津市郊区长青乡兴办的天津长青旅游公司成立，这是一家为国内外旅游团体和个人提供膳宿、活动安排、翻译、导游等综合服务的二类旅游企业。全国三类以上乡镇旅游企业发展到近 100 家。

5. 兴办旅游饭店，为扩大开放服务。在大中城市郊区、沿海发达地区的乡镇和旅游风景区，一批乡镇中高档的旅游饭店拔地而起。仅北京市就有 50 多家星级乡镇饭店；广州市有 3 家乡镇酒店被评为星级酒店；济南市郊区青河村兴建的明湖大酒家高 22 层，达到四星级标准。广东、福建、江苏、山东等不少外向型经济发达的乡镇都建有高级饭店，对改善投资环境，发展乡镇企业外向型经济发挥了积极作用。

6. 开发建设旅游风景点，开展配套服务。不少地方充分利用当地旅游资源优势，开发建设旅游设施。安徽省黄山市汤口镇，近年来自筹资金，相继开辟了"翡翠谷"、"九龙瀑"等旅游新景点，先后建起 180 多家旅社和 80 多家饭店，实行"吃、住、行、玩、购"一条龙服务，年旅游收入达 1 200 多万元，从事旅游业的农民人均收入 3 000 多元。近年来，山东淄博市农民共集资 2 170 万元，开发旅游景点 13 个，年旅游收入达 1 700 多万元。

7. 兴办旅游度假村，发展综合服务。乡镇企业利用土地和自然资源优势，兴办旅游度假村，搞活旅游。广东省珠海市白藤湖农民在 20 平方公里的土地上，建成了 20 多万平方米的旅游度假村，以"住水边、吃海鲜、玩水边"吸引游客，每年有 100 多万国内外游客到此旅游，年营业收入超亿元。大连市碧海山庄是一个集饭店、旅游、购物综合服务的旅游度假村，拥有固定资产 1.1 亿元。

8. 乡镇房地产业在各类开发区和小城镇建设中迅速崛起。全国乡镇房地产开发公司已发展到近 600 家。上海市上海县有 11 个乡镇成立了房地产开发公司，到 1993 年底，全县为市区建造商品房累计 150 多万平方米。大连市甘井子区 1993 年开发房屋竣工面积 24 万平方米，实现销售收入近 6 亿元。

9. 创办乡镇企业金融所、金融服务部。为解决乡镇企业资金紧缺的问题，一些地方在金融体制改革中积极探索新路，如安徽省五河县乡镇企业金融所和河南省漯河市乡镇企业金融服务部，在 1987 年经本省人民银行批准成立，业务上受县、市人民银行领导，属全国乡镇企业金融组织首创。其中五河县乡镇企业金融所 4 年累计发放贷款 5 100 多万元，70%是为乡镇企业，到 1993 年 7 月，贷款余额达到 1 116 万元，超过县建设银行，相当于 28 个农村信用社贷款余额总和。

10. 发展农民合作基金会。全国有 2 万多个乡镇建立了农民合作基金会，1993 年聚集资金总额和投放资金分别达 120 多亿元，其中为乡镇企业提供的资金占投放总额的 45%。

11. 村级信用服务机构开始涌现，对方便群众生活和生产发挥了积极作用。1992 年底，江苏省第一家村级银行——中国农业银行华西营业所开业。1993 年元月全国首家村级城市信用社在湖北省潜江市幸福村开业，中国农业银行村级分理处在吉林省四平市红嘴屯开业。

12. 乡镇企业科技服务业加快发展。一些为本企业服务的科研机构逐步从企业中分离，对推进乡镇企业科技进步发挥着越来越重要的作用。浙江省绍兴县为鼓励乡镇企业创办科研机构，明文规定"凡独立核算的企业科研所，技术性收入可适当减免营业税和所得税"。该县一批骨干乡镇企业先后办起 78 家科研所，1993 年研制开发国家级新产品 3 个，省级新产品 100 个。沈阳市东陵区乡镇企业兴办科研所和民办科研机构达 140 多个，先后有 60 多项科研成果获国家和省、市的奖励。江苏省无锡县近年来共办起各类乡镇企业科研机构 97 个，成为全国最大的科研基地。

13. 乡镇文化娱乐业迅速发展。随着城乡人民生活水平的提高，形成了投资建设文化、体育、娱乐等设施的热潮，并向综合性、高档次、多功能、娱乐性寓教育性发展。

14. 文化教育事业。上海市嘉定县半数以上乡镇新建或改建了文化中心，有 81 个经营性文化娱乐设施相继落成。浙江省苍南县龙港镇有 3 个影剧院，10 多个卡拉 OK 厅。不少骨干企业和乡村纷纷建起了职工培训中心、职工技校及乡镇企业大专院校。

15. 文艺体育事业。为满足广大乡镇企业职工和农民体育活动的需要，不少乡镇企业和乡村兴建体育设施，组建各类文艺团体，开展丰富多采的文体活动。内蒙古包头市郊区新成乡 1992 年投资 2 600 万元兴建的银河游泳馆，是内蒙古最大的。1990 年 9 月由北京市顺义马坡木材总厂投资 3 000 万元建成了我国第一座由中国农民自建、自管的高尔夫球运动场。大连富华实业总公司创办了全国第一家村办专业文化团体——辽宁省富华歌舞团。全国已涌现出一批有一定专业水平的乡镇企业文艺体育团体。

16. 游乐业。在城乡特别是经济发达的乡村及企业，乡镇企业游乐业得到迅速发展。淄博市淄川区近年来农民共投资 1 600 万元，建起了石隐园、狐仙园、西游记宫，仅西游记宫年收入就达 800 万元。西安市灞桥区新筑乡的 400 多个农民到全国各地开辟了包括高空单轨车、报警摩托等 60 多个妙趣横生的游乐点 100 多个，年收入 300 多万元。福州市洪山乡农民先后投资 1 亿元建起了 4 座大公园和 50 多座小公园。

17. 咨询信息业正在兴起。一些地方和骨干乡镇企业开始建立为乡镇企业提供法律、会计、审计、工程、工艺、经济等咨询和信息服务机构。不少省、县、乡镇还建立了乡镇企业项目库，直接为企业服务，深受企业欢迎。诸如“乡镇企业诊所”、“乡镇企业医院”等服务机构也纷纷涌现。

（李国文）

各地概况

北京市
天津市
河北省
山西省
内蒙古自治区
辽宁省
吉林省
黑龙江省
上海市
江苏省
浙江省
安徽省
福建省
江西省
山东省
河南省
湖北省
湖南省
广东省
广西壮族自治区
海南省
四川省
贵州省
云南省
西藏自治区
陕西省
甘肃省
青海省
宁夏回族自治区
新疆维吾尔自治区
沈阳市
大连市
长春市
哈尔滨市
南京市
宁波市
厦门市
青岛市
武汉市
广州市
成都市
重庆市
西安市

北京市

1993年，北京市乡镇企业呈现了快速健康发展的大好形势。乡镇企业数量达到11.56万个，从业人员125.36万人；总收入完成542.4亿元，比上年增长68.1%；总产值完成596.9亿元（1990年不变价），比上年增长62.3%。其中工业产值完成449.99亿元，比上年增长57.96%；乡村企业利润总额完成45.6亿元，比上年增长52.5%。实现了各项经济指标的快速同步增长，创造了历史最高水平。具体表现在以下各个方面：

1. 实施“双上工程”效果显著。1993年北京市乡镇企业以上规模、上水平力促企业发展。通县乡镇企业总产值突破百亿元大关；花乡、卢沟桥乡、通州镇、顺义镇、张家湾镇等5个乡镇产值超过10亿元；5至10亿元的乡镇由上年的8个增加到21个；亿元村由上年的7个增加到35个；亿元企业由上年的4个增加到19个；5 000万元以上的企业由上年的18个增加到33个。

1993年共开发新产品553项，其中123项产品填补了市内空白，15项产品达到了国际先进水平，40项产品在国际或国内获奖。新产品当年新增产值27.9亿元，新增利润4.3亿元。一批高起点、高科技、大投入、大规模的企业方兴未艾。

2. 外向型经济有新飞跃。1993年新办乡镇“三资”企业980个，比上年净增425个。协议总金额达到17.3亿美元，其中引进外资8.05亿美元，分别比上年增长1.2倍和1.9倍。企业的平均规模由上年的110万美元增加到168万美元。在大力兴办“三资”企业的同时，还重点抓了乡镇“三资”企业的入资率、开工率、达产率，取得了良好效果。全市1 921个乡镇“三资”企业中，已有1 147个入资，入资率为59.7%。其中828家投产，投产率为43%。1993年全市乡镇“三资”企业完成总产值40.60亿元，实现销售收入31.60亿元。

1993年完成出口产品交货值43.3亿元，比上年增长62.8%；出口商品结构发生了明显变化。在服装、工艺品、针纺织品、轻工和机电五大行业中，机电产品供货额增幅最大，达到68.2%。为鼓励机电产品出口，北京市机电办表彰了一批机电出口企业，有10家乡镇企业榜上有名，其中6家企业荣获北京市机电产品出口先进企业称号。他们是：朝阳京运铸造厂、平谷城关首饰厂、通县靛庄花丝厂、昌平达华汽车厂、通县宋庄铸造总厂、通县白庙铸造厂。

1993年，北京市乡镇企业中，首次出现了7个由经贸部批准的、拥有自营进出口权的企业。在出口商品基地建设项目招标中，有10家乡镇企业中标，获得国家贸工农办货款1 150万元，资金已全部到位。中标企业是：北京兴艺玩具厂、朝阳区小红门刺绣厂、密云县美佳手工艺厂、顺义张镇服装厂、顺义友联衬衫厂、回龙观工艺美术厂、北京渔阳服装厂、北京兄弟制衣厂、北京燕路皮鞋厂、通县上营花丝厂。

1993年，顺义、通县、平谷、大兴4县11个乡镇企业共在海外兴办企业、设置窗口15个，比上年增加10个。域外企业分布在欧、亚、大洋、美四大洲的十三个国家和地区。

3. 股份合作制试点有新突破。1993年共有1 060家企业试行股份合作制，明晰了产权关系，调动了职工积极性，效果十分明显。与此同时，乡镇企业的承包制开始走上法制化轨道。

4. 技改投入力度加大。近几年，北京市乡镇企业对技术改造越来越重视，把有限的资金大部分都用在技术改造上，技改投资年年大幅度增加。1993年乡镇企业投资5万元以上的项目约1 600项。计划总投资33.8亿元，当年用资32.4亿元，当年资金到位25亿元，当年新增产值30亿元。加上上年技改新增的产值39亿元，共占1993年全年新增产值的46%。其中纳入市计划410项，计划投资16.1亿元，全部竣工达产后可新增产值51亿，新增利润7.7亿元，税金3亿元。1993年技改呈现了大项目多、平均规模大和科技水平高几个明显特点。

5. 乡镇工业小区建设大步前进。1993年有290个乡镇规划了188个工业小区，一期开发27平方公里，已完成基础设施投资9.1亿元，入区企业达1 034家。

6. 集团化经营取得进展。为发挥规模效益，以骨干企业为依托、拳头产品为龙头，北京乡镇企业集团的组建取得了较快的进展。1993年已有29家企业集团领取了工商执照，还有40多家已初步具备了集团雏形。平谷申燕有限公司还走出国门，率先组建了跨国集团公司。

7. 职工素质稳步提高。1993年北京市乡镇企业职工参加各种培训的达16.8万人次，比上年增长60%；专业技术职务培训坚持不懈，五年来已评聘中级人员4 011人，初级人员19 626人；学历教育受到重视，1993年培养出大专生372人，中专生3 114人，分别比上年增长了2.2倍和3.6倍。

8. 外引人才，产品质量明显提高。平谷县和通县的两个企业还各首次引进了一名外国专家参与企业管理，开外国专家引进之先河。平谷县城关镇晶华服装厂特聘日本花甲协会一级技能士中川甲雄来厂指导半个月，取得了满意效果。该厂设备工效提高近一倍，产品合格率由89.4%提高到98.7%。通县甘棠乡肯特家具有限公司聘请的美籍华人汪志明为该公司产品质量作诊断，找出了原因，改进后产品出口数量增加一倍。

9. 科研工作硕果累累。不少企业利用首都的科技优势，纷纷与“大院大所”联合，仅1993年就组建了科研生产联合体180个。大兴县垡上乡制定优惠政策，广泛联合，1993年成立了激光、化工、生物等四个研究所，共开发出新产品15种，全部投产面市，取得了良好的经济效益。

10. 乡镇企业重点产品质量稳定。1993年14个区县乡镇企业的机电、轻工、纺织、医药、食品、建材等重点行业的40种重点产品，稳定提高率为96.15%，比上年提高3个百分点；产品平均合格率为95.10%，比上年提高5.2个百分点。这表明，北京市乡镇企业重点产品的质量是相对稳定的。

11. 安全工作又创佳绩。1993年，全市乡镇企业因工死亡事故共发生4起，死亡6人，比市政府下达的指标减少4人，取得连续五年持续下降的好成绩。火灾事故稳中有降，企业内部保卫工作得到加强，共获市公安局嘉奖集体78个，个人300人；立功集体19个，个人71人。

12. 一批QC小组受表彰。1993年，又有一批QC小组受到国家、农业部、市政府的表彰。其中，获国家级优秀QC小组称号1个，农业部QC小组二等奖1个，北京市优秀QC小组5个，北京市乡镇企业局优秀QC小组9个。此外，54家企业还获农业部颁发的企业全面质量管理达标合格证书。

（王志军）

天津市

1993年，天津市乡镇企业共38 507个，比上年减少1 875个，从业人数97.1万人，比上年增加2.9万人；实现总产值545亿元（1990年不变价），比上年增长36.4%；实现总收入419.62亿元，比上年增长47.13%；实现利税总额53.88亿元，比上年增长49.38%。其中，乡办企业2 656个，从业人员27万人，实现总产值145.3亿元，实现利税10.83亿元，村办企业8 937个，从业人数56.8万人，完成总产值345.1亿元，实现利税29.34亿元。乡镇工业企业有26 594个，从业人员88.06万人，实现产值528.28亿元，实现利税50.34亿元。

在乡镇工业中，乡村联集体工业企业有10 323个，比上年增加119个；从业人数77.5万人，比上年增加3.6万人；实现工业产值476.86亿元，比上年增长40.25%；实现总收入341.48亿元，比上年增长51.27%；实现利税44.52亿元，比上年增长57.1%。

全市12个区县中，乡镇企业总产值增长幅度在50%的有：西青区增长64.96%，津南区增长54.55%；北辰区增长52.83%，大港区增长52.71%。静海县乡镇企业总产值突破100亿大关，达107.68亿元，西青区为88.8亿元、武清县为83.38亿元。

1993年天津市乡镇企业的发展有以下几个特点：

1. 固定资产投入超过历年。1993年乡村联工业固定资产投入是历史上最高的一年。全年施工项目2 531项，其中新开工项目2 158项，当年投产2 152项。项目计划总投资32.2亿元，当年实际完成投资额26.0亿元，比上年增长19.3%。乡镇企业固定资产原值达到109.53亿元，比上年净增30.23亿元。其中乡村联工业固定资产原值达到97.13亿元，比上年净增28.33亿元。在全部建设项目中，新建企业1 173个，计划投资18.69亿元，其中已投产915个。完成投资额15.32亿元；扩建项目725个，计划投资9.26亿元，竣工投产652个，完成投资额6.92亿元；技改项目447个，计划投资3.35亿元，已完成项目423个，完成投资额3亿元。

2. 经济效益稳步提高。全市乡村联工业企业完成工业增加值114.49亿元，比上年增长98.53%。工业增加值超过10亿元的区县有4个，依次分别为西青区26.35亿元，武清县20.3亿元，静海县18.79亿元，北辰区12.55亿元。乡村联工业六项经济效益指标有五项比上年有较大提高。工业产品销售率为89.4%，比上年增加3.1个百分点；工业资金利税率为22.03%，比上年增加3.89个百分点；工业增加值率为24.82%，比上年增加6.82个百分点；工业全员劳动生产率为15 178元，比上年增长89.5%；流动资金周转次数为2.59次，比上年增加0.49次；工业成本利润率为11.13%，比上年降低0.84个百分点。乡村联工业经济效益综合指数为143.71%，比上年增加25.7个百分点，比全国平均值高43.7个百分点。乡镇企业中还涌现出一批利税大户。全市已有46个企业年创利税总额超过1 000万元。

大邱庄钢管总厂以实现利税5 275万元名列榜首。这46家企业实现利税总额达8.55亿元，占利税总额的19.2%。

3. 外向型经济又有新发展。1993年，全市乡村联工业生产出口产品的企业有1 074个，从业人员19.08万人，完成出口产品产值75.3亿元；完成出口产品交货值63.34亿元，比上年增长35.31%。在出口产品交货值中，直接出口为47.04亿元，间接出口为15.82亿元。在直接出口产品交货值中，交外贸部门出口的37.79亿元，企业自营出口的9.25亿元，“三来一补”收入4 797万元。在出口产品交货值中，服装为15.4亿元，成为出口拳头产品；以地毯为主的工艺品为9.37亿元；轻工产品为8.62亿元；化工产品为5.63亿元；纺织产品为4.29亿元；矿产品为4.08亿元。全市乡镇企业出口产品交货值增长幅度在50%以上的区县依次为：汉沽区增长225.56%，大港区增长92.57%，西青区增长90.39%，宁河县增长66.4%，津南区增长65.15%，塘沽区增长63.84%。出口产品交货值在5亿元以上的区县为：武清县14.87亿元，宝坻县11.59亿元，西青区7.38亿元，津南区6.65亿元，静海县6.25亿元。乡镇企业中涌现出一批出口创汇大户。已有173个企业年出口产品交货值超过1 000万元，其中36个企业超过3 000万元。天津环宇旅游制品厂、中津制药厂、长城化工厂、现代化工厂等4个企业出口产品交货值超过1亿元。

4. 企业规模进一步扩大。在全市226个乡镇中，已有35个乡镇乡镇企业总收入超过3亿元，比上年增加20个；其中超过5亿元的乡镇14个，比上年增加10个。静海县大邱庄镇以总收入46.7亿元名列第一。名列前茅的还有西青区张家窝乡11.25亿元，西青区大寺乡9.77亿元，西青区中北斜乡9.66亿元。

在全市3 823个村中，乡镇企业总收入超过5 000万元的已有85个村，比上年增加了51个。其中总收入超过亿元的已有26个村，比上年增加了19个。大邱庄镇尧舜街、津美街、万全街、津海街分别以总收入15.3亿元、12.1亿元、9.8亿元、9.4亿元列村级前四名。

全市10 323个乡村工业企业平均人数75人，比上年增加3人；平均固定资产94.1万元，比上年增加26.7万元；平均实现产值462万元，比上年增加162万元；平均实现利税43万元，比上年增加15.2万元。年产值超过1 000万元的企业已有986个，这些企业实现产值289亿元，占乡镇工业产值的61%。乡镇企业还涌现出一批亿元大厂，超过亿元的企业已达42个。乡镇企业组建企业集团迈出较大步子。1993年新组建企业集团25个，集团总数达到36个，占全市集团总数的一半左右。36个集团按行业划分为纺织印染行业6个，服装行业5个，机械行业10个，食品行业2个，化工行业8个，金属制品业5个。集团共有企业943个，占全市乡村联总数的9.4%，其中核心企业36个，紧密层企业503个，半紧密层企业135个，松散层企业273个。1993年企业集团实现产值约占乡镇工业产值的20%左右。

（张晓建）

河北省

1993年，河北省乡镇企业认真贯彻省委、省政府确定的“多轮驱动、多轨运行、分类指导，放手发展，狠抓提高”的指导思想，强化认识，加大投入，推进科技进步，全方位对内对外开放，认真实施重点突破、梯次推进的“三沿”工程，使乡镇企业继续保持了较好的发展势头。1993年，全省乡镇企业达159.7万个，从业人员743.3万人，分别比上年增长9.6%和6.4%；完成总产值1 714.4亿元（1990年不变价），比上年增长66.2%，其中工业产值1 246.2亿元，比上年增长66.1%；实现营业收入1 618.3亿元，比上年增长70.1%；实现税后利润净额168.5亿元，比上年增长52.7%；上缴国家税金33.8亿元，比上年增长78.27%；完成出口产品交货值53.6亿元，比上年增长45.9%；主要产品产量有较大幅度增长。

1993年河北省乡镇企业发展主要特点：

1. 乡镇工业企业继续保持主导地位，第三产业发展较快。1993年全省乡镇工业产值达1 246.2亿元，比上年增长66.13%，在总产值中所占比重为72.69%。乡镇企业第三产业增长较快，第三产业产值占乡镇企业总产值的比重为17.82%，比上年提高0.04个百分点，其中批发零售餐饮企业产值173.3亿元，占比重为10.1%，比上年提高0.3个百分点。

2. 乡镇企业资金投人大幅度

中国亚龙线缆有限公司

增加。1993年全省乡村两级工业企业固定资产投资146.5亿元，比上年增长83.8%，其中银行贷款47.6亿元，引进资金22.2亿元，引进资金中外资达6.35亿元，引进资金所占比重为15.2%，比上年提高3个百分点，企业自有资金60.3亿元。到1993年底，全省乡村集体企业固定资产原值达267.9亿元，其中乡办企业129.8亿元，村办企业138.1亿元，分别比上年增长54.4%、52.6%和56.2%。

3. 外向型经济继续发展。全省乡镇企业出口产品交货值比上年增长45.8%，其中直接出口增长48.3%，间接出口增长46.5%。在出口产品中占比重较大的有“工艺品、服装、畜产、轻工、化工等产品。全年新登记注册“三资”企业193家，合同利用外资13 034万美元，其中境外办企业38家。

4. 企业集团公司和股份合作制企业有新进展。1993年，全省乡镇企业集团公司发展到18家，销售收入均超亿元。集团公司实现总产值51.4亿元(现价)，占全省乡镇企业总产值的2.9%；实现营业收入42.5亿元；上缴国家税金1.6亿元，占乡镇企业税金总额的4.7%；职工人数4.7万人，占乡镇企业从业人员的0.6%。1993年全省乡村两级企业中股份合作制企业达11 302个，占乡村企业总数的14.1%；股份制企业资本金共计47.5亿元；完成总产值140.5亿元(现价)，占乡村企业总产值的16.9%；实现利税16.7亿元，占乡村企业利税总额的16.8%。

5. 乡村企业职工素质有新提高。1993年，全省乡村企业职工中大专以上文化程度的有2.9万人，比上年增长147.2%；高中及中专文化程度的有71.2万人；具有中级以上技术职称的22 249人，比上年增长45.7%。

6. 上规模的县、乡、村、企业迅速增加。1993年全省乡镇企业超双百亿元的市有两个（石家庄市总产值达338.0亿元，唐山市243.3亿元），超百亿元的市、地有8个；营业收入超10亿元的县（市、区）达56个，比上年增加26个，其中20亿元以上的17个，40亿元以上的2个；营业收入超5亿元的乡（镇）15个；收入超亿元的村42个，比上年增加30个；营业收入1 000万元以上的企业971家，其中5 000万元以上的59家，亿元以上的企业15家。

1993年，河北省乡镇企业取得较快发展的原因，除了国家有利发展乡镇企业的宏观环境之外，关键是省委、省政府把发展乡镇企业作为实现小康和建设经济强省的战略重点，采取了一系列重大措施，有力地推动了乡镇企业的发展。

1. 切实加强对乡镇企业工作的领导。1993年，河北省各级党委、政府把加强领导，加大工作力度作为加快发展乡镇企业的重要措施。一是把发展乡镇企业作为奔小康，建设经济强省的战略重点，各级党政一把手亲自抓。省委、省政府强调：各级党委、政府要把乡镇企业作为农村工作的三件大事之一（农业、乡镇企业、计划生育），列入重要议事日程，每年伊始，对乡镇企业要早发动、早部署，每季度最少专题研究一次乡镇企业工作，及时解决发展中的问题。各级党政主要领导都要确定联系企业，做到情况熟悉，业务内行。省委书记程维高、省长叶连松经常听取乡镇企业工作汇报，到企业中调查研究，及时提出发展思路。程维高同志指出：“不懂乡镇企业的书记、县长不是好的书记、县长。”各市、地、县、乡镇党政一把手都把乡镇企业作为重要任务，做到了亲自抓，重点抓。二是建立完善了抓乡镇企业工作的领导体系。在各级党政一把手亲自抓，成立领导小组共同抓的基础上，省委决定，在市、地、县配备了专抓乡镇企业的副职，从上到下建立了一支稳定的研究乡镇企业，抓乡镇企业工作的队伍，从而保证了领导力量的集中和稳定，保证了工作的连续性。三是加强了乡镇企业主管部门建设。省委、省政府要求在机构改革中加强乡镇企业主管部门建设，特别在地、市合并中，把乡镇企业局作为必设机构明确下来。市、地、县按照省委、省政府的要求，充实加强了乡镇企业主管部门。

2. 广辟筹资渠道，增加乡镇企

业的投入。1993年，全省上下发动，群策群力，大力拓宽筹融资渠道，增加乡镇企业资金投入。一是各级金融财政部门大力支持乡镇企业，金融部门增加了资金投放；财政部门把发展乡镇企业作为培植财源、税源的重要途径，从支农资金和扶贫资金中拿出一定比例的资金支持乡镇企业，并利用贴息贷款的形式扶持"龙头"企业。二是发展农村合作基金会，筹集民间资金。农村合作基金会作为民间金融组织，在吸收社会闲散资金，支持乡镇企业发展方面发挥了重要作用。三是搞好企业自身积累，增强企业扩大再生产的能力。通过完善企业承包办法，合理分配企业利润，扩大了企业积累。省政府强调，无论何种形式的企业承包，都必须严格按照省政府的文件规定，保证把税后利润的60%用于企业扩大再生产，严禁分光吃净的短期行业。乡镇企业主管部门和审计部门加强了对乡村集体企业税后利润分配的审计和指导，保证了企业税后利润60%用于扩大再生产规定的落实。四是积极建立贷款担保集团。卢龙县为解决乡镇企业贷款担保难的问题，探索建立了乡镇企业贷款担保集团，收到了较好的效果。1993年在全省推广了卢龙县的经验，促进了乡镇企业贷款担保难问题的解决。五是全方位对内对外开放，大力引进国内外资金。六是推行股份制和股份合作制，广泛吸收社会资金入股，增加资金投入。

3. 抓两头，带中间，推动乡镇企业全面发展。1993年，从全省各地乡镇企业发展实际情况出发，根据"抓住重点，实施突破，带动中间，全面发展"的总体战略，重点抓了两头。一是实施"三沿"工程。所谓"三沿"，即沿海，沿京、津、省会大城市，沿主要铁路、公路干线。为了充分发挥"三沿"地区的地理优势和经济基础好的有利条件，赋予优惠政策，分类指导，促使"三沿"地区乡镇企业率先突破、率先发展，进而梯次推进，影响和带动全省乡镇企业迅速发展。年初，省政府制定了《"三沿"工程实施方案》，确定了50个"三沿"县（市）、区，提出了"八五"期间的发展目标，明确了乡镇企业发展的基本思路和工作重点，并制定了相应的扶持政策和加快发展的保证措施。各"三沿"县（市）、区按照省政府的要求，制订了具体措施，从而加快了乡镇企业的发展。二是加快贫困地区乡镇企业的发展。全省列入国家级和省级重点贫困县共32个，主要集中在山区、坝上地区，经济条件较差，乡镇企业发展缓慢。为加快贫困县经济发展，省政府于1993年7月份召开了"加快贫困地区乡镇企业发展工作会议"，会后省委、省政府出台了《关于加快贫困地区乡镇企业发展的决定》，提出了加快贫困地区乡镇企业发展的11条具体措施，要求各级党委、政府在政策上倾斜，在资金、技术、人才等方面重点支持，省直部门、大专院校、科研单位、大中型企业分县包乡对口扶持，确定任务目标，拿出具体扶持措施。通过努力工作，已初见成效。

4. 优化机制，大力推行股份合作制。主要采取了以下措施：一是强化认识，明确目标。省委、省政府强调把推行股份合作制工作作为加速乡镇企业发展的战略重点来抓，列入议事日程。同时，明确提出了1993年内要力争将50%的乡村集体企业搞成股份制或股份合作制；新上企业，特别是集体和联合体企业要以股份合作制为主体。二是全面发动，搞好培训。各地通过会议、广播、电视、报刊等多种形式，广泛宣传、全面发动，使广大干部群众提高了认识，消除了顾虑，激发了他们兴办股份合作制企业的积极性。全省各级共举办股份合作制培训班70多期，培训人员1万余人，为推行股份合作制培训出一批"明白人"。三是积极引导，完善政策。各地积极探索适合当地实际情况的股份合作制模式。环京、津地区依托京、津优势，吸收京、津的资金、技术入股组建股份合作制企业；山区依托资源优势，采取优惠政策，吸收发达地区入股，联合开发当地资源。各地从实际出发，在工商登记、税收、贷款、占地、利润分配等方面创造性地制定一些有利于股份合作制企业发展的优惠政策措施，明确了股份合作制企业的法律地位，确保了其合法权益，充分发挥了政策导向和推动作用。1993年底，全省股份合作制企业发展到11 302个，占乡村集体企业总数的14.1%；完成产值和实现利税分别占乡村集体企业总产值和利税总额的16.9%和16.8%。

5. 积极推进产业、产品结构和企业布局结构调整。各地根据国家产业政策和国内、国际市场需要，加快调整乡镇企业产业、产品结构，做到了"四优先"：优先发展农副产品加工业；优先发展第三产业；优先发展为国家能源、原材料、交通等基础工业配套的相关产业；优先发展高新技术产业。同时，瞄准国内国际市场，大力开发新产品，扩大高科技、高质量、高效益、高创汇"四高"产品的生产，提高了乡镇企业产品市场适销能力。为改变点多分散的企业布局，以建设工业小区为重点，大力推进乡镇企业布局结构调整。全省已建成各类乡镇工业小区486个，拥有固定资产48亿元，从业人员85万人，年产值占全省乡镇工业产值的19%。

6. 采取有效措施，大力开发乡镇企业人才。一是动员各级党政机关、科研单位、大中型企业中懂经济，熟悉工业，热心乡镇企业的干部职工到乡镇企业施展才能。二是在乡镇企业中选拔人才，重点培养，大胆启用，为他们更好地发挥聪明才智创造条件。三是多渠道、多形式外聘人才。充分发挥环绕京、津的优势，采取有力措施，1992年以来，通过各种形式引进京、津人才36 486人，有力地促进了当地乡镇企业的发展。

（王源民）

山西省

1993年，山西省乡镇企业保持了持续加速发展的势头，各项主要经济指标提前两年实现了山西省委、省政府确定的“八五”翻番目标，迈上了总产值500亿元的新台阶，发展速度与经济效益同步增长。1993年，全省乡镇企业总产值完成708.2亿元（按1990年不变价，下同），比上年增长75.03%，其中工业总产值完成480.07亿元，比上年增长66.60%；总收入完成594.90亿元，比上年增长84.35%；利润总额完成79.50亿元，比上年增长64.27%；出口产品交货值达到10.65亿元（创汇1.2亿美元），比上年增长87.24%；乡镇企业提供的农民人均纯收入达到330.1元，净增55.90元。乡镇企业个数达到62.9万个，比上年增长22.9%；企业人数347.6万人，比上年增长21.7%；上缴国家税金18.6亿元，比上年增长40.9%。

1993年山西省乡镇企业发展有以下几个特点：

1. 提前实现“八五”翻番，保持强劲的发展势头。1993年，山西省乡镇企业根据上年的发展态势和潜力，提出要抓住加快发展的契机和机遇，尽快发展自己，努力缩短同东部沿海发达省份的差距，以超常规跳跃式的发展打好提前实现“八五”翻番仗。山西省委、省政府及时地召开了改革开放十五年来规格高、影响大的乡镇企业工作会议，表彰了“八五”前期加速发展取得突出成绩的县、乡（镇）、村和113名省乡镇企业家。出台了《关于加速发展乡镇企业有关问题的意见》，省政府与全省各地市签订了1993年提前实现500亿元发展目标责任书，年底考核，全省通报，激励奋进。各地市党政主要领导以超常规的发展意识积极推动当地乡镇企业的快速发展，把加速发展乡镇企业作为振兴区域经济的战略重点，纷纷出台新举措或以大力发展股份合作制企业为突破口，建设脱贫“特区”；或加快实施上台阶工程，新建技改项目规模大、投入多、起点高；或多渠道增加投入，重奖重用做出突出贡献的乡镇领导。使全省乡镇企业超常规增长出现了由一部分县向地市扩展的新局面。全省11个地市都提前实现了“八五”翻番目标。

2. 拓展“273”上台阶工程，重点县、乡、村率先迈上新台阶，初步形成一批“强县”、“小龙镇”、“小虎村”。1993年，山西省乡镇企业总产值超10亿元的县（市、区）达到26个，比上年新增了15个。其中40亿元以上的1个，20亿元以上的5个，10亿元以上的15个；亿元乡（镇）达到228个，比上年新增127个，其中达5亿元以上的有10个；千万元村达到900个，比上年新增413个，其中亿元以上的村有10个。这些重点县、乡、村有一定的经济实力，条件较好，成为全省率先迈上新台阶的甲级队，缩小同全国发达省份差距的排头兵。

3. 资金投入大幅度增加，资金来源多元化。1993年，山西省乡村企业固定资产投资37.81亿元，比上年增长123.9%；新增固定资产29.72亿元，比上年增长160.0%。铺开基建项目1.65万个，资金投入47.6亿元，其中：农业银行、信用社新增贷款14.5亿元，引进资金9.75亿元，企业自筹19.1亿元，其他资金4.25亿元，是山西省乡镇企业自“七五”以来当年新建项目和投入资金最多的一年。特别是企业自筹资金占到全省资金投入的40.1%，使全省乡镇企业投入结构由多年来靠银行贷款为主转向贷款与企业自筹并重。资金来源的多元化又为企业缓解筹措发展资金困难、拓宽纳资容资渠道走出了一条新路。

4. 股份合作制企业发展方兴未艾。1993年，发展股份合作制企业已成为山西省乡镇企业的新趋势，股份合作企业成为加速发展时期最活跃的增长因素之一。各地遵循先发展后规范，先试点后推广，先股份化后制度化等原则，采取政策引导，能人先行，群众仿效、整体推动的措施，大力发展多种形式的股份合作企业，把它作为抓住机遇，实现超常规加速发展的突破口。1993年全省共有各种类型的股份合作制企业27 025个，其产值达到144亿元，占到全省乡镇企业产值的22.2%。其中仅当年新增股份合作制企业即达9 152个，入股户数16.6万户，股金总额25.1亿元。集资入股资金占到全省乡镇企业总投入的45%，股份合作制企业实现利税7.9亿元，占全省乡镇企业利税总额的18.9%。股份合作制企业不仅出现了由点到面的迅速扩展，还逐步形成了一批规模大、较规范化的股份合作企业。全省股份合作制企业在组织过程中形成四种类型：一是集资合作型；二是法人持股合作型；三是社区企业改造型；四是中外合资合作型。

5. 六大行业快速增长,主导产品大幅增加。1993年,山西省乡镇企业农业企业总收入达到4.6亿元,比上年增长58.6%;工业351.2亿元,比上年增长78.8%;建筑业42.8亿元,比上年增长88.6%;运输业106.7亿元,比上年增加92.9%;批、零、饮食业81.3亿元,比上年增长101.2%;服务业6.5亿元,比上年增长71.1%;其他行业1.8亿元,比上年增长50.0%。针对山西资源型内陆省份经济发展优势是资源开发和原材料深加工的特点,借助全国经济高速增长对燃料、原材料的旺盛需求,全省乡镇企业32种主导产品产量大幅度增长。其中1993年生铁完成644万吨,比上年增长172.0%;硅铁2.6万吨,增长100%;铁矿石1 826万吨,增长92.0%;原煤14 641万吨,增长13.9%;焦炭2 342万吨,增长65.3%;洗精煤1 801万吨,增长104.4%;水泥3.7万吨,增长48.1%;硫铁矿172万吨,增长35.6%;其他24种产品产量均比上年有不同程度的增加。1993年,全省乡镇企业共开发新产品180个,其中填补省内空白12个,实施"星火计划"项目27个。一批高技术含量、高附加值、高创汇、高效益的规模骨干企业陆续建成并向有区域特色的生产集团发展。

6. 外向型经济有了新发展。1993年,全省乡镇企业外向型企业发展到369个,从业人员29 811人;出口产品生产总值11.65亿元,比上年增长91.1%;全年出口产品交货值达到10.65亿元,比上年增长87.2%。"三资"企业发展较快。全省出口交货值100万美元以上的乡镇企业发展到28家。1993年在山西省赴韩国商品展洽会、厦门投资贸易会和"两会一节"(山西经济贸易洽谈会、产品展销会、民间艺术节)上,乡镇企业占到与外商签约项目的三分之一,成为山西省出口创汇的生力军和外商投资的热点。

1993年山西乡镇企业发展虽然取得了可喜的成绩,但面临的困难也是艰巨的。有项目无资金以及缺乏正常流动资金仍然是制约乡镇企业加速增长的"瓶颈"。全省乡镇企业在建工程资金缺口20亿元、流动资金缺口15亿元,"三角债"拖欠达21亿元。其次是产品档次低,国家宏观调控后主导产品市场需求及价格回落较大,急需加快结构调整,引进新技术,开发新产品。三是发展不平衡,差距继续呈扩大趋势。四是乡镇企业内部需要提高管理水平。

(张　波)

内蒙古自治区

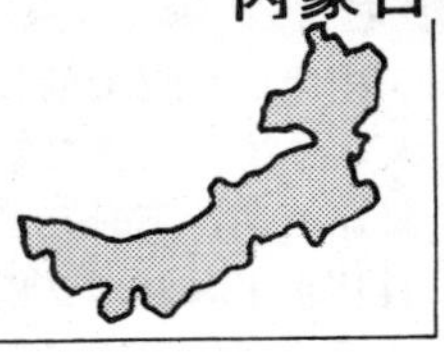

1993年,内蒙古自治区乡镇企业发展到42.8万个,比上年增长19.9%,其中,乡村集体企业1.6万个,占乡镇企业总数的3.8%;乡镇企业职工人数达到145.45万人,比上年增长25%,其中,乡村集体企业职工人数42.8万人,占乡镇企业职工总数的29.5%。在乡镇企业就业的职工人数占自治区农牧业劳动力总数的25.3%。全区乡镇企业固定资产原值达到62.3亿元,固定资产净值52.2亿元,分别比上年增长60.1%和65.5%。企业自有流动资金24.2亿元,比上年增长152.1%。乡镇企业职工工资总额28.3亿元,职工年人均工资1 948元,分别比上年增长62.1%和29.6%。1993年,内蒙古自治区乡镇企业,在改革开放的大潮中有了长足发展。其发展特点是:

1. 各级领导重视、各有关部门支持乡镇企业工作。自治区党委、政府及各盟市旗县党委、政府重视乡镇企业的发展是空前的,各地都是党政一把手亲自抓,分管领导专门抓乡镇企业工作。1993年9月自治区党委颁发了《关于加速发展乡镇企业的决定》,推动了乡镇企业的发展。自治区党委、政府在指导思想上确立了让乡镇企业在旗县经济中"坐正席、唱主角",从而提高了乡镇企业的地位,发挥了主管部门的作用。自治区各有关部门积极支持乡镇企业工作,在政策、资金、物资、技术、信息等方面予以服务,因而使自治区乡镇企业如鱼得水,迅速发展。

2. 保持了较高的发展速度。1993年,自治区乡镇企业总产值达到202.4亿元(1990年不变价),比上年增长97.9%,其中乡村集体企业总产值80.5亿元,比上年增长103.4%。实现工业产值90.79亿元,比上年增长85.42%。完成总收入230亿元,比上年增长104.2%。

3. 取得了较高的经济效益。1993年,自治区乡镇企业实现可供分配利润19.20亿元,国家税金4.78亿元,分别比上年增长81.17%和184.79%;全员劳动生产率达到1.4万元,比上年增长63.7%;百元固定资产创产值327元,比上年提高23.9%;百元固定资产创利税43.6元,百元产值创利税13.3元,经济效益综合指数均创历史最好水平。乡镇企业为自治区农牧民提供的人均收入193元,比上年增加70元;乡镇企业为农村、特区提供的文化、教育、卫生、小集镇建设及支农资金达1.05亿元,比上年增加3 000余万元。

4. 千方百计筹集资金,投入大幅度增加。1993年,自治区乡镇企业通过各种渠道广泛筹集资金,全年投入资金33亿元，比上年增长132.4%，比"六五"、"七五"期间平均增加4～5倍。其中，国家投资1.1亿元，银行、信用社贷款12.3亿元，引进资金5.9亿元，自筹资金15.5亿元，其他资金0.26亿元。

5. 新建项目多，投产比重大。1993年，施工项目3 787个。其中，新建项目3 053个，扩建项目439个，改建项目192个，其他项目103个。是自治区乡镇企业历史上建设项目最多的一年。当年新开工项目3 462个，其中当年建设，当年投产。当年见效的项目3 239个，占全部施工项目的87%。这些项目规模较大、科技含量较高，其中固定资产投资在200万元以上的项目1 000多个。

6. 深化改革，初见成效。内蒙古自治区乡镇企业，在深化改革中求发展，求速度，求效益，给企业带来勃勃生机。几年来，自治区政府把在乡镇企业推行股份合作制当做改革的突破口，大力发展股份合作制企业。到1993年底，股份合作制企业发展到2 000多家。另外，把集中连片开发乡镇企业小区和组建乡镇企业集团作为深化改革的主要内容。包头市郊区，赤峰市平庄镇，锡林郭勒盟罕乌拉等集中连片开发的乡镇企业小区正在兴起。自治区各地也建成了一批乡镇企业集团。哲里木盟通辽市飓力恒实业总公司，已成为年产值6 500万元的乡镇企业集团。自治区"三资"企业有新的发展，达到50多家。生产出口产品的企业338家，出口产品交货额达到1.6亿元。

7. 亿元旗县市区及乡镇不断涌现。1993年，总产值超亿元的旗县市区达到53个，比上年增加25个。其中，包头市郊区24.5亿元，呼和浩特市郊区23.9亿元，赤峰市元宝山区和松山区均超过10亿元。总产值超亿元的乡镇39个，比上年增加28个。还涌现出总产值超亿元的村7个。牧区乡镇企业也有较快发展。伊克昭盟的鄂托克旗、呼伦贝尔盟的鄂温克旗、乌兰察布盟达茂旗等纯牧业旗县的乡镇企业总产值均超亿元，成为牧区乡镇企业的典型。包头市郊区、呼和浩特市郊区、赤峰市元宝山区都以翻番的速度发展，其上缴税金均占当地地方财政收入的一半以上。

8. 狠抓培训，职工素质有明显提高。1993年，共举办各种不同类型的培训班492期，培训各类技术，业务人员1.67万人，其中，大专院校培训545人，中专及技校培训1 047人。自治区乡镇企业局与内蒙古农牧学院共同组建了内蒙古自治区乡镇企业学院，并开始招生。乡村企业专业技术人员已达到2.23万人，占乡村企业职工人数的5.2%，其中，中级职称以上的技术人员2 903人，占技术人员总数的13%。由于狠抓培训，不断开发智力，职工的科技水平和基本素质有明显提高，从而也大大提高了企业素质，涌现出一批技术密集型企业，生产出一大批技术含量高、质量优的产品。几年来开发了填补自治区级以上空白的新产品115个。

（包力革）

辽宁省

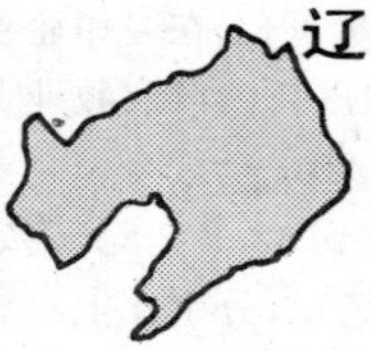

1993年，辽宁省乡镇企业实现总产值1 578.6亿元（1990年不变价），比上年增长84.2%。其中乡村两级企业实现总产值979.07亿元，比上年增长89.0%。实现工业总产值（1990年不变价）1 081.3亿元，比上年增长75.9%，其中乡村两级企业实现工业总产值717.6亿元，比上年增长74.2%。乡村两级企业实现利润总额66.0亿元，比上年增长82.9%；实现国家税金75.76亿元，比上年增加38.2亿元，增长101.7%，其中乡村两级企业实现50.33亿元，比上年增长90.4%，实现出口产品交货值81.1亿元，比上年增长59.8%。1993年全省乡镇企业总数已达78.3万个，比上年增加了16.5万个，其中乡村企业6.21万个，比上年增加了9 594个。企业人数达433.98万人，比上年增加了82.0万人，其中乡村两级企业达到243.68万人，比上年增加37.1万人。乡镇企业工资总额达到98.7亿元，比上年增长61%。

1993年辽宁省乡镇企业发展有以下特点：

1. 各地区发展速度普遍加快。1993年不论乡镇企业较发达的辽南地区，还是起步较晚的辽西地区，均有较快发展，增幅都在50%以上，特别是过去基础较差、发展较慢的辽阳、朝阳、抚顺、阜新、锦西、盘锦等市实现超常规发展，分别比上年增长140.3%、132.0%、125.1%、121.2%、103.8%和103.3%。大连、鞍山等市也增长80%以上。形成了全省各地乡镇企业协调发展的局面。

2. 第三产业发展迅速，个体经济比重增大，产业结构和所有制结构发生积极变化。1993年全省乡镇企业第三产业总产值实现293.3亿元，比上年增长123.3%，第三产业总产值占乡镇企业总产值的比重由上年的13%上升到17.8%。其中，商业批发零售餐饮实现总产值181.3亿元，比上年同期增长134%，改变了辽宁省乡镇企业三次产业结构不甚合理的状况。1993年全省乡镇企业个体私营经济发展速度高于乡村企业11个百分点，个体企业总产值在总产值中的比重由上年的36.0%上升到38.0%，所有制结构也发生新的变化。

3. 乡镇工业结构发生显著变化。1993年乡村工业中原料工业产值比上年增长103.9%，占乡村工业比重由上年的13.9%上升为16.2%。采掘工业总产值比上年增长85.6%，占乡村工业比重由上年的7.3%，上升为7.8%。乡镇工业主要产品产量大幅度提高。完成铁矿石1 108万吨，硫铁矿石53万吨，水泥570万吨，瓦9.6亿片，砖202亿块，石灰386万吨，大理石板、花岗石板5 124万平方米，分别比上年增长77.6%、76.7%、41.8%、450%、20%、40%和860%。以农产品为原料的加工业、能源和原材料工业的加速发展，促进了乡镇工业结构的调整。

4. 对外开放步伐加快。1993年，全省乡镇企业出口值比上年增长59.8%，是近几年最快的。出口产品中初加工、矿产业、原料产品比重下降，精加工、高附加值产品比重上升。机械产品、轻工产品、化工产品、工艺产品增长幅度分别高于全省乡镇企业出口产品交货值平均增长速度19.6、31.5、19.7和2.7个百分点。出口产品结构出现了较大的变化，全年新增出口值中有50.1%是由于产品附加值增加所产生的。历年占乡镇企业出口值近一半的食品产品因对虾遭灾增长速度低于总数，所占比重下降。全省乡镇企业新办"三资"企业258家，已有13家乡镇企业被国家对外贸易部赋予外贸经营权，并有21家企业投资50万美元到国外办厂、办公司。

5. 改革步伐加快，乡村股份合作制企业迅速增加。1993年全省乡村股份合作制企业达到3 158家，比上年增加1 649家，就业人员14.38万人，比上年翻了一番，已占乡村企业职工人数的6%；实现总产值61.12亿元，比上年增长115%，已占乡村企业总产值6%；利税总额7.27亿元，比上年增长120%，占全省乡村企业利税总额的7.1%。乡村股份合作制企业资本金达到21.6亿元，为上年的4.24倍。其中国家股金4 894万元，占2.3%；乡村集体股金126 693万元，占58.7%；企业内部职工股金49 709万元，比上年增长4.2倍，占比重由上年的20%上升为23%；社会个人股金31 594万元，比上年增长4.1倍，占比重由上年的13.1%上升为14.6%。乡村股份合作制企业经济效益较好，产值利税率为11.9%，比乡村企业高2个百分点。沈阳市东陵区1993年乡村企业有400多家实行了股份合作制，股金总额达到3亿元。1993年，省乡镇企业局出台了《辽宁省乡镇企业股份合作制暂行办法》，省内12个市也先后出台了乡镇企业实行股份合作制的政策和法规，促进了股份合作制向规范化方向发展。

6. 乡镇企业趋向集中连片发展。促进小城镇建设。1993年，乡镇企业在全省工业小区和小城镇建设中发挥越来越重要的作用。普兰店市杨树房镇以中国大杨企业集团为核心组建杨树房农民城成果突出，一个以服装工业为龙头，容织染、机械、电子、化工、房地产等多种产业门类，集仓储、商贸、旅游、信息等多功能于一体化的现代化小城镇已初见规模。1993年该镇实现乡镇企业总产值8.46亿元，利税6 882万元，固定资产原值1.76亿元，分别比上年增长145%、98%和45%。鞍山市腾鳌镇在1992年投资8 500万元基础上，1993年又投资1.5亿元进行供、排水工程，道路，供电，电讯基础设施建设。引进项目投资5.5亿元，一批外资企业、高科技项目、出口创汇、规模较大的乡镇企业项目建成投产，腾鳌镇也被省政府命名为明星镇。

7. 固定资产投资力度加大，银行贷款比重下降。1993年，全省乡村企业固定资产完成额为92亿元，比上年增长1.5倍，使乡镇企业的实力和发展后劲得到加强。从投资的渠道看，虽然农业银行和信用社累计投放贷款超过100亿元，比上年增加了26亿元，但所占比重大幅度下降，仅占30.4%，比上年下降了8个百分点。投资资金中引进资金、企业自筹资金和群众集资有较大增加，分别比上年增长2.7倍、2.4倍和6.2倍。

8. 企业规模扩大，经济效益有较大增长。1993年全省乡镇企业总产值超千万元企业达到1 223个，比上年增加469家，其中超亿元企业59家，大连世冶集团、大连特钢厂、大连宏达总公司、大连华南环宇公司八工区、大连登沙河建筑公司、大连实业发展公司六家企业总产值超过3亿元。另外，1993年，全省乡镇企业利润总额和上缴国家税金的增长幅度均高于75%，这标志着乡镇企业经营管理水平有了明显提高。

9. 乡镇企业在全省国民经济中地位、作用进一步加强，成为全省经济高速增长的主要增长点。1993年全省乡镇企业总产值占全省社会总产值比重首次突破30%，占全省农村社会总产值比重首次突破80%，乡镇工业总产值占全省工业总产值比重也首次突破30%，分别达到30%、82%和31%，出口产品交货值占全省比重也达到23%，比上年增加2个百分点。

10. 乡镇企业"221"示范工程规划目标全面实现。1993年，乡镇企业提前5年实现省人大七届四次会议提出的"用8年时间，建设20个乡镇企业总产值超20亿元的县，200个总产值超亿元的乡（镇），

1 000个乡镇企业总产值超千万元的村的设想。乡镇企业总产值超20亿元县区达到24个，其中突破50亿元的7个，超百亿元的4个，超亿元的乡镇达到433个，比上年增加197个，其中超10亿元的乡镇20个，大连市甘井子区辛寨子镇、红旗镇、南关岭镇超过30亿元。超千万元的村达到1 845个，比上年增加780个，其中超亿元的村173个，比上年增加130个。

辽宁省乡镇企业在发展中仍存在着一些问题，主要表现在：①乡镇企业负担加重。一些地区出现把原由农民承担的不合理负担转到乡镇企业身上的现象。个别地区还有乡镇企业“办社会”和负担行政、事业经费的情况。②一些投资项目论证不足，盲目上马。1993年，一些地区新建了一些不符合国家产业政策、技术落后、污染重的项目。造成低水平重复建设，使原来已向合理方向转变的行业、产品结构出现反复。③资金短缺问题有待解决。1993年虽然投资额有所增加，但是，随着宏观调控，国家紧缩银根，整顿金融秩序，乡镇企业信贷减少，使本来就匮乏的资金更趋向紧张。一些已形成生产能力的企业因原定配套流动资金不到位而不能投产和达产，甚至出现了一批半截子工程。

（王　珑）

吉林省

1993年，吉林省乡镇企业已发展到55.8万个，从业人员191.6万人，分别比上年增长12.4%和13.8%。乡镇企业总收入320亿元，比上年增长54.7%。完成乡镇企业总产值325.4亿元。

1993年吉林省乡镇企业发展的特点是：

1. 人心齐。齐心协力发展乡镇企业已成为吉林省各级领导的共识。省委书记何竹康、省长高严亲自总结四平市红嘴农工商联合公司的发展经验。在全省乡镇企业中先后推广了合力兴企、小区开发和股份合作制20多个先进典型。各地区在制定国民经济和社会发展规划中都将发展乡镇企业作为实现小康的战略重要途径。通过广泛、深入的组织动员和舆论宣传，全省“五套班子一台戏、四级书记抓乡企、有关部门齐努力”的局面已经形成。

2. 起点高。年初，围绕贯彻落实国务院在西安召开的乡镇企业会议精神和《关于加快发展中西部地区乡镇企业的决定》，分析形势，寻找差距，研究对策，提出了：把握机遇，加快发展，力争率先登上新台阶。同时开展了“发展杯”竞赛、“项目年”和“科技兴企”等一系列活动。

3. 步子大。1993年吉林省乡镇企业户数增加31 000个，是1989～1992四年增加的总和；全年开发项目4 600多个，比上年提高两倍多；出口创汇比上年增长81%；固定资产投资比上年纯增1.2倍，是1989～1992四年投入的总和；发展速度在全国的位次由上年的21位前移到19位。比历史最高年份1987年的46.3%高出2.2个百分点。

一年来，全省乡镇企业集中全力抓了十件大事：

1. 加快投人，狠抓项目。1993年，在全省乡镇企业中，开展了项目开发年活动，激发了原有企业领导革新挖潜的自觉性，促进了新建企业主持人的选准好项目的主动性，千方百计外引内联，诱发了各方集资的积极性。全年共投入资金26.3亿元，银行投入4亿元。克服各种困难打通了融资渠道。投资渠道大体有：一是靠企业内部挖潜变月工资为季工资。二是清理三角债。三是推行股份合作制。四是联合。五是引进外资。六是使用城市维护费。七是办乡镇企业钱庄。就这样清一块、要一块、拆借一块、联一块、活一块。

所上项目的类型有：高科技项目；名优特产品项目；传统产品项目；为大工业生产配套项目；为丰富人民生活必需品的项目；旅游业的开发项目。从规模上看，投资100万元以上的项目有30个；500万元以上的项目有10个，其中上亿元的项目7个。这在吉林乡镇企业发展史上是没有过的。也冲破了以往的“乡镇企业船小好调头”的观念，树立起舰大能远航的意识。

2. 推行股份合作制。经省政府同意，在全省乡镇企业中大力发展股份合作制企业。首先在公主岭、长春市朝阳区、梨树县、抚松县试点，初步总结实行股份合作制的有关问题的经验。相继做出了《吉林省关于大力发展乡镇股份合作制企业的意见》。接着办了两期训练班，就具体实施问题进行了实际操做并开了现场会。截止1993年底，全省乡镇企业共组建股份合作制企业4 600个，占乡镇企业的20%。

3. 科技兴企活动异彩纷呈。乡镇企业实行科技兴企活动，引起了各级乡镇企业主管部门的高度重视，及时成立了领导小组，制定了《吉林省乡镇企业开展科技兴企的意见》和行动方案。吉林省乡镇企业技术比较落后，推广新技术是加快乡镇企业技术进步的关键。全省乡镇企业共抓了28项新技术，省乡镇企业管理局直接抓了长效生物肥料、津美饮料、马达省电器等10项新技术的推广工作。

随着科技兴企活动的全面展开，乡镇企业技术改造项目明显增多。1993年技改项目达700个。产品质量又有所提高，产品质量合格率为95%，比上年提高13个百分点。有两个乡镇植物油厂生产的大豆油被农业部列为向全国推荐的产品。全省乡村集体企业产品的标准覆盖率达到88%以上，比上年提高了两个百分点。新技术推广工作取得了新的进展，全省乡镇企业完成新技术推广工作，直接取得经济效益达6 000万元。

4. 合力兴企，卓有成效。吉林省从1992年末开始，组织动员县以上党政群机关及事业单位，实行目标承包、合力发展乡镇企业。为保证合力兴企战略决策尽快付诸实施，首先在全省范围内进行了广泛的组织发动。省委、省政府明确提出，要把发展乡镇企业作为国民经济发展的战略、经济跃上新台阶的重要措施来抓，县城经济发展二、三产业要以乡镇企业为主，一般不再兴办国有企业；省、中直和市（地）直每个单位都要包一个乡镇，县直单位要包发展潜力大的重点村和没有企业的薄弱村。承包单位及各市、地、州都专门召开了会议，专题研究落实承包工作。一些地区给承包支援单位创造好的工作环境。许多市、县领导亲自到长春走访承包单位，介绍本地乡镇企业发展情况，共商乡镇企业发展大计。同时在组织上建立办事机构，强化协调功能。由省委组织部、省人事厅、省乡镇企业管理局组成全省承包支援乡镇企业发展工作办公室。各市、地、州、县也成立了相应机构，制定实施方案，督促检查，协调对接，落实责任制。一年来承包单位真包实干，调兵遣将，先后有40多名厅局领导亲自到所承包的乡镇实地考察，落实任务，并且选派精兵强将到承包乡镇挂职承包。有18个中直单位派得力干部到支援的乡镇任职，专抓发展乡镇企业工作。一些中、省直部门还积极帮助承包乡镇排忧解难。金融部门发挥资金优势，增加投入，帮助创办企业。各大专院校、科研单位积极为承包支援乡镇和企业引进项目、技术和人才。一年来，省、市、县三级承包支援单位帮助789个乡镇，派出干部和技术人员2 620人。提供经济技术信息14 000多条，组建市场21个。筹措资金5.7亿元，清欠1 017万元，帮助销售产品折价8 840万元。受援项目实现产值18.7亿元，利税1.7亿元。

5. 外向型经济发展较快。1993年，吉林省乡镇企业紧紧围绕加快外向型经济发展，突出抓了充分利用资源做好外贸出口工作。外经工作也取得了新的进展。主要标志是：①外贸出口额持续增长。为尽快打破乡镇企业外贸出口一无渠道，二无客户，与国际市场隔绝的状态，组织引导乡镇企业开发国际市场，参与国际竞争。为乡镇企业申请出口经营权，经过工作，已有4个业经经贸部批准。1993年全省乡镇企业出口产品交货值为65 033万元，比上年增长81.7%。②兴办"三资"企业。全省乡镇企业新增外商投资企业86个，比上年增长53%，投资4 300万元。"三资"企业累计142个，生产项目多为高新技术产品。③外事工作打开了新局面。在省直有关部门支持下，全省乡镇企业大规模地进行招商引资、考察和开发国际市场活动。为了开发东欧易货贸易市场，组织企业参加了省政府在俄罗斯举办的洽谈会。全年向外派团257个，1 088人次。省级派团7个，接待国外团组35个。向境外派出劳务人员1 800人，比上年增长2.6倍。

6. 小区建设迈出新步伐。发展小区建设是省政府发展乡镇企业的一个新举措，提出要"充分发挥中心城市的辐射作用，围绕'三环两线'有计划地建设各具特色的工业小区，实行梯次推进，分层次发展"，"全省到'八五'末期建设100个乡镇企业工业小区"。一年来，各级党委和政府把开发建设乡镇企业小区作为加快发展乡镇企业的突破口来抓，充分利用各地资源优势，因地制宜开发建设各级各类小区共197个。其中省级标准小区已达70个。这些小区以工业小区为多，工贸小区次之，此外还新建了商贸小区以及旅游小区。小区的开发建设，优化了乡镇企业结构。乡镇企业小区的产值占总产值的比重达28.7%，比上年增长10.4个百分点。500万元以上的骨干项目，基本上都在小区内。初步解决了布局不合理和重复建设问题。小区的开发建设，促进了外向型经济的发展，它已经成为吸引外资、创办"三资"企业和生产出口产品的重要基地。

7. 第三产业开辟新门路。随着农村经济的发展和人民生活水平的提高，乡镇企业中的第三产业发展迅速，呈上升趋势。1993年比上年增长54%；发展规模不断扩大，由传统经营型向专业服务型转化；经营范围逐年增多，除了商业、饮食服务业、交通运输业以外，各地还因地制宜开辟了以自然景观和人文景观为主的文化娱乐业、旅游业和各种公益事业。1993年全省乡镇企业第三产业的产值占整个乡镇企业总产值的26%。

8. 贯彻实施《质量法》。国家质量法颁布以后，为使全省各级乡镇企业管理人员尽快地了解、掌握、运用质量法，首先在吉林市举办了《质量法》培训班。其次结合学习贯彻《质量法》在乡村工业企业中推行全面质量管理，广泛开展群众性的QC小组活动。全省有11 500个乡镇工业实行全面质量管理。1993年6月在白城市召开的全省第七届

QC 成果发表会上，乡镇企业推荐20个QC小组，发表了成果。评选出一等奖11个，二等奖4个，三等奖5个。获奖成果实现效益674万元。第三，积极在骨干企业中推行《标准化法》和《计量法》。在对乡村工业企业标准普查的基础上，省乡镇企业管理局会同省技术监督局下发了文件，对普查中发现的146个无标准的企业限期采标。同时在年内修订标准154项，因而标准覆盖率由1992年的86%提高到88%。“双采”工作有了新进展，实行“双采”的企业已达85个，比上年增加了53个。第四，在乡村工业企业中开展降低不良品损失活动，已成为质量工作的一项重要内容。全省有1 202个乡镇企业抓住降低不良品活动不放，创造效益4 310万元。

9. 开发新产品上档次。1993年全省乡镇企业开发新产品坚持了“三保两优先”（保高技术、保大规模、保市场需要的新产品；重点扶持“三保”新产品的优先鉴定、优先列试生产计划）的原则，对重点新产品的开发，进行重点扶持，从而使1993年新产品的开发工作突破了年计划的400种，达到528种。投资达23 517万元，当年实现产值51 217万元，利税9 565万元。在开发的新产品中，酚醛模塑料、五氧化二锑达到国际先进水平；丝状绣花内插元件管式换热器、圆盘式酒糟干燥机等39种产品填补了国内空白；48种产品填补了省内空白或达到了省内先进水平。省内鉴定的新产品38种，有35种产品列入了省计经委的试生产计划，赋税金额达503万元。此外，全省乡镇企业又评出系统优秀产品19种，从而为新产品开发工作上了档次。

10. 星火计划结硕果。以发展乡镇企业为主的星火计划项目，投资比例在吉林省一直很低。1993年，经过实地考察，科学论证，并与各有关部门协调，星火计划项目的投资有了新的突破。一是投资渠道拓宽了，1993年省级星火计划贷款的渠道有：省农行、省财政投资局、省科委、世界银行。二是以开发新产品为重点，特别是粮食深加工的开发和为大工业配套服务的项目前景看好。省农行在1993年为乡镇企业12个星火计划项目，投资1 150万元，分别占全省星火计划农贷总数的48%和52%。三是高效益，世界银行投入到乡镇企业的2个项目，贷款85.99万美元。生产酶法糊精，已经受益，产值为900万元，利税90万元。四是分布广，除省级项目外，全省有40个星火计划项目分布在9个市、地、州的乡镇企业里。

（王恕范）

黑龙江省

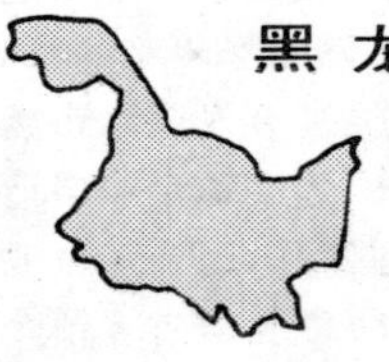

1993年，黑龙江省乡镇企业实现了超常规、跨越式发展，成为全省乡镇企业发展史上资金投入最大、新上项目最多、经济效益最好、发展速度最快的一年。标志着黑龙江省乡镇企业进入了一个新的发展阶段。

1993年，全省乡镇企业已发展到66.2万个，其中村以上集体企业3.2万个；拥有职工205.1万人，比上年增长18%；完成总产值360.6亿元（1990年不变价），比上年增长53.1%，其中乡村集体工业产值114.7亿元，比上年增长48.9%；营业收入364.7亿元，比上年增长67.8%；实现利润23.2亿元，比上年增长57.4%；实缴国家税金9.7亿元，比上年增长61%。乡镇企业发展速度与效益均创历史最高水平。

1993年黑龙江省乡镇企业发展的主要特点是：

1. 乡镇企业步入高速、高效发展的轨道。1993年，黑龙江省乡镇企业取得突破性进展，全省乡镇企业总产值比上年纯增125.1亿元，其中乡村集体工业产值比上年纯增56.1亿元；乡镇企业总产值第一次超过农业总产值。全省有8个地市（占地市总数的57%）的发展速度和经济效益增长50%以上，其中绥化地区的增长幅度达到85.3%。村以下企业比上年增加9.1万个，新转移农村劳动力9.7万人，个体企业产值比上年增长70.1%，第三产业收入比上年增长60.8%。乡镇企业总产值占农村社会总产值的比重由上年的48.4%上升到59%。

2. 一大批能抗市场风浪的骨干企业迅速崛起。一年来，全省乡村集体企业新建、改造项目5 101个，其中集体工业项目达3 841个，是历史上最多的。新上项目普遍具有规模大、装备程度高、产品新的特点，其中有60个项目填补省内空白，30个项目填补国内空白。仅哈尔滨市完成和正在新上千万元以上的项目就有34个，其中正在建设的太平区团结乡与韩国、以色列、大庆“三国四方”合资兴建的双太电子实业有限公司，是目前国内计算机行业最大的合资项目，总投资1.9亿美元，投产后5年内累计销售额可达26亿美元，实现利税1.5亿美元。这批企业的建成投产，将使乡镇企业结构进一步优化，经济实力和发展后劲得到增强。

3. 以完善经营机制和筹措资金为目的的股份合作制企业蓬勃发展。全省各地涌现了一批农民股份合作制企业发展好的典型，如牡丹江郊区、海林市对原有乡村集体企业实行折股、扩股经营；望奎县坚持"五自"原则（自愿组合、自主经营、自我服务、自负盈亏、自求发展），发动千家万户大力兴办农民股份合作制企业；哈尔滨市区、佳木斯郊区与大中型企业、大专院校、科研院所、外资外商嫁接创办农民股份合作制企业。这些经验都为全省农民股份合作制企业的发展提供了新的思路。一年来，全省农民股份合作制企业已发展到1.3万多个，拥有股东13万多户，股金总额达到15.7亿元，其中新吸纳股金7亿元。股份合作制企业产值达到36亿元，实现利税4.6亿元。农民股份合作制企业已成为黑龙江省乡镇企业的新兴力量。

4．科技进步取得新成果。继续在全省开展"科教兴厂"工作。新产品开发、新技术推广取得可喜成果，有42项新产品填补国内空白，280项新产品填补省内空白。全省有20个企业获省乡企系统科技进步先进企业，有63项科技成果获省以上科技成果奖。尚志市苇河炭素厂研制的ϕ400mm石墨电极、安达市宏润节能设备厂研制的HR—01—500A节能电焊把获省科技成果特等奖。

5．外向型经济呈现出迅猛发展态势。1993年全省出口创汇企业已达216个，境外办厂27个，"三资"企业121个；劳务输出13 000人次；出口产品交货值完成3.8亿元，比上年增长36%；边贸履约额完成4.6亿元，比上年增长23.6%。黑河市充分利用与俄罗斯布拉戈维申斯克市一江之隔的地缘优势和对外开放的良好机遇，从乡村到县市共成立外贸公司398个，兴办"三资"企业7个，引进资金1 500万元，出口产品达10多种，出口产品创产值1 600万元，边贸履约额达6 500万瑞士法郎。外向型经济的迅速发展，有利地推动了全省乡镇企业结构调整和整体素质的提高。

6．乡镇企业经济实力明显增强。企业集团已成为发展趋势。密山连珠山镇烘干设备厂，与北京农业大学、哈市农机研究所、八一农大等8个单位组建了密山市科联烘储设备集团公司，成为东北地区生产粮食机械设备的一条强龙。林口县以楚山石材公司为龙头组建的楚山石材集团，年产值达2 000万元，创汇560万美元。1993年全省乡镇企业总产值超亿元的县（市、郊区）达到66个，占全省县（市、郊区）数的91.6%，其中总产值超10亿元的有12个，比上年增加9个；超亿元乡镇达到57个，比上年增加33个；超2 000万元村达到67个，比上年增加27个，其中牡丹江郊区北安乡北安村、哈尔滨新春乡拉林村产值超亿元；产值超百万元企业2 100个，比上年增加725个，其中产值超千万元企业77个，比上年增加25个。全省有51个乡镇企业被命名为"省级行业标兵企业"，131个乡镇企业被命名为"省级先进乡镇企业"。全省评选出35名厂长（经理）为"省优秀乡镇企业家"，评选出148名厂长（经理）为"省乡镇企业家"。全省乡镇企业的规模、结构、队伍等整体综合素质都有较大改善和提高，为乡镇企业实现超常规、跨越式发展奠定了坚实基础。

1993年黑龙江省乡镇企业的主要工作和基本经验：

1．解放思想，更新观念，确立乡镇企业在全省经济中的战略地位。省委、省政府在年初召开了全省乡镇企业工作会议，明确提出"必须把发展乡镇企业作为农民奔小康的主要途径，发展县域经济乃至全省经济的战略重点，放到农村经济的主体地位来抓"。3月份省政府派出了以地市领导带队的14个地市赴兄弟省市学习考察团，共到了7个省20多个地市现场学习，进一步换脑筋。中央6号文件下发以后，省委、省政府针对乡镇企业出现的新情况、新问题，专门下发了特急电报，要求各地、各部门做到坚持乡镇企业的战略地位和作用不动摇；坚持超常规、跨越式发展乡镇企业的目标和战略措施不动摇；坚持乡镇企业的领导力度和工作力度不动摇。省委把超常规发展乡镇企业列入全年全省抓的12件大事之一，省政府把"乡镇企业的突破"列为全年22件重点工作之一。省委书记孙维本、省长邵奇惠及省委、省政府的有关领导都多次到乡镇企业视察和现场办公，多次听取汇报，多次部署和检查乡镇企业工作，有力地促进了乡镇企业工作落实。

2．从解决难点入手，实行重点突破。1993年紧紧围绕"乡镇企业突破"，狠抓了项目、资金、人才三大难点，采取措施、实施强力推进。一是狠抓项目库建设。从省到市（地）、县建立乡镇企业项目库61个，储存项目信息7.1万条，已被乡镇企业采用2 000多个，使新上项目的来源、规模、质量有了可靠保证。同时，积极引导新上项目向工业小区集中，省重点支持的100个乡镇工业小区正在启动和建设之中。由省确定为重点支持的60个乡镇专业批发和综合贸易市场大部分已完成一期建设工程并投入使用。二是资金投入有新突破。1993年，全省乡镇企业共投入资金30亿元，是上年投入资金的230.7%，是"七五"期间投入总和的89.5%。一年来，企业自筹积累资金10.2亿元，比上年增长241.7%；银行贷款9亿元，比上年增长25%；横联引进和吸引外资2.8亿元，比上年增长37%；各级财政扶持周转金1亿元，农民股份合作制企业新吸纳股金7亿元。三是积极组织选派、引进人才和职工培训工作。按照省委、省政府的统一部署，省委组织部、省人事厅、省乡镇企业局共同组织的中、省直单位下派200人支援乡镇企业，全省县以上有关单位共选派3 753名专业技术人员和管理人员到乡镇企业工作。全省各地通过优惠政策，吸引5 100多名各类人才及能工巧匠到乡镇企业工作。培训厂长（经理）、职工9.2万人次。另外，还有20多所大专院校，为乡镇企业培养大专以上人员4 000多人，有200名大中专毕业生分配到乡镇企业工作。

3. 形成了各个方面合力抓乡镇企业的局面。1993年，省委组织部、省人事厅、省乡镇企业局共同组织了110个中、省直单位包扶乡镇企业和下派科技管理人员支援乡镇企业；省经委、省乡镇企业局组织的城乡“挂网联”活动，全省有94个大中企业、20所大专院校、54个科研院所帮扶乡镇工业小区；省财政、农行、科委、科协、乡镇企业部门组织了“科技诊断服务”、“科技成果展示交易会”、“经济技术信息发布会”；省政府各驻外办事处积极为乡镇企业引进资金和项目工作；以及财政、工商、银行、税务等部门为乡镇企业服务工作都取得了较好效果。

4. 实施“龙虎”战略，加强分类指导。根据省委、省政府提出的县域经济“龙虎”战略，按着各地的资源条件、地缘优势和经济实力的差别，把全省71个县市（郊区）分成4种类型，重点抓了9个“龙”县（富县）和11个贫困县（称“虎”县）。对条件较好的城郊和9个“龙”县，重点是引导乡镇企业上规模、上档次、上水平。在方法上，走“大高外与短平快”相结合的路子；在结构上，重点发展科技含量高的产业，走科技兴企的路子；在布局上，走相对集中，连片开发工业的路子；在市场开拓上，面向国内外两个市场，走外向型发展的路子；在体制上，走股份合作、多业并举、多轨运行的路子。对刚起步的地方，引导他们通过能人领办、用优惠政策和条件吸引外地能人和资金、技术，采取典型引路的办法，使他们快起步、快上路，从实际出发，走具有自己特点的发展乡镇企业的路子。

（王锡恒）

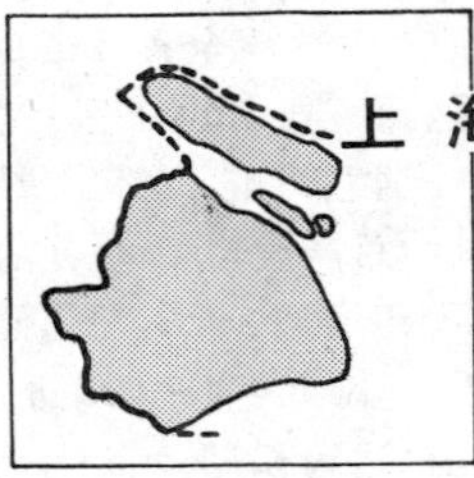

上海市

1993年，上海乡镇工业系统的广大职工按照年初确定的“经济新发展，改革新突破，面貌新变化”的方针，通过“上海工业上新台阶”的大讨论，解放思想，更新观念，抓住机遇，深化改革，调整结构，提高效益，使乡镇工业保持了快速发展的好势头。主要表现在六个方面：

1. 发展速度明显加快，占全市工业的比重继续上升。全年乡镇工业（乡、村两级工业）的总产值完成734.63亿元（1990年不变价），比上年增长40.1%；乡镇工业产值占全市工业总产值的比重为25.8%，比上年增长4.2个百分点。

2. 产销同步增长，经济效益明显提高。乡镇工业全年实现销售产值（现行价）722.15亿元，产销率为97.18%，比上年增长2.02个百分点；乡镇工业全年实现利润156.09亿元，向国家缴纳税金30.59亿元，分别比上年增长40.5%和45.6%。

3. 科技进步和新产品开发又有新的成效。乡镇工业紧紧围绕“产品上档次、技术上水平”的目标，狠抓技术改造和新产品开发。全年各类技术改造和技术引进项目共有169个，总投入45.2亿元，其中重点技术改造项目有47个；开发新产品300项，其中列入市经委、市科委新产品试制开发计划的有40项，当年新增产值5亿元。此外，各县（区）还广招科技、管理人才，加强科、工、农联合，新办了一批科技联合体。

4. 外向型经济发展加快，“三资”企业明显增多。乡镇工业中的出口商品交货值完成157.44亿元，比上年增长42.49%。其中：直接出口交货值达75.11亿元，间接出口交货值37.24亿元，中外合资企业出口值45.09亿元，比上年分别增长29.4%、25.4%和124.2%。1993年郊区新批准“三资”企业1 813家，总投资33.3亿美元，其中协议吸收外资20.2亿美元，累计已有“三资”企业3 380家，其中668家已竣工投产，年创汇4.5亿美元。

5. 企业改革有新的突破，经营机制不断完善。按照上海率先建立社会主义市场经济运行机制的要求，各县（区）加大深化改革的力度，股份制与股份合作制试点有了长足的进展。继1992年批准2户股份制（上市公司）以后，1993年又新批准2户。4户股份制企业，按照规范化要求，建立了股东大会、董事会、监事会机构和一整套管理制度，民主选举了董事长，聘任了总经理，加快了经营机制转换。改制为股份合作制企业1 000户，累计已达到1 455户，股本金总额28.97亿元，其中集体股15.2亿元，占52.4%；法人股2.8亿元，占9.6%；职工股10.9亿元，占37.6%。实行股份合作制，使乡镇企业明晰了产权关系，筹集了生产发展资金，完善了经营机制，有利于企业走向市场，成为市场竞争的主体。面上的企业完善承包经营责任制，推行全员劳动合同制和上岗合同制，开展分配、医疗、劳保等项制度的改革；对微利、亏损企业实行“集有民营”试点，也有新的进展，从而激发了职工的劳动积极性，提高了企业的经济效益。

6. 发展后劲不断增强，工业布局趋向合理。各县(区)确立大生产、大市场的观念，采用大思路、大手笔开展大协作，按照国家的产业政策和市场需求，千方百计增加投入，不断培育新的增长点。1993年完成总投资56.12亿元，新开工的项目有1 860个。根据统一规划，适当集中，连片开发的原则，加快了工业小区建设。全郊区已建立县级工业小区16个，其中有3个已上报申请为市级工业小区；乡级工业小区196个(包括3个私营工业小区)；一乡一点工业小区212个。工业小区围绕各自的规划目标，在高起点、高速度、高质量建设市政基础设施的同时，大力引进以规模大、档次高为主的外资项目，使乡镇工业的经济结构和整体素质又有新的提高。

1993年上海乡镇工业发展的主流是好的，是健康的。但也存在一些不容忽视的问题。突出反映在以下三点：

1. 资金不足是制约乡镇工业发展的突出矛盾之一。一批有市场、有质量、有效益的“三有”企业，因流动资金不足生产任务吃不饱，生产能力放空；一批新批准的“三资”企业，因外商资金到位而中方配套资金不到位，影响施工进程；一批已竣工的基建项目，也因缺乏流动资金，无法按期投产，一批老企业搞技术改造、开发新产品，更是缺少资金。因此，拓宽新的融资途径，发展新的融资形式，已是当前亟待研究解决的重要问题。

2. 亏损企业和亏损金额上升幅度较大。1993年乡镇工业中的亏损企业达1 694个，比上年增加346个，亏损金额达43 269万元，比上年增长123%。

3. 企业的负担仍然很重。乡镇工业的利润缴纳所得税以后，还要缴纳特种基金(即能交基金和调节基金)1.34亿元，以工补农基金6 335万元，企业提取的盈余公积金只有3.38亿元，平均每个企业只有2.73万元，企业普遍缺乏设备更新、技术改造和新产品开发资金。

(王叙元　赵宝林)

江苏省

1993年，江苏省乡镇企业在各级党委、政府的高度重视和积极支持下，进一步深入贯彻落实邓小平同志南巡重要谈话和党的十四大精神，认真贯彻落实国务院召开的全国乡镇企业工作会议精神，和省委、省政府提出的“五靠五加快”措施，抓住机遇、深化改革、扩大开放、调整结构，自觉适应国家宏观调控，保持了持续快速发展的势头，并在加快发展的同时，开始加快提高，整体水平又跨上了一个新台阶。其表现：

1. 经济总量进一步增大。1993年，江苏省乡镇企业总数达98.49万个，比上年增加了6.59万个，其中乡村工业企业9.9万个，比上年增加了4 500个。乡镇企业职工人数达947.42万人，比上年增加了40.63万人，占全省农村劳动力总数的33.97%，比上年提高了1.6个百分点。全省乡镇企业总产值4 702.04亿元(1990年不变价)，比上年增长58.68%，占全省农村社会总产值的83.13%。全省乡村企业完成固定资产投资额393.04亿元，比上年增长81.39%，占全省完成固定资产投资额的36.57%。全省乡村企业当年新增固定资产302.72亿元，比上年增长93.37%。全省乡村企业资产总额达2 109.34亿元，比上年增长66.68%，其中固定资产原值达到823.74亿元，增长54%。

2. 生产持续快速增长。1993年，江苏省乡镇工业实现产值4 373.84亿元，比上年增长58.75%，占全省工业总产值的59.6%，其中，乡村工业产值4 097.24亿元，增长58.87%。在上年增幅超历史的基础上，1993年仍保持这样高的发展速度，这在江苏省乡镇企业发展史上也是不多见的。

3. 外向型经济迅猛发展。1993年，江苏省乡镇企业出口产品交货值达627.09亿元，比上年增长70.44%，其中直接出口484.97亿元，增长68.32%。新批“三资”企业4 156家，合同利用外资39.5亿美元，实际利用外资19.73亿美元，分别占全省总额的41.43%、39.28%和60%。至1993年底，江苏省乡镇“三资”企业累计达9 330家，合同利用外资达76亿美元，实际利用外资达30.68亿美元。历年累计开工“三资”企业5 301家，占“三资”企业总数的57%。新办境外企业173家，投资额达1.56亿元，累计境外办企业248家。

4. 经济效益明显提高。1993年，江苏省乡镇企业营业收入3 631.70亿元，比上年增长63.01%。全省乡村工业销售收入3 045.17亿元，比上年增长64.36%。实现利税总额260.42亿元，比上年增长63.63%，其中实现利润101.1亿元，增长76.5%；实现税金104.05亿元，增长52.79%。全省乡村工业全部流动资金周转天数为128天，比上年加快了25天；百元销售利润为3.32元，

江苏江阴市金达莱集团骨干企业——江阴市第二化纤厂

比上年增加了0.23元；全员劳动生产率达到6.46万元，比上年提高了64.38%。

5. 社会贡献继续增加。1993年，江苏省乡村企业支付职工工资总额174.79亿元，比上年增长33.44%；提取社会性支出5.75亿元，增长86.08%；提取教育事业费附加8.07亿元，增长28.3%；提取建农基金4.55亿元，与上年持平。

1993年，江苏省乡镇企业在加快发展、加快提高的过程中，呈现出以下几个特点。

1. 企业向规模方向发展。江苏各地采取集中力量抓重点骨干乡镇企业的技术改造；推行股份合作制，推动生产要素优化组合；组建乡镇企业集团等措施，不仅使乡镇企业经济总量增大，而且使企业个体规模进一步扩大。全省乡镇企业产值达10亿元的县（市）65个，比上年增加了13个，其中乡镇企业产值超百亿元的县（市）10个，比上年增加1个。无锡县1993年乡镇企业总产值达432亿元，位于全省首位，名列全国百强县之首。全省乡镇企业年产值超5亿元的乡镇244个，亿元村257个；年产值在5 000万元以上的企业983个，其中亿元企业近300家，比上年增加了一倍。苏州市乡镇工业1993年在全市经济中的比重已从"三分天下有其二"发展到"四分天下有其三"，全市161个乡镇，个个乡镇工业产值超亿元，其中，有10多个超10亿元；有60多个村年工业产值超亿元，2 000多个厂年产值超千万元，其中亿元企业有100多个，有76个企业进入了全国最大规模企业行列，60个企业跻身全国乡镇企业500佳。不仅是苏南，苏北也涌现出了一批上规模的企业、村和乡镇。位于淮北地区的徐州市1993年乡镇工业产值超亿元的乡镇达45个，比上年增加22个；工业产值超千万元的村80多个，相当于全省1984年乡镇工业产值千万元村总数的两倍，其中超亿元村10个，一年之内增加了9个亿元村，一个亿元企业。1993年，全省新组建固定资产在5 000万元以上、销售额超亿元、利税超千万元的省级乡镇企业集团89家，累计达110家。规模企业，规模乡镇的大量涌现，为江苏省乡镇企业加快发展，加快提高打下了坚实的基础。

2. 技术装备和产品向高新方向发展。1993年，江苏省乡镇企业千方百计筹措资金、加大技改投入，加快技术进步，通过引进先进的技术装备和开发高新技术产品，使技术装备水平和产品档次有了一定的提高。全省乡村工业当年施工项目31 581个，平均每个项目的投资额达120.77万元，比上年增加近50万元，增长63.76%。无论是新建、扩建还是改建项目，都立足于高起点、高技术，千万元以上投资额的项目成倍增长，科技含量较高的项目约占全部项目的一半。如激光唱片、多层线路板、半导体制冷机，家用传真机、布动印花机、喷水织机等一批高新技术项目相继在乡镇企业"安家落户"。江阴市顾山镇丽浦电子有限公司引进日本、荷兰等国SMT先进生产线和技术，生产高新技术产品386SL笔记本电脑，当年动工，当年投产，创产值4 000多万元。全省乡镇企业产品开发和产品更新步伐加快，1993年共开发新品种2 000多个，其中通过省级以上部门鉴定的有1 000多个，一些产品填补了国内空白或达到国际先进水平。无锡市新纺合纤厂开发的涤纶超细纤维获得中国高新技术、新产品博览会金奖，该厂的一等品率达97%，比从国外进口的同类产品高出12个百分点。

3. 生产经营进一步向开放型方向发展。1993年，江苏省乡镇企业继续实施"外向带动"战略，实行外贸、外资、外经"三外"齐头并进，从生产到经营，积极与国际市场接轨，全面扩大对外开放。1993年全省乡镇企业出口产品交货值占营业收入的比重，由上年的16.5%提高到17.3%。出口产品结构进一步优化，产品档次和附加值进一步提高，机电、丝绸、服装等产品出口额，都比上年增长近一倍。出口产品交货值在1 000万元以上的企业有800多家，并涌现出了一批出口创汇大户。金坛丝绸服装厂大力开拓国际市场，1993年创汇达2 700万美元，居全省同行业之首。丹徒县龙山鳗鱼联合公司是一个集养鳗、鳗鱼加工、饲料生产于一体的贸工农出口产品基地，1993 年出口交货额达 4 亿元，创汇超千万美元。为了加快走向国际市场，江苏一些具有较强竞争力的乡镇企业积极扩大自营出口，已有 40 家企业获得了自营进出口权，自营出口额达 67.77 亿元，占全省乡镇企业直接出口额的 14%。江苏省乡镇企业利用外资的水平也明显提高，1993 年出现了“三增一高”的可喜局面，即投资规模增大，外方出资比例增高，投产经营效益好的企业增多，合资项目的技术含量提高。苏州市 1993 年乡镇“三资”企业平均投资额达 220 万美元，外商出资比例达 60%。境外办企业势头不减。到 1993 年底，江苏省乡镇企业已在 36 个国家和地区办起了境外企业。还有一部分企业正在向“一厂三外”型方向发展，即集外贸、外资、外经为一身。这种格局使江苏省乡镇企业更多地了解国际市场信息，增强了在国际市场上的竞争能力。

4. 企业改革向深层次发展。针对乡镇企业政企不分、产权不明、机制活力弱化的状况，1993 年，江苏省乡镇企业进行了以产权制度改革为中心的深层次改革，重点是由点到面地推行股份合作制。到 1993 年底，全省实行股份合作制的乡村集体企业 7 630 家，占乡村集体企业总数的 6.8%，资本金总额 74.99 亿元，其中，新增股金 21.7 亿元。与此同时，对“小微亏”企业采取租赁、兼并、拍卖等多种形式的产权转让，取得了初步成效。全省实行这类改革的乡镇企业有 5 000 多家，盘活近 10 亿元的存量资产。在加快乡村集体企业产权制度改革的同时，江苏省放手发展个体、私营企业，1993 年全省新增乡村个体企业近 6 万个。全省乡镇企业在产权制度改革上初步形成了改制一批、组合一批、嫁接一批、转让一批、新建一批的格局。改革的深化，推动了乡镇企业的快速发展和经济效益的改善。南通市 1993 年实行股份合作制的企业有 2 616 家，占乡村集体企业总数的 30%，股本金总额达 22.49 亿元，其中新增股金 5 亿元，该市 1993 年乡村工业实现利润和税金都比上年增长五成以上。

（张从军）

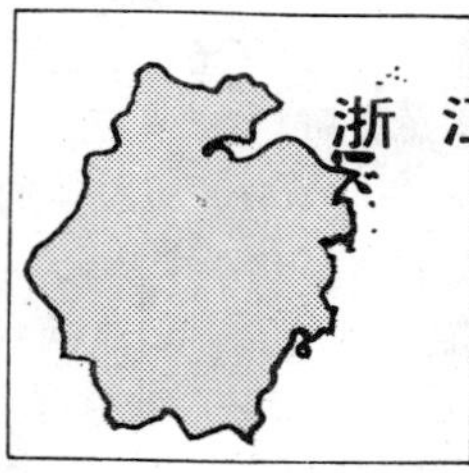

1993 年，浙江省乡镇企业坚持“多轮驱动，多业并举”的发展方针，抓住机遇，深化改革，加大投入，拓展外向，积极走大发展大提高道路，使全省乡镇企业继续保持了持续、高效、快速、健康的发展势头。

1. 解放思想促发展。各地在致力发展乡镇企业中，牢固树立“发展是硬道理”的思想，明确思路，放开手脚，敢闯敢冒，坚持做到大发展、大提高的发展战略不动摇，能快则快，大干快上，鼓实劲，求实效，实现了速度、效益创历史最佳水平。1993 年全省乡镇企业完成企业总产值 2 758.97 亿元，比上年增长 76.7%，高于历史最佳年份的 1985 年增长 70.5%的水平；其中工业总产值 2 556.02 亿元，比上年增长 75.37%，占全省工业总产值的 65.07%，达到“三分天下有其二”。上缴国家税金 113.72 亿元，实现利润总额 84.62 亿元，比上年增加 86.23%。乡镇企业之所以能保持快速发展的势头，其原因：一是大气候好。从中央到地方对乡镇企业都非常重视，采取了一系列政策措施，为乡镇企业的大发展、大提高创造了优越的外部环境。二是投入较多，为乡镇企业发展奠定了雄厚的物质基础。三是在省委、省政府确定的“多轮驱动，多业并举”的发展方针驱动下，各地从实际出发，扬长避短，发挥优势，使先进的更先进，落后的奋起直追。诸暨市根据本地实际，依托市场，积极发展个体私营企业，初步形成了小规模、大群体，小商品、大市场，能人率先，万户效仿，遍地开花，生产流通一体化的格局。全市 1～11 月份，实现产值 62.33 亿元，其中，个体私营占 70%以上。全省个体联户企业工业产值已占全省乡镇企业工业总产值的 30.8%，使整个乡镇企业进入了持续、高效、快速、健康的发展轨道。

2. 深化改革求活力。针对乡镇企业机制弱化的情况，各地较好地处理了改革与发展的关系，在强调发展的同时，首先注重抓了以企业产权制度转换为主的机制改革，重点是乡镇集体企业的转制工作。各地根据省委、省政府的统一部署，组织了深入细致的调查研究，选择不同类型的企业进行了试点和推广。绍兴、宁波、杭州、嘉兴等市地根据本地乡镇集体企业比较发达的特点，加强对集体企业的改制工作，由点到面层层铺开。绍兴市有 506 家集体企业实施股份合作制，共积聚股本金 12 亿元。全省乡镇集体企业实行股份合作制的企业已达 3 042 家，这些企业实现转制后，取得了明显的成效。不仅对股份合作制的形式、股权设置、影子股配套和管理办法等方面进行了深层次的探索，为下一步全面推行取得了较丰富的经验。而且，也使企业基本明晰了产权关系，摸清了家底，吸纳了大量的闲散资金，使职工与企业的利益越来越密切，增强了主人翁意识，并进一步激发了企业的发展意识。台州、温州等地市则根据本地家庭联户企业点多量大的特点，积极引导企业“先股份化，后规范化”，通过边发展，边规范，使股份合作企业有了较大发展，显示出较强的生机和活力，基本消除了一年合伙、两年红火、三年散伙的现象。其次，积极采取措施，对一些“小微亏”企业实行兼并、拍卖、租赁，盘活了存量资产，优化了资源配置，推动了经济结构的调整。余姚市拍卖了128家这类企业，盘活存量资产4 488万元；萧山市兼并了64家、拍卖63家，租赁102家，关停10家。再次，引导企业组建集团，走规模经营的发展道路。全省乡镇企业继万向、万达集团之后，又新组建了一批以产品为纽带的企业集团，其中，新批省级集团16家。绍兴恒柏纺织集团从一家靠8万元资金起家的小轻纺企业，一跃成为专业生产麻制品的大型企业，不仅拥有织造、印染等行业，而且还涉足房地产、贸易等多角经营，全年可创产值1.5亿元，利税1 100万元。

3. 扩大开放拓外向。扩大开放，实施外向发展，是促进乡镇企业超常规发展的有力措施。为此，各地都把发展外向型经济作为乡镇企业的“重头戏”，坚持外资、外贸、外经一起上，外贸渠道更为广阔，外经工作更加活跃，引进外资成倍增长。1993年，全省乡镇企业出口产品交货值达295.6亿元，比上年增长89.93%，新办“三资”企业1 417家，超过历年总数，协议引进外资7亿美元，也超过历年总数。嘉兴市新办“三资”企业200余家，引进外资3 000余万美元，绍兴市新办“三资”企业300多家，利用外资1.2亿美元。这些地区充分利用本地优势，通过开展多角、多边招商活动，使乡镇企业外向型经济又登上了一个新台阶。全省乡镇企业中已有创汇企业4 800多家，其中出口产品交货值在3 000万元以上的创汇大户有143家，500万元以上的有1 500多家，有自营出口权的企业38家，并形成了一批机电、纺织、农副产品加工出口商品基地。与此同时，全省还有30多家企业到境外办厂，创办经济实体。

4. 注重技改上规模。1993年全省乡镇企业新批准的技改项目有4 500多项，投入资金达193.03亿元。上虞市有10个企业用于技术改造的资金在1亿元以上；诸暨“欣陶瓷业有限公司”投资达1.35亿元；绍兴县投资在500万元以上的项目有154项，总投资达25.4亿元。在抓技改中，各地十分注重技改的质量，较好地做到了“四个结合”：一是与淘汰老设备结合，以改善乡镇企业“老设备、老技术”的状况。二是与开发新产品结合，提高市场竞争力。三是与发展高新外项目结合。四是与加快基础设施改造结合。湖州市通过技改，基本淘汰了丝织行业的老设备，引进装备了国际国内先进设备；新昌县袜厂从意大利引进了77台电脑袜机和电脑提花针织园机，成为省内一流的生产高档裤袜、针织内衣企业。同时，一些地区还十分重视投资建设基础产业，积极改善和为企业提供良好的生产环境。绍兴县的福全、齐贤等乡镇大力兴建小电厂，投资均在6 000万元以上。该县的扬汛桥镇不仅兴建了小电厂，而且还兴建了通讯站，可使全镇户均拥有程控电话两台，大大改善了乡镇企业发展的外部条件。1993年，全省乡镇企业新产品开发也得到了较快发展。全省共开发新产品5 000多个，其中，省级新产品500多个。

5. 兴小区开发促城镇建设。1993年，全省不少乡镇都建立了规模不等的工业小区，各小区的开发建设都结合本地的经济状况，确定规模，做到投资一项，兴建一项，滚动发展，逐步扩大。工业小区的开发兴建，不仅有利于农村工业化水平的提高，有利于乡镇企业上档次、上规模，形成产业群，取得聚集效益，改变乡镇企业“村村点火，处处冒烟”的发展方式，而且还有利于加快农村小集镇建设，有利于发展第三产业，吸纳大量农村剩余劳力，推进农村的两个文明建设。鄞县根据自身独特的地理位置，着手兴建了有港口近郊优势的邱隘梅墟工业开发区，已兴办了18家中外合资企业，总投资3.7亿元；在高精尖机电产品集中产地姜山镇建立了科技开发小区；在交通便利、轻纺工业较发达的石矸镇投资7 000万元建立了宁波市最大的轻纺城，这些小区为今后鄞县乡镇企业的大发展、大提高奠定了坚实的基础。义乌市制定了“中心启动，沿线开发”的小区开发战略，总体规划面积4 000多亩，已首期开发2 007亩，引进企业431家，总投入3.5亿元，可新增产值12亿元。温岭县大溪塑料制品厂家众多，为了更好地发挥群体优势，镇委、镇政府采取统一规划、统一征地、统一供水供电、统一安排使用，在集镇所在地建立了一个工业小区，已有百余家企业到小区安家落户，形成了一个具有相当规模的塑料工业城，有力地促进了乡镇工业的发展。随着一个个工业小区的建成，全省乡镇工业的布局将更趋合理。

（陆　刚）

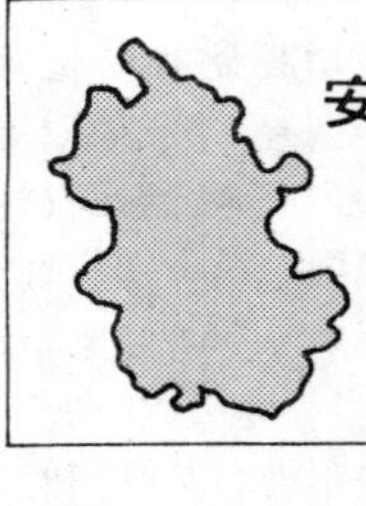

安徽省

1993年，安徽省乡镇企业在上年超常规发展的基础上，继续保持了快速、健康发展的好势头。全年实现乡镇企业总产值 1 147.79 亿元(1990 年不变价)，其中工业产值 681.2 亿元，实现利税 92.68 亿元，分别比上年增长 87%、95.66%和 72.7%；出口产品交货额 21 亿元，比上年增长 134%；按可比口径，净增额与增长速度都是历史上最高的年份。

1993 年，全省有 54 个县、市、区产值过 10 亿元，其中超过 20 亿元的县、市、区 10 个，30 亿元的县、市、区 7 个，合肥郊区达 61.3 亿元。全省产值过亿元的乡镇 257 个，其中 2 亿元以上的 77 个，3 亿元以上的 20 个。产值过千万元的行政村 779 个，亿元村 18 个，合肥郊区王大郢、花冲、隆岗、东七 4 个村产值突破 2 亿元。年产值千万元以上的企业 578 个，其中上亿元的 12 个，宁国县耐磨材料总厂和省良友建筑工程总公司产值突破 2 亿元，利税分别达到 3 000 万和 2 500 万元。

1993 年，各地村办企业蓬勃兴起，实现产值 200 亿元，比上年增长 115.6%。推行股份合作制步伐加快，全省乡镇股份合作制企业已有 23 517 个，实现产值 135 亿元，股份资产 20.7 亿元。其中，较为规范的股份合作制企业 5 118 家，占乡村集体企业的 9%。个体私营经济实现产值 470 亿元，比上年增长 95%。

1993 年安徽省发展乡镇企业的主要措施是：

1. 进一步解放思想，加大工作力度。1993 年安徽省委、省政府进一步加强了对乡镇企业的领导，省政府以(93)1 号文件向全省批转了省乡镇企业局《关于 1992 年全省乡镇企业形势和 1993 年工作意见的报告》。3 月份省政府召开全省乡镇企业工作会议，传达了中西部会议精神，总结了 1992 年乡镇企业工作，部署了 1993 年的工作任务。并先后开展了好新闻评选，组织拍摄电视新闻片、专题片，与《安徽日报》联合开展“我为乡镇企业献一计”征文活动，通过电台、报刊、电视台加强了乡镇企业宣传。在经过半年多时间准备的基础上，5 月份在全省自下而上地开展了安徽省乡镇企业家和乡镇企业先进县的评选表彰工作。8 月，省委、省政府隆重召开表彰大会，表彰了 201 名乡镇企业家、20 个乡镇企业工作先进县和 65 名发展乡镇企业优秀工作者，并给予前 10 名县的有关负责同志晋升一级工资奖励，极大地激发了各地发展乡镇企业的积极性。通过深入学习，全省各级不断解放思想换脑筋，敢闯敢冒的意识明显增强，基础较差的地区“勒紧腰带抓机遇，咬紧牙关上台阶”、发展较快的地区增强紧迫感，在拼搏中当先进争一流，各级在都是党政一把手亲自抓，各领导班子成员带头包扶企业，制定目标责任制，下派干部直接到村、企业，专抓乡镇企业，促进了乡镇企业快速、健康发展。

2. 加强调查研究，拓宽思路，适应新形势发展要求。1993 年省委、省政府在深入调查研究的基础上，根据安徽的实际，提出“三看三不看”的发展思路，即看发展，不看所有制比重；看市场，不看产业；看效益，不看速度。提倡多行业、多层次、多种所有制一齐上，能发展什么就发展什么，能大则大，宜小则小，能发展多快就发展多快。把发展乡镇企业与开发性农业两句话一起提，两件事一起抓。为切实加强全省乡镇企业统计工作，提高统计质量，7 月，省乡镇企业局组织 9 个调查组对全省 9 个县乡镇企业的统计工作进行深入细致的实地调查，掌握大量第一手资料和统计数据。在调查的基础上，会同省统计局提出《关于加强乡镇企业统计工作的意见》，省政府办公厅转发各地执行。下半年，由省政府统一组织，各地市成立调查组，由地市负责人带队，对全省乡镇企业统计工作进行普查。促进了统计基础建设，提高了统计人员的素质和统计工作质量。

中央 6 号文件下发后，省委、省政府及时提出要以积极态度，全面、准确地理解中央宏观调控精神，注意三个保护，即保护基层干部群众发展乡镇企业的积极性、保护乡镇企业家、保护乡镇企业的合法权益，对稳定形势发挥了积极作用。省委组织的农村剩余劳动力转移情况调查，制订转移剩余劳动力规划，发挥乡镇企业在转移农村剩余劳动力过程中的主渠道作用。11 月，省人大常委会组织 5 个调查组，分赴合肥与 9 个地（市）调查乡镇企业情况。省人大常委会将在充分调查研究、认真总结乡镇企业情况的基础上，尽快制订有关乡镇企业方面的地方性法规，促进和保障乡镇企业持续、快速、健康地发展。

3. 继续实施重点突破战略。“1235”工程自 1992 年 9 月实施以来，在全省乡镇企业发展中起到了示范带头和影响辐射作用。省乡镇企业局及时进行检查落实，省直有关部门与扶持对象加强联系，从资金、人力、物力、项目、信息上予以集中扶持。1993 年省政府先后召开合肥郊区现场办公会和省直部门桐城对口扶持会，四次召开资金协调会。会后，认真了解、检查、落实会议精神。支持“1235”工程的 3.6 亿元专项资金基本得到落实，扶持了 188 个项目。并制订出工程新的考核指标，以更好地发挥工程优胜劣汰的竞争机制。

与此同时，狠抓后进地区和贫困县迅速起跳。通过对各县 1992 年乡镇企业发展情况作了全面考核，排出 17 个后进县，省委、省政府 1993 年元旦刚过，就把 17 个后进县的党政主要负责同志集中在巢湖开会，研究制订加快发展的措施。会议着重帮助他们认清形势，寻找差距，总结经验教训。会后各级进行认真贯彻，后进县主动自我加压，理思路，订目标，拿措施，促进了乡镇企业的迅速起跳。为扶持沿淮6个贫困县的发展，先后两次组织召开沿淮六县乡镇企业专题会议，协调乡镇企业重点项目38个，落实贷款5 854万元，6县1993年共新上项目75个，农行净加贷款1.5亿元。沿淮6县发展速度很快，超额一倍完成任务。

根据省委、省政府关于加快发展村办企业的指示精神，1993年3月，组织了铜陵等6个县委（或县政府）负责人和蚌埠等4个地（市）乡镇企业局局长共14人，赴河南安阳市、山东菏泽地区等地考察学习发展村办企业的经验，拓宽了发展村办企业的思路，研究制订规划，确定发展目标。省委办公厅转发了省乡镇企业局《关于全面加速发展村办企业的报告》，促进了全省村办企业的快速发展。

1993年先后数次组织部分乡镇企业家和机关同志赴境外考察，拓宽思路，结交商业伙伴，引进外资和合作项目，同时选择了一批对外招商项目，选报一部分项目参加全国贸工农基地的招标，其中有3个企业中标。抓好落实省政府对出口创汇企业贴息贷款的兑现，促进外向型经济发展。1993年出口产品交货额15亿元，增幅在全国处于第5位。天长塑料编织厂、临泉达裕实业公司获外贸自营出口权，宁国密封件厂被国家批准为机电产品出口基地。

4. 深化改革，加大投入，增强发展后劲。1993年先后下发了三个关于推广股份合作制的文件，对全省乡镇企业股份制工作进行布置指导。继续推广了阜阳试验区的经验，并在蒙城县专门召开全省乡镇企业推广股份合作制工作会议，举办了两次培训班和一次研讨班，加快推广股份合作制步伐。

金融、财政部门对乡镇企业给予了更大的支持。与往年相比，1993年全省乡镇企业资金投入较大，新建项目起点较高。全年乡村集体企业完成固定资产投资68.8亿元，其中，金融部门22.3亿元，自筹30.8亿元。乡村工业企业新建项目占54%，技改项目占46%。投资额1 000万元以上的有67个，机械、电子、化工行业项目占50%以上，科技含量高的项目占30%左右，增强了企业发展后劲，扩大了市场竞争能力。

5. 进一步强化企业基础管理工作，推进科技进步步伐。全省乡镇企业管理体系基本形成，产品质量不断提高，管理人员素质提高较快，企业管理水平明显改善。9月，召开了全省乡镇企业管理工作座谈会，提出加强企业管理工作的目标和要求，年底开展了明星企业评比的准备工作。同时强化了乡镇第三产业规范化服务工作和创优评选工作，开展了乡镇建筑的资质升级工作。全省乡镇建筑业等级企业总数已达1 100多家。

乡镇企业安全环保有了加强，明确了工作思路，抓住了工作重点，初步开创了局面，受到了省劳动、公安、环保部门的好评；还深入开展了"安全周""安全月"活动，省政府对六安、阜阳两地进行安全大检查工作，有效地促进了全省乡镇企业的安全环保工作。

在加强企业各项基础管理方面，还围绕新财务制度实施突出抓了财务管理。结合安徽省实际，制订出了全面贯彻新制度的计划措施，在全省积极开展培训工作，推动新制度在乡镇企业中的贯彻执行。

乡镇企业的迅猛发展，人才是关键。为此，省乡镇企业局采取积极步骤，一是继续与合工大联办乡镇企业管理学院后，又与安徽大学联办乡镇企业管理学院，兴办乡镇企业中专学校，加快人才培养速度；二是加快培训步伐，1993年培训各类人员40.5万人次，引进各类人才0.9万人，为全省乡镇企业发展注入了新生力量。

为进一步强化企业的科技进步工作，省经委、科委、省乡镇企业局联合召开全省乡镇企业科技进步工作会议，表彰、奖励192项优秀科技成果，181个技术进步优秀企业，43个科技管理先进集体，132名科技管理先进个人，56名有突出贡献的科技人员，以切实把乡镇企业的发展重点转移到依靠科技进步和提高劳动者素质的轨道上来。

（时思玉）

福建省

1993年，福建省乡镇企业围绕"抓住机遇，加快发展，加快提高"目标，狠抓深化改革和结构调整，依靠科技，加大投入，主攻外向，取得了再上新台阶的预期效果。

1. 各项经济指标均创历史最好水平。按1990年不变价计算，1993年全省乡镇企业总产值、营业收入分别达到1 056.14亿元和1 030.8亿元，比上年增长94.1%和95.76%。其中农业企业实现产值46.3亿元，增长64.27%；工业企业产值736.6亿元，增长98.75%；建筑业产值76.69亿元，增长73.11%；交通运输业产值81.48亿元，增长76.43%；商业服务业

115.05亿元，增长109.36%。1993年，全省乡镇企业已发展到67.2万个，职工人数达406.3万人，分别比上年增长25.53%和20.52%。企业经济效益也明显提高，上缴国家税金32.32亿元，发放职工工资总额129.5亿元，创造利润69.58亿元，分别比上年增长64%、65.5%和95.1%。全省县、乡、村、企业中，乡镇企业总产值超10亿元的县已有31个，超5亿元的乡（镇）40个，超亿元的村76个，超千万元的企业706个，分别比上年增加17个、27个、62个和352个。其中晋江市实现总产值108.5亿元，福州市郊区洪山镇实现总产值17.1亿元，洪山镇黎明村实现总产值4.3亿元，莆田县协丰鞋业有限公司实现产值4.92亿元，均位居全省县、乡、村、企业榜首。

2. 沿海经济规模扩大，山区发展速度加快。福建沿海和山区经济条件差异悬殊。沿海福州、泉州、莆田、厦门、漳州5个地市，由于地理位置优越，在外华侨众多、基础设施完善、人才素质较高等优势，乡镇企业发展起步早、步伐快。1993年5个地市乡镇企业实现总产值747.5亿元，占全省乡镇企业总产值的71%，其中泉州、福州两市发展最为强劲，实现总产值298.8亿元、202.4亿元，分别占全省乡镇企业总产值的28.3%和19.2%，成为福建乡镇企业发展的发达地区。其余地处山区的南平、三明、龙岩、宁德4个地市，由于受各方面制约因素较多，历来发展较慢。1993年，这4个地市从开发山区自然资源、建设山区特色经济入手，取得明显成效，发展步伐开始加快。其中宁德地区增长110.7%，南平地区增长99.7%，龙岩地区增长98.1%，高于全省平均增长水平，三明市增长94.1%，与全省平均水平持平。

3. 外向型经济蓬勃发展。1993年，全省乡镇外向型企业已发展到6 544个，比上年增加1 858个；职工人数50.2万人，比上年增加13.5万人；出口产品交货值达到182.6亿元，比上年增长93.3%。增长较快的产品有：纺织类增长356.63%、丝织类增长318.63%、化工类增长152.18%。大宗产品的出口稳步增长，如食品出口额达19.58亿元，增长122.7%，轻工产品出口额达64.44亿元，增长89.5%，工艺品出口额达16.44亿元，增长83.7%，服装出口额达26.81亿元，增长71.9%。在出口产品中，高技术高附加值的产品出口增长75.8%，但结构没有发生明显变化，低附加值的初加工产品出口仍占总出口额的67.87%，高技术高附加值的产品出口占13.82%，说明低附加值的初加工产品出口仍是主导，但高技术高附加值产品出口也呈上升趋势。

1993年，福建省乡镇企业主要抓了以下几个方面的工作：

1. 进一步统一思想，抓机遇快发展。福建省政府于1993年9月份召开了一次有省五套班子领导、省直有关部门负责人、地市县区的分管领导及乡镇企业局局长、企业家代表参加的规模空前的乡镇企业工作会议。会上，贾庆林省长、童万亨副省长作了报告，省计委、经委、外经贸委、农业银行的领导作了如何进一步扶持乡镇企业发展的讲话，并表彰了乡镇企业发展成绩突出的“十强县、乡、村”和“百家明星企业”以及248名省乡镇企业家。这次会议，进一步加强了各级领导和全省乡镇企业的机遇感和紧迫感，对于全省乡镇企业继续朝着高效、持续、快速发展起了很大的鼓舞和推动作用。如南安县委、县政府在全省首倡“乡镇企业年”活动，1993年实现乡镇企业总产值73.09亿元，比上年增长189.6%，实现工业产值59.1亿元，增长207.01%，跑在全省的前列。素称“草根工业”之乡的长乐县，也提出了“重振乡镇企业雄风”的口号，进一步加强组织领导，制订各项措施，扭转了一度步伐减慢的局面，1993年实现乡镇企业总产值31.12亿元，比上年增长75.13%。

2. 加大投入，增强发展的后劲。为了克服信贷紧缩的困难，福建省乡镇企业不等不靠，眼睛既向内又向外，通过广泛发动群众集资和加强外资的引进工作，不断拓宽了资金筹集渠道，1993年新增投入150亿元，是历年来福建省乡镇企业投入最多的一年。由于投入增加，1993年全省乡镇企业固定资产原值增加到353.72亿元，比上年增长了162.83%。其中，乡村集体企业完成固定资产投资55.53亿元，比上年增长156.17%，职工人均装备固定资产8 705元，比上年增长118.12%。企业经济实力扩大，发展后劲增强。

3. 建设工业小区，群体开发，集团发展。为了加速结构调整，优化布局，改变过去“村村冒烟、遍地开花”的旧形式，福建省各级政府加强规划工作，引导乡镇企业走上相对集中连片发展的新路子，在全省各地建设了具有一定规模的乡镇工业小区725个。位于福州市郊区鼓山镇的“福兴投资区”，是全省规模最大的乡镇工业小区，共引进投资项目132个，其中利用内资项目29项，利用外资项目103项，合同引进外资3亿多美元，已有70多个项目相继投产，年产值达10亿元，产品70%以上出口。各地根据当地产业优势和地域特点，还建设了一批专门行业的工业小区，搞群体开发，效果显著。地处闽东的福安坂中工业小区，共安排了34个电机电器生产项目，全部建成投产后，将成为年产值3亿元的“电机电器城”。

1993年，福建省乡镇企业组建各类集团企业94个。泉州市一年新批集团公司35个，累计已达45个，集团成员1 000多个，年产值达40亿元，占该市乡镇工业产值的16%。南平地区已有20个乡镇企业集团，联合区内外乡镇企业202个，拥有固定资产1.77亿元，完成年产值7.77亿元，占全区乡镇工业产值的18.3%。

4. 实施科技发展战略，以智取胜。一是加速技术改造步伐。1993年，全省乡镇企业投入技改资金23.16亿元，实施重点技改项目2 799个，均比上年增长1倍多。漳州市芗城区实施技改项目21个，投入资金1 847万元，比上年增长11倍，技改后新增产值1亿元，新增税利1 000万元。二是推广和应用科技成果。拥有众多乡镇水泥厂的三明市，积极抓好电子信息技术在水泥生产过程中的推广应用，普遍推广生料微机配料、立窑偏火自动控制、预加水成球自动控制等微机技术，使乡镇水泥企业在稳定质量和提高产量方面都达到了一个新水平。三是引进先进设备改造老企业。长乐县乡镇纺织业发展比较早，是该县乡镇企业的主导产业，但设备都普遍老旧，1993年该县花费8 000多万元，引进国内外先进设备300多台进行了改造。泉州市建筑陶瓷企业引进国外辊道窑生产线400条及配套设备，大大改善了企业装备水平，促进了企业发展。四是加快新产品的研制开发。全省乡镇企业建立民办科研实体135个，研制开发项目涉及电子、应用机械、工艺美术、精细化工、医药食品、服装、建材、新能源等领域。1993年全省乡镇企业列入省级新产品开发项目112项，列入省级工业科研、新技术推广项目35项，列入省级电子技术改造传统产业项目10项，并申报国家级新产品开发项目2项。五是培训和招聘人才。1993年福建省乡镇企业多层次、多形式、多渠道开展培训16.1万人次，比上年增长34.17%，培训的主要内容有企业管理、质量管理、财务管理以及环境保护、安全生产、外经外贸、公关礼仪等，使乡镇企业在岗人员素质有了很大提高。此外，全省乡镇企业还以种种优惠条件招聘各类急需专业人才4 938人。这些人才在乡镇企业落户，成了乡镇企业的“金凤凰”。

5. 大力推行股份合作制，深化企业内部改革。1993年，福建省乡镇企业普遍开展了以明晰产权关系、完善经营机制为主要内容的深化改革活动，着重抓了三点：一是在现有乡村集体企业中积极推行产权制度改革，实行股份合作经营。二是新办的乡镇企业均按照股份合作制设立。三是鼓励乡镇企业开展横向经济技术联合，创造条件建立股份制和股份合作制的企业集团。省有关部门也给予很大支持，5月份，由省体制改革委员会、省农委和省乡镇企业局共同组织的乡镇企业深化改革试点小组对福州市20个乡村集体企业进行了产权制度改革试点，并在此基础上，帮助组建了4家有限责任公司。龙岩地区发展比较快，由乡村集体企业改组为股份合作制企业达到3 674家，占需改制企业总数的90.8%。1993年，全省新办和由乡村集体企业改制的股份合作制企业已有1.89万家。

6. 主攻外向型经济，突出侨乡特色。福建省在外华侨有800多万人，台湾人口80%属福建籍。因此，福建省乡镇企业在对外开放中充分利用这一优势，大做“侨”的文章，开展招商引资活动，创办乡镇“三资”企业。1993年6月28日，省政府组织赴港招商活动，乡镇企业首次组织分团参加，取得可喜效果，共签订协议408项，总投资19.97亿美元，其中利用外资16.72亿美元。全省一年中新批乡镇“三资”企业项目1 800个，累计乡镇“三资”企业已达4 242个，出口产品交货值达111.5亿元，占全省乡镇企业出口产品交货总额的61%。

（宋学铿）

江 西 省

1993年，江西省乡镇企业在上年大发展的基础上，持续高速高效发展。全年完成乡镇企业总产值586.4亿元，比上年增长92.8%，其中乡镇工业产值385.3亿元，增长92%；实现利润37.32亿元，增长96%；上缴国家税金15.66亿元，增长56.9%。上述各项指标及增长幅度均创历史最高水平。乡镇企业总产值占全省农村社会总产值的比重达到64.6%，比上年提高14.3个百分点；乡镇工业产值占全省工业总产值的比重达到43.7%，比上年提高12.1个百分点。全省乡镇企业个数达到105.3万个，比上年增长25.7%，其中乡村集体企业6.1万个，增长5.2%；乡镇企业职工人数达到339.5万人，增长21.2%。

1993年，江西乡镇企业的主要工作和发展特点是：

1. 进一步深化认识，领导力量明显加强。省委、省政府十分重视提高各级党政领导对加快发展乡镇企业战略意义的认识。1月初，省委、省政府首次以1号文件推出《关于加快发展乡镇企业的决定》；2月，省长吴官正等同志率领20多个部门的领导到省乡镇企业局现场办公；4月，省委、省政府联合召开了加快乡镇企业重点县发展汇报交流会。各级领导的思想进一步解放，普遍增强了紧迫感和责任感，许多地方把加快发展乡镇企业摆上整个经济发展主要增长点的位置，党政一把手亲自抓，六套班子分片挂点包干，采取强有力措施，层层建立领导责任制，从而大大加强了对发展乡镇企业的领导。

2. 加大改革力度，优化企业机制向深层次推进。江西省乡镇企业以大力发展股份合作制企业为突破口，加快企业改革步伐。召开全省乡镇企业发展股份合作制经验交流会，下发了《关于加快发展股份合作企业的通知》和《江西省乡镇企业股份合作制试行办法》。全省乡镇股份合作制企业获得突破性发展，乡镇股份合作企业已达5.4万家，1993年新增4.6万家，入股资金24.2亿元，并呈现出由最初的第二产业为主、新办为主和单纯的集体与集体、个体与个体的合作制形式为主向一、三产业和加快老企业股份合作制改造以及各层次交叉、多样化形式发展的新趋势。同时，一厂带多厂，总厂联分厂的集团公司和以一个产品或一个企业为龙头，从而带动千家万户的龙式经济联合体迅速增加。公有民营、一厂两制和企业租赁、兼并、拍卖以及进一步完善承包经营责任制的改革均已开始试点或由点到面逐步推开，向深层次推进。

3. 增加资金投入，整体实力显著增强。1993年，省委、省政府先后两次召开乡镇企业资金协调会，各地的投入意识不断增强，通过外引内联、东拆西借、银行贷款、财政支持、股份合作等多种办法，使全省的资金投入达到历史新水平。1993年，全省乡村集体企业完成固定资产投资31.05亿元，比上年增长144.3%，新增固定资产24.9亿元，完成新扩改项目6 924个，并新上了一批高起点、高技术含量、高效益的“三高”项目，进一步提高了乡镇企业整体实力，增强了发展后劲。

4. 强化科技兴企意识，人才培养、新产品开发取得硕果。江西省乡镇企业根据自身的弱点，在大力宣传科技兴企战略意义的同时，首次以省政府名义表彰奖励了100名有突出贡献的科技人员，组织举办了第三届乡镇企业技术交易会，并采取促进科技进步的政策措施，激发了各地培养、引进、使用人才，开发、移植新技术、新工艺、新产品，加快企业技术改造的积极性，进一步推动了乡镇企业科技兴企工作。舍得花钱买技术、引人才、找项目，与国有大中型企业、大专院校、科研单位结对子，搞联合，已成为乡镇企业发展的热点。1993年，全省乡镇企业开发新产品262项，引进各类人才7 726名，建立地市级培训中心7个，县级培训中心177个；利用各种方式联合办学，培养人才，全省举办各类专业技术培训班1 762期，培训各类专业人员7.8万人次，定向招收大中专学生702人，评定专业技术职称7 542名。

5. 加强企业管理，企业素质大为改善。在乡镇企业中继续开展了升级达标活动，从抓现场管理入手，强化企业七项基础管理和五个专项管理，开展财务内部审计，加强经济核算，促使企业由粗放经营向集约经营和规范管理转变。经考核验收，全省乡村集体企业现场管理达标2 070家，基础管理达标2 003家，479家企业晋升为省乡镇一、二级企业。同时涌现出了一大批政治素质好、懂经营、会管理的乡镇企业家，20名最佳乡镇企业家、180名优秀乡镇企业家受到省政府命名表彰。

6. 组织实施“3135”工程，规模水平迅速提高。“3135”工程是江西省乡镇企业旨在集中力量扶持一批基础较好的县、乡、村和企业上规模、上水平，以此推动全省乡镇企业上新台阶的重点工程。1993年，通过抓14个发展较快的实力大县和14个发展较慢的潜力大县，从政策、科技、资金和领导力量多方面倾斜，使28个县市区的乡镇企业有了较快的增长，其中约有三分之一的县市区实现产值、效益翻番。各地(市)、县也都抓了一批重点乡、重点村和重点企业。通过抓重点骨干，推动了整个乡镇企业上规模、上水平，全省乡镇企业总产值超10亿元的县(市、区)由上年的4个上升到16个，超亿元乡镇由24个上升到94

南昌市郊区顺外村自建的村外村

个，超千万元的村由106个上升到377个，千万元以上企业由78家上升到235家，亿元企业3家。

7. 加快发展外向型经济，“三资”企业成倍增长。全省乡镇企业不仅积极参与国内市场竞争，而且大步走向国际市场。1993年，全省乡镇企业新办“三资”企业224家，合同引资1.3亿美元，实际到位资金4 987.9万美元，分别比上年同期翻了一番多，完成出口产品交货额9.9亿元，比上年增长51.2%。

8. 大兴调查研究之风，典型引路开花结果。各地在加快发展乡镇企业中，运用“重点突破两翼推进”战略，及时总结推广了吉安市的“六套班子挂，国有大厂带，市直部门帮，街道二轻联”，德兴市多渠道、多形式筹集资金增加投入，新干县立足“三沿”（沿路、沿江、沿城镇）优势建立工业小区、集中连片发展，宜丰县突出发展乡镇工业、实现乡乡财政收入超百万，南昌市郊区抓改革促开放、扩大招商引资、大办“三资”企业等一系列新典型新经验。这些典型经验的推广，为全省乡镇企业快速发展起了积极的推动作用。

（李文美）

山东省

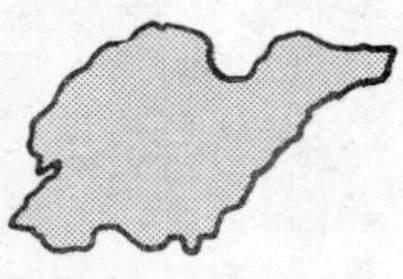

1993年，山东省乡镇企业在上年高速增长的基础上，继续保持了强劲的发展势头，登上了一个比较大的台阶。全省乡镇企业发展到196.7万个，其中乡村两级17.82万个；乡镇企业职工总数1 350万人，占全省农村劳动力的36%，一年新转移农村剩余劳动力230万人；全年实现乡镇企业产值4 725亿元（1990年不变价，下同），比上年增长101.5%，占农村社会总产值的80%以上；乡镇工业产值3 494亿元，增长94.8%，占全省工业总产值的比重由上年的51%提高到60%以上；实现利税总额431亿元，比上年增长95.6%；完成出口产品交货值209亿元，比上年增长111.9%；乡村企业固定资产投资总额达到332亿元，比上年增长124%。速度、效益和发展后劲基本同步增长。可以说，1993年是山东乡镇企业发展史上速度最快、形势最好的一年。

根据1993年年初省委、省政府提出的“六个坚持、六个突破”的全省乡镇企业的发展思路，山东省乡镇企业重点抓了以下几个方面的工作：

1. 坚持全面发展，在重点地区、重点行业和重点企业上突破。按照省委、省政府提出的“内外开拓、纵横突破、纵抓集团、横抓强县”的战略，结合全省乡镇企业“21521”工程的实施，重点抓了一批乡镇企业产值过50亿元的县、10亿元的乡镇和过亿元的村、企业，大力发展规模经济，实施重点突破。省乡镇企业局成立了经济强乡（镇）办公室，对1992年的百强乡（镇）进行排序，由省政府予以公布，定期调查分析百强乡镇的发展动态，有针对性地加强工作指导。全省乡镇企业以骨干企业为主体，调整企业组织结构，组建了一批关联紧密、生产批量大、实力雄厚、竞争能力强的大型乡镇企业集团。到1993年底，全省已组建省级乡镇企业集团78家，仅1993年一年就发展73家。重点地区、重点乡镇都有很大发展。1993年，乡镇企业产值突破400亿元的市地有6个，其中烟台664亿元，潍坊619.8亿元；营业收入过百亿元的县（市、区）2个，其中临沂市达到207亿元；过10亿元的乡（镇）52个，其中济南北园镇达到55亿元；过亿元的村157个，其中牟平县宁海镇西关村达到13亿元；过千万元的企业3 459个，其中过亿元的企业80个。此外，按照统筹规划、合理布局、相对集中、配套建设的原则，有计划、有步骤、有重点地兴建了一批功能比较齐全、基础设施配套的乡镇工业小区。根据对13个市地的统计，全省乡镇工业小区已达到449处，区内企业3万多个。

2. 坚持深化改革，在推行股份合作制上实现突破。为了进一步启动乡镇企业的内部活力，克服现行机制弱化倾向，再造乡镇企业的发展优势，根据省委、省政府提出的到“八五”末把乡村骨干企业基本改造为股份合作制企业的目标要求，乡镇企业把推行股份合作制作为深化改革的重要内容来抓，成立班子，制定方案，完善政策，使这项工作有计划、有重点、有领导、有步骤地组织实施。省乡镇企业局还专门组织力量就股份合作制的推行作了调查研究，对产权界定、股权设置、资产评估、收益分配等问题进行了探讨分析，提出了具体的指导意见，全省股份合作制的推行取得突破性进展。到1993年底，全省实行股份合作制的乡村企业达到44 499家，占乡村企业总数的25%，其中较为规范的有134家。股份合作制企业共实现产值971亿元，利税78.98亿元，分别占乡村企业总数的29.6%和28.5%；总股本金308亿元，其中吸收外部资金32亿元。

3. 坚持内外并举，在外向型经济上实现突破。1993年，全省乡镇企业充分发挥资源优势和地处沿海的有利条件，进一步扩大对外开放，初步形成了多层次、多渠道、全方位的开放格局。1993年，全省新批“三资”企业2 310家，合同利用外资16.9亿美元，分别比上年增长48.6%和94.3%。一大批出口创汇企业迅速崛起，出口产品交货额过千万元的企业达到420个，比上年增加246个，其中过亿元的6个，最高的青岛飞龙集团，出口交货额达到4.96亿元。青岛市通过改善投资环境，广泛招商等措施吸引外商投资，并注重引导企业上大项目和外商投资比例高的项目，1993年新批“三资”企业项目476个，总投资8.2亿美元，其中合同利用外资6.16亿美元，占75%，投资额在1 000万美元以上的达到21家。办境外企业也有较快发展，据烟台、潍坊、济南、日照、东营、菏泽等6个市地的统计，1993年已在美国、日本、韩国、独联体等国家兴办海外企业17家。各地还以国际市场为导向，调整和优化出口商品结构，出口创汇能力进一步提高。

4. 坚持科技进步，在高新技术上实现突破。针对乡镇企业技术水平低、工艺装备落后的现状，制定了科技进步五年发展规划，提出到“八五”末把全省乡村骨干企业全部改造一遍的目标，加大工作措施，加大资金投入，突出科技进步这个重点。各地也都围绕科技工作采取了一些大的举措，烟台市开展了以高新技术、高效益，新产品、新工艺、新技术、新材料为内容的“两高四新”竞赛活动。青岛的“1221”工程、济宁的“科技兴业”、潍坊的“大、高、外”等，也都收到了很好的效果。科技进步工作的突出特点是各地坚持把技术改造作为推动科技进步的重点，层层规划，落实措施，筹措资金，加大对技改的投入。1993年，全省用于技术改造的资金达140亿元，是上年的1.53倍，全省乡镇企业共完成技改项目10 041项，比上年提高83%；开发新产品2 900项，总投资23亿元，新增产值105亿元，利税15亿元，其中列入国家新产品计划的4项，由省经委批准立项的190项，有7个项目获得农业部科技进步奖。科技进步对乡镇企业的助推作用日渐突出，全省出现了一批像文登通信电缆厂那样采用世界先进生产设备，技术起步高、产品质量好的先进企业。乡镇企业职工教育工作得到加强，1993年全省通过培训中心、职工学校、电大、函授和委托代培、联合办学等多种形式，共培训各类人才39.8万人。

5. 坚持分类指导，在经济欠发达地区的发展上实现突破。坚持“在发展中提高，在提高中发展”的方针，对基础条件好，乡镇企业比较发达的地区，引导他们把发展的重点放在提高产品档次和技术水平上，推动乡镇企业向高层次、外向型发展。与此同时，根据省委、省政府制定的《关于加快欠发达地区经济发展的意见》，把加快西部地区乡镇企业发展作为工作的重点，认真调查研究，总结典型经验，初步探讨了西部地区加快乡镇企业发展的思路和措施。西部各市地也坚持从实际出发，大胆探索新思路，研究制定新措施，使乡镇企业出现了蓬勃发展的好势头。1993年，德州、滨州、聊城、菏泽、临沂和东营六个市地完成乡镇企业产值975.5亿元，比上年增长102%，增幅比上年提高49个百分点。德州地区立足本地实际，明确提出了“三放手、三突破、三到位”的新思路，并采取了一些新举措，如：在推行股份合作制的同时，积极探索租赁和拍卖制；实施“四轮驱动、多轨运行”，放手发展个体私营经济；实施“一品带动”战略，形成区域经济优势；以建立农村合作基金为突破口，积极开辟新的融资渠道，推动了乡镇企业的健康发展。1993年，德州地区乡镇企业产值增长125.3%，高出全省平均增长幅度13.5个百分点，其中乡村企业增长87.3%，村以下增长176.6%。

6. 坚持各业并举，在第三产业的发展上实现突破。山东省乡镇企业把大力发展第三产业作为产业结构调整的重点，引导乡镇企业进一步扭转“小三产”的传统观念，确立“大三产”的思想，选准突破口，把市场建设、发展新兴第三产业和社会化服务有机结合起来，鼓励和支持乡镇企业不断拓宽领域，大力发展投资少、见效快、效益好、就业容量大，与农村经济发展和农民生活关系密切的商业、饮食、服务、交通运输、旅游、房地产、技术信息咨询等行业，以及为农业服务的各类专业市场，进一步加快了第三产业的发展步伐。1993年，全省乡镇企业第三产业完成总收入892.5亿元，比上年增长126.2%，占乡镇企业总收入的比重由上年的18.6%提高到20.96%。

（宋秋玲）

河南省

1993年，河南省乡镇企业完成总产值2 190.9亿元，比上年增长75.9%，名列全国第五位。其中工业产值完成1 412.01亿元，比上年增长79.4%，占全省工业总产值的52.2%；实现利税242.8亿元，比上年增长77%；出口产品交货值完成33.4亿元，比上年增长68.61%；企业总收入完成1 990.7亿元，比上年增长83.6%；职工工资总额194亿元，比上年增长54.5%；固定资产原值429.6亿元，比上年增加156亿元；企业个数发展到204万个，从业人员1 155万人。总产值超

20亿元的县（市、区）由上年的14个，增加到32个；超3亿元的乡（镇）由上年的41个，增加到147个；超亿元的村由上年的16个，增加到21个。

1993年，河南省乡镇企业的发展，按照省委、省政府提出的“要在发展乡镇企业上有突破性进展”的要求，呈现出快速、健康、持续发展的良好态势。具体表现在如下几个方面：

1. 继续进行宣传发动，不断提高思想认识。1993年元月10日至13日，省委、省政府在南阳地区召开了全省农村工作会议。会议重点研究了乡镇企业工作。传达了国务院关于加快发展中西部地区乡镇企业的“西安会议”精神，总结经验、创造良好的发展环境，使河南省乡镇企业再上新台阶。重新确定了发展河南省乡镇企业的指导思想，即“因地制宜、发挥优势、多轮驱动、放手发展，依靠科技，提高效益”。省委书记李长春、省长马忠臣出席会议并讲了话。会后，各市地积极贯彻会议精神，全省上下迅速掀起一股学沿海、赶山东、再现乡镇企业中原雄风的热潮。

2. 股份合作制企业的发展形势看好。随着股份合作制企业在全省乡镇企业发展中的比重不断增大，省政府于7月下旬在股份合作制企业发展较好的密县召开了全省乡镇企业股份制工作座谈会，会上推广了12个典型经验，并根据全省实际，进一步完善了操作规程，使大家做到了学习经验有样板，积极推行有办法，具体操作有规程。较好地解决了多年来“股份制好是好，就是学不了”的问题。全年新办股份合作制企业2万多个，入股资金近60亿元。全省股份合作制企业已发展到12万多个，从业人员130万人，完成产值300亿元，占全省乡镇企业总产值的15%，比上年提高了5个百分点。

3. 相对后进地区乡镇企业发展的步伐明显加快。1993年，河南省乡镇企业的发展速度进入“快车道”，总产值、工业产值、企业总收入的增长速度分别比上年提高20.7、23.5和30个百分点。信阳、南阳、商丘、周口、驻马店五个相对后进的地区，紧紧抓住自身优势，加大改革力度，决心尽快缩小与豫中、豫北等先进地市的差距。驻马店地区实施快速起步、大力发展的战略，鼓励发展非公有制经济，积极兴办合作、个体、私营企业，全区乡镇企业的发展速度高于全省平均速度19.9个百分点。到1993年底，上述五个地区的乡镇企业总收入平均增长81.9%，增长速度高于全省平均水平。

4. 出口创汇形势喜人。1993年，河南省乡镇企业外向型经济的发展继续朝着持续、健康的发展方向迈进。全年新办“三资”企业230多个，比上年增长111%，合同利用外资近2亿美元，比上年翻了一番，出口产品交货额的增长速度比上年提高了8.7个百分点。镇平县工艺品集团公司等4家企业在全省乡镇企业中率先获得出口自营权。沁阳险峰机械厂、郑州马寨挂面机厂和修武粮食机械厂的机械成套设备已出口到东欧和东南亚国家，填补了河南省机械成套设备出口的空白。长葛黄河磨具厂与日本大阪金钢石工业株式会社合资，引进资金3 920多万元，成为亚洲最大的金钢石磨料磨具生产企业。鹿邑鞋城皮革制品有限公司1993年创产值1.7亿元，出口创汇达450万美元，成为全省最大的皮革加工企业。巩义市金红石总厂等11个企业已出国办厂，成为全省乡镇企业发展中的主要力量。

5. 推进科技进步，增强整体素质。1993年，河南省乡镇企业十分重视科技工作，全省先后组织国有大中型企业和科研院校对相对贫困的乡村进行对口帮带，对他们进行“三传”(传授知识、技术和项目)，帮助兴办乡村企业5 238个，组织培训乡镇领导、村长、支书和厂长（经理）12 000多人，进行企业职工岗位培训和学历教育48万多人次。全年引进各类专业人才3万多人，引进新技术、新工艺、新设备2万多项（台、套），实施技术改造项目6 000多个。洛阳市利用该市国有大企业多、科研院所多的优势，注重引导企业重视科技进步，提高自身素质，先后组成11个帮带集团，对口帮带11个县（市、区），同时抽调一批懂技术、会管理的科研人员到乡镇企业任职，推动了全市乡镇企业的健康发展。

6. 以“四强”为龙头，带动全省乡镇企业的全面发展。1993年5月，省乡镇企业局在偃师召开了全省乡镇企业“四强”经验交流会（四强即强县、强乡、强村、强企业)，会上12个单位介绍了他们的经验，为全省乡镇企业以“四强”为龙头，促使企业上规模、上水平、上档次提供了有力的保障。全省采取抓重点，抓骨干，分级负责的办法，突出抓了18个特别试点县，各地市重点抓了366个产值超亿元的乡（镇），县（区、市）重点抓了348个产值超2 000万元的村和企业。

（张洪祥）

湖北省

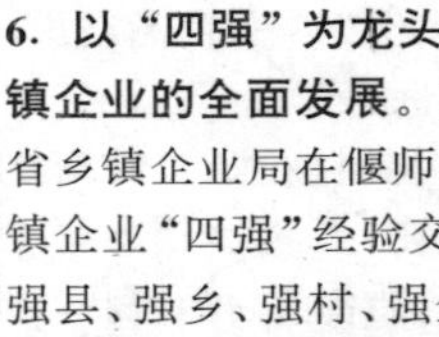

1993年是湖北省乡镇企业取

得突破性发展的一年，全省乡镇企业达137.76万个，从业人员519.84万人，分别比上年增长24.84%和25.70%；乡镇企业总产值1 007.5亿元（1990年不变价），其中工业产值608.29亿元，分别比上年增长87.3%和81.0%；营业收入929.65亿元，利税总额78.17亿元，分别比上年增长104.19%和84.02%。

在乡镇企业总产值中，各层次比重为：乡镇办占35.2%、村办占25.9%、合作企业占4.7%、个体占34.2%；各业比重为：农业企业占3.8%、工业占60.4%、建筑业占13.0%、交通运输业占7.5%、商业饮食业占15.3%。

湖北省乡镇企业在发展中呈现以下特点：

1. 发展速度创历史记录。1993年，湖北省乡镇企业个数比上年净增27.41万个，从业人数净增106.3万人。乡镇企业总产值首次突破千亿元大关，比上年净增469.74亿元，相当于前8年净增量的总和，增长幅度比上年提高52.2个百分点，是湖北省乡镇企业发展最快的一年。

2. 经济效益显著提高。乡镇企业全员劳动生产率达19 619元，比上年提高6 874元；百元固定资产净值实现利税50.87元、实现产值664元，分别比上年提高7.08元和120元；营业收入增长幅度高于产值16.74个百分点；利税总额与产值增长速度基本同步。

3. 企业规模迅速壮大。全省乡镇企业总产值过10亿元的县（市）由上年的20个增加到36个，最高的仙桃市达54.45亿元；过亿元的乡镇由上年的126个增加到309个，最高的武汉市江岸区后湖乡达10.84亿元；过千万元的村由上年的243家增加到733家，其中过亿元的村25个，最高的潜江市张金村达2.79亿元；过千万元的企业由上年的226家增加到640家，其中过亿元的企业13家，最高的湖北幸福服装厂达1.71亿元。

4. 投入加大，后劲明显增强。全省乡镇企业资金总额达403.05亿元，比上年增长62.33%；其中固定资产原值由上年的133.58亿元增加到209.32亿元，年末占用流动资金由上年的114.71亿元增加到193.73亿元，分别增长56.7%和68.89%。银行贷款余额81.53亿元，按可比口径，比上年净增14亿多元。

1993年湖北省乡镇企业之所以能得到较快发展，主要原因有以下几个方面：

1. 各级领导重视，认识统一。省委、省政府把加快发展乡镇企业作为全省社会经济发展的一件大事来抓，采取了一系列超常规举措：5月下旬，在襄樊市召开全省乡镇企业工作会议，省委书记关广富、省长贾志杰等主要领导和各地市州党政一把手参加会议，制订下发了《关于突破性发展乡镇企业的决定》；6月下旬，省长贾志杰、省委副书记回良玉带领10多个部门负责人到省乡镇企业局现场办公，督促检查各部门对乡镇企业扶持措施的落实情况；9月2日召开全省乡镇企业电视电话会，研究交流了在新形势下，如何振奋精神，捕捉机遇，保持乡镇企业持续、健康发展的措施；10月下旬，再次召开全省乡镇企业工作会议，总结了1993年乡镇企业工作，部署1994年发展乡镇企业的任务。这些重大活动，一环扣一环，在全省范围内引起了强烈反响。各地迅速将上述会议精神传达贯彻到乡镇、到企业，层层进行大发动，各级相继成立"乡镇企业工作领导小组"，党政一把手亲自抓，分管领导具体抓，主管部门全力抓，普遍建立了目标责任制，把乡镇企业发展纳入党政领导任期目标进行考核，制订了一系列奖罚措施、组织措施来保障发展措施的真正落实，为乡镇企业的发展创造了良好的环境和条件。

2. 放宽放活政策。为促进乡镇企业的大发展，省委、省政府先后制定下发了《关于突破性发展乡镇企业的决定》等四个重要文件，在思想认识、发展思路、增加投入、深化改革及各项优惠政策上，都有新的突破。各地市州结合本地实际，分别出

湖北襄阳县棉纺织厂

台了一些突破性发展乡镇企业的政策规定，如大力发展个体私营经济，重奖发展乡镇企业有功人员，稳定加强乡镇企业管理机构，推进股份合作制等，打破了束缚乡镇企业发展的条条框框，出现了多层次、全方位大发展的新局面。

3. 广辟融资渠道，企业后劲增强。1993年，湖北省乡镇企业通过争取银行贷款和财政扶持，大力推行股份合作制，压缩“三项资金”占用，盘活资产存量，开展全员风险抵押、工资转存，大力引进资金等多种渠道加大对乡镇企业的投入，在攻克资金难点上取得新的突破。全年新增投入40多亿元，其中银行信用社贷款14.8亿元，财政周转金1.19亿元，风险抵押金1.7亿元，是湖北省乡镇企业投入最多的一年。

4. 加大改革开放力度，为企业发展注入新的活力。1993年，湖北省乡镇企业以推行股份合作制为重点的改革，以兴办“三资”企业为主的外向型经济，都取得了新的突破。湖北省农委、体改委、乡镇企业管理局联合下发了《关于发展乡镇企业股份合作制的意见》的文件。5月份全省乡镇企业工作会议主要学习推广了襄樊市股份合作制的经验。一些地市州县纷纷派人到襄樊参观学习，仅荆州地区就达900多人次，股份合作制在全省推开。全省推行股份合作制的企业近2万家，股金总额30多亿元，其中现金入股13亿多元。同时，“公有民营”、资产承包等在各地开始试行。“三资”企业由上年的138家发展到369家，出口企业876家，出口产品生产总值29.44亿元，出口产品交货值24.56亿元。1993年，湖北乡镇企业还出现一些新的动向，如收购兼并国有企业，在国外、境外“异地办厂”，组建跨所有制、跨行业、跨行政区域的企业集团等。

5. 开展争创“十强百家”活动，掀起比学赶帮超热潮。省委、省政府决定，从1993年起，连续3年在全省范围内开展争创乡镇企业十强县市、十强乡镇、十强村、十强企业和100名优秀乡镇企业家活动，省财政每年拿出30万元进行表彰。这个活动在全省引起强烈反响，产生了巨大的号召力和凝聚力，许多县市、乡镇、村组和企业，明学暗比，开展对手联赛，出现了你追我赶的可喜局面。

6. 强化管理，促进企业管理水平的提高。针对少数地方存在重投入、重上新项目、轻管理的倾向，湖北省乡镇企业把加强企业管理作为一项重要工作来抓。财务工作重点抓了新财会制度的实施，层层举办了培训班，对乡镇办企业的主管会计进行了轮训，省乡镇企业管理局会同省财政厅制定了《乡镇企业贯彻分行业会计制度实施细则》，指导企业搞好新旧财会制度的转换工作。继续加强了财会基础工作，实行财会工作“四统一”的企业已达到1.76万个，其中会计达标企业近万个。开展了安全生产大检查，全年职工因工死亡、重伤人数均比上年大幅度下降。质量管理突出抓了质量教育培训，组织1万多名职工参加质量管理电视讲座的学习和统考，组织10多万名职工参加《产品质量法》的知识竞赛活动，经逐级推荐、筛选，有90多人参加全省决赛，评出一等奖1名、二等奖2名、三等奖3名。对建材、皮革、机电3个行业的86种产品进行了137批次的质量检查，受检产品合格率达87.9%。组织了QC小组成果评选活动，评出乡镇企业系统省级优秀QC小组30个，优秀QC小组成果奖17个，其中被农业部评为二、三等奖各2个，优秀奖1个。11月中旬，全省乡镇企业管理现场会在仙桃市召开，20多家乡镇企业交流了管理工作的经验，王生铁副省长在会上作了重要讲话。这次会议，进一步促进了全省乡镇企业管理工作的加强。

7. 加强机关自身建设，增强服务功能。省乡镇企业管理局为建设一支与突破性、超常规发展乡镇企业相适应的干部职工队伍，提出了机关干部要实现“四个转变”，做到“两手抓”。即：转变思想观念、转变工作内容、转变工作方法、转变工作作风；坚持一手抓乡镇企业发展，一手抓自身建设。对上多次向省委、省政府领导汇报，求得省领导的大力支持，一年内省委、省政府先后召开四次乡镇企业会议，主要领导参加会议并作了重要讲话，这是从未有过的。加强同各部门的协调工作，各部门在资金投入、物资扶持、人才培训、项目安排、税收优惠、舆论宣传等方面做了大量工作，是外部条件最好的一年。加强了调查研究，先后组织33个工作组，深入36个县市、152个乡镇、近300个企业，开展了三次大型专题调研活动，及时掌握乡镇企业发展过程中的新情况、新问题，为领导决策提供依据。

（葛天平）

湖南省

1993年，湖南省乡镇企业在前两年大发展的基础上继续快速发展，发展速度、经济效益和固定资产投入均创历史水平。其发展的主要特点是：

1. 发展速度明显加快。1993年，全省乡镇企业已发展到154.94

万个，职工人数达593.46万人，分别比上年增长22.7%、21.8%，职工总数占全省农村劳动力的21.9%；全年完成乡镇企业总产值826.09亿元，其中乡镇工业产值完成507.7亿元，分别比上年增长70.6%、75.6%。乡镇企业总产值比上年净增341.78亿元，净增额相当于1991年全年的总产值；乡镇企业总产值占全省农村社会总产值的比重由上年的53.5%提高到66.2%。从行业、层次发展情况看，较上年相比，交通运输业产值增长37.8%，建筑业产值增长64.1%，商业、饮食业增长95.9%；乡办、村办、村以下三个层次分别增长63%、70.4%和77.1%。从各地市发展情况看，发达地区有了新的提高，欠发展地区也加快了发展步伐，全省14个地市，增长1倍的有2个地市。并有一批发展快的县（市）、乡（镇）、村和企业登上了新的台阶。乡镇企业总产值过10亿元的县（市）达37个，比上年增加20个，其中过20亿元的县市有10个，最高的长沙县达51.57亿元，乡镇企业总产值过亿元的乡镇有207个，增加147个；过亿元的村有3个，增加1个；过亿元的企业有5个，增加2个。全省增长幅度最高的前五名县市都在欠发展地区，增长最快的张家界市武陵源区增长幅度达237.2%。

2. 投入成倍增加。全省全年乡村集体企业固定资产投资完成额52.39亿元，比上年增长142.8%；1993年的投入相当前六年的总和，接近全省乡村企业原有固定资产总值的一半。投入不仅数量增幅大，而且项目规模和技术起点都有较大提高。全省乡村集体企业新上建设项目12 010个，比上年增长77.2%，项目平均投资额比上年增加12万元，其中投资200万元以上的项目371个，比上年增加265个。投入的资金出现多元化格局，银行贷款占总投入的比重由上年的42%下降到34%，企业自筹资金由上年的58%上升到66%。

3. 效益同步增长。全省乡镇企业全年实现利润总额67.87亿元，比上年增长83.1%，比产值增长幅度高12.5个百分点。实缴国家税金28.88亿元，比上年增长61%，占全省财政收入的22.8%，为全省农业总税收的6.7倍。像乡镇企业发展快的长沙县，1993年乡镇企业缴纳的税金达到1.45亿元，占当年全县财政收入的69.7%。全省乡镇企业发放职工工资总额112.2亿元，比上年增长52.1%，按全省农业人口平均208元，比上年增加69元，占全省当年农民人均纯收入的24.5%。全省乡村集体企业还拿出一部分企业利润支援农业和农村公共公益事业，其中用于支援农业生产13 695万元，比上年增长85.4%；用于农村小集镇建设6 682万元，比上年增长106.1%；用于教育事业费7 836万元，比上年增长21.8%。

4. 个体、联户企业蓬勃发展。1993年，全省个体、联户企业达到142.9万个，比上年增加27.4万个；从业人员达到330.16万人，比上年增加77.5万人；实现总产值365.52亿元，比上年增长77.1%，占到全省乡镇企业总产值的44.24%。不少个体、联户企业既有规模又有水平，年产值达到百万元、几百万元甚至上千万元。涟源市三一集团公司是湖南省最大的私营企业，1993年产值达10 058万元。那些乡镇企业起步较晚、基础较差的地区，个体、联户企业发展更快。地处湘南边远山区的蓝山县，这两年坚持把大力发展个体、联户企业作为加快发展乡镇企业的突破口来抓，1993年个体联户企业产值达29 200万元，占全县乡镇企业总产值的85%，并且个体、联户企业的发展正在向规模型、工业型转变，1993年新发展的个体联户工业企业，有63家年产值达50万元以上，33家达100万元以上，还有3家达到了500万元以上。

5. 外向型经济有新的发展。1993年，全省乡镇出口生产企业达1 452个，比上年增长51.6%；出口产品生产总值为23.74亿元，比上年增长62.7%；出口产品交货值为21.44亿元，比上年增长62.5%，增幅比上年提高28.7个百分点。出口企业中，“三资”企业有40个，出口产品总值达16 112万元。

1993年湖南省乡镇企业的主要工作：

1. 省委、省政府把发展乡镇企业作为振兴全省经济的第一个重要增长点来抓。湖南省委、省政府先后在省委六届五次全体（扩大）会议和全省专员、州长、市长、县长会议上，明确要求各级党政领导“以更大的魄力和更快的速度发展乡镇企业”，并把发展乡镇企业列入全省经济工作必须抓好的十件大事中的第一件大事，对任期内达不到乡镇企业发展目标的不仅要罚票子，而且要丢面子，让位子。省委、省政府确立的这个指导思想，在全省上下引起了强烈反响，大大激发了各级领导对发展乡镇企业的紧迫感、危机感和责任心。许多地、市、县都是党政一把手亲自挂帅，亲自抓乡镇企业。长沙、常德的各县市提出把发展乡镇企业摆在县域经济的“重中之重”的突出位置来抓，并且列入了考核各级党政主要领导政绩的一条重要标准。娄底地委、行署作出决定，把1993年定为全区“乡镇企业发展年”，各级党政一把手作为发展乡镇企业的第一责任人。不少县市党政负责人还亲自为乡镇企业跑资金，跑项目，搞协调，抓落实。在区、乡一级，三分之一以上的干部力量摆到了乡镇企业。许多地市县的人大、政协也积极配合抓，主动为乡镇企业排忧解难。不少县市还组织县市直属单位对口扶持乡镇企业。株洲、湘潭等一些地市县并从市县直属机关抽调干部组成乡镇企业支帮促工作队，有的还从县市直属机关选派年轻干部下到乡镇担任党委副书记或副乡长，专抓乡镇企业。全省上下形成了加快发展乡镇企业的良好气候。

2. 坚持不懈抓投入。1993年，湖南省政府把完成固定资产投入情况列入了考核各地市乡镇企业工作的一个主要内容，并从省财政拿出5 000万元，用于乡镇企业新扩改项目的贷款垫息。在省政府的带动下，全省上下广泛发动群众，多渠道筹集资金，加大对乡镇企业的投入。全省投入额比1992年增加了1倍多，比1991年增加了5倍多，不仅新办了一批骨干企业，而且使一批老企业扩大了规模，上了新台阶。

3. 重点抓好一批上得快的县市。1993年，湖南省委、省政府坚持一手抓发展，一手抓提高的方针，重点扶持乡镇企业产值已经过10亿元和计划过10亿元的31个县市上新台阶。一方面，省乡镇企业领导小组直接调度这些县市的生产，并从资金、电力等方面给予支持；另一方面，省委、省政府制订和完善了对年产值过10亿元的县市的奖励办法，鼓励其充分发挥领头雁作用。1993年，全省31个重点县市完成乡镇企业总产值575.48亿元，占全省乡镇企业总产值的近四分之三，为全省乡镇企业的快速发展挑了重担。

4. 放手发展个体联户企业。1993年，湖南省委、省政府在组织引导发展乡镇企业的过程中，坚持把大力发展个体联户作为一个最重要的增长点来抓，并在全省大力推广蓝山县、益阳县放手发展个体企业、发展“一村一品”经济的经验，使全省发展个体联户企业出现了旺盛的势头。一些县市采取“先上车，后买票，上了车，快补票”的灵活办法，为个体联户企业的大发展创造一个宽松环境；不少地方召开发展个体私营经济动员大会，为个体联户企业大户披红戴花、颁发荣誉证书，使广大群众的强烈致富愿望变成了发展乡镇企业的实际行动。不少地方出现了大米加工一条街、编织一条街、铸造一条街、饮食一条街，个体联户企业成了乡镇企业的一支重要生力军。如乡镇企业起步较晚的怀化地区，1993年个体联户企业发展到93 970家，一年新增1 507家，实现产值2.8亿元，实现利税1.2亿元，分别比上年增长了19.5倍、11.7倍、9.9倍和30倍。

（刘文珠　孙学群）

广东省

1993年，广东省乡镇企业持续、快速、健康发展。乡镇企业总数为138.99万个，比上年增长6.62%；从业人员915.51万人，增长15.7%；营业收入2 438.10亿元，增长65.10%；完成总产值2 202.01亿元，(1990年不变价)，增长60.15%。其中工业产值1 679.29亿元，增长61.60%；上缴税金78.72亿元，增长70.17%；纯利润185.58亿元，增长65.08%。乡镇企业几个层次的发展情况是：乡（镇）办企业营业收入1 002.28亿元，比上年增长64.91%；村办企业营业收入685.41亿元，增长69.17%；联户企业营业收入153.32亿元，增长63.87%；个体企业营业收入597.09亿元，增长61.27%。各个层次在总收入中所占的比重为：乡（镇）办企业占41.11%，村办企业占28.11%，联户企业占6.29%，个体企业占24.49%。在五大行业中，农业企业收入23.15亿元，比上年增长29.48%；工业企业收入1 738.58亿元，增长69.41%；建筑企业收入197.48亿元，增长69.02%；交通运输企业收入106.47亿元，增长47%；商业、饮食服务业及其他行业收入372.42亿元，增长53.01%。固定资产（原值）达852.03亿元，比上年增长52.16%。

1993年广东省乡镇企业的发展特点：

1. 调整优化工业结构。1993年，广东乡镇企业着重抓好工业企业结构和产品结构的调整和优化，促进其上规模、上档次、上水平、上效益，进一步适应市场经济的发展需要。

优化工业布局。各地通过加强基础设施建设，逐步配套完善乡（镇）村工业小区，使之成为规模经营的基础。中山市1993年度开发建设的工业小区176个，占地2.3万亩，在建和竣工的厂房合计共300多万平方米。

新办企业（项目）注重上规模。1993年，东莞市新办企业（项目）928个，投资总额达68.2亿元，其中1 000万元以上的62个，1亿元以上的8个。最大的是该市大岭山镇与外商共同投资30亿元、占地6.2公顷的高科技工业城。电白县重点抓好发展堆头大、起点高的骨干企业（项目），新上年产值超1 000万元的企业12个，其中超1亿元的3个。如宝丰石油化学工业公司生产101柴油、沥青和碳黑等化工产品，年产能力超1亿元，成为当地的龙头企业之一。

以骨干企业和拳头产品为龙头，组建企业集团或股份有限公司，使企业组织结构功能整体优化。1993年，广东乡村企业已组建各种不同经济成份的集团公司107个，营业收入107.24亿元，其中营业收入最高的是广东美的集团股份有限公司，为9.41亿元。番禺市电缆厂以电线电缆等拳头产品为龙头，组成了南山集团公司，年产值达6亿元。广州市海珠区以百事可乐汽水厂为骨干，联合10多间企业组成珠江饮料企业集团，使生产经营进一步扩大，年产值达4亿元。开平市赤坎镇成立了以建材、食品为龙头的6大企业集团公司，成为镇办企业经济主体。

实行关、停、并、转，重点扶持、保护竞争力强、效益好的支柱行业和骨干企业。1993年，全省乡村企业共关停企业2 800个，比上年增加1 380个。在工业的40个行业中，超过平均增幅（60%）的行业有14个，增长最快的是交通运输设备制造业（117.67%），化学纤维工业（196.97%），建筑材料及非金属矿采选业（105.32%）。三水市原有11个鞋厂，亏损金额1 500万元，有关部门对其关闭、兼并甚至拍卖，重点发展水泥和纺织企业。全市11个镇，7个镇有水泥厂，新增产量53万吨；纺织厂12个，获利2 000万元，其中东平染织厂生产牛仔布全部出口，创汇1 000万美元，利润达2 000万元。顺德市采取措施保名优企业，对18个负债累累、亏损严重的企业，实行关、停、并、转或拍卖。

积极推广应用高新技术成果，开发一批具有市场潜力的、技术含量高和附加值高的产品。珠海市香洲区在北京举办了高新技术暨特区经贸洽谈会，签约83项，投资总额6.3亿元。某大学获得的国家科技进步奖、国际金奖的碳化钨钢、汽油机自动恒温加热器、氮化硅复合陶瓷刀片等10个科技项目，已移植到该区南屏企业集团公司开发生产；一些大专院校、科研部门、大企业的科技人才还与该集团公司合作，开发出国内先进水平的电脑用磁碟、山梨酸钾食品防腐系列、电视锁、无毒农药等产品。

2. 外向型经济发展势头良好。1993年，广东乡镇企业外向型经济又有新的发展。至年底止，全省已有外向型乡镇企业26 318家，从业人员257.23万人，分别占全省乡（镇）村企业数的20.36%、从业人员数的51.83%。全年出口产品交货总额462.94亿元，比上年增长68.18%；创汇75.85亿美元，增长43.93%。外向型企业产值占工业产值的比重从上年的34.43%上升至36.24%。出口总额超过500万元的企业增加到1 284家，增长45.25%。乡镇企业外向型经济呈现了以下新的走势：

一是合资（合作）企业发展快。到1993年底止。合资（合作）企业已发展到4 097家，出口商品总额33.30亿美元，分别比上年增长74.56%、64.04%，占全省乡镇外资企业创汇的比重由上年的56.12%上升到61.58%。深圳市引进合资合作项目600个，比上年增长4倍多；外商投资9.05亿美元，增长56%。

二是外商投资产业从原来以工业为主逐步向第一、三产业延伸，向高新技术产业渗透。佛冈县引进印尼商人1 000万港元发展700亩优质蔬菜，另投入种植2万亩优质水果；清城区与马来西亚客商共同投资700万美元合作开发万亩优质水果场。在珠江三角洲等地，科技开发、咨询服务、仓储、商业、餐饮等已成为外商投资新热点。深圳市与港商合资500万元，兴办深圳万信经济信息开发服务有限公司。

三是外资企业已向山区和欠发达地区发展。高州市打开山门，千方百计引进外资办企业，这一年新办“三资”企业28个。石灰岩地区的阳山县，1992年前是一个外向型企业空白县，1993年一下子就办起了8个中外合资企业。陆河县引进香港某集团企业，在该县捷胜镇兴建小海游览区，占海滩地4.5万平方米，建设渡假村、海上游览区等，第一期工程已投入3.5亿元。

四是投资合作期延长，合作领域逐渐拓宽。过去外商投资期限一般为10～15年，如今为20～50年，最长的达70年；投资合作领域也由从事专项开发转向区域性的综合开发，甚至涉足了文化教育事业开发。香港王启耀先生投资150万港元，率先在深圳创办了“拔萃幼儿园”，引进香港先进的幼儿教育管理模式，与内地同行竞争。

五是境外企业逐渐增多，对外合作关系进一步密切。1993年，全省乡镇企业到境外办的企业（实业）已有14个。顺德市已有部分企业如广东科龙电器股份有限公司、康宝电器公司、桂洲第一风扇厂等通过出让企业部分股权的形式，加强与国际大财团、大企业的合作关系。

3. 大力推广股份合作制。1993年，广东各地乡镇企业加快了股份合作制的发展步伐，新办了各种股份合作企业1万多个。其中乡（镇）村两级4 149个，股份企业实现产值111.64亿元，股金总额为60.97亿元。广东美的电器股份有限公司成为全省乡镇企业首家股票公开上市的企业。股份合作制企业的发展，有效地调动了农民集资办企业的积极性，集聚了农村社会闲散资金，推动了城乡人才、技术、资金的交流和生产要素的优化组合。山区和粤东、粤西的不少乡镇企业，就是靠合股集资办起来的。如肇庆市在这年中新办股份合作企业4 900个，新吸纳资金7亿多元，吸引技术1 091

项，各类生产管理人才 3 116 名。乡镇企业中的股份合作企业或股份制企业，其形式灵活多样。在产业分布上，以工业为主，遍及种养、小水电、商饮服务、交通运输等多种行业；在所有制形式上，有国有与集体合股、集体与集体合股。还有国有、集体、个体、外商混合股，以及企业、科研单位、大专院校、机关部门之间双方或多方合股等。

4. 千方百计筹措、融通发展资金。在国家加强宏观调控、资金紧缺的条件下，如何增强乡镇企业“造血”（内部积累）与“输血”（外来投入）功能，对保证乡镇企业快速、高效运作关系甚大，也是各级乡镇企业主管部门和广大企业干部需花大力气解决的一个大难题。这一年里，各地的做法，首先是调整投资结构，把有限资金用在“刀刃”上。不少地方采取了“四保一上”的方针，即保优势产品和效益好的企业生产，保外向型经济的发展和“三资”企业中方股本金的到位，保重点骨干项目的竣工投产，保基础设施和基础产业的建设，上适应市场需求的新项目。惠州市对一批年产值 2 000 万元以上的骨干项目，在资金上重点支持，使其在年内投产获益。顺德市对拟上的项目实行甄别，保重点、缓一般，确定缓建项目 36 个，减少资金投入 13.6 亿元。其次是千方百计筹措资金。除依靠银信部门支持和推行股份合作制外，还通过横向联营、发展农村合作基金会、城市信用社，建立乡镇企业发展基金，利用征地款发展企业，境外拆借等多种形式吸纳资金。茂名市已办起县（区）镇和管理区农村合作基金会 224 个，吸存资金 5 亿多元，投入资金周转额达 5.42 亿元。中山市张家边镇建立乡镇企业发展基金会，吸收 8 000 多万元资金，救活了一批企业。

5. 强化经营管理，提高经济效益。1993 年，广东乡镇企业在生产经营管理过程中，以提高经济效益为目标，努力在深化改革、明晰产权关系、转换经营机制上狠下功夫，同时强化基础管理和现场管理，使企业的活力大大增强，经营机制更加灵活自如，企业整体素质和经济效益有所提高。这一年，全省乡镇工业的产销率为 95.44%，比上年提高了 1.07 个百分点。乡镇企业全员劳动生产率 24 100 元，增长 38.62%，其中乡镇工业全员劳动生产率人均 27 400 元，增长 36.79%。百元固定资产原值创收入 286 元，增加 22 元，其中镇村企业 247 元，增加 21 元。百元资产原值创利税由上年 24 元提高到 27 元，增加 3 元。企业亏损面由上年 2.62%下降为 1.89%，减少 0.73 个百分点。各地抓好企业的经营管理工作，主要体现在以下几个方面：一是落实和完善承包经营责任制，由过去吃“小锅饭”改为吃“煲仔饭”，使责、权、利更加明晰。不少企业实行了“三改”，即由企业集体全员承包改为企业总经理（厂长）承包，由基本工资加奖励工资制改为聘任工资制，由年终分级提成奖励改为与经营效益挂钩奖。二是进一步下放企业经营自主权。不少地方从过去基本工资、职务工资、奖励工资“三组合”的工资制改为工资总额与利税挂钩，不封不保，并给予企业人事和资产处置权等，使企业更加重视经营效益。三是做好清产核资工作，明晰企业资产，为发展企业的股份合作制、租赁、转让、拍卖和出让股权打下基础。四抓企业内部管理，提高企业整体素质。顺德市 1993 年基本完成了企业资产的评估，并已有 54 家企业实现经营机制的转换。不少企业在完善基础管理工作上，加强现场管理，逐步建立较系统的企业生产标准体系，积极推广应用现代化管理方法，提高企业的整体素质。广东科龙电器股份有限公司，通过推行以 IE（工业工程）为中心的现代化管理，电冰箱的生产节拍已从上年的 48 秒加快为 36 秒，使生产效益提高了 25%；全员劳动生产率达到人均 52.4 万元，比上年增长 45%；全公司营业收入 17.61 亿元，税利 2.1 亿元，分别增长 66%和 24%。产品质量也稳步提高，万台冰箱平均故障数从上年的 1.54 台下降为 1.51 台。

6. 职工素质不断提高。1993 年，各地继续采取积极的措施、办法，广招人才和培训人才，有效地提高了企业整体素质。这一年，在乡（镇）村两级企业职工中，具有高中文化程度以上的 127.13 万人，占职工总数 25.61%，比上年提高 0.4 个百分点。拥有工程技术人员 98 390 人，其中中级以上职称的 15 438人，一般职称的 64 696 人，加上从社会招聘的各类专业人员 201 162 人（其中有职称的 31 113 人），合计 299 552 人，占两级企业职工总数的 6.04%，比上年提高了 2.06 个百分点。

7. 山区、欠发达地区出现新跃进。自 1993 年初起，广东山区和粤东、粤西乡镇企业欠发达地区的发展持续升温，开始驶入“快车道”。这一年，全省 50 个山区县的乡镇企业各项主要经济指标的增幅均高于全省平均水平。如总产值增长 94.65%，高 34.6 个百分点；工业产值增长 100.33%，高 38.7 个百分点；营业收入增长 88.9%，高 23.8 个百分点；纯利润增长 77.8%，高 12.7 个百分点；出口总额增长 112.7%，高 44.5 个百分点。韶关市乡镇企业前几年的发展速度比较缓慢，但从 1992 年以后，其发展速度逐年加快。1993 年各项经济指标的增幅已排在全省前列，工业产值实现了一年翻一番。该市抓住机遇，充分利用本地资源，大办资源开发型企业，如轧钢厂、炼铁厂、铸造厂、石场和小水电。尽管这年受到三次洪水、冰雹袭击，乡镇企业的原煤、铁矿石、水泥、木制家具、小水电发电量仍比上年有较大幅度增长。全市新上小水电站47座，装机容量5.49万千瓦；水泥生产能力从45.4万吨增加到69万吨。

（陈文学）

广西壮族自治区

1993年，广西乡镇企业在上年翻番的基础上，继续保持高速、高效、健康发展的强劲势头，总体实力又跃上了一个新的台阶。

1993年，广西乡镇企业个数发展到121万多个，比上年增加23万多个；从业人员366万多人，比上年增加95万多人，约占全自治区农村劳动力总数的19.36%；乡镇企业营业收入735.77亿元，比上年增长1.43倍；总产值654.69亿元（1990年不变价，下同），比上年增长1.4倍；工业产值（1990年不变价）327.09亿元，比上年增长1.24倍；上缴国家税金18.96亿元，比上年增长81.85%；实现纯利润44.21亿元，比上年增长1.25倍；为外贸提供出口交货额10.1亿元，比上年增长83.8%。

1993年，广西乡镇企业发展的主要特点，可以用高、深、强三个字来概括。

1. 高。就是乡镇企业的发展呈高速、高效的态势。在广西，无论是原来基础较好、发展较快的桂东南地区，还是基础较差、发展较慢的桂西北地区，乡镇企业的发展都已全面进入快车道，增长速度之高一直保持居全国首位。全自治区乡镇企业营业收入比上年增长1.4倍多，增幅最高的县（市）达3倍多，最低的也有70%以上。广西乡镇企业不但持续高速，而且呈现高效。乡镇企业的全员劳动生产率由上年的10 863元提高到18 942元，提高74.37%。乡镇企业所创造的利税也大幅度增长，上缴税金占地方财政收入由上年的17.2%提高到21.5%。乡村人口人均乡镇企业工资收入由上年的118元提高到220元，增长86.4%。

2. 深。就是乡镇企业的发展不断向深层次拓展。1993年，广西乡镇企业在布局上注意规划围绕城镇发展，在生产上注重向高新科技方向发展，在经营上努力向集团化方向发展，对新办企业则强调向股份合作制方向发展，对原有乡村集体企业则积极进行股份合作制改造。经过一年的努力，广西的许多乡（镇）所在地出现了一块块新兴的工业小区，企业布局和产业结构不断得到优化。随着股份合作制的推行和老企业的改制，企业的规模不断扩大，整体素质不断提高，竞争能力不断增强。

3. 强。就是乡镇企业发达的地方经济实力明显增强，“四强”（即强县、强乡、强村、强企业）**的地位及作用十分突出。**1993年，全自治区乡镇企业营业收入超10亿元的县（市、郊区）由上年的9个增加到22个，营业收入545.28亿元，占全自治区乡镇企业营业收入的74.11%；超亿元的乡（镇）由上年的69个增加到241个；超5 000万元的行政村（街）由上年的17个增加到120个，其中37个超亿元；总产值超千万元的企业由上年的124个增加到299个，总产值超亿元的企业由上年的1个增加到9个。玉林地区乡镇企业是广西乡镇企业的排头兵。1993年该地区乡镇企业营业收入302.7亿元，占全自治区乡镇企业营业收入的41.15%。该地所辖的8个县（市）乡镇企业营业收入都已超过25亿元；有111个乡（镇）超亿元；有468个行政村（街）超千万元，其中32个超亿元；总产值超千万元的企业143个，其中6个超亿元。

1993年，广西乡镇企业主要抓了以下几项工作：

1. 确立“再翻一番”的目标意识。乡镇企业发展的客观事实使广西各级党政领导进一步认识到，只有狠抓乡镇企业的发展，才能有效地增强地方的经济实力；而要加快发展，只有确立目标意识，才能有效地激发人们拚搏进取的积极性。因此，自治区党委、自治区人民政府正确审时度势，年内曾两次调整奋斗目标。年初提出营业收入确保增长50%达到462亿元，争取增长75%达到528.5亿元。7月份召开“四强”座谈会，觉得原定的目标落后于形势，认为能快就不要慢，即把奋斗目标调整为“再翻一番”突破600亿元。为了实现这个目标，会后，自治区党委组织地市委书记和区直机关部分厅局长到山东考察，跳出广西看广西，增强了加快发展乡企业的紧迫感和使命感。各级党委、政府也相继调整奋斗目标，自觉鼓劲加压。由于各级党委、政府确立翻番的目标意识，同心协办，齐抓共管，使乡镇企业高速、高效的发展态势持久不衰，因而提前一个月实现了翻番的奋斗目标。

2. 及时修改补充加快发展乡镇企业的政策。为了使乡镇企业更快更好地发展，自治区党委、自治区人民政府根据党的十四大文件和邓小平同志南巡谈话以及全国加快发展中西部乡镇企业经验交流会的精神，除了重申继续贯彻执行桂发

(1991) 33 号和桂发 (1991) 55 号文件以外，并于 1993 年 3 月 18 日颁布了“关于加快发展乡镇企业若干政策的补充规定”[即桂发(1993)10号],对乡镇企业发展中亟需解决的若干问题作了明确规定:① 在产业政策方面，免征固定资产投资方向调节税。② 鼓励不同所有制形式的乡镇企业共同发展。③ 自治区财政增加对乡镇企业扶持，从 1993 年起，每年安排支持乡镇企业周转金从原来的 2 500 万元增加到 3 000 万元，并每年拨给贫困地区乡镇企业项目前期工作补助费 50 万元和为贫困地区乡镇企业培训各类人才的补助经费 30 万元。④ 为了增加对乡镇企业的投入，各专业银行可以打破行际界限向乡镇企业交叉贷款，并决定成立广西乡镇企业投资公司,为乡镇企业融通资金服务。⑤ 对乡镇企业继续实行优惠的税收政策。这些补充规定，切合广西的实际,适合广西的经济发展水平,极大地调动了干部群众的积极性，有效地推动了乡镇企业的全面发展。

3. 继续坚持“多轮驱动、多轨运行”的方针。广西各级党政领导清醒地意识到,广西乡镇企业总量小,必须放开手脚,加快发展,哪个轮子转得快就让那个轮子转。为了加快发展，各地十分重视发展个体和私营企业、大力推行和完善股份合作制企业。1993 年,全自治区个体、私营和股份合作企业营业收入达 545.46 亿元，比上年增长 2.54 倍，占全自治区乡镇企业营业收入的 74.13%。同时，各地也十分重视能人经济和专利经济。1993 年玉林地区花 1 000 多万元购买专利 100 多项，招聘和引进各种人才 8 000 多人，同全国 500 多所大专院校和科研单位建立挂钩关系，引进新项目 1 000 多个，上了一批投资少、见效快、科技含量高的项目。

4. 继续实行奖励表彰办法。为使发展快的地方更猛更活，发展慢的地方步子更大更快,年初,广西区党委、区人民政府召开 1992 年度乡镇企业表彰大会，授予玉林地区行政公署等 363 个单位“发展乡镇企业先进单位”的称号,授予北流县松花镇松花村等 97 个村(居委会)“发展乡镇企业先进村 (居委会)”的称号，授予广西钟山永丰冶炼厂等 50 个企业“先进乡镇企业”的称号，授予桂林市财政局等 98 个单位“支持乡镇企业发展先进单位”的称号,同时授予俞方权等 10 位厂长 (经理)“自治区优秀乡镇企业家”和“自治区劳动模范”的称号。自治区财政拿出 164.8 万元作奖金。奖励和表彰,使许多人欢欣鼓舞,决心再展宏图,又使许多人看到自己的差距，从中得到激励。自治区党委、区人民政府乘时驾势，因势利导，制订了 1993 年度发展乡镇企业奖励办法，设立“速度奖”、“总量奖”、“人均奖”、“图强奖”，计划从自治区财政拨出 300 万元作资金,继续实行奖励,使各级党委、政府更加重视发展乡镇企业,及时调整政策,建立和完善激励机制、排除干扰、真抓实干，许多老大难问题迎刃而解。年内有 14 个地、市 79 个县 (市、郊区)、100 个乡 (镇)、100 个行政村 (居委会) 获得四种奖中的其中一种奖或几种奖，累计奖金 230 多万元。

5. 动员社会各界重视和支持发展乡镇企业。自治区党委、自治区人民政府要求社会各界必须重视和支持乡镇企业的发展，把发展乡镇企业视为已任。在广西,社会各界普遍认识到乡镇企业是个系统工程，对发展乡镇企业感到责无旁贷。为了支持乡镇企业的发展，许多单位和部门自觉为乡镇企业排忧解难、保驾护航。乡镇企业发展滞后的桂林市,市委、市政府先后多次召开会议专题研究乡镇企业，动员社会各界关心和支持乡镇企业，四大班子的领导分别带队多次深入辖区乡村考察，为乡镇企业的发展作出了重要决策。市直机关和企业派出 100 多人组成农村工作队帮助两县一郊的 33 个乡 (镇) 抓好巩固老企业，创办新企业，全市乡镇企业总产值比上年增长 1.76 倍。柳州市计委、市税务局等 9 个单位领导组成乡镇企业领导小组办公室，负责为乡镇企业审批项目、咨询服务、筹集资金，1993 年全市新办企业 500 多家，乡镇企业比上年增长 1.5 倍。广西社会各界支持乡镇企业发展中涌现了许多动人的事迹,经各级党委、政府的推荐和有关部门的审核，133 个单位被授予本年度“支持乡镇企业发展先进单位”的称号,其中自治区直属机关 21 个单位榜上有名。

6. 多渠道筹集资金。1993 年，广西乡镇企业是在国家实行宏观调控的情况下加快发展的。宏观调控，紧缩信贷，严重制约着乡镇企业的发展，广西各级党委和政府动员广大人民群众不等不靠、努力克服银行贷款不足的困难,广开门路、筹措资金发展乡镇企业。八仙过海、各显神通，投资主体由单一化转向多元化。筹集资金的渠道有:一是建立农村合作基金会,吸纳农村闲散资金;二是积极推行股份合作制，大力鼓励发展个体、私营企业,把群众手上的资金引到兴办企业上来；三是利用土地征用费；四是向机关或企事业单位集资；五是向外引资。1993 年，广西各地通过银行贷款和多渠道集资，固定资产原值由上年的 72 亿元增加到 144.6 亿元，增长 1 倍多，本年度新增固定资产相当于历年投资的总和；其中合作和个体企业一年新增投入近 50 亿元。

7. 发挥优势，进一步优化产业结构和产品结构。在坚持全面发展的同时，广西各地注意利用区位优势,开辟新产业。合浦县根据建设大西南出海通道的需要，大力发展建材、建筑和运输业，年内新增货运汽车6 000多辆，仅运输一项的收入达4亿元。岑溪县利用当地花岗岩储量丰富和质地优良的优势，大搞石料开发。藤县利用濒临西江水域的有利条件，大力发展造船业和水运业，造船和水运收入达5.4亿元。由于各地注意发挥优势，许多县的乡镇企业实现了超常规、跳跃式的发展。同时，广西各地也十分重视开发新的产品，年内列入自治区新产品开发计划的有12项，列入国家和自治区星火级计划的有15项。广西黑五类食品集团公司注力于优化产品结构，从美国进口两条果蔬易拉罐生产线，增加了品种，扩大了企业的生产规模，总产值由上年的6 500万元提高到1.6亿元，成为广西乡镇企业中规模最大、水平最高的企业。

8. 充分发挥职能作用，认真搞好管理和服务。1993年，广西各级乡镇企业管理部门在做好日常管理工作的同时，坚持“抓重点，顾全面”的工作方法，充分发挥了职能作用。年内各级乡镇企业管理部门重点抓了桂发（1993）10号文件的贯彻落实，自治区乡镇企业局先后两次派人到各地检查政策的落实情况，及时将情况向党委和政府反馈。坚持搞好调查研究，除了按计划做好贫困地区和五市郊县乡镇企业发展的调查以外，积极配合和协助国务院政研室和农业部展开了两次系统的大型调查。这些调查，既能为党委、政府决策提供了可靠的参考，又能为部司输送真实的材料，让人们进一步了解广西发展乡镇企业的经验和问题，对广西乡镇企业的发展起到了积极的推动作用。按年度计划，推行股份合作制是工作的一个重要方面，要求新办企业实行股份合作制，对原有的近3万个乡村集体企业进行股份合作制改制。争取改制面达30%以上。为了积极稳妥地推行股份合作制，自治区乡镇企业局派人专程前往山东、河南等省考察，起草了《广西壮族自治区乡镇企业股份合作制试行办法》，并在各地设点试行，逐步推开。至年末，全自治区推行股份合作制的企业近万家，进展较快的钦州地区推行股份合作制的已有3 000多家。年内各级乡镇企业管理部门对安全、统计、会计、管理等专业人员培训了1万多人次。为近万名技术人员评审和晋升了职称。企业的经营管理和安全生产得到进一步的提高。年内广西乡镇企业伤亡事故起数比上年下降7.2%，死亡人数比上年下降14.28%。管理部门的服务手段得到进一步的加强和提高。广西乡镇企业建材产品质量监督检验站经有关部门检查验收，升格为广西壮族自治区技术监督局建材产品质量监督检验二站，并获得了质量认证和仲裁权，年内完成了1 500个样检。

在广西乡镇企业发展中还存在一些问题，主要有：① 总量少，企业规模小。且全自治区尚有30多个乡没有乡办企业；有4 600多个行政村没有村办企业。② 乡镇企业中工业企业的比例偏低，工业总产值只占总产值的47.13%。③ 部分企业机制弱化，有的企业经营不规范，有的产品质量下降。④ 一些地方出现撤并乡镇企业主管部门的现象。

（陈狡弘）

海南省

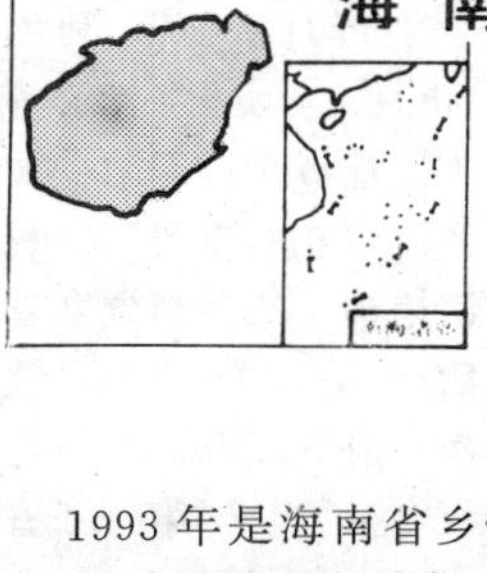

1993年是海南省乡镇企业大干快上、大见成效的一年，也是历年来发展最快、增幅最大的一年。1993年，全省乡镇企业已发展到11.8万个，比上年增长14.1%；从业人数达35.2万人，比上年增长16%；全年完成企业营业总收入52.65亿元，比上年增长106.1%；完成总产值49.48亿元（1990年不变价），其中工业产值20.69亿元，分别比上年增长100.1%和129.6%；上缴国家税金1.48亿元，创造利润5.21亿元，分别比上年增长64.9%和60.2%。实现了总收入、总产值和工业产值的翻番目标，取得税、利大幅度的同步增长，创造了历史最好的发展水平。其发展特点是：

1. 发展速度明显加快。1993年实现乡镇企业总产值翻番的市县有10个，其中澄迈县增幅最大，达260.3%。总产值超亿元的市、县已由1992年的7个，增加到13个，其中超7亿元的有琼山，超6亿元的有海口，超4亿元的有儋州、琼海、万宁、文昌等市、县。海口的海秀、新埠，琼山的府城、灵山、龙塘，澄迈的永发，琼海的加积，儋州的那大等8个乡镇总产值超亿元，其中海口的海秀乡和澄迈的永发镇已超过2亿元。同时，还出现了一批总产值超1 000万元的工业企业，其中椰风饮料厂的年产值已突破亿元大关。

2. 产业结构趋于合理，工业企业发展加快。从就业人数、产值、营业收入来看，全省乡镇企业一、二、三产业的从业人数分别为3.2万人、15.5万人和16.5万人，分别比上年增长18.7%、20.9%和11.1%；产值分别为2.2万元、31.7万元和17.7亿元，分别比上年增长110.6%、131.2%和70.6%，占总产值比例为4%、61%和35%，与上年构成相比，第二产业比重增加，增长最快；营业收入分别为1.8亿元、28.8亿元和21.9亿元，分别比上年增长75%、121.1%和91.9%，占总收入比例为3.5%、54%和41%，与上年所占比例相比，一、三产业分别减少0.6和4个百分点，第二产业增加3个百分点，而且增幅较大。

在第二产业和乡镇企业的七大行业中，工业企业的产值、收入比重的增长幅度最大，全年完成的工业产值和营业收入，分别比上年增长129.6%和122.4%，占第二产业产值和收入的65.3%和71.6%，占七大行业总收入的39.2%。其中，建筑建材业发展迅速，近年来产值一翻再翻，1993年已达到11.5亿元，比上年增长164.2%，占第二产业产值的36.3%。海南省城乡楼房、港口、机场、道路等基础设施建设所用的建材80%都来自乡镇企业，建材业已成为海南省乡镇企业的重要支柱产业。

3. 在社会经济中的比重增大，效益稳步增长。1993年，全省乡镇企业总产值已占农村社会总产值的40%，比上年增长16.8个百分点。乡镇工业产值已占全省工业总产值的20.7%，比上年增长8.1个百分点。全省乡镇企业从业人数已占农村总劳力的18.4%。实现人均创造税利1 901元，比上年增长39.1%；人均工资收入达到2 859元，比上年增长42%，是全省农村人均纯收入的2.8倍。此外，全省乡村集体企业还向乡村政府上缴利润706万元，用于支农、小城镇建设和发展教育、文体卫生、道路等公益事业。乡村集体工业企业产品销售率达95.3%，销售利润率达9.5%，实现全员劳动生产率为26 906元，是经济效益较高的行业之一。

4. 外引内联活跃，招商效果显著。1993年是海南国际招商年，各级乡镇企业主管部门抓住一切机遇，积极组织市县、乡镇领导和企业代表1 500多人次到省外考察和洽谈合作。还分别在海口、香港举办了三次“海南乡镇企业对外招商洽谈会”，共接洽了1 000多名国内外客商，签订意向、协议、合同项目398个。其中达成协议、合同272项，投资规模达33.3亿元，已经完成论证上马的有210项，合同投资10.3亿元，其中境外到位资金8.3亿元，占全年乡镇企业固定资产投资总额的69.2%，是前三年全省乡镇企业外引内联项目投资总和的5.3倍。仅琼山市全年外引内联到位资金就有2.76亿元。全省已经上马，而且投资额在亿元以上的外引内联项目就6个。

5. 固定资产投入增多，项目规模不断增大。1993年完成乡镇企业新增固定资产投入达12亿元，比上年增长220%，其中固定资产投入超亿元的有7个市、县。投资明显增多的行业除工业企业外，还有农业、旅游、交通运输、房地产、农贸市场等。交通运输业的新增资产投入超过1亿多元；已经建成投产，且投资总额超千万元的工业项目有20多个；新建了乡镇旅游渡假村21个；建成了农贸或农产品批发市场10多个；建起了规模较大的农业庄园和高科技农业生产基地有10个。为提高全省乡镇企业的综合发展能力和后劲打下良好的基础。

1993年海南省乡镇企业发展的主要措施有：

1. 抓好宣传舆论导向，引起党委、政府重视。一是掀起了宣传、学习和贯彻、落实《国务院关于加快发展中西部地区乡镇企业的决定》的热潮。二是举办了为期两个月的“发展乡镇企业宣传月活动”，利用报刊、电台、电视台、墙报、标语等舆论工具，广泛宣传学习了中央关于加快发展乡镇企业的重要文件和有关领导讲话精神。三是结合全省国际招商年活动，编印了《海南乡镇企业投资指南》；成立了海南乡镇企业报社，出版发行了全国第一张省级乡镇企业报纸——《海南乡镇企业报》等。通过大张旗鼓地宣传海南发展乡镇企业的优惠政策和有利条件，及时报道各地的发展情况和动态，提高了乡镇企业的地位和知名度，引起了社会各界特别是各级党委、政府的重视、关心和支持。

首先，省委先后召开了两次常委扩大会议，专门研究和部署全省乡镇企业工作和任务，解决一些实际问题。省委书记阮崇武和副省长陈苏厚多次到省乡镇企业局视察工作，听取汇报，了解发展情况和存在问题，并在各地视察时，都经常过问乡镇企业情况，引起各级领导的高度重视。

其次，各市县已把发展乡镇企业列入重要的议事日程，制定有力措施，鼓励加快发展。琼山市制定了“抓好一点，开发沿线，发展沿海，带动全市”的发展战略和措施，抓发展，抓提高，使全市乡镇企业总产值突破7.7亿元，其中工业产值完成3.3亿元，名列全省前茅。儋州市采取“强化意识，强化领导，强化投入”措施，切实做到书记、市长亲自抓，指定一名常委和一名副市长具体抓，落实了市财政拨示款500万元，市农行贷款2 000万元和利用征地款60%用于扶持乡镇企业的各项措施和政策，有力地推动乡镇企业的快速发展。

第三，一些乡镇开始把工作重心放到发展乡镇企业上来。琼山市龙塘镇坚持把发展乡镇企业当作实现农民共同富裕的重要扶贫工程来抓，积极从资金、技术、市场信息上为农民搞好一条龙服务，发动千家万户大办服装加工业，使全镇乡镇企业总产值突破亿元大关，其中服装加工业产值占80.2%，成为全省最大的服装加工专业村。澄迈县永发镇党委集中精力抓乡镇企业，大搞外引内联，合资兴建了年产值1.5亿元的椰风饮料厂，办起了占地300亩的建材工业城，并筹建了总投资4.7亿元的椰风食品工业城，使全镇一举成为总产值2亿元的先进乡镇。

2. 大搞招商活动，促进外引内联。为解决好制约海南乡镇企业快速发展的资金、技术、人才缺乏的“瓶颈”矛盾，全省乡镇企业树立了“以外引内联求发展”的战略思想。一方面积极组织各市县、乡镇主管领导和企业代表到省外参观考察和洽谈合作，主动地引进了一批内联合作项目。一方面又抓住海南国际招商年的有利机遇，先后举办了三次规模较大的对外招商引资洽谈会。三次招商活动引进各类专业技术和管理人才2 100多人，其中具有高中级技术职称人员450人。

3. 加强培训工作，提高业务素质。针对海南省乡镇三套班子换届，为确保新的乡镇领导班子从思想上、认识上和业务管理水平上适应全省乡镇企业高速发展的需要，省乡镇企业局先后与省委组织部联合举办了三期乡镇党委书记企业工作培训班，共培训乡镇书记250多人。通过理论学习和实地参观考察，使基层党委书记学到了企业管理的基础理论知识，提高了业务管理能力和决策水平，并明晰了思路，增强了信心。不少乡镇书记回去后都把发展乡镇企业列入重要议程，亲自抓发展。琼海市中原镇书记回去后，立即成立了招商引资领导小组，全年共引进合作项目8个，其中已动工兴建的4个，到位资金达2 000多万元。与此同时，为进一步使全省乡镇企业的财务统计工作能及时、准确、详实地反映各地的发展情况，与国家统计局和部门统计工作接轨，全省乡镇企业还举办了八期财会和统计工作培训班，共集训600多人次，提高了业务素质和统计水平。

4. 改变机关作风，坚持抓点带面。全省各级乡镇企业主管部门坚持改变职能，面向基层，服务企业，蹲点抓点，开展调查研究，总结经验，推广典型。省乡镇企业局实行机关领导和处室分片定点的包干责任制，对全省10个重点市县进行挂钩包点和跟踪服务，定期下点协助制订发展规划，协调部门关系，提供科技、市场等信息，指导资金、技术、项目的引进和有关方针政策的贯彻落实，收到了较好地抓点效果。在全省实行包点的10个市县中，就有7个实现了全年乡镇企业总产值和工业产值的翻番目标，还推广了一批股份合作企业、专业村等先进典型经验，推动了全省乡镇企业发展。

5. 开展评比活动，促进快速发展。在总结表彰1992年全省乡镇企业先进的基础上，海南省委、省政府办公厅联合发文，决定在全省继续开展乡镇企业先进单位和个人的竞赛评比活动，下达了评比考核指标和评选办法，促进了“比学赶超”气候的形成。不少市县和乡镇采取了有力措施，调整了发展计划和速度，加大投入力度和生产强度，通过竞赛评比，全省涌现一大批先进单位和个人。为了及时总结经验，发扬成绩和表彰先进，海南省人民政府作出决定对琼山市等11个先进市县，永发镇等40个先进乡镇，海口市秀英房地产开发公司等33家先进企业和王业天等67名先进工作者给予表彰奖励。授予冼笃信等26人为“海南省乡镇企业家”的光荣称号。

（刘滨寄　陈智盛）

四川省

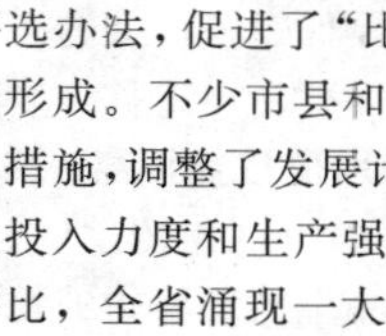

1993年，四川省乡镇企业继续保持超常规发展，总产值比上年接近翻了一番，经济效益同步增长，经济地位日益提高，对社会的贡献显著增大，创造了乡镇企业发展史上前所未有的辉煌业绩。其发展特点如下：

1. 乡镇企业个数稳步发展。1993年，四川省乡镇企业总数为242.42万个，比上年增长14.79%，这是近几年企业个数增加较多的一年。从组织结构看，乡办企业个数达到5.59万个，增长20.22%；村办企业10.95万个，增长10.95%；个体企业221.84万个，增长15.3%；合作企业4.03万个，下降5.86%。从产业结构看，工业企业为84.48万个，增长9.35%，其中乡办工业企业为3.78万个，增长3.08%，村办工业企业7.39万个，增长6.03%；建筑企业为9.23万个，增长7.8%；交通运输企业为29.93万个，增长18.87%；商业服务企业97.59万个，增长11.36%；农业企业保持往年水平。

2. 转移农村劳动力大量增加。1993年，四川省乡镇企业新转移安排农村劳动力193.94万人，使乡镇企业职工人数达到1 033.59万人，首次突破一千万大关。在各类企业中，个体企业容纳劳动力最多，达到564.48万个，新增加117.22万人，占职工总数的50%以上。乡村集体企业437.37万人，新增加65.86万人。从行业就业情况看，工业企业职工达到481.68万人，新增加76.64万人，建筑企业职工达到198.91万人，新增加42.85万人。乡镇企业成为转移农村劳动力的主要渠道。

3. 发展速度接近翻番。1993年，四川省乡镇企业总产值达到1 923.27亿元（1990年不变价），比上年增长95.44%。其中，乡村集体企业产值达到1 020.36亿元，增长85.05%；乡镇工业产值达到1 148.43亿元，增长90.1%；乡办工业产值432.08亿元，增加73.5%。在全省23个地市州和215个县中，实现一年翻番的有成都、德阳、乐山、内江、绵阳、广元、自贡、涪陵、雅安等9个市地和双流、新都、德阳市中区等110个县（区）。分别占全省地市州和县的40%和51%。涌现了一批乡镇企业大户，乡镇企业总产值过10亿元的县有59个。其中，过50亿的有双流、新都、德阳市中区、广汉、绵竹、什邡和巴县等7个。县级产值最高的是双流县，总产值（现价）已达到92.3亿元，继续保持全省之冠。总产值上亿元的乡（镇）达到417个，其中过5亿元的37个，过10亿元的8个，最高的是双流的东升镇，总产值达到37.74亿元。营业收入在3 000万元以上的村有322个，其中亿元村43个，最高的双流县涧漕村，营业收入达到4.82亿元。全省有亿元企业39个，其中，双流联益集团公司产值为8.6亿元，销售收入13.26亿元，利税金额7 794万元。

4. 经济效益同步增长。1993年，全省乡镇企业共实现营业收入1 903.24亿元，比上年增长99.3%，高于总产值的增长幅度3.8个百分点，产值收入比为1：1。工业企业的产销率达到90%。利润总额达到79.98亿元，比上年增长90.20%；实现营业税49.70亿元，比上年增长73.2%。其中乡村集体企业实现税收28.71亿元，增长69.8%，通过减免后，实际上缴24.12亿元，增长48%。涌现了一批利税大户，恩威集团公司创利税1.1亿元，双流高频焊管厂创利税1.01亿元。工资总额为165.17亿元，比上年净增62.62亿元，增长66%，利润、税收加工资三项合计共创造社会财富288.02亿元，比上年增长69.73%。乡镇企业年劳动生产率达到1.86万元，比上年增长57%；乡村集体企业的营业利税率7.22%，上升3.63个百分点；人均创利税1 432元，增加390元；收入利税率达到6.6%；资金利税达到28.08%。

5. 社会贡献显著增大。1993年，全省乡镇企业上缴国家税金增加了21.1亿元，比上年增长61.3%；全省农民通过工资收入的现金162.51亿元，增加62.62亿元，农业人均收入现金174元，人均新增收入67元。乡村集体企业用于支援农业、教育和小集镇建设的资金达到2.83亿元，比上年增长15%。乡镇企业生产了4 626万吨煤，31.66亿度电，867万吨水泥以及大量的建筑材料，支援了国家建设。生产了19.83万吨磷肥，467万吨磷矿石，87.53万吨配合饲料，有力的支援了农业生产。生产了59.12万吨白酒，6.68万吨啤酒，16.76万吨食用油，682万条麻袋，9 795吨生丝，保障了社会的有效供应和市场的需要。

6. 经济地位日益提高。四川省乡镇企业通过1993年的发展，在全国乡镇企业和全省经济中的地位都有很大的提高。在全国的位次由1992年的第七位上升到第六位，而且与第五位的差距也有所缩小。乡镇企业总产值相当于全省工农业总产值的57%，为全省农业产值的2.27倍。乡镇工业占全省工业总产值（含村级以下）的45.29%，比上年提高12个百分点。乡办工业占全省乡以上工业产值的27.71%，比上年提高10个百分点。乡镇企业实际入库税金占全省财政收入201.37亿元的27.66%，提高7个百分点。乡镇企业务工农民占农村劳动力的比重达到22%，提高4个百分点。乡镇企业外贸出口交货额达16.98亿元，占全省外贸出口交货额的17.8%，提高4.6个百分点。乡镇企业生产的一些主要产品占全省同类工业品的比重继续上升，其中煤炭占全省的比重达到56.82%，机制纸及纸板占45.08%，白酒占61.52%，水泥占38.45%，丝织品占32.34%，布占23.39%，啤酒占14.93%，砖、瓦和中小农具继续占全省90%以上。乡镇企业已经成为支撑四川省经济发展的重要力量。

1993年四川省乡镇企业抓了以下几项主要工作：

1. 统一认识，把发展乡镇企业作为全省经济建设的战略重点。1993年四川省在发展乡镇企业方面采取了一系列重大举措：一是省委、省政府在年初召开了全省加快乡镇企业发展大会。根据四川实际提出了地、县经济要以农业为基础，乡镇企业为主体，通过发展乡镇企业促进地方经济的发展。二是制定了《关于加快发展乡镇企业若干问题的规定》，这个文件在扶持乡镇企业发展的政策措施上有许多新的突破，对1993年乡镇企业的发展起了重大的推动作用。三是召开了全省完成目标任务（产值1 500亿元）的动员大会。四是推行目标管理，落实奖惩措施。省委、省政府将目标分解下达到各级，作为目标管理的主要内容，并制定了相应的奖励措施和办法。五是加快了立法的步伐。省人大常委会把制定《四川省乡镇企业条例》列入立法计划，并组织《条例》（草案）的起草工作。六是组织全省各行各业和社会各界大力支援乡镇企业。省级综合部门均把乡镇企业纳入自己的工作范围，从宏观方面加强了引导和扶持。银行部门在资金紧缺的情况下，千方百计组织发放贷款，使1993年乡镇企业贷款余额大幅度增加；财政部门增加了周转金数量，并加强了使用管理；新闻宣传部门加强了对乡镇企业的宣传。各地、市、州和县委、县政府也普遍召开了有关乡镇企业的会议，制定了政策措施，加强了对乡镇企业的领导和扶持。

2. 千方百计增加投入，扩大生产规模。1993年，四川省各级政府和乡镇企业系统采取多种渠道千方百计筹措资金，增加对乡镇企业的投入。各级财政加强了对乡镇企业的资金扶持，省财政周转金由1992年的1 050万元增加到3 050万元。全省合计各级财政扶持资金达到1.06亿元，比上年增长10.81%；银行在国家扶持中西部乡镇企业信贷资金没有完全到位的条件下，通过多方面的努力，共向乡镇企业发放贷款30.26亿元，比上年增长73.75%；企业加强了资金管理，加快了周转和严格控制非生产性支出，全省农村和乡镇企业自有资金用于技改和发展新项目达到41.51亿元，比上年增长120.31%；引进资金16.68亿元，增长258.0%，其中引进外资4.11亿元，增长7.73倍。1993年，四川省乡镇企业仅乡村集体企业就完成固定资产投入105.63亿元，比上年增长119.0%。全省有13个地、市、州和107个县投入翻了一番。

1993年，四川省乡镇企业投资在5万元以上的在建项目20 175个。当年竣工投产项目16 374个。在全部建设项目中，工业项目16 410个，完成投资额89.4亿元，占投资总额的84.6%。通过以上项目的建设投产，四川省乡镇企业新增固定资产113.96亿元，达到315.05亿元，比上年增长56.72%。

3. 加强人才培训，提高职工的技术业务水平。针对乡镇企业人才严重缺乏的弱点，1993年四川省加强了对人才的培训工作。全省各级共举办各类培训班1 000余班次，共培训职工10.28万人次，比上年增长50.7%。其中经大专以上培训的9 125人，中专技校培训的32 332人，均比上年有较大幅度的增加。同时，在乡镇企业内部开展技术业务职称的评聘工作。共评聘各类专业技术业务人员50 000名，其中高级职称310名，中级职称10 000名。另外，向社会引进聘用人员13.11万人，增长40.4%，其中具有各类专业技术业务职称的3.57万人，增长29.8%，技术工人7.97万人，增长47.3%。通过上述措施，1993年四川省乡村企业技术人员达到22.06万人，比上年增长30.9%。技术人员占职工总数的比重由1992年的4.66%提高到5.04%，其中具有中级以上职称的3.76万人，增长70.9%，具有初级职称的10.3万人，增长29.6%。

随着人才培训工作的加强，乡镇企业职工队伍的文化素质也有较大提高。在乡村企业职工文化程度分组中，大专以上的8.41万人，比上年增长3.1倍，占职工总数的1.92%；高中和中专78.1万人，增长29.6%，占职工总数的17.86%；初中文化241.87万人，增长23%，占职工总数的55.69%。

4. 大力推进技术进步，提高企业的技术档次。为了改变乡镇企业小而分散，技术水平低下的落后状况，1993年四川省乡镇企业在推动企业技术进步方面做了大量工作。首先是加强了技改和扩建项目的投入，全年用于技改和扩建项目的投资大幅度增加。技改和扩建项目6 612个，其中竣工投产的5 596个。在新上项目中，注重选择一批科技含量高的项目，1993年新上的投资在5 000万元以上的项目14个，有的项目投资上亿元。这批项目的建成投产，形成了一批颇具实力的骨干企业，使乡镇企业在冶金、机械、电子、通讯、化工等技术密集型领域有了一定规模和实力，高科技、高附加值的乡镇企业开始出现。其次是大力开发新技术和新产品，1993年四川省乡镇企业系统创国家级新产品7项，省部级科技成果5项，评出科技进步奖200项，其中，一等奖29项，二等奖712项，三等奖97项，四等奖3项。

5. 积极发展外向型企业，增加出口产品的生产。过去，四川省乡镇企业外向型企业发展缓慢，1993年加快了发展步伐。当年新批“三资”企业235个，合同利用外资1.53亿美元。到年底，全省乡镇“三资”企业已达303家，注册资本45 447万美元，其中外方资金18 098万美元。合资合作对象有香港、台湾、日本、美国、新加坡、意大利、泰国、韩国、新西兰、印度、斐济等十多个国家和地区。由于“三资”企业的发展，促进出口创汇的提高。1993年，四川省乡镇企业完成外贸出口交货额16.98亿元，比上年增长48.9%，其增长速度快于全省出口增长11.1%的37.8个百分点，占全省外贸出口交货额的17.8%，比上年提高4.6个百分点。出口交货额达到100万元以上的企业有227家，1 000万元以上的有38家，双流羽绒厂出口交货额7 967万元，位居全省乡镇企业之首。

6. 狠抓安全生产，各类工伤事故全面减少。1993年，全省乡镇企业加强了对安全生产的宣传教育，全面开展安全大检查，狠抓了事故隐患的整改，收到了良好的效果，各类事故比上年都有所下降。伤亡事故次数下降3.2%，死亡人数下降6.6%，重伤人数下降40.6%，经济损失下降6.2%。

四川省乡镇企业存在的主要问题：① 同先进省市比较差距仍然很大。② 全省乡镇企业发展极不平衡。尤其是丘陵地区和边远山区发展缓慢。一些人多、地少、资源匮乏的百万人口的大县，成了乡镇企业发展的难点，还未突破。③ 一些企业不同程度的存在产权不清、政企不分的问题；一些企业盲目仿效国有企业的管理模式，出现了机制退化、弱化的现象；一些企业技术水平低，缺乏拳头产品，管理水平和整体素质不高。④ 乡镇企业的合法权益不断受到侵害。一些地方和部门以各种手段和名义划走和平调乡镇企业的事件不断发生。一些地方以政府部门为企业贷款担保为由，将集体企业和民营企业划为国有企业；一些由于产权引起的经济纠纷案件，错抓错判乡镇企业的厂长（经理），严重挫伤了企业的积极性。

（张　弛）

贵州省

1993 年，贵州省乡镇企业在各级党委、政府的领导和有关部门的大力支持下，认真贯彻落实中央、国务院和省委、省政府关于加快发展乡镇企业的一系列方针、政策，通过上下职工的奋发努力，实现了速度和效益较大幅度增长，呈现出前所未有的好形势。1993 年，贵州省乡镇企业的发展主要有以下几个特点：

1. 发展速度明显加快，效益好。贵州省乡镇企业“七五”期间没有抓住机遇，1991 年继续滑坡，1992 年走出低谷，比上年增长 28%。1993 年在 1992 年较快增长的基础上有较大发展，乡镇企业总产值、总收入双双突破 100 亿元。1993 年，全省乡镇企业总产值达 122.9 亿元（1990 年不变价），比上年增长 40%。其中：乡镇工业产值 80.11 亿元，比上年增长 38%；乡办工业产值 28.73 亿元，比上年增长 42%。完成乡镇企业营业收入 130.6 亿元，比上年增长 53%。实现纯利润 11.56 亿元，比上年增长 35%。实缴税金 4.94 亿元，比上年增长 63%。实现了产值、收入、利税同步增长。

2. 整体推动格局基本形成。贵州省委、省政府提出发展乡镇企业要“加强领导，整体推动”，明确提出了乡镇企业要大发展、大提高的方针和“以市场为导向，以人才为依托，以股份合作制为突破口，以建设乡镇工业小区为载体，以提高经济效益为中心，继续实行乡办、村办、户办、联户办，多轮驱动，多轨运行，抓住时机，加快发展”的总体思路。各级党委、政府把发展乡镇企业作为振兴农村经济，兴黔富民的一个战略重点，许多地方党政一把手亲自抓，分管领导具体抓，有关部门主动配合，不少地、县动作大，行动快，措施有力。基本形成了社会关心、领导重视、部门支持、群众积极兴办乡镇企业的新格局。

3. 资金筹集渠道正在拓宽。1993 年，各地在面临国家宏观调控、资金紧缺的状况下，一是积极与农业银行、财政等部门协调，争取已确定的资金尽可能足额到位。一年来，全省农业银行和几家专业银行累计为乡镇企业发放资金 7.3 亿元，其中固定资产投入 2.16 亿元。各级财政在资金非常紧张的情况下，仍然拿出 12 716 万元信用资金用于乡镇企业发展。二是积极以股份合作、引资、集资、企业自筹等形式筹集资金。不少地方纷纷优化环境，主动挂钩，联姻结对，不失时机地广纳资金以发展乡镇企业。1993 年全省引进、自筹、股份合作吸纳的固定资产投入资金达 7.85 亿元，占全年总投入的 74.3%，成为乡镇企业快速发展的主要资金来源。三是省和 8 个地、州、市及 68 个县（市）建立了乡镇企业发展基金，缓解了项目前期费用、自有资金不足及贴息的难题。1993 年，全省乡镇企业共完成固定资产投入 10.58 亿元，是贵州省发展乡镇企业以来投入最高的一年。各地在着力抓投入的同时，注重了项目开发的质量，主要着眼于依靠好的项目来吸引资金。自 1992 年以来，省乡镇企业局和部分地，州、市、县建立了乡镇企业项目管理机构和项目库，不少地方明确了专人抓项目开发工作。各地新上项目普遍注重效益和市场前景，项目的科技含量增大，质量和水平明显提高。

4. 积极推行股份合作制，放手发展个体、私营企业。为激活乡镇企业经营机制，各地积极推行股份合作制。各地从实际出发，本着先发展，后规范，边发展，边完善的原则，大胆探索试验，创造了一些好的经验和有效办法。其中包括省内军工企业、国有企业、科研机构、大专院校及中、东部和外资以资金、技术、设备、知识产权要素与贵州省乡镇企业进行广泛的股份合作。省委还在 5 个地、州、市搞了较为规范的乡镇企业股份合作制企业试点，各地还出现了一些由当地能人或乡、村干部牵头，多户农民集资入股办企业的好典型。到 1993 年底，全省不同类型的股份合作制企业已达数千家，拥有股金 3 亿多元。另一方面，各地积极鼓励和引导个体、私营经济发展，尤其对边远贫困地区，采取放手发展的方针，通过制定优惠政策，简化办证手续，禁止向个体、私营企业乱收费、乱摊派、乱罚款等措施，使非公有制得到了较快发展，初步形成了多轮驱动，多轨运行，多种经济成分共同繁荣的局面。

5. 认真搞好规划，加快乡镇企业工业小区建设。贵州省委、省政府提出在条件较好的地方实行统筹规划，并与小集镇建设结合起来，建设 100 个乡镇工业小区。1993 年，各地、县派出专人调查研究，分析情况，邀请有关部门进行论证、规划、设计。部分地、县制定了切实可行的乡镇工业小区建设规划，并积极组织实施。全省乡镇工业小区建设已发展到150个，其中已初具规模的约50个。乡镇工业小区的建成，必将带动乡镇企业的发展和农村小集镇的建设。

6. 加强企业管理，努力挖潜改造。各级乡镇企业局在抓新发展的同时，十分重视搞好现有企业。各地采取了加强生产调度、加快技术改造，帮助企业搞好基础管理等措施，使一批企业管理明显改善，效益明显提高。不少地方采取一厂一议，一厂一策的办法，对后进企业逐个“会诊”，派出得力干部到企业去帮助解决问题，使一批停产、半停产企业恢复生产或转产，或出租、转让设备、厂房等，盘活了沉淀资金。各地十分注重企业的技术进步，努力对设备老化、工艺落后、长期不能达产的企业进行改造，使一批企业焕发出新的活力。通过加强现有企业的管理和挖潜改造，达到了花钱少，见效快的目的。针对乡镇企业人才、技术匮乏的问题，各地还加强了人才培训和人才引进工作。1993年，全省共培训各类人员2万多人次，在一定程度上促进了企业整体素质的提高。

7. 认真抓好以乡镇煤矿为重点的安全生产工作。针对贵州省乡镇小煤窑点多面广、设备简陋、事故隐患多的状况，各级乡镇企业局认真贯彻矿山安全法，并通过总结推广样板矿山建设管理经验，表彰先进，落实安全生产责任制，定期进行安全检查，开展矿山安全人员培训，抓骨干煤矿和矿山的整顿、技改等工作，1993年全省乡镇煤矿和矿山的安全生产情况有所好转。到12月底，全省乡镇企业共发生事故273起，死亡438人，分别比上年同期下降15.5%和1.8%。全省乡镇企业（除六盘水市外）生产原煤2 605万吨，比上年增长22.53%，百万吨煤死亡率15.16人，比上年减少3.28人。

（陈　良）

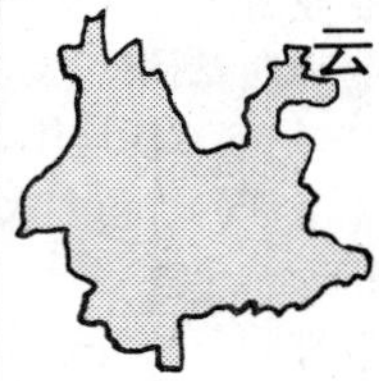

云南省

1993年是云南省乡镇企业发展取得重大突破的一年，全省乡镇企业上了一个新的台阶。主要发展特点是：

1. 发展速度明显加快，各个轮子、各个行业都增长。1993年，全省乡镇企业完成总收入211.03亿元，总产值174.78亿元（1990年不变价），工业总产值90.76亿元，比上年分别增长71.5%、63.7%和37.9%。直属企业、乡办企业、村办企业、合作企业和个体、私营企业五个轮子的总产值（现行价）分别完成11.95亿元、60.19亿元、63.66亿元、3.89亿元和52.45亿元，比上年分别增长96.1%、64%、78.1%、53.4%和64.6%。农业企业、工业企业、建筑企业、运输企业和商饮企业的总产值（现行价）分别达到3.65亿元、95.53亿元、42.8亿元、22.86亿元和15.3亿元，比上年分别增长56%、63%、77.6%、64%和96%。

2. 亿元单位成批涌现，骨干力量的培植取得进展。1993年，全省有乡镇企业产值过亿元的县47个，比上年增加了23个，其中9个超过5亿元。亿元乡达到41个，比上年增加28个。亿元村由上年的1个增加到8个。亿元企业由1个增加到3个（呈贡钢铁厂、玉溪滤咀棒厂、玉溪铝箔纸厂）。这些骨干力量成为全省乡镇企业的“领头雁”。

3. 集中连片发展开始起步，小区建设方兴未艾。许多地方优化乡镇企业布局，积极推进集中连片发展，节省了用地、资源等基础设施建设投资，促进了信息交流、商品流通和技术传播，有力地推动了农村城镇建设和第三产业的发展。玉溪、官渡、曲靖等地小区建设进展很快。全省已有70多个乡镇企业小区。

4. 多元化投资格局开始形成，投人资金大幅度增加。1993年，通过多渠道、多层次、多形式筹集到的投资总额达26.27亿元，新建和技改项目2 186个。全年实际完成投资23.95亿元，新增固定资产16.44亿元，比上年分别增长240%和40%。新增40亿元的产值。

5. 经济、社会效益明显提高，对国家贡献增多。1993年全省乡镇企业利税总额达26.6亿元，比上年增长72.6%，高于总产值的增长比例。乡镇企业总产值在全省农村社会总产值中的比重，比上年有较大提高。农民人均乡镇企业收入增多，由上年的398元增加到684元。从业人数达到199.22万人，比上年增长16.7%。

1993年云南省乡镇企业发展的主要经验是：

1. 强化干部群众对发展乡镇企业的重要意义的认识，努力形成整体推动的格局。云南省委、省政府的领导深化了对乡镇企业在全省经济中重要地位的认识。省委书记普朝柱在1993年度全省经济工作会议上明确指出：“乡镇企业发展不足已经成为云南当前经济工作诸矛盾中的一个突出矛盾，成为云南同外省经济发展中的主要差距。如果在这一点上我们还不认识、不觉悟、不下决心，……必将造成90年代经济工作的大失误。”他要求把发展乡镇企业作为全省经济工作的突破口和战略重点来抓。省乡镇企业局紧紧抓住这一契机，采取一系列措施，强化各级干部和广大群众的认识。一是迅速召开全省电话会议，及时传达普朝柱的重要讲话和全省经济工作会议精神，进行部署和动员。二是除留少数人坚持日常工作外，其余人员组成几个工作组，深入各地开展形势教育，帮助基层干部和群众分析形势，寻找差距，增强加快发展乡镇企业的紧迫感、使命感。三是认真总结和推广玉溪、昆明、思茅等一些地方深化认识，加强领导，放手发展的典型经验，充分发挥先进典型的示范、带动作用。四是配合省委、省政府开好有地县党政一把手、乡镇企业管理局长和省级部门主要领导参加的高规格、大规模的全省乡镇企业工作会议，进一步解决各级领导特别是地县党政一把手的认识问题，讨论制定加快发展的一系列重大政策、措施。五是协调各新闻单位加大对乡镇企业的宣传力度。宣传党和国家关于发展乡镇企业的方针、政策；宣传各地加快发展的新思路、新办法。许多地方开展了"乡镇企业宣传月"活动和"乡镇企业专题系列报道"活动。

通过采取以上措施，干部群众的思想进一步解放，对发展乡镇企业的重要性的认识进一步深化。各级党委、政府把发展乡镇企业，列为本地经济上新台阶的战略重点和突破口来抓，对乡镇企业的发展内容、发展规模、发展速度，实行"三不限制"，鼓励集体、个人、私营一齐上。多数地县都层层建立了发展目标责任制和激励机制，几套领导班子围绕发展乡镇企业"同台唱戏"。调派得力干部加强乡镇企业主管部门的力量。各有关部门纷纷出台扶持乡镇企业发展的配套政策、措施。各行各业也积极支持乡镇企业的发展。"领导重视，各方扶持，多轮驱动，万马奔腾"的整体推动格局，在全省逐步形成。

2. 抓住建立社会主义市场经济体制的有利时机，充分发挥乡镇企业灵活机制的作用。一是更新观念，深化改革，通过建立健全各种经济责任制，推行股份合作制，进一步完善和强化乡镇企业的运行机制。二是坚持以市场为导向。组织厂长、经理学习市场知识，把握市场规律。许多企业都建立了合理的营销方式和营销渠道，开拓市场，搞好流通。因而产销率都比较高。三是引导乡镇企业上规模、上档次、上水平，组建企业集团，发展规模经济，增强市场竞争能力。四是加强市场建设。许多乡镇、村办和乡镇企业，配合工商等部门和国有企事业单位，出资、出地、出劳动力，兴办、扩建了一大批综合集贸市场、工业品专业市场、农副产品专业市场、废旧品市场等。各地在建立金融市场、劳动力市场、房地产市场、技术市场和信息市场方面，也进行了大胆的探索，取得了一定的进展。

3. 坚决推行重点突破、梯次推进的发展战略。1993年，云南省乡镇企业在宏观指导上，坚决实行了因地制宜，分类指导，重点突破，梯次推进的发展战略。一是城市郊区、县城附近等乡镇企业比较发达的地方，要求进一步开拓国内外市场，引进高新技术，积极推行股份合作制，扩大经营规模，提高管理水平，发展外向型经济。二是已经办起了一些起步产业的地方，要求认真总结经验，发挥现有产业的优势，加强自我积累，自我发展和对外开放的能力，兴办新的企业群体，加快发展步伐。三是乡镇企业起步晚、基础差的地方，要求选好起步产业，先从劳动密集、投资较少的建筑建材业、采矿业、绿色企业等起步，再逐步发展加工业。四是民族山区乡村，交通闭塞，能源缺乏，没有条件办加工业的地方，发挥自己的独特优势，从绿色企业起步，发展原料生产基地。有了原料，再兴办加工企业，创办农工商技贸一体化经营的经济实体，使乡镇企业逐步发展起来。

重点突破，主要抓了地域上、行业上、企业上的突破。在领导精力、项目安排和资金、人才等方面，对重点地区、重点行业、重点企业实行了适当的倾斜。列为全省重点地区的昆明、玉溪、曲靖、楚雄等滇中四地州市和部分重点县市，要求加大改革开放力度，强化科技进步，提高经济效益，以每一两年翻一番的速度增长。1993年，仅占全省地州市总数的18%的昆明、玉溪、曲靖3个地市，总收入却占了全省的62.4%。昆明增长95.1%，玉溪增长85.9%，曲靖增长80.9%。47个亿元县只占全省县市总数的37%，总收入却占了全省的90%。对列为全省重点行业的建筑建材、矿产冶金、绿色企业、第三产业等，鼓励全民、集体、个体一齐上。围绕主导行业，进行系列开发，配套发展。在人才培养、科研服务、产品销售、信息交流等方面进行配套，促其发展，形成规模。1993年，建筑建材业的总产值已占全省乡镇企业总产值的29.5%。企业上的突破，主要抓了创建亿元企业，发展"龙头"企业，组建企业集团和建设工业小区等四方面的工作，也都取得了明显的进展。全省已有云南恒丰集团公司、大东集团公司等18个乡镇企业的集团公司。

4. 深入实际，调查研究，千方百计解决发展中的热点、难点问题。1993年，各级乡镇企业主管部门转变职能，把主要精力用于开展调查研究，发现、解决发展中的热点难点问题，加强宏观指导。省乡镇企业局处、局两级领导干部，全年三分之一以上的时间都在基层调查研究，指导工作。特别是在年初和年底，组织了两次大规模的调查研究，共到过16个地州、86个县、106个乡镇和

300多个企业，解决了一些热点、难点问题。

（和开道）

西藏自治区

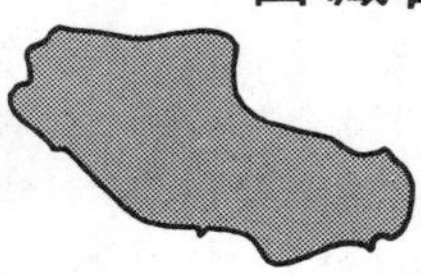

西藏乡镇企业经过近10年的发展，已成为农牧区经济的重要支柱。全自治区共有乡镇企业9180家，从业人员5.1万人；1993年产值达3.2亿元，比上年增长27%。乡镇企业产值占全区工农业总产值的9.8%，农牧民人均收入中有四分之一来源于乡镇企业。

乡镇企业在西藏起步较晚，1984年随着“土地归户使用、自主经营、长期不变”和“牲畜归户、私有私养、长期不变”等一系列特殊优惠政策的实行，由传统的民族手工业和农畜产品加工为主的社队企业开始起步并逐步拓展到商业饮食、交通运输、建筑、加工等多种行业。

近年来，西藏乡镇企业以其适度规模逐步发展，给商品意识淡漠的农牧民带来观念上的巨大变化，加速了农牧区商品经济的发展，促进了农牧区单一自然经济合理化调整，提高了种、养、林等产业在经济中的地位。形成了种植业、粮油加工业、建筑业、米碾业等20多个行业和以第二、三产业为主、多层次产业并存的产业结构。到1992年底，第二产业企业有1 332个，第三产业企业有7 407个，第一产业企业有46个。在总收入构成中，第二产业占53.34%，第三产业占45.1%。但是，第二产业总体水平落后，所生产的产品档次低，不能适应产品向高质、深层转化。从行业上看，饮食业、粮油粗加工业、商业、运输业等较多，而畜产品、饲草料、林副产品以及粮油深层加工的行业少。在投资结构上主要是靠贷款，群众集资或入股兴办的企业很少。在经济成分的构成上，个体经济占86%，达到7 593个，这些企业层次低、结构单一、竞争能力差等。上述因素都严重制约着西藏乡镇企业的发展。

1992年，西藏自治区人民政府出台了《关于大力发展乡镇企业的决定》，有关部门也制定了配套措施，各地区和40多个县恢复了乡镇企业管理机构。

为解决资金不足的问题，1993年西藏自治区财政支农资金在1992年200万元的基础上，又增加了200万元；还安排100万元的基础设施及培训资金。中国人民银行西藏自治区分行安排了3 400万元的乡镇企业专项贷款。国家民族事务委员会、财政部贷款100万元，地市财政安排260万元资金扶持乡镇企业的发展。西藏自治区还规定到本世纪末免征乡镇企业一切税收。这些都为乡镇企业的发展创造了宽松的外部环境。西藏自治区自然资源丰富，民族手工业比较发达，这些都是发展乡镇企业优越的物质基础。

（次　仁）

陕西省

1993年，是陕西省乡镇企业“七五”以来发展速度最快、投入最多、经济效益最好的一年，取得了较大的成就。

1. 发展速度明显加快。1993年，陕西省乡镇企业发展速度明显加快，各项指标全面增长。全省乡镇企业完成营业收入367.85亿元，比上年增长49.33%；总产值为372.20亿元（1990年不变价），增长48.51%；工业总值为232.88亿元，增长49.94%，其中乡办工业总产值57.53亿元，增长48.50%；实现利税达42.30亿元，增长41.51%。以上各项指标增长速度分别比1992年提高了23.13、21.45、21.75、16.69、19.54个百分点。速度和效益创历史最好水平。发展速度最快的是西安市、宝鸡市、汉中地区，总产值均比1992年增长50%以上，高于全省平均水平。

1993年，全省乡镇企业发展到769 298个，比上年新增79 384个。全省有乡办企业共12 142个、村办企业33 159个、合作企业16 250个、个体企业707 747个，分别比上年增长9.13%、6%、6.9%、11.93%。其中乡办和合作办的集体企业增长速度比1992年明显加快，分别提高了6.84和5.97个百分点。

在八大行业中，企业个数增加快的有商业企业、建筑企业、服务业和饮食业等其他企业，其增长速度均超过全省平均增长速度。“三资”企业也有了新的发展，已有123家，1993年又新办了73家。随着乡镇企业的大发展，乡镇企业在陕西省国民经济中的地位进一步增强。1993年，全省乡镇企业总产值占农村社会总产值的60.77%，比上年提高了4.57个百分点，比农业总产值多154.4亿元。工业总产值占全省的30.9%，比上年提高5.48个百分点，乡镇企业产值约占全省工业产值的29%。“七五”期间，全省乡镇企业总产值年平均增长速度高出全省社会总产值年平均增长速度7.86个百分点。

2. 固定资产投资加大。1993年,陕西省乡镇企业投入增加,新建项目多、规模大。全省乡镇企业投资规模30多亿元,新建、扩建、技改项目4 000多个,上半年有1 700多个项目建成投产,其中年产值在千万元以上的项目122个。乡村企业新增固定资产14.64亿元,比上年增加一倍多。截止10月底,宝鸡市投入资金5亿元,新上项目1 074个,其中投资千万元以上的项目65个,有764项已竣工投产。岐山县岐星村投资2 571万元,新建的电解锰、高压真空开关柜、羊毛衫、十万吨水泥等4个骨干项目均已投产,年可新增产值7 000万元,新增利税近1 000万元。1993年,全省乡镇企业新建项目之多,资金投入量之大,增长速度之快,超过以往任何一年。预计新项目投产后,可新增产值近60亿元。

3. 外向型经济发展迅速。在全省乡镇企业中,"三资"企业总数达到123家,1993年就新办了73家,引进4 000多万美元。西安市乡镇"三资"企业有69家,累计引进资金5.16亿元。未央区一年发展了23家,合同引进外资1 560万美元,已到位450万美元。在引进资金的同时,引进了成套设备和先进技术。雁塔区万城电磁公司投资4 100万元,引进日本设备,生产3.5英寸计算机软盘,产值可达亿元。

全省乡镇企业中,出口创汇企业有275个,比上年增长3.38%,出口产品交货值完成4.19亿元,增长85.12%。出口产品交货值占乡镇工业总值的1.79%,比上年增加0.34个百分点。西安、咸阳乡镇企业出口产品交货值分别完成了1.14亿元和1.06亿元,首次突破亿元大关。出现了一些创汇大户,翠宝首饰集团全年出口创汇350万美元。在出口产品中,交货值大的有:矿产类9 450万元,比上年增长一倍多;工艺品6 491万元,增长28.84%;机械4 371万元,增长3倍多;纺织1 954万元,增长一倍多。外向型经济的发展,使全省乡镇企业迈上一个新台阶。

4. 经济效益稳步提高。1993年,全省乡镇企业实现税金13.33亿元,比上年增长44.03%,可供分配利润28.97亿元,增长40.41%,是"七五"以来经济效益最好的一年,实现了利税与产值的同步增长。全省乡镇企业人均营业收入11601元,比上年同期增长32.39%;人均创利税1 334元,增长25.49%;百元固定资产原值创利税39.97元,增长0.5%,百元产值工资含量12.19元,乡村工业全员劳动生产率4 718元。

全省乡镇企业职工工资总额45.36亿元,比上年增长37.83%,职工人均工资1 430.54元。农民人均从乡镇企业得到的收入166元,比上年净增45元。

5. 企业实力不断增强。全省乡镇企业在上规模、上水平、上档次的同时,采用先进的技术和设备,增强企业实力。1993年,全省乡镇企业固定资产原值105.83亿元,其中乡村集体企业63.50亿元,分别比上年增长40.83%和38.86%。乡镇工业固定资产原值67.54亿元,占总值的63.82%。产值在500万元以上的企业由上年的151个增加到248个,100万元以上的利税大户97个。企业素质也在不断提高,有些企业产品达到国际国内先进水平。

6. 科技进步迈出新步伐。1993年,全省共推广应用新技术、新工艺300项、开发新产品100项,获得省科技进步奖11项,"星火"奖3项。狠抓技术改造和技术进步。全省乡镇企业技术改造和技术引进项目1 500多项,一批企业通过技术改造向高新技术领域迈出了步伐。如长安县前进电器厂引进日本具有世界领先技术水平的电脑控制激光切割机,不仅解决了本厂高精度零件的加工,而且为国有大中型企业、科研单位研制开发精密仪器、高新技术产品协作服务。全省各级乡镇企业主管部门采取多种形式,通过各种渠道开展职工教育培训,累计培训各类人才57 152人,其中大专以上培训2 588人,中专及技校培训8 839人。乡村集体企业中,工程技术人员41 819人,占职工总数的3.97%;具有技术职称的42 073人,占职工总数的3.99%。

7. "甲级队"建设取得可喜成果。1993年,全省抓乡镇企业"甲级队"建设,收到了良好的效果。列入省级乡镇企业"甲级队"建设单位的102个企业,乡镇企业产值、收入增长速度高出当地平均水平10多个百分点,新增产值占到全省乡镇企业新增产值的70%以上,起到了"领头雁"的作用。25个单位已实现了1995年的发展目标,提前两年进入"甲级队"行列。

列入"甲级队"建设单位的26个县区总产值完成249.88亿元,占全省乡镇企业总产值的67.14%,比上年新增产值83.51亿元。占全省乡镇企业新增产值的68.86%。发展速度也高于全省1.68个百分点。基数较大的未央区总产值达21.48亿元,增长55.69%。北方电缆厂产值过亿元,全员劳动生产率22万元,人均利税3.5万元。全省涌现出许多县、乡、村和企业争创"甲级队"的可喜局面。

8. 产权制度改革不断深化。在所有制上坚持"多轮驱动,多轨运行"的方针,鼓励乡(镇)办、村(组)办、户办、私营、联营、"三资"企业等多种经济成分一齐上,采取多种形式积极发展股份合作企业。重点对现有乡、村集体企业进行股份合作制改造；对新办企业、新上项目，尽量引导办成股份合作制或股份合作企业。大力发展以龙头企业、龙头产品为主的股份制企业集团。全省乡村集体企业实行职工入股或以押金代股分红的企业约有7.8万个，全省各类带有股份合作制性质的企业约有9.4万个，占全省乡镇企业总数的13.6%。有章程、有制度，比较规范的股份合作制企业约有7 600个，吸收股金约6.6亿元。

9. 为社会公益事业做出贡献。1993年，全省乡镇企业从业人员达3 170 837人，增长12.80%，占全省农村劳动力的24.47%，乡镇企业总人数已占到全省农村总劳动力的20%多。全年新转移农村剩余劳动力359 759人。1993年，全省农民人均纯收入中，来自乡镇企业职工工资部分达150元，加上个体、合作企业的税后利润及入股分红，乡镇企业实际提供给农民的纯收入就更多了。未央区财政收入的70%以上来自乡镇企业。乡镇企业还为支农、建农等社会公益事业做出了贡献，各项开支达1.63亿元，减轻了农民负担，直接或间接地增加了农民收入。很多乡村是靠乡镇企业富起来的，很多县区的财政收入已主要依靠乡镇企业。乡镇企业促进了农村小康建设，增加了地方财政收入，转移农村大量剩余劳动力，成为农村致富奔小康和增加地方财政收入的重要来源。

陕西省乡镇企业发展虽然取得了很大成绩，但与全国乡镇企业发展水平以及先进省区相比，依然存在很大差距，发展中仍然存在一些问题：

一是发展速度低于全国平均水平，总产值在全国的位次后移，差距进一步拉大。

二是发展不平衡。乡镇企业产值最高的县区达到十几亿、二十亿元，最低的县仅有1 000多万元。全省三分之一以上的县，乡镇企业年产值不足亿元。

三是资金投入不足。由于银行投入量少，企业多渠道筹集资金很难集中。1993年，全省乡镇企业需投入资金50多亿元，实际投入30亿元，相差资金20多亿元。一些好的新建和技改项目因缺少资金不能上马，有许多很好的企业因缺流动资金开工不足，有些企业甚至被迫停产。有的企业有项目而无资金的情况也比较普遍。

（于美娟）

甘肃省

甘肃省乡镇企业在1992年以较高速度发展的基础上，1993年又得到了进一步发展，进一步提高，创造了甘肃省乡镇企业发展史上的最好水平。主要表现在以下几个方面：

1. 发展势头强劲，速度和效益同步增长。1993年，全省乡镇企业总数达27.46万个，比上年增加3.5万个；总产值达177.22亿元，比上年增长58.37%，其中工业产值88.98亿元，比上年增长53.36%；实现经营销售总收入达155.42亿元，比上年增长58.4%。

2. 新上项目多，上规模、上水平项目比重增大。1993年，甘肃省乡镇企业建设项目达2 966个，其中新建2 116个，扩建211个，技改308个，续建311个。在这些项目中，投资额在500～1 000万元的项目67个，1 000万元以上的项目33个。完成项目达2 128个，占在建项目总数70%以上。是历年来新上项目完成最好的一年。

3. 资金筹措渠道广，群众集资热情高。1993年，在建项目落实到位资金15亿元左右，其中多渠道引进4.9亿元，各级计委、财政、扶贫、银行等专项资金2.53亿元，群众集资入股7.47亿元。广大群众依靠自己的投入兴办企业，已成为甘肃省乡镇企业蓬勃发展的原动力。

4. 小区建设开始起步，重点突破已成为全省各级总的工作思路。1993年，全省从上到下都确定了一批重点县、乡、村、企业和工业小区，实施了各自的重点工程。全省总产值上亿元的县由1992年的41个增加到58个，其中超过5亿元的县由1992年的2个增加到10个；总产值上亿元的乡（镇）由1992年的7个增加到12个；兰州黄河集团公司总产值率先突破亿元大关。集中连片发展乡镇企业已成为全省各级干部的共识。

5. 企业改革向深层次推进，股份合作制如雨后春笋。1993年，全省有一定规模的股份合作制乡镇企业达7 358家，入股资金12.5亿元，其中建制较为规范的企业3 916家，从业人员8.77万人，产值达26.5亿元，创利税近3亿元。企业集团在各地逐步兴起，全省已组建有一定规模的企业集团10个。

6. 吸纳农村剩余劳动力的能力逐步增强，对社会的贡献日益增长。1993年，全省乡镇企业职工总数已达166万人，比上年净增22.82万人。乡镇企业职工工资总额23亿元，比上年增加8.73亿元。全省农民从乡镇企业中所得的工资性收入人均达130元。

1993年，甘肃省乡镇企业快速发展最重要的原因是在全省上下产生了五个效应，由效应产生了效益。

1. **“决定”效应**。1993年，省委、省政府不失时机地作出了加快发展乡镇企业的决定。各地县加快改革开放步伐，也相应地作出了更为具体的决定，制定了吸引项目、吸引投资、吸引人才的更为灵活、更为优惠的政策，进一步调动了全省各级干部群众的积极性。各地县党政主要领导挂帅，成立、调整、充实了乡镇企业协调领导小组，及时解决发展中出现的突出问题，真正把发展乡镇企业摆在了振兴当地经济的主要位置上。基础较差的定西地区新一届党政主要领导一上任，就深入基层企业调查研究，发动群众，解决突出问题。河西商品粮基地的干部群众也深刻地认识到：“抓粮食一碗饭，抓副业一碟菜，抓乡镇企业才能真正富起来”。

2. **赴川效应**。1993年，省政府组织有关部门和地县的负责同志赴四川省进行了考察，四川省发展乡镇企业的经验在甘肃省引起了全社会的强烈反响。一是按照超常规的思路按排工作。在工作指导上，各地按照省乡镇企业局加快发展的要求，发展速度普遍提高20个百分点以上。二是自我加压，鞭打快牛。各地县，特别是一些重点县市，普遍提出了“保30、争50、奋斗80”（即发展速度保证增长30%，争取50%，向80%奋斗）的目标，效果十分显著。全省乡镇企业发展速度达到50%以上的地州市11个，其中嘉峪关市增长1.24倍。全省有14个县市区增长速度在80%以上，其中速度翻番的有6个县区，以全省看，产值净增在2亿元的有6个县（区）。三是各地县普遍制定了激励机制。兰州、白银、张掖、天水等地市对完成任务较好的县(市、区)，财政上进行了公开奖励，极大地调动了县、区发展乡镇企业的积极性。

3. **泰安效应**。1993年，甘肃省乡镇企业着重推广山东省泰安市发展股份合作制企业的经验，层层搞思想发动，举办各类股份制研讨会或培训班，搞典型试点等。本着先放开、后规范，先发展、后完善的原则，对部分乡村集体企业进行了股份合作制改造，要求新上项目尽可能建成股份合作制企业。同时引导私营企业走股份合作之路。起步较晚、条件较差的陇南、定西等地以个体起步，实行股份突破；发展较快的兰州、张掖、天水、酒泉、武威、临夏等地，股份合作制企业在整章建制，逐步向规范化完善的同时，正由单一的集资、融资向综合吸纳资金、人才、技术等生产要素多元化发展。

4. **“双带整推”效应**。1993年，通过综合引进、广泛联营、转让兼并、立足服务、筑巢引凤，以优势资源吸引，组建集团等7种形式，从国营大中型企业、科研单位和大专院校引进资金2 160多万元，引进各类人才4 342人，引进设备125台(件)，引进技术213项，为甘肃省乡镇企业整体水平的提高起到了积极的作用。

5. **科技、人才、管理效应**。1993年，根据全省乡镇企业发展的态势，分别召开了科技进步、人才引进和培养、企业管理、财务管理、安全环保等专业工作会议，总结推广了成功经验，理清了工作思路。在新上项目、技术改造项目中，普遍注重了科技含量，一个向科技要效益的局面逐步形成。如投资2 900万元的甘草水泥厂10万吨扩建工程，投资9 790万元的兰州黄河啤酒厂6万吨扩建工程，投资1 300万元的白银永生冶炼厂5 000吨电解铜工程，利用世界银行贷款建设的西峰天然色素厂，中外合资的白银纬编厂电脑印花项目等。靠科技、靠人才已成为发展乡镇企业的主旋律。1993年，全省通过各种渠道培训各类人才2.4万人（次），全省首次在大专院校设置乡镇企业专业班，招收学员1 000人。

（张富奎）

青海省

1993年，青海省乡镇企业全方位实施省委、省政府确定的总产值三年翻番和“6532”方案，不失时机地抓住机遇，解放思想，调整战略，务实创新，抓项目上规模，增投入添后劲，抓管理上水平，呈现出前所未有的发展势头。全省乡镇企业总产值达到11.2亿元（1990年不变价），比上年增长30%。其中工业产值6.52亿元，增长27.8%；总收入10.77亿元，增长19%；实现纯利润5 023万元，增长14.2%；上缴税金4 714万元，增长18.6%。实现了五项经济指标同步增长。全省继湟中、民和县之后，又有大通、乐都两县乡镇企业总产值跨入亿元县之列。

1993年，青海乡镇企业的主要工作及特点是：

1. **加强领导，措施得力**。针对全省广大农牧群众日益高涨的热情，为保护好、发挥好干部群众兴办乡镇企业的积极性，省委、省政府召开了三次专门会议，重新调整了发展战略，发展速度由原定年增长18%调整为26%。并提出总产值在1992年的基础上，“八五”后三年翻番的奋斗目标。同时，决定在全省乡镇企业中组织实施“6532”台阶方案。即“九五”期间，6个州县乡镇企业产值超亿元；50个乡镇产值超千万元；300个村产值超百万元；建立20个乡镇工业小区。各地根据省委、省政府发展乡镇企业新的思路，结合实际，按照不限经济成分，不限发展速度，不限生产规模，注重经济效益的指导思想，制定了一系列优惠政策和措施，优化投资环境，积极招商引资，利用各种舆论宣传工具，大力宣传发展乡镇企业的紧迫性和必要性。海东、西宁、海北等地党政一把手亲自抓，层层签订了月标责任书。明确提出把发展乡镇企业的快慢作为考核各级党政领导政绩的重要依据，并把全省乡镇企业翻番任务和“6532”方案逐县、逐乡、逐村落实到实处。各级银行、财政、工商、扶贫、科委等部门积极为乡镇企业发展开“绿灯”，努力创造宽松的发展环境。各级乡镇企业主管部门也积极协助政府狠抓年度计划和翻番措施的落实，尤其在宏观指导、项目论证、市场信息等方面提供了多种服务。

2. 狠抓项目开发，千方百计增加投入。各级乡镇企业管理部门，把项目开发作为乡镇企业总产值三年翻番的着力点，抽调专门力量，根据市场需求，考察论证了一大批适销对路、技术含量较高、规模较大、经济效益好的项目。1993 年计划新建、扩建、技改项目 419 个，共需资金 4.5 亿元，实际落实到位资金 1.9 亿元，比 1992 年增加 1.1 亿元。新上项目的规模、投入、数量都是历年来最高的。同时，为克服发展资金不足的矛盾，各地多渠道、多形式，千方百计筹集资金，通过群众集资、横向联合、发展股份合作制企业等形式，共筹集资金 9 781 万元，占总投入的 50%，仅群众自筹部分就超过上年投入的总和。

3. 强化企业管理，提高经济效益。针对全省出现的从未有过的竞相发展乡镇企业的大好形势，各级乡镇企业管理部门牢固树立“管理也是生产力”的观念，坚持一手抓发展，一手抓管理的指导思想，始终把提高现有企业的管理水平，提高职工素质和产品质量、增强市场应变能力和竞争能力作为一件大事来抓，进一步强化了以基础管理为主要内容的巩固提高工作。抓了企业厂长、财务、质量等管理人员的培训，全省各地共举办培训班 82 期、培训骨干 2 236 人，对 30 个全省乡镇“明星企业”进行了产值、利税、原材料消耗、产品质量等方面的跟踪调查。在 17 个产值百万元以上的企业中，开展了全面质量管理达标活动，并验收合格。同时，对硅铁、砖瓦两大行业进行了技术改造，从而发挥了现有企业的生产能力，达到了以抓管理促生产、向管理要效益的目的。

青海乡镇企业纵向看有了较大的发展，横向比差距越拉越大，还存在许多问题，集中起来主要有三个方面：一是有的地方和部门对发展乡镇企业的战略意义认识不足，有的领导思想仍不够解放，没有把发展乡镇企业作为振兴地区经济的突破口来抓。还有相当一部分乡村干部商品经济观念淡薄，缺乏竞争意识，怕担风险。特别是省委、省政府和各地为加快乡镇企业发展制定了不少优惠政策，但在实际执行中难以落实。二是资金投入不足。1993 年全省计划新上项目 419 个，总投入 4.5 亿元，实际投入只有 1.9 亿元，缺口在 2.6 亿元左右。三是乡镇企业在自身发展中存在一些亟待解决的问题。一些乡村企业不同程度地存在产权不清、政企不分、机制弱化等问题；一些企业经营管理粗放、技术设备落后、产品质量较差、职工素质较低等。

（仲生珍）

宁夏回族自治区

1993 年，宁夏回族自治区乡镇企业达 9.87 万个，比上年增长 9.4%；职工人数达到 32.26 万人，比上年增长 16.96%；工资总额 4.04 亿元，比上年增长 35.12%；实现总产值 30.45 亿元（1990 年不变价），比上年增长 46.26%；出口产品交货额 9 666 万元，比上年增长 44.44%。固定资产原值 14.15 亿元，比上年增长 32.86%；实现纯利润 2.38 亿元，比上年增长 32.22%；上缴国家税金 1.3 亿元，比上年增长 27.45%。全员劳动生产率为 9 440 元，比上年增长 24.68%；工业产销率达 86.2%，比上年提高14个百分点。全区乡镇企业实现了产值和效益的同步增长。

1993 年宁夏乡镇企业的发展特点是：

1. 新上项目增多。1993 年，全区乡镇企业新办、扩建、技改项目 500 多项，投资总额达 3 亿多元。彭阳县果品开发公司充分利用当地苹果、梨、野杏、矿泉水等资源优势，引进西北农学院技术，投资 120 万元，新上年产 300 吨水果软包装罐头 11 000 吨矿泉水杏仁露 1 000 吨野杏果茶三条生产线，1993 年 10 月建成投产，成为彭阳县果品开发的龙头企业。

2. 村办企业活跃。1993 年，全区各地通过“小康村”试点，派干部挂职，带项目办厂，给资金投入等方式，实施“小康村”建设。把工作的重点和注意力放在发展村级经济上，村办企业得到了较快的发展。1993年全区村级企业完成总产值3.1亿元（1990年不变价），比上年增长72.2%；工业产值2.2亿元，比上年增长83%；完成总收入3.0亿元。

3. 个体私营企业猛增。1993年，全区各地都从实际出发，通过制订《发展个体、私营经济的实施意见》，放手发展个体和私营企业。全区个体私营企业完成总产值14.6亿元，比上年增长37.7%；完成工业产值5.3亿元，比上年增长43%；完成总收入15.3亿元，比上年增长上缴国家税金6 821万元，实现纯利润1.7亿元；职工人数20.1万人。个体私营经济无论是总产值、还是职工人数，都已成为宁夏乡镇企业的“半壁河山”。中宁县宁安乡朱营村农民范海龙，投资1 767万元，新建年产8.8万吨水泥厂，于1993年11月试投产，成为全区乡镇企业中第一家投资规模最大的私营股份合作制企业。

1993年宁夏乡镇企业工作的主要特点：

1. 领导重视，积极支持。一是有组织。全区乡镇企业工作会议之后，各地都相继成立了由主要领导牵头，有关部门负责同志参加的乡镇企业领导小组，形成了主要领导亲自抓，分管领导具体抓，部门领导协同抓的新局面。二是有政策。各地都从本地实际出发相继制定了进一步发展乡镇企业的“规定”、“实施意见”、“奖励办法”、“鼓励个体，私营经济发展的政策规定”等政策措施。这些政策措施的出台利于操作，收效甚好。银川市不仅制定了《关于进一步加快发展乡镇企业的若干规定》，而且还会同计委、经委、科委、税务局、财政局、工商局等部门分别制定了配套政策，为乡镇企业的发展提供了很好的条件。三是有责任。各地都制定有效的激励措施，积极推行目标管理责任制，层层签订责任书，并实行严格的考核和奖惩。四是有重点。各地都从实际出发，采取全面推进和重点突破相结合的方法，重新确定了自己的发展思路和工作重点。五是有投入。1993年，除少数市、县外，各地在财政比较困难的情况下，都拿出周转金、贴息金支持兴办乡镇企业。平罗县给8个乡镇安排540万元周转金作为上台阶的启动资金。还给乡镇企业局划拨贴息金80万元，由乡镇企业局安排使用；又给农工部安排贴息金17万元，用于17个小康村的启动资金。该县财政投入乡镇企业资金，总计637万元。西吉县政府不仅给乡镇企业安排周转金30.5万元，并连续两年给乡镇企业局安排建立“项目库”的调研费2万元。这是县政府支持乡镇企业适应超常规发展主动建立“项目库”的第一家。各级领导把重视乡镇企业落实到具体行动上，实实在在地为乡镇企业办实事。

2. 深化改革，完善机制。1993年，按照宁夏回族自治区党委、区政府的部署，各地乡镇企业都认真抓了股份合作制的试点工作。各市、县（区）都成立了股份合作制试点领导小组，通过学习文件、培训骨干，现场交流、具体指导等方式，推动了股份合作制工作的开展。全区已有股份合作制企业259个，股金总额为11 736万元，其中吸收社会股金1 616万元。许多新办企业一起步便迈入了股份合作制的轨道。中卫县在抓好股份合作制试点的同时，鼓励企业向能人集中，向组建集团公司迈进，对企业的经营体制进行改革。中卫县常乐瓷砖厂厂长梁全善，组建了宁夏常乐建材集团公司，并且兼并了本乡亏损企业石膏粉厂和水泥厂。兼并后按照公司经营企业，企业经营产品的原则，在集团公司内部实行统一管理，独立经营，单独核算，充分发挥集团公司在资金、人才、管理等方面的优势，1993年对公司所属四个企业全部进行技改或扩建，总投资515万元。截止1993年11月底，全公司完成产值1 320万元，比上年同期增长20%；实现利润126.7万元，比上年增长109.4%。其中石膏粉厂完成产值95万元，比上年同期增长90%，实现利润35万元；水泥厂完成产值195万元，比上年同期增长22.6%，实现利润7.5万元，两个企业全部扭亏为盈，充分显示了集团公司的优势。

3. 依靠科技、重视人才。1993年，全区乡镇企业系统举办各类培训班114期，培训各类人员5 000多人；评审专业技术职称287名；聘用各类科技人员2 400多人；开发新产品92个，采用新技术104项。吴忠市益木家具企业有限公司的刨花板、贴面板生产线，设备全部是从国外引进的，技术起点高，自动化程度高。为了适应生产的需要，他们先后派出74人到国内的青岛、广东，国外的芬兰等地进行现场培训，并且还聘用工程技术人员17人，调进大中专毕业生19人，使企业的整体素质得到了提高。青铜峡市峡口镇选拔应届高中毕业生54人，集中送到宁夏农学院农经系大专班学习财会、经营管理、公共关系等专业。学习结业后全部分配到乡镇企业工作。

4. 部门支持，通力协作。1993年，宁夏回族自治区各级计委、经委、科委、财政、银行、工商、税务、教育、公安等有关部门，对乡镇企业都给予了很大支持，对促进乡镇企业的发展发挥了重要作用。各级科委积极组织实施“星火计划”，为乡镇企业安排星火项目6项，安排资金5 049万元。各级财政部门给乡镇企业安排周转金1 874.5万元，其中区财政周转金200万元；贴息金276万元，其中区财政贴息金100万元。银行部门，特别是农业银行，在国家实施宏观调控，压缩信贷资金的情况下，千方百计地为乡镇企业筹措信贷资金，支持新上、技改扩项目的上马和老企业的正常运转。截止1993年11月底已累计发放贷款1亿元，其中固定资产投资贷款3 389万元。工商部门在注册登记、换发证照上不拖不压，积极办理，基层反映比较好。各级公安部门对符合条件的企业，在解决农转非户口方面表现出极大的积极性，1993年全区共报审农转非358人。自治区教育厅积极组织大专院校为乡镇企业培养人才，1993年全区乡镇企业在校大专学生42人。

（袁正雄　苏延庆）

新疆维吾尔自治区

1993年，新疆乡镇企业在1992年发展较好的基础上，继续保持了旺盛的发展势头。其主要特点是：

1. 企业队伍不断壮大。1993年，全区乡镇企业发展到202 274个，比上年增长29.90%；从业人员600 687人，比上年增长20.59%。

2. 生产增幅比较大。1993年，全区乡镇企业总产值553 616万元，比上年增长45.91%，其中工业总产值285 276万元，比上年增长33.02%。

3. 经济效益提高。1993年，全区乡镇企业实现纯利润51 880万元，比上年增长49.74%；上缴国家税金27 354万元，比上年增长61.13%；实现总收入584 089万元，比上年增长55.84%。实现了发展速度与经济效益同步增长。

4. 集体经济健康发展。1993年，全区乡村集体企业个数达7 906个，从业人员220 923人，分别比上年增长12.52%、11.50%；乡村企业营业收入达34.50亿元，总产值33.99亿元，工业总产值达21.09亿元，分别比上年增长49.74%、27.32%、24.27%；实现纯利润1.81亿元，上缴国家税金1.33亿元，分别比上年增长44.94%、42.16%。集体经济实力不断增强。

5. 投入力度加大。1993年，全区乡村企业施工项目945个，比上年增加351个，新开工项目857个，投产项目762个。共完成投资5.15亿元，比上年增长51.47%，其中用于工业企业投资4.64亿元。投资来源：国家扶持0.11亿元，主管部门下拨资金0.28亿元，银行贷款2.69亿元，引进资金0.54亿元，其中引进外资0.10亿元，自有资金1.10亿元，其中群众集资0.40亿元，其他资金0.44亿元，分别比上年增长10%、75%、31.22%、315.38%、44.93%、34.15%、207.69%、203.18%。使新疆乡镇企业由过去以银行贷款为主向多渠道筹措资金迈出了可喜的一步。

6. 职工素质明显提高。1993年，全区乡镇企业职工中具有大专文化程度的4398人，占乡村企业总人数的1.99%，比上年提高了0.14个百分点；具有高中文化程度的41 940人，比上年下降0.45%；具有初中文化程度的103 338人，比上年增长8.46%，乡村企业共拥有工程技术人员10 280人，比上年增长18.87%；具有中级以上职称者2 396人，增长145.24%；乡村企业共聘用人员8 636人，增长60.34%。

7. 生产形势较好。1993年，全区乡镇企业主要产品产量均有较大幅度增长，黄金487千克，原煤835万吨，机制纸2.63万吨，皮革制品32万件，服装771.74万件，水泥16.7万吨，粮食加工129.59万吨，食用植物油4.59万吨，工艺美术品3 547万元，房屋施工面积269.02万平方米，分别比上年增长140%、19.17%、60.59%、12.86%、22.57%、31.50%、25.17%、45.89%、34.49%、26.18%。

8. 重点突破，整体推进工作有了新进展。1993年，全区乡镇企业产值突破亿元的县(市)达17个，比上年增加7个，产值总计达31.62亿元，占全区乡镇企业总产值的54.30%；产值突破2 000万元以上的乡达29个，其中上亿元的乡3个。产值上1 000万元以上的村10个。年产值在100万元以上的企业达到580家，其中100～500万元的494家，500～1 000万元的45家，1 000～5 000万元的37家，5 000万元以上的4家，营业收入27.33亿元，占全区总收入的36.51%。

1993年，新疆乡镇企业所以能在经济大环境趋紧，生产经营困难较大的情况下，取得较好较快的发展，主要有以下几个方面的原因：

1. 各级党政重视，真抓实干。一年来自治区相继召开了加快南疆四地州发展经济座谈会，对口支持工作汇报会、乡镇企业现场经验交流会，农村牧区股份合作制座谈会等，进一步宣传发动、统一思想。自治区领导多次深入实际，现场办公，认真解决乡镇企业发展中存在的问题。各部门积极支持，对口支持工作有了新的进展。一年来对口责任单位为各县（市）引进资金4 631万元，其中无偿1 035万元，引进人才34人，引进项目28个，支援设备30套（台），培训人员246人。地县领导对乡镇企业在发展县域经济，解决农村、农业、农民问题的作用、地位的认识进一步深化，多次召开专门会议，研究乡镇企业工作；坚持因地制宜、分类指导，抓认识、抓改革、抓政策、抓规划、抓人才，为乡镇企业的发展创造了一个良好的外部环境。

2. 坚持“多轮驱动、多轨运行”。新疆在发展乡镇企业的过程中，继续坚持了一、二、三产业一起上，坚持集体、联户、个体、私营、合资、股份合作制一起上，形成了多层次、多体制、多形式的发展格局。各地在认真抓好集体企业、骨干企业的同时，相继出台了一些鼓励、扶持、保护个体、私营经济的政策措施，一大批从事交通运输、商业饮服业、粮油加工、建筑建材等个体、私营经济发展迅速。截止1993年底，全区乡镇企业个体、私营经济已发展到194 110个，从业人员374 574人，分别比上年增长30.68%、26.29%；营业收入23.03亿元，总产值20.87亿元，工业总产值7.02亿元，分别比上年增长62.76%、58.4%、69.16%。占全区乡镇企业总产值的36.72%，营业收入占全区乡镇企业营业收入的39.42%；实现纯利润3.31亿元，上缴国家税金1.37亿元，分别比上年增长51.89%、85.14%。

3. 积极筹措资金，多渠道增加投入。各地在资金严重不足的情况下，克服“等、靠、要”思想，积极行动、搞好协调，广泛宣传发动，采取多种形式，千方百计增加投入，保持了乡镇企业的发展后劲。

4. 深化企业改革，强化企业管理。通过认真坚持深化改革、拓宽思路、完善机制、增强活力的方针，采取完善承包责任制，实行风险抵押，改革用工、工资制度，积极开展横向经济联合、挂靠协作，积极推行股份合作制等措施，使一些骨干企业改变了过去向上要计划、要资金的状况，使一些停产、半停产企业有了转机。同时，积极贯彻有关文件精神，狠抓质量保证体系建设，继续开展基础管理、专项管理和全面管理达标活动。一年来对乌鲁木齐、昌吉等7个地州(市)19家企业进行了全面质量诊断和达标验收，其中合格的17家，并确定42个县市57家企业为标准化示范单位。同时对部分经济效益差、长期亏损企业采取挂靠联营、租赁、拍卖等手段，保一批、抛一批，使企业逐步走上了科学化、规模化的管理轨道。

5. 大力推行股份合作制，引导企业走股份合作制的路子。各地认真制定乡镇企业推行股份合作制规划和实施方案，精心抓好试点、培训骨干和组织指导工作。在试点的基础上，先后制定了《关于农村牧区推行股份合作制的意见》、《关于农村牧区股份合作制试行办法》、《关于农村牧区股份合作制示范章程》。6月20日在伊犁地区伊宁县召开了自治区农村牧区股份合作制企业座谈会，各地积极推广伊宁县愉其温综合加工厂、焉耆二建等企业经验。一方面对老企业进行改制，另一方面新上企业坚持走股份合作制路子，使全区乡镇企业股份合作制逐步推开。到1993年底，全区股份合作制企业已达500余家，其中新建企业占60%，股本金达3.6亿元。

6. 加强自身建设、强化职能作用。各级乡镇企业主管部门认真组织学习，贯彻中央和自治区有关会议精神，抓思想统一，抓机关作风，提高综合管理能力和水平，充分发挥指导、管理、监督、协调、服务职能作用。1993年初，分别在吐鲁番、喀什两地召开自治区乡镇企业工作会议，及时传达贯彻《国务院关于加快发展中西部地区乡镇企业的决定》，进行再宣传、再发动。各级乡镇企业主管部门克服人员少、工作条件差的困难，积极为企业跑项目，找资金，寻求合作伙伴，牵线搭桥、外引内联、引进人才，抓工贸小区及各种市场规划建设。由于各级主管部门强化发展意识，积极组织生产。精心安排，保证了各项工作任务的完成。

从总体上讲，新疆乡镇企业的发展形势是好的，但也存在一些有待解决的问题：一是对乡镇企业的地位和作用的认识仍有差距，有些地方始终没有把乡镇企业摆上位置，这也是有的地方乡镇企业一直发展不起来的一个原因。二是资金奇缺，致使一些效益好的新上项目不能及时开工，一些骨干企业仍然没有走出困境，严重制约了乡镇企业的发展。三是不少政策、措施不到位，“三乱”现象仍然存在，关系不顺。四是乡镇企业主管部门机构不健全，有些地方管理队伍不稳，影响了管理和服务工作的开展。

（李来顺　赵少华）

沈阳市

1993年，沈阳市乡镇企业已发展到8.8万个，从业职工达57万人。乡镇企业产值突破200亿元大关，达到229.4亿元（1990年不变价）。其中，乡镇工业总产值完成190.1亿元，比上年增长52.4%，高出全市工业平均增长幅度31.2个百分点，创历史最好水平。乡村两级集体企业发展到7 103个，从业职工32.7万人，完成产值120.5亿元。实现产销同步增长，经济效益明显提高。全市乡村集体工业企业完成销售收入96.1亿元，比上年增长72.7%；实现利润8.3亿元，比上年增长75.6%；上缴国家税金5.8亿元，比上年增长64.5%。

1993年，沈阳乡镇企业发展具有以下特点：

1. 外向型经济发展速度加快，“三资”企业数量明显增多。1993年，沈阳市乡镇企业完成出口产品交货值5.5亿元，比上年增长66.5%。其中，直接出口4.9亿元，间接出口0.6亿元。全市乡镇企业中，外贸出口企业已发展到190个。1993年新办“三资”企业192个，比上年增长34%；总投资2.3亿美元，比上年增加1.3倍；合同外资额达1.4亿美元，比上年增长1.9倍。出口产品交货值名列全市乡镇企业榜首的是于洪区，1993年完成2.1亿元，比上年增长44.7%；东陵区，完成1.9亿元，比上年增长87.4%。于洪区北陵乡完成出口产品交货值0.85亿元。沈阳市彰驿服装厂完成出口产品交货值1 814万元。全市乡镇企业中，外贸出口交货值超千万元的企业达到14个，超过500万元的企业达到32个。外贸出口重点乡（镇）已经发展到15个。

2.“四个一批”成效显著。沈阳市乡镇企业以兴办一批新企业、改造一批老企业、开发一批新产品、发展一批外贸出口企业为重点的“四个一批”项目进展形势喜人。1993年，按照市委、市政府大力发展乡镇企业的要求，各级政府部门、金融部门转变观念、简化工作程序，强化为企业服务的力度，加大了对乡镇企业“四个一批”项目贷款的投入。各县区和基层企业领导，千方百计广开渠道，多方筹集资金，为上大项目、上好项目自筹资金。一批竣工投产项目已经显示了较好的经济效益。其突出的特点：一是资金投入力度大。1993年，“四个一批”项目计划总投资27.5亿元，是1992年的2.2倍，资金到位18.7亿元，是上年的3倍。其中贷款8.2亿元(不含企业正常流动资金贷款)，自筹8.5亿元，引进外资1.9亿元。二是上大规模、高水平的项目，已成为共识。乡镇企业开始向高科技、高附加值产品发展，投资超百万元的项目有381项，占立项总数的15.4%，高科技项目51项，占2.1%，新办“三资”企业192个，占7.9%。三是已竣工投产项目大幅度增加，经济效益稳步提高。1993年竣工投产项目1 469项，为上年的102%；新增产值14.1亿元，是上年的2倍；新增利润1.4亿元，是上年的1.8倍；新增税金0.7亿元，是上年的1.7倍。四是“三资”企业融资数额大、起点高。1993年，新办“三资”企业计划投资16.3亿元，占“四个一批”计划总投资的59%，是上年同期的3.5倍。全市“三资”企业协议引进外资8.3亿元。已办工商执照的“三资”企业中，投资额最大的是新城子区的沈阳新胜水泥制品有限公司，总投资额2亿元，其中引进外资1.4亿元。辽中县的沈阳辽东农工商总公司，投资总额1.7亿元，全部引进外资。“四个一批”项目已经成为发展乡镇企业新的增长点，推动和促进沈阳乡镇企业向高科技、外向型、高效益、高质量方向发展。

3. 深化改革，乡镇企业股份合作制又有新发展。沈阳市乡镇企业认真贯彻市委八届五次全会提出的“乡镇企业股份合作制要普遍推开”的指示精神，市和县区抽调机关干部深入乡村企业，发动职工群众集资入股，具体指导企业进行资产评估，制定各项章程，股份合作制普遍推开。至1993年，全市乡镇企业实行股份合作制的累计达2 663个(其中新发展1 899个)，占全市乡村两级企业的30%。入股职工人数达到55 489人，占企业职工人数的60%。个人股金总额达48 691万元。随着股份合作制的全面推开，为全市乡镇企业发展注入了生机和活力，主要变化是：①增强企业凝聚力、向心力。苏家屯区鲍家村，1993年新办了8个企业，从城里引进各类技术人才40多人。开始这些人认为是来帮助办企业的，等企业投产后，也就该被打发走了。实行股份合作制后，他们纷纷投资入股，成为企业股东，免除了后顾之忧，增强了主人翁责任感，一心扑在企业生产上，认真为企业搞技术设计，安装设备，积极为企业经营管理献计献策，还为企业培养了一批技术骨干。②聚集了大量生产资金，增强了企业自我发展能力。东陵区在19个村实行社区型股份合作制，发动职工入股4 928万元，同时还吸收社会法人股8 114万元，有效地解决了企业生产资金短缺问题，增强了企业的发展后劲。③促进了企业技术进步、新产品的开发和第三产业的发展。于洪区沙河子村实行股份合作制后，投资建了北方制药厂、大型汽车修配厂和万吨油库。

沈阳市乡镇股份合作制企业1993年实现产值达28.4亿元，利润总额达3.7亿元。

4. 加强企业管理，强化宏观管理力度。为了加强对乡镇企业的宏观管理，沈阳市委、市政府调整和加强了市乡镇企业局领导班子建设，并充实和加强市乡镇企业局的机构建设，加强和完善了生产指挥和调度系统，促使了市乡镇企业局机关工作转变职能，更好地为发展乡镇企业服务。使之更加适应对全市乡镇企业进行宏观管理的职能和大力发展乡镇企业的需要。

5. 提前完成辽宁省“二二一”示范工程指标。按照1991年辽宁省“二二一”示范工程责任状的要求，至1993年，沈阳市乡镇企业全面完成了各项工程指标。①总产值指标。原指标要求东陵区、于洪区、苏家屯区、辽中县、新民县到1995年分别实现乡镇企业总产值46.3亿元、40.7亿元、20.2亿元、18.1亿元、

14.6亿元。1993年实际完成情况是：于洪区66.8亿元，东陵区66.02亿元，苏家屯区28.8亿元，提前两年达标；新民市24.2亿元，提前3年达标；辽中县28.4亿元，提前5年达标。5个县（市）区均超额完成示范工程规划任务。②超亿元乡（镇）指标。原指标要求沈阳市到1996年有42个乡（镇）实现企业产值超亿元，实现总产值122亿元。1993年，沈阳市已有68个乡（镇）的企业总产值超亿元，共实现总产值192.8亿元，提前3年达标。其中于洪区的于洪乡、北陵乡、陵东乡，东陵区的五三乡产值已超10亿元。③超千万元村指标。原指标要求沈阳市到1996年，有225个村实现企业产值超千万元，实现总产值82亿元。1993年，沈阳市已有317个村的乡镇企业产值超千万元，共实现总产值109.4亿元，提前3年达标。其中，于洪区有16个超亿元村；东陵区有5个超亿元村；苏家屯区有3个超亿元村；辽中县有2个超亿元村。

沈阳市乡镇企业和乡镇企业比较发达的地区总体比较，还存在一定的差距和问题。主要表现在：企业规模还不够大，骨干企业比较少；管理还比较粗放，企业经济效益比较低；外向型经济占的比例小；思想观念还未彻底转变过来，经营素质和经营手段都比较落后等。为了加快发展和解决存在的问题，沈阳市委、市政府已把大力发展乡镇企业列入确保全市社会经济发展目标十项重点工作之一，已经提高到全市经济发展战略位置的高度。沈阳市乡镇企业正处于由初级阶段向更高层次发展的过渡阶段。

（王乃昌）

大连市

1993年，大连市有乡镇企业8.9万个，比上年增加2.5万个。农业企业、工业企业、建筑企业、交通运输企业、商业和饮食服务企业各占企业总数的3.6%、31.4%、4.6%、23.4%和37%。从业人员102.6万人，比上年增加21.2万人，约占农村劳动力的60%。乡、村企业固定资产原值82.9亿元，净值62亿元，分别比上年增长23.5%和28.4%，其中，工业固定资产原值53.1亿元，净值38.8亿元，分别比上年增长25.6%和29.5%。

这一年，全市乡镇企业继续保持跳跃式发展的好势头，全年完成总产值518亿元（1990年不变价），比上年增长87.2%，增长幅度比上年下降6个百分点。农业企业、工业企业、建筑企业、交通运输企业、商业和饮食服务企业完成的产值各占企业总产值的5.9%、59.5%、22.8%、4.2%和7.6%。乡、村两级独立核算企业完成营业总收入416亿元，比上年的销售收入增长113.6%；实现利税41.6亿元，增长90.1%。全年发生9起事故，死亡8人，重伤6人，比上年多发生两起事故，死亡人数持平。

全市乡镇工业企业全年完成工业总产值308.3亿元（1990年不变价），比上年增长85.3%，创历史纪录，增长幅度比上年提高22个百分点，产值占全市工业总产值的50%，使原计划到1995年达到“半壁江山”的目标提前两年实现了。净增产值142亿元，占全市工业净增值的78%，比上年提高7.3个百分点，仍是全市工业生产新的重要增长点。乡镇工业总产值中，乡（镇）办工业83亿元，村办工业166.5亿元，分别比上年增长74.3%和84.2%；乡、村两级工业产值之和占乡镇工业总产值的81%，比上年下降2个百分点；个体工业58.8亿元，虽比上年增长了107.2%，也只占乡镇工业总产值的19%，集体经济仍居乡镇工业的主体地位。

全市乡、村独立核算工业企业完成销售收入195.9亿元，比上年增长88.3%；实现利税23.1亿元，增长94.8%。发展速度与经济效益实现同步增长。实现工业增加值148.9亿元，增长517%；工业产品销售率75%，下降3.9个百分点；工业产值利税率8.9%，下降0.2个百分点；资金利税率27%，提高12.1个百分点；成本利润率8.1%，提高0.9个百分点；增加值全员劳动生产率39 093元；营运资金周转天数28.3天；成品资金占用19.3亿元，下降36.3%；亏损企业449个，增加92个；亏损金额5 358万元，增加1 563万元。

1993年，大连市乡镇企业发展有以下特点：

1. 骨干大户茁壮成长。在7个区（市）县中，有3个区（市）的企业产值（现价）超百亿元，最高的甘井子区达201亿元，增长145%。有4个区（市）的工业产值（1990年不变价）超50亿元，最高的甘井子区达66.7亿元，增长103%。在144个乡（镇、街道）中，乡镇企业产值超亿元的乡（镇、街道）有115个，比上年增加31个，占乡（镇）总数的80%，完成产值占总产值的95.3%，提高7.3个百分点；新增企业产值超10亿元的“龙”乡（镇）9个，累计达到13个，按绝对值大小排名为：红旗镇、辛寨子镇、南关岭街道办事处、大连湾镇、革镇堡镇、丰荣办事处、凌水镇、江西镇、营城子镇、登沙河镇、祝华办事处、石河镇和岗店办事处。乡镇工业超亿元的乡(镇)88个，比上年增加26个。在1 614个村中，企业产值超千万元的村554个，比上年增加245个，其中超亿元的81个，增加50个，其中超2亿元的“虎”村41个，增加31个，有5个村超10亿元，成为村级“龙”，最高的南关岭办事处上沟村达到13.6亿元。在乡、村两级12 909个企业中，超千万元的企业494个，其中超亿元的企业51个，比上年增加34个，最高的大连世冶企业集团达到5.9亿元。

2. 投入力度继续加大。在资金严重短缺的情况下，仍千方百计地筹措资金，坚定不移地增加投入。全市乡镇企业全年完成固定资产投资39.5亿元，当年形成固定资产27.2亿元，分别比上年增长148%和150%，其中工业企业投入29.3亿元，占总投入的74%，比上年增长142%。当年投资新上项目5 130个，其中工业企业636个。这些项目全部达产后，可新增产值120亿元，新增利税13亿元。在新增投入中，全市乡镇企业已由主要依靠银行贷款步入主要依靠自我积累求发展的新阶段，到年末，全市各银行的乡镇企业贷款余额之和为48.7亿元，仅占全市贷款余额的11.1%。在总投资中，自有资金18.9亿元，占48%；银行贷款10.3亿元，占26%。

3. 外向型经济持续发展。全市有乡镇出口产品生产企业683家，比上年增加74家；有“三资”企业618家，当年新办297家。这一年，乡镇企业两次随市政府招商团赴香港、日本招商，吸引客商前来投资办厂，各区（市）县还派出20多个团组出国招商，引进了一大批项目，实现当年新办“三资”企业297家，总投资25.3亿元，其中利用外资2.2亿美元，相当于前9年的总和。13个经济开发小区建设步伐加快，投资环境日臻完善，各小区全年新上项目350多项，总投资逾2亿美元。境外办企业累计已达20家，当年新办7家，足迹已延伸到10多个国家和地区。全年完成出口产品产值65.2亿元，增长93%；完成出口产品交货值49.7亿元，增长62.7%，占全省乡镇企业出口产品交货值的61.3%，比上年提高1.1个百分点。其中直接出口交货值40亿元，比上年增长58.2%。累计已有8家企业集团获得自营出口权。出口大户不断增加，交货值超亿元的乡（镇）15个，比上年增加9个，最高的辛寨子镇达4.5亿元。这15个乡（镇）完成的出口产品交货值约占全市乡镇企业出口产品交货值的一半。

4. 股份合作制企业突破千家。在深化企业改革中，重点是推行股份合作制。全市乡镇企业及其主管部门曾先后派出14个学习团组赴江苏、山东等地考察学习，举办专业培训班21期，召开专业会议24次，编发了《组建股份合作制企业操作程序》，市政府还在金州区召开股份合作制现场会议，推广典型经验。到年末，全市乡镇企业中累计已有股份合作制、股份制和有限责任公司共1 143家，股金总额22.7亿元，其中个人股6.4亿元，占28.3%。当年新办股份合作制企业947家，相当于前三年办成股份合作制企业的4.8倍，股金总额达21.3亿元。实行股份合作制的企业，进一步明晰了产权关系，增强了职工的主人翁责任感，有效地避免了决策上的失误和经营者的短期行为。凡推行股份合作制的企业，都感受到了这项改革的好处。位于大连经济技术开发区境内的湾里乡，借鉴深圳市宝安县横岗镇的经验，1993年在全乡10个村108个企业中全面实行了乡、村两级股份合作制，占企业总数的100%，成为大连市农村第一个实现了股份化的乡、股金总额达到1.5亿元，其中，集体股和福利股各为0.7亿元，个人股0.1亿元。这个乡推行股份合作制的时间虽然不长，但已经见到了明显的效果。一是界定了乡、村集体经济的产权关系，明确了企业归属，体现了劳动者在集体经济组织中当家作主的地位；二是进一步提高了乡、村企业的民主化管理和科学决策水平，企业的大事须经董事会或股东代表大会审议通过，企业财务接受股东监督，实行董事会领导下的厂长、经理负责制；三是增强了企业干部的竞争意识和责任感；四是促进了经济的快速发展。这个乡全年完成企业产值6.3亿元，实现利税逾亿元，分别增长66.7%和52%，社会总收入逾7亿元，企业无一亏损。企业用于分配的股息和红利均达到股金的10%～15%，村民除劳动收入外，还可得到600～1 000元的股息和红利，改善了村民的生活。

5. 科技进步有新发展。乡镇企业无论是新上项目还是老企业技术改造，都注意提高科技含量。全年完成技术改造299项，总投资逾5亿元；开发新产品89项，其中29项已投入批量生产。在这些新产品中，旅顺中光轴承厂新投产的“稀土陶瓷轴承”和大连三平机电设备厂与大连理工大学共同研制的“SP—700弧源—多离子束材料改性剂”两项达到国际同类产品水平；大连第二液压件厂与大连组合机床研究所共同开发的“新型叠加阀系列产品”等8项填补国内空白，大连第二耐酸泵厂的CAG1-1硫酸泵等11项达到国内同类产品先进水平。在国家和省、市政府开展的产品质量评比中，有45项产品获奖。继续推行全面质量管理，有25个企业的QC小组在各级评比中获奖。

为促进科技进步，抓人才培训

的劲头不减，市、县、乡、村四级职工教育网络利用已有的434个培训基地，全年共举办各种培训班2 500多期，11万人次受到培训，相当于上年的两倍，培训人数占乡、村两级企业职工的13.8%。在乡、村两级企业的79.8万名职工中，有大专以上文化程度的0.8万人，高中（中专）文化程度的10.9万人，有专业技术职称的3.9万人，各占乡、村两级企业职工的1.04%、13.7%和4.96%。

6. 企业规模和实力不断增强。全年新发展24 931个企业，企业总数已达89 307个，乡、村两级企业固定资产原值达82.9亿元，其中乡、村两级工业企业平均拥有固定资产原值由上年的77万元增加到96万元，增长25%。全年又新批准乡镇企业集团10个，乡镇企业集团总数达到34个。涌现了一批乡、村、企业的利税大户，其中，利税总额超亿元的乡（镇）13个，实现利税总额23亿元，占全市乡镇企业利税总额的53%，最高的红旗镇达3.7亿元；利税总额超5 000万元的村9个，实现利税总额6.1亿元，最高的南关岭村达8 523万元；利税总额超千万元的企业46个，实现利税总额9.6亿元，最高的大连冶金轴承厂达8 188万元。

（鲁丕亮）

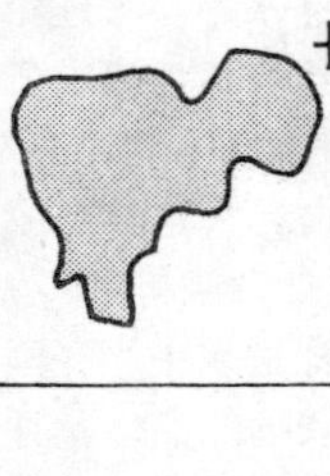

长春市

1993年，长春市乡镇企业以项目开发为主线，增加有效投入，加大发展力度，使全市乡镇企业实现超常规跳跃式发展。

1993年，全市乡镇企业个数达141 572个，比上年增加7 823个；其中乡村集体企业5 390个，比上年增加717个。从业人数达到58万人，比上年增加近5万人，其中乡村集体企业职工人数达20万人，比上年增加1.5万人。实现总产值101.9亿元，比上年增长52.8%；其中乡村集体企业48.4亿元，比上年增长61.4%。营业收入总额达103亿元，上缴税金3.7亿元，实现税后净利润7.9亿元，分别比上年增长61.3%、56.2%和43.3%。出口产品交货额达2.0亿元，比上年增长60.3%。固定资产原值达到21.8亿元，比上年增长57.8%；其中乡村集体企业14.2亿元，比上年增长70.2%。

1993年，长春市乡镇企业的发展主要有以下几个特点：

1. 在速度上，是发展最快的一年。全市乡镇总产值101.9亿元。其分布为：农业企业3.4亿元，工业企业59.5亿元，建筑业16.3亿元，交通运输业11.8亿元，商业、饮食业10.8亿元，分别比上年增长45.1%、63.9%、52.1%、35.6%和26.1%。其中工业企业产值增长速度位居吉林省首位，超过全省平均水平11.4个百分点。在五大行业中，工业仍占主导地位，其产值占乡镇企业总产值的58.4%，比上年提高4个百分点。

2. 在项目开发上，是有效投入最多的一年。全年开发项目1 749个，已经投产的达1 463个，年创产值9亿元，利税1.06亿元。上述项目全部达产后，可年增产值46.7亿元。其中投资在50～100万元的项目267个，投资在100～500万元的225个，投资在500～1 000万元的有34个，投资在1 000万元以上的31个。全市完成固定资产投资13.9亿元，是"七五"期间乡镇企业全部投资总和的4倍多。

3. 在小城镇建设上，是步伐最大的一年。1993年，长春市经吉林省批准的6个经济开发区五棵树、合隆、米沙子、卡伦、奢岭和合心，新建年产值在5 000万元以上的项目就有20个。在全市30多个重点乡镇中，已有25个跨入亿乡镇的行列，比上年净增11个。这些乡镇，只占全市乡镇总数的15.7%，却完成全市乡镇企业总产值的56.8%。全市亿元村也由上年的1个增加到9个。

4. 在发展骨干企业和外向型经济上，是效果最显著的一年。全市产值超百万元的企业已达651个，比上年增长55.4%。其中，产值超千万元企业由上年的23个增加到52个，其产值为11.5亿元，固定资产为3亿元，分别比上年增长144.7%和131.8%。外向型企业发展到82个，比上年增加22个。全年乡村兴办"三资"企业达40个，是上年的2倍，总投资3亿元，其中利用外资1.6亿元。

5. 在地位和作用上，也是有较大幅度提高的一年。1993年乡镇企业总产值占农村社会总产值的比重由上年的62.5%上升到70.1%。乡村集体企业在上缴乡村利润中，用于支援农业生产资金达1 584万元，比上年增长109.8%；用于农村小城镇建设资金1 149万元，比上年增长136.4%；用于农村教育事业资金1 010万元，比上年增长99.6%。

1993年，长春市乡镇企业呈现良好的发展势头，主要有以下原因：

从外部环境上看，首先，各级领导重视，为形成和发展乡镇企业的大好形势起到了关键作用。其次，各有关部门协同作战，使乡镇企业的发展形成了庞大的阵容和强烈的辐射力。纪检部门保驾护航；人事部门服务到位；金融部门鼎力相助；相关部门拆关撤卡。尤其是市委组织的支农工作成效显著，一年来，为乡镇企业上项目221个，协调资金及各种物资价值1.67亿元。

从内部工作上看，各级乡镇企业主管部门积极主动，真抓实干，做出了大量艰苦细致的工作。一是把项目开发做为全年工作的主线，有计划、有步骤地推出一系列保证措施：组织培训、局长包县、跟踪服务、重点倾斜。针对资金难点，市委、市政府分别为此召开了全市各金融部门负责人参加的资金协调会和各县（市）区党政一把手参加的资金汇报会，收到较好效果。二是狠抓了股份合作制企业的试点和推行工作，并取得明显成效。到1993年末，全市股份合作制企业已发展到1975个，比上年增加555个，吸纳股金1.4亿元。这些股份合作制企业不拘一格，形式多样，既有老企业改造型，还有个体和联户企业转化型，发展势头都比较好。三是加强了企业管理和科技工作。企业管理工作在前几年抓七项基础管理和五项专项管理的基础上，侧重抓了新财会制度的接轨工作，举办了15期1 500人次的培训班。为解决集体资金流失等问题，加强了企业的常规审计和档案管理。在科技进步上，侧重抓了产品的质量。对一些市以上优质产品进行了质量月调度，并会同市技术监督局对汽水等饮料行业进行了质量抽查，开展了产品质量竞赛活动。同时，狠抓了科技星火计划项目的落实工作，组织申报了科技成果6项，省优秀新产品8项。四是注重抓了乡镇企业的思想政治工作。围绕进一步解放思想，形成合力，努力塑造乡镇企业形象等问题，狠抓了《国务院关于加快发展中西部地区乡镇企业的决定》的学习、宣传、贯彻和落实工作，狠抓了政策的调研、协调和落实工作，以及长春市十大明星企业的评选工作等，对乡镇企业的发展起到了一定的推动作用。

（刘喜文）

哈尔滨市

1993年，哈尔滨市把大力发展乡镇企业作为全市经济上新台阶的一个战略重点和新的生长点。紧紧围绕“两个依靠”（“三大”优势、科技牵动）、“两个重点”（大项目、工业小区）、“三个突破”（股份合作制、外向型经济、人才）、“四个大上”（上规模、上水平、上档次、上效益）的总体思路，进一步解放思想，抓住机遇，深化改革，突破重点，使全市乡镇企业出现了高速高效发展的好形势。

1993年全市乡镇企业已达8.53万个，其中乡村集体企业3 368个；从业人员308 954人，乡村集体企业有固定资产11亿元。1993年乡镇企业总产值63.89亿元，比上年增长70.8%，其中集体工业产值23.05亿元，比上年增长50.6%。从全市乡镇企业发展形势看，主要有以下几个特点：

1. 发展速度逐月加快，已驶入快车道。全市乡镇企业总产值在一季度比上年同期增长61.1%的基础上逐月加快；二季度达到121.6%；到年底继续保持增长70.8%的水平，达到了全国乡镇企业平均增长水平。

2. 经济效益显著上升，实现高速高效同步发展。1993年完成总收入592 439万元，比上年高出8.1个百分点；实现利润39 468万元，比上年增长72.5%；比产值增幅高出1.7个百分点。

3. 与“三大”联营合作取得了可喜的进展。哈尔滨市乡镇企业同市内外“三大”联营合作，创办产值超300万元以上的合作项目45个，吸引协作资金1亿多元。

4. 推进了规模经济发展。1993年，哈尔滨市乡镇企业由于不断对老企业进行技术改造，加快新上大项目，全市又涌现了一批具有相当规模的企业，形成了以阿鞍中型轧钢厂、双太电子实业股份有限公司为代表的立县、立乡企业。

5. 对全市经济发展的拉动作用越来越明显。1993年，哈尔滨市乡镇企业总产值占农村社会总产值比重由1992年的57%提高到70%；乡镇集体工业产值占全市工业总产值的比重由1992年的6.5%提高到11.4%。乡镇企业已经成为全市经济成分中最具活力、发展速度最快的新的经济生长点之一。

1993年，为促进乡镇企业的发展，主要采取了以下几方面措施：

1. 认真贯彻落实市委、市政府大力发展乡镇企业的战略决策和乡镇企业工作领导小组的工作部署，进一步统一了思想和行动。从市到区县到乡镇层层建立包保目标责任制，逐级签订责任状，一级抓一级，并实行一票否决权。各委办局主要负责人包村，把任务落实到部门，落实到人头。各级乡镇企业主管部门也建立了主要负责人，科室包片责任制。做到领导到位、服务到位、责任到位。

2. 狠抓了国家及省、市扶持乡镇企业政策的落实。层层办政策培训班，组织企业学好用好有关发展乡镇企业的政策。同时也组织综合杠杆部门认真抓了国家及省、市发展乡镇企业政策规定中有关企业登记发照、征地审批、信贷扶持等一些“含金量”较高政策条款的落实。

3. 集中力量，狠抓牵动全局的六项重点工作的推进。

第一，为大力推行乡镇企业股份合作制改革，成立了发展乡镇企业股份制专项推进组。按照省委、市政府提出的“先发展，后规范；先多样化，后正规化”的原则，研究和部署了加快发展乡镇企业股份合作制的工作，出台了实施方案。到1993年底，全市共发展乡镇股份合作制企业617个，占全市乡村集体企业数的18.5%，发展股东6 186人（户），吸纳股金21 728万元，安排农村剩余劳动力6 000多人。

第二，为加快工业小区建设步伐，成立了工业小区推进组。全市42个工业小区都已规划定位。到1993年底全市已有22个工业小区进入实施阶段，占地面积10.5平方公里，其中有10个工业小区已初具规模，进入小区的企业165个，新上和技术改造项目111项。

第三，为抓好具有拉动作用的大项目，成立了大项目推进组。市、区县两级建立了项目库，到1993年底已有100个项目入库。对全年确定的34个产值超千万元的大项目，市、区县两级政府及企业主管部门紧紧抓住不放，建立了定点包项目责任制。精心组织实施，确保资金到位，项目按期投产达产。认真抓好高新技术产品开发。全年乡镇企业共开发新产品150种，其中有9种在国内处于领先水平，有43种处于全省领先水平。这些新产品实现产值6 300万元，新增利税970万元。

第四，为了推动外向型经济发展，成立了外向型经济推进组。1993年全市乡镇企业已与美国、日本、韩国、新加坡、台湾、香港等国家和地区新建“三资”企业38个，吸引合同外资额6 812万美元；实现外贸交易额1 424万元（人民币）；向俄罗斯、韩国等国劳务输出3 000多人，境外办企业9个，特别是团结乡实业总公司与韩国、以色列、大庆“三国四方”合资兴建的双太电子城，成为哈尔滨市乡镇企业发展外向型经济的龙头。

第五，成立人才推进组，抓好人才引进和职工培训工作。全市组织和动员600名专业技术和管理人员支援和领办乡镇企业。开设人才市场，利用优惠政策和重金招聘吸引各方能人。1993年全市乡镇企业共引进各类人才2 100多人。举办各种中短期职工培训班，加强对职工岗位技术培训，培训数达21 000人次。

第六，成立资金筹措推进组，多方筹措资金，千方百计加大对乡镇企业的投入。全年共向乡镇企业投入资金8.7亿元，其中，企业利用社会闲散资金和实行股份制集资，企业自筹等4.23亿元，吸引外资1.3亿元人民币，财政、税务投入周转金、扶持金0.19亿元，各专业银行、信用社投入各种贷款1.9亿元。

（苏本富）

南京市

1993年，南京市乡镇企业坚持城乡一体、兴工强农的发展战略，把握机遇，乘势推进，乡镇工业产值当年翻番，后劲建设创历史最好水平，城乡联合向深度广度发展，外向型经济取得新的突破。全年完成乡村工业总产值174.08亿元，比上年增长100.01%；销售收入133亿元，比上年增长106.5%；利税总额10.79亿元，比上年增长94.9%。首批出现了7个工业亿元行政村和6家工业亿元企业。乡镇工业在全市工业经济中的比重从1992年的17%增加到29%，迈入了一个新的发展阶段。

1.坚持“发展才是硬道理”，促进全市乡镇企业持续、快速、健康发展。1993年，市委、市政府进一步加大发展乡镇工业的推动力，把乡镇工业作为全市经济发展中最有潜力、最有希望的一块来抓，及时抓住全市乡镇工业发展的关键问题和主要环节，不断提出加快发展的奋斗目标和工作要求。上半年，在宏观经济形势较为宽松的情况下，四月份在郊县工业生产会议上提出了加快发展的新目标；6月份在郊县委书记座谈会上，提出了当年翻番的新要求。下半年，国家加强和改善宏观调控后，市委、市政府及时召开乡镇企业工作会议、县区主要领导会议、重点乡镇党委书记座谈会，引导大家把贯彻中央6号文件与南京市的实际结合起来。明确提出，发展信念不动摇，发展目标不改变，发展措施不松劲。发展政策不取消，保证了乡镇企业的稳定发展。

各县郊对发展乡镇企业采取了有力措施，加大了工作力度。江宁县工业基础较好，县委、县政府在全面发动的基础上，重点抓了乡镇工业小区的建设和外向型经济的发展，全年净增产值近30亿元，利税11 648万元。雨花台区工作见识早，提出保重点，攻难点，抓新点的工作思路，把依靠科技进步作为全区乡镇工业高速、高效、高水平发展的突破口，全区引进科技成果100项，乡镇工业发展速度居全市之首。六合县进一步完善了鼓励乡镇企业发展的激励政策，并在大多数乡镇配备了分管经济的副书记和科技乡镇长，全县形成了工作一盘棋，工作效率，工作质量都有较大提高。溧水县紧紧围绕全县发展战略和全年工作部署，以本县农用车厂为龙头，发展县乡一体的金蛙车企业集团，带动乡镇新增产值1.5亿元。浦口区把发展乡镇工业和第三产业紧密结合，全区初步形成了“服装商城”、“装饰城”、“金三角建材市场”等十个市场，有效地促进了乡镇工业的快速发展。

1993年，全市乡镇企业战线出现了互比互超、争当第一的喜人景象。乡镇之间，自找对象，比学赶帮，争当南京“第一乡镇”，江东镇、东山镇产值首次超过6亿元，麒麟乡、固城镇、石桥乡、铁心桥乡等后来居上，进入本县区先进行列。全市实现62个亿元乡镇，占乡镇总数的48.4%。20个重点乡镇，产值73.5亿元，占全市总产值的42.3%。行政村之间，暗中较劲，争做“金陵第一村”，中保村、石埠桥村、章村等7个行政村产值一举超亿元。企业之间，你追我赶，争做贡献，南京电缆一厂、江宁有机化工厂等狠抓销售，强化管理，成为南京市第一批亿元企业，江宁汤山白水泥厂、高淳消防药剂厂等在全国同行业中处于领先地位。

2. 坚持加大投入，不断增强乡镇企业发展后劲。南京乡镇企业的主要矛盾是发展不足，总量少、规模小。1993年，继续把加强后劲建设作为乡镇企业工作的主旋律，着重抓了四个方面。

第一，抓项目，上规模。各县郊注重加快发展引进项目，扩大规模上技改项目，“城乡一体”抓联营项目，年初排出城乡联营项目260多个，技改基建项目800多个，并在分析论证的基础上确定了100个城乡联合重点项目和200个技改重点项目。全年共新上项目1 524个，批准投资总额27.4亿元，其中投资500万元以上项目127个，1 000万元以上项目18个。由于注重上规模，100个城乡联合重点项目总投资6.4亿元，是1992年100个重点项目投资额的2.3倍。

第二，争速度、建项目。各地普遍建立了项目责任制，江浦、大厂区的重点项目都由县区领导分工抓，栖霞区对重点项目定期检查，按月汇总进度。对城乡联合重点项目建设建立了县区、乡镇、企业的三级风险承包，从而保证了当年98个项目竣工。1993年全市共竣工项目780个，完成工作量21.3亿元，比上年增长91%。石门坎镇、禄口镇等8个乡镇完成工作量5 000万元以上。

第三，注重结构调整和项目调整。在积极发展增量中搞活存量，溧水县围绕市场，着力对全县的麻纺行业进行调整，除完整保留一家外，其余三家都根据市场需求进行了产品转向，明觉麻纺厂与东风汽车厂组建了南京宏达车桥厂，柘塘麻纺厂利用原有厂房，新办了中外合资企业，城郊麻纺厂改造成织布厂，生产出口坯布，当年实现产值1 000多万元，产品十分畅销。在积极上新项目中调整结构，根据城市工业的主导产业发展化工、电子等行业，大厂区发挥地区优势，新上的炭黑、石油树脂项目，规模大、档次高；根据建材市场的变化，发展高标号水泥和空心砖，江宁镇第一水泥厂、固城水泥厂通过技术改造、产量增、质量好；根据乡镇企业的特点，发展塑料加工和缝纫业，并形成在全市绝对值上的优势。在加快项目建设中调整投入，大力压缩非生产性投资，确保主厂房、主要生产设施的建设。迈皋桥乡压缩了非生产性项目，保证了该镇三个千万元以上项目在年底竣工。

第四，狠抓资金融通。各级都把抓资金作为工作的重中之重，普遍成立了资金筹措领导小组，主要领导亲自挂帅，抽调专人负责，多方筹措资金，既眼睛向上，又眼睛向下，既向外积极拆借，又向内认真调度。全市融资5.2亿元，争取银行主渠道贷款6.1亿元，兴办“三资”企业吸引外资4.5亿元，兴办城乡联合企业吸引资金1.8亿元，职工集资3 600万元，新增股金1.8亿元，批租土地吸引资金5 000多万元。江浦县石桥乡争取各项资金4 000万元，推动了全乡工业经济驶入“快车道”，增长速度居全县之首。

3. 坚持抓好新的增长点，大力促进外向型经济发展和乡镇工业小区的建设。1993年，全市进一步把外向型经济作为乡镇工业持续发展的突破口，广泛发动群众，按级加强考核，分别组织参加了“厦门招商”“金秋恳谈会”、“北京外经洽谈”等大型外经活动，外经外贸工作均呈现出蓬勃发展的好势头。全市共新办“三资”企业366个，合同利用外资23 776万美元，当年到位外资5 093万美元，“三资”企业新开业156个，开业率达到42.62%。全市外贸收购值87 123万元，比上年增长71.4%。县郊各主管部门加强组织协调，加强工作指导，搞好具体服务，促进外向型经济向深度和广度拓展。“三资”企业覆盖面不断扩大，已有110个乡镇兴办了“三资”企业，占总数的82%；“三资”企业投资的领域不断拓宽，除工业外，第三产业的“三资”项目也越来越多；“三资”企业的规模越来越大；“三资”企业的技术含量不断增加。全市加快了乡镇工业小区的建设步伐，一是加快乡镇工业小区的基础设施建设，坚持实事求是，量力而行，采取一次规划、分阶段实施的办法，20个重点小区，大都与小城镇建设相结合，基础设施总投资达到了2亿元。二是加快了项目引进。一些县郊乡镇邀请城市大中型企业，驻宁外事机构和“三资”企业代表到工业小区参观，积极为外商投资，城市企业扩散、搬迁、联营等创造条件。20个重点工业小区共引进项目150个，总投资超过10亿元。三是多途径筹集资金，发展小区。

4. 坚持深化改革，以优化企业机制促进企业发展。为进一步增强乡镇企业发展的动力和活力，全市着重加快了股份合作制的推广工作。首先是进一步明确指导思想，把握基本政策。要求在推行股份合作制过程中坚持六条基本原则：①必须确保集体资产保值、增值、不流失。②要有利于优化生产要素配置、形成新的经济生长点。③要有利于转换企业经营机制，增强企业活力。④要有利于调动和发挥职工当家作主的积极性。⑤要坚持群众自愿，实事求是。⑥要坚持从实际出发，因地因厂制宜。其次是加强领导，认真实施。要求各县郊有一名领导分管股份制推广工作，体改委、农工部和乡镇企业局通力协作抓好具体工作。年初，在汤山白水泥厂等2家企业开展综合试点工作的基础上，出台了《南京市乡镇企业股份合作制试行办法》，溧水县根据国家和市有关政策，结合本县实际，制定了《溧水县乡镇企业股份合作制试行办法》，具有很强的政策规范性和实际操作性。三是加强培训，交流经验。为使全市股份合作制推广工作顺利进行，市和县郊广泛开展了培训工作，举办了乡镇、企业领导参加的培训班，溧水县共有250人参加培训，形成了一支懂政策，业务能力较强的工作队伍。在此基础上各地都确定了股份合作制示范企业，组织交流，以点带面。市也组织了两次专题交流会议，统一股份合作制推行中的各项具体问题。四是扩大推广范围，推动股份合作制在更大范围内展开。新办企业原则上一开始就要按照股份合作制的要求明确产权，同时积极发展城乡联营股份合作制企业，并加快老企业的改制工作，特别是对一些规模较大，基础较好企业的改制，第三产业的试点也开始逐步推开。通过一年来的工作，全市共成立股份合作制企业758家。

积极探索企业"转、租、卖"的试点工作。根据南京市乡镇企业的实际情况，1993年全市加强了对亏损、微利小企业的租赁、拍卖，产生了较好的效果，全市共实行租赁经营的企业达到了756家，搞活了存量。高淳县借鉴温州模式，1993年加快了租赁拍卖步伐，全县共有225家企业被租赁、拍卖。该县振兴服装厂连年亏损，累计亏损41万元，租赁后，企业走上了振兴之路，一举扭亏为盈，全年利润超10万元。

（俞宝庆）

宁波市

1993年，宁波市乡镇企业发展的主要特点是：

1. 生产总量大幅度增加。增长的幅度和绝对增加值为历史最高年。1993年乡镇工业总产值达到470.14亿元(1990年不变价)，比上年增长62.95%；占全市工业总产值的比重比上年提高6个百分点，达到66.5%；净增182亿元，占全市工业总产值净增长部分的81%。产销率达到93%，比上年提高2个百分点。利税增长50%。全员劳动生产率55 000元，比上年提高65%。

2. 外向型经济有长足的发展。1993年外贸出口交货值达到61.9亿元，比上年增长108.9%。涌现了一批出口创汇大户，出口商品交货值在1 000万元以上的达120家。建立和形成了一批机电、纺织、农副产品加工出口商品生产基地。新办"三资"企业430家，合同利用外资1.4亿美元，超过历年总和。外资到位率达50%左右。有10家企业在境外兴办了经济实体，9家企业获得了自营进出口权。

3. 技改投入加快，新产品开发增多。在宏观调控、资金趋紧的情况下，各地仍然千方百计筹集资金，加快技改步伐。1993年，全市乡镇企业技改投资批准总额超过30亿元，实际财务投入26亿元。技改投入规模进一步扩大，技术含量进一步提高。1 000万元以上技改项目50项，平均单个技改项目规模达到134万元。引进设备用汇超过5 000万美元。资金投向比较合理，促进了产品结构调整，增强了竞争活力。开发市级以上新产品418个，其中达到国际水平的16个，填补国内空白的78个，达到国内先进水平的85个，填补省内空白的229个。

纵观1993年乡镇企业发展情况，之所以能取得较快的发展速度，总体实力有明显增强，一是上几年技改投入的回报，进一步证明没有技改投入，就没有发展速度的道理。二是市场需求拉动，1993年市场需求旺盛，加上产品结构调整，新产品应市，销售状况良好。尤其是外销路子拓宽，使出口净增27亿元。三是个体私营企业在政策到位、舆论导向正确的环境下放开手脚，得到了迅猛发展。

1993年，宁波市乡镇企业主要做了以下几方面的工作：

1. 加强调查研究，当好市委、市政府的参谋。根据市委1992年底召开的宁波市乡镇企业发展思路研讨会精神，在如何抓住当前有利时机，既快又好鼓实劲，围绕市场、产品、效益抓落实，集中财力、物力保重点，促进乡镇企业快速健康发展方面作了重点调查研究，明确了工作思路和奋斗目标，并把解放思想、转换脑筋、抓住机遇、培植优势、加快发展、提高水平作为重点来抓。各县（市、区）都从实际出发，充分发挥现实的和潜在的优势，坚持能快则快，能上则上，着重在优化结构、技术进步、改善管理、提高效益上下功夫，在努力实现大发展、大提高上迈出了扎实的步伐。

2. 深化企业改革，转换经营机制。完善落实了新一轮的承包责任制，积极进行股份合作制和资产滚动增值承包制的试点，以适应社会主义市场经济新形势，寻找新动力，增强新活力。到1993年底止，全市镇（乡），村集体企业已转换经营机制、明晰产权关系的有3 957家，占企业总数的24%。其中组建规范化的股份制企业42家，股份合作制企业1 364家。通过转制，共新吸纳资金3.2亿元，占39.5%，扩大了资产增量。各地试点的股份合作制企业不论采取哪种方式，均遵循了股份合作制的基本原则。少数上规模的企业组建成股份有限公司。对小型、微利、亏损企业实行租赁、兼并、拍卖，盘活了资产存量，投资于优势企业。全市培训了两万余名财会人员，为实施"两则"新会计制度作好了充分准备。

3. 走集约经营道路，注重提高乡镇企业整体素质。乡镇企业已进入新的发展时期，提高企业整体素质是当务之急。

一是组建企业集团。一批规模大、产品档次高、经济效益好的骨干企业脱颖而出，加快了组织结构和产品结构调整的步伐。已组建以产品为龙头、以资产为纽带的企业集团19家，其中新组建10家，发挥了骨干企业的主导作用。

二是重视企业科技进步。通过政策调节，下放技改审批权限，调动了企业技改积极性，使技改档次提高，结构合理，规模扩大，进度加快，效益显著。100万元以上的技改项目中，以开发新产品为主的技术改造占40%；以扩大生产能力为主的、保证市场有效供给和出口创汇的占50%；以提高节能降耗、环境保护和提高质量为主的基础性技术改造占10%。这批技改项目，如能按期投产，预计新增产值118亿元，创利13.2亿元，税金7.6亿元，创汇3亿美元。各地对新产品开发的自觉性提高，同时加快采用国际标准、国外先进标准和条形码的步伐，以适应进入国际市场、提高国际竞争能力的需要。1993年完成采标20个，占全市采标数的62%；有500多个新产品制订了企业标准。

三是开展培训提高素质。全市进行县级以上培训3.2万人次，其中市级培训3 300人次。为提高企业素质，开展劳动竞赛，进行轻工比武，其中衬衫缝制和钳工比赛获得了全国第二名。并对乡镇企业质量评审员进行了GB/T1900系列标准教育和国家产品质量法宣传教育，使全市乡镇企业省级产品质量监督抽查合格率达87.2%，国家级产品质量监督抽查合格率达74%，比上年提高4个百分点，比考核指标提高6.8个百分点。全市有64家企业通过全面质量管理达标验收。雅戈尔衬衫获全国名牌衬衫荣誉称号。与此同时，市乡镇企业局对技术职称考核人员进行业务培训，并组织专门班子进行乡镇企业职称评审工作，已评出会计师79名，统计师9名，工程师150名，高级工程师2名，经济师100余名，技术员1万余名，有力地促进了乡镇企业技术队伍建设。

四是培植新的优势。通过调整产品结构，提高综合技术水平，使骨干企业的台柱作用越来越明显。各地对重点骨干企业现场办公，调度资金，提供信息服务，使确保重点形成了一股合力。据88家重点骨干企业统计，产值增长79%，比全市平均高14个百分点；销售增长91%，比全市平均高21个百分点；利润增长95%，比全市平均高35个百分点。年产值超亿元的企业达到30个。年产值1 000万元以上企业的生产总量占全市乡镇工业总产值的比重超过40%，成为全市乡镇企业的中坚力量。

五是外向型经济发展迅猛。1993年，全市乡镇企业已走上一条依靠重点乡镇和骨干企业增加出口创汇，依托现有企业"嫁接"引进外资，通过发展外向型经济提高乡镇企业整体素质的路子。各地建立招商组织，开展招商活动，进行出口玩具质量许可证试点工作，帮助建立贸工农基地，争取到国家专项贷款1 200余万元。全市以外贸引外资，以外资促外贸，同时带动外经发展，全力推进主体外向转移。充分利用地处沿海、侨胞台胞众多的优势，筑巢引凤，搭船出航，外商独资企业和民营企业中新办中外合资企业明显增加。许多骨干企业搞"多枝嫁接"，积极主动向国际大公司挂钩，通过嫁接引进技术、引进资金、开拓商路、提高素质。

4. 狠抓安全管理，控制责任事故。通过认真贯彻"经济要发展，事故要控制"和"安全第一，预防为主"的安全工作方针，坚持管生产、必须管安全的原则，落实安全生产目标考核责任制，较好地完成了安全生产控制目标，实际死亡、重伤人数比控制人数分别下降20%和50%，火灾损失下降14%。

一是大力宣传贯彻国家"矿山安全法"。同有关部门一起举办安全培训班，深入基层进行巡回宣讲，使全市矿山安全事故由上年占总事故率的29%下降到17%。

二是开展安全生产"双创"活动。创安全合格企业，创安全合格班组，实行全员、全面、全过程的安全生产管理，明显地减少了违章违纪现象和各种事故苗头的发生，增加了安全系数。

三是组织安全检查。在检查中发现事故隐患130余处，从而及时采取措施限期整改，避免了重大事故的发生。

（董其岳）

厦门市

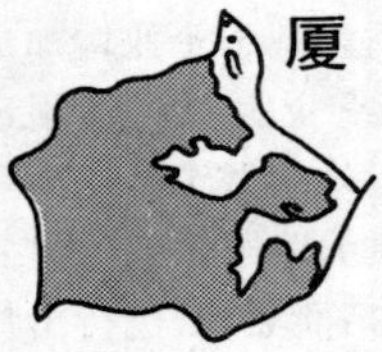

1993年，厦门市乡镇企业在市委和市政府领导的重视下，认真贯彻执行党中央、国务院和省委、省政府有关发展乡镇企业的一系列政策措施，经过努力，改变了原来基础差、起步晚、起点低、规模小的局面，取得了突破性的进展。全市已拥有乡镇企业2.09万家，从业人员11.4万人，乡镇企业总产值已突破30亿元大关，比上年增长98%，其中工业总产值19亿元，比上年增长138%；出口产品交货值4.7亿元，比上年增长201%；乡镇企业营业收入30.07亿元，比上年增长97.7%；上缴国家税金8 090万元，比上年增长40.5%；实现利润1.37亿元，比上年增长15.8%。乡镇企业已经成为厦门市农村经济发展的重要支柱，突出表现在以下几方面：

1. 乡镇企业规模不断扩大。 1993年，厦门市乡镇企业总产值上亿元的镇有9个，上亿元的村有4个，上千万元的企业有31家。已开发乡镇企业工业小区98片，面积273万平方米，新建标准通用厂房165幢，面积83万平方米，已经进入工业小区的乡镇企业有300多家，并且组建了两个企业集团公司，并享有进出口经营权。厦门市乡镇企业已初步形成了一批具有较强竞争能力的食品、建材、化工、冷冻加工、烤鳗、服装、工艺美术、机械制造等多种行业的工业企业群体。

2. 乡镇企业外向型经济步伐明显加快。 厦门市乡镇企业充分发挥经济特区的优势，更加广泛、更加大规模地引进外资、技术和设备，发展乡镇“三资”企业，外向型经济发展步伐明显加快。1993年，全市新办乡镇“三资”企业76家，利用外资1.25亿美元，累计嫁接外资兴办乡镇“三资”企业已达202家，利用外资共计1.7亿美元，对外贸易出口创汇企业83家，有100多个产品销往30多个国家和地区，其中出口创汇超百万美元的乡镇企业12家。

3. 乡镇企业股份合作制企业应运而生。 厦门市乡镇企业积极推行各种形式的股份合作制，有效地聚集了社会上的闲散资金，逐步改变原来依靠银行贷款的单一投资方式，形成了多渠道、多层次、多元化的投资格局。1993年，全市有453家乡镇企业实行了各种形式的股份合作制，融资1.62亿元。

4. 多渠道增加资金投入，加快技术改造。 1993年，厦门市乡镇企业继续加大投入，新上项目1 155个，完成投资总额15.5亿元，新增固定资产9.6亿元，是近几年来投资最多的一年，其中内联项目79个，投资总额9.6亿元，占总投资额的61.9%。全市固定资产投资中，技术改造和扩建项目281个，投入资金5.8亿元，当年新增产值5.5亿元、税利0.5亿元。新上的大型水产烤鳗项目，投入资金6 400多万元，产品全部销往日本，全面投产后，产值可达3亿元。在产品创优方面有新的突破，“自成记”牌快餐银耳先后在1993年全国星火计划产品展销洽谈会及第二届中国专利新技术、新产品博览会上获得金奖；“鹭溪”牌塑料填充剂获博览会银奖。

5. 乡镇企业的贡献越来越大。 厦门市乡镇企业已成为农村经济发展的主力军。1993年，乡镇企业总产值占农村社会总产值的比重由上年的57.9%提高到76.3%；乡镇企业职工数占农村劳动力总数的30%，比上年职工总数增加26%。乡镇企业已成为全市最有活力的经济增长点，为农民致富和整个社会的安定团结起到了积极的作用。

6. 领导重视，把乡镇企业的发展摆上议程。 1993年，市委、市政府认真总结、研究乡镇企业大发展、大提高的战略，召开全市乡镇企业工作会议，下功夫、下大力量解决困扰乡镇企业发展的各种问题。各级党委、政府领导都把发展乡镇企业作为经济工作的战略重点。主要领导亲自抓，有关部门配合抓，主管部门具体抓，切切实实做到了领导到位、政策到位、措施到位，努力把领导的号召变为广大干部职工的实际行动，增强了广大人民群众大办乡镇企业的紧迫感和责任感，促进了厦门市乡镇企业大发展。

1993年，厦门市乡镇企业主要做了以下几方面的工作：

1. 抓住重点，加快发展，提高乡镇企业整体水平。 充分发挥优势，实行“多轮驱动，多轨运行”的方针，大力发展乡镇企业。抓住沿海重点乡镇、重点骨干企业，使其在发展乡镇企业中起示范作用，带动全市乡镇企业上规模、上水平。

2. 抓紧工业小区开发。 厦门市乡镇企业工业小区建设已有一定基础，通过积极引导，它们的开发同小城镇建设紧密地结合起来，实行统一规划、合理布局、相对集中、连片发展，使其发挥积极作用，真正成为乡镇企业发展外向型经济的重要载体，促进农村工业化、城乡一体化的进程。

3. 积极引进外资，加快乡镇企

业外向型经济的发展步伐。坚持多渠道、多领域地引进外资，特别是在引进高新技术项目和第三产业等方面有新的突破。同时，大力发展乡镇企业对外贸易，调整、优化产品结构，提高产品在国际市场上的竞争能力。

4. 坚持深化改革，推行股份合作制。继续深化改革，在完善承包经营责任制的基础上推行股份合作制，树立一批档次高、规模大、规范好的股份合作制典型，引导股份合作制企业，逐步实行现代化管理，推进股份合作经济在社会主义市场经济活动中发挥更大作用。

5. 依靠科技进步，增强企业素质。各级乡镇企业主管部门，积极引导乡镇企业走依靠科技进步，加强企业内部管理的路子，狠抓乡镇企业的技术改造、经营管理，不断提高企业及产品的科技含量和企业管理水平。

6. 切实加强乡镇企业的思想政治工作。在新的历史条件下，加强乡镇企业思想政治工作，促进乡镇企业持续、快速、健康发展，有其重要的现实意义和长远意义。经常对乡镇企业广大干部职工进行爱国主义教育、企业精神文明教育，开展科技研究、企业文化活动等，保持乡镇企业具有较强竞争力和生机勃勃的景象。

（黄亚聪　朱谊和）

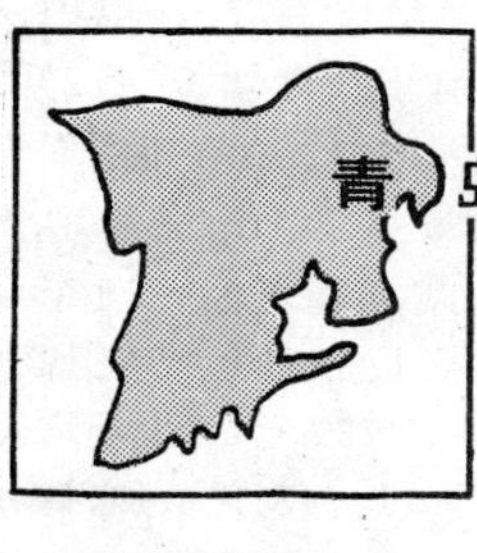

1993 年，青岛市乡镇企业加大改革力度，扩大对外开放，加快发展步伐，在发展的指导思想上实现了重大的转变，在速度、效益和投入上实现了新的飞跃，在科技进步、结构调整特别是发展外向型经济方面取得了突破性进展。其主要特点是：

1. 实现了速度、效益同步增长。1993 年，全市乡镇企业实现总产值 480.9 亿元，比上年增长 75.35%。其中工业总产值 407.1 亿元，增长 72.14%。乡村两级企业完成销售收入 384.7 亿元，比上年增长 79.1%；利税总额达到 39.73 亿元，比上年增长 69.38%，创造了青岛市乡镇企业利税增幅的历史最高水平。

2. 外向型经济有了突破性发展。1993 年，全市新批准乡镇外经项目 483 个，其中“三资”项目 476 个，总投资 8.2 亿美元，合同外资 6.16 亿美元，分别为上年的 1.46 倍、1.5 倍、1.82 倍和 2.11 倍。有 379 个乡镇“三资”企业建成投产，实际利用外资 2.16 亿美元。全市乡镇出口企业 1 198 个，比上年增加 364 个；从业人数 15.12 万人，比上年增加 5.25 万人，占乡镇企业同期新增人数的 32.5%；出口产品交货值完成 58.2 亿元，比上年增长 154%，其中直接出口 48.8 亿元，比上年增长 190.58%，占全市外贸收购总值的 61.7%。

3. 加大投入，壮大规模，在增量中调整优化结构。1993 年，全市乡镇企业从业人员达到 122 万人，比上年增加 16 万人；固定资产投资额完成 33.07 亿元，比上年增长 226.49%，其中新建项目完成投资额 19.45 亿元，技改、扩建项目完成投资 12.55 亿元。营业收入过亿元的乡镇达到 106 个，过亿元的村有 12 个，过亿元的企业有 15 个。达到省定“八五”期间发展目标的经济强乡，也由 1992 年的 2 个乡镇，增加到 11 个。

4. 以股份合作制为主要内容的改革不断深化。1993 年，全市乡镇企业推行股份合作制工作已经全面展开，实行股份合作制的企业已达 2 135 个，其中比较规范的有 476 个，共吸收职工和村民入股 1.05 亿元。乡、村两级股份合作制企业实现总产值 21.3 亿元，利税总额 1.6 亿元。同时，全市已批准成立了 12 个规模较大的乡镇企业集团，其中由国家科委批准并命名的集科、工、贸于一体的“星火”集团有 4 个。有相当多一批长期经营困难的企业，通过兼并、联合、租赁、拍卖或者与外资嫁接等走出了困境。如崂山区已将亏损多年的青岛第十二棉纺厂、十三棉纺厂、棘洪滩棉纺厂出租给外商，不仅使全区的乡镇棉纺业获得了新生，而且用收到的租金发展了新的生产项目。

5. 乡镇工业园区建设有实质性进展。沿“三线”乡镇工业园区建设与小城镇建设紧密结合。1993 年，全市 55 个乡镇工业园区共完成基础设施投入 2.3 亿元，开发总面积达到 11.65 平方公里；吸引外资项目 151 个，合同外资 4.2 亿美元，分别占全市乡镇企业同期总数的 32.33% 和 68.18%；内联项目 305 个，总投资 3.34 亿元。有 129 个外资企业建成投产，实际利用外资 1.94 亿美元；有 273 个内联企业建成投产，总投资 3.2 亿元。已有 28 个工业园区实现了“四通一平”，有 10 个工业园区初具规模。1993 年，全市乡镇工业园区实现企业总产值 25.27 亿元，利税总额 1.86 亿元，出口产品交货值 10.9 亿元。

6. 企业素质有了明显提高。1993 年，全市乡镇企业工程技术人员达到 4.09 万人，比上年增加 1.1 万人；聘用科技人员 1.48 万人，比上年增加 4 900 人；培训职工 2.78 万人，比上年增加 3 200 人。新成立乡镇企业厂办科研所 16 个，其中有 2 个在全国居领先地位，还有 20 多个厂办科研所正在筹建。开发技术含量较高的新产品100余种，许多企业走上了自己研制、自己生产的轨道，形成了研制一代、储备一代、生产一代的良性循环。

1993年，青岛市为促进乡镇企业高速、健康发展，主要做了以下几方面的工作：

1. 青岛市委、市政府正确决策和深入发动，引导乡镇企业第二次腾飞。1992年下半年到1993年初，市委、市政府提出了努力实现乡镇企业第二次腾飞的新思路。从1993年初开始，市委领导先后组织各市、区和有关部门负责人北上南下考察学习，市委、市政府提出了乡镇企业第二次腾飞的指导思想、奋斗目标、工作重点和政策措施，出台了《关于加快乡镇企业发展的意见》等重要文件，相继召开了第三次全市乡镇企业外经工作现场会议、全市乡镇企业工作会议、全市乡镇企业股份合作制工作会议和沿"三线"乡镇工业园区工作会议。在各级干部和群众的积极性初步调动起来之后，市乡镇企业局多次会同市委研究室和督查处等部门，深入基层进行调研和检查督促，并把综合的情况和发现的问题及时向领导反映，多次召开乡镇企业主管部门会议，改进和加强了工作调度，密切了主管部门同乡(镇)、村和企业的直接联系，进一步促进了乡镇企业的第二次腾飞。

2. 把外向型经济作为全市乡镇企业发展的突出重点，大量引进利用外资。1993年，全市乡镇企业先后有50多个团组共600余人次到国外进行考察和招商，并多次参加国内的大型经贸洽谈活动。其中仅在青交会上，全市乡镇企业系统就签订合同和意向书209份，协议总投资7.33亿美元，其中外资5.32亿美元。在1993年的外经工作中，全市乡镇企业注重上大项目和外商投资比例高的项目。在新批准的476个"三资"企业项目中，总投资在500万美元以上的有36个，其中过千万美元的有21个，这些项目的投资总额分别占总数的54.69%、40.74%。在新批准"三资"企业项目的投资总额中，外商投资比例达到75.1%，比上年提高8.6个百分点。注重老企业嫁接，转换企业经营机制，有大批乡镇企业成功地实施了与外资嫁接，不仅引进了大量资金，而且引进了比较先进的经营方式和管理方法，加快了技改的步伐，实现了产品更新，盘活了资产存量，提高了经济效益。

3. 积极稳妥地搞好沿"三线"乡镇工业园区建设。自1992年市委、市政府在全市对外开放工作会议上提出"一园三区三线"总体布局和印发了《关于建立沿"三线"乡镇工业园区的意见》之后，市政府相继批准设立了55个沿"三线"乡镇工业园区。各市、区在建设乡镇工业园区的过程中，都坚持从实际出发，因地制宜、量力而行，并且和小城镇建设、区域经济中心的建立结合起来，统一规划，统筹兼顾。乡镇工业园区的兴建，大大地改善了乡镇企业的投资环境，为乡镇企业外向型经济上新台阶创造了条件。

4. 以推行股份合作制为重点，加快企业改革的步伐。1993年，全市各级政府和乡镇企业主管部门切实加强了推行乡镇企业股份合作制工作。一是采取多种形式，深入贯彻全市乡镇企业股份合作制暂行办法；二是各市、区和乡镇普遍制定了三年基本推开的方案，开展了大面积试点工作；三是市委、市政府召开了全市乡镇企业股份合作制工作会议总结了十几个单位的典型经验。在推行股份合作制的同时，市乡镇企业局还积极抓了乡镇企业集团的组建，引导企业扩大经营规模。

(刘祝三)

武汉市

1993年，武汉市乡镇企业发展持续强劲，总量水平大幅度增长，经济效益显著提高，创造了历史最高水平。主要特点有：

1. 发展速度加快，开始进入快车道。1993年，武汉市乡镇企业共有企业11.5万个，比上年净增2.6万个；从业人员56.9万人，比上年净增7.6万人；乡镇企业总产值达到186.19亿元，比上年增长89.9%，比上年净增88.16亿元，相当于前八年净增量的总和，创历史最高水平。其中，工业产值首次突破百亿元大关，达到102.05亿元，比上年增长70.2%。乡镇企业总产值、工业产值增幅分别比1992年提高59.3、46.0个百分点。反映出武汉市乡镇企业发展改变了前几年低速运转的状况，开始进入快车道。

2. 经济效益大幅度增长，效益指标完成较好。1993年，全市乡镇企业在生产加速发展的同时，经济效益也大幅度增长。一是利税总额增加。1993年实现利税总额13.12亿元，比上年增长74.7%；其中税金4.45亿元，比上年增长42.2%。二是营业收入增加。1993年实现营业收入162.5亿元，比上年增长99.5%，高出总产值增幅近10个百分点。三是全员劳动生产率提高，1993年达到32 729元，比上年增长64.4%。四是人均创利税增加，1993年达2 307元，比上年增长51.2%。五是百元固定资产创产值额增加，1993年为674元，比上年增长

21.2%。

3. 广辟筹资渠道，形成自我为主的投资主体。1993年，各地在指导乡镇企业发展上，着力解决资金紧缺这个难点，采取多形式、多渠道筹措资金，走自我发展的道路。经过努力，全年新增资金投入18亿元以上。其中有金融、财政等部门作出的贡献。但乡镇企业主要是依靠自己，自我筹措解决了14亿元。通过股份合作、企业留利、能人自带、乡村投资、风险抵押、就地融资、引进内资外资等形式，扩大集资渠道，建立了自我投资主体。

4. 规模经营有所发展，亿元村和亿元企业实现零的突破。1993年，涌现出一批高速、高效、高水平发展乡镇企业的区县、乡、村、企业。其中有被市委、市政府命名表彰的1993年度十强乡镇、十强村、十强企业。

全市11个区县中，洪山、蔡甸区和三个县乡镇企业总产值都超过26亿元，其中黄陂县突破40亿元，在全省县级单位中名列第二位。

全市106个乡镇中，年产值过千万元的有104个，比上年增加8个。其中亿元乡（镇）69个，比上年增加34个。过3亿的乡（镇）18个，比上年增加15个；过5亿的乡（镇）3个，上年为0。年利税额500万元以上乡（镇）75个；1 000万元以上乡（镇）46个。江岸区后湖乡总产值在全市和全省乡镇中率先突破10亿元，达到10.84亿元。

1993年，产值过500万元的村达到354个，比上年增加162个；1 000万元以上村164个，比上年增加102个；5 000万元以上村27个，比上年增加21个；亿元村达到14个，实现了零的突破。其中，年利税额过100万元的村131个；过500万元的11个。洪山区曙光村、关山村是全市总产值最高的村，分别为1.56亿、1.48亿，在全省村级经济中位居前列。

1993年，产值过500万元的企业350个，比上年增加189个；利税过百万的企业66个；产值1 000万元以上的企业153个（其中工业企业86个），比上年增加103个；5 000万元以上的企业7个；亿元以上的企业（集团）6个，也实现了零的突破。

5. 大力推行股份合作制，放手实行公有民营，放胆发展个体私营企业。1993年，各地乡镇企业为适应生产力发展的水平，在群众自愿的基础上，大力发展多种类型的股份合作制企业。到1993年底，全市共有股份合作制企业1 035家，新增股金36 641万元。其中乡村集体企业483家，新增股金24 695万元，完成产值10.85亿元，实现利税7 829万元，增幅均高于全市乡村两级企业平均水平。这些股份合作制企业只占乡村两级企业总数的4.5%，但实现产值、利税却占乡村企业的9.5%和10.6%，显示出股份合作制企业的威力。

放手实行公有民营、积极探索把私营和集体经济结合起来，充分发挥能人作用和新机制，使一些面临倒闭的企业起死回生。1993年，各地已发展公有民营企业802家，能人带资6 260万元，使一批原已呆滞的企业得以盘活。

个体私营企业发展迅速。1993年，各地放手放胆发展私营企业，在政策上给予扶持，鼓励上规模，引导健康发展。到1993年底，已办成私营企业4 261家，投入资金1.06亿元；实现产值11.52亿元，比上年增长120.3%，分别高出乡办、村办企业增幅50、27.5个百分点。

6. 进一步扩大对外开放与对内联合。1993年，武汉市乡镇企业新办"三资"企业85家，总投资额6 106万美元，其中利用外资额3 158万美元。投产后可新增产值6.3亿元，新增利税1.2亿元。在发展横向联合上，借靠大城市和区位优势，同城市工业企业、科研单位、大专院校联姻，引进技术、资金、产品，不断壮大自己。全年新办成联合项目316个，引进内资4亿元以上，当年新增产值5.6亿元，新增利税4 933万元。建立乡镇企业发展区或工业带有了起步，已建成和在建的发展区（带）52个，这为乡镇企业的集中连片发展和扩大开放引进，打下了较好基础。

7. 固定资产和流动资产大量增加，企业后劲进一步增强。1993年，全市乡镇企业固定资产和流动资产都有大幅度增加。年末固定资产原值达27.61亿元，比上年增长56.6%；其中乡、村企业固定资产原值达20.52亿元，比上年增长47%。乡镇企业流动资产年末占用额达31.35亿元，比上年增长74.1%，其中乡、村企业流动资产年末占用额达25.12亿元，比上年增长59.4%。

乡镇企业注重智力开发，提高职工素质。全年共培训乡村企业各级管理干部和职工6.6万人，占乡、村企业职工总数的20.2%。1993年，乡、村企业有各类专业技术人员29 759人，占乡、村企业职工总数的9.1%，所占比重较上年提高3.2个百分点。

固定资产投入大量增加。1993年，全市乡、村企业以技改为重点的各种投资项目达1 054个，资金投入62 871万元。同上年相比，项目增加385个；资金增长2.3倍。

8. 乡镇企业的地位、作用更加突出。1993年，乡镇企业实现超常规发展，对全市经济发展产生了重要作用。一是在全市农村经济中的比重占到84.5%，比上年提高4个百分点。二是在全市工业经济中的比重占到23%，比上年提高7个百分点；净增额占全市工业净增总额的67%，成为全市国民经济中最具活力的增长点。三是在全市郊区、县农村人口人均收入净增额中所占比重达到82.5%。四是乡镇企业从业人员在全市农村劳力中的比重占到40%，比上年提高2个百分点。

（李　庆）

广 州 市

1993年，广州市乡镇企业发展迅猛，全市有企业7.39万个，职工人数78.81万人；完成总产值320.76亿元，比上年增长74.78%。其中工业总产值231.5亿元，增长69%；总收入376.78亿元，增长79.96%；上缴国家税金11.22亿元，增长69.7%；纯利润30亿元，增长81.69%。到1993年底止，全市乡镇企业提前两年超额完成“八五”规划的总产值、工业总产值计划指标。其发展主要特点是：

1. 镇、村、联户、个体企业同步发展，规模经济不断壮大。1993年，四个层次的企业总产值分别达到131.33亿元、109.79亿元、25.89亿元和53.73亿元，分别比上年增长64.9%、79.2%、124.9%和73%。全市总产值（总收入）超10亿元的镇有11个，比上年增加6个；超亿元的村有35个，比上年增加29个；超亿元的企业有27个，比上年增加16个。番禺市成为第一个总产值超百亿元的市。

2. 新建、扩建项目多，资金投入大。1993年镇、村集体企业新建、扩建项目1 729项，其中新建项目1 399项，计划总投入资金553 952万元。全年新增固定资产投入35.16亿元，并向科技含量高、附加值高、企业规模大、市场前景广阔的新兴产业转移。全市乡镇企业固定资产原值达109.52亿元，比上年增长56.59%。

3. 外向型经济保持强劲的发展势头。1993年，全市外向型企业有1 271个，出口产品交货额达80.36亿元，比上年增长65.2%，占全市乡镇企业总产值25%；出口创汇13.95亿美元，增长50.8%。其中出口商品总额占9.01亿美元，工缴费收入占3.17亿美元。全年新增“三资”企业152个，利用资金2.94亿美元。

4. 依靠科技进步，促进经济腾飞。花都市1993年开发新产品41项，总投资2.2亿元。该市赤鹰水泥厂通过技术改造和扩建，生产能力从原来12万吨配套到20万吨，产量、质量、效益上了新台阶，成为超亿元企业。在水泥行业中首批引入国家中型企业。天河区办起17家村级科技企业，其中车陂化工厂生产的“草甘膦水剂”和“氯氰菊酯”新产品获全国星火计划成果金奖。该区杨箕村与科技人员合作兴办的树脂厂，产品具有高强度抗力，被列为填补了国内空白的高科技产品。

1993年广州市乡镇企业保持全面发展的良好势头，其主要做法是：

1. 各级党政领导加强了对乡镇企业工作的领导。1993年市委、市政府首次分别召开了全市乡镇企业先进集体、先进个人表彰会；乡镇企业深化改革的创“十亿元镇”、“亿元村”、“亿元企业”系列座谈会，进一步确立了抓重点、带全面发展全市乡镇企业的指导思想，加强分类指导。各区、县（市）协调有关部门认真抓好各项政策的落实，做好乡镇企业的发展工作。白云区1993年上半年由主管乡镇企业副区长主持召开了有乡镇企业主管部门、区计委、银行、国土局、工商局、税局等部门参加的“创亿元村”座谈会，共同为这些上规模的村和企业的发展出谋献策，为乡镇企业发展创造了宽松的外部环境。

2. 调整、优化产业和产品结构，抓骨干企业，保重点项目，促进企业上规模、上档次、上效益。一是充分发挥自己的优势，使产业结构更趋合理。白云区石井镇根据地处结合部的特点，坚持发展二、三产业并重的方针，使工业、贸易、服务融为一体，全面发展；花都市新华镇从本镇实际出发，通过“三个一批”，即新建一批、扩大一批和治理一批，使产品结构获得合理的调整，着重发展了电子、纺织、机械、化工和工业原材料等项目，改变了过去以建材和制衣业为主的产业结构。二是加强政府对重点项目的协调、服务工作，实行“土地征用优先，资金投放优先”的原则，保证重点项目上马。番禺市广州珠江机床厂与外商合作，投资1.83亿元，引进了自动化程度高、规模大（投产后年产值达20亿元，成为长江以南最大钢管厂）、市场前景广阔的钢管生产项目。该市三名正副市长在有关土地征用、资金筹集的请示报告中作了批示，批准征用100亩工业用地及在霍英东基金中划出2 000万元作为启动资金，为该项目早日上马开了绿灯。

3. 进一步深化改革，完善和发展乡镇企业运行机制，推动乡镇企业向深层次发展。一是进一步完善经营管理机制，尤其是经济承包责任制。如花都市新华镇制定了“核定基数，滚动承包，一包三年”的承包方案。明确规定企业自筹资金发展的项目，三年不加任务，折旧不统筹上缴，依靠科技进步增加效益的分配比例可高于原来计划。从而有效地激励了企业大抓投入，加强技术改造，增强发展后劲。二是积极组建企业集团，壮大规模经济，增强竞争能力。全市有16个镇组建了不同形式的企业集团，主要形式有：① 以骨干企业或拳头产品为龙头，一厂带多厂，组成比较紧密的企业集团。如番禺电缆厂以电线电缆拳头产品为龙头，组成了南山集团公司，年产值可达6亿元；海珠区以百事可乐汽水厂为骨干企业，联合十多个企业组成珠江饮料企业集团，年产值可达4亿元。② 以行业为单位组成集团。增城县仙村镇以镇办水泥厂为龙头，把全镇73家水泥厂联合起来，组成水泥集团公司，既协调了生产，又加强了管理，保证了质量。③ 以镇为单位组成地区性企业集团。番禺市市桥镇把镇办企业组成一个集团公司，设工业、房地产、新产品开发、农业产品开发、贸易等五个总公司。通过组建企业集团，促进了资金、技术、设备、人才、信息等生产要素的合理流动和优化组合，形成了新的生产力。三是逐步推行股份合作制或股份制。天河区在农村率先实行股份合作制的基础上，又把股份制或股份合作制引入了乡镇企业，明确了企业产权关系，促进政企分开和企业自主权的落实，使企业更充满活力。该区杨箕村用集体积累资金和吸收个人股金650万元，办起5家股份制企业，使村的固定资产增加到1.3亿元。

4. 依靠科技进步，增强竞争能力。先进科学技术在广州市乡镇企业的应用越来越广泛。番禺市石楼镇恒联食品机械厂，重视人才引进和使用，依靠科技兴厂，舍得花钱买技术专利，(已买下技术专利23项)大力开发新产品，并迅速占领市场。白云区朝阳村在科技开发方面走“借鸡下蛋，借船出海”的路子，利用科研单位和大专院校的人才优势和技术优势，先后开发出新科技产品12项，为该村带来显著经济效益，成为广州市第一个科技村。

（劳义海）

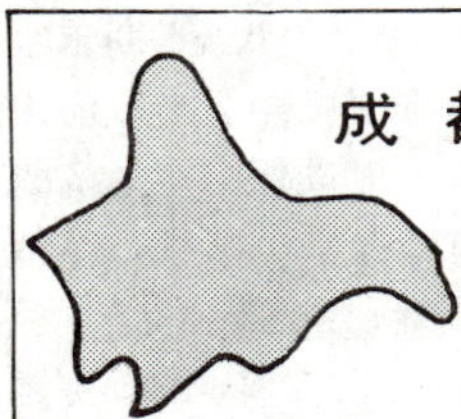

成都市

1993年，成都市乡镇企业坚持改革开放，依靠科技进步，狠抓资金投入，强化基础管理，坚持多轮驱动、多轨运行、多业并举的发展方针，朝着“高、大、外”新格局奋力拼搏，取得了巨大成绩，为成都市经济发展作出了新贡献。

1993年，全市有乡镇企业25.15万个；从业人员135.36万人，比上年增加27.66万人；完成总产值502.64亿元（1990不变价，下同），比上年增长107.53%；其中乡村两级集体企业完成总产值319.76亿元，比上年增长115.47%。完成工业总产值331.19亿元，比上年增长114.50%；其中乡办工业总产值127.56亿元，比上年增长95.34%。完成总收入465.72亿元，比上年增长121.35%。完成利润总额19.32亿元，比上年增长135.61%；上缴税金13.82亿元，比上年增长165.77%。完成外贸出口交货额5.25亿元，比上年增长176.32%。职工工资总额25.43亿元，比上年增长162.16%。年末固定资产原值达72.88亿元，比上年增长73.94%。乡村企业中有股份合作制企业90个，资本金22 606万元，现价总产值20.39亿元，利税总额5 965万元。

1993年，成都市乡镇企业发展呈现出以下特点：

1. 继续超常规发展。在1992年超常规发展的基础上，再一次实现超高速、跳跃式发展，总产值在1992年242.2亿的基础上，一举跃过300亿、400亿、500亿三个台阶，成功地实现了“三级跳”，在成都市乡镇企业发展史上写下了值得纪念的一页。同时总产值在全国中西部城市中继续处于领先地位。

2. 实现了多年盼望的“半壁河山”的夙愿。1993年全市乡镇企业工业总产值占全市工业总产值590.59亿元的56.08%，第一次占到一半以上。在全市工业总产值的净增长部分中，乡镇企业的份额占85%以上。乡镇企业在成都市经济中的地位由此有了质的提高。

3. 效益增长高于产值增长速度。1993年全市乡镇企业利税总额达33.14亿元，比上年增长147.31%，高于总产值增长速度39.78个百分点。

4. 重点发展整体推进成效大。全市19个区（市）县中有18个区（市）县产值翻一番，其中17个区（市）县总产值在10亿元以上。双流县总产值达72.96亿元（现价），继续争得全省之冠，新都县总产值达72.96亿元（现价），继续争得全省第二名。亿元乡镇由79个发展到136个，占全市乡镇总数的45.6%，其中双流县东升镇总产值达37.74亿元(现价)，另有过10亿元的乡镇3个。亿元村由3个发展到20个。亿元企业由8个发展到13个，其中成都联益集团公司产值达13.26亿元（现价）。

5. 依靠科技进步上档次、上水平、上效益取得长足进展。1993年涌现出成都市电力电子设备厂、成都建工机械股份有限公司等9个科技进步先进企业，创了一批国家、省级重点新产品，生产标准与国际贯例接轨，办起了科研机构，社会效益和经济效益均高于其他企业。1993

年，全市科技进步份额已由38%增加到50%左右。

6. 外向型经济发展有重大突破。1993年，全市乡镇企业新办"三资"企业170家，引进外资5 500万美元，引进设备金额468万美元，外贸出口交货额也大幅度增长。涌现出四川双流羽绒厂等9个出口交货额在1 000万元以上的出口创汇大户。

7. 企业管理工作进一步强化。在市级重点乡镇企业中，建立规章制度，严格操作规程，加强技术上岗培训，进一步强化了企业的基础管理和生产现场管理，促进了企业管理科学化、规范化，安全生产死亡人数有效地控制在目标以内。有37个建筑企业资质由三级升为二级，48个由四级升为三级。

8. 企业内部改革进一步深化。乡镇企业股份制改造方兴未艾，设立股份有限公司9个，其中定向募集公司4个；设立有限责任公司18个；建成股份合作制企业109个；组建企业集团8个。

成都市乡镇企业能保持超常规速度发展，取得巨大成绩的主要原因有：

1. 市委、市政府和各级党委、政府高度重视乡镇企业发展，切实加强了领导。年初，市委、市政府隆重召开全市乡镇企业表彰大会，明确提出乡镇企业发展的指导思想、目标任务和工作措施；市政府召开科技人才交流和科技成果交易大会，表彰了59个科技明星企业和86名有突出贡献的科技人员，促进了全市乡镇企业依靠科学技术、依靠科技人才发展。市委常委会专题研究了因国家宏观调控、整顿金融秩序等多方面原因造成的资金紧缺等问题，在形成的纪要中坚持多渠道筹资的原则，使下半年乡镇企业投入能稳定增长。6月初，市委、市政府及时召开了有各区（市）县委书记、区（市）县长、乡镇企业局长和市级有关部门主要领导同志参加的乡镇企业工作会，再一次重申要把发展乡镇企业作为振兴成都经济的六大突破口之一，提出"八五"期末乡镇企业成为全市国民经济半壁河山的奋斗目标。为促进外向型经济的发展，市政府举办了中国成都乡镇企业暨乡镇企业城招商引资洽谈会。市委、市人大、市政府、市政协领导还多次深入各区（市）县调查研究，召开企业家座谈会，帮助企业解决实际困难，指导企业健康发展。各区（市）县委、政府认真落实市委、市政府的战略决策，把发展乡镇企业作为振兴农村经济的突破口，放在首要位置来抓，纷纷制定出切实有力的目标措施，使发展乡镇企业的工作真正落到了实处。

2. 抓住机遇，加快发展。各级党政领导、主管部门和企业经营者进一步解放思想，抓住机遇，克服各种不利因素，千方百计求发展。按照"三个有利于"原则，把发展作为硬道理，能发展多快就搞多快。

3. 强化投人，增强发展后劲。1992年共批准立项1 520个项目，投入资金11亿多元。这些项目大部分在1993年竣工投产，为1993年的高速发展起到了很大作用。1993年，全市乡镇企业继续把增加投入作为加快发展的第一件大事来抓，充分发挥银行主渠道作用，多方筹资、引资。全市集中力量保在建项目的投产和扫尾工作以及重点企业流动资金的需要。1993年新批基建、技改项目3 702个，竣工1 929个，总投资25亿元，其中贷款5.5亿元，设备投入17亿元，全部项目完工后可实现总产值204亿元，利税27亿元。这为下一步继续发展添了后劲。

4. 抓住重点，推动整体上水平、上规模、上效益。市委、市政府实行抓重点、全面推进的战略方针，在资金、能源、政策等方面对重点区县、重点企业实行倾斜，使之真正成为向"高、大、外"方向发展的排头兵，形成先进带后进、后进赶先进的发展热潮。特别突出的是市级103个重点企业从设备、技术、管理、经营、厂容、厂貌等方面都致力于"高、大、外"发展。各区（市）县也纷纷发展一批重点，使抓龙头带动区县经济发展成为各区(市)县发展乡镇企业的又一特点。

5. 开拓多方渠道，大力发展外向型经济。为使外向型经济发展能有突破性进展，各级政府和企业采取"主动出击"、"请客上门"等多种方式对外合作，取得明显成效。仅在中国成都乡镇企业暨乡镇企业城招商引资洽谈会上就成交124个项目，总投资2.24亿美元，注册资本1.65亿美元，外商投资1.3亿美元，初步达成产品贸易额2 600万美元。

6. 依靠科技进步，提高整体水平。发展与提高并重，依靠科技与人才，强化管理，向"高、大、外"目标迈进已成为发展的主旋律。1993年新上项目科技含量明显提高，其中300万元以上投资规模的11个项目，设备投入产出可达1∶10，效益明显高出一般项目；新产品开发成效十分显著，共开发完成新产品项目204个，新产品产值达12.35亿元，比上年增长216.7%，利税1.61亿元，增长168.3%。其中13个新产品项目达到国际水平，111个达国内先进水平或填补空白。同时还完成新技术应用项目30多项，取得直接经济效益458万元；采用国际标准或国外先进标准验收合格产品20个，主导产品标准覆盖率达95%以上；产品质量稳定提高，质量监督抽查合格率达87.8%。50种重点考核工业品质量提高率达96%，质量计划完成率98%。优质产品产值率达12.42%。还有一批名、优、新产品在国内外获多项大奖。人才素质也有很大提高，11 916 人获得或晋升了乡镇企业专业技术职称，6 位企业家获成都市第五届优秀企业家称号。

7. 深化企业改革，推动股份合作制改造。1993 年，在少数有条件的企业实行规范化股份制试点，同时大力推行适合广大乡镇企业实际情况的股份合作制。除加强老企业改制外，大部分新办企业都已按股份合作制兴办。在全市肯定和推广了武侯区拍卖效益差的小型乡镇企业的作法。都江堰市更大胆地提出并实行拍卖中小型亏损企业，甚至把资不抵债的企业送掉，效果很好。同时积极进行“中国成都乡镇企业城”、新都县新繁镇规划“乡镇企业镇”、新津县创办私人经济开发区、新都县成立乡镇企业发展基金会等改革探索。

8. 大力加强思想政治工作，坚持两个文明一起抓。在发展生产的同时，市乡镇企业局始终没有放松思想政治工作，积极组织全系统干部职工学习党的十四大、八届全国人大一次会议和国务院关于加快发展中西部地区乡镇企业的决定精神，鼓励干部职工解放思想，开拓进取。在基层开展了创文明企业、文明班组的活动和“巾帼建功”活动，提高企业的精神文明水平。对 530 名为乡镇企业发展有突出贡献的人员及 35 名厂长(经理)的 69 名家属子女办理了“农转非”，稳定了基层干部，调动了他们的积极性。

（张健媛）

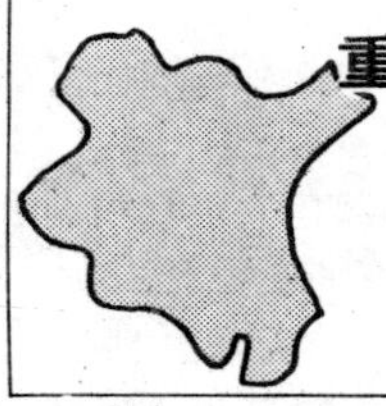

重庆市

1993 年，重庆市乡镇企业持续高速发展。企业总数从上年的 27.7 万个增加到 30.6 万个；从业人员从上年的 153 万人增加到 182.5 万人，占全市农村劳动力的比重，从上年的 24.7%提高到 29%。完成总产值 354.07 亿元，比上年增长 82.8%；实现营业收入 349.67 亿元，增长 98.9%；利润总额达到 17.76 亿元，增长 86.9%；向国家上缴税金 11.84 亿元，增长 72.4%。发展速度与效益增长创历史最好水平。

1993 年，重庆市发展乡镇企业，着重是在“五抓”上下了功夫：

1. 抓认识，强化领导和政策扶持。1993 年，重庆市委、市人民政府在贯彻国务院《关于加快发展中西部地区乡镇企业的决定》中，从本市实际出发，明确要把乡镇企业作为全市经济新的增长点、区市县经济的主体来抓，不断用“大力发展乡镇企业不动摇”的指导思想，统一各级党政和部门的认识。在国家加强宏观调控的新形势下，市委、市政府领导多次带领有关部门的负责同志，深入区市县和企业，调查研究新情况和新问题。8 月份，市委、市政府召开大规模、高层次的乡镇企业工作会议，进一步统一在新形势下加快乡镇企业发展的认识；调整和充实了市乡镇企业领导小组，市长担任组长；制定了《重庆市人民政府关于进一步加快发展乡镇企业若干政策规定》。这些措施，调动了各区市县加快发展乡镇企业的积极性，普遍建立了由区市县党政一把手亲自抓的乡镇企业领导小组，做到了在新形势下发展乡镇企业的思想不松、精力不散、计划不减、措施不软，初步形成了在党政领导下、部门通力合作、整体推动的局面。19 个区市县乡镇企业产值、收入、利润三大指标实现了一年翻一番。

2. 抓投入，增强发展后劲。1993 年，重庆市各级党政把千万百计增加资金投入，作为加快发展乡镇企业的关键来抓。一方面，是合理运用银行和信用社的贷款，一方面是坚持以自筹为主，多渠道、多形式筹措资金。通过各级党政机关干部和企业职工“集”；推行股份合作制“吸”；发展城乡联合、中外合资和建设工业小区“引”；乡镇企业投资公司“筹”；企业挖潜“挤”，农村合作基金会“借”。全市乡镇企业完成固定资产投资额达 18.25 亿元，比上年增长 97.3%；开工项目 4 846 个，比上年增加 1 616 个；新增固定资产 14.98 亿元，使全市乡镇企业固定资产原值达到 44.43 亿元，比上年增长 49.5%。通过投资建设和技术改造，新增原煤产量 111.9 万吨；新增水泥产量 55.6 万吨；新增机制砖产量 8.44 亿块；新增缫丝 24 200 绪；新增造纸产量 1.68 万吨。

3. 抓“多轮驱动，多轨运行”，积极发展多种经济成分、多种合作形式的企业。1993 年，重庆市农村个体、私营企业达到 27.6 万个，产值已占乡镇企业总产值的 47.9%；乡村股份合作制企业达到 355 家，股金总额达 3.96 亿元；中外合资企业共计 54 家，注册资本 5 486 万美元；城乡联营企业总量达到 601 家，联营产值达 24.07 亿元，利税 2.35 亿元。在抓多轮驱动的同时，依托城市大工业、科技优势和农村资源、劳动力优势，重点扶持发展为城市支柱产业配套服务的加工业、以农副产品为主要原料的加工业、矿产资源开发加工业和以劳务输出为主的建筑业。1993年，全市乡镇工业产值完成186.8亿元，比上年增长77.5%。其中：能源工业中的原煤增长27.5%，食品工业增长57.1%，建材工业增长59.2%，汽车工业配套的机械加工业增长291.2%。有40余万乡镇建筑大军在市内和全国10多个省市承建工程，建筑竣工面积1 608万平方米，建筑业产值完成88.73亿元，比上年增长83.7%。围绕旅游开发的第三产业完成营业收入达173.36亿元，比上年增长129.4%。

4. 抓科技进步，提高企业素质。 重点是加快人才培训，促进企业管理上等级、技术上水平、质量上档次。1993年，重庆市乡镇企业实施《63624教育工程》，人才培训工作开始由领导岗位培训为主转为以大中专学历教育为主。全年各级培训各类人才6万多人，取得各类技术职称的达3.51万人，占乡村两级企业职工总数的3.6%，比上年提高了0.15个百分点。人才培训促进了企业技术进步和新产品开发。有48个企业被评为“科技型企业”。全年计划开发市级新产品102项，实际投产66项，投产率为64.7%，新产品创产值达1.69亿元，创利润1 155万元，创税790万元。其中有49项产品达到国内先进水平，南岸区电子开关厂生产的“能耗制动交流无触点开关柜”获农业部科技进步奖，45家企业获市科技进步奖。九龙坡区的华岩机械厂、沙坪坝区的歌乐山水泥厂、合川市的三汇水泥厂，受到农业部表彰。巴县陈家桥溶解乙炔气厂，获全国第二届及乡镇企业系统企业管理现代化创新成果二等奖，九龙坡区的中梁山水泥厂和沙坪坝区的井口农药厂获三等奖。

5. 抓重点，促进农村经济上台阶、企业上规模。 1993年，重庆市把建设乡镇工业小区与“创亿元上台阶”的竞赛活动结合起来，规划了98个乡镇工业小区，面积84 984亩。各区市县都建立了现场办公、重点帮促和协调的联系点制度。通过各级各方面的努力，实际已开发12 728亩。九龙坡区的华岩镇，沙坪坝区的上桥村，江北区的南桥寺、花园村，江北县的龙溪镇，巴县的陈家桥等一批乡镇工业小区初具规模，开始以地招商、外引内联。1993年，已落实进入工业小区建设项目或企业有2 241个，总投资50.74亿元，其中已到位9.08亿元，引进外资2.61亿美元。乡镇工业小区的开发建设，促进了农村经济上台阶、企业上规模。乡镇企业产值超亿元的乡镇，由上年的28个增加到87个。其中：沙坪坝区的石桥镇、覃家岗镇突破10亿元；九龙坡区的九龙、华岩、花溪、南岸区的南坪、綦江县的古南等5个镇产值超5亿元。产值超千万元的村，由上年的144个增加到362个，其中15个村突破亿元。北碚、九龙坡、巴县3个区县跻身于农业部表彰的对社会贡献大的全国200个县（市）行列；在对社会贡献大的全国300个乡镇中，重庆市的覃家岗、石桥、九龙、华岩、南坪、花溪、蔡家岗等7个镇榜上有名。产值上千万元的工业企业，由上年的55家增加到144家。出口产品企业总量达到355家，其中交货值100万元以上的骨干企业73家。全市完成出口产品交货值4.9亿元，比上年增长17.3%。乡镇建筑二级企业，由上年的25家增加到36家。

（何龙根）

西安市

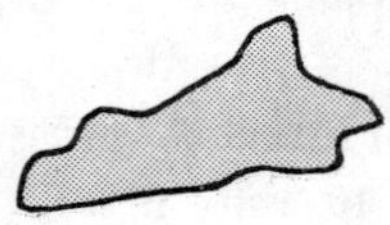

1993年，西安市乡镇企业实现营业收入123.1亿元，总产值118.96亿元（1990年不变价），工业总产值81.42亿元（1990年不变价），分别比上年增长53.85%、53.46%和55.72%，是“七五”以来发展最快的一年。实现可分配利润8.46亿元，比上年增长46.11%。上缴税金2.69亿元，比上年增长30.32%。其中本市区县入库1.95亿元，比上年增长35.34%，比全市税金增长高出21.14个百分点。

1993年，西安市乡镇企业发展的主要特点是：

1. 乡镇企业投入大幅度增加。 1993年全市乡镇企业固定资产资金投入量达9.19亿元，超过前三年投入的总和。新上百万元以上的投资项目144个。市农行和信用社对乡镇企业贷款余额比1992年增加5.17亿元，其中农行增加0.97亿元，信用社增加4.2亿元。通过建立合作基金会、股份合作制和开展横向经济联合等多渠道筹集资金近10亿多元。灞桥区全年资金投入7 000万元中80%以上来自个人投入。碑林区、周至县九峰乡、高陵县药惠乡等合作基金会为乡镇企业融资近亿元。未央区1993年先后开展大型横向经济联合活动8次，共引进项目179个，其中投资100万元以上的项目66个，引进资金3亿元。

**2. 各级“甲级队”成为发展乡

镇企业的主导力量。市级“甲级队”包括6个区县、39个乡镇（办）、30个村和125个企业。1993年产出总量占全市乡镇企业的85%以上。未央区、雁塔区乡镇企业总产值过20亿元。周至县哑柏镇、户县草堂镇等37个乡镇（街道办）过亿元。其中未央区三桥镇过5亿元，灞桥区席王乡、长安县韦曲镇等11个乡镇过2亿元。三桥村、鱼化寨村、北山门口村和梁家街过亿元。拥有千万元以上的企业56个，其中北方电缆厂、翠宝首饰集团公司、半坡印染厂过亿元。三桥村1993年营业收入达1.42亿元，上缴国税221万元，技改投入1 200万元。全村20个集体企业个个盈利，纯利润增长30%以上。郭家村狠抓横向联合，全年共引进、联合较大项目6个，其中3个当年建成投产，总投资4 800多万元。为扩大骨干企业队伍，增强“甲级队”后劲，全市还续建和新上年产值1 000万元以上项目40余项。其中雁塔万成磁电公司投资4 100万元进口日本设备生产3.5英寸计算机软盘，达产后产值可过亿元。

3. 技术改造步伐加快。1993年全市乡镇企业共进行技改402项，其中投资50万元以上的技改项目200项。共开发新产品821项，填补市以上空白316项。北方电缆厂依靠自身力量设计制造了具有国际水平的电缆高速生产线，实现机电一体化、自动控制自动检测，提高工效5倍。这个仅450人的小厂成为西北地区首家过亿元乡镇企业，全员劳动生产率达22万元，人均创利税3.5万元。长安前进电器厂1991年从日本引进数控激光切割机和数控折弯机、数据冲床，使钣金加工工艺在国内领先，1993年又投资590万元引进日本东芝公司具有国际领先水平的YSP5型柱上真空自动配电开关生产技术。该厂已进入西安高新技术开发区，创办了两家高新技术企业，生产一流的开关电器设备。莲湖宏兴生化厂开发的快速微量肝癌诊断试纸、肝硬化肝癌快速测定试验盒，是国际癌症诊断史上的新突破。

4. 转移农村剩余劳动力数量显著增加。1993年全市乡镇企业职工总数达72.16万人，比上年增加7.37万人，超过了前五年增加数的总和。

（赵华德）

文 献 法 规

国　务　院

批转劳动部等部门《关于制止小煤矿乱挖滥采确保煤矿安全生产的意见》的通知

国发〔1993〕2号

各省、自治区、直辖市人民政府，国务院各有关部门：

国务院同意劳动部、国务院经贸办、地矿部、能源部、农业部、统配煤矿总公司、全国总工会《关于制止小煤矿乱挖滥采确保煤矿安全生产的意见》，现转发给你们，请贯彻执行。

1993年1月3日

关于制止小煤矿乱挖滥采确保煤矿安全生产的意见

国务院：

近年来，各种形式的小煤矿发展很快，为促进地方经济发展和支援国民经济建设作出了重要贡献。但是，在其发展过程中也出现了一些问题，主要表现在：一是安全状况很不好，事故严重；二是在国营煤矿井范围内乱挖滥采，不惜破坏国家煤炭资源，甚至严重影响国营大矿安全生产。这些问题，在全国许多地方都存在，有的还非常严重。

今年1至9月，全国乡镇煤矿因工死亡人数达3 854人，占全国煤矿事故死亡总数的65.5%，比去年同期上升了6.6%。特别是无证非法采煤的小煤矿事故更为突出，仅一次死亡3人以上的事故就发生60次，死亡408人，死亡人数比去年同期上升了226.4%。今年以来，全国煤矿几次最大的事故就发生在无证的乡镇煤矿。3月20日，山西省吕梁地区孝义市两个无证乡镇煤矿，争抢资源，井下贯通处发生煤尘爆炸，死亡65人；6月17日，湖南省怀化地区辰溪县方田乡一无证煤矿，因瓦斯爆炸，死亡43人；9月6日，又是辰溪县方田乡的另一个无证小煤矿，井下透水，死亡33人；贵州省煤矿1至9月连续发生11次死亡10人以上的事故，其中6次发生在无证开采的乡镇煤矿，死亡103人。

据不完全统计，目前在全国103个统配矿务局（矿）井田范围内开采小煤矿约有11 200多处，其中有5 800多处是无证非法开办的，这些小煤矿对国营大矿的安全生产影响十分严重。例如，乱挖滥采大矿各类保护煤柱的有1 300多处，与国营大矿贯通的有2 500多处，进入国营大矿采区的有600多处，已经造成透水事故387次，瓦斯爆炸25次，由此破坏生产矿井现有生产水平储量15亿吨，直接经济损失20亿元。江西省洛市矿务局龙溪矿4平方公里的井田范围内有97个小煤矿在乱挖滥采。由于这些小煤矿主要是开采国营矿工业广场和建筑物下的保护煤柱，致使地面许多建筑物受到破坏。今年，丰城市楼前乡一无证煤矿发生透水事故，殃及相毗邻的另一小煤矿和龙溪煤矿，两个小煤矿死亡19人，龙溪煤矿死亡7人，仅龙溪煤矿巷道被淹，经济损失就达1 500多万元。

为整顿乡镇煤矿和取缔无证非法采煤，近年来，国务院先后发出了《国务院关于乡镇煤矿实行行业管理的通知》（国发〔1986〕105号）、《国务院批转国家经委、国家计委关于立即整顿国营煤矿井田内各种小井的意见的通知》（国发〔1988〕18号）、《国务院关于清理整顿个体采煤的通知》（国发〔1991〕37号）。各级政府和有关部门做了大量工作，对小煤矿进行了多次整顿，乱挖滥采现象有所减少，有的地区乡镇煤矿走上了合理布局、依法开采、安全生产的道路，但多数地区的状况没有根本改变，许多乡镇煤矿不具备起码的安全生产条件；无证煤矿在一些地区仍然大量存在；不依法开采、越层越界威胁国营大矿安全生产问题相当严重。

这些问题的产生和存在，其根本原因就是有法不依、执法不严、违法不究。对于煤炭资源开采的管理和安全生产条件，《矿产资源法》、《矿山安全条例》以及行业主管部门和各省（区、市）均有明确规定，关键是这些规定没有得到有效的贯彻落实。有的地方对发展乡镇煤矿的指导思想不正确，尤其是有些县、乡一级政府的领导，只考虑发展乡镇煤矿有利于增加财政收入、农民致富和安排农村剩余劳动力的一面，而不考虑乡镇煤矿违法开采，不安全生产，会破坏国家资源和危害人民生命财产的一面。有的地方置国家法令于不顾，管理失控，放任自流。从目前情况看，如不采取有力措施，这些问题有继续加剧的趋势，将会给人民生命财产和国家资源造成更大损失。为此，现提出以下意见：

1. 各级政府和有关部门，对当前小煤矿存在的问题必须高度重视，并切实落实管理责任制度。要充分认识各自在发展和管理煤矿工作中应承担的责任，下决心依法严格管理，扶持和引导其走上健康发展的道路。要利用各种形式，广泛宣传国家有关法律法规，教育广大农村干部和农民，特别是县、乡两级干部，要认识到发展煤矿生产，必须合理规划，依法开采，安全生产，决不能盲目蛮干，不能无视国家法律和规定，从而增强广大干部和群众的法制观念，自觉遵守和维护国家法律和政府的规定。

2. 各省、自治区、直辖市人民政府要对贯彻《矿产资源法》、《矿山安全条例》和国务院有关文件的情况进行认真检查，并结合贯彻《矿山安全法》，制定有力措施，对当地存在的问题限期予以解决。当前，要立即对在国营煤矿井田范围内的小矿进行清理，凡是危害国营煤矿安全生产无证开采的小矿要立即关闭，对已取得采矿许可证，但越层越界开采的小矿要责令退回本矿区范围内开采，以保证国营煤矿安全生产；对自身安全存在严重问题的乡镇煤矿以及其他小煤矿，也要立即关闭，避免发生重大恶性事故。

3. 各级政府和有关部门要把对小煤矿的管理纳入法制轨道，这是解决小煤矿问题的根本途径。开办煤矿都要按照《矿产资源法》的规定进行审批，审批部门要认真履行职责，不符合规定的决不批准；过去已经开办但不符合要求的要限期达到，对达不到要求的，坚决予以关闭；凡是不履行批准手续进行无证非法开采的煤矿要坚决取缔，造成严重后果的，要绳之以法，对负有责任的县、乡领导要坚决予以追究；对有证开采的小煤矿因不具备必要的安全生产条件而发生事故的，要追究批准办矿单位的责任。

4. 清理小煤矿的工作关系群众的切身利益，涉及面广，政策性强，难度很大，各级政府要加强领导，严密组织；有关部门要各司其职，密切配合，确保清理整顿工作顺利进行。国营煤矿在保证企业正常生产的前提下，要支持并帮助地方发展经济，大小矿间的纠纷问题，要依靠地方政府做好工作。对一些好的经验，好的做法，要及时总结推广。

5. 对其他小矿山的安全工作，也可按照本通知精神办理。

以上意见如无不妥，请批转各地区和有关部门贯彻执行。

劳动部
国务院经济贸易办公室
地质矿产部
能源部
农业部
中国统配煤矿总公司
全国总工会
1992年12月29日

农业部

转发经贸部《关于纺织品出口配额的管理办法》的通知

（1993）农（计）函字第4号

各省、自治区、直辖市、计划单列市乡镇企业局、农垦部门，部有关司局和直属企业：

现将对外经济贸易部1992年第5号令《关于纺织品出口配额的管理办法》转发给你们，请遵照执行，并注意加强同经贸管理部门的联系，落实纺织品出口配额。如执行中遇有问题，请及时向我部反映。

1993年2月4日

关于纺织品出口配额的管理办法

（1992年12月31日对外经济贸易部发布）

第一章　总　　则

第一条　为了履行中国政府与纺织品进口设限国家政府签定的双边纺织品贸易协议，有效地管理纺织品配额，有秩序地发展对这些国家的纺织品出口，特制定本办法。

第二条

1. 中华人民共和国对外经济贸易部（以下简称“经贸部”）统一领导对设限国家的纺织品出口管理工作。对外负责谈判协议，协商解决双边协议执行过程中出现的问题；对内负责纺织品出口配额的分配、调剂、监督使用和管理，授权纺织品出口证书的签发部门，统一管理全国证书的发放和统计。

2. 各省、自治区、直辖市及计划单列市经贸厅（委）、外贸局（以下简称各地经贸委）为本地区对设限国家出口纺织品的行政管理部门。负责根据经贸部的授权签发纺织品出口证书；按经贸部规定组织本地区范围内的纺织品配额的余缺调剂；管理和督促检查本地区出口企业所分得配额的使用，并负责本地区对设限国家纺织品的出口统计工作。

3. 海关总署及各地海关对所有输往设限国家协议项下的纺织品实行监管，凭有效的纺织品出口证书查验放行货物。

第三条　本办法所称设限国家，为与中国签定双边纺织品协议的美国、欧共体、加拿大、芬兰、挪威和奥地利。

第四条　本办法所称纺织品配额，系指双边协议项下棉、毛、人造纤维、其他植物纤维和丝混纺织品及其制品的出口数量的限额。纺织品分类和配额计量单位以双边协议规定为准。

第二章　出口许可制度

第五条　对设限国家出口纺织品实行纺织品配额和出口许可证管理制度。配额由经贸部按本办法有关规定进行分配；出口许可证由经贸部配额许可证事务局和各地授权签证部门按经贸部分配的配额签发。

第六条　有纺织品出口经营权并承担上缴国家出口创汇任务的企业方可申请其经营范围内的纺织品配额。

第七条　已获配额的出口企业在每批货物出运前凭合同正本或副本，商业发票，国内生产加工证明以及信用证或本票向签证部门申领出口许可证或其他证书。出口许可证正本交进口商凭以清关提货或向其政府主管当局申请进口许可证。出口许可证副本一联（海关查验放行联）交海关查验放行，另一联经海关核验后退主管发证当局。

第八条　各种出口证书均应严格按照经贸部编制的《填制说明》用打字机或微型计算机填制。证书一经签发，持证企业不得自行涂改。

第九条　签证日期应尽量接近货物的实际出运日期，许可证所列年度应与货物出运年度相一致。各种证书的有效期为三个月，签证一般为三个工作日。

第十条　纺织品出口签证按国家有关规定收取签证费。签证费用于与本项工作有关的开支，不得挪用。

第三章　配额的分配

第十一条　分配原则

为稳定市场、增加创汇和有效管理，配额分配应相对集中，不宜过散；配额基本上分配给有纺织品出口经营权，承担上缴国家出口创汇任务并有对设限类别出口实绩的出口企业；分配多少配额，按其上年出口实绩多少、售价高低和对纺织品出口的贡献大小以及执行本办法有关奖惩规定而定。

第十二条　分配方式

1. 基础配额的分配

基础配额分配每年分预分和决分两次进行。上年9月进行预分，当年3月进行决分。

（1）基础配额的预分

1）于每年9月预分下年度配额。凡持有基础配额的出口企业在当年度1至8月实际使用基础配额达到60%以上的，按基础配额的80%预分下年度配额。实际使用基础配额少于60%的，原则上按实际使用基础配额数预分下年度配额。

2）配额预分计算公式为：

a. 当年1至8月实际使用基础配额达到60%以上的，可预分基础配额的80%：

基础配额×80%＝下年预分配额数

b. 当年1至8月实际使用配额基数未达到60%的：

配额基数×实际配额使用率＝下年预分配额数

（2）基础配额的决分

1）凡持有基础配额的出口企业，在正常贸易条件下，配额使用率在90%以上者，可获得上年基础配额的100%；使用率低于90%的，按其实际使用率分配。如使用率低于90%，但在当年7月15日前上交未用数的，可获得上年基础配额的100％；如连续两年未使用完所分得的配额，即使按规定的时间上交，也要适当减少其第三年度配额。如在8月至9月交回当年剩余配额，下年配额扣罚交回部分的25％；10月至11月交回的，扣罚交回部分的50％；12月1日以后交回或不交回的，扣罚交回或不交回的全部。如连续两年不交回当年剩余配额或浪费配额情况严重，按未使用部分加倍扣罚。

2）配额决分计算公式为：

a．上年配额使用率在90％以上（包括在7月15日前交回剩余配额）：

上年基础配额×100％＝当年基础配额

b．上年配额使用率在90％以下，剩余配额在8月至9月交回，扣罚交回部分的25％：

上年基础配额－交回配额×25％＝当年基础配额

c．上年配额使用率在90％以下，剩余配额在10月至11月交回，扣罚交回部分的50％：

上年基础配额－交回配额×50％＝当年基础配额

d．上年配额使用率在90％以下，剩余配额在12月1日以后交回或不交回，扣罚交回或不交回配额的全部：

上年基础配额－交回或不交回配额
＝当年基础配额

2．年增率配额的分配

（1）年增率配额由经贸部按各省、自治区、直辖市、计划单列市及国家有关部门的出口企业纺织品出口的贡献大小进行分配，其中各省、自治区、直辖市计划单列市的配额切块分配到各地经贸委，各地经贸委将所分得的配额根据经贸部的规定对本地区的有关出口企业按纺织品出口的贡献大小提出分配意见，报经贸部核准后按基础配额在决分时一并下达。国家有关部门的出口企业配额由经贸部按有关企业纺织品出口贡献大小在决分时直接分配。

（2）纺织品出口的贡献大小，系指各省、自治区、直辖市、计划单列市及国家有关部门出口企业上年纺织品出口总值所占全国纺织品出口总值的比重。

（3）年增率配额分配计算公式为：

a．$\dfrac{\text{全国纺织品出口总值}}{\text{年增率标准配额数}}=\dfrac{\text{每标准配额}}{\text{平均创汇金额}}$

b．$\dfrac{\text{××省纺织品出口总值}}{\text{每标准配额平均创汇金额}}=\dfrac{\text{××省年增}}{\text{率配额数}}$

3．其他灵活配额的分配

其他灵活配额系指使用协议部分灵活条款（上年结转和当年类别转移部分）所提供的配额和执行本办法有关奖惩条款所扣罚的配额以及各地上交经贸部的配额。

（1）上年结转和当年类别转移部分配额的分配：

a．一部分由经贸部按本办法第三章第十一条在配额决分时择优分配，一并下达。

b．另一部分按本办法第四章第十四条执行。

（2）扣罚所得的配额先用于补偿受损失的出口企业，如有剩余，按本办法第六章第十七条分配。

（3）各地上交配额按本办法第四章第十四条执行。

4　配额的招标

（1）为鼓励发展高档服装产品的出口，提高配额使用的经济效益，并给符合条件的出口企业提供竞争机会，经贸部每年安排部分配额进行招标。

（2）配额招标由招标工作委员会（由经贸部对外贸易管理司、中国纺织品进出口商会组成）具体负责。

（3）配额招标按经贸部制定的配额招标办法执行。

第四章　配额的转让和调剂

第十三条　配额的转让

1．持有基础配额的出口企业可在本地区内自行协商进行配额转让，但须经当地经贸委批准并报经贸部备案下达配额转让通知后方可执行。

2．持有基础配额的出口企业可跨地区自行协商进行配额转让，但须通过配额转出企业所在的当地经贸委批准并报经贸部备案下达配额转让通知后方可执行。

3．转出的配额必须是各出口企业的基础配额，转出的比例最高为有关类别的20％，如转出数量超过20％，则在分配下年配额时扣减所超百分比的数量，如连续两年转出同一类别的配额，则在分配第三年配额时予以适当扣减。

4．配额的转让应在持有基础配额的出口企业间进行。如需转至有纺织品出口经营权并承担上缴国家出口创汇任务但无基础配额的出口企业，须通过配额转出企业所在的当地经贸委同意报经贸部批准下达配额转让通知后方可执行。

5．配额转入者不得将转入的配额再次进行转出。

第十四条　配额的调剂

1．各地经贸委可根据本地区出口企业的配额使用情况，组织持有配额的出口企业间的纺织品配额余缺调剂，但须报经贸部备案后下达配额调剂通知方可执行。

如需调至有纺织品出口经营权并承担上缴国家出口创汇任务但无配额的出口企业，须报经贸部批准后方可执行。

2．经贸部可视具体情况于下半年组织全国范围内的纺织品配额余缺调剂。

（1）调剂配额的来源，主要是各地方经贸委上交的剩余配额和使用协议部分灵活条款（部分上年结转和当年类别转移部分）所提供的配额。

（2）配额调剂按本办法第六章第十七条执行。

（3）配额调剂相对集中进行，公开透明。

（4）配额调剂申请应通过各地经贸委向经贸部提出，经贸部一般不受理地方出口企业直接提出的配额调剂申请。

第五章 配额的计算和统计

第十五条 对各协议国家，配额均以日历年度计算。

第十六条 纺织品出口证书的统计工作按经贸部制定的《对纺织品设限国家发放出口证书进行电脑跟踪统计的施行办法》执行。

第六章 奖 惩

第十七条 对严格执行本管理办法和出口实绩达到分得配额95%以上的出口企业，只要符合下列条件者，则给予一定额度的奖励：

1. 发展高档产品出口成绩显著，售价水平高。
2. 带动非配额产品出口贡献大。
3. 使用国产面料高于同类企业。

第十八条 对于有下列情况者则给予处罚：

1. 对不按本办法规定上交剩余配额的，按第三章第二十条进行扣罚。

2. 对擅自超用配额的出口企业和超配额发证的签证机构，将按多占配额如数扣罚或加倍扣罚出口企业下年配额，并通报批评签证机构。对严重超配额发证的签证机构，将吊销发证权。

3. 对售价过低的出口企业，将酌情减少其有关类别的下年配额。

4. 对只发空证而不实际出口货物的舞弊行为，将加倍扣罚出口企业下年配额。

5. 对违反进口国原产地规定，非法利用第三国或地区产地证或标签转口我国纺织品至设限国家的出口企业，视其情节轻重扣罚或加倍扣罚有关出口企业或地区的配额，或没收货物、处以罚款，直至追究法律责任。

6. 因管理不善丢失空白许可证而占用我国配额者，加倍扣罚下年配额。

7. 对私自更改、伪造纺织品证书者，依法从严惩处，包括交由司法机关追究法律责任。

8. 对违反本办法的有关规定而出口的货物，海关可根据情况作出罚款或没收货物的处理。

第十九条 奖励配额的来源，为扣罚配额和使用部分灵活条款所提供的配额。但扣罚配额先用于补偿被占用配额的出口企业。

第二十条 出口企业获得的奖励配额将不作为下年配额的基数。

第七章 附 则

第二十一条 纺织品配额管理的各项工作应严格执行本办法，防止主观随意性。经贸部和各地经贸委的管理工作人员应接受监督，如有以权谋私、违反本办法者，经调查核定后，将视情节轻重给予处分直至追究刑事责任。

第二十二条 各地经贸委和各出口企业均应安排足够的人员专司此项工作，管理人员要相对稳定。

第二十三条 各地经贸委应根据本办法，结合本地区具体情况，制定实施细则，并报经贸部备案。

第二十四条 本办法从1993年1月1日起实施，1985年1月1日印发的《管理办法》即行失效。

农 业 部

关于转发《中国农业银行进一步加强乡镇企业信贷工作的意见》的通知

（1993）农（企）函字第5号

各省、自治区、直辖市及计划单列市乡镇企业局：

现将中国农业银行《进一步加强乡镇企业信贷工作的意见》（以下简称《意见》）转发给你们，请按照党的十四大关于“要继续大力发展乡镇企业，特别要扶持中西部地区和少数民族地区乡镇企业加快发展”的要求，结合当地实际情况，主动配合农业银行做好乡镇企业信贷工作。在当前资金供求矛盾突出的情况下，应在加强自身积累，积极融通资金的同时，强化财务管理，减少应收帐款，加速资金周转，全面提高信贷资金使用效益。

对于《意见》中有些涉及到国家政策和财务制度的问题，如建立乡镇企业风险基金等，应从实际出发，进行调查研究，有什么情况及问题及时报告我部乡镇企业司。

1993 年 2 月 5 日

中国农业银行进一步加强乡镇企业信贷工作的意见

为了学习贯彻国务院《关于促进乡镇企业持续健康发展》的通知精神，贯彻落实总行威海信贷工作会议提出的工作要求，进一步支持和促进乡镇企业的发展，把信贷管理提高到一个新的水平，针对当前信贷工作实际和面临的新情况，对今后一个时期乡镇企业信贷工作提出以下意见：

一、适应新形势，开拓新思路，积极支持乡镇企业再上新台阶

邓小平同志南巡重要讲话之后，中央相继出台了一系列重大改革措施，整个国民经济进入了一个新的发展时期，给乡镇企业的发展创造了一个崭新的环境和机遇。但在新的形势下，乡镇企业信贷工作面临着许多困难和矛盾：企业发展速度超常规增长，资金供求矛盾更加突出，宏观调控的任务更为艰巨；部分企业经济效益不理想，贷款占用结构不合理，信贷结构调整的难度很大；市场竞争更加激烈，乡镇企业面临新的挑战；对科技的需求更加迫切，而固定资产贷款投入十分短缺；企业经营机制的转换，要求银行的业务经营必须以经济效益为中心，而目前信贷资产质量不高、资金周转较慢、贷款收息率较低，制约了银行企业化经营；信贷队伍建设与经济发展的要求不适应，管理和服务手段落后，与现代化管理要求相距甚远。所以，各级农行必须面对现实，增强工作的紧迫感和责任感，牢固树立以业务经营为中心，以信贷为主体的指导思想；抓住机遇，开拓经营，坚定不移地支持乡镇企业健康发展；牢固树立经济效益观念，按照社会主义市场经济的要求发放贷款，提高信贷资金的使用效益；充分发挥信贷对经济发展和革新技术的导向与杠杆作用，进一步支持企业深化改革，调整结构，技术进步，加强管理，提高经济效益。同时，要树立贷款的风险防范观念，探索风险管理的新方法，确保贷款的安全、周转、有效。

坚持以经济效益为中心，全面提高信贷资金使用效益。要正确处理速度与效益的关系，坚持谁有效益就支持谁，效益差的速度再快也不能支持。要从过去那种片面支持企业追求产值指标，盲目扩大基建规模，转向支持企业深化改革，革新技术，提高产品质量，开发新产品，发展外向型经济上来。

坚持以国家产业政策为依据，以市场需求为导向，以经济效益为根本，重点调整好贷款的产业、区域、企业结构。

坚持宏观调控与微观搞活的有机结合，在服从国家宏观调控的前提下，重点研究、建立新的资金投入机制，开辟新的资金投入渠道，以解决资金供求紧张的矛盾，支持乡镇企业保持合理、有效的增长速度。

坚持贷款的安全性、周转性、效益性原则，重点加强信贷基础管理和风险防范。通过推行一系列行之有效的管理制度和方法，确保信贷资金的质量。

根据以上指导思想和信贷原则，今后一个时期，要通过信贷结构的调整，使贷款在产业、区域、企业间的结构更趋合理；通过支持企业技术进步，使企业及产品上档次、上水平、上效益；通过强化信贷管理，使贷款占用状况进一步改善，两呆贷款逐步下降，信贷规模和资金得到充分利用，贷款的收息率明显提高。

二、加强信贷投向管理，进一步调整和优化信贷的产业和区域结构

根据国民经济发展的要求，合理调整贷款在第一、二、三产业的结构，在东中西区域间的布局，实行信贷资金在产业、区域、产品、企业间的有效配置，是乡镇企业信贷工作的重要内容和长期任务。

1. 充分发挥信贷的导向作用，进一步调整乡镇企业贷款的产业、产品结构。我国乡镇企业经过几年的不断调整，产业、产品结构逐步趋向合理，但还不尽完善。突出表现在：区域间产业结构趋向低水平的重复建设仍然存在，基础产业相对薄弱，第三产业严重滞后，加工企业发展偏多，一些高耗能、低效益、污染严重的企业还未得到根本抑制。因此，必须下决心抓好产业、产品结构的调整。

在产业结构上要重点支持开发利用当地资源的农产品加工业、原材料工业、建材工业；重点支持为农业和农村经济服务的农用工业和第三产业的发展。在产

品结构上要重点支持深加工增值快的农产品生产；支持创汇、节汇产品，配套产品的生产；支持科技含量高的“高、新、尖”、“名、特、优”产品的生产；支持为农业服务的农机、农资产品的生产；支持劳动密集型产品和与人民生活相关的日用消费品的生产。

当前，要积极贯彻落实中央关于加快发展第三产业的决定，积极支持乡镇第三产业的发展。积极支持乡镇第三产业，要重点支持投资少、见效快、效益好的商业、饮食业、旅游业的发展；支持乡村企业生产要素和工业产品经销市场的形成与发展；在工业品生产集中、交通方便的商品集散地，支持一些规模较大、建设期短、见效快的综合性或专业性产品购销市场；支持乡镇工业发展的基础行业的建设，包括兴办长短结合、水陆并举的交通运输业以及仓储业、保鲜业、搬运业的发展，为乡镇工业产品货畅其流奠定基础；支持与科技进步相关的新兴行业的发展，如咨询业、信息业、技术服务业等。

2. 坚持分类指导的方针，合理调整信贷布局，进一步完善乡镇企业信贷的区域政策。为促进乡镇企业的全面发展，今后一个时期，在信贷政策上必须坚持因地制宜，分类指导，采取梯级开发，台阶推进的发展战略。

东部地区（沿海开放地区、沿海、沿江开放城市、经济特区等）乡镇企业，在企业规模、技术力量、人才信息、产品市场等方面都具有一定优势，必须坚持在提高中求发展。今后一个时期信贷工作面临的主要任务是以国际市场为主，以科技产品为主，以规模效益为主，支持现有企业加快技术进步和技术改造，提高产品科技含量，带动产业、产品结构调整，推动区域优势全面发展，带动和辐射中西部地区乡镇企业的启动和发展。在信贷投向上要重点支持企业启用新技术，开发新产品，投身国际市场，发展一定规模。对技术含量高的外向型企业、“三资”企业、进口替代企业、与内地联营企业、劳动技术密集型企业要优先支持。

大中城市郊区的乡镇企业具有引进吸收国营企业技术、设备、人才、资金的优势，配套加工、联营合作是城郊乡镇企业的主要特征。农业银行要继续支持城郊型乡镇企业的发展。中央关于转换国营企业经营机制的决定，一方面给国营企业注入了新的活力，使之可以与乡镇企业在同等条件下平等竞争；另一方面双方合作的可能性加大。各级农行要在积极支持国营企业转换经营机制，提高经济效益的同时，积极支持城乡企业的联营与合作，带动乡镇企业的发展。重点支持为国营企业配套产品的生产，支持与大中型企业组建企业集团的成员企业的发展。

中西部地区是今后一个时期区域信贷政策调整的重点。这些地区乡镇企业发展与东部地区比较有明显的差距，而且这种差距有逐步拉大的趋势。如果不加速发展，必然牵制全国经济发展的步伐，影响第二步战略目标的实现。因此，农业银行要集中一部分信贷规模和资金，用于支持中西部地区乡镇企业的发展。

支持中西部地区乡镇企业的发展，应实行因地制宜，扬长避短，集中与分散，发展与提高相结合的方针。坚持从实际出发，合理规划，量力而行，不能不顾客观实际，急于求成，搞遍地开花。坚持在支持现有企业上规模、上水平、上档次、上效益的基础上，适度新开一些起点较高的建设项目。坚持讲求经济效益的原则，以市场为导向，以产业政策为指导，只要产品有市场，质量有保证，经营有效益，不污染环境，不破坏资源，企业遵纪守法，能发展什么就支持什么。当前支持的重点应放到：在产业上，应支持三大产业一起上，重点是二、三产业；在区域上，应重点支持依靠科技、起点较高的集中连片工业小区的开发与建设，以此带动运输、商业、饮食、服务业的发展，应重点支持三沿（沿边境、沿长江、沿城市）地区乡镇企业的发展。在企业结构上，实行“多轮驱动，多轨运行”的方针，支持集体个体、三资”、股份、各种联营企业一齐上，哪个轮子转得快，就支持谁发展，在信贷政策上一视同仁。

积极支持边境地区乡镇企业的发展。边境地区是我国对外开放的重要组成部分，是打通内陆地区经济发展的一个战略性通道，对促进中西部地区经济发展将会起到积极作用。沿边地区信贷工作的重点要紧紧围绕搞活边贸，带动工业的贸易加工和兴办乡镇第三产业。对适销对路的贸易品生产、加工、仓储、运输、饮食服务等应予积极支持。

3. 支持企业深化改革，进一步优化贷款的企业结构。支持乡镇企业结构的调整并优化贷款的企业结构。一是要支持企业集团的发展。乡镇企业集团，是以骨干企业为核心，以名优产品为龙头，在生产、技术、经营、资金上相关的企业（含国营、城镇集体企业）、科研单位及其他经营组织，为适应竞争的需要，在平等自愿、互惠互利的基础上联合组成的经济实体。因此，在贷款发放中要实行集中倾斜，在信息、咨询、结算等方面要积极提供服务。二是要积极支持农村工业的成片开发与建设，引导工业资本的相对集中，提高区域投资效益，加快农村城市化建设，改变目前乡村工业“散、小、低”的状况和村村点火、户户冒烟的粗放经营路子。要适当集中一部分信贷资金，重点支持各地兴办的农民城、工业小区、经济开发区等。三是积极支持股份制企业的发展。股份制是企业组织结构调整的最佳选择，各地农行要积极支持。对经过工商登记,有股份合作制章程,利润分配和分红合理,经济效益好的股份制企业的合理资金需要,要重点支持。

三、发挥信贷革新技术的杠杆作用,进一步完善科技信贷政策

我国乡镇企业经过十几年的发展,科技水平不断提高,技术进步不断加快,企业对新技术、新工艺的需求日趋迫切。今后一个时期,必须集中一部分资金支持企业加快技术进步。

1. 坚持分类指导,多层次发展的方针。对东部地区应支持企业在采用适用技术的同时,吸纳高新技术,发展高、新、尖产品的生产,实现产品外向化。中西部地区要支持企业选择适用技术和传统技艺开发本地资源,抓好骨干龙头企业的技术进步。在大城市郊区和技术基础力量较为雄厚的地区,要支持企业与科研院校、科研单位横向联合,或发展技术、资金股份制。在科技项目上,要重点支持以“星火”、“火炬”等科技计划的实施;支持技术起点高、辐射力强、经济效益好的科技项目;在科技区域上要重点支持科技区域的建设。对各地举办的各类科技开发区应予积极支持,对国家级的“星火示范区”、“火炬带”、“高新技术产业开发区”、“科技园”等应增大科技信贷的倾斜度。同时要支持各行业的技术进步。要根据国家对行业技术管理的要求,选择一批骨干企业进行示范,以推动整个行业技术水平的提高。

2. 坚持两手抓。一手抓支持企业引进技术,武装自我。重点支持企业购买技术专利,掌握知识产权,促进科研成果的转化,使相当一部分科学技术在乡镇企业开花结果、扎根安家;一手抓支持企业自身研制、开发和利用。重点支持厂办科研和有条件自我研制开发新技术的企业开发新产品,消化新技术。并有针对性地支持企业开发一代、研制一代、储备一代、生产一代。

3. 支持农村科技市场的形成与发展。近几年来,一些地方农村科技市场已悄然崛起,要支持乡镇企业投身这一领域,通过购买科研成果、技术专利来推动企业的技术进步,推动知识产权的流动,促进科研成果的转化,促进科技市场的形成。

四、强化信贷职能,改进和完善贷款调控手段,完善贷款的投入机制

目前乡镇企业发展中,资金供求矛盾十分突出。因此,必须坚持多渠道筹集资金,用好用足现有信贷政策。

1. 改善乡镇企业贷款的计划管理。今后凡核定给各行的乡镇企业贷款计划,其中不再核定固定资产贷款计划,由各行根据当地实际情况自行掌握固定资产贷款比例。

2. 乡镇企业贷款规模在保证年末不突破贷款规模的前提下,年度中间可做灵活调节,加速融通周转。

3. 办好各种专项贷款。为确保信贷的产业、产品、区域政策的贯彻落实,今后一个时期,总行将继续举办“贸工农”、“星火计划”、“农村电力”、“少数民族地区贴息”等专项贷款,并根据实际情况调整专项贷款计划,实行指导性管理。各种专项贷款一律实行项目管理,项目的筛选实行双线上报,由银行独立下达项目贷款计划,贷与不贷,贷多贷少,由经营行自主决策。

要用好用活中西部地区专项贷款。国务院决定2000年前每年增加50亿元贷款规模用于支持中西部地区乡镇企业的发展。贷款的使用和分配要坚持“两挂钩”、“一照顾”、“一集中”、“一坚持”的原则。贷款的分配与使用应与当地信贷资金供应状况挂钩,与贷款效益挂钩。对信贷资金短缺、贷款效益不好的行应减少贷款规模的分配;在同等条件下,对老、少、边、穷地区应给予适当照顾;要适当集中一部分贷款规模,集中用于区域经济开发和重点项目的建设;要坚持贷款的自主权,按借贷资本的本质要求经营贷款。

4. 为增加贷款的有效投入,强化宏观调控职能,总行或分行对固定资产贷款(含专项贷款)适当集中一部分规模统筹使用,重点支持一些全局性、示范性项目。

5. 根据职能转换的要求,各级管理行要努力开办自营信贷业务,其形式包括直接贷款、联合贷款、委托贷款等。贷款投放的重点是优势地区、优势产业、优势项目。各行应通过自办信贷业务,解决下属行一些难以承受的较大项目贷款,提高农业银行的知名度,并促进信贷管理水平的提高。

6. 实行新增贷款规模与搞活贷款存量挂钩。总行在分配新增贷款规模时,对各行搞活的存量贷款,将按一定比例挂钩。具体操作同总行制定的业务经营计划相衔接,严格考核管理。

7. 灵活调节,用好用足现有贷款规模。为了支持农村工业全面发展,从1994年起凡是与国营工业组成的各种联营、联合、股份制和企业集团的乡镇工业,其贷款规模可以与工业贷款规模调节使用。对农村建制镇所辖的镇办工业可同城镇集体工业同等对待,两者规模可相互调剂,相互融通。

8. 加强项目与计划的衔接,提高贷款规模的利用率。一是要加强项目管理,建立固定资产项目库制度,

改变"计划等项目"的状况。二是专项贷款计划与项目要限期衔接，提高效率，过期不候。三是加强计划间的调节，设备贷款计划在未使用前，可以调剂用于流动资金贷款，也可反之调剂。

五、强化贷款的风险管理，建立和完善信贷资产的安全保障机制

1. 坚持贷款的自主决策权。乡镇企业是农村经济发展的热点，来自各方面的干预较多。农业银行支持乡镇企业发展必须坚持贷款的自主决策权。发放贷款应考虑有关部门的意见和要求，但绝不能以部门代替银行决策。贷与不贷，贷多贷少，应根据经济效益由经营行自主审查，自主决策，自主放款。

2. 进一步完善项目贷款管理制度。根据项目贷款管理要求，应建立必要的项目贷款管理制度。一是建立贷款项目库制度。通过建立备选项目、意向项目、贷款项目库，提高项目的选择度和承贷面。二是建立项目档案管理制度。凡是立项贷款的项目，都要建立项目档案，档案资料要齐全，并进行经常性分析，随时掌握贷款项目的建设、生产经营、资金营运状况，为贷款的管理奠定基础。三是建立项目总结报告制度。项目贷款一经发放，应定期（一般半年）反映项目建设中资金、贷款到位及使用情况。项目竣工后，进行认真总结，写出专题报告报审批行。

3. 全面推行乡镇企业风险基金制度。为增强企业抗风险能力，及时清偿贷款债务和弥补贷款企业亏损，应在全国范围内建立和推广乡镇企业风险基金制度。风险基金的来源，可从企业上缴的管理费中提取，从主管部门收取的利润中提取，从承包、租赁企业职工上缴的风险抵押金中提取，从企业销售收入中直接提取，等等。风险基金要专户存储，专款专用。主要用于归还关停、亏损企业贷款，一般不得用于其他开支。对实行风险基金的县、乡、企业，可实行优惠政策，贷款可优先安排，项目可优先衔接。对以风险基金归还的贷款其规模和资金仍留当地使用。

4. 试行贷款风险度管理方法。贷款风险度管理是新形势下信贷管理的一种新模式，是继过去一些管理方法的深化和改革。它具有管理上的科学性、客观性和国际通用性。各地可根据本地情况，逐步试行贷款风险度管理，在贷款发放前，依据测定的风险系数，预测出风险度。并随时掌握风险度的变化，针对不同的风险度，采取相应的措施加以管理。

5. 根据不同情况选择可靠的贷款方式。对一些信用好、效益高、风险小、额度少的企业发放贷款可实行信用方式外，其他贷款一律实行担保、抵押方式。对过去没有办理抵押、担保的，要抓紧清理补办。根据乡镇企业贷款的实际情况，可以采取区域经济担保方式。发放担保、抵押贷款，必须严格按照有关规定办理，必须对担保人的担保资格和抵押物的变现能力进行严格审查，使这种方式真正起到保证信贷资金安全的作用。

6. 全面推行信贷规范化管理，保证贷款管理制度的落实。威海会议制定并通过了全国统一的信贷管理规范，成为信贷管理的基本准则。各地应结合本地实际，按照乡镇企业信贷的特点制定具体的实施办法，严格按程序操作，确保信贷资金的安全运转。

7. 建立信贷资金的"双保险"制度。一是要求贷款企业都应参加财产保险，并作为贷款条件。对支付保险费有困难的企业可以发放贷款。二是在可能的情况下，可配合有关部门试办信贷保险。

8. 普及电脑的应用，促进信贷管理手段的现代化。信贷管理规范化的落实，办公效率的提高，贷款决策的科学性，服务手段的现代化，都离不开电脑的应用。根据一些行的经验，信贷部门直接掌握电脑并结合信贷管理开发软件是切实可行的。各行在办公经费、电脑配备等方面对信贷部门要给予优先考虑。要注意培养和引进复合型人才，既懂得信贷业务又懂电脑应用技术，争取在较短时间内，使信贷管理水平有新的提高。

六、落实贷款责任制度，建立和完善贷款管理的制约机制

1. 积极推行审贷岗位分离制。把贷款的调查管理、审查核准、检查监测适当分解，落实职责。要结合乡镇企业贷款特点和信贷队伍状况明确岗位职责，制定操作办法，并要作到合理分工、协调动作、提高效率、确有效益。岗位分离目前应在工业信贷内部进行。根据总行试点方案的要求，各省可根据本地实际情况，加快试点逐步推行。

2. 建立贷款管理责任制。根据"谁经营，谁决策，谁负责"的原则，在决策层应建立以经营行行长为中心的贷款管理责任制。由经营行行长行使贷款决策权并承担相应的责任，信贷部门应对行长负责。在基层要建立贷款管理个人责任制。明确每个信贷员的具体职责，信贷员必须按职责和规定的程序进行工作。在明确各自的职责同时，要建立相应的奖惩制度。对信贷员工作的好坏，要定期作出评价，并相应采取奖惩措施。对决策无误、工作成果显著的领导干部和信贷员要给予通报表扬，列入政绩考核，增发资金、晋升工资等。上级行和党政部门颁发的各种物质奖励（含奖金），应落实

到岗到人，对违反政策制度、玩忽职守、以权谋私等造成的贷款损失，要给予通报批评、扣发奖金、下调工资、撤销职务、调离岗位等处分。情节严重和触犯法律的要追究法律责任。

3．进一步完善贷款的监测考核制度。贷款的监测考核是反映贷款占用状况和制定信贷政策的依据。根据农业银行转换经营机制的要求，乡镇企业贷款监测考核指标应作进一步的调整和完善。考核指标应根据搞好银行业务经营，提高贷款使用效益来确定。从今年起乡镇企业贷款主要考核到期贷款收回率、信贷规模利用率、贷款利息收回率、两呆贷款占用率等指标。要把考核指标分解到岗，落实到人。要加强系统内的考核监测，定期分析，发现问题及时反馈调节，促进信贷资金加速周转，提高效益。

农　业　部　中国民主建国会中央委员会
中华全国工商业联合会

关于进一步加强协作，积极开展乡镇企业人员培训工　作　的　通　知

(1993）农（企）字第2号

各省、自治区、直辖市、计划单列市乡镇企业局，民建会，工商联：

党的十四大作出了“建立和完善社会主义市场经济体制”的重大决策，决定“把教育摆在优先发展的战略地位”，“继续大力发展乡镇企业”。这为90年代乡镇企业的大发展、大提高指出了明确的方向，我国乡镇企业的发展和提高正在进入一个全新的阶段。在新形势下，乡镇企业必须转移到依靠科技进步和提高劳动者素质的轨道上来。归根到底在于提高劳动者素质。因此，要把乡镇企业教育培训放在优先发展的战略地位上真抓实干。不仅要强化乡镇企业系统的教育培训力量，而且要发动全社会力量投入这项事业，尽快提高乡镇企业职工素质，以适应乡镇企业持续健康发展的迫切需要。

中国民主建国会是主要由经济界人士组成的、具有政治联盟特点的、致力于社会主义事业的政党。中华全国工商业联合会是由中国工商业界组织的，具有统战性、经济性、民间性的人民团体。民建、工商联的大多数成员长期从事工商业的生产和经营管理。还有些人从事职业教育多年，有比较丰富的知识和实践经验。80年代以来，许多省、自治区、直辖市民建会、工商联的地方组织，为乡镇企业人员积极开展了多内容、多形式、多层次的培训工作。据不完全统计，仅在北京、天津、上海、湖南、山东、四川、黑龙江、吉林、辽宁、河北、山西、江苏、安徽等省市培训了数以千计的适应乡镇企业需要的专门人才，取得了较好的效益和有益的经验。1986年12月，农牧渔业部、民建中央、全国工商联曾发出过“关于加强联系，密切协作，开展乡镇企业财会人员培训工作的联合通知”，肯定和推动了这方面的培训工作的开展。

为适应乡镇企业发展和提高的新形势，农业部、民建中央、全国工商联经过协商研究，决定三单位继续进一步加强协作，发挥各自的优势，积极开展对乡镇企业人员的培训工作。现将有关问题联合通知如下：

1．各地乡镇企业局要重视民建会、工商联的广大成员智力优势和组织网络优势，积极支持社会办学，争取社会力量多为乡镇企业培训人才，以利提高乡镇企业的整体素质。

2．民建会、工商联要把帮助乡镇企业培训人才作为为社会主义现代化建设服务的一项重要任务，积极运用自身的力量或组织社会力量，进一步开展为乡镇企业服务的培训活动。培训工作要遵循党的十四大提出的建立社会主义市场经济体制的决策，积极开展职业技术培训，努力提高广大乡镇企业职工的文化技术素质，培训内容要适合乡镇企业发展和提高的需要。结合培训，可以因地制宜开展咨询信息服务。

3．各地乡镇企业局，在继续强化乡镇企业教育培训网络的基础上，可根据实际需要，委托各地民建会、工商联举办多种专业培训班或函授教育。可委托或与民建、工商联联办技校、中专或大专，根据国家有关规定招收

代培学员，以利多出人才，出好人才。

4. 民建会、工商联要加强对开展培训服务工作的领导，使培训服务工作有效地顺利地进行。

挑选精干的人员，组织推动培训工作。要积极探索适应和推动社会主义市场经济体制的建立和完善，适应乡镇企业人才市场的需求，为乡镇企业培养人才的社会办学、联合办学的路子。

培训工作要贯彻理论联系实际的方针，注重质量，讲求实效，学以致用。

培训工作以服务为宗旨，贯彻勤俭办学方针。实行有偿培训，合理收费，以学养学，收费标准由各地根据国家有关规定具体确定。

5. 在开展为乡镇企业人员培训工作中，乡镇企业局、民建会、工商联应在教学及管理上互通情况，交流经验。有关协作培训或联合办学情况、经验和问题，希望随时报送农业部乡镇企业司、民建中央两建部、全国工商联宣教部。

1993 年 2 月 10 日

国　务　院

关于加快发展中西部地区乡镇企业的决定

国发〔1993〕10 号

党的十一届三中全会以来，我国乡镇企业异军突起，为农村发展和国民经济增长作出了重大贡献，成为我国社会主义市场经济中生机勃勃的力量。但是，由于多种原因，乡镇企业发展的区域分布很不平衡，占全国人口约三分之二的广大中西部地区只拥有全国乡镇企业产值的三分之一，已成为我国中西部与东部地区经济发展差距的重要原因。党的十四大指出："继续大力发展乡镇企业，特别要扶持和加快中西部地区和少数民族地区乡镇企业的发展"。这对于逐步缩小东西部地区差距，振兴少数民族地区经济，改变贫穷落后面貌，巩固和发展团结稳定的大局，实现共同富裕，具有十分重要的经济意义和政治意义。为此，特决定如下：

一、提高认识、加强领导，把加快发展乡镇企业作为中西部地区经济工作的一个战略重点

我国中西部地区幅员广大，资源丰富，是少数民族主要聚居区。经过十多年的改革，中西部地区经济发展取得了重大成就，绝大多数农民温饱问题已基本解决，有条件集中精力大力发展乡镇企业。通过加快发展乡镇企业，促进中西部地区经济腾飞，较快地增加农民收入，实现农村小康和国民经济翻两番的战略目标：更有力地支持和建设农业，推动农业向高产、优质、高效发展，逐步实现农业现代化：大批转移农村剩余劳动力，加快农村工业化和城镇化进程；为进一步促进我国工业和整个经济的改革与发展，做出更大的贡献。

为此，必须把加快发展乡镇企业作为中西部地区整个经济工作的一个战略重点，提到各级政府重要工作日程上来。改变过去抓工业就是抓国有工业，抓农村经济就是抓农业的传统观念，正确认识乡镇企业与国有企业和农业相互促进、协调发展的关系。要求各省、自治区、直辖市在坚持以农业为基础的前提下，一手抓国有大中型企业，一手抓乡镇企业；地、县要一手抓农业，一手抓乡镇企业。今后，中西部地区县域二、三产业的发展，除国家统一规划开发的工程和项目外，要逐步转到以发展乡镇企业为主的轨道上来；从中央到地方的综合部门和有关业务部门，在为国有大中型企业服务的同时，要积极为发展乡镇企业服务。各级政府主要负责同志要加强领导，一年抓几次，及时解决乡镇企业发展中的重要问题。要选派和配备得力干部充实和加强各级乡镇企业管理机构。

二、实行适应中西部地区经济发展要求的产业政策

兴办乡镇企业要立足于开发利用当地资源。把资源优势转化为经济优势，是实现中西部地区经济迅速增长的重要途径。中央和各级地方政府的综合经济部

门、有关业务部门，都要从中西部地区实际情况和加快经济发展的要求出发，因地制宜地执行国家的产业政策，创造有利于开发资源的条件和环境，促进乡镇企业发展。

中西部地区发展乡镇企业，要面向国内外市场需要，立足当地资源优势，除国家明文规定的以外，适合发展什么就发展什么，不受限制；只要产品质量高，销路好，又有治理污染和保护资源、环境的可靠措施，项目规模大小不受限制，并免征固定资产投资方向调节税：在保证效益的前提下，发展速度能多快就多快，不受限制。但是，也不能不顾条件，层层硬性规定指标、摊派任务。

中西部大多数地区，应当在农林牧副渔全面发展的基础上，把积极兴办农副产品加工、储藏、保鲜、运销等企业放在重要地位。在有条件的地方，要发展附加值较高的外向型农产品加工企业。暂时没有条件办加工业的地方，要把运销业作为突破口来抓。

要充分利用山上山下、地上地下的丰富资源，在各级政府统一规划下，进行合理开发，发展矿业、建材、小水电和旅游等资源型产业。各有关部门要帮助进行技术论证，提出可行性方案，提供必要的服务。除国务院明文规定外，任何部门、单位增加收费种类和提高收费标准，都必须经省、自治区、直辖市人民政府批准。

要利用中西部地区劳动力多的优势，发展商业、服务业、手工业、建筑业、运输业、旅游业及其他劳动密集型产业，组织劳务输出，繁荣城乡经济。

三、提倡不同组织形式的乡镇企业共同发展

发展乡镇企业，要在继续坚持原来乡办、村办、户办、联户办“四轮驱动”的基础上，再加上联营企业、中外合资企业等，实行“多轮驱动、多轨运行”。

近几年来，我国农村涌现出一批不同类型的乡村股份制企业（包括股份合作制企业）。这种新型的企业组织形式，有利于筹集民间资金，明晰产权关系，实行政企分开，具有适应商品经济发展的许多好处，各地要认真总结试点经验，并积极推广。国家在农村投资开发的项目，凡是适合与地方联营的，可以与乡村集体股份相结合，建立联营企业，以减少国家在征地、招工等方面的投入，带动更多的农民脱贫致富。

中西部地区生产力发展水平还比较低，在乡镇企业的组织形式上，更需要放开手脚，实行“多种轮子一齐转，哪个转得快就让它转”。不同地区生产力水平不同，多种“轮子”不可能在每个地区都以同样的比重、同样的速度运转，要允许和支持适合当地生产力发展水平的“轮子”转得快些，不限制其发展速度。在那些贫困落后，集体经济薄弱，办乡、村集体办企业缺乏条件的地区，可以放手发展个体、私营和股份合作制企业。不同所有制企业，都要进入市场，实行平等竞争。

建立健全对乡镇企业的法律保护制度。各级政法机关要保护乡镇企业及其经营者的合法经营活动和合法收入，严禁一切“吃大户”、乱摊派甚至敲诈勒索等不法行为。要纠正对个体与私营企业认识上的偏见和政策上的歧视，严禁对个体、私营企业的赎买行为。不得利用行政手段随意平调乡镇企业资产、改变隶属关系或变更企业性质。

四、鼓励和支持各类人才走上开发乡镇企业的主战场

乡镇企业的发展，人才是关键。各级政府要下决心，采取有力措施，为乡镇企业创造一个大胆使用人才、积极吸引人才、加速培养人才和坚决保护人才的环境与机制。

要破除“左”的思想束缚，大胆选拔和放手启用那些敢想敢干，善于经营，在实践中成长起来的各种农村能人。他们是农村发展社会主义市场经济的积极分子，要充分发挥他们的带头示范作用和骨干作用。鼓励他们以个体、私营、联户、承包、租赁、股份制等各种形式领办、创办乡镇企业。农村党员干部要带头兴办乡镇企业，勇于带领群众致富。

中西部地区要结合机构改革，鼓励一部分有才能、有志向从事经济工作的党政机关和事业单位的干部，走向发展乡镇企业的主战场。对离开党政机关到乡镇企业去的干部，在严格实行政企分开的原则下，允许各地采取一些过渡办法，积极创造与党政机关“脱钩”的条件。

乡镇企业是大中专毕业生最能大显身手的场所之一。国家教育部门要鼓励大中专毕业生到乡镇企业就职，对新分配的大中专毕业生，凡是到乡镇企业工作的，允许保留国家干部身份、行政关系保存在县乡镇企业主管部门或人才交流中心，免除见习期，其工资奖金在不低于国家规定标准的前提下，由企业自行确定。为了提高乡镇企业的整体素质，各有关大中专院校要为乡镇企业定向培养人才，并列入各级教育部门的计划：有条件的大专院校，要增设适用于乡镇企业的专业；通过职业中学、民间办学、短期培训等途径加强对农村现有知识青年的职业教育，不断扩大乡镇企业的人才后备资源。

要积极支持科研、事业单位工作人员、国有企业技

术人员和职工，利用工余时间和节假日，为乡镇企业提供有偿服务。允许离退休人员接受乡镇企业的聘任，原有离退休待遇保持不变。

对在乡镇企业生产经营中做出突出贡献的科技人员、管理人员，实行收入上不封顶、依法纳税的政策。要严格区分依靠自己专业知识为乡镇企业提供服务所取得的收入与收受贿赂的界限。

五、走因地制宜、合理布局、集中连片发展的路子

中西部地区地域辽阔，交通不便，不少地方缺水缺电，发展乡镇工业不能“遍地开花”。要从当地的资源、人才、交通、能源、水源等综合条件出发，因地制宜，合理布局，建设乡镇工业小区，集中连片发展。这样，有利于扬长避短，选择最容易成功的地方重点突破；有利于节省资源，减少基础设施建设的投入；有利于加强宏观指导，避免重复建设；有利于带动农村小城镇建设。这是一条促进中西部地区经济、社会发展的路子。

集中连片发展，主要是依托现有小城镇和乡镇企业有一定基础的地方，相对集中发展；在沿边开放地区，边贸口岸，有水有电、处于交通沿线、有丰富资源可开发的地方，要重点发展；中小城市实行开放政策，要打破城乡分割格局，允许农村集体和个人进城办二、三产业。各级地方政府和有关部门要集中人力财力物力，在集中连片发展的地方搞好基础设施和政策环境建设。对适宜分散发展的手工业等，继续实行分散经营。

对集中连片发展乡镇企业实行鼓励政策。各地要采取优惠的措施，吸引农民自理口粮，自带资金，来兴办二、三产业；吸引条件较差的乡、村进行异地开发，到条件较好的地方创办乡镇企业；吸引东部地区企业家和国外投资者来办二、三产业。在小城镇和其他集中连片发展的地方，实行土地有偿使用和转让，合理收取费用，用于基础设施建设，以及为小城镇建设配套的文化、教育、卫生和其他社会公益事业。

六、积极在中西部地区培育和发展市场体系

为了加快中西部地区乡镇企业发展，必须建立和培育市场体系，搞活商品流通，实现人才、技术、劳动力和资金等要素的有效配置。要改变乡镇企业千辛万苦地在社会上到处寻求原料、人才、技术、资金和销售对象的状况，逐步转向通过日益完善、公平竞争的市场使供需双方直接见面，去满足自己发展经济的需求，把资源配置和产品交换提高到新的水平。这对交通不便、信息不灵的中西部地区，具有更为迫切、更为重要的意义。今后各级政府要把市场建设作为发展第三产业的重点抓紧办好。各有关部门要把培育商品市场和生产要素市场作为发展乡镇企业和为其提供服务的一项重要任务，逐步建立规范的和公平的市场秩序，促进乡镇企业发展。

七、多渠道增加中西部地区乡镇企业的资金投入

资金短缺是制约中西部地区乡镇企业发展的重要因素。为此，国家要给予必要的支持，同时必须进一步放开搞活农村金融，逐步建立、完善农村资金市场，发展横向经济联合，培植企业投资能力，广辟资金渠道，加大资金投入。

从1993年起到2000年，除了用好现有乡镇企业贷款存量和每年正常新增贷款外，再由中国人民银行每年在国家信贷计划中单独安排50亿元贷款，支持发展中西部地区乡镇企业。这项贷款由中国农业银行经营发放，重点用于中西部地区乡镇企业集中连片发展的地方，按项目投放资金，实行资金与人才、技术、管理诸要素综合投入，保证效益。由中国农业银行和农业部共同拟定具体实施办法。各专业银行和有关金融机构，要把发展中西部乡镇企业作为资金投放的一个重点。农村信用社在支持农业稳定发展的基础上，积极增加乡镇企业信贷投放量。各级财政每年要安排一定资金支持发展乡镇企业。

开辟新的乡镇企业投资渠道。提倡各地建立乡镇企业发展基金。允许乡镇企业从销售收入中提取1%作为企业技改和新产品开发资金。鼓励农民以劳带资或以资带劳进厂、联户集股办厂。

八、抓住机遇，推进东西部横向经济联合和城乡联合

当前我国东部经济较发达地区乡镇企业已开始进入产业结构升级换代的阶段。要在现有基础上不断提高乡镇企业发展水平，注重调整结构，改进技术、提高产品质量、增加经济效益，努力向外向型、高科技发展，为中西部地区乡镇企业腾市场，转移劳动密集型产业，以东部的发展带动中西部发展，实现全国大发展。

要充分利用沿边、沿边地区及内陆省会城市对外开放的机遇，鼓励和支持沿海发达地区乡镇企业、大中城市和国有企业，按照互利互惠的原则，与中西部地区发展横向经济联合，开发资源，实行优势互补，共同发展。中西部地区要从当地经济发展的实际需要出发，采用多种形式，吸引东部地区前往投资，联合兴办乡镇企业。

凡是东部地区和大中城市到中西部地区投资兴办

乡镇企业或乡镇联营企业的，都享受当地制定的优惠政策。同样，中西部地区到东部地区兴办或联办的乡镇企业，也享受东部地区的优惠政策。

鼓励城乡联合，提倡中西部地区国有大中型企业、三线军工企业，通过扩散零部件生产、原材料开发和加工等形式，与当地联办乡镇企业。凡是与乡镇企业联办的企业，可以实行乡镇企业经营机制，享受当地的优惠政策。

近几年来，东部地区与中西部地区之间的干部双向交流，对于推进经济发展与区域合作起到了很好的作用，应坚持下去并不断发展。

九、各有关部门通力合作，为促进中西部地区乡镇企业上新台阶做出贡献

加快中西部地区乡镇企业的发展，离不开各部门的大力支持。从中央到地方的各有关部门，都要把支持中西部地区乡镇企业的发展，作为贯彻落实党的十四大精神的实际行动。计划部门要把乡镇企业纳入国民经济发展规划，安排和落实在中西部地区的能源、交通、通信和资源开发的重要工程项目，为当地的经济发展创造良好的外部环境；工交和国防军工部门要鼓励大中型企业通过产品和技术扩散及原材料基地建设等方式，带动中西部地区乡镇企业的发展和技术进步，并把乡镇企业列入运输计划；商业、外贸部门要加快发育国内市场，对具备国家规定条件的外向型企业赋予进出口经营权；地矿、冶金部门要帮助乡镇企业兴办乡镇矿业和以矿产品为原料的加工业，提供技术和信息服务；财政、金融部门要在资金筹集、融通方面给予积极支持，帮助企业建立健全财务制度，培训财会管理人员；水利部门要帮助解决水土流失防治和乡镇企业供水问题；环保、国土等部门要帮助乡镇企业解决污染、节约用地等问题；税务部门要对中西部乡镇企业实行优惠的税收政策，"放水养鱼"，培育税源；工商部门要在企业登记方面提供方便，经营项目方面尽可能放活一些；政法、监察、审计部门要保护乡镇企业的合法经营，合法权益；教育、科技、人事部门要在人才培养、技术开发方面提供支持。

各有关部门都要根据以上原则要求，制订支持乡镇企业发展的政策措施，作为国务院决定的配套文件下达；同时，清理废除过去一切不利于乡镇企业发展的条例、文件和规定，并公诸于众。各级政府要定期检查各有关部门的工作，组织交流经验，表彰为发展乡镇企业做出重要贡献的单位。

本文件的基本精神，也适用于东部经济欠发达的地区。

1993 年 2 月 14 日

农　业　部

印发《关于大力发展乡镇企业第三产业的意见》的通知

(1993) 农 (企) 字第 4 号

各省、自治区、直辖市及计划单列市乡镇企业局：

为了贯彻党的十四大精神和中共中央、国务院《关于加快发展第三产业的决定》，现将我部《关于大力发展乡镇企业第三产业的意见》印发给你们，请结合本地实际情况贯彻落实，并及时将贯彻落实情况报告我部。

1993 年 2 月 25 日

关于大力发展乡镇企业第三产业的意见

改革开放以来，我国乡镇企业第三产业有了较大发展。到 1991 年底，全国乡镇企业第三产业总收入达到 2 360 亿元，拥有职工 2 168 万人，分别占全国乡镇企业总收入和职工总数的 22.2% 和 22.6%，第三产业已成为乡镇企业和农村经济的一个重要产业。但是，从总体上看，乡镇企业第三产业的发展还远远不能适应国民经济和社会发展的需要。主要表现在：与乡镇工业相比，发展滞后，总量少，比重小，内部结构层次低，发展基本上局限于传统行业，一些急需发展的新兴行业相当薄弱，组织程度和服务水平较低。为了贯彻党的十四大精神和中共中央、国务院《关于加快发展第三产业的决定》，加快乡镇企业第三产业的发展，提出以下意见：

一、充分认识发展乡镇企业第三产业的战略意义

乡镇企业第三产业的发展关系到国民经济发展和社会进步。大力发展乡镇企业第三产业，是建立社会主义市场经济体制，推动农村商品经济向更大范围和更高层次发展，调整优化农村产业结构，加快转移农村剩余劳动力，缩小城乡差别，实现小康目标的一项战略措施。为此，必须进一步解放思想，更新观念，树立第三产业是创造价值的生产性劳动的科学观点，深刻认识第一、二、三产业协调发展，互相促进的经济规律，像重视抓乡镇工业那样，重视抓好乡镇企业第三产业。当前，我国改革开放和社会主义现代化建设正处在一个新的历史时期，发展乡镇企业第三产业的各方面条件十分有利，我们一定要抓住有利时机，加快改革开放步伐，努力推进乡镇企业第三产业的大发展。

二、明确乡镇企业第三产业发展的目标和重点

90年代乡镇企业第三产业发展的主要任务是：坚持为工农业生产服务，为城乡人民生活服务，为改革开放服务，为发展社会主义市场经济服务，促使乡镇企业和国民经济上新台阶。

90年代，乡镇企业第三产业的发展速度要快于乡镇工业，乡镇企业中第三产业所占的比重要有较大提高。总目标是：第一步，到1995年，全国乡镇企业第三产业总收入占全国乡镇企业总收入的27%，从业人员占全国乡镇企业职工总数的28%，分别比1990年提高3.2个百分点和5.2个百分点。第二步，到2000年，乡镇企业第三产业总收入占全国乡镇企业总收入的35%以上，从业人员占全国乡镇企业职工总数的40%左右，分别比1990年提高11个百分点以上和17个百分点左右。

乡镇企业第三产业主要包括商品流通业、交通运输业和邮电通信业、饮食服务业、金融保险业、房地产业、旅游业、科技服务业、劳动就业服务业、信息咨询业、广告业、文化体育事业及其他诸多行业。乡镇企业第三产业的发展要适应改革开放和社会经济发展的要求，不断拓宽领域，社会需要什么就发展什么，能够兴办什么就兴办什么，同时注意发挥自身优势，抓住社会急需的环节，有重点地加快发展。发展的重点，一是投资少，收效快，就业容量大，适合农民群众兴办的行业。二是与城乡经济和社会发展以及人民生活密切相关的行业。三是为农村第一、二产业提供产前、产中、产后服务的行业。四是促进商品流通、繁荣市场的行业。五是为提高农民素质和生活质量服务的行业。“八五”期间，乡镇企业在商业、运输业、饮食服务业等传统行业上要有一个大的发展和新的提高，在旅游业、房地产业、金融业、咨询信息业、科技服务业等新兴行业上力争取得突破性发展。

各地发展乡镇企业第三产业的潜力都很大，但条件不尽相同，应根据本地实际情况合理确定发展目标和重点。经济比较发达的地区，要实现第三产业增长速度高于第二产业；经济欠发达的地区，第三产业要与第二产业同步加速发展，力争超过第二产业增长速度；经济不发达的地区，应通过大力发展第三产业促进第一、二产业的加快发展。

三、落实政策措施，推进乡镇企业第三产业的发展

加快发展乡镇企业第三产业，必须坚定不移地贯彻执行党的十四大精神和党中央、国务院制定的有关发展乡镇企业的一系列方针政策，并进一步采取切实有效的政策措施。

1. 放手发展乡镇企业第三产业。坚持乡村集体、联户、私营、个体企业一起上，充分发挥乡镇企业中各种经济成分的积极性和优势。除国家法律、法规明令禁止的都应当允许乡镇企业兴办，实行谁投资，谁所有，谁受益。积极支持集体企业兴办有利于发挥集体经济优势的行业和项目，向经营的高层次、规模化、集约化发展。鼓励和引导私营和个体企业兴办那些投资少、收效快、流动性大和适合个人分散经营的行业。要简化开业审批手续，除国家有专门规定外，兴办乡镇企业第三产业一律不需要经过行业部门批准。集体企业的职工工资与经济效益，服务质量挂钩浮动，按实际支付的工资计入成本。认真落实国家有关放开第三产业价格和收费标准的政策规定。

2. 允许乡镇企业进城兴办第三产业。只要是符合城镇规划和城镇管理规定的，都应当允许乡镇企业采用独资、合资、联营、租赁、承包经营等形式进城设点开店，开发服务业务。积极引导乡镇企业第三产业向小城镇、乡镇相对集中，形成合理布局，促进农村小城镇的发展。要与计划、公安、工商、税务等有关部门加强协调，取消不合理的限制，进一步放宽政策，“打开城门”，为乡镇企业进城兴办第三产业创造条件。

3. 鼓励乡镇工业和建筑企业发展第三产业。乡镇工业企业和建筑企业可采取独资、合资、联营、入股、租赁等方式兴办各种第三产业经济实体，可以发展与本企业生产经营相关的行业，也可以发展其他行业。允许工业企业和建筑企业以本企业资产作担保筹措发展第三产业的贷款资金。应积极创造条件使企业内部的招待所、餐厅、车队等生产、生活服务设施向社会开放。积极引导缺乏竞争能力、没有发展前途的工业企业和建筑企业转办第三产业，同时鼓励第三产业企业兼并关停并转的工业企业和建筑企业，在资产转让、债务清理、信贷、税收等方面请有关部门给予优惠和支持。工业企业和建筑企业转化为第三产业企业，经办理相应的变更手续后，应按新开办的企业对待，给予政策扶持。

4. 扩大对外开放，积极利用外资。积极在乡镇企业第三产业中发展中外合资、合作经营，利用海外资金、技术和经营渠道，大力发展高新技术开发、科技服务等项目，发展旅游业、饮食业、仓储业、房地产业、交通运输业、各类服务业等行业。经批准，允许试办中外合资的零售商业、物资供销企业、会计事务所、金融机构。对外开放的边境地区，应本着大胆探索的精神，允许有条件的乡镇企业与外商合资、合作或独立开展境外旅游、跨境客货运输等业务。鼓励乡镇企业与有进出口权的国有大中型商业、物资企业组建企业集团，开展国际化经营。应允许有条件的乡镇企业经主管部门批准获得直接对外经营权。积极创造条件向境外发展，兴办境外合资或境外独资第三产业企业。

5. 多渠道、多形式增加投入。鼓励集体、私营企业和个体以资金、房产、设备、技术、信息、劳务等形式投入发展乡镇企业第三产业。农村集体经济组织经批准后可以用集体所有的土地发展第三产业，或作价入股兴办中外合资及内联第三产业企业。鼓励农民群众和企业采取集资、合资、股份合作等多种方式筹集资金，经批准可以发行股票、债券。各级政府应对发展乡镇企业第三产业给予必要的资金支持。在各地乡镇企业周转资金和发展资金中，每年应安排一定的比例用于支持发展乡镇企业第三产业。对新开办的企业、促进科技进步的行业以及经济效益低而社会效益高的行业，应征得税务部门同意，根据情况给予减免税收的扶持。农业银行和农村信用社应增加乡镇企业第三产业贷款规模，对效益好、有偿还能力的项目给予信贷支持。各地应广开资金渠道，建立乡镇企业第三产业发展基金。

6. 加强人才引进和培养。发展第三产业，必须加快解决乡镇企业第三产业人才匮乏的问题。要进一步拓宽渠道，采取更为灵活的方式和优惠的政策，大力吸引社会各方面人才向乡镇企业第三产业流动。要积极与教育部门和大中专院校、职业学校联系挂钩，定向为乡镇企业第三产业培养所需人才。各级乡镇企业教育培训机构，在制定培训计划、确定招生对象、安排教学内容等方面，应考虑第三产业发展的需要，相应增加第三产业的比重。各级乡镇企业主管部门要根据第三产业不同行业的特点，组织开展各种类型的培训活动，普遍提高管理人员和职工队伍的业务素质。乡镇企业第三产业的科技和管理人员的职称评定应与工业企业同等对待，各类技工的等级考核评定，可参照有关标准由省（区、市）乡镇企业主管部门统一组织进行。

7. 深化企业改革。要建立完善适应社会主义市场经济体制的要求，不断完善和优化企业经营机制，使企业真正成为自主经营、自负盈亏、自我约束、自我发展的经济实体。继续坚持和完善承包经营责任制。乡村集体兴办的旅游公司、房地产开发公司、金融机构、劳动就业服务机构、储运公司、批发交易市场以及其他有一定规模的企业应坚持集体承包经营为主，实行经理负责制，小型、微利和亏损企业可以实行个人或合伙承包，也可以向个人出租或出售。积极推行股份合作制和股份制。按照社会化大市场、大流通、大服务的要求，积极推进各种形式的横向联合，发展集团化经营。

8. 强化乡镇企业主管部门的管理职能。乡镇企业第三产业是乡镇企业的有机组成部分，应与乡镇企业第一、二产业统筹规划，加强管理。各级人民政府乡镇企业行政主管部门是乡镇企业第三产业的主管部门，要切实履行《中华人民共和国乡村集体所有制企业条例》所赋予的“指导、管理、监督、协调、服务”职能，在当地党委、政府的领导下，组织制定和实施乡镇企业第三产业发展规划，会同有关部门研究制定扶持、引导乡镇企业第三产业发展的政策措施；参照有关规定制定乡镇企业第三产业的管理办法和行业标准，监督检查企业执行国家法律、法规和政策；指导企业完善经营机制，加强企业管理；在项目论证、资金筹措、人才培训、技术进步、经营管理、市场信息等方面加强服务，努力为乡镇企业第三产业的发展创造有利条件。各级乡镇企业主管部门要把乡镇企业第三产业工作列入重要工作议程，根据工作需要建立管理机构，健全管理体系，以适应乡镇企业第三产业的大发展。

国 务 院

关于开展加强环境保护执法检查、严厉打击违法活动的通知

国发〔1993〕18号

各省、自治区、直辖市人民政府，国务院各部委、各直属机构：

环境保护是我国的一项基本国策。对此，国家相继制定了有关法律、法规和一系列方针、政策及与之相配套的实施措施，走出了一条具有中国特色的环境保护道路。党的十四大把加强环境保护列为90年代改革和建设的任务之一，对我国的环境保护工作提出了更高的要求。当前和今后几年，环境保护工作的重点是充分运用法律武器和宣传舆论工具，强化环境执法监督，采取切实有力措施，大张旗鼓地进行宣传和检查环境保护法律、法规的贯彻落实，严厉打击那些造成严重污染和破坏生态环境、影响极坏的违法行为。为此，特作如下通知：

1. 各级人民政府要迅速行动起来，把环境保护法制建设列入政府工作的重要议事日程，制订全民守法教育和打击违法行为工作计划，主动征得同级人大、政协的支持和帮助，组织力量开展加强环境保护执法检查，严厉打击违法行为，并将检查情况向同级人大和上级人民政府报告。要将违法排污和非法经营珍稀、濒危野生动物作为检查重点，力争用二、三年的时间扭转有法不依、执法不严、违法不究的局面。

2. 在开展加强环境保护执法检查、严厉打击违法行为的活动中，各级人民政府要支持有关部门依法行使职权。对执法不力、工作懈怠的单位要给予严肃批评和必要整顿；对不执行环境影响评价或"三同时"(凡从事对环境有影响的建设项目都必须执行防治污染及其他公害的设施与主体工程同时设计、同时施工、同时投入使用)制度，不按规定缴纳排污费，擅自拆除或闲置污染防治设施，擅自向河道、湖泊、水库排污或扩大排污口；未取得野生动物驯养繁殖许可证而经营利用野生动物及其产品，违法狩猎、收购、加工、进出口野生动物，非法生产、加工、购买、使用、携带猎枪弹具，拒绝监督管理部门现场检查或弄虚作假等违法行为，必须依照有关法律、法规严肃处理。对玩忽职守、徇私舞弊、造成环境污染事故和乱捕滥杀、违法经营野生动物的单位和个人，必须依法严肃查处，情节严重构成犯罪的，司法机关要追究其刑事责任。禁止使用与野生动物保护法相违背的商标，严禁销售国家明令保护的野生动物。

3. 各部门尤其是环保、林业、农业、水利、建设、工商、外贸、海关、商业、公安、司法和新闻宣传部门要积极协调配合，共同做好环境保护执法检查工作。执法部门要加强执法队伍的建设，切实担负起法律赋予的职责，有效行使法律赋予的权力，对重大的违法案件，要一查到底，公开处理。新闻宣传部门要充分运用舆论工具提高全民环境法制观念和环境意识，对那些严重违法的单位和个人，要公开揭露、点名批评。

4. 加强环境保护执法检查、严厉打击违法活动的工作，由国务院环境保护委员会牵头(办事机构按职能分工，分别设在国家环保局和林业部)，约请有关部门参加，及时协调工作中的有关问题。地方各级人民政府可根据本地实际，组织有关部门，按照职责分工，加强对环境保护和珍稀、濒危野生动物保护方面的检查。

1993年3月12日

农 业 部

关于学习宣传贯彻《国务院关于加快发展中西部地区乡镇企业的决定》的通知

(1993)农(企)字第6号

各省、自治区、直辖市、计划单列市乡镇企业局:

《国务院关于加快发展中西部地区乡镇企业的决定》(国发〔1993〕10号文件,以下简称《决定》)已于2月14日由李鹏总理签署发布,为了学习、宣传、贯彻好《决定》精神,现提出以下意见:

1. 要充分认识学习、宣传、贯彻《决定》的重要意义。《决定》指出,我国乡镇企业异军突起,为农村发展和国民经济增长作出了突出贡献,成为我国社会主义市场经济中生机勃勃的先导力量,加快中西部地区乡镇企业的发展,对于逐步缩小东西部经济发展的差距,振兴少数民族地区经济,实现共同富裕,发展团结稳定的大局,具有十分重要的经济、政治和社会意义。《决定》明确提出要把乡镇企业作为中西部地区整个经济工作的一个重点提到各级政府议事日程上来,要求各地在坚持以农业为基础的前提下,一手抓国有大中型企业,一手抓乡镇企业;地、县要一手抓农业,一手抓乡镇企业;中西部地区二、三产业的发展,要逐步转到以发展乡镇企业为主的轨道上来;从中央到地方的综合部门和有关业务部门,在为国有大中型企业服务的同时,要积极为发展乡镇企业服务。同时,《决定》对加快中西部地区乡镇企业发展的人才政策、产业政策、企业组织形式、资金投入、经济联合等许多重大问题作出了明确规定。因此,认真学习、宣传、贯彻好《决定》精神,对于进一步统一人们对加快中西部地区乡镇企业发展重要意义的认识,坚定中西部地区广大干部和群众大力发展乡镇企业的信心和决心,对于中西部地区各级政府制定扶持乡镇企业发展新的政策措施,动员全国各方面力量支持中西部地区乡镇企业的发展,从而促进中西部地区经济腾飞,较快地增加农民的收入,进而使我国实现人民小康、农业现代化、农村城市化、国家工业化和现代化第二步战略目标都具有十分重要的意义。

2. 要认真学习、深入宣传《决定》的精神。《决定》是中共中央、国务院根据我国国情作出的又一重大决策,是我国经济社会发展的重要战略部署,是指引今后我国乡镇企业发展的重要文件。各级乡镇企业行政主管部门和企业领导要把学习、宣传、贯彻《决定》精神作为一项重要任务,列入议事日程,要集中一段时间和精力,采取多种形式,组织广大乡镇企业干部职工认真学习,全面理解,深刻领会《决定》精神,进一步解放思想,转变观念,提高认识。各地在乡镇企业系统各类培训中要把《决定》的学习作为必修内容,要求每个乡镇企业都要向全体职工原原本本传达《决定》。特别是中西部省区要通过学习传达《决定》精神,进行再发动、再动员、再认识,进一步增强加快发展乡镇企业的信心和紧迫感。

各地要同宣传部门密切配合,充分运用报刊、电台、电视台等各种舆论宣传工具,大张旗鼓地宣传《决定》的内容及其重大意义,宣传加快乡镇企业发展在中西部地区乃至全国经济、政治、社会稳定与发展中不可替代的地位和作用。要努力使《决定》精神深入人心,切实增进社会各界、各有关部门加快发展乡镇企业重要意义的认识,真正按照《决定》精神积极支持和帮助乡镇企业,为乡镇企业发展创造更加良好的环境条件。

3. 要把全面贯彻落实《决定》的精神和有关规定,作为各级乡镇企业行政主管部门1993年和今后一个时期工作的重点。各地要抓住时机,认真组织力量调查研究,当好党政领导的参谋,切实发挥政府职能部门的作用,根据《决定》精神,结合本地实际,积极制定扶持乡镇企业发展的各项具体政策措施。要做到认清新形势,明确新任务,采取新举措,在深化改革、扩大开放、增加投入、加强领导等各方面实现新突破,从而把《决定》精神真正落到实处。农业部准备在年中召开全国乡镇企业贯彻落实国务院加快中西部地区乡镇企业发展决定的经验交流会,请各省、自治区、直辖市、计划单列市局长参加,研究如何进一步实现东西部互促,优势互补,共同发展问题。还准备实施"乡镇企业东西合作工程",通过"工程"的实施将东部先进的技术、科研成果、新产品、雄厚的经济实力、科学的管理与中西部丰富的原材料资源、能源和劳动力资源优势广泛地结合起来，走以东带西，以西促东，实现中西部地区乡镇企业的振兴，同时也给东部地区经济的发展和提高拓宽路子。

4.《决定》明确要求各级政府要选派和配备得力干部充实和加强各级乡镇企业管理机构，对此项规定各地要贯彻落实好，切实加强领导。各省、自治区、直辖市乡镇企业主管部门要在党委、政府领导下，与有关部门积极配合，共同做好《决定》贯彻落实的有关工作。要把学习、宣传、贯彻《决定》精神与贯彻党的十四大精神和国务院“西安会议”精神结合起来，狠抓落实，真抓实干。对与《决定》精神相悖的各种做法要坚决予以纠正和制止。

各地学习、宣传、贯彻《决定》以及“西安会议”（包括典型经验、重要举措及成效、重要建议）的情况，请于4月份给农业部作一次书面报告。

1993年3月27日

农　业　部

关于印发《乡镇企业系统贯彻企业财务会计制度实施办法》的通知

（1993）农（企）字第8号

各省、自治区、直辖市、计划单列市及新疆兵团乡镇企业局：

为贯彻《企业财务通则》、《企业会计准则》及企业财务会计制度，我部制定了《乡镇企业系统贯彻企业财务会计制度实施办法》，现印发给你们。

1.《企业财务通则》、《企业会计准则》是我国财务会计改革的战略步骤，是扩大改革开放，发展社会主义市场经济，与国际财务会计惯例接轨的重大举措，也是改革乡镇企业财务会计工作的规范和原则。全国乡镇企业系统在贯彻执行《乡镇企业系统贯彻企业财务会计制度实施办法》中一定要以《企业财务通则》，《企业会计准则》为纲，认真学习，加强培训，使本实施办法落到实处。

2. 以“两则”为规范制定的行业企业财务会计制度体系，借鉴了国际财务会计惯例，引进了国际先进的财务会计方法，是一套全新的财务会计模式。印发《乡镇企业系统贯彻企业财务会计制度实施办法》，是为了更好地规范乡镇企业系统的财务行为和会计核算工作，确保分行业的企业财务会计制度贯彻执行。乡镇企业系统在贯彻执行本实施办法时，应结合企业财务会计制度共同实施，以保证本办法的全面落实。

3. 乡镇企业系多种行业交叉，多种经济成分、多种经营方式、多种组织形式并存的经济实体的总和。贯彻行业企业财务会计制度，必须从乡镇企业的实际情况和特点出发，维护乡镇企业的合法权益。要认真贯彻十一届三中全会以来党和国家关于发展乡镇企业的方针政策，不得改变乡镇企业的所有制性质和隶属关系。

4. 管理乡镇企业的财务会计工作，是《中华人民共和国乡村集体所有制企业条例》赋予各级人民政府乡镇企业行政主管部门的管理职能。各级乡镇企业行政主管部门，应把贯彻《企业财务通则》、《企业会计准则》、企业财务会计制度和本实施办法纳入重要议事日程，切实加强领导，认真抓好培训，保证乡镇企业财务会计改革工作顺利进行。

1993年4月17日

乡镇企业系统贯彻企业财务会计制度实施办法

为了贯彻执行《企业财务通则》、《企业会计准则》和企业财务会计制度，规范乡镇企业的财务行为及会计核算工作，根据《中华人民共和国乡村集体所有制企业条例》的规定，结合乡镇企业的特点和实际情况，制定本办法。

一、有关贯彻企业财务制度的实施办法

乡镇企业按照所经营的行业，分别执行不同行业的企业财务制度，并实施本办法：

（一）乡镇企业的资本金增设：“乡村集体资本金”。

乡村集体资本金，是指有权代表乡或村集体财产所有者的经济组织或部门投入企业形成的资本金。

（二）乡镇企业固定资产折旧的办法，可根据企业核算水平及实际情况，采用分类折旧法或综合折旧法。

（三）乡镇企业系统除农业企业外，均应按营业收入以不超过1%的比例，计提上缴管理费，在管理费用中列支，并按期上缴到各级乡镇企业行政主管部门。

（四）乡镇企业系统成立工会的企业，可按照工资总额的2%计提工会经费，按期拨交给工会组织；未成立工会的企业，可按照规定比例计提职工文体费，在管理费用中列支。

（五）根据国务院国发〔1993〕10号文件规定，中西部地区乡镇企业可按营业收入的1%提取技改和新产品开发资金，在管理费中列支。此项规定，同时适用于东部经济欠发达地区。

（六）根据中共中央〔1985〕1号文件规定，乡镇企业可按照利润总额扣除税前单项留利后利润的10%，提取补助社会性支出，上缴乡、村。

（七）根据中共中央〔1984〕4号文件规定，乡镇企业应按税后利润的1%提取扶助乡镇企业基金，上缴县级乡镇企业主管部门，以周转金方式作为扶助乡镇企业使用。

（八）地方各级人民政府为扶持乡镇企业发展和支持农业生产制定的各项优惠政策，现在仍然有效，可继续执行。

二、有关贯彻企业会计制度的实施办法

乡镇企业按照所经营的行业，分别执行不同行业的企业会计制度，并实施本办法。

（一）负债类“其他应付款”科目增设“风险抵押金”、“应付技改和新产品开发资金”两个二级科目。

1.“风险抵押金”，本科目核算承包经营企业的经营者和职工向企业缴纳的风险押抵金。企业收到风险抵押金时，借记“现金”、“银行存款”科目，贷记本科目；承包期满，按合同规定完成承包任务，退还风险抵押金时，借记本科目，贷记“现金”、“银行存款”科目；承包者按合同规定未完成承包任务没收风险抵押金时，借记本科目，贷记“营业外收入”科目。

本二级科目应按缴纳人设置明细分类帐，进行明细分类核算。

本二级科目的期末余额，反映企业承包尚未到期待结算的风险抵押金额。

2.“应付技改和新产品开发资金”，本科目核算企业按规定提取的技改和新产品开发资金的数额。

企业提取技改和新产品开发资金时，借记“管理费用”科目，贷记本科目；支付技改和新产品开发资金时，借记本科目，贷记“银行存款”科目。

本二级科目的期末余额，反映企业已经提取尚未使用的技改和新产品开发资金。

（二）在负债类“其他应缴款”科目中，增设“应缴管理费”、“应缴补助社会性支出”和“应缴扶助基金”三个二级科目。

1.“应缴管理费”，本科目核算企业按规定计提应缴乡镇企业行政主管部门管理费数额。企业按规定提取应缴管理费时，借记“管理费用”科目，贷记本科目；企业上缴管理费时，借记本科目，贷记“银行存款”科目。

本二级科目的期末余额，反映企业应缴未缴的管理费。

2.“应缴补助社会性支出”，本科目核算企业按规定在税前利润分配中提取应缴补助社会性支出的数额。提取补助社会性支出时，借记“利润分配”科目，贷记本科目；上缴补助社会性支出时，借记本科目，贷记“银行存款”科目。

本二级科目期末余额，反映企业应缴未缴的补助社会性支出。

3.“应缴扶助基金”二级科目，核算企业在税后利润分配中提取的应缴扶助基金的数额。企业提取扶助基金时，借记“利润分配—税后利润调整”科目，贷记本科目，上缴扶助基金时，借记本科目，贷记“银行存款”科目。

本二级科目期末余额，反映企业应缴未缴的扶助基金。

（三）在负债类“应付福利费”科目中，增设“应付职工文体费”二级科目，核算未成立工会组织的企业提取的职工文体费数额。

企业按规定提取职工文体费时，借记“管理费用”科目，贷记本科目；支付文体费时，借记本科目，贷记“现金”、“银行存款”科目。

本二级科目的期末余额，反映企业已经提取尚未使用的职工文体费。

（四）在所有者权益类“实收资本”科目中，增设“乡村集体资本金”二级科目，核算企业实际收到的乡村集体投入的资本。

企业收到乡村集体投入资本时，借记“银行存款”或有关科目，贷记本科目；其他具体核算方法与“实收资本”科目相同。

（五）在所有者权益类“利润分配”科目中，增设“税前利润分配”、“减免所得税”、“税后利润调整”三个二级科目。

1.“税前利润分配”二级科目，核算企业按规定允许在计征所得税前进行分配和税前扣除利润的数额。税前利润分配的项目有补助社会性支出。税前扣除利润主要有：弥补以前年度亏损、“三废”产品留利、提留“三来一补”净利润、分进非联营企业税后利润及其他按规定免税利润等。

提取补助社会性支出时，借记本科目，贷记“其他应缴款”科目。

发生税前扣除利润时，借记本科目，贷记“税后利润调整”二级科目。

2.“减免所得税”二级科目，核算企业根据税法减免的所得税。经批准减免所得税时，借记本科目，贷记“资本公积”科目。

3.“税后利润调整”二级科目，核算企业对税后利润进行调整的各项内容。如实行成本工资的企业对发生实际工资与成本工资的差额处理事项，税前扣除利润和提取应缴扶助基金等。“应缴特种基金”改在本二级科目内核算。提取应缴扶助基金时，借记本科目，贷记“其他应缴款”科目；发生实际工资高于成本工资差额时，借记本科目，贷记“应付工资”科目；发生实际工资低于成本工资差额时，借记应付工资”科目，贷记本科目；结转税前扣除利润时，借记“税前利润分配”二级科目，贷记本科目。

年度终了，企业应将上述三个二级科目的余额转入“未分配利润”二级科目。结转后，上述三个二级科目应无余额。

三、有关贯彻企业会计报表的实施办法

为了综合反映乡镇企业整体的财务活动情况，考核乡镇企业的整体经济效益，给国务院和地方各级人民政府提供宏观调控的财务信息，乡镇企业系统应按照本办法编制统一的乡镇企业会计报表。

（一）会计报表种类和格式

编号	会计报表名称	编报期
乡企会 01 表	资产负债表	月报、年报
乡企会 02 表	损益表	月报、年报
乡企会 03 表	财务状况变动表	年报
乡企会汇 01 表	资产负债表（汇总用）	月报、年报
乡企会汇 02 表	损益表（汇总用）	月报、年报
乡企会汇 02 表附表 1	利润分配表（汇总用）	年报
乡企会汇 03 表	财务状况变动表（汇总用）	年报
乡企会汇 04 表	乡村企业财务评价指标表	月报、年报

（二）会计报表的编制方法

1. 乡镇企业会计报表，包括《资产负债表》、《损益表》、《财务状况变动表》、《利润分配表》，由乡镇企业和乡镇企业系统专业公司（含直属企业，下同）直接编制。乡镇企业系统各行业的企业，均按照本办法规定的统一格式直接编制会计报表，在上报乡镇企业行政主管部门的同时，抄送当地财政、税务机关和开户银行。

2.会计报表汇总表和《乡村企业财务评价指标表》，均按照村、乡（镇）、县（区、市）、地（市、州）、省乡镇企业行政主管部门的程序逐级汇总计算上报。

3.乡镇企业和乡镇企业系统专业公司的会计报表汇总表，分别汇总上报。乡办、村办企业也应分别汇总，同时上报。

国　务　院

关于促进生产企业搞好自营进出口工作的通知（摘要）

国发〔1993〕37 号

各省、自治区、直辖市人民政府，国务院各部委、各直属机构：

赋予有条件的大中型生产企业进出口经营权，使其直接参与国际市场竞争，是深化企业改革，增强大中型企

业活力的重要措施之一，对加快我国改革开放步伐和发展对外贸易，具有重要意义。自《国务院关于进一步增强国营大中型企业活力的通知》和《国务院批转经贸部、国务院生产办关于赋予生产企业进出口经营权有关意见的通知》下发以来，经过有关部门的努力，目前全国有进出口经营权的生产企业已达到1 000多家。这些企业的出口总额、自营出口额的增长速度均高于全国出口平均增长水平，已成为我国出口创汇的一支重要力量。

为了全面贯彻落实《全民所有制工业企业转换经营机制条例》，适应建立社会主义市场经济体制的要求，进一步发挥生产企业自营出口的优势，促进生产企业搞好自营进出口工作，现就有关问题通知如下：

1. 经批准获得进出口经营权的生产企业（以下简称自营企业），在工商行政管理部门办理注册登记后，即获得对外法人资格。自营企业可根据需要在企业内部设立进出口业务机构，具备条件的大型企业集团，经批准可设立全资进出口公司。自营企业有权经营本企业（集团）自产产品及相关技术的出口业务及生产所需技术、设备、零配件、原材料的进口业务。对具备条件的自营企业，可赋予其对外工程承包经营权。

自营企业必须承担国家的出口创汇任务，在进出口业务上接受当地经贸主管部门的管理和协调，并按规定向有关外经贸主管部门报送业务执行情况及统计报表等有关资料。

2. 各地方人民政府、国务院有关部门对自营企业要从各方面给予支持。积极落实自营企业应享有的各项权力和有关政策，及时给予指导和帮助，重视对自营企业的人才培养，促进企业搞好自营进出口工作。对承担国家出口创汇任务较多的企业，要从原材料和能源供应、运输安排、流动资金贷款等方面给予必要的支持和保证，帮助他们解决生产经营中的困难。

国家经济贸易委员会、对外贸易经济合作部对生产企业的自营进出口工作要加强协调和管理，及时解决企业遇到的问题和困难，帮助自营企业不断提高参与国际市场竞争的能力。各级外贸主管部门要将自营企业统一纳入国家或地方的外贸管理和统计渠道，根据自营企业的实际情况，从外贸政策及业务上给予必要的指导。

3. 自营企业在国家有关进出口政策方面享有与外贸企业同等的待遇。自营企业经营进出口业务，涉及国家实行许可证和配额管理的商品，应按国家有关规定申请配额和许可证。对实行招标或拍卖办法换配的出口配额和许可证，自营企业应与外贸企业在同等条件下参加投标和竞购。对自营企业要实行与外贸企业统一出口退税办法，按照"征多少，退多少"的原则，给予及时、足额退税。

4. 自营企业在完成上缴国家外汇任务后，有权按规定使用自有留成外汇和进行外汇调剂，任何部门和单位不得平调和截留企业的留成外汇，不得截留企业有偿上缴外汇后应当返还的人民币，不得对企业按规定使用自有外汇附带任何条件。按国家有关规定，经外汇管理部门批准，有条件的自营企业可在经营外汇业务的银行开立外汇现汇帐户。鼓励自营企业积极开展以进养出业务，在批准金额及周转次数内，对以进养出创汇部分，以其净创汇额按国家规定比例计算上缴中央外汇。

5. 自营企业可在办理外汇结算业务的专业银行建立外汇和人民币流动资金帐户。自营企业所需外贸流动资金贷款，由其开户银行在国家核定的贷款规模内，根据企业生产经营情况和进出口业务需要给予贷款，并按外贸贷款计息。自营企业可按规定向国家有关银行申请出口信贷。实行《企业财务通则》、《企业会计准则》后，自营企业有权自己决定留用资金使用。自营企业可设立出口风险基金，风险基金的提留、使用和管理按照财政部有关规定执行。

6. 自营企业根据外经贸业务需要，可自行确定本企业经常出入境的业务人员名额及名单，报政府主管部门批准，实行一次性审批、一年内多次有效的办法。出国手续，企业厂长（总经理）由企业上一级的有关部门审核，企业其他人员由本企业审核。上述人员每次出入境时，企业可凭外商邀请函电向本企业主管部门提出申请，经批准后由外事部门办理申办签证及其他出境手续。

经国务院授予临时因公出国（境）和邀请来华事项审批权的自营企业，可在其业务范围内自行审批本企业人员（厂长或总经理由其主管部门审批）临时出国（境）和邀请国外经贸人员来华事项，并按有关规定办理出入境手续。

自营企业可根据对外业务的需要，自主使用自有外汇安排业务人员出境，自有外汇不足时，可向外汇管理部门申请调剂外汇。对自营企业在境内外参加和举办各类展销、洽谈、交易会等活动，有关部门应提供必要的方便和条件。

7. 鼓励自营企业在境外设立维修服务网点，进一步简化有关审批手续。自营企业由于业务需要在境外设立维修服务网点，中方投资额在规定数额内的项目，由企业自行决定。

自营企业在境外设立维修服务网点，要认真执行国家在资产、财务、税收、外汇等方面的规定，以及国家有关境外投资的管理制度与办法。

8. 自营企业要在国内外市场上创立商标信誉。对于同一商标，国内是生产企业注册、国外是外贸企业注册的，在生产企业获得进出口经营权后，外贸企业可将国内外注册的商标有偿转让给生产企业使用；对外贸企业在国外已注册的商标，自营企业需要使用的，应与外贸企业协商，依法签订商标使用许可合同，并保证使用该商标的产品质量。

9. 鼓励机电产品自营企业在提高经济效益的同时，努力增加出口创汇。对实行工资总额与经济效益挂钩的机电产品自营企业，可在原核定的工资总额与实现利税挂钩系数加一个与出口总额（或收汇总额）增长挂钩的比例系数，但挂钩系数累计不超过1。具体办法由有关部门另订。

自营企业要严格遵守国家对外经贸政策、法规，接受各级外经贸主管部门的指导和监督。要面向国内、国际两个市场，积极开发新产品，提高产品质量和档次，增强在国际市场上的竞争能力。要努力转换经营机制，改善企业内部管理，降低成本，提高经济效益。要积极参加有关的进出口商会，从国家利益出发，接受和服从进出口商会的指导和协调。要不断提高企业领导干部和外贸人员的政治和业务素质，使企业在国际化经营的道路上健康发展。

获得进出口经营权的科研院所可比照本通知精神执行。

1993年5月12日

国　务　院

关于加强安全生产工作的通知（摘要）

国发〔1993〕50号

各省、自治区、直辖市人民政府，国务院各部委、各直属机构：

近年来，我国的安全生产形势十分严峻。今年前几个月，各类事故仍居高不下，重大、特大恶性事故不但没有得到有效控制，反而比1992年同期增加许多。同时，职业危害问题也是相当严重的。这种状况，给国家和人民群众的生命财产造成巨大损失，影响改革开放和经济建设的健康发展。为此，国务院要求各地区、各有关部门和单位，必须以对国家和人民高度负责的态度，采取坚决有效的措施，迅速扭转目前安全生产状况不断恶化的局面，特作如下通知：

1. 各地区、各有关部门和单位的领导同志，应当充分认识加强安全生产工作的重要意义，进一步增强搞好安全生产的责任感和紧迫感；要加强领导，扎扎实实地贯彻“安全第一，预防为主”的方针，努力抓好安全生产管理责任制和各项法规、制度及措施的落实；要高度重视安全生产中出现的问题，及时研究处理，认真抓紧解决。

2. 在发展社会主义市场经济过程中，各有关部门和单位要强化搞好安全生产的职责，实行企业负责、行业管理、国家监察和群众监督的安全生产管理体制。应互相支持配合，共同努力做好安全生产工作，坚决防止发生重大、特大事故，尽量减少一般事故和减轻职业危害。

3. 国务院确定，劳动部负责综合管理全国安全生产工作，对安全生产行使国家监察职权；负责安全生产工作法规、政策的研究制定；组织指导各地区、各有关部门对事故隐患进行评估和整改；代表国务院对特大事故调查结果进行批复，根据需要对特大事故进行调查。安全生产中的重大问题由劳动部请示国务院决定。

4. 各级综合管理生产的部门和行业主管部门，在管生产的同时必须管安全，对企业的安全生产工作加强管理，帮助企业解决安全生产方面的实际问题，支持、指导企业搞好安全生产。

5. 企业必须坚决执行国家的法律法规和方针政策，按要求做好安全生产工作；要自觉接受国家监察和行业管理，并结合本企业情况，努力克服安全生产中的薄弱环节，积极认真地解决安全生产中的各种问题。企业法定代表人是安全生产的第一责任者，要对本企业的安全生产全面负责。

6. 各级政府和各有关部门应充分重视乡镇企业、外商投资企业和私营企业的安全生产工作，对这几类企业加强安全管理，区别不同情况给予必要的指导，提出严格要求，进行经常性的监督检查。同时严格外商投资企业立项审批工作，严禁将职业危害严重和安全可靠性差的项目引入我国。

7. 各地区、各有关部门和单位在机构改革和企业转换经营机制过程中，对安全生产工作只能加强，不能削弱，要有机构和人员负责安全生产工作，要增加安全生产的资金投入，用好技措经费，通过技术改造消除事故隐患，改善劳动条件。

8. 要加强安全生产方面的法制建设和制度建设，在目前已有法规、制度的基础上，通过总结经验教训，加快安全生产法规、标准和制度的补充、完善。应强调有法必依、执法必严、违法必究，并强调制度的严肃性，对违反制度的必须予以追究，把安全生产工作纳入法制和制度管理的轨道。要进一步做好事故的调查处理工作，事故发生后立即严肃认真地查处，对因忽视安全生产工作，违章违纪造成事故的，必须坚决追究领导人员和当事人的责任，构成犯罪的，由司法机关依法追究刑事责任；要认真吸取教训，提出有效的防范措施，防止事故再次发生。

9. 要广泛深入开展宣传教育，增强全体职工的安全意识和搞好安全生产的自觉性。可通过新闻媒介，采取多种有效形式，经常宣传安全生产的重要性及如何搞好安全生产工作。应注意用正反两方面的典型事例并结合企业实际情况，开展生动活泼的宣传教育。同时，应提倡和鼓励广大群众对安全生产工作进行必要的监督。

10. 要加强安全培训工作，对所有上岗人员应进行安全生产知识和技能的培训，并根据不同行业特点，运用多种形式和手段，加强对管理干部的安全培训，努力提高全体职工的安全素质。

11. 在安全生产管理中，各级政府及其有关部门要转变职能，认真贯彻《全民所有制工业企业转换经营机制条例》；应注意工作方法和减轻企业负担，到企业检查安全生产工作要按国家规定办事，简化程序，讲求实效。

各省、自治区、直辖市人民政府和国务院各有关部门，应根据本通知精神，认真检查当前安全生产状况，找出存在的问题，尤其要查清事故隐患，提出具体措施加以解决；对1992年和1993年上半年发生的特大事故，尚未结案的要抓紧处理。请于8月底前将贯彻本通知的情况报送劳动部，由劳动部汇总报告国务院。

1993年7月12日

农 业 部

关于加强乡镇企业安全工作的通知

(1993) 农 (企) 字第14号

各省、自治区、直辖市及计划单列市乡镇企业局：

最近，国务院发出了《关于加强安全生产工作的通知》，提出今年前几个月，各类事故居高不下，重大、特大恶性事故比去年同期增加许多，职业危害相当严重。并要求各地区、各有关部门和单位，必须采取有效措施，迅速扭转目前安全生产状况不断恶化的局面。

从今年上半年全国乡镇企业的安全生产情况看，虽然特大事故少于往年，一些省的死亡事故有所下降（湖北省比去年同期下降2/3，黑龙江省只死一人，四川、贵州也是下降趋势），但北京、天津、浙江、陕西的死亡事故仍然是上升的。今夏，洪水危害很大。7月29日，四川省犍为县下了20个小时的暴雨，降雨量440毫米，28个乡镇煤矿全被淹没，死3人、失踪9人；8月4日，山东省临沂市罗庄镇暴雨（340毫米）成灾，17个乡镇煤矿被淹，16个煤矿井下工人撤出，因突然停电，龙山煤矿58人在竖井吊车上生死不明。7月下旬，四川省彭水县、湖北省嘉鱼县、山西省河津县、河南省义马市的乡镇煤矿发生透水事故，共死亡25人。为了贯彻落实国务院的通知精神，控制和减少各类事故的发生，我部特提出如下要求：

1. 切实加强领导，增强搞好安全生产的责任感和紧迫感。去年以来，全国乡镇企业出现了高效高速发展的强劲势头。大多数省（区、市）树立了“经济要发展，安全要强化”的指导思想，从领导到安全干部，坚持对安全工作常抓不懈。但也有少数地方，对乡镇企业安全工作的领导有所削弱，对国务院关于安全工作的要求落实不力。国务院的《通知》再一次强调，在发展社会主义市场经济过程中，在机构改革和企业转换经营机制过程中，对安全工作只能加强，不能削弱，要有机构和人员负责安全生产管理工作。因而，各级乡镇企业行政主管部门必须提高认识，增强抓好安全工作的责任感和紧迫感，做到领导到位，责任到人，把安全工作列入领导工作的议事日程，有研究，有部署，有检查，切实做到抓安全促发展。

2. 严格执法，把安全工作纳入法制管理的轨道。各级乡镇企业行政主管部门和企业，要坚决落实国家及行业的各项安全生产的法律、法规、制度、标准。要进一步认真贯彻农业部（1992）16号令《乡镇企业安全生产与工业卫生管理规定》，各省要从实际出发，制定《乡镇企业安全生产与工业卫生管理规定实施细则》。努力克服安全生产中的薄弱环节，认真解决安全生产中有法不依、执法不严的问题。特别要抓好重大事故的处理，发生一起，查清一起，处理一起，认真总结经验教训。对一贯重视安全工作、制度健全、措施有力、成绩突出的，要予以大力表彰和奖励，对于玩忽职守，造成责任事故的要严加处理。

3. 扎扎实实，做好各项基础工作。要认真贯彻“安全第一、预防为主”的方针，正确处理好生产与安全、效益与安全的关系；坚持一手抓生产，一手抓安全，加强企业的安全生产管理工作；在研究、布置、检查、总结、评比生产、经济工作时，必须同时研究、布署、检查、总结、评比安全工作。

努力抓好安全生产责任制。各级乡镇企业行政主管部门都要落实“安全生产，领导负责”制；所有企业都要落实“安全生产，人人负责”制。

坚持实行安全目标管理。要采取有效措施，努力防止重大、特大恶性事故发生；要发动职工加强防范，切实控制乡镇煤矿的透水事故；要千方百计，严格控制各类死亡事故。

企业要增加安全投入，依靠科技进步，消除事故隐患，改善劳动条件。

要加强班组安全建设。各地一定要把班组安全建设列入重要工作日程，使每个班组的职工都能自觉地抵制、监督“三违”（违章指挥、违章作业、违反劳动纪律）的发生，以确保安全生产。

企业要切实加强全员安全意识教育、特殊工种安全操作教育、新工人入厂安全知识教育、安全干部的尽职尽责教育，努力提高全员自我保护意识，做到警钟长鸣。

4. 开展安全检查，消除事故隐患。根据国务院通知精神，各地对不同行业和不同生产季节，都要有计划有重点地开展安全大检查。特别要重点组织检查事故易发的行业、地区的企业；要对乡镇煤矿的乱挖滥采、防洪排水设施进行全面检查。各地乡镇企业行政主管部门对检查出的主要问题、重大隐患，要及时地向政府报告并认真研究解决。我部将组织检查组赴有关省重点抽查。

请各省（市、区）将贯彻国务院《关于加强安全生产工作的通知》和安全检查中的情况、问题、经验及时告我部乡镇企业司。

1993年8月13日

农　业　部

转发国家经贸委《关于支持中西部地区乡镇企业发展的若干意见》的通知

（1993）农（企）函字第33号

各省、自治区、直辖市及计划单列市乡镇企业局：

为贯彻国发〔1993〕10号文件，国家经贸委提出了《关于支持中西部地区乡镇企业发展的若干意见》（以下简称《意见》）。这个《意见》是《国务院关于加快发展中西部地区乡镇企业的决定》的配套文件，它的实施必将有力地促进中西部地区乡镇企业的发展。

现将国家经贸委的《意见》转发给你们，对涉及到的有关政策措施，望各地乡镇企业行政主管部门与当地经委《计经委》主动协调、积极配合，抓紧落实，并将落实的有关情况和问题及时向我部反映。

1993年8月16日

关于支持中西部地区乡镇企业发展的若干意见

国经贸〔1993〕260号

各省、自治区、直辖市及计划单列市经委（计经委）：

为贯彻《国务院关于加快发展中西部地区乡镇企业的决定》，现就支持中西部地区乡镇企业发展问题提出如下意见：

1. 把支持中西部地区乡镇企业的发展作为一项重要任务来抓。改革开放十四年来，乡镇企业蓬勃发展，对我国农业和农村的改革与建设，乃至整个国民经济发展产生了日益重大的影响。但由于历史的原因和自然条件的限制，我国中西部地区乡镇企业的发展明显落后于东部沿海地区。为此，国务院已决定将加快中西部地区乡镇企业的发展作为我国经济工作中的战略重点。国家经贸委拟在抓好国有大中型企业的同时，把支持乡镇企业，尤其是支持中西部地区乡镇企业的发展作为一项重要任务来抓。各地经委（计经委）也要把支持乡镇企业的发展作为一项重要任务纳入工作日程，切实抓好。

2. 加强与农业部门的联系和配合，协调解决中西部地区乡镇企业发展的重大问题。过去，乡镇企业在各级政府、特别是各级农业部门的领导下，取得了较大发展，积累了许多好的经验。国家经贸委将进一步加强同农业部门的联系，共同研究乡镇企业，特别是中西部地区乡镇企业发展中的一些重大问题，并商有关部门协力解决。各地经委（计经委）也要加强同当地农业部门的联系，相互配合，做好协调工作，认真解决乡镇企业发展中的问题。

3. 主动与农业银行联系，用好国家支持中西部地区乡镇企业的专项贷款。根据国务院决定，从1993年到2000年，人民银行每年从国家信贷计划中单独安排50亿元贷款，用于支持中西部地区的乡镇企业，由农业银行发放。国家经贸委及中西部地区经委（计经委），要认真搞好调查研究，根据各地的实际情况做出规划，提出发展乡镇企业的具体意见，协助农业银行用好这笔贷款。

4. 会同有关部门，重点研究解决中西部地区乡镇企业发展的外部环境问题。交通运输困难、信息闭塞等，是造成中西部地区经济落后于东部地区的重要原因，国家经贸委拟会同有关部门，帮助改善中西部地区乡镇企业发展的投资环境。中西部地区经委（计经委）也要下大力气，为乡镇企业的发展创造有利条件。此外，国有大中型企业要通过产品技术扩散及原料基地建设等方式，带动中西部地区乡镇企业的发展。一些大型企业在组建集团有条件时，要注意吸收中西部地区乡镇企业参加，搞好配套生产，带动乡镇企业技术进步和生产水平的提高。各地经委（计经委）要尽快建立有关信息系统，为乡镇企业提供信息服务，指导和推动中西部地区乡镇企业健康、迅速地发展。

5. 加快培育和发展中西部地区的市场体系，促进乡镇企业与流通的有机结合。国家经贸委及地方经委（计经委）拟会同各级有关部门，根据中西部地区的资源特点，加速发展各种具有当地优势的商品市场；围绕中西部地区优势产业，搞活流通，以市场为导向，优化产销关系；突破所有制界限，形成中西部地区不同类型的商品市场；利用中西部地区有较长边境线这一有利条件，进一步发展边境贸易，促进乡镇企业生产与流通的更好结合。

6. 适当放宽中西部地区乡镇企业的自营进出口权。按照国务院国发〔1992〕30号文件规定，高科技企业、机电产品企业和原料生产企业，连续两年出口创汇额分别在100万美元、200万美元和400万美元以上的，可赋予其自营进出口权。这些条件适用于不同所有制企业。我委在审批企业自营进出口权时，对中西部地区乡镇企业比照上述条件可适当放宽，支持和鼓励中西部地区外向型乡镇企业的发展。

7. 加强中西部地区乡镇企业领导人员和政府主管人员的培训。发展乡镇企业，不仅要扩大经营规模，也要加强管理的现代化。国家经贸委及地方经委（计经委）在抓好国有企业领导人员培训的同时，拟将中西部地区乡镇企业的领导人员和主管乡镇企业的县、乡级负责人纳入培训计划，进行分期分批的岗位培训，提高其管理素质和水平，通过他们带动中西部地区乡镇企业的快速发展。

1993年8月2日

财　政　部
国家民族事务委员会　农业部

关于印发《少数民族地区乡镇企业贴息贷款项目贴息办法》的通知

(1993) 财农字第 246 号

各省、自治区财政厅、民委、乡镇企业局：

现将《少数民族地区乡镇企业贴息贷款项目贴息办法》印发给你们，请认真贯彻执行。执行中有什么问题，请及时上报。

1993 年 8 月 31 日

少数民族地区乡镇企业贴息贷款项目贴息办法

第一条　根据国务院国函（1992）23 号关于设立少数民族地区乡镇企业专项贴息贷款的要求，特制定本办法。

第二条　专项贷款资金来源及投向。

1. "八五"期间，由中国农业银行在中国人民银行核定的乡镇企业贷款总规模中，每年新增 1 亿元的专项贴息贷款用于扶持少数民族地区的乡镇企业。

2. 专项贷款主要用于内蒙古、广西、西藏、宁夏、新疆、云南、贵州、青海八个少数民族聚居的省、区以及四川、甘肃、湖南、湖北、吉林、海南等省的少数民族自治地方乡镇企业。

3. 贷款范围、对象、条件及基本程序和贷款的管理按中国农业银行有关管理办法执行。

第三条　贷款贴息办法

1. 项目专项贷款按现行利率计算的第一年利息由中央财政和省级财政各负担一半，以后年度利息由企业负担。

2. 贴息项目及贴息额以国家民委、财政部、农业部联合下达的项目贴息计划为准，财政部将中央财政贴息款分配给有关省区财政厅。

3. 省区财政贴息部分，按照财政部的有关通知精神列入本年度的财政预算。

第四条　贴息项目报批程序。

1. 国家民委、农业部、财政部联合下达各省区年度贴息控制规模。

2. 省区民委、乡镇企业局、财政厅根据下达的贴息规模，组织推荐已获省级农行批准贷款的项目联合上报国家民委、农业部、财政部。

3. 国家民委商农业部、财政部对各地上报的项目进行汇总、审查后，由国家民委、农业部、财政部共同下达贴息项目计划。

4. 已批准的贴息项目如需变更，必须由省、自治区民委、乡镇企业局、财政厅重新审查批准，并上报国家民委、农业部、财政部备案。

5. 批准贴息的项目，企业凭银行贷款和付息凭证到地方财政部门领取贴息款。

第五条　各地民委、乡镇企业局、财政厅要切实加强对贴息项目、贴息款等工作的管理。项目完成后，将有关情况上报国家民委、农业部、财政部。

农　业　部　国家环境保护局

关于进一步加强乡镇企业土法炼硫磺污染防治工作的通知

（1993）农（企）字第17号

各省、自治区、直辖市、计划单列市及新疆生产建设兵团乡镇企业局、环境保护局：

国家对乡镇企业土法炼硫磺的污染防治工作极为重视，近几年来，许多省、自治区的乡镇企业为了解决土法炼硫磺回收率低、资源浪费大、环境污染严重的问题，做了大量工作。一些地方制定了环境管理办法和技术改造措施，积极开展了技术改造工作。经过努力，土法炼硫磺的污染防治取得了显著成绩。进行技术改造后的炼磺炉投资少，操作简单，硫磺回收率较高，污染物排放达到国家标准。这些措施和新技术在一些硫磺产区推广后，不仅解决了环境污染问题，而且企业取得了明显的经济效益。当地的环境面貌发生了很大变化，植被得到恢复，农业得到发展。为了进一步加强乡镇企业土法炼硫磺污染防治工作，推动乡镇企业硫磺工业持续健康地发展，特通知如下：

一、充分认识土法炼硫磺污染的严重性，切实加强土法炼硫磺企业的环境管理和技术改造工作

土法炼硫磺是一种非常落后的生产方式，资源利用率很低，对生态环境的污染和破坏十分严重。要站在合理利用资源、保护生态环境、保护硫磺产区人民身体健康和有利于农村经济全面发展的高度，提高对乡镇企业环境管理和技术改造重要性和迫切性的认识。如果不下决心加强对乡镇硫磺企业的环境管理和进行技术改造，乡镇硫磺企业就没有出路，这些地区的经济也不能得到发展。因此，各级乡镇企业主管部门和环境保护部门要统一认识，按照积极引导、加强管理、改造提高、全面发展的思路，认真作好乡镇企业土法炼硫磺的污染防治工作。

二、各级乡镇企业主管部门和环境保护部门要密切配合，在当地政府的领导下，依法对乡镇硫磺企业进行整顿

一是关、停风景名胜区、自然保护区、水源保护区、人口稠密区附近的以及零星分散的硫磺厂。二是对磺区内没有达到技术改造要求的企业，要限期达标，到期仍达不到标准的企业，要停止其生产。三是对公路干线、道路两旁以及环境敏感区的炼磺厂，要先进行整顿，从严要求。要把硫磺企业控制在比较集中的老炼磺区内进行技术改造和发展生产，各地一般不得再新建硫磺企业。对确有硫铁矿和煤矿资源的中西部贫困地区，需要新建企业的，必须按照技术改造的要求选用技改炉。严格执行环境影响评价和“三同时”制度，并经省级环境保护部门和乡镇企业主管部门审批、验收合格后才能投产。

三、因地制宜地制定土法炼硫磺的环境管理和技术改造

乡镇硫磺企业地处我国贫困边远山区，它的发展有其特殊性。从社会生产发展的角度看，乡镇硫磺工业在国家不投资的情况下，要实现现代化的生产，需要一个过程。因此，在制定有关政策的时候应充分考虑乡镇企业硫磺工业发展的特点，把敞开式炼磺炉与技改炉分别开来，区别对待。组织推广技改炉，严禁新建敞开炉，乡镇企业的硫磺生产从技术改造中找出路，在保护环境中求发展。各地应采取得力措施，制定计划，有步骤地把乡镇企业土法炼硫磺的污染防治工作切实抓出成效。要求到1988年年底，乡镇硫磺企业基本取消敞开炉生产方式。

四、硫磺产区有关的省、地、县要加强工作，协同工作

对相邻地区硫磺企业的污染防治问题，要在有关地区人民政府的领导下，通过协商达到协调一致开展工作。土法炼硫磺污染防治工作进展比较慢的地方，要加快工作进程，对其硫磺企业，应限期达到乡镇硫磺厂

的技术改造要求。

五、依靠科技进步，推动乡镇企业土法炼硫磺污染防治工作的展开

各地应结合本地实际情况对技改炉进行引进和开发。对确有“三个效益”的技改炉要先建立示范工程，及时总结经验，由省级环境保护部门和乡镇企业主管部门认定后再组织推广。

对乡镇硫磺厂技术改造的要求是：炼磺炉为密闭生产，烟气集中处理后由高空排放；硫磺的回收率达到60%以上；硫化氢和二氧化硫排放量达到国家或地方规定的排放标准；炉台二氧化硫和硫化氢的浓度符合国家工业企业设计卫生标准；硫磺厂区大气环境质量符合国家大气环境质量三级标准；炼硫磺废渣必须按照环境保护的规定合理处置。

六、多渠道解决乡镇企业土法炼硫磺的技术改造资金

1. 企业自筹，包括固定资产折旧费、企业利润留作扩大再生产的部分。

2. 通过股份合作制形式筹措资金。

3. 企业按规定缴纳的排污费转作为污染源治理专项贷款基金，经环境保护部门审批后，可用于土法炼硫磺的污染治理和技术改造。

4. 国家的扶贫资金、中西部地区乡镇企业发展的贷款和用作乡镇企业发展的财政周转金，可部分用于土法炼硫磺的技术改造。

5. 各地应努力开辟新的资金渠道和在信贷上给予扶持。

七、做好土法炼硫磺技术改造的宣传和服务工作

要通过广泛的宣传教育工作，提高硫磺产区广大农民对土法炼硫磺技术改造的认识，调动其积极性。并争取科研技术单位和金融部门对土法炼硫磺技术改造和环境整治的积极支持。乡镇企业主管部门和环境保护部门要组织好技术咨询服务和技术培训工作，协调有关部门帮助乡镇硫磺企业落实技术改造项目。

八、做好资源的综合开发和利用工作

硫磺矿产区的各级乡镇企业主管部门，要创造条件，制定乡镇企业发展规划，调整硫铁矿生产及其加工产品的结构，做好硫铁矿石的深加工，积极开发新产品，代替硫磺生产。对硫磺厂的工业废渣要努力开展综合利用。硫磺产区不仅要作好硫磺企业的技术改造工作，而且应该加强生态农业建设，使农业、畜牧业、采矿业、冶炼业得到全面发展。

1993 年 10 月 14 日

中共中央　国务院

关于当前农业和农村经济发展的若干政策措施（摘要）

……

六、积极发展乡镇企业

乡镇企业是农村经济的重要支柱和国民经济的重要力量，对于今后转移农村剩余劳动力、保障农业稳定发展、增加农民收入、繁荣农村经济和加速农村现代化，将发挥越来越大的作用。要通过发展股份制、股份合作制和企业集团，进一步搞活乡镇企业的经营机制，优化结构，提高效益。要围绕乡镇企业的技术进步，继续组织实施“星火计划”，大力开发应用先进实用技术和高新技术成果，不断提高企业素质。积极支持外向型企业发展，比照对国有企业的有关规定，让更多的乡镇企业享有自营进出口权，直接参与国际市场竞争。

目前，多数地区的乡镇企业布局过于分散，不利于节约土地和基本建设投资，不利于污染治理和环境保护。要引导乡镇企业向小城镇适当集中，发挥企业群体优势，带动农村第三产业的发展，为促进农村剩余劳动力的转移创造条件。

加快中西部地区乡镇企业的发展，是农村经济发展的一个战略重点。中西部地区要面向市场需求，因地制宜，充分发挥资源优势，积极兴办农副产品加工、储运、商业、服务等企业；在统一规划的基础上，发展矿业、建材、小水电、旅游等资源型产业。同时，要积极鼓励东部地区与中西部地区之间开展各种形式的联

合，促进协调发展。国家新增加的扶持中西部地区发展乡镇企业的贷款要抓紧落实，确保资金全部到位。

……

1993 年 11 月 5 日

农业部　中国农业银行

关于加强乡镇企业资金管理，搞好利润分配的通知

（1993）农（企）字第 21 号

各省、自治区、直辖市、计划单列市乡镇企业局及农业银行分行：

1993 年是乡镇企业加快发展和提高的一年。东部地区在提高中发展，中西部地区在发展中提高，总的形势是好的。但是，乡镇企业在资金管理和利润分配等方面还存在一些亟待解决的问题。突出表现在：一些企业和地区盲目追求产值，“三项资金”占用过大，提留不实，成本失真，利润虚假，分配不当，以及企业负担过重，发展后劲不足，等等。为了认真贯彻党的十四届三中全会和全国乡镇企业工作会议精神，促进乡镇企业高效、持续、快速、健康发展，结合贯彻新财务会计制度和乡镇企业实际，现将加强资金管理，搞好年终利润分配的有关问题通知如下：

一、核实利润，保证企业利润的真实性和准确性

各级乡镇企业行政主管部门和企业要按照“两则”和《乡镇企业系统贯彻企业财务会计制度实施办法》，切实做好利润核实工作。首先，要清仓查库，盘点物资，核实帐户，调整帐目。凡盘盈、盘亏、毁损及报废的存货和固定资产，要按照财务制度的有关规定计入管理费用或营业外收支，并查明原因，分别情节及时处理，做到帐实相符，帐帐相符。其次，严格执行“权责发生制”的核算原则。本年度应负担的税金、利息要预提入帐，应负担的各项生产经营费用按有关规定及时入帐，应摊销的“待摊费用”要按受益期限分期摊销，以保证本年的收入与其相关的成本、费用相互配比。第三，严格按照规定搞好各项提留。工会经费（职工工资总额的 2%）、文体费（职工工资总额的 1%）、职工教育经费（职工工资总额的 1.5%）、坏帐准备金（应收帐款的 5‰）、固定资产折旧、技术改造和新产品开发资金（营业收入的 1%）、乡镇企业管理费（按规定比例）、补助社会性支出（利润总额扣除税前单项留利后的 10%）等均要按有关规定，结合当地乡镇企业实际情况足额提取。坚决杜绝不提或少提现象。

总之，要按照新财会制度的有关规定，该提的要提足，该摊的要摊够，该上缴的要上缴，该支出的要支出。核准本年度实现的利润总额、计税利润总额、税后利润和可供分配利润。严禁弄虚作假，虚增利润。

二、合理分配利润，保证企业后劲

企业利润分配要兼顾国家、集体、个人三者利益，保障所有者权益，确保国家税收，增加企业积累，适当补助社会性支出，兑现投资者分利，增加职工收入。具体应抓好以下几项工作：一是搞好税前利润分配。按照国家税法和《乡镇企业系统贯彻企业财务会计制度实施办法》的有关规定，进行税前扣除，各项单项留利按规定结转企业盈余公积。按照中共中央〔1985〕1 号文件规定提足补助社会性支出，上缴乡、村。二是依法纳税。乡镇企业要自觉及时照章纳税。符合减免税条件的企业要及时向税务部门申请减免税款，各级乡镇企业行政主管部门要协助企业做好申请减免税工作。三是做好税后利润调整。企业上缴所得税后，要按照有关规定对税后利润进行调整。县乡镇企业行政主管部门要切实管好用好按照中共中央〔1984〕4 号文件规定提取的扶助乡镇企业基金，使之逐年积累，周转使用，形成规模投入效益。四是搞好税后利润分配。税后利润分配必须按规定提取盈余公积金和公益金。以前年度亏损未弥补完的，一般不得提取盈余公积金和公益金。

要切实加强利润分配的审计监督工作。可供分配利润的大部分要留给企业；企业留利的大部分要用于扩大再生产。特别要防止把企业留利的大部分用于非生产性开支和扩大个人消费，杜绝“分光吃净”的短期行为。

股份制和股份合作制企业税后净利润的分配，按

照股份制和股份合作制企业的有关规定按股分红，或按股分配与按劳分配相结合的原则进行。

三、挖掘资金潜力，压缩“三项资金”占用

目前，全国乡镇企业有近2 000亿元资金停滞于流通领域，这是企业生产经营资金普遍拮据的一个重要因素。因此，必须采取有效措施，下大气力压缩“三项资金”占用。企业一方面要加强促销工作，打通渠道，扩大销售，强化推销；同时，严格执行经济合同，求得银行等有关部门的支持，加强信贷管理和结算资金管理，加快资金周转。另一方面要按照市场经济的要求，加强市场调查和市场预测，减少生产的盲目性，生产适销对路的产品，把“三项资金”占用减少到最低限度，遏制住“三项资金”上扬势头。

各级乡镇企业行政主管部门要会同农业银行等部门，切实加强对企业应收帐款的管理，最大限度的进行清理，防止出现新的“三角债”。要按照新财会制度规定，财务决算时按年末应收帐款余额的5‰提取坏帐准备金。凡企业长期挂帐的呆、滞款项和坏帐损失，经核实无误后，要及时冲抵坏帐准备金。要严格借款制度，因公借支要规定合理的额度和期限，及时报帐，防止前清后乱。对个人借支挪用资金要坚决清退回收。

四、清理在建工程，控制固定资产投资规模

近年来，乡镇企业固定资产投资规模不断扩大，投资速度逐年加快，这是保持乡镇企业加快发展和提高所必需的。但如果投资规模过大，片面追求产值和速度，势必加剧资金紧张的程度，在一定程度上会制约乡镇企业的持续健康发展。今后一个时期，乡镇企业的发展要有新的思路，要在保证经济效益的前提下，加快发展，加快提高。目前，要加紧清理在建工程，各级乡镇企业行政主管部门要对在建固定资产投资项目进行一次审核排队，对不符合国家产业政策、资金来源不落实、建设条件不具备、市场前景不明的在建项目，要区别情况，停缓建设。对于符合国家产业政策，较少投入即可发挥产出效益的在建工程，应多方筹措资金加以扶持，坚决不能走盲目追求产值和扩大投资规模的粗放经营的老路。在新上项目时，一定要量力而行，严格控制，充分做好可行性研究和项目评估。要下大力气调整乡镇企业的产业结构和产品结构，集中有限的资金搞好企业的技术改造，提高企业素质。

五、采取有效措施，实现企业扭亏增盈

近两年来，乡镇企业和各级乡镇企业行政主管部门为企业的扭亏增盈做了大量工作，取得了一定的成效。为了确保乡镇企业扭亏增盈工作取得新进展，各级乡镇企业行政主管部门一定要强化扭亏责任，搞好分类指导，建立扭亏增盈目标责任制。对亏损大户要逐一调查研究，提出解决办法，限期扭亏减亏。所有亏损企业都要建立负亏机制，实行职工利益与企业扭亏减亏额挂钩办法。对符合国家产业政策、市场前景看好、扭亏有望的企业，要给予适当扶持，有计划地帮助解决亏损的历史包袱；对微利及亏损企业可实行租赁、拍卖、转让、兼并等；对长期亏损、扭亏无望、资不抵债的乡镇企业要实行破产。要从根本上解决亏损企业的机制问题，真正做到自主经营，自负盈亏，优胜劣汰。

六、按时偿还银行贷款，提高信贷资金效益

农业银行、农村信用社一直是乡镇企业快速发展的重要支持力量。今后，农业银行和农村信用社要继续支持乡镇企业发展，加大投入力度。要重点支持粮棉主产区、贫困地区乡镇企业的骨干企业、企业集团和股份合作制企业的发展，对符合小城镇建设发展方向的集中连片开发的工业小区，要积极融通资金进行扶持。各级乡镇企业行政主管部门和农业银行要紧密配合，加强对企业贷款使用效益的检查监督工作，按照市场经济原则指导企业生产，提供信息服务。企业及主管部门要广辟渠道，多方筹集资金，集中投向符合国家产业政策、经济效益好的企业和项目。自觉接受农业银行、财政、税务部门的指导，强化财务管理，减少资金占用，加速资金周转，按时归还银行到期贷款本息，全面提高信贷资金使用效益。

七、禁止各种摊派，减轻企业负担

按照资本保全原则，任何单位和个人均不得以任何理由随意增减、上调、平调乡镇企业资本金，或改变企业所有制性质。要坚决执行国务院《禁止向企业摊派暂行条例》，严禁以任何名义向企业乱摊派、乱收费、乱罚款，切实减轻乡镇企业负担。各级乡镇企业行政主管部门要保护企业合法权益，为其健康发展创造一个良好的外部环境。乡镇企业对以各种名目平调企业财产，以及对非法摊派、收费和罚款，有权拒绝。对侵吞挥霍乡镇企业资产的，要严肃处理。

社会主义市场经济体制的确立和逐步完善，要求企业切实转移到以经济效益为中心的轨道上来，正确处理速度与效益、数量与质量、发展与提高的关系。明年国家要全面进行财税、金融、投资、计划体制改革，这对乡镇企业既是希望和机遇，更是困难和挑战，乡镇

企业及其各级行政主管部门对此一定要有充分的认识和思想准备。资金管理是一项政策性强、涉及面广的系统工程，利润分配是企业资金管理的重要内容。各级乡镇企业行政主管部门一定要会同农业银行等职能部门加强领导，精心组织，按照社会主义市场经济体制和建立现代化企业制度的要求，加强资金管理，挖掘资金潜力，提高企业资金的运营效率和效果，增强企业发展后劲，为乡镇企业高效、持续、快速、健康发展奠定坚实的物质基础。

1993年12月25日

统　计　资　料

1993 年乡镇企业基本情况

(一) 企 业 个 数

1. 总 计

单位：个

地区 \ 项目	合 计	乡 办	村 办	合 作	个 体
全国总计	**24 529 272**	**433 809**	**1 251 425**	**1 038 528**	**21 805 510**
北 京	115 598	4 856	14 777	755	95 210
天 津	38 507	2 656	8 937	4 875	22 039
河 北	1 596 946	21 066	59 224	177 293	1 339 363
山 西	629 468	8 112	44 726	12 137	564 493
内 蒙 古	427 969	7 998	8 114	3 544	408 313
辽 宁	783 110	15 563	46 557		720 990
吉 林	557 991	7 910	17 003	1	533 077
黑 龙 江	662 327	9 521	22 326	14 708	615 772
上 海	17 267	4 334	10 688	2 245	
江 苏	984 882	35 921	77 018	24 963	846 980
浙 江	705 604	29 576	51 819	45 552	578 657
安 徽	1 667 354	24 771	44 503	87 761	1 510 319
福 建	671 962	14 347	50 767	54 156	552 692
江 西	1 052 834	18 967	42 207	71 015	920 645
山 东	1 967 023	26 231	151 987	154 953	1 633 852
河 南	2 043 427	16 867	73 351	125 109	1 828 100
湖 北	1 377 638	21 610	121 977	41 531	1 192 520
湖 南	1 549 373	26 780	93 434	25 579	1 403 580
广 东	1 389 897	27 627	101 537	64 132	1 196 601
广 西	1 212 334	11 673	25 230	42 094	1 133 337
海 南	117 647	1 580	1 458	4 814	109 795
四 川	2 424 252	55 943	109 591	40 309	2 218 409
贵 州	531 240	6 377	4 018	6 809	514 036
云 南	613 507	6 759	23 387	8 210	575 151
西 藏					
陕 西	769 298	12 142	33 159	16 250	707 747
甘 肃	274 658	7 241	8 048	8 667	250 702
青 海	46 215	904	890	75	44 346
宁 夏	98 670	1 688	1 575	733	94 674
新 疆	202 274	4 789	3 117	258	194 110
单列市合计	**1 533 019**	**37 544**	**115 512**	**24 343**	**1 355 620**
沈 阳	88 138	1 992	6 433	3 441	76 272
大 连	89 307	3 000	8 916		77 391
长 春	141 572	1 611	3 779		136 182
哈 尔 滨	85 335	1 249	2 132	674	81 280
南 京	36 648	2 836	5 460	886	27 466
宁 波	56 274	5 165	11 916	3 600	35 593
厦 门	20 856	353	1 610	354	18 539
青 岛	130 013	2 046	16 941	2 683	108 343
武 汉	115 157	2 144	8 551	2 295	102 167
广 州	73 951	1 578	8 437	2 799	61 137
深 圳					
成 都	251 466	5 178	14 601	1 341	230 346
重 庆	306 169	8 582	21 640	1 798	274 149
西 安	138 133	1 810	5 096	4 472	126 755

2. 农　业

单位：个

地区＼项目	合计	乡办	村办	合作	个体
全国总计	**279 084**	**29 027**	**249 564**	**133**	**360**
北　京	653	248	405		
天　津	14	9	5		
河　北	11 422	584	10 838		
山　西	8 879	586	8 293		
内蒙古	3 272	771	2 501		
辽　宁	8 183	838	7 345		
吉　林	8 395	1 253	7 142		
黑龙江	7 945	680	7 265		
上　海					
江　苏	628	288	340		
浙　江	959	337	622		
安　徽	7 946	1 320	6 626		
福　建	14 924	1 518	13 406		
江　西	7 661	2 155	5 506		
山　东	23 795	947	22 848		
河　南	14 882	1 105	13 777		
湖　北	40 028	2 539	37 489		
湖　南	44 353	4 118	40 235		
广　东	17 959	1 831	16 128		
广　西	12 117	1 037	11 080		
海　南	1 384	437	947		
四　川	18 923	2 693	16 230		
贵　州	2 161	754	1 407		
云　南	7 324	609	6 222	133	360
西　藏					
陕　西	10 079	1 162	8 917		
甘　肃	2 754	444	2 310		
青　海	328	95	233		
宁　夏	601	141	460		
新　疆	1 515	528	987		
单列市合计	**15 680**	**1 743**	**12 286**		**1 651**
沈　阳	815	30	127		658
大　连	3 229	355	1 881		993
长　春	1 288	189	1 099		
哈尔滨	506	61	445		
南　京	279	126	153		
宁　波					
厦　门	397	24	373		
青　岛	3 254	62	3 192		
武　汉	1 029	220	809		
广　州	356	45	311		
深　圳					
成　都	806	148	658		
重　庆	3 400	415	2 985		
西　安	321	68	253		

3. 工　业

单位：个

地区＼项目	合　计	乡　办	村　办	合　作	个　体
全国总计	**9 184 409**	**291 159**	**777 974**	**583 985**	**7 531 290**
北　京	27 184	2 907	10 917	176	13 184
天　津	26 594	2 195	8 127	4 344	11 927
河　北	616 450	14 439	39 328	102 188	460 495
山　西	155 799	5 640	30 626	4 834	114 699
内蒙古	98 391	4 499	4 148	1 894	87 850
辽　宁	270 085	9 815	31 134		229 136
吉　林	168 839	4 636	7 652	1	156 550
黑龙江	155 486	5 829	11 510	4 251	133 896
上　海	17 267	4 334	10 688	2 245	
江　苏	542 464	29 439	69 659	19 554	423 812
浙　江	453 130	25 648	48 564	43 809	335 109
安　徽	662 637	16 670	29 988	43 551	572 428
福　建	236 398	9 439	31 066	29 761	166 132
江　西	505 438	11 538	29 161	44 978	419 761
山　东	773 337	17 381	83 954	70 828	601 174
河　南	918 525	11 125	44 389	59 756	803 255
湖　北	487 220	13 392	53 695	19 610	400 523
湖　南	543 359	15 196	40 191	16 883	471 089
广　东	437 337	18 007	69 060	35 935	314 335
广　西	360 305	7 140	8 161	24 156	320 848
海　南	23 465	686	356	1 964	20 459
四　川	844 846	37 803	73 910	25 697	707 436
贵　州	252 161	4 579	2 307	5 478	239 797
云　南	189 317	3 398	14 076	6 952	164 891
西　藏					
陕　西	237 610	7 290	18 693	8 572	203 055
甘　肃	92 486	4 077	4 015	5 914	78 480
青　海	14 703	524	457	46	13 676
宁　夏	26 378	984	804	420	24 170
新　疆	47 198	2 549	1 338	188	43 123
单列市合计	**538 160**	**25 120**	**80 333**	**15 315**	**417 392**
沈　阳	42 414	1 391	5 710	2 136	33 177
大　连	28 060	1 382	4 759		21 919
长　春	47 845	960	1 788		45 097
哈尔滨	21 966	869	1 398	187	19 512
南　京	14 495	2 030	4 565	549	7 351
宁　波	46 055	4 635	11 413	3 592	26 415
厦　门	3 087	178	860	154	1 895
青　岛	54 185	1 456	9 747	1 263	41 719
武　汉	36 839	1 301	4 878	1 349	29 311
广　州	17 603	1 084	5 887	1 622	9 010
深　圳					
成　都	85 739	3 349	10 377	902	71 111
重　庆	97 834	5 259	15 193	1 077	76 305
西　安	42 038	1 226	3 758	2 484	34 570

4. 建 筑 业

单位：个

地区＼项目	合计	乡办	村办	合作	个体
全国总计	**1 216 948**	**31 236**	**39 250**	**131 967**	**1 014 495**
北京	3 890	452	728	33	2 677
天津	474	109	129	54	182
河北	51 890	1 194	1 223	15 161	34 312
山西	22 078	500	1 288	817	19 473
内蒙古	16 657	387	195	612	15 463
辽宁	28 626	1 105	1 147		26 374
吉林	40 125	420	342		39 363
黑龙江	33 344	600	425	1 646	30 673
上海					
江苏	62 907	1 493	1 207	2 009	58 198
浙江	18 853	1 220	472	318	16 843
安徽	127 990	2 053	1 822	17 373	106 742
福建	30 383	981	698	3 748	24 956
江西	87 876	1 500	1 053	5 563	79 760
山东	83 538	2 581	10 198	24 533	46 226
河南	141 683	1 835	6 126	26 420	107 302
湖北	99 219	1 512	4 194	6 089	87 424
湖南	80 529	2 405	1 715	1 775	74 634
广东	73 305	1 604	1 204	7 560	62 937
广西	37 126	736	189	6 120	30 081
海南	3 496	163	30	883	2 420
四川	92 312	4 018	1 911	5 217	81 166
贵州	10 472	323	79	1 070	9 000
云南	9 293	996	879	540	6 878
西藏					
陕西	41 427	1 051	1 208	3 062	36 106
甘肃	9 331	1 136	636	1 254	6 305
青海	722	110	61	7	544
宁夏	3 181	172	52	92	2 865
新疆	6 221	580	39	11	5 591
单列市合计	**70 322**	**2 850**	**3 577**	**2 513**	**61 382**
沈阳	1 909	103	76	98	1 632
大连	4 110	271	449		3 390
长春	13 027	113	139		12 775
哈尔滨	3 896	88	39	81	3 688
南京	1 556	153	232	97	1 074
宁波	419	134	122		163
厦门	476	47	46	77	306
青岛	5 905	189	776	542	4 398
武汉	8 105	217	539	210	7 139
广州	1 677	92	112	270	1 203
深圳					
成都	6 248	479	265	160	5 344
重庆	14 576	809	575	249	12 943
西安	8 418	155	207	729	7 327

5. 交通运输业

单位：个

地区 \ 项目	合计	乡办	村办	合作	个体
全国总计	**4 863 989**	**11 234**	**31 297**	**132 562**	**4 688 896**
北京	32 777	202	786	96	31 693
天津	3 390	56	90	215	3 029
河北	376 555	553	908	26 592	348 502
山西	268 261	370	1 773	5 510	260 608
内蒙古	142 651	180	102	519	141 850
辽宁	183 335	351	1 160		181 824
吉林	148 553	126	364		148 063
黑龙江	212 684	157	805	4 132	207 590
上海					
江苏	149 663	1 003	1 193	1 237	146 230
浙江	81 302	327	322	497	80 156
安徽	310 302	681	901	9 564	299 156
福建	133 446	348	826	8 950	123 322
江西	126 925	854	1 037	8 345	116 689
山东	402 609	860	7 470	23 286	370 993
河南	233 712	447	1 906	18 093	213 266
湖北	228 228	760	4 751	4 969	217 748
湖南	282 252	672	1 241	3 100	277 239
广东	275 523	564	1 533	7 385	266 041
广西	257 689	400	502	3 987	252 800
海南	33 571	33	15	581	32 942
四川	299 310	1 207	2 232	2 281	293 090
贵州	91 647	109	70	105	91 363
云南	195 560	182	241	120	195 017
西藏					
陕西	202 190	243	440	1 633	199 874
甘肃	72 015	311	157	659	70 888
青海	14 427	37		1	14 389
宁夏	45 192	53	90	192	44 857
新疆	60 220	148	382	13	59 677
单列市合计	**303 582**	**838**	**3 101**	**1 742**	**297 901**
沈阳	16 756	16	28	66	16 646
大连	20 874	77	290		20 507
长春	36 201	6	145		36 050
哈尔滨	30 986	12	63	193	30 718
南京	8 914	74	78	78	8 684
宁波	1 924	52	55		1 817
厦门	6 813	10	24	42	6 737
青岛	24 342	33	823	264	23 222
武汉	26 862	131	345	200	26 186
广州	16 253	28	427	329	15 469
深圳					
成都	46 304	162	214	29	45 899
重庆	29 864	210	517	190	28 947
西安	37 489	27	92	351	37 019

6. 批发、零售、餐饮业

单位：个

地区 \ 项目	合计	乡办	村办	合作	个体
全国总计	**6 563 347**	**54 765**	**108 931**	**135 094**	**6 264 557**
北京	37 857	787	1 617	336	35 117
天津	6 571	254	500	237	5 580
河北	405 283	3 342	4 754	24 929	372 258
山西	142 428	838	1 965	858	138 767
内蒙古	126 230	1 801	929	422	123 078
辽宁	241 498	2 984	5 120		233 394
吉林	168 313	1 349	1 368		165 596
黑龙江	159 719	1 789	1 218	3 611	153 101
上海					
江苏	174 872	3 261	4 087	1 575	165 949
浙江	130 476	1 873	1 553	700	126 350
安徽	435 329	3 247	4 333	13 529	414 220
福建	198 418	1 596	3 541	8 531	184 750
江西	222 933	1 969	3 744	7 025	210 195
山东	499 580	3 385	18 865	24 319	453 011
河南	614 299	1 996	5 802	17 357	589 144
湖北	378 202	2 734	15 659	7 706	352 103
湖南	418 356	3 504	7 421	2 229	405 202
广东	437 043	3 962	9 555	9 062	414 464
广西	386 196	1 708	3 521	5 484	375 483
海南	42 454	157	82	993	41 222
四川	669 850	7 154	8 390	3 074	651 232
贵州	141 756	486	69	119	141 082
云南	166 360	991	1 246	123	164 000
西藏					
陕西	190 865	1 763	2 562	2 144	184 396
甘肃	79 351	1 001	667	644	77 039
青海	13 946	107	87	21	13 731
宁夏	19 230	274	102	22	18 832
新疆	55 932	453	174	44	55 261
单列市合计	**448 922**	**5 522**	**11 898**	**3 469**	**428 033**
沈阳	21 859	249	439	1 086	20 085
大连	28 780	849	1 464		26 467
长春	40 527	340	583		39 604
哈尔滨	21 542	184	145	114	21 099
南京	9 281	337	356	60	8 528
宁波	7 483	335	311	8	6 829
厦门	8 604	83	253	16	8 252
青岛	34 952	271	2 056	583	32 042
武汉	29 422	194	1 413	275	27 540
广州	31 687	250	1 087	376	29 974
深圳					
成都	77 414	723	1 869	151	74 671
重庆	102 004	1 423	1 333	150	99 098
西安	35 367	284	589	650	33 844

餐 饮 业

单位：个

项目 地区	合 计	乡 办	村 办	合 作	个 体
全国总计	**1 357 857**	**8 403**	**22 848**	**32 658**	**1 293 948**
北京	5 916	106	345	66	5 399
天津	1 219	39	113	74	993
河北	76 576	439	1 034	5 989	69 114
山西	29 302	96	390	251	28 565
内蒙古	21 549	325	145	117	20 962
辽宁	43 360	337	587		42 436
吉林	29 329	220	297		28 812
黑龙江	29 019	281	178	425	28 135
上海					
江苏	31 258	450	938	335	29 535
浙江	23 894	165	229	76	23 424
安徽	94 407	518	723	2 760	90 406
福建	38 650	181	670	1 654	36 145
江西	42 971	497	838	1 440	40 196
山东	123 607	677	5 542	7 795	109 593
河南	149 770	329	1 470	4 687	143 284
湖北	76 128	423	3 114	1 620	70 971
湖南	69 156	676	1 216	445	66 819
广东	68 869	461	1 391	1 803	65 214
广西	75 201	284	559	1 088	73 270
海南	9 430	50	40	256	9 084
四川	144 632	1 096	2 095	727	140 714
贵州	30 704	62	9	40	30 593
云南	38 103	143	310	74	37 576
西藏					
陕西	57 661	248	507	723	56 183
甘肃	19 899	142	56	170	19 531
青海	3 039	13	16		3 010
宁夏	4 647	34	22	12	4 579
新疆	19 561	111	14	31	19 405
单列市合计	**93 904**	**787**	**2 589**	**757**	**89 771**
沈阳	4 151	95	52	82	3 922
大连	3 076	78	189		2 809
长春	6 042	37	127		5 878
哈尔滨	4 902	17	18	55	4 812
南京	2 933	106	95	29	2 703
宁波	1 508	31	32		1 445
厦门	1 086	3	24		1 059
青岛	6 634	39	638	141	5 816
武汉	6 292	35	206	89	5 962
广州	5 217	25	196	128	4 868
深圳					
成都	19 995	81	472	34	19 408
重庆	21 500	215	395	43	20 847
西安	10 568	25	145	156	10 242

7. 服 务 业

单位：个

地区 \ 项目	合 计	乡 办	村 办	合 作	个 体
全国总计	**1 486 775**	**10 198**	**25 728**	**28 658**	**1 422 191**
北 京	5 907	151	268	91	5 397
天 津	1 459	31	82	25	1 321
河 北	79 161	659	1 527	4 377	72 598
山 西	25 089	152	643	74	24 220
内 蒙 古	30 581	295	183	79	30 024
辽 宁	39 420	366	512		38 542
吉 林	21 864	115	109		21 640
黑 龙 江	59 405	342	631	734	57 698
上 海					
江 苏	37 124	312	440	392	35 980
浙 江	17 294	149	262	127	16 756
安 徽	75 142	469	533	2 092	72 048
福 建	38 433	314	692	1 608	35 819
江 西	43 541	487	461	1 621	40 972
山 东	115 026	583	5 008	7 079	102 356
河 南	72 429	198	702	1 823	69 706
湖 北	77 271	374	3 112	1 441	72 344
湖 南	93 854	500	1 118	862	91 374
广 东	84 411	791	2 009	2 203	79 408
广 西	101 903	489	1 282	1 252	98 880
海 南	8 489	78	18	146	8 247
四 川	306 038	1 707	4 199	1 891	298 241
贵 州	25 837	109	73	28	25 627
云 南	29 505	409	506	83	28 507
西 藏					
陕 西	56 949	451	891	481	55 126
甘 肃	14 756	221	222	141	14 172
青 海	1 811	28	52		1 731
宁 夏	3 298	42	47	7	3 202
新 疆	20 778	376	146	1	20 255
单列市合计	**120 560**	**1 064**	**3 090**	**828**	**115 578**
沈 阳	3 358	172	43	29	3 114
大 连	3 557	51	60		3 446
长 春	2 684	3	25		2 656
哈 尔 滨	5 290	29	19	53	5 189
南 京	1 746	87	66	45	1 548
宁 波	340	4	15		321
厦 门	901	9	51	56	785
青 岛	5 871	19	251	31	5 570
武 汉	6 352	30	271	120	5 931
广 州	4 703	44	378	148	4 133
深 圳					
成 都	23 392	163	844	62	22 323
重 庆	52 517	416	915	116	51 070
西 安	9 849	37	152	168	9 492

8. 其他企业

单位：个

地区＼项目	合计	乡办	村办	合作	个体
全国总计	**934 720**	**6 190**	**18 680**	**26 129**	**883 721**
北京	7 330	109	56	23	7 142
天津	5	2	3		
河北	56 185	295	646	4 046	51 198
山西	6 934	26	138	44	6 726
内蒙古	10 187	65	56	18	10 048
辽宁	11 963	104	139		11 720
吉林	1 902	11	26		1 865
黑龙江	33 744	124	472	334	32 814
上海					
江苏	17 224	125	92	196	16 811
浙江	3 590	22	24	101	3 443
安徽	48 008	331	300	1 652	45 725
福建	19 960	151	538	1 558	17 713
江西	58 460	464	1 245	3 483	53 268
山东	69 138	494	3 644	4 908	60 092
河南	47 897	161	649	1 660	45 427
湖北	67 470	299	3 077	1 716	62 378
湖南	86 670	385	1 513	730	84 042
广东	64 319	868	2 048	1 987	59 416
广西	56 998	163	495	1 095	55 245
海南	4 788	26	10	247	4 505
四川	192 973	1 361	2 719	1 649	187 244
贵州	7 206	17	13	9	7 167
云南	16 148	174	217	259	15 498
西藏					
陕西	30 178	182	448	358	29 190
甘肃	3 965	51	41	55	3 818
青海	278	3			275
宁夏	790	22	20		748
新疆	10 410	155	51	1	10 203
单列市合计	**35 793**	**407**	**1 227**	**476**	**33 683**
沈阳	1 027	31	10	26	960
大连	697	15	13		669
长春					
哈尔滨	1 149	6	23	46	1 074
南京	377	29	10	57	281
宁波	53	5			48
厦门	578	2	3	9	564
青岛	1 504	16	96		1 392
武汉	6 548	51	296	141	6 060
广州	1 672	35	235	54	1 348
深圳					
成都	11 563	154	374	37	10 998
重庆	5 974	50	122	16	5 786
西安	4 651	13	45	90	4 503

（二）职工人数

1. 总　　计

单位：人

地区	合计	乡办	村办	合作	个体
全国总计	**123 453 082**	**28 808 032**	**28 869 267**	**9 137 095**	**56 638 688**
北京	1 253 649	428 618	604 777	11 627	208 627
天津	971 163	270 062	567 910	53 108	80 083
河北	7 432 504	1 161 838	1 586 170	1 455 877	3 228 619
山西	3 476 581	512 088	1 041 451	132 461	1 790 581
内蒙古	1 454 467	266 569	161 845	48 893	977 160
辽宁	4 339 775	1 110 773	1 326 043		1 902 959
吉林	1 916 576	339 639	317 474	11	1 259 452
黑龙江	2 051 204	376 043	302 143	57 647	1 315 371
上海	1 471 635	764 850	662 734	44 051	
江苏	9 474 242	4 119 675	3 014 658	170 351	2 169 558
浙江	6 670 850	2 474 746	1 670 855	693 574	1 831 675
安徽	6 373 091	1 412 736	932 107	628 060	3 400 188
福建	4 063 322	840 639	1 061 161	661 898	1 499 624
江西	3 395 178	717 085	514 658	414 485	1 748 950
山东	13 508 107	2 778 490	4 382 062	1 197 508	5 150 047
河南	11 553 188	1 154 116	2 217 304	1 265 769	6 915 999
湖北	5 198 448	1 241 292	1 225 286	239 052	2 492 818
湖南	5 934 589	1 462 648	1 170 285	199 466	3 102 190
广东	9 155 144	2 092 394	2 871 000	634 545	3 557 205
广西	3 663 529	488 701	280 766	353 547	2 540 515
海南	352 064	63 087	16 729	39 279	232 969
四川	10 335 931	2 873 512	1 500 187	317 417	5 644 815
贵州	1 535 289	257 618	67 861	56 390	1 153 420
云南	1 956 476	439 428	467 464	81 254	968 330
西藏					
陕西	3 170 837	453 445	599 559	202 364	1 915 469
甘肃	1 665 230	414 478	210 586	159 428	880 738
青海	156 730	35 596	23 679	1 874	95 581
宁夏	322 596	80 069	29 387	11 969	201 171
新疆	600 687	177 797	43 126	5 190	374 574
单列市合计	**10 616 936**	**3 103 671**	**3 297 869**	**290 138**	**3 925 258**
沈阳	570 488	127 443	189 584	30 730	222 731
大连	1 026 032	299 155	495 431		231 446
长春	582 916	90 611	110 009		382 296
哈尔滨	308 954	69 687	54 272	3 119	181 876
南京	583 461	283 769	221 889	8 464	69 339
宁波	955 435	403 142	358 600	48 813	144 880
厦门	114 002	23 741	33 236	4 120	52 905
青岛	1 218 362	319 314	480 273	31 189	387 586
武汉	568 888	164 182	163 219	20 820	220 667
广州	788 170	221 337	303 008	52 417	211 408
深圳					
成都	1 353 630	458 250	319 552	12 088	563 740
重庆	1 825 021	545 543	424 052	23 423	832 003
西安	721 577	97 497	144 744	54 955	424 381

2. 农　业

单位：人

项目 地区	合　计	乡　办	村　办	合　作	个　体
全国总计	**2 853 606**	**637 938**	**2 213 270**	**994**	**1 404**
北　京	18 425	8 443	9 982		
天　津	558	436	122		
河　北	133 240	8 041	125 199		
山　西	80 173	7 103	73 070		
内蒙古	23 173	9 541	13 632		
辽　宁	162 701	34 019	128 682		
吉　林	81 409	25 195	56 214		
黑龙江	56 529	11 834	44 695		
上　海					
江　苏	15 687	9 215	6 472		
浙　江	11 796	5 357	6 439		
安　徽	84 224	24 968	59 256		
福　建	227 039	40 745	186 294		
江　西	77 423	37 510	39 913		
山　东	375 593	40 665	334 928		
河　南	150 059	27 840	122 219		
湖　北	318 439	77 785	240 654		
湖　南	416 402	96 583	319 819		
广　东	121 124	36 573	84 551		
广　西	91 405	16 564	74 841		
海　南	32 352	23 151	9 201		
四　川	175 393	36 371	139 022		
贵　州	17 425	8 667	8 758		
云　南	71 118	20 311	48 409	994	1 404
西　藏					
陕　西	65 892	13 000	52 892		
甘　肃	22 874	4 451	18 423		
青　海	2 189	1 032	1 157		
宁　夏	6 196	2 331	3 865		
新　疆	14 768	10 207	4 561		
单列市合计	**287 514**	**57 672**	**224 660**		**5 182**
沈　阳	3 455	472	1 666		1 317
大　连	121 260	24 628	92 767		3 865
长　春	19 565	4 802	14 763		
哈尔滨	3 831	1 448	2 383		
南　京	6 650	3 326	3 324		
宁　波					
厦　门	8 960	1 640	7 320		
青　岛	52 611	3 875	48 736		
武　汉	13 353	5 507	7 846		
广　州	5 134	1 216	3 918		
深　圳					
成　都	8 485	2 750	5 735		
重　庆	39 021	6 175	32 846		
西　安	5 189	1 833	3 356		

3. 工　业

单位：人

地区＼项目	合计	乡办	村办	合作	个体
全国总计	**72 595 609**	**19 958 176**	**22 434 847**	**5 823 430**	**24 379 156**
北京	801 434	283 491	465 214	4 332	48 397
天津	880 604	232 660	542 337	49 642	55 965
河北	4 501 683	830 874	1 283 108	941 422	1 446 279
山西	2 027 339	417 030	862 431	95 147	652 731
内蒙古	581 328	174 012	115 662	31 273	260 381
辽宁	2 544 055	745 562	998 657		799 836
吉林	861 095	241 949	226 959	11	392 176
黑龙江	860 320	279 233	222 128	22 994	335 965
上海	1 471 635	764 850	662 734	44 051	
江苏	7 628 543	3 377 853	2 867 478	130 057	1 253 155
浙江	5 773 858	2 044 345	1 583 353	678 709	1 467 451
安徽	3 486 395	919 874	666 531	319 350	1 580 640
福建	2 451 432	554 016	780 750	488 686	627 980
江西	2 054 642	469 510	395 869	305 480	883 783
山东	7 807 268	1 780 488	3 011 279	565 874	2 449 627
河南	6 153 832	754 122	1 624 437	636 566	3 138 707
湖北	2 627 577	825 457	706 551	124 350	971 219
湖南	2 964 503	815 691	709 389	152 408	1 287 015
广东	6 123 331	1 612 192	2 573 631	458 330	1 479 178
广西	1 617 922	286 958	162 232	223 370	945 362
海南	104 218	17 947	5 588	19 373	61 310
四川	4 816 817	1 546 152	1 031 801	182 726	2 056 138
贵州	972 754	195 921	49 116	46 746	680 971
云南	889 836	176 174	268 603	66 347	378 712
西藏					
陕西	1 474 924	265 327	422 864	127 997	658 736
甘肃	690 790	188 680	127 559	96 641	277 910
青海	63 896	21 239	17 170	1 373	24 114
宁夏	128 525	44 101	19 305	5 758	59 361
新疆	235 053	92 468	32 111	4 417	106 057
单列市合计	**6 244 894**	**1 957 642**	**2 459 399**	**210 876**	**1 616 977**
沈阳	424 818	103 624	173 959	25 639	121 596
大连	519 974	146 723	285 340		87 911
长春	268 047	63 179	80 478		124 390
哈尔滨	153 523	53 610	47 114	1 028	51 771
南京	431 959	209 278	189 918	5 364	27 399
宁波	888 953	365 671	343 340	48 751	131 191
厦门	55 354	12 933	19 178	2 768	20 475
青岛	782 936	209 177	347 961	20 146	205 652
武汉	308 419	95 027	117 280	13 551	82 561
广州	523 205	175 191	243 082	37 620	67 312
深圳					
成都	713 384	214 117	243 751	7 902	247 614
重庆	814 144	249 433	253 058	11 140	300 513
西安	360 178	59 679	114 940	36 967	148 952

4. 建筑业

单位：人

地区＼项目	合计	乡办	村办	合作	个体
全国总计	**18 269 309**	**6 842 080**	**2 425 898**	**1 995 913**	**7 005 418**
北京	209 469	101 575	71 236	411	36 247
天津	41 313	24 274	11 030	1 725	4 284
河北	1 030 559	248 735	77 396	301 048	403 380
山西	393 530	61 660	58 536	16 190	257 144
内蒙古	271 910	61 103	21 109	13 606	176 092
辽宁	642 898	277 329	125 230		240 339
吉林	304 589	52 176	19 990		232 423
黑龙江	283 684	58 995	14 398	13 683	196 608
上海					
江苏	996 979	618 731	74 304	25 057	278 887
浙江	460 686	382 005	40 816	6 687	31 178
安徽	1 080 912	371 113	127 014	202 158	380 627
福建	449 029	198 126	37 053	64 508	149 342
江西	429 991	167 337	34 673	43 122	184 859
山东	2 442 000	838 826	688 474	401 859	512 841
河南	2 298 227	313 616	354 349	458 625	1 171 637
湖北	768 069	255 544	123 467	56 238	332 820
湖南	968 072	486 138	71 394	19 490	391 050
广东	914 962	331 672	61 475	83 789	438 026
广西	417 513	149 053	10 019	82 910	175 531
海南	50 916	18 624	636	10 278	21 378
四川	1 989 083	1 112 341	138 623	78 599	659 520
贵州	139 889	44 143	6 004	8 079	81 663
云南	405 938	218 144	117 313	11 152	59 329
西藏					
陕西	646 468	149 108	81 970	53 573	361 817
甘肃	443 467	195 248	49 621	39 624	158 974
青海	34 866	11 846	3 415	404	19 201
宁夏	64 123	29 601	4 240	2 700	27 582
新疆	90 167	65 017	2 113	398	22 639
单列市合计	**1 808 912**	**911 140**	**306 451**	**45 076**	**546 245**
沈阳	43 750	19 332	6 037	1 740	16 641
大连	234 439	111 872	81 358		41 209
长春	108 059	19 651	9 127		79 281
哈尔滨	47 728	11 066	2 352	847	33 463
南京	86 234	57 252	18 827	1 671	8 484
宁波	37 561	29 987	7 111		463
厦门	13 191	6 689	2 917	685	2 900
青岛	207 987	99 140	52 215	8 284	48 348
武汉	111 153	54 084	18 950	3 919	34 200
广州	59 911	28 438	8 544	6 584	16 345
深圳					
成都	295 598	205 254	38 935	2 944	48 465
重庆	412 275	238 329	47 131	7 113	119 702
西安	151 026	30 046	12 947	11 289	96 744

5. 交通运输业

单位：人

地区 \ 项目	合计	乡办	村办	合作	个体
全国总计	**9 314 494**	**502 900**	**471 148**	**487 342**	**7 853 104**
北京	82 022	9 228	21 069	4 723	47 002
天津	15 941	6 251	4 341	484	4 865
河北	608 629	24 713	20 939	80 591	482 386
山西	538 619	12 987	19 358	17 099	489 175
内蒙古	223 643	3 758	2 244	1 385	216 256
辽宁	371 324	14 820	18 736		337 768
吉林	269 693	3 167	3 236		263 290
黑龙江	355 823	2 735	5 705	8 952	338 431
上海					
江苏	326 577	62 228	25 797	4 399	234 153
浙江	141 207	16 991	15 056	3 900	105 260
安徽	558 628	52 392	31 423	35 562	439 251
福建	277 303	22 296	16 075	38 324	200 608
江西	208 496	17 467	11 009	24 547	155 473
山东	918 414	40 433	86 123	82 111	709 747
河南	1 097 963	29 715	43 017	72 028	953 203
湖北	383 036	31 395	34 656	15 659	301 326
湖南	408 408	25 390	16 945	9 328	356 745
广东	473 116	24 777	23 690	24 225	400 424
广西	387 854	15 966	7 110	14 538	350 240
海南	48 665	982	104	3 535	44 044
四川	522 990	51 223	38 921	17 564	415 282
贵州	115 641	3 226	1 540	1 025	109 850
云南	223 410	7 806	7 250	1 268	207 086
西藏					
陕西	344 991	6 628	10 461	6 761	321 141
甘肃	228 307	13 046	4 513	16 572	194 176
青海	27 440	535		30	26 875
宁夏	76 931	1 386	540	2 706	72 299
新疆	79 423	1 359	1 290	26	76 748
单列市合计	**643 215**	**53 882**	**66 497**	**7 799**	**515 037**
沈阳	36 211	353	373	302	35 183
大连	55 946	4 840	11 151		39 955
长春	73 553	39	1 013		72 501
哈尔滨	49 609	156	540	529	48 384
南京	18 383	4 372	2 524	300	11 187
宁波	7 589	2 479	2 971		2 139
厦门	12 386	254	1 424	216	10 492
青岛	55 805	2 018	7 829	820	45 138
武汉	45 159	5 243	3 162	734	36 020
广州	45 137	2 299	9 263	1 147	32 428
深圳					
成都	80 755	17 450	4 137	92	59 076
重庆	84 461	12 742	19 324	1 736	50 659
西安	78 221	1 637	2 786	1 923	71 875

6．批发、零售、餐饮业

单位：人

地区＼项目	合计	乡办	村办	合作	个体
全国总计	**14 077 626**	**603 603**	**871 699**	**573 089**	**12 029 235**
北京	98 150	14 341	26 763	1 314	55 732
天津	27 621	5 720	8 089	1 128	12 684
河北	833 092	36 619	58 039	98 015	640 419
山西	347 758	8 559	20 316	3 408	315 475
内蒙古	254 942	15 785	7 025	2 244	229 888
辽宁	504 039	33 300	46 760		423 979
吉林	356 995	16 081	10 099		330 815
黑龙江	307 819	17 740	8 548	9 151	272 380
上海					
江苏	385 099	39 290	33 674	7 876	304 259
浙江	239 514	22 026	19 455	2 893	195 140
安徽	886 905	34 917	36 720	52 572	762 696
福建	487 952	17 445	28 443	51 439	390 625
江西	427 869	15 703	20 267	24 126	367 773
山东	1 430 665	52 415	183 311	100 050	1 094 889
河南	1 527 464	23 009	59 661	80 404	1 364 390
湖北	790 613	39 855	83 988	29 429	637 341
湖南	789 070	28 825	36 202	10 074	713 969
广东	1 074 522	56 347	75 430	46 049	896 696
广西	701 366	14 395	15 268	21 597	650 106
海南	83 950	1 559	867	3 984	77 540
四川	1 232 470	62 564	46 571	11 069	1 112 266
贵州	220 430	4 116	1 599	332	214 383
云南	269 977	11 754	15 611	628	241 984
西藏					
陕西	410 705	12 874	19 363	9 334	369 134
甘肃	215 038	11 462	7 633	5 430	190 513
青海	23 313	597	429	67	22 220
宁夏	38 683	1 949	742	155	35 837
新疆	111 605	4 356	826	321	106 102
单列市合计	**1 082 950**	**71 731**	**129 303**	**15 550**	**866 366**
沈阳	51 293	2 625	6 127	2 798	39 743
大连	82 915	9 914	21 949		51 052
长春	108 692	2 916	4 473		101 303
哈尔滨	40 159	2 426	1 385	399	35 949
南京	27 041	4 387	4 882	235	17 537
宁波	19 914	4 770	4 980	62	10 102
厦门	17 921	650	2 143	65	15 063
青岛	96 585	4 051	18 377	1 839	72 318
武汉	63 152	3 235	10 593	1 747	47 577
广州	109 536	8 980	22 053	3 622	74 881
深圳					
成都	166 351	10 723	14 536	628	140 464
重庆	211 786	13 837	10 377	863	186 709
西安	87 605	3 217	7 428	3 292	73 668

餐 饮 业

单位：人

地区＼项目	合 计	乡 办	村 办	合 作	个 体
全国总计	**3 505 012**	**87 535**	**198 531**	**133 303**	**3 085 643**
北 京	22 408	2 206	6 781	154	13 267
天 津	5 419	401	1 288	334	3 396
河 北	203 748	3 953	9 531	21 586	168 678
山 西	82 089	926	4 592	1 036	75 535
内蒙古	59 083	2 578	1 313	620	54 572
辽 宁	115 392	3 518	7 652		104 222
吉 林	12 144	1 565	2 775		7 804
黑龙江	69 442	1 716	1 466	1 967	64 293
上 海					
江 苏	84 192	6 390	7 303	1 389	69 110
浙 江	53 008	2 170	2 614	292	47 932
安 徽	220 618	5 495	7 323	10 022	197 778
福 建	98 485	1 324	5 054	6 991	85 116
江 西	99 378	3 130	5 269	4 594	86 385
山 东	425 176	9 849	53 327	31 009	330 991
河 南	423 329	2 843	13 086	21 719	385 681
湖 北	167 921	4 411	16 878	5 704	140 928
湖 南	153 201	4 165	7 172	1 985	139 879
广 东	262 278	14 605	19 863	10 308	217 502
广 西	168 567	1 973	3 696	4 236	158 662
海 南	29 702	704	413	1 846	26 739
四 川	345 870	7 602	11 144	2 805	324 319
贵 州	56 921	384	95	116	56 326
云 南	79 464	1 307	3 148	301	74 708
西 藏					
陕 西	153 760	2 453	6 057	3 523	141 727
甘 肃	54 597	920	308	507	52 862
青 海	6 473	98	82		6 293
宁 夏	12 092	257	199	105	11 531
新 疆	40 255	592	102	154	39 407
单列市合计	**305 110**	**12 957**	**32 058**	**4 487**	**255 608**
沈 阳	12 887	818	921	275	10 873
大 连	15 185	1 135	4 789		9 261
长 春	19 496	327	1 220		17 949
哈尔滨	12 498	154	397	154	11 793
南 京	10 708	1 380	1 228	119	7 981
宁 波	4 094	523	687		2 884
厦 门	2 476	26	74		2 376
青 岛	29 276	1 279	5 606	709	21 682
武 汉	14 560	150	1 634	262	12 514
广 州	35 686	3 923	7 357	1 553	22 853
深 圳					
成 都	51 899	1 005	3 130	121	47 643
重 庆	61 774	1 591	2 482	220	57 481
西 安	34 571	646	2 533	1 074	30 318

7. 服 务 业

单位：人

项目 地区	合计	乡办	村办	合作	个体
全国总计	**3 491 913**	**160 224**	**290 976**	**125 286**	**2 915 427**
北京	26 359	8 645	8 247	149	9 318
天津	4 908	591	1 903	129	2 285
河北	168 403	7 810	13 732	16 507	130 354
山西	64 867	4 444	5 951	373	54 099
内蒙古	62 015	1 833	1 589	355	58 238
辽宁	78 973	3 933	7 149		67 891
吉林	39 505	963	889		37 653
黑龙江	116 153	3 629	4 799	1 877	105 848
上海					
江苏	79 963	9 749	4 926	2 261	63 027
浙江	35 101	3 718	5 307	533	25 543
安徽	162 210	7 040	8 650	10 589	135 931
福建	97 935	5 881	6 833	8 355	76 866
江西	79 962	4 556	3 967	5 593	65 846
山东	305 729	9 249	43 957	26 014	226 509
河南	174 775	2 110	9 523	8 319	154 823
湖北	150 628	4 580	17 554	5 736	122 758
湖南	170 905	5 608	6 262	2 127	156 908
广东	219 346	12 839	25 418	10 573	170 516
广西	262 346	4 112	8 130	5 457	244 647
海南	18 034	689	308	985	16 052
四川	856 166	43 620	82 390	14 802	715 354
贵州	48 772	1 271	751	122	46 628
云南	57 699	4 099	7 797	423	45 380
西藏					
陕西	117 715	4 333	8 331	2 495	102 556
甘肃	37 296	1 276	2 739	842	32 439
青海	4 473	335	1 508		2 630
宁夏	5 995	305	604	650	4 436
新疆	45 680	3 006	1 762	20	40 892
单列市合计	**417 349**	**40 944**	**92 993**	**7 217**	**276 195**
沈阳	7 930	854	1 291	134	5 651
大连	9 257	868	2 647		5 742
长春	5 000	24	155		4 821
哈尔滨	11 293	886	447	175	9 785
南京	10 698	4 109	1 618	727	4 244
宁波	815	169	198		448
厦门	3 482	1 559	221	246	1 456
青岛	16 576	693	3 178	100	12 605
武汉	12 956	361	3 030	511	9 054
广州	24 634	2 406	10 908	1 576	9 744
深圳					
成都	47 166	3 688	5 891	274	37 313
重庆	242 991	24 379	60 429	2 455	155 728
西安	24 551	948	2 980	1 019	19 604

8. 其他企业

单位：人

地区 \ 项目	合计	乡办	村办	合作	个体
全国总计	**2 850 525**	**103 111**	**161 429**	**131 041**	**2 454 944**
北京	17 790	2 895	2 266	698	11 931
天津	218	130	88		
河北	156 898	5 046	7 757	18 294	125 801
山西	24 295	305	1 789	244	21 957
内蒙古	37 456	537	584	30	36 305
辽宁	35 785	1 810	829		33 146
吉林	3 290	108	87		3 095
黑龙江	70 876	1 877	1 870	990	66 139
上海					
江苏	41 394	2 609	2 007	701	36 077
浙江	8 688	304	429	852	7 103
安徽	113 817	2 432	2 513	7 829	101 043
福建	72 632	2 130	5 713	10 586	54 203
江西	116 795	5 002	8 960	11 617	91 216
山东	228 438	16 414	33 990	21 600	156 434
河南	150 868	3 704	4 098	9 827	133 239
湖北	160 086	6 676	18 416	7 640	127 354
湖南	217 229	4 413	10 274	6 039	196 503
广东	228 743	17 994	26 805	11 579	172 365
广西	185 123	1 653	3 166	5 675	174 629
海南	13 929	135	25	1 124	12 645
四川	743 012	21 241	22 859	12 657	686 255
贵州	20 378	274	93	86	19 925
云南	38 498	1 140	2 481	442	34 435
西藏					
陕西	110 142	2 175	3 678	2 204	102 085
甘肃	27 458	315	98	319	26 726
青海	553	12			541
宁夏	2 143	396	91		1 656
新疆	23 991	1 384	463	8	22 136
单列市合计	**132 102**	**10 660**	**18 566**	**3 620**	**99 256**
沈阳	3 031	183	131	117	2 600
大连	2 241	310	219		1 712
长春					
哈尔滨	2 811	95	51	141	2 524
南京	2 496	1 045	796	167	488
宁波	603	66			537
厦门	2 708	16	33	140	2 519
青岛	5 862	360	1 977		3 525
武汉	14 696	725	2 358	358	11 255
广州	20 613	2 807	5 240	1 868	10 698
深圳					
成都	41 891	4 268	6 567	248	30 808
重庆	20 343	648	887	116	18 692
西安	14 807	137	307	465	13 898

（三）营业收入

1. 总　计

单位：万元

地区＼项目	合　计	乡　办	村　办	合　作	个　体
全国总计	**288 353 130**	**90 760 177**	**82 278 619**	**19 281 268**	**96 033 066**
北　京	5 423 504	2 164 619	2 659 635	45 655	553 595
天　津	4 196 205	1 091 982	2 570 984	241 407	291 832
河　北	16 183 454	3 244 069	4 106 172	2 981 875	5 851 338
山　西	5 949 019	1 019 901	1 790 483	292 892	2 845 743
内蒙古	2 301 873	470 305	305 437	96 506	1 429 625
辽　宁	14 818 024	3 682 682	5 352 926		5 782 416
吉　林	3 201 817	687 609	611 584	17	1 902 607
黑龙江	3 647 262	799 962	597 085	94 441	2 155 774
上　海	5 857 948	3 359 190	2 425 933	72 825	
江　苏	36 317 023	19 833 288	13 004 352	344 671	3 134 712
浙　江	24 194 794	10 810 705	5 624 649	2 283 396	5 476 044
安　徽	10 845 580	2 976 615	1 975 287	988 135	4 905 543
福　建	10 308 280	2 589 982	2 899 935	1 862 118	2 956 245
江　西	5 251 962	1 291 740	961 514	650 723	2 347 985
山　东	40 287 199	8 702 796	15 682 494	3 024 658	12 877 251
河　南	19 907 855	2 646 581	5 217 486	2 266 950	9 776 838
湖　北	9 296 532	2 913 151	2 374 004	465 985	3 543 392
湖　南	9 422 452	2 711 057	1 669 382	305 669	4 736 344
广　东	24 380 947	10 022 815	6 854 061	1 533 221	5 970 850
广　西	7 357 741	1 337 456	565 625	695 526	4 759 134
海　南	526 469	120 442	28 006	84 202	293 819
四　川	19 032 356	5 625 356	3 057 554	461 589	9 887 857
贵　州	1 306 035	366 167	70 417	30 677	838 774
云　南	2 110 307	688 107	710 384	41 377	670 439
西　藏					
陕　西	3 678 483	712 760	843 505	250 850	1 871 368
甘　肃	1 554 172	447 960	213 061	143 305	744 846
青　海	107 688	40 903	19 255	1 853	45 677
宁　夏	304 060	114 156	30 200	6 949	152 755
新　疆	584 089	287 821	57 209	8 796	230 263
单列市合计	**34 474 033**	**11 185 685**	**11 550 699**	**1 006 194**	**10 489 986**
沈　阳	2 036 532	432 154	690 767	187 756	725 855
大　连	5 782 882	1 531 360	2 777 363		1 474 159
长　春	1 030 968	186 901	301 586		542 481
哈尔滨	592 439	175 815	114 446	7 385	294 793
南　京	1 642 698	919 251	609 855	15 719	97 873
宁　波	4 171 648	2 216 791	1 278 801	192 184	483 872
厦　门	300 794	77 748	98 134	12 636	112 276
青　岛	3 770 069	921 223	1 624 837	64 599	1 159 410
武　汉	1 624 986	432 164	551 113	60 472	581 237
广　州	3 767 851	1 505 792	1 322 953	289 185	649 921
深　圳					
成　都	4 657 205	1 655 867	1 114 298	38 171	1 848 869
重　庆	3 864 944	888 393	736 102	42 172	1 956 808
西　安	1 231 017	242 226	330 444	95 915	562 432

2. 农　业

单位：万元

地区 \ 项目	合计	乡办	村办	合作	个体
全国总计	**3 501 724**	**930 665**	**2 569 649**	**499**	**911**
北京	83 926	37 969	45 957		
天津	2 721	1 469	1 252		
河北	119 695	15 863	103 832		
山西	45 602	5 502	40 100		
内蒙古	27 439	13 992	13 447		
辽宁	289 440	66 445	222 995		
吉林	114 567	37 947	76 620		
黑龙江	80 907	23 147	57 760		
上海					
江苏	32 470	15 355	17 115		
浙江	22 594	13 039	9 555		
安徽	125 160	43 281	81 879		
福建	456 241	93 335	362 906		
江西	56 728	27 885	28 843		
山东	578 047	136 395	441 652		
河南	194 119	36 198	157 921		
湖北	318 879	85 014	233 865		
湖南	329 033	81 109	247 924		
广东	231 520	81 287	150 233		
广西	135 230	30 921	104 309		
海南	18 475	10 496	7 979		
四川	126 018	38 603	87 415		
贵州	6 248	3 715	2 533		
云南	33 251	10 733	21 108	499	911
西藏					
陕西	45 008	9 530	35 478		
甘肃	14 173	3 019	11 154		
青海	1 222	810	412		
宁夏	4 420	2 298	2 122		
新疆	8 591	5 308	3 283		
单列市合计	**573 404**	**149 355**	**402 875**		**21 174**
沈阳	5 859	1 223	3 624		1 012
大连	317 155	77 309	219 684		20 162
长春	33 762	9 962	23 800		
哈尔滨	8 668	3 348	5 320		
南京	9 261	4 165	5 096		
宁波					
厦门	10 935	1 705	9 230		
青岛	72 087	7 807	64 280		
武汉	33 563	14 191	19 372		
广州	24 587	8 875	15 712		
深圳					
成都	23 387	11 290	12 097		
重庆	27 531	7 059	20 472		
西安	6 609	2 421	4 188		

3. 工　　业

单位：万元

地区 \ 项目	合　计	乡　办	村　办	合　作	个　体
全国总计	**195 569 376**	**71 016 187**	**66 332 358**	**13 927 061**	**44 293 770**
北　京	3 731 374	1 472 910	2 082 484	21 295	154 685
天　津	3 884 505	974 361	2 440 404	234 395	235 345
河　北	11 300 613	2 597 537	3 482 532	2 216 484	3 004 060
山　西	3 511 886	818 302	1 461 102	215 973	1 016 509
内蒙古	847 921	237 883	199 861	69 663	340 514
辽　宁	8 215 634	2 252 046	3 542 313		2 421 275
吉　林	1 562 323	485 223	410 361	17	666 722
黑龙江	1 607 947	545 821	415 941	32 511	613 674
上　海	5 857 948	3 359 190	2 425 933	72 825	
江　苏	33 084 253	18 089 257	12 636 935	293 642	2 064 419
浙　江	21 212 311	9 128 150	5 120 131	2 231 962	4 732 068
安　徽	5 956 281	2 048 495	1 358 777	557 436	1 991 573
福　建	6 951 184	1 963 276	2 212 661	1 426 090	1 349 157
江　西	3 331 896	910 953	771 999	463 560	1 185 384
山　东	27 245 070	6 603 753	11 526 343	1 975 248	7 139 726
河　南	12 446 008	2 047 875	4 240 156	1 406 022	4 751 955
湖　北	5 079 322	2 032 256	1 466 530	248 683	1 331 853
湖　南	4 774 190	1 681 919	1 121 539	219 466	1 751 266
广　东	17 385 781	7 719 056	5 680 554	1 168 887	2 817 284
广　西	3 382 084	846 021	318 370	441 381	1 776 312
海　南	206 330	45 160	14 261	61 159	85 750
四　川	9 260 175	3 582 146	2 106 456	257 020	3 314 553
贵　州	683 795	262 859	50 505	21 832	348 599
云　南	937 497	300 098	418 620	32 011	186 768
西　藏					
陕　西	1 951 274	501 334	607 501	164 041	678 398
甘　肃	689 088	258 110	140 640	82 427	207 911
青　海	57 804	27 840	13 489	1 321	15 154
宁　夏	139 420	67 503	19 169	3 476	49 272
新　疆	275 462	156 853	46 791	8 234	63 584
单列市合计	**21 313 610**	**7 732 147**	**8 080 486**	**811 537**	**4 704 991**
沈　阳	1 583 194	344 588	607 576	154 325	476 705
大　连	2 550 934	710 675	1 328 295		511 964
长　春	528 143	114 745	199 337		214 061
哈尔滨	307 340	125 164	89 584	1 687	90 905
南　京	1 396 063	780 587	555 605	11 857	48 014
宁　波	3 808 160	1 962 879	1 193 610	191 719	459 952
厦　门	181 120	48 167	66 501	11 044	55 408
青　岛	2 818 294	723 123	1 326 164	51 112	717 895
武　汉	886 498	272 880	356 299	42 515	214 804
广　州	2 280 323	931 068	869 992	215 489	263 774
深　圳					
成　都	2 704 149	1 079 769	799 206	29 230	795 944
重　庆	1 546 744	457 669	444 963	33 485	626 178
西　安	722 648	180 833	243 354	69 074	229 387

4. 建 筑 业

单位：万元

地区 \ 项目	合计	乡办	村办	合作	个体
全国总计	**25 376 174**	**11 160 643**	**4 719 960**	**1 994 528**	**7 501 043**
北京	626 908	360 020	203 705	1 392	61 791
天津	60 900	36 886	17 395	2 005	4 614
河北	1 238 878	372 849	166 768	264 895	434 366
山西	428 452	91 090	95 582	13 180	228 600
内蒙古	349 815	137 200	40 890	9 894	161 831
辽宁	1 691 357	754 310	560 673		376 374
吉林	413 789	91 333	46 395		276 061
黑龙江	389 461	96 470	30 704	14 063	248 224
上海					
江苏	1 326 275	1 017 836	100 845	26 880	180 714
浙江	1 137 866	918 119	91 619	6 722	121 406
安徽	1 268 143	505 469	190 069	187 287	358 318
福建	708 313	323 853	95 355	89 720	199 385
江西	526 968	234 599	53 916	50 709	187 744
山东	3 949 371	1 270 509	1 419 587	392 818	866 457
河南	2 385 134	418 004	465 317	454 277	1 047 536
湖北	1 054 465	434 919	211 382	70 470	337 694
湖南	1 304 066	710 454	118 900	28 432	446 280
广东	1 974 793	1 090 646	230 307	105 384	548 456
广西	717 070	316 236	19 541	98 237	283 056
海南	82 037	51 963	1 312	7 133	21 629
四川	2 306 175	1 236 851	273 033	93 945	702 346
贵州	110 425	46 301	7 823	4 335	51 966
云南	425 676	245 419	147 848	3 847	28 562
西藏					
陕西	449 154	125 609	92 515	43 915	187 115
甘肃	252 346	128 205	29 669	23 043	71 429
青海	16 466	9 573	2 441	457	3 995
宁夏	63 771	32 282	4 547	1 397	25 545
新疆	118 100	103 638	1 822	91	12 549
单列市合计	**3 612 243**	**1 766 909**	**979 947**	**71 340**	**794 047**
沈阳	80 486	43 729	12 745	5 046	18 966
大连	991 383	421 725	466 836		102 822
长春	151 910	30 584	27 487		93 839
哈尔滨	64 249	18 899	3 815	1 659	39 876
南京	125 015	86 464	28 166	2 343	8 042
宁波	13 030	4 892	4 792		3 346
厦门	27 542	18 023	6 584	719	2 216
青岛	324 791	149 639	91 208	9 315	74 629
武汉	215 426	98 605	45 040	8 661	63 120
广州	421 228	286 561	72 628	16 814	45 225
深圳					
成都	513 857	320 005	109 190	3 129	81 533
重庆	557 049	258 417	87 400	10 954	200 278
西安	126 277	29 366	24 056	12 700	60 155

5. 交通运输业

单位：万元

地区 \ 项目	合计	乡办	村办	合作	个体
全国总计	**19 568 354**	**1 044 164**	**1 372 754**	**1 370 530**	**15 780 906**
北京	266 770	44 619	72 154	13 467	136 530
天津	42 021	23 287	7 645	1 227	9 862
河北	1 306 442	50 262	57 884	235 864	962 432
山西	1 066 940	39 860	67 333	52 390	907 357
内蒙古	389 282	11 094	4 414	3 755	370 019
辽宁	927 613	33 717	66 799		827 097
吉林	423 004	5 906	10 334		406 764
黑龙江	559 217	6 646	20 500	16 257	515 814
上海					
江苏	394 777	70 886	39 616	11 804	272 471
浙江	189 657	37 348	29 500	10 665	112 144
安徽	1 169 284	111 830	74 862	88 876	893 716
福建	809 112	82 272	50 225	125 327	551 288
江西	515 055	32 942	23 000	66 871	392 242
山东	2 319 008	107 702	429 010	242 557	1 539 739
河南	2 203 892	41 582	111 831	209 938	1 840 541
湖北	697 000	59 159	68 431	41 656	527 754
湖南	959 115	32 419	27 061	22 919	876 716
广东	1 064 716	53 062	96 875	81 530	833 249
广西	1 310 487	49 156	31 229	66 517	1 163 585
海南	69 548	2 576	154	4 196	62 622
四川	1 712 910	91 523	54 305	31 591	1 535 491
贵州	154 942	3 710	880	3 782	146 570
云南	228 541	16 489	8 085	2 243	201 724
西藏					
陕西	415 493	8 729	14 239	12 788	379 737
甘肃	251 919	23 121	5 174	22 913	200 711
青海	14 421	777		6	13 638
宁夏	42 163	1 617	523	1 379	38 644
新疆	65 025	1 873	691	12	62 449
单列市合计	**1 907 566**	**182 660**	**200 004**	**35 376**	**1 489 526**
沈阳	94 026	2 573	2 100	1 682	87 671
大连	296 306	22 777	53 076		220 453
长春	123 294	131	5 032		118 131
哈尔滨	70 896	1 077	3 055	1 413	65 351
南京	22 655	6 195	3 275	937	12 248
宁波	100 741	83 239	12 923		4 579
厦门	32 355	1 945	4 259	270	25 881
青岛	140 626	5 985	20 809	1 385	112 447
武汉	122 388	7 742	9 674	3 597	101 375
广州	171 109	5 821	57 022	16 666	91 600
深圳					
成都	305 864	29 262	8 622	687	267 293
重庆	310 886	13 323	14 896	4 196	278 471
西安	116 420	2 590	5 261	4 543	104 026

6. 批发、零售、餐饮业

单位：万元

地区＼项目	合 计	乡 办	村 办	合 作	个 体
全国总计	**36 368 460**	**5 675 282**	**5 937 925**	**1 616 912**	**23 138 341**
北 京	575 391	200 940	210 473	9 123	154 855
天 津	188 872	52 809	93 166	3 501	39 396
河 北	1 876 185	176 285	248 168	217 436	1 234 296
山 西	812 824	61 480	113 926	10 500	626 918
内蒙古	605 548	65 015	41 738	12 496	486 299
辽 宁	3 216 463	544 194	899 130		1 773 139
吉 林	595 171	64 993	66 838		463 340
黑龙江	692 866	112 676	57 047	25 303	497 840
上 海					
江 苏	1 323 410	590 681	188 495	9 226	535 008
浙 江	1 554 947	691 910	359 472	31 157	472 408
安 徽	2 074 962	247 356	247 097	137 197	1 443 312
福 建	1 149 885	111 477	144 619	164 666	729 123
江 西	647 885	65 022	64 437	50 211	468 215
山 东	5 122 543	474 893	1 470 792	327 974	2 848 884
河 南	2 536 791	99 289	225 495	186 476	2 025 531
湖 北	1 825 532	271 677	315 507	88 278	1 150 070
湖 南	1 683 722	166 979	126 583	27 720	1 362 440
广 东	2 907 276	838 462	478 333	144 926	1 445 555
广 西	1 350 360	77 865	59 801	71 797	1 140 897
海 南	127 863	8 708	3 862	9 855	105 438
四 川	3 648 981	494 162	315 646	43 528	2 795 645
贵 州	313 759	39 662	7 738	579	265 780
云 南	412 201	103 683	99 198	1 861	207 459
西 藏					
陕 西	646 901	55 647	69 273	22 480	499 501
甘 肃	327 767	34 214	23 802	19 500	250 251
青 海	14 945	1 612	1 859	69	11 405
宁 夏	49 832	9 413	3 217	607	36 595
新 疆	85 578	14 178	2 213	446	68 741
单列市合计	**5 679 198**	**1 143 807**	**1 514 652**	**81 630**	**2 939 109**
沈 阳	241 806	38 497	59 480	26 133	117 696
大 连	1 560 186	284 786	672 408		602 992
长 春	189 857	31 457	45 690		112 710
哈尔滨	109 735	24 372	11 250	1 448	72 665
南 京	74 805	34 079	13 889	440	26 397
宁 波	236 836	154 346	67 023	465	15 002
厦 门	41 249	7 083	11 106	230	22 830
青 岛	372 116	30 032	112 301	2 754	227 029
武 汉	284 304	32 767	91 438	4 531	155 568
广 州	650 057	209 131	193 467	30 814	216 645
深 圳					
成 都	810 281	166 002	111 649	2 336	530 294
重 庆	904 518	109 886	87 237	4 111	703 284
西 安	203 448	21 369	37 714	8 368	135 997

餐　饮　业

单位：万元

地区＼项目	合　计	乡　办	村　办	合　作	个　体
全国总计	**7 059 476**	**323 342**	**970 916**	**310 212**	**5 455 006**
北　京	63 968	8 950	20 835	340	33 843
天　津	9 373	799	2 482	316	5 776
河　北	327 863	9 798	26 797	41 223	250 045
山　西	134 323	2 198	12 688	1 057	118 380
内蒙古	119 789	4 320	4 280	1 968	109 221
辽　宁	301 925	16 689	34 680		250 556
吉　林	157 205	4 032	7 359		145 814
黑龙江	147 947	11 519	8 095	2 884	125 449
上　海					
江　苏	134 460	19 154	19 330	2 403	93 573
浙　江	72 825	6 080	7 493	494	58 758
安　徽	414 348	19 681	35 827	18 911	339 929
福　建	201 206	3 585	15 346	21 260	161 015
江　西	146 809	7 275	14 229	9 740	115 565
山　东	1 390 222	60 796	510 557	83 823	735 046
河　南	754 306	6 967	51 652	48 866	646 821
湖　北	301 236	31 413	47 070	16 673	206 080
湖　南	257 943	11 233	15 862	3 224	227 624
广　东	527 956	60 911	69 840	24 760	372 445
广　西	413 049	5 876	10 318	14 897	381 958
海　南	44 688	2 171	262	5 172	37 083
四　川	773 235	19 349	37 930	6 184	709 772
贵　州	47 975	421	103	143	47 308
云　南	61 817	2 026	4 523	256	55 012
西　藏					
陕　西	154 785	4 672	10 956	4 399	134 758
甘　肃	58 710	2 316	1 825	724	53 845
青　海	3 504	108	80		3 316
宁　夏	11 708	323	186	265	10 934
新　疆	26 301	680	311	230	25 080
单列市合计	**828 137**	**48 802**	**105 990**	**13 371**	**659 974**
沈　阳	38 453	8 908	5 944	1 033	22 568
大　连	109 676	6 265	20 998		82 413
长　春	39 872	1 611	4 911		33 350
哈尔滨	16 589	238	392	849	15 110
南　京	13 649	2 879	2 300	219	8 251
宁　波	8 169	1 542	2 749		3 878
厦　门	5 047	54	160		4 833
青　岛	49 876	1 734	2 826	1 182	44 134
武　汉	34 885	826	5 834	613	27 612
广　州	113 845	14 112	34 435	7 195	58 103
深　圳					
成　都	170 510	2 397	11 664	713	155 736
重　庆	182 524	6 738	8 316	205	167 265
西　安	45 042	1 498	5 461	1 362	36 721

7. 服 务 业

单位：万元

项目 地区	合 计	乡 办	村 办	合 作	个 体
全国总计	**4 564 669**	**474 518**	**747 140**	**181 694**	**3 161 317**
北 京	77 410	24 213	30 297	209	22 691
天 津	13 417	2 454	8 069	279	2 615
河 北	195 603	17 830	22 114	24 913	130 746
山 西	64 750	2 658	10 174	652	51 266
内 蒙 古	60 112	4 555	4 558	550	50 449
辽 宁	199 026	12 895	35 804		150 327
吉 林	68 766	1 971	835		65 960
黑 龙 江	211 358	11 089	11 507	3 791	184 971
上 海					
江 苏	95 077	27 754	10 337	1 973	55 013
浙 江	47 903	10 333	12 926	966	23 678
安 徽	157 499	12 936	13 347	10 424	120 792
福 建	124 702	10 170	19 009	27 855	67 668
江 西	71 844	8 450	5 902	5 787	51 705
山 东	523 820	49 229	174 990	32 143	267 458
河 南	87 862	1 690	12 262	6 364	67 546
湖 北	143 731	13 405	28 620	6 769	94 937
湖 南	157 708	18 174	9 839	1 295	128 400
广 东	418 120	103 110	113 396	15 431	186 183
广 西	287 425	12 126	27 648	10 563	237 088
海 南	11 817	708	409	481	10 219
四 川	1 324 046	106 914	155 511	24 462	1 037 159
贵 州	22 756	1 699	819	124	20 114
云 南	49 021	8 499	11 842	246	28 434
西 藏					
陕 西	107 366	6 522	20 564	5 933	74 347
甘 肃	14 934	1 101	2 571	382	10 880
青 海	2 356	286	1 054		1 016
宁 夏	3 101	277	512	90	2 222
新 疆	23 139	3 470	2 224	12	17 433
单列市合计	**1 019 474**	**136 265**	**268 604**	**12 273**	**602 332**
沈 阳	18 710	395	2 789	141	15 385
大 连	57 057	9 155	37 027		10 875
长 春	4 002	22	240		3 740
哈 尔 滨	24 723	2 434	1 219	515	20 555
南 京	12 437	6 602	2 969	124	2 742
宁 波	2 251	954	453		844
厦 门	3 358	795	406	218	1 939
青 岛	29 200	2 280	6 307	33	20 580
武 汉	33 073	3 141	7 101	736	22 095
广 州	153 834	44 927	78 660	5 697	24 550
深 圳					
成 都	174 081	21 673	36 895	1 964	113 549
重 庆	467 800	40 599	79 618	1 941	345 642
西 安	38 948	3 288	14 920	904	19 836

8. 其他企业

单位：万元

地区＼项目	合计	乡办	村办	合作	个体
全国总计	**3 404 373**	**458 718**	**598 833**	**190 044**	**2 156 778**
北京	61 725	23 948	14 565	169	23 043
天津	3 769	716	3 053		
河北	146 038	13 443	24 874	22 283	85 438
山西	18 565	1 009	2 266	197	15 093
内蒙古	21 756	566	529	148	20 513
辽宁	278 491	19 075	25 212		234 204
吉林	24 197	236	201		23 760
黑龙江	105 506	4 113	3 626	2 516	95 251
上海					
江苏	60 761	21 519	11 009	1 146	27 087
浙江	29 516	11 806	1 446	1 924	14 340
安徽	94 251	7 248	9 256	6 915	70 832
福建	108 843	5 599	15 160	28 460	59 624
江西	101 586	11 889	13 417	13 585	62 695
山东	549 340	60 315	220 120	53 918	214 987
河南	54 049	1 943	4 504	3 873	43 729
湖北	177 603	16 721	49 669	10 129	101 084
湖南	214 618	20 003	17 536	5 837	171 242
广东	398 741	137 192	104 363	17 063	140 123
广西	175 085	5 131	4 727	7 031	158 196
海南	10 399	831	29	1 378	8 161
四川	654 051	75 157	65 188	11 043	502 663
贵州	14 110	8 221	119	25	5 745
云南	24 120	3 186	3 683	670	16 581
西藏					
陕西	63 287	5 389	3 935	1 693	52 270
甘肃	3 945	190	51	40	3 664
青海	474	5			469
宁夏	1 353	766	110		477
新疆	8 194	2 501	185	1	5 507
单列市合计	**368 538**	**74 542**	**104 131**	**8 742**	**181 123**
沈阳	12 451	1 149	2 453	429	8 420
大连	9 861	4 933	37		4 891
长春					
哈尔滨	6 828	521	203	663	5 441
南京	2 462	1 159	855	18	430
宁波	10 630	10 481			149
厦门	4 235	30	48	155	4 002
青岛	12 955	2 357	3 768		6 830
武汉	49 734	2 838	22 189	432	24 275
广州	66 713	19 409	35 472	3 705	8 127
深圳					
成都	125 586	27 866	36 639	825	60 256
重庆	50 416	1 440	1 516	2 189	45 271
西安	16 667	2 359	951	326	13 031

（四）总 产

1. 总

地区 \ 项目	1990年不变价				
	合 计	乡 办	村 办	合 作	个 体
全国总计	**315 406 812**	**107 877 595**	**95 724 913**	**20 979 168**	**90 825 136**
北 京	5 969 317	2 415 045	3 015 893	138 292	400 087
天 津	5 450 844	1 453 858	3 451 707	261 228	284 051
河 北	17 143 600	3 420 316	4 457 128	3 225 341	6 040 815
山 西	7 082 035	1 268 784	2 326 723	352 054	3 134 474
内 蒙 古	2 024 087	455 770	285 814	100 154	1 182 349
辽 宁	15 786 204	4 034 318	5 756 417		5 995 469
吉 林	3 254 019	722 993	649 826	70	1 881 130
黑 龙 江	3 605 768	876 770	695 508	95 795	1 937 695
上 海	7 346 288	4 191 087	3 082 376	72 825	
江 苏	47 020 440	25 616 980	17 645 438	463 773.	3 294 249
浙 江	27 589 736	12 565 644	6 651 983	2 556 281	5 815 828
安 徽	11 477 872	3 517 477	2 170 166	1 081 355	4 708 874
福 建	10 561 438	2 745 227	3 005 233	1 868 568	2 942 410
江 西	5 864 013	1 542 698	1 088 600	703 119	2 529 596
山 东	47 250 000	13 357 253	19 371 683	3 439 202	11 081 862
河 南	21 909 142	3 018 066	5 904 916	2 551 337	10 434 823
湖 北	10 075 474	3544 053	2 605 600	478 289	3 447 532
湖 南	8 260 866	2 842 893	1 762 782	293 680	3 361 511
广 东	22 020 138	9 439 938	5 844 402	1 469 771	5 266 027
广 西	6 546 692	1 263 706	490 000	662 741	4 130 245
海 南	494 826	120 476	28 473	82 098	263 779
四 川	19 232 742	6 761 910	3 441 645	534 137	8 495 050
贵 州	1 229 095	356 525	78 960	38 663	754 947
云 南	1 747 830	563 020	607 787	39 811	537 212
西 藏					
陕 西	3 722 017	769 385	936 990	285 573	1 730 069
甘 肃	1 722 238	566 085	260 173	170 706	775 274
青 海	111 957	45 709	19 149	2 012	45 087
宁 夏	304 518	120 388	30 824	7 357	145 949
新 疆	553 616	281 221	58 717	4 936	208 742
单列市合计	**36 068 476**	**12 891 844**	**12 203 966**	**1 112 536**	**9 860 130**
沈 阳	2 294 790	549 402	806 292	189 619	749 477
大 连	5 180 885	1 495 057	2 631 361		1 054 467
长 春	1 019 753	181 566	302 109		536 078
哈 尔 滨	638 996	177 794	130 028	8 560	322 614
南 京	2 066 181	1 169 018	782 079	17 590	97 494
宁 波	4 931 642	2 578 778	1 489 935	251 799	611 130
厦 门	300 820	83 003	97 113	12 447	108 257
青 岛	4 809 178	1 545 986	1 940 947	108 416	1 213 829
武 汉	1 861 894	519 974	617 463	70 883	653 574
广 州	3 207 643	1 313 347	1 097 991	258 922	537 383
深 圳					
成 都	5 026 436	1 947 039	1 250 568	44 203	1 784 626
重 庆	3 540 684	1 088 814	726 946	49 689	1 675 235
西 安	1 189 574	242 066	331 134	100 408	515 966

值

计

单位：万元

现行价				
合计	乡办	村办	合作	个体
317 769 156	**108 470 966**	**95 744 068**	**21 204 371**	**92 349 751**
6 042 330	2 477 940	3 026 070	138 246	400 074
5 294 612	1 410 763	3 338 570	261 228	284 051
17 554 107	3 742 362	4 567 280	3 222 570	6 021 895
6 853 166	1 211 050	2 190 426	352 131	3 099 559
2 034 820	488 621	316 108	107 377	1 122 714
16 432 402	4 347 843	5 933 711		6 150 848
3 312 959	761 869	662 855	70	1 888 165
3 680 249	931 764	698 565	95 477	1 954 443
7 503 766	4 348 565	3 082 376	72 825	
45 489 874	24 328 908	17 424 929	461 837	3 274 200
26 692 602	12 124 483	6 196 010	2 556 281	5 815 828
11 773 779	3 628 590	2 246 199	1 101 258	4 797 732
11 025 151	2 867 463	3 140 176	1 959 688	3 057 824
5 833 888	1 527 953	1 084 997	705 994	2 514 944
48 250 000	13 351 339	19 416 195	3 464 112	12 018 354
21 770 300	3 019 735	5 846 530	2 532 283	10 371 752
10 198 884	3 545 526	2 653 520	486 266	3 513 572
8 440 132	2 929 272	1 791 875	305 179	3 413 806
23 502 537	10 252 813	6 189 329	1 553 126	5 507 269
6 939 466	1 369 182	524 639	700 674	4 344 971
516 767	128 567	29 815	86 645	271 740
19 228 485	6 906 332	3 408 940	521 250	8 391 963
1 194 922	362 117	73 753	33 162	725 890
1 801 834	601 896	636 563	38 887	524 488
3 610 272	766 554	886 494	260 022	1 697 202
1 784 406	568 728	262 316	173 158	780 204
112 053	45 550	19 049	2 065	45 389
313 048	126 313	32 414	7 232	147 089
582 345	298 868	64 364	5 328	213 785
36 828 752	**13 344 196**	**12 397 917**	**1 126 155**	**9 960 484**
2 378 720	577 563	829 181	195 390	776 586
5 625 009	1 667 643	2 815 789		1 141 577
1 035 506	190 433	307 932		537 141
671 579	208 411	131 727	8 390	323 051
2 009 777	1 141 383	755 861	17 024	95 509
4 823 353	2 516 436	1 443 988	251 799	611 130
306 858	84 968	99 282	13 205	109 403
4 809 758	1 547 343	1 940 170	108 416	1 213 829
1 900 432	533 569	637 741	70 051	659 071
3 390 300	1 438 791	1 129 889	271 907	549 713
5 212 074	2 116 695	1 267 640	44 208	1 783 531
3 486 959	1 074 791	715 173	49 063	1 647 932
1 178 427	246 170	323 544	96 702	512 011

2. 农

地区 \ 项目	1990年不变价				
	合计	乡办	村办	合作	个体
全国总计	**4 019 014**	**1 100 047**	**2 917 469**	**503**	**995**
北京	85 080	38 361	46 719		
天津	2 721	1 469	1 252		
河北	126 289	15 758	110 531		
山西	54 280	7 696	46 584		
内蒙古	26 781	13 744	13 037		
辽宁	406 614	127 059	279 555		
吉林	137 848	48 450	89 398		
黑龙江	85 762	24 246	61 516		
上海					
江苏	38 681	18 750	19 931		
浙江	21 503	12 389	9 114		
安徽	161 177	51 884	109 293		
福建	462 971	101 741	361 230		
江西	67 328	32 077	35 251		
山东	721 527	156 914	564 613		
河南	220 680	41 261	179 419		
湖北	384 676	108 620	276 056		
湖南	352 523	87 595	264 928		
广东	213 473	75 899	137 574		
广西	135 860	31 114	104 746		
海南	22 004	11 910	10 094		
四川	153 649	47 583	106 066		
贵州	18 062	10 363	7 699		
云南	36 979	11 983	23 498	503	995
西藏					
陕西	49 580	10 765	38 815		
甘肃	18 204	4 177	14 027		
青海	1 308	846	462		
宁夏	4 701	2 414	2 287		
新疆	8 753	4 979	3 774		
单列市合计	**599 779**	**171 393**	**427 434**		**952**
沈阳	6 601	1 075	4 574		952
大连	307 341	87 590	219 751		
长春	33 842	9 976	23 866		
哈尔滨	8 668	3 348	5 320		
南京	12 288	6 593	5 695		
宁波					
厦门	10 819	1 925	8 894		
青岛	87 973	11 336	76 637		
武汉	40 075	16 411	23 664		
广州	23 698	8 271	15 427		
深圳					
成都	28 452	13 506	14 946		
重庆	32 528	8 580	23 948		
西安	7 494	2 782	4 712		

业

单位：万元

现　　行　　价				
合　计	乡　办	村　办	合　作	个　体
4 134 606	**1 109 576**	**3 023 589**	**456**	**985**
85 290	38 571	46 719		
2 721	1 469	1 252		
127 889	15 896	111 993		
53 426	7 447	45 979		
28 385	14 328	14 057		
411 313	119 193	292 120		
131 928	45 415	86 513		
85 854	24 557	61 297		
38 556	18 541	20 015		
21 307	12 586	8 721		
178 367	52 751	125 616		
511 477	107 913	403 564		
68 448	32 777	35 671		
730 752	156 408	574 344		
220 614	41 258	179 356		
396 227	111 768	284 459		
355 514	87 562	267 952		
238 313	82 782	155 531		
138 357	32 051	106 306		
22 327	12 055	10 272		
149 449	46 389	103 060		
17 546	10 461	7 085		
36 487	12 112	22 934	456	985
51 816	13 178	38 638		
18 026	4 063	13 963		
1 398	919	479		
3 989	1 702	2 287		
8 830	5 424	3 406		
604 557	**164 290**	**439 254**		**1 013**
6 913	1 138	4 762		1 013
310 831	79 968	230 863		
33 842	9 976	23 866		
8 668	3 348	5 320		
12 203	6 530	5 673		
11 238	1 977	9 261		
87 973	11 336	76 637		
40 951	16 913	24 038		
23 913	8 278	15 635		
28 088	13 438	14 650		
32 176	8 470	23 706		
7 761	2 918	4 843		

3. 工

地区＼项目	1990年不变价				
	合计	乡办	村办	合作	个体
全国总计	**234 465 890**	**88 069 410**	**81 554 039**	**15 663 038**	**49 179 403**
北京	4 499 870	1 797 442	2 502 292	50 962	149 174
天津	5 282 841	1 362 222	3 406 372	257 078	257 169
河北	12 461 724	2 737 193	3 883 103	2 434 164	3 407 264
山西	4 800 741	1 072 171	1 994 533	271 652	1 462 385
内蒙古	907 883	263 751	205 381	74 591	364 160
辽宁	10 813 219	2 741 799	4 434 511		3 636 909
吉林	1 718 069	526 764	461 694	70	729 541
黑龙江	1 898 338	629 834	517 604	38 150	712 750
上海	7 346 288	4 191 087	3 082 376	72 825	
江苏	43 738 410	23 660 209	17 312 223	405 993	2 359 985
浙江	25 560 218	11 280 162	6 411 993	2 525 023	5 343 040
安徽	6 812 250	2 466 126	1 541 539	626 188	2 178 397
福建	7 366 263	2 095 609	2 369 439	1 445 330	1 455 885
江西	3 853 316	1 101 042	881 680	508 589	1 362 005
山东	34 940 000	10 771 968	15 220 125	2 497 507	6 450 400
河南	14 120 097	2 352 941	4 873 241	1 591 096	5 302 819
湖北	6 082 934	2 628 115	1 689 086	282 802	1 482 931
湖南	5 077 033	1 788 675	1 211 382	216 344	1 860 632
广东	16 792 919	7 710 650	5 060 785	1 182 266	2 839 218
广西	3 270 969	798 262	291 757	430 982	1 749 968
海南	206 913	43 883	13 547	61 317	88 166
四川	11 484 285	4 320 772	2 716 369	309 000	4 138 144
贵州	801 076	287 308	60 517	29 642	423 609
云南	907 553	262 970	400 961	32 564	211 058
西藏					
陕西	2 328 838	575 256	743 934	205 330	804 318
甘肃	889 853	335 024	180 560	104 079	270 190
青海	65 219	32 202	15 416	1 451	16 150
宁夏	153 495	74 559	22 129	3 827	52 980
新疆	285 276	161 414	49 490	4 216	70 156
单列市合计	**26 025 770**	**9 689 385**	**9 770 0433**	**924 069**	**5 642 273**
沈阳	1 901 161	463 040	741 935	156 206	539 980
大连	3 083 330	830 482	1 665 001		587 847
长春	595 039	126 311	224 246		244 482
哈尔滨	344 757	123 874	106 614	2 242	112 027
南京	1 809 183	1 016 688	723 701	13 147	55 647
宁波	4 701 379	2 419 721	1 438 610	251 734	591 314
厦门	190 277	51 902	68 987	11 261	58 127
青岛	4 070 759	1 338 946	1 693 176	89 901	948 736
武汉	1 020 476	331 763	395 500	49 784	243 429
广州	2 315 053	955 403	871 716	213 752	274 182
深圳					
成都	3 311 873	1 275 616	1 023 645	34 809	977 803
重庆	1 868 255	560 306	535 518	23 429	749 002
西安	814 228	195 333	281 394	77 804	259 697

业

单位：万元

现行价				
合　计	乡　办	村　办	合　作	个　体
235 585 803	**88 368 974**	**81 253 497**	**15 816 541**	**50 146 791**
4 572 554	1 860 033	2 512 398	50 962	149 161
5 126 609	1 319 127	3 293 235	257 078	257 169
12 856 002	3 054 561	3 991 124	2 430 174	3 380 143
4 577 342	1 016 679	1 858 053	271 416	1 431 194
957 939	278 650	226 773	80 676	371 840
10 953 676	2 926 132	4 450 860		3 576 684
1 782 929	568 675	477 608	70	736 576
1 989 373	695 020	527 043	38 441	728 869
7 503 766	4 348 565	3 082 376	72 825	
42 203 160	22 372 160	17 092 445	403 823	2 334 732
24 662 188	10 836 950	5 957 175	2 525 023	5 343 040
7 090 977	2 576 372	1 601 249	646 091	2 267 265
7 657 023	2 201 147	2 457 099	1 507 423	1 491 354
3 822 078	1 085 897	877 396	510 071	1 348 714
35 930 000	10 766 948	15 258 191	2 521 735	7 383 126
13 981 653	2 354 421	4 815 033	1 572 069	5 240 130
6 058 329	2 580 340	1 697 251	286 307	1 494 431
5 237 490	1 874 078	1 236 277	226 960	1 900 175
18 037 663	8 469 351	5 367 990	1 247 748	2 952 574
3 507 540	883 781	316 269	453 680	1 853 810
221 945	49 724	14 629	65 376	92 216
11 479 824	4 463 682	2 685 533	296 701	4 033 908
767 419	292 802	55 924	24 141	394 552
955 352	298 608	431 099	31 632	194 013
2 214 857	570 012	693 615	179 779	771 451
902 224	337 805	182 768	106 532	275 119
65 225	31 970	15 299	1 504	16 452
161 742	81 027	23 389	3 696	53 630
308 924	174 457	55 396	4 608	74 463
26 420 331	**10 046 708**	**9 810 807**	**936 670**	**5 626 146**
1 962 636	485 594	760 993	160 049	556 000
3 195 967	909 385	1 707 316		579 266
610 792	135 178	230 069		245 545
381 545	156 504	108 261	2 692	114 088
1 763 496	997 884	698 821	12 693	54 098
4 593 090	2 357 379	1 392 663	251 734	591 314
194 455	53 332	70 271	11 966	58 886
4 072 066	1 340 253	1 693 176	89 901	948 736
1 048 990	341 610	411 512	49 794	246 074
2 480 311	1 078 481	899 014	226 126	276 690
3 499 313	1 445 414	1 041 077	34 814	978 008
1 814 856	546 393	523 961	22 803	721 699
802 814	199 301	273 673	74 098	255 742

4. 建 筑

项目 地区	1990 年不变价				
	合 计	乡 办	村 办	合 作	个 体
全国总计	**32 273 173**	**14 358 372**	**6 056 360**	**2 501 791**	**9 356 650**
北　京	671 088	383 597	226 081	11 932	49 478
天　津	84 288	56 166	20 455	2 079	5 588
河　北	1 500 577	449 291	191 393	326 171	533 722
山　西	584 195	107 971	135 529	18 272	322 423
内蒙古	430 598	138 491	40 553	15 498	236 056
辽　宁	2 023 661	930 508	702 139		391 014
吉　林	478 196	97 374	53 809		327 013
黑龙江	556 684	145 317	52 347	21 139	337 881
上　海					
江　苏	2 000 499	1 538 966	148 630	30 161	282 742
浙　江	1 220 770	1 051 049	104 910	11 012	53 799
安　徽	1 843 108	713 415	251 946	263 913	613 834
福　建	766 906	353 567	92 182	92 691	228 466
江　西	657 054	290 392	63 885	62 009	240 768
山　东	5 540 853	1 916 244	2 042 811	482 847	1 098 951
河　南	2 904 789	489 318	528 945	562 418	1 324 108
湖　北	1 306 555	554 332	263 505	82 130	406 588
湖　南	1 328 929	812 156	148 320	30 275	338 178
广　东	1 959 935	1 071 206	230 088	109 097	549 544
广　西	729 200	322 300	18 926	105 695	282 279
海　南	90 771	56 574	1 439	7 726	25 032
四　川	3 850 182	2 104 299	416 458	166 003	1 163 422
贵　州	121 683	49 268	8 343	4 805	59 267
云　南	425 872	244 311	148 562	3 846	29 153
西　藏					
陕　西	639 862	154 375	112 829	58 195	314 463
甘　肃	347 480	176 340	41 919	31 811	97 410
青　海	18 375	10 989	2 719	534	4 133
宁　夏	68 367	35 881	4 672	1 441	26 373
新　疆	122 696	104 675	2 965	91	14 965
单列市合计	**4 873 423**	**2 549 754**	**1 225 968**	**98 731**	**998 970**
沈　阳	91 175	47 345	15 838	8 230	19 762
大　连	1 182 525	524 371	568 124		90 030
长　春	163 815	31 353	31 659		100 803
哈尔滨	94 975	28 403	4 696	2 208	59 668
南　京	169 381	120 643	37 745	2 574	8 419
宁　波	138 588	114 121	20 979		3 488
厦　门	30 089	21 296	6 179	578	2 036
青　岛	393 402	178 431	109 900	15 918	89 153
武　汉	292 497	132 693	64 504	10 538	84 762
广　州	395 951	267 200	69 376	18 234	41 141
深　圳					
成　都	871 943	579 054	146 880	6 574	139 435
重　庆	887 256	471 873	124 764	18 984	271 635
西　安	161 826	32 971	25 324	14 893	88 638

业

单位：万元

现行价				
合 计	乡 办	村 办	合 作	个 体
32 582 510	**14 446 856**	**6 155 968**	**2 520 549**	**9 459 137**
671 136	383 691	226 081	11 886	49 478
84 288	56 166	20 455	2 079	5 588
1 509 909	454 138	192 343	327 181	536 247
583 650	106 928	134 352	18 425	323 945
478 479	153 907	47 800	16 772	260 000
2 134 894	939 096	783 097		412 701
478 196	97 364	53 809		327 013
549 961	142 716	52 731	20 590	333 924
1 999 756	1 536 475	147 693	30 263	285 325
1 221 410	1 052 589	104 010	11 012	53 799
1 843 108	713 415	251 946	263 913	613 834
792 329	362 655	95 626	99 202	234 846
658 025	291 027	64 167	63 001	239 830
5 519 211	1 913 052	2 035 542	478 992	1 091 625
2 904 670	489 522	528 808	562 421	1 323 919
1 330 926	560 834	269 513	83 690	416 889
1 333 376	812 499	149 456	30 363	341 058
2 043 445	1 104 540	237 772	115 564	585 569
759 696	335 700	20 759	111 083	292 154
94 816	58 520	1 493	8 031	26 772
3 840 369	2 099 475	416 735	165 377	1 158 782
121 683	49 268	8 343	4 805	59 267
427 968	246 970	147 974	3 835	29 189
639 862	154 375	112 829	58 195	314 463
347 215	176 199	41 941	31 800	97 275
18 375	10 989	2 719	534	4 133
68 855	35 979	4 918	1 444	26 514
126 902	108 757	3 056	91	14 998
4 932 183	**2 528 455**	**1 302 315**	**98 766**	**1 002 647**
96 576	50 642	16 814	8 561	20 559
1 240 668	507 449	641 056		92 163
163 815	31 353	31 659		100 803
89 757	26 292	4 704	1 659	57 102
159 359	111 917	36 595	2 495	8 352
138 588	114 121	20 979		3 488
30 695	21 571	6 340	608	2 176
392 854	178 496	109 287	15 918	89 153
295 990	133 644	66 624	10 545	85 177
404 868	269 196	71 230	18 529	45 913
869 905	578 930	146 913	6 574	137 488
887 282	471 873	124 790	18 984	271 635
161 826	32 971	25 324	14 893	88 638

5. 交通

地区 \ 项目	1990年不变价				
	合计	乡办	村办	合作	个体
全国总计	**19 781 438**	**1 143 207**	**1 540 613**	**1 407 951**	**15 689 667**
北京	263 030	43 629	72 056	40 430	106 915
天津	42 043	23 287	7 645	1 227	9 884
河北	1 321 656	52 091	60 813	238 548	970 204
山西	1 044 763	39 560	66 854	52 027	886 322
内蒙古	359 093	10 536	4 352	3 629	340 576
辽宁	1 018 033	47 982	81 178		888 873
吉林	453 620	9 785	10 199		433 636
黑龙江	559 217	6 646	20 500	16 257	515 814
上海					
江苏	420 430	80 036	44 335	12 392	283 667
浙江	259 294	40 009	29 918	8 793	180 574
安徽	1 175 033	112 535	75 458	89 902	897 138
福建	814 822	81 892	45 970	120 064	566 896
江西	538 634	38 035	24 868	70 574	405 157
山东	2 671 889	173 315	581 741	262 453	1 654 380
河南	2 204 461	42 051	105 904	214 076	1 842 430
湖北	756 693	66 343	78 547	43 375	568 428
湖南	695 097	32 354	28 733	23 676	610 334
广东	1 015 694	49 744	93 615	70 282	802 053
广西	1 187 457	44 616	21 274	60 782	1 060 785
海南	66 862	2 218	140	4 077	60 427
四川	1 765 866	90 668	57 707	31 929	1 585 562
贵州	151 732	3 645	869	3 791	143 427
云南	224 554	16 427	8 171	2 243	197 713
西藏					
陕西	386 631	8 481	13 390	12 154	352 606
甘肃	258 551	23 096	5 089	23 673	206 693
青海	15 083	793		10	14 280
宁夏	44 035	1 644	563	1 407	40 421
新疆	67 165	1 789	724	180	64 472
单列市合计	**1 799 245**	**114 711**	**206 204**	**29 673**	**1 448 657**
沈阳	93 433	2 156	3 921	1 966	85 390
大连	215 175	29 103	52 109		133 963
长春	118 433	130	4 959		113 344
哈尔滨	70 896	1 077	3 055	1 413	65 351
南京	25 624	6 665	4 399	1 367	13 193
宁波	17 540	5 931	7 036		4 573
厦门	29 696	1 852	2 892	260	24 692
青岛	140 461	6 397	26 872	1 383	105 809
武汉	152 290	9 972	14 457	4 690	123 171
广州	170 909	6 286	54 540	9 482	100 601
深圳					
成都	345 247	30 377	11 779	697	302 394
重庆	310 296	12 197	15 241	4 196	278 662
西安	109 245	2 568	4 944	4 219	97 514

运输业

单位：万元

现行价				
合计	乡办	村办	合作	个体
20 006 875	**1 152 790**	**1 549 660**	**1 425 013**	**15 879 394**
263 032	43 630	72 057	40 430	106 915
42 043	23 287	7 645	1 227	9 884
1 323 913	52 532	60 650	238 801	971 930
1 039 891	39 024	66 559	51 896	882 412
313 600	10 928	4 304	3 347	295 021
1 119 487	48 143	81 099		990 245
453 620	9 785	10 199		433 636
561 704	6 646	20 600	16 257	518 201
423 407	80 263	44 299	12 422	286 423
260 110	40 693	30 050	8 793	180 574
1 175 033	112 535	75 458	89 902	897 138
835 564	83 308	46 735	123 833	581 688
538 708	37 714	24 548	70 223	406 223
2 685 997	174 204	584 522	264 249	1 663 022
2 204 100	41 732	105 904	214 072	1 842 392
761 336	67 835	79 497	43 753	570 251
700 153	32 746	28 737	24 110	614 560
1 065 566	52 385	96 122	74 777	842 282
1 251 412	46 594	24 093	67 288	1 113 437
68 177	2 205	140	4 243	61 589
1 768 363	90 622	57 712	31 930	1 588 099
151 732	3 645	869	3 791	143 427
228 559	16 488	8 085	2 243	201 743
386 631	8 481	13 390	12 154	352 606
258 016	23 096	5 089	23 673	206 158
15 083	793		10	14 280
44 331	1 676	564	1 409	40 682
67 289	1 800	733	180	64 576
1 857 591	**114 704**	**206 268**	**28 918**	**1 507 701**
98 262	2 290	4 167	2 091	89 714
266 128	28 147	50 396		187 585
118 433	130	4 959		113 344
70 896	1 077	3 055	1 413	65 351
25 464	6 674	4 315	1 357	13 118
17 540	5 931	7 036		4 573
30 503	1 945	2 951	270	25 337
140 461	6 397	26 872	1 383	105 809
148 258	10 520	14 791	3 791	119 156
176 905	6 425	55 756	9 501	105 223
345 200	30 403	11 785	697	302 315
310 296	12 197	15 241	4 196	278 662
109 245	2 568	4 944	4 219	97 514

6. 批发、零售、

地区＼项目	1990 年不变价				
	合计	乡办	村办	合作	个体
全国总计	**24 867 297**	**3 206 559**	**3 656 432**	**1 405 885**	**16 598 421**
北京	450 249	152 016	168 745	34 968	94 520
天津	38 951	10 714	15 983	844	11 410
河北	1 733 354	165 983	211 288	226 458	1 129 625
山西	598 056	41 386	83 223	10 103	463 344
内蒙古	299 732	29 248	22 491	6 436	241 557
辽宁	1 524 677	186 970	259 034		1 078 673
吉林	466 286	40 620	34 726		390 940
黑龙江	505 767	70 727	43 541	20 249	371 250
上海					
江苏	822 420	319 019	120 319	15 227	367 855
浙江	527 951	182 035	96 048	11 453	238 415
安徽	1 486 304	173 517	191 930	101 352	1 019 505
福建	1 150 476	112 418	136 412	210 483	691 163
江西	747 681	81 152	82 916	61 947	521 666
山东	3 375 731	338 812	962 393	196 395	1 878 131
河南	2 459 115	92 495	217 407	183 747	1965 466
湖北	1 544 616	186 643	298 406	69 982	989 585
湖南	807 284	122 113	109 419	23 385	552 367
广东	2 038 117	532 439	322 340	108 126	1 075 212
广西	1 223 206	67 414	53 297	65 282	1 037 213
海南	108 276	5 891	3 253	8 978	90 154
四川	1 978 760	198 588	145 045	27 205	1 607 922
贵州	136 542	5 941	1 532	425	128 644
云南	152 872	27 329	26 595	655	98 293
西藏					
陕西	317 106	20 508	28 022	9 894	258 682
甘肃	258 150	27 448	18 578	11 143	200 981
青海	11 972	879	552	17	10 524
宁夏	33 920	5 890	1 173	682	26 175
新疆	69 726	8 364	1 764	449	59 149
单列市合计	**2 770 259**	**366 600**	**574 318**	**60 063**	**1 769 278**
沈阳	202 420	35 786	40 024	23 217	103 393
大连	392 514	23 511	126 376		242 627
长春	108 624	13 796	17 379		77 449
哈尔滨	119 700	21 092	10 343	2 697	85 568
南京	49 705	18 429	10 539	502	20 235
宁波	74 135	39 005	23 310	65	11 755
厦门	39 939	6 028	10 161	348	23 402
青岛	116 583	10 876	34 362	1 214	70 131
武汉	356 556	29 135	119 338	5 871	202 212
广州	302 032	76 187	86 932	17 454	121 459
深圳					
成都	468 921	48 485	53 319	2 123	364 994
重庆	442 349	35 858	27 475	3 080	375 936
西安	96 781	8 412	14 760	3 492	70 117

餐饮业

单位：万元

现　行　价				
合　计	乡　办	村　办	合　作	个　体
25 459 380	**3 392 770**	**3 761 354**	**1 441 812**	**16 863 444**
450 318	152 015	168 815	34 968	94 520
38 951	10 714	15 983	844	11 410
1 736 394	165 235	211 170	226 414	1 133 575
598 857	40 972	85 483	10 394	462 008
256 417	30 808	23 174	6 582	195 853
1 813 032	315 279	326 535		1 171 218
466 286	40 620	34 726		390 940
493 357	62 825	36 894	20 189	373 449
824 995	321 469	120 477	15 329	367 720
527 587	181 665	96 054	11 453	238 415
1 486 294	173 517	191 930	101 352	1 019 495
1 228 758	112 440	137 152	229 230	749 936
746 629	80 538	83 215	62 699	520 177
3 384 040	340 727	963 596	199 136	1 880 581
2 459 263	92 802	217 429	183 721	1 965 311
1 652 066	224 749	322 800	72 516	1 032 001
813 599	122 387	109 453	23 746	558 013
2 117 550	543 755	331 914	115 037	1 126 844
1 282 461	71 056	57 212	68 623	1 085 570
109 502	6 063	3 281	8 995	91 163
1 990 480	206 164	145 900	27 242	1 611 174
136 542	5 941	1 532	425	128 644
153 468	27 718	26 471	721	98 558
317 106	20 508	28 022	9 894	258 682
258 925	27 565	18 555	11 153	201 652
11 972	879	552	17	10 524
34 131	5 929	1 256	683	26 263
70 400	8 430	1 773	449	59 748
3 014 090	**490 039**	**639 273**	**61 801**	**1 822 977**
214 333	37 899	42 445	24 689	109 300
611 415	142 694	186 158		282 563
108 624	13 796	17 379		77 449
120 713	21 190	10 387	2 626	86 510
49 255	18 378	10 457	479	19 941
74 135	39 005	23 310	65	11 755
39 967	6 143	10 459	361	23 004
116 404	10 861	34 198	1 214	70 131
366 243	30 882	120 776	5 921	208 664
304 303	76 411	88 254	17 751	121 887
469 568	48 510	53 215	2 123	365 720
442 349	35 858	27 475	3 080	375 936
96 781	8 412	14 760	3 492	70 117

餐　饮

项目 地区	1990年不变价				
	合计	乡办	村办	合作	个体
全国总计	**6 876 210**	**307 121**	**931 588**	**296 989**	**5 340 512**
北京	57 939	8 737	20 810	6 685	21 707
天津	6 302	797	2 482	317	2 706
河北	334 504	9 097	27 599	42 211	255 597
山西	128 851	2 039	12 476	1 092	113 244
内蒙古	105 091	3 825	4 127	1 902	95 237
辽宁	372 271	24 098	45 033		303 140
吉林	157 205	4 032	7 359		145 814
黑龙江	146 714	11 439	8 080	2 884	124 311
上海					
江苏	133 492	14 817	18 967	3 123	96 585
浙江	72 705	4 209	7 383	488	60 625
安徽	413 989	19 936	35 653	18 885	339 515
福建	204 347	3 686	12 402	24 816	163 443
江西	157 870	8 690	16 517	9 770	122 893
山东	1 219 822	49 744	461 779	68 343	639 956
河南	758 531	7 124	52 307	48 596	650 504
湖北	295 517	26 769	50 997	14 327	203 424
湖南	273 351	11 187	16 899	2 508	242 757
广东	482 101	62 656	64 367	21 278	333 800
广西	376 968	4 662	9 239	11 490	351 577
海南	41 923	2 091	224	4 503	35 105
四川	776 356	17 128	38 603	7 555	713 070
贵州	46 704	406	103	143	46 052
云南	60 720	1 905	4 529	276	54 010
西藏					
陕西	154 785	4 672	10 956	4 399	134 758
甘肃	59 943	2 271	1 986	922	54 764
青海	4 145	111	154		3 880
宁夏	11 917	344	251	345	10 977
新疆	22 147	649	306	131	21 061
单列市合计	**808 234**	**47 447**	**122 790**	**12 253**	**625 744**
沈阳	58 525	12 547	13 388	877	31 713
大连	72 135	5 485	20 380		46 270
长春	39 872	1 611	4 911		33 350
哈尔滨	16 589	238	392	849	15 110
南京	15 288	2 613	3 015	241	9 419
宁波	8 017	1 404	2 802		3 811
厦门	694	54	160		480
青岛	44 247	1 709	14 671	954	26 913
武汉	39 345	663	7 267	813	30 602
广州	105 050	13 057	29 831	6 259	55 903
深圳					
成都	176 920	2 225	11 300	693	162 702
重庆	186 510	4 343	9 212	205	172 750
西安	45 042	1 498	5 461	1 362	36 721

业

单位：万元

现行价				
合计	乡办	村办	合作	个体
6 940 657	**336 751**	**941 496**	**301 965**	**5 360 445**
57 943	8 736	20 815	6 685	21 707
6 302	797	2 482	317	2 706
336 082	9 110	26 565	42 670	257 737
127 545	2 046	12 367	1 080	112 052
58 587	4 257	4 191	1 907	48 232
403 600	25 599	47 114		330 887
157 205	4 032	7 359		145 814
146 176	11 494	8 081	2 884	123 717
133 800	14 824	18 963	3 126	96 887
72 705	4 209	7 383	488	60 625
414 030	19 936	35 703	18 876	339 515
208 797	3 949	15 250	23 006	166 592
157 801	8 727	16 500	9 754	122 820
1 222 040	49 458	462 268	68 953	641 361
754 446	7 104	52 297	48 611	646 434
310 034	28 558	52 960	16 397	212 119
275 153	11 263	17 043	2 807	244 040
524 467	88 155	67 460	22 336	346 516
391 044	4 816	9 574	11 948	364 706
43 260	2 105	239	4 540	36 376
777 187	17 204	38 628	7 565	713 790
46 704	406	103	143	46 052
61 682	1 911	4 522	279	54 970
154 785	4 672	10 956	4 399	134 758
59 819	2 256	1 933	2 718	52 912
4 145	111	154		3 880
11 997	352	280	345	11 020
23 321	664	306	131	22 220
828 527	**48 890**	**124 664**	**12 355**	**642 618**
69 258	13 345	13 636	923	41 354
76 736	5 834	21 679		49 223
39 872	1 611	4 911		33 350
16 589	238	392	849	15 110
15 176	2 608	2 994	231	9 343
8 017	1 404	2 802		3 811
5 047	54	160		4 833
44 083	1 709	14 507	954	26 913
39 950	679	7 487	820	30 964
105 472	13 342	30 118	6 318	55 694
176 775	2 225	11 305	693	162 552
186 510	4 343	9 212	205	172 750
45 042	1 498	5 461	1 362	36 721

1993 年乡镇企业主

地区＼产品	原煤（万吨）	铁矿石（万吨）	硫铁矿石（万吨）	磷矿（万吨）	原盐（万吨）	发电量（万千瓦小时）
全国总计	**51 343**	**11 892**	**1 065**	**1 552**	**439**	**1 895 504**
北京	534					2 958
天津					1	
河北	1 713	2 914	93		48	13 137
山西	14 641	1 826	172			22 487
内蒙古	2 317	118	1		1	8 043
辽宁	981	1 108	53	1	32	5 650
吉林	653	139	1			9 608
黑龙江	1 122					4 039
上海						
江苏	360	90	6		13	127 105
浙江	37		2	2	19	111 220
安徽	572	2 248	69	22	3	17 539
福建	759	183	6	5	43	283 557
江西	2 346	78	52	20	16	88 849
山东	1 610	741	1	1	173	61 946
河南	5 201	743	76		29	29 199
湖北	1 133	406	49	510		90 606
湖南	3 252	181	32	56	1	130 358
广东	786	246	90		14	380 000
广西	816	122	13	11	1	50 544
海南					2	3 761
四川	4 626	251	233	467	28	316 609
贵州	3 211	156	83	117		47 208
云南	1 325	195	13	311		67 263
西藏						
陕西	1 613	78	11	24	7	10 956
甘肃	742	55		5	3	4 529
青海	63	1				1 302
宁夏	96	1				
新疆	834	12	9		5	7 031
单列市合计	**121 105**	**41**	**17**		**36**	**135 493**
沈阳		5				1
大连	5				26	112
长春	25					33
哈尔滨	18					
南京	120 050					2 272
宁波					8	8 442
厦门						591
青岛		27			2	5 013
武汉						2 204
广州	23	6				17 361
深圳						
成都	274		15			81 939
重庆	710	3	2			16 453
西安						1 072

要产品产量

粮食加工（万吨）			食用植物油（吨）	糖（吨）	罐头食品（吨）		
合计	大米	面粉			合计	水果罐头	蔬菜罐头
62 555	**23 415**	**20 087**	**3 699 089**	**233 858**	**1 621 115**	**932 224**	**326 185**
40		22	763		2 706	1 806	750
28		27	17 278		18 135	1 807	2 999
2 389	78	788	240 000	40 000	100 000	70 000	
270	2	103	78 826	1 828	25 100	10 277	577
491	4	122	53 188	328	3 025	506	1 558
11 216	4 788	116	191 700	3 221	37 079	22 434	3 537
519	434	29	71 662	221	5 486	1 049	1 286
262	8	31	99 647		1 959	295	176
2	2		9 730		2 583		2 583
25 819	6 805	13 286	121 974	28 965	31 711	3 131	14 266
278	193	24	35 718	818	207 885	75 981	117 523
1 296	711	432	356 875	3 433	117 621	67 129	6 916
845	488	171	22 809	866	167 231	41 626	99 789
950	731	47	141 932	1 468	29 925	2 293	24 295
1 317	24	827	681 661	11 525	265 307	232 617	10 790
3 011	141	1 519	321 452		247 657	168 204	12 339
758	346	88	192 653	1 010	15 673	8 097	110
1 249	806	11	238 754	3 900	26 477	11 045	2 532
2 201	1 782	20	330 000	60 000	58 906	15 501	8 906
858	670	20	75 808	4 500	161 389	156 481	323
2 692	2 692		1 944	315			
3 022	1 761	768	167 578	38 029	59 300	21 535	11 412
637	396	135	44 195	16 046	1 206	156	771
691	441	126	5 059	12 653	3 685	2 501	104
730	95	541	46 429	235	17 525	9 518	804
775	6	678	75 000	1 485	6 154	4 898	390
69		47	15 317		193	155	
10	2	9	11 610	799	2 634	803	
130	9	100	49 527	2 213	4 563	2 379	1 449
1 680	**671**	**551**	**340 835**	**12 589**	**117 934**	**34 164**	**40 795**
103	46	18	27	3 024	1 118	1 004	44
83	20	12	110 000	155	24 656	14 226	920
245	55	23	20 421	19	750		222
20	1	2	10 006		1 132		
30	25	4	10 164		10		10
1			467		52 850	11 269	34 119
125	5	120	1				
74		63	69 577		1 822	1 040	
52	26	8	8 237				
41	38		27 519	1 705	1 600		1 600
253	152	72	75 251	6 342	19 891	4 451	3 622
524	295	113	3 853	1 344	8 350	18	
129	8	116	5 312		5 755	2 156	258

1993年乡镇企业主

产品 地区	乳制品（吨）	饮料酒（吨）			
		合计	白酒	啤酒	黄酒
全国总计	**116 437**	**5 142 191**	**2 259 101**	**1 760 044**	**423 330**
北京		10 490	9 391		
天津	732	17 680	4 232	13 423	
河北		240 000	50 000	180 000	
山西	5 938	103 216	75 057	18 453	7 259
内蒙古	6 138	35 503	11 440	18 046	40
辽宁	274	336 715	98 902	155 518	1 401
吉林	13 933	307 762	52 968	252 128	10
黑龙江	10 015	122 614	50 625	71 989	
上海		99 869	41 283	34 720	22 322
江苏	17 141	400 728	126 322	121 858	128 160
浙江	15 267	436 467	25 342	193 347	195 847
安徽	5 376	118 654	20 389	8 611	18 119
福建	2 541	37 727	1 803	33 497	2 337
江西	547	71 303	38 758	6 408	21 424
山东	16 512	507 394	119 719	269 674	4 709
河南	3 642	289 865	48 801	198 086	4 050
湖北	501	202 330	168 198	6 500	8 283
湖南	123	138 064	96 750	20 575	
广东	1 951	330 000	230 000	40 000	
广西	237	181 400	145 000	2 529	1 073
海南	10	4 161	3 603	1	6
四川		738 208	591 162	66 842	2 452
贵州	6 278	156 868	154 150	102	36
云南		70 167	67 825	310	
西藏					
陕西	6 648	31 503	17 236	999	3 888
甘肃	791	140 944	2 730	44 062	758
青海	239	752	752		
宁夏		3 452	1 062	2 360	
新疆	1 603	8 355	5 601	6	1 156
单列市合计	**14 654**	**889 605**	**391 637**	**338 634**	**44 205**
沈阳		100 314	45 912	50 996	
大连	26	121 052	7 233	39 170	1 401
长春	6 863	55 910	15 357	38 240	
哈尔滨	2 534	32 498	6 049	26 449	
南京		10 122	6 094		
宁波	709	88 681	7 014	44 066	36 777
厦门		786			
青岛	1 151	118 743	713	99 627	3 569
武汉		4 752	2 048		
广州		12 916	4 028	2 998	58
深圳					
成都		284 471	270 729	8 860	
重庆		54 789	26 282	28 228	
西安	3 371	4 571	178		2 400

要产品产量（续）

非酒精饮料（吨）		配合饲料（万吨）	布（万米）		印染布（万米）	丝（吨）	丝织品（万米）
合　计	汽　水		合　计	棉　布			
3 665 811	**2 653 291**	**11 157**	**1 064 183**	**515 151**	**761 420**	**69 285**	**160 939**
31 881	31 881	8	11 080	9 176			391
126 820		1	8 537	4 528	33 947		
140 000	20 000	56	18 576	10 278	8 191		2 006
8 884	3 361	4	95 979	5 648	554	129	94
16 755	4 837	49	363	326	3		13
260 465	235 295	58	18 440	11 515	6 586	1 081	1 131
66 809	58 425	22	662	610	95	14	3
244		14	7				
20 183	13 319	6	65 686	9 535	14 330		
81 548	47 875	28	184 235	116 551	209 303	12 788	57 040
60 714	37 457	39	142 645	38 195	391 444	28 103	56 223
51 159	39 285	38	17 821	11 900	3 465	1 932	2 637
47 943	28 685	46	18 374	5 226	10 557	12	55
30 390	22 372	37	2 274	1 321	126	150	116
94 523	71 553	108	151 866	146 431	49 334	1 373	6 845
64 903	47 710	3	27 002	14 616	7 471	10 758	18 291
81 640	20 896	10 231	51 319	48 273	4 648	102	2 199
3 509	1 598	25	4 970	4 878	29	290	6 721
2 240 000	1 880 000	67	201 548	49 806		2 235	516
67 100	12 089		1 884	439	616	322	6
12 930	2 543	11					
118 364	55 995	88	25 510	19 993	11 213	9 795	6 497
5 291	1 485	22	522	515	50	31	12
15 026	5 239	2	371	319		34	110
11 109	7 146	151	13 991	4 454	9 458	11	33
3 239	1 325	30		97			
1 843	1 843	1					
1 899	437	9					
640	640	3	521	521		125	
425 979	**294 302**	**836**	**286 012**	**49 022**	**58 153**	**2 235**	**2 991**
57 889	54 430	4	273	196	1 757		2
47 513	39 342	14	1 061	811	248	351	680
20 857	19 498	7	280	280			
20							
5 123	1 345	4	3 350	1 918	392	101	451
9 804	8 669	1	9 773	1 464	34 140		560
116		1	10 855				
36 128	35 731	4	13 350	11 909	4 488		1
	3 223	740	18 000	14 340	2 315		
207 682	89 811	6	131 157	1 829		6	39
36 379	33 595	40	1 528	245	7 121	158	548
123	6 438	13	87 781	15 040	78	1 619	688
4 345	2 220	2	8 604	990	7 614		22

1993年乡镇企业主

地区 \ 产品	服装（万件）	皮鞋（万双）	布鞋（万双）	皮革制品（万张）	锯材（立方米）
全国总计	**580 820**	**121 396**	**97 660**	**134 587**	**8 350 189**
北京	10 440	452	2 094	36	
天津	20 648	1 078	2 096	1 106	
河北	19 467	2 249	9 837	1 400	325 091
山西	1 881	232	690	63	48 351
内蒙古	1 026	6 031	3 316	519	127 517
辽宁	21 830	1 362	1 660	819	823 086
吉林	1 869	54	123	143	590 981
黑龙江	414			21	826 129
上海	20 625	21 736	1 507	60 667	23
江苏	36 794	5 591	3 284	385	246 540
浙江	69 363	16 755	13 791	2	421 000
安徽	11 110	342	1 075	639	844 739
福建	69 628	22 264	11 632	471	624 362
江西	2 312	329	458	82	258 550
山东	64 759	4 316	12 621	8 430	1 406 863
河南	20 2790	6 198	20 501	43 476	788 098
湖北	11 129	194	628	6 634	
湖南	3 649	762	343	1 314	130 974
广东	141 664	26 302	9 395		
广西	8 704	56	84	136	48
海南	1 857	3		1	139 092
四川	27 724	4 519	1 207	140	368 749
贵州	2 973	158	53	2 079	78 034
云南	930	147	169	5 860	253 529
西藏					
陕西	7 319	197	1 005	129	
甘肃	1 652	56			
青海	9	4	1	3	
宁夏	2	9	90		48 433
新疆	772			32	
单列市合计	**100 345**	**10 862**	**2 499**	**5 825**	**785 631**
沈阳	8 783	653	55	14	53 288
大连	4 905	88	116	22	62 999
长春	3 270	38	3	44	13 253
哈尔滨	271				60 701
南京	3 041	310	185	5	20 704
宁波	27 488	144			
厦门	832	288	15	41	8 959
青岛	22 256	2 296	553	326	467 934
武汉	736	39	69	2 020	
广州	17 100	3 343	345	3 256	
深圳					
成都	3 937	922	301	59	95 854
重庆	4 218	2 628	440	25	1 939
西安	3 508	113	417	13	

要产品产量（续）

家具（万件）		机制纸及纸板（吨）		书刊印刷品（万令）	农用化学肥料（吨）			
合　计	木制家具	合　计	机制纸		合　计	氮　肥	磷　肥	钾　肥
79 349	**59 617**	**11 323 412**	**6 766 237**	**393 147**	**3 706 311**	**189 893**	**2 937 314**	**44 180**
268	149	136 337	80 830	.706	8 497		2 299	6 198
133	39	114 446		2 580	30 700	6 500	21 500	1 700
1 454	548	1 894 810	1 011 123	512	148 947	1 595	141 640	1 454
5 318	188	339 437	207 476	2 628	91 239	1 490	89 642	107
330	45	31 725	11 108	8	20			
1 103	567	189 065	93 357	2 339	76 414	2 530	18 949	181
1 027	1 022	63 377	22 820	294	3 735	1 035	1 584	
234	234	49 473						
		136 413	40 651	65 366	15 263	15 263		
1 399	833	533 207	414 624	29 881	355 934	18 560	183 621	8 228
258	86	830 625	581 438		168 262	880	167 382	
138	84	280 875	229 619	9 121	685 836	33 793	535 211	
2 541	365	256 791	176 659	586	19 096		4 885	235
3 407	1 656	67 429	50 419	456	14 500	500	97 911	6
9 020	7 775	1 402 432	922 582	147 836	195 377	23 515	145 361	2 833
14 110	12 696	2 439 119	1 923 760	21 493	415 885	46 929	267 904	1 339
2 043	1 148	138 175	76 128	10 911	592 972	12 650	466 769	1 232
251	245	216 944	177 034	38 479	79 688	5 650	52 825	100
18 914	18 101	710 000					9 297	2 662
420	420	309 600	58 051		183 500		112 400	370
286	237	3 211	3 109	13	17 270		350	
6 391	5 552	466 808	297 844	35 751	214 313	15 713	198 298	302
9 986	7 392	43 631	30 674	7 450	240 747	2 040	153 694	15 442
262	235	90 002	69 053				118 404	
		448 321	261 091	16 502	121 379		119 588	1 791
		78 286			19 332		19 332	
		4 477	19		800	800		
56		22 243	615	235	5 605		7 918	
		26 153	26 153		1 000	450	550	
5 951	**3 359**	**854 344**	**313 074**	**19 408**	**155 273**	**8 060**	**120 882**	**3 860**
335	7	27 466	2 845	594	5 703		3 203	
32	21	45 442	12 960	1 516	11 819	2 530	1 591	181
23	16	28 792	5 389	45	100			
16		13 449						
270	228	33 509	23 646	175	38 350	1 819	26 364	1 601
		82 271			33 565		33 565	
7	6	12 520	500					
992	905	58 504	30 745	277	15 054		4 250	
745	373	2 966					13 480	
1 852	266	216 131						
784	681	95 359	89 303	11 341	18 701	3 711	14 688	302
895	856	52 386	10 364	5 460	23 431		16 731	236
		185 549	137 322		8 550		7 010	1 540

1993年乡镇企业主

地区＼产品	塑料制品（吨）			水泥（万吨）	瓦（万片）
	合计	塑料人造革	制鞋用塑料		
全国总计	**4 716 953**	**495 541**	**245 996**	**13 520**	**7 679 579**
北京	45 433		554	147	569
天津	113 183			30	4 425
河北	817 333	1 682	65 622	994	147 894
山西	7 165		38	317	242 941
内蒙古	1 760			158	25 417
辽宁	108 579	240	715	570	95 658
吉林	7 856	215		61	7 118
黑龙江				17	2 914
上海	62 031			39	2 339
江苏	555 837	50 149	2 589	1 287	241 395
浙江	533 102	426 482	106 620	1 362	83 028
安徽	221 521	1 956	5 956	586	205 919
福建	132 953	1 451	16 865	330	337 267
江西	17 751	72	107	145	723 342
山东	581 026	7 830	3 850	1 921	554 367
河南	445 192		16 386	930	803 743
湖北	30 169	254	3	376	153 408
湖南	45 841	3 152	31	687	656 735
广东	750 000			1 660	610 000
广西	45 300	800	15 000	290	390 600
海南	418				20 876
四川	141 272	1 255	2 861	867	1 710 000
贵州	10 607		240	106	163 944
云南	24 118		7 720	197	175 506
西藏					
陕西	9 137	3	839	261	168 794
甘肃	7 268			156	150 147
青海				9	
宁夏	2 101				1 233
新疆				17	
单列市合计	**328 119**	**782**	**1 914**	**7 960**	**586 873**
沈阳	19 678		75	6 871	151
大连	52 204		295	266	250
长春	5 299			1	947
哈尔滨	473			3	
南京	23 540	541		142	9 110
宁波	112 043			13	4 122
厦门	257		6	6	5 511
青岛	33 902		183	77	10 596
武汉	6 777			3	126
广州				327	17 071
深圳					
成都	32 828	15	79	100	351 000
重庆	39 646	226	1 271	137	153 378
西安	1 472		5	14	34 611

要产品产量（续）

水泥瓦（万片）	水泥砖（万块）	砖（万块）	石灰（万吨）	水泥预制构件（万立方米）	大理石板材（万立方米）	花岗石板材（万立方米）	水磨石板材（万立方米）
809 679	**725 042**	**64 084 079**	**41 472**	**22 733**	**2 610**	**6 141**	**3 968**
260 289		727 204	258	105		3	283
		512 377		28	35		146
282 763	164 839	5 546 755	1 157	1 719	101	31	112
16 253	13 429	3 189 224	914	256	13		131
1 335	163 678	758 936	41	335	8	15	90
80 351	20 572	2 024 206	386	2 000	10	4	155
4 799	655	1 111 001	80	29	19	5	364
660		1 320 718			1		
	67	234 755	21	351	10		1
120 928	4 563	4 599 543	790	125	9	8	
13 834		2 069 523	290	366	26	75	
67 024	23 819	3 556 311	7 569	1 725	89	170	22
8 801	39 410	1 352 855	146	32	17	2 750	2 094
1 981	25 752	1 646 767	1 149	429	32	26	
22 467	20 287	8 090 337	1 973	250	616	606	219
112 561	91 167	10 686 213	17 610	2 415	754	82	33
2 558	1 892	2 475 421	564	6 688	40	16	2
7 565	16 827	2 045 433	636	638	84	14	111
		3 240 000	751	1 068	302	1 750	124
975		1 211 300	646	1 955	287	246	47
	442	198 203	1 302	18		23	
7 811	103 913	3 348 965	3 154	1 686	78	300	29
18 104	23 747	349 046	501	96	32		3
		559 700	82	36	31		
11 976	9 983	2 093 062	784	287	13	11	2
904		605 435	645	46	3	6	
		57 348	6	4			
		105 711	7	20			
		367 730	10	26			
19 527	**29 700**	**4 534 178**	**1 247**	**1 757**	**114**	**333**	**243**
805	54	318 899	25	35	4		11
7 346	2 151	293 482	113	14	18	7	2
130	180	331 770	11	7	1		201
		228 263	1	8	6		
210		412 584	81	60			
7 723		200 338	2	39		5	
11	25 036	14 875		1		202	
		414 270	24	143	79	21	4
		272 858	100	175			
		404 380	31	167	1	66	
825	2 106	658 930	157	345	4	32	2
2 467	173	485 897	693	678			23
10		497 632	9	85	1		

1993年乡镇企业主要

地区 \ 产品	日用玻璃制品（吨）	卫生陶瓷、建筑陶瓷（万件）	日用陶瓷（万件）	黄金（千克）	暖气片（万片）
全国总计	**1 002 056**	**71 191**	**374 427**	**245 047**	**17 790**
北京	11 559			422	3 496
天津	2 476		136		
河北	10	5 712	35 719	1 475	2 547
山西	26 820	2 664	5 820	202	8 112
内蒙古	1 404	24	312	751	37
辽宁	895	60	112	1 444	360
吉林	210	40	1	352	279
黑龙江			48	340	
上海	5 553				
江苏	195 268	7 775	755	1 686	559
浙江		2 021	5 446		
安徽	66 679	2 458	3 224	229	902
福建	161	5 745	40 801		
江西	16 574	2	15 833	1 147	
山东	264 764	197	46 692	15 219	662
河南	41 650	7 249	39 430	2 222	225
湖北	20 719		1 950	535	20
湖南	12 689	3 594	28 247	216 172	6
广东		647	120 184		
广西	58 200	19 885	26 342	704	
海南			40	279	
四川	264 963	12 739		77	
贵州	11 199	139	2 001	199	
云南			616	127	
西藏					
陕西	263	58	661	838	84
甘肃		161	47	117	443
青海				23	
宁夏		1			
新疆		20	10	487	58
单列市合计	**131 918**	**3 894**	**5 693**	**458**	**578**
沈阳		40	3		49
大连	130		98		92
长春	140			4	206
哈尔滨					
南京	3 700	3 501	129	17	
宁波		303	42		
厦门					
青岛	43 674	3	1	412	177
武汉	6 750		208		20
广州		1	5 192		
深圳					
成都	52 425	46		1	
重庆	25 099				
西安			20	24	34

要产品产量（续）

中小农具（万件）	电风扇（万台）	灯　具（万支）	泵（万台）	竹藤棕草制品（万件）	工艺美术品（万元）	房屋竣工面积（万平方米）	运输量（万吨）
183 608	**4 503**	**125 946**	**17 629**	**358 283**	**2 458 573**	**111 043**	**3 442 058**
		113	6		62 945	1 254	4 683
817	2		9	4 389	6 833	278	4 072
2 362		2 124	6	865	150 475	1 081	151 680
692				60	6 176	1 777	85 192
1 687		32 481		611	4 796	9 725	39 253
636		226	1 963	8 098	28 066	2 570	60 639
1 046		2	2	328	3 166	1 621	41 598
2					783	557	1 406
55	1	5 929	3 932		106		
2 283	297	10 461	39	3	396 769	2 480	18 875
1 354	121	16 764	38	55 794	255 876	1 547	39 285
4 780	12	21 312	173	23 230	60 841	6 759	184 173
3 595	8	104	6	48 415	158 499	6 335	10 228
5 284		297	1	14 256	29 711	2 546	51 464
61 465	27	8 843	6 148	25 141	591 103	13 469	888 745
54 091	2	10 366	1 615	5 763	178 346	2 910	607 327
4 651		3 400	4 652	391	19 995	4 659	125 493
10 097	1	45	9	37 761	153 770	1 552	5 249
4 369	4 031	9 912		23 511	230 000	29 956	62 572
3 283				45 034	32 033	2 242	82 870
824		5		763	648	26	667
8 531	1	3 439	1	56 744	55 482	10 659	636 376
5 397					3 002	905	32 311
1 884					5 005	869	230 299
4 400		123	29	6 573	19 160	2 225	30 444
				547	1 270	2 620	14 261
23					170	36	284
						89	2
				6	3 547	296	32 610
4 657	**132**	**3 084**	**3 005**	**8 904**	**251 101**	**7 411**	**111 009**
15		114	1	1 080	6 354	148	6 373
10		11	947	2 186	8 093	1 226	15 745
232			1	272	1 439	574	7 155
						57	7
157		27	2	1 422	6 997	541	2 926
23	115	579	1	258	37 053		
16		29		274	1 611	27	32
806		2 035	2 052	1 312	119 450	550	14 600
1 040				9	3 652	508	8 718
319	17	28		76	26 470	580	6 421
738		95		615	28 856	1 169	16 483
944		52	1	342	2 396	1 608	26 271
357		114		1 058	8 730	423	6 278

1993 年乡镇

(一) 合

项目 地区	企业个数 (个)	职工人数 (人)	出口产品 生产总值 (万元)		
				合 计	
					小 计
全国总计	**134 505**	**8 248 888**	**25 607 121**	**21 930 014**	**14 167 975**
北 京	727	119 942	556 800	433 492	315 525
天 津	1 074	190 839	753 075	633 375	470 390
河 北	14 536	317 634	1 394 528	535 738	288 946
山 西	369	29 811	116 535	106 478	85 924
内 蒙 古	338	14 793	22 941	15 982	9 485
辽 宁	1 789	215 109	1 008 099	811 193	569 468
吉 林	301	26 779	87 504	65 033	25 737
黑 龙 江	145	18 760	46 281	37 576	16 562
上 海					
江 苏	7 786	1 511 055	6 758 176	6 270 941	4 849 650
浙 江	6 583	839 066	3 296 436	2 956 047	2 431 875
安 徽	1 003	123 922	253 545	210 930	95 507
福 建	6 544	502 158	2 064 940	1 825 753	1 770 817
江 西	7 421	77 092	156 726	117 015	54 112
山 东	13 623	906 952	2 743 119	2 085 831	1 412 064
河 南	41 118	284 820	449 202	334 072	157 335
湖 北	876	102 770	294 426	245 593	164 506
湖 南	1 452	119 304	237 351	214 445	133 041
广 东	26 318	2 572 311	4 812 848	4 629 471	1 065 727
广 西	744	64 670	117 148	101 909	69 087
海 南	23	1 982	3 821	3 490	2 185
四 川	957	130 469	247 472	169 815	95 577
贵 州	71	6 645	17 576	14 825	8 196
云 南	123	15 715	37 860	22 280	11 687
西 藏					
陕 西	275	27 561	74 227	41 853	36 500
甘 肃	162	13 146	18 244	16 440	10 428
青 海	37	6 953	18 635	13 803	6 519
宁 夏	69	4 883	11 841	9 666	7 673
新 疆	41	3 747	7 765	6 968	3 452
单列市合计	**5 690**	**795 705**	**3 292 908**	**2 853 991**	**1 779 583**
沈 阳	190	22 657	62 494	55 370	37 993
大 连	681	104 579	652 084	496 917	400 312
长 春	66	8 659	26 833	19 355	8 561
哈 尔 滨	7	1 888	1 893	1 424	1 079
南 京	195	37 605	105 225	90 344	72 035
宁 波	1 362	157 021	710 760	618 894	556 827
厦 门	98	12 077	54 128	47 449	47 292
青 岛	1 198	151 243	683 952	581 820	488 446
武 汉	82	11 149	37 194	28 412	22 130
广 州	1 271	233 444	787 847	803 609	87 199
深 圳					
成 都	126	13 115	76 220	52 459	19 346
重 庆	355	34 842	67 462	46 541	26 965
西 安	59	7 426	26 816	11 398	11 398

企出口情况

计

出口产品交货值（万元）			
直接出口		间接出口	“三来一补”工缴费收入
交外贸部门	自营出口		
10 655 499	**3 512 476**	**4 232 202**	**3 529 837**
224 865	90 660	116 572	1 395
377 856	92 534	158 188	4 797
235 344	53 602	238 853	7 939
49 414	36 510	20 554	
3 680	5 805	6 497	
432 672	136 796	235 963	5 762
20 166	5 571	39 263	33
14 958	1 604	21 014	
4 171 903	677 747	1 386 845	34 446
2 033 222	398 653	507 405	16 767
74 379	21 128	103 513	11 910
612 544	1 158 273		54 936
41 311	12 801	61 945	958
1 093 419	318 645	667 563	6 204
123 230	34 105	175 252	1 485
125 630	38 876	76 928	4 159
127 366	5 675	80 998	406
696 693	369 034	188 459	3 375 285
47 088	21 999	29 992	2 830
754	1 431	1 232	73
68 547	27 030	74 193	45
6 661	1 535	6 629	
11 452	235	10 393	200
35 818	682	5 274	79
10 386	42	5 884	128
6 519		7 284	
7 657	16	1 993	
1 965	1 487	3 516	
1 284 646	**494 937**	**360 481**	**713 927**
33 234	4 759	17 377	
277 720	122 592	91 027	5 578
6 279	2 282	10 794	
787	292	345	
60 697	11 338	18 309	
468 354	88 473	55 781	6 286
19 890	27 402		157
321 082	167 364	93 374	
16 712	5 418	6 142	140
43 256	43 943	14 652	701 758
8 023	11 323	33 104	8
17 538	9 427	19 576	
11 074	324		

（二）按产品

1. 化

地区 \ 项目	企业个数（个）	职工人数（人）	出口产品生产总值（万元）	合计	小计
全国总计	**2 219**	**252 919**	**1 332 652**	**1 095 894**	**751 704**
北京	8	1 029	2 028	1 961	1 912
天津	59	10 067	58 172	56 313	39 092
河北	152	15 731	93 235	57 770	33 635
山西	20	3 516	15 818	6 389	3 849
内蒙古	1	135	53	53	
辽宁	53	4 785	17 219	9 029	5 621
吉林	18	1 830	6 994	5 717	2 333
黑龙江	1	25	11		
上海					
江苏	580	101 478	604 555	546 106	407 699
浙江	113	16 643	89 179	73 518	71 047
安徽	19	2 713	9 187	7 578	5 480
福建	253	4 874	21 425	16 876	16 876
江西	23	1 701	5 718	3 436	1 045
山东	242	36 189	185 056	115 853	93 230
河南	77	5 995	23 932	18 457	8 536
湖北	38	5 246	31 621	24 298	13 309
湖南	68	5 508	26 383	22 265	11 737
广东	311	21 460	104 098	101 593	22 602
广西	90	1 700	5 270	5 006	2 912
海南	2	126	606	606	346
四川	41	5 522	12 530	9 398	3 333
贵州	6	829	4 211	3 077	1 166
云南	8	1 346	2 619	1 249	225
西藏					
陕西	22	2 207	7 201	4 204	3 894
甘肃	6	342	1 001	751	614
青海					
宁夏	5	687	1 253	1 111	511
新疆	3	1 235	3 277	3 280	700
单列市合计	**138**	**21 400**	**89 015**	**63 185**	**47 820**
沈阳	7	703	1 284	1 223	209
大连	21	2 404	7 166	3 129	1 927
长春	2	244	158	158	152
哈尔滨					
南京	15	2 886	9 710	6 048	4 985
宁波	13	1 731	8 455	5 485	5 362
厦门					
青岛	31	7 621	42 381	31 708	29 828
武汉	9	953	6 020	4 774	2 171
广州	5	707	2 776	2 776	203
深圳					
成都	10	1 801	4 215	3 434	1 988
重庆	20	2 043	6 310	3 954	499
西安	5	307	540	496	496

类别分

工

出口产品交货值（万元）			
直接出口		间接出口	“三来一补”工缴费收入
交外贸部门	自营出口		
647 908	**103 796**	**269 900**	**74 290**
1 912		49	
29 092	10 000	17 221	
30 050	3 585	24 135	
3 049	800	2 540	
		53	
5 373	248	3 408	
2 067	266	3 384	
357 825	49 874	138 407	
67 731	3 316	2 471	
410	5 070	2 098	
10 852	6 024		
594	451	2 391	
82 815	10 415	22 623	
7 940	596	9 921	
11 533	1 776	10 989	
10 206	1 531	10 528	
14 520	8 082	4 701	74 290
2 535	377	2 094	
346		260	
2 219	1 114	6 065	
1 166		1 911	
225		1 024	
3 623	271	310	
614		137	
511		600	
700		2 580	
37 832	**9 988**	**12 792**	**2 573**
137	72	1 014	
1 751	176	1 202	
152		6	
3 899	1 086	1 063	
4 860	502	123	
23 266	6 562	1 880	
2 169	2	2 603	
	203		2 573
918	1 070	1 446	
455	44	3 455	
225	271		

2. 机

项目 地区	企业个数（个）	职工人数（人）	出口产品生产总值（万元）		
				合计	小计
全国总计	**3 148**	**504 520**	**1 820 369**	**1 455 685**	**1 004 139**
北京	21	4 405	19 553	12 069	9 516
天津	43	6 934	25 383	28 292	15 287
河北	92	13 767	48 425	41 726	12 158
山西	208	6 518	20 149	11 432	7 949
内蒙古	6	1 244	3 488	1 013	650
辽宁	203	31 021	131 404	59 852	42 839
吉林	13	2 004	5 330	3 840	2 040
黑龙江	4	559	956	460	250
上海					
江苏	962	198 822	724 310	665 361	472 589
浙江	444	69 407	280 859	206 308	172 602
安徽	24	5 180	9 189	7 637	3 970
福建	67	5 088	30 927	24 284	24 284
江西	6	240	678	580	245
山东	354	74 808	277 840	181 273	140 204
河南	45	10 685	26 840	18 529	8 674
湖北	30	4 685	12 521	10 669	8 135
湖南	57	5 714	25 605	23 843	17 086
广东	482	52 142	146 037	139 170	54 559
广西	9	604	1 146	1 142	1 056
海南					
四川	36	5 225	13 775	8 580	1 108
贵州	7	1 113	4 209	3 213	3 213
云南	6	580	2 600	2 041	1 710
西藏					
陕西	29	3 775	9 145	4 371	4 015
甘肃					
青海					
宁夏					
新疆					
单列市合计	**436**	**75 762**	**324 694**	**201 549**	**155 339**
沈阳	36	4 782	7 994	7 387	4 568
大连	111	21 633	109 622	42 250	33 482
长春	5	1 141	3 788	2 331	824
哈尔滨					
南京	19	3 340	5 213	4 727	4 529
宁波	124	16 297	83 358	54 548	48 228
厦门	2	58	35	35	35
青岛	69	15 441	74 206	59 230	53 102
武汉	7	1 355	4 772	4 465	4 302
广州	16	4 673	16 060	15 670	2 594
深圳					
成都	8	2 124	7 992	5 000	299
重庆	24	2 306	4 762	2 584	54
西安	15	2 612	6 892	3 322	3 322

械

出口产品交货值（万元）			
直接出口		间接出口	“三来一补”工缴费收入
交外贸部门	自营出口		
857 687	**146 452**	**370 295**	**81 251**
9 516		2 553	
10 444	4 843	13 005	
10 363	1 795	29 070	498
6 607	1 342	3 483	
650		363	
33 027	9 812	14 323	2 690
987	1 053	1 800	
	250	210	
400 247	72 342	192 745	27
156 144	16 458	33 706	
3 320	650	3 667	
8 158	16 126		
245		335	
128 407	11 797	41 069	
3 995	4 679	9 855	
5 270	2 865	2 462	72
16 988	98	6 757	
53 390	1 169	6 647	77 964
958	98	86	
953	155	7 472	
2 293	920		
1 710		331	
4 015		356	
135 001	**20 338**	**30 400**	**15 810**
4 452	116	2 819	
25 191	8 291	6 078	2 690
824		1 507	
2 865	1 664	198	
43 038	5 190	6 320	
25	10		
50 246	2 856	6 128	
2 591	1 711	91	72
2 094	500	28	13 048
299		4 701	
54		2 530	
3 322			

3. 矿

项目 地区	企业个数（个）	职工人数（人）	出口产品生产总值（万元）		
				合　计	小　计
全国总计	**2 018**	**221 652**	**811 582**	**686 716**	**488 479**
北　京	10	397	399	372	298
天　津	63	12 534	40 758	40 524	31 087
河　北	56	3 206	11 771	6 170	3 759
山　西	67	11 916	63 194	74 739	62 446
内蒙古	56	1 883	2 203	1 254	288
辽　宁	189	40 850	120 023	109 113	41 501
吉　林	25	1 789	3 783	2 606	1 488
黑龙江	7	1 442	3 414	2 186	41
上　海					
江　苏	68	15 099	102 791	97 385	74 992
浙　江	370	38 959	147 760	128 673	117 010
安　徽	11	1 151	1 832	1 841	1 229
福　建	247	14 165	54 618	46 715	46 715
江　西	68	3 617	8 820	7 367	2 598
山　东	273	32 857	130 068	83 167	52 485
河　南	157	13 271	28 273	15 820	6 758
湖　北	16	1 656	2 251	1 974	1 882
湖　南	115	6 992	20 987	19 654	12 948
广　东	33	2 746	6 576	5 957	1 623
广　西	30	4 436	5 652	4 012	3 428
海　南	1	42	75	58	39
四　川	7	2 087	16 818	5 214	1 566
贵　州	19	1 981	4 815	4 671	1 595
云　南	59	1 500	9 152	7 470	4 979
西　藏					
陕　西	54	4 204	13 683	9 450	8 512
甘　肃	7	1 156	4 278	4 429	3 317
青　海					
宁　夏	9	1 486	7 289	5 596	5 596
新　疆	1	250	299	299	299
单列市合计	**307**	**28 263**	**127 313**	**89 891**	**62 831**
沈　阳	9	1 483	2 381	2 156	1 667
大　连	22	3 182	13 081	8 744	8 452
长　春	2	336	416	326	
哈尔滨	1	60	60	30	30
南　京	3	343	332	332	332
宁　波	91	7 778	39 223	31 493	28 817
厦　门	16	1 010	5 703	5 096	5 096
青　岛	155	12 129	48 839	36 160	16 853
武　汉					
广　州	2	98	478	358	18
深　圳					
成　都	2	555	11 949	2 953	1 566
重　庆	4	1 289	4 851	2 243	
西　安					

产

出口产品交货值（万元）			
直接出口		间接出口	“三来一补”工缴费收入
交外贸部门	自营出口		
410 101	**78 378**	**195 629**	**2 608**
249	49	74	
29 037	2 050	9 437	
3 589	170	2 411	
32 199	30 247	12 293	
288		966	
40 175	1 326	67 612	
1 390	98	1 104	14
	41	2 145	
72 800	2 192	22 393	
108 297	8 713	11 663	
1 229		612	
22 691	24 024		
2 598		4 769	
47 758	4 727	30 682	
5 535	1 223	9 062	
1 495	387	92	
12 584	364	5 706	
1 523	100	1 819	2 515
2 435	993	584	
	39	19	
	1 566	3 648	
1 595		3 076	
4 951	28	2 491	
8 471	41	859	79
3 317		1 112	
5 596			
299			
56 998	**5 833**	**26 720**	**340**
1 667		489	
8 452		292	
		326	
	30		
332			
25 374	3 443	2 676	
5 096			
16 059	794	19 307	
18			340
	1 566	1 387	
		2 243	

4. 轻

项目 地区	企业个数（个）	职工人数（人）	出口产品生产总值（万元）		
				合 计	小 计
全国总计	**13 927**	**1 729 029**	**4 900 224**	**4 461 992**	**2 582 585**
北　京	102	14 542	67 968	43 644	31 699
天　津	160	28 879	101 646	86 164	70 384
河　北	287	25 581	58 943	49 611	33 703
山　西	10	1 312	1 494	1 225	651
内蒙古	10	766	7 703	5 891	5 600
辽　宁	131	14 249	71 185	64 100	54 469
吉　林	37	3 923	13 347	10 203	5 687
黑龙江	26	2 768	10 766	7 150	3 254
上　海					
江　苏	1 504	266 088	1 008 882	948 884	751 992
浙　江	641	94 864	292 352	256 321	221 584
安　徽	84	12 532	34 630	21 898	9 183
福　建	629	122 979	714 417	644 428	642 100
江　西	137	9 490	24 762	10 806	4 427
山　东	413	81 320	337 851	276 807	235 585
河　南	262	20 166	41 559	26 741	8 309
湖　北	95	14 272	41 712	32 836	26 860
湖　南	84	10 249	33 920	28 663	21 076
广　东	9 115	977 714	1 985 282	1 912 423	440 918
广　西	69	10 017	10 484	9 441	2 772
海　南	2	379	575	290	290
四　川	71	7 153	21 592	15 976	6 019
贵　州	2	133	152	105	78
云　南	9	3 937	9 684	2 783	2 760
西　藏					
陕　西	27	4 857	7 459	3 817	2 328
甘　肃	17	640	1 145	1 071	213
青　海					
宁　夏	1	70	70	70	
新　疆	2	149	644	644	644
单列市合计	**930**	**166 644**	**702 440**	**678 862**	**299 409**
沈　阳	29	2 986	13 397	12 015	9 358
大　连	39	4 424	36 615	33 029	29 557
长　春	6	1 081	2 376	1 296	773
哈尔滨	1	70	40	40	
南　京	41	5 920	20 095	16 924	16 462
宁　波	192	23 522	93 640	73 239	63 145
厦　门	5	2 054	4 892	4 892	4 892
青　岛	131	28 366	158 665	146 559	136 666
武　汉	22	2 549	11 152	8 693	8 082
广　州	407	88 789	339 681	366 432	24 238
深　圳					
成　都	23	2 893	14 015	10 342	2 176
重　庆	23	2 473	5 713	3 914	2 573
西　安	11	1 517	2 159	1 487	1 487

工

出口产品交货值（万元）			
直接出口		间接出口	“三来一补”工缴费收入
交外贸部门	自营出口		
1 581 044	**1 001 541**	**451 804**	**1 427 603**
14 623	17 076	11 945	
51 463	18 921	15 780	
29 179	4 524	15 888	20
367	284	574	
	5 600	291	
42 238	12 231	9 631	
4 805	882	4 516	
3 091	163	3 896	
630 251	121 741	196 709	183
194 561	27 023	33 807	930
6 557	2 626	12 715	
113 725	528 375		2 328
3 004	1 423	6 364	15
150 308	85 277	40 619	603
7 711	598	18 400	32
19 143	7 717	5 916	60
20 850	226	7 587	
278 363	162 555	48 629	1 422 876
616	2 156	6 113	556
240	50		
3 988	2 031	9 957	
78		27	
2 742	18	23	
2 328		1 489	
213		858	
		70	
600	44		
183 282	**116 127**	**45 139**	**334 314**
8 019	1 339	2 657	
21 113	8 444	3 472	
73	700	523	
		40	
13 833	2 629	462	
50 834	12 311	9 994	100
116	4 776		
75 235	61 431	9 893	
4 459	3 623	551	60
5 344	18 894	8 040	334 154
2 139	37	8 166	
630	1 943	1 341	
1 487			

5. 食

项目 地区	企业个数（个）	职工人数（人）	出口产品生产总值（万元）	合计	小计
全国总计	**4 218**	**295 041**	**1 529 607**	**1 287 224**	**960 367**
北京	10	1 168	11 614	5 605	5 089
天津	88	6 505	30 309	27 085	17 371
河北	206	13 207	39 784	32 818	27 167
山西	10	1 505	5 170	3 628	3 064
内蒙古	10	772	2 335	902	97
辽宁	363	31 970	255 817	226 879	166 861
吉林	36	4 266	21 245	18 111	3 648
黑龙江	21	3 170	13 504	10 588	1 376
上海					
江苏	235	23 656	165 892	151 548	138 223
浙江	258	17 389	90 027	81 579	76 712
安徽	175	8 892	30 667	22 142	12 558
福建	771	38 111	225 029	195 801	194 751
江西	163	5 620	16 083	13 991	10 149
山东	732	83 328	475 648	374 599	248 347
河南	68	7 521	14 167	11 690	5 998
湖北	46	2 811	8 802	6 712	4 956
湖南	317	9 743	18 686	16 622	7 453
广东	254	16 880	61 196	54 606	19 658
广西	18	2 842	12 585	5 545	3 964
海南	6	900	1 530	1 514	1 439
四川	336	7 759	19 953	16 941	7 023
贵州	5	237	594	549	435
云南	13	963	1 530	1 462	589
西藏					
陕西	15	740	2 872	2 300	1 494
甘肃	21	3 084	3 070	2 939	1 419
青海					
宁夏	32	1 495	877	640	268
新疆	9	507	621	428	258
单列市合计	**499**	**48 330**	**375 648**	**335 304**	**248 204**
沈阳	11	1 549	7 565	4 361	3 506
大连	223	23 623	202 215	179 468	129 061
长春	4	639	7 272	6 930	3 030
哈尔滨					
南京					
宁波	71	5 807	44 572	44 462	42 558
厦门	13	1 591	19 971	18 373	18 373
青岛	84	11 710	74 990	68 540	46 721
武汉	5	475	3 292	50	50
广州	7	408	3 687	3 374	457
深圳					
成都	51	1 471	10 376	8 083	3 317
重庆	27	812	991	938	406
西安	3	245	717	725	725

品

出口产品交货值（万元）			
直接出口		间接出口	"三来一补"工缴费收入
交外贸部门	自营出口		
678 453	**281 914**	**292 480**	**34 377**
1 653	3 436	516	
15 321	2 050	9 714	
21 239	5 928	5 651	
1 430	1 634	564	
97		805	
109 040	57 821	57 847	2 171
3 290	358	14 463	
1 035	341	9 212	
127 099	11 124	13 325	
58 741	17 971	4 867	
8 907	3 651	9 584	
99 883	94 868		1 050
9 599	550	3 699	143
172 869	75 478	126 169	83
4 326	1 672	5 656	36
4 816	140	1 756	
7 077	376	9 169	
18 813	845	4 062	30 886
3 728	236	1 581	
168	1 271	75	
5 515	1 508	9 910	8
20	415	114	
451	138	873	
1 494		806	
1 377	42	1 520	
252	16	372	
213	45	170	
153 578	**94 626**	**82 004**	**5 096**
1 898	1 608	855	
75 478	53 583	48 236	2 171
3 030		3 900	
26 612	15 946	1 904	
4 557	13 816		
38 423	8 298	21 819	
50			
457			2 917
1 942	1 375	4 758	8
406		532	
725			

6. 土

地区＼项目	企业个数（个）	职工人数（人）	出口产品生产总值（万元）		
				合 计	小 计
全国总计	**3 792**	**100 340**	**296 987**	**266 030**	**169 665**
北　京	1	52	161	119	
天　津	31	1 646	6 758	5 465	3 214
河　北	101	5 534	7 476	6 928	2 468
山　西	2	76	440	440	420
内蒙古	90	294	251	250	200
辽　宁	95	9 852	61 405	51 007	39 306
吉　林	42	1 755	3 823	4 059	315
黑龙江	4	400	1 608	1 911	437
上　海					
江　苏	88	8 596	32 497	28 757	22 817
浙　江	94	6 391	39 719	35 597	31 381
安　徽	72	3 076	10 951	9 587	5 482
福　建	544	14 185	40 954	35 028	35 008
江　西	1 569	9 159	10 217	8 036	1 599
山　东	521	18 812	27 348	30 248	10 603
河　南	57	3 460	6 612	5 603	1 617
湖　北	14	832	2 439	2 371	242
湖　南	159	4 223	5 188	4 669	2 682
广　东	141	6 465	26 947	24 949	6 805
广　西	61	1 819	4 246	3 618	1 708
海　南	1	40	255	255	
四　川	62	1 872	4 540	3 907	2 320
贵　州					
云　南	3	247	298	498	196
西　藏					
陕　西	11	489	623	572	290
甘　肃	16	522	1 173	1 165	43
青　海					
宁　夏	13	543	1 058	991	512
新　疆					
单列市合计	**231**	**21 841**	**67 051**	**57 957**	**47 413**
沈　阳	4	381	1 664	1 659	142
大　连	78	7 866	50 931	43 107	36 365
长　春	6	583	594	489	315
哈尔滨					
南　京					
宁　波	7	385	3 421	3 322	2 832
厦　门	6	289	4 120	3 946	3 946
青　岛	84	10 766	3 996	3 656	3 426
武　汉	1	104	178	110	110
广　州	1	27	30	25	
深　圳					
成　都	1	50	63	63	63
重　庆	41	1 115	2 008	1 534	168
西　安	2	275	46	46	46

产

出口产品交货值（万元）			
直接出口		间接出口	“三来一补”工缴费收入
交外贸部门	自营出口		
144 378	**25 287**	**82 700**	**13 665**
		119	
3 214		1 191	1 060
2 468		4 460	
400	20	20	
200		50	
39 156	150	11 701	
165	150	3 737	7
437		1 474	
22 339	478	5 940	
30 942	439	4 216	
1 956	3 526	4 105	
18 274	16 734		20
1 130	469	6 407	30
8 711	1 892	19 645	
1 177	440	3 986	
234	8	2 129	
2 600	82	1 902	85
6 087	718	5 977	12 167
1 658	50	1 910	
		255	
2 189	131	1 587	
196		102	200
290		282	
43		1 026	96
512		479	
45 129	**2 284**	**10 519**	**25**
142		1 517	
36 365		6 742	
165	150	174	
2 832		490	
2 231	1 715		
3 070	356	230	
110			
			25
63			
105	63	1 366	
46			

7. 畜

地区 \ 项目	企业个数（个）	职工人数（人）	出口产品生产总值（万元）	合 计	
					小 计
全国总计	**5 622**	**140 960**	**584 383**	**511 461**	**325 496**
北 京	6	679	1 306	1 162	446
天 津	52	4 679	23 242	15 502	8 208
河 北	4 211	49 396	105 855	83 999	41 231
山 西	4	248	195	174	166
内 蒙 古	9	641	1 764	1 555	1 544
辽 宁	49	3 290	22 065	20 961	12 680
吉 林	8	341	1 377	952	627
黑 龙 江	7	522	1 972	1 972	1 767
上 海					
江 苏	80	8 120	44 278	41 307	33 064
浙 江	152	16 269	115 421	109 593	84 929
安 徽	43	2 675	10 019	8 550	3 951
福 建	29	1 155	21 433	15 282	15 282
江 西	16	436	966	897	476
山 东	392	14 847	72 120	64 156	38 747
河 南	159	8 528	49 233	43 434	30 634
湖 北	37	4 217	8 222	6 581	4 427
湖 南	84	1 269	3 380	3 217	2 238
广 东	152	15 258	52 266	48 438	18 126
广 西	6	276	4 299	4 129	2 299
海 南					
四 川	90	6 265	42 990	37 770	23 549
贵 州					
云 南	3	127	163	163	163
西 藏					
陕 西	16	739	801	684	560
甘 肃	12	778	523	494	272
青 海					
宁 夏	1	45	110	110	110
新 疆	4	160	383	379	
单列市合计	**156**	**13 540**	**66 681**	**60 219**	**38 584**
沈 阳	5	604	3 006	2 780	1 578
大 连	5	290	2 774	2 803	2 803
长 春	4	195	940	600	400
哈 尔 滨					
南 京	7	1 516	3 263	3 263	3 263
宁 波	7	675	7 198	5 910	5 895
厦 门	3	49	75	59	59
青 岛	44	1 009	3 762	3 433	2 333
武 汉	14	2 562	3 258	2 973	2 614
广 州	16	2 848	9 350	9 482	2 267
深 圳					
成 都	14	1 569	18 681	15 309	5 181
重 庆	33	2 002	13 972	13 207	11 791
西 安	4	221	402	400	400

产

出口产品交货值（万元）			
直接出口		间接出口	“三来一补”工缴费收入
交外贸部门	自营出口		
250 617	**74 879**	**169 372**	**16 593**
446		716	
8 190	18	7 294	
33 336	7 895	42 468	300
125	41	8	
1 339	205	11	
12 680		8 281	
230	397	325	
1 315	452	205	
32 691	373	8 243	
60 245	24 684	24 649	15
3 951		4 579	20
2 211	13 071		
476		421	
35 667	3 080	25 399	10
17 583	13 051	12 800	
4 161	266	2 154	
1 968	270	979	
14 842	3 284	14 064	16 248
2 299		1 830	
15 757	7 792	14 221	
163			
560		124	
272		222	
100			
		379	
28 282	**10 302**	**14 755**	**6 880**
1 578		1 202	
2 803			
100	300	200	
3 263			
5 587	308		15
59			
2 333		1 100	
2 569	45	359	
410	1 857	350	6 865
575	4 606	10 128	
8 605	3 186	1 416	
400			

8. 纺

项目 地区	企业个数（个）	职工人数（人）	出口产品生产总值（万元）	合计	
					小计
全国总计	**10 279**	**948 046**	**3 300 164**	**2 884 769**	**2 055 127**
北京	74	20 164	84 466	72 169	57 973
天津	56	15 471	47 680	42 861	30 695
河北	181	12 135	33 692	24 922	10 705
山西	1	804	723	723	723
内蒙古	7	636	422	419	67
辽宁	52	7 307	25 405	22 083	14 489
吉林	8	1 282	1 523	1 190	568
黑龙江	30	5 478	8 770	9 270	8 072
上海					
江苏	1 233	380 458	1 745 085	1 587 115	1 313 816
浙江	302	73 825	350 827	304 113	260 985
安徽	45	14 429	29 694	25 821	17 186
福建	154	25 393	65 584	61 115	50 056
江西	5 187	12 743	19 224	15 273	8 303
山东	672	82 078	318 620	218 548	134 783
河南	306	10 013	25 478	20 656	12 742
湖北	89	25 912	48 790	37 703	22 868
湖南	21	5 880	10 135	8 303	3 395
广东	1 636	198 590	414 353	389 739	77 162
广西	2	126	221	221	221
海南					
四川	202	50 575	59 239	37 881	26 347
贵州					
云南	5	1 397	1 811	827	588
西藏					
陕西	10	2 208	5 959	1 954	1 904
甘肃	2	425	188	188	188
青海					
宁夏	1	137	120	120	70
新疆	3	580	2 155	1 555	1 221
单列市合计	**423**	**66 448**	**220 506**	**201 850**	**161 773**
沈阳	9	932	3 149	3 592	3 469
大连	10	2 107	8 100	7 714	7 464
长春	2	336	317	267	150
哈尔滨	1	78	262	262	262
南京	17	5 334	6 536	6 184	4 956
宁波	107	16 294	102 236	104 259	90 622
厦门	1	24	157	57	57
青岛	47	14 192	50 956	42 128	34 633
武汉	5	793	3 483	3 140	821
广州	58	6 936	20 433	17 346	6 542
深圳					
成都	1	200	1 800	1 800	1 800
重庆	161	18 423	22 664	14 688	10 584
西安	4	799	413	413	413

织

出口产品交货值（万元）			
直接出口		间接出口	“三来一补”工缴费收入
交外贸部门	自营出口		
1 710 472	**344 655**	**510 940**	**318 702**
46 097	11 876	13 438	758
23 546	7 149	12 166	
9 811	894	14 130	87
	723		
67		352	
10 900	3 589	7 594	
150	418	622	
7 810	262	1 198	
1 161 650	152 166	273 299	
225 633	35 352	39 137	3 991
14 762	2 424	8 392	243
13 008	37 048		11 059
3 666	4 637	6 917	53
111 094	23 689	81 912	1 853
12 626	116	7 586	328
18 498	4 370	14 796	39
3 335	60	4 878	30
27 198	49 964	12 353	300 224
66	155		
17 805	8 542	11 497	37
588		239	
1 904		50	
188			
70		50	
	1 221	334	
112 274	**49 499**	**26 238**	**13 839**
3 469		123	
3 875	3 589	250	
150		117	
	262		
4 362	594	1 228	
68 028	22 594	10 076	3 561
	57		
18 277	16 356	7 495	
784	37	2 319	
6 188	354	526	10 278
	1 800		
6 728	3 856	4 104	
413			

9. 丝

地区 \ 项目	企业个数（个）	职工人数（人）	出口产品生产总值（万元）		
				合 计	小 计
全国总计	**2 199**	**285 157**	**922 270**	**831 192**	**559 522**
北京	1	356	617	617	
天津	4	2 686	5 911	5 251	5 251
河北	5	133	222	93	44
山西	4	710	708	569	442
内蒙古					
辽宁	15	3 401	7 351	4 710	3 575
吉林	1	32	80	60	60
黑龙江	1	71	70	70	
上海					
江苏	232	102 252	485 930	446 231	312 639
浙江	431	109 628	328 216	305 849	190 114
安徽	12	1 938	3 721	3 043	1 237
福建	45	8 967	18 999	19 299	18 999
江西	4	1 224	2 147	2 147	
山东	24	4 837	19 064	14 760	10 787
河南	1 306	8 439	4 471	3 577	1 816
湖北	12	1 442	2 188	1 394	511
湖南	4	384	347	394	241
广东	57	4 031	4 924	4 420	1 524
广西					
海南					
四川	37	33 357	36 318	17 982	12 061
贵州					
云南	3	1 126	694	519	14
西藏					
陕西	1	143	292	207	207
甘肃					
青海					
宁夏					
新疆					
单列市合计	**35**	**10 085**	**29 394**	**19 058**	**15 474**
沈阳	2	115	435	356	356
大连	3	1 908	5 161	3 003	3 003
长春					
哈尔滨					
南京	5	2 685	7 484	4 042	3 156
宁波	16	1 881	8 290	6 179	5 624
厦门					
青岛	2	479	2 755	2 755	2 755
武汉					
广州	2	26	139	139	
深圳					
成都					
重庆	5	2 991	5 130	2 584	580
西安					

织

出口产品交货值（万元）			
直接出口		间接出口	“三来一补”工缴费收入
交外贸部门	自营出口		
512 904	**46 618**	**264 127**	**7 543**
		617	
5 251			
44		49	
442		127	
3 575		1 135	
60			
		70	
295 536	17 103	133 592	
163 393	26 721	111 284	4 451
1 057	180	1 650	156
18 469	530		300
		2 108	39
10 002	785	3 947	26
1 616	200	1 686	75
511		883	
223	18	153	
693	831	400	2 496
11 811	250	5 921	
14		505	
207			
14 509	**965**	**3 445**	**139**
356			
3 003			
3 156		886	
4 909	715	555	
2 755			
			139
330	250	2 004	

10. 服

项目 地区	企业个数 （个）	职工人数 （人）	出口产品 生产总值 （万元）		
				合 计	小 计
全国总计	**9 323**	**1 156 641**	**3 937 068**	**3 634 218**	**2 343 894**
北 京	145	44 511	213 231	184 873	147 280
天 津	173	46 435	180 749	153 975	126 531
河 北	723	27 982	72 846	67 081	46 467
山 西	2	320	1 687	1 687	1 437
内蒙古	3	484	1 167	1 167	
辽 宁	160	40 313	161 068	128 885	103 375
吉 林	11	1 068	5 711	3 756	753
黑龙江	4	169	127	127	
上 海					
江 苏	896	153 960	857 494	826 617	655 658
浙 江	999	149 129	817 418	758 213	633 694
安 徽	64	11 618	31 507	28 440	15 302
福 建	1 012	84 848	317 456	268 102	236 202
江 西	18	2 721	9 070	6 675	4 038
山 东	206	34 507	163 710	144 434	123 126
河 南	31	4 288	12 973	11 887	8 312
湖 北	92	28 165	113 897	105 034	69 380
湖 南	34	4 130	13 242	12 470	8 132
广 东	4 713	515 180	951 060	919 870	155 629
广 西	7	1 143	2 736	1 985	1 979
海 南					
四 川	14	3 077	6 433	5 647	3 739
贵 州					
云 南					
西 藏					
陕 西	10	1 431	2 103	1 946	1 619
甘 肃	2	875	906	906	800
青 海					
宁 夏	2	130	300	264	264
新 疆	2	157	177	177	177
单列市合计	**935**	**170 135**	**601 245**	**544 790**	**339 405**
沈 阳	24	4 399	8 882	8 287	4 813
大 连	81	26 018	124 666	95 240	82 647
长 春	8	810	5 053	3 136	671
哈尔滨					
南 京	50	10 069	35 625	33 573	21 738
宁 波	225	32 029	148 279	140 467	129 124
厦 门	8	2 835	2 961	2 964	2 964
青 岛	56	11 970	76 121	69 440	65 796
武 汉	7	1 037	2 248	2 256	2 139
广 州	463	78 601	193 635	185 604	27 598
深 圳					
成 都	6	1 711	3 156	3 234	1 657
重 庆	6	608	499	469	138
西 安	1	48	120	120	120

装

出口产品交货值（万元）			
直接出口		间接出口	“三来一补”工缴费收入
交外贸部门	自营出口		
1 661 495	**682 399**	**505 549**	**784 775**
100 928	46 352	37 509	84
114 767	11 764	25 735	1 709
28 185	18 282	20 074	540
18	1 419	250	
		1 167	
78 801	24 574	24 852	658
753		3 003	
		127	
503 371	152 287	169 978	981
460 820	172 874	120 210	4 309
14 552	750	12 655	483
87 403	148 799		31 900
3 337	701	2 306	331
92 280	30 846	21 308	
6 755	1 557	3 575	
50 420	18 960	31 704	3 950
8 132		4 290	48
104 896	50 733	24 459	739 782
1 599	380	6	
1 795	1 944	1 908	
1 619		327	
800		106	
264			
	177		
248 449	**90 956**	**48 388**	**156 997**
3 548	1 265	3 474	
60 750	21 897	11 935	658
671		2 465	
17 131	4 607	11 835	
107 465	21 659	9 184	2 159
13	2 951		
39 051	26 745	3 644	
2 139		109	8
15 766	11 832	3 834	154 172
1 657		1 577	
138		331	
120			

11. 工

项目 地区	企业个数（个）	职工人数（人）	出口产品生产总值（万元）	合计	小计
全国总计	**58 546**	**1 488 830**	**2 453 525**	**2 152 826**	**1 311 892**
北京	247	20 734	98 347	71 663	39 344
天津	233	35 907	141 482	93 717	56 299
河北	6 409	104 779	115 352	97 005	49 237
山西	18	1 687	2 314	1 840	1 721
内蒙古	136	7 152	2 153	2 147	987
辽宁	149	11 616	19 342	17 089	10 253
吉林	35	3 490	3 584	2 868	2 523
黑龙江	20	2 983	1 511	1 172	132
上海					
江苏	925	102 330	379 070	358 717	298 920
浙江	1 557	113 726	298 128	280 579	242 351
安徽	385	51 127	64 843	60 154	15 573
福建	1 010	96 691	190 475	164 379	162 889
江西	125	19 789	24 400	22 228	13 353
山东	9 277	366 668	438 040	365 485	163 420
河南	32 291	149 443	150 203	117 472	50 291
湖北	324	8 964	14 438	11 156	8 465
湖南	176	51 548	49 874	47 197	31 618
广东	4 623	283 403	374 804	368 360	111 873
广西	398	37 618	58 187	55 974	42 397
海南	6	85	132	132	
四川	26	3 483	2 639	2 148	1 635
贵州	2	298	351	251	200
云南					
西藏					
陕西	68	5 806	18 186	6 491	6 020
甘肃	72	4 643	3 544	2 893	2 152
青海	16	4 111	1 842	1 428	11
宁夏	1	40	75	75	75
新疆	17	709	209	206	153
单列市合计	**770**	**63 872**	**202 145**	**169 503**	**95 965**
沈阳	25	2 321	5 252	4 530	3 923
大连	16	1 715	5 084	4 753	1 641
长春	15	1 853	2 349	1 772	1 746
哈尔滨	2	1 320	555	322	17
南京	25	4 399	12 180	11 938	9 641
宁波	142	8 956	28 966	26 495	23 759
厦门	18	1 574	3 846	3 752	3 620
青岛	403	24 076	66 992	50 871	34 855
武汉	1	280	196	180	180
广州	107	16 073	60 735	60 336	12 259
深圳					
成都	2	122	381	181	
重庆	5	234	233	129	80
西安	9	949	15 376	4 244	4 244

艺 品

出口产品交货值（万元）			
直接出口		间接出口	“三来一补”工缴费收入
交外贸部门	自营出口		
1 090 061	**221 831**	**601 180**	**239 754**
36 344	3 000	31 766	553
45 399	10 900	36 429	989
40 614.	8 623	41 274	6 494
1 721		119	
987		1 160	
9 422	831	6 721	115
1 486	1 037	345	
132		1 040	
251 990	46 930	58 975	822
220 304	22 047	36 368	1 860
13 342	2 231	33 798	10 783
104 560	58 329		1 490
12 341	1 012	8 565	310
142 924	20 496	199 884	2 181
44 071	6 220	66 523	658
7 208	1 257	2 653	38
31 477	141	15 336	243
91 054	20 819	43 301	213 186
25 501	16 896	13 577	
		132	
1 143	492	513	
	200	51	
5 650	370	471	
2 152		709	32
11		1 417	
75			
153		53	
85 714	**10 251**	**25 277**	**48 261**
3 573	350	607	
1 234	407	3 112	
714	1 032	26	
17		305	
9 341	300	2 297	
23 113	646	2 331	405
3 437	183		132
29 488	5 367	16 016	
180			
10 346	1 913	353	47 724
		181	
80		49	
4 191	53		

12. 其

项目 地区	企业个数 （个）	职工人数 （人）	出口产品 生产总值 （万元）		
				合　计	
					小　计
全国总计	**19 214**	**1 125 753**	**3 718 290**	**2 662 007**	**1 615 105**
北　京	102	11 905	57 110	39 238	21 968
天　津	112	19 096	90 985	78 226	66 971
河　北	2 113	46 183	806 927	67 615	28 372
山　西	23	1 199	4 643	3 632	3 056
内蒙古	10	786	1 402	1 331	52
辽　宁	330	16 455	115 815	97 485	74 499
吉　林	67	4 999	20 707	11 671	5 695
黑龙江	20	1 193	3 572	2 670	1 233
上　海					
江　苏	983	150 196	607 392	572 913	367 241
浙　江	1 222	132 836	446 530	415 704	329 466
安　徽	69	8 591	17 305	14 239	4 356
福　建	1 783	85 702	363 623	334 444	327 655
江　西	105	10 352	34 641	25 579	7 879
山　东	517	76 701	297 754	216 501	160 747
河　南	6 359	43 011	65 461	40 206	13 648
湖　北	83	4 568	7 545	4 865	3 471
湖　南	333	13 664	29 604	27 148	14 435
广　东	4 801	478 442	685 305	659 946	155 248
广　西	54	4 089	12 322	10 836	6 351
海　南	5	410	648	635	71
四　川	35	4 094	10 645	8 371	6 877
贵　州	30	2 054	3 244	2 959	1 509
云　南	14	4 492	9 309	5 268	463
西　藏					
陕　西	12	962	5 903	5 857	5 657
甘　肃	7	681	2 416	1 604	1 410
青　海	21	2 842	16 793	12 375	6 508
宁　夏	4	250	689	689	267
新　疆					
单列市合计	**830**	**109 385**	**486 776**	**431 823**	**267 366**
沈　阳	29	2 402	7 485	7 024	4 404
大　连	72	9 409	86 669	73 677	63 910
长　春	12	1 441	3 570	2 050	500
哈尔滨	2	360	976	770	770
南　京	13	1 113	4 787	3 313	2 973
宁　波	367	41 666	143 122	123 035	110 861
厦　门	26	2 593	12 368	8 275	8 250
青　岛	92	13 484	80 289	67 340	61 478
武　汉	11	1 041	2 595	1 771	1 661
广　州	187	34 258	140 843	142 067	11 023
深　圳					
成　都	8	619	3 592	2 059	1 299
重　庆	6	546	329	297	92
西　安	5	453	151	145	145

他

出口产品交货值（万元）			
直接出口		间接出口	“三来一补”工缴费收入
交外贸部门	自营出口		
1 110 379	**504 726**	**518 226**	**528 676**
13 097	8 871	17 270	
42 132	24 839	10 216	1 039
26 466	1 906	39 243	
3 056		576	
52		1 279	
48 285	26 214	22 858	128
4 783	912	5 964	12
1 138	95	1 437	
316 104	51 137	173 239	32 433
286 411	43 055	85 027	1 211
4 336	20	9 658	225
113 310	214 345		6 789
4 321	3 558	17 663	37
110 584	50 163	54 306	1 448
9 895	3 753	26 202	356
2 341	1 130	1 394	
11 926	2 509	12 713	
85 314	69 934	22 047	482 651
5 693	658	2 211	2 274
	71	491	73
5 372	1 505	1 494	
1 509		1 450	
412	51	4 805	
5 657		200	
1 410		194	
6 508		5 867	
267		422	
183 598	**83 768**	**34 804**	**129 653**
4 395	9	2 620	
37 705	26 205	9 708	59
400	100	1 550	
770			
2 515	458	340	
105 702	5 159	12 128	46
4 356	3 894		25
22 879	38 599	5 862	
1 661		110	
2 633	8 390	1 521	129 523
430	869	760	
7	85	205	
145			

1993 年乡村工业分行业情况

(一) 总　计

项目 / 地区	企业个数(个)	职工人数(人)	总产值(万元)		销售产值(万元)	
			1990 年不变价	现行价	1990 年不变价	现行价
全国总计	**1 069 133**	**42 235 774**	**169 623 449**	**169 622 471**	**155 337 403**	**155 974 812**
北　京	13 824	748 705	4 299 734	4 372 431	3 677 805	3 523 562
天　津	10 322	754 301	4 768 594	4 612 362	4 258 598	4 234 320
河　北	53 767	2 107 249	6 620 296	7 045 685	6 110 590	6 543 090
山　西	36 266	1 280 809	3 066 704	2 874 732	2 609 670	2 457 644
内蒙古	8 647	287 524	469 132	505 423	424 088	453 569
辽　宁	40 949	1 746 691	7 176 310	7 376 992	5 962 075	6 152 729
吉　林	12 288	468 908	988 458	1 046 283	849 665	896 970
黑龙江	17 339	501 361	1 147 438	1 222 063	971 130	1 038 764
上　海	15 022	1 406 653	7 273 463	7 430 941	7 045 333	7 221 588
江　苏	99 098	6 221 231	40 972 432	39 464 605	37 722 130	36 590 223
浙　江	74 212	3 627 698	17 692 155	16 794 125	16 484 793	15 764 448
安　徽	46 658	1 565 163	4 007 665	4 177 621	3 531 792	3 678 957
福　建	40 505	1 331 079	4 465 048	4 658 246	4 109 089	4 294 614
江　西	40 699	862 444	1 982 722	1 963 293	1 830 164	1 822 242
山　东	101 335	4 795 219	25 992 093	26 025 139	23 881 433	24 166 036
河　南	55 514	2 369 771	7 226 182	7 169 454	6 719 518	6 690 466
湖　北	67 087	1 530 620	4 317 201	4 277 591	3 921 978	3 913 029
湖　南	55 387	1 486 776	3 000 057	3 110 355	2 755 333	2 868 180
广　东	87 067	4 199 889	12 771 435	13 837 341	12 311 209	13 206 211
广　西	15 301	439 461	1 090 019	1 200 050	1 026 277	1 127 732
海　南	1 042	23 535	57 430	64 353	54 107	60 371
四　川	111 713	2 577 953	7 037 141	7 149 215	6 235 988	6 378 342
贵　州	6 886	242 257	347 825	348 726	309 766	315 597
云　南	17 474	440 770	663 931	729 707	623 173	691 112
西　藏						
陕　西	25 983	679 365	1 319 190	1 263 627	1 165 578	1 118 973
甘　肃	8 092	314 746	515 584	520 573	425 932	429 761
青　海	981	37 978	47 618	47 269	42 726	42 666
宁　夏	1 788	63 406	96 688	104 416	87 070	88 245
新　疆	3 887	124 212	210 904	229 853	190 393	205 371
单列市合计	**105 453**	**4 416 048**	**19 459 428**	**19 857 515**	**17 487 942**	**17 962 132**
沈　阳	7 101	278 021	1 204 975	1 246 587	964 329	999 449
大　连	6 141	429 251	2 495 483	2 616 701	2 083 198	2 184 402
长　春	2 748	143 755	350 557	365 247	309 614	319 340
哈尔滨	2 267	100 724	230 488	264 765	207 444	239 339
南　京	6 595	397 827	1 740 389	1 696 705	1 560 778	1 553 465
宁　波	16 048	709 011	3 858 331	3 750 042	3 585 213	3 510 687
厦　门	1 038	32 111	120 889	123 603	111 603	114 905
青　岛	11 203	562 457	3 032 122	3 033 429	2 810 436	2 834 112
武　汉	6 179	211 154	727 263	753 122	655 572	669 653
广　州	6 971	419 025	1 827 119	1 977 495	1 769 900	1 917 214
深　圳						
成　都	13 726	457 645	2 299 261	2 486 491	2 006 157	2 220 823
重　庆	20 452	500 870	1 095 824	1 070 354	993 528	972 020
西　安	4 984	174 197	476 727	472 974	430 170	426 723

联营企业

项目 地区	企业个数（个）	职工人数（人）	总产值（万元）		销售产值（万元）	
			1990年不变价	现行价	1990年不变价	现行价
全国总计	**33 449**	**4 011 322**	**22 562 029**	**22 622 308**	**20 868 787**	**21 123 174**
北京	744	91 180	679 092	695 058	583 444	599 085
天津	568	82 763	760 375	721 321	696 804	659 424
河北	1 525	95 449	402 349	439 006	345 232	408 122
山西	290	30 565	105 760	106 503	98 507	98 156
内蒙古	257	13 710	20 659	22 450	18 779	20 155
辽宁	970	72 661	526 311	556 032	447 098	464 597
吉林	246	16 515	59 640	65 459	51 072	54 542
黑龙江	182	11 512	37 932	67 019	32 268	59 748
上海	2 960	480 504	3 241 958	3 165 323	3 024 009	3 074 420
江苏	4 458	672 874	6 009 641	5 677 002	5 455 567	5 214 447
浙江	3 338	435 266	3 039 103	2 882 997	2 836 019	2 712 497
安徽	383	34 790	146 862	149 541	129 692	133 659
福建	2 139	180 559	1 085 083	1 136 918	1 044 623	1 086 630
江西	559	25 572	110 837	111 702	102 450	101 955
山东	2 449	379 004	2 369 521	2 396 354	2 175 767	2 266 330
河南	2 025	98 029	294 379	298 591	270 369	271 891
湖北	332	32 525	142 331	145 234	137 253	130 508
湖南	355	19 319	76 921	80 026	70 294	73 565
广东	7 518	1 062 059	2 642 563	2 991 042	2 609 912	2 865 507
广西	165	10 692	56 289	60 250	60 203	67 355
海南	47	1 902	4 010	5 340	4 150	5 484
四川	1 068	111 559	595 737	689 882	533 922	610 757
贵州	158	12 222	26 521	27 536	25 427	26 601
云南	67	5 031	8 143	10 188	8 228	9 638
西藏						
陕西	401	17 083	61 758	60 586	55 467	54 246
甘肃	110	9 659	41 590	43 180	37 513	38 229
青海	19	1 522	2 787	2 811	2 664	2 775
宁夏	35	1 960	6 058	6 963	5 597	6 291
新疆	81	4 836	7 819	7 994	6 457	6 560
单列市合计	**4 069**	**581 510**	**3 222 818**	**3 378 940**	**2 962 620**	**3 123 761**
沈阳	238	13 472	75 837	79 469	58 202	57 840
大连	238	30 470	275 812	300 807	235 017	254 235
长春	101	7 516	34 084	35 658	30 826	32 553
哈尔滨	23	3 255	17 804	46 367	14 926	42 131
南京	514	66 528	480 715	450 088	420 633	406 619
宁波	1 106	111 595	780 224	758 999	710 653	697 317
厦门	14	2 170	9 216	9 808	9 001	9 494
青岛	216	103 415	344 484	350 500	337 019	345 505
武汉	68	5 886	18 731	20 261	17 625	18 120
广州	778	164 348	731 888	783 231	720 108	777 602
深圳						
成都	340	41 775	340 670	422 370	305 338	379 026
重庆	348	25 901	82 916	90 366	75 998	75 751
西安	85	5 179	30 437	31 016	27 274	27 568

与外商合资（作）企业

项目 地区	企业个数（个）	职工人数（人）	总产值（万元）		销售产值（万元）	
			1990年不变价	现行价	1990年不变价	现行价
全国总计	**5 702**	**762 271**	**5 662 736**	**5 993 201**	**5 237 590**	**5 265 705**
北京	132	21 254	187 818	190 846	159 893	163 767
天津	75	9 143	117 503	117 128	102 468	102 728
河北	116	19 290	79 566	82 904	67 441	69 554
山西	12	7 610	36 471	39 513	38 205	41 491
内蒙古	1	48	200	200	140	140
辽宁	128	18 714	154 751	162 186	135 254	129 330
吉林	16	1 518	13 073	12 290	9 550	8 687
黑龙江	44	5 004	7 720	5 856	7 490	5 566
上海	310	49 818	431 620	439 990	412 041	418 661
江苏	1 598	208 652	1 927 114	1 886 543	1 790 216	1 805 749
浙江	460	82 851	681 817	649 700	631 898	609 083
安徽	29	4 924	18 682	19 155	16 357	16 734
福建	474	67 821	415 238	424 306	398 971	407 498
江西	50	4 101	20 341	20 119	18 493	18 317
山东	691	130 718	1 089 041	1 082 084	976 060	973 952
河南	745	41 447	54 922	55 296	51 519	50 722
湖北	21	4 128	26 276	22 759	24 124	21 151
湖南	16	2 187	9 627	9 960	8 484	8 648
广东	702	70 163	326 379	365 151	326 434	350 305
广西	25	3 595	8 626	9 194	8 830	9 193
海南	3	78	723	768	697	741
四川	30	5 785	40 051	382 700	38 849	40 113
贵州	2	230	1 108	1 108	1 061	1 115
云南						
西藏						
陕西	10	1 024	4 313	4 163	3 640	3 511
甘肃	7	1 411	6 741	6 148	6 535	5 954
青海						
宁夏	3	229	1 312	1 339	1 407	1 379
新疆	2	528	1 703	1 795	1 533	1 616
单列市合计	**521**	**98 791**	**738 396**	**748 294**	**675 369**	**679 962**
沈阳	40	3 967	16 026	16 424	13 363	14 399
大连	60	10 268	117 787	124 820	101 526	94 465
长春	10	968	5 291	5 486	4 427	4 462
哈尔滨	23	3 255	3 075	1 858	3 039	1 809
南京	67	10 487	58 241	54 508	51 649	49 800
宁波	181	27 603	219 744	213 895	195 349	192 020
厦门	3	1 670	5 000	5 104	4 859	4 961
青岛	61	22 849	167 179	173 496	158 750	167 840
武汉						
广州	55	14 215	108 396	114 370	106 581	113 478
深圳						
成都	13	2 656	33 726	34 482	32 622	33 597
重庆	1	85	354	377	235	250
西安	7	768	3 577	3 474	2 969	2 881

与港澳台合资（作）企业

项目 地区	企业个数（个）	职工人数（人）	总产值（万元）		销售产值（万元）	
			1990年不变价	现行价	1990年不变价	现行价
全国总计	**8 492**	**1 237 488**	**7 399 427**	**7 478 709**	**6 857 155**	**7 001 961**
北京	140	23 542	177 329	182 656	149 890	154 302
天津	113	15 176	176 848	159 600	157 088	140 631
河北	80	11 399	71 504	73 588	61 827	63 662
山西	22	3 126	10 585	13 145	9 643	12 175
内蒙古						
辽宁	46	5 680	63 983	65 850	44 267	45 299
吉林	7	1 441	3 557	3 722	2 692	2 746
黑龙江						
上海	356	56 255	562 248	542 832	528 493	510 483
江苏	1 236	221 174	2 061 233	1 871 889	1 794 383	1 694 815
浙江	577	94 154	711 090	659 697	660 110	615 119
安徽	45	6 185	38 598	25 551	34 702	33 400
福建	838	82 035	593 990	623 797	567 905	597 968
江西	82	4 091	37 647	37 601	35 095	34 967
山东	656	108 762	822 578	821 598	761 400	864 963
河南	53	9 349	49 276	48 031	46 378	44 817
湖北	76	13 008	82 209	75 199	73 825	68 849
湖南	14	1 145	5 083	5 103	4 131	4 238
广东	4 005	565 596	1 810 795	2 164 271	1 817 553	2 004 244
广西	30	2 291	35 330	37 063	35 128	34 292
海南	3	100	108	135	103	125
四川	82	9 579	59 796	41 006	50 482	52 443
贵州	2	104	143	140	108	107
云南	4	199	453	468	408	408
西藏						
陕西	20	2 384	22 552	23 028	19 838	20 037
甘肃	2	445	2 119	2 268	1 348	1 440
青海	1	80	240	240	240	240
宁夏	1	130	76	76	76	76
新疆	1	58	57	155	42	115
单列市合计	**995**	**189 496**	**996 977**	**1 028 653**	**946 001**	**915 633**
沈阳	4	492	2 979	3 001	2 541	2 559
大连	28	3 613	42 247	43 625	28 291	28 557
长春	3	140	741	741	229	229
哈尔滨						
南京	86	12 326	97 119	88 019	90 829	84 762
宁波	117	15 594	134 299	129 789	122 342	119 723
厦门	2	158	3 062	3 114	3 007	3 059
青岛	91	20 350	134 220	132 832	126 133	124 804
武汉	7	530	2 448	2 648	2 224	2 424
广州	603	130 648	537 497	580 637	533 847	512 025
深圳						
成都	23	1 939	14 266	14 268	12 609	12 544
重庆	22	2 362	11 456	12 800	9 280	10 086
西安	9	1 344	16 643	17 179	14 669	14 861

（二）按轻重工业分

1. 轻 工 业

项目 地区	企业个数（个）	职工人数（人）	总产值（万元）		销售产值（万元）	
			1990年不变价	现行价	1990年不变价	现行价
全国总计	**592 336**	**20 400 146**	**88 701 715**	**86 399 693**	**82 043 243**	**80 161 605**
北　京	7 490	405 288	2 440 506	2 451 527	2 063 286	1 899 981
天　津	5 502	433 381	2 378 613	2 246 796	2 113 274	2 010 082
河　北	28 284	914 428	3 020 772	2 995 842	2 770 186	2 771 059
山　西	12 185	194 544	441 304	448 709	392 364	398 992
内蒙古	3 884	76 945	136 007	144 934	118 214	124 783
辽　宁	15 711	503 139	2 375 845	2 381 269	1 997 202	2 017 323
吉　林	5 310	137 388	383 843	395 942	325 309	323 193
黑龙江	9 305	167 247	480 250	500 288	412 582	428 836
上　海	7 879	843 212	4 190 530	4 213 558	4 071 120	4 107 626
江　苏	50 205	3 097 889	21 348 191	19 954 300	19 930 790	18 819 494
浙　江	45 188	2 245 103	12 115 723	10 949 912	11 274 510	10 268 516
安　徽	27 036	679 329	2 068 766	2 146 588	1 821 932	1 882 086
福　建	25 997	903 971	3 271 190	3 353 908	2 998 514	3 081 948
江　西	23 942	384 149	999 153	971 052	918 624	897 119
山　东	54 460	2 156 105	12 608 193	12 649 040	11 678 941	11 772 015
河　南	24 101	849 278	2 843 659	2 799 600	2 652 824	2 630 526
湖　北	43 668	711 123	2 242 180	2 183 641	2 035 827	2 004 753
湖　南	30 801	584 626	1 209 822	1 210 647	1 113 361	1 117 279
广　东	63 635	3 349 959	9 284 016	9 613 080	8 982 015	9 279 430
广　西	8 587	207 880	528 668	543 122	497 844	511 183
海　南	434	9 457	19 442	21 256	18 471	19 928
四　川	69 856	990 796	3 189 338	3 087 824	2 864 322	2 791 009
贵　州	1 893	41 238	66 577	66 357	57 130	56 698
云　南	9 347	103 488	205 986	216 713	190 879	202 809
西　藏						
陕　西	11 178	229 790	529 812	516 422	471 965	461 941
甘　肃	3 539	105 385	184 303	185 398	148 898	149 809
青　海	361	11 351	11 601	11 484	10 027	10 212
宁　夏	786	19 906	35 177	38 364	29 163	30 214
新　疆	1 772	43 751	92 248	102 120	83 669	92 761
单列市合计	**54 499**	**2 014 386**	**9 744 283**	**9 681 893**	**8 922 090**	**8 919 879**
沈　阳	2 579	83 573	390 544	401 018	320 889	330 657
大　连	2 449	165 484	1 073 473	1 087 603	901 672	920 541
长　春	1 107	39 524	116 559	122 703	104 136	106 734
哈尔滨	853	28 758	71 786	74 120	67 675	69 036
南　京	2 680	154 674	699 511	666 623	607 810	588 785
宁　波	8 438	396 693	2 263 008	2 174 135	2 103 700	2 029 500
厦　门	678	22 252	91 500	93 118	82 607	84 947
青　岛	6 642	305 866	1 739 155	1 745 227	1 675 331	1 699 329
武　汉	3 168	85 533	308 281	315 074	281 130	283 712
广　州	4 569	318 290	1 288 122	1 350 609	1 241 810	1 302 064
深　圳						
成　都	7 853	168 225	1 001 960	997 699	902 672	905 759
重　庆	11 464	181 019	500 487	457 625	453 249	422 456
西　安	2 019	64 495	199 897	196 339	179 409	176 359

以农业品为原料

项目 地区	企业个数（个）	职工人数（人）	总产值（万元）		销售产值（万元）	
			1990年不变价	现行价	1990年不变价	现行价
全国总计	**382 106**	**10 965 342**	**49 879 233**	**48 429 750**	**45 357 586**	**44 057 359**
北京	2 281	167 647	847 023	867 724	755 425	590 074
天津	3 047	268 861	1 401 717	1 313 318	1 243 638	1 158 014
河北	13 613	344 301	1 082 746	1 067 812	994 444	993 782
山西	10 132	105 553	225 308	218 485	192 027	187 803
内蒙古	2 765	48 803	92 368	99 779	81 246	86 656
辽宁	9 171	291 273	1 454 897	1 464 102	1 208 712	1 223 524
吉林	3 219	73 604	248 883	255 328	212 936	211 667
黑龙江	7 000	111 265	336 220	357 687	288 181	304 015
上海	3 710	477 118	2 374 872	2 398 541	2 304 036	2 341 804
江苏	25 036	1 758 123	12 016 336	11 118 136	10 405 493	9 699 737
浙江	25 530	1 312 455	7 567 690	6 853 212	7 042 595	6 421 500
安徽	18 809	392 381	1 311 617	1 382 466	1 151 462	1 197 043
福建	18 220	584 556	2 282 108	2 340 296	2 133 571	2 199 021
江西	17 927	202 998	564 899	555 784	518 972	513 628
山东	32 640	1 144 251	7 281 108	7 242 143	6 711 062	6 774 794
河南	13 949	459 750	1 641 879	1 615 388	1 540 797	1 527 016
湖北	32 701	415 453	1 230 666	1 257 137	1 196 538	1 175 998
湖南	22 528	279 655	696 872	706 427	652 179	658 000
广东	31 715	1 326 961	3 702 252	3 876 694	3 545 996	3 673 823
广西	5 322	92 661	307 396	312 807	297 440	300 505
海南	189	3 961	9 163	10 496	8 457	9 485
四川	60 622	739 730	2 449 232	2 354 236	2 208 315	2 134 889
贵州	1 402	28 859	42 138	43 306	35 446	36 429
云南	8 358	71 697	132 994	140 485	122 644	131 495
西藏						
陕西	7 263	150 560	340 885	331 033	307 067	298 410
甘肃	2 291	64 417	134 478	135 245	109 177	109 137
青海	190	2 677	3 455	3 751	3 040	3 288
宁夏	478	10 459	22 081	22 679	15 741	17 589
新疆	1 452	35 313	77 950	85 253	70 949	78 233
单列市合计	**34 270**	**1 104 569**	**5 391 214**	**5 350 667**	**4 869 726**	**4 836 372**
沈阳	1 205	35 681	163 926	167 393	135 652	138 768
大连	1 263	99 827	731 149	754 951	594 125	615 119
长春	680	18 885	68 869	73 002	63 182	65 158
哈尔滨	555	17 543	45 813	47 378	42 827	44 569
南京	1 519	87 953	355 812	339 375	316 167	307 741
宁波	2 815	168 651	1 095 763	1 063 598	1 026 261	992 690
厦门	286	10 293	56 035	58 484	55 000	57 017
青岛	3 854	153 537	875 512	881 977	805 242	816 210
武汉	1 956	46 664	165 572	168 503	155 039	154 494
广州	2 427	171 849	624 504	639 807	593 832	602 704
深圳						
成都	6 390	113 580	712 387	694 453	630 342	616 688
重庆	9 900	132 235	359 345	327 946	326 028	303 472
西安	1 420	47 871	136 527	133 800	126 029	121 742

以非农产品为原料

地区＼项目	企业个数（个）	职工人数（人）	总产值（万元）		销售产值（万元）	
			1990年不变价	现行价	1990年不变价	现行价
全国总计	**210 230**	**9 434 804**	**38 822 482**	**37 969 943**	**36 685 657**	**36 104 246**
北京	5 209	237 641	1 593 483	1 583 803	1 307 861	1 309 907
天津	2 455	164 520	976 896	933 478	869 636	852 068
河北	14 671	570 127	1 938 026	1 928 030	1 775 742	1 777 277
山西	2 053	88 991	215 996	230 224	200 337	211 189
内蒙古	1 119	28 142	43 639	45 155	36 968	38 127
辽宁	5 994	211 866	920 948	917 167	788 490	793 799
吉林	2 091	63 784	134 960	140 614	112 373	111 526
黑龙江	2 305	55 982	144 030	142 601	124 401	124 821
上海	4 169	366 094	1 815 658	1 815 017	1 767 084	1 765 822
江苏	25 169	1 339 766	9 331 855	8 836 164	9 525 297	9 119 757
浙江	19 658	932 648	4 548 033	4 096 700	4 231 915	3 847 016
安徽	8 227	286 948	757 149	764 122	670 470	685 043
福建	7 777	319 415	989 082	1 013 612	864 943	882 927
江西	6 015	181 151	434 254	415 268	399 652	383 491
山东	21 820	1 011 854	5 327 085	5 406 897	4 967 879	4 997 221
河南	10 152	389 528	1 201 780	1 184 212	1 112 027	1 103 510
湖北	10 967	295 670	1 011 514	926 504	839 289	828 755
湖南	8 273	304 971	512 950	504 220	461 182	459 279
广东	31 920	2 022 998	5 581 764	5 736 386	5 436 019	5 605 607
广西	3 265	115 219	221 272	230 315	200 404	210 678
海南	245	5 496	10 279	10 760	10 014	10 443
四川	9 234	251 066	740 106	733 588	656 007	656 120
贵州	491	12 379	24 439	23 051	21 684	20 269
云南	989	31 791	72 992	76 228	68 235	71 314
西藏						
陕西	3 915	79 230	188 927	185 389	164 898	163 531
甘肃	1 248	40 968	49 825	50 153	39 721	40 672
青海	171	8 674	8 146	7 733	6 987	6 924
宁夏	308	9 447	13 096	15 685	13 422	12 625
新疆	320	8 438	14 298	16 867	12 720	14 528
单列市合计	**20 229**	**909 817**	**4 353 069**	**4 331 226**	**4 052 364**	**4 083 507**
沈阳	1 374	47 892	226 618	233 625	185 237	191 889
大连	1 186	65 657	342 324	332 652	307 547	305 422
长春	427	20 639	47 690	49 701	40 954	41 576
哈尔滨	298	11 215	25 973	26 742	24 848	24 467
南京	1 161	66 721	343 699	327 248	291 643	281 044
宁波	5 623	228 042	1 167 245	1 110 537	1 077 439	1 036 810
厦门	392	11 959	35 465	34 634	27 607	27 930
青岛	2 788	152 329	863 643	863 250	870 089	883 119
武汉	1 212	38 869	142 709	146 571	126 091	129 218
广州	2 142	146 441	663 618	710 802	647 978	699 360
深圳						
成都	1 463	54 645	289 573	303 246	272 330	289 071
重庆	1 564	48 784	141 142	129 679	127 221	118 984
西安	599	16 624	63 370	62 539	53 380	54 617

2. 重 工 业

地区 \ 项目	企业个数（个）	职工人数（人）	总产值（万元）		销售产值（万元）	
			1990年不变价	现行价	1990年不变价	现行价
全国总计	**476 797**	**21 835 628**	**80 921 734**	**83 222 778**	**73 294 160**	**75 813 207**
北京	6 334	343 417	1 859 228	1 920 904	1 614 519	1 623 581
天津	4 820	320 920	2 389 981	2 365 566	2 145 324	2 224 238
河北	25 483	1 192 821	3 599 524	4 049 843	3 340 404	3 772 031
山西	24 081	1 086 265	2 625 400	2 426 023	2 217 306	2 058 652
内蒙古	4 763	210 579	333 125	360 489	305 874	328 786
辽宁	25 238	1 243 552	4 800 465	4 995 723	3 964 873	4 135 406
吉林	6 978	331 520	604 615	650 341	524 356	573 777
黑龙江	8 034	334 114	667 188	721 775	558 548	609 928
上海	7 143	563 441	3 082 933	3 217 383	2 974 213	3 113 962
江苏	48 893	3 123 342	19 624 241	19 510 305	17 791 340	17 770 729
浙江	29 024	1 382 595	5 576 432	5 844 213	5 210 283	5 495 932
安徽	19 622	885 834	1 938 899	2 031 033	1 709 860	1 796 871
福建	14 508	427 108	1 193 858	1 304 338	1 110 575	1 212 666
江西	16 757	478 295	983 569	992 241	911 540	925 123
山东	46 875	2 639 114	13 383 900	13 376 099	12 202 492	12 394 021
河南	31 413	1 520 493	4 382 523	4 369 854	4 066 694	4 059 940
湖北	23 419	819 497	2 075 021	2 093 950	1 886 151	1 908 276
湖南	24 586	902 150	1 790 235	1 899 708	1 641 972	1 750 901
广东	23 432	849 930	3 487 419	4 224 261	3 329 194	3 926 781
广西	6 714	231 581	561 351	656 928	528 433	616 549
海南	608	14 078	37 988	43 097	35 636	40 443
四川	41 857	1 587 157	3 847 803	4 061 391	3 371 666	3 587 333
贵州	4 993	201 019	281 248	282 369	252 636	258 899
云南	8 127	337 282	457 945	512 994	432 294	488 303
西藏						
陕西	14 805	449 575	789 378	747 205	693 613	657 032
甘肃	4 553	209 361	331 281	335 175	277 034	279 952
青海	620	26 627	36 017	35 785	32 699	32 454
宁夏	1 002	43 500	61 511	66 052	57 907	58 031
新疆	2 115	80 461	118 656	127 733	106 724	112 610
单列市合计	**50 954**	**2 401 662**	**9 715 145**	**10 175 622**	**8 565 852**	**9 042 253**
沈阳	4 522	194 448	814 431	845 569	643 440	668 792
大连	3 692	263 767	1 422 010	1 529 098	1 181 526	1 263 861
长春	1 641	104 231	233 998	242 544	205 478	212 606
哈尔滨	1 414	71 966	158 702	190 645	139 769	170 303
南京	3 915	243 153	1 040 878	1 030 082	952 968	964 680
宁波	7 610	312 318	1 595 323	1 575 907	1 481 513	1 481 187
厦门	360	9 859	29 389	30 485	28 996	29 958
青岛	4 561	256 591	1 292 967	1 288 202	1 135 105	1 134 783
武汉	3 011	125 621	418 982	438 048	374 442	385 941
广州	2 402	100 735	538 997	626 886	528 090	615 150
深圳						
成都	5 873	289 420	1 297 301	1 488 792	1 103 485	1 315 064
重庆	8 988	319 851	595 337	612 729	540 279	549 564
西安	2 965	109 702	276 830	276 635	250 761	250 364

采 掘 工 业

地区 \ 项目	企业个数（个）	职工人数（人）	总产值（万元）		销售产值（万元）	
			1990年不变价	现行价	1990年不变价	现行价
全国总计	**98 313**	**4 557 752**	**9 602 784**	**9 546 935**	**8 814 682**	**8 809 565**
北京	674	36 637	103 643	104 497	98 173	105 739
天津	98	3 094	5 692	4 486	5 650	4 432
河北	4 638	223 404	433 700	465 862	404 616	436 083
山西	7 630	464 803	963 205	735 766	827 610	622 562
内蒙古	1 766	79 644	115 377	108 326	106 210	101 790
辽宁	4 910	211 241	559 999	547 694	487 519	484 150
吉林	2 079	68 834	95 255	96 451	81 731	81 604
黑龙江	1 948	65 394	129 423	130 239	109 448	109 166
上海	7	827	1 574	2 167	1 471	1 968
江苏	2 906	245 489	1 253 238	1 405 265	1 157 151	1 280 800
浙江	2 964	133 414	242 333	253 976	227 983	248 859
安徽	3 218	175 293	281 995	306 952	255 824	269 643
福建	3 804	137 267	283 134	296 700	261 362	274 062
江西	4 074	165 604	258 451	265 178	236 501	247 784
山东	8 120	458 406	1 716 166	1 758 285	1 646 149	1 700 270
河南	4 630	319 637	684 190	685 882	645 110	644 054
湖北	5 389	157 528	303 809	296 718	269 778	268 147
湖南	8 978	369 763	416 228	436 922	388 227	415 030
广东	6 375	169 965	442 718	483 624	416 247	454 920
广西	1 990	73 536	110 695	121 857	101 755	111 481
海南	132	2 865	4 382	4 674	4 076	4 437
四川	11 956	563 292	662 921	587 405	598 311	539 535
贵州	2 252	97 592	91 973	71 014	82 067	66 397
云南	2 595	139 660	138 702	113 188	135 348	113 045
西藏						
陕西	2 637	84 134	146 236	113 570	127 996	98 801
甘肃	1 358	62 013	89 940	83 315	73 250	66 753
青海	198	6 913	5 685	4 843	5 288	4 349
宁夏	223	9 649	9 100	12 409	10 015	8 222
新疆	764	31 854	53 020	49 670	49 816	45 482
单列市合计	**7 538**	**328 416**	**693 791**	**678 605**	**650 039**	**642 402**
沈阳	299	10 189	22 209	22 027	17 797	18 240
大连	325	22 616	73 524	70 964	73 055	72 970
长春	216	10 392	11 125	11 817	9 423	10 141
哈尔滨	114	4 142	9 183	9 109	7 705	8 203
南京	536	35 532	59 400	56 565	53 715	51 754
宁波	218	6 223	15 185	15 167	17 620	17 706
厦门	59	2 366	8 055	8 121	7 985	8 050
青岛	1 120	45 597	190 927	182 228	179 227	171 402
武汉	448	11 404	31 515	31 903	26 894	26 788
广州	796	24 407	78 931	87 798	74 938	83 567
深圳						
成都	552	39 261	65 251	58 959	59 284	54 952
重庆	2 731	112 513	121 112	116 923	115 644	112 188
西安	124	3 774	7 374	7 024	6 752	6 441

原 料 工 业

项目 地区	企业个数（个）	职工人数（人）	总产值（万元）		销售产值（万元）	
			1990年不变价	现行价	1990年不变价	现行价
全国总计	**65 085**	**2 952 510**	**14 775 467**	**16 757 886**	**13 493 189**	**15 475 901**
北　京	949	53 353	289 245	312 972	276 677	298 871
天　津	1 049	65 886	1 025 768	1 014 145	936 544	1 024 234
河　北	2 842	149 791	564 860	843 746	525 742	787 668
山　西	4 229	213 553	768 652	831 850	647 346	709 289
内蒙古	445	15 235	54 275	71 690	50 723	64 312
辽　宁	3 923	215 240	1 163 922	1 304 398	990 531	1 087 277
吉　林	1 023	47 845	127 105	135 580	107 944	121 289
黑龙江	1 318	53 612	132 419	144 908	111 586	122 002
上　海	977	81 089	685 892	758 077	651 696	722 790
江　苏	5 955	421 420	3 501 709	3 539 843	3 261 731	3 330 991
浙　江	3 285	166 242	842 406	1 031 564	796 472	985 148
安　徽	1 979	92 974	222 418	264 255	197 155	232 263
福　建	2 684	38 745	114 175	129 920	107 253	122 175
江　西	3 427	76 977	168 200	174 667	154 227	165 134
山　东	3 874	249 498	1 591 693	1 709 601	1 488 783	1 606 527
河　南	3 091	129 083	492 053	503 327	459 498	466 749
湖　北	2 146	85 875	237 882	248 639	218 703	233 344
湖　南	3 184	114 350	275 648	314 328	254 909	291 448
广　东	5 326	170 716	952 856	1 378 211	892 731	1 257 605
广　西	1 436	50 085	148 101	209 659	124 408	189 902
海　南	138	2 936	8 583	10 589	7 602	9 605
四　川	5 737	215 638	902 191	1 207 574	770 001	1 066 905
贵　州	1 398	53 416	101 251	116 060	93 853	114 360
云　南	1 792	73 912	150 553	212 324	136 932	204 873
西　藏						
陕　西	1 645	57 490	104 937	118 544	97 863	108 283
甘　肃	513	29 173	84 909	95 788	73 703	83 062
青　海	91	4 837	14 274	15 194	13 282	13 989
宁　夏	160	8 919	23 543	25 910	22 267	25 508
新　疆	469	14 620	25 947	34 523	23 027	30 298
单列市合计	**5 093**	**283 185**	**1 744 670**	**2 095 306**	**1 499 567**	**1 850 295**
沈　阳	749	34 350	172 929	184 932	129 090	136 884
大　连	495	52 495	376 731	451 325	334 066	378 662
长　春	186	8 799	33 186	34 232	28 249	28 831
哈尔滨	232	10 827	33 835	33 419	31 717	31 005
南　京	525	29 773	206 198	212 674	177 768	188 991
宁　波	470	20 688	210 162	218 783	195 352	214 919
厦　门	11	161	1 459	1 571	1 402	1 501
青　岛	484	25 526	135 966	148 674	125 351	138 585
武　汉	188	7 017	40 793	41 151	37 513	38 074
广　州	295	18 317	91 200	147 383	94 207	145 451
深　圳						
成　都	718	34 299	331 718	484 676	248 035	424 815
重　庆	575	33 693	92 377	113 707	80 310	100 812
西　安	165	7 240	18 116	22 779	16 507	21 765

加 工 工 业

项目 / 地区	企业个数（个）	职工人数（人）	总产值（万元）		销售产值（万元）	
			1990年不变价	现行价	1990年不变价	现行价
全国总计	**313 399**	**14 325 366**	**56 543 483**	**56 917 957**	**50 986 289**	**51 527 741**
北京	4 711	253 427	1 466 340	1 503 435	1 239 669	1 218 971
天津	3 673	251 940	1 358 521	1 346 935	1 203 130	1 195 572
河北	18 003	819 626	2 600 964	2 740 235	2 410 046	2 548 280
山西	12 222	407 909	893 543	858 407	742 350	726 801
内蒙古	2 552	115 700	163 473	180 473	148 941	162 684
辽宁	16 405	817 071	3 076 544	3 143 631	2 486 823	2 563 979
吉林	3 876	214 841	382 255	418 310	334 681	370 884
黑龙江	4 768	215 108	405 346	446 628	337 514	378 760
上海	6 159	481 525	2 395 467	2 457 139	2 321 046	2 389 204
江苏	40 032	2 456 433	14 869 294	14 565 197	13 372 458	13 158 938
浙江	22 775	1 082 939	4 491 693	4 558 673	4 185 828	4 261 925
安徽	14 425	617 567	1 434 486	1 459 826	1 256 881	1 294 965
福建	8 020	251 096	796 549	877 718	741 960	816 429
江西	9 256	235 714	556 918	552 396	520 812	512 205
山东	34 881	1 931 210	10 076 041	9 908 213	9 067 560	9 087 224
河南	23 692	1 071 773	3 206 280	3 180 645	2 962 086	2 949 137
湖北	15 884	576 094	1 533 330	1 548 593	1 397 670	1 406 785
湖南	12 424	418 037	1 098 359	1 148 458	998 836	1 044 423
广东	11 731	509 249	2 091 845	2 362 426	2 020 216	2 214 256
广西	3 288	107 960	302 555	325 412	302 270	315 166
海南	338	8 277	25 023	27 834	23 958	26 401
四川	24 164	808 227	2 282 691	2 266 412	2 003 354	1 980 893
贵州	1 343	50 011	88 024	95 295	76 716	78 142
云南	3 740	123 710	168 690	187 482	160 014	170 385
西藏						
陕西	10 523	307 951	538 205	515 901	467 754	449 948
甘肃	2 682	118 175	156 432	156 072	130 081	130 137
青海	331	14 877	16 058	15 748	14 129	14 116
宁夏	619	24 932	28 868	27 733	25 625	24 301
新疆	882	33 987	39 689	43 540	33 881	36 830
单列市合计	**38 323**	**1 790 061**	**7 276 684**	**7 401 711**	**6 416 246**	**6 549 556**
沈阳	3 474	149 909	619 293	638 610	496 553	513 668
大连	2 872	188 656	971 755	1 006 809	774 405	812 229
长春	1 239	85 040	189 687	196 495	167 806	173 634
哈尔滨	1 068	56 997	115 684	148 117	100 347	131 095
南京	2 854	177 848	775 280	760 843	721 485	723 935
宁波	6 922	285 407	1 369 976	1 341 957	1 268 541	1 248 562
厦门	290	7 332	19 875	20 793	19 609	20 407
青岛	2 957	185 468	966 074	957 300	830 527	824 796
武汉	2 375	107 200	346 674	364 994	310 035	321 079
广州	1 311	58 011	368 866	391 705	358 945	386 132
深圳						
成都	4 603	215 860	900 332	945 157	796 166	835 297
重庆	5 682	173 645	381 848	382 099	344 325	336 564
西安	2 676	98 688	251 340	246 832	227 502	222 158

（三）按工业行业分

1. 煤炭采选业

地区 \ 项目	企业个数（个）	职工人数（人）	总产值（万元） 1990年不变价	总产值（万元） 现行价	销售产值（万元） 1990年不变价	销售产值（万元） 现行价
全国总计	**26 972**	**1 928 390**	**2 782 513**	**2 641 050**	**2 523 621**	**2 424 174**
北京	283	16 351	28 816	32 457	27 392	30 472
天津	1	50	180	110	180	110
河北	958	78 728	91 587	100 074	87 891	95 981
山西	4 741	378 618	838 571	618 748	729 012	531 032
内蒙古	784	39 845	69 486	58 982	63 990	55 683
辽宁	515	39 668	64 886	67 833	56 136	59 066
吉林	409	23 540	31 547	34 009	27 037	27 867
黑龙江	522	33 852	61 577	59 403	49 838	48 693
上海						
江苏	129	24 347	43 267	47 187	38 289	41 043
浙江	207	6 428	6 587	7 815	6 109	7 237
安徽	422	45 020	45 207	65 241	43 111	60 855
福建	380	20 738	29 659	39 793	28 933	37 914
江西	1 138	85 389	109 429	124 474	102 477	117 564
山东	707	144 359	265 239	316 593	245 043	301 839
河南	1 475	190 939	344 023	348 576	324 440	331 065
湖北	1 249	46 415	49 610	47 773	42 252	43 394
湖南	3 200	186 624	148 421	180 315	143 425	176 235
广东	615	22 268	22 044	31 818	21 234	30 483
广西	280	11 698	10 619	13 569	10 353	13 457
海南						
四川	4 849	317 882	251 653	236 688	235 271	226 902
贵州	1 540	56 299	57 585	44 708	51 466	41 625
云南	784	64 923	62 280	48 063	56 979	46 503
西藏						
陕西	752	35 876	73 063	45 125	64 534	37 228
甘肃	423	27 119	30 009	28 988	26 454	25 182
青海	51	2 938	2 946	2 263	2 837	2 049
宁夏	105	5 606	7 211	7 236	5 026	4 826
新疆	453	22 870	37 011	33 209	33 912	29 869
单列市合计	**1 038**	**81 529**	**59 597**	**62 719**	**58 091**	**61 174**
沈阳						
大连						
长春	20	2 183	1 404	1 768	1 227	1 610
哈尔滨	3	208	1 368	1 390	1 149	1 200
南京						
宁波						
厦门						
青岛						
武汉						
广州	21	242	945	1 358	945	1 358
深圳						
成都	211	20 816	19 401	20 444	18 969	19 814
重庆	783	58 080	36 479	37 759	35 801	37 192
西安						

煤炭开采业

项目 / 地区	企业个数(个)	职工人数(人)	总产值(万元)		销售产值(万元)	
			1990年不变价	现行价	1990年不变价	现行价
全国总计	**23 903**	**1 677 578**	**2 325 497**	**2 167 495**	**2 119 901**	**1 981 005**
北京						
天津						
河北	686	53 025	62 030	69 079	60 058	66 586
山西	4 415	354 082	734 697	530 619	647 990	454 518
内蒙古	781	39 780	68 763	58 758	63 772	55 464
辽宁	446	36 093	53 155	55 468	46 201	48 329
吉林	409	23 540	31 547	34 009	27 037	27 867
黑龙江	315	21 046	42 330	39 327	35 806	34 818
上海						
江苏	125	24 166	42 838	46 758	37 827	40 581
浙江	196	6 244	6 126	7 487	5 838	6 946
安徽	319	33 220	32 499	46 199	30 634	43 648
福建	348	19 292	28 492	39 409	28 703	37 671
江西	965	73 774	95 115	107 575	87 833	101 344
山东	615	123 070	210 131	260 725	200 294	247 748
河南	1 093	123 696	221 787	222 745	207 335	211 082
湖北	1 236	45 991	49 255	47 418	41 917	43 060
湖南	2 299	141 886	102 282	125 330	99 892	123 654
广东	543	19 399	19 959	29 836	19 192	27 437
广西	268	11 455	10 521	10 517	10 122	13 224
海南						
四川	4 808	315 101	246 566	229 384	230 599	212 250
贵州	1 523	55 689	56 504	43 530	50 527	40 503
云南	784	64 923	62 280	48 063	56 979	46 503
西藏						
陕西	750	35 876	72 975	45 010	64 534	37 228
甘肃	423	27 119	30 009	28 988	26 454	25 182
青海	51	2 938	2 946	2 263	2 837	2 049
宁夏	52	3 303	5 679	5 789	3 608	3 444
新疆	453	22 870	37 011	33 209	33 912	29 869
单列市合计	**1 018**	**81 004**	**57 254**	**60 065**	**55 557**	**58 365**
沈阳						
大连						
长春	20	2 183	1 404	1 768	1 227	1 610
哈尔滨						
南京						
宁波						
厦门						
青岛						
武汉						
广州	9	32	362	526	362	526
深圳						
成都	206	20 709	19 009	20 012	18 167	19 037
重庆	783	58 080	36 479	37 759	35 801	37 192
西安						

2. 石油和天然气开采业

项目 地区	企业个数（个）	职工人数（人）	总产值（万元）		销售产值（万元）	
			1990年不变价	现行价	1990年不变价	现行价
全国总计	**12**	**328**	**1 244**	**1 343**	**1 127**	**1 225**
北京						
天津						
河北						
山西	2	50	150	154	150	154
内蒙古	1	48	200	200	140	140
辽宁	1	5	71	61	71	61
吉林	1	85	223	322	223	322
黑龙江						
上海						
江苏						
浙江	1	7	13	13	11	11
安徽						
福建						
江西						
山东						
河南	1	30	81	80	81	80
湖北						
湖南						
广东						
广西						
海南						
四川	2	40	40	40	40	40
贵州						
云南						
西藏						
陕西	2	31	412	414	361	361
甘肃	1	32	54	59	50	56
青海						
宁夏						
新疆						
单列市合计						
沈阳						
大连						
长春						
哈尔滨						
南京						
宁波						
厦门						
青岛						
武汉						
广州						
深圳						
成都						
重庆						
西安						

3. 黑色金属矿采选业

项目 地区	企业个数（个）	职工人数（人）	总产值（万元）		销售产值（万元）	
			1990年不变价	现行价	1990年不变价	现行价
全国总计	**6 034**	**311 500**	**738 482**	**781 470**	**658 563**	**705 667**
北京						
天津						
河北	1 189	71 081	241 889	264 465	220 949	245 116
山西	759	26 667	54 109	66 293	45 490	56 909
内蒙古	112	5 492	11 486	12 041	10 208	11 345
辽宁	528	25 970	73 596	78 838	63 265	68 799
吉林	41	1 971	6 941	6 763	5 569	5 587
黑龙江						
上海						
江苏	28	2 350	14 136	13 926	12 220	12 184
浙江	3	49	127	171	102	127
安徽	257	14 540	28 181	29 449	24 463	25 739
福建	113	5 224	14 876	15 027	12 766	13 237
江西	134	7 139	12 540	12 498	10 930	11 364
山东	266	15 044	72 893	73 797	67 419	68 017
河南	515	16 863	54 415	51 048	50 263	47 032
湖北	305	14 945	42 290	45 964	36 371	40 486
湖南	465	26 775	27 189	23 783	23 367	20 703
广东	205	9 162	17 803	21 960	16 704	20 203
广西	273	14 591	16 225	17 952	14 984	16 664
海南						
四川	280	21 210	21 716	21 229	17 981	17 830
贵州	123	10 556	6 994	5 592	5 649	4 575
云南	201	14 440	12 087	12 371	11 729	11 959
西藏						
陕西	128	4 355	4 984	4 706	4 766	4 820
甘肃	65	1 828	2 604	2 374	2 298	2 005
青海	10	452	331	219	277	207
宁夏	3	53	37	46	37	46
新疆	31	743	1 033	958	756	713
单列市合计	**57**	**2 157**	**9 917**	**9 883**	**9 550**	**9 534**
沈阳						
大连						
长春						
哈尔滨						
南京	10	453	1 805	1 765	1 604	1 574
宁波						
厦门						
青岛	38	1 302	6 837	6 828	6 676	6 676
武汉						
广州	4	152	1 061	1 080	1 061	1 080
深圳						
成都						
重庆	5	250	214	210	209	204
西安						

铁矿采选业

地区 \ 项目	企业个数（个）	职工人数（人）	总产值（万元）		销售产值（万元）	
			1990年不变价	现行价	1990年不变价	现行价
全国总计	**4 245**	**216 672**	**555 622**	**598 136**	**498 040**	**536 848**
北　京						
天　津						
河　北	736	52 227	179 454	197 709	165 670	183 344
山　西	651	23 603	44 344	58 420	37 799	49 869
内蒙古	106	5 352	11 262	11 891	10 104	11 215
辽　宁	429	18 222	57 912	61 925	49 105	53 397
吉　林	39	1 916	6 899	6 720	5 556	5 573
黑龙江						
上　海						
江　苏	27	2 342	14 122	31 913	12 212	12 177
浙　江	3	49	127	171	102	127
安　徽	216	13 457	26 452	27 693	23 120	24 384
福　建	63	3 223	10 533	10 474	8 688	9 090
江　西	84	4 080	6 597	7 127	5 872	6 485
山　东	240	13 274	66 320	67 294	61 056	60 882
河　南	453	14 963	49 167	46 809	44 788	42 614
湖　北	172	7 615	22 388	24 749	19 396	20 968
湖　南	119	6 476	6 758	4 467	6 036	4 038
广　东	171	7 825	15 923	19 287	14 994	17 862
广　西	119	5 468	5 349	6 319	5 022	5 982
海　南						
四　川	231	17 274	14 832	15 421	11 634	12 727
贵　州	93	5 143	2 695	3 127	3 258	2 483
云　南	139	9 867	9 495	9 630	9 264	9 405
西　藏						
陕　西	88	2 484	3 236	3 201	3 011	2 979
甘　肃	44	1 313	1 086	1 115	881	802
青　海	1	21	20	6	20	9
宁　夏	2	28	10	10	10	10
新　疆	19	450	641	658	442	426
单列市合计	**55**	**2 124**	**9 855**	**9 822**	**9 494**	**9 479**
沈　阳						
大　连						
长　春						
哈尔滨						
南　京	9	445	1 791	1 752	1 596	1 567
宁　波						
厦　门						
青　岛	38	1 302	6 837	6 828	6 676	6 676
武　汉						
广　州	4	152	1 061	1 080	1 061	1 080
深　圳						
成　都						
重　庆	4	225	166	162	161	156
西　安						

4. 有色金属矿采选业

项目 地区	企业个数（个）	职工人数（人）	总产值（万元）		销售产值（万元）	
			1990年不变价	现行价	1990年不变价	现行价
全国总计	**5 169**	**285 744**	**823 854**	**810 251**	**747 747**	**747 091**
北京	13	805	2 825	3 520	2 845	4 380
天津						
河北	374	16 025	31 077	34 212	28 440	31 837
山西	99	2 736	5 711	4 635	3 608	3 157
内蒙古	132	12 245	10 761	12 346	10 111	11 519
辽宁	319	25 190	78 863	73 072	66 602	62 637
吉林	44	2 039	3 439	4 131	3 186	3 616
黑龙江	65	1 488	2 219	2 849	1 921	2 526
上海						
江苏	3	263	666	698	672	668
浙江	36	1 738	5 571	5 033	4 864	4 403
安徽	157	8 824	21 393	20 896	17 542	16 814
福建	38	1 622	3 555	3 141	3 123	2 667
江西	266	11 803	33 575	29 986	29 537	27 399
山东	406	29 358	241 132	246 311	222 262	229 821
河南	342	22 817	102 026	101 547	98 908	98 898
湖北	190	11 157	21 690	21 540	18 629	19 335
湖南	725	37 404	68 356	65 374	64 121	60 687
广东	283	7 976	23 645	24 653	22 488	24 148
广西	236	12 674	42 178	42 175	39 986	40 345
海南	17	471	1 277	1 203	1 170	1 087
四川	429	21 034	37 061	29 401	31 897	25 435
贵州	145	10 901	12 164	9 837	11 615	10 379
云南	322	22 003	25 100	26 143	23 338	24 415
西藏						
陕西	291	13 886	27 111	25 494	21 814	22 700
甘肃	179	9 011	18 306	17 642	14 973	14 068
青海	14	310	649	528	575	483
宁夏		204		223	215	215
新疆	44	1 760	3 504	3 661	3 305	3 452
单列市合计	**44**	**2 859**	**8 418**	**8 616**	**7 945**	**8 023**
沈阳						
大连	3	190	267	268	212	213
长春	1	30	160	175	141	144
哈尔滨						
南京	2	240	599	634	629	627
宁波						
厦门						
青岛	27	1 996	7 017	7 171	6 606	6 692
武汉						
广州	1	8	22	24	26	28
深圳						
成都	1	40	5	7	5	7
重庆						
西安	9	355	348	337	326	312

铅锌矿采选业

项目 / 地区	企业个数（个）	职工人数（人）	总产值（万元）		销售产值（万元）	
			1990年不变价	现行价	1990年不变价	现行价
全国总计	**930**	**57 180**	**139 797**	**124 098**	**123 869**	**112 515**
北　京						
天　津						
河　北	25	2 113	4 110	4 261	3 839	3 998
山　西	2	75	43	42	43	42
内蒙古	26	2 559	2 525	2 748	2 374	2 591
辽　宁	94	5 785	15 874	13 128	14 720	12 041
吉　林	4	83	109	119	66	70
黑龙江						
上　海						
江　苏						
浙　江	24	914	4 100	3 708	3 594	3 259
安　徽	30	1 187	3 549	2 659	2 892	2 047
福　建	12	478	1 662	1 251	1 582	1 196
江　西	23	895	1 908	1 704	1 667	1 461
山　东						
河　南	57	2 419	4 611	4 530	4 257	4 308
湖　北	3	215	1 504	782	1 471	1 128
湖　南	32	2 547	4 430	4 025	4 094	3 622
广　东						
广　西	89	5 470	27 347	27 552	24 968	25 002
海　南						
四　川	132	9 023	24 195	16 896	22 528	15 423
贵　州	88	5 966	6 696	6 203	6 580	6 305
云　南	96	7 767	8 892	8 748	8 167	8 310
西　藏						
陕　西	93	3 874	14 532	12 266	11 001	10 878
甘　肃	89	5 433	12 800	12 525	10 168	9 978
青　海	6	132	338	379	336	334
宁　夏						
新　疆	5	245	572	572	522	522
单列市合计	**5**	**161**	**198**	**200**	**199**	**200**
沈　阳						
大　连			139	140	139	140
长　春						
哈尔滨						
南　京						
宁　波						
厦　门						
青　岛						
武　汉						
广　州						
深　圳						
成　都						
重　庆						
西　安	5	161	59	60	60	60

金矿采选业

项目/地区	企业个数（个）	职工人数（人）	总产值（万元）		销售产值（万元）	
			1990年不变价	现行价	1990年不变价	现行价
全国总计	**1 833**	**111 724**	**416 935**	**435 009**	**386 223**	**411 396**
北京						
天津						
河北	288	11 764	23 153	26 296	22 285	25 262
山西	13	776	1 099	1 060	470	614
内蒙古	94	8 712	6 740	8 129	6 402	7 655
辽宁	137	9 935	22 711	24 119	19 036	21 024
吉林	33	1 731	2 531	3 335	2 417	2 967
黑龙江	43	783	936	1 077	672	734
上海						
江苏	2	240	599	634	629	5 827
浙江	4	149	654	709	548	578
安徽	45	2 481	4 461	4 700	3 266	3 444
福建	2	82	101	101	79	79
江西	34	1 853	5 434	6 172	5 093	5 763
山东	367	27 327	229 224	233 316	211 228	217 773
河南	199	16 035	86 250	87 251	84 097	85 074
湖北	41	1 985	1 877	1 898	1 661	1 608
湖南	141	11 747	14 296	17 845	13 434	16 016
广东						
广西	34	2 383	835	941	775	898
海南	1	15	11	18	12	18
四川	162	4 508	2 748	3 081	2 613	2 968
贵州	1	6	4	8	4	8
云南						
西藏						
陕西	129	6 619	9 016	9 714	7 851	8 954
甘肃	39	1 545	1 861	2 077	1 296	1 608
青海	2	18	43	43	43	43
宁夏						
新疆	22	1 030	2 351	2 485	2 312	2 481
单列市合计	**35**	**2 486**	**8 150**	**8 340**	**7 695**	**7 768**
沈阳						
大连	2	140	128	128	73	73
长春	1	30	160	175	141	144
哈尔滨						
南京	2	240	599	634	629	627
宁波						
厦门						
青岛	27	1 996	7 017	7 171	6 606	6 692
武汉						
广州						
深圳						
成都	1	40	5	7	5	7
重庆						
西安	2	40	241	225	241	225

5. 建筑材料及其他非金属矿采选业

地区 \ 项目	企业个数（个）	职工人数（人）	总产值（万元）		销售产值（万元）	
			1990年不变价	现行价	1990年不变价	现行价
全国总计	**53 616**	**1 858 704**	**4 392 119**	**4 268 859**	**3 978 113**	**3 885 274**
北京	435	16 093	71 450	71 107	48 885	48 094
天津	97	3 044	5 512	4 376	5 470	4 322
河北	2 298	66 763	118 881	119 050	108 509	107 832
山西	1 937	50 367	96 299	78 013	78 422	63 165
内蒙古	688	20 857	22 241	23 492	20 729	22 029
辽宁	3 487	126 319	347 839	335 311	290 480	282 784
吉林	1 407	37 455	48 610	46 113	40 600	39 967
黑龙江	1 341	27 511	66 856	67 267	55 544	55 456
上海	5	567	884	1 366	864	1 222
江苏	2 410	172 316	385 464	390 022	364 563	360 530
浙江	2 553	117 524	212 200	226 983	204 393	222 612
安徽	2 245	102 525	199 922	187 137	168 326	162 536
福建	1 331	59 309	134 277	135 688	126 395	127 635
江西	1 821	47 583	90 864	83 885	82 341	75 930
山东	6 660	270 772	1 149 448	1 128 321	1 070 411	1 056 992
河南	2 410	89 419	196 173	191 382	190 623	185 318
湖北	3 542	86 495	192 616	182 449	174 400	165 197
湖南	3 014	99 924	135 313	127 560	120 938	118 019
广东	4 797	123 523	366 475	393 716	341 802	361 993
广西	1 157	34 367	54 619	61 555	50 305	56 125
海南	114	2 314	3 058	3 441	2 935	3 322
四川	5 857	187 203	344 012	287 410	300 651	256 512
贵州	416	16 930	14 562	9 939	12 227	8 764
云南	1 153	33 747	38 168	25 454	37 211	24 656
西藏						
陕西	1 308	27 269	38 658	35 889	34 775	31 986
甘肃	671	24 347	40 762	35 014	30 332	26 188
青海	100	2 722	1 385	1 349	1 266	1 216
宁夏	136	7 077	4 170	3 917	3 711	3 609
新疆	226	6 362	11 401	11 653	11 005	11 263
单列市合计	**6 254**	**233 312**	**601 361**	**586 156**	**550 351**	**536 683**
沈阳	310	10 314	22 770	23 044	18 743	19 166
大连	323	17 633	73 337	71 054	61 613	59 214
长春	191	7 954	9 302	9 615	7 804	8 136
哈尔滨	112	3 958	7 865	7 762	6 701	6 968
南京	518	34 890	55 085	52 057	50 269	48 000
宁波	214	6 089	15 172	15 145	17 603	17 683
厦门	59	2 366	8 055	8 121	7 985	8 050
青岛	1 048	42 047	176 402	167 558	165 311	157 401
武汉	446	9 990	29 303	29 691	24 932	24 730
广州	679	22 770	68 589	78 192	65 587	74 002
深圳						
成都	331	18 038	44 496	38 724	38 202	32 827
重庆	1 916	54 028	84 024	78 570	79 239	74 440
西安	107	3 235	6 961	6 623	6 362	6 066

采 石 业

项目 / 地区	企业个数（个）	职工人数（人）	总产值（万元）		销售产值（万元）	
			1990年不变价	现行价	1990年不变价	现行价
全国总计	**31 761**	**1 029 720**	**2 269 426**	**2 237 371**	**2 082 787**	**2 074 379**
北　京						
天　津	94	2 820	5 152	4 005	5 106	3 963
河　北	1 071	31 698	56 336	55 500	52 907	52 654
山　西	870	16 052	29 407	27 380	21 814	21 807
内蒙古	426	12 783	13 296	14 105	12 533	13 275
辽　宁	2 099	61 929	165 705	161 651	136 285	134 237
吉　林	906	23 737	33 598	31 130	27 436	25 915
黑龙江	850	17 336	33 148	33 932	32 569	33 359
上　海						
江　苏	1 229	81 680	150 405	153 578	146 395	142 081
浙　江	2 111	103 751	185 025	204 412	180 446	201 993
安　徽	1 417	69 665	123 684	108 622	104 926	97 489
福　建	959	47 575	107 047	106 820	101 006	100 867
江　西	1 005	24 652	44 255	39 016	39 584	34 849
山　东	3 554	136 714	557 803	546 516	515 212	509 847
河　南	956	35 654	72 064	69 664	74 425	73 892
湖　北	2 074	42 096	76 362	77 152	69 787	69 230
湖　南	1 075	29 794	40 659	37 891	35 963	34 767
广　东	3 525	90 135	288 147	310 549	267 901	290 748
广　西	731	19 127	34 138	37 644	30 529	34 465
海　南	74	1 661	2 068	2 383	1 980	2 310
四　川	4 058	115 520	188 670	157 215	168 697	144 651
贵　州	156	3 669	3 455	3 552	3 485	3 116
云　南	979	23 863	17 071	16 906	16 280	16 013
西　藏						
陕　西	934	16 422	20 543	18 665	18 959	17 592
甘　肃	349	13 647	13 870	11 924	11 134	8 574
青　海	51	1 208	577	547	566	535
宁　夏	78	3 045	2 261	2 440	2 483	2 174
新　疆	130	3 487	4 680	4 172	4 379	3 976
单列市合计	**3 871**	**134 287**	**342 547**	**341 331**	**314 308**	**313 712**
沈　阳	200	5 369	9 804	9 759	8 327	8 402
大　连	239	13 730	57 652	57 850	48 198	49 131
长　春	125	5 292	5 785	6 047	4 762	4 284
哈尔滨	97	3 471	6 308	6 048	5 185	5 306
南　京	228	18 778	25 008	23 770	23 491	22 378
宁　波	36	819	14 244	14 265	16 747	16 853
厦　门	58	2 361	8 053	8 119	7 983	8 048
青　岛	468	14 269	58 985	58 544	55 176	54 858
武　汉	283	5 489	13 441	14 064	11 569	11 824
广　州	493	14 329	55 548	63 726	52 153	59 291
深　圳						
成　都	153	8 890	18 227	13 623	15 377	11 512
重　庆	1 447	40 574	68 469	64 482	64 362	60 833
西　安	44	916	1 023	1 034	978	992

耐火土石开采业

地区 \ 项目	企业个数（个）	职工人数（人）	总产值（万元）		销售产值（万元）	
			1990年不变价	现行价	1990年不变价	现行价
全国总计	**1 946**	**72 697**	**200 261**	**188 609**	**180 611**	**171 074**
北　京						
天　津						
河　北	84	3 077	4 802	5 357	4 382	4 313
山　西	325	11 097	21 849	18 219	18 947	15 089
内蒙古	20	770	455	372	433	352
辽　宁	123	6 568	17 657	16 881	16 645	16 094
吉　林	38	791	1 663	1 539	1 475	1 391
黑龙江	2	95	310	286	274	274
上　海						
江　苏	49	2 173	4 468	4 439	4 019	3 981
浙　江	62	1 505	1 658	1 460	1 469	1 318
安　徽	79	3 643	6 150	6 570	4 650	5 099
福　建	52	994	1 402	1 276	1 347	1 219
江　西	55	1 757	2 591	2 548	2 443	2 213
山　东	430	17 867	88 765	86 169	79 250	79 137
河　南	263	11 510	30 192	29 044	28 360	27 136
湖　北	22	617	3 085	1 437	3 026	1 391
湖　南	47	1 275	1 506	1 500	1 410	1 449
广　东						
广　西	10	84	288	324	143	154
海　南	7	52	45	49	45	50
四　川	213	7 379	11 350	9 691	10 424	8 990
贵　州						
云　南						
西　藏						
陕　西	56	1 327	1 787	1 211	1 634	1 192
甘　肃	3	45	208	208	206	205
青　海	1	21	5	5	5	5
宁　夏						
新　疆	5	50	25	24	24	22
单列市合计	**216**	**8 934**	**10 726**	**10 174**	**10 245**	**9 792**
沈　阳						
大　连	18	1 445	2 124	2 129	2 177	2 302
长　春	5	139	312	314	294	305
哈尔滨	1	30	56	37	53	37
南　京	17	919	1 550	1 633	1 318	1 412
宁　波	17	344	484	428	423	388
厦　门	1	5	2	2	2	2
青　岛	2	152	124	124	108	108
武　汉						
广　州						
深　圳						
成　都	12	350	679	754	672	747
重　庆	138	5 404	5 171	4 572	5 011	4 349
西　安	5	146	224	181	187	142

化学矿采选业

地区 \ 项目	企业个数（个）	职工人数（人）	总产值（万元）		销售产值（万元）	
			1990年不变价	现行价	1990年不变价	现行价
全国总计	**661**	**29 034**	**71 946**	**55 383**	**58 030**	**46 285**
北京						
天津						
河北						
山西	243	10 064	18 955	14 213	16 145	11 347
内蒙古	47	811	1 620	1 455	1 331	1 209
辽宁	40	3 135	6 748	6 611	5 381	5 393
吉林	1	20	100	121	90	111
黑龙江						
上海						
江苏	3	290	527	506	483	457
浙江	5	155	537	423	493	447
安徽	6	214	592	620	559	584
福建	3	537	1 683	1 868	1 212	1 313
江西	2	71	330	330	321	321
山东	2	86	97	105	94	106
河南	16	478	984	971	931	913
湖北	16	211	392	376	363	344
湖南	13	303	334	265	332	293
广东						
广西	5	969	1 807	1 999	1 723	1 907
海南						
四川	90	7 918	27 713	17 499	22 133	15 309
贵州	5	165	119	103	101	92
云南	4	176	170	85	149	78
西藏						
陕西	67	2 134	2 759	2 566	1 750	2 561
甘肃	39	1 036	6 173	4 159	4 077	3 282
青海						
宁夏	43	59	1	922	75	39
新疆	11	202	305	186	287	179
单列市合计	**22**	**1 685**	**2 161**	**1 880**	**1 755**	**1 930**
沈阳						
大连						
长春						
哈尔滨						
南京	1	30	88	84	79	75
宁波						
厦门						
青岛						
武汉						
广州						
深圳						
成都						
重庆	14	1 605	1 860	1 586	1 589	1 620
西安	7	50	213	210	87	235

硫矿采选业

地区 \ 项目	企业个数（个）	职工人数（人）	总产值（万元）		销售产值（万元）	
			1990年不变价	现行价	1990年不变价	现行价
全国总计	**658**	**31 127**	**51 144**	**40 143**	**42 790**	**35 571**
北京						
天津						
河北	8	481	1 044	777	807	827
山西	210	9 395	17 154	11 996	14 581	10 027
内蒙古	6	357	159	128	135	109
辽宁	49	2 877	5 330	4 980	4 232	3 954
吉林	2	100	145	145	145	139
黑龙江						
上海						
江苏	1	195	266	266	250	250
浙江	2	40	64	51	64	51
安徽	33	2 041	4 828	4 802	4 477	4 355
福建	2	60	131	123	102	104
江西	9	696	2 705	2 372	2 622	2 291
山东	1	135	1 014	903	895	824
河南	35	1 202	2 035	2 004	1 970	1 949
湖北	62	1 694	2 915	2 632	2 867	2 601
湖南	19	683	668	482	567	387
广东						
广西	9	1 233	863	975	725	795
海南						
四川	119	5 981	8 411	5 058	5 869	4 089
贵州	55	2 231	1 799	1 143	1 496	1 038
云南	10	726	266	127	276	123
西藏						
陕西	25	980	1 340	1 174	709	1 658
甘肃	1	20	7	5	1	
青海						
宁夏						
新疆						
单列市合计	**1**	**97**	**66**	**68**	**66**	**68**
沈阳						
大连						
长春						
哈尔滨						
南京						
宁波						
厦门						
青岛						
武汉						
广州						
深圳						
成都	1	97	66	68	66	68
重庆						
西安						

磷矿采选业

项目 / 地区	企业个数（个）	职工人数（人）	总产值（万元）		销售产值（万元）	
			1990年不变价	现行价	1990年不变价	现行价
全国总计	**387**	**25 127**	**63 838**	**43 470**	**58 974**	**40 093**
北京						
天津						
河北	2	90	83	102	58	68
山西						
内蒙古						
辽宁	2	74	71	72	51	54
吉林						
黑龙江						
上海						
江苏	1	65	173	156	154	132
浙江	1	58	17	19	16	17
安徽						
福建	4	174	225	215	208	196
江西	9	341	389	347	376	331
山东						
河南						
湖北	174	10 139	37 248	31 537	33 944	29 181
湖南	53	2 334	2 108	2 110	1 748	1 838
广东						
广西	3	96	7	7	33	33
海南						
四川						
贵州	38	5 347	5 604	2 902	4 714	2 506
云南	82	5 724	17 245	5 348	17 072	5 254
西藏						
陕西	18	685	668	655	600	483
甘肃						
青海						
宁夏						
新疆						
单列市合计						
沈阳						
大连						
长春						
哈尔滨						
南京						
宁波						
厦门						
青岛						
武汉						
广州						
深圳						
成都						
重庆						
西安						

其他非金属矿采选业

项目 / 地区	企业个数（个）	职工人数（人）	总产值（万元）		销售产值（万元）	
			1990年不变价	现行价	1990年不变价	现行价
全国总计	**7 849**	**287 561**	**723 941**	**700 145**	**646 155**	**638 522**
北　　京						
天　　津	3	224	360	371	364	359
河　　北	492	13 788	18 628	19 466	17 278	18 138
山　　西	163	3 759	8 934	6 205	6 935	4 895
内 蒙 古	182	5 658	5 120	5 841	4 896	5 626
辽　　宁	713	32 994	94 023	89 425	78 077	77 229
吉　　林	201	6 005	8 261	8 720	6 690	7 565
黑 龙 江	210	4 856	14 810	15 282	14 755	15 051
上　　海						
江　　苏	293	15 531	38 690	39 967	32 856	34 289
浙　　江	372	12 015	24 899	20 618	21 905	18 786
安　　徽	593	20 840	51 574	52 538	43 109	44 429
福　　建	151	4 452	8 108	8 495	7 623	8 440
江　　西	339	11 120	26 144	25 434	23 570	22 846
山　　东	890	45 931	227 809	218 051	208 707	205 152
河　　南	477	14 041	31 675	30 251	30 151	28 056
湖　　北						
湖　　南	615	24 815	34 070	32 581	30 758	30 542
广　　东	454	13 669	35 990	38 649	35 065	37 894
广　　西	92	5 786	7 035	9 323	6 852	8 451
海　　南	12	183	434	476	433	479
四　　川	917	29 385	47 778	41 164	43 156	38 214
贵　　州	108	2 881	1 581	1 132	1 339	915
云　　南	68	2 842	3 334	2 924	3 354	2 924
西　　藏						
陕　　西	136	3 873	7 852	7 256	6 689	6 145
甘　　肃	251	8 258	19 467	17 732	14 398	13 788
青　　海	36	1 046	622	654	524	543
宁　　夏	14	1 236	564	536	558	853
新　　疆	67	2 373	6 179	7 054	6 113	6 913
单列市合计	**1 122**	**42 839**	**150 316**	**139 494**	**136 706**	**128 075**
沈　　阳	59	2 767	3 769	3 895	3 109	3 310
大　　连	21	892	6 475	6 074	4 459	4 572
长　　春	51	2 248	3 179	3 203	2 252	3 451
哈 尔 滨	5	191	988	1 214	981	1 214
南　　京	104	3 869	7 436	7 598	6 167	6 065
宁　　波	6	314	444	452	433	442
厦　　门						
青　　岛	339	16 776	94 963	86 577	89 332	81 698
武　　汉						
广　　州	67	1 100	2 953	2 882	2 769	2 768
深　　圳						
成　　都	120	6 702	16 842	15 209	14 562	12 769
重　　庆	317	6 445	8 524	7 930	8 277	7 638
西　　安	33	1 535	4 743	4 460	4 365	4 148

6. 采 盐 业

项目 地区	企业个数（个）	职工人数（人）	总产值（万元）		销售产值（万元）	
			1990年不变价	现行价	1990年不变价	现行价
全国总计	**1 158**	**67 479**	**143 840**	**137 580**	**109 136**	**108 870**
北京						
天津	3	36	145	158	147	158
河北	103	3 065	9 369	12 402	7 991	10 023
山西	5	55	71	71	65	65
内蒙古	7	61	109	70	79	53
辽宁	72	3 026	7 729	8 931	7 375	7 907
吉林						
黑龙江						
上海						
江苏	59	2 174	5 277	5 389	2 114	2 306
浙江	53	4 670	2 880	3 115	2 691	3 076
安徽	4	228	630	628	620	958
福建	176	11 989	11 970	13 242	10 934	11 855
江西	74	1 958	4 053	3 308	3 848	3 180
山东	276	16 343	80 584	72 526	59 282	53 049
河南	3	70	938	938	935	935
湖北	28	3 686	6 121	505	498	471
湖南						
广东	165	11 597	2 844	4 436	2 796	4 044
广西	23	610	484	512	420	501
海南	11	449	334	355	330	365
四川	44	5 968	8 778	9 435	7 638	8 514
贵州						
云南	4	66	47	87	47	87
西藏						
陕西	23	752	480	458	480	473
甘肃	8	325	306	361	293	334
青海	1	4	7	18	9	20
宁夏	1	15	2	3	3	3
新疆	15	332	682	632	541	493
单列市合计	**101**	**7 227**	**9 641**	**10 598**	**9 277**	**9 548**
沈阳						
大连	43	1 744	6 056	6 887	5 960	6 104
长春						
哈尔滨						
南京						
宁波	16	1 749	1 402	1 498	1 298	1 391
厦门	36	3 450	1 181	1 226	1 064	1 097
青岛	5	241	789	791	742	760
武汉						
广州						
深圳						
成都						
重庆	1	43	213	196	213	196
西安						

7. 其他矿采选业

项目 地区	企业个数（个）	职工人数（人）	总产值（万元）		销售产值（万元）	
			1990年不变价	现行价	1990年不变价	现行价
全国总计	**1 175**	**38 281**	**82 424**	**80 810**	**75 329**	**72 587**
北京						
天津						
河北	12	590	680	732	574	645
山西	66	3 374	6 978	5 249	5 346	3 999
内蒙古	43	995	1 136	1 163	968	975
辽宁	22	848	3 086	3 163	2 421	2 479
吉林	23	800	603	627	521	522
黑龙江	3	168	110	118	49	52
上海						
江苏	16	1 085	3 740	3 745	3 242	3 246
浙江	65	2 405	6 078	5 866	5 574	5 356
安徽	73	2 680	4 843	5 420	4 842	5 127
福建	103	2 849	6 827	6 998	6 296	6 450
江西	146	3 849	7 398	7 281	7 149	7 049
山东	37	728	5 975	5 806	5 744	5 572
河南	84	4 405	12 191	12 121	11 231	11 316
湖北	55	915	2 510	2 377	2 031	2 046
湖南	118	4 039	4 595	4 753	4 188	4 206
广东	110	2 995	9 473	9 451	9 846	8 506
广西	28	592	1 759	1 965	1 374	1 518
海南						
四川	38	1 101	1 440	1 043	1 237	918
贵州	9	380	467	361	455	336
云南	38	1 287	506	429	497	422
西藏						
陕西	47	958	888	859	763	751
甘肃	17	670	644	729	541	606
青海	13	377	286	345	251	304
宁夏	3	108	60	60	40	40
新疆	6	83	151	149	149	146
单列市合计	**51**	**1 630**	**4 612**	**4 679**	**3 948**	**3 994**
沈阳	5	385	2 400	2 465	1 800	1 848
大连	2	189	166	168	156	158
长春	2	195	204	204	198	198
哈尔滨						
南京						
宁波	5	141	110	118	111	114
厦门						
青岛	3	66	558	558	525	525
武汉	1	12	5	5	2	2
广州	27	462	1 132	1 123	1 120	1 112
深圳						
成都						
重庆						
西安	6	180	37	38	36	37

8. 木材及竹材采运业

项目 地区	企业个数（个）	职工人数（人）	总产值（万元）		销售产值（万元）	
			1990年不变价	现行价	1990年不变价	现行价
全国总计	**5 913**	**112 812**	**192 711**	**196 975**	**176 917**	**181 042**
北京						
天津						
河北	32	1 326	4 301	4 303	3 903	3 945
山西	6	53	109	111	106	107
内蒙古	6	162	67	102	64	99
辽宁	107	2 646	4 101	4 164	3 651	3 707
吉林	142	2 050	3 872	4 062	3 450	3 790
黑龙江	15	426	644	685	779	838
上海						
江苏	9	226	1 005	1 005	972	972
浙江	35	187	948	977	900	928
安徽	119	1 330	2 342	2 466	2 071	2 168
福建	1 839	47 525	93 940	96 053	83 849	86 159
江西	903	13 233	27 351	26 701	25 295	24 805
山东						
河南						
湖北	54	496	1 131	1 097	1 013	967
湖南	1 573	16 123	20 247	20 685	19 301	19 853
广东	220	2 640	6 832	7 334	6 476	6 864
广西	38	1 447	2 426	2 786	2 407	2 761
海南					15	16
四川	560	15 315	16 416	17 571	16 116	16 749
贵州	48	2 679	724	893	658	848
云南	91	3 075	4 969	4 731	4 744	4 345
西藏						
陕西	109	1 759	1 120	1 083	983	955
甘肃	5	80	53	53	35	37
青海	1	28	112	112	128	128
宁夏						
新疆	1	6	1	1	1	1
单列市合计	**64**	**865**	**2 586**	**2 414**	**2 273**	**2 187**
沈阳						
大连						
长春	2	30	55	55	53	53
哈尔滨						
南京						
宁波	1	35	647	647	612	612
厦门						
青岛						
武汉	1	20	96	96	82	82
广州	18	183	133	144	132	144
深圳						
成都	12	383	1 430	1 248	1 172	1 074
重庆	28	210	197	198	194	196
西安	2	4	28	26	28	26

9. 自来水生产和供应业

项目 / 地区	企业个数（个）	职工人数（人）	总产值（万元）		销售产值（万元）	
			1990年不变价	现行价	1990年不变价	现行价
全国总计	**4 210**	**36 810**	**98 765**	**115 299**	**96 086**	**111 577**
北京	34	1 588				
天津						
河北	9	487	1 267	1 133	1 231	1 103
山西	9	55	192	166	182	167
内蒙古	2	5	4	4	4	4
辽宁	8	126	1 551	1 470	1 399	1 335
吉林	55	475	778	767	757	750
黑龙江						
上海	55	1 724	3 509	4 762	3 492	4 711
江苏	402	5 104	11 524	12 667	11 200	12 346
浙江	335	2 409	6 403	7 866	6 151	7 587
安徽	120	1 107	1 782	1 969	1 462	1 601
福建	215	1 613	3 137	3 322	3 033	3 230
江西	32	282	500	505	488	513
山东						
河南	17	263	461	485	458	477
湖北	783	6 549	14 832	15 589	14 130	14 259
湖南	109	713	1 624	1 719	1 553	1 652
广东	890	9 570	43 924	54 740	43 542	53 682
广西	417	1 318	1 692	2 076	1 764	2 042
海南	48	368	517	571	507	566
四川	420	2 143	4 145	4 499	3 857	4 581
贵州	116	492	465	496	419	481
云南	24	124	98	135	97	134
西藏						
陕西	105	264	324	319	324	317
甘肃	1	1	1	1	1	1
青海						
宁夏						
新疆	4	30	35	38	35	38
单列市合计	**244**	**2 784**	**11 352**	**13 289**	**10 844**	**12 758**
沈阳						
大连	1	70	610	610	548	570
长春	3	26	21	21	21	21
哈尔滨						
南京	24	392	737	816	724	802
宁波	68	683	3 121	3 821	2 939	3 611
厦门	2	41	167	169	167	169
青岛						
武汉	26	410	591	610	546	558
广州	47	751	5 447	6 382	5 292	6 239
深圳						
成都	16	76	175	281	176	263
重庆	57	335	483	579	431	525
西安						

10. 食品制造业

项目 地区	企业个数（个）	职工人数（人）	总产值（万元）		销售产值（万元）	
			1990年不变价	现行价	1990年不变价	现行价
全国总计	**216 191**	**2 194 195**	**10 398 368**	**10 620 577**	**9 411 805**	**9 643 539**
北京	644	21 164	162 400	162 354	137 102	137 522
天津	586	24 741	147 312	143 701	127 596	126 346
河北	9 037	106 565	395 119	399 171	369 505	374 049
山西	8 537	43 836	94 925	93 086	82 826	82 959
内蒙古	1 587	15 864	33 247	37 408	30 198	33 470
辽宁	4 687	76 393	561 122	585 804	470 385	494 173
吉林	1 560	20 139	92 385	103 410	77 297	86 274
黑龙江	5 002	61 615	204 793	229 202	180 160	198 311
上海	255	25 297	190 066	192 261	185 961	188 610
江苏	8 069	148 278	862 329	846 029	782 043	773 067
浙江	8 077	92 856	455 825	459 928	428 595	434 936
安徽	12 716	144 954	688 878	755 402	592 171	647 252
福建	5 461	76 073	343 382	351 444	325 178	333 820
江西	13 195	75 136	203 174	204 674	187 755	187 335
山东	20 299	409 265	2 984 359	3 007 404	2 719 322	2 762 783
河南	7 039	136 333	549 743	548 893	516 299	517 942
湖北	20 883	136 668	450 709	459 984	404 160	415 744
湖南	16 022	97 116	290 945	303 341	268 619	280 084
广东	13 871	113 327	385 177	399 903	369 521	378 718
广西	2 409	23 482	93 583	98 454	90 450	93 274
海南	105	1 924	4 535	5 330	3 925	4 404
四川	42 161	233 312	961 186	980 117	854 232	873 324
贵州	627	4 850	10 933	12 308	9 156	10 447
云南	6 799	22 694	30 308	31 314	28 140	29 263
西藏						
陕西	3 878	42 445	120 245	120 186	102 187	105 570
甘肃	1 231	23 391	48 496	51 909	38 892	41 302
青海	120	885	1 713	1 785	1 460	1 506
宁夏	361	6 168	13 509	14 185	12 606	12 981
新疆	973	9 424	17 970	21 590	16 064	18 073
单列市合计	**17 896**	**208 932**	**1 366 063**	**1 409 434**	**1 208 463**	**1 258 844**
沈阳	537	8 267	49 726	51 005	41 944	42 842
大连	514	33 253	340 074	363 809	280 022	302 717
长春	295	4 469	25 625	28 671	24 017	25 734
哈尔滨	272	6 971	23 449	25 821	21 397	23 105
南京	405	9 563	44 489	43 927	39 546	39 741
宁波	312	12 026	88 080	90 669	80 257	84 060
厦门	141	2 986	31 122	31 966	30 864	31 547
青岛	2 335	43 763	270 803	274 870	249 303	252 347
武汉	1 071	9 697	38 120	39 358	34 325	35 662
广州	1 073	9 137	35 018	35 390	34 303	34 523
深圳						
成都	4 062	33 470	282 657	296 955	252 515	268 877
重庆	6 581	26 386	104 113	92 922	90 408	86 733
西安	298	8 944	32 787	34 071	29 562	30 956

粮食加工业

项目 地区	企业个数（个）	职工人数（人）	总产值（万元）		销售产值（万元）	
			1990年不变价	现行价	1990年不变价	现行价
全国总计	**151 783**	**910 336**	**3 532 019**	**3 640 091**	**3 160 511**	**3 360 451**
北京	11	1 231	7 261	6 836	6 125	5 745
天津	137	1 956	8 418	8 487	7 453	7 414
河北	7 132	49 232	186 054	190 345	172 611	176 603
山西	6 662	19 308	33 080	30 995	29 669	29 078
内蒙古	881	5 853	14 764	15 779	13 869	15 156
辽宁	2 834	12 098	62 612	62 649	56 110	56 315
吉林	1 077	7 454	22 568	22 763	20 862	21 436
黑龙江	3 022	23 909	80 272	86 320	67 693	70 154
上海	17	668	3 092	3 314	2 878	3 086
江苏	5 406	52 158	203 415	206 145	184 714	185 944
浙江	5 465	15 456	49 073	48 697	49 386	48 250
安徽	8 556	74 854	404 991	454 805	354 657	396 092
福建	3 776	25 589	86 981	49 947	82 199	82 937
江西	8 210	39 197	103 942	105 158	95 093	96 815
山东	11 881	137 426	881 800	904 605	809 317	832 528
河南	4 695	68 530	277 775	277 372	269 381	269 213
湖北	14 625	79 461	261 772	274 201	235 109	241 804
湖南	9 955	48 354	127 090	129 920	119 185	118 349
广东	8 307	45 518	105 284	111 571	100 158	104 970
广西	1 643	5 895	24 277	24 580	22 974	23 199
海南	46	372	561	591	477	525
四川	36 214	145 580	479 492	514 624	370 095	482 705
贵州	402	1 640	1 254	1 301	1 226	1 294
云南	6 342	12 163	9 830	9 982	9 248	9 690
西藏						
陕西	2 842	23 314	65 186	63 881	55 206	53 784
甘肃	611	6 621	16 867	18 387	12 928	13 931
青海	75	403	758	779	678	692
宁夏	219	1 612	5 932	6 409	5 000	5 183
新疆	740	4 484	7 618	9 648	6 210	7 559
单列市合计	**12 731**	**64 682**	**349 118**	**362 894**	**313 341**	**332 165**
沈阳	357	1 321	9 240	9 471	8 172	8 439
大连	36	902	7 986	8 970	7 336	8 334
长春	196	1 170	5 531	5 559	5 031	4 935
哈尔滨	84	1 925	4 843	4 901	3 523	3 079
南京	205	3 318	15 221	14 866	13 357	13 086
宁波	6	153	279	271	311	301
厦门	85	1 421	12 240	12 727	11 613	11 587
青岛	1 184	10 860	72 793	74 560	67 263	68 375
武汉	585	3 666	17 093	17 746	15 575	16 395
广州	621	3 251	7 912	8 226	7 732	8 156
深圳						
成都	3 046	12 093	108 172	123 445	95 813	112 677
重庆	6 125	18 524	66 419	60 006	58 281	56 695
西安	201	6 078	21 389	22 146	19 334	20 106

植物油加工业

地区 \ 项目	企业个数（个）	职工人数（人）	总产值（万元）		销售产值（万元）	
			1990年不变价	现行价	1990年不变价	现行价
全国总计	**26 467**	**284 253**	**1 344 430**	**1 463 356**	**1 195 836**	**1 291 317**
北　京						
天　津	33	1 417	16 362	16 277	13 612	13 717
河　北	530	12 109	49 478	50 871	48 339	48 761
山　西	565	4 478	16 308	15 740	12 320	11 841
内蒙古	272	2 957	5 173	5 945	4 737	5 465
辽　宁	571	10 899	102 658	123 706	89 489	107 675
吉　林	201	5 500	38 394	48 683	34 179	42 849
黑龙江	1 123	22 466	78 034	95 786	65 560	79 029
上　海	14	1 036	11 630	12 138	11 015	11 893
江　苏	939	17 104	70 345	73 424	63 982	67 926
浙　江	477	4 404	14 467	16 381	13 696	15 484
安　徽	2 757	30 785	131 907	151 373	108 209	122 003
福　建	196	1 791	8 709	9 006	8 520	8 810
江　西	3 168	17 785	42 140	44 137	37 947	39 222
山　东	3 543	53 400	378 265	392 352	342 472	354 145
河　南	695	11 672	58 502	61 187	54 228	56 171
湖　北	3 957	29 463	94 746	96 455	87 173	93 351
湖　南	2 817	16 676	65 826	67 446	51 891	53 825
广　东	1 667	9 862	32 228	34 655	30 214	32 361
广　西	253	1 957	6 328	8 847	6 459	9 055
海　南	24	324	470	598	467	593
四　川	1 672	17 968	93 872	106 410	86 262	93 160
贵　州	136	994	3 932	5 369	2 680	590
云　南	80	652	1 903	1 754	1 824	1 651
西　藏						
陕　西	451	5 200	13 436	14 662	11 985	13 060
甘　肃	159	1 979	5 564	5 284	4 663	4 429
青　海	16	37	145	154	138	143
宁　夏	31	171	206	471	325	347
新　疆	120	1 167	3 402	4 245	3 450	3 761
单列市合计	**1 492**	**22 657**	**185 790**	**216 266**	**166 912**	**192 988**
沈　阳	73	1 071	4 334	4 417	3 725	3 883
大　连	40	3 178	63 086	80 772	56 113	71 042
长　春	18	1 583	15 620	18 009	14 059	15 869
哈尔滨	96	2 412	7 792	9 244	6 887	7 384
南　京	55	889	3 141	3 017	2 642	2 525
宁　波	9	85	128	172	104	101
厦　门	39	227	591	628	579	605
青　岛	599	6 966	44 306	45 095	41 452	42 174
武　汉						
广　州	196	1 170	5 608	6 051	5 493	5 912
深　圳						
成　都	236	3 845	35 800	42 566	30 886	37 633
重　庆	118	814	2 706	3 320	2 420	2 993
西　安	13	417	2 678	2 975	2 552	2 867

乳品加工业

项目 地区	企业个数（个）	职工人数（人）	总产值（万元）		销售产值（万元）	
			1990年不变价	现行价	1990年不变价	现行价
全国总计	**469**	**17 342**	**111 699**	**111 841**	**105 048**	**103 715**
北京						
天津	4	155	848	836	919	907
河北	22	1 256	2 936	2 788	2 496	2 334
山西	6	297	3 314	3 888	3 312	3 858
内蒙古	31	1 066	3 305	3 438	3 274	2 800
辽宁	5	329	2 387	2 626	2 233	2 428
吉林	14	495	1 782	1 888	1 739	1 834
黑龙江	10	655	4 999	5 557	3 553	3 995
上海	4	202	884	985	697	816
江苏	37	3 650	40 517	38 749	38 931	36 931
浙江	31	1 302	10 060	9 265	9 525	8 615
安徽	36	839	1 930	2 378	2 077	2 083
福建	24	451	1 627	1 654	1 439	1 421
江西	18	212	759	773	702	709
山东	31	1 976	18 238	18 048	17 014	17 127
河南	40	1 082	2 039	2 096	2 026	2 002
湖北	18	234	1 021	950	870	801
湖南	37	150	907	940	904	902
广东						
广西	5	109	217	219	213	235
海南	1	8	7	7		
四川	17	223	1 622	1 569	1 271	1 190
贵州	4	28	116	103	79	80
云南						
西藏						
陕西	34	1 445	6 216	7 118	5 638	6 483
甘肃	10	279	1 051	998	946	902
青海	5	59	111	112	105	105
宁夏	5	296	2 861	2 922	3 229	3 313
新疆	20	544	1 945	1 934	1 856	1 844
单列市合计	**33**	**1 693**	**11 184**	**12 548**	**9 849**	**11 256**
沈阳						
大连	1	176	1 737	1 900	1 736	1 900
长春	2	94	394	394	376	376
哈尔滨	3	219	2 240	2 640	1 905	2 225
南京	3	197	999	944	880	874
宁波	1	4	29	29	29	29
厦门						
青岛	5	349	1 928	1 941	1 841	1 851
武汉						
广州						
深圳						
成都	8	95	305	304	229	228
重庆	1	20	180	270	180	270
西安	9	539	3 372	4 126	2 673	3 503

水产品加工业

项目 地区	企业个数（个）	职工人数（人）	总产值（万元）		销售产值（万元）	
			1990年不变价	现行价	1990年不变价	现行价
全国总计	**2 166**	**109 056**	**1 150 348**	**1 161 268**	**917 013**	**1 075 054**
北京						
天津	28	2 201	21 999	21 830	18 497	18 519
河北	88	2 521	16 997	18 491	14 814	15 704
山西						
内蒙古	1	70	120	184	110	174
辽宁	327	19 983	197 565	201 426	163 140	167 121
吉林	3	156	424	424	365	365
黑龙江	22	724	2 537	2 469	1 577	1 537
上海	1	8	39	39	39	39
江苏	199	7 858	106 892	105 571	95 482	98 802
浙江	262	19 444	125 088	136 082	120 558	131 991
安徽	41	913	2 246	2 316	2 064	2 056
福建	360	8 599	85 344	89 052	82 586	86 674
江西	8	187	494	498	409	409
山东	702	40 656	570 929	562 179	399 240	532 312
河南	3	46	112	110	75	74
湖北	15	473	1 692	1 726	1 464	1 589
湖南	1	50	85	91	85	91
广东	58	3 223	13 744	14 387	12 863	13 600
广西	12	362	1 683	1 879	1 576	1 793
海南	6	146	789	985	789	985
四川	1	3	1	1	1	1
贵州						
云南						
西藏						
陕西	9	169	170	144	181	129
甘肃	12	1 196	1 273	1 237	974	942
青海						
宁夏						
新疆	7	68	125	147	124	147
单列市合计	**414**	**29 499**	**279 609**	**289 096**	**241 359**	**250 808**
沈阳						
大连	219	15 561	163 916	169 273	134 079	138 952
长春						
哈尔滨						
南京						
宁波	65	3 263	33 589	36 629	31 458	34 748
厦门	8	912	15 399	15 911	15 360	16 190
青岛	122	9 763	66 705	67 283	60 462	60 918
武汉						
广州						
深圳						
成都						
重庆						
西安						

罐头食品制造业

项目 地区	企业个数（个）	职工人数（人）	总产值（万元）		销售产值（万元）	
			1990年不变价	现行价	1990年不变价	现行价
全国总计	**3 984**	**178 694**	**682 107**	**672 891**	**618 019**	**617 874**
北京	1	33	277	277	243	243
天津	27	1 486	6 184	6 045	5 280	5 217
河北	407	17 628	44 625	43 229	40 454	39 169
山西	122	3 627	7 627	7 385	6 116	6 246
内蒙古	37	811	1 499	1 671	1 323	1 501
辽宁	125	6 983	28 535	27 643	23 133	23 092
吉林	50	1 403	1 904	1 973	1 472	1 532
黑龙江						
上海	8	904	5 319	6 755	4 580	6 279
江苏	101	6 170	40 636	39 668	35 822	36 300
浙江	317	17 939	76 400	82 690	69 110	76 179
安徽	485	18 446	47 971	49 339	42 975	41 541
福建	445	26 073	105 646	106 005	99 311	100 999
江西	164	4 668	15 830	15 924	15 181	15 205
山东	339	20 283	101 899	96 137	89 420	87 460
河南	392	14 925	56 664	55 872	54 573	54 364
湖北	230	3 356	12 011	11 383	10 662	9 734
湖南	84	2 844	7 512	7 307	5 949	5 883
广东	57	5 391	29 871	25 183	28 852	26 740
广西	65	5 566	40 332	40 648	39 256	38 279
海南						
四川	162	7 027	28 814	24 914	25 052	22 173
贵州	12	285	535	580	496	539
云南	19	909	2 185	2 590	2 044	2 524
西藏						
陕西	155	4 519	8 369	7 971	7 406	7 463
甘肃	128	5 855	9 108	8 989	7 389	7 175
青海	5	58	49	57	41	49
宁夏	7	196	68	68	20	20
新疆	40	1 309	2 237	2 588	1 859	1 968
单列市合计	**311**	**16 064**	**84 419**	**80 296**	**72 611**	**71 498**
沈阳	15	515	1 916	1 902	1 609	1 600
大连	43	3 971	21 480	20 683	17 501	17 473
长春	6	260	339	346	303	320
哈尔滨	5	213	566	455	193	166
南京	3	241	900	866	781	814
宁波	99	4 724	27 717	29 065	24 099	26 120
厦门	7	378	2 685	2 475	3 105	2 940
青岛	22	1 660	5 657	5 614	5 034	5 032
武汉						
广州	4	199	2 990	3 058	2 538	2 373
深圳						
成都	78	1 984	5 858	5 242	5 384	4 705
重庆	5	1 039	12 283	8 838	10 170	8 316
西安	24	880	2 028	1 752	1 894	1 639

制 糖 业

项目 地区	企业个数（个）	职工人数（人）	总产值（万元）		销售产值（万元）	
			1990年不变价	现行价	1990年不变价	现行价
全国总计	**708**	**22 122**	**45 216**	**45 588**	**44 049**	**43 356**
北　京						
天　津						
河　北	48	2 142	8 362	8 055	7 659	7 504
山　西	2	20	94	94	94	94
内蒙古	26	448			1 672	1 879
辽　宁	3	103	444	460	792	388
吉　林	4	309	353	361	343	351
黑龙江						
上　海	6	578	3 957	3 894	3 794	3 723
江　苏	5	170	1 479	1 403	1 406	1 333
浙　江	22	565	1 621	1 416	1 353	1 249
安　徽	67	1 969	9 404	10 090	9 332	9 300
福　建	18	464	851	886	806	841
江　西	16	197	544	544	507	499
山　东						
河　南					104	103
湖　北	29	210	919	872	836	836
湖　南	27	352	612	617	578	575
广　东						
广　西	18	300	411	439	380	407
海　南	3	103	540	616	308	330
四　川	328	11 858	12 491	12 527	10 996	11 080
贵　州	2	42	23	23		16
云　南	29	1 008	1 023	800	1 013	791
西　藏						
陕　西	17	250	598	598	369	375
甘　肃	14	238	431	438	389	397
青　海						
宁　夏	7	213		341	283	285
新　疆	17	583	1 059	1 114	1 035	1 000
单列市合计	**59**	**1 414**	**2 674**	**2 791**	**2 563**	**2 289**
沈　阳	2	97	408	419	342	351
大　连					418	
长　春	1	34	30	30	27	27
哈尔滨						
南　京						
宁　波						
厦　门	1	44	204	222	204	222
青　岛						
武　汉						
广　州						
深　圳						
成　都	27	382	1 258	1 295	1 129	1 239
重　庆	17	714	460	516	326	335
西　安	11	143	314	309	117	115

屠宰及肉类加工业

地区 \ 项目	企业个数（个）	职工人数（人）	总产值（万元）		销售产值（万元）	
			1990年不变价	现行价	1990年不变价	现行价
全国总计	**4 510**	**123 436**	**974 867**	**956 647**	**898 070**	**896 288**
北京	2	172	5 488	5 330	5 168	5 088
天津	38	1 691	17 964	17 804	16 586	16 356
河北	123	4 931	30 721	31 531	29 592	30 345
山西	29	1 258	3 884	3 907	3 841	3 887
内蒙古	39	831	3 160	3 505	2 759	3 068
辽宁	78	5 047	47 564	47 752	42 365	43 156
吉林	27	1 320	11 171	10 076	9 946	9 942
黑龙江	72	1 455	5 818	6 008	3 569	3 684
上海	32	8 998	84 871	81 134	85 874	82 063
江苏	246	8 650	55 000	53 483	49 631	48 744
浙江	141	2 490	19 540	19 906	17 664	18 211
安徽	251	6 530	45 268	46 416	42 554	43 255
福建	67	749	2 505	2 659	2 427	2 551
江西	72	1 383	4 867	5 066	4 681	4 662
山东	850	35 229	345 777	341 968	314 683	318 688
河南	151	6 351	40 592	40 389	36 321	38 514
湖北	198	1 798	6 430	6 221	5 910	5 638
湖南	34	1 561	10 154	10 285	9 178	9 316
广东	216	2 195	16 751	17 494	16 441	17 246
广西	14	104	302	336	303	338
海南						
四川	1 730	27 719	208 216	195 412	189 352	182 473
贵州	31	1 019	2 930	4 258	3 916	3 990
云南						
西藏						
陕西	30	557	2 241	1 832	1 692	1 729
甘肃	19	916	2 672	2 786	2 758	2 397
青海	10	208	493	537	391	424
宁夏	1	30	30	30	30	30
新疆	9	244	458	522	438	493
单列市合计	**770**	**22 066**	**186 163**	**170 091**	**168 048**	**160 637**
沈阳	16	1 172	15 740	15 969	13 117	13 274
大连	23	1 657	10 430	10 462	9 156	9 800
长春	11	438	2 453	2 482	2 290	2 294
哈尔滨	8	163	1 570	1 630	815	874
南京	38	1 193	9 307	5 967	8 105	8 198
宁波	7	240	2 014	1 909	2 035	2 055
厦门	1	4	3	3	3	3
青岛	156	4 118	25 297	25 217	24 003	24 128
武汉						
广州	25	391	5 910	5 962	5 851	5 901
深圳						
成都	350	10 474	97 674	86 003	89 251	81 419
重庆	133	2 122	14 951	13 692	12 626	11 913
西安	2	94	814	795	796	778

11. 饮料制造业

项目 / 地区	企业个数（个）	职工人数（人）	总产值（万元）		销售产值（万元）	
			1990年不变价	现行价	1990年不变价	现行价
全国总计	**27 359**	**588 921**	**2 247 020**	**2 192 286**	**2 005 143**	**1 975 481**
北京	136	6 095	29 748	28 479	23 962	23 620
天津	90	6 819	64 429	63 772	54 993	54 526
河北	397	18 087	63 473	63 015	59 714	59 084
山西	311	19 138	32 279	27 050	30 649	24 530
内蒙古	259	5 615	10 792	11 912	9 801	10 828
辽宁	871	26 662	101 926	103 306	87 803	86 413
吉林	697	16 600	60 500	58 664	55 569	53 490
黑龙江	744	13 533	36 145	34 254	31 934	30 815
上海	64	7 666	53 686	52 621	48 517	47 963
江苏	689	38 782	202 940	195 445	169 029	162 424
浙江	2 436	44 688	199 030	176 313	180 881	160 487
安徽	1 729	33 622	96 212	98 774	86 544	87 855
福建	1 522	37 177	137 756	135 818	116 738	124 864
江西	809	16 108	57 980	56 172	53 280	52 008
山东	860	39 181	255 668	269 343	236 767	256 575
河南	941	29 549	116 748	114 180	108 233	107 444
湖北	4 088	46 286	107 709	106 949	97 553	97 157
湖南	1 716	30 240	66 772	65 157	60 871	58 588
广东	820	21 656	128 780	138 732	118 611	127 120
广西	826	9 808	37 515	37 604	33 931	34 177
海南	15	501	2 020	2 313	2 015	2 308
四川	5 838	88 080	320 091	286 810	280 581	255 366
贵州	423	10 790	13 712	13 768	11 173	11 054
云南	510	8 253	10 750	12 266	9 826	11 175
西藏						
陕西	410	8 024	21 575	20 440	19 623	19 003
甘肃	84	3 089	13 247	12 950	11 609	10 953
青海	21	559	635	824	549	687
宁夏	9	515	1 166	1 291	930	1 098
新疆	44	1 798	3 736	4 064	3 457	3 869
单列市合计	**2 461**	**61 101**	**332 278**	**325 762**	**291 837**	**292 455**
沈阳	135	5 357	29 852	30 464	23 589	24 035
大连	104	4 853	19 921	23 418	17 419	17 861
长春	140	4 289	11 638	11 432	10 423	10 305
哈尔滨	99	2 394	7 520	6 825	7 277	6 650
南京	26	1 012	4 493	4 708	3 889	4 201
宁波	111	4 546	26 545	19 869	24 572	18 040
厦门	18	491	3 751	4 517	3 345	4 043
青岛	89	5 876	31 378	39 889	29 708	40 622
武汉	91	2 081	4 571	4 692	3 928	3 892
广州	65	2 209	46 639	49 569	43 973	46 746
深圳						
成都	794	16 449	119 612	106 016	99 693	93 157
重庆	748	9 935	20 140	18 262	18 596	16 602
西安	41	1 609	6 218	6 101	5 425	6 301

白酒制造业

项目 地区	企业个数（个）	职工人数（人）	总产值（万元）		销售产值（万元）	
			1990年不变价	现行价	1990年不变价	现行价
全国总计	**10 673**	**159 336**	**639 057**	**613 808**	**558 223**	**533 058**
北京						
天津	8	353	5 512	5 533	4 678	4 705
河北	123	3 831	11 144	11 217	9 972	9 939
山西	47	1 847	5 599	5 471	4 832	4 776
内蒙古	164	2 513	3 716	3 947	3 235	3 397
辽宁	243	4 916	17 924	18 034	15 605	15 314
吉林	400	5 982	18 162	16 829	14 898	14 084
黑龙江	384	4 541	11 038	10 327	9 611	8 979
上海	5	886	7 718	7 688	7 455	7 412
江苏	201	12 336	73 853	73 473	51 922	50 926
浙江	67	1 935	6 825	6 213	6 652	6 018
安徽	324	9 965	41 125	41 496	38 549	39 296
福建	24	417	832	876	816	845
江西	176	4 684	15 846	15 507	15 700	14 313
山东	246	10 629	64 000	65 992	57 754	57 344
河南	331	10 514	38 557	37 889	34 682	33 921
湖北	1 804	16 749	49 061	49 689	45 278	43 855
湖南	335	5 093	9 945	9 521	8 608	8 305
广东	336	4 329	9 662	10 530	8 921	9 822
广西	510	2 805	5 650	6 101	5 380	5 884
海南	7	130	162	164	162	164
四川	4 196	42 926	216 031	190 415	188 248	170 520
贵州	219	4 454	8 875	9 275	7 849	7 700
云南	332	2 089	2 680	2 744	2 702	2 674
西藏						
陕西	122	3 271	10 688	9 736	10 186	8 615
甘肃	34	723	929	1 418	1 401	810
青海	16	382	370	548	284	411
宁夏	2	120	328	319	301	296
新疆	17	916	2 825	2 856	2 542	2 733
单列市合计	**1 371**	**21 101**	**120 602**	**106 811**	**101 480**	**76 804**
沈阳	47	1 113	2 759	2 720	2 984	3 002
大连	16	725	4 753	5 183	3 808	3 929
长春	74	1 761	3 814	3 804	3 294	3 208
哈尔滨	33	587	1 508	1 298	1 320	1 123
南京	1	130	1 711	2 001	1 458	1 704
宁波	5	194	513	360	440	346
厦门	9	107	261	266	261	266
青岛	12	334	2 047	2 055	1 936	1 936
武汉	7	45	123	127	103	107
广州	44	455	1 003	1 083	1 004	1 071
深圳						
成都	629	12 113	94 642	80 412	77 836	53 233
重庆	490	3 485	7 107	7 150	6 701	6 549
西安	4	52	361	352	335	330

黄酒制造业

地区 \ 项目	企业个数（个）	职工人数（人）	总产值（万元）		销售产值（万元）	
			1990年不变价	现行价	1990年不变价	现行价
全国总计	**739**	**18 380**	**89 949**	**69 686**	**78 629**	**60 279**
北　京						
天　津						
河　北	1	10	5	5	5	5
山　西	4	56	24	24	23	23
内蒙古						
辽　宁	2	129	755	828	61	66
吉　林						
黑龙江						
上　海	7	1 265	6 415	5 681	5 692	5 366
江　苏	83	2 757	18 371	13 878	15 718	11 946
浙　江	356	9 292	43 446	29 470	36 613	24 549
安　徽	28	933	4 644	3 557	5 297	3 150
福　建	22	540	1 885	1 867	1 792	1 772
江　西	97	1 269	3 155	3 009	2 767	2 705
山　东	18	901	5 089	5 141	4 731	4 766
河　南	21	268	2 665	2 703	2 636	2 697
湖　北	70	504	2 267	2 330	2 099	2 102
湖　南	1	32	71	71	52	35
广　东						
广　西	6	50	148	158	146	145
海　南						
四　川	4	53	185	144	169	130
贵　州	1	15	12	15	12	15
云　南						
西　藏						
陕　西	16	284	789	778	789	785
甘　肃	2	22	23	27	27	22
青　海						
宁　夏						
新　疆						
单列市合计	**72**	**2 715**	**14 836**	**10 176**	**14 200**	**9 819**
沈　阳						
大　连	1	110	66	74	58	63
长　春						
哈尔滨						
南　京						
宁　波	58	1 815	10 783	6 134	10 459	6 084
厦　门						
青　岛	10	665	3 495	3 503	3 222	3 227
武　汉						
广　州						
深　圳						
成　都						
重　庆						
西　安	3	125	492	465	461	445

啤酒制造业

地区＼项目	企业个数（个）	职工人数（人）	总产值（万元）		销售产值（万元）	
			1990年不变价	现行价	1990年不变价	现行价
全国总计	**179**	**40 709**	**238 847**	**244 930**	**244 398**	**250 356**
北京						
天津	1	327	1 610	1 503	1 675	1 564
河北	18	4 061	23 298	21 820	22 772	21 158
山西	2	648	2 262	3 662	2 260	3 660
内蒙古	6	1 040	2 816	3 060	2 711	3 047
辽宁	25	4 498	27 236	27 555	26 105	26 225
吉林	12	4 118	30 068	29 501	29 836	28 685
黑龙江	6	1 367	5 568	5 600	5 333	5 327
上海	3	1 178	6 175	6 043	5 960	5 869
江苏	9	3 429	14 846	14 979	15 858	15 080
浙江	22	4 332	24 765	22 243	26 966	21 970
安徽	3	455	1 100	1 157	934	1 070
福建	5	679	3 144	2 895	3 125	2 876
江西	3	352	1 000	958	991	950
山东	13	4 650	44 450	55 033	51 702	64 774
河南	16	3 926	22 229	22 118	21 923	22 908
湖北	3	569	3 363	3 037	2 912	2 599
湖南	1	310	818	1 275	949	1 549
广东						
广西	6	234	395	450	394	449
海南						
四川	11	2 450	11 854	10 822	11 315	10 310
贵州	1	102	116			
云南	3	118	176	176	176	176
西藏						
陕西	5	302	975	1 011	805	805
甘肃	1	1 227	10 052	9 244	9 244	8 505
青海						
宁夏	2	192	387	519	308	531
新疆	2	145	144	269	144	269
单列市合计	**26**	**7 053**	**41 371**	**49 127**	**39 936**	**50 017**
沈阳	5	1 085	6 687	6 743	5 981	6 017
大连	8	1 367	5 934	6 469	5 900	6 438
长春	1	630	4 124	4 110	4 015	4 005
哈尔滨	2	348	2 818	2 782	2 750	2 768
南京						
宁波	3	680	5 853	4 692	5 843	4 701
厦门						
青岛	2	1 925	12 154	20 879	11 967	23 021
武汉						
广州						
深圳						
成都	1	5	12	16	13	14
重庆	3	968	3 545	3 192	3 372	2 958
西安	1	45	244	244	95	95

汽水制造业

项目 地区	企业个数（个）	职工人数（人）	总产值（万元）		销售产值（万元）	
			1990年不变价	现行价	1990年不变价	现行价
全国总计	**2 366**	**70 311**	**262 628**	**260 642**	**233 784**	**230 284**
北京	5	204	1 568	1 569	1 475	1 475
天津	20	1 002	4 299	4 014	3 844	3 658
河北	122	3 300	8 486	8 840	7 762	7 942
山西	28	914	1 291	1 266	1 073	1 079
内蒙古	77	1 512	3 572	4 165	3 345	3 870
辽宁	384	12 090	41 426	39 650	34 736	33 612
吉林	181	4 378	8 252	8 686	6 816	6 370
黑龙江	161	3 243	7 801	7 168	7 117	6 097
上海	11	983	2 572	2 522	2 401	2 384
江苏	97	5 206	18 339	18 400	16 496	16 759
浙江	159	4 523	15 210	14 320	14 347	13 178
安徽	99	1 990	6 157	5 667	4 922	4 957
福建	48	1 538	5 825	6 036	5 322	5 499
江西	69	1 455	3 451	3 317	3 372	3 115
山东	146	7 007	28 786	28 500	25 576	26 011
河南	136	3 754	9 712	9 726	9 029	8 970
湖北	169	3 508	9 966	9 427	9 472	8 677
湖南	23	443	1 196	1 200	1 028	1 032
广东	143	6 359	65 302	67 957	61 648	63 294
广西	37	1 016	2 170	2 164	2 061	2 073
海南						
四川	134	3 366	10 047	8 982	9 337	8 018
贵州	21	860	982	983	782	423
云南						
西藏						
陕西	65	852	5 099	5 003	957	929
甘肃	12	233	251	205	186	167
青海	5	177	265	276	265	276
宁夏	5	203	451	453	271	271
新疆	9	195	152	146	144	148
单列市合计	**345**	**12 487**	**91 463**	**91 910**	**69 042**	**69 192**
沈阳	58	2 169	16 417	16 590	12 092	12 192
大连	42	1 598	5 389	5 332	4 574	4 715
长春	50	1 628	3 231	3 122	2 938	2 793
哈尔滨	35	665	1 327	945	1 328	698
南京	12	451	1 678	1 609	1 365	1 374
宁波	18	582	2 274	1 888	2 055	1 629
厦门						
青岛	32	2 161	9 785	9 612		
武汉						
广州	10	831	40 904	43 429	38 832	41 196
深圳						
成都	32	1 100	4 471	3 642	4 074	2 943
重庆	31	954	1 685	1 540	1 397	1 310
西安	25	348	4 302	4 201	387	342

制　茶　业

项目/地区	企业个数（个）	职工人数（人）	总产值（万元）		销售产值（万元）	
			1990年不变价	现行价	1990年不变价	现行价
全国总计	**9 384**	**155 513**	**401 754**	**397 119**	**350 916**	**359 213**
北京						
天津						
河北	14	1 708	5 306	5 304	4 813	4 827
山西						
内蒙古						
辽宁	7	59				
吉林						
黑龙江						
上海	1	46	39	39	40	40
江苏						
浙江	1 783	22 527	94 054	95 331	85 283	86 378
安徽	1 198	18 541	37 672	39 859	32 629	34 161
福建	1 327	30 885	109 320	102 188	90 871	98 622
江西	365	6 117	13 494	13 681	12 314	12 666
山东	20	480	1 327	1 330	1 177	1 194
河南	198	1 809	3 027	2 996	2 922	2 856
湖北	1 691	17 786	25 974	27 659	24 088	25 376
湖南	770	13 703	29 148	28 375	26 994	25 961
广东	137	2 236	7 312	7 061	6 916	6 739
广西	192	3 161	8 592	8 814	6 369	6 739
海南	1	35	2	2	2	2
四川	1 228	26 355	57 151	53 890	48 702	44 875
贵州	164	4 255	2 570	2 738	2 126	2 197
云南	110	4 278	4 764	5 787	4 240	5 214
西藏						
陕西	174	1 519	1 977	2 038	1 409	1 347
甘肃	4	13	25	27	21	19
青海						
宁夏						
新疆						
单列市合计	**353**	**7 441**	**31 226**	**31 651**	**26 933**	**27 355**
沈阳	11					
大连						
长春						
哈尔滨						
南京						
宁波	21	993	5 145	5 334	4 574	4 581
厦门	9	384	3 490	4 251	3 084	3 777
青岛	4	26	157	157	149	149
武汉	3	44	69	69	55	54
广州	1	12	2	2	2	2
深圳						
成都	90	1 614	14 658	15 655	12 574	13 684
重庆	214	4 368	7 705	6 183	6 495	5 108
西安						

12. 烟草加工业

项目 地区	企业个数（个）	职工人数（人）	总产值（万元）		销售产值（万元）	
			1990年不变价	现行价	1990年不变价	现行价
全国总计	**241**	**6 098**	**13 058**	**12 599**	**11 385**	**10 880**
北京						
天津	1	10	7	7	7	7
河北	6	146	335	335	293	293
山西						
内蒙古	2	23	67	67	40	40
辽宁	2	74	340	320	305	305
吉林	5	438	2 821	2 826	2 520	2 525
黑龙江						
上海	1	12	20	20	20	20
江苏	1	10	80	80	80	80
浙江						
安徽	6	28	36	36	35	36
福建	29	268	1 484	1 473	1 319	1 316
江西	1	16	70	48	47	38
山东						
河南						
湖北	91	1 085	564	413	556	408
湖南	2	19	53	53	53	53
广东	30	392	1 000	1 051	982	1 030
广西	3	135	178	156	137	123
海南	1	12	15	18	15	18
四川	21	2 104	4 212	3 899	3 485	3 091
贵州						
云南	11	186	204	165	189	151
西藏						
陕西						
甘肃	18	990	1 351	1 425	1 083	1 144
青海						
宁夏						
新疆	10	150	221	207	219	202
单列市合计						
沈阳						
大连						
长春						
哈尔滨						
南京						
宁波						
厦门						
青岛						
武汉						
广州						
深圳						
成都						
重庆						
西安						

13. 饲 料 工 业

项目/地区	企业个数（个）	职工人数（人）	总产值（万元）		销售产值（万元）	
			1990年不变价	现行价	1990年不变价	现行价
全国总计	**7 945**	**111 138**	**968 537**	**963 516**	**903 553**	**902 335**
北　京	91	2 874	32 682	32 484	27 203	27 986
天　津	68	2 739	19 079	17 560	15 468	14 786
河　北	428	7 132	37 343	37 437	33 745	33 671
山　西	55	882	4 224	4 333	3 846	3 949
内蒙古	174	1 824	4 476	4 640	4 305	4 563
辽　宁	537	8 074	67 410	66 807	59 239	59 760
吉　林	120	2 478	14 245	15 805	13 469	12 759
黑龙江	263	2 435	12 451	12 456	10 703	10 666
上　海	27	1 379	19 570	19 714	19 412	19 139
江　苏	460	8 179	71 716	63 324	68 644	60 568
浙　江	232	8 344	83 193	83 895	80 999	82 305
安　徽	197	2 595	12 490	12 772	11 436	12 067
福　建	247	4 409	77 649	78 407	75 607	76 015
江　西	455	3 257	18 893	18 459	17 794	17 519
山　东	712	14 535	160 273	160 014	149 503	149 877
河　南	217	4 626	21 826	21 686	18 578	21 327
湖　北	708	4 392	13 900	14 411	13 437	13 513
湖　南	349	4 088	17 520	17 629	16 328	16 285
广　东	230	5 459	124 365	130 170	120 932	124 051
广　西	58	1 380	11 311	11 809	11 331	11 906
海　南	6	117	437	462	427	443
四　川	1 945	15 515	126 616	122 660	115 023	113 530
贵　州	28	451	1 300	1 186	1 173	1 065
云　南	58	936	3 836	4 219	3 844	4 051
西　藏						
陕　西	154	1 915	7 620	7 077	7 880	7 329
甘　肃	72	591	2 284	2 240	1 653	1 699
青　海	6	58	75	83	62	69
宁　夏	27	224	1 211	1 326	1 008	1 012
新　疆	21	250	542	451	504	425
单列市合计	**605**	**12 302**	**132 493**	**134 042**	**122 156**	**123 126**
沈　阳	63	1 280	11 128	11 629	8 046	8 504
大　连	60	2 242	17 164	16 768	15 776	15 415
长　春	30	882	5 313	6 382	4 616	5 379
哈尔滨	21	213	618	626	551	564
南　京	19	446	4 525	4 553	3 923	3 982
宁　波	15	334	3 329	3 516	2 998	3 185
厦　门	7	117	2 904	3 039	2 880	3 011
青　岛	114	1 345	28 430	28 432	27 345	27 376
武　汉	15	143	340	345	311	318
广　州	12	455	14 992	16 025	14 997	15 816
深　圳						
成　都	124	2 233	22 203	21 113	20 478	19 787
重　庆	103	1 858	17 642	18 163	15 860	15 905
西　安	22	754	3 905	3 451	4 375	3 884

配合及混合饲料制造业

项目 地区	企业个数（个）	职工人数（人）	总产值（万元）		销售产值（万元）	
			1990年不变价	现行价	1990年不变价	现行价
全国总计	**3 342**	**62 509**	**657 232**	**648 878**	**605 295**	**600 864**
北　京			13 965	13 785		
天　津	28	642	7 473	7 344	5 960	5 860
河　北	253	3 299	20 143	20 206	17 141	17 081
山　西	30	382	2 088	2 182	1 843	1 909
内蒙古	87	865	1 725	1 854	1 631	1 732
辽　宁	269	3 886	42 286	41 976	37 612	38 373
吉　林	74	1 282	9 552	11 037	8 142	8 635
黑龙江	70	618	3 280	4 216	3 055	3 418
上　海	17	1 082	17 118	17 388	16 976	16 828
江　苏	291	5 981	60 762	52 835	58 062	50 219
浙　江	232	8 344	83 193	83 895	80 999	82 305
安　徽	138	1 526	9 390	9 178	8 991	8 706
福　建	145	2 917	54 940	55 089	53 256	53 384
江　西	172	1 773	9 944	9 738	9 231	9 163
山　东	385	9 339	112 987	112 571	106 110	106 449
河　南	88	1 293	9 592	9 570	7 277	9 194
湖　北	176	1 000	3 567	3 606	3 486	3 406
湖　南	136	1 629	7 947	8 136	7 409	7 350
广　东	79	3 486	94 913	98 020	93 778	94 020
广　西	36	914	2 874	2 961	3 432	3 491
海　南						
四　川	457	10 162	82 786	76 845	74 248	72 762
贵　州	25	395	1 057	963	982	926
云　南						
西　藏						
陕　西	77	1 105	3 567	3 334	3 918	3 832
甘　肃	39	233	842	786	581	626
青　海	4	26	42	42	30	30
宁　夏	22	189	988	1 097	963	967
新　疆	12	141	211	224	182	198
单列市合计	**360**	**7 554**	**94 539**	**96 640**	**87 387**	**89 438**
沈　阳	27	702	5 949	6 136	3 620	3 801
大　连	29	784	6 640	6 659	6 485	6 424
长　春	16	526	4 151	5 167	3 552	4 328
哈尔滨						
南　京	14	327	3 960	4 025	3 384	3 346
宁　波	15	334	3 329	3 516	2 998	3 185
厦　门	5	100	2 756	2 886	2 737	2 866
青　岛	69	1 017	24 467	24 469	23 936	23 953
武　汉						
广　州	5	222	7 928	8 840	7 936	8 639
深　圳						
成　都	79	1 738	19 645	19 590	18 394	18 363
重　庆	88	1 419	14 471	14 159	13 241	13 473
西　安	13	385	1 243	1 193	1 104	1 060

14. 纺 织 业

项目 地区	企业个数（个）	职工人数（人）	总产值（万元）		销售产值（万元）	
			1990年不变价	现行价	1990年不变价	现行价
全国总计	**31 530**	**3 373 010**	**20 304 996**	**18 490 111**	**18 863 266**	**17 291 895**
北京	454	49 952	277 551	274 848	237 513	232 867
天津	515	54 800	379 521	336 209	336 293	294 914
河北	1 505	88 126	261 843	260 523	239 379	236 891
山西	169	8 829	21 952	20 781	18 909	18 338
内蒙古	86	5 254	13 979	15 213	11 532	12 019
辽宁	875	55 190	182 866	175 511	136 856	131 528
吉林	93	4 857	8 960	9 149	7 573	7 540
黑龙江	250	14 665	28 810	29 664	23 131	23 782
上海	1 132	186 904	861 268	857 556	840 059	840 812
江苏	6 380	912 068	8 441 211	7 637 301	7 836 151	7 169 828
浙江	7 074	801 336	5 378 636	4 450 161	5 018 929	4 186 024
安徽	898	84 256	215 917	219 047	194 319	198 890
福建	747	49 798	180 293	179 243	172 747	171 195
江西	356	20 227	63 635	63 494	57 573	56 877
山东	3 077	298 285	1 932 660	1 934 214	1 803 557	1 808 767
河南	1 074	63 609	203 011	201 332	194 095	193 449
湖北	1 395	110 742	330 207	306 708	305 523	286 106
湖南	478	31 087	78 428	78 492	70 583	70 200
广东	3 267	290 857	885 228	922 030	855 300	882 067
广西	118	6 843	19 866	20 293	17 252	17 645
海南	5	542	700	681	695	675
四川	941	189 380	417 341	376 673	375 608	340 481
贵州	16	1 661	935	851	800	750
云南	53	3 214	5 081	5 555	5 079	5 542
西藏						
陕西	299	14 669	53 155	51 635	49 219	48 142
甘肃	140	9 212	18 580	16 593	15 428	14 074
青海	9	463	304	343	158	173
宁夏	22	1 616	3 147	3 181	2 067	2 061
新疆	102	14 568	39 911	42 830	36 938	40 258
单列市合计	**2 796**	**251 009**	**1 361 973**	**1 305 042**	**1 250 688**	**1 200 317**
沈阳	72	3 334	15 040	15 676	11 608	12 136
大连	147	13 433	60 460	58 221	42 133	40 403
长春	33	1 794	4 265	4 317	3 741	3 773
哈尔滨	51	2 223	3 754	3 815	3 783	3 796
南京	136	18 820	65 799	62 652	57 292	56 751
宁波	1 094	85 978	710 705	677 583	665 269	634 270
厦门	20	492	5 966	6 331	5 797	6 151
青岛	311	39 769	209 555	205 947	193 906	190 672
武汉	208	16 476	54 915	55 401	49 119	49 900
广州	218	17 246	75 373	76 715	75 095	75 776
深圳						
成都	114	8 802	38 981	35 696	35 306	32 746
重庆	310	39 077	92 625	79 204	84 549	71 880
西安	82	3 565	24 535	23 484	23 090	22 063

棉 纺 织 业

项目 地区	企业个数（个）	职工人数（人）	总产值（万元）		销售产值（万元）	
			1990年不变价	现行价	1990年不变价	现行价
全国总计	**8 284**	**917 317**	**5 393 942**	**5 061 656**	**5 185 745**	**4 908 855**
北　京	4	157	942	942	12 771	13 452
天　津	193	23 156	146 341	134 286	121 704	111 603
河　北	389	25 415	80 153	80 328	74 852	74 037
山　西	47	2 657	7 075	6 876	6 210	6 210
内蒙古	4	1 644	2 609	2 428	2 608	2 426
辽　宁	204	14 880	56 899	54 112	43 807	41 688
吉　林	23	782	1 447	1 476	1 402	1 364
黑龙江	23	681	1 764	1 779	1 342	1 341
上　海	492	95 836	349 759	361 794	351 699	366 655
江　苏	1 851	265 097	1 816 065	1 701 383	1 793 136	1 724 599
浙　江	1 134	118 104	1 252 240	1 037 976	1 190 114	993 576
安　徽	260	23 570	66 867	66 664	59 457	58 751
福　建	63	5 740	28 674	24 439	27 290	23 075
江　西	117	7 777	23 224	23 678	21 255	20 988
山　东	1 520	157 094	900 096	924 871	863 156	866 970
河　南	343	23 671	77 940	78 556	74 825	73 029
湖　北	549	57 669	166 051	150 075	153 285	135 708
湖　南	133	8 743	21 193	20 166	18 307	17 772
广　东	415	38 964	259 742	261 299	246 139	255 468
广　西	38	1 964	5 336	5 621	3 723	3 803
海　南	2	113	109	109	109	109
四　川	253	26 634	73 870	65 418	66 784	61 896
贵　州	3	60	58	45	48	45
云　南	22	971	1 886	2 069	2 004	2 149
西　藏						
陕　西	130	7 771	29 753	29 751	27 089	27 181
甘　肃	31	2 373	4 226	4 128	3 675	3 698
青　海						
宁　夏						
新　疆	41	5 794	19 623	21 387	18 954	21 262
单列市合计	**922**	**86 543**	**458 165**	**433 030**	**393 972**	**366 722**
沈　阳	6	226	586	587	546	547
大　连	53	4 256	25 248	24 538	17 168	16 868
长　春	7	290	463	466	449	452
哈尔滨	2	68	160	160	166	166
南　京	51	9 704	27 288	26 923	26 169	24 053
宁　波	242	18 164	192 012	175 569	181 452	164 132
厦　门	1	78	162	162	162	162
青　岛	139	21 964	92 419	91 153	92 922	91 950
武　汉	162	12 884	41 740	42 189		
广　州	58	4 805	24 384	23 596	24 317	23 486
深　圳						
成　都	23	2 135	12 263	11 678	11 380	10 835
重　庆	149	10 856	33 144	27 851	31 856	26 814
西　安	29	1 113	8 296	8 158	7 385	7 257

毛 纺 织 业

项目 / 地区	企业个数（个）	职工人数（人）	总产值（万元）		销售产值（万元）	
			1990 年不变价	现行价	1990 年不变价	现行价
全国总计	**2 720**	**370 264**	**2 654 424**	**2 414 961**	**2 411 486**	**2 173 776**
北　京					9 999	9 827
天　津	90	10 303	84 266	78 798	77 956	72 327
河　北	310	19 045	54 383	55 383	47 031	46 818
山　西	10	1 011	4 762	4 658	4 642	4 558
内蒙古	11	1 394	3 451	3 936	2 665	2 703
辽　宁	87	4 087	14 859	14 764	10 336	9 769
吉　林	8	185	370	396	321	329
黑龙江	2	44	274	279	207	207
上　海	129	24 246	186 444	172 257	181 550	165 343
江　苏	710	133 961	1 514 744	1 342 388	1 348 268	1 176 778
浙　江	329	46 491	289 814	252 975	259 464	228 915
安　徽	61	11 574	36 789	38 963	31 315	33 866
福　建	48	6 621	16 906	17 051	17 399	17 542
江　西	28	1 409	2 798	2 744	2 110	1 933
山　东	178	32 780	250 950	241 042	228 725	222 352
河　南	30	2 496	6 087	6 133	8 011	8 099
湖　北	17	2 182	12 329	10 827	11 620	10 325
湖　南	11	754	1 737	1 394	1 774	1 414
广　东	573	60 288	146 290	146 232	143 887	138 875
广　西	7	141	162	173	51	55
海　南						
四　川	19	2 742	9 107	8 744	8 506	8 033
贵　州	1	8	2	6	7	6
云　南						
西　藏						
陕　西	15	1 323	2 272	2 163	1 967	1 875
甘　肃	26	3 267	9 167	7 446	7 989	6 471
青　海	4	373	259	294	120	134
宁　夏	7	1 014	1 682	1 682	1 654	1 639
新　疆	9	2 525	4 520	4 233	3 912	3 583
单列市合计	**200**	**21 372**	**124 656**	**112 417**	**111 244**	**102 877**
沈　阳	6	233	876	940	787	848
大　连	9	1 206	7 023	6 853	4 077	3 516
长　春	3	100	699	701	634	636
哈尔滨						
南　京	14	1 606	10 374	8 732	8 965	7 986
宁　波	90	9 970	72 275	62 590	65 345	59 121
厦　门						
青　岛	23	2 419	17 047	16 586	15 572	15 407
武　汉	2	505	4 318	4 006	4 203	3 875
广　州	42	3 363	4 374	4 688	4 470	4 601
深　圳						
成　都	9	398	2 025	2 083	1 909	1 990
重　庆	2	1 572	5 645	5 238	5 282	4 897
西　安						

针 织 品 业

项目 地区	企业个数（个）	职工人数（人）	总产值（万元）		销售产值（万元）	
			1990年不变价	现行价	1990年不变价	现行价
全国总计	**9 648**	**600 195**	**2 852 439**	**2 735 547**	**2 585 482**	**2 466 429**
北　京	20	3 268			16 541	16 031
天　津	154	15 113	82 415	78 711	72 731	70 305
河　北	211	11 018	25 184	24 089	23 601	23 532
山　西	55	2 099	2 821	2 558	2 351	2 208
内蒙古	50	1 654	2 091	2 124	1 937	1 961
辽　宁	291	11 283	35 377	35 040	26 821	27 875
吉　林	42	2 631	3 551	3 592	2 751	2 759
黑龙江	42	804	1 585	1 523	1 258	1 269
上　海	362	45 586	203 234	211 424	191 256	199 547
江　苏	2 837	122 466	990 384	884 851	864 840	748 557
浙　江	1 637	123 758	629 373	612 341	571 376	554 760
安　徽	327	17 338	38 922	37 156	32 833	33 690
福　建	472	28 621	99 055	102 011	94 864	97 810
江　西	80	3 489	20 441	20 410	18 744	18 599
山　东	694	53 079	363 413	351 062	322 208	321 528
河　南	244	11 202	32 578	34 408	31 212	30 263
湖　北	134	9 038	26 342	26 498	25 084	23 257
湖　南	83	5 571	9 543	9 664	8 935	8 710
广　东	1 477	111 542	243 178	257 209	238 446	247 918
广　西	43	1 945	7 646	8 061	7 499	7 925
海　南	1	25	37	39	34	35
四　川	179	10 434	22 517	19 800	18 939	16 013
贵　州	9	929	356	328	276	257
云　南	14	583	807	932	851	1 029
西　藏						
陕　西	81	2 190	2 630	2 555	3 412	3 436
甘　肃	63	2 036	2 984	2 959	2 148	2 302
青　海	2	46	26	30	25	26
宁　夏	9	150	891	895	114	119
新　疆	35	2 300	5 058	5 277	4 395	4 708
单列市合计	**824**	**62 881**	**408 181**	**395 769**	**378 420**	**364 201**
沈　阳	40	2 062	8 734	8 923	6 787	6 913
大　连	38	2 432	11 221	10 870	7 397	8 400
长　春	16	901	1 892	1 911	1 323	1 337
哈尔滨	3	125	212	201	212	201
南　京	24	2 817	6 656	6 506	5 835	5 987
宁　波	415	33 161	265 533	254 802	251 615	238 077
厦　门	19	414	5 804	6 169	5 635	5 989
青　岛	94	11 328	74 862	73 761	67 589	66 529
武　汉						
广　州	71	5 715	21 358	21 555	21 417	21 653
深　圳						
成　都	45	2 069	5 231	5 111	4 763	4 550
重　庆	38	1 375	5 450	4 741	4 711	3 440
西　安	21	482	1 228	1 219	1 136	1 125

15. 缝 纫 业

项目 地区	企业个数（个）	职工人数（人）	总产值（万元）		销售产值（万元）	
			1990年不变价	现行价	1990年不变价	现行价
全国总计	**32 037**	**2 203 964**	**8 385 390**	**8 409 145**	**7 784 229**	**7 843 745**
北　京	573	62 759	339 661	350 269	294 551	303 826
天　津	509	72 368	324 849	317 119	293 714	282 594
河　北	1 151	74 035	189 978	188 364	176 772	174 801
山　西	173	5 562	8 643	8 278	7 198	6 962
内蒙古	124	3 207	4 294	4 674	3 669	3 957
辽　宁	976	72 317	331 517	330 705	277 516	278 895
吉　林	143	6 548	16 700	16 396	13 295	13 375
黑龙江	165	5 535	12 565	12 467	10 729	10 589
上　海	831	141 445	689 166	714 225	670 270	697 310
江　苏	3 049	268 323	1 655 782	1 586 309	1 529 564	1 485 352
浙　江	3 167	254 700	1 245 977	1 231 084	1 150 843	1 138 402
安　徽	697	40 477	95 193	97 567	85 707	86 826
福　建	5 458	271 566	1 052 843	1 097 099	1 000 877	1 042 385
江　西	322	10 946	26 293	26 912	23 885	24 318
山　东	1 845	103 481	505 500	499 940	474 766	473 970
河　南	755	38 716	105 855	104 867	98 791	98 080
湖　北	1 543	71 389	268 851	256 176	252 827	239 988
湖　南	385	16 568	37 599	38 365	31 640	32 373
广　东	6 611	611 986	1 318 300	1 378 428	1 249 786	1 320 294
广　西	200	7 536	22 621	22 388	22 379	23 576
海　南	20	898	621	862	609	849
四　川	2 414	33 751	88 635	83 214	78 873	71 656
贵　州	34	1 381	1 574	1 561	858	827
云　南	181	6 495	7 282	7 084	6 684	6 182
西　藏						
陕　西	527	14 938	22 822	22 117	18 732	16 308
甘　肃	89	5 659	10 360	10 690	7 972	8 265
青　海	5	101	84	85	90	90
宁　夏	10	280	376	345	306	288
新　疆	80	997	1 449	1 555	1 326	1 407
单列市合计	**3 607**	**296 002**	**1 159 249**	**1 152 107**	**1 055 421**	**1 052 076**
沈　阳	187	9 323	32 043	33 578	25 763	26 870
大　连	220	35 049	216 345	213 540	182 554	182 412
长　春	48	3 827	11 506	11 480	9 373	9 346
哈尔滨	21	1 401	3 876	3 770	3 634	3 662
南　京	307	28 612	121 896	113 607	113 857	106 917
宁　波	724	47 936	245 754	240 398	231 675	228 189
厦　门	38	4 823	7 961	8 217	7 770	7 844
青　岛	407	27 432	145 636	142 448	136 668	135 611
武　汉	207	9 731	23 069	23 910	19 979	20 532
广　州	654	99 712	282 604	297 069	262 944	276 622
深　圳						
成　都	237	12 517	41 213	37 293	36 746	32 264
重　庆	291	7 491	14 100	13 956	12 781	12 466
西　安	266	8 148	13 246	12 841	11 677	9 341

服装制造业

地区＼项目	企业个数（个）	职工人数（人）	总产值（万元）		销售产值（万元）	
			1990年不变价	现行价	1990年不变价	现行价
全国总计	**23 254**	**1 570 871**	**5 942 775**	**5 967 134**	**5 561 104**	**5 602 816**
北　京	58	8 301	62 981	63 776	82 851	83 979
天　津	419	65 854	296 973	290 757	268 109	257 618
河　北	654	43 000	117 642	117 493	108 753	107 750
山　西	88	2 679	4 648	4 751	3 875	4 066
内蒙古	77	2 272	3 161	3 534	2 677	2 923
辽　宁	772	63 006	304 607	302 998	255 840	255 729
吉　林	83	4 385	13 055	11 854	8 332	8 402
黑龙江	88	2 295	6 364	6 244	3 606	3 332
上　海	701	127 731	607 466	632 687	590 263	616 876
江　苏	2 218	202 230	1 204 936	1 180 315	1 126 033	1 095 030
浙　江	2 591	205 509	1 048 347	1 040 969	969 175	967 295
安　徽	428	26 379	66 077	67 610	57 068	57 607
福　建	3 240	123 385	421 406	439 453	406 371	421 660
江　西	218	7 097	17 650	18 340	16 005	16 202
山　东	1 435	61 299	315 903	303 649	298 218	297 407
河　南	346	14 191	42 113	41 796	38 506	38 375
湖　北	1 180	56 324	218 944	212 987	212 187	201 178
湖　南	190	8 449	19 538	19 517	15 174	15 232
广　东	5 364	495 849	1 059 083	1 101 056	999 887	1 061 807
广　西	173	4 349	8 538	9 073	8 930	9 594
海　南	18	745	445	675	434	664
四　川	2 225	26 769	74 980	69 779	66 418	59 305
贵　州	25	693	1 159	1 228	438	491
云　南	158	4 473	5 802	5 660	5 451	4 868
西　藏						
陕　西	365	9 706	14 354	14 117	11 482	10 222
甘　肃	69	2 948	5 130	5 259	3 698	3 824
青　海	4	91	69	70	77	77
宁　夏	5	113	73	74	35	36
新　疆	62	749	1 331	1 413	1 211	1 267
单列市合计	**2 802**	**238 969**	**973 324**	**1 864 243**	**878 552**	**873 836**
沈　阳	109	5 326	27 384	28 422	21 731	22 287
大　连	196	33 350	206 848	203 703	174 606	174 189
长　春	28	2 475	8 988	7 870	5 510	5 406
哈尔滨	9	500	1 321	1 198	1 187	1 017
南　京	228	23 613	99 744	995 938	94 528	90 125
宁　波	655	44 542	228 672	223 230	215 383	212 049
厦　门	25	3 269	7 010	7 113	6 682	6 752
青　岛	286	16 607	88 560	85 677	81 366	80 556
武　汉	116	7 422	15 971	16 592	13 424	13 818
广　州	548	80 621	235 329	245 381	216 852	226 351
深　圳						
成　都	192	9 645	35 618	31 616	31 392	26 945
重　庆	224	5 291	8 854	8 795	8 149	7 907
西　安	186	6 308	9 025	8 708	7 742	6 434

制 帽 业

项目 地区	企业个数（个）	职工人数（人）	总产值（万元）		销售产值（万元）	
			1990年不变价	现行价	1990年不变价	现行价
全国总计	**221**	**17 570**	**56 708**	**52 738**	**51 183**	**52 366**
北京						
天津	7	603	2 240	2 141	2 107	2 112
河北	11	1 789	3 555	3 725	3 349	3 516
山西	1	28	38	42	36	39
内蒙古						
辽宁	5	256	292	292	237	234
吉林	4	393	1 005	1 197	1 067	1 067
黑龙江	2	79	77	79	52	64
上海	8	1 504	5 997	6 568	5 978	6 729
江苏	53	3 928	22 335	17 184	18 001	17 888
浙江	19	1 733	3 777	4 129	3 624	3 945
安徽	19	522	1 146	1 020	827	849
福建	12	659	1 068	1 081	1 056	1 050
江西	4	88	133	150	121	133
山东	32	4 717	13 315	13 419	13 279	13 298
河南	12	738	876	866	671	663
湖北	17	203	464	462	449	448
湖南						
广东						
广西	1	50	53	59	51	57
海南						
四川	3	195	274	266	218	218
贵州						
云南						
西藏						
陕西	3	47	58	51	55	48
甘肃						
青海						
宁夏	4					
新疆	4	38	5	7	5	8
单列市合计	**35**	**4 698**	**11 783**	**11 894**	**11 779**	**11 700**
沈阳	2	78	110	113	94	94
大连	2	68	66	63	58	55
长春	2	370	988	1 180	1 050	1 050
哈尔滨						
南京	8	231	643	564	534	456
宁波	2	55	93	97	93	97
厦门	3	76	196	198	198	196
青岛	12	3 603	9 395	9 395	9 519	9 519
武汉						
广州						
深圳						
成都	2	159	174	166	133	133
重庆	1	36	100	100	85	85
西安	1	22	18	18	15	15

制　鞋　业

项目＼地区	企业个数（个）	职工人数（人）	总产值（万元）		销售产值（万元）	
			1990年不变价	现行价	1990年不变价	现行价
全国总计	**4 627**	**336 873**	**1 253 888**	**1 160 603**	**1 173 081**	**1 180 846**
北　京	4	379				
天　津	57	3 898	15 980	14 334	13 898	12 975
河　北	365	21 716	46 967	44 777	48 880	47 321
山　西	34	1 182	1 521	1 541	1 103	1 096
内蒙古	33	804	949	975	884	906
辽　宁	63	2 626	11 126	11 521	8 886	9 235
吉　林	20	1 085	1 410	1 863	1 334	1 349
黑龙江	15	482	932	929	818	815
上　海	55	9 062	37 585	36 365	36 423	35 430
江　苏	304	25 403	93 771	89 604	85 841	81 474
浙　江	392	38 704	131 791	122 111	123 803	114 613
安　徽	114	5 280	12 274	13 700	10 825	11 058
福　建	1 894	129 737	596 738	521 456	561 728	586 776
江　西	45	2 188	3 712	3 611	3 342	3 348
山　东	302	23 872	103 373	101 579	94 268	93 542
河　南	196	9 018	21 556	22 378	21 036	20 706
湖　北	72	5 271	14 468	14 326	13 663	12 750
湖　南	22	692	884	900	828	836
广　东	409	46 582	148 053	148 443	136 107	137 506
广　西	11	529	507	567	463	510
海　南						
四　川	70	2 756	3 582	3 366	3 415	3 350
贵　州	9	688	415	333	420	336
云　南	18	1 524	817	773	720	707
西　藏						
陕　西	98	2 656	4 419	4 117	3 484	3 297
甘　肃	13	383	657	656	548	544
青　海	1	10	15	15	13	13
宁　夏		167	303	259	271	251
新　疆	11	179	83	104	80	102
单列市合计	**318**	**24 755**	**73 084**	**74 683**	**85 739**	**86 395**
沈　阳	17	710	1 328	1 353	1 148	1 173
大　连	7	460	5 754	6 130	4 577	4 881
长　春	7	619	978	1 425	883	884
哈尔滨	1	30	550	550	528	528
南　京	35	1 841	5 252	4 921	4 620	4 329
宁　波	67	3 339	16 989	17 071	16 199	16 043
厦　门	10	1 478	755	906	890	896
青　岛	66	5 604	9 519	9 519	25 546	25 534
武　汉	3	95	60	56	56	55
广　州	38	8 496	28 601	29 695	28 163	29 150
深　圳						
成　都	17	944	1 723	1 612	1 694	1 613
重　庆	14	508	520	449	478	399
西　安	36	631	1 055	996	957	910

16. 皮革、毛皮及其制品业

项目 地区	企业个数（个）	职工人数（人）	总产值（万元）		销售产值（万元）	
			1990年不变价	现行价	1990年不变价	现行价
全国总计	**10 291**	**723 157**	**3 139 973**	**3 179 889**	**2 886 639**	**2 938 419**
北京	59	3 744	18 859	19 165	18 483	19 220
天津	223	25 803	131 401	129 837	116 642	116 057
河北	675	32 709	91 999	90 616	85 838	84 609
山西	73	2 597	7 652	7 438	6 617	6 683
内蒙古	87	2 679	4 224	4 316	3 298	3 364
辽宁	295	12 790	81 621	83 513	61 091	62 456
吉林	42	1 904	2 884	2 956	2 507	2 551
黑龙江	52	1 304	3 031	3 089	2 718	2 664
上海	269	31 588	183 177	176 534	169 497	165 671
江苏	1 599	126 034	693 743	667 312	638 713	619 129
浙江	1 536	87 553	563 770	607 281	523 562	568 891
安徽	330	10 913	57 998	60 745	49 532	50 272
福建	186	14 422	91 384	92 534	81 342	82 378
江西	133	3 563	13 611	13 725	12 336	12 353
山东	669	46 624	280 776	279 969	261 313	260 986
河南	587	31 056	203 188	202 799	191 383	190 839
湖北	267	9 721	38 633	36 137	34 526	31 694
湖南	355	15 579	50 256	50 483	45 849	46 513
广东	1 790	226 000	505 767	537 667	478 796	510 699
广西	72	2 545	10 690	10 858	10 090	10 168
海南	1	16	100	100		
四川	604	18 347	73 064	69 221	65 197	63 362
贵州	18	585	666	741	615	700
云南	66	4 909	6 892	7 405	5 450	5 771
西藏						
陕西	115	3 681	8 048	7 952	7 311	7 048
甘肃	115	3 610	9 756	10 102	8 048	7 944
青海	21	902	2 078	2 113	1 817	1 844
宁夏	11	809	1 941	1 941	1 755	1 755
新疆	41	1 170	2 764	3 340	2 313	2 798
单列市合计	**1 174**	**91 604**	**378 383**	**387 929**	**342 235**	**352 776**
沈阳	98	4 908	23 708	23 522	18 826	19 276
大连	39	2 482	31 442	33 735	20 031	21 366
长春	16	936	1 305	1 431	1 363	1 322
哈尔滨	5	135	744	748	699	702
南京	150	10 535	46 263	43 399	41 133	39 346
宁波	90	4 481	31 032	30 024	27 628	26 701
厦门	3	54	170	188	170	188
青岛	117	11 777	70 569	70 617	67 961	68 164
武汉	67	2 723	6 463	7 183	5 442	5 560
广州	171	39 103	103 549	116 403	102 220	115 351
深圳						
成都	179	6 487	34 364	32 545	29 175	28 497
重庆	184	5 732	22 887	22 443	22 166	21 173
西安	55	2 251	5 887	5 691	5 421	5 130

皮革制品制造业

项目 地区	企业个数 （个）	职工人数 （人）	总产值（万元）		销售产值（万元）	
			1990 年不变价	现行价	1990 年不变价	现行价
全国总计	**6 496**	**476 053**	**2 019 973**	**2 055 528**	**1 855 794**	**1 900 392**
北京					15 857	14 716
天津	164	20 290	74 403	73 305	66 254	65 256
河北	269	11 270	48 170	46 826	45 449	44 100
山西	21	525	1 901	1 920	1 647	1 718
内蒙古	43	1 205	1 463	1 389	1 225	1 154
辽宁	166	7 875	50 685	52 241	42 931	44 232
吉林	15	1 018	1 613	1 546	1 413	1 436
黑龙江	24	627	1 126	1 147	1 054	1 003
上海	244	28 554	137 912	132 913	129 378	126 668
江苏	1 168	88 396	459 299	445 274	412 134	399 274
浙江	1 206	72 088	449 855	491 419	415 810	460 887
安徽	185	5 995	24 377	25 829	20 152	22 692
福建	113	8 645	48 052	48 572	41 757	42 112
江西	79	1 862	4 492	4 461	4 078	4 049
山东	377	29 029	181 634	180 688	162 842	162 757
河南	248	11 370	72 661	72 029	70 768	70 101
湖北	98	5 509	17 798	12 546	12 618	10 897
湖南	160	5 864	15 868	15 829	14 176	14 120
广东	1 232	151 622	365 418	385 410	342 278	360 023
广西	49	1 665	4 652	5 025	3 892	4 205
海南						
四川	399	11 940	36 043	33 418	31 083	29 821
贵州	12	437	417	447	346	417
云南	54	4 577	6 427	6 895	5 034	5 312
西藏						
陕西	70	2 365	6 444	6 268	5 764	5 457
甘肃	57	1 670	6 243	6 423	5 126	4 968
青海	15	601	869	849	804	793
宁夏	11	424	677	1 032	817	816
新疆	17	630	1 474	1 827	1 107	1 408
单列市合计	**752**	**55 806**	**229 095**	**234 173**	**211 546**	**218 919**
沈阳	47	2 717	14 381	14 658	11 320	11 542
大连	24	1 495	17 268	18 568	15 255	16 437
长春	7	583	745	652	644	594
哈尔滨	1	15	167	167	240	243
南京	103	7 798	32 787	30 947	29 105	28 859
宁波	66	2 749	19 676	18 482	17 556	16 451
厦门						
青岛	90	9 430	59 289	59 406	57 140	57 370
武汉						
广州	100	20 930	53 797	61 841	53 626	62 050
深圳						
成都	119	4 353	17 785	16 365	14 426	13 708
重庆	152	3 872	8 356	8 420	7 805	7 526
西安	43	1 864	4 844	4 667	4 429	4 139

17. 木材加工及竹、藤、棕、草编织业

项目 / 地区	企业个数（个）	职工人数（人）	总产值（万元）		销售产值（万元）	
			1990年不变价	现行价	1990年不变价	现行价
全国总计	**31 519**	**695 024**	**2 201 926**	**2 214 364**	**2 007 945**	**2 024 369**
北京	134	3 731	28 261	28 455	23 589	23 770
天津	150	6 886	23 787	23 227	21 021	20 389
河北	606	12 508	32 798	34 343	29 575	29 846
山西	178	2 950	7 071	6 718	5 865	5 500
内蒙古	210	4 730	10 557	11 857	8 560	9 570
辽宁	1 442	34 790	155 582	152 523	131 278	129 270
吉林	827	19 805	47 137	44 430	39 177	37 639
黑龙江	1 331	29 040	86 727	81 105	75 551	72 111
上海	246	14 536	107 658	112 491	110 288	115 788
江苏	1 560	58 857	245 589	244 264	222 634	222 076
浙江	2 435	53 223	168 523	169 425	152 235	154 776
安徽	1 864	36 307	84 580	86 180	78 842	79 381
福建	2 943	74 316	215 538	218 800	190 144	192 207
江西	2 722	55 662	134 200	129 655	125 713	123 867
山东	1 749	59 317	336 845	338 215	310 343	312 398
河南	789	20 762	44 424	43 916	41 082	40 684
湖北	1 882	23 221	48 837	48 190	44 460	43 826
湖南	2 341	38 555	72 390	73 580	66 392	67 538
广东	2 394	51 367	144 948	155 600	140 251	149 557
广西	1 318	24 385	50 377	53 104	48 272	49 889
海南	45	780	1 299	1 350	1 306	1 360
四川	2 598	36 312	103 877	105 668	94 796	95 738
贵州	206	4 457	4 726	4 756	4 184	4 260
云南	351	8 642	16 845	17 025	16 370	16 737
西藏						
陕西	910	13 519	20 792	20 486	18 997	18 864
甘肃	216	4 991	6 764	7 170	5 348	5 618
青海	8	132	160	164	156	156
宁夏	24	613	1 151	1 157	1 058	1 058
新疆	40	630	483	510	458	496
单列市合计	**2 114**	**67 237**	**309 051**	**314 171**	**277 824**	**281 876**
沈阳	167	4 320	23 363	24 063	18 257	18 985
大连	135	7 343	53 057	54 861	44 727	46 269
长春	66	1 817	4 362	4 434	3 754	3 726
哈尔滨	101	4 152	10 262	9 104	10 041	8 913
南京	163	5 639	24 366	24 982	22 505	23 164
宁波	253	8 576	35 521	36 459	33 270	34 392
厦门	29	218	813	820	795	805
青岛	307	10 061	76 264	74 655	69 492	68 692
武汉	93	2 098	7 274	7 701	6 543	6 318
广州	168	3 903	20 761	21 816	20 358	21 340
深圳						
成都	263	9 143	36 560	39 098	32 560	33 912
重庆	292	8 390	12 740	12 510	11 968	11 766
西安	77	1 577	3 708	3 668	3 554	3 594

18. 家具制造业

项目 地区	企业个数 (个)	职工人数 (人)	总产值(万元)		销售产值(万元)	
			1990年不变价	现行价	1990年不变价	现行价
全国总计	**16 991**	**406 073**	**1 545 878**	**1 545 044**	**1 406 635**	**1 415 838**
北京	447	22 495	123 386	124 907	106 681	109 439
天津	99	4 042	20 212	20 371	17 798	17 945
河北	432	12 072	31 727	31 602	28 904	28 888
山西	228	4 408	9 638	8 557	8 153	7 403
内蒙古	111	1 801	3 391	3 549	3 119	3 297
辽宁	354	6 005	23 222	22 899	19 389	19 312
吉林	110	2 319	6 085	6 171	4 754	4 785
黑龙江	180	3 259	10 047	10 178	8 371	8 438
上海	178	11 052	43 310	43 450	42 344	42 627
江苏	1 128	34 916	176 158	174 436	164 962	160 219
浙江	700	19 625	71 692	66 506	63 742	60 505
安徽	548	12 433	34 599	34 888	29 747	30 379
福建	520	10 497	24 982	25 099	22 617	25 707
江西	411	7 330	18 779	18 991	16 794	16 942
山东	2 880	75 027	437 116	439 364	393 895	397 104
河南	695	15 420	47 330	47 063	43 826	43 667
湖北	1 527	22 339	62 361	62 691	57 240	56 723
湖南	346	6 573	13 489	13 622	12 354	12 686
广东	2 403	78 363	189 639	198 571	182 210	190 286
广西	194	2 660	6 639	6 881	6 648	6 944
海南	40	709	1 086	1 123	1 063	1 109
四川	2 289	32 676	150 728	142 947	135 194	133 289
贵州	30	627	678	713	561	567
云南	215	5 935	15 957	17 036	14 927	16 350
西藏						
陕西	646	8 800	15 706	15 529	14 620	14 551
甘肃	195	3 169	5 615	5 584	4 587	4 510
青海	11	157	145	145	143	152
宁夏	37	897	1 282	1 260	1 158	1 112
新疆	37	467	879	911	834	902
单列市合计	**1 988**	**52 416**	**246 945**	**240 360**	**225 691**	**223 287**
沈阳	62	896	4 358	4 430	3 766	3 845
大连	46	1 590	7 091	6 869	5 323	5 314
长春	40	959	2 973	2 927	2 350	2 326
哈尔滨	31	805	1 817	1 796	1 678	1 673
南京	155	5 098	18 360	17 453	16 611	16 082
宁波	60	2 015	9 620	9 778	8 899	9 277
厦门	4	48	122	126	122	126
青岛	318	9 920	56 033	56 130	52 232	52 279
武汉	164	3 956	13 491	14 126	11 692	11 876
广州	149	4 551	22 086	21 702	21 743	21 290
深圳						
成都	373	11 268	82 585	77 006	75 349	73 583
重庆	471	8 311	22 267	21 882	20 170	19 819
西安	115	2 999	6 142	6 135	5 756	5 797

19．造纸及纸制品业

地区 \ 项目	企业个数（个）	职工人数（人）	总产值（万元）		销售产值（万元）	
			1990年不变价	现行价	1990年不变价	现行价
全国总计	**20 631**	**1 095 895**	**3 766 997**	**3 680 176**	**3 513 018**	**3 430 831**
北　京	435	22 177	74 685	74 785	69 730	64 270
天　津	348	22 863	104 701	98 599	95 213	89 709
河　北	1 461	89 628	216 230	211 306	203 172	198 347
山　西	583	25 828	42 817	40 101	35 494	33 525
内蒙古	73	3 987	7 929	7 784	7 242	6 969
辽　宁	505	30 450	105 478	103 828	89 212	88 406
吉　林	125	6 906	13 636	12 571	11 989	11 231
黑龙江	125	7 285	19 495	18 014	16 273	15 537
上　海	415	35 107	133 254	133 514	130 811	131 270
江　苏	1 542	96 361	402 051	384 862	371 906	353 535
浙　江	1 713	86 041	357 852	337 191	343 135	322 200
安　徽	668	32 374	90 280	90 638	81 630	81 546
福　建	806	38 986	139 054	142 073	129 872	131 856
江　西	492	17 875	39 988	36 437	36 951	33 842
山　东	1 843	126 015	651 966	643 329	600 327	594 949
河　南	2 458	135 445	451 651	444 542	424 178	415 833
湖　北	1 052	36 147	102 345	98 424	92 659	90 878
湖　南	857	36 154	86 455	83 533	79 449	77 779
广　东	1 729	85 577	349 302	365 769	341 780	355 422
广　西	583	17 512	50 889	50 854	51 081	49 726
海　南	12	450	1 897	1 994	1 884	1 981
四　川	1 363	69 092	165 801	145 561	154 500	138 490
贵　州	87	4 240	6 883	6 482	6 199	5 924
云　南	174	10 153	36 541	39 505	33 838	37 815
西　藏						
陕　西	971	44 431	89 020	83 652	80 895	77 036
甘　肃	125	9 117	17 075	15 376	14 385	13 698
青　海	13	449	503	498	472	456
宁　夏	31	2 434	4 538	4 135	4 328	3 942
新　疆	42	2 811	4 681	4 819	4 413	4 659
单列市合计	**1 821**	**98 740**	**366 690**	**357 168**	**334 503**	**329 226**
沈　阳	92	5 395	17 256	17 384	13 745	14 013
大　连	147	9 550	42 924	42 828	36 443	36 403
长　春	37	2 021	4 630	4 484	4 271	4 099
哈尔滨	31	2 020	3 761	3 292	3 444	3 133
南　京	184	10 704	39 395	37 313	34 296	32 766
宁　波	186	9 294	43 091	41 249	41 056	39 952
厦　门	21	936	2 925	2 974	2 952	2 991
青　岛	184	13 314	62 913	62 100	56 695	57 921
武　汉	89	3 957	10 387	10 771	8 755	9 145
广　州	131	7 022	49 367	51 956	48 748	51 145
深　圳						
成　都	168	10 385	35 389	30 225	33 039	28 784
重　庆	322	10 782	21 652	21 243	20 291	19 701
西　安	229	13 360	33 000	31 349	30 768	29 173

造 纸 业

地区＼项目	企业个数（个）	职工人数（人）	总产值（万元）		销售产值（万元）	
			1990年不变价	现行价	1990年不变价	现行价
全国总计	**8 899**	**518 830**	**1 744 468**	**1 684 188**	**1 646 394**	**1 591 716**
北京	4	439	52 378	52 049	67 474	57 491
天津	73	6 242	26 790	25 200	24 886	23 574
河北	685	45 670	121 745	117 516	117 403	110 956
山西	233	10 400	17 570	16 212	14 738	13 710
内蒙古	39	2 161	4 671	4 499	4 264	4 059
辽宁	159	12 343	34 429	33 542	30 304	29 902
吉林	47	3 816	6 315	5 549	5 573	5 005
黑龙江	50	3 110	8 090	7 692	6 743	6 730
上海	72	10 001	43 366	43 366	42 172	41 327
江苏	303	27 395	91 032	83 879	83 099	84 093
浙江	600	39 366	177 915	155 610	170 096	149 405
安徽	362	20 617	55 280	56 654	51 355	50 786
福建	336	17 315	60 260	60 425	55 654	55 631
江西	289	10 770	21 682	19 865	20 333	18 191
山东	650	62 984	316 425	310 046	289 858	286 497
河南	1 572	97 064	302 951	295 647	287 715	281 224
湖北	612	17 920	39 466	40 162	38 012	37 231
湖南	25	754	1 840	1 441	1 651	1 439
广东	555	25 418	117 559	130 272	106 893	122 046
广西	401	11 045	30 105	30 717	27 505	28 444
海南	6	198	686	735	681	731
四川	922	47 220	111 702	96 122	106 384	92 811
贵州	55	3 138	4 861	4 468	4 531	4 076
云南	81	6 171	19 155	19 906	17 131	19 127
西藏						
陕西	650	26 095	59 279	55 292	55 617	51 187
甘肃	67	6 789	11 853	10 615	10 065	9 575
青海	11	413	477	472	451	435
宁夏	17	2 179	4 337	3 892	3 724	3 722
新疆	23	1 797	2 249	2 343	2 082	2 311
单列市合计	**635**	**39 535**	**131 739**	**120 339**	**122 660**	**118 438**
沈阳	19	1 216	4 320	4 292	2 593	2 751
大连	26	2 287	6 546	6 452	5 354	5 166
长春	18	877	1 688	1 697	1 536	1 439
哈尔滨	16	1 165	1 798	1 666	1 499	1 537
南京	25	2 281	6 654	5 763	6 029	5 470
宁波	30	3 190	14 460	14 240	13 349	13 348
厦门	7	633	1 912	1 932	1 940	1 950
青岛	33	4 131	16 618	15 756	14 250	15 173
武汉						
广州	29	2 296	23 372	24 680	23 100	24 330
深圳						
成都	60	5 669	19 572	15 931	19 927	16 135
重庆	219	5 785	10 212	4 730	9 701	9 044
西安	153	10 005	24 587	23 200	23 382	22 095

20. 印　刷　业

地区＼项目	企业个数（个）	职工人数（人）	总产值（万元）		销售产值（万元）	
			1990年不变价	现行价	1990年不变价	现行价
全国总计	**11 912**	**400 946**	**1 478 316**	**1 468 337**	**1 359 374**	**1 352 608**
北　京	542	34 603	164 848	163 375	135 328	136 786
天　津	206	8 888	29 915	28 824	25 863	25 318
河　北	613	20 830	49 239	49 339	47 221	46 366
山　西	180	5 159	9 199	8 987	8 070	7 812
内蒙古	52	956	1 045	1 098	950	1 001
辽　宁	371	11 601	32 157	32 065	26 655	26 561
吉　林	89	2 234	3 239	3 266	3 062	3 044
黑龙江	57	1 515	4 106	4 216	4 526	4 463
上　海	331	19 180	93 437	92 825	86 628	88 421
江　苏	1 735	75 036	347 316	344 615	323 916	320 317
浙　江	1 248	37 261	131 215	124 032	122 903	119 069
安　徽	467	10 291	34 425	35 377	37 310	31 747
福　建	301	7 044	17 743	18 306	17 130	17 278
江　西	270	6 934	21 070	21 332	19 984	19 882
山　东	1 268	43 423	217 556	216 795	199 942	201 431
河　南	555	14 660	51 659	51 402	47 436	46 981
湖　北	543	15 671	38 451	37 616	34 141	33 438
湖　南	431	11 971	27 114	27 724	24 740	25 382
广　东	1 080	36 839	128 943	132 694	125 331	129 048
广　西	128	2 704	6 613	6 816	5 667	5 877
海　南	9	103	128	130	129	132
四　川	735	18 139	39 970	38 808	36 309	35 473
贵　州	40	1 308	2 406	2 783	2 188	2 513
云　南	120	4 309	9 734	9 246	8 732	9 163
西　藏						
陕　西	437	8 208	13 472	13 283	12 242	12 069
甘　肃	63	1 095	1 919	1 917	1 653	1 647
青　海	9	249	192	192	193	193
宁　夏	12	153	250	255	239	239
新　疆	20	582	955	1 019	886	957
单列市合计	**1 593**	**51 193**	**155 652**	**152 244**	**142 180**	**140 195**
沈　阳	96	3 610	11 121	11 542	9 552	9 786
大　连	73	2 954	9 012	8 805	7 030	6 971
长　春	30	901	1 446	1 434	1 301	1 300
哈尔滨	17	568	2 303	2 301	2 243	2 235
南　京	157	6 894	16 660	16 150	15 294	15 059
宁　波	170	5 839	22 803	21 904	21 488	20 840
厦　门	5	128	301	306	305	311
青　岛	175	6 667	31 154	30 211	28 500	27 960
武　汉	138	4 214	9 573	9 846	8 310	8 265
广　州	87	2 430	16 049	15 233	15 619	14 999
深　圳						
成　都	162	4 890	12 289	12 326	11 462	11 451
重　庆	224	6 515	13 705	13 077	12 587	12 660
西　安	259	5 583	9 236	9 109	8 489	8 358

21. 文教体育用品制造业

地区	企业个数（个）	职工人数（人）	总产值（万元）1990年不变价	总产值（万元）现行价	销售产值（万元）1990年不变价	销售产值（万元）现行价
全国总计	**4 811**	**480 890**	**1 331 516**	**1 334 801**	**1 236 549**	**1 228 325**
北京	125	7 750	45 609	47 072	39 120	40 507
天津	174	11 636	44 630	44 470	38 150	38 223
河北	116	5 586	11 922	12 001	11 113	11 019
山西	15	358	818	788	643	619
内蒙古	3	16	21	21	21	21
辽宁	55	2 293	5 889	6 038	4 588	4 728
吉林	14	394	616	635	549	579
黑龙江	10	258	796	788	568	632
上海	393	40 667	175 215	177 571	171 917	174 522
江苏	947	91 449	401 513	387 737	357 613	342 852
浙江	635	38 751	138 745	134 656	131 736	128 033
安徽	259	20 707	34 500	34 853	30 644	31 219
福建	137	9 522	33 097	33 898	31 312	32 035
江西	83	2 745	6 767	6 759	6 319	6 332
山东	219	17 717	108 239	106 071	101 310	100 160
河南	75	2 201	5 938	5 864	5 453	5 400
湖北	47	2 614	7 192	7 054	6 748	6 762
湖南	94	3 031	5 167	4 937	4 859	4 618
广东	1 264	218 359	298 370	317 210	287 825	294 157
广西	19	2 000	1 297	1 214	1 279	1 206
海南	1	10	14	15	13	14
四川	76	2 130	3 543	3 560	3 402	3 345
贵州	6	72	111	112	128	129
云南	8	92	130	133	120	123
西藏						
陕西	18	332	1 018	991	933	910
甘肃	14	155	193	187	142	136
青海						
宁夏	4	45	166	166	44	44
新疆						
单列市合计	**478**	**63 237**	**234 225**	**232 560**	**222 377**	**221 820**
沈阳	23	1 239	3 614	3 744	3 038	3 157
大连	8	461	1 197	1 231	763	797
长春	3	55	167	167	161	161
哈尔滨	3	130	619	619	467	467
南京	87	8 917	32 743	31 511	29 325	28 984
宁波	169	10 266	54 097	52 212	51 492	49 674
厦门	1	17	5	5	5	5
青岛	27	4 876	50 986	51 139	49 778	50 222
武汉	6	291	1 865	1 872	1 681	1 698
广州	121	35 782	86 723	87 902	83 410	84 510
深圳						
成都	13	418	664	679	713	718
重庆	17	785	1 545	1 479	1 544	1 427
西安						

玩具制造业

项目 地区	企业个数（个）	职工人数（人）	总产值（万元）		销售产值（万元）	
			1990 年不变价	现行价	1990 年不变价	现行价
全国总计	**2 039**	**297 218**	**687 120**	**691 731**	**645 595**	**1 648 104**
北京						
天津	32	2 349	7 806	7 918	6 253	6 328
河北	24	1 516	2 751	2 741	2 671	2 665
山西	3	47	40	40	31	31
内蒙古						
辽宁	4	421	1 430	1 442	1 083	1 093
吉林	3	101	84	88	65	77
黑龙江	1	30	76	76	42	42
上海	167	20 780	104 334	104 334	103 310	103 185
江苏	430	52 949	201 376	194 559	180 416	1 176 180
浙江	258	19 726	58 824	55 941	55 165	52 886
安徽	188	15 166	26 464	25 987	23 157	23 807
福建	51	5 376	17 818	18 124	16 986	17 257
江西	9	625	930	921	819	821
山东	73	9 267	51 432	51 331	49 097	49 138
河南	11	544	749	742	639	637
湖北	2	163	419	334	373	307
湖南	3	71	122	127	95	100
广东	760	167 359	211 397	225 960	204 413	212 580
广西	1	46	11	11	64	66
海南						
四川	15	578	986	980	861	845
贵州						
云南						
西藏						
陕西	3	89	59	65	50	55
甘肃	1	15	12	10	5	4
青海						
宁夏						
新疆						
单列市合计	**214**	**40 022**	**127 115**	**126 550**	**121 522**	**121 629**
沈阳	2	350	1 364	1 376	1 017	1 027
大连						
长春						
哈尔滨	1	30	76	76	42	42
南京	47	5 310	20 471	19 719	18 286	18 249
宁波	68	5 013	22 505	21 923	21 362	20 800
厦门						
青岛	7	2 030	22 414	22 414	22 295	22 295
武汉						
广州	78	26 825	59 608	60 371	57 877	58 589
深圳						
成都	5	125	172	191	147	156
重庆	6	339	505	480	496	471
西安						

22. 工艺美术品制造业

项目 / 地区	企业个数（个）	职工人数（人）	总产值（万元）		销售产值（万元）	
			1990年不变价	现行价	1990年不变价	现行价
全国总计	**26 665**	**1 690 474**	**3 390 931**	**3 352 366**	**3 132 372**	**3 113 079**
北京	460	25 932	135 781	135 298	122 089	118 038
天津	376	45 293	185 059	161 278	165 631	139 924
河北	1 377	74 709	96 021	97 046	87 399	88 367
山西	190	8 188	10 808	9 389	8 910	8 040
内蒙古	335	16 081	6 358	6 414	5 573	5 624
辽宁	415	19 055	35 556	34 946	27 067	27 274
吉林	112	6 566	5 831	5 957	4 870	4 946
黑龙江	104	6 601	6 564	6 628	5 057	5 087
上海	151	14 535	81 283	87 740	78 076	86 659
江苏	2 083	128 205	540 259	519 979	505 011	486 323
浙江	1 406	92 235	332 100	327 819	311 572	311 349
安徽	1 256	85 959	81 061	84 129	71 201	73 939
福建	1 169	85 092	150 656	154 230	143 586	147 881
江西	1 201	74 240	112 601	100 084	102 444	91 883
山东	5 035	343 730	696 002	699 699	642 007	655 663
河南	1 749	98 076	125 180	123 607	117 052	115 624
湖北	706	26 819	56 344	54 529	51 038	50 424
湖南	1 920	156 535	166 840	161 771	147 743	145 946
广东	3 591	222 763	405 406	422 659	388 516	403 844
广西	644	59 474	72 530	73 100	69 445	70 400
海南	9	477	699	742	723	789
四川	1 208	45 452	43 076	41 819	37 505	36 129
贵州	123	4 393	2 784	2 726	2 491	2 372
云南	70	7 004	4 175	4 033	3 850	3 727
西藏						
陕西	365	11 762	23 981	23 400	21 516	21 138
甘肃	406	20 245	8 787	8 457	7 383	7 102
青海	44	5 119	2 574	2 098	2 080	1 993
宁夏	40	1 949	807	794	934	914
新疆	120	3 985	1 808	1 995	1 603	1 680
单列市合计	**1 623**	**89 953**	**339 467**	**318 716**	**307 471**	**320 858**
沈阳	82	2 960	6 032	6 150	4 322	4 426
大连	60	3 344	12 100	11 525	9 207	9 380
长春	38	2 789	2 766	2 746	2 352	2 339
哈尔滨	10	1 560	1 124	1 131	875	878
南京	107	4 360	13 188	12 810	11 329	11 882
宁波	328	17 438	95 849	70 528	85 666	86 961
厦门	20	947	1 601	1 611	1 512	1 541
青岛	464	29 214	129 739	136 208	118 959	131 201
武汉	42	1 631	3 865	4 044	3 402	3 576
广州	167	12 606	41 399	40 984	40 796	40 349
深圳						
成都	147	7 732	12 169	11 756	10 966	10 569
重庆	94	3 106	4 585	4 445	3 916	3 795
西安	64	2 266	15 050	14 778	14 169	13 961

雕塑工艺品制造业

地区 \ 项目	企业个数（个）	职工人数（人）	总产值（万元）		销售产值（万元）	
			1990年不变价	现行价	1990年不变价	现行价
全国总计	**1 519**	**73 014**	**200 982**	**208 881**	**188 691**	**193 822**
北京						
天津	9	215	1 653	1 653	1 576	1 576
河北	64	3 176	6 296	6 298	5 722	5 707
山西	10	200	591	598	435	442
内蒙古	11	240	87	94	71	75
辽宁	44	1 029	2 056	2 037	1 925	1 889
吉林	6	338	99	104	89	119
黑龙江	2	42	102	102	102	102
上海	9	1 163	4 041	8 939	3 933	8 833
江苏	207	12 090	47 336	46 647	44 650	42 915
浙江	161	9 715	17 296	17 259	16 288	16 280
安徽	78	1 508	2 561	3 876	2 323	2 372
福建	394	18 398	55 626	57 622	53 870	55 805
江西	53	1 997	4 338	3 678	3 757	3 334
山东	132	10 721	28 893	29 376	26 152	26 151
河南	62	2 621	8 222	8 184	7 990	7 824
湖北	18	235	659	538	499	466
湖南	6	65	454	455	451	452
广东	120	5 765	15 889	16 665	14 932	15 667
广西	22	1 107	983	1 028	746	773
海南	1	20	53	58	54	59
四川	41	1 186	1 879	1 810	1 654	1 541
贵州	8	150	341	334	238	230
云南						
西藏						
陕西	38	485	973	973	803	783
甘肃	19	487	461	473	352	365
青海	1	13	8	10	8	8
宁夏						
新疆	3	48	85	70	71	54
单列市合计	**107**	**4 266**	**11 274**	**11 361**	**10 594**	**10 570**
沈阳	12	50	259	277	232	248
大连	4	122	232	238	208	212
长春	1	10	15	15	14	14
哈尔滨			65	65	65	65
南京	10	598	2 512	2 450	2 307	2 238
宁波	25	924	1 896	1 874	1 864	1 841
厦门	6	245	381	393	370	381
青岛	11	698	1 460	1 562	1 424	1 425
武汉						
广州	12	640	2 817	2 917	2 672	2 768
深圳						
成都	11	558	1 243	1 243	1 076	1 076
重庆	14	411	369	302	339	279
西安	1	10	25	25	23	23

竹、藤、棕、草工艺品制造业

项目 地区	企业个数（个）	职工人数（人）	总产值（万元）		销售产值（万元）	
			1990年不变价	现行价	1990年不变价	现行价
全国总计	**2 443**	**157 142**	**238 566**	**245 417**	**219 461**	**228 196**
北京						
天津	18	1 615	4 672	4 289	3 293	3 338
河北	28	1 812	926	995	840	910
山西	2	20	10	10	8	8
内蒙古	18	1 318	396	442	354	399
辽宁	50	2 159	2 643	2 691	2 042	2 084
吉林	7	680	680	684	617	617
黑龙江	49	2 372	568	533	1 495	1 552
上海	4	338	1 672	1 650	1 680	1 660
江苏	140	8 636	16 114	16 134	14 211	13 173
浙江	157	9 715	24 595	24 011	23 389	22 863
安徽	148	13 951	11 290	12 198	10 522	10 931
福建	228	19 624	25 369	25 609	24 401	24 630
江西	137	4 750	8 619	8 242	7 832	7 574
山东	510	48 757	69 881	70 335	61 527	65 640
河南	48	4 638	6 162	6 008	5 368	5 238
湖北	94	3 250	8 571	8 838	8 439	8 550
湖南	44	1 230	976	978	916	915
广东	262	13 679	28 844	32 722	26 946	29 845
广西	137	13 746	20 495	23 071	20 274	22 909
海南			10	10	10	10
四川	288	3 270	4 745	4 710	4 320	4 410
贵州	10	84	13	14	13	14
云南	1	40	13	16	9	12
西藏						
陕西	32	949	851	782	563	523
甘肃	15	396	346	355	286	300
青海						
宁夏	1	80	90	75	91	76
新疆	15	33	15	15	15	15
单列市合计	**131**	**7 359**	**17 145**	**17 173**	**16 256**	**16 303**
沈阳	10	159	95	93	76	74
大连						
长春	5	180	205	209	205	205
哈尔滨	1	70	40	40	24	24
南京	3	154	655	673	620	638
宁波	62	3 827	9 108	9 110	8 716	8 726
厦门	1	12	284	284	274	274
青岛	31	2 415	5 804	5 804	5 471	5 471
武汉						
广州	3	79	123	130	119	126
深圳						
成都	9	332	486	485	453	452
重庆	5	106	343	343	296	311
西安	1	25	2	2	2	2

抽纱刺绣工艺品制造业

项目 / 地区	企业个数（个）	职工人数（人）	总产值（万元）		销售产值（万元）	
			1990年不变价	现行价	1990年不变价	现行价
全国总计	**3 907**	**272 465**	**509 883**	**504 873**	**480 018**	**480 141**
北京						
天津	22	1 745	6 097	5 790	5 672	5 405
河北	135	9 325	9 146	9 630	7 929	8 454
山西	16	460	19	19	19	19
内蒙古	11	1 127	231	246	211	229
辽宁	12	493	1 427	1 379	668	638
吉林	7	202	233	233	212	215
黑龙江	5	208	346	356	112	112
上海	46	5 865	34 487	35 181	32 149	34 451
江苏	437	29 519	137 740	120 489	129 714	123 346
浙江	188	13 925	44 973	44 530	41 395	40 952
安徽	420	34 513	30 572	30 439	25 822	26 522
福建	45	10 810	3 424	3 519	3 319	3 413
江西	25	1 420	842	835	823	814
山东	1 520	105 056	166 189	165 644	153 666	153 741
河南	194	15 659	23 815	23 617	22 442	22 229
湖北						
湖南	66	5 510	7 754	7 644	7 228	7 180
广东	648	30 047	37 921	50 830	44 347	48 171
广西	13	600	1 378	1 347	1 462	1 477
海南						
四川	35	3 593	2 219	2 046	1 790	1 711
贵州	15	692	337	340	331	334
云南						
西藏						
陕西	40	1 243	643	671	626	648
甘肃	6	404	79	76	70	68
青海						
宁夏						
新疆	1	49	11	12	11	12
单列市合计	**256**	**12 445**	**40 855**	**39 946**	**37 440**	**37 258**
沈阳	4	266	126	129	113	113
大连	1	100	588	544	197	182
长春	3	108	193	192	189	191
哈尔滨	2	100	275	275	42	42
南京	4	209	264	256	30	238
宁波	35	1 475	5 786	5 798	4 907	4 954
厦门	1	98	28	36	28	36
青岛	141	7 597	25 680	24 870	24 186	23 668
武汉						
广州	40	1 581	6 907	6 973	6 931	6 999
深圳						
成都	8	262	547	412	489	507
重庆	3	124	333	333	200	200
西安	14	525	128	128	128	128

地毯制造业

地区 \ 项目	企业个数（个）	职工人数（人）	总产值（万元）		销售产值（万元）	
			1990年不变价	现行价	1990年不变价	现行价
全国总计	**5 865**	**367 869**	**607 746**	**575 837**	**556 314**	**527 933**
北京	1	130	385	385	327	327
天津	247	36 954	151 924	130 148	135 201	111 623
河北	715	38 387	38 088	38 740	35 057	35 457
山西	42	2 933	2 819	2 569	2 556	2 356
内蒙古	218	11 237	3 538	3 517	3 168	3 128
辽宁	87	3 626	2 223	2 215	1 992	1 988
吉林	17	797	423	511	379	478
黑龙江	1	42	9	9	8	8
上海	14	1 573	5 086	5 174	4 595	5 117
江苏	330	23 366	57 463	58 169	54 849	52 831
浙江	117	10 444	18 726	17 535	16 756	15 792
安徽	241	12 909	14 556	14 900	12 904	13 159
福建	2	221	826	842	785	800
江西	127	7 594	7 427	6 644	6 671	6 202
山东	2 195	130 924	238 371	231 998	221 151	220 634
河南	673	42 930	43 529	42 554	41 248	40 783
湖北	38	2 874	3 494	2 350	2 699	2 362
湖南	1	25	20	20	17	17
广东						
广西	2	58	35	36	35	36
海南						
四川	248	11 652	7 798	7 096	6 636	5 763
贵州	2	138	74	74	74	74
云南						
西藏						
陕西	73	2 305	1 688	1 582	1 387	1 320
甘肃	314	16 807	5 275	5 126	4 478	4 363
青海	41	5 055	2 479	2 001	1 989	1 902
宁夏	25	1 191	383	374	367	371
新疆	94	3 697	1 107	1 268	985	1 043
单列市合计	**299**	**12 533**	**26 983**	**25 568**	**24 875**	**24 286**
沈阳	5	273	99	101	95	97
大连	1	125	61	62	15	15
长春	6	420	349	333	318	308
哈尔滨						
南京	6	158	237	200	76	186
宁波	9	385	850	615	857	644
厦门						
青岛	204	8 070	22 378	21 805	20 887	20 945
武汉						
广州						
深圳						
成都	46	2 425	2 810	2 260	2 467	1 963
重庆	20	618	168	162	130	99
西安	2	59	31	30	30	29

陶瓷工业品制造业

项目 地区	企业个数（个）	职工人数（人）	总产值（万元）		销售产值（万元）	
			1990年不变价	现行价	1990年不变价	现行价
全国总计	**1 264**	**47 482**	**70 091**	**69 353**	**64 623**	**65 392**
北京						
天津						
河北	52	1 366	3 199	3 241	2 934	2 970
山西	9	446	1 408	832	861	637
内蒙古	4	48	36	40	36	40
辽宁	9	253	690	687	485	485
吉林	3	45	149	149	49	49
黑龙江						
上海	1	5	11	11	11	11
江苏						
浙江						
安徽	70	2 427	2 730	2 789	2 203	2 249
福建	141	7 376	16 073	15 524	13 775	14 233
江西	52	2 699	3 136	2 844	2 899	2 630
山东	47	2 000	8 155	8 121	8 058	8 025
河南	45	2 245	3 978	3 946	3 889	3 738
湖北	64	652	994	981	924	939
湖南	44	2 248	1 335	1 351	1 269	1 255
广东	583	21 541	24 945	25 484	24 551	25 295
广西	29	1 419	617	644	522	761
海南	1	9	5	5	5	5
四川	73	1 624	1 254	1 484	1 186	1 236
贵州	10	292	158	144	114	93
云南						
西藏						
陕西	19	690	983	841	801	688
甘肃	5	83	228	228	47	47
青海						
宁夏						
新疆	3	14	7	7	4	6
单列市合计	**53**	**5 666**	**10 006**	**10 049**	**9 549**	**9 570**
沈阳						
大连	2	130	457	457	371	370
长春	2	30	104	104	29	29
哈尔滨						
南京		2 354				
宁波						
厦门	7	261	599	611	570	581
青岛	3	125	2 270	2 270	2 265	2 265
武汉						
广州	23	2 440	6 146	6 184	5 950	5 977
深圳						
成都	6	121	50	50	48	49
重庆	6	126	299	297	248	247
西安	4	79	81	76	68	52

烟花炮竹制造业

项目 / 地区	企业个数（个）	职工人数（人）	总产值（万元）		销售产值（万元）	
			1990年不变价	现行价	1990年不变价	现行价
全国总计	**4 826**	**363 873**	**438 122**	**426 790**	**397 990**	**388 803**
北京						
天津	38	2 178	9 902	9 514	8 904	8 648
河北	142	6 783	12 444	12 420	12 255	11 813
山西	42	2 052	2 289	2 318	1 870	1 956
内蒙古	35	1 340	887	899	718	727
辽宁	69	4 665	7 455	6 599	4 821	4 924
吉林	36	2 583	2 423	2 420	1 881	1 980
黑龙江	11	1 795	2 408	2 422	2 022	1 980
上海	2	129	105	105	96	96
江苏						
浙江						
安徽	226	12 570	11 451	11 720	10 102	10 354
福建	88	5 075	4 574	4 718	4 076	4 195
江西	621	48 601	77 265	67 667	70 102	61 806
山东	187	14 907	32 096	32 317	29 219	29 493
河南	298	12 272	14 697	14 566	13 449	13 373
湖北	191	8 851	9 462	9 633	8 215	8 335
湖南	1 348	122 985	123 936	118 580	111 483	109 096
广东	438	45 757	51 615	58 567	50 815	55 702
广西	409	39 212	48 076	45 877	44 803	42 519
海南	5	248	481	519	514	575
四川	385	18 311	17 080	16 698	14 660	14 171
贵州	75	2 824	1 481	1 427	1 284	1 172
云南	48	5 666	3 035	2 870	2 792	1 645
西藏						
陕西	108	3 901	4 082	4 021	3 075	3 372
甘肃	20	866	549	576	446	470
青海	2	51	87	87	83	83
宁夏	1	198	92	100	155	168
新疆	1	53	150	150	150	150
单列市合计	**174**	**9 713**	**16 483**	**15 739**	**13 564**	**14 047**
沈阳	3	315	375	376	334	344
大连	27	1 354	3 593	2 764	2 477	2 551
长春	17	1 532	1 428	1 423	1 080	1 175
哈尔滨						
南京		492				
宁波						
厦门						
青岛	13	1 007	3 371	3 371	2 876	2 876
武汉						
广州	34	963	1 661	1 717	1 723	1 777
深圳						
成都	34	2 400	3 333	3 443	2 913	3 001
重庆	38	1 434	2 330	2 264	2 012	1 963
西安	8	216	392	381	149	360

23. 电力、蒸汽、热水生产供应业

项目 地区	企业个数（个）	职工人数（人）	总产值（万元）		销售产值（万元）	
			1990年不变价	现行价	1990年不变价	现行价
全国总计	**15 585**	**182 901**	**327 975**	**466 227**	**321 815**	**451 554**
北京	23	237	35	44	27	74
天津	2	99	200	200	170	170
河北	66	1 568	6 315	6 765	6 317	6 836
山西	65	2 241	4 900	6 172	4 517	5 651
内蒙古	9	470	638	1 767	562	1 550
辽宁	32	431	539	733	539	733
吉林	44	813	996	1 295	884	1 164
黑龙江	37	441	920	1 039	917	1 064
上海	3	118	872	1 154	872	1 154
江苏	47	4 592	17 578	28 936	19 832	28 083
浙江	824	9 185	14 492	25 487	14 515	25 247
安徽	367	2 557	4 739	5 016	4 225	4 414
福建	2 202	24 250	47 331	58 877	45 980	57 197
江西	1 456	14 910	23 302	25 840	22 471	25 108
山东	20	3 242	10 520	17 663	10 225	17 144
河南	192	3 490	14 079	14 592	12 388	12 750
湖北	805	10 963	14 905	17 660	14 574	16 972
湖南	1 272	12 422	18 311	22 014	17 368	20 817
广东	2 475	34 783	84 059	149 580	83 643	147 112
广西	395	4 686	6 733	9 039	6 747	8 833
海南	69	907	1 039	1 335	1 016	1 310
四川	2 787	32 221	40 060	48 954	39 046	47 368
贵州	697	6 691	4 448	8 973	4 612	8 604
云南	835	6 623	6 832	7 562	6 555	7 224
西藏						
陕西	506	2 122	1 973	2 346	1 757	1 992
甘肃	110	608	478	552	452	490
青海	25	167	152	162	152	136
宁夏	1	14	30	30		18
新疆	219	2 050	1 499	2 440	1 452	2 339
单列市合计	**605**	**9 694**	**17 866**	**21 884**	**17 538**	**21 318**
沈阳						
大连						
长春						
哈尔滨						
南京						
宁波	57	644	671	1 131	670	1 115
厦门	5	22	17	19	17	19
青岛	2	428	1 742	2 463	1 742	2 463
武汉	5	44	62	63	65	69
广州	58	878	3 265	3 707	3 209	3 563
深圳						
成都	271	5 116	9 858	11 787	9 699	11 496
重庆	198	2 476	2 063	2 536	2 040	2 501
西安	9	86	188	178	96	92

水力发电业

地区＼项目	企业个数（个）	职工人数（人）	总产值（万元） 1990年不变价	总产值（万元） 现行价	销售产值（万元） 1990年不变价	销售产值（万元） 现行价
全国总计	**13 229**	**141 858**	**193 457**	**247 313**	**193 954**	**252 359**
北京	2	58				
天津						
河北	16	140	149	194	151	194
山西	43	581	680	686	580	586
内蒙古	6	24	11	25	11	25
辽宁	31	425	536	730	536	730
吉林	35	711	843	1 042	739	920
黑龙江	6	170	358	494	358	494
上海						
江苏						
浙江	796	7 088	7 385	10 101	13 886	24 541
安徽	328	2 229	3 068	3 229	2 832	2 948
福建	1 923	21 859	37 113	47 285	35 963	45 417
江西	1 011	10 709	14 821	16 712	14 310	16 149
山东	2	20	85	85	85	85
河南	166	1 523	2 394	2 564	2 293	2 369
湖北	627	9 412	11 467	13 561	11 229	13 034
湖南	915	8 723	13 111	15 292	12 351	14 292
广东	2 066	27 730	45 479	65 087	44 602	63 483
广西	366	4 158	6 150	8 131	5 993	7 735
海南	60	768	829	1 055	812	1 028
四川	2 615	28 596	35 417	42 510	33 906	41 075
贵州	663	6 213	3 802	7 046	4 077	6 606
云南	781	6 301	6 236	6 770	5 975	6 423
西藏						
陕西	496	2 022	1 904	2 278	1 702	1 934
甘肃	91	491	419	465	400	422
青海	25	167	152	162	152	136
宁夏						
新疆	159	1 740	1 048	1 809	1 011	1 733
单列市合计	**563**	**9 088**	**13 445**	**16 626**	**13 204**	**16 124**
沈阳						
大连						
长春						
哈尔滨						
南京						
宁波	54	561	633	1 077	632	1 076
厦门	5	22	17	19	17	19
青岛	2	428				
武汉						
广州	57	773	1 860	2 363	1 883	2 292
深圳						
成都	239	4 747	8 695	10 463	8 548	10 153
重庆	198	2 476	2 061	2 533	2 036	2 498
西安	8	81	179	171	88	86

24. 石油加工业

项目 地区	企业个数（个）	职工人数（人）	总产值（万元）		销售产值（万元）	
			1990年不变价	现行价	1990年不变价	现行价
全国总计	**1 563**	**51 963**	**456 884**	**495 532**	**412 980**	**447 983**
北京						
天津	43	1 266	13 321	13 284	12 531	12 490
河北	117	3 804	16 049	16 009	15 216	15 219
山西	42	1 290	12 431	12 399	12 060	12 112
内蒙古	9	143	958	1 445	796	1 157
辽宁	317	8 878	76 028	83 479	68 197	73 806
吉林	20	626	2 824	2 895	2 440	2 444
黑龙江	144	4 397	21 083	26 075	16 017	19 490
上海	38	2 037	24 062	27 278	24 174	28 433
江苏	185	10 300	139 655	145 750	126 290	131 789
浙江	27	1 054	5 725	9 015	5 435	8 797
安徽	43	821	4 713	5 049	4 354	4 663
福建	1	47	148	582	146	604
江西	24	140	1 660	1 639	1 531	1 622
山东	185	5 753	70 175	73 742	62 671	65 052
河南	118	4 999	29 906	32 272	25 971	28 707
湖北	58	1 271	9 988	10 864	9 336	9 830
湖南	16	344	1 897	2 282	1 901	2 457
广东	21	537	3 337	6 225	3 131	5 842
广西	5	82	167	181	139	151
海南						
四川	50	1 383	6 278	7 242	5 532	6 782
贵州						
云南						
西藏						
陕西	30	497	3 924	3 995	3 497	3 513
甘肃	51	1 872	10 952	11 496	10 051	10 730
青海						
宁夏	8	165	520	932	539	927
新疆	11	257	1 083	1 402	1 025	1 366
单列市合计	**206**	**8 216**	**58 258**	**63 769**	**52 317**	**56 683**
沈阳	35	1 575	8 986	11 021	7 753	8 035
大连	34	1 699	13 467	14 967	12 176	13 944
长春	13	399	1 705	1 725	1 481	1 492
哈尔滨	11	339	1 356	1 356	1 290	1 290
南京	57	2 354	19 608	19 866	17 200	17 738
宁波	3	69	348	478	202	456
厦门						
青岛	6	226	3 544	3 544	3 613	3 613
武汉	18	512	4 578	4 825	4 389	4 535
广州	7	214	416	629	412	624
深圳						
成都	7	379	2 327	2 878	1 919	2 563
重庆	12	383	1 635	2 209	1 622	2 148
西安	3	67	288	271	260	245

25．炼焦、煤气及煤制品业

地区 \ 项目	企业个数（个）	职工人数（人）	总产值（万元）		销售产值（万元）	
			1990年不变价	现行价	1990年不变价	现行价
全国总计	**5 161**	**151 701**	**665 694**	**619 140**	**577 952**	**550 005**
北　京						
天　津	3	68	553	508	494	469
河　北	198	5 719	31 457	31 867	29 060	29 485
山　西	1 062	73 390	326 592	277 484	274 759	244 991
内蒙古	33	1 223	4 993	5 077	4 623	4 508
辽　宁	55	1 453	7 065	7 449	6 457	6 515
吉　林	7	155	764	921	717	804
黑龙江	15	303	2 779	2 949	1 360	1 625
上　海	5	185	935	935	966	966
江　苏	339	6 563	21 050	21 079	19 504	19 352
浙　江	32	416	2 571	2 582	2 301	2 312
安　徽	281	2 647	10 056	11 181	9 702	10 298
福　建	74	1 380	3 187	3 330	3 046	3 188
江　西	73	693	2 097	2 158	1 954	1 967
山　东	810	14 022	99 754	102 872	90 798	93 092
河　南	289	7 055	39 143	40 318	31 771	32 542
湖　北	140	1 500	5 256	5 368	5 126	5 179
湖　南	166	2 302	8 210	8 804	7 033	7 759
广　东	77	560	2 726	3 091	2 640	3 014
广　西	44	398	1 188	1 251	1 143	1 197
海　南						
四　川	887	18 647	63 909	66 103	56 114	59 907
贵　州	180	5 772	11 358	7 112	10 240	5 707
云　南	44	765	1 551	1 419	1 339	1 127
西　藏						
陕　西	241	3 439	12 598	9 611	11 524	8 914
甘　肃	46	821	1 976	2 014	1 792	1 714
青　海	27	644	839	851	762	775
宁　夏	26	1 415	2 708	2 520	2 352	2 313
新　疆	7	166	379	286	375	285
单列市合计	**378**	**8 510**	**26 970**	**28 510**	**25 183**	**26 409**
沈　阳	6	302	1 314	1 349	1 077	1 106
大　连	1	7	40	40	30	30
长　春	3	108	706	857	670	745
哈尔滨	3	40	98	109	93	103
南　京	28	492	1 930	1 800	1 800	1 738
宁　波	1	4	116	116		
厦　门						
青　岛	18	361	2 929	2 900	2 751	2 748
武　汉	8	136	639	641	614	626
广　州	5	41	118	137	118	137
深　圳						
成　都	190	2 837	10 304	10 870	9 262	9 760
重　庆	78	3 646	7 165	8 091	7 050	7 701
西　安	37	536	1 611	1 600	1 718	1 715

26. 化 学 工 业

项目 地区	企业个数（个）	职工人数（人）	总产值（万元）		销售产值（万元）	
			1990年不变价	现行价	1990年不变价	现行价
全国总计	**29 146**	**1 323 033**	**8 754 496**	**8 468 774**	**7 998 121**	**7 858 339**
北　京	632	21 613	222 757	223 741	188 140	189 855
天　津	777	43 968	405 819	382 658	368 346	454 963
河　北	1 707	67 606	382 834	372 794	356 438	345 645
山　西	809	34 241	112 582	105 004	93 463	89 283
内蒙古	95	2 476	3 914	3 914	3 942	3 361
辽　宁	1 632	63 485	320 155	317 339	266 605	265 860
吉　林	278	10 394	41 474	41 613	35 049	35 639
黑龙江	274	8 476	30 922	31 258	25 490	26 017
上　海	905	61 453	452 759	453 384	444 730	445 314
江　苏	6 097	350 543	3 071 447	2 922 245	2 840 834	2 685 083
浙　江	2 036	85 870	560 073	533 700	512 478	494 415
安　徽	1 041	31 525	139 813	144 386	123 717	126 666
福　建	608	15 412	64 900	64 612	58 010	58 465
江　西	560	15 709	67 680	66 097	61 933	60 860
山　东	2 820	138 531	1 292 000	1 257 948	1 168 919	1 160 539
河　南	1 693	71 286	365 516	361 650	338 160	334 284
湖　北	1 036	43 134	205 016	201 919	186 925	185 913
湖　南	1 175	41 795	148 276	143 089	131 054	126 706
广　东	1 116	53 113	331 308	330 650	317 351	314 675
广　西	466	13 677	69 945	76 535	61 760	69 105
海　南	70	1 518	7 933	7 341	7 138	6 717
四　川	1 752	77 777	290 927	272 570	259 297	241 473
贵　州	228	15 602	28 281	24 758	24 829	21 954
云　南	351	18 938	44 013	37 475	41 697	35 565
西　藏						
陕　西	640	19 340	53 405	50 715	47 211	44 959
甘　肃	233	8 387	28 383	27 909	23 656	23 099
青　海	13	638	607	624	543	562
宁　夏	43	2 171	5 314	6 095	4 768	5 459
新　疆	59	4 355	6 443	6 751	5 638	5 903
单列市合计	**3 379**	**139 273**	**777 895**	**743 462**	**683 673**	**662 260**
沈　阳	420	17 031	79 432	81 621	64 135	65 707
大　连	255	11 296	74 785	73 578	61 377	61 820
长　春	70	2 422	9 292	9 203	7 600	7 726
哈尔滨	89	2 600	8 467	8 611	7 350	7 422
南　京	478	20 859	163 463	149 893	142 760	134 729
宁　波	331	13 775	87 973	85 994	81 967	81 021
厦　门	9	298	1 094	1 128	1 045	1 078
青　岛	304	19 864	109 284	100 495	99 652	92 927
武　汉	235	8 852	49 424	50 752	44 314	45 062
广　州	125	4 491	38 908	38 481	38 184	37 753
深　圳						
成　都	357	12 837	73 123	69 110	62 160	59 640
重　庆	460	17 544	58 569	51 597	52 841	47 516
西　安	246	7 404	24 081	22 999	20 288	19 859

化学肥料制造业

项目 地区	企业个数（个）	职工人数（人）	总产值（万元）		销售产值（万元）	
			1990年不变价	现行价	1990年不变价	现行价
全国总计	**2 377**	**106 751**	**506 515**	**510 576**	**489 094**	**465 647**
北京	150	3 622				
天津	17	1 679	9 511	9 731	9 235	9 641
河北	64	1 509	6 028	6 506	5 026	5 410
山西	19	687	2 444	2 268	1 762	1 710
内蒙古	2	108	100	100	45	45
辽宁	57	2 591	8 130	8 323	6 699	6 866
吉林	11	1 182	6 382	7 004	5 838	5 635
黑龙江	3	137	825		825	840
上海	6	1 095	5 795	6 110	5 270	5 879
江苏	339	17 077	139 874	138 583	152 045	122 886
浙江	53	2 856	13 116	15 341	12 642	14 451
安徽	277	9 071	37 460	38 636	33 584	35 384
福建	30	990	4 051	4 239	3 617	3 794
江西	48	2 235	8 922	9 021	8 402	8 413
山东	249	9 651	80 216	83 412	73 308	75 629
河南	86	4 514	16 850	17 080	16 180	16 360
湖北	220	9 510	37 131	37 225	36 159	37 656
湖南	42	1 778	4 793	4 468	4 834	4 434
广东	42	1 541	11 090	10 583	10 196	9 646
广西	52	2 524	11 244	11 743	10 875	11 444
海南	4	94	1 105	1 241	1 120	1 258
四川	280	18 900	67 065	67 351	62 088	61 616
贵州	87	4 231	9 183	8 271	7 677	6 830
云南	57	3 368	9 171	7 185	8 758	6 718
西藏						
陕西	111	3 451	7 959	7 931	6 746	6 757
甘肃	57	1 854	6 950	7 099	5 116	5 295
青海	2	92	186	186	173	173
宁夏	6	249	376	382	463	465
新疆	6	155	558	557	411	412
单列市合计	**179**	**7 360**	**34 263**	**34 947**	**30 647**	**31 348**
沈阳	13	420	1 682	1 687	1 384	1 389
大连	14	675	2 961	2 984	2 293	2 334
长春	3	135	1 010	1 012	973	973
哈尔滨	2	48	105	120	105	120
南京	47	2 196	13 701	13 539	12 359	12 355
宁波	5	236	951	1 181	845	1 034
厦门						
青岛	9	324	2 568	2 692	1 838	1 892
武汉						
广州	5	61			41	40
深圳						
成都	31	1 176	5 831	6 377	5 546	6 246
重庆	30	1 402	3 413	3 263	3 844	3 499
西安	20	687	2 041	2 092	1 419	1 466

化学农药制造业

项目 地区	企业个数（个）	职工人数（人）	总产值（万元）		销售产值（万元）	
			1990年不变价	现行价	1990年不变价	现行价
全国总计	**865**	**46 857**	**338 710**	**309 269**	**315 678**	**284 062**
北京						
天津	29	1 863	13 097	12 484	11 536	11 030
河北	51	2 482	15 116	14 979	14 742	13 840
山西	7	403	2 240	2 198	1 889	1 880
内蒙古	5	176	173	176	164	167
辽宁	37	1 968	13 140	12 023	9 775	9 332
吉林	11	539	1 763	1 625	1 396	1 300
黑龙江	3	56	1 502	1 637	929	1 074
上海	9	930	6 846	6 017	7 554	6 494
江苏	234	16 623	150 295	131 576	144 875	122 277
浙江	49	2 866	26 019	22 893	24 267	22 383
安徽	68	2 020	8 571	8 784	7 161	7 239
福建	6	100	354	363	344	301
江西	13	250	957	948	883	887
山东	84	4 370	49 724	48 064	45 258	44 328
河南	73	2 751	12 671	12 213	11 846	11 564
湖北	27	913	4 614	4 255	3 943	3 623
湖南	9	960	3 629	3 472	4 290	3 983
广东						
广西	33	712	3 347	3 382	3 032	2 995
海南						
四川	80	4 378	18 404	15 773	15 917	13 457
贵州	7	182	410	428	393	393
云南						
西藏						
陕西	17	491	1 319	1 302	1 101	1 155
甘肃	4	154	1 645	1 656	1 625	1 436
青海						
宁夏						
新疆	9	1 670	2 874	3 021	2 758	2 924
单列市合计	**87**	**4 801**	**36 663**	**29 473**	**32 227**	**26 505**
沈阳	3	279	1 761	1 819	1 441	1 425
大连	16	995	7 076	6 159	5 498	5 137
长春	3	110	325	337	250	240
哈尔滨	1	46	656	804	656	804
南京	10	630	13 508	8 475	12 061	7 818
宁波	3	93	1 162	1 086	1 050	1 048
厦门						
青岛	8	421	2 549	2 362	2 522	2 249
武汉						
广州						
深圳						
成都	25	1 354	6 903	5 865	6 204	5 373
重庆	13	657	2 098	1 958	2 031	1 894
西安	5	216	625	608	514	517

日用化学品制造业

地区 \ 项目	企业个数（个）	职工人数（人）	总产值（万元）		销售产值（万元）	
			1990年不变价	现行价	1990年不变价	现行价
全国总计	**5 321**	**242 937**	**1 610 973**	**1 578 950**	**1 566 741**	**1 504 476**
北　京						
天　津	76	3 768	17 073	15 699	15 150	14 831
河　北	231	8 955	36 556	36 945	34 288	34 546
山　西	35	1 169	2 220	2 035	1 847	1 663
内蒙古	36	824	1 130	1 146	937	959
辽　宁	161	5 124	23 544	25 546	27 749	28 234
吉　林	28	639	5 892	5 582	5 460	5 253
黑龙江	5	142	550	502	502	437
上　海	199	16 236	189 137	187 870	190 996	189 864
江　苏	1 187	89 023	672 874	644 620	629 361	608 970
浙　江	482	20 154	110 206	107 961	101 177	101 023
安　徽	331	8 270	38 027	38 150	34 387	34 063
福　建	199	5 615	24 190	23 641	21 747	22 197
江　西	125	3 878	13 316	13 074	11 651	11 651
山　东	541	20 981	216 259	209 182	203 685	200 026
河　南	245	8 594	41 222	40 707	37 010	30 664
湖　北	133	5 057	20 360	23 296	23 172	22 324
湖　南	71	1 884	6 833	6 860	5 166	5 851
广　东	452	18 375	105 645	113 837	145 155	117 797
广　西	103	2 942	13 653	14 939	12 292	13 794
海　南	2	16	20	23	20	21
四　川	353	12 465	47 418	43 714	43 564	39 665
贵　州	22	850	898	941	771	860
云　南	37	1 278	6 953	6 403	6 464	6 045
西　藏						
陕　西	225	5 120	15 218	14 629	12 822	12 349
甘　肃	26	1 082	1 105	946	734	726
青　海	5	197	233	233	216	216
宁　夏	3	32	69	68	69	68
新　疆	8	267	372	401	349	379
单列市合计	**626**	**22 151**	**92 259**	**93 751**	**114 754**	**115 240**
沈　阳	15	635	2 889	5 098	3 816	4 133
大　连	50	1 908	5 231	5 205	10 547	10 975
长　春	10	244	756	680	559	625
哈尔滨	3	122	496	448	462	408
南　京	69	2 593	17 705	17 221	17 092	16 247
宁　波	69	3 599	9 641	10 204	17 813	18 705
厦　门	9	298	1 094	1 128	1 045	1 078
青　岛	111	3 246	20 503	20 327	21 571	21 586
武　汉						
广　州	43	1 906	44	43	11 069	11 783
深　圳						
成　都	93	2 939	16 669	16 643	15 201	15 073
重　庆	65	2 269	7 919	7 768	8 065	7 235
西　安	89	2 392	9 312	8 986	7 514	7 392

化妆品制造业

项目 地区	企业个数（个）	职工人数（人）	总产值（万元）		销售产值（万元）	
			1990年不变价	现行价	1990年不变价	现行价
全国总计	**588**	**34 408**	**434 909**	**428 099**	**423 669**	**414 448**
北京						
天津	35	1 776	17 405	17 121	15 693	15 586
河北	13	442	1 780	1 784	1 565	1 569
山西						
内蒙古	3	102	100	104	78	82
辽宁	29	911	3 749	3 611	2 904	2 849
吉林	5	156	514	510	451	447
黑龙江	9	184	376	376	635	635
上海	64	7 916	133 390	131 909	138 432	137 026
江苏	160	11 591	197 276	194 814	191 757	183 935
浙江	79	4 808	39 895	38 281	36 092	36 685
安徽	49	1 441	10 186	10 351	8 585	8 614
福建	25	1 265	8 040	8 271	7 386	7 603
江西	6	118	557	537	513	504
山东	29	1 311	9 568	9 481	8 141	8 576
河南	19	516	2 692	2 658	2 567	2 541
湖北	5	183	6 026	5 150	5 840	4 956
湖南	10	280	520	521	566	566
广东						
广西	4	49	145	116	146	117
海南						
四川	19	552	1 565	1 392	1 397	1 284
贵州	2	36	110	152	140	133
云南						
西藏						
陕西	12	288	339	320	327	302
甘肃	11	483	676	640	454	438
青海						
宁夏						
新疆						
单列市合计	**73**	**2 900**	**19 544**	**19 052**	**16 462**	**16 429**
沈阳	15	601	3 121	3 014	2 410	2 385
大连						
长春	2	87	395	395	330	330
哈尔滨						
南京	10	341	1 831	1 582	1 582	1 361
宁波	16	952	10 369	10 476	8 710	8 911
厦门						
青岛	12	418	2 675	2 515	2 326	2 374
武汉						
广州						
深圳						
成都	4	70	192	126	129	99
重庆	11	339	793	778	817	814
西安	3	92	168	166	158	155

27. 医药工业

项目 / 地区	企业个数（个）	职工人数（人）	总产值（万元）		销售产值（万元）	
			1990年不变价	现行价	1990年不变价	现行价
全国总计	**1 994**	**154 842**	**1 196 720**	**1 130 628**	**1 092 288**	**1 026 792**
北京	39	3 984	31 749	31 926	29 369	29 668
天津	65	7 448	54 865	53 397	47 858	46 789
河北	65	4 471	24 981	24 493	22 826	22 950
山西	37	3 703	13 447	12 707	10 052	9 706
内蒙古	14	635	2 568	2 063	2 806	2 188
辽宁	171	8 825	51 061	47 242	39 256	35 864
吉林	133	5 195	19 865	19 562	15 291	15 021
黑龙江	23	1 401	6 502	5 120	3 133	2 644
上海	102	13 152	94 244	92 100	87 756	84 546
江苏	221	25 125	195 224	186 011	176 621	168 626
浙江	183	13 162	121 363	81 862	118 075	78 811
安徽	141	6 378	26 317	23 681	24 378	22 392
福建	23	1 410	6 753	6 987	6 065	6 269
江西	43	3 299	45 804	45 593	43 206	43 041
山东	87	8 618	84 803	83 266	76 539	76 482
河南	121	9 345	85 369	85 347	84 513	79 352
湖北	49	5 928	41 232	39 613	38 061	36 433
湖南	59	4 012	13 788	13 501	12 184	12 065
广东	95	10 082	140 320	142 432	131 479	133 399
广西	25	1 785	11 848	11 972	10 912	11 010
海南	3	77	660	667	648	655
四川	155	10 908	100 234	97 768	90 246	87 767
贵州	13	925	8 592	8 586	6 755	6 754
云南	14	478	1 320	1 351	1 149	1 159
西藏						
陕西	49	2 801	7 054	6 956	7 333	7 620
甘肃	39	1 089	2 507	2 591	1 705	1 567
青海						
宁夏	8	208	664	761	552	567
新疆	17	398	3 586	3 073	3 520	3 447
单列市合计	**219**	**19 208**	**146 338**	**142 145**	**127 863**	**125 000**
沈阳	24	2 440	19 044	19 304	14 331	14 535
大连	13	978	10 470	8 674	7 732	6 448
长春	7	596	2 243	2 357	1 953	2 067
哈尔滨	4	290	803	803	772	772
南京	19	1 240	9 806	8 279	8 234	7 768
宁波	17	1 279	5 937	5 212	5 596	4 801
厦门						
青岛	8	636	6 862	5 584	5 037	4 542
武汉	7	428	4 145	4 288	3 871	4 003
广州	24	3 870	16 511	15 904	16 551	15 665
深圳						
成都	61	5 425	63 815	65 538	57 203	58 435
重庆	21	1 303	5 343	4 896	5 317	4 733
西安	14	723	1 359	1 306	1 266	1 231

28. 化学纤维工业

项目 / 地区	企业个数（个）	职工人数（人）	总产值（万元）		销售产值（万元）	
			1990年不变价	现行价	1990年不变价	现行价
全国总计	**1 248**	**104 387**	**963 358**	**790 749**	**880 753**	**777 789**
北京			1 646	1 646		
天津	30	4 048	32 771	31 335	29 954	28 001
河北	102	4 609	17 131	17 361	16 277	16 478
山西	22	1 643	4 184	4 068	3 769	3 644
内蒙古	10	140	277	301	228	250
辽宁	63	3 280	12 628	12 522	10 870	10 706
吉林	8	203	318	418	303	351
黑龙江	4	105	29	30	18	18
上海	66	7 263	78 456	67 836	77 525	66 194
江苏	240	40 275	506 441	389 763	453 730	400 743
浙江	99	13 143	152 001	115 298	145 830	113 867
安徽	104	4 521	12 176	11 985	9 784	9 471
福建	33	821	6 309	6 526	6 026	6 229
江西	46	1 528	3 712	3 606	2 880	2 744
山东	117	7 778	60 799	57 064	55 370	53 942
河南	92	5 197	22 255	20 918	21 014	19 732
湖北	30	1 093	5 117	4 886	4 195	4 095
湖南	36	1 306	3 369	3 245	2 624	2 444
广东	56	4 256	39 204	37 600	36 227	34 855
广西	9	217	349	367	362	374
海南						
四川	26	777	1 778	1 604	1 622	1 506
贵州	9	296	351	354	350	348
云南						
西藏						
陕西	21	802	640	656	508	517
甘肃	16	723	810	750	676	667
青海	3	86	93	97	99	102
宁夏	2	42	12	12	12	12
新疆	4	235	502	501	500	499
单列市合计	**124**	**7 642**	**46 938**	**41 703**	**44 070**	**39 165**
沈阳	6	185	885	906	714	731
大连	12	685	3 617	3 712	3 226	3 252
长春						
哈尔滨	2	92	28	28	18	18
南京	18	1 350	5 617	5 098	5 056	4 538
宁波	31	2 461	20 830	17 873	19 718	17 116
厦门	2	42	282	300	282	300
青岛	28	1 783	8 279	7 285	7 761	6 818
武汉	2	33	425	425	331	333
广州	10	564	5 832	5 058	5 949	5 169
深圳						
成都	5	168	763	640	759	634
重庆	5	157	161	161	93	94
西安	3	122	219	217	163	162

29. 橡胶制品业

地区 \ 项目	企业个数（个）	职工人数（人）	总产值（万元）		销售产值（万元）	
			1990年不变价	现行价	1990年不变价	现行价
全国总计	**5 041**	**338 790**	**1 575 943**	**1 501 791**	**1 443 235**	**1 385 530**
北京	67	3 514	16 129	16 051	11 555	10 746
天津	208	21 383	111 998	98 535	104 862	93 257
河北	603	22 186	98 838	97 361	90 849	89 144
山西	67	2 216	6 337	5 802	4 932	4 439
内蒙古	12	241	314	319	261	265
辽宁	359	16 651	55 692	53 797	45 203	43 376
吉林	27	1 368	2 727	2 507	2 410	2 519
黑龙江	48	1 393	3 243	3 249	2 779	2 824
上海	196	28 253	129 246	113 608	123 195	109 023
江苏	723	63 020	357 977	326 939	325 430	300 951
浙江	568	43 310	172 988	153 157	156 401	140 253
安徽	156	5 099	19 317	18 597	17 191	16 700
福建	80	3 140	11 227	11 042	9 097	8 993
江西	78	2 341	6 864	6 515	5 828	5 587
山东	639	48 696	345 550	329 346	319 461	308 773
河南	216	10 401	43 146	42 356	40 422	39 690
湖北	125	7 493	29 151	28 673	26 479	25 532
湖南	96	6 273	18 010	16 347	13 736	12 594
广东	326	33 929	100 924	133 943	100 313	131 118
广西	27	1 365	3 959	4 407	3 702	4 044
海南	7	148	162	188	162	189
四川	233	10 254	27 566	25 534	25 694	22 988
贵州	16	697	750	714	689	661
云南	39	1 878	5 018	4 813	4 613	4 482
西藏						
陕西	97	2 212	5 526	5 181	5 166	4 912
甘肃	10	593	2 002	1 715	1 749	1 471
青海						
宁夏	7	242	353	252	194	217
新疆	11	494	929	843	862	782
单列市合计	**756**	**50 422**	**222 377**	**243 930**	**204 873**	**225 557**
沈阳	125	5 502	15 403	15 817	12 068	12 607
大连	43	3 346	15 671	15 775	12 177	12 149
长春	6	215	365	341	271	332
哈尔滨	7	244	648	648	636	635
南京	32	1 612	10 709	7 861	9 667	7 204
宁波	115	7 962	30 532	27 734	27 640	25 391
厦门						
青岛	141	13 968	72 876	70 123	66 527	64 003
武汉	25	1 487	6 924	7 557	6 178	6 684
广州	64	9 147	47 344	77 502	48 711	77 414
深圳						
成都	72	2 165	7 774	7 427	6 872	6 680
重庆	105	4 399	12 604	11 644	12 725	11 078
西安	21	375	1 527	1 501	1 401	1 380

日用橡胶制品业

项目 地区	企业个数（个）	职工人数（人）	总产值（万元）		销售产值（万元）	
			1990年不变价	现行价	1990年不变价	现行价
全国总计	**859**	**55 372**	**239 490**	**185 295**	**189 060**	**178 493**
北京						
天津	23	1 884	6 623	6 347	5 472	6 707
河北	40	1 197	5 147	4 555	4 919	4 220
山西	2	23	67	9	67	9
内蒙古	2	55	40	40	24	24
辽宁	30	1 333	4 483	4 460	4 050	4 000
吉林	6	207	730	482	532	466
黑龙江	1	60	100	100	100	100
上海	19	2 776	49 395	8 393	8 364	7 439
江苏	122	9 425	39 729	36 920	38 403	35 681
浙江	191	13 807	45 439	40 287	40 184	36 299
安徽	26	1 126	4 967	3 968	4 512	3 515
福建	13	283	970	897	906	856
江西	11	385	979	860	635	563
山东	95	7 055	51 297	49 611	49 524	47 867
河南	15	486	1 475	1 438	1 439	1 402
湖北						
湖南	4	81	185	184	183	177
广东	149	9 036	14 589	15 551	15 587	16 487
广西	5	872	351	383	2 564	2 878
海南						
四川	75	3 754	9 523	7 708	8 549	7 031
贵州	4	227	260	290	246	265
云南	18	1 053	2 347	2 257	1 980	1 900
西藏						
陕西	8	247	794	555	820	607
甘肃						
青海						
宁夏						
新疆						
单列市合计	**176**	**10 575**	**38 583**	**36 160**	**35 842**	**33 689**
沈阳	12	427	838	870	713	736
大连	6	621	2 902	2 859	2 681	2 622
长春						
哈尔滨						
南京	3	306	1 314	524	1 408	612
宁波	46	3 712	13 853	13 387	12 689	12 325
厦门						
青岛	20	2 240	9 630	9 657	9 285	9 311
武汉						
广州	24	686	3 238	3 235	3 126	3 108
深圳						
成都	13	261	547	562	505	528
重庆	52	2 322	6 261	5 066	5 435	4 447
西安						

30. 塑料制品业

项目 地区	企业个数（个）	职工人数（人）	总产值（万元）		销售产值（万元）	
			1990年不变价	现行价	1990年不变价	现行价
全国总计	**29 221**	**1 232 776**	**5 699 444**	**5 381 575**	**5 175 875**	**4 932 996**
北京	506	19 976	130 112	126 724	110 067	105 160
天津	494	22 654	140 589	132 822	114 098	108 589
河北	1 544	55 233	200 239	201 988	179 700	181 324
山西	209	7 608	16 864	15 407	13 121	12 330
内蒙古	90	2 254	5 359	5 513	4 859	4 929
辽宁	1 235	43 878	189 363	186 455	159 757	158 214
吉林	231	7 191	23 263	23 737	21 474	21 211
黑龙江	186	5 807	15 547	15 212	12 837	12 835
上海	854	57 247	243 945	244 541	235 771	234 722
江苏	3 873	215 644	1 522 858	1 366 380	1 369 229	1 251 656
浙江	5 349	183 109	867 067	804 471	803 401	746 665
安徽	1 214	38 700	164 803	164 096	148 746	146 026
福建	1 042	32 649	127 139	128 332	119 578	120 709
江西	264	8 207	27 932	26 530	25 174	24 023
山东	2 511	115 491	809 916	788 286	738 567	726 050
河南	1 067	35 825	147 139	146 657	132 468	129 012
湖北	658	27 539	94 042	74 798	69 835	66 979
湖南	593	17 863	41 907	41 548	38 456	38 772
广东	5 081	266 770	711 787	684 951	681 632	658 329
广西	309	9 265	30 351	29 797	29 166	29 217
海南	12	289	235	243	237	245
四川	1 155	39 083	137 504	124 053	123 241	112 848
贵州	35	1 043	1 980	1 828	1 726	1 587
云南	151	4 676	12 564	12 091	11 107	11 153
西藏						
陕西	333	7 267	19 038	18 588	16 380	16 003
甘肃	144	5 343	12 224	11 556	10 264	9 985
青海	3	96	49	51	23	23
宁夏	35	782	1 603	1 541	1 475	1 469
新疆	43	1 287	4 025	3 379	3 486	2 931
单列市合计	**4 986**	**186 859**	**886 229**	**846 876**	**799 014**	**767 396**
沈阳	228	5 727	23 060	23 628	18 374	19 009
大连	365	18 717	102 875	101 151	85 380	84 851
长春	64	2 443	8 684	8 761	7 122	7 253
哈尔滨	47	1 701	4 254	4 122	4 870	4 914
南京	303	16 068	95 810	86 731	81 632	75 666
宁波	2 402	81 020	342 408	328 876	313 262	301 882
厦门	20	1 089	5 227	5 239	5 040	5 051
青岛	366	15 542	94 573	92 160	86 221	84 410
武汉	156	6 199	22 478	23 248	19 508	20 096
广州	277	15 774	94 812	86 937	92 131	83 881
深圳						
成都	290	9 448	55 921	53 381	52 540	50 414
重庆	351	10 426	28 373	25 050	25 868	23 110
西安	117	2 705	7 754	7 592	7 066	6 859

31. 建材及其他非金属矿物制品业

项目 地区	企业个数（个）	职工人数（人）	总产值（万元）		销售产值（万元）	
			1990年不变价	现行价	1990年不变价	现行价
全国总计	**184 418**	**8 672 258**	**19 473 932**	**20 532 419**	**17 721 307**	**18 847 707**
北京	1 654	104 986	412 058	433 998	357 202	374 921
天津	739	59 841	142 904	140 911	124 547	122 661
河北	9 663	534 747	1 009 899	1 026 169	938 765	948 250
山西	10 241	303 654	463 037	412 838	386 102	356 811
内蒙古	1 949	97 449	94 240	108 538	88 081	100 757
辽宁	5 704	385 521	940 922	997 126	790 568	844 818
吉林	2 314	175 152	189 820	215 998	160 512	172 971
黑龙江	2 724	172 209	214 761	224 554	177 816	189 423
上海	707	68 848	200 847	232 983	195 395	227 173
江苏	15 973	931 817	2 711 826	2 783 038	2 452 584	2 546 392
浙江	7 018	460 883	946 211	1 193 664	899 999	1 142 589
安徽	10 191	514 512	707 149	735 680	640 594	670 745
福建	5 341	170 765	432 916	499 113	407 416	468 651
江西	7 603	211 212	345 973	348 396	322 701	325 890
山东	21 897	1 256 945	4 575 752	4 542 590	4 171 897	4 216 249
河南	17 612	782 433	1 580 545	1 558 938	1 456 015	1 447 694
湖北	11 286	413 328	742 548	749 721	685 132	690 857
湖南	7 877	294 685	509 386	553 904	472 734	515 533
广东	9 984	464 903	1 351 178	1 759 450	1 298 102	1 675 321
广西	2 508	112 386	210 291	276 187	196 762	256 704
海南	247	7 229	16 534	20 719	16 086	19 984
四川	16 306	570 781	1 083 862	1 090 384	958 568	970 048
贵州	953	41 837	41 311	43 535	35 740	39 109
云南	2 873	100 555	94 360	135 522	89 686	130 046
西藏						
陕西	7 622	262 518	294 611	277 303	262 705	249 730
甘肃	1 910	104 109	99 721	106 069	82 680	88 264
青海	220	12 741	8 867	8 522	7 974	7 604
宁夏	448	20 669	16 973	15 797	14 837	13 554
新疆	855	35 543	35 430	40 772	30 107	34 958
单列市合计	**13 774**	**743 231**	**1 679 534**	**1 851 997**	**1 515 188**	**1 671 753**
沈阳	773	51 364	113 198	119 550	95 537	100 592
大连	561	57 668	238 946	289 287	205 617	240 768
长春	621	57 089	64 980	66 451	55 138	55 798
哈尔滨	449	29 865	47 363	48 828	41 921	43 899
南京	992	74 944	153 684	167 896	140 787	157 415
宁波	763	44 922	119 290	128 362	110 807	120 764
厦门	260	6 166	15 114	15 924	14 765	15 483
青岛	1 104	68 173	212 431	218 711	194 314	202 579
武汉	977	51 935	114 377	119 153	103 868	106 372
广州	740	36 293	123 622	181 883	119 734	176 872
深圳						
成都	2 090	111 624	240 648	259 277	216 785	234 168
重庆	3 379	100 605	162 557	167 086	146 621	152 251
西安	1 065	52 583	73 324	69 589	69 294	64 792

水泥制造业

项目 地区	企业个数（个）	职工人数（人）	总产值（万元）		销售产值（万元）	
			1990年不变价	现行价	1990年不变价	现行价
全国总计	**5 532**	**856 288**	**2 533 745**	**3 589 159**	**2 378 630**	**3 328 006**
北京						
天津	12	1 873	5 175	7 208	5 169	7 025
河北	477	53 191	166 873	196 735	146 097	174 413
山西	339	25 279	42 812	49 245	38 165	43 130
内蒙古	41	4 204	4 624	9 331	4 946	10 977
辽宁	205	37 787	124 090	185 278	111 786	153 082
吉林	39	4 266	9 395	12 450	8 139	11 704
黑龙江	21	1 636	4 224	5 523	4 210	6 152
上海	11	2 447	10 277	13 685	6 611	13 310
江苏	335	77 722	263 026	362 461	240 040	331 433
浙江	295	79 710	217 453	413 615	208 627	402 573
安徽	362	57 463	134 494	166 109	147 243	152 193
福建	182	20 266	52 799	100 188	51 177	96 585
江西	97	14 835	29 309	36 947	28 235	36 421
山东	442	107 046	541 687	618 427	514 856	583 441
河南	490	49 893	172 573	184 044	159 383	170 657
湖北	220	30 701	71 204	83 192	65 806	78 372
湖南	298	51 975	104 519	138 129	98 390	126 409
广东	553	76 766	249 798	513 540	240 049	473 203
广西	103	17 642	59 424	108 790	54 424	100 358
海南	1	520	1 260	3 528	1 100	3 200
四川	423	71 823	160 895	225 819	149 871	207 849
贵州	122	14 938	14 959	11 014	13 108	17 339
云南	67	14 919	26 827	59 586	26 275	57 923
西藏						
陕西	246	23 126	38 578	47 602	30 069	37 388
甘肃	122	13 502	23 424	29 837	21 042	26 463
青海	9	1 078	1 184	1 444	1 097	1 313
宁夏	5	294	543	667	474	523
新疆	15	1 386	2 319	4 765	2 241	4 570
单列市合计	**285**	**57 596**	**215 372**	**349 492**	**197 848**	**291 425**
沈阳	19	1 588	3 546	4 774	3 070	4 335
大连	37	12 099	69 585	110 023	61 863	83 100
长春	1	42	87	180	72	150
哈尔滨	6	438	138	213	777	1 265
南京	18	8 974	25 356	41 475	24 361	39 961
宁波	8	1 045	2 458	4 188	2 352	4 045
厦门	14	515	2 247	2 682	2 174	2 519
青岛	12	4 074	20 155	26 952	19 051	25 910
武汉	3	17	383	391	367	375
广州	38	6 536	34 990	78 040	33 422	59 714
深圳						
成都	62	7 578	22 494	36 053	26 137	34 526
重庆	50	13 062	24 568	34 985	21 309	32 203
西安	17	1 628	9 365	9 536	2 893	3 322

水泥预制构件制造业

项目 / 地区	企业个数（个）	职工人数（人）	总产值（万元）		销售产值（万元）	
			1990年不变价	现行价	1990年不变价	现行价
全国总计	**29 750**	**826 048**	**2 512 714**	**2 539 853**	**2 287 045**	**2 323 323**
北京						
天津	30	1 291	5 331	5 254	4 438	4 453
河北	1 028	32 592	94 002	95 631	87 555	88 295
山西	496	16 678	43 493	41 259	37 914	35 889
内蒙古	193	5 651	7 592	9 454	6 755	8 409
辽宁	673	32 387	120 377	128 284	99 718	106 479
吉林	139	6 994	16 433	18 721	14 980	16 549
黑龙江	120	4 929	9 430	11 236	8 174	9 227
上海	106	9 006	33 957	36 898	33 474	36 119
江苏	4 230	119 788	499 412	501 373	461 502	463 601
浙江	883	19 431	68 394	70 226	64 575	65 857
安徽	2 445	49 783	118 456	123 363	107 869	109 487
福建	120	2 747	5 435	7 359	4 956	6 641
江西	402	8 155	20 064	21 216	18 689	19 712
山东	2 715	101 038	561 720	552 312	514 390	509 111
河南	2 881	67 983	203 608	199 178	188 107	186 096
湖北	3 568	62 737	185 179	184 005	165 778	171 229
湖南	1 864	44 024	92 978	93 461	84 248	84 529
广东	1 870	76 538	110 402	126 599	108 281	124 593
广西	165	2 538	5 384	5 703	4 675	4 856
海南	2	166	3 086	3 086	3 060	3 060
四川	3 770	74 173	224 419	223 377	195 801	196 682
贵州	144	3 662	6 220	5 681	4 869	4 821
云南	150	3 764	7 196	8 585	6 633	8 313
西藏						
陕西	1 329	68 030	51 731	47 810	45 872	42 795
甘肃	204	6 806	9 437	9 760	7 317	7 835
青海	28	639	943	810	773	661
宁夏	52	1 427	1 959	2 044	1 607	1 703
新疆	143	3 091	6 076	7 168	5 035	6 321
单列市合计	**2 557**	**82 644**	**285 028**	**301 795**	**250 782**	**267 007**
沈阳	209	8 536	32 692	33 791	26 547	27 226
大连	59	5 766	32 817	36 732	26 902	30 363
长春	43	3 418	9 253	10 315	8 904	9 351
哈尔滨	24	1 694	4 441	5 144	3 434	3 579
南京	250	7 721	27 153	25 885	24 450	24 420
宁波	76	2 447	13 873	16 152	12 463	14 458
厦门	1	12	28	30	28	30
青岛	278	14 114	41 070	40 551	37 736	37 206
武汉	168	4 695	16 692	22 721	15 607	21 238
广州	32	1 299	6 249	8 263	6 878	9 554
深圳						
成都	518	12 782	49 295	51 435	40 217	43 509
重庆	660	13 933	37 651	37 421	34 509	33 636
西安	239	6 227	13 814	13 355	13 107	12 437

砖瓦制造业

项目 / 地区	企业个数（个）	职工人数（人）	总产值（万元）		销售产值（万元）	
			1990年不变价	现行价	1990年不变价	现行价
全国总计	**89 553**	**4 575 519**	**6 020 404**	**6 120 034**	**5 509 199**	**5 643 622**
北京						
天津	304	34 914	52 659	49 196	46 952	42 707
河北	5 420	342 277	460 009	448 416	427 709	420 008
山西	6 103	171 705	203 206	172 833	169 673	148 171
内蒙古	1 283	76 744	62 211	67 691	57 633	63 889
辽宁	2 068	176 640	248 648	257 329	211 812	218 289
吉林	1 578	141 471	120 639	132 460	97 828	107 250
黑龙江	1 884	138 458	139 211	144 180	119 259	125 971
上海	144	28 049	35 260	48 546	34 138	46 990
江苏	6 683	460 661	642 975	671 795	597 993	623 678
浙江	1 801	205 406	214 200	291 720	212 728	285 293
安徽	5 817	349 094	325 213	320 940	289 050	297 816
福建	2 629	87 740	147 650	157 478	135 781	144 082
江西	5 569	130 254	181 738	178 416	167 654	168 169
山东	8 600	589 268	1 201 000	1 154 693	1 083 910	1 065 874
河南	9 089	458 482	571 627	558 362	525 886	513 638
湖北	4 437	220 513	287 383	286 895	273 054	265 351
湖南	615	82 712	105 249	109 027	98 394	102 339
广东	5 601	166 467	332 150	374 909	318 842	366 224
广西	1 321	60 347	65 258	79 773	61 436	76 993
海南	223	6 341	11 814	13 136	11 567	12 898
四川	8 668	291 590	314 848	321 449	301 107	287 994
贵州	422	16 095	12 143	12 117	10 789	10 965
云南	2 233	73 103	50 262	56 919	47 046	53 677
西藏						
陕西	4 867	148 477	149 716	127 642	137 428	124 585
甘肃	1 181	64 765	47 409	46 159	38 392	38 335
青海	126	9 295	4 811	4 387	4 268	3 838
宁夏	294	16 134	9 656	8 524	8 621	7 390
新疆	593	28 517	23 459	25 042	20 249	21 208
单列市合计	**6 409**	**412 094**	**539 045**	**578 869**	**472 952**	**498 749**
沈阳	284	30 333	39 929	41 721	33 921	37 022
大连	222	23 843	64 354	69 197	52 290	56 232
长春	409	46 658	38 928	40 394	32 493	33 008
哈尔滨	247	20 166	22 368	23 034	19 783	20 195
南京	443	44 339	56 473	55 944	52 044	52 645
宁波	195	22 414	29 738	39 963	6 261	7 094
厦门	154	4 117	5 051	5 332	4 892	5 141
青岛	380	30 524	60 177	59 564	53 868	54 187
武汉	137	15 877	28 420	29 409	26 629	27 219
广州	481	19 440	43 693	52 922	41 682	50 939
深圳						
成都	961	66 861	62 430	76 679	65 750	71 046
重庆	1 915	50 444	54 957	55 466	50 119	51 138
西安	581	37 048	32 527	29 244	33 220	32 883

建筑用石加工业

项目 / 地区	企业个数（个）	职工人数（人）	总产值（万元）		销售产值（万元）	
			1990年不变价	现行价	1990年不变价	现行价
全国总计	**10 703**	**321 747**	**1 114 516**	**1 096 248**	**1 015 235**	**984 344**
北京						
天津						
河北	519	14 151	27 413	27 413	24 798	22 607
山西	360	6 707	14 445	13 754	12 537	11 305
内蒙古	128	2 601	5 443	6 058	4 522	4 373
辽宁	460	14 776	50 973	47 261	38 426	36 103
吉林	134	3 990	6 268	4 910	4 384	4 917
黑龙江	102	3 608	7 187	6 605	5 361	6 301
上海	22	756	5 496	6 317	4 422	5 247
江苏	414	18 569	59 246	56 428	54 154	51 505
浙江	313	13 993	38 201	34 399	34 872	32 295
安徽	696	21 945	50 001	45 793	42 508	41 560
福建	897	22 874	100 068	103 521	97 285	100 059
江西	306	7 485	15 489	15 113	13 977	13 712
山东	1 768	64 951	385 418	381 297	355 263	350 541
河南	831	25 773	63 640	61 535	59 205	59 511
湖北	499	10 484	23 890	34 939	32 118	31 368
湖南	242	6 057	8 418	8 254	7 597	7 688
广东	872	36 191	104 425	102 166	98 085	92 640
广西	243	8 149	41 439	37 746	38 806	34 736
海南	9	95	319	319	268	271
四川	943	22 636	83 492	80 218	68 483	59 169
贵州	176	2 561	3 443	2 535	2 500	2 519
云南	110	2 048	2 219	1 843	2 035	1 733
西藏						
陕西	535	8 276	12 976	12 990	9 590	10 024
甘肃	53	1 466	3 052	3 295	2 627	2 753
青海	15	442	181	183	176	178
宁夏	25	660	948	907	864	831
新疆	31	503	426	449	372	398
单列市合计	**839**	**28 620**	**88 126**	**88 948**	**78 052**	**78 204**
沈阳	24	975	3 379	3 497	2 191	2 261
大连	64	3 976	12 170	11 861	10 473	10 046
长春	59	1 610	1 656	1 645	1 501	1 490
哈尔滨	43	2 534	3 805	3 610	2 786	3 805
南京	30	1 911	3 229	3 213	2 855	2 896
宁波	14	1 053	4 949	4 886	4 705	4 678
厦门	88	1 437	6 459	6 512	6 342	6 425
青岛	122	4 272	21 778	21 406	20 718	20 034
武汉						
广州	99	4 107	9 186	10 208	8 568	9 511
深圳						
成都	43	3 748	15 562	16 393	13 992	13 420
重庆	90	1 932	3 305	2 961	2 985	2 645
西安	63	1 065	2 648	2 756	936	993

轻质建筑材料制造业

地区＼项目	企业个数（个）	职工人数（人）	总产值（万元）		销售产值（万元）	
			1990年不变价	现行价	1990年不变价	现行价
全国总计	**5 599**	**183 208**	**643 115**	**633 826**	**581 112**	**567 308**
北京						
天津	34	1 876	6 899	6 216	5 927	5 470
河北	418	14 201	37 070	37 081	35 227	34 990
山西						
内蒙古	116	2 767	3 172	3 463	2 895	3 123
辽宁	490	17 194	65 312	66 141	49 394	40 930
吉林	152	5 186	11 408	11 262	9 798	10 056
黑龙江	70	2 186	3 713	3 700	4 076	3 966
上海	19	1 355	7 911	8 226	7 595	7 873
江苏	734	35 860	191 087	182 974	174 367	168 343
浙江	387	10 596	29 148	28 163	26 266	25 641
安徽						
福建	361	12 708	43 691	45 075	40 988	42 327
江西	211	6 657	15 780	13 931	14 752	12 769
山东	406	18 164	99 056	102 345	90 035	94 628
河南	906	21 780	65 959	64 201	62 719	62 420
湖北	361	10 269	22 712	22 833	21 134	21 027
湖南	309	7 930	15 032	13 701	14 246	12 698
广东						
广西	43	1 393	3 213	3 309	3 437	3 453
海南						
四川						
贵州						
云南	40	1 004	1 830	1 940	1 680	1 717
西藏						
陕西	320	6 575	10 877	10 043	9 294	8 306
甘肃	116	3 010	4 691	4 811	3 740	3 866
青海	33	779	1 277	1 296	1 197	1 223
宁夏	28	580	1 054	958	887	892
新疆	45	1 138	2 223	2 157	1 458	1 590
单列市合计	**268**	**10 390**	**38 267**	**39 108**	**32 256**	**32 877**
沈阳	38	1 496	6 517	7 303	5 455	5 669
大连	40	2 308	12 035	12 464	7 883	8 481
长春	45	2 079	5 210	5 259	4 644	4 666
哈尔滨	1	48	169	142	162	138
南京	60	2 329	7 846	7 785	6 944	7 040
宁波	30	514	2 746	2 493	2 664	2 395
厦门	2	48	1 310	1 348	1 310	1 348
青岛	20	323	946	949	761	764
武汉						
广州						
深圳						
成都						
重庆						
西安	32	1 245	1 488	1 365	2 433	2 376

日用玻璃制品业

项目 地区	企业个数（个）	职工人数（人）	总产值（万元）		销售产值（万元）	
			1990 年不变价	现行价	1990 年不变价	现行价
全国总计	**1 483**	**132 277**	**386 381**	**387 379**	**363 534**	**366 050**
北京						
天津	15	1 452	3 498	3 492	2 599	2 596
河北	130	13 487	38 350	40 945	36 290	38 834
山西	46	2 832	3 484	3 447	3 014	2 877
内蒙古	10	421	824	844	809	820
辽宁	56	2 703	7 762	8 352	6 851	6 035
吉林	32	1 962	3 497	3 528	2 577	2 616
黑龙江	3	58	180	180	180	180
上海	31	3.731	9 758	10 191	9 698	9 876
江苏	419	33 128	123 161	119 290	114 523	109 543
浙江	100	6 615	14 994	14 617	13 848	13 642
安徽	82	6 652	12 405	12 419	10 981	10 951
福建	17	507	1 031	1 213	8 622	8 797
江西	86	4 493	7 231	7 121	6 729	6 627
山东	40	7 103	34 581	36 136	32 471	34 200
河南	72	6 867	22 406	22 259	21 096	20 879
湖北	15	1 433	4 866	2 357	1 966	2 121
湖南	28	1 004	1 339	1 348	1 166	1 242
广东	88	10 937	44 939	48 388	42 869	46 920
广西	29	3 054	4 226	4 593	4 066	4 398
海南						
四川	148	21 751	44 950	43 575	40 448	40 074
贵州	12	771	1 002	942	906	910
云南						
西藏						
陕西	16	936	1 163	1 255	1 181	1 233
甘肃	3	341	542	702	532	567
青海						
宁夏	1	5	7		7	7
新疆	4	34	185	185	105	105
单列市合计	**192**	**20 275**	**55 931**	**57 407**	**52 820**	**52 452**
沈阳	11	939	2 692	3 294	3 013	2 033
大连	9	591	1 726	1 791	913	974
长春	19	1 406	2 556	2 590	2 032	2 074
哈尔滨						
南京	25	1 437	5 584	4 903	5 260	4 451
宁波	20	1 541	4 304	4 106	3 828	3 723
厦门	1	7	19	20	19	20
青岛	5	1 751	8 650	10 125	8 140	9 709
武汉						
广州	14	2 541	11 119	11 587	11 185	11 448
深圳						
成都	47	5 801	13 896	13 947	13 322	13 177
重庆	37	3 965	5 025	4 665	4 674	4 417
西安	4	296	360	379	434	426

制镜业

项目 地区	企业个数（个）	职工人数（人）	总产值（万元）		销售产值（万元）	
			1990年不变价	现行价	1990年不变价	现行价
全国总计	**258**	**10 272**	**35 333**	**36 231**	**33 363**	**34 385**
北京						
天津						
河北	27	813	5 558	6 049	5 778	6 359
山西	8	206	900	731	682	638
内蒙古						
辽宁	8	208	544	540	504	518
吉林	5	294	322	323	320	326
黑龙江						
上海	8	679	2 605	2 605	2 563	2 563
江苏						
浙江						
安徽	31	724	5 068	5 199	4 126	4 296
福建	10	89	302	309	290	296
江西	33	3 079	4 344	4 681	4 372	4 444
山东						
河南	30	1 058	3 801	3 829	3 733	3 795
湖北	18	685	1 920	2 080	1 510	1 548
湖南	28	956	1 623	1 660	1 678	1 712
广东						
广西	3	17	39	41	37	37
海南						
四川	16	743	6 918	6 578	6 598	6 435
贵州	2	60	144	144	44	44
云南						
西藏						
陕西	22	407	942	1 097	865	1 062
甘肃	6	208	244	276	201	218
青海						
宁夏						
新疆	3	46	59	89	62	94
单列市合计	**13**	**915**	**6 475**	**6 117**	**6 262**	**6 103**
沈阳	3	114	235	234	195	212
大连	1	15	26	26	28	28
长春	1	220	72	72	72	72
哈尔滨						
南京						
宁波						
厦门						
青岛						
武汉						
广州						
深圳						
成都	5	236	2 040	1 683	1 929	1 753
重庆	3	330	4 102	4 102	4 038	4 038
西安						

建筑、卫生陶瓷制造业

地区＼项目	企业个数（个）	职工人数（人）	总产值（万元）		销售产值（万元）	
			1990年不变价	现行价	1990年不变价	现行价
全国总计	**2 573**	**236 775**	**853 858**	**812 364**	**773 231**	**760 515**
北京						
天津	1	70	144	132	144	132
河北	201	20 002	44 175	46 944	41 520	46 115
山西	135	6 476	10 261	9 238	9 050	7 952
内蒙古	8	335	401	398	519	514
辽宁	43	3 658	8 678	9 509	6 543	6 238
吉林	24	740	1 290	1 334	1 170	1 197
黑龙江	2	47	230	271	87	114
上海	8	286	437	403	436	400
江苏	111	7 918	41 918	41 801	40 882	41 454
浙江	229	15 105	30 478	29 818	27 046	26 921
安徽	175	6 746	14 729	15 063	12 871	13 890
福建	188	12 873	32 147	30 723	30 823	30 653
江西	118	17 098	33 252	33 086	30 578	30 078
山东	171	26 264	148 817	123 572	125 850	106 394
河南	101	5 265	14 030	13 267	10 379	10 652
湖北	98	4 816	8 005	7 732	7 323	7 174
湖南	50	3 820	5 739	5 378	4 620	4 330
广东	407	80 002	408 591	402 322	381 708	389 936
广西	12	593	563	563	381	399
海南	1	30	10	19	9	17
四川	354	16 875	41 795	34 156	34 760	29 348
贵州	8	359	239	232	157	150
云南	38	1 498	1 379	1 241	1 111	1 045
西藏						
陕西	65	4 526	4 454	4 233	3 646	3 981
甘肃	15	569	707	730	482	496
青海	4	134	111	126	111	126
宁夏	2	537	1 222	7	992	770
新疆	4	133	56	66	33	39
单列市合计	**129**	**8 439**	**27 969**	**25 969**	**22 547**	**21 192**
沈阳	4	191	1 036	1 080	17	17
大连	6	1 249	2 728	3 473	2 721	2 323
长春						
哈尔滨						
南京	10	1 043	2 853	2 163	2 294	1 858
宁波	14	256	1 281	1 412	1 254	1 382
厦门						
青岛	2	50	80	80	73	73
武汉						
广州	13	911	5 022	4 580	4 571	4 287
深圳						
成都	61	2 482	11 743	10 067	9 007	8 341
重庆	8	644	454	467	384	395
西安	11	1 613	2 772	2 647	2 226	2 516

32. 黑色金属冶炼及压延加工业

项目 地区	企业个数（个）	职工人数（人）	总产值（万元）		销售产值（万元）	
			1990年不变价	现行价	1990年不变价	现行价
全国总计	**15 223**	**860 116**	**6 688 006**	**8 221 515**	**6 044 090**	**7 381 105**
北　京	203	11 779	85 543	93 754	70 658	78 547
天　津	354	27 619	632 419	651 014	588 218	599 469
河　北	2 796	133 480	722 145	1 100 256	669 239	1 004 446
山　西	1 836	101 602	379 990	508 576	322 938	425 326
内蒙古	191	5 860	33 453	43 437	30 257	38 096
辽　宁	1 683	89 160	731 179	836 008	603 874	685 807
吉　林	182	9 007	57 318	64 219	50 285	35 432
黑龙江	249	13 135	52 643	94 031	43 270	78 015
上　海	155	18 749	186 158	229 457	179 061	218 577
江　苏	1 194	114 125	1 674 429	1 905 709	1 575 236	1 770 223
浙　江	415	23 769	172 182	229 820	159 326	215 225
安　徽	557	21 328	130 624	142 325	107 486	116 437
福　建	332	10 057	43 979	47 227	40 812	43 560
江　西	254	8 091	43 263	41 724	37 819	38 490
山　东	944	50 145	467 815	509 973	429 463	472 742
河　南	914	44 380	233 611	236 204	221 894	226 764
湖　北	297	16 524	109 329	123 085	98 730	109 340
湖　南	446	18 374	83 877	96 543	74 970	86 739
广　东	445	19 045	140 272	215 067	139 404	206 575
广　西	108	3 914	22 831	36 400	22 166	35 561
海　南	1	102	1 470	2 000	700	1 000
四　川	812	60 762	499 363	760 896	409 478	661 582
贵　州	116	10 588	25 974	39 768	23 924	35 478
云　南	157	16 755	38 691	70 896	37 321	71 777
西　藏						
陕　西	316	14 525	48 638	61 226	45 109	54 323
甘　肃	121	7 713	29 884	34 415	24 363	28 250
青　海	41	3 294	16 004	16 878	14 593	15 538
宁　夏	62	4 273	16 087	17 311	15 983	17 194
新　疆	42	1 961	8 835	13 296	7 513	10 592
单列市合计	**1 574**	**101 398**	**880 071**	**1 149 554**	**716 566**	**993 452**
沈　阳	282	13 293	107 113	113 707	78 997	84 520
大　连	225	24 461	242 343	276 968	206 405	232 349
长　春	100	4 724	36 959	38 735	33 132	34 782
哈尔滨	79	5 346	23 897	54 516	20 041	47 299
南　京	92	6 190	48 304	53 881	44 880	51 060
宁　波	113	4 746	32 746	39 172	30 564	37 314
厦　门	3	91	935	1 010	925	990
青　岛	40	2 127	11 852	18 084	11 274	17 441
武　汉	61	2 884	21 307	22 841	19 484	18 338
广　州	78	2 532	26 350	36 980	24 803	36 058
深　圳						
成　都	232	20 235	266 726	415 244	192 515	364 284
重　庆	157	9 307	40 399	52 270	33 641	44 128
西　安	112	5 462	21 140	26 146	19 905	24 889

33. 有色金属冶炼及压延加工业

地区＼项目	企业个数（个）	职工人数（人）	总产值（万元）		销售产值（万元）	
			1990年不变价	现行价	1990年不变价	现行价
全国总计	**6 286**	**334 476**	**3 433 287**	**3 425 519**	**3 118 667**	**3 109 557**
北京	161	5 809	48 948	49 092	39 248	38 575
天津	139	10 302	165 680	145 535	143 026	123 862
河北	458	20 065	123 427	132 424	104 492	115 622
山西	56	4 363	32 733	34 221	26 227	27 660
内蒙古	41	892	5 623	6 200	5 435	5 874
辽宁	395	19 262	161 439	150 642	142 137	127 061
吉林	68	3 401	16 903	31 963	16 316	27 683
黑龙江	14	456	2 898	2 894	2 319	2 449
上海	198	19 435	218 645	222 324	197 513	202 202
江苏	1 254	86 474	1 278 268	1 265 895	1 174 748	1 166 044
浙江	580	28 980	406 453	409 563	379 889	382 583
安徽	178	6 538	36 356	38 428	31 914	33 872
福建	149	4 391	22 717	23 234	20 315	20 814
江西	112	2 843	17 269	17 133	16 566	16 328
山东	185	9 674	98 002	100 862	90 896	94 082
河南	371	18 681	101 402	101 320	92 112	94 693
湖北	93	4 508	26 497	26 050	23 945	24 322
湖南	360	16 008	102 570	109 729	91 531	97 741
广东	467	23 911	319 252	297 136	303 121	281 315
广西	58	2 271	10 310	11 454	9 829	10 580
海南	2	115	329	344	329	344
四川	304	12 923	102 863	103 900	86 541	85 478
贵州	198	14 136	62 109	70 265	57 612	66 862
云南	150	8 932	24 734	26 422	21 071	21 883
西藏						
陕西	223	5 745	27 813	27 736	23 597	23 304
甘肃	45	3 490	17 782	17 927	15 738	15 680
青海	9	280	428	439	355	367
宁夏	8	270	551	551	544	544
新疆	10	321	1 286	1 836	1 301	1 733
单列市合计	**761**	**35 574**	**384 706**	**405 751**	**341 354**	**360 758**
沈阳	149	5 882	44 797	45 891	34 408	35 600
大连	30	1 724	12 009	11 568	9 798	9 430
长春	11	424	1 539	1 791	1 483	1 735
哈尔滨	4	261	1 398	1 383	1 116	1 101
南京	105	3 916	33 290	33 012	30 605	30 676
宁波	172	11 750	179 867	195 637	165 133	181 321
厦门	3	48	507	542	460	492
青岛	35	1 958	19 105	19 784	17 689	18 365
武汉	44	1 474	11 162	11 217	10 064	10 257
广州	25	1 123	16 192	15 512	16 965	15 436
深圳						
成都	80	3 445	46 831	51 309	39 688	42 379
重庆	73	2 602	11 970	12 256	9 959	10 072
西安	30	967	6 039	5 849	3 986	3 894

34. 金属制品业

项目 地区	企业个数（个）	职工人数（人）	总产值（万元）		销售产值（万元）	
			1990年不变价	现行价	1990年不变价	现行价
全国总计	**51 971**	**2 197 916**	**11 128 474**	**11 377 514**	**10 200 796**	**10 448 151**
北京	1 582	73 232	442 176	453 934	386 154	396 066
天津	1 430	96 062	537 692	543 628	480 008	486 852
河北	2 596	91 602	475 761	492 423	448 117	463 499
山西	1 526	85 568	249 397	278 062	219 882	240 516
内蒙古	637	14 685	44 238	48 662	38 603	42 496
辽宁	3 266	113 961	577 364	596 079	487 310	501 942
吉林	532	16 828	54 965	56 741	46 262	49 296
黑龙江	758	19 693	68 414	71 513	59 562	62 423
上海	2 501	185 092	770 230	797 436	748 950	774 651
江苏	7 123	397 772	2 600 146	2 553 907	2 368 120	2 340 488
浙江	5 158	221 643	971 217	1 000 001	909 787	931 621
安徽	1 101	33 079	157 520	164 887	140 906	148 457
福建	792	24 683	133 821	138 055	125 852	129 739
江西	1 014	21 324	68 027	68 087	63 239	63 621
山东	6 950	283 815	2 000 675	2 023 261	1 842 797	1 876 176
河南	1 085	45 636	215 660	215 438	199 664	199 488
湖北	1 809	63 410	285 652	299 123	261 934	272 637
湖南	932	30 122	101 370	108 966	93 377	101 130
广东	5 193	231 742	877 662	921 789	832 873	880 992
广西	674	14 581	48 512	50 441	44 832	46 731
海南	14	244	349	457	347	454
四川	2 743	67 398	293 529	323 503	263 272	287 662
贵州	147	3 688	8 307	8 068	7 835	7 333
云南	801	27 393	60 059	69 918	56 817	63 028
西藏						
陕西	851	17 115	42 240	44 685	37 683	39 608
甘肃	552	12 333	29 127	31 368	23 808	26 155
青海	23	613	1 640	1 634	1 452	1 443
宁夏	86	1 441	3 166	3 342	2 751	2 933
新疆	95	3 161	9 558	12 106	8 602	10 714
单列市合计	**7 901**	**315 566**	**1 552 281**	**1 604 066**	**1 416 121**	**1 458 439**
沈阳	855	28 915	142 992	147 700	121 272	124 338
大连	449	26 189	140 822	143 953	121 946	124 921
长春	245	10 347	36 943	39 784	32 874	34 997
哈尔滨	171	7 667	22 393	23 726	19 587	21 566
南京	549	30 155	162 174	167 521	145 642	151 220
宁波	1 633	57 069	255 826	251 633	240 025	236 244
厦门	3	222	1 211	1 214	1 211	1 214
青岛	1 073	55 550	309 012	313 534	290 347	295 374
武汉	727	25 839	124 648	131 046	110 534	115 196
广州	683	25 165	123 865	125 929	120 025	122 193
深圳						
成都	492	19 667	151 017	176 485	138 316	159 290
重庆	730	19 853	56 930	55 114	50 781	47 061
西安	291	8 928	24 448	26 427	23 561	24 825

35. 机 械 工 业

地区＼项目	企业个数（个）	职工人数（人）	总产值（万元）		销售产值（万元）	
			1990年不变价	现行价	1990年不变价	现行价
全国总计	**64 478**	**3 323 135**	**17 089 367**	**17 258 024**	**15 608 380**	**15 816 286**
北　京	1 165	66 950	396 280	409 320	327 458	337 815
天　津	1 137	73 357	357 122	355 872	314 370	316 112
河　北	3 287	124 305	490 670	510 168	459 511	479 349
山　西	1 156	49 062	134 013	137 272	108 439	110 050
内蒙古	293	10 975	28 150	30 320	22 668	23 950
辽　宁	6 652	299 720	1 282 840	1 309 353	1 048 751	1 083 162
吉　林	950	32 816	111 311	117 102	99 713	102 168
黑龙江	1 348	38 977	95 545	96 347	85 908	86 226
上　海	2 389	200 487	864 508	907 587	833 644	881 981
江　苏	11 148	850 627	5 517 769	5 490 986	5 151 894	5 126 394
浙　江	8 325	349 046	1 540 993	1 557 660	1 425 915	1 461 630
安　徽	1 656	75 735	330 605	341 429	287 050	300 500
福　建	1 650	48 537	190 646	200 087	174 089	181 853
江　西	824	29 378	104 950	105 058	97 701	97 568
山　东	6 534	416 464	2 946 979	2 947 320	2 723 066	2 732 793
河　南	3 537	190 491	859 125	848 202	803 154	790 278
湖　北	1 498	75 980	304 374	292 629	236 390	235 696
湖　南	1 962	82 985	287 002	304 801	263 128	280 645
广　东	1 719	78 720	424 110	447 811	417 512	441 352
广　西	540	16 178	54 769	58 508	51 525	55 792
海　南	75	1 267	4 811	4 955	4 789	4 921
四　川	4 397	152 503	596 778	617 672	526 911	540 300
贵　州	51	1 879	3 000	3 096	2 590	2 673
云　南	138	6 748	19 488	22 003	18 881	21 024
西　藏						
陕　西	1 612	40 612	120 212	118 566	103 880	101 933
甘　肃	216	4 894	14 922	15 249	11 971	12 126
青　海	44	635	875	957	827	899
宁　夏	129	2 537	5 272	5 094	4 661	4 756
新　疆	46	1 270	2 248	2 600	1 984	2 340
单列市合计	**13 123**	**613 112**	**2 826 287**	**2 859 325**	**2 489 502**	**2 530 345**
沈　阳	1 506	52 729	234 657	240 585	186 625	193 088
大　连	1 629	113 259	586 379	598 750	483 508	495 040
长　春	338	17 553	71 124	73 770	63 524	65 180
哈尔滨	454	19 156	33 491	34 639	31 289	31 891
南　京	703	45 511	227 375	223 682	200 129	203 107
宁　波	3 581	127 369	557 542	548 438	511 654	508 823
厦　门	26	814	2 930	3 035	3 013	3 090
青　岛	1 163	77 918	428 569	432 714	390 903	393 184
武　汉	396	20 696	66 956	69 064	58 380	60 564
广　州	274	18 275	137 415	141 340	144 251	148 711
深　圳						
成　都	990	50 812	276 642	287 804	239 174	249 798
重　庆	1 259	45 100	119 732	123 226	105 092	106 857
西　安	804	23 920	83 475	82 278	71 960	71 012

农、林、牧、渔业机械制造业

项目 地区	企业个数（个）	职工人数（人）	总产值（万元）		销售产值（万元）	
			1990年不变价	现行价	1990年不变价	现行价
全国总计	**5 438**	**200 236**	**960 552**	**950 937**	**870 087**	**877 125**
北京	6	83	1 643	1 609	2 038	2 084
天津	33	2 503	11 262	11 529	10 335	10 627
河北	147	4 862	16 231	16 708	15 130	15 576
山西	60	3 183	11 999	11 944	10 029	9 978
内蒙古	31	726	1 804	1 998	1 651	1 804
辽宁	459	14 937	37 496	38 944	33 790	34 435
吉林	23	369	696	728	676	709
黑龙江	4	98	173	179	173	179
上海	47	3 861	14 384	13 960	14 005	13 662
江苏	336	25 751	158 573	139 548	136 050	133 243
浙江	204	6 553	27 119	29 115	25 712	27 247
安徽	472	11 468	45 640	42 175	37 720	35 626
福建						
江西	65	2 442	7 820	7 128	7 114	7 256
山东	1 543	73 750	479 555	488 074	437 626	445 376
河南	186	7 556	39 341	39 486	36 266	37 390
湖北	70	2 400	4 998	4 902	4 528	4 333
湖南	138	3 055	7 856	7 985	6 910	6 961
广东	134	3 072	10 643	11 358	10 237	10 893
广西	134	3 386	7 225	8 001	8 063	8 675
海南	20	264	2 765	2 833	2 755	2 817
四川	970	21 568	59 955	59 294	55 188	53 823
贵州	12	407	577	599	531	547
云南	16	898	1 766	1 967	1 628	1 747
西藏						
陕西	199	4 580	6 007	5 973	7 467	7 530
甘肃	2	73	100	87	56	43
青海	25	457	685	767	664	736
宁夏	100	1 896	4 197	4 003	3 707	3 787
新疆	2	38	42	43	38	41
单列市合计	**666**	**22 376**	**241 689**	**245 877**	**218 410**	**222 178**
沈阳	185	8 257	15 467	15 701	13 804	13 787
大连	32	1 610	4 144	4 750	3 631	4 028
长春	4	203	521	555	493	513
哈尔滨						
南京	43	1 739	8 923	6 441	6 806	6 110
宁波	19	704	2 521	2 570	2 254	2 313
厦门						
青岛			181 901	186 537	165 818	169 282
武汉						
广州	7	439	1 603	1 730	1 526	1 644
深圳						
成都	26	804	4 555	5 109	3 682	3 985
重庆	342	8 300	21 547	22 000	19 759	19 904
西安	8	320	507	484	637	612

36. 交通运输设备制造业

项目 地区	企业个数（个）	职工人数（人）	总产值（万元）		销售产值（万元）	
			1990年不变价	现行价	1990年不变价	现行价
全国总计	**9 582**	**541 641**	**3 233 756**	**3 266 750**	**2 985 788**	**3 021 659**
北　京	615	37 417	241 795	245 981	213 972	218 945
天　津	562	42 926	308 727	304 020	283 090	280 520
河　北	287	11 975	60 303	62 222	54 506	55 440
山　西	105	3 048	8 969	8 908	8 111	7 976
内蒙古	28	989	5 520	6 825	5 695	6 200
辽　宁	465	20 105	105 980	109 490	83 962	86 988
吉　林	65	2 894	10 802	10 890	8 547	8 849
黑龙江	31	1 370	5 415	5 394	4 353	4 369
上　海	510	42 668	231 519	231 734	225 780	228 308
江　苏	1 503	102 706	754 352	755 520	708 727	709 150
浙　江	1 544	83 654	417 742	428 527	389 808	403 418
安　徽	229	10 030	53 623	55 299	48 205	49 685
福　建	191	4 616	25 096	26 148	21 789	22 960
江　西	108	3 818	19 481	18 984	18 448	17 671
山　东	864	52 618	396 022	397 353	372 180	377 776
河　南	145	7 910	51 103	53 392	46 141	48 852
湖　北	229	12 460	58 491	56 988	52 391	50 974
湖　南	272	14 039	72 135	75 278	66 693	68 987
广　东	382	21 056	134 273	146 711	121 826	132 913
广　西	112	4 313	55 524	44 792	53 367	43 534
海　南	2	63	459	492	459	492
四　川	876	43 508	181 859	186 734	168 292	167 914
贵　州	73	2 464	2 259	2 280	2 072	2 098
云　南	235	10 595	21 565	21 638	20 067	20 342
西　藏						
陕　西	93	2 225	6 355	6 615	3 482	3 490
甘　肃	15	1 005	2 580	2 636	2 089	2 138
青　海	16	262	283	293	277	280
宁　夏	3	274	901	901	901	901
新　疆	22	633	623	705	558	489
单列市合计	**2 231**	**104 226**	**550 506**	**562 800**	**506 684**	**520 578**
沈　阳	186	7 176	43 564	45 773	32 761	34 528
大　连	118	7 024	39 916	41 058	32 175	33 205
长　春	27	1 024	3 635	3 643	3 130	3 110
哈尔滨	10	465	691	691	690	690
南　京	224	13 344	96 603	100 320	89 856	95 134
宁　波	585	25 711	125 083	125 364	115 137	118 424
厦　门	1	130	620	620	620	620
青　岛	167	8 358	49 916	48 784	53 526	52 606
武　汉	63	2 631	13 899	14 270	12 657	12 770
广　州	81	2 947	21 708	24 311	22 412	24 684
深　圳						
成　都	244	12 654	81 657	83 848	78 120	80 037
重　庆	471	21 526	68 521	69 231	63 592	62 787
西　安	54	1 236	4 693	4 887	2 008	1 983

37．电气机械及器材制造业

地区＼项目	企业个数（个）	职工人数（人）	总产值（万元）		销售产值（万元）	
			1990年不变价	现行价	1990年不变价	现行价
全国总计	**13 136**	**901 056**	**6 627 598**	**6 575 157**	**6 210 230**	**6 093 125**
北京	514	26 874	185 385	185 590	152 796	153 989
天津	455	27 944	241 118	232 572	203 053	195 152
河北	297	14 252	79 381	78 826	73 215	72 956
山西	71	2 874	9 675	9 338	8 288	8 083
内蒙古	26	934	2 693	2 888	2 481	2 637
辽宁	620	30 818	152 069	155 146	117 359	121 003
吉林	51	1 772	5 245	5 292	4 497	4 621
黑龙江	92	4 138	16 916	17 005	12 712	13 440
上海	1 258	113 706	843 704	852 200	825 946	837 226
江苏	3 247	234 731	1 895 389	1 804 775	1 738 620	1 665 567
浙江	2 525	146 513	919 284	872 667	853 056	815 434
安徽	383	15 285	47 956	46 938	41 588	40 679
福建	134	5 864	39 728	40 789	33 626	34 904
江西	74	3 092	13 560	13 224	12 824	12 422
山东	949	75 165	735 588	730 977	676 610	677 005
河南	242	11 166	69 416	68 209	63 753	64 594
湖北	131	6 306	33 380	34 963	29 693	28 747
湖南	213	10 899	37 046	37 111	33 269	33 664
广东	1 025	127 834	1 115 679	1 205 237	1 159 571	1 144 950
广西	57	2 298	14 315	15 023	12 615	13 539
海南	2	132	955	955	935	935
四川	508	23 181	114 570	112 088	103 240	102 146
贵州	26	1 165	2 089	2 252	1 876	1 996
云南	26	1 136	2 887	3 056	2 741	2 866
西藏						
陕西	166	11 727	45 687	44 237	42 644	41 377
甘肃	37	1 102	3 415	3 440	2 825	2 901
青海						
宁夏	2	33	99	90	62	57
新疆	5	115	369	269	335	235
单列市合计	**2 210**	**134 813**	**880 788**	**872 917**	**799 553**	**793 889**
沈阳	154	8 421	51 753	52 992	39 385	41 116
大连	124	8 860	35 732	37 107	29 167	30 614
长春	19	764	2 906	2 910	2 445	2 581
哈尔滨	54	2 799	7 950	7 901	5 404	5 374
南京	209	13 042	74 580	71 207	64 268	63 189
宁波	835	48 148	310 976	300 505	293 937	284 632
厦门	1	16	60	62	50	50
青岛	134	16 133	153 867	153 792	144 474	144 695
武汉	59	2 699	14 601	17 306	12 318	12 289
广州	109	9 453	108 717	110 464	97 390	99 251
深圳						
成都	244	13 412	77 680	78 469	71 244	72 067
重庆	172	5 905	18 725	17 169	16 545	15 202
西安	96	5 161	23 241	23 033	22 926	22 829

38. 电子及通讯设备制造业

地区＼项目	企业个数（个）	职工人数（人）	总产值（万元）		销售产值（万元）	
			1990年不变价	现行价	1990年不变价	现行价
全国总计	**5 285**	**482 750**	**2 625 320**	**2 356 932**	**2 384 927**	**2 210 388**
北京	127	6 379	50 571	47 914	42 278	39 953
天津	76	5 014	43 035	37 868	39 351	49 064
河北	109	5 669	40 391	41 812	37 854	37 143
山西	15	433	1 972	1 838	1 552	1 449
内蒙古	14	552	8 917	10 223	8 478	9 702
辽宁	103	5 218	22 642	22 102	17 900	17 111
吉林	17	507	1 547	1 646	1 164	1 247
黑龙江	10	258	898	900	2 503	2 509
上海	167	13 754	82 753	72 156	80 909	69 486
江苏	1 403	129 973	1 147 826	967 072	1 022 045	915 285
浙江	780	59 036	440 099	364 083	406 666	339 815
安徽	70	3 074	12 329	11 817	10 642	10 621
福建	259	17 160	86 891	88 674	69 306	70 880
江西	44	2 544	7 264	7 035	6 553	6 332
山东	190	11 965	123 347	122 664	113 113	113 202
河南	71	2 632	14 808	14 728	13 840	13 775
湖北	16	409	2 095	2 151	1 879	1 927
湖南	30	2 354	7 752	7 047	7 756	7 075
广东	1 568	204 738	470 117	476 557	446 817	450 827
广西	30	639	1 871	2 035	1 651	1 778
海南	1	264	900	900	900	900
四川	127	7 260	38 431	37 043	34 126	32 613
贵州	3	185	919	998	907	991
云南						
西藏						
陕西	49	2 490	17 803	17 523	16 600	16 563
甘肃	5	193	136	140	109	112
青海						
宁夏	1	50	6	6	28	28
新疆						
单列市合计	**767**	**57 748**	**431 635**	**384 075**	**399 103**	**358 388**
沈阳	32	1 839	7 920	8 136	6 570	6 389
大连	16	962	6 034	5 534	4 605	4 281
长春	10	384	1 213	1 312	1 019	1 102
哈尔滨	7	213	644	646	2 312	2 318
南京	130	10 918	98 422	84 605	91 009	79 326
宁波	362	24 591	197 514	167 158	181 341	155 909
厦门	3	32	123	125	115	115
青岛	34	3 647	25 933	25 635	23 927	23 821
武汉	11	339	1 669	1 769	1 511	1 607
广州	58	7 987	47 617	46 380	46 594	44 948
深圳						
成都	64	4 637	27 344	26 188	24 337	23 045
重庆	19	547	1 712	1 637	1 474	1 457
西安	21	1 652	15 490	14 950	14 289	14 070

39. 仪器仪表及其他计量器制造业

项目 地区	企业个数（个）	职工人数（人）	总产值（万元）		销售产值（万元）	
			1990年不变价	现行价	1990年不变价	现行价
全国总计	**2 352**	**132 109**	**599 468**	**576 694**	**543 638**	**533 327**
北京	60	2 363	14 931	15 746	11 552	16 266
天津	91	4 429	20 065	19 224	18 169	18 160
河北	53	2 227	5 741	5 699	5 583	5 477
山西	9	322	822	822	661	661
内蒙古	8	135	192	195	182	190
辽宁	98	3 893	15 925	15 052	14 023	13 245
吉林	11	276	363	373	287	308
黑龙江	18	1 114	3 616	3 365	2 202	2 220
上海	193	12 646	50 449	53 340	46 484	48 352
江苏	488	29 821	185 714	172 851	161 193	155 517
浙江	479	28 815	149 763	134 997	139 841	127 522
安徽	218	7 571	29 954	30 985	30 147	30 379
福建	46	2 495	14 070	14 315	12 814	13 226
江西	18	321	1 908	1 916	1 767	1 766
山东	101	7 046	38 500	38 420	34 074	33 500
河南	46	2 638	20 533	20 375	19 766	19 581
湖北	16	617	2 436	2 481	2 261	2 283
湖南	72	4 287	10 173	10 540	11 506	11 603
广东	200	15 707	19 010	20 085	17 841	19 389
广西	13	292	683	715	637	663
海南						
四川	64	3 364	9 231	9 922	7 688	8 009
贵州	2	22	12	12	11	11
云南	17	748	3 411	3 518	3 155	3 253
西藏						
陕西	27	807	1 421	1 379	1 440	1 402
甘肃	3	137	526	348	349	339
青海						
宁夏						
新疆	1	16	19	19	5	5
单列市合计	**421**	**26 946**	**140 353**	**125 944**	**130 657**	**117 740**
沈阳	6	289	2 210	2 264	1 835	1 880
大连	27	1 297	7 456	7 067	6 730	6 379
长春	5	162	241	251	187	208
哈尔滨	12	707	2 237	1 999	1 144	1 144
南京	35	2 027	13 086	12 101	12 372	11 490
宁波	224	16 249	92 385	78 830	88 086	76 379
厦门						
青岛	28	2 139	11 034	11 224	10 011	9 752
武汉	2	119	607	607	567	575
广州	9	435	1 803	1 756	1 902	1 827
深圳						
成都	15	671	2 084	2 751	1 801	2 219
重庆	45	2 466	6 480	6 430	5 320	5 238
西安	13	385	730	664	702	649

40. 其 他 工 业

项目 地区	企业个数（个）	职工人数（人）	总产值（万元）		销售产值（万元）	
			1990年不变价	现行价	1990年不变价	现行价
全国总计	**85 061**	**2 640 091**	**10 654 869**	**10 680 683**	**9 728 009**	**9 673 668**
北 京	1 611	65 479	483 057	488 395	422 856	212 185
天 津	271	15 855	78 977	79 361	72 267	72 412
河 北	7 040	223 533	857 656	815 579	770 507	791 114
山 西	622	13 841	36 543	34 868	31 236	31 881
内蒙古	310	5 724	11 215	10 383	9 530	8 889
辽 宁	1 655	52 660	207 011	205 870	176 523	178 662
吉 林	1 291	40 707	76 901	70 081	65 540	92 083
黑龙江	1 135	17 198	48 371	48 745	40 082	40 513
上 海	422	29 901	164 628	164 238	158 506	158 535
江 苏	11 742	432 760	2 868 717	2 851 417	2 633 955	2 619 815
浙 江	4 323	124 080	464 566	451 441	422 143	415 930
安 徽	3 696	94 593	289 146	302 228	239 608	249 745
福 建	3 827	133 363	444 088	458 628	371 324	378 289
江 西	3 140	67 719	179 205	178 378	164 629	166 202
山 东	6 724	236 047	1 453 665	1 463 821	1 341 574	1 381 484
河 南	5 922	200 947	696 565	692 210	633 127	636 287
湖 北	7 873	160 405	490 789	500 043	490 900	492 497
湖 南	5 310	107 588	216 205	212 730	209 640	202 049
广 东	10 472	455 527	1 147 952	1 210 434	1 092 997	1 168 017
广 西	897	13 353	32 262	34 825	29 407	30 595
海 南	78	1 039	2 857	3 067	2 600	2 787
四 川	3 859	89 037	264 998	254 972	227 687	221 196
贵 州	104	2 215	6 416	6 314	5 983	5 815
云 南	411	12 063	36 448	39 624	35 283	37 612
西 藏						
陕 西	1 612	25 247	65 758	65 214	52 107	51 254
甘 肃	401	11 607	20 993	20 577	18 495	17 504
青 海	100	2 617	3 602	3 597	3 146	3 211
宁 夏	83	2 054	1 405	7 660	1 946	2 053
新 疆	130	2 932	4 873	5 983	4 411	5 052
单列市合计	**6 029**	**177 521**	**860 443**	**880 918**	**785 558**	**792 245**
沈 阳	385	13 763	56 236	57 647	45 488	46 779
大 连	314	14 699	73 698	72 915	71 232	73 354
长 春	214	9 944	20 880	21 613	20 419	20 260
哈尔滨	87	2 201	5 690	5 759	4 972	4 957
南 京	171	7 230	35 525	34 615	32 655	31 589
宁 波	1 007	23 816	111 409	132 111	102 641	100 143
厦 门	298	6 027	25 725	24 769	18 327	18 524
青 岛	583	23 980	155 251	151 061	140 260	139 650
武 汉	718	17 417	65 434	64 399	67 870	68 163
广 州	531	21 112	140 735	145 518	132 190	140 598
深 圳						
成 都	815	18 966	120 554	122 073	107 237	105 584
重 庆	490	11 311	23 274	22 653	22 024	21 406
西 安	416	7 055	26 032	25 785	20 243	21 238

1993年乡村企业能源

地区 \ 项目	原煤（万吨）	焦炭（万吨）	汽油（万吨）	柴油（万吨）	重油（万吨）	电（万千
						合计
全国总计	**33 130**	**1 845**	**1 189**	**2 254**	**10 795**	**12 001 282**
北京	263	20	16	7		329 382
天津	2 720	14	18	5	1	154 716
河北	1 628	183	33	53	2	822 478
山西	3 384	347	18	41	1	477 261
内蒙古	207	11	18	11	2	50 455
辽宁	728	165	47	46	22	416 171
吉林	357	44	33	21	1	116 096
黑龙江	171	8	5	6	1	218
上海						
江苏	1 691	177	50	52	28	1 452 949
浙江	871	30	15	18	3	877 722
安徽	912	83	63	98	4 628	297 981
福建	259	13	14	33	1	671 211
江西	428	8	4	11		270 052
山东	2 116	104	47	66	9	1 959 504
河南	8 778	70	15	24	1	1 145 261
湖北	917	97	59	352	1	512 964
湖南	634	34	9	17	3	119
广东	811	21	33	114	66	290
广西	292	11	2	12		257 590
海南	17	19	12	27	235	11 563
四川	1 099	52	127	15		1 158 445
贵州	87	20	1	2		317 595
云南	215	47	9	8		149 350
西藏						
陕西	568	45	48	69	1 089	211 156
甘肃	3 806	208	475	1 135	4 696	256 022
青海	13	7	1	1	5	55 809
宁夏	47	3	1	1		26
新疆	111	4	16	9		28 986
单列市合计	**1 382**	**129**	**69**	**106**	**240**	**1 085 548**
沈阳	68	13	5	4		27 700
大连	219	17	9	21	13	136 781
长春	140	20	8	7		37 240
哈尔滨	29	3	1	1		21
南京	88	10	4	3	2	80 457
宁波	61	6	4	3		14
厦门	5		1	1		28 448
青岛	111	11	6	6	6	138 707
武汉	135	11	3	10	1	69 272
广州	101	2	18	43	6	156 662
深圳						
成都	204	14	3	3		181 784
重庆	143	8	3	2		190 297
西安	78	14	4	2	212	38 165

及主要原材料消耗

瓦小时） 自备电	生铁 （万吨）	钢材 （万吨）	废次钢材 （万吨）	原木 （立方米）	锯材 （立方米）	水泥 （万吨）
407 364	**2 172**	**3 984**	**1 253**	**16 337 656**	**4 661 844**	**10 916**
8 761	34	78	15	303 976	200 504	208
1 886	31	224	30	21	10	47
15 387	292	218	264	1 011 120	216 467	464
15 241	141	38	28	621 837	74 680	117
83	27	82	16	279 205	38 310	115
3 663	136	374	111	1 318 161	521 574	409
124	148	51	51	420 678	160 282	960
5	15	14	11	668 636	346 158	29
86 602	180	697	116		100	773
29 785	63	247	52	104	39	477
4 932	185	178	71	1 237 741	335 317	833
42 390	31	80	20	1 378 392	451 496	236
13 301	16	33	12	1 112 518	170 922	145
41 283	227	387	73	2 979 328	986 466	1 004
9 548	125	216	45	1 294 651	230 620	585
50 987	84	136	41	131	70	479
10	44	98	21	2 059 742	483 643	490
21	33	231	57	152	107	583
19 925	12	36	8	852 163	218 029	148
470	4	120	2	57 424	35 928	987
52 522	61	222	35			768
3 673	2	6	5	137 171	46 406	86
1 681	13	45	15	35	23	365
2 249	58	89	22	307 941	76 377	365
592	191	60	130	210 649	46 478	161
	1	3	1	14 224	4 981	7
	2	3		7	3	20
2 243	16	18	1	71 649	16 854	55
55 224	**323**	**497**	**111**	**2 490 967**	**956 646**	**910**
123	29	36	9	225 058	91 035	35
376	34	104	25	455 537	202 909	139
33	126	19	11	61 984	37 829	26
	6	5	2	86 509	29 919	7
2 212	20	37	7		114 096	72
1	10	45	7	81 608	45 573	43
438		2		15 042	2 257	12
4 818	25	52	7	331 269	214 774	96
20 632	19	23	9	140 000	130 000	44
9 469	3	32	5	20	16	85
15 848	31	99	14	664 916	69 373	192
1 038	10	27	10	382 660	1 403	127
236	10	16	5	46 373	17 462	32

1993年乡村企业

项目 地区	大专及以上文化程度职工	高中及中专文化程度职工	初中文化程度职工	工程技术人员		
				合计	中级职称及以上人员	初级职称人员
全国总计	**532 978**	**11 527 016**	**30 534 582**	**2 169 542**	**607 116**	**1 493 759**
北京	13 903	218 450	645 420	52 760	15 784	33 039
天津	7 135	171 333	405 351	33 870	8 250	24 767
河北	28 737	711 806	1 492 842	121 308	22 249	68 301
山西	8 041	304 415	965 167	62 817	11 190	41 416
内蒙古	1 971	105 889	217 538	22 340	2 903	11 673
辽宁	22 887	304 420	1 590 189	99 671	21 133	54 184
吉林	5 085	144 979	375 221	23 906	4 175	14 986
黑龙江	5 239	119 210	337 728	26 444	6 584	18 147
上海	14 284	151 347	772 808	55 546	24 708	90 149
江苏	58 131	1 261 655	3 876 121	245 772	59 350	143 502
浙江	25 385	598 197	2 001 673	81 890	20 090	57 223
安徽	12 231	312 687	1 218 412	102 619	18 380	58 478
福建	10 226	385 340	914 030	38 217	5 744	25 989
江西	8 553	237 477	596 332	57 348	10 131	33 993
山东	77 531	1 585 013	4 163 043	365 597	78 608	245 831
河南	26 099	850 551	1 567 166	235 114	37 828	119 630
湖北	15 138	629 458	1 367 655	116 640	16 867	75 230
湖南	14 883	542 209	1 214 090	125 918	17 252	76 426
广东	40 148	1 231 128	2 503 325	98 390	15 438	64 696
广西	9 503	167 036	361 291	24 490	3 031	12 808
海南	1 553	22 661	32 497	2 135	621	1 219
四川	84 099	780 965	2 418 746	37 585	183 048	131 065
贵州	2 894	37 277	151 495	10 798	2 648	6 000
云南	6 593	90 805	366 099	48 767	6 745	31 940
西藏						
陕西	11 162	310 061	537 020	41 819	7 225	28 660
甘肃	16 061	179 128	265 479	21 425	3 547	13 206
青海	442	10 576	26 164	2 205	400	1 570
宁夏	666	21 003	48 342	3 871	791	2 361
新疆	4 398	41 940	103 338	10 280	2 396	7 270
单列市合计	**109 470**	**1 267 598**	**3 568 236**	**261 045**	**53 747**	**173 025**
沈阳	3 770	49 197	217 105	14 913	2 844	6 781
大连	8 340	109 518	467 268	39 428	7 219	19 107
长春	1 923	41 373	110 709	6 953	1 623	4 467
哈尔滨	1 589	21 952	63 315	5 069	1 476	3 860
南京	4 888	115 208	265 898	18 513	4 097	11 682
宁波	4 308	108 486	386 898	12 213	3 055	8 085
厦门	396	7 430	20 480	1 604	141	658
青岛	5 381	177 452	484 972	40 925	9 436	26 604
武汉	4 008	80 928	183 103	20 283	2 666	16 004
广州	4 703	113 701	270 644	11 469	2 290	7 499
深圳						
成都	60 999	167 726	404 658	42 930	11 028	31 902
重庆	5 660	196 324	567 116	35 115	5 352	29 360
西安	3 505	78 303	126 070	11 630	2 520	7 016

职工素质情况

聘用人员			培训人员		
合 计	具有技术职称人员	技术工人	合 计	大专及以上(含业大、电大)培训数	中专及技校培训数
1 425 609	**441 997**	**969 829**	**1 676 530**	**194 534**	**734 920**
37 624	11 958	22 695	16 625	2 677	10 394
31 059	9 055	17 821	23 113	1 509	10 998
74 711	20 120	52 283	156 932	6 234	32 529
34 677	8 333	23 352	74 639	2 712	11 975
5 967	1 851	2 982	16 741	545	1 047
50 082	16 795	38 501	48 859	7 560	12 524
12 823	4 128	9 353	12 202	1 026	3 429
14 323	4 501	9 338	31 405	977	6 015
48 068	19 034	30 839	15 263	3 228	6 792
137 381	46 566	84 755	104 442	16 615	33 174
49 120	19 441	26 354	25 465	2 546	22 881
56 487	11 463	42 689	127 474	4 013	32 675
63 517	11 026	42 219	51 102	2 681	13 197
39 101	5 943	26 565	34 386	2 245	7 386
158 603	52 943	90 113	398 235	60 764	193 941
97 187	27 104	86 702	215 320	25 367	35 882
72 438	20 141	39 918	90 600	5 507	21 355
73 837	15 361	45 631	44 134	4 054	20 543
201 162	31 113	81 380	79 627	5 587	23 612
14 033	2 661	8 760	8 714	829	2 083
2 669	293	1 365	778	140	283
35 662	79 685	102 794	9 125	32 332	212 933
23 822	2 894	14 674	4 989	577	813
32 560	5 522	21 363	2 358	388	1 620
23 321	6 188	15 015	57 152	2 588	8 839
22 588	5 679	20 623	19 237	1 003	6 057
1 201	306	813	1 796	36	107
2 950	447	2 340	1 627	269	532
8 636	1 446	8 592	4 190	525	1 304
150 606	**49 224**	**99 190**	**157 470**	**20 607**	**56 624**
7 454	3 109	14 308	12 185	540	2 588
16 657	5 718	8 211	18 835	5 445	3 393
3 873	1 276	2 488	1 502	171	762
3 958	1 507	2 511	3 075	337	1 439
13 106	3 522	9 097	9 246	1 366	4 441
10 374	4 194	5 812	3 886	573	3 313
2 054	233	1 455	222	13	102
14 809	5 295	7 537	27 843	4 463	16 264
9 476	2 712	6 452	27 382	1 398	6 980
21 883	4 579	13 820	7 737	467	2 838
20 043	8 069	10 708	19 420	2 300	7 583
20 041	6 491	12 929	16 400	2 797	5 107
6 878	2 519	3 862	9 737	737	1 814

1993 年乡村企业

(一)

项目 地区	施工项目数（个）	新开工项目数（个）	投产项目数（个）	完成 合计	1. 国家扶持资金	2. 主管部门下拨资金
全国总计	**272 765**	**228 552**	**230 634**	**21 762 700**	**236 589**	**846 984**
北京	2 879	2 020	2 511	330 576	1 300	68 574
天津	2 531	2 158	2 152	260 217	1 442	27 438
河北	20 126	17 028	16 695	1 464 716	9 350	28 972
山西	6 492	5 150	4 899	378 065	3 795	10 497
内蒙古	3 787	3 462	3 239	123 315	4 224	5 070
辽宁	10 307	9 228	9 147	920 467	7 927	34 911
吉林	5 074	4 726	4 403	316 727	11 928	1 867
黑龙江	5 101	4 350	4 177	133 186	2 026	3 750
上海	2 790	1 860	2 813	561 200	8 769	58 100
江苏	33 261	27 105	27 653	3 930 415	30 230	76 734
浙江	18 805	14 123	15 477	1 930 311	31 274	69 804
安徽	17 061	14 892	15 105	687 808	12 013	20 274
福建	6 010	4 741	4 495	555 256	6 253	14 120
江西	8 287	7 252	7 394	310 519	3 522	12 216
山东	38 052	32 874	33 341	3 326 077	11 396	174 058
河南	18 759	15 678	16 379	1 002 495	12 890	38 153
湖北	9 217	7 933	7 869	332 042	4 366	13 975
湖南	12 010	10 265	10 669	523 915	6 595	24 365
广东	14 336	11 937	11 608	2 597 668	26 785	113 365
广西	5 297	4 212	4 253	290 052	2 665	7 423
海南	423	340	303	67 863	2 107	1 076
四川	20 170	17 235	16 374	1 056 288	10 609	20 319
贵州	1 462	1 207	1 022	88 440	4 172	1 207
云南	2 071	1 464	1 443	206 965	12 327	7 966
西藏						
陕西	4 189	3 577	3 711	181 044	2 668	6 727
甘肃	2 603	2 230	2 078	97 778	4 079	2 362
青海	283	274	272	15 973	534	44
宁夏	437	374	390	21 844	286	826
新疆	945	857	762	51 478	1 057	2 791
单列市合计	**27 274**	**30 863**	**23 421**	**2 535 955**	**22 138**	**88 939**
沈阳	1 353	1 202	1 120	98 551	1 035	4 839
大连	2 746	2 482	2 403	395 786	1 006	18 321
长春	1 749	1 690	1 464	138 990	35	97
哈尔滨	645	548	510	32 856	156	943
南京	2 152	9 052	1 752	241 446	2 284	5 407
宁波	3 509	2 878	3 175	317 418	8 765	18 090
厦门	357	338	318	33 657	19	932
青岛	3 852	3 467	3 433	330 743	1 747	9 134
武汉	1 054	758	840	62 871	608	4 727
广州	1 729	1 399	1 465	351 157	2 493	15 821
深圳						
成都	2 720	2 292	2 235	296 903	1 249	5 512
重庆	4 846	4 274	4 136	182 534	2 279	3 462
西安	562	483	570	53 043	462	1 654

固定资产投资

总计

的固定资产投资资金来源（万元）						新增固定资产（万元）
3. 银行贷款	4. 引进资金		5. 自有资金		6. 其他资金	
	小计	引进外资	小计	群众集资		
6 710 210	**3 583 011**	**1 803 481**	**8 017 209**	**1 763 389**	**2 368 697**	**17 627 930**
100 191	50 617	18 296	84 114	4 251	25 780	196 114
89 385	29 050	13 645	89 740	11 032	23 162	212 095
476 230	222 027	63 586	602 784	178 805	125 353	1 291 739
124 918	74 640	21 165	139 589	37 323	24 626	297 150
42 031	24 746	4 790	36 272	10 441	10 972	112 357
273 385	154 988	64 284	371 173	116 291	78 083	734 566
70 334	88 201	17 865	137 084	29 621	7 313	267 173
29 690	31 830	1 762	56 112	11 804	9 778	100 714
187 854	101 526	74 217	141 567	12 965	63 384	413 470
1 042 272	612 210	337 350	1 630 617	206 376	538 352	3 027 178
609 420	187 967	78 534	758 201	100 259	273 645	1 539 262
222 722	57 246	19 697	307 839	66 593	67 714	519 580
109 403	177 796	128 800	214 507	111 808	33 177	433 059
83 401	85 770	44 400	94 496	22 790	31 114	249 385
987 849	445 981	228 513	1 270 666	267 301	436 127	2 693 913
343 390	146 738	31 435	355 336	118 635	105 988	836 921
107 002	50 350	15 804	115 950	32 453	40 399	266 561
177 872	60 432	22 897	202 939	85 386	51 712	399 653
925 571	649 024	527 332	680 645	173 468	202 278	2 392 479
127 765	43 276	15 451	85 499	26 322	23 424	241 393
23 456	24 388	8 654	16 135	1 663	701	65 593
302 550	166 791	41 069	415 106	79 789	140 913	822 607
23 257	30 211	4 932	27 892	5 407	1 701	64 902
88 907	22 390	4 319	51 156	7 193	24 219	152 705
65 862	21 549	10 191	70 216	24 720	14 022	146 400
30 768	12 509	1 189	39 649	12 723	8 411	76 761
5 822	3 817	1 730	5 261	2 100	495	15 629
12 002	1 556	537	5 704	1 881	1 470	20 428
26 901	5 385	1 037	10 960	3 989	4 384	38 143
713 351	**528 108**	**276 848**	**971 810**	**188 852**	**211 609**	**2 015 566**
25 911	15 386	11 233	47 206	36 603	4 174	86 534
102 675	60 023	20 454	188 883	41 424	24 878	272 116
18 551	55 056	12 384	64 344	14 836	907	125 608
8 435	6 067	804	16 725	2 935	530	22 119
87 475	54 729	24 083	77 947	5 491	13 604	182 077
96 535	20 665	8 464	119 386	15 399	53 977	259 390
11 570	11 796	11 163	8 217	3 914	1 123	18 791
86 259	69 020	50 582	136 314	16 382	28 269	281 680
12 595	12 331	6 412	28 352	1 649	4 258	46 262
123 323	111 984	96 534	74 888	13 530	22 648	314 368
65 343	78 106	23 349	114 704	13 449	31 989	215 692
52 988	23 698	5 375	78 851	19 258	21 256	149 802
21 691	9 247	6 011	15 993	3 982	3 996	41 127

（二）按建设

1. 新

项目 / 地区	施工项目数（个）	新开工项目数（个）	投产项目数（个）	完成		
				合计	1. 国家扶持资金	2. 主管部门下拨资金
全国总计	**162 265**	**145 502**	**137 795**	**13 356 041**	**120 005**	**572 930**
北京	1 483	1 128	1 327	191 670	491	57 162
天津	1 173	992	915	153 225	838	17 353
河北	13 650	11 998	11 264	1 048 692	6 926	20 197
山西	4 651	3 977	3 401	281 115	2 239	5 129
内蒙古	3 053	2 925	2 656	91 689	3 451	3 786
辽宁	7 255	6 714	6 382	662 343	6 744	24 413
吉林	3 953	3 863	3 484	248 968	11 097	1 667
黑龙江	3 917	3 510	3 397	99 042	1 479	2 794
上海	682	412	614	182 189	2 390	25 987
江苏	14 626	12 357	12 105	2 143 751	13 672	51 551
浙江	6 840	5 868	5 678	782 591	8 798	46 002
安徽	11 443	10 537	10 156	439 462	6 974	14 329
福建	4 425	3 711	3 230	429 601	3 862	9 946
江西	4 155	4 825	4 579	199 107	2 110	9 428
山东	21 985	20 001	19 247	1 959 101	5 418	108 291
河南	13 447	11 693	11 747	700 893	8 394	29 256
湖北	5 225	4 824	4 516	196 684	2 193	9 665
湖南	7 162	6 649	6 390	312 142	3 369	15 279
广东	9 941	8 544	7 852	2 007 255	14 589	90 724
广西	3 402	3 062	2 856	200 351	1 425	6 097
海南	340	306	243	59 213	731	1 067
四川	12 521	11 332	9 965	660 847	5 322	13 398
贵州	1 112	989	820	63 835	2 183	710
云南						
西藏						
陕西	2 808	2 527	2 476	124 004	1 506	4 499
甘肃	1 888	1 699	1 514	60 438	2 432	1 777
青海	212	206	199	10 795	405	44
宁夏	281	262	254	14 080	192	499
新疆	635	591	528	32 958	775	1 880
单列市合计	**15 518**	**13 927**	**13 044**	**1 570 796**	**8 011**	**60 647**
沈阳	982	905	814	64 454	777	4 644
大连	1 655	1 527	1 391	258 697	799	10 719
长春	1 431	1 431	1 195	109 539		85
哈尔滨	524	411	383	24 642	114	688
南京	914	773	740	153 011	1 061	3 119
宁波	1 060	909	950	109 497	2 556	11 659
厦门	308	291	272	30 288	12	736
青岛	2 041	1 894	1 779	194 459	547	6 388
武汉	518	389	357	38 756	140	3 790
广州	1 134	932	957	254 184	335	12 294
深圳						
成都	1 636	1 412	1 291	182 127	362	4 042
重庆	3 002	2 748	2 551	117 673	1 155	1 625
西安	313	305	364	33 469	153	858

性质分

建

的固定资产投资资金来源（万元）							新增固定资产（万元）
3. 银行贷款	4. 引进资金		5. 自有资金		6. 其他资金	
	小　计	引进外资	小　计	群众集资		
3 983 603	**2 631 048**	**1 392 184**	**4 672 311**	**1 143 697**	**1 376 144**	**10 804 738**
45 226	34 274	14 068	44 183	1 783	10 334	102 987
53 743	22 987	12 139	44 200	6 102	14 104	121 677
330 615	177 187	53 676	423 259	119 505	90 508	906 452
87 828	63 650	19 335	103 136	29 621	19 133	217 508
26 827	21 897	4 034	27 613	8 093	8 115	87 438
196 908	131 698	52 846	247 557	76 972	55 023	521 736
48 373	72 398	15 462	109 818	22 688	5 615	200 177
22 077	23 670	1 353	41 737	9 065	7 285	77 348
50 947	47 035	41 064	36 335	3 855	19 495	126 285
554 985	419 008	242 523	814 958	114 178	289 577	1 612 607
237 871	99 751	41 672	288 877	45 713	101 292	592 177
139 574	44 478	17 128	193 322	46 551	40 785	321 530
77 930	148 324	106 006	166 090	89 378	23 449	317 234
48 971	62 909	35 748	56 513	14 515	19 176	161 199
561 724	327 271	174 915	688 452	151 776	267 945	1 589 044
241 529	105 252	24 883	245 333	89 939	71 129	584 031
63 728	32 833	11 596	65 843	19 537	22 422	156 537
98 119	43 207	17 588	119 680	53 308	32 488	235 579
703 063	527 299	445 489	519 702	130 555	151 878	1 886 933
82 574	36 833	13 736	58 265	19 699	15 157	170 703
21 779	19 824	6 524	15 229	1 476	583	58 484
187 060	108 789	24 199	253 471	51 707	92 807	510 367
13 535	26 380	4 360	19 841	4 541	1 186	49 572
44 631	16 330	7 838	49 106	18 320	7 932	97 251
16 247	9 374	1 090	25 843	9 012	4 765	50 990
3 602	3 597	1 712	2 762	1 355	385	10 451
7 462	999	484	3 840	1 349	1 088	13 302
16 675	3 794	716	7 346	3 104	2 488	25 139
420 371	**406 284**	**221 844**	**562 071**	**121 263**	**113 412**	**1 225 051**
14 900	11 859	8 383	29 492	22 892	2 782	59 936
66 142	52 104	17 460	116 062	22 903	12 871	168 473
14 124	45 242	10 972	49 205	11 524	883	100 285
6 326	4 550	587	12 552	2 142	412	16 589
54 168	43 073	21 579	43 980	2 560	7 610	106 538
28 292	9 210	3 924	41 512	9 594	16 268	92 162
10 367	11 010	10 710	7 040	3 606	1 123	16 793
42 518	56 321	40 948	71 827	12 030	16 858	163 782
7 201	8 339	5 261	16 564	644	2 722	28 159
85 925	98 119	83 478	44 999	8 656	12 512	218 656
41 867	41 115	8 690	71 659	9 161	23 082	132 611
34 423	19 188	5 355	46 971	12 888	14 311	96 214
14 118	6 154	4 497	10 208	2 663	1 978	24 853

2. 扩

项目 地区	施工项目数（个）	新开工项目数（个）	投产项目数（个）	完成		
				合计	1. 国家扶持资金	2. 主管部门下拨资金
全国总计	**56 399**	**43 147**	**48 202**	**4 887 699**	**68 278**	**151 826**
北京	802	510	672	81 978	404	7 748
天津	725	612	652	69 150	442	9 274
河北	3 003	2 352	2 585	222 200	1 925	4 472
山西	1 008	616	833	56 690	1 089	3 287
内蒙古	439	342	357	20 813	458	724
辽宁	1 492	1 204	1 315	141 378	601	7 737
吉林	516	423	461	30 094	412	146
黑龙江	497	380	360	16 742	268	469
上海	707	403	583	144 231	2 044	15 401
江苏	10 787	8 449	8 910	1 160 426	13 836	14 472
浙江	6 702	4 879	5 834	733 839	15 248	15 573
安徽	3 225	2 461	2 849	167 093	3 452	4 214
福建	866	581	706	88 783	1 187	2 056
江西	1 539	1 262	1 349	54 999	741	1 582
山东	7 297	5 987	6 494	696 731	3 860	26 140
河南	3 190	2 543	2 909	220 202	2 322	5 976
湖北	2 280	1 789	1 886	92 893	1 502	2 944
湖南	3 211	2 392	2 828	152 974	2 269	5 725
广东	2 464	1 728	1 904	397 107	9 537	17 852
广西	962	660	781	69 198	944	837
海南	51	23	34	4 777	280	
四川	2 765	2 120	2 373	172 196	3 091	2 722
贵州	159	97	90	11 827	389	65
云南						
西藏						
陕西	887	674	776	34 701	644	1 012
甘肃	490	371	374	24 828	971	486
青海	46	45	44	2 166	129	
宁夏	104	86	97	5 894	46	281
新疆	185	158	146	13 789	187	631
单列市合计	**5 904**	**4 822**	**5 131**	**508 112**	**9 982**	**16 923**
沈阳	126	98	103	10 897	14	75
大连	596	521	532	80 393	130	5 216
长春	167	136	167	9 258	35	12
哈尔滨	96	55	51	3 286	16	94
南京	635	489	494	53 106	911	1 378
宁波	1 441	1 160	1 322	115 647	4 282	3 433
厦门	35	33	32	2 515	7	193
青岛	903	827	819	75 044	838	1 939
武汉	269	190	261	12 728	253	444
广州	341	254	265	59 276	2 028	2 596
深圳						
成都	464	373	394	48 457	621	1 082
重庆	674	576	574	26 020	582	294
西安	157	110	117	11 485	265	167

建

的固定资产投资资金来源（万元）							新增固定资产（万元）
3. 银行贷款	4. 引进资金		5. 自有资金		6. 其他资金		
	小　计	引进外资	小　计	群众集资			
1 641 963	**551 384**	**242 397**	**1 938 533**	**376 566**	**535 715**		**3 973 916**
32 727	7 332	1 886	22 385	1 325	11 382		55 545
22 543	3 897	904	27 512	2 820	5 482		56 718
80 123	26 964	6 663	94 420	33 216	14 296		208 241
23 132	5 470	883	20 525	5 440	3 187		48 503
11 369	2 376	715	5 241	1 225	645		16 492
45 706	11 929	6 162	63 972	20 104	11 433		112 833
10 218	4 677	659	13 652	2 215	989		21 466
3 733	4 001	208	7 048	1 145	1 223		10 569
56 697	19 361	9 928	34 229	3 164	16 499		100 315
319 362	132 794	64 670	531 452	63 184	148 510		915 039
240 670	54 502	21 805	300 652	39 910	107 194		594 226
62 416	9 088	1 849	70 834	13 133	17 089		131 721
23 505	23 938	18 784	32 918	18 476	5 179		84 362
19 622	10 863	5 999	17 716	5 209	4 475		45 290
231 836	66 275	32 629	293 353	58 164	75 267		575 940
75 006	34 673	5 213	79 228	21 147	22 997		190 310
30 282	12 984	3 403	32 464	8 670	12 717		74 371
57 945	12 632	4 089	60 277	24 300	14 126		118 301
165 675	69 850	49 992	104 645	25 922	29 548		350 190
35 100	4 556	981	21 845	5 263	5 916		55 331
1 084	2 824	1 757	471	15	118		4 534
53 694	19 454	722	71 796	14 032	21 439		126 923
4 164	2 651	160	4 327	623	231		8 979
13 813	4 597	2 109	12 924	4 480	1 711		32 683
9 514	2 126	33	9 378	2 277	2 353		17 554
785	20	18	1 148	184	84		2 166
3 079	500	8	1 709	521	279		5 731
8 163	1 050	168	2 412	402	1 346		9 583
169 173	**54 935**	**22 404**	**210 860**	**32 720**	**46 239**		**405 311**
5 013	985	540	4 464	2 740	346		9 834
22 829	3 756	1 444	40 573	12 839	7 889		59 253
1 501	1 389	200	6 297	547	24		7 652
844	607	80	1 672	294	53		2 212
20 193	7 826	1 705	19 617	1 596	3 181		45 062
38 390	7 017	2 340	44 368	3 450	18 157		82 515
933	643	310	739	308			1 402
23 896	8 658	6 723	34 719	2 821	4 994		65 631
3 221	2 421	778	5 853	495	536		9 704
26 945	6 746	6 651	17 845	2 185	3 116		60 426
11 034	9 746	259	20 950	2 378	5 024		31 262
9 199	2 293	15	11 142	2 140	2 510		19 797
5 175	2 848	1 359	2 621	927	409		10 561

3. 改

项目 地区	施工项目数（个）	新开工项目数（个）	投产项目数（个）	完成		
				合计	1. 国家扶持资金	2. 主管部门下拨资金
全国总计	**37 148**	**28 454**	**31 348**	**2 354 132**	**22 886**	**84 453**
北京	313	206	254	38 944	338	2 538
天津	447	396	423	30 380	92	652
河北	2 663	2 197	2 279	168 385	371	3 478
山西	692	451	550	30 932	236	1 968
内蒙古	192	143	151	6 131	230	393
辽宁	1 161	979	1 071	83 583	292	1 971
吉林	460	360	377	25 664	201	54
黑龙江	578	410	390	15 790	253	442
上海	460	275	399	68 233	1 526	7 918
江苏	5 668	4 518	4 857	454 178	1 717	8 638
浙江	3 763	2 330	2 696	314 101	5 966	5 493
安徽	1 776	1 446	1 537	75 543	1 233	1 206
福建	396	278	336	15 734	661	919
江西	1 122	866	996	41 833	469	949
山东	7 222	5 729	6 306	534 297	1 952	33 335
河南	1 435	1 018	1 253	59 709	1 223	1 969
湖北	1 223	965	1 059	31 801	426	1 182
湖南	1 424	1 070	1 264	52 063	860	2 610
广东	1 038	843	843	96 139	1 336	3 819
广西	427	322	368	15 079	231	357
海南	18	9	11	884	40	
四川	3 847	3 010	3 223	157 049	2 070	3 051
贵州	105	84	77	4 875	301	30
云南						
西藏						
陕西	427	332	404	19 841	516	1 085
甘肃	151	107	120	6 565	232	94
青海	20	20	18	1 770		
宁夏	32	15	21	631	48	22
新疆	88	75	65	3 998	66	280
单列市合计	**4 387**	**3 524**	**3 839**	**316 267**	**3 307**	**8 976**
沈阳	182	159	165	20 962	51	115
大连	298	249	264	30 500	48	955
长春	96	94	71	11 391		
哈尔滨	96	66	61	3 943	19	113
南京	529	422	456	31 966	312	805
宁波	761	606	662	72 844	1 484	2 440
厦门	7	7	7	405		
青岛	740	598	677	50 506	305	764
武汉	181	126	164	9 057	165	429
广州	118	103	105	17 855	111	891
深圳						
成都	447	358	384	28 608	260	303
重庆	853	678	744	30 426	508	1 532
西安	79	58	79	7 804	44	629

建

的固定资产投资资金来源（万元）

3. 银行贷款	4. 引进资金		5. 自有资金		6. 其他资金	新增固定资产（万元）
	小 计	引进外资	小 计	群众集资		
759 767	**224 807**	**81 843**	**972 765**	**184 511**	**289 454**	**1 912 498**
16 703	6 056	204	9 832	683	3 477	23 341
10 933	1 429	235	15 166	1 709	2 108	26 790
56 371	15 508	2 743	75 143	23 110	17 514	143 792
10 587	4 697	852	11 609	1 693	1 835	24 787
2 699	386	41	1 999	527	424	5 638
25 284	9 935	4 534	37 495	16 070	8 606	68 464
9 924	4 978	506	9 831	4 718	676	26 337
3 521	3 774	201	6 648	1 346	1 152	11 482
29 362	8 706	5 311	14 675	1 471	6 046	54 317
131 668	42 005	18 464	207 795	21 175	62 355	366 686
101 667	25 422	10 463	126 158	11 535	49 395	257 712
26 504	2 850	630	36 667	5 387	7 083	54 135
4 272	2 766	1 734	6 273	2 819	843	13 178
12 466	8 532	2 263	15 286	1 796	4 131	34 232
160 495	41 312	15 279	228 095	48 158	69 108	434 475
21 856	4 742	1 110	22 045	5 700	7 874	49 194
9 958	3 913	755	13 059	3 462	3 263	25 913
19 909	4 184	1 138	20 304	6 775	4 196	40 009
32 438	19 793	13 027	28 056	10 994	10 697	82 157
7 594	912	327	4 234	1 108	1 751	11 638
485	33		326			774
50 255	10 472	1 309	69 823	11 103	21 378	128 859
1 972	660	370	1 709	152	203	3 555
6 353	615	237	7 232	1 781	4 040	14 411
3 176	546	35	1 798	369	719	5 364
955	200		589	452	26	1 770
407	55	45	41	11	58	633
1 953	326	30	877	407	496	2 855
99 120	**25 941**	**9 560**	**143 101**	**29 191**	**35 822**	**262 102**
5 726	2 224	2 100	12 143	10 841	703	15 088
9 828	3 778	1 410	13 296	3 192	2 595	19 226
2 224	3 164		6 003	2 765		9 676
1 012	728	96	2 007	352	64	2 654
12 044	3 501	734	12 817	1 247	2 487	27 689
25 870	3 641	2 034	27 308	1 793	12 101	64 309
260			145			340
17 626	1 916	1 226	24 820	1 405	5 075	43 017
1 966	1 422	354	4 278	463	797	6 486
3 273	1 443	1 246	7 517	2 325	4 620	17 994
9 995	2 206	200	13 283	1 251	2 561	23 469
7 029	1 673	5	16 412	3 165	3 272	26 685
2 267	245	155	3 072	392	1 547	5 460

4. 其

项目 地区	施工项目数（个）	新开工项目数（个）	投产项目数（个）	完成 合计	1. 国家扶持资金	2. 主管部门下拨资金
全国总计	**16 953**	**11 449**	**13 289**	**1 164 828**	**25 420**	**37 775**
北京	281	176	258	17 984	67	1 126
天津	186	158	162	7 462	70	159
河北	810	481	567	25 439	128	825
山西	141	106	115	9 328	231	113
内蒙古	103	52	75	4 682	85	167
辽宁	399	331	379	33 163	290	790
吉林	145	80	81	12 001	218	
黑龙江	109	50	30	1 612	26	45
上海	941	770	1 217	166 547	2 809	8 794
江苏	2 180	1 781	1 781	172 060	1 005	2 073
浙江	1 500	1 046	1 269	99 780	1 262	2 736
安徽	617	448	563	5 710	354	525
福建	323	171	223	21 138	543	1 199
江西	1 471	299	470	14 580	202	257
山东	1 548	1 157	1 294	135 948	166	6 292
河南	687	424	470	21 691	951	952
湖北	489	355	408	10 664	245	184
湖南	213	154	187	6 736	97	751
广东	893	822	1 009	97 167	1 323	970
广西	506	168	248	5 424	65	132
海南	14	2	15	2 989	1 056	9
四川	1 073	773	813	66 196	126	1 148
贵州	86	37	35	7 903	1 299	402
云南	2 071	1 464	1 443	206 965	12 327	7 966
西藏						
陕西	67	44	55	2 498	2	131
甘肃	74	53	70	5 947	444	5
青海	5	3	11	1 242		
宁夏	20	11	18	1 239		24
新疆	37	33	23	733	29	
单列市合计	**1 465**	**8 590**	**1 407**	**140 780**	**838**	**2 393**
沈阳	63	40	38	2 238	193	5
大连	197	185	216	26 196	29	1 431
长春	55	29	31	8 802		
哈尔滨	71	16	15	985	7	48
南京	74	7 368	62	3 363		105
宁波	247	203	241	19 430	443	558
厦门	7	7	7	449		3
青岛	168	148	158	10 734	57	43
武汉	86	53	58	2 330	50	64
广州	136	110	138	19 842	19	40
深圳						
成都	173	149	166	37 711	6	85
重庆	317	272	267	8 415	34	11
西安	13	10	10	285		

他

的固定资产投资资金来源（万元）						新增固定资产（万元）
3. 银行贷款	4. 引进资金		5. 自有资金		6. 其他资金	
	小计	引进外资	小计	群众集资		
324 877	**175 772**	**87 057**	**433 600**	**58 615**	**167 384**	**936 778**
5 535	2 955	2 138	7 714	460	587	14 241
2 166	737	367	2 862	401	1 468	6 910
9 121	2 368	504	9 962	2 974	3 035	33 254
3 371	823	95	4 319	569	471	6 352
1 136	87		1 419	596	1 788	2 789
5 487	1 426	742	22 149	3 145	3 021	31 533
1 819	6 148	1 238	3 783		33	19 193
359	385		679	248	118	1 315
50 848	26 424	17 914	56 328	4 475	21 344	132 553
36 257	18 403	11 693	76 412	7 839	37 910	132 846
29 212	8 292	4 594	42 514	3 101	15 764	95 147
5 772	830	90	7 016	1 522	2 757	12 194
3 696	2 768	2 276	9 226	1 135	3 706	18 285
2 342	3 466	390	4 981	1 270	3 332	8 664
33 794	11 123	5 690	60 766	9 203	23 807	94 454
4 999	2 071	229	8 730	1 849	3 988	13 386
3 034	620	50	4 584	784	1 997	9 740
1 899	409	82	2 678	1 003	902	5 764
24 395	32 082	18 824	28 242	5 997	10 155	73 199
2 497	975	407	1 155	252	600	3 721
108	1 707	373	109	172		1 801
11 541	28 076	14 839	20 016	2 947	5 289	56 458
3 586	520	42	2 015	91	81	2 796
88 907	22 390	4 319	51 156	7 193	24 219	152 705
1 065	7	7	954	139	339	2 055
1 831	463	31	2 630	1 065	574	2 853
480			762	109		1 242
1 054	2		114		45	762
110	215	123	325	76	54	566
24 687	**40 948**	**23 040**	**55 778**	**5 678**	**16 136**	**123 102**
272	318	210	1 107	130	343	1 676
3 876	385	140	18 952	2 490	1 523	25 164
702	5 261	1 212	2 839			7 995
253	182	41	494	147	1	664
1 070	329	65	1 533	88	326	2 779
3 983	797	166	6 198	562	7 451	20 404
10	143	143	293			256
2 219	2 125	1 685	4 948	126	1 342	9 250
207	149	19	1 657	47	203	1 913
7 180	5 676	5 159	4 527	364	2 400	17 292
2 447	25 039	14 200	8 812	659	1 322	28 350
2 337	544		4 326	1 065	1 163	7 106
131			92		62	253

（三）按国民经

1. 农

项目 地区	施工项目数（个）	新开工项目数（个）	投产项目数（个）	完成		
				合计	1. 国家扶持资金	2. 主管部门下拨资金
全国总计	**11 009**	**9 837**	**9 515**	**261 656**	**6 434**	**16 758**
北京	47	24	38	3 266	84	456
天津						
河北	424	359	394	12 366	121	643
山西	289	229	169	6 340	59	962
内蒙古	542	531	506	5 863	153	316
辽宁	275	254	248	19 280	46	843
吉林	1 012	955	920	22 412	118	26
黑龙江	567	500	499	3 925	101	105
上海						
江苏	73	66	70	5 994	183	40
浙江	43	39	38	3 216	80	179
安徽	1 078	1 032	1 013	15 219	508	507
福建	374	343	298	32 231	1 282	2 657
江西						
山东	1 272	1 098	1 105	52 950	305	5 169
河南	1 077	1 007	984	14 078	674	682
湖北	1 169	1 023	973	9 593	312	318
湖南	1 261	1 112	1 067	17 207	610	1 263
广东	190	151	175	12 656	248	1 843
广西	341	289	299	7 328	209	260
海南	63	62	46	4 254	170	54
四川	436	379	340	4 612	202	87
贵州	69	55	40	1 521	262	17
云南	130	94	58	3 471	590	151
西藏						
陕西	119	100	110	1 786	43	18
甘肃	98	83	82	791	55	73
青海	12	11	7	149		6
宁夏	16	13	14	505	2	43
新疆	32	28	22	643	17	40
单列市合计	**919**	**853**	**845**	**42 759**	**234**	**1 138**
沈阳	2	1	2	19		
大连	204	195	181	16 546	9	798
长春	390	380	375	12 279		
哈尔滨	39	38	51	290	14	
南京	12	12	12	226		19
宁波						
厦门	20	16	16	2 374	12	163
青岛	90	82	78	4 676		118
武汉	40	20	27	1 240	34	5
广州	8	6	6	2 781	9	22
深圳						
成都	21	18	15	674	60	3
重庆	87	80	76	1 281	58	8
西安	6	5	6	373	38	2

济行业分

业

的固定资产投资资金来源（万元）						新增固定资产（万元）
3. 银行贷款	4. 引进资金		5. 自有资金		6. 其他资金	
	小　计	引进外资	小　计	群众集资		
65 017	**33 441**	**10 864**	**116 702**	**43 930**	**23 304**	**217 984**
1 000	80	80	1 340	21	306	2 602
2 748	2 580	534	5 268	429	1 006	10 659
1 432	1 522	340	1 587	744	778	3 278
773	1 881		2 505	375	235	5 876
6 174	2 092	320	8 448	564	1 677	14 328
4 008	4 680	330	12 822	6 189	758	19 792
518	330		2 682	731	189	2 809
1 132	260	230	4 315	225	64	4 890
1 307	363		1 081	177	206	2 875
3 411	1 456	400	7 157	2 135	2 180	15 588
5 969	5 629	4 627	15 410	10 401	1 284	27 072
12 395	6 033	999	21 460	6 528	7 588	45 230
4 272	1 566	995	5 730	1 646	1 154	12 947
2 295	389	60	4 928	2 067	1 351	7 282
4 727	831	34	7 380	3 796	2 396	11 955
2 183	1 397	1 173	6 555	5 286	430	12 050
4 215	551	400	1 414	642	679	5 171
1 449	693	158	1 737	685	151	3 694
944	543	168	2 495	499	341	3 774
732	116		341	35	53	796
1 727	315	6	506	41	182	1 988
683	114	10	871	515	57	1 710
197	15		341	140	110	729
51			92	18		87
369			56	24	35	247
306	5		181	17	94	555
8 899	**5 611**	**216**	**24 118**	**7 153**	**2 759**	**34 600**
			19	15		19
5 357	1 432		7 588	312	1 362	11 668
468	3 332		8 365	4 112	114	11 746
10	15		249	30	2	113
113			89		5	130
1 117			1 076	54	6	2 168
709	519	164	2 576	595	754	3 033
50	30		1 052	16	69	1 209
583	52	52	1 917	1 750	198	2 435
156	123		270	49	62	517
140	108		781	219	186	1 189
196			136	1	1	373

2. 工

项目 地区	施工项目数（个）	新开工项目数（个）	投产项目数（个）	完成		
				合计	1. 国家扶持资金	2. 主管部门下拨资金
全国总计	**225 491**	**188 155**	**190 240**	**19 358 884**	**206 449**	**680 361**
北京	1 913	1 441	1 761	237 781	1 075	14 107
天津	2 531	2 158	2 152	260 217	1 442	27 438
河北	17 302	14 649	14 321	1 287 024	8 688	25 017
山西	5 574	4 378	4 233	326 827	3 561	9 017
内蒙古	2 468	2 187	2 056	95 399	3 290	3 989
辽宁	8 672	7 729	7 691	773 702	7 673	27 032
吉林	3 292	3 061	2 818	239 622	1 723	1 435
黑龙江	3 841	3 284	3 110	112 073	1 856	3 328
上海	2 790	1 860	2 813	561 200	8 769	58 100
江苏	31 581	25 686	26 192	3 814 087	29 797	73 838
浙江	17 857	13 391	14 709	1 825 900	30 094	63 503
安徽	13 221	11 408	11 628	580 385	10 215	16 967
福建	5 094	3 924	3 721	485 082	4 240	10 270
江西	6 394	5 687	5 564	265 521	2 698	10 409
山东	28 777	25 013	25 399	2 750 121	9 951	136 319
河南	15 969	13 190	13 873	910 985	11 255	34 787
湖北	6 420	5 512	5 511	264 125	3 612	10 416
湖南	9 251	7 897	8 265	431 715	5 798	17 774
广东	12 276	10 205	9 948	2 376 992	24 105	93 960
广西	3 927	3 322	3 275	254 424	2 322	6 106
海南	301	233	220	47 411	1 850	417
四川	16 410	13 975	13 310	893 970	9 489	17 469
贵州	1 276	1 055	887	82 906	3 894	1 069
云南	1 525	1 063	1 091	175 597	11 105	7 153
西藏						
陕西	3 409	2 912	2 959	151 521	2 529	5 905
甘肃	2 117	1 772	1 633	79 325	3 848	1 564
青海	227	220	202	13 132	501	37
宁夏	319	280	291	15 459	230	448
新疆	757	663	607	46 381	839	2 487
单列市合计	**22 315**	**19 203**	**19 106**	**2 132 389**	**20 514**	**71 691**
沈阳	1 260	1 112	1 050	92 274	1 021	4 819
大连	1 879	1 676	1 629	292 886	947	12 492
长春	1 160	1 136	948	112 179	35	12
哈尔滨	520	439	402	28 943	142	828
南京	2 007	1 630	1 633	219 765	2 283	5 247
宁波	3 378	2 774	3 053	306 780	8 424	16 558
厦门	210	196	178	25 880	7	769
青岛	3 205	2 897	2 862	289 036	1 627	8 571
武汉	807	595	677	42 184	507	3 233
广州	1 402	1 137	1 227	305 113	2 216	10 190
深圳						
成都	2 332	1 960	1 898	228 315	867	4 373
重庆	3 678	3 256	3 125	146 706	2 014	2 953
西安	477	395	424	42 328	424	1 646

业

的固定资产投资资金来源（万元）						新增固定资产（万元）
3. 银行贷款	4. 引进资金		5. 自有资金		6. 其他资金	
	小计	引进外资	小计	群众集资		
6 162 578	**3 285 048**	**1 710 431**	**6 928 497**	**1 512 432**	**2 095 951**	**15 742 046**
87 958	45 789	18 059	65 968	3 674	22 884	157 188
89 385	29 050	13 645	89 740	11 032	23 162	212 095
440 068	197 120	61 341	514 635	154 115	101 496	1 137 926
109 353	69 026	20 459	116 103	32 925	19 767	264 398
35 632	19 845	4 790	26 431	8 065	6 212	88 019
244 481	133 229	58 414	293 397	102 777	67 890	630 365
58 910	77 099	16 436	95 090	18 987	5 365	195 294
26 079	28 425	1 762	43 640	9 844	8 745	87 156
187 854	101 526	74 217	141 567	12 965	63 384	413 470
1 021 699	596 969	334 784	1 571 033	199 222	520 751	2 922 942
588 506	175 436	76 335	715 896	94 900	252 465	1 474 101
199 542	48 914	17 709	251 597	51 688	53 150	436 353
89 530	167 630	120 904	184 800	96 616	28 612	371 609
72 605	76 053	42 904	78 314	17 379	25 442	211 750
845 902	398 414	213 401	997 085	218 451	362 450	2 253 343
320 315	137 567	29 788	308 037	105 576	99 024	759 517
91 065	38 847	11 630	88 477	24 767	31 708	213 454
153 985	53 298	21 431	159 179	69 574	41 681	339 623
878 723	615 121	500 196	593 204	140 932	171 879	2 188 183
113 551	39 033	14 145	73 711	22 479	19 701	210 195
16 132	16 906	7 996	11 679	860	427	45 991
271 506	131 065	27 991	341 410	67 116	123 031	692 879
20 877	29 393	4 932	26 047	5 249	1 626	61 546
77 532	20 291	3 890	38 546	5 701	20 970	131 429
55 842	18 532	9 201	56 831	20 824	11 882	122 100
26 982	10 567	851	28 719	10 261	7 645	60 171
4 758	3 635	1 730	3 909	1 878	292	12 898
8 359	1 287	537	4 167	1 216	968	14 565
25 447	4 981	953	9 285	3 359	3 342	33 486
632 596	**446 645**	**250 318**	**785 282**	**159 276**	**175 661**	**1 701 750**
25 609	15 227	11 233	42 757	31 673	2 841	79 625
83 182	44 763	16 900	131 875	37 430	19 627	204 126
16 676	48 686	12 364	46 056	9 444	714	100 103
7 692	5 737	804	14 139	2 726	405	20 132
80 166	44 259	22 923	74 665	5 165	13 145	161 261
93 956	20 477	8 464	114 513	14 231	52 852	252 682
6 674	11 796	11 163	6 537	3 682	97	13 043
75 356	62 294	47 943	116 462	14 288	24 726	247 591
9 457	6 384	3 212	18 727	1 476	3 876	31 350
114 256	109 327	94 077	57 771	9 593	11 353	276 904
59 104	50 012	10 849	87 686	10 834	26 273	166 893
42 822	20 680	5 145	61 519	14 957	16 718	115 986
17 646	7 003	5 241	12 575	3 777	3 034	32 054

3. 建

项目 地区	施工项目数（个）	新开工项目数（个）	投产项目数（个）	完成		
				合计	1. 国家扶持资金	2. 主管部门下拨资金
全国总计	**8 789**	**7 228**	**7 422**	**573 682**	**12 854**	**60 896**
北京	420	145	147	49 824	41	43 753
天津						
河北	329	257	279	22 958	60	653
山西	152	124	119	4 721		77
内蒙古	110	103	101	6 056	101	148
辽宁	371	352	344	33 389	84	311
吉林	101	91	90	24 543	9 600	85
黑龙江	69	43	59	3 191	10	4
上海						
江苏	467	369	390	32 280	46	1 776
浙江	385	287	320	50 738	525	773
安徽	763	633	685	28 387	377	864
福建	93	83	83	8 585	345	902
江西						
山东	2 007	1 732	1 748	143 864	273	5 058
河南	573	522	539	15 932	355	594
湖北	494	389	394	18 392	81	362
湖南	495	420	454	29 580	19	853
广东	552	489	476	31 384	279	2 515
广西	133	94	111	7 153	47	563
海南	10	7	7	6 234	60	600
四川	825	730	704	42 357	447	649
贵州	15	14	13	291		37
云南	63	48	49	2 803	37	1
西藏						
陕西	214	159	178	7 010	50	106
甘肃	87	82	77	1 897	6	40
青海	2	2	2	46		
宁夏	26	22	23	1 088	1	121
新疆	33	31	30	979	10	51
单列市合计	**1 165**	**1 010**	**1 059**	**84 415**	**744**	**2 929**
沈阳	4	4	4	890		
大连	264	251	250	27 081	36	253
长春	10	9	8	310		85
哈尔滨	7	6	24	312		
南京	64	47	52	3 038	1	30
宁波	54	33	45	4 586	295	306
厦门	18	17	15	857		
青岛	187	169	180	12 421		125
武汉	93	59	70	5 771	8	70
广州	87	75	68	6 137	2	1 631
深圳						
成都	106	95	104	10 624	297	140
重庆	249	224	216	12 020	105	289
西安	22	21	23	368		

筑　业

的固定资产投资资金来源（万元）						新增固定资产（万元）
3. 银行贷款	4. 引进资金		5. 自有资金		6. 其他资金	
	小　计	引进外资	小　计	群众集资		
136 862	**38 485**	**12 217**	**256 607**	**40 907**	**67 978**	**408 525**
2 220	334		3 321	174	155	5 281
6 580	340		12 102	4 449	3 223	17 088
2 014	738	100	1 611	479	281	3 628
972	529		2 477	590	1 829	4 601
5 308	3 012	3 035	23 900	2 630	774	19 418
2 155	468	38	11 103	551	1 132	13 558
548	102		2 487	205	40	2 851
5 945	2 733	306	17 920	1 542	3 860	25 096
9 287	4 578	1 141	23 494	2 356	12 081	30 781
4 691	2 558	460	16 250	3 497	3 647	21 017
1 536	1 208	1 070	3 811	1 173	783	7 314
51 255	8 948	2 191	62 506	10 292	15 824	112 424
4 323	988	517	7 991	795	1 681	14 529
4 453	2 032	42	8 848	1 953	2 616	12 382
9 190	1 617	19	13 618	3	4 283	21 610
6 436	4 013	2 858	9 851	2 730	8 290	23 999
2 377	933	390	2 624	817	609	7 768
4 340	532		702			6 214
8 074	2 241		25 198	5 168	5 748	47 036
52	56		146	5		233
1 322	50	50	1 089		304	1 749
2 758	253		3 409	971	434	5 979
522	5		1 234	143	90	1 780
15			31	25		46
219	145		437	237	165	1 108
270	72		447	122	129	1 035
13 414	**8 026**	**3 879**	**52 671**	**6 178**	**6 631**	**57 058**
122			768	753		593
3 129	2 754	2 560	20 450	1 294	459	13 402
2	46		125	46	52	295
37			275			99
738	379		1 672	311	218	2 560
395			3 253	794	337	1 372
586			251	93	20	445
2 753	2 391	1 289	6 469	313	683	10 151
892	827		3 822	14	152	4 188
725	30	30	1 812	110	1 937	4 236
1 174	1 208		6 723	1 327	1 082	9 068
2 740	391		6 893	1 110	1 602	10 313
121			158	13	89	336

4. 交　通

项目＼地区	施工项目数（个）	新开工项目数（个）	投产项目数（个）	完成		
				合计	1. 国家扶持资金	2. 主管部门下拨资金
全国总计	**4 014**	**3 608**	**3 580**	**206 970**	**1 549**	**12 139**
北　　京	175	138	117	9 540	24	1 398
天　　津						
河　　北	209	195	173	14 436	108	216
山　　西	50	44	45	5 250	17	12
内 蒙 古	32	27	27	1 307	15	199
辽　　宁	103	101	103	20 882	48	5 146
吉　　林	55	44	44	1 508		12
黑 龙 江	140	95	105	481	10	9
上　　海						
江　　苏	250	232	234	6 822	20	53
浙　　江	139	110	124	8 381	272	165
安　　徽	623	592	580	22 982	398	468
福　　建	87	78	78	15 289	17	3
江　　西						
山　　东	872	749	762	45 852	205	1 502
河　　南	127	105	121	4 468	28	57
湖　　北	203	242	193	6 688	17	985
湖　　南	204	183	202	5 709	6	341
广　　东	115	104	109	17 230	235	1 349
广　　西	120	94	111	6 987	32	102
海　　南	9	6	8	844		
四　　川	374	343	327	8 852	20	77
贵　　州	6	6	4	155		
云　　南	12	15	9	507	34	
西　　藏						
陕　　西	55	54	55	1 154		
甘　　肃	43	41	40	1 393		11
青　　海	2	2	2	32		34
宁　　夏	3	2	3	49	43	
新　　疆	6	6	4	172		
单列市合计	**380**	**366**	**360**	**30 356**	**33**	**3 768**
沈　　阳	1	1	1	60		
大　　连	71	74	72	16 590	12	
长　　春	3	3	2	52		2 684
哈 尔 滨						
南　　京	30	23	25	1 204		25
宁　　波	31	29	34	1 321		66
厦　　门	46	46	46	520		
青　　岛	21	19	20	2 878		
武　　汉	14	14	13	2 014	1	814
广　　州	24	23	18	1 947	20	120
深　　圳						
成　　都	28	28	23	1 331		
重　　庆	108	101	101	1 974		
西　　安	3	5	5	465		59

运　输　业

的固定资产投资资金来源（万元）						新增固定资产（万元）
3. 银行贷款	4. 引进资金		5. 自有资金		6. 其他资金	
	小　计	引进外资	小　计	群众集资		
56 107	**18 514**	**7 569**	**97 046**	**22 855**	**21 615**	**184 512**
3 506	627		3 647	90	338	8 411
3 780	2 076	30	7 159	1 371	1 097	13 163
1 952			2 681	320	588	4 301
799	1		274	121	19	1 196
4 377	2 051	774	8 202	828	1 058	15 921
472	50	41	974	252		1 353
44	88		319	76	11	440
898	659	60	4 323	379	869	6 214
2 246	427	295	4 417	1 526	854	7 311
5 775	620	30	11 012	3 878	4 709	20 072
8 352	833	148	5 602	1 595	482	14 732
10 998	4 897	3 238	21 161	4 684	7 089	45 986
1 060	294		2 533	900	496	3 797
2 195	730	4	2 188	1 023	573	6 217
1 660	350	150	2 980	1 301	372	4 719
2 388	3 017	2 799	8 892	1 784	1 349	12 360
2 573	155		3 766	1 152	359	6 637
	755		29		60	844
1 823	863		4 990	1 157	1 079	7 741
16			139	10		155
203	6		184		80	367
588			503	93	52	980
306	15		1 012	302	26	1 342
6			26			32
3			3			49
87			30	13	55	172
7 673	**2 483**	**434**	**14 044**	**1 365**	**2 355**	**26 915**
50			10	10		60
3 894	1 464	374	7 508	644	1 028	14 127
			52			52
154	60	60	799	15	166	1 088
473			663	295	119	1 589
455			65			50
998	190		1 387	48	303	2 669
483	440		264	20	12	1 981
251			1 501		55	1 947
305	323		469	38	234	1 097
390	6		1 106	295	413	1 929
220			220		25	326

5. 批发、零

项目 地区	施工项目数（个）	新开工项目数（个）	投产项目数（个）	完成		
				合计	1. 国家扶持资金	2. 主管部门下拨资金
全国总计	**13 273**	**11 416**	**11 637**	**704 135**	**3 710**	**40 892**
北京	179	146	298	13 063	3	5 513
天津						
河北	1 121	950	942	69 075	162	909
山西	326	290	255	21 643	158	309
内蒙古	541	525	477	9 625	107	375
辽宁	676	629	596	44 036	2	1 224
吉林	465	459	415	16 591	479	59
黑龙江	386	345	313	9 224	49	170
上海						
江苏	511	456	453	41 404	85	290
浙江	273	223	231	24 366	275	2 446
安徽	1 376	1 227	1 199	40 835	515	1 468
福建	310	271	276	12 824	349	288
江西						
山东	3 125	2 606	2 753	194 033	271	17 179
河南	622	508	518	31 954	48	1 473
湖北	651	535	547	22 550	84	271
湖南	691	556	596	28 950	130	3 886
广东	614	508	485	60 573	72	3 112
广西	356	283	335	7 738	37	232
海南	12	9	5	1 707		
四川						
贵州	82	68	68	2 678	16	84
云南	341	244	236	24 587	561	661
西藏						
陕西	265	236	292	8 368	12	247
甘肃	228	224	221	12 131	168	634
青海	20	19	35	1 394	10	
宁夏	45	38	40	3 220	10	25
新疆	57	61	51	1 566	107	37
单列市合计	**1 732**	**1 476**	**1 467**	**117 683**	**262**	**2 797**
沈阳	68	66	45	2 957		20
大连	226	199	197	24 430	2	854
长春	115	98	87	5 789		
哈尔滨	70	56	27	2 327		15
南京	19	15	15	14 116		27
宁波	43	40	41	4 056	46	572
厦门	63	63	63	4 026		
青岛	204	172	178	10 030	90	189
武汉	64	45	29	7 706	5	11
广州	105	81	83	18 966	17	956
深圳						
成都						
重庆	724	613	618	20 553	102	153
西安	31	28	84	2 727		

售、餐饮业

的固定资产投资资金来源（万元）						新增固定资产（万元）
3. 银行贷款	4. 引进资金		5. 自有资金		6. 其他资金	
	小计	引进外资	小计	群众集资		
158 774	**98 450**	**23 646**	**322 253**	**81 131**	**80 056**	**552 205**
1 830	1 007	157	3 350	160	1 360	12 417
9 531	16 062	907	35 383	11 405	7 028	63 057
4 707	2 549	226	10 876	1 871	3 044	16 412
2 999	1 001		4 208	1 211	935	8 336
9 069	10 499	691	19 738	7 163	3 504	31 488
3 469	4 032	681	8 514	2 773	38	15 721
1 755	1 681		4 932	889	637	6 046
9 157	9 583	428	15 665	1 505	6 624	39 576
6 732	1 586	653	8 053	856	5 274	13 377
9 303	3 698	1 098	21 823	5 395	4 028	26 550
3 953	2 096	1 651	4 142	1 618	1 996	11 107
41 348	12 438	2 746	99 365	19 914	23 432	141 021
7 312	2 116	125	18 978	6 625	2 027	25 859
5 820	6 713	3 671	7 147	1 984	2 515	19 655
7 630	3 069	1 090	11 701	4 659	2 534	16 944
13 683	12 562	8 414	21 415	8 999	9 729	55 959
1 948	2 142	407	2 547	973	832	6 525
699	942		66	3		2 473
1 202	550		804	99	22	1 735
8 123	1 728	373	10 831	1 451	2 683	17 172
2 780	97		4 311	1 630	921	6 065
2 437	1 801	244	6 613	1 324	478	8 880
604	182		540	41	58	1 376
2 171	88		640	347	286	2 929
512	228	84	611	236	71	1 525
34 306	**27 722**	**5 169**	**39 091**	**9 775**	**13 505**	**100 462**
30	159		2 748	2 744		3 724
5 224	7 925	520	9 220	1 524	1 205	16 302
670	1 357		3 735	852	27	5 486
596	315		1 278	151	123	1 671
5 093	8 700		268		28	14 076
1 711	188		886	79	653	3 436
2 738			288	85	1 000	3 085
3 790	1 226	50	4 138	462	597	8 671
1 535	3 660	2 900	2 480	48	15	5 256
4 685	1 669	1 469	4 489	973	7 150	16 148
6 896	2 513	230	8 552	2 677	2 337	20 385
1 338	10		1 009	180	370	2 222

餐　饮

项目 地区	施工项目数（个）	新开工项目数（个）	投产项目数（个）	完成		
				合计	1. 国家扶持资金	2. 主管部门下拨资金
全国总计	**1 593**	**1 268**	**1 254**	**80 082**	**232**	**6033**
北京						
天津						
河北	127	111	107	2 455	38	10
山西	162	19	22	593	2	
内蒙古	32	32	32	538		89
辽宁	50	45	44	7 364		348
吉林	45	33	33	4 403		
黑龙江						
上海						
江苏	65	59	56	3 279		90
浙江	43	34	39	3 095	2	154
安徽						
福建	52	44	47	3 551	116	124
江西						
山东	578	530	513	32 921	30	4 413
河南						
湖北						
湖南	158	138	128	5 645	21	81
广东	183	143	144	13 816	2	600
广西	44	35	36	703	21	19
海南	2		2	96		
四川						
贵州	3	3	3	120		45
云南						
西藏						
陕西	45	38	44	1 313		58
甘肃						
青海						
宁夏	2	2	2	121		
新疆	2	2	2	69		2
单列市合计	**147**	**118**	**123**	**17 897**	**2**	**1 105**
沈阳						
大连	41	37	36	6 275		343
长春	11	10	7	4 310		
哈尔滨						
南京	4	2	3	138		
宁波	8	8	8	614		
厦门						
青岛	42	29	30	1 889		189
武汉						
广州	32	27	28	4 247	2	573
深圳						
成都						
重庆						
西安	9	5	11	424		

业

的固定资产投资资金来源（万元）						新增固定资产（万元）
3. 银行贷款	4. 引进资金		5. 自有资金		6. 其他资金	
	小计	引进外资	小计	群众集资		
19 711	**8 363**	**3 527**	**40 583**	**8 698**	**5 160**	**64 959**
320	137	22	1 916	375	34	1 940
70	17	2	504	225		523
238			103	25	108	531
1 809	1 750		3 350	629	107	5 387
48	35		4 291	31	29	492
264	69		2 717	550	139	2 673
984	130		1 489	104	336	2 023
455	1 164	719	1 023	395	669	3 163
10 609	2 363	661	13 636	1 676	1 870	28 440
1 517	895	665	2 546	742	585	2 894
2 746	1 749	1 441	7 658	3 265	1 061	14 698
232	54	16	341	58	36	700
42			54			96
40			35	20		115
227			894	559	134	1 146
110			11			121
		1	15	44	52	17
3 163	**2 948**	**450**	**9 721**	**1 354**	**958**	**11 923**
1 559	1 303		2 963	559	107	4 568
40	1 035		3 235	25		430
	60		78			138
144			407	62	63	607
459	50	50	911		280	1 689
825	500	400	1 929	706	418	4 067
136			198	2	90	424

6. 服

项目 地区	施工项目数（个）	新开工项目数（个）	投产项目数（个）	完成		
				合计	1. 国家扶持资金	2. 主管部门下拨资金
全国总计	**3 045**	**2 518**	**2 463**	**273 132**	**2 146**	**15 170**
北京	99	84	93	12 387	13	2 344
天津						
河北	355	297	272	28 177	89	1 085
山西	76	65	59	12 051		120
内蒙古	82	78	63	4 914	541	13
辽宁	101	93	85	18 731	74	240
吉林	71	59	59	8 607	8	250
黑龙江	56	4	49	3 627		134
上海						
江苏	165	137	123	14 532	94	313
浙江	70	44	36	13 425	12	2 738
安徽						
福建	14	14	18	1 014	20	
江西						
山东	939	791	785	60 298	168	1 864
河南	165	138	140	11 145	511	387
湖北	132	108	123	6 703	67	1 540
湖南	97	76	69	8 726	39	265
广东	305	235	219	44 957	394	2 979
广西	88	73	70	3 418		121
海南	14	12	7	5 215	7	
四川						
贵州	11	6	8	781		
云南						
西藏						
陕西	94	88	88	9 019	34	410
甘肃	29	27	24	1 538	2	1
青海	19	19	21	1 115	23	1
宁夏	19	18	16	1 463		189
新疆	44	52	36	1 289	50	176
单列市合计	**285**	**234**	**227**	**45 814**	**197**	**3 907**
沈阳	17	17	17	2 847	14	
大连	40	36	33	8 365		240
长春	20	15	9	5 650		
哈尔滨	9	9	6	984		100
南京	14	11	9	2 515		18
宁波	2	1	1	604		588
厦门						
青岛	73	59	64	5 244		2
武汉	28	20	19	2 591	53	539
广州	65	42	45	11 268	130	2 415
深圳						
成都						
重庆						
西安	17	24	24	5 746		5

务　业

的固定资产投资资金来源（万元）							新增固定资产（万元）
3. 银行贷款	4. 引进资金		5. 自有资金		6. 其他资金		
	小　计	引进外资	小　计	群众集资			
54 433	**41 569**	**15 523**	**130 111**	**26 728**	**29 703**		**212 178**
2 323	1 684		5 485	116	538		7 038
5 310	3 037	610	16 997	4 362	1 659		19 612
5 302	723	40	5 810	763	96		4 094
845	1 484		308	62	1 723		4 192
2 918	3 870	1 050	9 317	1 878	2 312		15 102
845	586	339	6 898	322	20		18 231
386	1 190		1 798	41	119		1 011
1 491	1 495	1 480	5 915	122	5 224		14 435
604	5 367		2 829	345	1 875		8 805
62	400	400	529	193	3		1 011
13 314	5 617	3 080	31 337	2 953	7 998		42 629
2 887	435		6 088	2 009	837		6 491
568	1 098	352	2 280	229	1 150		5 570
651	1 243	141	5 892	366	636		3 414
9 650	7 941	7 559	20 616	10 507	3 377		36 578
1 985	255		740	108	317		2 885
433	3 030		1 745	75			5 217
370	51		360	9			389
2 699	1 858	380	3 411	331	607		7 741
321	106	92	554	1 728	554		3 846
388			620	95	83		1 085
841	36		391	47	6		1 470
240	63		191	67	569		1 332
8 302	**6 836**	**2 706**	**22 068**	**2 492**	**4 504**		**37 245**
100			1 400	1 400	1 333		2 549
1 298	1 685	100	4 339	20	803		6 252
400	435		4 815	145			5 428
100			784	28			104
985	1 100	1 100	382		30		2 700
					16		240
1 844	246	136	2 514	104	638		5 026
78	840	300	947	5	134		1 939
1 438	900	900	5 307	787	1 078		8 023
2 059	1 630	170	1 580	3	472		4 984

7. 其他

地区＼项目	施工项目数（个）	新开工项目数（个）	投产项目数（个）	完成 合计	1. 国家扶持资金	2. 主管部门下拨资金
全国总计	**5 251**	**4 225**	**3 947**	**339 243**	**2 623**	**18 961**
北京	46	42	57	4 715	60	1 003
天津						
河北	386	321	314	30 680	122	449
山西	25	20	19	1 233		
内蒙古	12	11	9	151	17	30
辽宁	109	70	80	10 447		115
吉林	78	57	57	3 444		
黑龙江	42	79	42	665		
上海						
江苏	214	159	191	15 296	5	424
浙江	38	29	19	4 285	16	
安徽						
福建	38	28	21	231		
江西						
山东	1 060	885	789	78 959	223	6 967
河南	226	208	204	13 933	19	173
湖北	148	124	128	3 991	193	83
湖南	11	21	16	2 028	7	17
广东	284	245	196	53 876	1 452	7 607
广西	332	57	52	3 004	18	39
海南	14	11	10	2 198	20	5
四川	2 125	1 808	1 693	106 497	451	2 037
贵州	3	3	2	108		
云南						
西藏						
陕西	33	28	29	2 186		30
甘肃	1	1	1	703		16
青海	1	1	3	105		
宁夏	9	1	3	60		
新疆	16	16	12	448	34	
单列市合计	**478**	**7 721**	**357**	**82 539**	**154**	**2 709**
沈阳	1	1	1	496		
大连	62	51	41	9 888		1 000
长春	51	49	35	2 731		
哈尔滨						
南京	6	7 314	6	582		41
宁波	1	1	1	71		
厦门						
青岛	72	69	51	6 458	30	129
武汉	8	5	5	1 365		55
广州	38	35	18	4 945	99	487
深圳						
成都	233	191	195	55 959	25	996
重庆						
西安	6	5	4	1 036		1

企 业

的固定资产投资资金来源（万元）

3. 银行贷款	4. 引进资金		5. 自有资金		6. 其他资金	新增固定资产（万元）
	小 计	引进外资	小 计	群众集资		
65 643	**57 787**	**21 735**	**149 811**	**27 995**	**44 418**	**272 845**
1 354	1 096		1 003	16	199	3 177
8 213	812	164	11 240	2 674	9 844	30 234
158	82		921	221	72	1 039
11	5		69	17	19	137
1 058	235		8 171	451	868	7 944
475	1 286		1 683	547		3 224
360	14		254	18	37	401
1 950	511	62	11 446	3 381	960	14 025
738	210	110	2 431	99	890	2 012
1			213	212	17	214
12 637	9 634	2 858	37 752	4 479	11 746	53 280
3 221	3 772	10	5 979	1 084	769	13 781
606	541	45	2 082	430	486	2 001
29	24	32	2 189	5 687	190	1 388
12 508	4 973	4 333	20 112	3 230	7 224	63 350
1 116	207	109	697	151	927	2 212
403	1 530	500	177	40	63	1 160
20 203	32 079	12 910	41 013	5 849	10 714	71 177
8	45		55			48
512	695	600	880	356	69	1 825
3		2	1 176	1 175	492	13
			43	43	62	105
40			10	10	10	60
39	36		215	175	124	38
8 161	**30 785**	**14 126**	**34 536**	**2 613**	**6 194**	**57 536**
			496	8		36
591			7 903	200	394	6 239
335	1 200	20	1 196	237		2 498
226	231		72		12	262
			71			71
809	2 154	1 000	2 768	572	568	4 539
100	150		1 060	70		339
1 385	6	6	2 091	317	877	4 675
4 604	26 440	12 500	19 556	1 201	4 338	38 117
111	604	600	315	8	5	832

1993年乡村股份

项目 地区	企业个数（个）	职工人数（人）	资本金		
			合计（股）	国家股金	乡村集体股金
全国总计	**132 785**	**4 878 415**	**5 980 093**	**184 074**	**3 068 874**
北京	413	34 853	40 702	480	29 206
天津	232	21 218	15 455	318	9 338
河北	11 302	407 554	475 376	34 535	261 901
山西	683	37 628	60 455	4 278	30 779
内蒙古	320	12 177	21 573	2 637	10 537
辽宁	3 158	143 815	215 936	4 894	126 693
吉林	461	15 977	16 382	1 721	8 028
黑龙江	13 611	131 044	171 370	5 803	59 311
上海	414	50 703	73 360	11 111	41 319
江苏	7 630	658 997	749 862	13 464	483 572
浙江	22 783	687 514	615 388	7 545	224 718
安徽	2 945	101 198	90 536	6 929	38 520
福建	5 393	170 106	354 994	7 721	67 006
江西	8 689	147 403	137 929	6 340	58 003
山东	21 608	1 009 601	1 345 624	17 426	821 815
河南	10 298	402 515	445 670	14 393	226 310
湖北	11 436	368 327	265 415	6 538	145 443
湖南	3 056	82 211	61 968	3 179	22 722
广东	4 149	216 225	609 700	12 589	326 387
广西	592	22 850	39 344	7 626	10 018
海南	25	574	6 780		480
四川	1 767	84 716	82 869	4 912	33 609
贵州	189	9 595	17 053	2 703	4 569
云南	13	1 658	2 524	63	1 519
西藏					
陕西	279	14 375	17 873	1 617	9 540
甘肃	1 098	35 563	34 159	4 464	12 095
青海	3	70	152		82
宁夏	139	5 812	6 551	587	3 421
新疆	99	4 136	5 093	201	1 933
单列市合计	**5 288**	**299 214**	**375 138**	**8 702**	**204 699**
沈阳	1 181	53 069	67 198	1 162	36 852
大连	683	42 350	73 440	320	49 417
长春	70	2 474	3 713		1 973
哈尔滨	854	14 424	35 957	3 087	6 247
南京	557	41 051	34 630	192	25 211
宁波	450	38 360	50 759	596	26 498
厦门	30	581	3 443	109	2 040
青岛	630	54 263	40 313	179	27 165
武汉	483	21 189	24 695	2 112	14 334
广州	103	3 202	8 668		9
深圳					
成都	90	13 382	22 606	38	11 298
重庆	112	12 758	7 099	550	2 674
西安	45	2 111	2 617	357	981

合作制企业情况

（万元）		总产值（万元）（现行价）	增加值（万元）（现行价）	利税总额（万元）
企业内部职工股金	社会个人股金			
1 460 188	**1 085 733**	**21 227 150**	**5 345 755**	**1 988 969**
7 133	1 356	279 895	79 703	27 041
2 117	266	96 961	27 078	12 659
106 882	65 534	1 404 738	335 380	167 019
11 721	12 503	147 030	28 763	18 341
6 996	1 303	52 519	13 629	6 371
49 709	31 594	611 190	160 749	72 657
3 985	2 640	44 079	14 334	6 077
50 877	41 797	318 054	85 840	36 900
16 600	4 305	425 009	185 286	51 898
176 934	73 034	3 736 238	831 419	262 566
258 925	124 200	3 041 145	780 044	303 652
25 181	17 590	287 857	74 283	32 168
66 464	206 762	611 839	142 785	45 433
45 318	25 603	373 933	121 792	40 689
244 549	170 500	5 631 059	1 364 061	473 468
116 201	88 766	1 191 622	334 147	161 126
53 158	31 683	1 042 339	276 290	78 659
24 196	10 809	176 566	35 019	16 674
143 914	126 810	1 116 424	320 404	130 132
8 186	4 170	114 444	21 246	11 250
1 768	4 532	1 922	636	396
20 731	18 636	363 727	66 770	17 818
2 331	7 450	20 092	6 466	2 162
508	75	6 076	2 270	751
4 148	2 467	54 037	13 026	4 663
8 676	8 756	62 008	19 746	7 027
50	20	75	26	19
1 897	646	9 009	2 764	800
1 033	1 926	7 263	1 799	553
96 382	**61 787**	**1 519 355**	**357 218**	**146 200**
19 242	9 862	284 364	80 914	37 171
18 585	4 732	176 991	41 319	18 776
1 316	424	8 758	3 009	1 490
13 102	13 521	66 694	19 834	12 802
5 609	3 618	143 130	29 445	9 892
12 780	10 885	249 579	63 406	30 279
678	616	4 137	280	313
9 297	1 204	212 916	47 000	16 443
5 438	2 811	108 502	21 784	7 829
2 585	6 074	13 111	7 356	1 723
5 151	5 774	203 904	30 313	5 965
1 964	1 622	36 589	9 230	2 761
635	644	10 680	3 328	756

1993年乡村企业

项目 地区	营业收入				管理费用
	合计	营业成本	营业费用	营业税金及附加	
全国总计	**174 220 770**	**141 566 370**	**6 424 792**	**7 095 301**	**5 552 224**
北京	4 824 272	3 790 329	179 363	160 142	124 847
天津	3 662 966	2 988 620	83 271	134 249	66 964
河北	7 350 241	5 553 945	466 410	214 743	246 530
山西	2 810 384	2 033 338	237 674	108 676	87 200
内蒙古	775 742	602 291	45 497	27 195	18 953
辽宁	9 035 608	7 738 531	133 124	363 562	97 782
吉林	1 299 194	990 953	71 352	56 277	40 065
黑龙江	1 397 047	1 122 614	63 484	47 719	41 147
上海	6 964 985	5 785 123	123 177	1 218 380	263 260
江苏	32 837 640	27 861 259	529 831	1 145 851	1 435 324
浙江	16 435 354	13 740 665	402 871	783 894	557 492
安徽	4 951 902	3 977 317	214 369	149 895	163 897
福建	5 489 917	4 333 826	348 253	163 024	169 558
江西	2 253 254	1 752 077	124 686	76 460	78 300
山东	24 385 290	20 531 898	507 215	827 862	527 199
河南	7 866 339	5 635 682	815 885	165 733	214 303
湖北	5 287 155	4 319 014	237 504	157 743	172 520
湖南	4 380 439	3 409 626	219 931	161 336	139 595
广东	16 876 876	12 851 381	895 472	574 314	671 818
广西	1 903 081	1 462 079	171 178	71 171	53 709
海南	148 448	114 292	7 139	4 427	5 114
四川	8 682 910	7 365 150	291 189	287 061	230 618
贵州	436 584	338 329	22 818	20 402	13 542
云南	1 398 491	1 115 235	82 061	60 932	43 675
西藏					
陕西	1 556 265	1 214 274	81 950	59 650	50 344
甘肃	660 842	515 475	36 488	30 571	19 175
青海	60 158	46 604	4 017	3 026	2 418
宁夏	144 356	110 613	8 984	6 618	5 172
新疆	345 030	265 830	19 599	14 388	11 703
单列市合计	**22 410 494**	**18 820 175**	**564 289**	**831 184**	**538 806**
沈阳	1 072 524	886 523	17 995	46 715	20 920
大连	4 159 992	3 637 356	51 624	149 291	
长春	488 487	384 298	20 555	17 074	15 738
哈尔滨	290 261	235 870	10 055	13 063	8 273
南京	1 529 106	1 297 326	24 845	62 103	56 590
宁波	3 495 592	2 842 132	94 508	174 024	126 941
厦门	175 882	147 991	6 959	4 642	3 604
青岛	2 546 060	2 150 728	44 427	97 995	59 848
武汉	983 277	826 189	37 318	26 119	25 121
广州	2 828 745	2 309 771	87 963	79 914	87 215
深圳					
成都	2 770 165	2 383 173	81 748	87 323	63 351
重庆	1 497 733	1 266 495	60 271	52 223	51 030
西安	572 670	452 323	26 021	20 698	20 175

主要经济指标

单位：万元

财务费用		利润总额			实缴各种税金
合　计	利息支出	合　计	应缴所得税	应缴特种基金	
3 405 230	**2 609 226**	**10 930 504**	**1 677 832**	**288 789**	**6 485 347**
86 914	50 275	455 558	93 140	18 558	173 405
62 940	52 728	337 202	67 214	4 117	168 940
209 609	139 256	778 745	73 309	17 508	184 439
90 137	58 585	269 069	34 630	8 632	97 774
10 143	6 526	60 368	5 328	735	18 227
43 713		660 206	139 739	28 596	503 301
35 623	24 141	107 167	17 241	4 872	52 085
30 643	19 476	91 440	9 390	3 317	42 715
69 332	96 894	465 675	58 713	15 282	1 277 093
764 460	616 928	1 102 643	253 177	51 823	841 921
239 370	250 052	720 697	202 548	31 954	749 594
105 160	65 081	345 237	53 406	8 890	92 356
96 335	62 703	378 919	27 274	3 220	178 086
60 209	34 273	155 103	14 667	1 961	72 694
249 273	215 627	1 778 759	333 343	43 530	562 853
180 832	101 913	756 722	34 273	5 923	151 717
106 481	63 072	240 831	26 089	3 625	113 076
139 657	88 246	264 774	31 489	6 599	151 746
518 237	437 332	1 229 318	101 416	10 743	562 778
49 318	33 099	121 576	11 758	1 552	69 425
4 189	2 054	13 303	772	100	5 851
153 712	123 434	304 962	45 080	9 609	241 196
8 638	5 305	32 424	5 961	827	19 548
24 514	17 050	73 037	10 003	2 557	59 104
40 045	26 955	103 229	14 625	1 777	48 557
12 175	8 289	49 570	7 441	1 161	24 711
1 857	1 452	2 236	318	23	2 903
4 808	3 595	7 901	939	97	5 912
6 906	4 903	23 833	4 549	1 201	13 340
238 611	**249 458**	**1 333 132**	**238 168**	**53 105**	**775 537**
10 218		90 146	16 103	5 196	62 308
	45 549	266 798	52 465	10 557	201 756
9 713	6 311	39 438	8 576	3 246	17 523
5 748	3 663	19 720	2 197	1 333	9 820
24 768	20 378	59 855	16 666	2 872	53 445
44 898	48 090	212 268	54 545	11 116	102 874
2 220	1 150	10 345	504	106	4 917
20 335	14 848	176 035	33 166	6 459	80 197
10 742	6 699	47 564	5 737	1 281	21 207
29 900	35 788	216 851	16 132	3 926	86 158
42 366	37 165	112 204	17 639	5 183	60 216
22 870	18 925	46 288	7 528	916	59 751
14 833	10 892	35 620	6 910	914	15 365

1993年乡村企业主

项目 地区	利税总额	可供分配的利润			工资总额
		合　计	提取盈余公积	应付利润	
全国总计	**17 839 745**	**7 179 572**	**2 499 353**	**3 546 302**	**13 239 034**
北　京	598 906	289 076	136 229	140 759	283 589
天　津	471 439	232 817	100 245	81 691	172 510
河　北	993 488	539 298	169 935	353 155	531 858
山　西	377 735	201 336	72 836	114 416	345 271
内蒙古	87 563	49 693	14 912	24 591	92 981
辽　宁	1 023 768	335 103	167 326	161 900	561 183
吉　林	163 444	77 919	35 475	35 439	119 157
黑龙江	139 159	67 671	23 631	35 317	147 879
上　海	1 684 054	244 217	57 491	172 056	434 618
江　苏	2 248 494	620 652	430 222	190 430	1 747 901
浙　江	1 351 927	346 620	119 169	159 449	1 212 059
安　徽	495 078	229 059	113 384	108 960	397 421
福　建	546 409	351 645	124 880	208 589	604 978
江　西	231 563	125 571	48 919	65 953	225 873
山　东	2 606 621	933 081	94 062	663 809	1 350 141
河　南	922 455	723 393	120 512	151 736	609 485
湖　北	398 574	153 557	72 992	65 493	398 554
湖　南	426 109	217 291	117 388	87 305	491 354
广　东	1 803 850	1 032 966	264 646	489 201	2 005 160
广　西	171 067	101 642	56 207	41 029	180 842
海　南	18 637	11 346	5 349	5 989	24 128
四　川	590 627	104 193	78 309	73 168	732 729
贵　州	52 826	21 224	6 674	14 550	60 722
云　南	133 950	40 005	17 935	16 471	174 868
西　藏					
陕　西	162 879	78 569	25 895	53 310	154 487
甘　肃	80 142	33 064	15 246	17 817	97 769
青　海	5 262	1 707	936	771	10 354
宁　夏	14 498	6 580	3 189	3 363	17 344
新　疆	39 221	10 277	5 359	9 585	53 819
单列市合计	**2 167 824**	**756 842**	**315 956**	**348 620**	**1 441 204**
沈　阳	140 571	57 415	27 549	16 193	56 065
大　连	416 089	138 991	65 621	67 474	73 021
长　春	56 512	17 968	19 499	9 069	36 608
哈尔滨	32 783	13 045	5 650	4 161	28 559
南　京	121 958	25 618	12 338	11 613	104 295
宁　波	386 292	109 382	37 348	54 008	240 428
厦　门	14 885	10 401	1 283	4 304	18 427
青　岛	274 030	81 786	30 436	37 508	177 450
武　汉	73 683	33 940	20 256	13 684	61 130
广　州	296 665	182 190	40 161	77 372	275 572
深　圳					
成　都	199 527	61 488	29 701	23 612	154 405
重　庆	98 511	830	17 931	17 924	174 675
西　安	56 318	25 448	8 183	11 698	40 569

要经济指标（续）

单位：万元

固定资产原值年末数	提取的折旧	固定资产净值平均余额	流动资产年末数		
			合　　计	货币资金	存　　货
51 609 485	**4 506 438**	**37 680 358**	**63 396 365**	**7 990 554**	**26 208 932**
1 215 076	100 369	893 459	1 504 568	299 368	735 432
1 016 822	67 308	732 023	1 590 950	171 436	617 077
2 678 643	231 626	1 938 829	2 363 254	533 613	961 504
1 374 104	121 302	1 000 682	883 683	196 367	397 396
297 377	16 628	245 221	285 005	36 974	107 167
2 051 392	454 262	1 597 130	3 700 969	321 530	1 243 660
489 712	34 502	372 162	454 768	50 707	183 894
506 154	40 817	390 946	617 153	61 891	238 602
2 044 826	151 098	1 526 655	3 981 383	557 752	1 386 870
8 237 449	626 787	5 289 712	12 856 356	1 101 199	5 504 482
4 580 929	308 720	3 071 273	7 480 457	674 902	3 079 101
1 378 308	104 400	1 012 375	1 146 450	215 503	522 194
1 698 320	137 053	1 340 111	1 523 592	316 941	734 287
624 551	44 004	468 425	556 804	93 404	225 615
6 377 234	641 226	5 043 385	7 821 011	662 605	3 406 115
2 442 223	185 951	1 887 494	1 791 802	453 317	829 235
1 515 171	130 574	1 116 744	1 484 116	199 239	622 498
1 245 521	94 844	900 138	1 217 947	211 422	511 187
6 841 572	593 472	5 214 938	6 980 539	1 074 976	2 740 864
549 166	48 636	441 615	499 773	114 023	220 362
90 699	4 371	62 623	44 007	17 816	12 555
2 287 253	205 819	1 628 282	2 805 043	330 127	1 197 361
213 601	18 313	146 718	133 123	30 688	57 773
585 839	48 240	407 881	447 221	101 731	187 326
634 999	44 884	467 102	644 047	85 021	253 931
299 943	25 282	235 355	277 329	42 033	119 267
41 973	2 697	30 472	33 270	4 237	14 376
84 787	5 098	62 579	59 766	10 285	25 630
205 841	18 155	156 029	211 979	21 447	73 171
5 682 963	**484 343**	**4 043 434**	**8 937 578**	**996 583**	**3 231 315**
262 769	53 699	209 110	406 228	31 264	100 169
829 976	75 353	513 567	1 734 199	180 060	466 530
142 211	10 015	112 028	116 417	13 618	46 752
98 568	9 354	75 906	129 173	12 727	58 121
404 115	30 251	281 778	573 585	68 648	194 272
890 639	61 273	617 642	1 779 800	132 475	734 982
66 737	5 827	57 713	106 896	15 725	17 568
745 931	19 907	558 307	1 019 067	96 751	442 475
205 164	18 400	145 548	251 224	33 226	118 511
895 161	95 842	665 270	1 177 777	210 822	338 939
581 204	54 386	416 029	929 507	109 692	424 232
358 334	36 111	245 055	500 347	63 970	198 738
202 154	13 925	145 481	213 358	27 605	90 026

1993 年乡村企业主

项目 / 地区	流动资产年平均余额	流动负债平均余额	长短期借款总额	
			合计	银行（信用社）贷款余额
全国总计	**56 186 591**	**46 942 238**	**41 494 680**	**29 968 726**
北京	1 351 675	1 095 803	619 372	472 745
天津	1 360 236	1 026 589	819 140	706 501
河北	2 052 085	1 481 609	1 438 486	1 137 643
山西	729 377	503 841	501 924	417 270
内蒙古	250 779	204 500	144 996	102 100
辽宁	3 700 969	3 143 133	1 815 815	1 165 520
吉林	388 632	316 684	232 590	168 500
黑龙江	518 678	465 601	241 574	182 601
上海	3 361 290	2 967 447	1 878 537	1 572 589
江苏	11 159 456	9 532 131	9 388 647	5 971 547
浙江	6 541 127	6 064 560	8 894 746	6 690 415
安徽	1 067 003	764 494	702 801	518 083
福建	1 330 401	896 750	777 399	522 574
江西	502 031	396 683	265 571	215 364
山东	6 963 877	5 581 202	3 725 183	2 490 399
河南	1 785 105	966 655	957 077	708 811
湖北	1 343 202	1 058 499	631 067	462 264
湖南	1 119 331	797 646	748 930	567 271
广东	6 163 098	5 558 212	4 628 065	3 539 048
广西	418 053	350 018	336 370	274 084
海南	38 888	29 154	26 844	15 676
四川	2 530 388	2 440 149	1 587 458	1 196 369
贵州	110 860	93 828	74 561	49 103
云南	349 105	300 997	325 743	233 135
西藏				
陕西	563 146	481 677	400 056	324 935
甘肃	232 384	192 723	148 371	108 011
青海	26 416	24 097	19 105	14 797
宁夏	55 363	45 145	46 846	37 803
新疆	173 636	162 411	117 406	103 568
单列市合计	**7 130 543**	**6 741 701**	**4 240 381**	**2 897 331**
沈阳	189 110	329 849	182 714	
大连	986 618	1 349 544		
长春	96 683	72 015	56 334	39 069
哈尔滨	104 229	83 877	54 011	41 083
南京	550 625	444 259	323 159	254 635
宁波	1 525 562	1 309 957	1 659 372	1 179 586
厦门	93 969	65 478	27 409	18 032
青岛	892 412	701 072	411 220	334 322
武汉	211 405	150 307	70 795	52 488
广州	1 001 123	870 734	600 619	374 938
深圳				
成都	841 470	813 488	493 603	335 467
重庆	447 644	399 085	258 348	187 666
西安	189 693	152 036	102 797	80 045

要经济指标（续）

单位：万元

长短期借款余额		中间投入合计	增加值	亏损企业亏损金额	附：亏损企业数（个）
合计	银行（信用社）贷款余额				
31 204 232	**22 084 584**	**132 730 578**	**37 702 326**	**493 385**	**52 970**
699 589	540 227	4 113 462	1 177 041	9 030	1 188
704 548	606 474	3 575 388	1 144 880	11 027	620
1 219 716	967 034	5 288 718	1 659 099	13 290	1 377
428 975	369 818	2 251 439	731 710	7 219	990
139 792	107 084	517 773	143 025	1 993	287
1 815 815	1 165 520	7 154 491	1 334 812	14 667	1 607
228 885	172 938	781 720	281 158	4 694	415
281 713	224 647	826 916	328 969	4 244	266
1 314 074	1 029 632	4 984 480	2 446 460	43 269	1 694
5 844 460	3 612 935	27 880 817	7 374 604	88 170	6 736
3 828 462	2 657 091	13 231 867	4 059 823	70 075	8 039
639 153	489 345	3 981 272	958 249	8 996	2 173
496 903	353 425	3 604 953	1 109 729	12 639	3 253
337 101	282 202			6 315	1 135
3 933 517	2 464 105	24 525 037	5 619 372	16 276	2 149
827 307	632 512	4 709 882	1 798 666	9 431	971
827 124	611 785	3 531 937	987 905	14 661	3 518
746 027	583 812	2 290 465	643 931	13 748	2 282
3 975 927	3 058 953	9 933 427	3 313 790	77 392	2 438
316 272	248 352	1 387 146	335 289	7 210	918
31 706	20 481	46 101	12 735	284	21
1 524 752	1 084 031	5 366 959	1 361 839	33 798	5 899
72 575	47 947	245 892	124 131	3 704	459
279 259	191 568	753 323	170 291	9 322	1 741
393 898	323 814	1 005 793	322 767	4 895	859
132 772	95 440	436 084	141 905	1 066	204
15 817	12 703	42 871	13 053	497	145
29 244	31 130	99 013	23 520	1 195	115
118 849	99 579	163 352	83 573	4 278	1 471
3 666 217	**2 605 090**	**12 949 352**	**5 201 904**	**45 107**	**4 960**
151 942				1 837	230
487 268	487 268		1 489 844	5 358	449
41 221	32 078	340 607	112 738	415	16
39 281	32 460	159 959	101 713	100	21
253 590	200 714	1 494 581	354 991	1 699	242
832 491	535 697	2 772 813	983 291	10 666	1 283
25 013	16 931	14 562	8 118	906	51
430 513	336 791	2 290 536	679 642	1 424	173
94 977	71 950	724 522	161 266	1 119	215
534 452	333 047	1 678 248	558 246	9 170	254
401 722	278 236	2 105 325	405 356	3 269	491
251 283	173 519	1 004 726	230 871	8 056	1 379
122 464	106 399	363 473	115 828	1 088	156

1993年乡镇企业合作、个

项目 地区	营业收入			成本、费用		
	合计	合作	个体	合计	合作	个体
全国总计	**115 314 334**	**19 281 268**	**96 033 066**	**101 057 614**	**16 951 340**	**84 106 274**
北京	599 250	45 655	553 595	444 505	37 073	407 432
天津	533 239	241 407	291 832	462 877	209 045	253 832
河北	8 833 213	2 981 875	5 851 338	7 420 004	2 523 404	4 896 600
山西	3 138 635	292 892	2 845 743	2 582 371	244 733	2 337 638
内蒙古	1 526 131	96 506	1 429 625	1 331 901	85 502	1 246 399
辽宁	5 782 416		5 782 416	4 829 797		4 829 797
吉林	1 902 624	17	1 902 607	1 607 319	14	1 607 305
黑龙江	2 250 215	94 441	2 155 774	2 031 982	85 928	1 946 054
上海	72 825	72 825		64 734	64 734	
江苏	3 479 383	344 671	3 134 712	2 997 799	307 262	2 690 537
浙江	7 759 440	2 283 396	5 476 044	6 872 220	2 013 197	4 859 023
安徽	5 893 678	988 135	4 905 543	5 262 536	877 265	4 385 271
福建	4 818 363	1 862 118	2 956 245	4 341 300	1 676 139	2 665 161
江西	2 998 708	650 723	2 347 985	2 689 135	582 964	2 106 171
山东	15 901 909	3 024 658	12 877 251	14 357 601	2 723 598	11 634 003
河南	12 043 788	2 266 950	9 776 838	10 362 304	1 953 850	8 408 454
湖北	4 009 377	465 985	3 543 392	3 579 525	422 902	3 156 623
湖南	5 042 013	305 669	4 736 344	4 481 819	266 592	4 215 227
广东	7 504 071	1 533 221	5 970 850	6 470 153	1 339 890	5 130 263
广西	5 454 660	695 526	4 759 134	4 855 461	618 838	4 236 623
海南	378 021	84 202	293 819	329 463	72 680	256 783
四川	10 349 446	461 589	9 887 857	9 412 754	424 198	8 988 556
贵州	869 451	30 677	838 774	731 248	24 573	706 675
云南	711 816	41 377	670 439	584 696	34 813	549 883
西藏						
陕西	2 122 218	250 850	1 871 368	1 847 711	219 567	1 628 144
甘肃	893 151	148 305	744 846	748 529	127 334	621 195
青海	47 530	1 853	45 677	41 213	1 720	39 493
宁夏	159 704	6 949	152 755	128 028	5 852	122 176
新疆	239 059	8 796	230 263	188 629	7 673	180 956
单列市合计	**11 496 180**	**1 006 194**	**10 489 986**	**9 474 175**	**758 954**	**8 715 221**
沈阳	913 611	187 756	725 855	274 503	48 553	225 950
大连	1 474 159		1 474 159	1 142 831		1 142 831
长春	542 481		542 481	457 090		457 090
哈尔滨	302 178	7 385	294 793	275 692	6 705	268 987
南京	113 592	15 719	97 873	95 782	13 263	82 519
宁波	676 056	192 184	483 872	556 664	161 503	395 161
厦门	124 912	12 636	112 276	111 096	11 116	99 980
青岛	1 224 009	64 599	1 159 410	1 100 793	58 201	1 042 592
武汉	641 709	60 472	581 237	584 164	54 795	529 369
广州	939 106	289 185	649 921	788 045	244 585	543 460
深圳						
成都	1 887 040	38 171	1 848 869	1 725 584	34 280	1 691 304
重庆	1 998 980	42 172	1 956 808	1 775 785	39 303	1 736 482
西安	658 347	95 915	562 432	586 146	86 650	499 496

体企业主要经济指标

单位：万元

实缴各种税金			其中：所得税		
合计	合作	个体	合计	合作	个体
2 992 831	**521 681**	**2 471 150**	**345 207**	**67 423**	**277 784**
25 297	2 580	22 717	6 277	762	5 515
24 016	11 877	12 139	7 093	3 741	3 352
153 421	47 378	106 043	22 962	9 114	13 848
87 846	7 709	80 137	12 957	1 384	11 573
29 595	2 003	27 592	2 748	490	2 258
254 249		254 249	51 473		51 473
71 338	1	71 337	7 461		7 461
53 898	2 062	51 836	2 669	105	2 564
3 483	3 483		385	385	
113 107	11 943	101 164	15 769	2 407	13 362
387 604	143 461	244 143	62 261	23 896	38 365
104 573	17 951	86 622	8 964	1 499	7 465
132 933	49 141	83 792	11 250	5 506	5 744
65 473	14 820	50 653	5 389	1 389	4 000
362 832	72 468	290 364	40 304	7 572	32 732
157 563	27 249	130 314	5 321	903	4 418
92 714	10 993	81 721	5 598	939	4 659
137 046	9 035	128 011	11 865	757	11 108
224 376	43 913	180 463	18 917	2 988	15 929
120 218	16 242	103 976	7 514	957	6 557
8 989	2 751	6 238	502	76	426
215 745	9 970	205 775	21 995	939	21 056
29 840	1 176	28 664	2 222	109	2 113
30 535	1 524	29 011	1 497	61	1 436
59 050	7 702	51 348	4 355	774	3 581
23 660	3 560	20 100	3 364	558	2 806
2 281	58	2 223	90	6	84
7 125	304	6 821	582	29	553
14 024	327	13 697	3 423	77	3 346
355 040	**35 594**	**319 446**	**58 550**	**7 786**	**50 764**
15 810	3 865	11 945	6 813	2 075	4 738
71 143		71 143	11 617		11 617
20 162		20 162	2 518		2 518
7 129	196	6 933	467		467
5 641	1 015	4 626	1 213	423	790
61 835	16 703	45 132	14 465	3 523	10 942
4 289	343	3 946	198	9	189
33 486	2 478	31 008	4 792	554	4 238
12 642	1 376	11 266	1 225	139	1 086
26 126	5 881	20 245	2 729	548	2 181
32 057	955	31 102	4 272	120	4 152
53 183	780	52 403	6 374	94	6 280
11 537	2 002	9 535	1 867	301	1 566

1993年乡镇企业合作、个

地区＼项目	税后利润净额			工资总额		
	合计	合作	个体	合计	合作	个体
全国总计	**10 340 053**	**1 699 395**	**8 640 658**	**12 392 737**	**1 925 314**	**10 467 423**
北京	77 014	5 115	71 899	56 515	3 869	52 646
天津	43 999	19 382	24 617	33 000	14 437	18 563
河北	1 146 075	367 021	779 054	784 636	235 498	549 138
山西	409 618	34 190	375 428	413 940	35 148	378 792
内蒙古	142 284	8 153	134 131	189 452	7 663	181 789
辽宁	901 146		901 146	425 777		425 777
吉林	197 351	2	197 349	230 989	2	230 987
黑龙江	164 335	6 451	157 884	256 004	9 577	246 427
上海	5 187	5 187		6 757	6 757	
江苏	242 589	24 003	218 586	350 151	31 871	318 280
浙江	499 616	126 738	372 878	764 337	212 340	551 997
安徽	500 837	89 436	411 401	750 905	118 807	632 098
福建	344 130	136 838	207 292	690 075	240 533	449 542
江西	232 801	49 884	182 917	378 621	79 419	299 202
山东	1 181 476	228 592	952 884	967 696	188 852	778 844
河南	1 432 052	272 294	1 159 758	1 257 350	219 017	1 038 333
湖北	284 660	31 310	253 350	416 088	41 015	375 073
湖南	402 026	29 405	372 621	630 661	46 421	584 240
广东	759 493	140 532	618 961	1 309 087	204 016	1 105 071
广西	340 481	47 565	292 916	663 348	90 223	573 125
海南	39 569	8 771	30 798	76 530	14 798	61 732
四川	470 133	23 480	446 653	892 331	48 417	843 914
贵州	94 341	3 870	90 471	184 862	8 276	176 586
云南	88 797	4 811	83 986	148 331	9 548	138 783
西藏						
陕西	211 110	23 184	187 926	299 162	35 631	263 531
甘肃	74 129	11 769	62 360	133 795	20 392	113 403
青海	3 743	75	3 668	11 256	437	10 819
宁夏	17 264	613	16 651	23 010	1 117	21 893
新疆	33 797	724	33 073	48 071	1 233	46 838
单列市合计	**777 336**	**68 582**	**708 754**	**930 469**	**86 409**	**844 060**
沈阳	31 319	4 012	27 307	56 554	20 667	35 887
大连	103 806		103 806	89 177		89 177
长春	50 417		50 417	62 752		62 752
哈尔滨	19 357	484	18 873	40 008	849	39 159
南京	7 501	1 115	6 386	15 631	2 336	13 295
宁波	57 557	13 978	43 579	64 062	16 068	47 994
厦门	9 178	1 122	8 056	28 613	1 449	27 164
青岛	89 730	3 920	85 810	77 446	4 504	72 942
武汉	44 903	4 301	40 602	55 727	3 652	52 075
广州	103 478	28 485	74 993	106 506	18 805	87 701
深圳						
成都	75 981	2 094	73 887	99 859	3 029	96 830
重庆	124 964	1 922	123 042	163 002	5 464	157 538
西安	59 145	7 149	51 996	71 132	9 586	61 546

体企业主要经济指标（续）

单位：万元

固定资产原值			自有资金		
合计	合作	个体	合计	合作	个体
17 972 506	**3 692 194**	**14 280 312**	**13 180 542**	**2 727 603**	**10 452 939**
111 312	17 294	94 018	66 562	4 105	62 457
78 509	32 768	45 741	57 948	25 380	32 568
1 681 643	636 673	1 044 970	1 171 273	451 631	719 642
853 112	103 576	749 536	381 899	46 625	335 274
319 714	21 882	297 832	212 968	15 763	197 205
693 435		693 435	533 321		533 321
280 703	3	280 700	246 555	2	246 553
248 883	9 464	239 419	403 341	13 870	389 471
12 365	12 365		3 579	3 579	
516 689	46 516	470 173	451 165	42 522	408 643
1 114 639	441 665	672 974	1 331 672	590 175	741 497
876 624	150 752	725 872	665 410	116 858	548 552
838 929	433 674	405 255	568 252	289 925	278 327
350 194	94 506	255 688	256 570	61 008	195 562
1 873 917	415 599	1 458 318	1 066 456	210 136	856 320
1 960 331	392 343	1 567 988	1 300 017	285 914	1 014 103
578 113	75 984	502 129	409 604	49 214	360 390
726 426	58 318	668 108	557 755	38 527	519 228
1 678 748	370 171	1 308 577	969 167	206 620	762 547
877 316	126 730	750 586	744 378	94 181	650 197
125 752	46 100	79 652	180 257	57 151	123 106
863 256	58 895	804 361	755 832	46 051	709 781
208 887	9 879	199 008	115 832	5 397	110 435
318 848	14 927	303 921	126 204	6 196	120 008
423 295	76 732	346 563	361 760	39 530	322 230
206 346	40 847	165 499	110 102	21 623	88 479
31 076	1 577	29 499	19 385	656	18 729
56 720	1 761	54 959			
66 724	1 193	65 531	113 278	4 964	108 314
1 271 490	**199 299**	**1 072 191**	**919 258**	**86 610**	**832 648**
121 009	52 335	68 674			
113 099		113 099	96 567		96 567
76 522		76 522	71 816		71 816
55 242	914	54 328	36 033	698	35 335
25 667	3 407	22 260	16 572	2 024	14 548
115 179	36 656	78 523	94 345	26 007	68 338
30 079	3 739	26 340	14 201	2 006	12 195
124 938	5 773	119 165	85 442	3 660	81 782
70 933	5 990	64 943	45 303	3 958	41 345
200 701	63 920	136 781	93 086	25 822	67 264
147 577	5 608	141 969	166 158	4 685	161 473
86 139	2 869	83 270	105 027	7 032	97 995
104 405	18 088	86 317	94 708	10 718	83 990

1993年部分省会城市

项目 城市	企业单位数（个）	企业人数（人）	总产值（不变价，万元）	总产值（现行价，万元）	工业总产值（不变价，万元）	出口总值（万元）
石家庄	202 515	1 150 410	3 380 380	3 366 028	2 616 737	78 781
太原	40 833	267 515	842 014	813 299	605 516	7 703
呼和浩特	38 267	129 875	363 025	369 849	177 633	9 063
杭州	95 899	1 069 080	4 870 866	4 775 430	4 446 677	434 890
合肥	12 544	130 227	613 386	630 283	340 694	18 141
福州	88 252	705 831	2 023 949	2 103 946	1 358 946	470 154
南昌	107 038	360 124	904 957	903 516	644 837	28 486
济南	138 801	966 541	4 620 137	4 592 486	3 143 894	81 443
郑州	156 193	984 664	3 018 500	3 007 936	2 207 760	19 991
南宁	71 840	163 309	232 310	250 590	94 834	304
海口	3 833	17 163	67 377	69 278	13 924	
贵阳	16 678	95 533	157 545	161 918	103 888	6 473
昆明	66 491	378 308	588 953	618 668	352 215	6 638
兰州	8 980	213 229	441 295	448 371	277 024	4 802
西宁	10 862	34 885	31 065	31 176	19 384	3 667
银川	22 605	69 391	93 828	93 757	43 650	610
乌鲁木齐	6 535	34 131	75 182	83 975	53 141	

乡镇企业基本情况

总收入（万元）	费用支出（万元）	国家税金（万元）	纯利润（万元）	工资总额（万元）	固定资产投资（万元）	固定资产原值（万元）
3 040 786	1 346 922	47 593	237 854	185 815	300 128	783 972
736 996		166 370	61 697	41 865		226 320
387 955	337 330	14 447	32 064	35 604	40 699	89 165
4 100 962		221 823	131 395	305 233	369 260	1 006 058
623 639	561 552	19 427	42 660	29 399	63 012	193 912
2 047 234	697 910	61 631	125 864	245 401	96 753	506 491
813 670	740 922	17 378	63 076	58 173		140 671
3 756 297	3 451 899	75 427	149 518	182 093	221 144	628 657
2 718 672		47 998	292 403	197 811		840 563
288 580	253 791	10 041	15 022	35 795		78 414
70 955	62 820	2 190	5 482	9 473		22 507
205 550	186 448	7 116	10 499	19 690	17 411	62 804
775 520	711 424	34 812	40 126	81 611	31 450	252 520
416 897	173 177	15 132	26 602	45 572	30 778	133 377
31 738		1 396	1 291	5 626		21 112
91 264	4 885	4 185	7 783	11 650	7 486	36 989
891 131	79 244	4 864	5 734	14 485	5 514	42 208

1993 年乡镇企业附属资料

指标名称	单位	合计
1. 建筑企业进城施工人数	人	7 652 045
建筑企业进城施工总产值	万元（现行价）	14 109 929
建筑企业进城施工房屋竣工面积	万平方米	108 606 795
2. 个体企业中 8 人及以上企业个数	个	554 560
个体企业中 8 人及以上企业职工人数	人	6 153 452
个体企业中 8 人及以上企业总产值	万元（现行价）	12 291 490
3. 因工重伤人数	人	3 531
因工死亡人数	人	4 675
4. 关停企业个数	个	27 160
关停企业人数	人	397 723
关停企业总产值	万元（现行价）	643 441
7. 总产值（现行价）上亿元的乡（镇）	个	5 467
总产值上亿元的乡（镇）产值	亿元（现行价）	2 867 758
总产值（现行价）上 10 亿元的县（市）	个	713
总产值上 10 亿元的县（市）产值	亿元（现行价）	16 781 914
8. 总产值（现行价）1 000 万元以上的企业	个	19 196
总产值 1 000 万元以上的企业产值	亿元（现行价）	62 597
总产值（现行价）1 000 万元以上的企业利润总额	万元	3 202 779
总产值（现行价）1 000 万元以上的企业国家税金	万元	1 590 208
9. 出口企业中“三资”企业数	个	27 506
“三资”企业出口产品总值	万元	7 370 693
新批“三资”企业数	个	12 153
合同利用外资	万美元	1 156 993
境外办企业	个	428
境外办企业投资额	万元	37 050
10. 提取盈余公积中：		
用于生产发展的公积金	万元	1 411 013
用于集体福利事业	万元	314 915
11. 在应付利润中：		
上缴乡村	万元	1 644 352
其中：用于支援农业生产	万元	381 123
用于农村小城镇建设	万元	203 449
用于教育事业	万元	252 457
12. 个体企业中 8 人及以上企业自有资金	万元	854 525

经 营 管 理

1993年乡村集体企业财务决算综合分析
1993年乡村集体企业利润分析
1993年东、中、西部地区乡村集体企业
主要财务指标对比分析
1993年乡镇企业质量工作
湖北省乡镇企业局质量管理工作经验
强化质量保证体系
推行目标效益管理　增强企业活力
加强资金管理　增强企业发展后劲
1993年乡镇企业供销体系概况

1993年乡村集体企业财务决算综合分析

农业部乡镇企业司计划财务处

基 本 情 况

一、企业发展势头强劲，职工队伍日渐壮大

1993年参加全国乡村集体企业财务决算汇总的除西藏自治区外共有29个省、直辖市、自治区。参加决算汇总的乡村两级企业共1 518 655个，比上年增长16.37%，创乡镇企业个数增长幅度的最高记录。其中，盈利企业1 460 408个，比上年增长16.97%，占汇总企业数的91.16%，比上年提高了0.49个百分点；亏损企业58 247个，比上年增长3.54%，占汇总企业数的3.84%，比上年下降了0.47个百分点。

1993年乡村两级企业职工人数为49 893 813人，比上年增长7.73%。

乡村企业的持续增长，职工队伍的日益壮大，为乡镇企业的大提高、大发展打下了坚实基础，提供了保障。

二、各行业收入显著增长，销售率再上新台阶

1993年乡村两级企业主营业务收入160 236 427万元，比上年增长78.31%。其中，乡办企业为84 432 504万元，比上年增长71.27%。占乡村企业本期主营业务收入增加数的49.92%；村办企业为75 803 923万元，比上年增长86.88%，占乡村企业本期主营业收入增加数的50.08%。乡、村企业携手共进，平分增长份额。

从行业的发展情况看：工业企业主营业务收入129 319 776万元，比上年增长74.72%，占全行业主营业务收入比重的80.71%，比上年下降1.66个百分点；商品流通企业主营业务收入为9 000 294万元，比上年增长115.65%，占全行业主营业务收入比重的5.62%，比上年提高了0.98个百分点；施工企业主营业务收入为12 423 019万元，比上年增长67.08%，占全行业主营业务收入比重的7.75%，比上年下降了0.52个百分点；运输企业主营业务收入1 632 295万元，比上年增长45.65%，占全行业主营业务收入比重的1.02%，比上年下降0.23个百分点；旅游饮食服务业主营业务收入1 417 395万元，比上年增长12.08%，占全行业主营业务收入比重的0.88%，比上年下降0.53个百分点；农业企业主营业务收2 650 279万元，比上年增长43.11%，占全行业主营业务收入比重的1.65%，比上年下降0.41个百分点；其他企业主营业务收入3 793 369万元，占全行业主营业务收入的2.37%。在各行业中，商品流通企业连续两年保持增长幅度最高地位，并显示出勃勃生机和活力。

从全国29个省、直辖市、自治区情况看，增长幅度名列前三位的是广西、河南、安徽三个省（区），分别为164.06%、153.39%、108.37%。低于全国平均增长水平的有18个省（区），其中增长幅度最低的仅为30.29%。1993年比上年增幅最高的提高63.5个百分点，最低的比上年提高31.2个百分点，增幅高低相差133.77个百分点，这意味着地区之内发展的还很不平衡。

从与国有工业企业对比看：1993年国有工业企业实现主营业务收入21 755.55亿元，比上年增长34.73%；乡村两级企业的主营业务收入为国有工业企业的73.65%，比上年提高18个百分点。乡村企业与国有工业企业的距离正在不断接近。

1993年，乡村企业主营业务收入增长幅度之所以能够创历史最好水平，主要是靠名牌产品抢占市场；靠高科技产品开拓市场；靠拾遗补缺填充市场，使产销率由上年的83.35%提高到87.27%。

三、利润总额迅猛增加，营业利润率略有提高

1993年，乡村企业实现利润总额9 762 055万元，比上年增长82.92%，比上年提高21.18个百分点，是1985年以来利润增长幅度最高的年份，净增利润总额相当于1985年利润总额的2.6倍。其中乡办企业为4 454 768万元，比上年增长83.66%；村办企业为5 307 286万元，比上年增长82.29%。

国有工业企业实现利润总额为797.55亿元，比上年提高57.46%，低于乡村企业增长速度25.46个百分点，而且乡村企业利润总额为国有工业企业利润总额的122.4%，比上年提高25.46个百分点，这表明乡村企业经济效益大大好于国有工业企业。

在全国29个省、直辖市、自治区中，高于全国平均增长水平的有13个省（市、区），其中前3名为江苏、河南、广西三省（区），增长幅度分别为199.27%，195.34%和142.89%；低于全国平均增长水平的有16个省（市、区），其中增长幅度最低的为14.1%，增长水平最高与最低的相差185.17个百分点，比上年的197.61个百分点，缩小12.44个百分点。

乡村企业主营业务收入利润率为6.09%，比上年提高了0.1个百分点，是1991年走出低谷以来的最好水平，但与1985年的历史最好水平的11%相比仍低4.91个百分点。国有工业企业销售利润率为3.67%，虽比乡村企业低0.47%个百分点，但却比上年提高0.53个百分点。

利润总额的大幅度增长，一是销售收入的大幅度增长为利润总额的增长提供了第一个条件：主营业务收入比上年增加70 373 871万元，增加利润总额4 214 034万元，占利润总额增加数的96.19%。二是营业利润率比上年提高为利润总额的增长提供了第二个条件。1993年营业利润率比上年提高0.104个百分点，增加利润总额166 992万元，占利润总额增加额的3.81%，两项增加因素合计共增加利润总额4 381 026万元。

四、上缴税金额持续增加，人均创利税不断上升

1993年，乡村企业向国家缴纳税金总额7 160 344万元，比上年增长62.46%，比上年提高18.49个百分点，是1985年以来增加额最多、增长幅度最高的一年。其中，营业税金和附加为5 715 335万元，比上年增长64.33%，缴纳所得税1 445 009万元，比上年增长55.45%。在29个省、直辖市、自治区中，超过全国平均增长幅度的有13个省（市、区），其中增长幅度排在前3名的是新疆、安徽、内蒙古，增长幅度分别为106.2%，93.71%和82.09%；低于全国平均增长幅度的有16个省（市、区），增长幅度最低的为28.88%。增长幅度最高与最低相差77.32个百分点，比上年缩小19.72个百分点。

乡村两级企业利税总额为15 477 390万元，比上年增长75.58%，比增长幅度最高的1992年高出24.45个百分点。营业利税率为9.66%，比上年下降了0.15个百分点，与国有工业企业相比低1.76个百分点。在全国29个省、直辖市、自治区中，超过全国平均增长幅度的有21个省（市、区），其中名列前3名的是吉林、河北、山西，利税率分别为13.01%、12.96%和12.95%；低于全国平均水平的有8个省（市、区），营业利税率最低的省为6.95%。

人均创利税3 102元，比上年增长62.99%，是1985年以来人均创利税最高的年份，相当于1985年人均创利税的4.17倍。

五、拓宽融资渠道，加大投入力度

1993年，乡村企业年末资产总额为110 842 711万元，比上年增长54.38%。在资金非常紧张的情况下，一年内能够增加这么大的投入，是乡镇企业发展史上罕见的。

从资产总额分布看：流动资产为63 679 027万元，比上年增长47.89%，占资产总额增加数的52.59%；长期投资2 226 003万元，比上年增长119.7%，占资产总额增加数的3.11%；固定资产为47 703 825万元，比上年增长52.69%，占资产总额增加数的42.16%；无形资产及递延资产935 695万元，比上年增长625.43%，占资产总额增加数的2.07%；专项工程223 121万元，占资产总额增加数的0.57%；其他资产276 336万元，占资产总额增加数的0.70%。

从资产形成的渠道看：流动负债为57 300 016万元，比上年增长43.88%，占资产增加数的44.76%；长期负债15 559 747万元，比上年增长98.22%；占资产增加数的19.75%；所有者权益为37 982 948万元，比上年增长57.45%，占资产总额增加数的35.49%。从增加资金渠道增加的资金看，乡镇企业的大投入准确地说三分之二是用负债换来的。1993年，乡村企业负债率为65.73%，那么用负债换来的投入一定要讲求投资效益。可从上述增加资产的投向看，一方面新增资金投入到固定资产上了，这作为扩大生产规模，提高资本的有机构成，加快固定资产的更新改造，提高劳动生产率是十分必要的；另一方面，新增资金的52.81%是被流动资产占用了，而流动资产增加额的47.3%被应收帐款占掉，19.85%被存货占用。这两项新增资金由于拖欠或超储，长期滞留、沉淀，使负债筹集的资金难以发挥应有作用，并且还要支付负债的利息，为此应把有限的资金用在刀刃上。

六、资金使用效益提高，投入产出比增大

1993年，乡村企业投入力度明显加大，投入数目

之大，增长幅度之高，都是前所未有的。那么，投入的效果如何呢？

1. 成本费用利润率。1993年乡村企业成本费用利润率为7.13%，比上年提高0.52个百分点。

2. 百元流动资产创利税额。1993年乡村企业百元流动资产创利税额为35.81元，比上年增加13.20元。

3. 百元固定资产创利税额。1993年乡村企业百元固定资产创利税额为50.98元，比上年增加9.11元。

4. 资产利税率。1993年乡村企业资产利税率为21.03%，比上年提高6.35个百分点。

通过以上四个方面分析可以看到，1993年乡村企业资金使用效益不断提高，投入产出比继续增大，这不仅大大缓解了资金紧张的矛盾，而且提高了企业的经济效益，使资金周转天数由上年的156天，降到97天。

七、可供分配利润增加，利润分配基本合理

1993年乡村企业可供分配利润为4 868 324万元，比上年增长56.33%。可供分配利润的主要去向是：

第一，提取盈余公积金2 394 395万元，比上年增长5.93%，占可供分配利润的49.18%。

第二，上缴利润1 251 663万元，比上年增长23.50%，占可供分配利润的25.71%。

第三，分出联营利润214 302万元，比上年增长133.38%，占可供分配利润的4.40%。

第四，分配股利1 181 640万元，占可供分配利润的24.27%。

上述利润分配情况表明，股份合作制企业有了明显发展，联营企业增多，上缴利润合理，提取盈余公积金偏低。

主　要　问　题

一、亏损集中程度加重

1993年，乡村亏损企业个数为58 247个，比上年增长了3.54%，占实汇企业数的3.84%，比上年下降0.47个百分点；亏损额为461 569万元，比上年增长34.64%；平均每个企业亏损额为79 243元，比上年增长30%，是乡镇企业有史以来亏损集中程度最高的年份。

二、应收帐款猛增

1993年，尽管应收帐款周转次数由1992年的9.27次，提高到9.72次，但应收帐款增势不减，已高达18 086 520万元，比上年增长117.1%，是1985年以来增长幅度最高的年份。

三、偿债能力较低

乡村企业偿债能力低下主要反映在两个方面：一方面流动比率仅为111.13%，与保证债务偿还的200%基准值差88.87个百分点，另一方面速动比率为66.32%，与100%的基准值差33.68个百分点，这表明乡村企业债务危机过大。

全国乡村集体企业主要财务指标动态分析表

指　　标	单　位	1993年实际数	1992年同期数	1993年比1992年±%
一、基本情况				
1. 实汇企业数	个	1 518 655	1 304 977	16.37
① 盈利企业数	个	1 460 408	1 248 493	16.97
占实汇数的比例	%	96.16	95.67	0.49
盈利总额	万元	10 223 623	5 677 668	80.07
② 亏损企业数	个	58 247	56 256	3.54
占实汇数的比例	%	3.84	4.31	－0.47
亏损总额	万元	461 569	342 812	34.64
2. 企业年平均人数	人	49 893 813	46 315 760	7.73
3. 工资总额	万元	11 877 557	8 432 887	40.85
4. 人均年工资	元	2 381	1 821	30.75

（续）

指　　标	单　位	1993年实际数	1992年同期数	1993年比1992年±%
二、收入及利润情况				
1. 主营业务收入	万元	160 236 427	89 862 556	78.31
产销率	%	87.27	83.35	3.92
① 农业企业主营业务收入	万元	2 650 279	1 851 938	43.11
占主营业务收入总额的比例	%	1.65	2.06	－0.41
② 工业企业主营业务收入	万元	129 319 776	74 016 132	74.72
占主营业务收入总额的比例	%	80.71	82.37	－1.66
③ 商业企业主营业务收入	万元	9 000 294	4 173 614	115.65
占主营业务收入总额的比例	%	5.62	4.64	0.98
④建筑安装企业主营业务收入	万元	12 423 019	7 435 539	67.08
占主营业务收入总额的比例	%	7.75	8.27	－0.52
⑤ 交通运输企业主营业务收入	万元	1 632 295	1 120 735	45.65
占主营业务收入总额的比例	%	1.02	1.25	－0.23
⑥ 旅游饮食服务企业主营业务收入	万元	1 417 395	1 264 598	12.08
占主营业务收入总额的比例	%	0.88	1.41	－0.53
⑦ 其他企业主营业务收入	万元	3 793 369		
占主营业务收入总额的比例	%	2.37		
2. 营业成本及费用总额	万元	136 955 133	80 775 774	69.55
3. 成本费用利润率	%	7.13	6.61	0.52
4. 营业税金及附加	万元	5 715 335	3 477 904	64.33
占主营业务收入总额比例	%	3.57	3.87	－0.30
5. 利税总额	万元	15 477 390	8 814 838	75.58
其中：利润总额	万元	9 762 055	5 336 934	82.92
占主营业务收入总额比例	%	6.09	5.94	0.15
人均创利润	元	1 957	1 152	69.80

（续）

指　　标	单　位	1993年实际数	1992年同期数	1993年比1992年±%
6. 交纳所得税（不包括减免税）	万元	1 445 009	929 574	55.45
占利润总额比例	%	14.80	17.42	－2.62
7. 向国家交纳税金总额	万元	7 160 344	4 407 478	62.46
人均创利税	元	3 102	1 903	62.99
人均交纳税金	元	1 435	952	50.81
8. 主营业务收入利税率	%	9.66	9.81	－0.15
9. 可供分配利润	万元	4 868 324	3 114 150	56.33
① 上缴乡（村）利润	万元	1 251 663	1 013 513	23.50
占可供分配利润比例	%	25.71	32.55	－6.84
② 提取盈余公积金	万元	2 394 395	2 260 332	5.93
占可供分配利润比例	%	49.18	72.58	－23.40
三、流动资产情况				
1. 流动资产年末余额	万元	63 679 027	43 051 167	47.87
2. 流动资产全年平均占用额	万元	43 224 381	38 991 000	10.86
① 周转次数	次	3.71	2.30	1.41次
② 周转天数	天	97	156	59天
③ 百元流动资产创利额	元	22.58	13.69	8.89元
④ 百元流动资产创利税额	元	35.81	22.61	13.20元
⑤ 百元主营业务收入占用流动资产	元	26.98	43.39	－16.41元
3. 应收款项年末余额	万元	28 886 038	15 884 557	81.85
① 应收帐款年末余额	万元	18 086 520	8 330 570	117.11
占应收款项比例	%	53.79	52.44	1.35
② 其他应收款年末余额	万元	8 760 962	6 134 102	42.82
占应收款项比例	%	30.26	38.62	－8.36
③ 平均应收帐款余额	万元	15 575 479	8 330 570	86.97
应收帐款周转率	次	9.72	9.27	0.45
四、流动负债年末余额		57 300 016	39 824 641	86.97
1. 应付款项年末余额	万元	25 986 148	14 893 123	74.48
其中：应付帐款余额	万元	12 889 875	7 008 826	83.91

（续）

指　　标	单　位	1993年实际数	1992年同期数	1993年比1992年±%
占应付款项比例	%	49.60	47.06	2.54
2. 应收款项与应付款项相抵（借差）	万元	2 967 249	991 434	199.29
3. 应收帐款与应付帐款相抵（借差）	万元	2 685 604	1 321 744	103.19
五、固定资产情况				
1. 年末固定资产原值	万元	47 703 825	31 242 140	52.69
2. 累计折旧额	万元	10 345 143	7 885 274	31.20
占原值比率（磨损率）	%	21.69	25.24	－3.55
其中：本年折旧提取数	万元	2 949 589	2 389 632	23.43
占年固定资产平均原值比例	%	7.56	7.65	－0.09
3. 年末固定资产净值	万元	37 358 683	23 356 866	59.95
占原值比率（净值率）	%	78.31	74.76	3.55
4. 固定资产净值年平均余额	万元	30 357 775	21 054 395	44.19
① 百元固定资产年创利额	元	32.16	25.35	
② 百元固定资产年创利税额	元	50.98	41.87	
5. 资产利税率	%	21.03	14.68	6.35
6. 年未人均占有固定资产	元	9 561	6 745	41.74
六、总产值情况				
1. 总产值（现价）	万元	183 617 129	107 813 301	70.31
2. 工业总产值（现价）	万元	155 012 140	98 528 164	57.33
3. 工业增加值（现价）	万元	37 702 326	28 752 824	31.13
4. 工业增加值率	%	24.32	29.18	－4.86
5. 产值利润率	%	5.32	4.95	0.37
6. 产值资金率	%	23.54	36.17	－12.63
7. 百元总产值占用固定资产价值	元	25.98	28.98	
8. 全员劳动生产率（工业）	元/人年	9 958	6 208	60.41

1993年乡村集体企业利润分析

农业部乡镇企业司计划财务处

一、利润总额大幅度增长

1993年，全国乡村集体企业共汇总1 518 655个企业，实现利润总额（盈亏相抵数）9 762 054万元，比上年增长82.92%。增长幅度达到历史最好水平，实现了利润总额超常规增长。平均每个企业利润总额增加2.3万元，达到了6.42万元。乡村工业企业实现利润7 876 292万元，占全国乡村企业利润总额的80.6%。人均创利润由1992年的1 152元，增加到1 957元，增长69.8%。

1993年盈利企业1 460 408个，比上年增加211 915个，增长16.97%。盈利企业盈利总额10 223 623万元，比上年增长80.07%。平均每个盈利企业实现利润由1992年的4.5万元增加到7万元，增长56%。

二、税金总额增加，对国家贡献增大

1993年，全国乡村集体企业实现税金（营业税金、所得税金）7 160 344万元，比1992年增长62.46%。其中：乡办企业实现税金总额3 926 054万元，比上年增长58.51%；村办企业实现税金总额3 234 290万元，比上年增长67.53%。乡村企业1993年缴纳所得税金1 445 009万元，比上年增长55.45%；人均缴纳税金1 435元，比上年增长50.81%。

三、经济效益有所好转

1993年由于全国乡镇企业销售收入、利润总额的大幅度增长，为经济效益好转奠定了基础。1993年资本金利润率达到34.19%，比上年上升了13个百分点。成本费用利润率为7.13%，比上年提高0.52个百分占。销售收入利润率为6.09%，比上年提高0.1个百分点。营业收入利润率为6.09%，比上年略有提高。

四、影响利润的几个因素

1993年是乡镇企业大发展的一年，虽然营业成本、费用总额比上年增长69.55%，却仍低于主营业务收入的增长速度。1993年营业成本、费用总额占主营业务收入的比重为85.4%，比上年下降4.5个百分点，相应增加利润7 210 639万元。

增加利润的主要因素：

1．固定资产折旧率降低。新的财务会计制度的执行，对固定资产折旧年限进行了调整，使全国乡村集体企业固定资产折旧率由1992年的8.50%下降到1993年的7.56%，下降了3.55个百分点，相应增加利润366 835万元。

2．流动资金周转加快。1993年乡村集体企业流动资金周转天数为97天，比上年缩短了59天，相应增加利润654 770万元。

3．营业环节税率下降。1993年乡村集体企业营业税金及附加为5 715 335万元，虽然比上年增长64.33%，但营业税金及附加占主营业务收入的比重却由1992年的3.87%下降到1993年3.57%，下降了0.3个百分点，相应增加利润269 587万元。

减少利润的主要因素：

虽然乡镇企业利润呈现大幅度增长趋势，但仍有一些因素制约着利润增长。

1．计税工资增加，营业成本加大。为解决乡镇企业职工计税工资偏低的问题，1993年各省（市、区）对乡镇企业计税工资进行了调整。全国乡村集体企业1993年人均工资由1992年的1 821元，提高到2 381元，每人年均提高560元。全年工资总额为11 877 557万元，比上年增长40.85%，比上年提高24.86个百分点，相应减少利润3 444 670万元。

2．营业外收支不平衡，降低了乡镇企业利润。1993年，乡村集体企业营业外收入与支出相抵后，支出大于收入137 422万元，收支的不平衡，造成利润减少137 422万元。

3．利息支出过大。1993年乡村集体企业借款合计为34 164 536万元，比上年增长37.3%。其中银行借款为19 352 287万元，仅比上年增长2.7%。乡村集体企业借款的44%均是通过非银行的金融机构筹集的。一方面借款总额的增加，使贷款利息加大，另一方面非金融机构贷款利率偏高，也大大增加了企业的利息支出。使成本升高，影响企业利润的增长。1993年财务费用（利息支出）总计为2 522 290万元。相应减少了企业利润。

4. 亏损企业增加，亏损额加大。1993年乡村集体企业汇总的亏损企业为58 247个，比上年增加1 991个，企业平均亏损额由1992年的6万元增加到7.9万元，增长31%，亏损总额为461 569万元，比上年增长34.64%。

此外，原辅材料价格上涨，新旧财会制度衔接过程中管理费用的重复计算均影响了企业利润的增加。

总之，1993年乡村集体企业利润总体情况是好的，但仍需继续克服减少利润的不利因素，使乡镇企业的发展再上一个新台阶。

1993年东、中、西部地区乡村集体企业主要财务指标对比分析

农业部乡镇企业司计划财务处

通过对东部十省、市（北京、天津、河北、辽宁、上海、江苏、浙江、福建、山东、广东），中部十省（山西、吉林、黑龙江、安徽、江西、河南、湖北、湖南、四川、陕西）和西部十省、区（内蒙古、广西、海南、贵州、云南、甘肃、青海、宁夏、新疆、西藏）乡村集体企业主要财务指标进行对比分析，旨在寻求全国乡镇企业发展的地区特点，探索源由，制定对策，促进全国乡镇企业均衡发展的新思路。

一、企业个数、人数均有增长

1993年，东部、中部、西部地区乡村企业个数分别达到67万个、74万个和10万个，分别比上年增长10.37%、21.31%、20.48%。乡村企业从业人员分别为2 894万人、1 808万人、287万人、分别比上年增长6.57%、8.48%、15.40%。

二、产、销、利同步高速发展

1. 总产值。1993年，东部地区乡村企业完成产值13 348亿元，比上年增长65.44%，占全国乡村企业总产值18 362亿元的72.69%，比上年下降2.14个百分点。中部地区乡村企业完成总产值4 483亿元，比上年增长87.10%，比东部地区高21.66个百分点，占全国乡村企业总产值比重为24.41%，比上年增加2.18个百分点。西部地区为531亿元，比上年增长67.51%，比东部地区高2.07个百分点，占全国乡村企业总产值的2.9%，比上年下降0.04个百分点。

2. 营业收入。1993年，东部地区乡村企业实现营业收入11 739亿元，比上年增长72.04%，增幅较上年高出19.74个百分点。中部地区实现营业收入3 723亿元，比上年增长96.81%，增幅较上年高出51.58个百分点，较东部高24.3个百分点。西部地区实现营业收入561亿元，比上年增长95.41%，增幅较上年高出42.1个百分点，较东部高23.37个百分点。东、中、西部地区营业投入占全国的比重分别为73.26%、23.24%、3.50%。与上年相比，东部地区比重下降2.44个百分点，中、西部地区分别上升2.19和0.3个百分点。

3. 利润总额。1993年，全国乡村企业实现利润总额976亿元，比上年增长82.92%。其中东部地区实现利润702亿元，比上年增长81.93%，占全国比重为71.92%。中部地区实现利润242亿元，比上年增长117.22%，占全国比重为24.80%。西部地区实现利润32亿元，比上年增长93.58%，占全国比重为3.28%。

三、企业物质能力增强，自有资金上升

1. 资产总量。1993年，全国乡村企业共拥有资产总量11 084亿元。其中东部地区资产总量为8 346亿元，比上年增长51.2%，占全国资产总量的75.30%，比上年增加0.49个百分点。中、西部地区合计资产总量2 738亿元，比上年增长47.36%，增幅低于东部地区3.84个百分点，占全国资产总量的24.70%，西部地区仅占全国资产总量的3.9%。东部地区乡村企业在经济资源的占用上具有明显优势。

2. 自有资金。1993年，东、中、西部地区乡村企业自有资金分别为2 880亿元、769亿元、149亿元，分别比上年增长79.06%、58.52%、69.12%。东部地区自有资金占全部资产的比重为34.51%，比上年增加5.37个百分点；中、西部地区合计自有资金比率为33.52%，比上年增加2.57个百分点。

四、东、中、西部地区偿还债务能力呈现不同特点

1. 长期偿还债务能力，东部地区乡村企业强于中、西部地区。1993年，东部地区乡村企业资产负债率为65.49%，分别比全国、中部地区、西部地区低0.24、1.14、0.20个百分点。说明东部地区乡村企业负债相对较少，长期偿还债务能力强于中、西部地区。

2. 短期偿债能力，东部地区逊于中、西部地区。1993年，全国乡村企业流动比率、速动比率、货币资金比率分别为111.13%、66.32%、11.00%。东部地区分别为110.33%、65.78%、10.19%，均低于全国比率。东部地区流动比率比中、西部地区流动比率分别低3.74、2.83个百分点，速动比率分别低1.79、6.07个百分点，货币资金比率分别低3.28、5.65个百分点。说明东部地区乡村企业流动资金中存货比重较大，迅速变现能力较弱，动用现金偿还债务能力不及中、西部地区。

五、东、中、西部地区乡村企业经营盈利能力相差不大

1. 投入产出。1993年，东部地区乡村企业固定资产投入1 610亿元，创产值13 348亿元，固定资产投入同产值之比为1∶8.29；中、西部地区固定资产投入563亿元，创产值5 014亿元，固定资产投入同产值之比为1∶8.90，其中中部地区固定资产投入同产值之比为1∶8.28。

2. 营业利税率。1993年，全国乡村企业营业利税率为9.66%。东部地区营业利税率为9.67%，比全国水平高0.01个百分点；中部地区营业利税率为9.65%，比全国水平低0.01个百分点；西部地区营业利税率为9.49%，比全国水平低0.17个百分点。

3. 成本费用利润率。1993年，全国乡村企业成本费用利润率为7.13%。东部地区成本费用利润率为7.00%，比全国水平低0.13个百分点；中部地区成本费用利润率为7.64%，比全国水平高0.30个百分点；西部地区成本费用利润率为6.57%，比全国水平低0.56个百分点。

4. 资本金利润率。东、中、西部地区乡村企业资本金利润率分别为32.50%、42.08%、26.82%。由此可看出，中部地区的投资获利最多。因此，中部地区的资本金增长率最大，达41.70%，分别比东、西部地区高出11.11、9.61个百分点。

六、上缴国家税金

1993年，东、中、西部地区乡村企业实缴国家税金（营业税金及附加、所得税金）分别为544亿元、147亿元、25亿元，分别比上年增长61.72%、65.89%、69.91%。中、西部地区税金增幅高于东部地区，分别高出4.17、8.19个百分点。东、中、西部地区人均税负分别为1 879元、813元、871元，分别比上年增长51.9%、53.4%、43.49%。

从以上的对比分析可以看出，东、中、西部地区乡村企业，特别是中、西部地区乡村企业，在1992年加大投入的情况下，在各级领导的重视以及国家宏观政策的指引下，1993年取得了快速发展。但是，在快速发展的同时，由于历史的、地理的等方面的影响，中、西部地区乡镇企业的总量占全国的比重仍然很小，东、中、西部地区的差距仍然很大。

东、中、西部地区乡村集体企业主要指标比较表

指　　标	单位	全　国	东部地区	中部地区	西部地区
1. 企业个数	万个	151	67	74	10
占全国比例	%		44.37	49.00	6.63
2. 企业人数	万人	4 989	2 894	1 808	287
占全国比例	%		58.01	36.22	5.77
3. 资产总量	亿元	11 084	8 346	2 306	432
占全国比例	%		75.30	20.80	3.90

（续）

指　　标	单位	全　国	东部地区	中部地区	西部地区
4. 固定资产	亿元	4 770	3 387	1 172	211
占全国比例	%		71.01	24.57	4.42
5. 自有资金	亿元	3 798	2 880	769	149
占全国比例	%		75.83	20.25	3.92
比上年增长	%	74.09	79.06	58.52	69.12
6. 资本金	亿元	2 855	2 162	575	118
占全国比例	%		75.73	20.14	4.13
比上年增长	%	12.36	30.59	41.70	32.29
7. 自有资金率	%	34.27	34.51	33.37	34.31
8. 资产负债率	%	65.73	65.49	66.63	65.69
9. 流动比率	%	111.13	110.33	114.17	113.16
10. 速动比率	%	66.32	65.78	67.57	71.85
11. 资本金比率	%	25.76	25.90	24.94	27.42
12. 货币资金比率	%	11.00	10.19	13.47	15.84
13. 固定资产投入	亿元	2 173	1 610	541	22
占全国比例	%		74.09	24.90	1.01
14. 工业产销率	%	83.43	83.64	81.59	94.14
15. 营业利润率	%	6.09	5.98	6.50	5.70
16. 资产利税率	%	13.96	13.60	15.58	12.31
17. 成本费用利润率	%	7.13	7.00	7.64	6.57
18. 存货周转率	%	585.91	564.05	664.47	613.99
19. 资本金利润率	%	34.19	32.50	42.08	26.82
20. 营业利税率	%	9.66	9.67	9.65	9.49
21. 人均利税率	元/人	3 102.07	3 922.02	1 987.41	1 855.99
22. 产值	亿元	18 362	13 348	4 483	531
比上年增长	%	70.31	65.44	87.10	67.51
占全国比例	%		72.69	24.42	2.89
23. 营业收入	亿元	16 023	11 739	3 723	561
比上年增长	%	78.31	72.00	96.81	95.41

（续）

指　　标	单位	全　国	东部地区	中部地区	西部地区
占全国比例	%		73.26	23.04	3.50
24. 利润总额	亿元	976	702	242	32
比上年增长	%	82.92	81.93	117.22	93.58
占全国比例	%		71.92	24.80	3.28
25. 税金	亿元	716	544	147	25
比上年增长	%	62.46	61.72	65.89	69.91
占全国比例	%		75.98	20.53	3.49

1993年乡镇企业质量工作

农业部乡镇企业司质量管理处

一、主要成绩

1993年，乡镇企业行政主管部门和技术监督部门紧密配合，克服了种种困难，做了大量艰苦细致的工作，使乡镇企业产品质量和服务质量有了明显提高。

1. 加强了企业质量管理的基础工作，在骨干工业企业中普遍推行全面质量管理，取得成效。① 加强了企业标准化工作。乡村两级工业企业标准覆盖率由1990年的85%提高到1993年的87%以上。天津、福建、江西、四川等省（市）乡村两级工业企业标准覆盖率已达到90%以上；福建、四川两省1993年制订了700多个企业标准；采用国际标准或国外先进标准的产品明显增多，有近万个产品获采标证书。② 加强了企业计量管理工作。在国家停止计量定级工作后，各级乡镇企业行政主管部门与计量管理部门，积极帮助企业建立计量机构，配齐计量器具，开展计量评价活动。1993年已有5万多个乡镇企业计量工作能满足生产要求，其中有一批已达到国内先进水平。③ 加强了产品检验工作。在乡村骨干企业中加强了产品质量检验机构建设，严格出厂产品的检验把关，产品合格率达到95%以上。④ 在百万元以上的工业企业中逐步推行了全面质量管理，取得明显效果。到1993年底，全国已有近3万个企业达到乡镇企业全面质量管理实施细则标准，取得合格证书，占百万元产值企业总数的39%。其中有1万个企业获得农业部颁发的全面质量管理工作达标证书。⑤ 积极开展QC小组活动。群众性质量管理活动普遍展开，全国有20多个省（市）坚持每年召开QC成果发布会。近五年，有1 000多个QC小组获优秀成果奖，其中有130个部优秀成果奖，11个全国优秀成果奖。⑥ 加强工序控制，开展提高产品关键工序一次合格率活动，降低了废、次品率。江西、天津两省（市）通过这项活动增加经济效益3 000多万元。

2. 推行GB/T19 000～ISO9 000质量管理和质量保证系列标准，与国际惯例接轨。到1993年底，农业部和部分省市对骨干企业进行宣传贯彻培训的基础上，已在100多个企业中进行试点，建立健全质量保证体系，编制质量手册。吉林省红嘴子啤酒厂于1993年底，经中国质协质量保证中心评审，取得体系认证合格证书；广东科龙电器股份有限公司在贯彻系列标准方面，也步入全国先进行列，在乡镇企业质量管理与质量保证规范化中起到了示范作用。

3. 乡镇企业质量教育培训工作在普及中深化。各级乡镇企业行政主管部门有计划、有组织、分层次地开展了企业干部职工的质量教育培训。1993年各地普遍举办了专题培训班或讲座，宣传贯彻《产品质量法》，培训了20万人次，其中有5万人取得了农业部质量教育培训合格证书，通过教育培训，提高了乡镇企业干部职工的质量意识和企业质量管理素质。

4. 生产许可证管理工作进一步加强，取证企业面扩大，素质提高。1993年，已有1.5万个企业取得生产许可证2万余张。其中乡镇水泥行业由国家建材局与农业部组成联合办公室，共同管理，发挥了有效的作用，使企业取证面达到80%，推动了全行业技术素质、管理水平、产品质量明显提高。

5. 质量监督体系逐步建立，监督管理工作得到加强。近五年来，农业部与地方联合投资建立了62个乡镇企业产品质量监督检验机构，其中24个获得了计量认证证书并经主管部门验收认可，正式开展工作。地方性的包括省、地、县建立的乡镇企业产品质量监督检验站达200多个。有些地方已经初步形成了乡镇企业产品质量监督检验网络，已有6个检测站承担了生产许可证产品检测任务，有10个建材检测站承担了1993年全国水泥统检任务。绝大多数检测站在加强乡镇企业产品质量监督检测、质量咨询等方面都发挥了积极作用。一些地区的乡镇企业行政主管部门、技术监督部门对建材、食品等行业的产品进行了地区性监督检验。对国家和地方监督抽查不合格企业进行了整改，各级乡镇企业行政主管部门、技术监督部门会同有关部门抓住重点行业、重点产品帮助企业分析不合格原因，制定整改措施，促进了这些企业产品质量的稳定提高。

6. 乡镇企业产品质量总体水平上了一个新台阶。随着乡镇企业经济实力的壮大，技术投入的增加，质量管理和监督工作的加强，企业的技术装备水平、产品质量水平明显提高。四川、上海、南京等地乡村两级工业企业产品质量稳定提高率达90%以上。全国技术装备比较先进、产品质量好的百万元产值以上的工业企业创造的产值约占乡村两级工业产值的50%。

二、基本经验

1993年，各级乡镇企业行政主管部门和企业积极探索，在乡镇企业质量工作方面积累了一些行之有效的成功经验。概括起来主要有以下几点：

1. 通过各种有效形式，强化质量意识，为开展乡镇企业质量工作奠定思想基础。经过开展不同层次的质量教育培训，正反两方面的典型事例教育，建立企业质量工作的激励和约束机制等途径，使各级领导和乡镇企业干部职工的“质量兴国”、“质量兴企”意识进一步加强。质量是企业效益的基础，质量是企业的生命，质量是市场竞争成败的关键等观念逐步深入人心并化为实实在在的行动。

2. 以质量管理作为整个企业管理工作的中心，落实各级质量责任制。企业领导是质量工作的第一负责人，企业产品的设计、原材料采购、产品生产、产品销售等环节也都建立各自的质量责任制。在明确责任的基础上，把质量工作的好坏与企业领导和职工的工资、奖金等切身利益挂起钩来，建立起有奖有罚的激励和约束机制，使质量管理工作落到实处。

3. 根据乡镇企业量大面广、行业众多、水平参差不齐的实际，实行分类指导，分层管理。在面上主要是抓好质量管理基础工作，骨干企业在此基础上推行全面质量管理，对重点行业、重点产品、薄弱环节以及关系人民生命财产安全、身体健康的产品，集中力量，先行突破，严把质量关，树立良好的乡镇企业产品形象。

三、存在的质量问题

从总体上看，乡镇企业产品质量和服务质量是随着乡镇企业的不断发展壮大而逐步提高的。但是，一些企业的质量问题，仍然困扰乡镇企业持续健康发展。具体主要表现在如下几个方面：

一是一些企业质量意识淡薄，在经营指导思想上，重速度、轻效益，重数量、轻质量，重发展、轻提高，放松了质量管理工作，有的在不具备生产合格产品的条件下，仓促上马；不按标准生产、无标生产的现象也较为严重。

二是产品质量稳定性差，抽查合格率低。据1993年第四季度国家抽查，乡镇企业产品合格率为60.1%，低于全国平均水平11.7个百分点。一些原来产品质量较稳定的产品，如水泥等，合格率也有所下降。

三是企业技术装备比较落后，产品档次较低。乡镇企业除纺织、服装等个别行业技术装备较为先进之外，其他行业中企业的技术装备水平绝大部分处于国内六七十年代的水平，处于国内国际先进水平的企业为数很少。乡镇企业产品包括出口产品中属于高技术含量、高附加价值、高质量的，比重很低，许多产品处于低档、低价的竞争态势。

四是一些涉及人民生命财产安全和身体健康的产品质量问题突出。如食品、饮料存在着过期变质、细菌超标、不注明出厂和保质期、不执行食品标签标准等问题；据福建、内蒙古两地区1993年对乡镇企业黏土砖的监督检验，合格率在10%以下。乡镇企业低压电器产品质量问题也十分突出。

五是一些企业特别是一些个体、私营企业生产、销售假冒伪劣产品的行为屡禁不止，严重损害了消费者利益和乡镇企业的声誉。

湖北省乡镇企业局质量管理工作经验

彭 洪 金

一、把质量管理当作牛鼻子，带动其他管理

几年来，湖北省乡镇企业局围绕提高各级领导管理意识这个中心，开展各种形式的活动，不是停留在口头上层层讲提高领导的管理意识，而是重在实际活动中逐步增强领导的管理意识。从企业实际的情况出发，特别强调要抓好企业的质量管理、财务管理和现场管理。在具体工作过程中，把质量管理当作企业管理的牛鼻子，来带动其他管理。要求各级主管部门和企业在质量工作上做到五个转向：一是克服片面追求产值、产量的倾向，切实转向摆正质量、数量、效益的关系，努力提高产品质量，上档次，上水平，发展品种，增加效益。二是以过去侧重一时应付评优、评奖、上等级，切实转向抓企业平时基础工作和产品质量存在的突出问题。三是从满足于达到产品质量标准合格的一般要求，转向抓优质产品，采用国际标准和国外先进标准，以达到国外先进产品的实物质量水平，满足用户和消费者的需要。四是由过去只抓少数企业的评奖和升级，转向“以全面质量管理达标”为重点，推动TQC的普及与深化。五是从过去少数人抓全面质量管理工作，切实转向依靠企业广大职工群众，人人关心质量，人人重视质量工作。由于从抓住企业质量工作入手从而带动了企业的其他管理，有效地扼住了企业管理滑坡，稳住了局面。

二、宣传贯彻《产品质量法》，提高质量意识和法纪观念

1993年，为了在全省乡镇企业广大干部职工中组织好学习贯彻《产品质量法》，省乡镇企业局决定在全省乡镇企业系统内开展《产品质量法》知识竞赛活动，并成立了湖北省乡镇企业《产品质量法》知识竞赛活动领导小组，由局领导任组长，吸收有关单位和企业的领导担任成员，共同组织和领导《产品质量法》的学习和竞赛活动。为了把知识竞赛活动开展得深入扎实，各地采取形式多样的活动：一是利用报纸、广播、黑板报、宣传栏、简报等多种形式广泛宣传《产品质量法》。二是举办培训班，培训骨干。襄樊市共举办各类型学习班、培训班达220多期，培训职工人数达9万多人，荆门、沙市等地也举办了多期培训班。三是举办研讨会，共同研讨《产品质量法》竞赛有关内容，交流学习经验，列举一些质量案例，有针对性地开展讨论，进一步加深对《产品质量法》的学习和理解。四是开展分级答卷竞赛活动，各地在宣传、学习《产品质量法》的基础上，组织职工参加答卷考试，评出名次予以奖励，并选拔优秀选手参加全省决赛。五是在学习过程中，理论联系实际，学用结合，促进企业积极提高产品质量和改进服务质量，动员全省乡镇企业广大职工自觉懂法执法、维护企业自身的利益和合法权益。

由于各级主管部门领导重视，精心组织，从而使《产品质量法》知识竞赛活动落到了实处。全省乡镇企业系统《产品质量法》知识竞赛从1993年6月初到8月底，历时三个多月，共有20多万职工参加了学习，1.56万职工参加了答卷。决赛共评出团体奖3名，个人奖6名，优胜奖61名，先进单位13个，贡献奖35名。整个活动面广声大有始有终。

三、抓典型，推广适合乡镇企业特点的各具特色的优化管理方法

省乡镇企业局先后向全省乡镇企业推广了谷城县蓄电池厂实行定置管理，实现人、机、物的最佳配置、优化生产现场秩序的典型方法；推广了十堰市钢砂厂在推行全面质量管理过程中，充分运用方针目标管理法，将计划管理和方针目标管理融汇贯通，提高企业整体素质的管理方法；推广了仙桃市医用敷料厂

实施企业标准化管理，规范各工作岗位的质量责任和行为的典型方法；推广了枝江县黄磷厂运用质量成本管理，为领导决策提供可靠依据，提高企业经济效益的典型方法。这些管理方法虽在形式和内容上有所不同，但它们在不同程度上为全省乡镇企业的质量管理工作起到了示范、引路的作用。使企业的质量管理工作发生了四个方面的变化，即由单一的专项管理措施转变为从解决企业生产经营的主要矛盾出发的综合治理措施；由管理工作停留在发现和处理生产经营中出现的问题的状态转变为以预防为主的管理，实行“关口前移”；由企业管理工作的随意性转变为企业管理的科学化、规范化和标准化；由人、机、物管理的分离转变为对物、对事、对人管理的一体化。

四、抓好TQC部级达标工作，强化企业基础管理，提高企业整体素质

1. 坚持在全省乡镇企业中推行TQC部级达标工作。各级乡镇企业主管部门也将TQC部级达标作为质量工作的重要方面来抓。在实际工作中，省乡镇企业局充分发挥基层主管部门的工作积极性，坚持地市州检查验收，省乡镇企业局抽查推荐，即可审校发证。通过几年的努力，使一批企业通过TQC部级达标验收。

2. 始终把企业标准化、计量等基础管理作为质量管理工作的重要措施来抓。在标准化工作上，主要抓提高产品标准覆盖率，对有一定条件的企业和重要产品，鼓励和督促企业采用国际标准和国外先进标准，努力促使企业产品参与国际市场竞争，发展外向型经济，同时帮助企业建立健全标准化体系；在计量管理上，要求企业建立计量管理网络，提高计量器具配备率和检测率，做好计量定级、升级工作，保证计量工作真实准确地反映企业生产经营状况和产品质量水平。还在襄樊市星火轴承有限公司按ISO9000系列标准建立质量体系的试点工作。

3. 加强乡镇企业的质量管理培训工作，努力提高全员的整体素质。本着分级培训，一级抓一级的原则，省乡镇企业局重点为各地和重点企业培训了标准化、计量、质量管理等方面资师力量，建立了50多人的质量管理诊断师和近80人的计量定级评审员队伍。共培训全省乡镇企业职工各类人员约200多万人次，其中专业技术人员8万多人。1993年参加TQC电视讲座学习的人数就达36 646人，经统考发证17 805人。

4. 坚持开展TQC小组活动，使群众性质量管理小组活动不断深入。1993年，全省已注册登记的QC小组有30个，QC小组人数达到47 019人。有13个小组被评为省乡镇企业系统优秀QC小组，15个小组的成果获优秀QC小组成果奖，4个QC小组分别获农业部优秀QC成果二等奖、三等奖，一个小组获农业部乡镇企业司优秀成果奖。

五、抓产品质量监督，促进产品质量提高

1. 做好两个配合。一是配合国家、省技术监督部门的重点产品质量监督抽查工作。省标准局积极支持乡镇企业发展，重视提高乡镇企业产品质量，每年都给省乡镇企业质检站安排一部分统一监检计划和省统检任务。凡是国家、省技术监督部门当年计划监督抽查的重点产品，省乡镇企业局都要求有关地市和相关企业高度重视，密切配合。再就是配合地市州质检部门对乡镇企业产品实行质量监督，不管是那一级抽检的产品，省标准局和省乡镇企业局予以通报，引起各地重视，并根据国家有关质量政策法规提出处理意见。同时要求有关地市州乡镇企业主管部门帮助企业揭问题，查漏洞，找原因，定措施，抓整改，并将情况报告省乡镇企业局。

2. 着重抓好本系统的质检站建设。利用系统自身拥有的手段切实搞好本系统计划内产品质量监督检查，加大产品质量监督的力度。近几年，省乡镇企业局先后建立了省乡镇企业建材、皮革、机电、化工产品质检站，并坚持对100多家重点乡镇企业开展了定期产品质量监督检验工作。各质检站在省乡镇企业局的领导下，狠抓自身建设，努力做到以工养站，以贸养站。

3. 抓好质量监督与帮促相结合。在定期产品质量监督检验中，省乡镇企业局对监督检验产品质量不合格的企业，区别情况采取边生产边整改、限产整改或停产整改等形式，限期完成整改任务。对在检验中发现违法制售假冒伪劣产品的，不仅要公开曝光，而且采取坚决措施，决不姑息迁就，主动配合执法部门，对主要责任人追究其法律责任，以净化经济环境，维护乡镇企业的声誉。对省乡镇企业各质检站按周期连续二年检验合格的产品，省乡镇企业局则予以表彰，并对企业颁发《产品质量信得过企业》证书，以增强乡镇企业产品在市场中的竞争力，为乡镇企业参与市场竞争创造条件。

通过几年来的努力，湖北省乡镇企业的产品质量水平做到在稳定中提高。1993年各质检站对建材、皮革、机电三个行业的86种产品进行了137批次的质量定期监督检验，受检产品平均合格率比上年增高8个百分点。

强化质量保证体系

张庆奇　朱跃先　秦宏伟　朱　峰

江苏扬州市飞达电机仪表公司重视产品的质量管理，在强化质量管理保证体系方面有许多好的经验。他们的做法是：

1. 抓好采标贯标。产品质量要在同行业中独领风骚，采用先进国际标准必须抢先一步。他们从1992年开始，抢先采用TEC34—1国际标准来组织生产。在此基础上，结合建立健全企业各项规章制度，又专门制订了管理标准和内控标准，使每个部门和车间管理都有标准可依，每个职工工作都有标准可循，从而保证了企业各项工作按程序、按职责正常进行。在江苏省商检局台钻行检中，这个企业生产的台钻取得全省行检第一名，电机产品各项指标均优于标准化规定，受到省市主管部门表彰。在短短3年中，他们取得了国家级五项证书，即：国家出口质量许可证书，安全论证合格证书、TOC达标证书、TEC标准证书，优质产品证书等。

2. 完善法规，坚持质量一票否决权。1993年，这个企业由全面质量管理办公室牵头，按IS09000标准和ZB/TJ0002标准要求，结合企业实际情况，编制了企业《质量手册》，明确了企业质量方针，并规定安全质量负责人、计检科长、生产线上质量管理员在各自所管辖的范围内，享有“质量否决权”。

3. 规范管理，强化生产过程质量控制。为使生产过程处于受控状态，这个企业根据《质量手册》的规定，充实和修订了15种质量管理制度。在完善质量制度过程中，采取了一系列防范措施。例如：用不同颜色区别原辅材料、零部件、半成品和合格品、返修品、废品等；对不良品分类存放；对废品严格隔离以防误用；对操作工采取自检、自分、自打标记来明确责任人；对操作工严格按图纸、按工艺、按标准组织生产；对所有工序按自检、互检、抽检程序进行控制。同时完善产品图纸、工艺文件及检验规范标准，使之符合产品安全质量要求。对关键工序、安全质量等控制点都实行规范管理，发现质量问题及时召开质检会议，该当天解决的，绝不拖到第二天。

4. 建立健全质量管理保证体系。为了强化对质量管理的领导，这个企业除总经理亲自抓质量外，还明确一名副总经理专职抓质量，公司设有主管经理领导的全面质量管理办公室、质检科和质量监督组，各车间设有质量检测组。全公司配有总检、主检、质检员37人，形成了质量管理保证体系。结合企业内部人事劳动工资制度改革，这个企业明确规定了各类检验人员的使用、管理办法：总检由总经理直接聘任和领导管理，协助分管经理领导各车间的质量管理工作，对各车间直接进行质量管理监督。主检和质检员由总检提名推荐，公司任命，并由总检负责领导和管理。公司其他任何部门、车间和干部都不得干涉检验人员职权范围内的工作，无权处理检验人员。检验人员的工资、奖金、福利等一切待遇由公司质量监督组负责按月考核，根据各人的检验技术能力和工作业绩计算发放。由于责权利明确，较好地调动了各级质检人员履行职责的积极性，促进了产品质量的提高。

推行目标效益管理　增强企业活力

王　瑞　敏

1993年，青岛泰发集团公司在企业内部积极推行目标效益管理，企业活力得到明显增强。

一、划小核算单位

青岛泰发集团公司是胶南市隐珠镇办企业，共有八处分厂。过去，他们采用先生产后核算的方法，结果成本核算失控，效益目标难以实现。1993年他们结合市场经济的新特点和本厂实际，在企业全面推行效益目标管理。首先确定产值、收入、利润、利税四大经济效益指标，并把主要经济指标细化到产品产量，预算产品成本，核定产品的利润。运用内部价格结算的利润承包方式，进行细化分析和落实。然后调整内部核算结构，划小核算单位。总厂下设的17个车间和3个经营性公司，在产品生产流转时，全部变为互相核算的方式。以手推车、货仓车、平板车三种主要产品为核心，形成三大生产系列目标效益承包，以供销贸易公司和经贸部为核心，形成供销目标效益承包体系。总厂对内部的生产体系采取生产品上交结算的方式，进行调节控制。管理后勤人员按管理职能作用和技术档次分类，工资由厂企业管理处组织考核，月度预发，季度末补齐。工资的发放与分配由各科室承包人自行确定。

二、建立合理的价格结算体系

实现目标效益，关键是建立合理的价格结算体系。他们科学合理地确定了三个方面的价格。

1. 确定原材物料供应价格，由总厂向厂供销贸易公司购买原材物料。在确保质量标准的前提下，总厂按市场价、供求信息价、工厂价三点平均时期价格购买供销贸易公司的供料。供销贸易公司、生产车间如能购进价低的材料，差价自行支配、其利润归已。1993年，该厂的原材料供应价格比市场价格低10%左右，有效地降低了生产成本。

2. 确定生产流转过程结算价格。车间生产实行目标定价结算，随着半成品不断增值，实行内部增值定价。主要构成是材料、电费、车间管理费、工资四大结构，加上材料利用率、产品合格率、及辅助指标考核。严格控制了生产流转过程中“跑冒滴漏”。

3. 确定厂内收购价格。总厂经营部，负责内外口岸和自营出口的业务。总厂在卖给经营部产品时，定价在工厂成本基础上上浮20%，包括固定资产折旧、各项基金的提取、管理费和利润。经贸部在组织出售产品时，按高于购买总厂价格的20%提取费用，用于自身开支。销售价格低于总厂供应价的其亏损自负。

在科学合理确定结算价格的基础上，总厂建立了较严密的控制核算机制，在产品生产中，从原材料入库、出库、工序流转一直到商品发出，厂内实行了产品生产结算单制度。厂内设立半成品库、成品库，实行严格的出入库手续，对产品生产的正常流转起到了监督作用。

三、抓好四大关键

为确保效益目标的实现，他们重点抓好了四个关键。一是产品质的关键。生产过程中出现的质量问题造成的索赔，由生产、质检各负50%，全额赔偿。由于建立了互相制约、互相协调的质量管理机制，1993年这个厂的产品零部件合格率比上年提高1.5%，产品合格率达到99.1%。二是产品量的关键。为适应外贸出口产品交货期短的特点，企业内部实行了产值、产量结构工资。生产一线哪道工序单位时间产量越高，单位时间的工资总额就越高。后勤管理人员涉及到生产方面的一律实行产值工资含量。三是成本费用关键，即抓好材料费、差旅费、电话费、业务费四大费用定额管理。他们按产值1.3亿元为基准，参照上年实际消耗，物价上浮等因素，制定出四大费用定额，分解到科室车间，产量增费用增，产量减费用减，各有关科室车间，实行全额包干，超者自负，余者分成，以确保效益目标的实现。四是运输管理关键。1993年，全厂的36部车中有21部运输车实行司机租赁使用，三年收回现价。司机在使用前缴纳20%的抵押金，总厂与司机结算运费时，按吨公里低于市场价格0.05元的价格结算，车辆由有关科室统一调度使用，司机可在厂内无活时，经有关科室同意，自行到外揽活，但结算由工厂统一执行。这样，既有利于有效利用固定资产，调动司机的积极性，又实现了按目标成本核算效益的目的。这个厂还建立了严格的企业审计监督机制。

泰发集团公司加强了管理措施，1993年利税比上年增长114%；定额流动资金周转达到72天，比上年加快5天；资金利税率9.3%，比上年提高0.9个百分点；全员劳动生产率33 574元，比上年提高24.8%。企业的产品结构和市场适应能力都得到明显改善。

加强资金管理　增强企业发展后劲

张　国　良

为增强乡镇企业发展后劲，必须加强内部资金管理。

1. 控制固定资产投资规模。乡镇企业固定资产投资规模不断扩大，这固然是保持乡镇企业加快发展和提高所必需的，但如果投资规模过大，片面追求产值和速度，势必加剧资金紧张程度，制约乡镇企业持续健康发展。因此，应对在建固定资产投资项目进行审核排队，凡不符合国家产业政策、资金来源不落实、建设条件不具备、市场前景不明的在建项目，要区别情况停建缓建。对符合国家产业政策，较少投入即可发挥产出效益的在建工程，则要多方筹措资金加以扶持。不能再走盲目追求产值和扩大投资规模的粗放经营的老路，应集中有限的资金搞好企业的技术改造。

2. 压缩"三项资金"占用。全国乡镇企业有近两千亿元的资金停滞在流通领域，有的企业"三项资金"（库存商品、发出商品和应收款）占全部流动资金的一半以上，这显然是不应该的。因此，大力压缩"三项资金"占用，成为改善乡镇企业经营的大事。作为企业，一方面要加强促销工作，加强信贷管理和结算资金管理，加快资金周转；另一方面，要加强市场调查和市场预测，生产适销对路产品，遏制住"三项资金"上扬势头。

加强对企业应收帐款的管理。按照新财会制度规定，财务决算时按年末应收帐款余额的5‰提取坏帐准备金。凡企业长期挂帐的呆、滞款项和坏帐损失，经核实无误后，都应及时冲抵坏帐准备金。

3. 建立企业扭亏增盈目标责任制。行政主管部门应对亏损大户逐一调查研究，提出解决办法，建立扭亏增盈目标责任制，实行职工利益与企业扭亏减亏额挂钩办法。对微利和亏损企业可实行租赁、拍卖、转让、兼并等。对长期亏损、扭亏无望、资不抵债的乡镇企业要实行破产。只有从根本上解决亏损企业的机制问题，才能使乡镇企业兴旺发达。

4. 提高信贷资金效益。农业银行、农村信用社一直是乡镇企业快速发展的重要支持力量。这种支持应继续下去，并应重点支持粮棉主产区、贫困地区的乡镇骨干企业、企业集团和股份合作制企业的发展，对符合小城镇建设发展方向的集中连片开发的工业小区，要积极融通资金进行扶持。企业也应按时归还银行到期贷款本息，全面提高信贷资金使用效益。

1993年乡镇企业供销体系概况

李　国　文

乡镇企业供销公司和其他专业公司是乡镇企业供销体系的主体。1993年全国有乡镇企业供销公司和其他专业公司4 410个，各类展销部3 300个，比上年增加了100多个；职工人数达26.15万人，比上年增长36%。

1993年，乡镇企业供销公司和专业公司购进总额达315.1亿元，比上年增长37%；销售总额为370.6亿元，比上年增长近40%；利润总额为0.71亿元，比上年增长3.9%；缴纳销售税及其他各种税金共计4.98亿元，比上年增长25.0%。利润率有所下降，主要是企业成本、费用开支过大的影响。1993年，流通费用25.3亿元，比上年增长近一倍。企业全部流动资金85.66亿元，比上年增长49.0%。

1993年，亏损面和亏损金额相对加大。全国乡镇企业供销公司及其他专业公司的亏损公司为1 908个，比上年增长25.1%；亏损面为44.3%，比上年增加4.4%；亏损金额16 175万元，比上年约增加1 000万元。亏损的主要原因：一是经营管理不善；二是成本、费用加大。

乡镇企业供销公司及其他专业公司经营的物资主要以支农产品为主，兼营其他。主要物资有20种左右，如钢材、煤炭等。由于乡镇企业最早实行市场经济，所以经营的主要物资中，销售数量有升有降。1993年向乡镇企业和社会供应的物资主要有：煤炭961万吨，比上年增长44.5%；钢材579万吨，比上年增长78.2%；废次钢材28万吨，与上年持平；生铁30万吨，比上年增长20.0%；木材105万立方米，比上年增长41%；水泥110万吨，比上年增长107%；化纤52万吨，与上年基本持平。

1993年，全国供销公司有企业个数（含展销部，下同）3 525个；职工人数7.4万人；商品购进总额共160.4亿元；商品销售总额165.1亿元，完成利润总额5 512万元；缴纳销售税金及各种税金1.97亿元。1993年供销公司亏损略有减少，亏损金额开始下降。亏损公司788个，比上年减少4.7%；亏损面为39.8%；亏损金额0.94亿元，比上年减少14.1%。在全国只有上海市没有亏损公司；盈亏相抵后利润总额是负数的有16个省、市、区；亏损面超过30%的有22个省、市、区。乡镇企业供销行业亏损问题仍很严峻。

深 化 改 革

乡镇企业产权制度改革基本思路
乡镇企业股份合作制发展概况
股份合作制与其他经济组织形式
　的比较
乡镇企业股份合作制主要模式
江苏省乡镇企业集团建设
深化改革　转换企业经营机制

乡镇企业产权制度改革基本思路

宗锦耀　邹范鸣

一、乡镇企业产权现状与改革的必要性

乡镇企业是以农民为主兴办的包括多种经济成分、多种产业的经济实体的总称。它包括乡（镇）办、村（村民小组）办、联户（农民合作）办、户（个体、私营）办企业和以农民为主体兴办的各种联营企业、股份合作制企业和股份制企业、乡镇中外合资合作企业等。从所有制结构上看，包括集体、个体、私营和混合所有制。党的十一届三中全会以来，我国乡镇企业蓬勃发展，取得了举世瞩目的成就。乡镇企业已成为我国农村经济不可缺少的强大支柱和国民经济不可替代的重要力量，成为我国中小企业的主体和社会主义市场经济的先导力量。乡镇企业是在改革开放中发展起来的，同时也是改革开放的重要推动力量。乡镇企业发展的好形势来自改革，要巩固和发展好形势，解决发展乡镇企业过程中的矛盾和问题，必须充分利用当前国内外有利条件，抓住机遇，加快深化改革的步伐。十多年来，我国乡镇企业在产权制度改革方面作了大量有益的探索与试验，获得了可喜的成绩：第一，在所有制上打破了“一大二公三纯”旧模式的束缚，逐步实现了以单一的乡村集体所有制向集体、个体、私营、混合多种所有制并存的转变，形成了“多轮驱动，共同发展”的新局面。由于乡镇企业所有制的重大改革，使我国经济所有制结构发生深刻的变化，大大促进了生产力的解放和发展。第二，广大农民在改革实践中创造了股份合作制，这是我国农民的又一伟大创举。它集股份制合理内核和合作制基本内核为一体，一方面适应了农村现实生产力水平和农民的觉悟程度，另一方面适应了商品经济发展和社会化大生产的客观需要，因而显示出强劲的发展势头。目前全国各种股份合作制企业有200多万个，约占全国乡镇企业的1/10，有的地方已占50%以上，有的已占80%。它已成为我国进一步加快乡镇企业发展的一个新的生长点，成为一个方向，一种趋势，一条路子。同时也为我国探索出了一种适合国情的崭新而有效实现公有制的形式，具有极为深远的经济、政治和社会意义。第三，在经营形式上通过深化改革逐步克服了过去统得过多过死的弊端，实现了由“单轨运行”向“多轨运行”的转变。根据各地区、各企业的不同情况，普遍推进了承包经营、租赁经营、联合经营、股份合作或股份经营、集团化经营等，研究探索出了政企分开、所有权与经营权分离的一些形式和途径。乡镇企业经营形式的多样化，对于扩大企业自主权，调动企业和职工的积极性、创造性起到了积极的作用，同时对我国企业深化改革、完善经营机制产生了重大的影响。但是，随着我国社会主义市场经营体制的完善，以及乡镇企业的迅速发展和改革的不断深化，乡镇企业产权制度上逐渐显现出了一些新的矛盾和问题：一是乡村集体企业产权模糊，名义上企业的财产属于举办该企业的乡或村范围内的全体农民集体所有，但只能在概念上把握“集体所有”的内涵，很难具体说清乡或村全体农民怎样对企业的产权“集体负责”，造成了产权上的“人人所有，人人没有；谁都该负责，谁都可不负责”的状况。“集体所有”实质上成了乡镇政府和村民委员会所有，一些乡村集体企业特别是乡（镇）办企业成了行政组织的“附属物”，企业尚未真正成为自主经营、自负盈亏的独立的商品生产者和经营者。农业实行家庭联产承包制后，乡村集体企业也普遍实行了各种形式的承包经营责任制，同时在劳动、人事、分配等方面进行了一系列的改革，对扩大企业的自主权，明确责权利关系，调动经营者和劳动者的积极性发挥了积极的作用。但承包经营责任制未能解决产权不清的问题，政企不能真正分开，企业自主权落不到实处，企业财产的人人有份实际上得不到很好的体现，影响了乡村农民和企业职工对集体财产保值、增值和发挥效益的关切程度，企业内部也难以形成有效的监督约束机制，不少企业存在承包者经营行为短期化，负盈不负亏，集体资产流失等问题。二是部分农民联户（合作）办企业和股份合作企业的地位和经济性质不明，由于它们既不同于全民所有制和传统模式的乡村集体所有制经济，又不同于个体、私有制经济，因而政府有关部门对其认识不一，同时管理体制不顺，多数农村干部群众和乡镇企业行政主管部门认为它们是改革中出现的新生事物，是一种合作共有制经济，也是新型的社会主义公有制经济，应按公有企业对待，而工商行政管理部门则认为是合伙企业，属个体私营企业范畴，则按合伙企业或按个体工商户、私营企业进行工商登记。对这类

企业性质不明的状况继续下去，将严重影响我国农村新型公有制经济及生产力的解放和发展，挫伤广大农民走共同富裕道路的积极性，同时影响政府有关部门对其指导、管理、监督、协调和服务。三是一些地方平调上收乡镇企业财产，改变乡镇企业所有制性质和隶属关系的现象还时有发生，有的把乡镇办企业平调上收为县办国有，有的把村办联办企业平调上收为乡镇所有，也有的把实行个人合伙承包租赁的集体企业变为个人、合伙或私有。同时乱摊派、乱收费、乱罚款现象屡禁不止，严重侵犯了企业的合法权益，影响了乡镇企业持续健康发展。这些矛盾和问题的产生和发展，根本原因是由于产权不清，产权制度建设滞后引起的，因此，在新形势下进行乡镇企业产权制度改革势在必行。

二、乡镇企业产权界定与明晰化

乡镇企业产权制度改革的目标是，通过对现有乡镇企业特别是乡村集体企业的产权界定，并进一步股份化、明晰化，改变现有企业产权关系一元化的结构，逐步建立以社区范围内劳动农民个人股份为基础，包括乡、村股份在内的多种股权并存融合的新型财产组织关系。

改革开放以来，各地积极推行和完善股份合作制和股份制，实践证明，这是进行乡镇企业产权改革的一项重要举措和有效途径。

在乡镇企业产权制度改革实践中，一般应按照股份合作制和股份制的要求，实现股份合作制或股份制企业转变，从而达到企业产权制度改革的目的。具体操作过程中，应主要把握以下 3 个方面。

1. 资产评估。这是产权改革的基础。为做好这项工作，应注意几点：第一，评估组织。即乡镇企业上一级主管部门牵头，组建一个清产核资、资产评估小组。具体参加人员应考虑各方面利益的代表性及评估小组的公正性、权威性。如有的地方，评估小组由一级企业主管部门人员组成，有的由乡村代表、企业代表、职工代表三方面组成；有的则由主管部门委托社会上有关权威机构。第二，评估范围。企业资产评估范围包括有形资产和无形资产两大类。有形资产是指固定资产、流动资产、专项资产、长期资产；无形资产是指知识产权、专业技术、土地使用权等。第三，评估原则。在评估过程中，必须坚持一致性、客观性和有效性原则。所谓一致性就是评估价格类型和方法的选择应与评估的假设条件相一致；所谓客观性就是评估事实要有充分的依据，不得与事实有冲突甚至被伪证；所谓有效性原则就是有效资产评估作价，无效资产不作价入股，处理权归原所有者。第四，评估方法。企业资产评估一般应根据资产原值、净值、折旧程度、重置市场成本、获利能力等因素进行评定，具体方法包括收益现值法、重置成本法、现行市价法、清算作价法及其他评估方法。

2. 股权设置。乡村集体企业实行股份合作制或股份制，一般都要吸收新的资金等生产要素投入，要求企业职工全员入股。企业总资产应划分为若干股份，其中包括原乡村企业已经评估的资产存量和新投入的资产增量。企业股份按产权归属一般可设置：乡村股、个人股、社会法人股和外资股，前两种即乡村股与个人股是企业必须实际拥有的，其他两种股权视投资结构情况而定。

乡村股是指乡村范围内农民共同拥有所有权的股份。其来源是乡村集体经济组织直接投入的资金、土地使用权等和历年追加投入的资产。

个人股是指企业职工和社会个人拥有所有权的股份。其来源是以资金、实物、技术等投入的资产。

社会法人股是指企业法人和具有法人资格的事业单位及社会团体拥有所有权的股份。其来源是这些社会法人向企业投入的资金、设备、原材料、发明权、专利权等资产。

外资股是外国和我国香港、澳门及台湾地区投资者拥有所有权的股份。其来源是上述投资者向企业投入的各类资产。

根据需要，乡村企业改制为股份合作企业后，可按股东权力设立普通股和优先股。

普通股是指承担较大风险、享受较大权利，在企业资产构成中最重要、最基本的股份。其基本特点是：股息和红利的分配完全取决于企业的经营状况；普通股在企业支付了优先股股息后可按规定分得红利；企业破产时，普通股在清偿债务和支付优先股的股金后参与分配企业的剩余资产。普通股持有者有选举权和被选举权、投票表决权（参与经营权）、收益分配权、资产分配权、优先购股权和股份转让权。

优先股是指承担较小风险、享受较小权力，但在分配上比普通股享有优先权的股份。其基本特点是，一般预先定明股息收益率，在普通股分配之前分得固定股息；优先股股息一般不随企业盈利状况而增加，不参加企业的任何分配；企业破产时，优先股享有优先索偿权，即清偿债务后企业剩余资产的优先分配权。优先股持有者一般没有选举权和被先举权及投票表决权。

3. 明晰产权。在乡村企业实行股份合作制或股份制后，乡村股和个人股中的职工个人股还应进一步明确产权主体。

乡村股一般由乡村集体经济组织代表全乡或全村范围农民行使股东权力；也可以成立控股公司持股；没有乡村集体经济组织和控股公司的，可暂由乡、村企业的行政管理机构代理；乡村股的分红主要用于发展企业、以工补农建农、社区公益事业等，不得用于乡(镇)政府的行政开支。从进一步深化改革和农村市场经济的发展方向看，乡村股的设置仍存在产权主体一定程度“虚拟”的问题，还需要继续大胆探索在有利于企业发展的前提下，如何将乡村股产权彻底到位并量化到社区范围内农民的办法。

个人股中的职工个人股由两部分构成。一部分来源于职工个人新投入的资金或其他资产，其相应形成的股份与社会个人股份性质相同。另一部分来源于经资产评估确定的原企业存量资产中的一定份额。对这一定份额的资产所有权及相应的股份，应当根据企业职工创业贡献多少、工龄长短、责任大小等因素具体量化到职工个人，记入职工股名下。对这种职工个人股份，只能分红，不得继承、馈赠和转让；持有者因个人原因离开企业即视为自动放弃该股权。

对乡村企业实行股份合作制或股份制时的存量资产，必须进一步明确产权。总的原则是：谁投资，谁所有；尊重企业发展的历史事实及平等协商。对企业者的原始资产投入，应给予合法肯定，划给适当的个人股份。对国家减免税形成的资产，一般都应记入乡村股名下。对历年企业积累形成的资产，应将其股份的大部分记入职工个人股名下，成为职工个人股的部分来源，并用适当的办法直接量化到职工个人。根据一些地方乡村企业推行股份合作制或股份制的实践经验，对原企业存量资产，也可以不必追踪溯源，而按一定比例，如7∶3或8∶2分别划归乡村股和企业职工个人股。具体比例，视企业实际情况，由乡村、企业及上一级企业主管部门协商确定。这种办法，具有较强的可操作性。

一些地方乡村企业实行股份合作制后设立了企业股，对变通处理国家减免税形成的资产和企业历年积累形成的资产的归属有较大的可行性，有利于扩大再生产，也有利于调动企业和职工的积极性。但从企业长期发展的承认资金、劳动力均有积累功能意义看，企业股最终应通过适当的形式和途径，转化为乡村股和职工个人股的一部分。

三、产权的流转形式与原则

产权包括处置权，企业财产的所有者（或股东）对其拥有的财产（或股份）根据一定的目的和方式进行处置，形成了产权的流转。

随着乡镇企业的迅速发展和改革的深化以及股份合作制、股份制的普遍推行，乡镇企业产权的流转已成为必然趋势。乡镇企业产权流转要适应目前农民的觉悟程度和农村家庭财产的继承关系；有利于调动股东投资入股的积极性，扩大农民的投资机会和企业的融资范围；促进生产要素的合理流动，实现社会资源的优化配置；以及有利于调整企业组织结构和产品结构，加强企业的监督管理，提高企业资产的运营效益，实现企业资产的保值增殖。

加速和扩大产权流转，逐步建立产权市场是乡镇企业产权制度改革的一项重要目标，也是一项重要的内容。

总结乡镇企业产权流转的成功经验，对未实行股份合作制或股份制的企业有一定参考价值。产权的流转，主要可采取破产、拍卖、兼并三种形式。

破产：对长期亏损，已资不抵债的企业，应实行破产。具有法人资格的企业，以企业的财产承担有限责任。不具有法人资格的企业，以企业所有者的全部财产承担无限连带责任。承担有限责任的，按国家有关法律规定，在宣告企业破产时，进行破产清算，并将剩余财产清偿给各债权人抵偿债务后，即实现了企业产权向债权人的流转。

拍卖：对小型、微利、亏损的乡镇企业提倡实行拍卖。当企业财产所有者委托拍卖人在预定的时间和地点，按照一定的规章和程序，通过公开竞买，把已在拍卖地存仓的企业一部分财产或整个企业，逐批或一次性卖给出价最高的买主后，即实现了企业产权向买方的流转。买方可以是任何所有制性质的企业或个人。

拍卖可采取自愿和强制两种形式。前者是企业的所有者自愿出卖，一般委托拍卖人代为拍卖。后者则是因破产或财产被国家（不论政府、海关、法院）没收后，被强制出卖，可直接拍卖，也可委托拍卖人拍卖。

拍卖是迅速完成产权流转的有效形式。乡村集体企业通过拍卖收回的资金，应用于扶持效益好的重点骨干企业或兴办新的企业。

兼并：即定向的买卖，是拍卖的一种特殊形式。企业所有者当其企业因内部管理、产品结构或其他难以解决的问题而出现经营困难、难以维持的情况下，可以根据双方协商的价格及其他条件（如负责安置企业职工），将企业有偿转给实力雄厚、市场竞争能力强的企业或企业集团，被其兼并。企业之间的兼并，及由此发生的企业产权的流转，可以是乡镇企业与乡镇企业，也可以是乡镇企业与其他企业。

对已实行股份合作制或股份制的企业，产权的流转，除上述三种形式外，还有以下形式：

继承：即把死者遗留的财产依法转移给法定继承人所有。当被继承人是个人股东，并且其生前以合法财产或所得投资形成的个人股份已依法转移给继承人后，即实现了产权的流转。乡村企业存量资产量化到职工个人的股份不能继承。

馈赠：即财产所有者自愿将其财产的一部分或全部无偿赠送给国家、集体、其他企业或个人。乡村集体股、社会法人股或职工个人股股份持有者在不违反国家法律与公共利益的情况下，将其财产的一部分或全部馈赠给其他单位或个人，即实现了产权的流转。乡村企业存量资产折股而形成的股份不能馈赠。

转让：即财产所有权的有偿转移。除企业原有资产折股而形成的股份外，其他以现金认购的股份，权属归投资认股者所有，允许依照国家有关规定及企业章程进行转让。

在未被批准上市之前，股份合作制或股份制企业发行与转让内部股票或股金凭证。内部股票可委托金融部门发行与转让。

内部股票转让的范围和方式：

乡村集体股，经董事会批准，办理过户等有关手续，可在其他乡村集体、社会法人之间转让。

社会法人股，经董事会批准，办理过户等有关手续，可在乡村集体、其他社会法人之间转让。

个人股，向董事会申报，办理过户等有关手续，可在社会个人之间转让。

内部股票转让后，即实现了产权的流转。

四、产权实现的形式与途径

产权实现，是指企业通过一定的组织形式和经营方式，正确处理所有权、经营权、使用权之间的相互关系，建立以资本为中心的企业资产管理新体制，提高企业资产运营效率和效益，实现企业资产的保值、增殖。

乡镇企业产权实现有着非常重要的政治、经济和社会意义。它是发展农村社会生产力，提高农民生活水平，巩固工农联盟的重要前提条件；是不断发展壮大集体经济，增强企业实力，巩固社会主义公有制的根本保证；是企业保持旺盛生命力，农民致富奔小康的力量源泉。

继续优化企业经营机制，进一步合理界定企业产权，创新与完善产权实现形式，是乡镇企业深化改革中相辅相成不可分割的三个有机组成部分。产权实现既是优化、完善经营机制的内在动力和客观要求，又是其必然结果。乡镇企业产权的合理界定，一方面为产权的有效实现创造了必要的前提条件，另一方面又内在地要求企业从根本上改变资产的运营状况，杜绝资产流失、损失和浪费现象，创造出更高的企业资本金利润率。

"资产的生命在于增殖"，企业要通过资产的合理配置的经营方式的有效选择，使企业资产获得最有效果的经营。从乡镇企业实际出发，乡镇企业的产权实现必须遵循"多轮驱动，多轨运行"原则，根据不同层次，不同地区企业产权主体的不同状况和特点，采取与产权主体特征相一致的企业组织形式和经营方式。个体、私营企业可以在所有权、经营权和使用权相统一的条件下获得最佳的资本金利润率。乡村集体企业应在进行产权制度改革的基础上，不断发展、完善、优化、创新现有企业的运行机制，进一步完善承包经营责任制和租赁制、股份合作制和股份制、联营和企业集团，探索乡镇企业产权有效实现的方式与途径。

1. 不断完善和发展企业的运行机制。乡镇企业在改革和发展中形成了独具特色的运行机制，包括市场导向的经营机制、自负盈亏的风险机制、优胜劣汰的竞争机制、多劳多得的分配机制、合同聘用的劳动机制、举贤荐能的干部机制、外引内育的人才机制、自我积累的发展机制、自我监督的约束机制等。随着我国社会主义市场经济体制的建立和不断完善，随着乡镇企业改革的深化和企业产权的进一步界定，必须赋予乡镇企业经营机制以新的内涵。自主经营，不仅是经营产品，还必须经营企业资本金；自负盈亏，不单指企业承担盈利与亏损，还须以企业资本作保证独立承担民事责任；自我发展，不仅是企业资产的占有与扩大，更主要的是提高企业资本金的运营效率与效益，追求资本金最大限度的增殖；自我约束，就是在思想政治工作保证下，进一步增强企业产权约束，强化企业对资产承担的责任。为此，要不断完善和强化乡镇企业经营机制，切实解决好企业运行机制中存在的问题，做到一要发挥，二要完善，三要发展，四要创新。

2. 进一步完善承包经营责任制和租赁制。承包经营责任制和租赁制是通过承包或租赁合同形式，使企业所有权与经营权适当分离，承包经营要坚持以集体承包为主，实行厂长（经理）负责制。对小型、微利、亏损企业，可以实行个人或合伙承包，也可以实行租赁。要健全承包指标体系，把企业的产品质量、经济效益、设备完好、资产增殖、技术进步、企业素质、环境保护等作为重要的考核内容。要强化竞争机制和风险机制，择优选择承包者，提倡投标、招标承包，积极推行资产滚动增殖承包和全员风险抵押承包。要进一步搞好企业资产管理，加强内部审计和监督，强化自我约束机制。

3. 积极推行和完善股份合作制与股份制。股份合作制是我国乡镇企业的一大创举，它通过合理界定企业股权，按照“入股自愿、股权平等，利益共享，风险共担”和按劳分配与按资分配相结合的原则，促进企业生产要素的合理流动，实现资源的优化配置，从而提高企业资产的运营效率和效益，实现资产的保值和最大限度的增殖。

股份合作制的产生、发展、完善，为乡镇企业开辟了一条有效的产权实现途径。今后一个时期要积极推行，正确引导，不断完善，逐步规范。

要从实际出发，实行分类指导。一是新建的乡镇企业，要求按照“资金共享，积累共有，风险共担”的原则，办成股份合作企业。二是在现有乡村集体企业中积极推行产权制度改革，采取折股扩股等形式实行股份合作经营，强化和完善企业经营机制，增强企业活力。三是积极鼓励乡镇企业之间以及跨所有制、跨地区、跨行业，实行横向经济技术联合，兼并改组，互相参股，建立股份制和股份合作制的企业集团。四是在自愿的基础上，积极而稳步地引导个体、私营和联户企业向股份合作制方向发展，扩大企业规模，提高企业管理水平。

针对股份合作企业目前在产权制度、管理体制、利润分配等方面存在的问题，要进一步总结经验，认真研究，积极探索，大胆实践。要从实际出发，正确处理规范化与发展的关系，鼓励探索新的形式与办法，切忌搞“一刀切”。

4. 大力发展联营企业和企业集团。联营企业和企业集团是通过优化企业组织结构和生产要素组合，充分发挥群众优势和综合功能，做到产权实现的。要多创造条件，继续大力推进东中西部地区之间、城乡之间、企业之间各种形式的横向经济技术联合与协作；鼓励支持以乡镇企业优势产业、名牌产品或骨干企业为龙头的技工贸、贸工农、农工商一体化的企业集团，积极参与跨地区、跨所有制的企业集团以及其他各种类型的企业集团；继续提倡劣势或亏损企业实行兼并、拍卖或转让，对资不抵债的企业实行破产。总之，要通过优化企业组织结构、企业布局、促进生产要素合理流动和配置，增强乡镇企业在国内外市场上的竞争能力，提高规模效益。

五、乡镇企业产权的管理与监督

乡镇企业的产权改革，是乡镇企业的深层改革，政策性强，影响深远。为保障乡镇企业产权改革的健康发展，必须加强对产权的管理与监督。通过实行有效的管理与监督，确保企业产权的完整、明晰，防止资产流失，保值增殖，以发挥更大的经济效益。

1. 政府主管部门的管理监督。乡镇企业主管部门是政府主管乡镇企业的职能部门，要充分行使政府对企业指导、管理、监督、协调和服务的职权，加强对乡镇企业产权的管理和监督。

第一，督促检查企业对国家有关产权的法律、法规和政策的贯彻执行；监督企业依法生产经营；引导企业产权改革的社会主义方向。

第二，领导和参与企业产权改革方案的制订和实施。统筹规划辖区内企业产权改革；抓好试点，认真总结推广产权改革的先进经验；着重抓好企业资产评估和产权界定。

第三，加强审计监督。按照国家法律、法规和政策，对企业的财务收支、经济效益、承包合同结算，利润分配等进行审计监督。

第四，保护企业合法权益。抵制对乡镇企业资产的平调和摊派，使乡镇企业资产不受侵犯；保护乡镇企业的正当经营；协调产权关系，在职权范围内对企业产权纠纷进行评判和仲裁。

2. 产权所有者的管理监督。由于村以下（不包括村）企业的产权所有者一般直接参与企业的经营管理，对企业产权的管理和监督非常直接，所以这里主要是指乡（镇）村集体企业的产权所有者对企业产权的管理和监督。

乡村两级集体企业的产权所有者因企业是否实行股份制或股份合作制而有所不同。未实行股份合作制的企业，其产权的所有者是兴办该企业的乡（镇）、村范围内的全体农民，由乡或村代表全体农民的集体经济组织或控股公司行使对企业所有权；实行股份合作制或股份制的企业，产权所有者是全体股东，由股东选举产生的股东代表大会及其常设机构董事会行使企业的所有权。

产权所有者对企业产权的管理监督主要通过以下方面来实现：

第一，依法决定企业的经营方向，经营方式，厂长（经理）人选或选聘方式，使企业能够获得最大经济效益。

第二，依法决定企业税后利润在其与企业之间的分配比例，使产权所有者获得合理的收益。

第三，作出关于企业分立、合并、迁移、停业、终止、申请破产等决议，依法清理债权、债务，合理地处置剩余资产，保护企业的产权。

企业产权所有者应当为企业的生产、供应、销售提供服务，并尊重企业的自主权。

3. 产权经营者对产权的管理与使用。产权经营者

(企业厂长、经理)受产权所有者委托，直接对企业产权实行管理与使用。由于企业资产是产权的物化形式和载体，所以产权经营者对产权的管理使用，具体表现为对企业全部资产的管理使用。

第一，确保企业资产完整。产权经营者必须对企业全部资产进行登记造册，分门别类，建帐建制，明确记载资产的增殖或变化。企业无论采取何种经营形式，或与其他所有制企业联营协作，都应保持资产的性质和数额，不得以任何形式使资产流失和瓜分；应根据有关规定，保证产权收益的合理分配。经营者因渎职而造成资产重大损失者，应视情节和后果追究经济责任和必要的刑事责任。

第二，不断提高资产使用效益。经营者应通过强化企业管理，加快科技进步等途径，实行资产的统一调度和合理使用，确保企业资产保值增殖。加强财务管理，自觉接受审计监督。对资产使用要精打细算，提高资产利用率，讲究节约，反对铺张浪费，不断扩大投入产出和提高经济效益。

第三，实行企业资产的民主管理。对于经营承包、重大投资、联合改组、利润分配等重大决策，须经股东代表大会(没有实行股份合作制的企业经乡村集体经济组织)批准，经营者对于资产处置中出现的矛盾和问题，必须及时报告资产所有者和企业主管部门，妥善解决。

乡镇企业股份合作制发展概况

农业部乡镇企业司法规处

近年来，乡镇企业股份合作制在我国农村，已普遍展开，正引起农村经济组织形式和经营方式的创新，显示了极强的活力。

1993 年乡镇股份合作企业达 13 万个，占乡村集体企业总数的 8.5%；企业职工 488 万人，占乡镇企业职工总数的 43%；占乡村集体企业职工总数的 9.4%；总产值 2 122 亿元，占乡镇企业总产值的 7.3%，占乡村集体企业总产值的 11.5%；总资本金 598 亿元，其中，乡村集体股金 324 亿元，企业内部职工股金 146 亿元，社会个人股金 108 亿元，利税总额 198 亿元。

乡镇股份合作制企业已成为全国乡镇企业新的增长点，并呈现继续扩大发展的趋势，以股份合作制为主要突破口，搞好产权制度的改革，完善企业经营机制。安徽省股份合作制企业发展到 2350 家，1993 年筹集资金 12.6 亿元，累积股份资产 20.7 亿元，实现产值 135 亿元，占全省乡镇企业产值的 12.27%。湖南省抓了 200～300 个规范化股份合作制企业试点。吉林省政府下发了《关于大力发展乡镇股份合作制企业的意见》。福建省提出新办企业要实行股份合作制。河北省要求各县成立由县领导挂帅的推行股份合作制班子，加强对股份合作制领导。各地在推广股份合作制的同时，还注意抓好规范、完善和提高工作，并积极探索企业联合、兼并、拍卖、租赁等其他形式的改革。

股份合作制与其他经济组织形式的比较

卢　永　军

一、股份合作制与股份制、合作制的比较

1. 联合形式不同。股份制是资金联合；合作制是劳动联合；股份合作制是劳资双联合。

2. 股金筹措方式不同。股份制以社会成员投资为主；合作制以组织内成员投资为主；股份合作制是在组

织内部成员投资为主的基础上接受社会成员的投资。

3. 服务对象不同。股份制服务对象面向社会成员；合作制主要面向组织内部成员；股份合作制对内对外的成员一视同仁。

4. 经营目标不同。股份制经营目标是追求利润；合作制的经营目标是通过合作提高社员的生活水平；股份合作制既要提高社员的生活水平，又要提高利润。

5. 分配关系不同。股份制按资分配；合作制按劳分配；股份合作制既按资分配，又按劳分配。

6. 积累的性质不同。股份制没有不可分割的公共积累；合作制必须有不可分割的公共积累；股份合作制是不可分割和可分割的积累并存。

7. 股份管理不同。股份制不允许退股；合作制允许退股；股份合作制是死股与活股并存。

8. 股东的地位不同。股份制是一股一票，股东投票权不平等；合作制是一人一票，股东投票权是平等的；股份合作制以一人一票为主，兼顾股份。

9. 入股动机不同。股份制入股动机是为了追求资金回报率；合作制入股动机是为了互相帮助，自主自立；股份合作制是互利与追求投资报酬并存。

10. 股份的成分不同。股份制成分主要是货币和实物；合作制也是货币和实物；股份合作制除此之外还可以劳动入股。

从以上可以看出，股份合作制兼有股份经济和合作经济的二重特性。

股份合作制本身就是杂交经济优势自觉运用的结果，是将股份制与合作制杂交起来，它成为一种新的经济模式——股份合作制。它的杂交优势主要表示如下：

第一，它“继承”了股份制的集资机制，能将闲散的资金集聚起来，农村中原来没有很好利用的房舍、场地、工具等，都可以折价入股。它集聚粘合各种生产因素，优化它们的组合。

第二，它“继承”了股份资金的所有权与控制权分离的办法，既可鼓励股东入股的积极性，又可让经营管理能力最高的法人代表充分发挥其职能，办好股份合作制企业。

第三，它既有激励机制，又有约束机制，即企业赢利可按股分红；亏损则按股份承担有限的责任。这样，利益共享，风险同担，能促使股东关心股份合作企业，增加企业对他们的凝聚力。

第四，它能兼顾按股分配与按劳分配，即兼顾股多劳少与股少劳多成员的利益，从而调动大多数成员的积极性。

第五，股份合作企业也可用互相参股、联营、合作等方式，跨地区、跨部门、跨所有制，甚至跨国界，组成杂交经济，取得很大的经济效益。合作双方一般有互补的条件，可以互相取长补短，找到互助互利的方式，促进双方经济的发展。这是大范围的、自觉的对于杂交经济优势的利用。例如我国一个生产粘胶带的股份合作企业，接受了一位华侨企业家的投资，双方签订合同，粘胶带股份合作企业税后利润按资分配的部分，按照双方资金的比例分配。华侨企业家还在美国为我国的这个企业购买了一定的机器设备和原料，以改进粘胶带的质量。这样就大大提高了我国这一企业的活力和经济效益。有的果农协会与本地区的供销社组成运销集团公司，并吸收当地铁路局参股，大大便利了果品的远程运销，并在很远的市场上得到有利的销价。

二、股份合作制与承包制的比较

第一，承包制是不规范的制度，是一对一谈判，采用讨价还价的形式；而股份合作制是一种规范的制度，有规定的章程，大家都按照章程办事。

第二，在承包制下政企没有分开，企业很难有完全的自主权；而股份合作制企业有利于政企分开。

第三，在承包制下企业行为容易短期化，承包是有期限的，承包后往往出现拼设备、吃老本的现象；而股份合作制企业十分注重积累，重视技术更新，重视长远发展战略。

第四，承包制企业难以自负盈亏，亏了躺在国家和集体身上吃大锅饭；而股份合作制企业是由多元投资主体构成的，假如亏了，要以破产还债。股份合作制企业的责任是有限的，把一个企业的财产和国家、集体财产分开了。

第五，在承包制下产业结构难以调整，跨行业、跨部门的流动很困难；而股份合作制条件下则可以通过资产存量股份化和交叉参股等形式，实行企业合并或形成紧密型的企业集团，推动产业结构的调整。

第六，承包制容易使资产流失，企业通过不提折旧、少提折旧、高价结算库存商品，变卖国有和集体资产、有帐无货、拖欠或不还银行贷款等方式，使资产大量流失；而股份合作制企业却使国有和集体资产得到维护，也维护股东的权益，使企业资产保值、增殖。

总之，二者是两个层次的问题，承包制只是个经营层次，而股份合作制除了经营层次，还包含了更深的产权层次。

推行股份合作制是乡镇企业产权制度改革的最主要、最有效的形式之一，但它不是万能的，应防止走入“股”就灵的误区。如果没有产权的明晰化和分散化，就没有真正的股份合作制。股份合作制解决不了“两权”分开后经营者对新的产权拥有者的责任问题，仍需通过引用承包等各种形式的责任制来明确。微利、亏损企业主要是通过企业兼并、拍卖来实现产权转让。在这些企业中直接实行股份合作制还有较大困难。条件不具备的企业应继续完善承包制的工作，逐步在资产股份化、经营承包化、职工股东化、工资组合化上下功夫，把完善承包制作为推行股份合作制的一个手段，待条件成熟后过渡为股份合作制。对已实行股份合作制的企业还可以根据需要采取其他改革措施。

乡镇企业股份合作制主要模式

陈　剑　光

乡镇企业股份合作在产生和发展过程中形成了多种模式，主要的有：

一、温州模式

主要把大量规模狭小的，竞争实力脆弱的个体、私人企业和联户企业转化为股份合作制企业。几家个体、私营企业资金入股，联合经营，按股分红，盈利共享，风险共担。既保留了自主经营、自负盈亏、自我发展、自我约束的灵活经营机制，又扩大了企业规模，增强了社会化程度，更加符合发展社会主义市场经济的要求。温州股份合作企业主要有 4 种形式：

1. 全员入股式股份合作制。一般采取以劳带资，每个职工都是股东，各股东的股份有的均等，也有的多少不等。企业创业者或经营管理人员具有较多的股份。

2. 少数股东合伙式股份合作制。一般是少数股东合股经营，同时向社会招工，大部分职工不是股东。温州市政府为了规范这样的企业，规定了税后纯利润的分配办法：扩大再生产基金占 50%，分别记在各股东名下；股金分红占 25%，按股分给股东支配；公共积累基金占 15%，这是不可分割的基金，由企业支配；职工奖励和公共福利基金合占 10%，分别用于职工奖金和职工公共福利开支。

3. 总厂式股份合作制。是由经营较好、规模较大的私人企业、合伙企业和乡村集体经济组织牵头，同行业的家庭工业入股构成社区性股份合作制总厂。总厂负责产品上档次、上水平，搞价格管理，规定产品的最低销售价；同时统一税收管理、商标管理、质量管理和计量管理，并在原材料供应、产品销售上提供服务。

4. 个体、私营与乡村集体联营式股分合作制。主要是由一些愿挂靠集体，进行联户经营的个体、私营企业，通过吸收集体参股而转化成股份合作制企业。乡村集体股东一般以场地、厂房、设备折价入股，私人则以资产入股。这类企业一般交由投资额最多的股东承包经营。

这里还有“假集体”企业的股份合作制转化问题。“假集体”是由集体和个体双向选择组合衍生出来的一种企业形式。其弊端很大，温州坚持在自愿互利的基础上，积极引导其向股份合作制转化，使其在形式和内容上得以真正统一。首先，通过资产评估，产权界定，严格分清哪些是属于集体的、哪些是属于个体的资产，并以股金方式使之量化和固定化，据此行使经济权利，分享经济效益。其次引进股份合作制的运行机制，形成利益与风险共同体。第三，逐步使产权多元化，重新组合生产要素，形成新的生产力。

二、周村模式

周村模式是山东省淄博市周村区将原乡(村)办集体企业转化为股份合作制企业的一种模式。由于乡(村)集体企业的产权关系是乡办乡有，村办村有，普遍推行承包经营责任制，所有权和经营权之间的矛盾越来越突出，政企不分，企业经营自主权落不到实处，影响了生产的发展。因此采取如下步骤转化为股份合作企业。

首先，搞好资产评估，确认企业资产价值量。资产评估工作遵循真实性、科学性和可行性的原则，参照国家规定的标准、程序和方法进行。评估工作一般以上一级乡镇企业主管部门牵头，建立资产评估机构，主要成员由有资产评估资格的工作人员及乡村、企业和职工的代表参加，评估工作遵循申请立项、资产清查、评定估算、验证确认的程序进行，评估的范围包括有形资产和无形资产两大类，评估的方法主要是根据资产原值、净值、新旧程度、重置成本、获利能力等进行评估，具体方法包括收益现值法、重置成本法、现行市价法、清算作价法及其他评估方法。

其次，合理设置股权。一般设置乡村股、国家扶植基金股、个人股、社会法人股和外资股。乡村集体企业改制为股份合作制企业，一般设普通股和优先股，并且明确规定各自应享受的权力和收益分配办法。按照集体占大头，个人占小头的原则，用“7∶3”的比例将企业资产划为乡村集体股与职工基本股。职工（年满16周岁以上）的基本股一般按照职工的工龄、工艺、岗位职务等条件量化到人，职工对该股份只享受分红权，没有所有权，且不能买卖、转让和继承。此外，职工个人在持有企业基本股的同时，必须再向企业投入一定比例的资金股，否则，不能持有基本股。同时将企业内部职工的集资和风险抵押资金，转化为股金，实行按股分红。周村区股分合作制的类型有五种：一是横向参股联营型，其特点是生产要素组合突破了地区、行业和所有制的界限，实行企业与其他社会法人联合办厂，风险共担，按股分红。这类企业达到178个，占16.2%。二是职工入股共营型，共205个，占18.7%。三是财产折股合营型，共482个，占44%。四是农户参股合作型，其特点是由两户以上农户参加，能人挑头，劳资双联，这类企业达到122个，占11.1%。五是多元复合共有型，共110个，占10%。

第三，建立组织管理制度，实行政企分开、两权分离，建立对企业调控机制。股份合作企业建立股东代表大会制度。股东代表大会作为企业的最高权力机构，选举产生董事会和监事会，使董事会成为企业的最高经营决策机构，实行董事会领导下的厂长(经理)聘任制，使厂长（经理）由原来的对乡（村）行政组织负责变为对股东负责。股东代表大会的民主表决权，实行一股一票制，董事会内部实行一人一票制。当董事会对某一重大问题意见不统一，难以决策时，股权最多的股东可追加一票决策权。这样既体现了股权利益，又体现了民主管理。

第四，建立股份合作制企业的分配制度。为了保证乡村的提留不减少，企业在税前确保上缴10%的社会补助性开支以后，税后利润一般按“五四一”或“六三一”的比例分配，即企业税后利润的50%（或60%）用于扩大再生产；40%（或30%）用于按股分红，10%作为职工的福利和奖励基金。坚持的原则是“按劳分配为主，按股分配为辅”，即职工仍然实行计时工资或计件工资。以会计年度为单位，根据企业盈利状况再按股分红。为了处理好积累与分配的关系，不断提高企业的自我积累和自我发展能力，规定企业积累的最低限不得低于税后利润的50%；按股分红最高限不准超过股本金的20%。凡超过部分不能进入当年红利分配，可在原有股份上进行扩股，参与下年度的按股分红。

三、阜阳模式

自1990年春以来，安徽阜阳地区在探索的基础上，用二年左右时间，先后进行了三批股份合作制试验。阜阳股份合作制类型基本上分为四种类型：一是私人企业改造型。二是合伙企业进化型。三是集体企业转化型。四是新办企业一步到位型。

阜阳地区在资产评估方面的做法是：将全部资产分为固定资产、流动资产、无形资产三大类分别进行评估，对固定资产采取重置作价和帐面价值相结合的办法，先按帐、物相符的帐面，算出固定资产原值和净值，然后再根据市场行情，确定其重置价值，最后固定资产现值按重置价格（净值÷原值）估价。流动资产评估，对周转快、价格变化幅度小的材料、产成品，采用按原历史成本计价。反之，对周转慢、价格变动大的按现时的市场价格计价。对无形资产评估，主要考虑获得的成本以及可能给企业带来的效益两个因素，通过商量办法来确定。

阜阳地区对国家无偿投资、减免税金以及银行无息或低息贷款所产生的息差、各种的优惠政策投入所形成的资产都作为企业股，只计息不分红；或采取同股不同利，所得股息仍留在企业，作为企业股的新增部分。对企业公共积累、各项资金作为企业集体股，不分给职工，由企业工会作为持股人。所得股利，大部分作为企业集体新增股，也可以用一部分分红给职工，职工离开，受益权将自动消失。职工根据自身工龄长短、岗位职务等分得职工个人股，由职工享受受益权，但不得抽回或退股，同样，职工离开企业，受益权消失。

在阜阳地区，企业税后利润的60%用于扩大再生产，其中30%作为不可分割的公共积累，另30%作为股东的股份增值，股东分红比例原则上为税后利润的25%，股总高于同类储蓄利息的5%～10%。

四、广州天河、深圳万丰村模式

在沿海经济发达地区的一些乡（村），由于集体经济实力强大或发展条件优越，产生了社区型股份合作制模式。它是以原有的村社合作经济为母体，引进、嫁接股份制的产权组织形式、经营方式和分配方式的某些内容，实行劳动联合与资金联合的统一，在坚持土地集体所有和集体财产不可分割并占大头的原则下，把长期积累起来的集体财产，经过清产核资、折股量化，分为集体股和社员股，重新组成股份合作社。社区股份合作制有别于企业股份合作制，具有较大的覆盖面和较强的竞争力及综合力等特点。

具体做法是把一个社区合作经济组织的集体资产

全部或部分股份化，并把其中一部分股额量化到人，并在此基础上吸收农民现金入股，使本社区内的全体成员均为股东，集体经营活动按股份合作制运转。

以这种股份合作制与原有合作经济组织的关系比较，有三种类型：一是并存型。即原有合作经济组织不撤销，不改变其性质，另成立股份合作经济组织公司，原有合作经济组织作为集体经济的法人代表，参加股份合作经济组织（公司）。二是内部型。即在原有合作经济内部，搞股份合作，实质内容改变，但不改变名称，不另立炉灶。三是取代型。即新建股份合作经济组织（公司），取代原有合作经济组织。

从股份合作的内容上看，也有三种类型：一是综合型。即将集体所有的土地、固定资产、流动资金，经资产评估后，全部折价转为股本金。二是土地型。即以土地的所有权或承包使用权入股，土地的折价一般按当地政府规定的征地价或收益价，或综合几个因素进行订价。三是资产型，即将集体除土地以外的固定资产（企业为主）、流动资金等，评估折价为股本金，其土地不作价入股，土地的所有权和承包关系不变动。

社区股份合作制的股权设置，一般分为集体股和农民分配股，有的不设集体股，但在纯收入中先作集体提留，集体股（或提留）占可分配纯收入的20%～70%不等。分配股股权的确认，一般以某个时期截止的在册农业人口为基数，特殊人口（男到女家落户的子女户口在村。人在外的，户口在外人在村的，外地近期迁入的等）则根据当地实际情况，经多数农民同意，经予全额股权或折衷处理。分配股的分配，一般采取：①按人口平均分配，不论老幼均为一股。②按农民对集体资产形成的贡献大小、一般按工龄为依据。③按劳动力等级或现时对集体财产的贡献大小分配。④根据几个条件分别配股，再合计到人，一般分为人口基本股、土地承包权股、劳动贡献股，有的还设五保户，烈军属的照顾股。上述分配权不能继承、抵押、转让、退股，吸能取得分红。但是，个人认购的现金股，可以继承、转让、退股。很多地方普遍将分配股的分配与当前的有关工作和精神文明建设有关内容挂钩，如违反计划生育政策、违法犯罪、扰乱社会治安、逃避兵役、乱砍滥伐树林、不赡养老人、不教育子女者均作出有关扣除分配股或停止分配股分配权若干年的规定。

江苏省乡镇企业集团建设

姚国光　孙大路　黄秉生

“集团热”在江苏乡镇企业涌动。自1992年5月14日批准第一家省级乡镇企业集团——江苏贝贝集团至1993年末，分布在大江南北的省级乡镇企业集团已有110个，其中以村办企业为主组建的有21个。

乡镇企业开始出现的“集团热”，与以往一些靠行政命令“拉郎配”、“缺少内在的依存关系、“十个集团九个空”的情况绝然不同，它完全是乡镇企业适应市场竞争求发展的自觉要求。乡镇企业发达的苏南地区，对组建集团的紧迫感尤为强烈，积极性亦尤为高。仅张家港市已拥有19家省级乡镇企业集团，居全省第一。这些集团在实践中正日益显示出其优越性。

1. 规模实力不断强大。 江苏省级乡镇企业集团中，年销售额2亿至5亿元的有50多家，5亿至10亿元的有10多家。不少地方的乡镇企业集团跳出了原来单一的生产格局，转向贸工农一体化、跨地区、跨行业综合经营。

乡镇企业集团的规模优势及它的市场抗衡力，在宏观环境偏紧的1993年得到了验证。当时，不少中小企业包括国有企业步履艰难，而省级乡镇企业集团这批从田野崛起的“巨人”，则依然潇洒自如。

2. 名牌效益显著，知名度提高。 江苏乡镇企业的不少产品质量上乘，一年提供外贸出口的货源数百亿元。但过去很多企业推销产品羞于提企业性质，一说“乡办、村办企业”总有一种自卑感，怕被国有企业、外商笑话。因而，找国有企业挂靠，找上海的企业联营，产品打对方的牌子或由客户提供商标的现象很普遍。现在，越来越多的乡镇企业干部认识到：“知名度就是企业形象，就是一笔无形资产。”乡镇企业要在市场竞争中求发展，必须创自己的名牌，争本企业的知名度。”而组建省级企业集团，则使得一批乡镇企业扬眉吐气，知名度大大提高。

既然集团的知名度高，所以不少地方组建时，往往取产品商标为集团名称。如江苏红豆集团、江苏森达集团、江苏泰星集团、江苏虹雨集团等都是与产品商标同名，它们立志要成为像国外“可口可乐”、“松下”那样融产品和企业形象为一体的名牌企业。不少集团的产品已得到市场的认可。

3. 招商引资能力进一步增强。　省级集团作为乡镇企业与国际经济接轨的正规军的出现，“门当户对”地引起了海外一些著名财团、大公司的注目，招商引资的能力显著提高。法国霞日集团是世界最大的毛条业集团。它在乌拉圭的分公司就看中了张家港市的江苏华纺集团，合资4 200万美元上一个万吨毛条加工项目，已被列入中乌两国经济合作协议。拥有20多万纱绽的德国南方毛业公司紧随而来，双方已达成1.65万精纺绽项目的合作意向。这些项目投产后，“华纺”年销售总额将达30亿元。

江苏省级乡镇企业集团大多办有中外合资项目，不少集团还在境外设立窗口或办厂，参与跨国经营。无锡县的15家省级乡镇企业集团中，“诚怡”一家就拥有7个中外合资企业，“红豆”、“金钥匙”、“六通”等7家集团享有自营进出口权。

4. 向现代企业迈进。　一个乡办厂或村办厂，随着自身的发展，通过产品、技术、资金等输出，派生出一批新厂，形成一种自然的母子联合体，实行总厂负责制。可以说，江苏不少地方的乡镇企业发展史就是这样。但这种母子关系的领导体制和组织管理制度有不少弊端，已不能适应市场经济的新形势。

组建企业集团后，实行董事会领导下的总经理负责制，明确了集团成员之间的关系、各成员的权利与义务。原来的子母厂作为集团的紧密层，变成了二级法人，按集团章程执行生产、经营、管理职能；集团总经理则在董事会领导下，主要抓宏观决策、协调集团各成员企业的统分关系。

不少企业集团还积极探求股份制或股份合作制的形式，以进一步完善经营机制，逐步向现代企业制度过渡。兰陵集团已采取逐年把“企业股”量化到每个员工，员工同时要认购等量的“个人股”与之相匹的办法，以增强集团凝聚力。银河集团则以提高100多名经营、管理、技术人员拥有的股份为主，推行股份合作制。而雅鹿集团、春洲集团已正式改组为股分制企业。雅鹿股票、江阴市的“三房巷”股票正积极准备上市。

110个省级乡镇企业集团以及正在筹建的集团，差不多囊括了江苏10多万家乡镇企业的精华。必将在国内外的市场竞争中再创辉煌业绩！

深化改革　转换企业经营机制

刘伟建　朱先春

自1993年下半年开始，一场被称为“自建国初期‘一化三改’以来最大的产权变革”正在广东顺德市展开。

这场改革的目的是在顺德市改变单一的集体所有制现状，确立“混合经济”新格局。其主要特点是：产权多元化，界定清晰，责任明确，企业不再依赖于政府，真正实现政企分开，自主经营。

顺德市是乡镇企业发展较快的地区，是珠江三角洲“四小虎”之一，10多年来一直坚持以集体经济为主的方针，集体企业占90%以上。这种单一所有制形式已对顺德乡镇企业进一步发展造成种种困扰。

近年来，顺德的集体企业已出现“泥饭碗铁化”现象，企业机关化、行政化、社会化越来越严重；所有权和经营权的长期分离，使得企业短期化行为普遍存在。另一方面，个体、私营经济的崛起、发展，国营企业改革的深入，新的财税和金融制度的推行使乡镇企业独有的优势正在弱化。

在顺德市，长期为企业承担贷款风险的乡镇政府，包袱越来越重。全市镇办企业有269家亏损，亏损总额达8.2亿元，其中亏损100万元以上的企业有100多家，亏损金额7.9亿元，还有103家企业资不抵债。

经营机制弱化、经济环境的变化，政府包袱越背越重。而对改革遇到的障碍，顺德市委、市政府从实际出发，大胆提出了建立“混合经济”新构想。通过加大非公有制经济比重，优化乡镇企业所有制结构，实现企业经营机制的转变。

他们首先在经济最发达、企业实力最强的北滘镇进行试点。该镇召开了“经营机制转换动员大会”，鸣响了企业深化改革的第一炮。在此基础上，市委、市政府制定了《关于转变企业经营机制的若干规定》。在对全部镇办企业进行清产核资和资产评估之后，根据企业的不同情况，采取了五种不同的转换形式。一是公私合营。镇政府出让部分法人股给企业领导和骨干，由集体和私人共同经营，共担风险。二是公有民营。镇政府保留对企业房地产的所有权，其余资产全部转让给私人股东所有。镇政府承接企业房地产帐面净值的负债，其余债权、债务由私人股东承接。三是股份制企业。采用内部股份制和上市公司形式，对企业进行股份制改造。四是中外联营企业。转让部分产权给外商，吸入外资。五是私有私营企业。小、微、亏企业采取公开拍卖方式，转让企业产权。

以上五种形式的共同点，即是加大非公有经济比重。除拍卖一次性买断外，各种形式向个人出售产权基本上采取了"赎买"的形式，分5年10次还清。在产权转让时他们特别注重以现有经营者为主，加大他们的持股比例。如裕华集团公司采用股份制形式，镇政府持股60%，经营者和企业骨干持股30%，自然人持股10%。美的集团股份有限公司是上市公司，在此次产权转让中，镇政府从所持法人股中让出300万股给现任董事长购买，每个董事分别购买75万股。这样做是为了在企业内部形成一个控股核心，强化经营者的责任和权力。

为了实现产权转让的平稳过渡，顺德市委、市政府成立了转换经营机制领导小组，各镇也建立相应机构，加强领导。同时，市政府成立了"德安保险公司"，承担职工待业、养老和医疗保险。该公司由市政府、保险公司和镇政府共同投资，各企业按职工工资总额的30%交纳保险金。对于拍卖、倒闭企业"遣散"人员，保险公司按工龄每年1000～1100元发放一次性"遣散费"。筹集巨资，建立社会保障体系；通过出让企业产权，偿还倒闭和破产企业债务。顺德人称自己的做法是"花钱买改革"。

企业"转制"后，政府以股东身份委派代表参与企业管理和利润分红。除此之外，政府还对企业收取土地使用费，这些收入一方面用于社会福利，另一方面投入基础性行业和一些导向性、支柱性行业。为使政府不至承担更多的风险，新的行业项目上马后，亦不是长期经营，要在适当时候转让部分或全部的产权和经营权，收回资金则作新的投入。

顺德市对改革有几个标准：看生产力有否发展，看人民生活水平有否提高，看基础设施有否发展，看社会保障有否提高，看政府的税收和其他收入有否提高。顺德市从政府到企业都认为，这场改革明确了产权关系，强化了经营者的权力和承担风险的责任；企业摆脱了对政府的依赖，使之成为自主经营、自负盈亏、自我约束、自我发展的独立法人。而政府则甩掉了包袱，转移了本应由企业承担的经营风险，遏制了公有财产的流失。

科　技　教　育

不断发展乡镇企业教育事业

齐 景 发

一、乡镇企业教育培训、人才开发基本状况

十多年来，乡镇企业之所以能不断发展，整体素质不断提高，教育培训、人才开发功不可没。主要表现在以下三个方面：

1.“多形式、多层次、多渠道的乡镇企业教育培训服务体系已初步形成。

——部、省、地（市）、县、乡五级乡镇企业教育培训行政管理网络初具雏形。山东、河北、辽宁、天津、江苏、重庆、成都等地教育培训管理网络已向村和企业延伸。

——初步形成了乡镇企业系统内的、普通高等教育系统内的和社会力量办的三个层次的乡镇企业高等教育人才培养基地。

——乡镇企业中专层次的学历教育稳步发展。全国约有20多个省市创办或联办了乡镇企业中专或成人中专。

——全国50多个省（含计划单列市）级培训中心、4000多个地（市）、县、乡级培训中心已经初步联网成片，发挥了重要作用。1993年，为了充分发挥各省、市培训中心的优势，增强全国乡镇企业教育培训整体功能，以无锡、苏州、上海、杭州、宁波等地的培训中心为主体的乡镇企业长江三角洲培训网已组建运行，初见成效。

——乡镇企业大中专学历教育已开始列入地方各级教育计划和国家教委的议事日程。

——各级乡镇企业主管部门和有关部门互相协调、密切配合，在许多重大问题上取得了相互支持、相互理解的效果。

2. 乡镇企业教育培训积累了宝贵的经验。1989年“广西会议”上明确提出乡镇企业教育培训的五大任务是：领导干部岗位培训、厂长（经理）岗位培训、大中专学历教育、继续教育、思想政治教育。

1991年“天津会议”提出：逐步建立乡镇企业教育培训工作体系，强化激励机制和约束机制，最终形成教育培训投入——人才素质提高——促进经济发展——教育培训再投入的良性循环机制。并总结推广了实行“五挂钩”，使教育培训工作由弹性变刚性的经验，依靠“五个一点”（教育基金提一点、乡镇财政拨一点、管理费中抽一点、企业单位凑一点、受训职工出一点）筹集教育资金的经验。

1992年“重庆会议”总结出：乡镇企业教育培训要适应社会主义市场经济的发展，对教育培训的方式、方法、内容、途径做适应性调整，乡镇企业需要什么样的人才，就培养什么样的人才，乡镇企业需要什么样的办学形式，就采取什么样的形式办学的经验。

3. 为乡镇企业培养、培训了相当数量的各级各类人才，职工素质有了较大的提高。1993年，全国乡村两级企业中，具有大专以上学历的专门人才达53.3万人，比上年增加23.96万人，占职工总数的0.92%；拥有专业技术人才216.95万人，比上年增加了29.82万人；具有中专和高中学历的有1152.7万人，比上年增加了245.34万人；初中以上文化程度的职工4259.56万人，已占职工总数的73.64%。1993年培训了167.65万人，比上年增加了22.30万人。1993年具有大专以上学历的专门人才和专业技术人员数两项指标已经提前实现“八五”规划。

乡镇企业教育培训虽然取得了较大的成就，但相对于乡镇企业的地位和作用还远远不够，仍然任重道远。

第一，乡镇企业专业技术人才和大专以上学历人才，无论是绝对数、相对数还是按国民生产总值平均占有衡量，都是很低的。

第二，宏观指导 微观管理和服务工作都急待加强。有关政策、法规和制度尚不配套；教育培训人力、资金投入尚有很大的差距，各级各类培训中心（学校）的软硬件建设需要加强；教育培训的质量、效果有待进一步提高。

第三，一些企业领导存在短期行为，经营决策“一头沉”，重产值、轻提高，重项目投入，轻人才培养。有些地方和部门，特别是有些领导同志对乡镇企业教育培训的重要地位和作用认识不足，缺乏有力的支持和投入。

二、乡镇企业教育培训工作的奋斗目标和

主要任务

1. 工程技术人员拥有量。到1995年，需要培养和造就出一支拥有220万人的经营管理和专业技术人员的人才队伍，使全国乡村企业工程技术人才占职工总数的比例达4%以上。到2000年，力争使这支队伍达到300万人以上，占职工总数的比例达到4.5%以上。

2. 大专以上人才拥有量。到1995年，乡村两级企业拥有大专以上学历人才35万人以上，占职工总数的比例达到0.6%以上。到2000年，力争使这支队伍达到80万人，占职工总数的比例达到1%左右。力争提前完成《乡镇企业技术进步战略实施大纲》提出的要求：到本世纪末，乡村骨干企业普遍配备合格的"一长三师"，即具有大专学历的厂长（经理）、工程师、会计师、经济师各一名。

3. 中专和高中文化程度职工拥有量"到1995年，乡村企业中，中专和高中文化程度的职工达到1100万人，占职工总数的比例达到20%。到2000年，力争达到1700万人，占职工总数的比例达到23%。

4. "一长三师"任职资格的培训。全国乡镇企业"一长三师"岗位任职资格培训纳入全国企业管理干部培训规划，根据乡镇企业"一长三师"岗位规范，按照国家承认的教育计划、教学大纲和教材进行培训。从1994年起用4年左右的时间，基本完成全国乡镇企业骨干企业"一长三师"岗位任职资格的第一轮培训工作。

5. 工人技术等级培训。从1994年起，根据国家颁布的技术等级标准，逐步选编好乡镇企业主要行业的工人技术等级培训教材，分阶段、分行业开展这项工作。并逐步使工人技术等级培训制度化、规范化。

6. 完成乡镇企业系统领导干部岗位培训的扫尾工作。未完成这项工作的地区，应结合建立社会主义市场经济体制的新要求，积极有效地推动这项工作。

三、乡镇企业教育培训工作思路及对策

要实现和完成乡镇企业教育培训工作的奋斗目标和任务，应做好以下几个方面的工作：

1. 各级乡镇企业主管部门要切实加强领导，把乡镇企业教育培训作为一项战略任务。实践证明，只要一把手重视，摆上位置，各种困难和矛盾就容易解决，工作局面就会迅速打开。多年来，山东省泰安市乡镇企业局一直坚持一把手亲自抓教育，带动各区、县的一把手亲自抓教育，泰安市乡镇企业的教育培训搞得生机勃勃。各级乡镇企业主管部门的负责人应深入实际，调查研究，加强协调，经常研究解决乡镇企业教育培训发展中的困难和问题，并配备强有力的工作班子抓好这项工作。应该把乡镇企业教育培训实绩，作为考核乡镇企业主管部门政绩的重要内容之一。

2. 搞好中国乡镇企业协会教育委员会的工作。开展乡镇企业教育培训，提高乡镇企业整体素质，不仅是行政主管部门和企业的任务，也是全社会的共同事业。因此，要搞好教育委员会的工作，发挥行政、协会两个积极性，加快乡镇企业人才培养的步伐。中国乡镇企业协会教育委员会是中国乡镇企业协会领导下的专业委员会，它是根据自愿原则组成的全国性、群众性、专业性、不以盈利为目的的法人组织，是政府和主管部门的有力助手，应在政府主管部门的指导下开展工作，起桥梁和纽带作用。各级乡镇企业主管部门和企业应支持教育委员会的工作。行政、协会要密切配合、相互支持，发挥各自优势，共同搞好乡镇企业教育培训工作。乡镇企业教育培训层次多、渠道多、行业多、形式多、任务重，有许多工作仅靠主管部门是难以完成的。教育委员会的成立，标志着乡镇企业教育培训在广度和深度上又有了新的发展，力量更强了。这有利于团结社会各界热心于乡镇企业教育培训工作的同仁，有利于主管部门和企业的联系，有利于开展国际国内的理论探索和学术交流，有利于乡镇企业教育培训的舆论宣传，有利于对企业家及管理人员的培养与提高。

3. 稳定机构，强化力量。各级乡镇企业主管部门教育培训机构，工作繁重，任务艰巨，只应强化，不应消弱。有的地方，乡镇企业教育培训工作无人负责，有的培训中心挪作他用，有的教育行政机构和培训中心（学校）工作不协调，没有形成合力，影响了教育培训工作的开展，这是缺乏远见的。各地乡镇企业主管部门的领导同志，应下决心花力气尽快解决这些问题，要选调对乡镇企业教育事业具有高度责任心、工作能力强、熟悉业务的人员充实和加强教育培训机构，并为其提供必要的工作条件，保证机构和队伍的稳定。

4. 继续探索乡镇企业教育培训适应社会主义市场经济的新路子。一是要为市场经济培养有用人才，即教育培训要为企业需要服务，按需施教，企业需要什么样的人才就培养什么样的人才。二是教育培训既要遵循教育规律，也要遵循市场规律；既要重视社会效益，也要讲求经济效益，由单一的培训型向培训经营型转变，积极探索以教养教的路子。天津利用以教养教，为160个乡配备了设施齐全的电化教育网点；辽宁通过以教养教，武装了83个电话教育函授站；山东通过以教养教，在全省组建起完整的中专学历教育

体系。三是适应市场经济的新要求，拓宽各级各类培训中心、学校的服务渠道，由单一的教育型向教科工贸一体化转变。江苏盐城走的就是这样的路子，不仅教育培训成效显著，而且经济效益很好。四是教育者的自身教育问题，要培训适应市场经济需要的人才，教育者首先要适应市场经济，对教育者自身也应搞好培训。

5. 进一步强化乡镇企业教育培训基地建设。培训基地是各级乡镇企业主管部门的有力助手，是完成乡镇企业教育培训任务的重要力量，是乡镇企业内部和外部教育培训的结合点和枢纽，各地应予以高度重视。首先应抓好省一级培训中心建设，使之成为本区域乡镇企业职工教育的龙头。同时应注意地（市）、县、乡培训中心或场所建设，逐步完善设施，加强各项制度建设，使各级培训中心联网成片。其次，应搞好几所乡镇企业高等院校的建设，包括农业部乡镇企业管理干部学院、南京农业大学乡镇企业学院、泰山乡镇企业学院、西安乡镇企业大学等，他们是乡镇企业高等人才培养的重要基地，各级乡镇企业主管部门应支持他们的工作；院校也应解放思想、转变观念　强化服务，加快为乡镇企业培养人才的步伐。第三，通过加强各级教育培训基地建设和依靠社会办学力量，逐步形成内部与外部相结合、纵向与横向交织的全方位运行的教育培训服务体系。

6. 加强和有关部门的协调 与合作。乡镇企业的教育培训仅靠乡镇企业教育培训系统是远远不够的。各级乡镇企业主管部门应加强和教育、科技、计委、经贸委、劳动、人事、组织等部门的协调与合作，积极主动的向他们宣传，让他们了解、支持乡镇企业及其教育培训事业。实践证明：凡是教育培训搞得好的地方，都是以协调与合作为基础的。重庆市乡镇企业局几年来坚持登门和有关部门协调，与有关部门建立了良好的合作关系，使重庆市教育培训的外部环境不断完善。辽宁省乡镇企业局积极与省教委、省招办等有关部门协调，1993 年，为乡镇企业定向招生有重大突破。

7. 抓紧对乡镇企业家教育，培养和造就一大批乡镇企业家。应从乡镇企业发展的需要出发，注意抓好乡镇企业家队伍的建设，既要使他们懂技术、善经营、会管理，又要使他们遵纪守法，廉洁奉公，开拓进取，艰苦奋斗，逐步形成一支有较高政治素质和业务素质的现代乡镇企业家队伍，通过他们带出一支“有理想、有道德、有文化、有纪律”的乡镇企业职工队伍。

农业部表彰全国乡镇企业成人教育先进集体和先进工作者

王　文　祥

近年来，乡镇企业系统的教育培训和人才开发取得了令人欣喜的成绩，各地涌现出一大批育才、用才的新典型，积累了宝贵的经验。为了不断总结乡镇企业教育培训工作的经验，加速培训人才，使乡镇企业成人教育进一步适应社会主义市场经济的建立和完善，1993 年农业部以（1993）农（企）字第 13 号文件颁布了《乡镇企业职工教育规定》。农业部决定从 1993 年起，建立乡镇企业成人教育表彰制度，对乡镇企业成人教育先进集体和先进工作者每四年进行一次部级表彰。

《乡镇企业职工教育规定》中，指出了乡镇企业成人教育先进集体和先进工作者的评选范围和条件：

一、评选范围

1. 先进集体。包括乡镇企业系统各有关行政、企事业单位，各级乡镇企业培训中心和各类乡镇企业学校。

2. 先进工作者。包括乡镇企业系统从事成人教育的各有关行政管理人员、教学管理人员及教师。

二、评选条件

1. 先进集体。

第一，坚持社会主义办学方向，贯彻执行党的基本路线和教育方针。结合本地实际，积极开展乡镇企业教育培训工作，勇于探索乡镇企业教育培训的新路子。

第二，有充分的证据证明，在为乡镇企业培养各类适用人才、推动乡镇企业经济发展方面成绩显著，出色地完成农业部及上级部门安排的教育培训任务。

第三，有得力的勇于开拓的领导班子，有专人分管乡镇企业教育培训工作，规章制度健全，工作措施得力。

第四，有稳定的培训基地，有一支专职兼职相结合、胜任教学工作的师资队伍，有稳定的经费来源渠道。

2. 先进工作者。

第一，坚持四项基本原则，热爱乡镇企业教育培训事业，有为振兴乡镇企业做好本职工作的献身精神。

第二，认真贯彻执行乡镇企业教育培训的方针、政策，出色地完成各项教育培训任务。

第三，积极改革开拓，勇于探索乡镇企业教育培训的特点和规律，在开创乡镇企业教育培训的新形式、新方法、新渠道及适应乡镇企业市场经济等方面有突出成绩。

第四，严以律己、团结互助、堪为师表。

第五，从事乡镇企业教育培训工作三年以上。

1993年，为了组织好评选活动，农业部乡镇企业司成立评审小组。在各级乡镇企业部门评选推荐的基础上，经评审小组初审及农业部评审委员会终审，授予北京市通县城关镇人民政府等50个单位全国乡镇企业系统成人教育先进集体称号；授予李维平等100名同志全国乡镇企业系统成人教育先进工作者称号。

这次受到表彰的先进集体和先进工作者，大多数是基层单位和长期在基层工作的人员，具有广泛的代表性。在50个先进集体中，有：企业6个，乡镇企业院校（包括培训中心）23个，乡镇企业主管部门20个，政府部门1个。在100名先进工作者中，有：企业9名，乡镇企业院校（包括培训中心）25名，乡镇企业主管部门64名，政府主管部门2名。

1993年乡镇企业成人教育先进集体名单

北京市通县城关镇人民政府
天津市乡镇企业局
天津市东丽区乡镇企业经济委员会
河北省乡镇企业培训中心
农业部乡镇企业管理干部学院
山西省阳泉市乡镇企业局
内蒙古自治区赤峰市乡镇企业培训中心
辽宁省乡镇企业教育中心
辽宁省沈阳市于洪区乡镇工业局
大连市乡镇企业培训中心
吉林省乡镇企业局干训班
吉林省长春市朝阳区乡镇企业局
黑龙江省乡镇企业干部学校
黑龙江省阿鞍联营中型轧钢厂
上海三联汽车线束公司
江苏省盐城市乡镇企业局教育科
江苏省南京市溧水县乡镇企业局干部学校
全国乡镇企业家培训中心（无锡）
南京农业大学乡镇企业学院
浙江省乡镇企业科技教育培训中心
宁波市慈溪市乡镇企业局
安徽省乡镇企业局教育处
安徽省安庆市乡镇企业局
福建省三明市乡镇企业局
江西省乡镇企业培训中心
山东省乡镇企业局
山东省德州地区乡镇企业局
山东省泰山乡镇企业学院
青岛第三橡胶机械厂
河南省新乡市乡镇企业技术服务中心
湖北省随州市乡镇企业局
湖北省武汉市乡镇企业局培训中心
湖南省乡镇企业培训中心
广东省中山市乡镇企业局
广东省广州市番禺市乡镇企业局
深圳市宝安区沙井镇万丰股份有限公司
广西自治区玉林市乡镇企业委员会
四川省乡镇企业函授学校
四川省成都市金牛区乡镇企业局
重庆市乡镇企业局
重庆市乡镇企业干部学校
云南省乡镇企业滇西培训学校
陕西省乡镇企业局科教处
陕西省乡镇企业职工培训学校
陕西省西安市长安汽车配件厂
陕西省西安乡镇企业大学

甘肃省金昌市乡镇企业局
青海省乡镇企业培训中心
宁夏自治区新月联合建筑工程公司贺兰分公司
新疆自治区 喀什地区乡镇企业培训中心

1993 年乡镇企业成人教育先进工作者名单

姓 名	所 在 单 位
李维平	北京向阳制药厂
康 振	北京朝阳区昆仑电线厂
刘祖荫	农业部乡镇企业司科教处
顾大智	农业部乡镇企业司
张玉莹	天津市塘沽区乡镇企业局
何德胜	天津市武清县乡镇企业局
陈宝信	天津市津南区葛沽镇工业公司
汪绍海	天津市乡镇企业局教育处
戴贺兰	天津市乡镇企业局
赵忠勋	河北省乡镇企业局
姚守成	河北省乡镇企业培训中心
陈云峰	河北省石家庄市郊区经委职教科
王秀梅	河北省沧州市乡镇企业局
刘玉琦	农业部乡镇企业管理干部学院
郭康年	农业部乡镇企业管理干部学院
史吉文	山西省阳泉市乡镇企业局
刘太来	山西省乡镇企业总公司
吴汉太	内蒙古自治区乡镇企业局
石嘉康	内蒙古自治区哲里木盟乡镇企业处
李炳恩	辽宁省乡镇企业教育中心
孔庆德	辽宁省朝阳市乡镇企业局
付景阳	辽宁省锦西市乡镇企业局
杨永国	辽宁省丹东市东沟县乡镇企业局
王 珂	辽宁省沈阳市乡镇企业局教育处
白振芳	大连市乡镇企业局人教处
毕 文	大连市甘井子区乡镇企业局
杨振春	吉林省乡镇企业局干训班
张晓光	吉林省吉林市乡镇企业委员会干校
孙振东	长春市乡镇企业局
康明学	黑龙江省乡镇企业局科教处
周荣孚	黑龙江省绥化地区乡镇企业培训中心
马云国	黑龙江省阿鞍联营中型轧钢厂
程国玉	上海市嘉定区乡镇工业局
沈申根	上海市奉贤县乡镇工业局
李海晴	上海市闵行区乡镇企业局教育科
朱凤鸣	江苏省太仓市乡镇工业局
杨义林	江苏省扬州市乡镇工业局

姓 名	所 在 单 位
黄金坤	江苏省南通市乡镇企业教育培训中心
黄久先	江苏省无锡市乡镇工业局
邱晓鸣	江苏省乡镇企业局
李之相	南京农业大学乡镇企业学院
金锡庚	浙江省绍兴县乡镇企业干部技术学校
徐德法	浙江省龙游县乡镇企业干部学校
盛刘奎	浙江省海宁市乡镇企业局
虞启琅	宁波市鄞县乡镇企业局
吴孝恩	安徽省淮北市乡镇企业局
柳书骏	安徽省巢湖行署乡镇企业局
胡井言	安徽省金寨县乡镇企业局
周仁发	安徽省全椒县乡镇企业局
宁燕凌	福建省乡镇企业干部学校
李德沐	福建省政和县乡镇企业局
徐长生	江西省南昌市乡镇企业培训中心
黄元福	江西省乡镇企业局
张汉金	山东省乡镇企业职工函授中专肥城分校
王义科	山东省潍坊市乡镇企业培训中心
高建华	山东省菏泽市乡镇企业局
房本瑜	山东省乡镇企业职工中专烟台分校
李迎春	山东省威海市环翠区乡镇企业局
田文忠	山东省莱芜市乡镇企业职工中专
孙启典	青岛市乡镇企业职工中专
王军峰	青岛市黄岛区乡镇企业局
金显翠	青岛大金家实业总公司
李文宗	河南省乡镇企业局科教处
田得雨	河南省乡镇企业成人中专
胡火明	湖北省黄冈地区乡镇企业培训中心
朱建明	湖北省襄樊市乡镇企业局
王定国	湖北省五峰县乡镇企业函授辅导站
刘丽芬	湖北省荆门市乡镇企业职工学校
熊新科	湖北省随州市乡镇企业局
代忠书	湖北省武汉市蔡甸区乡镇企业局
李传德	湖北省武汉市洪山区和平乡党委
罗冬夫	湖南省娄底地区乡镇企业经委
唐勋本	湖南省零陵地区乡镇企业经委
段兴池	湖南省茶陵县乡镇企业经委

姓　名	所　在　单　位
陈仁坤	广东省兴宁县乡镇企业局
陈华胜	广东省中山市乡镇企业局
曹鉴燎	广东省广州市天河区沙河镇政府
梁代华	广西自治区乡镇企业培训中心
黄强南	广西自治区灵山县乡镇企业服务中心
邱祖修	四川省乡镇企业局科教处
熊　毅	四川省万县乡镇企业局
李昭丽	四川省自贡市大安区乡镇企业局
陈长书	四川省成都市武侯区乡镇企业局
刘晓勇	四川省成都市乡镇企业局
赖成芳	四川省成都市青白江区乡镇企业局
曾　金	重庆市江北县乡镇企业委员会
陈时忠	重庆市永川市乡镇企业委员会
黄先一	重庆市乡镇企业局
黎书坤	云南省乡镇企业培训学校
党振强	陕西省泾阳县乡镇企业局
杨伟民	陕西省南郑县乡镇企业局
张仓兴	陕西省宝鸡美宝公司
蔺汉民	陕西省西安市阿房电焊机总厂
李绍华	甘肃省兰州市乡镇企业培训中心
郭　介	甘肃省天水市乡镇企业局
吴时命	青海省西宁市乡镇企业培训中心
张学臣	宁夏自治区中卫县西园建筑工程公司
郭广生	宁夏自治区乡镇企业局
沙吾提	新疆自治区伊犁州乡镇企业局
周殿沛	新疆自治区呼图壁县达理工贸总公司

培植龙头　健全体系　推动职工教育上水平

山东省肥城市委、市政府

党的十一届三中全会以来，肥城市坚持把大上乡镇企业作为振兴全市经济的战略重点，把大力发展职工教育、全面提高职工队伍的文化技术素质，作为加快乡镇企业发展的战略措施来抓，强化领导，加大投入，培植龙头，健全体系，实行多形式、多层次、多渠道办学，不断提高乡镇企业职工教育水平，为乡镇企业培养了一大批急需的实用人才。从1988年到1993年，全市共为乡镇企业培养大中专毕业生4 257名，培训各类专业技术人员、企业管理干部和技术工人12.1万人次；有4 870人获得了专业技术职称，乡村集体企业管理人员基本达到了持证上岗的要求，与1987年相比，1993年乡村集体企业中，大中专文化程度的职工比例已由0.3%提高到6%，分别高于全国、山东省和泰安市平均水平；专业技术人员所占比例已由0.5%提高到8%；技术熟练工人已由10%增加到60%。乡镇企业职工队伍文化技术素质的提高，有力地促进了企业的技术进步，提高了企业的整体管理水平，加快了乡镇企业的发展步伐。

1. 强化人才意识，健全组织保证体系。1988年初，肥城市委、市政府从深化思想认识入手，大力强化各级的人才观念和科技意识，在全市广泛开展了“科学技术是第一生产力”的教育，并结合肥城实际，确立了以市培训中心为龙头，以乡镇和乡村企业为主体，多形式、多层次、多渠道办学，全面发展乡镇企业职工教育的工作思路和到“八五”末的培训规划。

为了保证这项工作的开展和规划目标的落实，市、乡两级全面加强了对乡镇企业职工教育工作的领导。17个乡镇、办事处和128个重点村，也都成立了相应的领导机构。在系统内部，还成立了由市乡镇企业局长任主任，各乡镇、办事处企业办公室主任任成员的职工教育管理委员会；各乡村集体企业都普遍设立了职工教育科，由一名副厂长专抓这项工作。1993年，全市从事乡镇企业职工教育工作的专兼职人员达到了870多人，自上而下形成了职工教育工作的组织保证体系和管理网络。

2. 加大教育投人，配套完善教学体系。肥城市坚持把加强教育阵地和教学设施建设，作为搞好职教工作的首要措施来抓，组织引导各级坚持不懈地抓投入、建阵地、搞配套、促完善。

为解决教育建设资金不足的困难，采取“市财政拿一点、乡镇村挤一点、企业提一点、社会筹一点”的办法，多渠道进行筹集。市财政在财力比较紧张的情况下，先后投入150多万元，集中用于市培训中心建设；各乡镇、办事处和村，都千方百计从固定资产投资和非生产性开支中挤出一块资金，建设教育阵地；各企业也都按照有关规定，提足用好教育基金。6年来，市、乡、村和企业累计用于教育建设的资金达到2 600多万元，较好地保证了教育设施建设的资金需要。二是集中力量抓好“龙头”阵地建设。为了带动和促进全市乡镇企业职工教育工作的开展，自1988年以来，集中资金突出抓了市乡镇企业职工培训中心的建设和完善，累计投资250万元，建成了建筑面积6 500平方米、设有12个专业，集脱产教育、函授教育、短期培训于一体，设施比较齐全、功能比较完备的职工教育基地。几年来，这个学校已为全市乡村企业培养大中专毕业生近4 000人，培训专业技术和管理干部21 000人。在校脱产和函授学习的学员还有1 800人。为推动全市乡镇企业职工教育工作的发展发挥了重要的“龙头”作用。三是健全乡、村和企业培训阵地。几年来，先后投资1 510万元，在17个乡镇、办事处建立了乡镇企业职工函授教育辅导站和技术培训学校；组织有条件的村建起了职工夜校；80%的乡村集体企业设立了职工函授班，其中有33个乡村骨干企业，还采取厂内办学、与大中专院校联合办学的形式，设立了厂内大中专校外教学班。通过加强阵地建设，实现了由挤用、租借教学场所到自己拥有教学阵地的转变。四是狠抓教学设施的配套完善。在前几年重点加强阵地建设的基础上，自1991年以来，又集中抓了以电化教学为主要内容的教学设施建设，全市共投资840多万元，购置各类电教设备9 700多台件、教学仪器14 000多件。至1993年，17个乡镇办事处的职教基础设施，95%的乡镇办企业和52%的村，都实现了学有阵地、教有场所、器材齐全、设施完备的目标，形成了较为完整的教学体系。

3. 制定有效政策，建立激励约束机制。一是把职工教育作为考核乡镇企业工作的一项重要内容。二是把职工教育贯穿到专业技术职务评聘中去。规定达不到学历标准的不予评审；对取得专业技术职称而不接受继续教育培训的，企业一律不准聘任。三是实行持证上岗制度。对达不到中专以上学历、45岁以下的副厂级以上企业干部，实施强制性培训；对中层管理干部和重要岗位的技术工人，不经专业培训不得上岗。四是把职工教育与招工聘干结合起来。凡达不到规定学历和岗位培训标准的，不得转为集体合同制和农民合同制工人，不准招为市聘干部。同时，为吸引更多的城镇和农村优秀社会青年到乡镇企业工作，市政府规定，凡考取市乡镇企业职工培训中心的大中专学员毕业后，是非农业户口的，由劳动部门录用为集体合同制工人；是农业户口的，录用为农民合同制工人，并全部安置到乡镇办重点企业。

4. 狠抓教学管理，提高办学效益。对脱产学历教育，坚持以正规化建设为核心，认真学习借鉴普通院校的教学管理方法，突出了职工教育的特点。在教学上，做到了课程设置、教学进度、考试考核与普通院校“三统一”；在对学生的管理上，实行了学校、家庭、社会“三位一体”的管教模式。对函授教育，坚持以标准化建设为中心，加强教学组织建设，严格教学管理标准，严把学业考核关。自1988年以来，肥城市乡镇企业职工函授中专教育，连续三次夺得了山东省综合检查评估第一名。

江苏省如皋市加强乡镇企业人才培训的经验

秦玉林　王玉华　李文祥

江苏省如皋市有53个乡镇，1 700多个乡（镇）村企业。几年来，如皋市坚持“两个投入”（资金投入，智力投入）一起抓，精心制订和实施了乡镇企业人才培训的“一二四”工程，即到本世纪末，每百名职工中，有一名大专生，二名中专生，四名技工。其主要做法是：抓住“四个要素”（生源、师资、教材、考核），确保培训质量。

1. 生源素质严把关。不少乡镇企业每年都抢在高考后的黄金时期进行招工、招生，从高考“落榜”生中筛选好苗子，选送到大专院校定向培养。不少企业建立了助学金、奖学金制度，把激励政策、优惠待遇与学习成绩密切挂钩，形成了人才培养的动力机制。为了真正把住生源素质关，在参加大专院校定向培养的选送工作中，明确规定“四不”制度：要求各级领导干部做到不打招呼，不走后门，不弄虚作假，不要求照顾。坚持公开选拔，平等竞争。大部分选送学生的学习作风和学习成绩优于正式录取的大学生。

2. 师资水平高要求。在专职师资力量严重不足的情况下，如皋市注重通过两个途径，组织高水平师资力量。一是从企业专业技术人员和高级技师中聘请兼职教师，有利于解决职工教育和岗位培训学用脱钩的矛盾。二是从大专院校对口专业聘请高资历的客座教授，有利于更新知识、培养高层次、复合型、外向型的专业人才。全市已聘请的兼职教师162名，客座教授43名，并与近20个院校挂钩定期进行办学交流。这些院校和师员成为全市培训工作的基地和后盾。

3. 培训教材求规范。在职工培训教育过程中，坚持采用省级以上出版社出版的规范化教材，进行正规化教育，取得了较显著的效果。在乡镇企业系统培训教材不够系统、配套的情况下，一方面使用国营大中型企业的培训教材或到大专院校寻找“替代”教材，再一方面就是组织专业老师和工程技术人员，从生产实际出发，编写通俗易懂的培训教材，保证了培训工作的质量。

4. 考核考试严执法。为了有效地检查学习效果，如皋市对文化、技术和职业道德的培训考核均制订了一整套的规则和制度，严格杜绝作弊现象。成绩不及格进行补考，不搞人情照顾。多年来，坚持把每期的考核考试成绩及时通报企业，存入学员本人档案，并作为奖惩条件，受到企业的好评。白蒲镇工业公司从1985年起，坚持建立培训台帐和教育档案，并作为企业职工提拔、使用、晋级的重要依据。

强化职工教育　建设经济强镇

泰安市郊区山口镇镇党委、镇政府

1987年，山口镇建立了泰安市第一家乡镇职工中等专业学校（也称职工培训中心）。这所学校坚持“面向企业、面向生产，按需施教，为经济建设服务”的办学方针，自建校以来，先后为企业举办了三个电大班、七个中专班，共为企业输送了大中专毕业生560名，并且都已成为各企业业务技术骨干，大大提高了乡镇企业职工素质，促进了企业的快速发展。山口镇在开展职工教育方面，主要抓了以下几方面的工作：

一、面向实际，因需施教

乡镇企业职工，大都是离家不离土、进厂不进城、放下锄头来做工的青壮年农民，文化、技术水平很低，不适应企业发展的需要，必须进行文化、技术补课。为此，山口镇先后举办了20期初中文化补课班，使全镇企业职工队伍的文化结构发生了变化，初中以上文化程度的职工占职工总人数的89%以上。在进行文化补课的同时，还集中举办了各类专业短期培训班达12个，共培训职工达420人次。

二、抓好四个结合，灵活办学，多出人才

1. 脱产学习与业余学习相结合。根据企业的生产与人员状况，对一些不能脱岗，而必须进行培训的职工，进行业余函授教育，一边工作，一边学习，定期面授，定期考试，做到生产学习两不误。先后组织250人参加了山东省职教办举办的函授中专班的学习，125人参加了全国质量管理函授班，31人参加了经济日报社举办的全国经济管理函授大专班，都以合格的成绩，领取了函授毕业证书。

2. 长短结合，积极拓宽办学路子。山口镇从企业实际需要出发，根据各专业的难易程度，分别举办了三年制、两年制、一年制各种专业班。

3. 理论与实践相结合，培养实用型人才。为“快出人才，出好人才”，山口镇每办一个班，在制定教学大纲时，首先考虑到实习环节。在学习过程中，再组织学生到企业去实习，这样使学生看得见，摸得着，缩短了理论与实践的距离，到岗以后，能得心应手地工作。

4. 自己培训与派出去深造相结合。山口镇在自己大力培养人才的同时，先后选送了95名职工到上海交通大学、山东工业大学、山东轻工学院、山东矿院、江苏工业大学、山东大学、山东师大、曲阜师大、济南纺校、泰山乡镇企业学院去学习深造，涉及机电、化工、纺织、外语、财会等专业，已有76人学成回厂。

三、从严办学，提高教育质量

山口镇职工中等专业学校是全镇职工教育的主要阵地，该校在办学中严把四关：

一是严把新生录取关。每年招生时，报名者达500人以上。面对这么多考生，学校采取“坚持原则，不走后门，严格考试，择优录取”的方法，首先组织考试预选，择优汰劣，然后进行一个月的考前辅导，最后参加山东省统一招生录取考试。在录取新生时，只认成绩不认人，坚决杜绝“后门生”。

二是严把考试关。为确保教学质量，对学生实行了淘汰制，学校明文规定：每学期考试三分之二的课程正考不及格，补考仍不及格者，劝其退学。为严格考试纪律，还规定期终考试试卷一律由上级部门命题、阅卷。

三是严把道德纪律关。学校十分注重抓学生的思想道德和纪律教育。自建校以来，因道德和纪律问题，共开除学生8名，从而保证了学校教育工作的顺利开展。

四是严把毕业关。学校邀请山东工业大学教授担任毕业答辩主持人，并邀请上级领导、镇党委、镇政府分管领导、各企业厂长、工程技术人员参加毕业答辩会，向学生提出问题，查看学生毕业作业，把教学质量置于社会的监督之下。毕业答辩和毕业考试不及格者，不发给毕业证书，镇政府不予分配工作。

由于严把四关，学校所办的各专业班，毕业率达到98%以上。

山口镇由于狠抓职工教育，使企业职工素质不断提高，促进了企业的发展。

第一，职工队伍的文化技术结构发生了巨大变化。1983年前，山口镇企业中无一名大中专毕业生，更没有工程师、会计师等专业人才。至1993年，山口镇企业中有大中专毕业生640名，占职工总人数的7.4%；具有工程师、会计师等中初级专业技术职称的有350人，占职工总人数的4.06%。89%的职工文化程度都达到初中以上水平。

第二，培养了一批懂技术、会管理、善经营的干部队伍。全镇企业干部队伍中，绝大多数是经过自办教育培养出来的人员。如1983年举办的企业管理专业电大班，所有毕业生全部成为企业厂级和中层领导干部，有的还成为国家干部，担任了镇党委、镇政府主要负责人，同时还涌现出6名优秀农民企业家。中专生担任企业科室负责人、车间班组负责人的达30多人，其余全部成为企业中的业务技术骨干。

第三，促进了企业经济效益的社会效益的不断提高。一是促进了科技进步，新产品的开发和产品创优硕果累累。截止到1992年底，全镇有25种产品荣获部优、省优称号，有22种新产品分别获得发明金奖、国家级新产品奖、星火计划奖、省市科技进步奖和优秀新产品奖。二是企业管理水平得到提高。三是职工教育工作的开展，促进了乡镇企业的发展，相应地带动了整个社会的进步。

中国乡镇企业协会教育委员会成立大会纪要

1993年12月16日

1993年12月12日至16日，中国乡镇企业协会在山东省泰安市召开了教育委员会成立大会。

参加成立大会的，有来自全国41个省、自治区、直辖市、计划单列市乡镇企业系统从事教育培训工作的行政、事业单位和乡镇企业的代表，以及乡镇企业院校、国家经贸委培训司、农业部乡镇企业司、教育司等有关方面的负责人共150多人。

会议讨论通过了《中国乡镇企业协会教育委员会工作条例》、《中国乡镇企业协会教育委员会吸收会员办法》、《中国乡镇企业协会教育委员会经费来源和管理的暂行规定》等三个文件。协商确定了由157名理事组成的教育委员会第一届理事会，选举产生了由75名常务理事组成的常务理事会；推选了会长、副会长；任命了秘书长、副秘书长；聘请了部分顾问。

会议认为，成立民间性的协会教育委员会势在必行，是乡镇企业教育培训工作适应社会主义市场经济新形势的重大举措。教育委员会的成立，标志着乡镇企业教育培训事业迈入了一个新的历史发展阶段，标志着乡镇企业教育培训在广度和深度上又有新的发展，标志着乡镇企业在重视人才，依靠科技进步，实现管理现代化方面将有更大的进步。教育委员会成立必将有利于团结社会各界热心于乡镇企业教育培训工作的人士，有利于加强主管部门和企业的联系，有利于开展国内外职工教育的探索和学术交流，有利于乡镇企业教育培训的舆论宣传，有利于对企业家及管理人员的培养与提高。大家一致表示，教育委员会成立后一定要充分发挥其桥梁作用、组织作用和服务作用。在研究探讨乡镇企业职工教育培训理论、方法、措施和规划，协助各级乡镇企业管理部门开展职工教育工作，组织开展学习交流活动等方面，奋发努力，开拓进取，为推动乡镇企业教育培训事业的发展作出积极贡献。

会议决定，教育委员会秘书处设在农业部乡镇企业司科教处。

地址：北京市朝阳区农展馆南里 11 号

邮政编码：100026

电话：5003366 转 4746

联系人：李增杰　王文详

中国乡镇企业协会教育委员会工作条例

第一章　总　　则

第一条　中国乡镇企业协会教育委员会（以下简称本会）是中国乡镇企业协会的分支机构，是为乡镇企业教育培训服务的全国性民间组织。

第二条　本会的一切活动，必须遵守党和国家的有关方针、政策、法规、法令；遵守中国乡镇企业协会的章程。

第三条　本会的宗旨是：坚持党的基本路线，贯彻党的教育方针，团结全国乡镇企业系统的干部职工和教育工作者，以及社会上关心乡镇企业职工教育的各界人士，为提高乡镇企业整体素质服务，促进乡镇企业高效、持续、健康发展。

第二章　基本任务

第四条　本会的基本任务

1. 研究、探讨乡镇企业职工教育培训的理论、方法、措施，向有关部门提出意见和建议，反映乡镇企业职工教育方面的愿望和要求。

2. 协助各级乡镇企业主管部门和教育服务部门开展职工教育培训工作。

3. 组织有关乡镇企业职工教育培训的学术研讨和跨地区、跨部门的交流与协作。

4. 开展国际间职工教育培训的交流与合作。

5. 接受乡镇企业主管部门委托的任务。

6. 宣传乡镇企业教育培训的重要性，争取各方面的支持和帮助。

7. 维护乡镇企业教育工作者的合法权益。

第三章　会　　员

第五条　本会有个人会员和团体会员。

1. 个人会员：乡镇企业教育工作者和热心于乡镇企业职工教育的各界人士，承认并遵守本会工作条例，均可申请为本会个人会员。

2. 团体会员：乡镇企业、各级乡镇企业培训中心（学校）以及科研院所、大专院校、社会团体等企事业单位，承认并遵守本会工作条例，可申请为本会团体会员。

第六条　入会手续

凡符合个人会员和团体会员条件的，由本人或单位向本会理事会提出申请，经批准，由本会颁发个人会员证或团体会员证。

第七条　会员的权利

1. 有选举权和被选举权。

2. 对本会工作有建议、批评权。

3. 优先参加本会举办的有关活动。

4. 优先享受本会的各项服务。

5. 有退会的自由。

第八条　会员的义务

1. 遵守本会工作条例。

2. 执行本会的决议和完成本会所委托的工作。

3. 积极参加本会举办的各项活动。

4. 缴纳会费。

第四章　组　　织

第九条　本会实行民主集中制的组织原则。

第十条　本会设会员代表大会、理事会、常务理事会，最高领导机构是会员代表大会。会员代表大会的代表由会员推荐选举产生。每四年召开一次会员代表大会，如遇特殊情况可延期或提前召开。

第十一条　本会设会长一名，副会长若干名；理事若干名，常务理事若干名；秘书长一名，副秘书长若干名；聘请顾问若干名。

第十二条 本会实行会长、副会长领导下的秘书长负责制，副秘书长协助秘书长工作。

第十三条 根据工作需要，设立若干专业组和协作组，在各省、自治区、直辖市、计划单列市设立联络站。

第十四条 本会的办事机构是秘书处。

第五章 职　责

第十五条 会员代表大会

1. 制定本会的工作方针和任务。

2. 制定、修改本会的工作条例。

3. 审查理事会工作报告和财务报告。

4. 选举理事。

5. 聘请顾问。

第十六条 理事会

1. 执行会员代表大会的决议。

2. 制定工作计划和各项工作条例。

3. 指导各专业组工作。

4. 选举常务理事、会长、副会长，任命秘书长、副秘书长。

5. 增补、推荐、罢免理事、常务理事、会长、副会长。

6. 增聘顾问。

7. 筹备、召集下届会员代表大会。

8. 理事会每年召开一次。

第十七条 常务理事会

1. 在理事会休会期间，常务理事会负责行使理事会职责。

2. 常务理事会每年至少召开一次。

第十八条 专业组

教育培训组：

1. 为会员单位及乡镇企业系统培训机构提供服务。

2. 组织乡镇企业系统教育培训方面的国内外交流与合作。

3. 接受乡镇企业主管部门委托，参加乡镇企业教育培训规划和计划的制定与实施。

4. 受会员单位委托举办各类培训班。

理论研究组：

1. 调查研究乡镇企业教育培训的现状，提出有关政策建议。

2. 根据乡镇企业职工教育的实际情况和发展趋势，选定理论研究课题。

3. 组织会员或会员单位开展职工教育理论研究。

4. 组织或参与国内外职工教育学术交流，促进乡镇企业教育改革。

5. 评选乡镇企业职工教育优秀论文。

教材资料组：

1. 受委托编写各类教材。

2. 通报教材编撰情况，向会员及各级培训中心、学校推荐教材。

3. 负责出版本会刊物，提供有关职工教育培训的资料。

第十九条 各地联络站承担本会委托的各项工作。

第六章 经　费

第二十条 本会经费来源

1. 会员交纳的会费。

2. 国内外单位或个人的捐赠。

3. 政府资助。

4. 向本会会员提供有偿服务的收入或其它正当收入。

第七章 附　则

第二十一条 本会如停止活动，须经三分之二以上的理事讨论通过，报中国乡镇企业协会核准，并指定专人负责处理好善后工作，方能结束。

第二十二条 本工作条例解释权归本会理事会。

中国乡镇企业协会教育委员会吸收会员办法

根据《中国乡镇企业协会教育委员会工作条例》的规定，中国乡镇企业协会教育委员会（以下称本会）吸收团体会员、个人会员。

一、会员资格

团体会员：

1. 经工商行政管理部门批准注册、具有法人资格的乡镇企业、企业集团、公司、民办事业单位等。

2. 国家编制内的乡镇企业事业单位。

3. 经民政部门批准的各级乡镇企业的协会或其专业委员会、联谊会、研究会等。

4. 愿为乡镇企业服务的科研院所、大专院校等。

个人会员：

1. 具有中华人民共和国公民权的公民。

2. 乡镇企业行政、事业、企业单位的干部、职工。

3. 社会上关心、热爱并愿为乡镇企业教育培训事业做贡献的各界人士。

二、入会手续

1. 团体会员：由单位填写团体会员申请表，经本会常务理事会审查批准，发给团体会员证后，即为本会团体会员。

2. 个人会员：个人填写会员申请表，由本会各地联络站或一二名理事推荐，发给会员证后，即为本会个人会员。

三、几点说明

1. 本会理事会成员都是本会会员，颁发理事证，但不再发会员证。

2. 本会理事所在的企业、事业单位愿为本会团体会员的，发团体会员证。

3. 各级乡镇企业协会（联谊会、研究会）或其专业委员会可申请为本会团体会员，发给团体会员证。

4. 本会的各专业组、协作组成员均为本会会员。

中国乡镇企业协会教育委员会经费来源和管理的暂行规定

为了使中国乡镇企业协会教育委员会（以下称本会）正常顺利地开展工作，做好对会员单位的各种服务，实现其宗旨及基本任务，本会必须有一定数量的经费保证，为此，就本会的经费来源、收取办法、经费使用和管理做如下规定：

一、经费来源

1. 团体会员、个人会员缴纳的会费。

2. 国内外单位或个人的捐赠。

3. 政府资助。

4. 向本会会员提供有偿服务的收入或其他正当收入。

二、会费收取办法

1. 团体会员，每年缴纳会费起点300元。

2. 个人会员自愿缴纳。

3. 理事单位每年缴纳会费起点500元，常务理事单位每年缴纳会费起点800元，其所在单位不再缴纳团体会员的会费。

4. 会长、副会长自愿缴纳。

5. 会费每年收取一次，也可以任期内四年会费一次性缴纳，缴纳时间为每年第一季度。

三、经费使用范围

1. 本会召开的理事会、常务理事会和主办或作为主要单位参加的会议费。

2. 本会举办的各种服务活动费用。

3. 本会的外事活动费用。

4. 本会的各专业组、协作组及各地联络站的有关活动费用。

5. 本会印发的各种文件、资料、材料费用。

6. 本会其他正当活动费用。

四、经费管理办法

1. 经费开支应厉行勤俭节约的方针。

2. 本会的各项收支，严格按照国家有关的财务管理制度执行。

3. 本会日常经费收支由秘书长审批，重大活动或项目开支，由常务理事会讨论审批。

4. 本会的各项收入、开支，每年向理事会公布，并接受审核。

5. 理事会成员有权对经费实行监督、检查。

中国乡镇企业协会教育委员会第一届理事会理事名单

（按姓氏笔画排列）

丁希清　马万义　马文桂　马立人　马玉详　马成泰　马杰三　王乃昌　王义科　王军峰　王良秀　王连英
王国秋　王洪梓　王保银　王　琳　孔庆德　邓栋章　白玉厚　白润彩　兰立树　冯玉璋　石钟奇　宁燕凌
刘久和　刘太来　刘佑启　刘祖荫　刘钰安　刘晓勇　刘新奎　关义荣　朱来君　朱建业　朱贵祥　孙启典
孙振东　孙桂兰　孙菊花　孙　前　吕道龙　张广胜　张日衡　张汉金　张庆龙　张庆黔　张建庆　张学臣
张学奇　张国华　张佩林　张荣武　张贵斌　张振斌　张德祥　陈长书　陈文翔　陈华胜　李仁寿　李文宗
李永起　李　冰　李廷喜　李克昌　李宗金　李敖洪　李炳恩　李桂兰　李笑英　李维平　李康仲　陆升武
邵玉峰　邵韵文　沈兴龙　何全忠　吴成贵　肖成群　杜宝山　苏典超　宋　莹　宋喜龙　纳殿孝　汪瑞武
杨永国　杨振春　杨辉明　屈伟泉　林仲卿　林宗霖　郑君璋　周宏大　周　熊　周　蕾　金　监　俞中青
胡火明　胡宗义　胡嘉兴　娄本盛　赵树民　赵延年　赵胜茂　赵忠勋　赵汝霖　姚守成　贺治和　钟忠惠
侯荣生　柴之孟　顾大智　顾坚勇　顾英伟　徐文俊　徐洪如　徐德法　高　玉　高维忠　秦红军　贾旭凯
袁学志　桂保荣　聂振邦　郭满堂　黄久先　黄元福　黄先一　黄　道　黄　敏　梁代华　梁焕新　隋秀海
康明学　常金善　符顺涛　彭世凤　彭伏桂　彭洪金　温永和　谢永振　谢复生　焦志学　程国浩　葛跃进
韩　瑞　赖世冠　蔺汉民　蔡浩中　潘学政　黎昌铠　樊朝武　樊德兴　戴　云　戴贺兰　公秋拉措
吐尔逊·努称　阿不都力米提

中国乡镇企业协会教育委员会第一届理事会常务理事名单

（按姓氏笔画排列）

丁希清　马成泰　马杰三　王连英　白玉厚　白润彩　冯玉璋　宁燕凌　刘佑启　刘祖荫　刘新奎　关义荣
朱来君　朱建业　孙振东　孙桂兰　孙菊花　张广胜　张庆龙　张建庆　张学臣　张国华　邵玉峰　李　冰
李廷喜　李克昌　李宗金　李敖洪　李炳恩　李维平　沈兴龙　杜宝山　纳殿孝　汪瑞武　林仲卿　周宏大
周　熊　周　蕾　郑君璋　杨振春　俞中青　姚守成　赵延年　赵忠勋　赵汝霖　贺治和　侯荣生　胡嘉兴
柴之孟　顾大智　徐文俊　徐洪如　秦红军　袁学志　聂振邦　高维忠　郭满堂　黄元福　黄先一　黄　道
黄　敏　符顺涛　梁焕新　彭世凤　彭伏桂　彭洪金　温永和　谢永振　赖世冠　蔺汉民　潘学政　樊朝武
樊德兴　戴　云　戴贺兰

中国乡镇企业协会教育委员会会长、副会长、秘书长、副秘书长名单

会　　长　马杰三

副 会 长（按姓氏笔画排列）

王连英　朱来君　孙菊花　李廷玺　张建庆　郑君璋　周宏大　赵忠勋　赵汝霖　顾大智　郭满堂
黄先一　梁焕新　樊朝武　戴　云

秘 书 长　顾大智（兼）

副秘书长　刘祖荫（常务）　戴贺兰　李炳恩　刘新奎

中国乡镇企业协会专业组组长、副组长名单

教育培训组
组　长　戴贺兰
副组长　姚守成　林仲卿

理论研究组
组　长　刘新奎
副组长　李宗金　刘佑启

教材资料组
组　长　周宏大（兼）
副组长　李炳恩　贺治和

努力为乡镇企业培养高中级管理人才

农业部乡镇企业管理干部学院

农业部乡镇企业管理干部学院(以下称学院)经过12年的建设已初具规模。学院积极发挥自己的办学优势，严谨治学、锐意改革，不断完善教学条件，努力提高教学水平，为全国乡镇企业和农业系统培养了一大批管理人才。

学院实行党委领导下的院长负责制，坚持以学历教育为基础，以岗位培训为重点的办学道路，已成为我国培养造就乡镇企业高中级管理人才的基地。

一、健全办学机构，完善设施建设

在建校过程的十多年里，学院按照国家教委规定的成人高校设置标准，加强领导班子建设，从全国各地和重点高等院校抽调了熟悉农村经济和乡镇企业发展的领导骨干，组成强有力的党政领导班子，为学院的组建和顺利实施提供了基本保证。学院从全国各地和高等院校调配了党政干部和各种技术管理人才200多人，组建了党政工团办事机构，直接为教学服务的教务处、学生处、总务处、研究所、图书馆等机构，形成了一支机构完善的教学管理体系和职工队伍。

十多年来，农业部从财力物力上给予了学院巨额投资，在河北省地方各级政府的大力支持下，在位置优越的廊坊市区征用土地300亩，总投资近3000万元，形成固定资产总值2900多万元。校办产业9个，1993年总投资30万元，年经销额120万元。教学和其他设施建筑总面积5.2万平方米，已有教学楼、学生教工食堂、学员教工宿舍、运动场，并且装配了语音室、计算中心、电教中心等，图书馆藏书10万余册。按干部学员标准要求的食堂和学习条件学院可容纳1200人。

二、加强师资队伍建设，保证教学质量

经过十多年的努力，学院组建了一支能够理论与实际相结合的教师队伍。学院已有各类专业技术职称的教职员工210名，专职教师125人，高级职称55人(其中正副教授45人)，专职教师占92%以上，并且从京津有关高等院校和中央科研机关聘请了一些国内外知名的专家教授作学院的兼职教授，初步形成了一支素质好、专业结构合理、老中青相结合的教师队伍。学院先后涌现出全国优秀教师1人，省部级优秀教师和先进工作者8人，为学院教书育人树立了榜样。

1. **重视对中老年教师的知识更新**。学院部分教师在全国学术界有一定的知名度。但是，随着改革开放和现代化建设的发展，出现了很多需要深入研究的新课题。为了适应市场经济的发展需要，几年来学院利用各种机会送教师到重点院校进修，参加国内国际高层次学术会议进行知识更新，使他们能够成为本学科的带头人和全国同类学科界的中坚力量，提高学院在学术方面的知名度。学院还鼓励教师到实践中去调查研究，解决实际问题，收集案例，丰富教学内容。

2. **引导青年教师健康成长**。学院每年都从高等院校选调一批硕士生和本科生充实教师队伍。几年来青年教师成长较快，一是送他们到重点院校进修，先后有40多人次到国内重点院校学习。二是对青年教师委以重任，让他们在讲课实践中锻炼成长。三是鼓励他们参加科研和学术活动。青年教师已成为教学中的重要力量，有三人破格提为副教授，一名成为省级先进教师，三人参加过国际性学术会议。

3. **聘请知名专家来校讲学，增强学院的学术气氛**。学院经常聘请国内外知名专家教授和政府领导来

校讲学，丰富了教学内容，对提高教师的学术水平和增强学员的分析能力有很大的帮助。为了扩大对外交流、扩大教师和学员的视野，几年来学院先后请美国、加拿大、联合国高级官员来校讲学，并多次邀请美国、加拿大、澳大利亚、希腊等十几个国家的留学生来校同外语强化班学员对话演讲，丰富教学活动，提高外语听说能力，为学员扩大视野创造了条件。

三、面向乡镇企业，调整专业结构

自1989年确定学院转向乡镇企业、1991年国家教委批准为农业部乡镇企业管理干部学院之后，为了适应乡镇企业的需求，学院多次征求各地乡镇企业领导和企业家的意见，多次进行调查研究和论证，大刀阔斧地调整专业结构。对那些不适合乡镇企业的专业停止了招生(约占原专业数量的三分之一)；对生源不足、社会需求量不大的专业采取限制招生的的办法；保留了会计、工业企业管理、对外贸易专业，新建了乡镇企业经济管理、市场营销、信息管理与微机应用、外贸英语、公共关系（含公关艺术专门化)、现代文秘、工业民用建筑经济管理等7个专业。经过调整之后1993年学院招生人数巨增，共招收学员500多名，达到历史最好水平，改变了过去几年生源紧缺的被动局面，增强了学院的办学活力。学院的乡镇企业管理类专业体系基本形成，开始逐步实现各专业文理兼收的招生办法，改变过去单一的文科招生局面。

四、适应社会主义市场经济的特点，调整教学计划

学院在课程设置上面向乡镇企业、面向市场经济、面向现代化，对原有专业教学计划中不适应乡镇企业的课程全部取消，代之为乡镇企业类的学科，将计划经济类的学科内容溶进了市场经济理论，增设了现代化、外向型管理课程。先后增设了涉外会计、国际贸易、西方经济学、房地产投资管理学、股份制与证券、市场营销、税收学、保险学、涉外经济法等新学科。结合市场营销、微机应用、外贸英语、公共关系、公关艺术、建筑经济管理、现代文秘等专业新设学科80多种，使得学院在管理类学科形成学科种类比较齐全的局面，在学科建设科学化、现代化的道路上迈出了较大的步伐。

五、加强教材建设

为了搞好学历班和岗位培训的教学质量，结合乡镇企业和农村经济的实际，几年来学院组织教师联合全国同行业院校编写并公开出版大专教材、岗位培训教材和专著60多种，其中由学院教师担任主编、副主编的20多部，出版专著近40部，自编教材70种，为提高教学质量，保证学员的学习水平打下了良好的基础。先后编写了《高等数学》、《哲学》、《政治经济学》、《企业管理》、《中国乡镇工业经济学》、《乡镇企业宏观管理学》、《农业经济学》、《农业技术经济学》、《企业管理思想》、《管理心理学》、《乡镇企业公共关系学》、《现代市场营销学》、《审计学》、《会计学原理》、《社会经济统计学原理》、《传统文化与现代管理》等。此外，还主编了全国乡镇企业干部培训教材《乡镇企业经济管理》、《经济法律基本知识》、《哲学》等。在《中国乡镇企业》等刊物上发表教材讲座多讲，共15门课程。

六、重视乡镇企业经济理论的科学研究，促进教学水平的提高

为了提高教学质量，学院成立了乡镇企业经济研究所暨科研管理处，该所是我国第一所以乡镇企业经济为研究对象的研究所。多年来本着研究为学院教学服务，为农村经济特别是为乡镇经济服务的原则，从1987年以来该研究所先后承担了国务院有关部委、有关主管部门关于乡镇企业及农村经济的经济问题、经济政策、农村政权建设、乡镇企业科技进步、高等教育等方面的科研课题20多个，有多项成果获部委、省、市级科研成果奖，一些成果被中央有关部委在制定政策时采纳。对“固安农村政权建设”方面的课题经中央有关单位鉴定后，在全国推广试验。几年来全院教师和科研人员共发表论文300余篇。有30名教师在全国性学会中任职。

为使全国农村经济理论界有交流学术思想的阵地，学院创办了《农经理论研究》，几年来共出版60期，发表文章近300万字。《农经理论研究》已成为我国农经理论界学术讨论和争鸣的一个重要场所。

学院主办的《中国乡镇企业文稿》自1991年创刊以来，已出版3年，它是我国乡镇企业经济理论研究的重要刊物，对乡镇企业经济理论和实践起到了指导作用。

七、采用灵活的办学机制，开展多种形式办学

为了主动适应市场经济对人才的需求，为乡镇企业更多更快地培养人才，学院大胆改革，采用灵活办学机制，开展多种形式办学，取得明显的效果。

1. 实行两种办学体制，培养乡镇企业管理人才。 几年来，学院按照国家教委关于学历教育的规定，同时结合乡镇企业的特点，改进大专学历招生制度，采用两种办学体制。一是严格执行国家教委管理的全国统一

招生、统一发证，国家承认学历的计划体制。二是根据各地乡镇企业的需要在地方政府和教育部门批准的条件下，为地方和企业委托培养大专人才发学院写实性证书，地方和企业承认学历的联合办学体制。近二年，学院一方面按国家教委和各省教委的规定在全国招收统招生，培养了一大批国家承认学历的学生。另一方面在河北、内蒙古、江苏、山西、北京等地同地方政府和乡镇企业主管部门签订协议书，根据各地的需要选调具有高中或中专文化程度的干部、农民宽进严出来校委托培养，仅 1993 年 9 月一次接收二年制大专委托代培生 270 人，英语强化班 70 人。

2. 脱产学习与业余学习相结合。为解决工作和学习的矛盾，学院同部分省市或企业在当地联合举办半脱产班（试点），利用业余时间授课，采用平时自学与面授相结合的教学形式，两年半至三年完成大专学历教育规定的课程。

3. 校内校外联合办学相结合。几年来，根据地方需要和学院的师资力量可能，在江苏、河北、山西、内蒙古等地设立大专班联合办学，校外班已达 12 个班 500 多人。

十多年来，学院共培养 2 000 余名大专毕业生，一年制《专业证书》班学员 1 180 人，英语强化班学员 90 人，各级各类岗位培训、专业研究班学员 13 000 多人。

泰山乡镇企业职工大学简介

泰山乡镇企业职工大学(以下称职工大学)前身为泰安市乡镇企业职工中专学校，1985 年 4 月由泰安市乡镇企业局创办。1988 年 10 月在职工中专学校基础上改建为泰山乡镇企业学院。1993 年 6 月，经山东省人民政府批准、国家教委备案，正式组建泰山乡镇企业职工大学，成为一所具有学历教育招生资格的成人高校，面向山东省职工及农村青年招生。

职工大学设办公室、政治处、教务处、总务处、大学部、中专部、函授部、培训部等 8 个部门，并创办有 3 个经济实体，有专兼职教师 354 人（70 名为教授、副教授），在校生 2 000 人，函授生 7 228 人，每年还承担 1 500 人的培训任务。办学 9 年来，先后开设了机械制造、工民建、财会、审计、企业管理、工艺美术、国际贸易等 27 个专业，学员遍布山东省 17 个地市及省外部分地区。从 1985 年到 1993 年，在校注册的各类学员达 65 762 人，已向乡镇企业输送专业人才 5.3 万人，其中已毕业大专生 4 977 人，中专生 36 734 人，岗位培训学员 11 289 人。

1993 年农业部科技进步奖项目（乡镇企业部分）

序号	项目名称	主要完成单位	奖励等级
1	金属与玻璃烧结液位计、视液镜的研制	江苏省常州市潞城鹤翔合金机械厂	二等
2	铸态球铁用球化剂的研制	江苏省无锡市蠡园合金球铁厂	二等
3	“759” 高磁导率氧化铁制造技术	江苏省启东市氧化铁厂	二等
4	SDW 系列照相用闪光同步影室电子伞灯的研制	江苏省银燕电子闪光灯（常州）有限公司	三等
5	电子工业用低颗粒高纯试剂的研制	江苏省江阴市化学试剂厂 北京化学试剂研究所	三等
6	涂料发泡彩色印花丝绒新工艺	江苏省常州市振华绸厂	三等
7	LZD 型单端照明卤钨灯的研制	江苏省武进县特种光源厂 北京电光源研究所	三等
8	紫外线—UV 型光固化真空镀膜树脂的研制	江苏省张家港市后塍兴联化工厂	三等

（续）

序号	项目名称	主要完成单位	奖励等级
9	不锈钢极薄壁无缝管的研制	上海钢研所武进实验厂	三等
10	防水卷材用聚酯基胎的研制	江苏省太仓县工业用呢厂	三等
11	营养保健膏的开发与研制	江苏省启东清泉饮料厂	三等
12	KX400×600复摆鄂式破碎机的研制	河北省唐山市矿山机械厂 石家庄矿山机械研究所	三等
13	琉璃型轻质瓦的研制	河北省玉田县新华建材厂	三等
14	橡塑微孔耐油劳保鞋底的研制	河北省黄骅市东坛橡胶厂	三等
15	布塑复合农用输水软管的研制	河北省平乡县东风塑料制品厂	三等
16	高温封炉——黑心可锻铸铁热处理新工艺	河北省玉田县第一水暖厂	三等
17	LTF系列原子印章设备	河南省洛阳市天方印章设备公司	三等
18	LF型落地式自动防跑车装置	河南省禹州市白坡煤矿 河南省禹州市煤炭管理局	三等
19	YT-5型小型油料加工成套设备	河南省武修县清粮设备厂	三等
20	AD12压铸用铝合金及其压铸件的研制	河南省巩义市有色金属合金厂	三等
21	NL—II—3000—4000型逆流式钢筋砼框架玻璃钢冷却塔的研制	河南省沁阳市晨光建材防腐公司 中国石化总公司洛阳石化工程公司	三等
22	红柱石选矿工艺研制与生产	河南省西峡县冶金矿产联营厂	三等
23	FZD-II非硬化阻火堵料的研制	河南省沁阳市消防科学研究所	三等
24	SI420转子混砂机的研制	山东省青岛第四铸造机械厂	三等
25	NZ90-1型农用风化岩钻机的研制	山东省新泰市龙廷农具厂	三等
26	工程陶瓷低压阀门研究	山东省临沂市阀门厂	三等
27	JZK350型双级真空挤砖机的研制	山东省泰安市泰山农机建材机械厂 山东省泰安市农机研究所	三等
28	GLJ-I型高效自动反冲洗滤机的研制	山东省济南市槐荫卷扬机厂 山东省电子试验研究所	三等
29	玉米花粉酿酒新工艺	山东省乳山葡萄酿酒公司	三等
30	全自动吹注塑中空成型设备的研制	山东省潍坊市橡胶塑料机械厂	三等
31	三甲基丙烯酸三羟甲基丙烷酯的研制	辽宁省凤城助剂厂	三等
32	高效多功能接枝胶的研制	辽宁省瓦房店市化学纤维厂	三等
33	交流无触点开关的研究与应用	四川省重庆南岸电子开关厂	三等
34	DLM-1型立木地板加工设备	四川省成都市温江鸿森机械设备厂	三等
35	GZH组合吊杆的研制	北京市星火影视器材设备厂	三等
36	JE-L9型特种膨胀耐火可塑料(耐火胶泥)的研制	北京市征成耐火建材厂	三等
37	5JSH-8型谷物烘干机	黑龙江省密山市汇源烘干设备厂	三等
38	太阳能制冷帽的研制	江西省南昌太阳能制冷用品厂	三等

1993年农业部乡镇企业司表彰的乡镇企业科技成果项目

序号	项目名称	主要完成单位
1	非织造医用护创基布的研究	江苏省无锡县地毯厂
2	YZ10D振动压路机的研制	江苏省常州市长江工程机械厂
3	XTQ100型全自动洗涤脱水机的研制	江苏省张家港市洗涤机械厂
4	热交换器用稀土黄铜管的的研制	江苏省张家港市铜材厂、东南大学材料系
5	轻合金表面阳极氧化缝纫机针杆件的研制	中国标准缝纫机公司张家港市联营厂
6	LHCO衡力升降式船用窗的研制	江苏省太仓县衡力窗厂
7	XTT稀土铜铁合金板材的开发研究	江苏省海安县铜材厂
8	红泥陈设陶瓷的研制	江苏省启东市陶瓷厂
9	快速编织巨型组合丝毯工艺研究	河南省南召县丝织地毯二厂
10	富镁白云石补炉料的研制	河南省巩义市冶金炉料厂
11	防爆橡胶密封圈的研制	河南省修武县第二橡胶厂
12	FSFJ1×10单仓高效平筛的研制	河南省开封市第二粮食机械厂 郑州粮食学院
13	陶瓷型电热膜电热器具的研制	河南省密县节能电器厂
14	加气砼用水剂型铝膏的研制	河南省三门峡铝粉膏厂
15	YDW38W-2D单端外启动高效节能荧光灯研制	华能山东蓬莱新光源灯具厂
16	MTC密封保温推拉窗的研制	山东省宁阳县新型钢窗厂
17	高档“弓”字型摩托服装研究	山东省临沂市裘革制品厂
18	DD862a电能表改进设计（轻载装置）	辽宁省凤城助剂厂
19	FZJ720型发动机综合作业机的研制	辽宁省丹东市五龙背汽车保修机厂
20	高效成孔剂的研制	辽宁省瓦房店市化学纤维厂
21	45%固体石硫合剂的研制、30%腐烂敌的研制	辽宁省瓦房店市无机化工厂
22	Z-0.09518型通用空压机的研制	河北省遵化市压缩机厂
23	850型立式小便器研制	河北省唐山市燕山瓷厂
24	雪兰毛针织绒线开发	河北省黄骅市渤星毛纺厂
25	HY系列起重滑车研制开发	河北省黄骅市同联工具厂
26	2BF-2型棉花、玉米点播覆膜机的研制	河北省东光县农业机械厂
27	波形钢丝环形混凝土电杆的研制	江西省新余市城北水泥电杆厂
28	利用植物油脚高效制取脂肪酸新工艺	四川省彭县油脂化工厂
29	ZX遥控摩托车防盗报警器的研制	福建省泉州东海防盗器材公司
30	CL-89H程控调度通讯设备的研制	福建省泉州市鲤城区佳灵通讯设备厂
31	锌维全神果奶粉研制及其生产技术	陕西省武功良种奶牛乳品厂
32	玻璃纤维增强无机材料——非燃性无机玻璃钢的研制	湖北省沙市空调设备厂

浙江省上虞市乡镇企业依靠科技进步 出人才 出成果 出效益

余达春 陈菊娥

近年以来，浙江省上虞市乡镇企业已形成一支数千人的科技骨干队伍，有150多个科技成果获得了县（市）级以上奖励，研制开发了100多个省级以上新产品，有52个产品被评为省优、部优、国优，有12个企业先后跨入了国家二级企业和大中型企业的行列。1993年，全市乡镇工业总产值达60亿元，实现利税4.5亿元，分别比上年增长80%和70%以上。

上虞市乡镇企业从发展与提高着眼，致力于推进科技进步，主要从三个方面入手：

一、抓科技投人，增添发展“原动力”

上虞市从乡镇企业持续快速发展的要求出发，注重科技投入，着力抓好三个关键环节。

1. 在科技项目的选择上，把握一个“准”字。特别是投资上，建设周期较长的重点项目，十分注意市场调研，不但认真研究目前的市场情况，而且准确预测今后一个时期的市场趋势，还要仔细分析国际市场，吃准市场行情。在此基础上，邀请各方专家对项目反复进行科学论证、会审，做到科学决策、民主决策，力求上马的项目符合“五新四高”（新产品、新工艺、新技术、新材料、新装备，高科技、高附加值、高生产率、高创汇）的要求，确保项目上一个，成一个。

2. 在科技资金的筹措上，突出一个“引”字。根据乡镇企业投入资金需求量大，而自身积累能力较弱的实际，在加强科学管理、盘活资金存量的同时，眼睛向外，筛选一批科技含量高、效益好的项目，以项目引资金，通过横向联营联合、中外合资合作等途径，广泛筹措科技资金。1993年，上虞市乡镇企业“南下北上”，先后到香港、广州、深圳、北京等地招商引资，以走出去、请进来相结合的形式，扬长避短，进一步巩固发展与高等院校、科研单位和外地大中型厂矿企业的横向联合，采取“嫁接”的办法，利用乡镇企业的场地、设备、人员等条件，与外商合资合作，多渠道引进市外、境外资金。已从国家科委等部门争取到科技资金2 000多万元，实施横向联合项目81项。1993年已投入的8 300多万元资金中，从外地横联单位引进的占到近一半。创办“三资”企业68个，引进外资2 270万元。

3. 在科技项目的建设中，狠抓一个“实”字。上虞市建立了重点科技项目联系制度，确定了30多个乡镇企业科技重点项目，市委常委和副市长分别联系一至几个，采用现场办公等形式，从资金等方面给予重点支持，及时帮助企业解决项目实施中碰到的困难和问题。乡镇确定的重点项目，则由乡镇党政主要领导分管。所有项目都落实责任制，组织专门筹建班子，确定专人具体负责，做到定人员、定时间、定责任、定奖惩，分级负责，级级抓落实，以加快科技项目的建设进度，确保工程质量。

1993年，上虞市乡镇企业实施技改项目688项，总投资达12.4亿元。比上年全年完成额增长3.4倍。

二、抓成果转化，寻求市场“结合点”

1. 攀“高亲”，引进成果。这几年中，上虞市乡镇企业通过参加科技成果交易会、建办技术市场等途径，以有偿转让、科技入股、购买专利等形式，不惜重金，引进了一批成熟的科技成果和先进适用技术，为乡镇企业生产市场适销对路产品创造了条件。

2. 重“消化”，搞好开发。上虞市乡镇企业建立了14个厂办科研所，一批上规模的企业，都建立了科技研究小组和技术攻关小组。厂办科研所按照市场的需求，积极研制开发新产品，进行技术革新、技术改造和技术攻关。浙江照明电器总公司研究所，是上虞市最早成立的乡镇企业厂办研究所。他们对照国际标准，对产品逐项进行破坏性试验，不断改进完善产品质量，使公司生产的节日灯和电子灯等产品得到美国UL检测质量认证，领到了产品通向国际市场的“通行证”。企业还于1992年获得自营进出口权，产品畅销东南亚和欧、美国家。

3. 抓“星火”，带动发展。上虞市乡镇企业从实际出发，制订了“八五”星火发展规划纲要，确定了扩大区域、拓宽产业、增加辐射、建立示范区的思路。在具体实施过程中，一方面，突出抓了星火计划的立项，积极把一批技术起点高、规模效益好、示范作用大的项目列入各级计划。继1992年21个项目列入国家和省市计划后，1993年又有35个项目列入计划，其中国家级10项，省级14项。另一方面，着重抓了星火群体建设。灯泡、助剂等星火产业群体已初步形成，星火示范小区的范围已扩大到全市的8个乡镇，上虞风机厂等2个企业荣获国家“星火”示范企业称号。在原风机和冷却塔（制冷）两大“星火”群体的基础上组建的科研生产联合体——上虞星联技术产业集团，进一步得到巩固和发展。1992年，该集团承担国家级“星火”项目5项，创销售1.5亿元，创利税2 000万元，创汇节汇500多万美元。

上虞市乡镇企业以市场为导向，加速科技成果的转化，已经收到了显著效果。如上虞风机厂，近3年累计已开发了12个系列800多个品种规格的风格和风冷设备，其中5个系列产品填补国内空白，1993年产值突破亿元大关，创利税2 000万元以上。

三、抓人才开发，抢占竞争“制高点”

1. 抓引进。从市到乡镇到企业都制订实施人才引进的一系列鼓励政策，从工资、奖金、住房、职称等方面给予优惠，广泛吸引外地人才到上虞市乡镇企业工作。1993年的前10个月中，已引进外地人才400多人，争取到大中专毕业生300余人。浙江染料助剂总厂在半年多的时间里，已先后引进30多名技术、管理人才，其中有8对夫妻双双来厂落户的。同时，还十分重视借用国外智力，已从德国、日本、法国等国家聘用10多位专家，帮助乡镇企业开发具有竞争能力的新产品，指导企业进行技术攻关，解决引进设备安装调试中的技术难题，在生产和技术方面发挥了不可替代的作用。

2. 抓使用。上虞市乡镇企业根据现有人才各自的特点，政治上信任，分别委以重任；生活上关心，解除他们的后顾之忧；工作上放手，使英才有用武之地，从各方面保证他们早出成果、多出成果。绍兴市制冷设备厂注重用好人才，对人才实行“四个一”，就是给一个项目，出一个成果，压一副担子，管一个摊子。该厂从四川引进的一名机械工程师，举家来到这个企业，被任命为副厂长，分管科技工作。在他的主持下，该厂年年有新产品问世。他们研制开发的组合式活动冷库产品，荣获国家星火博览会银奖。近年中开发的10多个新产品，为企业创利税400多万元。联丰玻璃钢厂厂长助理章金龙，从浙江工学院毕业后即到乡镇企业工作，具体负责新产品开发及“高效、低噪、节能冷却塔”这一国家级星火项目的实施，相继开发了横流式玻璃钢冷却塔等系列产品，并获得全国星火成果交流会金奖，为企业创收数千万元。

3. 抓培养。上虞市乡镇企业采取“两手抓”的办法，一手抓企业在岗人员的培训进修，不断更新他们的知识，提高他们的技能。企业除了自己举办各类短训班，进行全员培训外，还通过多条渠道，选送技术人员去科研院所进修，委托大中专院校代培。1993年，全市乡镇骨干企业选送近千名人员到有关院校和科研单位培训、深造。一手抓职业技术教育，为企业发展提供后备人才。根据乡镇企业行业的特点，在全市9所职校、5个电视教学点和8处普通中学附设的职业高中班，开设6个大类共30多个专业，定向培养人才，以满足乡镇企业生产技术和经营管理的需要。全市正在接受不同专业职业技术教育的人员达2 900多人，1993年已经毕业的650人，均被乡镇企业招用，走上了生产第一线。

上虞市乡镇企业按照“普及与提高并重，近期与长远结合”的原则，注重智力投资，致力于人才开发，使乡镇企业的整体素质明显提高，市场竞争能力不断增强。全市乡镇企业中具有初级以上技术职称人员达4 419名，各类专业技术人员已占全部从业人员的10%左右。

外　经　外　贸

1993年乡镇企业外向型经济发展特点

梁 书 升

1993年，乡镇企业外向型经济再次呈现出旺盛的发展势头，增长幅度大，“三资”企业又有新发展，边贸经济活跃，主要指标都创历史最好水平，在我国外贸经济发展中再次显示出它的地位、作用与活力。

1. 外向型经济发展迅速。1993年，乡镇企业外向型企业达13万个，比上年增加2 500个；从业职工850多万人，比上年增加146万人；出口产品生产总值2 700亿元，比上年增长76.8%；出口产品交货总值2 350亿元，比上年增长71.8%。其中“三来一补”工缴费收入353亿元，比上年增长55.5%。年出口创汇能力达300亿美元左右。外向型经济发展最活跃的地区是沿海地区。

2. 企业规模不断扩大，创汇能力不断增强。1993年，平均每个出口企业产品生产总值188万元，比上年增长28.7%；提供出口产品交货值173万元，比上年增长31.3%；企业生产产品出口率达91.8%，比上年提高2.3个百分点。1993年，出口产品交货值超5 000万元以上的企业近500个，其中超亿元企业百余个，分别比上年翻了近一番。在乡镇企业中已形成了一批以生产出口产品为龙头的企业群体、出口产品加工区和出口骨干企业。1993年年出口创汇300万美元以上的企业3 000个左右，其中年创汇超过1 000万美元的企业100多个，生产的产品涉及国民经济几十个行业上千个品种。

3. “贸工农”出口基地发展后劲强大。“乡镇企业贸工农出口基地”是全国四大出口基地之一，由国家提供专项贷款扶持乡镇外贸企业的技术改造，来提高出口企业的产品质量、档次、规模，促进乡镇企业外向型经济的快速发展和出口创汇能力。在乡镇企业外向型经济发展中“贸工农”出口基地已成为龙头，推动着其他经济的发展，并逐步向外延伸，对扩大乡镇企业出口生产起到了积极的示范和先导作用。1988～1993年，全国共有749个外向型企业项目中标，总投资16.5亿元，其中国家贷款近5.5亿元。在国家机电基地、纺织基地、农产品出口基地中，也有一批乡镇企业外贸企业中标，列入国家出口基地。从执行结果看，1992年前中标项目已投入运营，平均每投入1元人民币技改贷款，可新增创汇能力1美元左右。经过几年“贸工农”基地的建设，不仅提高了企业出口创汇的能力，而且培育了一大批出口骨干企业和集团，同时又形成了东中西部地区外向型企业“贸工农一体化”、互助互利、全方位发展外向型经济的局面，为乡镇企业出口创汇增强了后劲。

4. “三资”企业发展势头强劲。以利用外资、引进先进技术和现代化管理为前题，以调整产业产品结构，扩大出口为目标，以高新科学技术为基础，以企业改造为主体，以提高素质，提高效益为目的，采取中外双方互益的原则，通过适当“让市场、让股权、让利益”，以“得技术、得资金、得效益”的“三让三得”政策，大力招商引资，广泛合资合作兴办乡镇“三资”企业，实现了乡镇企业的“嫁接”、改造、提高的目的。1993年，新批乡镇“三资”企业1.5万个，比上年增长87.5%，协议利用外资150多亿美元，其中到位约50亿美元，都比上年有较大幅度增长。在江苏省，“三资”企业发展呈现出“三增二快一高”特点，即投资规模增大，外商投资比例增高，企业开工增多；兴办独资企业和从事第三产业的“三资”企业速度加快，外商投资从发达地区向欠发达地区扩展的速度加快；合资合作项目技术含量逐步提高。从沿海地区“三资”总体发展看，凡是利用外资较多的，外向企业发展就快，外向程度就高，县、乡（镇）、企业经济融入国际经济大循环程度就高，面对国内、国际两个市场，承受经济波动的能力就大，企业的管理水平、产品质量、竞争意识和经济效益相对提高较快。1993年“三资”企业发展快的主要原因：一是各地党政领导重视，结合当地实际情况提出一些招商引资兴办“三资”企业具体实施措施和改善投资环境。二是各地乡镇企业主管部门为企业招商引资兴办“三资”企业广开渠道，广泛宣传，沟通信息，积极组织，为企业搞好前后期服务的功能增强，加上各有关部门的通力合作，办事效率提高。三是外商对乡镇企业投资兴趣提高，合资合作领域拓宽，投资比例大，到位资金快，开工企业增多。

5. 境外办企业发展迅猛。随着乡镇企业外向型经济的发展，外贸企业走出国门直接参与国际市场竞争，是改革开放的必然趋势。在农业部乡镇企业司连续两次召开的乡镇企业境外办企业座谈会推动下，和各级政府的支持、鼓励下，一些技术基础好、经济实力强的外贸企业走出国门，境外办厂，开展跨国经营业务，直接参与国际市场竞争。1993年，境外办厂，建立窗口，兴办独资、合资合作企业（公司）等达450多个，比上年净增300个，总投资近4亿元。境外办企业的迅猛发展，反映出乡镇企业外向型经济发展到一定水平和发展的必然趋势，也是为提高自身的需要，扩大了国际经济技术广泛的合作交流。

6. 自营进出口企业发展迅猛。近几年，由于乡镇外贸企业规模不断扩大，相当一批企业具备了国家赋予自营进出口权的条件，经有关部门审批，截止到1993年末，全国共有156个乡镇外向型企业获得自营进出口权，比上年增加136个。“三资”企业和自营进出口企业直接参与国际市场竞争，使企业渠道拓宽、人才素质提高、竞争能力增强、直接获取国际市场信息，及时采取灵活的经营策略，从而提高了经济效益并扩大了出口创汇能力。1993年，自营出口额达350多亿元，比上年增长119%，比出口产品交货值增长幅度高47个百分点。

7. 边境贸易异常活跃。边境贸易已成为乡镇企业对外贸易又一重要渠道和实行对外贸易多元化的一个重要标志。随着改革开放步伐的加快，乡镇企业外向型经济发展由以沿海地区为主，扩展到沿江、沿路（铁路、公路）推进到内陆地区。特别是沿边地区边境贸易经济活动异常活跃，主要集中于中国与独联体国家、中越、中缅、中泰、中印、中朝、中韩边境等地区。边境贸易比较活跃的省份主要是黑龙江、吉林、云南、广西、新疆等省（区）。这些省份乡镇企业边贸经济的迅速发展，带动了对外交流与合作，上述省（区）1993年外贸出口交货值比上年增长66%，其中间接出口增长76%，比前几年增幅提高很大。

8. 对国家出口创汇贡献日益增大。1993年，乡镇企业年出口创汇能力达300亿美元左右，年创汇约占全国出口创汇的1/3，是我国出口创汇最活跃、增长速度最快的部门之一，也是与国际上中小企业接轨最有活力的企业。由于乡镇企业年出口创汇能力逐年大幅度增加，有力地推动了我国外贸经济发展格局的变化，“七五”期间乡镇企业出口交货值年均净增105亿元，占全国同期出口创汇年均净增量的1/3，“八五”期间前三年，出口交货值年均净增575亿元，约占全国同期出口创汇年均净增量的2/3，对国家出口创汇贡献日益增大，已成为我国出口创汇的重要组成部分。

9. 主要经验。思想解放，观念更新，认清形势，抓住机遇，全面推进，加快发展；地方政府对发展乡镇企业外向型经济高度重视，并把外向型经济发展作为乡镇企业第二次腾飞的突破口；各有关部门通力合作，大力支持乡镇企业外向型经济发展，积极主动帮助企业解决实际困难；乡镇企业主管部门注重宏观引导与调控，及时提出产业与产品结构方向，为企业间沟通各项信息与服务；企业领导有较强竞争意识，依靠科学技术提高生产能力与产品质量，强化企业管理，提高职工素质。

10. 存在的问题。一些企业重发展轻管理，重视扩大出口规模，忽视了产品的档次与企业管理；出口产品总体水平还不高，在国际市场中竞争能力较弱；“三资”企业上得多，管理跟不上；人员整体素质不高，特别是已获得自营进出口权的企业，由于缺乏外贸专业人员，制约外贸经济的发展；主管部门力量弱，法规建设跟不上，宏观调控能力不强；信息不灵，盲目性较大；乡镇外贸企业长期是给外贸公司加工服务，与外商脱节，当自己走入国际市场时不了解市场需求，等等。从外部看，各行业政策不一，经营管理秩序比较混乱；行业部门关卡多，企业申办手续难；竞争条件不平等，部门保护主义严重；进出口渠道不通，乡镇企业受阻，等等。

赋予乡镇企业自营进出口权 促进企业面向国际市场

王　德　福

一、赋予乡镇企业进出口经营权意义重大

乡镇企业外向型经济进入“八五”期间有了突飞猛进的发展，1993年乡镇企业出口企业已达10万多个，外贸出口交货额达2 350亿元，占全国外贸交货额的45%以上。形成了一批骨干企业，其中出口创汇在300万美元以上的企业超过2 000个。乡镇企业出口经历了从外贸收购出口为主——以合资合作为主——境外办厂阶段。由于受我国外贸体制约束，1992年以前，乡镇企业没有自营进出口权，限制了企业外向型经济的进一步发展。

党的十三届八中全会《关于进一步加强农业和农村工作的决定》中明确规定“对乡镇企业中出口创汇型企业，要制定新的扶持政策引导乡镇企业参加或组建企业集团，对符合条件的外向型企业集团赋予外贸进出口权，鼓励其参与国际竞争。”根据这一精神，农业部于1992年8月向国务院上报了“关于赋予乡镇企业自营进出口权的请示”。在有关部门的大力支持和配合下，赋予乡镇企业进出口权的工作取得了很大进展。截止到1993年底，全国乡镇企业获得进出口经营权的企业已由1992年的20个增加到156个。从这些企业的行业构成来看，大多数的产品档次和技术程度较高，并且出口量较大，这与中央关于外贸体制改革的原则是一致的。

赋予乡镇企业自营进出口权，创造了企业经营和国际规范接轨的条件，为企业充分利用国内外两个市场、两种资源创造了有利条件，对促进乡镇企业转换经营机制、合理调整产业和产品结构、优化资源配置、提高经济效益创造了有利条件。

经批准获得进出口经营权的生产企业（以下简称自营企业），在工商行政管理部门办理注册登记后，即获得对外法人资格。自营企业可根据需要在企业内部设立进出口业务机构，具备条件的大型企业集团，经批准可设立全资进出口公司。自营企业有权经营本企业(集团)自产产品及相关技术的出口业务及生产所需技术，设备，零配件，原材料的进口业务。对具备条件的自营企业，可赋予其对外工程承包权。

自营企业在国家有关进出口政策方面享有与外贸企业同等的待遇。自营企业经营进出口业务，涉及国家实行许可证和配额管理的商品，可按国家有关规定申请配额和许可证。对实行招标或拍卖办法分配的出口配额和许可证，自营企业应与外贸企业在同等条件下参加投标和竞购。对自营企业要实行与外贸企业统一的出口退税办法，按“征多少，退多少”的原则，给予及时足额退税。

自营企业可在办理外汇结算业务的专业银行建立外汇和人民币流动资金帐户。自营企业所需外贸流动资金贷款，在其开户银行在国家核定的贷款规模内，根据企业生产经营情况和进出口业务需要给予贷款并按外贸贷款计息。自营企业可按规定向国家有关银行申请出口信贷，实行《企业财务通则》、《企业会计准则》后，自营企业有权自己决定留用资金使用。自营企业可设立出口风险基金，风险基金的提取、使用和管理按照财政部有关规定执行。自营企业由于业务需要在境外设立维修服务网点，中方投资额在规定数额内的项目，由企业自行决定。

由上诸多方面可以看出，赋予乡镇企业自营进出口权，可以使乡镇企业更直接地参与和开拓国际市场，对促进乡镇企业外向型经济的发展具有积极的意义。

二、乡镇企业自营进出口情况调查

自1992年10月起，江苏省已有31个，上海市5个乡镇企业获得了自营进出口权，大部分企业正在办理自营手续，组建内部外贸机构。如江苏华纺集团（原张家港毛织染总厂）1993年4月批准自营进出口权后，办好了自营手续，集团内成立了进出口公司，在香港、北京、上海等地设立了办事处，1993年自营40万美元。上海市郊县工业局与批准自营进出口权的5个企业协商后，同市经贸委制定了每个企业1993年至1995年自营出口计划。上海凯托制衣公司1993年自营出口200万美元。上海嘉宝照明电器公司1993年生产1.1亿只灯泡，25%外销，创汇1 200万美元，1993年9月办好自营手续后，首批自营合同18万美元已完成。从企业开展自营的业务情况看，机电、化工等类产

品自营效益好。如江苏宏宝集团（原张家港医疗器械厂）、常州武进南华电子原件厂自营出口取得了较好的经济效益。由于减少了外贸环节及退税等优惠政策，每出口创汇一美元可比原来增收 1.5 元人民币，而纺织服装行业由于受配额及退税与外贸不平等，自营出口效益不佳。

由于乡镇企业自营进出口权工作刚刚起步，在工作中还存在不少困难和问题，这需要国家制定更加有效的管理办法，各部门的大力支持和协作，加强自营企业外贸人才培养等，积极稳妥地推进这项工作的开展。

全国乡镇企业获进出口经营权企业名单

（截止 1993 年底）

北京

1. 北京市昌平北方企业总公司
2. 北京市通县宋庄铸造厂
3. 北京市渔阳服装厂
4. 北京市昌平县鲁疃服装厂
5. 北京市平谷县华阳服装厂
6. 北京市友联衬衫厂
7. 顺义县张镇服装厂

天津

8. 天津市双街钢管实业总公司
9. 天津市中津制药厂
10. 天津富强纺织总厂
11. 天津宝坻振华服装厂
12. 天津宏利集团公司
13. 天津振兴企业集团
14. 天津市专用电机厂

河北

15. 河北省华北蓄电池厂
16. 河北省定兴县丽华制帽厂
17. 河北冀县暖气片厂
18. 涿州东方企业集团工艺品公司
19. 河北清河县东高毛纺织厂
20. 香河县锉口汽车工具厂
21. 永清县永新餐具总厂
22. 河北省枣强县水暖厂
23. 深县津深联营颜料化工厂
24. 河北省邢台地区染料化工厂
25. 石家庄市第五塑料厂
26. 武邑县锁厂
27. 石家庄东郊链轮总厂
28. 崇礼县针织厂

辽宁

29. 辽宁省营口青花镁矿总公司
30. 海城市西洋耐火材料公司
31. 海城市中档镁砂厂
32. 大石桥市服装厂
33. 海城市后英矿产品实业公司
34. 辽宁山花服装集团工贸公司
35. 大连北市集团公司
36. 大连渤海企业集团
37. 大连华南集团公司
38. 大连华龙集团公司
39. 大连大杨服装集团公司
40. 大连鑫凌企业集团公司
41. 大连中大实业总公司
42. 大连天华企业集团公司
43. 大连大菊服装集团
44. 大连中北集团公司

吉林

45. 四平红嘴机械总厂
46. 长春市德惠县地毯厂
47. 长春市宏新锅炉配件厂

黑龙江

48. 黑龙江兰西亚麻纺织工业联合公司

上海

49. 上海市金山县金卫五金厂
50. 上海凯托纺织制衣公司
51. 上海双乐衬衫总厂
52. 上海八达电器总厂
53. 上海光艺针织厂
54. 上海利民锁厂
55. 上海联合金属丝网厂
56. 上海嘉宝实业股份公司

江苏

57. 吴江工艺织造厂
58. 武进南华电子元件厂
59. 泰兴县化工厂
60. 张家港第二医疗器械厂
61. 吴江盛泽印染总厂
62. 江苏红豆针纺（集团）公司
63. 江苏吴江医疗保健品总厂
64. 江苏省张家港市涂塑金属制品总厂
65. 无锡市绵绸厂
66. 张家港市毛纺织染总厂
67. 江苏吴县印染厂
68. 工贸合营江阴针织服装厂
69. 江苏省靖江县锻压机床厂
70. 江苏晨风丝绸集团公司
71. 工贸合营无锡县长安棉纺织总厂
72. 江宁县外贸皮毛工艺厂

73. 江阴市豪阳电器集团公司
74. 工贸合营无锡县有机化工厂
75. 江苏飞达橡胶集团公司
76. 江苏六通机械集团公司
77. 常州市合成材料厂
78. 江苏省吴县染整总厂
79. 江阴市染料化工厂
80. 江阴市被单厂
81. 江苏三房巷实业集团总公司
82. 工贸合营常州市永红五金工具厂
83. 江阴市轻工机械厂
84. 无锡市晶石电子总厂
85. 江苏诚怡集团公司
86. 无锡县有机化工二厂
87. 吴江地毯厂
88. 张家港华纺集团
89. 江苏省贝贝橡胶集团
90. 无锡第八针织厂

浙江

91. 浙江野风服装集团公司
92. 椒江九州制药厂
93. 温岭县海洋渔业工贸公司
94. 黄岩市联合化工厂
95. 绍兴冶金电子实业总公司
96. 椒江市工业缝纫机厂
97. 浙江穗轮实业公司
98. 绍兴毛麻纺织总厂
99. 浙江万达工具集团公司
100. 杭州弹簧圈厂
101. 浙江万向机电集团公司
102. 浙江节日灯泡厂
103. 绍兴平绒总厂
104. 绍兴通讯设备厂
105. 绍兴第一印染厂
106. 舟山印染厂
107. 浙江横店企业集团公司
108. 舟山长胜海洋渔业公司
109. 绍兴甬越工贸联营纺织厂
110. 浙江足佳鞋业集团公司
111. 浙江斯达实业公司
112. 宁波金轮集团总公司
113. 浙江电视机厂
114. 浙江上虞灯泡厂
115. 舟山麻纺织厂
116. 海盐县标准件五厂
117. 海盐螺帽总厂
118. 浙江飞跃缝纫机工业公司
119. 富阳县东风电子元件厂
120. 绍兴县电动工具厂
121. 奉化市奉化液压机械厂
122. 宁波市高频瓷厂
123. 宁波南洋实业总公司
124. 宁波荣大针纺集团公司
125. 宁波五金索具厂

安徽

126. 安徽省天长县塑编织袋厂
127. 霍山外贸加工厂

福建

128. 外贸福州抽纱厂

山东

129. 威海市木工机械厂
130. 山东牟平新牟国际集团总公司
131. 青岛隐珠车辆厂
132. 青岛崂山工具厂
133. 青岛飞龙工艺品公司

河南

134. 河南省南召地毯集团公司
135. 河南镇平工艺品集团公司

湖北

136. 湖北省潜江市幸福集团公司
137. 武穴市二里半企业（集团）总公司

湖南

138. 湖南太平集团公司

广东

139. 广东桂洲第一风扇厂
140. 广东固力制锁公司
141. 广东南海餐具厂
142. 广东南海九江服装集团公司
143. 广东鹰牌电器企业集团
144. 广东顺德砚华电器工业公司
145. 顺德美的家用电器公司
146. 珠江电冰箱厂
147. 南海市里水镇制鞋实业有限公司
148. 广东大进集团公司
149. 广州市番禺县绣品服装厂
150. 番禺电筒工业公司
151. 番禺市南兴集团公司
152. 番禺市市桥工艺时装实业公司
153. 广州市天河区云飞龙丝绸服装厂
154. 三水西南无线电元件厂
155. 广东嫦娥保温器皿厂

四川

156. 成都双流羽绒厂

"贸工农"出口商品生产基地建设再结硕果

张　娅

1993年是实行"贸工农"出口商品生产基地技术改造项目的第六年，经"贸工农"办公室审批，78个中标项目已下达各地，项目总投资近3.2亿元，其中贴息贷款为1亿元。到1993年底，除个别情况外，资金已全部落实到企业，贴息金500万元已由财政部随项目下拨到各地。从1988年到1993年的六年间，经"贸工农"办公室审批，下达"贸工农"项目749个，安排专项贷款5.6亿元，财政贴息近3 000万元。

经国务院批准，从1991年开始，"贸工农"当年新增1亿元，以后每年新增2亿元的银行基准息贷款(称"贸工农"不贴息贷款)规模，主要安排在沿海的北京、天津、辽宁、河北、山东、浙江、江苏、广东、福建、上海等十省市使用。除1991年因时间关系项目未落实外，1992年安排项目170个，总投资4.7亿，安排不贴息贷款2亿元；1993年安排项目123个，总投资8亿元，安排不贴息贷款2亿元。

1993年，由国家计委、农业部联合发文，对1988年以来"贸工农"中标项目执行情况进行调查。据对北京、天津等26个省市调查，"贸工农"项目对推动各省乡镇企业出口创汇起到了积极的作用。

1. 建设周期短、投资少、投入创汇回报率高。据对26个省市"贸工农"贴息的537个项目进行调查，除1993年在建的49个外，488个项目中，因各种原因未落实项目6个，其余项目均已按期建成。实际总投资9.7亿元，实际贴息贷款3.66亿元，实得贴息金1 780万元，可新增创汇5.4亿美元，平均每投入1元人民币，可新增创汇0.5个美元。几年来，"贸工农"基地建设做到了当年实施，当年建成，当年收效。

2. 推动了乡镇企业外向型经济整体素质的提高。几年来的"贸工农"出口商品基地建设，形成了一批规模大、效益好、出口创汇高的企业，这些企业已逐步成为各地乡镇企业出口创汇的骨干和龙头，带动当地乡镇企业外向型经济的蓬勃发展。许多中标企业经过技术改造后都被当地评为省一、二级企业和金融部门"信得过企业"。如天津市1988年以来中标企业37个，到1993年被评为市特、一级企业达27个，市二级企业3个，有14家企业进入1993年市百强行列。天津旅游帐篷厂是第一批"贸工农"中标企业，当年出口创汇额200万美元，到1993年已增至3 000万美元。在1992年出口产品交货额5 000万元以上的229个乡镇出口企业中，"贸工农"中标企业占20个；在1993年已批准获自营进出口权的156个乡镇企业中，"贸工农"中标企业占39个。

3. 有利于加强乡镇企业技术进步，调整出口产品的结构。随着乡镇企业外向型经济发展的新格局，近年来，"贸工农"办公室着力于利用宏观调控手段，引导企业按国家产业政策调整出口产品结构，资金投入向上规模、上水平、技术密集型的项目转移，有力地带动了乡镇企业技术改造水平和出口产品档次的提高。各地的中标企业都由过去的农副产品粗加工型、原料型的初级产品，向机电产品、精加工高附加值产品转移。如蚌埠市家用机床厂、广德县丝织一厂，针对国际市场，开发具有国际竞争力、高附加值产品，使产品的优级品率提高到95%以上。通过技术改造许多企业的产品提高了在国际市场上的竞争能力，销售率保持在90%以上。

4. 增加了地方发展乡镇企业外向型经济的积极性。据26个省市调查，国家设立"贸工农"基地建设资金以来，国家安排专项贴息贷款3.66亿元，地方安排专项资金占总投入的62%。另外各地均以国家"贸工农"专项资金为契机，积极争取相应的优惠政策和资金。河南、陕西、安徽、辽宁等省都相应安排了省的"贸工农"出口基地专项贴息贷款，北京市对国家不贴息项目由市里拿出一定的资金给予贴息。

六年来，已在全国初步形成了一批乡镇企业出口基地，"贸工农"技术改造资金虽然有限，但对乡镇出口企业上规模、上档次，增加出口创汇能力，奠定了良好的基础。乡镇企业的"贸工农"商品生产出口基地在乡镇企业出口创汇中，已显示出越来越强的生命力。

乡镇企业边境贸易

王 德 福

随着我国乡镇企业不断发展壮大和国内外经济形势的变化，国际经济合作的扩展，中国乡镇企业不断挤进国际经济大合作之中，形成了三条外经工作格局，一是沿海地区的“三外”经济即对外贸易，对外“三资”企业，对外“三来一补”；二是沿边省（区）积极开展边境贸易；三是跨出国门，境外办厂。

80年代初，沿海对外开放所取得的成绩给周边省（区）带来了生机和动力，也带来了冲击和压力。对此，周边地区果断地作出了选择，走出国门与毗邻地区建立支援与协作关系，除固定的经济发达的省、市对口支援周边省（区）以外，各周边省（区）还充分发挥区域优势，组成地域广泛的大范围协作组织，横向经济活动从规模到内容都发生了较大的变化。为其资源开发、物资调剂，资金融通发挥了重要作用。为周边省（区）对外开放打下了较好的基础。

我国陆地边境线2.2万公里，在143个边境县中，有朝鲜、蒙古、维吾尔、哈萨克、傣、藏等30多个少数民族跨境而居，与境外同一民族，血缘同根，语言文化同源，风俗习惯相通，境内外联系繁多。而这些自古以来就是我国发展与周边国家经济和文化往来的纽带。

改革开放以来，我国陆边地区的边境小额贸易和边民互市开始逐渐恢复并日趋活跃，以至蓬勃发展。边贸形式灵活多样各具特色。云南省的边境小额贸易是以我方非官非民的“商号”形式对缅甸、越南私商和官商的一种贸易形式。云南省1993年经营边贸的乡镇企业商号80多个，边贸进出口额达4亿元左右。乡镇企业边贸加工企业已有50余个。

黑龙江省乡镇企业局成立了中国黑龙江国际工程合作公司面向独联体市场，1993年易货贸易额完成8 702万元，工程承包履约额22 140万元，劳务收入3 648万元，并已在独联体建立了5个合资企业。北京虽然地处东部，由于积极利用黑龙江、内蒙古口岸开展边贸，1993年易贷贸易额已超过1亿元，并在东欧、独联体设点10个。浙江玉环水暖设备厂同海参崴造船厂、铸造厂合作，用我方轻工产品换取我方紧缺的黄铜阀门毛坯，加工后出口北美、东南亚等地区，取得了较好的经济效果。西藏对尼泊尔是以小额贸易和边民互市相结合，允许国营、集体、个体进行边贸进出口；新疆边贸则由有经营权力的地方贸易公司经营，许多乡镇企业产品畅销哈萨克斯坦、蒙古等周边国家。伊犁地区乡镇企业局直属伊犁边贸公司于1993年4月成立，充分利用当地乡镇企业优势及内地省（区）乡镇企业供销系统组织出口货源，到1993年9月已完成贸易额1 000多万元。内蒙古及东北三省的对蒙古、朝鲜、独联体的边贸由开始时地区间专业公司的一次性小额贸易发展为省（区）、地（州）间长期稳定的规模贸易，并由单纯的易货贸易发展到多种形式的经济技术合作。

近几年来，边贸易货品种已由最初的几种、十几种、上百种增加到上千种。新疆对原苏联出口商品由1990年的14种增加到1993年的63种，进口商品由15种增加到58种。云南进出口商品已由100多种增加到1 000多种，且结构合理，互补性强。蓬勃发展的边贸增加了地方财政收入，缓解了我国的外贸逆差。以云南德宏州为例，1993年边贸进出口额超过20亿元，州财政收入70%为边贸所创，多数县已脱贫，其中畹町还跨入了国家小康县的行列。

我国的边贸取得了很大的成绩，但由于管理工作跟不上形势发展的需要及存在着一些不正确的思想，边贸中出现了一些不容忽视的问题，如大量的假冒伪劣产品流出境外，给我国商品的信誉乃至民族形象造成了难以挽回的恶劣影响。

我国面临着一个扩大对外开放和加快经济发展的新时期，周边省（区）要抓住机遇，发挥区位优势，以发展边贸为导向，促进乡镇企业的发展：①进一步解放思想，把边贸作为对外开放的重要内容。②加强对周边国家的市场调研，扩大经贸合作为促进乡镇企业同周边国家边贸的拓展，组织多层次的团组互访，并通过在境外设立窗口等多种途径了解周边国家的产业结构、市场要求、进出口商品结构、价格、贸易方式和渠道，从而选择现汇、易货、补偿、转口技术合作等方式，积极参与工程承包、劳务合作、合资联营，掌握周边国家的经贸法规，适时提出对策、措施，对不利于边贸发展的规定要及时清理废止。③充分利用国内外两种资源、两个市场大力发展边贸加工工业。边贸工作绝不仅仅是做一些买卖，而是通过边贸，加深与周边国家的合作，加强国内民族团结和繁荣。沿边省（区）一要把内地沿海乡镇企业作为边贸的后盾；二要在口岸开辟出口加工区，吸引内地、沿海乡镇企业在此联合办厂就近供应货源，或利用进口原料就近加工复出口或销到国内；三是要以边贸为跳板到国外办厂，向边贸的深度和广度进军。④建立良好的经营秩序，提高出境商品质量。外贸公司和有进出口经营权的企业必须依法经营，遵守国家的有关政策、规定，认真贯彻“以质取胜”战略，不收购不代理经营假冒伪劣商品。要加强对生产企业的质量监督管理工作，禁止生产伪劣产品，对制造和收购出口假冒伪劣产品的企业和个人，要按国务院和有关部门制定的规定进行处罚，维护我国对外贸易信誉，促进边贸健康发展。

北京市乡镇企业外向型经济发展概况

辛　廷　慧

1993年是北京市乡镇企业外向型经济健康发展的一年，全年全市新办“三资”企业980个；完成出口产品交货额40.9亿元。实现了各项经济指标的快速同步增长，创造了历史最高水平。北京市乡镇企业在外向型经济发展方面取得了长足进步，主要表现在以下几个方面：

1. “三资”企业发展迅速。1993年北京市新办“三资”企业980个，比上年净增425个，累计已达1 921个。1993年协议总金额达17.3亿美元，其中引进外资8.05美元，分别比上年增长1.2倍和1.9倍。企业的平均规模由上年的110万美元增加到168万美元。各区县普遍注重发挥自身优势，广泛开展招商引资活动，举办了西瓜节、啤酒节、小吃节、风筝节、仿古艺术节等，以节交友，以节引资，取得了显著成效。平谷、房山等区县还走出国门，到美国、韩国、香港等国家和地区开展招商引资活动。

2. 产品出口增长较快。1993年全市完成出口产品交货额40.9亿元，比上年增长54%。出口产品结构也发生了明显变化，在服装、工艺品、针纺织品、轻工和机电五大行业中，机电出口产品交货额的增幅最大，达到68.2%；首次出现了7个由对外贸易经济合作部批准的、拥有自营进出口权的企业，标志着乡镇企业在外贸体制的改革上又迈出了新的一步。

3. 境外企业继续增加。1993年，北京市乡镇企业在引进外资、出口产品的同时，还积极走出国门，到境外办企业，直接开拓国际市场。境外企业已由上年的5个增加到15个。顺义县北石槽乡寺上村到罗马尼亚创办了一个企业，既搞印刷，又搞贸易，1993年创汇14万美元。

4. 与国外大公司合作有新突破。北京郊区投资环境的改善，增强了外国投资者的信心，特别是跨国公司也开始看好京郊。如日本的三井物产、住友商社、西铁城，美国的卡夫通用，瑞士的阿奇机床，新加坡的金狮集团，澳大利亚的吉百利，香港的新世界等国际上知名的大公司，已相继到京郊投资。由于跨国公司投资项目的规模普遍较大，使1993年新批“三资”企业平均投资规模明显提高，单个项目平均投资245.9万美元，平均利用外资102.2万美元，分别比上年提高66.8%和67.2%，总投资在500万美元以上的大中项目有141个。

北京市乡镇企业在发展外向型经济上虽然已经迈出了可喜的一步，但是从利用外资方面看，还处在较低层次上，规模只限于中小企业，行业局限于劳动密集型。从出口产品结构方面看，局限于传统的劳动密集型，仅服装、纺织、工艺品所占的比重就达75%以上。缺乏高档名牌产品。附加值较高的机电产品所占比重还很低。产品出口主要通过专业外贸公司，自营出口处在起步阶段，多数企业不能及时了解国际市场信息。从对外开放的方位上看，只是在产品和兴办“三资”企业上迈出了较大步伐，而对采用国外先进技术、先进设备还未引起足够的重视。国外专利技术等无形资产的引进数量很少，国外人才的引进基本上是空白。利用外资方式也比较单一，除了办“三资”企业吸引外资外，对使用外国政府贷款、双边多边援助等多种形式利用外资还较少探索。从人才的素质上看，不仅文化水平和专业技术普遍较低，而且缺乏外经外贸的专业人才，与外向型经济快速发展的要求不相适应。从投资环境上看，电力不足，基础设施还比较薄弱。

步入国际市场的天津市乡镇企业

杨 同 耀

随着改革开放的不断深入，天津市外向型乡镇企业有了迅猛发展，实现了新的突破。1993 年全市乡镇企业实现出口产品生产总值 75.31 亿元，出口产品交货值达 63.34 亿元，比改革初期 1979 年的出口产品交货值增长了近 100 倍。乡镇企业出口产品交货值占全市外贸收购本市货源的比重已由 80 年代的三分天下有其一发展到 1993 年的半壁江山。乡镇企业产品出口已在全市对外贸易中占据举足轻重的地位，成为天津对外贸易的一支新的生力军。

近年来，天津乡镇企业充分利用自身优势，积极吸引外商前来投资和合作，使乡镇企业更直接地与国际市场融为一体。到 1993 年底“三资”企业在全市乡镇出口企业中已形成了一定的规模，并在出口创汇中占据了重要比重。全市乡镇“三资”企业已达 1 501 个，总投资额 13.72 亿美元，外商投资 6.17 亿美元。“三资”企业主要从事的行业有服装、轻工、纺织、工艺品、食品饮料、金属制品、机电产品等。1993 年度已开业的“三资”企业 409 家，创汇达 1.92 亿美元，占乡镇企业产品出口额的 26.1%。“三资”企业的发展为天津乡镇企业步入国际市场创造了良好的条件。

改革开放以来，天津乡镇企业一步步走向国际市场也是多方面因素共同发展的结果，归纳起来有如下特点：

1. 市委、市政府对发展乡镇企业外向型经济高度重视和大力支持。1988 年天津市委、市政府组织召开的第一届市乡镇企业工作会上，制定了发挥天津优势，实施以外向为主导，以内促外，内外结合，以提高经济效益为中心的加快乡镇企业发展战略。在这种战略方针指导下，市政府为乡镇企业外向型经济发展制定一系列优惠政策，市委、市政府和有关部门大力支持为乡镇企业外向型经济高速发展创造了良好的条件。

2. 大力发展城乡型和贸工农联营企业。近三年来，天津乡镇企业坚持城乡型和外向型发展方向，形成城乡结合、农工贸联营，互助互利、优势互补，城市支援农村，农村服务城市的局面。天津乡镇出口企业背靠沿海大城市，有北方最大的贸易港口，客货结合以货运为主的天津机场，雄厚的城市工业和科研力量，有乡镇企业灵活的经营机制和丰富的劳动力，这些优势决定了天津市乡镇企业在一定程度能得到城市大工业的支持和援助。而外贸部门为了稳定自己的货源基地，也积极与乡镇企业联营建立紧密型出口企业。贸工农联营企业的出口产品交货额占全市乡镇出口企业同期出口产品交货额的 40%以上。由于联营双方精诚合作，积极发挥各自优势，都已取得较高的经济效益。宝坻县环球企业集团、武清县大通集团等十几个集团公司都是在外贸公司的大力支持下发展起来的。大港电焊条厂与天津五金矿产进出口公司联营，依靠五金矿产公司的技术和资金的援助，使该厂的“永久牌”电焊条获得了七国船级社的认可证书，出口产品交货额由 1990 年的 335 万元增加到 1993 年的 5 712 万元，增长 17 倍。

3. 充分利用地产资源优势，发展拳头产品。近几年来，天津市乡镇出口企业出口产品的品种达数千种，其中有近百种重点出口产品获得了市级以上的优质产品称号，一大批产品成为出口免检产品。据市商检局近三年来提供的报告表明，全市乡镇企业出口产品质量合格率平均在 99%以上，交货履约率近 100%。创出一批名牌产品，其中天双牌焊接钢管、雄鸡牌锄头、金杯牌睡衣、红三角牌焊条、海螺牌营城硅、可得福牌速冻春卷等都曾在国际上获奖。过硬的质量也是天津乡镇企业产品出口逐年上升的保证之一。

4. 产品结构不断优化，骨干企业生产稳步增长。经过多年培养锻炼，天津乡镇出口企业的整体素质不断提高。出口企业的出口渠道、出口产品结构、出口形势都呈现出多样化的态势。产品结构不断优化，并形成了一批骨干企业。1993 年，出口产品交货值在 1 500 万元以上的出口企业已达 100 个，共实现出口产品交货值 31.84 亿元，占全市乡镇企业出口产品交货值的 50.4%。为适应国际市场需要，天津市乡镇出口企业产品不断优化，并形成了以缝纫业、工艺美术制造业、纺织业、金属制品业、化学工业、皮革制品业等六大行业为主的出口生产行业。在 1993 年乡镇企业出口产品交货值中服装占 24.3%，工艺品占 14.8%，轻工产品占 13.6%，化工产品占 8.8%。

5. 依靠科技进步，加快技术改造，积极发展“贸工农”联合出口商品生产基地。为提高乡镇企业出口产品竞争力和创汇水平，天津市农委、市财政局 1991～

1993年间共拨款1 000万元，对145个出口企业进行技改贴息，使其产品在原有的基础上进行改型和升级换代。同时，"贸工农"联合出口商品生产基地技术改造建设，也取得了较好的成绩。从1988年的首批出口基地5个，1993年发展到47个。总投资2 721万元，其中不贴息贷款1 570万元。这些企业由于具备产品方向准、建设快、周期短、资金投入少、出口创汇多等特点，成为天津市出口创汇的骨干企业。依靠科技进步，也有力促进了乡镇企业出口商品的生产。由于乡镇企业本身素质所限，产品的升级换代和质量提高离不开科技人员的指导与扶持。许多厂长、经理为了企业能在激烈的市场竞争中立于不败之地，不惜高薪聘请有真才实学的科技人才为本企业的技术顾问，即所谓的"用财招才"，从而给企业带来了经济效益和活力。大港电焊条厂建厂初期因设备简陋、技术水平低，产品滞销积压，使企业负债累累。后来，该厂依靠科技救厂、科技兴厂，聘请著名电焊条专家进厂总管技术和质量，并制定严格的质量标准，购进先进的理化检测设备，科学掌握产品质量，相继创出"红三角"、"永久"二个名牌产品，畅销国内外市场。

6. 发展企业集团，增强国际市场竞争能力。天津市乡镇企业已有出口企业集团13个，在激烈的国际市场竞争中显示出了强大的生命力。西青区张家窝乡宏发企业集团采取"选标管理法"创优质、争名牌，以质优价廉产品占领市场，产品出口量占全国同类产品出口量的50%，占全市同类产品出口量的70%，1993年实现产值4.8亿元，创汇980万美元，利税2 500万元。

至1993年底，天津市乡镇企业获得自营进出口权的企业有7个。企业获得自营进出口权后，有了较大的主动性和灵活性，他们可以根据自己调研的市场行情安排生产，在很大程度上避免了生产的盲目性。由于企业自己经营进出口业务，减少了中间环节，企业获利比以前有了大幅度的增长，因此生产出口产品的积极性随之大增。武清县振兴实业有限公司是1993年底获得自营进出口权的。由于该公司重视引进人才，依靠新老客户，积极开拓市场，使该公司在取得经营权的第一个月就实现开门红，创汇30多万美元，经济效益提高20%。

7. 以开发小区为龙头，促进乡镇企业外向型经济发展，为加快乡镇企业步人国际市场创造了条件。近年来，天津市农村经济开发小区发展异常迅猛。在滨海三区、东丽、津南、西青、北辰及五县共建立12个开发小区，总面积为24平方公里。到1993年底开发小区已建立企业451个，其中"三资"企业为384个。崛起在京津之间的天津武清开发区，严格按国际标准，营造优良投资环境，吸引十多个国家和地区的外商。在政策上，武清开发区从实际出发，制定一系列优惠政策，对所有外商一律公正、公开、透明、平等。台湾杰麦集团公司在此区一次投资达2 800万美元。为加快审批速度，该开发区建立了一套符合国际惯例的运行机制。开发区实行"一站式"办公、"一条龙"服务。投资者在一个星期内即可办妥立项、领取工商执照等一系列手续。这种速度，可使所设公司的产品提前半年上市。

天津市乡镇企业外向型经济是以国际市场为导向，充分利用天津毗邻首都，交通快捷、邮电发达等有利条件，把握机遇，实行多轮驱动、加快发展的主旋律，向国际市场迈出了较快的步伐。

江苏省乡镇企业外向型经济发展迅猛

黄 允 星

外向带动是江苏省乡镇企业加快提高与发展的战略重点之一。1993年，江苏省乡镇企业外向型经济发展继续保持旺盛的势头，具体表现为：

1. 外贸出口高速增长。1993年江苏乡镇企业出口产品交货值达627亿元，比上年增长70.3%，占全省乡村两级工业销售产值的17.14%，相当于全省出口产品交货额的65%左右，占全国乡镇企业出口产品交货额的1/4以上。其中直接出口484.9亿元，自营出口67.7亿元，分别比上年增长68%和1.7倍。从地区分布看，苏南地区的苏州、无锡、常州三市出口产品交货额达454.8亿元，苏中的南通、扬州、镇江、南京四市为142.7亿元，苏北的徐州、淮阴、盐城、连云港市为29.5亿元，分别占出口交货总额的72.5%、22.7%和4.8%。

2. “三资”企业发展迅猛。1993年，江苏省新批乡镇“三资”企业5 000多个，协议利用外资38亿美元。至1993年底，全省乡镇“三资”企业累计达11 000多个，占全省“三资”企业总数的50%以上。协议利用外资88亿美元，其中正式开工投产的企业约4 500余个，实际利用外资约20亿美元。

江苏吴江市盛泽印染总厂，从德国和日本引进的九十年代纺织生产线

3. 出境办企业方兴未艾。1993年，江苏省新批乡镇境外企业（含贸易窗口）177个，为过去六年总和的2倍多。全省乡镇境外企业累计达260余个，居全国各省、市、自治区之首，投资地域遍布世界五大洲36个国家和地区，涉及的行业主要有轻工、纺织、机械、电子、贸易等。

1993年江苏乡镇企业外向型经济工作主要呈如下特点：

1. 外贸出现“一优三多”。“一优”，即出口产品结构不断优化。1993年，江苏省乡镇企业主动按产业政策调整，优化出口产品结构，提高产品档次，走“机电仪”一体化道路，制成品出口大幅度增加，机电、化工、轻纺、丝织品、服装的出口值达502亿元，占全省乡镇企业出口产品交货额的80%。其中机电产品出口比上年增长108.5%，化工、服装、丝织品出口增幅均在50%以上。“三多”，即①出口大户增多。1993年全省乡镇企业出口产品交货额超3 000万元的大户达387个。其中超亿元的有50个，比上年增加35个；超5 000万元的138个（不含亿元），比上年增加70个；超4 000万元的70个（不含5 000万元以上）。出口大户已成为江苏省乡镇企业外贸出口的骨干力量。②“三外”企业增多。集外贸、外资、外经于一体的乡镇企业近年在江苏省悄然兴起，它不但使企业更多地了解国际市场行情信息、直接参与国际市场竞争，而且可以直接利用外资、资源、技术，争创外汇，提高企业素质，增强企业实力。至1993年底止，全省乡镇企业中“三外”企业逾250多个，为乡镇企业外向开拓闯出了一条新路。③获外贸自营进出口权企业增多。截止1993年底，全省乡镇企业（除“三资”企业以外）已获外贸自营进出口权企业累计达40个，主要分布在苏南和苏中地区，外贸自主经营为企业直接走向国际市场创造了有利的条件。

2. 兴办“三资”企业，利用外资出现了“三增二快一高”。“三增”：一是投资规模增大。1993年苏州市新批“三资”企业平均投资额达220多万美元，其中超过1 000万美元的有100多个；全省首家中外合资企业——江阴市江南模塑实业公司1993年又增资创办了总投资4 450万美元的合资项目，再次成为全省最大的乡镇合资项目。二是外商出资比例增大。1993年，全省新批乡镇“三资”企业平均利用外资由上年的69万美元上升到75万美元。其中无锡、苏州等市的外商出资比例达66%和60%，昆山市外商出资比例高达83%。三是开工投产企业增多，自营出口能力增强。1993年全省乡镇“三资”企业开工投产的有2 000多个，开工率在40%左右，全年自营出口达60多亿元，比上年增长2.5倍。“三资”企业外贸出口已成为江苏乡镇企业外贸出口的一支重要力量。

“二快”：一是兴办第三产业、独资企业加快，合作领域拓宽。经过近十年的发展，中外合资合作领域不断拓宽，特别是进入90年代，其领域开始从工业加工、生产逐渐向经营流通、房地产业、文化娱乐、饮食服务、仓储运输等第三产业领域发展。1993年全省新批乡镇第三产业合资企业和独资企业近200余个。二是新批“三资”企业速度加快。1991年全省乡镇“三资”企业平均每天批准为1.78个，1992年平均一天批准11.4个、1993年平均一天批准13.8个。各地区兴办“三资”企业势头一浪高过一浪，特别是起步较迟的苏北地区，1993年新批“三资”企业超额完成年度计划。

“一高”：即合资项目技术含量逐步提高。在兴办“三资”企业起步较早的苏南地区，近年来，在新办“三资”项目中，一方面注重合资的规模、出资比例，有选择地挑选项目；另一方面注重项目技术含量、产品质量，选择技术含量较高的或技术劳动密集型的产品进行合资、合作，共同开发。如386 SL笔记本电脑，软、硬磁盘，激光唱片，数码电子管，光线电缆等高新技术产品已落户乡镇企业。

环 保 安 全

乡镇工业环境保护行动计划

1993年乡镇企业安全生产工作概述

乡镇企业花炮安全生产成效显著

乡镇企业消防工作

乡镇工业环境保护行动计划

张 鲁 江

中国乡镇工业的发展同世界各国工业的发展一样，在带来巨大物质财富的同时，也出现了环境污染问题。本世纪末到21世纪初（2010年），既是乡镇工业发展的重要时机，又是加强环境管理，控制环境污染的关键时期。环境保护是我国的一项基本国策，必须十分重视在发展乡镇工业和实现农村现代化的过程中解决好环境问题。为了在一段时期内指导各地积极开展乡镇工业的环境保护工作，根据乡镇工业经济发展的特点和乡镇工业环境问题的特殊性，农业部于1993年5月发布了《迈进二十一世纪乡镇工业环境保护行动计划》（以下称《行动计划》）。

实施这个《行动计划》，可以在世纪交替的关键时刻，抓住机遇，创造条件，为下个世纪乡镇工业的环境保护工作打下良好的基础，为推动我国经济和环境保护事业的协调发展做出贡献。

第一，《行动计划》概述了我国乡镇工业污染的基本情况和环境问题的特殊性：

1. **基本情况**。目前乡镇工业的“三废”排放量在全国“三废”排放总量中的比重不大。但是，随着乡镇工业数量的发展和规模的扩大，“三废”排放量也在增加。1990年乡镇工业排放工业废水18.3亿吨，占全国工业废水排放总量的6.7%，比1985年增加了2.2亿吨；排放工业废气1.22万亿标准立方米，占全国工业废气排放总量的12.9%，比1985年增加了5 800亿标准立方米；工业废渣产生量为1.15亿吨，占全国工业废渣产生总量的16%，比1985年增加了6 500万吨。1990年乡镇工业主要污染物的排放量COD为156万吨，SS为112万吨，SO_2为220万吨，CO_2（以碳计）为8360万吨，工业粉尘330万吨。

在一些乡镇工业发达的集镇，由于企业的密度大，布局不尽合理，污染物的排放量超过了当地环境的净化能力；在矿产资源丰富的地区，开采和冶炼中的重金属污染问题比较严重；许多乡镇工业的生产工艺落后，设备陈旧，物耗和能耗高，造成污染。特别是乡镇工业的环境管理十分薄弱，缺少污染治理技术，施用国营大中型企业的一些治理技术又不适用，加上资金的严重不足，使得局部地区的环境污染问题比较严重，尤其是乡镇工业点多面广与农业镶嵌在一起，污染物的排放没有多少缓冲的余地，对农业环境的危害更为直接。

乡镇工业的“三废”排放中，废水和废气的污染问题最为突出。废水污染主要来自造纸、制革、印染、酿酒和淀粉、电镀行业。这些行业排放的废水量，分别占乡镇工业废水排放总量的43.8%、6.8%、6.6%、3.8%、1.5%。乡镇工业废气污染主要来自砖瓦、水泥、金属冶炼、炼焦和炼硫磺行业。其排放的废气量，分别占乡镇工业废气排放总量的43%、20.5%、11%、3.3%和0.2%。

2. **特殊性**。乡镇工业主要是中小企业，它的环境保护问题与城市和国有企业比较，有许多不同的特点。①乡镇集体工业企业的数量是国有企业的10倍。这些企业分布在广大的农村，有相当一部分企业管理粗放、总体水平低。这种发展特点，不利于科学规划，合理布局，集中治理污染物。加上农村交通不便，通讯落后，县以下环境管理部门的人员少，环境检测手段落后，因此，许多管理城市污染源和国有企业开展污染防治的办法，在农村难以实施。这是乡镇工业环境管理工作的难点。②发展农村经济，在我国是最迫切的问题。那里出现的一些环境问题往往与脱贫问题交织在一起，使得经济和环境两种利益的比较表现得更为复杂。③乡镇工业生产的管理者、生产者，大量的来自农民。知识水平低，人员素质差，组织方式松散。其企业的管理水平和工人的技术状况都达不到大工业生产的要求，对在现代工业发展中必然会出现环境问题认识不足。④大多数乡镇工业企业的生产规模小、工艺落后、设备简陋、能耗高、原材料消耗多，污染防治的能力差。⑤农业用地过度开发，生态环境十分脆弱。乡镇工业分布在村舍附近，水网周围与农田交错在一起。污染物的排放，虽然量不大，但是更容易造成对农产品质量和农业生态环境的威胁。⑥利用初级资源，发展生产，是众多乡镇工业起步的一条重要途径。因而容易造成地区资源的过度开采和相同污染物的集中排放，给局部地区的生态环境带来极大的压力。⑦有80%的乡镇工业企业为污染排放较轻的轻工业和其他行业上。因而其万元产值排污系数低于城市工业和国有企业。⑧乡镇工业环境问题具有明显的地域特点。土法炼硫磺的集中产区，酸雨的污染对当地生态环境破坏严重。煤炭产区的土法炼焦生产，大量排放的烟尘和二氧化硫引起了严重的大气污染。小纸厂，排放的造纸废水是主要环境污染的问题。棉纺、丝绸产区的印染废水污染，已经影响了其他行业的发展。金属矿产的开采和冶炼造成了重金属的污染。电镀废水的污染基本分布在大中城市的周围。砖瓦、水泥企业遍及农村，成为农村大气污染的普遍问题。⑨根据国家现行规定，乡镇工业无法使用计划内的技术改造贷款。排污费的返还使用量很少，治理经费渠道不畅，资金严重短缺是乡镇工业开展污染综合防治的重大难题。

第二，《行动计划》总结了我国乡镇工业环境保护的成就：

我国政府已经逐步建立了环境保护的法规。对于乡镇工业的环境问题，也已列入了日程。从1979年以来，陆续发布了《国务院关于发展社队企业若干问题的决定》、《关于严格限制和整顿社队电镀厂点的通知》、《国务院关于严格控制发展小炼油厂和取缔小土炼油炉的通知》。在《中华人民共和国土地管理法》、《中华人民共和国矿产资源法》、《中华人民共和国水污染防治法》和国务院有关《征收排污费暂行办法》、《建设项目环境保护管理办法》、《节约能源管理暂行条例》中，乡镇工业执行或参照执行了一些环境管理法规。1984年国务院专门颁发了《关于加强乡镇、街道企业环境管理的规定》。这些法规的实施对调整乡镇工业的发展方向，合理布局，规划村镇建设，治理污染，保护农业生态环境起到了一定的作用。在研究和解决在社会主义市场经济中，进行生产活动的乡镇工业所发生的环境污染问题，建立乡镇工业环境保护的法规体系，规范它们的生产行为，已成为保障乡镇企业合法的环境权益，监督乡镇工业开展污染防治，促进其健康发展的重要条件。

为了掌握乡镇工业的环境污染的情况，1985年农业部第一次在全国开展了乡镇工业环境污染状况的调查。1986年农业部与国家环境保护局联合召开了全国乡镇企业环境管理会议，推动了乡镇企业环境保护管理工作的开展。1990年国家环境保护局、农业部、国家统计局联合开展了乡镇工业环境污染状况的第二次调查。这些工作使国家基本掌握了乡镇工业环境污染和环境管理的情况以及污染发展的趋势，对于制定乡镇工业环境保护政策，加强宏观管理，采取污染防治措施起了重要作用。1990年与1985年的经济发展与环境状况的比较可以看出：①乡镇工业经济发展很快，环境污染未随同步增长。1985年乡镇企业的产值为2 750亿元，其中工业产值1 850亿元。到1990年乡镇企业总产值达到9 600亿元，其中工业产值7 100亿元，比1985年分别增长了249%和284%。废水、废气、废渣的排放量分别增长了13.7%、90.6%、130%。②乡镇工业的“三废”排放量在全国“三废”排放总量中所占的比重仍然比较低。1985年乡镇工业废水、废气排放量和废渣产生量分别占全国工业“三废”排放总量的10.7%、9.3%和11.1%。到1990年三者为6.7%、12.9和16%。

从70年代末开始，乡镇工业治理了一批污染源。对电镀行业做了规划调整，进行了工艺改造和废水治理。80年代初，在砖瓦和水泥行业进行了结构调整，取消了土窑和蛋窑的生产，进行了轮窑的技术改造。对企业的动力锅炉进行了烟尘治理。80年代末，开展了土法炼焦和土法炼硫磺的炉型技术改造。一些乡、镇政府培养了环保员，加强了对乡镇工业的环境管理工作。到1990年乡镇工业有初级环保人员11万人；环境影响评价和“三同时”制度的执行率分别达到22.7%和14.4%。有各类污染处理设施7.5万台套，改造锅炉和炉窑1.3万座，环保设施固定资产原值达到14亿元。

乡镇企业的发展还为改善农业生态环境创造了条件。从1985年到1990年，乡镇企业以工补农、以工建农的资金逐年增加，总数达到185亿元，平均每年增加55%。利用这笔资金，农村开展了农业基础设施的建设，绿化荒山、荒坡，美化集镇的文化和生活环境。

总结乡镇工业开展环境保护的情况，说明保护好环境能够促进生产力的发展。乡镇工业的经济发展与环境密切相关。只有企业自身经济力量的提高，才能为保护环境和开展污染治理提供有效的技术和物质保障，实现经济效益、环境效益、社会效益的协调发展。

第三，《行动计划》提出了乡镇工业环境保护的目标与任务：

1. 环境保护目标。到2000年乡镇工业的环境规划目标是：初步建立起乡镇工业环境管理网络和法规体系。重点污染行业都有适用先进的污染防治技术，使环境污染有所控制。部分重点污染地区的环境状况逐渐好转。村镇环境有明显改善。

2010年乡镇工业的环境规划目标是：健全乡镇工业环境管理网络。建立起社会主义市场经济的环境管理法规。乡镇工业的环境污染得到控制，重点污染地区的环境状况已经恢复。环境与经济和社会的发展相协调。为实现我国农业生态系统的良性循环，乡村环境的清洁、优美、安静的远景目标打下基础。

2. 环境保护任务。到2000年，乡镇工业的物耗降低5%；能耗降低10%；万元产值污染物的排放量降低10%；环境影响评价执行率达到70%；“三同时”制度执行率达到60%；乡镇工业废水处理率达到30%；工业废气的处理率达到45%；工业固体废物的处置率达到50%；综合利用率达到25%。

到2010年，乡镇工业的物耗降低15%；能耗降低20%；污染物万元产值排放量降低20%；环境影响评价执行率达到100%；“三同时”制度执行率达到90%；乡镇工业的废水处理率达到60%；工业废气处理率达到80%；工业固体废物的处置率达到90%；综合利用率达到50%。

第四，《行动计划》提出了乡镇工业开展环境保护工作的主要思路和手段：

1. 制定符合乡镇企业实际情况的经济发展战略。引导乡镇企业进一步调整结构，对于浪费资源、严重污染环境，又难以治理的产业不再发展，已建成的企业要逐步关、停、并、转。在提高产品质量和企业经济效益的基础上，紧紧把握经济建设与环境保护协调发展的原则，使环境目标与乡镇工业生产力的水平紧密结合。

2. 乡镇企业行政主管部门既要抓乡镇工业的发展，也要抓农业生态的保护。随着乡镇企业的发展，在其支农、建农的资金中逐渐加大对环境保护的投入。在乡镇企业管理系统内尽快建立环境管理网络和环境目标责任制管理办法。通过对企业进行指导、管理、监督、协调、服务工作，推动乡镇工业积极开展环境保护工作。

3. 对不同地区，不同发展阶段的乡镇工业企业要制定不同时段的环境标准，提出不同的环境目标。用经济发展和环境保护两个标准同时要求，分阶段，有步骤地解决环境问题，促进乡镇工业的健康发展。

4. 依靠科技进步做好乡镇工业的环境保护工作。重视开发和利用适合于乡镇工业管理、技术和经济水平的科技成果。制定重点行业污染控制的技术改造政策。利用市场这个桥梁把环境科技成果推向乡镇工业，提高企业的污染防治能力。

5. 用经济杠杆启动乡镇工业的污染治理工作，是乡镇工业一些行业开展污染防治取得成效的重要经验。乡镇工业企业内部通过经济责任制加强环境管理。对乡镇工业企业严格按照规定执行排污超标收费制度。对主要污染行业通过建设有经济效益的污染治理示范技术，激发农民开展污染整治的热情，调动乡镇工业企业治理污染的积极性，吸引金融和信贷部门把资金投向乡镇工业污染防治的技术改造。

6. 对乡镇工业企业的污染防治，应该从生产工艺的全过程进行考虑。特别要把着力点首先放在使生产过程实现废物最少化的技术上。充分利用乡镇企业地处农村的特点，发展生态工业，以解决环境保护、乡镇工业、农业生产协调发展的问题。

7. 乡镇工业以煤为主的能源消费，使其环境污染的状况与能源利用的水平密切相关。逐步调整乡镇工业的能源消费结构，把节约能源做为控制污染的重要手段，有利于乡镇工业环境问题的解决。

8. 建设乡镇企业工业区。通过合理规划，科学实施，在小区内实现对热能、水源的集中供应，梯级利用，提高能源和水资源的利用率，实现对污染物的集中控制与处理。

9. 加强合作与交流是解决乡镇工业发展与环境问题的重要手段。乡镇工业面临的环境问题是国家和全球环境问题的一部分，与各个经济部门有着密切的联系。解决乡镇工业的环境问题需要部门间、地区间和国际间的合作、交流与全民参与。

第五，《行动计划》中列出了11个乡镇重点行业污染防治和乡镇工业小区建设的优先技术：

1. 造纸工业。①年产5 000吨碱法草浆黑液的碱回收技术。②碱法草浆黑液生产木素的综合利用技术。③机械磨草制浆生产纸板技术。④白水回收回用技术。⑤亚铵法草浆黑液农业利用技术。⑥机械磨草制浆成套设备的制造。⑦石灰（低碱）法造纸废水的处理回用技术。⑧锅炉节能、消烟改造技术。

2. 砖瓦工业。①年产3 000～5 000万块（标准）空心（实心）砖，人工干燥一轮窑工艺技术。②年产3 000～5 000万块工业废渣砖，人工干燥一轮窑工艺技术。③年产5 000万块空心砖，计算机控制人工干燥—T型轮窑工艺技术。④年产3000～5000万块城市垃圾制砖技术。

3. 水泥工业。①计算机控制原辅料配比技术；②新型保温材料的利用和闭门烧窑技术；③新的电除尘和布袋除尘技术。

4. 制革工业。①减少或替代有毒有害化工原材料的技术。②回收、回用硫化碱和红矾的技术。③制革废水厌氧处理技术。④皮屑、皮块综合开发的系列技术。

5. 炼焦工业。①有回收和无回收改良焦炉炼焦技术。②建设年处理低温焦油3 000吨炼厂的技术。③洗煤废水处理回用技术。④无回收改良焦炉余热发电技术。⑤煤泥炼焦和加工生活用型煤技术。⑥复垦及恢复植被的生态工程。

6. 硫磺工业。①新型炼磺炉的改造技术。②硫铁矿石的加工利用技术。③复垦及恢复植被的生态工程。

7. 金属冶炼工业。①炼锌废渣回收铅、镉的综合利用技术。②采用新的技术建设经济规模企业。③硫化锌矿的脱硫炼锌技术。④复垦及恢复植被的生态工程。

8. 电镀工业。①系列添加剂电镀工艺技术。②电镀漂洗水无（微）排放技术。③电镀污泥的金属回收利用技术。

9. 印染工业。①印染废水中染料、浆料、火碱的回收、回用技术。②逆流漂洗和重复用水技术。③印染废水的物理方法和生物方法处理技术。④锅炉节能、消烟改造技术。

10. 农副产品加工业。①离心分离技术代替流槽沉淀生产淀粉的技术。②废水中回收玉米浆、黄浆粉技术。③酒糟废液厌氧处理回收沼气技术。④从酵母泥中回收啤酒和酵母技术。⑤从麦汁沉渣中回收麦汁技术。⑥锅炉节能、消烟改造技术。

11. 发展生态工业。①生态工业的规划与经济评价方法。②大中型沼气工程技术。③“废水”的土地处理技术。④有关的家畜饲养、水产养殖技术。⑤先进的农业种植技术。

12. 乡镇工业区建设。①乡镇工业区环境影响评价方法。②村镇发展规划方法。③建设集镇小型污水处理厂。④建立小型热电联产联供系统及其热、电计量系统。

第六，《行动计划》提出了实现乡镇工业环境保护目标和任务的一系列保证措施：

1. 完善法规，强化环境管理。①制订《中华人民共和国乡镇企业环境保护管理条例》以及《乡镇企业排污收费管理办法》;《乡镇工业环境影响评价办法》;《乡镇工业污染治理设施管理办法》;《乡镇工业区环境规划办法》;《乡镇企业环境统计方法》;《乡镇工业环境保护资金渠道及管理规定》;《乡镇环保员工作条例》。②把加强乡镇工业环境管理作为各级政府的工作任务，抓农村经济的发展必须抓环境保护。利用乡镇企业行政管理体系，建立乡镇企业环境管理网络。

2. 建立动态信息系统。①开展全国乡镇工业环境污染状况的经常性调查。增加调查指标，建立乡镇工业环境动态数据库。②设立环境监测观察网点，建立跟踪反馈系统，掌握乡镇工业有关环境指标的变化和发展。发布乡镇工业环境信息，指导乡镇工业环境管理、科学研究和技术推广工作。

3. 制定环境技术政策。①制定乡镇企业的产业发展政策，按照国家产业政策的总体要求，调整乡镇工业的产业结构，发展无污染和少污染的行业。②制定《废物最少化的实施导则》。③制定乡镇工业重点污染行业（造纸、炼焦、炼硫磺、制砖、水泥、农副产品加工业）的《污染防治技术改造规定》。

4. 加强教育与培训。①提高乡镇工业管理人员和职工的环境意识是实施《行动计划》的基础。通过教育界、学校、宣传部门、社会团体、新闻界，举办各类环境保护、生态工业建设的展览和宣传活动，增强乡镇工业管理者开展环境保护工作的责任感和紧迫感。建立起保护环境，促进乡镇企业持续发展的观点。②举办全国乡镇工业环境保护的电视讲座。在中国农业广播函授大学设置乡镇工业环境保护课程。利用各地乡镇企业培训中心，举办各类环境保护管理专项技术培训班，为此编写一套全国适用的初级、中级、高级培训教材。争取到2000底将全国省级乡镇企业环境保护管理人员轮训一遍。各省、自治区、直辖市举办培训班将县级乡镇企业环境保护管理人员和乡镇环保员轮训一遍。

5. 开展国际合作。①重视科技信息的研究，增加对世界环境保护科技成果和发展动向的了解，使认识跟上世界水平。②加强同国际环境保护组织的联系，主动争取各种可能的合作机会和途径。培养能够独立参与国际交流的环境管理人材。③就乡镇企业环境保护急需进行的优先项目争取国际合作。开展全国乡镇工业环境污染状况的调查，建立乡镇工业环境动态数据库；设立乡镇工业环境监测网点，建立跟踪反馈系统和环境指标统计系统；在造纸、水泥、印染、农副产品加工、工业区的建设规划和生态工业方面，建设适用先进的污染防治示范技术。并将这些技术在行业中进行培训和推广；用新的环境管理思想、调查技术、统计方法、污染防治项目的评估和区域环境评价的方法编写教材和开展对乡镇企业环境管理人员和乡镇环保人员的培训。④对乡镇工业在污染防治中创造的成功经验、技术成果积极组织交流和技术转让。

6. 疏通和开辟环境保护资金渠道。疏通已有的环境保护资金渠道，开辟新的环境保护投资来源。要根据各类资金渠道存在的问题，制定具体的管理办法和实施细则。争取将乡镇工业污染治理重点行业的示范工程建设纳入国家“星火计划”。对乡镇工业重点污染行业和重点污染地区的环境整治，要努力争取国家金融和信贷部门的投资。还要积极争取国际环境组织和世界银行、亚洲银行以及其他友好国家的经济援助和技术帮助，切实改善乡镇工业的环境污染问题。

1993年乡镇企业安全生产工作概述

郑　宗　道

1993年，乡镇企业安全生产情况比较平稳，但是各地的情况不一样。一年中，乡镇企业安全生产中存在的主要问题是：有的省份火灾事故居高不下；个别省份事故上升；有的省份乡镇煤矿重大事故不断，百万吨死亡率高于全国平均数；特别是有的地方乡镇企业主管部门因管理费停收，致使安全生产管理机构难以开展正常工作。为了加强乡镇企业安全生产工作，解决乡镇企业安全生产中的问题，1993年开展了以下几项主要工作：

1. 召开了“第三次乡镇煤矿安全管理现场会”。1993年4月中旬，农业部乡镇企业司在成都市大邑县召开了“第三次乡镇煤矿安全管理现场会”。会上介绍了5个安生生产的典型经验；推广了大邑县领导重视、统一部署、方法周密、方针正确、严格把关的综合管理乡镇煤矿安全生产的经验。现场会上提出：应有计划地解决矿井过多和安全条件差的问题，坚持办矿条件，坚持依法办矿，提高乡镇煤矿整体素质。总之，认真解决“经济要发展，安全要强化”的问题。

2. 召开了“全国乡镇企业烟花爆竹安全生产管理工作会议”。1993年10月上旬，农业部乡镇企业司在河北省辛集市召开了“全国乡镇企业烟花爆竹安全生产管理工作会议”。会议上交流了花炮安全生产管理的经验，提出了需要落实的措施：一是各级领导必须重视花炮安全生产管理。二是进一步落实三个国家标准，严格执行“禁用药物”、“限量药物”的规定，认真解决花炮混合药剂和半成品自燃自爆、大力研制安全配方；认直执行烟花炮竹计数抽样检查，执行《烟花爆竹劳动安全技术规程》。三是严格审批手续，从严控制发展新产区、新企业。四是严禁无证个体非法生产。五是强化花炮行业安全目标管理。六是加强技术改造。七是健全有效的安全检查制度。八是加强花炮行业信息交流。

3. *贯彻《矿山安全法》*。一是在“乡镇煤矿安全管理现场会”上进行重点宣传和贯彻。二是发放《矿山安全法》学习辅导材料。三是要求各地全面认真地学习、宣传、贯彻《矿山安全法》，确保乡镇煤矿沿着依法办矿、科学办矿、安全办矿的轨道健康发展。

4. 强化安全意识。1993年农业部先后发出了“关于加强乡镇企业安全工作的通知”、“关于贯彻落实全国安全生产紧急电话会议的通知”和“关于加强乡镇企业安全生产工作的紧急通知”。三个通知总的指导思想是：“经济要发展，安全要强化”。具体要求是：各级领导要高度重视安全生产工作，把安全工作纳入法制管理轨道，各行各业要扎实做好各项安全管理基础工作，大力改善安全生产条件，开展安全检查，加强宣传和监督。

5. 进行安全检查。①检查四川乡镇煤矿安全生产。1993年3月下旬至4月上旬，农业部乡镇企业司组织云南、贵州两省部级乡镇煤矿安全监督员对四川乐山、自贡、泸州、内江四个市及所属峨眉山市、沙湾区、犍为县、荣县、富顺县、泸县、隆昌县、威远县八个县、区、市的乡镇煤矿安全生产进行检查，并对德阳市、什邡市、成都市崇庆和大邑县乡镇煤矿进行考查。检查结果表明：从1992年乡镇煤矿百万吨死亡率看，犍为、富顺两县为零，峨眉山市6人，什邡市7.6人，乐山市9.5人，自贡市10人；四川省乡镇煤矿年产3600多万吨煤，约占全省煤产量的一半，并形成了一批“规模矿井”，有一些安全生产的好经验。②检查宁夏、内蒙古乡镇煤矿安全生产。1993年11月11日到25日由农业部乡镇企业司组成联合安全检查组，对内蒙古、宁夏两区乡镇煤矿安全生产情况进行了检查。

6. 建立乡镇企业安全监督员制度。1993年，农业部发放了“安全监督员证”和“安全监督”徽章。通过建立乡镇企业安全监督员制度，强化了乡镇企业安全监督工作。

7. 组织职业安全卫生技术培训。①农业部乡镇企业司组织编写了“全国乡镇企业安全培训专用教材”——《乡镇企业安全生产技术》，作为部、省两级乡镇企业“安全监督员”资格培训的专用教材，也是乡镇企业普及安全知识教育的读物。②1993年11月25日在山西省太原市举办了第一期部级安全监督员培训班。参加这期培训的有山西、山东、河南、湖北、陕西、甘肃、宁夏等七省、区安全管理骨干。③1993

年11月1日至14日，由农业部乡镇企业司和全国防尘防毒工程标准化技术委员会联合举办了第一期全国乡镇工业企业尘毒治理及管理学习班。参加学习的有12个省份的58位学员。主要课程有：职业卫生概论、工业防毒技术、粉尘的危害与防尘的综合措施、劳动保护法规、作业环境评价等。

乡镇企业花炮安全生产成效显著

郑 宗 道

从1987年以来，全国乡镇企业花炮行业的生产处于巩固提高、稳步发展阶段。1990年至1993年，全国乡村两级办的花炮企业控制在4000～4500个（其中乡办1840个），从业人数保持在23～27万人（其中乡办21万人），产值稳定在20～27亿元；以上三项均占全行业的90%以上，全国乡镇企业花炮出口量占全行业的80%以上。

几年来全国乡镇企业花炮行业的安全生产，有了新的突破与提高。

1. 大力落实三个花炮安全标准，努力实现花炮安全生产标准化。1989年国家先后颁布了三个花炮安全生产标准。1990年全国乡镇企业花炮行业从上到下进行了宣传贯彻，使主管部门和企业职工了解三个标准，引导企业调整产品结构、修定产品安全配方、完善劳动安全操作规程。1991年农业部乡镇企业司发出了《关于开展烟花炮竹安全标准执行情况大检查的通知》，并重点抽查了9省（市、区）。

检查情况表明：各地都普遍重视三个国家标准的贯彻和执行，并出台了一些具体措施；有的地区还根据国家标准制定了内控标准；基本控制了禁用、限用药物；花炮企业的职工普遍受到一次深刻的标准化教育。

2. 严格控制发展，提高规模经营。各地乡镇企业花炮企业，不论是老产区还是新产区，只要是规模企业，基本上都是经过各级主管部门严格审批的。全国乡镇企业花炮行业已形成了一批规模企业。有的是厂设若干加工点，有的是厂设若干分厂，有的是花炮企业集团公司，有的是股份公司，有的是合资企业。花炮行业已成为一些地区的支柱产业。最大的花炮企业产值已超过4 000万元。规模企业的安全生产工作都抓得较好。

3. 强化安全目标管理，实行安全生产责任制。有的乡镇企业花炮企业厂部与职工签订“安全合同”，与安全员签订“安全责任条约”。“合同”内容一是明确了双方的权利和义务，二是明确了双方对各种原因造成的事故应承担的法律和经济责任。“条约”明确了安全员职责的百分考核标准，由主管领导定期或不定期考核计分，与每月工资、年终奖金挂钩。

4. 坚持执行“安全第一、预防为主”的方针，完善各项安全管理制度。近三年来，全国乡镇企业花炮行业狠抓了以安全与质量为主要内容的内部管理，不断健全了安全和质量管理机构，修改、制定了花炮安全管理规定。如浏阳市制定了《鞭炮烟花生产管理规定》，醴陵市修改了《烟花鞭炮安全生产实施细则》，安化县编印了《烟花爆竹安全生产手册》。宜春、萍乡两市广泛开展了花炮企业安全生产竞赛，涌现出了一批安全生产先进集体和省乡镇企业一、二级企业。

5. 运用PDPC现代管理，搞好花炮企业综合安全管理。花炮生产，潜在事故隐患多。广西博白县烟花炮竹总厂将PDPC法运用到花炮企业综合安全管理：运用PDPC法，分析事故隐患，始终掌握安全生产的主动权；采用PDPC法预测程序，制定安全生产措施，从增强“人的行为能力”和控制“被动诱发条件”入手，提高安全管理水平。

6. 加强花炮安全配方的检测，确保安全质量。花炮的质量与安全是相互依存的。花炮的安全配方，既关系到生产者的安全，又关系到消费者的安全，这是花炮行业必须解决的重大课题。为此，农业部除普遍要求全国乡镇企业花炮行业，要做到“安全第一”、“质量第一”外，还要建立花炮安全质量监督检测体系。农业部已建成三个烟花炮竹质量监督检测中心（江西萍乡、湖南醴陵、河北辛集），辽宁、云南、四川、陕西等地建立了省级站，形成了强有力的监控网络。

7. 内培外引相结合，加强队伍建设。各地乡镇企业花炮行业充分利用乡镇企业培训中心和花炮技工学校、职工学校进行短期培训和岗位培训，开展对新工人培训、全员培训。经过几年的努力，已培训了一大批乡镇企业花炮技术专业人才。各地在引进人才方面，做了大量工作，逐步走向了有组织地开展工作，效果是好的。

各地乡镇企业花炮行业开展了技术职称的评定，评出了一些高级技术职称人员。四川省乡镇企业花炮行业，评出高级职称5人、中级86人，初级300多人。花炮行业还涌现出了一批全国、省级乡镇企业家。湖南13名、江西5名、广西17名、陕西1名、福建1名。

8. 开展科研攻关，形成多元体系。多年来，乡镇企业花炮行业凡具有一定规模的企业，都建立了花炮科研小组、实验室、技术科、厂办科研所，着重进行了新产品开发和产品换代的研制；一些乡镇企业花炮重点产区建立了花炮技术研究所，进行了新配方、新工艺、新产品及安全机械设备的研制。

乡镇企业花炮行业还积极与花炮技术研究所、大专院校、科研单位合作，开展了专项攻关活动，形成了“多元化的花炮技术攻关体系”。几年来，全国乡镇企业花炮行业的科研活动，走出了一条将“传统技术与现代科技、改进配方与开发品种两个结合”的技术进步的路子，这就使中国烟花炮竹的技术水平有了一个新的提高。通过科研攻关，既提高了花炮行业的安全生产系数，又提高了生产效率。

乡镇企业消防工作

王 秀 忠

1993年乡镇企业的火灾事故呈上升趋势，全国乡村两级企业共发生火灾1 242起，比上年上升9%；死亡180人，比上年上升15.38%；重伤139人，比上年增长1倍多；直接经济损失5285.6万元，比上年增长50.28%。1993年还发生过一起特别重大恶性事故。11月19日深圳市葵涌镇工艺玩具厂（港商来料加工企业）发生的特大火灾事故，死亡84人，重伤20人，轻伤25人，烧毁厂房1600平方米和一批原材料、设备等，直接经济损失260万元。

1993年乡镇企业出现火灾起数、死亡人数、重伤人数及直接经济损失全面上升的局面，其主要的原因有：①有的地方领导和企业领导安全意识不强，安全管理工作摆不上位置。②在机构改革中，有的地方出现了弱化乡镇企业安全管理机构的倾向。③有一部分企业有重效益忽视安全的以包代管的倾向，没有摆正安全与生产的关系。④有的企业消防设施不健全，有的企业无消防栓，有的灭火器材超期使用。⑤对存在的事故隐患整改不及时。⑥安全责任制不健全，消防制度不完善。⑦“三资”企业、“三来一补”企业的火险隐患严重。突出表现在一些地方对这类企业安全管理体制理不顺，有的甚至出现了“管理真空”，再加上一些外商只顾赚钱，使得一些企业存在重大火险隐患。如相当一部分企业厂房属“牢笼式”厂房，封闭式管理，生产车间、原料及成品仓库、职工宿舍“三合一”等长期得不到解决。深圳“11.19”特大火灾事故可以说就是这些问题的大暴露。

1993年乡镇企业消防工作，主要抓了以下几个方面：

1. 加强领导。各级乡镇企业主管部门和企业领导者，对防火工作高度重视，并切实加强领导，列入重要的工作日程，结合本地区、本部门的实际，及时调查研究分析解决消防工作中存在的问题。

2. 强化安全意识。各级乡镇企业主管部门和企业认真贯彻了《消防条例》和其他有关消防规定，认真贯彻了国务院召开的两次全国安全生产电话会议及安全通知的精神，并结合本地的实际作出了明确的部署。

3. 继续实行目标责任制管理，加强基础工作。为把火灾事故控制到最低限度，各省（市、区）都下达了防火目标，并层层签订了合同，把控制目标层层落实，对有效地控制火灾起了较好的作用。

4. 加强对乡镇企业中“三资”企业、“三来一补”企业的管理。深圳“11.19”特大火灾事故发生后，农业部乡镇企业司对事故情况及时进行了通报，要求各地吸取这次事故的教训。并要求各地乡镇企业主管部门在各级政府的统一领导下，与有关部门密切合作，进一步加强对“三资”企业、“三来一补”企业消防工作的组织领导，确保安全消防管理机构和人员到位，并认真贯彻“预防为主，防治结合”的方针；各级乡镇企业主管部门要督促企业认真查找并及时消除火灾隐患；企业生产、使用、储存、运输易燃易爆物品，必须执行国家关于易燃易爆物品的安全管理规定；在企业人员集中的场所，必须保持安全出口、疏散通道的畅通无阻，不得以任何借口将安全出口、疏散通道锁死。各地对“三资”企业、“三来一补”企业的“牢笼式”厂房，加强了检查，并采取了相应措施，努力消除隐患，杜绝了特大事故的再次发生。

各地按照上述要求对乡镇企业中“三资”企业及“三来一补”企业进行检查、整改，对防止火灾事故的发生起到了积极作用。但一些地方存在的对乡镇企业中“三资”企业、“三来一补”企业管理体制不顺、对“三合一”厂房改造难等仍然是这类企业消灭火灾事故的障碍。

5. 加强消防知识的教育培训。1993年各地与有关部门积极配合，对有关乡镇企业的领导进行了消防知识培训，组织企业进行消防训练；对企业新工人上岗前进行了三级教育，做到了特殊工种持证上岗。

6. 加强检查监督。各地乡镇企业主管部门与有关部门配合或单独对有关乡镇企业进行了消防检查。特别是针对本地区的特点确定了消防工作的重点行业、重点企业和重点环节，特别是对本地区的易燃易爆等危险性行业及“三资”企业、“三来一补”企业，加强了检查，并采取了相应措施，努力消除事故隐患。

7. 建立安全管理工作的激励机制。许多省份开展了评选、表彰消防工作先进单位和人员的活动，对推进消防工作起到了积极作用。江西省通过在100万元以上的企业中开展连续五年无事故安全生产先进单位的评选表彰活动，对降低包括火灾事故在内的整个乡镇企业安全工作起到了较为显著的作用。正因为如此，1993年江西省乡镇企业火灾起数下降17.8%，死亡人数下降33.3%，直接经济损失下降9.27%。

专 题 文 章

乡镇企业要上新台阶

费　孝　通

一、采取层层衔接的改革步骤

乡镇企业要上新台阶，这是大家所关注的，问题是怎么上。1992年5月，我到山东沂蒙山区考察，沂蒙山区的费县山穷水恶，80年代初，村党支部组织农民从山下挑土上山，发扬大寨精神，把背上山的土用石头圈起来，开辟了大量的土地。后来，村集体又把整治好的土地分给农民承包，种山楂、种板栗。然后，他们又在果林的基础上大力发展果品加工业。我从他们的发展中看到了一个一步接一步的序列。他们先发展集体经济，然后发展农民个体经济，一旦生产达到一定规模，他们又发展集体加工业，集体经济与个体经济结合，农业和工业结合，统分结合，相互嫁接。

过去实行过社会主义的国家在面临新的选择时期，如波兰、俄罗斯，他们搞了一个向市场经济过渡的方案，是请美国哈佛大学的一批洋博士设计出来的，叫作"休克"方案，即在经济负增长的情况下单纯追求放开市场，结果大批企业倒闭，工人失业率急剧增加，社会动荡，造成了经济滑坡、市场又形不成的恶果。他们企图打破原有的体制，加速向市场经济和私有制过渡。实践证明"休克"方案是行不通的。和"休克"方案相对照的是我在沂蒙山区看到的层层衔接的改革步骤，农民称它作嫁接方式。"休克"是刨根，嫁接是在老根上长新枝，节节高。我们的社会主义市场经济的建立也是在旧体制上实行嫁接。以往的社会主义计划经济奠定了我国工业基础，但它的机制不够灵活，生产效益不高。然而我们不可能完全抛弃这种体制，不应一下子全部推翻它，要冷静地观察，从实践中总结，逐步改革。这就是老根上接新枝。

二、股份制是很好的选择

乡镇企业发展了10多年，其作用是不可低估的，但存在的问题也不少，我们要认真地、脚踏实地地去研究它，不要站在那里冷嘲热讽。许多事情是很复杂的，不少路子看起来不大通，实际上是最有效的。乡镇企业刚刚兴起的时候，也有人指责它，但它毕竟壮大起来了。我看也要不断嫁接新枝。

社会主义市场经济是很复杂的，完全脱离计划经济来建立市场体系在中国是行不通的。乡镇企业最初是从基层组织以集体积累搞起来的。但由于挤不进国家的计划经济，为了生存才在计划外开辟了自己的市场。搞得好的乡镇企业在效益上一般比国营企业强。在国营企业覆盖的计划经济之外，形成一个从国内到国外的生气勃勃的市场经济。同时这两种"经济"又是脉脉相通，相互渗透。

乡镇企业在建立社会主义市场经济中发挥了巨大作用。农村剩余劳动力的压力和农民为了提高自己的收入愿望，导致了乡镇企业的产生。所以，中国的市场经济是在实践中不断长大的。中国至今还没有一个发育成熟的全国性市场，照搬外国的东西是不行的。现在看来，股份制对于企业上台阶是一种很好的组织形式的选择，各地都在进行股份制试点，出现了许多不规范的现象。但我们不要因为它不符合国外股份制的标准就指责它。凡事总有一个过程，就像写文章一样，文章写了出来也要不断修改。我们的社会主义市场，我们的乡镇企业也要经历一个发展和完善的过程，理论和实际部门工作的同志应当脚踏实地，去了解、分析正在变化着的现实，并把它们反映出来。这样调查研究得来的结果才有意义。

三、提高效益重在自信，增强集体观念

乡镇企业要上台阶，我看首先要提高企业的效益，上台阶就要加大资金投入，更新设备，提高技术，要培养一批精通现代科学技术和管理方式的企业家。对于现代科学技术，我们不必自卑，中国有着悠久的科学历史，只是由于我们的思想停留在小农经济上，没有把潜力发挥出来。我参加过墨子研讨会，发现墨子的学说博大精深，有着自己的体系。墨子提出了数学上零的问题，零是一个最难理解的数目。从数学史上看外国人对零的研究要比墨子晚好几个世纪。中国人具有科学技术的遗传基因。现代西方文化中最引人注目的科学技术表现在计算机的发明和运用上，其实中国很早就有阴阳两位数的理论，而这正是计算机最基本的数理基础。我相信，中国人搞计算机准能赶上西方国家，美国的计算机大王王安就是华人。现在不少中国人没有民族的自信心，这很不好。我们必须看到中国人有自己深

厚的智能潜力。目前的问题是怎样切实地培养一批现代科学家和企业家。

80年代初，我到澳大利亚访问，带回一种菌苗，叫凤尾菇，我交给了江苏省吴江县的一位普通技术员。他认真摸索实践，近十年来，凤尾菇为吴江县农民创造了几亿财富。最近我找了吴江县同里镇一个种凤尾菇的专业户（普通农民）谈话，他向我介绍了找市场生产凤尾菇的经验，就是以销定产，先订货再种。看来，他已经掌握了市场经济的经营方法，掌握了市场的变化规律。市场观念就是要在实践中培养，这是提高企业素质的一个关键问题。目前，我们要注意提高农民的市场观念和商品意识，提高他们适应市场变化的能力，但公有制的根本不能丢。更可贵的是这位凤尾菇专业户在村子推广他的知识，现在整个村子家家培养凤尾菇，几乎成了生产凤尾菇的专业村。这种推己及人的精神，不就是社会主义的集体精神吗？

四、搞活流通，保证市场经济的发展

发展流通是乡镇企业上台阶的一个重要内容。上海郊区有个金山县，最近我去看了一下，他们搞起了一个很大的商城。金山县坐落在上海、江苏和浙江三省市的交界处，早年就有个米市，是三省市农产品交易中心。现在金山县充分利用它的区位优势，先行一步，办了个商城。这说明我们现在已进入区域发展的时期了，而流通具有把各个点联结成一个区域的作用。

我一直认为，市场经济一旦起步，一定会从最初那种定期的农贸市场，发展到定点的坐商，形成小集镇，再发展到区域性的大商场，最后会形成一个全国性自由流通的大市场。同时，我们还要左右开弓，开拓两个市场——国际市场和国内市场。国际市场受制于国际形势，国际形势变化多端，谁也不知道外国什么时候要卡我们，所以绝不要轻视了国内市场。11亿人民开始摆脱贫困，大家要提高生活，这个市场之大是了不起的。我们要大力发育国内市场，有两手准备，东方不亮西方亮。这是其他小国办不到的。

要搞活市场，就得保持商品的畅通，市场必须要有真实可靠的信息，这样才能保证市场经济的发展。

搞流通离不开交通，交通运输对于发展区域经济具有重大意义。

五、小城镇的建设与发展势在必行

小城镇的布局应当抓紧研究，大概不出5年，就要出现小城镇的改造热。建筑的高潮会引起建材、装饰、家具业的发展。同时，农村里农业户和非农业户的住房还会有较大的改进。对于这些问题应当及早注意。80年代初，我在《小城镇、大问题》中指出，小城镇是一个包含了丰富内容的概念。小城镇是农村市场发育的物质体现。集市和集镇是发展农村商品经济的基本形式，集市是集镇的前期形式。在农村商品经济的发展中集市可能进一步发展成为集镇，在集市阶段中交换的主要是农副产品，农副产品交换的前提是多种经营和副业的发展，集镇就是小城镇，它是乡镇企业发展的结果。

小城镇作为一个城乡社会的环节，凝聚了中国社会结构变动中种种矛盾所产生的推动力。尤其是自1979年中国农村实行改革以来出现的种种社会问题，都与小城镇的发展联系在一起。联产承包责任制的实行推动了农业的发展，农产品的剩余要求发展商品生产，建立商品交换中心也就势在必行。乡镇企业的“异军突起”为解决剩余劳动力提供了一条出路。乡镇企业的兴旺成为小城镇发展的基础，小城镇的兴起解决了中国现代化过程中的种种矛盾。这是个可以搞出国际水平成果的研究领域。

六、实现小康目标，更应重视精神文化建设

11亿人的生活达到小康水平应当看作是我国经济上必要的立国基础。这就是说，没有这个水平，我们这个国家是站不住的。这是现代化中国的经济起点。因此，达到小康之后首要的任务是在经济上加紧继续发展，赶上世界先进水平。我们还必须节衣缩食，勤俭治家，以加速积累、加重投入来促进生产。绝不能产生自满自足的思想。

可以预见，实现小康之后，适应于现代化精神文化的建设显得更为重要了。古语说，衣食足而知荣辱。今后，心态研究必须和生态研究并重，以适应物质文化和精神文化同步发展的现实。

河南省林县发扬自力更生、艰苦创业精神的调查报告

陈 俊 生

（1993年10月15日）

7月中旬，我到河南省检查黄河防汛，正赶上河南省委在林县召开五届七次全会。省里李长春等领导同志向我们介绍了林县人民在60年代以自力更生、艰苦创业的精神和大无畏的英雄气概，修筑了闻名中外的红旗渠；进入80年代，他们继续发扬这种精神，并与改革开放的时代意识相结合，大力发展建筑业、乡镇企业，使一个偏远贫困的山区县跃入了全省先进县行列。省委已决定在全省范围内结合学习江泽民总书记在八届人大一次会议讲话中提出的艰苦创业"64字"精神，开展学习林县人民自力更生、艰苦创业精神的活动。

回来后，我一直思考这个问题。我国现在还不富裕，还处在艰巨的创业时期，无论是农村经济工作，还是其他各行各业工作；无论是发达地区，还是欠发达地区，以及贫困地区，都需要有这种自力更生、艰苦创业的精神。带着这个问题，最近我到林县进行了三天的调查。

一

林县地处太行山区，全县16个乡镇，536个行政村，98万人口，原是自然条件十分恶劣、常年缺水、资源缺乏的贫困山区，解放前有"水缺贵如油，十年九不收，豪门逼租债，穷人日夜愁"之说。就是这样一个穷山区，三十多年来，林县人民自力更生、艰苦创业，用自己辛勤的双手硬是改变了贫穷落后的面貌，并开始向工业化和小康目标迈进。1992年全县工农业总产值达到29.76亿元，16个乡镇中12个是亿元乡镇，人均纯收入达到792元，今年预计可达900多元；经济综合实力由全省县级单位的第44位上升到14位。河南省委、省政府对林县的经验非常重视，进行了全面总结。认为，他们经验的核心就是自力更生、艰苦创业的精神。就是靠着这种精神，创造出了今天的成就和业绩。看后使人振奋，令人感叹！

林县人民自力更生、艰苦创业精神的第一个体现是修建红旗渠工程。红旗渠是1960年开工的，工程总投资1.25亿元，全县人民省吃俭用筹资7 876万元，占总投资的63%。当时全县70多万人口，参加红旗渠建设的就有20多万人，夫妻并肩，父子同行，几代人走在一支队伍里。当时正是三年困难时期，修渠民工每天只有300克粮食，红旗渠纪念馆里至今还陈列着民工食用的几十种野果、野菜和树叶标本。全县人民硬是靠着两只手，削平了1 250个山头，架起了157个渡槽，打通了211个隧道，挖土石方1 818万立方米，修建了长达1 500公里的人工天河，把位于山西的漳河水引到了林县，使50多万亩旱地变成水浇地。加上干、支、斗、毛渠的工程量相当于修建一道从哈尔滨到广州高3米、宽2米的"万里长城"。周总理当时讲过，中国有两大奇迹，一个是南京长江大桥，另一个是林县的红旗渠。红旗渠的建成，给林县人民打下了一个好的思想基础和经济基础，思想基础就是造就了一大批英雄人物，培养了艰苦创业的精神；经济基础就是从根本上改变了生产条件，粮食产量大幅度提高，人民群众的生活有了很大改善，为今后的经济发展奠定了好的基础。

林县人民自力更生、艰苦创业精神的第二个体现是劳务输出发展建筑业。林县人民精神的可贵之处在于建成红旗渠之后，并没有止步，他们充分发挥工匠之乡的传统优势，输出劳务发展建筑业。进入80年代，他们有领导、有组织地带领大批能工巧匠走出山门，形成13万人的建筑大军，走向全国各地，开始了脱贫致富的原始积累，也造就了一大批开放型的人才，进一步弘扬了艰苦创业的精神。外出的十几万民工收入水平并不低，但他们仍然省吃俭用，从早上五六点钟开始上工，到月光洒地才收工，每天工作十几个小时。别人都不敢承包的难活，他们敢承包，而且能高质量地完成任务。近几年北京市的10项优质建设工程，林县人参与的就有8项。全县外出建筑队创的部优、省优、市优工程有百余项，为林县人民赢得了一个个荣誉。河南省委书记李长春总结得好，他说：林县人民靠着自力更生、艰苦创业的精神，用带着泥巴的两腿走遍祖国南北，用布满老茧的双手建设文明都市。他们为国家创造了财富，自己也饱了肚子，挣了票子，换了脑子，有了点子，闯出了致富的路子。

林县人民自力更生、艰苦创业精神的第三个体现

是大力发展乡镇企业。1992年，林县乡镇企业实现产值29亿元，在全省100多个县中排到第3位，完成税收9 600万元，排到第一位。不到4年时间，乡镇企业产值翻了两番。林县的乡镇企业发展为什么会有这么快的速度、这样好的效益?主要是:①项目选得比较准。为什么准呢？十几万人在外面搞建筑，反馈回大量信息，引进大量技术，到底生产什么产品好，选择量多，选择余地大。②多数资金自己筹集。建筑业多年提供4.5亿元的纯收入，为发展乡镇企业积累了资金。还有一个不能忽视的原因就是林县人民有勤俭的好传统，近11年来，城乡居民储蓄金额一直位居全省之首。1992年达15.5亿元，人均1 600多元，1993年1至8月份，居民储蓄余额又增加了3.1亿元，人均突破1 800元。由于资金自己筹集，到位快，加上有自己的施工队伍，因此建厂效率高、速度快。我们去参观过的企业一般从破土动工到投产，不超过半年时间。③同大厂、科研单位搞联合办厂、办企业，使乡镇企业一开始就向高起点、高技术含量发展，产品有竞争力。

此外，还有一个原因最为重要，这就是有一批无私奉献能干的带头人。全县有160个企业大都是村党支部书记和建工队长领办的。这些同志都是在外面换了脑筋回来的，如果搞私营企业很可能成为百万富翁，但他们没有这样做，坚持带领群众共同致富。定角村党总支书记李广元是一位年超亿元产值的公司总经理，一线工人年工资高达7 000元，他每年却只领取5 000元。1991年在兑现承包奖金时，他与几位副经理把应得的180万元，全部用于扩大再生产。这次我见到他，他对我说，作为一名党员，只有让群众先富起来，我们才能站住脚。史家河村企业集团总公司总经理王发水在1990年企业扩建工程时，北上南下东奔西跑49次，在汽车上渡过了33个整夜，吃掉了两箱方便面，过度劳累使糖尿病发作达4个“+”号。城郊乡上庄村与北京啤酒行业的大企业联合办厂，村委主任李章之为办好这个企业，外出跑了许多省、市引进人才和设备，由于过度劳累，胃部大出血，经抢救后稍有恢复就出院，又带病指挥施工。类似这样的事例还有很多。就是靠着这样一种精神，使林县的乡镇企业建设工期都很短，而且效益也都很好，他们称之为“林县速度”、“林县效益”。

林县人民自力更生、艰苦创业的精神有三个特点：

1. 把中华民族艰苦创业的传统美德与改革开放和社会主义现代化意识结合起来。林县精神既体现了中华民族创业精神的共性，又表现了林县人民特有的精神风貌和鲜明的性格特征。中国人民有勤劳、勇敢的传统美德，如何发挥这种美德，如何把这种美德和现代意识相结合，林县人民的实践回答了这个问题。

2. 将物质文明和精神文明建设结合到一起。红旗渠建设和红旗渠精神就是这种结合的生动体现。后来发展建筑业、乡镇企业，这两个文明建设结合得都很好。过去我们一强调精神文明建设，就容易忽视物质文明建设，一强调物质文明建设，也容易放松精神文明建设，不能很好地把二者结合起来。林县人民的实践也回答了这个问题。

3. 有党的坚强领导，靠着广大党员干部的无私奉献精神。事在人为，重在领导，这是林县人民自力更生、艰苦创业精神的组织保证。在林县历史上，为了改变严重缺水的状况，林县人民曾进行过无数次分散的、自发的斗争，但都没有成功。只有在解放后，在历届县委和政府一班人带领下才完成了这艰巨而宏大的红旗渠工程。他们在国内外十几万人的建筑施工队伍都建有基层党支部。从修红旗渠到现在三十几年，林县县委书记换了八任，但他们班子变，精神不变，一届接着一届干，一任干给一任看。有了艰苦创业、无私奉献的各级领导，带动了各行各业都在讲奉献。1988年以来，全县312名县乡干部常年驻在条件最艰苦、气候最恶劣的100个贫困山村帮助群众脱贫致富。这几年林县个人捐款达1.3亿元，用于各项建设事业，其中捐款万元以上的就有82人。共产党员、企业家崔旺全，把自己辛勤积攒的45万元捐出为村里办学，建起了校舍，给各家各户安了自来水。共产党员、建工队长万荣奎身患重病，住院期间，好药舍不得用，临终前却把20万元积蓄捐给了村里。老党员孙启生，创业一生，不仅把自己30万元积蓄捐献出来，而且亲自率领建筑队组织施工，在身患癌症去世之前，把一幢1 400平方米的教学楼留给了村里。林县各级党组织之所以有战斗力、有凝聚力，之所以带领群众干成了一些大事，广大群众、特别是党员干部的无私奉献精神是一个很重要的原因。

在八届人大一次全会上，江泽民同志指出：“我们的社会主义现代化建设还处在艰巨的创业时期。伟大的创业实践，需要有伟大的创业精神支持和鼓舞。”林县人民在修建红旗渠中培育和形成、在改革开放的新时期丰富和发展的创业精神，正是江泽民同志倡导的“64字”新时期创业精神的具体体现。林县人民自力更生、艰苦创业的精神很感人，也很有说服力。学习弘扬林县人民自力更生、艰苦创业的精神，为全面推进改革开放和经济建设都具有十分重要的意义。

三

根据我考察的体会，林县精神具有以下四个方面的重要意义：

1. 学习弘扬林县人民自力更生、艰苦创业的精神，对于各级领导干部树立起这种精神很有意义。林县人民之所以取得今天这样的成就，没有党的领导，没有广大党员干部的无私奉献，是不能成功的。林县的领导同志向我介绍情况时说，林县每前进一步都得益于历届县委和各级党组织的坚强领导，得益于党员的先锋模范作用。我们是社会主义国家，有党的领导，应该说有自力更生、艰苦创业的优良传统。我们国家现在还不富裕，搞经济建设，办几件大事靠物质的鼓励有限，还要有一点精神，还要讲奉献，这是我们的优势。我们各级领导干部首先要树立起这种精神，这对在新的历史时期，搞好经济建设，做好各项工作非常迫切和重要。如果各级领导同志都有一种艰苦创业的精神，都讲奉献，我们就能够承担起领导群众、组织群众的重任；就能把党的方针、政策变成广大群众的自觉行动；也就能更快、更好地搞好我们的经济建设。

2. 学习弘扬林县自力更生、艰苦创业的精神，对促进中西部地区经济发展很有意义。林县修红旗渠、搞劳务输出发展建筑业和发展乡镇企业的具体做法，中西部地区不一定照搬照套。但林县的自力更生、艰苦创业精神，每个地方都应当学。这确实可以成为中西部地区加快经济发展的强大动力。我国目前尚有 8 000 多万人没有完全稳定解决温饱，这些人口大部分生活在中西部地区，而中西部地区相当一部分的条件并不比林县差，他们遇到的困难也并不比林县多，但相当一部分地方却始终没有解决贫困问题，有的即使解决了贫困问题，也不愿意摘掉贫困的帽子。究其原因固然很多，但其中很重要的一条原因就是缺乏林县人民那种自力更生、艰苦创业的精神。现在我们正在制定“八七扶贫攻坚计划”，用今后七年时间基本解决尚未完全解决温饱的 8 000 多万人的温饱问题。有些同志把解决这部分人的温饱问题称为啃“硬骨头”、“攻坚战”。要打好这个攻坚战，同样要有林县人民那种自力更生、艰苦创业的精神。没有这样一种精神，安于现状，小富即安、小成即满；或者怨天尤人，不思进取，无所作为，是打不好这个攻坚战的。即使靠国家扶持解决了温饱也还会暖而复寒，饱而复饥，还得再扶贫。今后扶贫不但要从资金物资上扶贫，重要的是要扶志、扶精神。扶志、扶精神就是要使贫困地区人民树立起自力更生、艰苦创业的精神，树立起自强不息、改天换地的斗志。这是做好今后扶贫工作的一项重要内容。

目前，东部与西部地区的经济发展还存在着差距，差就差在乡镇企业的发展上。林县过去不富裕，条件也不够好。但他们依靠的是自力更生、艰苦创业的精神，大力发展乡镇企业，使经济有了较快发展。现在，中西部地区正在大力发展乡镇企业，要发展乡镇企业也必须学习弘扬林县人民的自力更生、艰苦创业的精神。没有这种精神，钱花得再多，乡镇企业也很难办得好。

3. 学习弘扬林县人民自力更生、艰苦创业的精神，对东部经济发达地区也同样有重要的意义。贫困地区摆脱贫穷面貌要有这种精神，经济发展了，人民富裕了，也同样要有这种精神。这种精神，社会主义国家需要，西方发达的资本主义国家一些人中也有。治国需要有这种精神，治家及个人成长也需要有这种精神。在西方资本主义国家，大多数实业家、企业家都有一种创业精神、奋斗精神。我国东部地区相对地比中西部地区经济发展是快一些，但要赶上经济发达国家，甚至赶上东南亚的“四小龙”，也还有不小的差距。在这种情况下，要使经济继续能以较快的速度发展，学习弘扬林县人民的这种精神非常必要。

4. 学习弘扬林县人民自力更生、艰苦创业的精神，对树立良好的党风和社会风气有重要意义。林县人民的自力更生、创业精神是社会主义精神文明建设的宝贵财富。近几年来，在人们的思想观念和社会生活中，存在着一些消极的东西，如不思进取、无所作为、贪图安逸、怕担风险、拜金主义、享乐主义、极端个人主义，以及奢侈浪费、以权谋私，等等。这些都是和艰苦创业的精神相违背的。现在有些党政机关以及企业里的部分干部受到这些消极东西的影响，追求享受，甚至贪污受贿、腐化堕落。社会上有些人称或自诩的“大款”式人物，比阔斗富，一掷千金，比西方的富翁还神气。人称他们一顿饭，农民一年粮。值得注意的是，他们中有的是慷国家之慨，挥霍的是公款。这些人已完全丧失了艰苦创业的精神，对广大劳动人民的感情也荡然无存了。在当前抓住机遇，深化改革，扩大开放，加快发展的关键时期，应大力弘扬林县人民的自力更生、艰苦创业精神，反对和克服一切消极、腐败的东西。这样有利于动员组织广大人民群众克服困难，抓住机遇，加快经济的发展，也有利于加强党风建设，廉政建设和社会主义精神文明建设。

乡镇企业实现高效益的思路

舒　惠　国

经过80年代的发展，江西省乡镇企业已由被动推进开始向高速进位发展。1993年以来，全省乡镇企业又出现了近几年最好的发展势头，1～8月，全省乡镇企业总产值完成357.86亿元，乡镇工业产值完成237.39亿元，分别比1992年同期增长90%和88.3%，乡镇工业产值的比重由1992年的31.6%提高到42.5%，净增额占全省工业总产值增长部分的72.5%。乡镇企业已成为农村经济新的增长点，成为整个国民经济发展的重要推动力量。当前，进一步促进乡镇企业高效益发展，关键在于调整结构、优化布局、完善机制。

一、调整结构要突出抓好乡镇企业产业产品结构和组织结构的调整

1. 合理调整乡镇企业产业产品结构，重点加快发展具有区域特色的支柱产业和名、特、优、新、稀产品。 依据国家产业政策和本地资源优势，发展"一乡一业"、"一村一品"具有区域特色的支柱产业，尤其要加快发展农副产品加工的乡镇企业，使乡镇企业的发展与发挥江西的农业资源优势、建设农产品商品基地对接起来，提高乡镇工业与农业的相关度，并以此带动农业结构的调整。1992年，江西省从事农副产品加工的乡村企业17 597个，占全省乡村工业企业总数的45%。农产品加工企业产值32亿元，占乡村工业产值29%。全省有省部优产品393个，通过省级鉴定的新产品476个，其中省优秀新产品142个，部优秀新产品2个，有4个产品获得世界尤里卡金奖，主要产品质量稳定提高率达85%以上。当前要加快开发这些名、特、优、新、稀产品，使其尽快形成拳头产品，上档次、上规模、上效益，提高产品市场占有率。同时依靠科技进步，加快新产品的研制、引进和开发，建立各级产品开发项目库，形成产品梯队。

2. 积极调整乡镇企业组织结构，重点加快组建企业集团。 组建企业集团、扩大经营规模，这是增强市场抗衡能力、提高经济效益的必然要求。调整乡镇企业组织结构，要以骨干企业为龙头，发展企业集团，可以是公司带农户式，可以是企业联基地式，使相关企业成龙配套，实现优势互补，增强市场竞争能力，发挥群体优势和规模效益，做到建一个集团，带一片企业，富一方群众。从江西省来看，要着力发展五种类型的企业集团。①以买卖、交换关系为纽带的"龙式"企业集团。②以利益互相促进为动力的"专业型"企业集团。③利益一体化的"实体型"企业集团。④利益渗透的"参股型"企业集团。⑤购销服务型企业集团。

二、优化布局要突出抓好乡镇工业小区开发

在沿城、沿江、沿路三沿地带，以城镇为依托，相对集中地建设乡镇工业小区，把发展乡镇企业和小城镇建设同步推进，这有利于节约基建投资，有利于产业合理布局，有利于小城镇建设，这也是缩小城乡差别最现实有效的举措。在三沿地带，选择交通便利、基础设施完备、环境容量较大的中心集镇，建设集中连片工业小区，集聚企业逐步形成农村工业基地，以此带动乡镇企业的发展，这是加速乡镇企业发展的必然选择。江西省新干县以纵贯县城南北的105国道为中轴，实行沿三路（公路、水路、铁路）、建一带（金川经济带）、两推进（东西两翼推进）的发展战略，初步建成了大洋洲、城北、城南工业区和赣中商贸中心区等四个小区，兴办各类企业100多个。江西省已建立乡镇工业小区120个左右。从实施情况看，乡镇工业企业向中心集镇集聚，其规模、效益已初露端倪。当前的任务是要巩固、提高、完善。在乡镇工业小区内，集中上一些科技含量比较高、市场覆盖面比较大、竞争力比较强的项目，形成一批起点高、规模大、效益好的骨干企业。同时，利用乡镇工业小区的有利条件，开展招商引资工作，大胆引进外资，引进一批大项目，创办一批新产业，形成一批出口创汇基地。

三、完善机制要突出抓好推行股份合作制

当前影响和制约乡镇企业进一步发展的主要的问题有两个：一是投入不足，后劲不强；二是机制弱化，竞争力减弱。推进乡镇企业股份合作制有利于界定和明晰产权关系，促进政企分开，落实企业自主权，提高管理人员素质；有利于打破条块分割，促进资金、技术、人才等生产要素的合理流动和优化组合，将潜在分散

的生产要素变成现实的生产力。特别是在资金紧张的情况下，股份合作制对乡镇企业发展的作用越发明显。1993年上半年江西省新办股份合作制企业20 660家，筹集股金98 804万元。潜力确实很大。股份合作制的优越性在实践中已越来越受到广泛的关注和重视。加快乡镇企业发展，解决乡镇企业发展中存在的主要问题，就要加快股份合作制的推行，这是乡镇企业在社会主义市场经济中再造新优势的必然选择。推行股份合作制，既要放手发展，又要分类指导。推行股份合作制，可以先股份化、后规范化、不断总结提高，有计划地推开。同时要抓紧制定适应股份合作制发展需要的法律、法规及实施办法，将股份合作制的发展纳入法制的轨道。

江苏省"苏锡常通"四市乡镇企业的调查报告

齐景发　陈剑光

我们到江苏省苏州、无锡、常州、南通，对7个县(市)、37个乡镇企业进行了调查。总的感觉是：江苏发展乡镇企业思路清晰，势头强劲，工作扎实，实绩突出。

一、主要情况和特点

1. 经济总量呈现出"增幅逐年加大，基数越大速度越快"的增长趋势。一些人认为，基数大，增长速度必然不高。江苏省乡镇企业发展的事实打破了这一说法。1978年全省乡村工业企业产值和利税总额分别是62亿元和13亿元；1983年是159亿元和26亿元；1989年是896亿元和46亿元；1990年是1 000亿元和58亿元；1991年是1 400亿元和71.8亿元；1992年是2 597亿元和126.4亿元；1993年则达到4 099亿元和195.8亿元，比1992年增加1 500亿元和69亿元。1993年"苏锡常通"四市乡村两级工业产值分别列全省第一、二、三、五名，其中"苏锡常"三市乡村工业产值2 850亿元，占全省的69.6%。苏州市乡村两级工业完成产值1 300多亿元，比上年增长52%，已在全市经济中"四分天下有其三"。无锡市1983年至1993乡村工业销售收入翻了五番，由33亿元到994亿元。无锡邮电电缆厂1986年销售收入为86万元；1987年为207万元，利税是34万元；1988年为500万元，利税是76万元；1989年为1 000万元；利税是190万元；1990年为4 800万元，利税1 000万元；1993年销售收入达1.6亿元，利税4 000万元。我们问该厂厂长："您这里为什么能够年年翻番?"厂长回答很干脆："主要是因为我们注意引进一流设备，建设一流环境，培养一流人才，抓好一流管理，生产一流产品，所以才创造出一流效益"。

基数大，也能做到增长快。我们姑且称之为"江苏现象"，这一现象的出现，令人欣慰。随着基数加大，企业规模必然加大，企业积累必然加大，对科学技术的依赖程度必然加大，承担风险的能力必然加大，吸引资金和人才的能力必然加大，再投入必然加大。这样，企业可以有巨大的吸附和凝聚能力，可以比较轻松地化解发展中遇到的某些难题，可以在短时间内迅速组织好各种生产要素，进行内涵的和扩大的再生产。

2. 外向型经济成为乡镇企业发展的巨大"引擎"。"苏锡常通"四市乡镇企业何以能如此神奇般地翻番增长？一个重要原因在于，利用突出的区位优势，实行外贸、外资、外经一起上，迅速占领国内外两个市场，充分利用国内外资金和技术。苏州市乡村工业销售额中三分之一是出口产品交货额，乡乡镇镇都有产品出口，而且出现了50个出口产品交货额超亿元的乡镇。全市1993年新上"三资"企业1 550个，合同利用外资23亿美元。吴县用直镇和张家港杨舍镇"三资"企业都已突破100个，具有"投资规模大、外资比例高、独资比重大、资金到位快"的特点。无锡市1993年新上"三资"企业达800个，新增合同利用外资达6亿元。这些都体现了这个地区乡镇工业参与国际市场竞争的层次和水平。

3. 技改投入增加，企业后劲加强，一批"高、大、外、新"产品在乡镇企业落户。南通市1993年完成技改投资20多亿元，超过"六五"、"七五"之和，其中500万元以上的项目有104个。无锡市投资发生额达92亿元。常州市投入总量达30亿元，其中投资1 000万元以上的企业有92个，投资总额为18.95亿元，占全市的63%；投入1亿元以上的乡镇有6个。投资的集中程度大大提高。苏州市新批技改项目2 500个，计划总投资达100亿元，其中高科技含量项目占总数的70%，如激光唱片、喷水织机、光纤电缆等；引进项目100多项，用汇1.5亿美元，装备水平和工艺技术水平得到明显改善。70%的项目做到当年投入，当年竣工、产出，张家港这样的项目占新批项目的90%。1993年苏州市乡镇工业增幅40%来自于当年的投入产出。

4. 改革成为乡镇企业加快发展、加快提高的强大推动力。1993年“苏锡常”三市乡镇企业老企业改成股份合作制和新企业一开始就搞股份合作制的达7 604个，以资产为纽带实行股份制的省级企业集团89个，三市有10%的乡镇工业企业产值1亿元，其中绝大部分是股份合作制企业。常州市办成各类股份合作制乡镇企业432个，吸收股金1.3亿元；张家港市吸收股金达25亿元。这种改革，明确了产权，摸清了资产，激活了沉积的财富，增强了企业的凝聚力，为企业寻求到新的动力机制。

5. 工业布局不断优化，为乡镇企业发展提供了良好的载体。1993年，江苏省各地从实际出发，抓住有利时机，相对集中人力、财力、物力，加快乡镇工业小区建设，使乡镇工业布局趋于优化。苏州市140个乡镇都规划了自已的工业小区，有117个乡镇工业小区实施了开发，有近50个乡镇工业小区已初具规模。小区内集结了一大批高起点、高档次的项目和企业。乡镇工业小区与4个国家级开发区、县市开发区互为补充，形成了滚动开发的新格局，对改善工业布局结构，提高组织程度，改善投资环境，加快与国际经济接轨起到了积极作用。一些工业小区实际上已成为小集镇。

二、基本思路、措施和经验

1. 精心组织，抓住机遇，为乡镇企业的发展提供政治上、思想上、组织上的保障。现在，口头上完全否定乡镇企业的几乎没有了。但是真重视还是不重视，是真抓还是一般化的抓，效果截然不同。无锡市乡镇企业局针对基层出现的各类思想，建议市委、市政府召开乡镇企业经济形势分析会和座谈会，统一了思想，在资金严重紧缺和市场发生重大变化的情况下，仍然保持了生产的正常进行和新项目的尽快竣工投产。苏州市明确发展思路，狠抓关键措施，把工作重点放在投入产出、结构调整、深化改革、外向开拓和提高效益上。张家港市提出“抢机遇，抢速度，抢时间，提高效益”，赢得了时间，赢得了效益。

2. 着力改革，寻求动力，把逐步建立现代化企业制度作为新时期乡镇企业能否再领风骚的一个重大战略。南通市拿出当年抓家庭联产承包制的劲头抓乡镇企业的股份合作制改革，全市培训1万多人次，初步积累了资产评估、产权界定、政策导向、利益驱动等方面的经验。吴江市盛泽镇针对集体股部分产权不清楚的问题，把集体股部分租赁给经营者，创造出租赁与股份制结合的方式，1993年搞了50多个，这种方式便于操作，粗细结合，效果明显。常州兰陵化工集团走承包与股份合作制结合的路子，对中层承包人实行资产保值增殖综合承包，增殖部分的一定比例可以返回到承包人的股份中，实行人在股在，人去股留，可以调动承包人的积极性，入股联心，企业的活力、动力、凝聚力明显增强。

3. 加速引进，借梯上楼，把借助外力发展自己当作较长一个时期的重要措施。“苏锡常”三市乡镇企业中有三分之一的企业与全国1 000多所大专院校、科研单位开展多种形式的技术协作，有些企业自已兴办科研所，从而使乡镇企业从“借别人脑袋上水平”的时代开始跨进“靠自已脑袋上水平”的新时期。对于人才，他们实行聘请和培养相结合，建立了人才楼、人才库，并给人才提供施展才干的机会和环境。

4. 注重提高，培植实力，把强化管理，依靠科技作为常抓不懈的主要工作。无锡市在加快引进人才的同时，狠抓了对现有职工的教育与培训，全市有12万人得到培训。一大批乡镇同大专院校挂钩，办起符合要求的大专班，造就和培育了乡镇企业跨世纪的人才。“苏锡常”三市坚持实施科技进步和外向经济带动战略，依靠先进技术装备，增强了产品的竞争能力。在引进外资的同时，引进先进技术、设备和管理，多数企业的老设备早已更新换代，企业管理井井有条，各项规章制度完备。依托科技使产品质量在生产过程中得到了有效的控制，一批颇有影响的产品供不应求。如无锡市新纺合纤厂开发的涤纶超细纤维，一等品率达97%，比国外进口的同类产品高出12个百分点，该厂制定的分配办法与职工切身利益紧密结合，上下波动幅度很大，促使全体职工尽心竭力地干好本职工作。

乡镇企业走向国际市场的几个问题

郭 书 田

一、应尽快让乡镇企业直接跻身于国际市场

乡镇企业的发展，改变了我国的经济布局，在整个国民经济中具有举足轻重的作用。乡镇企业不仅在国内市场上显示其重要作用，而且在国际市场上的作用也日益突出。然而，当前的问题是，国家现行的出口管理体制对乡镇企业开展出口创汇工作十分不利。以往乡镇企业的出口工作是在“三不知”(客商是谁不知道，价格是多少不知道，换汇成本是多少不知道)的情况下取得的。乡镇企业有直接出口权的企业较少，与乡镇企业外向型经济的发展不相适应。因此，应使更多的具备出口条件的大型乡镇企业能有直接出口权，参与国际竞争。

二、支持乡镇企业在边境城市、口岸发展商贸企业和“三资”企业

随着我国对外开放事业的发展，许多沿国境线上的城市被列为开放城市，正在发展边境贸易。这些地区的乡镇企业以这些开放城市为窗口，发展商贸事业，在国内组织货源出口，并进口国内需要的商品，把进出口贸易扩展到全国范围的市场。

一些沿海、沿江、沿边地区的乡镇企业，利用对外贸易的有利条件，发挥农村劳动力资源丰裕的优势，正在发展“两头在外”的“三资”企业，即原料与市场都在国外，加工生产在国内。珠江三角洲等经济发达地区的乡镇企业在这方面创造了很好的经验。由于这些地区商品经济发达，生产的产品正在上更高的档次，逐步由劳动密集型转为技术密集型，以获取更高的经济效益。在这种情况下，一些劳动密集型的产品正在向内地推移，有助于内地乡镇企业的发展，也可缓解农村剩余劳动力远距离转移的矛盾。

因此，有计划地扶持一批经营管理水平高，竞争能力强的乡镇企业走出国门，在国外办境外企业，是乡镇企业走向国际市场的一条主要途径。兴办境外企业形式可以多种多样，不拘一格。

我国农村有巨大的劳力资源，而在缺少劳力和劳务价格昂贵的国家和地区又很需要劳动力。因此应把劳务输出作为乡镇企业走向国际的一项重要任务。这就需要有一批劳务企业负责招收、培训以及输送等工作。

三、乡镇企业要改革运行机制，以适应走向国际市场的需要

1. 保证产品质量是跻身国际市场的首要条件。在我国重返关贸总协定之后，国内、国际两个市场对接起来，自然会有更多“舶来品”流入国内市场，与国内的产品竞争。这种情况既会对国内产品形成强烈的冲击，但又能促使我们提高产品中的技术质量，增强竞争能力。我国的市场潜力十分巨大，国际竞争既表现在国际市场上的竞争，更表现在国内市场上的竞争。我们应该扶持有竞争能力的乡镇企业，与设在我国的外国企业竞争，以生产优质高效价廉的产品取胜外国企业，这是乡镇企业走向国际市场的一项艰巨任务。

2. 沿海和内地的乡镇企业应携手共进。乡镇企业走向国际市场是一个大的趋势，当然不同地区走向国际市场绝不会是同步的，关键是需要有一批善于开拓的人才，他们能从当地的实际情况出发，充分利用并发挥自己的优势。河南商丘地区是一个典型的内陆农业区，但在改革开放的方针下，他们大胆开拓，在沿海、沿江、沿边以及国外已办起了200多个经营网点，初步形成了全方位开放的格局。因此，不能简单地认为乡镇企业走向国际市场只是少数特区和沿海地区的事。我们还应看到，内地是沿海地区的后方，可以为沿海地区提供充足的劳力、土地、原料以及其他资源，也可提供广阔的市场。因此，沿海地区的乡镇企业既要“眼睛向外”，也要“眼睛向内”。

3. 组建集团公司，多种经济成分并存。在走向国际市场的过程中，已经并必然会继续出现一批集团公司。这种集团公司经营规模大，在国内外可设分支机构，而且又能多品种经营，向综合化方向发展。国内外的经验证明，这种集团公司具有较强的竞争能力，并能避免或减少风险损失。在企业走向集团化以后，单一的所有制就很难容纳了，必然会形成多种经济成分交织在一起而产权又十分明晰的“混合经济”。这种经济的所有制形式不必要也不应该强求一致。在农村这种集团公司还会以农产品原料生产为基础，连接加工企业、

储藏运输销售企业，形成农工商、牧工商、渔工商一体化。为了竞争的需要，也会把金融、科技、教育、文化等方面的工作编织在一起。在实现集团化过程中，特别要防止利用非经济手段获取“垄断效益”。

4. 必须依靠科学技术才能走向国际市场。乡镇企业走向国际市场应当把企业的工作转向依靠科学技术和提高劳动者素质的轨道上来。乡镇企业中凡是能够打开国际市场的产品，都与拥有一批有真才实学的科技人员分不开。人力资源的开发是大有作为的，这是乡镇企业开发新产品、提高产品质量、走向国际市场的要害所在。

改革和完善乡镇企业经济组织制度

卢　永　军

随着社会主义商品经济的发展，特别是党的十四大社会主义市场经济体制目标的确立，改革和完善乡村企业经济组织制度不仅得到理论界的关注，而且不少地方已在实践中进行了积极探索，其主要途径是：

1. 建立和完善代表全体农民的乡村集体经济组织。根据《中华人民共和国乡村集体所有制企业条例》规定，乡村企业的所有权应该由代表全体农民的集体经济组织行使。因此，建立和完善代表全体农民的乡村集体经济组织，是理顺乡村企业产权关系的基础和前提，是实现政企分开的组织保证。乡村集体经济组织作为乡村企业所有者的代表，应该以促进企业资产增殖和提高经济效益为目标，履行以下职责：一是根据国家产业政策和市场需要，充分利用本地优势，拟定经济发展规划和企业布局。二是作为发包方，把企业交给经营者集体或个人承包时，行使所有者的一切权利。三是按照经济发展规划进行投资，对于重大项目帮助论证，协调好社会与企业以及企业之间的相互关系。四是按照规定或承包合同，每年提取一定比例的利润用于农业和农村各项事业建设。五是对所辖的乡村企业实行指导、监督和服务。六是定期向全乡村农民大会或农民代表会议汇报生产经营情况。

2. 明确乡村企业所有者和经营者的法律地位及其对企业财产的收益和风险责任关系。乡村企业所有者和经营者的权利和义务，在《中华人民共和国乡村集体所有制企业条例》中规定是明确的。但是，在企业实行承包经营的实践中，企业有了收益，承包经济合同好履行，而企业出现亏损，则无人承担风险责任。因此，需要强调的是乡村集体经济组织与经营者应当坚持平等、自愿、协商的原则，订立承包经济合同，乡村企业的财产，根据承包合同交给承包者，承包者就要对全部财产负完全责任。具体地说，财产的支配权归承包者，企业盈亏的法律、经济责任也应当归承包者。要实行财产抵押，使承包者切身利益与企业所有财产完全捆在一起。承包者要向财产的所有者负责任，这是一个基本的原则。即使企业亏损与外部环境变化的关系较大，也只能在双方协商一致的基础上适当调整承包合同，而不能作为负盈不负亏的理由。

3. 在乡村集体企业中引入股份制机制，通过原有资产折股或吸引新股的方式，把股权落实到乡村集体、企业、农户、企业职工和其他投资方，实行股份合作制。我国农村实行股份合作制的实践证明，这种新的经济组织制度，不仅是原有乡村集体企业公有制的有效实现形式，也是引导个体、私营、联户企业走合作化、集体化、共同富裕的社会主义道路的有效途径。改革开放以来，由于政策允许，农村又有剩余劳力、资金、厂地等生产要素，个体、私营、联户企业蓬勃兴起，但在发展中遇到两方面的压力：一是政治上的压力。在企业性质上姓“私”，虽然政策上允许，鼓励发展，客观上种种限制和歧视依然存在。二是经济上的压力。这类企业的外壳实在太小，在市场竞争日益激烈的条件下，要求企业追加生产要素，扩大生产规模，提高产品技术档次，这些都需要大量的资金投入。而这类势单力薄的小企业，单体是无力解决的，唯一的办法是几家几户集资投股，联合经营，实行股份合作制。由此，实现了个人资本共同使用，并通过管理、分配等方面的规范，成为社会主义集体所有制经济的一个重要组成部分。

股份合作企业在我国农村已显示出强劲的发展势头，特别是在山东淄博、莱阳，安徽阜阳，浙江温州，广东保安、东莞，河南汝州、密县、沈丘等地，经历了积极试点到普遍推行的过程，实践证明是成功的。它是一种兼容性较大，适合各种经济发展水平的经济组织形式，适应农村商品经济向专业化、社会化发展的需要，适应广大农民的觉悟程度和利益要求，是企业为扩大规模经济效益，提高竞争能力作出的选择，也是企业为探索公有制的实现形式或引导农民走共同富裕的社会主义道路，完善企业运作机制作出的选择。因此，股份合作制是乡镇企业经济组织制度的创新，效果最为显著，并具有方向性的模式。

4. 逐步建立和完善有一定社会保障的乡镇企业分配制度。乡镇企业在发展过程中，已经建立起比较完整有效的企业分配制度。按照统筹兼顾国家、乡村集体、企业、职工个人利益的原则，在企业利益分配上，重视维护国家和消费者利益，执行国家的政策法规，按税法交纳税收，为国家多作贡献；按国家制度规定向乡村集体上缴利润，支持农业生产和农村各项事业建设；按规定搞好各项企业提留，增加企业积累，不断进行扩大再生产；在企业内部，从各企业实际出发，建立起符合各自特点的工资制度与正常的工资增长机制，坚持搞好按劳分配，合理拉开收入差距，较好地调动了经营者和劳动者的积极性。

但是，随着乡镇企业的发展壮大，已经给我们提出了一个亟待解决的重大课题：如何建立社会保障体系，解除企业职工后顾之忧，使他们老有所养、老有所依，促进经济、政治和社会的稳定与发展。

实行乡镇企业职工社会养老保险制度，是建立社会主义市场经济体制的客观要求，是发挥社会主义制度优越性的重要体现，也是激发企业职工积极性和创造性的重要手段，它使企业职工退休后基本生活能得到保障，与企业结成命运共同体、利益共同体，增强主人翁意识和责任感；能增强企业凝聚力，稳定职工队伍，促进企业的巩固和发展；由于解决了老有所养的问题，从而有利于改变传统赡养方式形成的养儿防老、重男轻女的旧观念，促进计划生育政策的贯彻落实。

实行乡镇企业职工社会养老保险制度，有充分的法律、法规依据。我国《宪法》第四十五条规定："中华人民共和国公民在年老、疾病或者丧失劳动能力的情况下，有从国家和社会获得物质帮助的权利。国家发展为公民享受这些权利所需要的社会保险、社会救济和医疗卫生事业"。《中华人民共和国乡村集体所有制企业条例》第十三条规定："有条件的企业，应当参照国家有关规定实行职工社会保险。"

根据乡镇企业的实际情况和一些地区开展乡镇企业职工社会养老保险的经验，应遵循以下基本原则：一是实行低标准原则，以保障退休职工基本生活为宗旨。二是实行自愿量力的原则。经过企业自愿申请，先在生产经营稳定、有能力的企业中实行职工养老保险。三是形式多样的原则。乡镇企业职工养老保险是农村社会保障的一部分，要符合农村的特点，承认差别，走一条多形式、多渠道的路子。乡镇企业可以用积累方式实行职工养老保险，也可以由乡镇企业行政主管部门根据当地实际情况对企业职工实行统筹方式的养老保险。乡镇企业可以向当地中国人民保险公司投保，也可以根据当地实际情况，向中国人民银行批准认可的其他保险机构投保。就是说，可以县或乡（镇）为基本单位，建立乡镇企业社会养老保险组织，实行自我保障，自我管理，自我教育，自我服务，通过多渠道筹集基金开展养老保险服务。它可以在乡（镇）或县分级调控，即如果一个乡（镇）缺乏保障实力，就由县进行调节，使乡镇企业职工养老保险更具有适应性。四是实行乡镇企业职工养老保险费用的筹集由国家、企业和个人共同负担的原则，乡镇企业职工养老保险费应按本企业现有在册职工工资总额的一定比例提取，列入企业生产经营成本；在企业福利基金中按一定比例提取；在职工个人工资中按一定比例提取。采取这种个人拿一点，企业拿一点，国家从政策上扶持一点的办法，适合各方面的承受能力，也体现了国家和企业对职工的关怀爱护，体现了社会主义制度的优越性。

实行乡镇企业职工社会养老保险制度，还应该有一定的灵活性。乡镇企业点多、面广、多种经济成分并存，各地发展不平衡，各企业的情况也不同。不可能要求所有的乡镇企业都实行职工养老保险制度，也不能等所有企业具备条件后再实行这一制度。因此，可以考虑先在乡镇企业发达地区、乡村集体所有制企业中推行，然后在有条件的联户、个体、私营企业中逐步展开。由于各企业的经营效益情况不同，职工年龄结构不同，职工工资水平不同等，职工养老保险费用的交纳方式可以有所不同，交纳标准应尊重企业的自主权，由企业和承办机构事先约定，统一由企业向承办机构交纳。在交费期间，职工养老保险费用交纳标准可以随经济支付能力的变化变更。总之，实行原则性与灵活性的结合，会使乡镇企业职工社会保险制度的实行更具有可操作性。

随着乡镇企业的发展，逐步建立健全乡镇企业职工的养老保险制度，将为乡镇企业经济组织制度的创新提供社会保障。

论乡镇企业运行的市场机制

陈　乃　醒

我国乡镇企业是在改革中崛起，并得以迅速发展，与它实行市场机制是分不开的。

我国乡镇企业不是国家直接投资兴办的，其管理体制完全不同于全民所有制工业，因此没有列入国家指令性计划。资金、原材料、生产设备、劳动力等都不在国家计划供应之列，而是由企业自筹资金、自找材料、自己组织劳动、自己招聘人才、产品也是自己经销、产品价格比较灵活。它也是独立经营、自负盈亏、自主收入分配、自己增加积累扩大再生产、自己承担经营风险。所有这些，都和计划机制的全民所有制企业是完全不同的。总之，乡镇企业是作为独立商品者的身份出现在市场上的。

正因为如此，乡镇企业有经营自主权，没有成为行政主管部门的附属物。主管部门对它的管理，只是在政策方面协调、沟通信息、进行技术咨询、职工培训、法律监督等，体现了管理就是服务的精神；主管部门也有发展规划，生产经营计划，但这些计划是指导性的，并不是通过计划干涉企业生产经营活动，符合政企分开的原则。这种管理体制，符合管理商品生产的一般要求，体现了我国商品经济管理体制改革的方向。

我国乡镇企业的需求和供给都是通过市场实现的。需求是对生产要素的需求，供给是以其产品供应市场为主要形式的供给。在我国，特别是经过近10多年的改革，已经存在着适应乡镇企业存在和发展的一定的资金市场、生产资料市场、劳动力市场和产品销售市场。各地银行给乡镇企业的贷款，利率是浮动的；各地银行和信用社可以相互融资，利率也是浮动的。乡镇企业需要的生产资料也是由市场采购的，国营企业对乡镇企业的生产资料供应，也是其自销部分，价格实行浮动。农村土地制度的改革，使农民在一定程度上摆脱了对土地的依附，开始有了一定的自主选择职业的主动权，为乡镇企业的发展提供了劳动力资源。和需求要素相比，乡镇企业在供给方面的市场相对明显，产品销售市场发育成熟度较高，全国不少地方形成了专业市场，成为农村工业物资产品的集散地。

乡镇企业市场机制的另一个特征是竞争规律所导致的优胜劣汰。经营得好的发展，反之就倒闭。这个无情的规律，使乡镇企业的淘汰率在5%左右。这种优胜劣汰的规律，促使生产要素积聚而导致企业规模的扩大，成为一个自然的过程。乡镇企业的市场竞争，有其内部的竞争，也有和城市企业之间的竞争。随着城乡工业的发展，城乡之间经济的相互渗透，这种竞争则表现为企业集团之间的竞争。

乡镇企业的兴衰直接关系到农民的切身利益，加之有一个比较好的机制，使它能够比较好地解决经营中的一些问题。

1. **生产经营适应市场的变化**。乡镇企业的产品靠自己推销，如果不能把产品很快地推销出去，那么它也就失去了存在的起码条件。

2. **注意提高经济效益**。经济效益是企业的生命。乡镇企业有独立的经济利益，它的效益不高的结局只能是垮台。所以，它要千方百计地改善经营管理，减少人员，节约开支，降低产品成本，提高经济效益。

3. **灵活经营**。以最少的投入取得最大的产出，是企业生产经营的出发点与落脚点。要做到这一点，乡镇企业必须善于灵活变通，讲求效率，搞活经营。为此，企业需要准确灵敏地掌握市场信息，对信息反应迅速，决策灵活，开发新产品，以短平快见长。由于乡镇企业所受约束较少，具有经营灵活的特点，能适应市场变化快的要求。

4. **举贤任能**。乡镇企业由于不端铁饭碗，不吃大锅饭，并处在市场竞争的大气候中，一大批有胆有谋，能力过人的农民企业家脱颖而出，为广大农民脱贫致富，为农村经济的发展作出了重要贡献。乡镇企业得到国家分配的专业技术人才较少，自己培养的也不多，因此技术人才奇缺。但乡镇企业的市场机制，使它能借用社会的技术力量，广揽社会英才。他们宁可自己吃苦，也要抓紧智力投资，在抓紧培养自己的技术力量的同时，不惜以重金向社会招聘专家、学者和经营里手，以解决疑难问题和开发新产品。

5. **通过各种途径解决资金问题**。乡镇企业在资金筹集方面没有等、靠国家，而是由自己通过各种途径解决。1978年以前，乡镇企业资金来自于社队农业积累，1978年以后，在采取横向融通的方式从银行贷款，实行负债经营的同时，发动个人入股，吸收民间闲资、闲房等作为带资进厂、带物进厂，把民间闲散资金集聚起来，兴办股份合作企业等；积极筹集侨资、外资；吸收国营企业的资金、技术、管理入股，改善企业设备陈旧、工艺落后、技术力量短缺的状况。

通过深化改革，全国统一市场逐步形成，城乡工业体制之间的落差正在消失，市场对经济发展的调节作用进一步增强。这对乡镇企业的发展既是机遇，也是挑战。乡镇企业的市场机制要在社会主义市场经济的大环境中，进一步发展和完善。

乡镇企业与社会主义市场经济

刘祖荫　陈剑光

乡镇企业是以农民投资为主兴办的集多种经济成分、多种经营方式、多种产业于一体的经济实体的总称。它从诞生之日起就不在传统的指令性计划经济之内，而是遵循市场经济的原则，靠市场推销自己的产品；企业在市场竞争中经受优胜劣汰的考验，并在市场竞争中逐步形成一整套成功的运行机制。

乡镇企业的崛起，促进了农村经济的繁荣与发展。但发展乡镇企业的意义绝不局限于此，它对我国整个经济体制从计划经济向社会主义市场经济转变具有十分重要的促进作用。乡镇企业发展的实践证明，社会主义条件下的市场经济能够运转得很好。乡镇企业的蓬勃发展，既增加了国有大中型企业在市场竞争中的压力，又为增强国有大中型企业经营活力提供了可供借鉴的经验，从而推动我国社会主义市场经济新体制的全面建立。同时，社会主义市场经济的建立又为乡镇企业的高效持续健康发展提供更加良好的环境。

社会主义市场经济体制的逐步建立，是一个深刻的根本性转变，改变了许多传统的观念、制度和做法。从过去靠行政手段指导经济，变为靠建立和完善市场经济体系引导经济；从过去企业依赖、依靠政府，变为依靠市场导向，自主经营决策；从过去在行政干预下实际存在的不平等竞争，变为不同经济成分在同一市场、同一条件下的平等竞争。全国性或地区性的生产资料、金融、劳动、技术、信息诸要素市场将建立健全，而且，国内市场还将大规模与国际市场接轨。乡镇企业不仅要经受国内市场竞争的锤炼，还要到国际市场上经受竞争的锤炼，要从过去在小湖泊里游泳变为到大江、大河、大海里游泳。市场经济不仅使乡镇企业利用市场经济进行配置资源，从事生产经营，适应市场需求，优化结构，提高质量，增进效益，而且使我国经济更加充满生机和活力，实现高效、持续、健康发展。

乡镇企业是中国大地上最早出现的社会主义市场经济，乡镇企业的发展历程，是一个不断采取应变措施，适应市场，提高市场竞争能力，求得生存、发展的过程。在我国社会主义市场经济体制建立之际，对于乡镇企业来说，社会主义市场经济早已不是理论上的抽象探索，而是生动的社会实践，乡镇企业搞市场经济已经先行一步。

社会主义市场经济体制的建立和完善，不仅为乡镇企业的发展开辟道路，同时要求乡镇企业进一步适应和发展社会主义市场经济。

一是要提高认识，转变观念。要树立大市场观念，社会主义市场经济要求建立统一的大市场。市场经济是没有县界、省界、国界的，各种商品和生产要素都可以在县际、省际、国际间进行流通。因此，不能认为某种产品在本地有销路，就可以高枕无忧了，须知，外县、外省、外国的同类产品如果打进来，你也许就会丧失市场；当然，你的产品也可以打出去。乡镇企业只有从大市场、大流通、大竞争的角度去决策，才能把握市场，占领市场。

要进一步增强竞争观念。市场竞争表现在质量、价格、服务等方面的竞争，而竞争背后却是技术、管理、人才、信息、渠道的较量。乡镇企业要在市场竞争中掌握自己还不了解、不认识、不熟练的东西，才能逐步发展自己，在市场竞争中立于不败之地。

二是壮大乡镇企业骨干企业、企业集团和企业群体。乡镇企业过去靠船小调头快的优势占领市场，随着市场竞争形势的变化，乡镇企业要稳定和扩大市场，还要发挥船大顶风浪的规模、群体优势，经得起市场经济大海洋的狂风巨浪。要通过联合、兼并、改组，实行股份制、股份合作制等方式，调整优化乡镇企业组织结构，形成一大批起示范作用、带头作用的大型企业。

三是深化改革，完善企业的经营机制。乡镇企业的机制并非十全十美，适应市场经济要求的政策环境也亟待改善。乡镇企业是改革开放的产物，乡镇企业的发展是随着改革的深化而发展的，乡镇企业发展中遇到的困难和问题只能靠深化改革解决。乡镇企业深化改革的重点是推行以股份合作制为主要内容的产权制度改革。从乡镇企业发展实践看，产权制度改革的主要形式有：①具有一定规模、效益较好的企业改建成股份合作制企业。②以股份合作制形式组建新企业（应积极引导组建新企业走这条路）。③规模较大、效益较好，有一定知名度的企业组建规范化的股份制企业。④以优势产业、名牌产品和骨干企业为龙头，组建企业集团。⑤对小型、微利、亏损企业实行兼并、租赁、拍卖和风险抵押承包。通过改革，使各种生产要素在不同地区、不同行业、不同企业、不同所有制之间合理流动和优化组合；使股份合作制、股份制、承包制、租赁制、兼并、联营等各种经营方式得以完善和发展；使企业真正成为自主经营、自负盈亏、自我约束、自我发展的商品生产者和经营者；最终建立起适应社会主义市场经济和社会化大生产客观要求的，产权清晰、权责明确、政企分开、管理科学的现代企业制度。

四是要依托科技，重视人才。依靠技术进步，是乡镇企业实现由量的增加到质的飞跃的根本性战略性措施。从整体上讲，还有相当数量的乡镇企业仍然处于技术进步水平低、产品质量差、管理落后、经济效益不理想的状况，这是制约乡镇企业健康发展的重要原因。因此，必须树立长期抓科技、重人才的思想。要增加科技投入，抓好技术改造和新产品开发，大力发展名优产品和高附加值、高技术含量、高创汇产品；要加强基础管理，健全专项管理，十分重视环境保护和安全生产管理；要以提高产品质量和档次、降低消耗、增加效益为目标，通过强化管理，实现企业管理现代化和企业素质的全面提高。

五是大力发展外向型经济。要注重改善软环境，使招商引资的政策更优惠一些，效率更高一些，信誉更好一些，对外商吸引力更大一点；另一方面，要下力气改善硬环境。同时不断提高外向型企业的技术水平，开发有竞争力的产品。

走资源加工型之路

——陕西省三原县的实践与启示

路　高　信

地处关中平原腹地、面积577平方公里、人口36万的陕西省三原县，自1979年以来，乡镇企业综合经济指标每年以24.3%的平均速度增长，1991年全县乡镇企业总产值达到3.58亿元，名列陕西省前茅，甩掉了财政吃补贴的帽子，走出了一条既适合本地特色，又具有外地可以借鉴的发展乡镇企业的新路子。

实践一：以农业为基础，靠多种经营起家

三原县地下资源贫乏，地上土地平坦，灌溉方便，资源丰富，素有“关中白菜心”之称，盛产粮、棉、油、瓜、果、茶、奶、肉等产品。但由于极左思潮的干扰和影响，农村经济长期处于产业结构过分单一且封闭的状态，农民人均纯收入一直在100元左右徘徊。县委、县政府采取“蹲点、抓片、带乡、促县”的典型引路方法，确立了“依靠科技进步，充分利用区划成果，促进多种经营大发展”的指导思想。除粮食生产稳步发展并被列为省基地县外，烤烟、蔬菜、奶山羊、笼养鸡、养猪等项目也相继被列入省基地县，先后荣获省、市“开发拳头产品先进县”和“开展多种经营先进县”称号。不仅促使该县由“高产穷县”向富民富县转化，而且为全县乡镇工业的崛起打下了坚定的基础。

实践二：狠抓龙头产业，靠食品工业当家

1984年，县委、县政府审时度势，抓机遇，依据多种经营迅猛发展形成的基础，结合本县食品加工业历史悠久、颇负盛名的优势，及时制订出了“以工业为主导，以乡镇企业为主体，以食品工业为龙头，农工商综合发展”的全面振兴三原县农村经济的战略方针，充分利用美乐公司、秦原公司、白鹿公司等起步较早、实力雄厚、知名度较高的乡镇工业企业的促、帮、带、扶等作用，从而使全县乡镇企业在短期内迅速崛起。1990年产值高达10 644万元，先后被省、市食品协会授予“食品工业产值超亿元先进县”，成为全国100个食品基地县之一。1991年百尺竿头，更进一步，总产值达

14 378 万元，较上年增长 35.08%，为全县乡镇企业向深度和广度发展创造了良好的条件。

实践三：以市场为导向，靠综合发展创家

逆向思维、面向市场、重点开发，是三原县委、县政府顺应市场经济运转规律，领导全县人民发展乡镇企业的又一大特色。他们吸取了我国经济发展中多次急于求成、急功近利所导致的欲速则不达的沉痛教训，制定了“东挤西进，南争北上，服务全国，走向世界”的开放型战略决策，先后投资 1 400 多万元，兴办、改造和扩建了像美乐公司等 5 家规模较大、起点较高、效益较好、以食品加工为主的乡镇企业，开发了 40 多种高附加值产品和名优特新产品，其中美乐牌全脂甜羊奶粉一举获得国家银质奖，蓼花粮等 12 种产品荣获部优产品称号，产品不仅畅销全国各地，而且还远销美国、前苏联、罗马尼亚、日本等 21 个国家和地区，大大提高了全县乡镇企业的知名度。1985 年，在国家信贷投放失度，经济过热的影响下，为了避免盲目建设，减少产供销方面的恶性竞争，三原县实施了“巩固提高食品，从速从快发展化工、医药、轻工、冶金、建材和原材料工业，提高风浪中的承受能力，加大整体成功的几何概率”的措施，从而使全县乡镇企业由过分单一的食品工业，发展到以食品为主的 40 多个行业，增大了市场的辐射面和产品的覆盖面，避免了产业、行业过分单一而随市场供求变化带来的经济波动，从而使全县乡镇企业出现了始终如一的“目标不变，步子不乱，稳中有进”的可喜局面。

启示一：正确选择资源利用途径，是乡镇企业顺利发展的前提

陕西省地处全国腹地，北有煤田，中有农副产品资源，南有宝石矿山，可供乡镇企业发展利用的资源条件得天独厚，但如何选择利用途径，则是一个难度较大的不容轻视的问题。三原县的发展提示我们在选择资源利用途径上，至少应重视解决下述问题：①必须设法搞清楚当地可开发利用资源在全局上的多寡性和地域分布性，避免一叶障目。②初始资源开发的规模、数量、质量应同市场容量相吻合，与资金、交通、人才等社会条件相适应。③力戒资源开发上人力、财力、物力平面铺开式的一哄而上，重视兴办一批起点较高、规模较大，且能够起联动效应的骨干企业，以适应发展模式由低级向高级的转化，提高市场竞争的应变能力。④在开发利用一种资源的同时，注意捕捉多种发展途径和利用各种机遇，稳步扩大产业选择空间，尽可能避免因行业或产品过分单一而随市场供求变化带来的经济波动，一步一个脚印地加快乡镇企业发展步伐。

启示二：重视兴办“农字”号企业，是乡镇企业持续、稳定、协调发展的关键

三原县最大的特点是把乡镇工业发展之根，深植于农业的发展之中，二者互相促进，协调运转，相得益彰，才增强了市场的竞争力和发展的持续性。众所周知，经济上落后的地区，不仅表现为工业没有基础，同时农业底子也很薄。如果孤军直进地搞工业，很难搞上去，即使一时上去了，最终还会掉下来。只有二者的协调发展，才是振兴农村经济的必由之路。

启示三：调整产品结构，坚持开拓多极市场，是乡镇企业发展持久不衰的主要途径

三原县在围绕自身的优势产业——食品加工业，通过市场预测和装备工艺的更新改造，大力开发高附加值产品和名、优、特、新产品，抢占市场制高点的同时，不断调整产品结构，拓宽生产领域，提高整体成功的几何概率，以扩大产品市场占有率和覆盖面。充分利用小商品、大市场，小行业、大群体，小而专、专而精、精而宽的生产布局决策，推行以小打大的战略，不仅占有了国内市场，而且还打入了国际市场。三原县的实践和发展，对一些产业或行业结构单一，或家庭工业星罗棋布，或骨干企业实力薄弱的地方，如何在更大范围开拓和占领市场，提供了有益的经验。

实现战略转变　加快亿元乡镇发展

梁　文　生

随着农村改革的不断深化，产值过亿元的乡镇脱颖而出，走在了全国农村的前列。认真研究和总结亿元乡镇发展的经验和教训，进一步加快亿元乡镇经济发展步伐，对于促进我国农村经济社会的发展，实现农村小康具有重要意义。笔者认为要加快亿元乡镇经济的发展，应采取有力措施，尽快实现四个方面的战略转

变。

一、优化管理阶层，实现由能人型经济向智囊型经济的转变

能人型经济是农村商品经济发展初级阶段的一种现象。但随着商品经济的发展，产业结构不断分化，经济领域日益复杂化，单纯依靠个别能人已经不适应经济发展的需要，由能人型经济向智囊型经济转变，这是经济发展到一定阶段的客观要求。优化管理阶层，提高干部队伍的群体素质已是当务之急。在优化管理阶层方面，必须加速三个方面的转轨变型。

1. 干部由工农结合型向外向开拓型转变。从总体上看，亿元乡镇的干部已经实现了由单纯农业型向工农结合型的转变，但这一转变是远远不够的。还必须进一步强化商品经济意识、改革开放意识和市场竞争意识，了解国际市场，熟悉国际经济运作惯例，面向国内国际两个市场，开拓进取，勇于创新，实现工农结合型向外向开拓型的转变。

2. 管理者由经验型向知识型转变。现在不少农村干部承认自己不懂工业，但不承认不懂农业。而他们所懂的仅仅是传统农业，不是现代农业，无论是发展农业，还是发展工业，都要求干部必须掌握现代科学技术，实现由经验型向知识型的转变，否则就难以担负起领导农民进行现代化建设的重任。

3. 领导班子由个体优化型向群体优化型转变。农村各行各业都在呼唤各类管理人才和技术人才，迫切要求我们采取措施，全面提高管理者的整体素质，实现领导班子的优势互补，群体优化，形成一支高素质的管理者队伍，打团体冠军。在当前农村自身人才不足的情况下，借用外部人才不失为一种好办法。大邱庄招贤纳才的“三个一千”的做法值得人们借鉴。

二、优化生产要素组合，实现由粗放分散经济向规模经济转变

布局散乱、经营粗放、生产要素组合不合理、规模效益差，是当前农村经济发展中存在的突出问题，也是影响亿元乡镇进一步加快发展的重要制约因素。要加快亿元乡镇发展，就必须实现生产要素的优化组合，由粗放分散经济向规模经济转变。

1. 合理规划生产力布局，使乡镇企业向聚集化发展。要使亿元乡镇经济跃上新台阶，必须加强对乡镇企业的宏观管理，科学规划乡镇企业布局，建成一批起点高、设施全、效益好、开放式的乡镇工业开发区和乡镇企业聚集区，逐步实现四集中，即向小城镇集中、向已有的企业聚集点集中、向交通要道集中、向骨干企业集中，使亿元乡镇生产力布局向合理化、科学化、集中化发展。

2. 大力发展企业集团。规模小、力量弱是乡镇企业的突出劣势。这种状况，很不适应当前大开放、大发展的格局。要实现亿元乡镇经济的大发展、大跨越，就必须加速企业联合，大力发展各种类型、多种层次的企业集团。通过组建乡镇企业集团、挂靠国营大中型企业集团等形式，形成群体优势，把单个企业机制灵活、善于应变的特长和企业群体力量雄厚、信息灵通的优势结合起来，开拓国内市场，走向国际市场。

三、优化产业结构，实现由资源型初级加工产业为主向技术密集型高附加值的深加工产业为主的转变

优化乡镇企业产业结构，应采取巩固第一产业、发展第二产业、加速发展第三产业的战略。

1. 依托城市搞工业。要充分利用城市大中型企业和科研单位众多、技术管理水平高等优势，实行“三挂”，即每一个乡镇企业都要挂靠一所科研单位、一所大专院校、一个城市大企业，以联营、集团、嫁接、转让等多种形式，引进技术，引进管理，把大企业船大经风浪和乡镇企业船小好掉头的优势结合起来，提高市场竞争力和经济效益。打破“三就地”（就地取材、就地加工、就地销售）的格局，大力发展“三高”（高新技术、高附加值、高效益）型项目，实现由初级资源型工业为主向高技术深加工工业为主的转变。

2. 服务城市抓农业。要以城市市场为导向，大力调整农业内部产业结构，抓好立体栽培、保护性种植、林果业、养殖业、农副产品加工业等5个新的增长点，形成高产、优质、高效的现代化农业，提高土地的产出率、商品率，提高农业的比较利益，使农业真正成为农民致富的重要途径，成为壮大乡镇经济实力的重要源泉。

3. 城乡结合搞流通。利用城郊交通发达、客流量大的优势发展第三产业。要加快各类批发市场、集贸市场的建设，使农村经济通过城市进入国内国际两大市场。要加快城镇建设步伐，完善各类服务设施，向农村城市化迈进。

四、优化管理方式，实现由传统管理向现代科学管理的转变

机制灵活、管理落后，这是乡镇企业的一个突出矛盾。从当前乡镇企业的实际出发，应抓好以下三点。

1. 搞好乡镇企业经营机制的改革。近年来，一些乡镇企业在向国营企业学习先进管理经验的同时，也

把国营企业的“三铁”等不好的东西搬了过来，自己原有的灵活机制淡化了，“三铁”成了企业的包袱，因此必须通过改革，坚决予以破除。

2. 强化企业管理。要加强基础管理，建立健全各项管理制度，完善标准、计量基础工作，严格劳动纪律，搞好安全生产和文明生产。

3. 形成和完善“以人为本”的管理模式。人是企业的主体，人的积极性和创造性是企业活力的源泉。因此，在乡镇企业的整个生产、经营、管理活动中，要贯穿“以人为本”的思想，逐步形成以人为中心的管理模式。尊重人，理解人，关心人，逐步培育健康向上、富有创新精神和开放意识的企业文化、企业精神，形成企业的内在凝聚力。

中西部地区乡镇企业人才问题研究

田 官 平

就全国范围来说，乡镇企业发展不平衡的状态，造成了我国国民经济和农民收入在地区分布上的明显差距。在90年代，中西部地区的乡镇企业必须有一个大的发展，才能实现本世纪末我国的战略目标。要发展中西部地区乡镇企业，必须在资金、技术、管理、能源、交通、人才等几个方面同时着手。但贯穿于上述几个方面的最关键的因素是人才问题。资金要靠人去使用，技术要靠人去掌握和革新，管理要靠人去实施，能源、交通要靠人去建设，没有合格的人才就办不成事业。

1993年3月，笔者对湖南西部武陵山区乡镇企业发展状况进行了调查，初步了解了怀化、湘西自治州和大庸等3个地区，以及其中8个县市、14个乡镇、20余家乡镇企业的基本情况，着重对人才培养、成长和流动问题进行了调查和分析，以此作为中西部地区乡镇企业人才问题研究的一个缩影。

一、该地区乡镇企业职工素质的现状

总的来说该地区乡镇企业的发展还远远落后于全国平均水平，不仅与东部地区差距很大，就是在湖南省也是居于后列。存在差距的根本症结点，就在人员素质的差距上。

1. 文化程度偏低。有大、中专学历的职工只占职工总数的0.15%，就是这极少数也大多是“五大生”。高中文化程度的占职工总数的17.3%，初中文化程度的占职工总人数的39.7%，尚有42.8%的职工是小学文化程度和半文盲。

2. 技术人员缺乏。一是企业技术人才缺乏，有职称的占职工总数的3.2%，有中级以上职称的只占职工总数的0.18%，而且技术职称的评定带有照顾性，真正精通业务的并不多。二是企业职工总体技术水平低，大多是直接的“农转工”。企业生产在技术上得不到保证，新产品开发能力低，产品质量上不去。

3. 经营管理人员素质的总体水平不高。虽然随着近几年乡镇企业的发展，涌现出了一批优秀乡镇企业家，但他们中真正系统学过科学管理的人不多。对现代生产管理、市场预测、营销策略都较生疏。

4. 职工思想观念陈旧。企业职工大多没有经过正规的招工考试考核，乡村干部子女亲属颇多，还需从思维方式、思想作风、组织纪律上完成由农民向工人的转变。

5. 企业后续的合格人才不足。农村富裕劳动力充足，但从质量上能达到企业要求的不多。湘西河溪镇一次乡镇企业招工活动，报名者400多人，对经文化考试后剩下的60多人复试，结果发现实际具有初中和初中以上水平的人还不到一半。由此可知贫困地区农村基础教育现状也令人担心。

二、该地区乡镇企业人才匮乏的主要原因

1. 各级领导对发展乡镇企业的重大意义大多停留在认识上，而落实在行动上显得不足，舍不得花力量为乡镇企业培养各类人才和具有一定生产技能的劳动者。当然从客观上看，这里有两个循环圈：经济落后—人才难求—经济落后；乡镇企业效益差—人才难求—乡镇企业效益差。更有甚者，由于乡镇一级财政困难，对企业输血少，抽血多；对企业利润提成比例都远远超过20%的规定，一般都高达50%，硬行摊派的经费也多。怀化地区一个乡办水泥厂，从1986年到1988年实现利润39.1万元，乡政府拿了30.6万元，占78.3%。

还有的乡政府要企业贷款交摊派费用。在这样的情况下，企业哪还顾得上拿钱进行人员培训呢？

2. 没有建立起适应乡镇企业发展需要的人才流动机制，人才的流动渠道受阻。一方面是乡镇企业技术水平、管理水平低，人才奇缺。另一方面许多科技人员无用武之地。湖南省工、农业科技成果应用率均只有70%左右，推广率更低，工业为45%，农业为25%。各科研单位有1/3以上的科技人员工作量不饱和，有的科研院所单是高级工程师就数以百计，“人才太挤了”；每年大批大中专毕业生也是往政府部门、效益好的国营企业挤。湘西湘泉酒厂从1989年起每年接受大中专毕业生30～40名，该厂已有大中专毕业生250多人；桑植县烟厂仅1992年就接受大中专毕业生34人。这些工厂抱着进大中专生比社会招工强的想法，把他们几乎全都安排在一线当工人(不是下车间锻炼一年，而是长期在车间从事简单劳动)。专业学非所用，人才浪费；政府部门更是富余人员充斥，无所事事。究其原因，不外乎四个方面。一是体制的制约。现有的人才管理体制阻塞着人才的流通渠道，人才流动没有推上市场，几十年的实践证明，行政方式的流动走不通，走了也要反复，只有供需双方通过市场，以契约的形式从各自的经济利益出发达成的协议；或以技术引进、技术咨询、技术承包、技术转让的形式发挥技术人才的优势；或以资产经营承包、租赁、拍卖、股份合作制条件下的对管理人才和技术人才聘任的方式才符合经济规律，也才会有效、稳定和持久。二是政策不优惠，环境不宽松。如各类人才去乡镇企业停薪留职的办理、科技人员技术服务、“星期天工程师”收入税收方面的优惠、乡镇企业各类人才专业职务的评聘、原单位对各类人才在乡镇企业兼职和服务的放开和收入的认可等都有待落实或放宽。三是各类人才自己在观念上没有更新。不少人视乡镇企业不正规，名誉不好，习惯于坐“铁交椅”、吃安闲饭，加之科技人员缺乏市场意识和经营技术商品的才能都妨碍着技术和人才向乡镇企业流动。四是许多人才想去乡镇企业服务，但缺乏信息沟通和牵线搭桥的媒介。

3. 落后的小生产和封建意识阻碍着人才的选拔和成长。家族观念、狭隘的民族观念、地域观念，使任人唯亲在此地更具特色。这里的乡镇企业大多是乡(镇)政府的损资行为，企业大多是乡(镇)政府的附属物，乡政府可以随意更换厂长和管理干部，控制企业招工，唯才是举、任人唯贤困难重重，许多土生土长的能人很难一展宏图，只能随南下的民工潮去闯荡沿海特区，竟然也冒出了几个百万元户。

三、对该地区人才培养和成长的几点建议

1. 立足本地，大胆选拔和放手使用好现有的人才。中西部地区乡镇企业中已涌现出了一批善经营和有一技之长的农民企业家。他们是不发达地区发展商品经济的带头人，对他们要大胆使用，不要求全责备。他们在工作中有这样那样的缺点和错误也必须在支持他们的工作的前提下，正确地进行教育和监督，切不可轻易撤换。目前看来，中西部地区乡镇企业的技术人才和管理干部主要还得靠“土专家”。要从能工巧匠、复员军人、回乡知青、乡村干部中通过举贤招聘，考试考核，把其中的优秀分子选拔上来。在企业招工中要进行文化测试和专业知识考试，优先录用具有较高文化程度和技术专长的青年。

要达到上述的要求，关键是各级领导要坚决破除“左”的思想束缚，使乡镇企业摆脱对乡政府的依附，改“官办”或“官督民办”为真正独立的商品生产者和经营者，并创办各种类型的股份合作制企业。各级乡经委也要淡化其行政职能，逐步成为经营性公司，履行服务职能，这样才能根除任人唯亲的陋习，才能使有用之才脱颖而出，大显身手。

2. 采取有力措施，抓好人才培训。

第一，建立乡镇企业人才培训体系。改行政指派培训为供需协商培训。中西部各地均在乡经委设有乡镇企业培训机构，通过行政指令主要培训现有乡镇企业的经营管理、财务会计、安全生产人员。由于各培训点师资缺乏，大多是临时聘请，这些教师对乡镇企业实际不甚了解，也没有认真研究教学规律，因此效果较差。加之乡镇企业生产门类多，培训点难以适应多方人才培训的需要。因此，不应再搞行政指派培训，而要实行供需协商培训，即各乡镇企业提出各年度人才培训的计划(人数、专业、时间)，交人才培训点，再由人才培训点与企业直接协商分期、分批地进行培训。

依据乡镇企业的发展势头，应在省级和有条件的地区依托普通高校创办乡镇经济管理学院，地区创办乡镇经济中等专业学校，县办乡镇经济职业学校，在各校附设培训点，形成一个乡镇人才培训网络，把正规教育和短期培训结合起来。其专业设置、课程内容、招生分配均应从各地实际出发。如武陵山区就可依托湖南吉首大学在西南交通枢纽怀化市建立乡镇经济管理学院。以该校经管系、物理系、化学系、生物系为依托创办乡镇企业管理、机电、会计、统计、市场营销、食品化工、农林、会计电算等专业，培养乡镇企业急需人才。并利用吉首大学科技开发中心和实验中心代为培训化验员、检测员，提供技术资询和技术服务，承包设备的

保养维修等，实行厂校、厂系、校乡、系乡挂钩。吉首大学物理系与吉首市第一水泥厂签订的“设备保养技术服务协议”，生物系与龙山大安乡签订的“五倍子栽培技术服务协议”，经管系与河溪镇的乡镇挂钩效果都颇佳。

第二，结合企业实际需要送出去，请进来，带着问题学，学用结合。一是走出去到同行业的先进企业跟班学习。吉首市河溪橡胶厂建厂时派出几十名职工到湖南橡胶厂跟班学习，只用3个月，就将再生胶生产技术学了回来，投产后即生产出了全国第一流的再生胶，产品畅销不衰。二是请进来向专家学习。怀化麻阳长潭化工厂先后从长沙望城电石厂、株洲化工厂、重庆铁合金厂、湖南铁合金厂请来十多名技术人员作技术指导，厂里规定人员跟班学习，明学、暗学，很快消化和掌握了对方技术，小小的乡办企业现能生产出6种产品适应市场的变化，1991年创产值518.71万元，利税达150.31万元。

最受乡镇企业欢迎的培训形式是技术人员、管理人员亲临企业现场培训，现场指导、现场解决实际问题。湘西州乡经委培训科长是湖南大学化工系毕业生，有技术专长，几年来他采取现场指导和培训的方法，为湘西乡镇化工企业培养了不少人员，也解决了不少技术问题，深受乡镇企业欢迎。

第三，提高企业从业人员整体素质。一是提高职工文化素质。怀化辰溪冶炼厂的“阶梯爬升法”值得一提。厂规定不到小学文化程度的工人一年半内通过夜校和自学达到厂里承认的小学文化水平，有小学文化的在两年内自学和补习后考厂承认的初中文凭，在限定时间里未取得相应文凭的职工奖金只发60%，现有职工3年内未取得初中文凭，一律辞退。并规定从1992年起不再收初中未毕业的职工进厂。二是采取措施提高干部职工管理和技术水平。会计、统计人员规定参加全国考试，技术人员定期考试考核，厂里成立技术攻关小组，规定技改项目，重奖有功人员，职工进行岗位练兵、技术培训、工艺竞赛，使其成为技术娴熟的工人。该厂通过这一系列提高企业整体素质的工作，3年完成了9项技改项目，产品质量过硬，3年内利润年均增长28.4%。三是加强乡镇企业文化建设。乡镇企业职工小农意识浓，加之处境特殊，自卑感和危机感时时袭扰，只关心工资奖金，只听命于企业的“强人”，保守散漫，缺乏自主和参与意识。而企业调动职工积极性主要采取提工资发奖金的方法，重物质轻精神。对职工树立以企业为主体的共同价值观，对内涵于厂风、厂纪、厂容、厂誉、企业形象、产品形象、职工形象、领导者良好形象的培养，对职工民主意识和参与意识的树立，职工思想政治教育的加强均很忽视。这不利于企业整体素质的提高。湘西州河溪橡胶厂厂长张祖兴开始注重企业文化建设，从自身做起带头钻研技术，学习经营管理知识，特别是以厂为家，一心扑在事业上。他是一厂之长，担子重，付出的劳动比别人多，但他只拿工厂的平均工资。他那种艰苦创业的精神，严以律己的作风，成了全厂的楷模，正是在他的带动下，全厂学文化、学技术，爱厂如家，蔚然成风，厂兴我荣，厂衰我耻真正深入了人心。

从成功的乡镇企业中我们认识到了一个共同规律，就是说创业的过程同时也是人才成长的过程。那些在艰难竭绝之中崛起的乡镇企业都煅造了一支人才队伍。这也再次证实了日本松下、三洋集团的至理名言：“企业首先是培养人的，然后才是产品。”

3. 全面规划，加速培养后续人才。为了培养跨世纪的较高层次的乡镇企业专业人才，可通过五种途径去实现。一是国家每年应拨给一批乡镇企业人才培养的招生指标，定向招生，定向分配，适当降分录取。二是每年划出一定指标招收计划内委培自费生，由乡镇企业录用，按国家干部对待。三是高校可挖掘潜力招收成教脱产班。学员参加成人高考，以保证其基本质量，然后按大学教学计划脱产学习，毕业后回乡镇企业工作，招生中还可包括一部分应届、历届高中毕业生。湖南省各高校近几年均招收有这种名之为“函授脱产”的班级，这些班级的毕业生90%以上在乡镇企业工作，许多人成了企业骨干。四是由乡镇企业委托高校培养，免试入学，学成后原企业承认其大专学历，作为晋升职称依据，这样的委培生应是有培养前途的后备干部。五是在高校设立乡镇企业干部培训部。高校干训部已往在培训党政干部和国营企业管理干部上作出了很好的成绩。但80年代末各校干训部相继停止了招生，现应恢复招生，重点培训乡镇企业管理干部和各类专门技术人才，采取干部学历教育和短期培训相结合。

四、加快建立适应乡镇企业发展需要的人才流动机制，积极疏通人才流动的渠道

经济不发达地区人才易出难进。近几年来中西部乡镇企业有限的人才流出不少。湖南省乡镇企业4万多有职称的人员，有3 400多人流出了乡镇企业，其中60%以上是具有中级以上职称的技术骨干。沅陵五强溪造纸厂是一个只有100多名职工的乡办小厂。近两年就流出了10名自费大中专毕业生，其中7名去了深圳。一般来说，人才在低层次的需求满足的情况下，在有单位选择和地域选择可能时，是不愿到困难地方去的，目前尚处于艰难时期的中西部乡镇企业要争取到

人才，是存在较大困难的。那末，乡镇企业所需人才的来源就枯竭了吗？当然不是。只要建立起合理的人才流动机制和制定出人才流向乡镇企业的倾斜政策，乡镇企业就可以“不尽人才滚滚来”。

第一，改革现行科技体制，放活科技人员，鼓励他们去乡镇企业长期或短期兼职工作，或承包企业，领办企业，或提供技术服务。

第二，鼓励大中专毕业生去乡镇企业工作。大中专毕业生去乡镇企业工作，其户口和行政关系可放在州县（市）乡镇企业主管部门，工资可向上浮动，与国营企业事业单位一样享受评聘专业职务的待遇。

第三，各级政府部门有不少富余的行政干部和人员，里面不乏有一技之长者或稍加培训就可担任经营管理干部的人才。这部分人员可停薪留职去乡镇企业工作，工资奖金不足部分由原单位补足。

第四，鼓励有技术专长的离退休人员去乡镇企业进行技术承包或技术服务。湘西湘泉酒厂几位退休技术人员到几个县的数家乡镇企业开发湘泉系列白酒产品，既扶持了乡镇企业，又扩大了湘泉酿酒集团的生产能力。

第五，聘请“星期天工程技术人员”，解决一个技术问题或承包某项技术、某项设备维修保养。

第六，加强与同行业国营大中型企业、高校和科研部门的横向联合，引进人才，借智力开发智力。怀化市铁合金厂与湖南铁合金厂技术协作，向对方聘请生产中各道工序的技师6人，对生产技术全方位指导，对职工实行“传、帮、带”的内培方法，增强了整个企业素质，保证了产品质量，产品出口到日本和西欧市场。航空航天部608研究所与怀化榆树村农民联合办电子仪器厂，研究所出资金和5名技术人员，榆树村出厂房劳力折股，产品一开发就在中南市场争得一席之地。

第七，背靠城市和水陆交通线建立工业小区可以综合利用人才，提高人才利用率，也容易吸引人才来这里进行技术咨询，技术转让，技术承包和技术服务。

从根本上说要促进人才流动，做到人尽其才，还是要适应社会主义市场经济的要求，改革现有的人事制度，建立和完善人才市场。目前鉴于乡镇企业分散，又缺乏人才流动的信息和媒介，应尽快建立人才交流市场，使人才的供需能双向选择，并逐步使这项工作科学化、规范化、经常化。

论工业小区建设与乡镇企业集聚发展

高剑明　朱恒福　朱伟江

提高乡镇企业集聚效益，是90年代乡镇企业提高与发展的必然趋势，也是乡镇企业上新台阶的重要标志。本文着重就加快工业小区建设，提高乡镇企业集聚效益，作初步的探讨。

一、80年代乡镇工业发展基本状况

党的十一届三中全会以后的80年代，是乡镇企业在改革开放中“异军突起”的大发展时期。80年代的大发展，乡镇企业不仅为振兴农村经济作出了不可替代的贡献，而且也为90年代经济上新台阶打下了坚实的基础。然而，任何事物发展都有它的两重性。乡镇企业在前十年大发展取得巨大成就的同时，也隐含着许多问题与不足。这些问题随着改革开放步子的加快和商品经济的不断发展，已日益明显地暴露出来，比较突出的：

一是布局分散，难以形成群体发展优势。由于乡镇企业的所有制特点是乡办乡有、村办村有；乡镇企业职工就业“离土不离乡”，务工又兼农；财政体制是“分级包干，分灶吃饭”。因此，兴办乡镇企业，就必然要考虑社区经济利益。从而也导致各自“圈地”搞基建，上项目，铺摊子，乡乡办厂，村村冒烟，企业间彼此封闭，缺乏关联，难以形成企业群体发展优势。

二是规模狭小，难以取得规模效益。乡镇工业的原始投入主要靠农业和农民的自身积累，由于投资主体可用于投资的资金非常有限，再加上分散的生产要素难以集中，因此，必然造成企业投资规模狭小。狭小的规模效益，要想提高和发展是困难的。

三是企业素质低，市场竞争力弱。现有的乡镇企业经营者和生产者，主要来自于农民，其文化水平普遍较低，与乡镇企业的提高和发展很不适应。同时，由于投资主体在社区范围内的投资资金有限，乡镇企业主要是劳动密集型企业，因此难以发展技术含量较高的产业和产品。

二、集聚发展是90年代乡镇企业发展的大趋势

应当看到，在80年代乡镇企业能够较快发展，一方面是由于市场商品十分紧缺，消费供求矛盾的推动；另一方面，是乡镇企业发挥了“船小掉头快”、经营机制灵活、产品价格低廉等优势。而进入90年代，随着我国社会主义市场经济体制的逐步建立，国营大中型企业经营机制的转换，市场消费水平的不断提高和产品竞争的日益加剧，乡镇企业原来的优势正在不断削弱，而“先天不足”的弱点却在更明显地制约自身的发展。

经济效益是衡量企业生产经营好差的重要标准。按照社会化大生产的客观要求，企业只有采用先进技术和成套设备，生产批量达到一定规模，才能取得较佳的经济效益。而要实现这种较佳的经济效益，主要通过两条途径：一是通过资金的集中投资，使企业达到一定的技术水平和经营规模。二是通过单个企业的相对集聚，形成有利于专业分工和协作的社会化大生产的条件，使企业之间的生产经营活动有机关联，发挥整体和集聚优势，以弥补单个企业规模小的不足，从而取得企业集聚的规模效益。根据乡镇企业的现状和特点，乡镇企业在新的历史条件下，要不断的提高和发展，必须走集聚发展的路子，不断提高企业集聚效益。这是90年代乡镇企业大发展、大提高的客观要求和必然趋势。

引导乡镇企业集聚发展，不断提高集聚效应，除了要进一步深化改革，调整优化企业组织结构外，更重要的就是要加强工业小区建设，为乡镇企业集聚发展创造必要的条件。

第一，加强工业小区建设，有利于企业间的专业化分工协作，促进生产要素的合理流动和配置，形成社会化大生产。提高生产的社会化程度，一方面，要求生产过程的各个环节相对独立，企业之间的生产实行分工协作。另一方面，又要求企业间相对集中，如企业太分散，势必延长产供销经营活动时间，影响资金利用效率，严重的还会影响企业生产连续性，而这种连续性本身就是一种生产力。因此，通过加强工业小区建设，然后，以某个骨干乡镇企业或拳头产品为龙头，实行各种互相配套的联合和协作关系，可以有利于形成专业化生产基地，有效地促进企业从“小而全”向“小而专”、“小而联”的方向发展。

第二，加强工业小区建设，有利于提高投资效益。基础设施的投资是企业投资的重要组成部分。基础设施的统一规划、集中投资、统一施工，将有助于道路、水、电线路、通讯等设施的合理布局，降低单位成本，提高投资效益。同时，企业相对集中在工业小区中，既有利于企业减少库存，加速资金周转，节约仓储，还有利于发展社会化服务的第三产业。此外，企业相对集中，有的可以将利用率不高的设备和设施提供给社会共同使用，便于企业之间调剂余缺，提高设备的利用率。

第三，加强工业小区建设，有利于调整和优化产业结构和企业组织结构。一般说来，企业的经济效益，直接受生产规模的影响。企业规模狭小，不利于采用现代科学技术和自动化生产线作业，必将提高单位成本，降低经济效益。通过工业小区的开发建设，可以有效地为企业间开展兼并和联合，为发展企业集团创造良好的条件，使企业的结构调整与发展有机地结合起来。

第四，加强工业小区建设，有利于提高土地利用效益和生态效益。企业聚集在一起，仓库可以少建，有些设施可以共用，可以节省大批耕地。据典型调查，工业小区统一规划基础设施，“一路多通，一线多用”，较之分散办厂、各自搞基础设施建设，可以节约土地5%～10%。同时，还可以利用荒山、荒滩、荒地发展工业小区。此外，企业分散，废水、废气、废渣分布范围广，污染面积大，造成的损失严重，这是当前乡镇工业发展中一个突出的问题。而工业小区在统一规划中就可以充分考虑“三废”的综合治理，实行小区建设、集镇建设和环境保护同步规划，同步实施，同时投入使用，使环境污染降低到最低限度，这也是企业布局分散难以办到的。

第五，加强工业小区建设，有利于加快小城镇和农业现代化建设。从一些地方的实践看，工业小区多数依托小城镇。工业小区的建设，一方面，可以使企业职工逐步与农业分离出来，成为新型的工业产业大军。另一方面，由于人口相对集中，就必然会带动商业、饮食业、服务业和文化、教育、卫生等事业的发展，繁荣小城镇，加速小城镇的建设。同时，由于农村劳动力大量向工业小区集聚，也能促使农业向集约化、机械化、现代化方向发展，加快有中国特色的社会主义新农村的建设进程。

三、乡镇工业集聚发展的主要制约因素

根据现行的体制状况，影响乡镇企业集聚发展的制约因素还不少，其主要是：

1. 农村社区利益制约。乡镇工业是从原来的社队企业演变而来。原来“社办社有、队办队有”的产权特点，在初创阶段，调动和保护了农民兴办乡镇工业的积极性。但由于社区利益的分割，也造成了各自为政，分

散发展的格局。

2. 财政体制的制约。目前的财政体制实行“分级包干、分灶吃饭”的政策。这样做可以保证各级财政上缴任务的完成，并能够在一定程度上调动乡镇政府和农民发展经济的积极性，但这种社区利益壁垒，也影响了乡镇企业按照经济合理原则，实行跨区域发展的进程。

3. 企业职工亦工亦农的制约。乡镇企业职工实行亦工亦农，在一定历史条件下有其合理性，并成为乡镇企业一大特色。但由于工业生产不同于农业生产，劳动者必须具有较高的素质，特别是随着生产的发展，必须有一大批专业生产熟练程度较高的工人。现在的乡镇企业职工既要从事工业生产，又保留了一部分责任田，亦工亦农，客观上限制了劳动力异地转移和劳动者素质的提高。

4. 户籍制度的制约。社会化大生产客观上要求生产要素合理流动和配置，其中生产者是重要的生产要素，必须进行合理流动。而我国现行的户籍制度，虽然有利于人口的管理和社会的安定，但也在一定程度上阻碍了劳动力的合理流动。随着工业小区建设步子加快，小区规模扩大，现有的户籍制度将会更明显地制约工业小区的发展。

四、加快乡镇企业集聚发展及工业小区建设的基本对策

加强工业小区建设是促进乡镇企业集聚发展，提高规模经济效益的重要途径，也是促进乡镇企业上新台阶的重要战略措施。要加快建设和开发工业小区，除了要进一步统一认识，克服小生产意识，树立大市场观念外，还应在实践中采取相应的政策措施。

1. 要以小城镇为依托，加强工业小区的规划和建设。小城镇是一定区域内的政治、经济、文化中心，公路交通、水路电路、通讯设施等都有一定的基础。因此，以小城镇为依托，进行工业小区建设，可以最大限度地降低基础设施单位投资成本，提高投资效益。鉴于各地乡镇工业起步有早有晚，现有小城镇的基础建设和功能发挥有差异，因此，在规划和建设工业小区时，必须坚持从实际出发，把工业小区的建设与调整产业、行业布局结合起来，具体方式可以多样化：一是乡镇工业起步较早，已有相当多的企业建在集镇附近，并日趋增多，乡镇工业相对集中，这种自然形成并具有工业小区雏型的乡镇，在统一规划的基础上，可适当调整和扩大小区范围，完善基础设施建设，使之逐步形成功能较为齐全的工业小区。二是乡镇工业起步较晚，原有企业不多，尚未形成完备的基础设施，新厂亟待选址兴建。为了避免工业布局分散，当地政府要通盘规划，科学论证，在交通和基础设施条件较好的地方，专门划出一部分土地作为工业小区，集中兴办乡镇工业。三是已形成专业批发市场的乡镇，可以市场为依托，在专业市场附近，划出土地进行开发，形成以生产几种产品为主的专业性工业小区。四是以县城为中心，在城郊开发和建设工业小区。县城是城市工业和乡镇工业的主要结合部，在县城近郊开发工业小区，发展与城市工业相配套的乡镇企业工业群体，既可以广泛接受城市工业和高科技产业的辐射，又可以推进城乡工业一体化。

在规划和建设乡镇工业小区中，应遵循“富规划，穷开发”的原则。“富规划”就是要着眼于未来，有战略眼光，规划，设计起点要高。“穷开发”就是在具体实施时，要根据资金的可能，量力而行，分步开发，逐步到位。

2. 要坚持从实际出发，实行多形式开发。各地都在兴办工业小区，形式也多种多样。从实践情况看，以下两种有一定的推广价值：一是采用土地有偿使用的方式，由企业通过投标进入工业小区，兴建厂房，这种开发方式，可以在政府少投资或不投资情况下，加快工业小区建设。二是由政府按照规划的要求，统一投资，统一设计，统一施工，先建成一批适应于企业生产加工的标准厂房，然后，再确定厂房出租使用价格，按一定期限出租或“拍卖”给企业。这种方式，实质上是地方政府将国有或集体资产人格化后，以契约形式有偿定期出让或转让使用权，政府依靠财产所有权获得收入。

3. 要深化改革，鼓励乡镇工业企业向工业小区集中。首先，要突破“三不变”的束缚。乡镇企业在横向联合初期坚持企业隶属关系不变，所有制不变，财政上缴渠道不变的“三不变”政策是必要的。但这种做法，毕竟是政企不分，条块分割为特征的传统体制的产物，是财政包干、外贸包干体制的产物，是确立在所有制性质基础上的经济管理体制的产物。要鼓励乡镇企业集聚发展，向工业小区集中，就必须突破“三不变”的原则。否则，乡镇工业小区建设也就难以有效实施。而在现行体制还不可能很快改革到位的情况下，跨越“三不变”障碍的最有效的途径是大力推行股份制，依靠股份制的办法，来调整不同社区的乡镇企业利益关系，促进乡镇企业跨地域、跨行业、跨所有制，逐步向工业小区集中。

其次，要改进和完善乡镇财政包干制度和经济考核制度。对股份制企业，除按股份制办法实行收益分配外，还可按股份比例，分产值、利润、税收、出口创汇等指标，由各股东向产权所在地报各项经济指标，以便县、市考核乡镇一级的经济发展实绩。乡镇企业的利润

可在工业小区内实行“先分后税”的办法，即由各股东向各自所在地的税务部门缴纳所得税；也可以实行“先税后分”，工业小区所在地的税务部门按各股东的出资比例，将相应的税金返还给各股东所在地，以吸引外地投资者到小区办厂或吸引分散的企业搬迁到小区，推进小区更快发展。对非股份制企业，可以规定：企业迁向外地乡镇工业小区后，其社会性开支、建农基金、规定应缴的利润及企业管理费可仍缴回原社区经济组织，税收可在工业小区所在地的税务部门缴纳，企业原行政隶属关系不变。

再次，要制定必要的优惠政策，鼓励乡镇企业向工业小区集中。特别是一些老、少、边、贫地区，到工业小区办厂，凡是集体企业，在税收、费用上可适当减免。

4. 要多渠道筹措资金，加快实施工业小区的建设。为加快工业小区建设，基础建设资金可以从多方面筹措：一是地方政府每年从乡镇企业上缴的税收中提取一部分，作为乡镇工业小区开发基金，实行滚动使用。二是工业小区内的土地或“三房”有偿转让或出租，收取的转让费和租金，集中后再投入小区建设。三是通过适当发行债券等形式，吸收企业和民间资金，用于工业小区建设。四是专业银行每年安排一定的工业小区建设贷款，给予必要的支持。

在资金使用上，要统一调配，集中使用，重点用于基础设施建设，然后再适当进行厂房等固定资产投资。并应当坚持先生产、后生活；先急后缓，逐步到位，尽可能使有限的资金发挥最佳效益。

5. 要逐步改革户籍制度，积极鼓励农民异地转移。引导乡镇企业向工业小区集聚，必然会牵涉到农村劳动力异地转移的问题。乡镇企业职工“离土不离乡、进厂不进城”的传统做法和现行的户籍制度，在很大程度上已制约了农村劳动力合理地异地转移，按照工业发达国家工业化进程的一般规律，农业人口逐步向小城镇转移。因此，要加快工业小区建设，促进城乡一体化进程，必须积极创造条件，使农民离土又离乡，逐步向小城镇和工业小区相对集中。而农民要离土又离乡，又必须改革目前的户籍制度。在目前，我国户籍制度还不可能有大变革的现实情况下，可以试行工业小区和小城镇的长住户口制，即类似国外的“绿卡”制。凡是在工业小区或小城镇工作的农民，可凭其原户口所在地政府开具的承包土地退还证明书，并向工业小区缴纳一定的建设基金，可办理“工业区暂住户口”。凡持有这种户口的，在某些方面可享受城镇居民同等待遇。这样做，不仅有利于吸引更多的人才和单位到小区办厂，而且可以逐步跳出传统的城乡割裂的管理方式，加快小城镇建设和城乡一体化的步伐。

农村剩余劳动力转移浅析

杨　先　珍

一、乡镇企业成为吸纳农村剩余劳动力的主渠道

改革开放以来，乡镇企业的大发展，使1.13亿农民进入非农产业，成为吸纳农村剩余劳动力的主渠道。乡镇企业吸纳农村剩余劳动力的能力基本上与乡镇经济的发展速度成正比。这一时期大致可划分为4个阶段：

1978年至1983年，乡镇企业发展初期产值增长不快，由495亿元增加到1 007亿元，增长1倍多；职工人数由2 827万人增加到3 235万人，净增408万人，年均增加81万人。

1984年至1988年，乡镇企业进入高速度发展时期。产值由1 007亿元增加到7 017亿元，增长了近7倍；职工也大幅度增加，由3 235万人增加到9 545万人，增长了近3倍，净增6 310万人，年均增加1 262万人，年均增加人数是前5年的近15倍。其中1984年由于中共中央国务院颁发4号文件，极大地调动了农民兴办乡镇企业积极性，当年吸纳了2 000万人。

1989年至1991年，国家实行治理整顿，乡镇企业发展速度减慢。3年间产值由7 017亿元增加到11 621亿元，只增长了65%。乡镇企业实行了关停并转，在城市搞建筑的队伍回流农村，乡镇企业职工人数1989年和1990年分别减少了178万和102万，到1991年才恢复到1988年水平，即9 609万人。这3年乡镇企业职工人数基本上是零增长。

1992 年至 1993 年，邓小平南巡讲话和党的十四大社会主义市场经济的确立，再一次极大地鼓舞了农民发展乡镇企业的积极性。1992 年乡镇企业产值猛增到 17 600 亿元，比上年增加了 6 000 亿元，新增就业人数 1 000 万人，达到 1.06 亿人，超过了城市全民所有制职工总数。1993 年，乡镇企业仍保持了强劲增长势头，产值到 29 022 亿元，新增就业人数 700 万人，乡镇企业职工总数将达到 1.13 亿人。农村剩余劳动力的 50%左右由乡镇企业吸纳，乡镇企业已成为吸纳农村剩余劳动力的主渠道。

二、农村剩余劳动力就业形势依然严峻

我国农村劳动力的转移，改革开放以前主要是由国家计划安排集中转移，速度缓慢。十一届三中全会以来，改革推动了农村的工业化，乡镇企业迅速崛起，农民自我创造了就业机会，“离土不离乡，进厂不进城”，加速了农村剩余劳动力的转移进程。但是，我国目前农村剩余劳力就业形势依然严峻，主要有以下原因：

第一，目前农村有总劳力 4.4 亿个，农、林、牧、渔种养业约需 2 亿个劳动力，乡镇企业吸收 1.13 亿个，还潜在约 1.3 亿个剩余劳动力。

第二，根据中国人口发展趋势预测，到 2000 年，每年约将新增 1 000 万个劳动力，80%在农村。

第三，随着农业的现代化，农业劳动生产率的提高，我国现有耕地只需农业劳力 0.4 亿个，林牧渔共需 0.8 亿个，农林牧渔共需劳力 1.2 亿个，从大农业内部将再分离出 0.8 亿个劳动力。

第四，乡镇企业整体素质不断提高，东部地区加快发展，上规模、上档次、上质量、上水平，由过去的劳动密集型向技术、资金密集型发展；中西部地区的发展强调高起点。因此，近年来，乡镇企业吸纳劳动力的能力在减弱。

第五，劳动力成本增加。80 年代乡镇企业吸纳一个劳动力就业需投资 3 000～5 000 元，而 90 年代乡镇企业吸纳一个劳动力就业需投入 10 000 元左右。

三、提高乡镇企业吸纳农村剩余劳动力能力的措施

1. 继续大力发展乡镇企业，特别要加强第三产业的发展。世界上经济发达国家第三产业占本国经济的比重在 60%～70%之间，发展中国家也在 35%～40%之间，而我国只有 27%，农村仅有 14%。因此发展农村第三产业潜力很大。

2. 集中连片发展，依托工业小区建设小城镇，使农民“离土又离乡，进厂又进城”，在小范围内集中，在大领域内分散，把转移劳动力和农村城镇化结合起来。农民“离土不离乡，进厂不进城”，在乡镇企业发展初期对振兴农村经济，就地转移劳动力起了积极作用，是一条基本经验和方法，仍应坚持。但是这种“村村点火，乡乡冒烟，农民务工又兼农”的弊端明显暴露出来：企业规模小，难以取得规模效益；农民兼业，既不符合社会化大生产需要，也影响职工素质的提高。乡镇经济的进一步发展，要求变过去的分散发展为集中连片发展，依托工业小区，建设小城镇要求一部分农民“既离土又离乡，既进厂又进城”，成为小城镇的新的居民。

3. 实施“乡镇企业东西合作工程”，加速中西部地区农村剩余劳动力的转移。乡镇企业吸纳农村剩余劳动力的情况，和乡镇企业经济发展一样，从全国来看极不平衡。沿海一些地区如珠江三角洲、苏南农村基本上已完成了农村剩余劳力的转移任务。有些地方在乡镇企业务工的劳动力已占本地农村总劳力的 90%以上，接近发达国家水平。随着经济的进一步发展，有的地方当地劳动力已严重不足，还吸纳了大量外来劳动力。农村剩余劳动力主要是滞留在中西部地区。国务院组织实施“乡镇企业东西合作工程”，组织中西部地区劳务输出，不仅是促进西部乡镇企业发展，缩小东西部经济差距的一项重要举措，也是一项加速中西部地区劳动力转移的重要工作。

4. 加强对进入乡镇企业的农民就业培训。乡镇企业发展的实践证明，乡镇企业能否更多地吸纳农村剩余劳力，一方面取决于乡镇企业自身是否能持续、快速、高效、健康地发展，另一方面取决于剩余劳动力者自身素质是否适应非农产业就业岗位的需要。因此，应制定有效措施，采取多种形式，加强对农村剩余劳动力者的就业前后培训，提高其素质，以适应经济进一步发展的需要。

1993年乡镇企业专题文章(部分)索引

深化改革

1. 关于村办企业实行股份合作制若干问题的探讨
许惠渊 《中国农村经济》 1993.3
2. 股份合作制是乡镇企业深化改革可行之路
贾秉文 《农村金融研究》 1993.1
3. 农村股份合作企业资产评估做法初探
鲁连樵 《农村合作经济经营管理》 1993.5
4. 股票债券筹资手段与乡镇企业的发展
洪国平等 《江西社会科学》 1993.3
5. 重新塑造乡村集体企业机制
郑庭富等 《福建论坛:经济社会版》 1993.5
6. 创造股份合作企业健康发展的政策环境
马津龙 《经济与管理研究》 1993.3
7. 谈谈农村股份合作制的几个主要特征
曹克成 《农村合作经济经营管理》 1993.5
8. 乡镇企业试行股份制的几个问题
张建国 《南通社会科学》 1993.2
9. 中国乡镇企业改革与发展之路
万宝瑞 《中国经济体制改革》 1993.11
10. 乡镇企业对体制创新的贡献
解力平 《浙江学刊》 1993.6
11. 试论乡镇股份制企业登记中的几个问题
朱汉清等 《经济与管理研究》 1993.6
12. 乡镇企业股份合作制初探
石方志等 《企业活力》 1993.9
13. 乡镇企业创新论
吕卫东等 《理论界》 1993.10
14. 完善乡镇企业股份合作制的几点思考
柏志英 《大众企业管理》 1993.9
15. 乡镇企业推行股份合作制中的问题及对策
吉齐云 《农业技术经济》 1993.10
16. 乡镇企业的发展方向——走股份合作道路
杨炳源等 《江苏经济探讨》 1993.10
17. 股份合作制企业的发展与规范
赵艳昌等 《河南日报》 1993.11.19
18. 乡镇企业向股份合作制发展的构思
谢能广 《广西经济研究》 1993.11
19. 乡镇企业产权制度改革的思路及其启示
郁　谦　汤可可 《江苏经济探讨》 1993.11
20. 乡镇企业股份合作制股权设置之浅见
邵荣兴　徐　秾 《乡镇经济研究》 1993.11
21. 乡镇企业股份合作制与苏南模式
孙连才等 《江苏经济探讨》 1993.11
22. 乡镇企业推行股份合作制中应正确处理的几个问题
李卓东 《农村展望》 1993.12
23. 对乡镇企业股份合作制的理论探索
章耀德 《农村经济导刊》 1993.12

外向型经济

1. 提高乡镇企业经济效益，发展“嫁接式”合资企业
孙祥州 《工厂管理》 1993.2
2. 借鉴“四小龙”，赶上“四小龙”
路　平 《科技管理研究》 1993.1
3. 村办企业发展外向型经济的几点认识
蒋惠良 《苏州大学学报:哲社版》 1993.3
4. 外向型乡镇企业集团和国际化
李林焕 《国际贸易》 1993.2
5. 关于乡镇企业到国外投资办厂的探讨
叶建华 《投资研究》 1993.4
6. 乡镇企业走向国际市场的五项对策
贺敬林等 《集团经济研究》 1993.6
7. 对外直接投资：乡镇企业国际化经营的最佳选择
张　锐 《湖北社会科学》 1993.9
8. 办好外向型企业促进乡镇企业发展
江汝生 《岭南学刊》 1993.5
9. “复关”与乡镇企业对策
吴建成 《发展研究》 1993.12

企业管理

1. 农村企业经济机制的选择
郑世伟 《改革月报》 1993.1
2. 农村私人股份合作企业存在的问题及对策
赵华杰等 《经济问题》 1993.3
3. 乡镇企业的资金效益分析
范义三 《江苏社会科学》 1993.2
4. 试论乡镇企业的资金管理
唐汇军 《乡镇企业》 1993.2
5. 浅谈乡镇企业分配中的问题及改进意见

蒋启华等 《江苏农村经济》 1993.2

6. 对乡镇企业承包者应按积累计酬
黄国庆 《苏南乡镇企业》 1993.3

7. 公共关系是市场经济中乡镇企业经营管理的必备条件
丁德章 《乡镇企业研究》 1993.4

8. 镇村工业企业承包责任制的新思路
潘泉生 《唯实》 1993.4

9. 乡镇企业如何做到扩大投资规模与提高投资质量相结合
张庆和 《大众企业管理》 1993.4

10. 乡镇企业财务管理的问题及对策
梁　德 《中州审计》 1993.3

11. 当前村级企业承包合同管理中的问题及对策
黄仕书 《福建论坛:经济社会版》 1993.5

12. 略谈乡镇企业诊断
吴国舫 《荆州师专学报》 1993.5

13. 乡镇企业运行机制的三种选择
果　梁　大　志 《中外管理》 1993.6

14. 如何解决乡镇企业当前资金紧缺的矛盾
虞云秋等 《农村经济导刊》 1993.11

15. 乡镇企业产品积压的原因及对策
成春到 《工厂管理》 1993.11

16. 浅谈乡镇企业家经营思想的变革
方巨虎 《农村经济导刊》 1993.11

17. 从美国中小企业的发展浅谈我国乡镇企业的管理
傅向升 《中国科技产业》 1993.12

科技进步

1. 对我国乡镇企业科技进步的金融思考
刘星箭等 《湖北农村金融研究》 1993.2

2. 乡镇企业技术进步的约束条件和战略选择
罗卫东 《浙江社会科学》 1993.2

3. 上海市郊重点乡镇工业企业技术进步状况的调查分析
赵农华 《调研世界》 1993.2

4. 走有乡镇企业特色的人才开发之路
田格臣 《中国人才报》 1993.5.16

5. 关于建立和完善广东省乡镇企业科技开发服务体系的设想
胡爱东 《计划与发展》 1993.2

6. 国际标准：打开市场的钥匙
刘永斌 《中国乡镇企业》 1993.5

7. 一个走向技术密集型发展的乡镇企业
王天仁等 《中国科技论坛》 1993.6

8. 上海乡镇工业产业之结构升级与高新技术
叶再青 《华东科技管理》 1993.11

9. 开发新品：乡镇工业增强后劲的关键
翟炳根 《上海企业》 1993.12

10. 依靠科技是乡镇企业再发展的唯一途径
王国京 《学理论》 1993.12

11. 乡镇企业技术改造方针政策探讨
王保平 《企业技术进步》 1993.12

中西部地区乡镇企业

1. 不发达地区发展乡镇企业意义重大
马自祥 《宁夏日报》 1993.1.14

2. 抓住机遇推动山西乡镇企业再上新台阶
魏博冰 《经济问题》 1993.3

3. 经济欠发达地区乡镇企业发展对策笔谈
小　鹃 《开发研究》 1993.2

4. 落后地区乡镇企业发展的金融对策
原家闹等 《山西经济日报》 1993.4.27

5. 略论中西部地区乡镇企业发展现状及其与东部地区的差距
王晴川 《乡镇经济研究》 1993.3

6. 新形势下经济欠发达地区乡镇企业发展的思路
龙文赞 《理论导报》 1993.4

7. 中西部地区乡镇企业发展的思路
王文学 《农民日报》 1993.5.16

8. 四川省乡镇企业发展与农行信贷战略转移的研究报告
雷　云 《农村金融研究》 1993.5

9. 实行股份合作制是经济欠发达地区乡镇企业的理想选择
刘鉴康 《新华日报》 1993.5.19

10. 加快中西部地区乡镇企业发展对策研究
李海峰等 《改革与战略》 1993.5

11. 中西部地区乡镇企业发展与改革的基本思路
周良林 《乡镇经济研究》 1993.7

12. 湘西乡镇企业的现状和发展策略
赵德碧等 《财经理论与实践》 1993.6

13. 关于贫困山区发展乡镇企业的思考
徐信安 《技术经济与管理研究》 1993.6

14. “跨跃式”发展中西部乡镇企业途径
路高信等 《现代企业》 1993.10

15. 湖北乡镇工业发展现状及问题分析
廖明才 《计划与市场》 1993.10

16. 广西乡镇企业的现状、特点及类型
谢　宇等 《广西经济研究》 1993.11

17. 流通变革与中西部乡镇企业的发展
刘金堂 《工厂管理》 1993.12
18. 贫困地区如何发展乡镇企业
樊建民 《广东金融》 1993.12

问题探讨

1. 乡镇企业在不同地区的发展模式
庚德昌 《科技日报》 1993.2.4
2. 乡镇企业是社会主义市场经济的成功实践者
李大胜 《中国乡镇企业报》 1993.1.29
3. 乡镇企业面临市场经济十大挑战
曹旭东等 《亚太经济时报》 1993.1.21
4. 乡镇企业面临的新形势和发展的新要求
卢 文 《中国农村经济》 1993.1
5. “红嘴模式”的理论思考
吉林省经团联课题组 《经济纵横》 1993.3
6. 集体企业个人承包的弊端与对策
钱学文 《江苏乡镇企业》
7. 乡镇企业：市场取向改革的产物与动力
吴 象 陆文强 《改革》 1993.2
8. 浅谈国营企业转换经营机制后乡镇企业发展提高的问题
龚明国 《南方农村》 1993.1
9. 乡镇企业社会集资利大于弊
农行常州市郊区支行调研组 《江苏乡镇企业》 1993.1
10. 乡镇企业发展中的难关及信贷决策调整
杨世平等 《改革与理论》 1993.1
11. 实事求是地作好乡镇企业的统计工作
匡又成 《乡镇企业》 1993.1
12. 关于九十年代乡镇企业发展的思考
阮文彪 《农业经济问题》 1993.4
13. 论我国农村社区政企关系的有效模式
梁钧平 《北京大学学报:哲社版》 1993.3
14. 试论乡镇企业形象
管信林 《乡镇经济研究》 1993.5
15. 乡镇企业管理体制：问题与改革取向
刘 宇 《经济学家》 1993.3
16. 关于搞好横向经济联合发展乡镇企业的几个问题
张 华 《佳木斯师专学报》 1993.4
17. 乡镇企业投资的特点及偏差校正
陶友梅 《投资研究》 1993.5
18. 农村金融支持组建乡镇企业集团刍议
于壮志 《贵州日报》 1993.7.2
19. 对乡镇企业信贷“高速增长”的看法
顾耀欣 《农村金融研究》 1993.5
20. 乡镇企业项目评估中的问题与对策
聂卫星 《金融时报》 1993.5.3
21. 乡镇企业就业增长徘徊的实证研究
吴建光 《财经科学》 1993.3
22. 对乡镇企业审计工作的探讨
许 冰 《湖北社会科学》 1993.4
23. 在宏观调控中加快发展乡镇企业
程守义 《理论月刊》 1993.10
24. 进一步发展乡镇企业的对策思考
徐易炎 《地方政府管理》 1993.6
25. 浅谈税务部门的控制作用与乡镇企业的发展
孙凤英等 《长白论丛》 1993.6
26. 论广东乡镇企业的伟大成就
陈文学 《乡镇经济研究》 1993.7
27. 财政扶持乡镇企业应重视“软投入”
刘远高 《四川财政》 1993.10
28. 调整和优化乡镇企业结构的思考
张嗣义 《咨询与决策》 1993.10
29. 对乡镇企业地位作用的再认识
陈锡根 《社会科学》 1993.12
30. 开创一条中国式经济发展道路——发展乡镇企业深层思考
李庚演 《江汉论坛》 1993.9
31. 顺其自然 理性发展
鲁冠球 《中国企业家》 1993.12
32. 乡镇企业与二元经济结构
胡汉昌 《决策与信息》 1993.11
33. 优化产业结构 推动乡镇企业发展
邓布红 《大众企业管理》 1993.12
34. 谨防乡镇企业机制弱化
朱三平 《湖南共产党人》 1993.12

（贺军伟）

先 进 县 市

1993年农业部表彰的发展乡镇企业的先进县市名单

北京市

通县、顺义县、昌平县

天津市

静海县、武清县、西青区

河北省

石家庄市郊区、唐山市开平区、丰南县、黄骅市、蠡县、获鹿县、三河市、晋州市、丰润县、霸州市、藁城市

山西省

晋城市南郊区、大同市南郊区、太原市南郊区、太原市北郊区、清徐县、阳泉市郊区、高平县、平定县

内蒙古自治区

呼和浩特市郊区、包头市郊区、赤峰市元宝山区、赤峰市红山区、通辽市

辽宁省

大连市甘井子区、海城市、大连市金州区、沈阳市东陵区、沈阳市于洪区、辽阳县、建平县

吉林省

长春市郊区、永吉县、梨树县、双阳县、敦化市

黑龙江省

牡丹江市郊区、肇东市、佳木斯市郊区、尚志市、阿城市

上海市

嘉定区、闵行区、南汇县

江苏省

无锡县、江阴市、武进县、张家港市、常熟市、吴县、吴江市、太仓市、昆山市、宜兴市、扬中县、泰兴市、南通市、盐城市郊区、铜山县

浙江省

绍兴县、萧山市、鄞县、慈溪市、余杭县、桐乡市、余姚市、海宁市、诸暨市、上虞市

安徽省

合肥市郊区、怀宁县、当涂县、天长县、桐城县、肥东县、繁昌县、亳州市、蚌埠市郊区

福建省

福州市郊区、石狮市、晋江市、南安市、莆田县

江西省

南昌市郊区、德兴市、新干县、宜丰县、萍乡市上栗区、新余市渝水区

山东省

临沂市、荣成市、青岛市崂山区、莱州市、平度市、淄博市淄川区、龙口市、文登市、胶州市、章丘市、招远市、青州市、泰安市泰山区、枣庄市市中区

河南省

巩义市、偃师县、密县、林县、沁阳市、洛阳市郊区、荥阳县、辉县市、汝州市、新乡县、长葛县、灵宝县

湖北省

仙桃市、黄陂县、天门市、随州市、大冶县、襄阳县、黄州市、汉川县

湖南省

长沙县、长沙市郊区、浏阳县、望城县、醴陵市、湘潭县、邵东县、临澧县

广东省

顺德市、南海市、番禺市、新会市、广州市白云区、台山市、花都市、潮安县、开平市、珠海市香洲区、电白县、化州县

广西壮族自治区

合浦县、玉林市、柳州市郊区、容县、北流县、博白县、贵港市

海南省

琼山县、琼海市

四川省

成都市武侯区、成都市金牛区、重庆市北碚区、成都市成华区、重庆市九龙坡区、新都县、巴县、什邡县、绵阳市涪城区、绵竹县、彭县、广汉市、双流县

贵州省

贵阳市乌当区、福泉县、普定县、六枝特区

云南省

昆明市官渡区、昆明市西山区、玉溪市、个旧市、大理市

西藏自治区

日喀则市、堆龙德庆县、扎囊县

陕西省

西安市未央区、宝鸡县、三原县、南郑县

甘肃省

兰州市西固区、兰州市七里河区、武威市、天水市北道区、西峰市

青海省

民和回族土族自治县、大通回族自治县

宁夏回族自治区

银川市郊区、永宁县

新疆维吾尔自治区

乌鲁木齐县、米泉县、尉犁县、呼图壁县

部分先进县市简介

河北省石家庄市郊区

石家庄市郊区环绕石家庄市，西依太行山，北濒滹沱河，东南恒缓着辽阔的华北平原。面积186平方公里。属暖温带半湿润季风气候。全区辖11个乡（镇），80个行政村，28个居委会，人口25万，其中，农业人口19.5万。

改革开放以来，石家庄郊区充分发挥城郊优势，大力发展乡镇企业，使全区经济建设和社会发展取得了令人瞩目的巨大变化。1990年在河北省率先跻身全国乡镇企业百强县（区）之列。1993年，全区社会总产值完成68.59亿元。其中，乡镇企业总产值64.5亿元，比上年增长106.9%；总收入61.9亿元，增长110.8%；纯收入16.29亿元，增长107.6%；实现利润5.97亿元，增长123.8%；乡镇企业出口产品交货额2.5亿元。全区11个乡（镇）中年产值超8亿元的有4个乡（镇）；超5亿元的有2个乡（镇）；其他5个乡（镇）也都在4亿元左右。亿元村23个，占全区总村数的29%。乡镇企业已成为全区经济的重要支柱。

1993年石家庄郊区乡镇企业发展具有如下特点：

1. 发展速度不断加快，效益同步增长。1993年的增长速度为106.9%，是近年来最高水平，分别比1992、1991年高出61和87个百分点。主要效益指标均达到和超过了产值的增长速度。利润的增长幅度超出总产值的增长幅度16.8个百分点。

2. 固定资产投入力度加大，新上和技改项目步伐加快。1993年，全区乡镇企业固定资产投入完成8.4亿元，其中新上项目投入6.2亿元，技术改造投入2.2亿元；新上项目中300万元以上的项目已开工60项，100万元以上重点技改项目65项。

3. 产业结构趋于合理，城郊经济特点日益突出。随着城郊经济战略的不断实施，全区经济结构发生了显著变化，乡镇工业得到进一步发展和提高，第三产业蓬勃兴起，初步形成了以二、三产业为主的乡镇企业生产、服务体系。乡镇工业仍居主导地位，已建立了机械、电子、化工、纺织、印刷、服装、轻工、建筑、建材等十大行业体系，规模化工业区域经济日渐形成。1993年全区乡镇集体企业发展到1184个。产值超亿元的企业3个，超5000万元的8个，有1个企业晋升为国家二级企业。1993年，第三产业完成产值19.8亿元（占总产值的31%），比上年度增加15%。其增长速度比工业产值高6个百分点。在继续发展商业、饮食业、服务业、交通业等传统行业的同时，已开始向房地产、市场建设、金融、旅馆业等新领域开拓。而且规模、档次不断提高，投资4000万元的柏林大厦已投入运营，投资1.2亿元的中原大厦、4000万元的金都大厦、800万元的南高营综合服务楼和投资800万元的中外合资凯原娱乐有限公司等一批商厦和娱乐中心建设进展顺利，有的即将投入使用。1993年，共建成各类市场17个，建成15条商业一条街，新增效益3亿元。

4. 外向型经济发展步伐加快。1993年，全区共兴办“三资”企业96个，利用外资1.5亿美元。全区出口创汇企业增加到80个，出口产品达70种，外贸出口交货额2.3亿元，比上年翻了一番。

5. 产品结构不断优化，产品档次有所提高。通过调整改造，工业产品总数达到1000余种，主导产品500余种，名、优、特、新、高产品明显增多；其中名牌产品发展到39种，特色产品32种，新产品40种，高

石家庄市郊区铜材厂

科技产品19种，创出了电子方舱、超临界萃取、液晶等一批全国一流水平的高科技产品。上述产品占全区乡镇企业总产值的38%以上。

1993年，石家庄市郊区在发展乡镇企业方面，主要抓了以下几项工作：

1. 解放思想，统一认识，增强发展经济的自觉性和紧迫感。1993年，区委、区政府联合召开了全区深化改革开放动员大会，进一步用社会主义市场经济观

点统一干部群众的思想，主要在以下四个方面形成了共识：一是在怎样看待困难和矛盾上形成共识。二是在怎样看待发展速度和效益问题上形成共识。三是在怎样看待市场经济问题上形成共识。四是在怎样看待机遇和风险问题上形成共识。全区强化发展意识、赶超意识，形成了大上经济的浓厚气氛。

2. 广辟渠道，多方筹措，狠抓资金投入。1993年，石家庄郊区把加大乡镇企业的投入力度作为首要任务来抓。引导乡、村、企业抓住机遇，强化投入，拓宽资金来源。一是层层制订投入计划，建立投入目标责任制。将目标层层分解，责任落实到专人。二是围绕扩大投入，利用一切积极因素，千方百计拓宽筹资渠道，增加投入。主要办法有：推行股份制、建立农村合作基金会、企业集资、拆借、融资公司融资、银行贷款、房地产开发、引进外来资金等。由于措施得力，有效地保证了乡镇企业建设资金的按时到位。为了保证资金投入的有效性，增强企业发展后劲，在强化投入总量的前提下，根据国家产业政策和市场导向，及时确定投资重点，积极引导资金向“四高一低”（即高技术起点、高附加值、高质量、高效益、低能耗）、“一大一快”（即大规模、见效快）的新上项目和技改项目倾斜，为乡镇企业发展注入生机和活力。

3. 分层实施，重点突破，大幅度调整结构。1993年石家庄市郊区及时提出了“调整、改造、培植、发展”乡镇企业的八字方针，把调整优化乡镇企业结构作为加快全区经济发展的一项战略性任务来抓。①积极调整不符合先进生产力，无市场、低效益的产品和企业，实现产品、企业结构的更新换代。② 重点改造一批虽有市场前景，但技术含量较低的产品。围绕提高产品质量，抓住关键部件和“质控点”进行重点改造；围绕提高设备水平，引进现代化生产设备，提高企业生产能力。③ 全力培植了一批市场覆盖面广，经济效益好的产品（企业）。④ 按照高科技、高起点、高效益的要求发展了一批新上项目，围绕“三高”（高科技、高创汇、高效益）“一大”（大规模），重点发展了机械、电子、医药、化工、名优建材等行业及高新技术产品和出口创汇企业。1993年，全区新上投资500万元以上大项目30个，高新技术企业8个，出口创汇企业12个。

4. 突出重点，分类指导，促进乡镇企业全面发展。全区经济发展主要有5个经济增长点：① 经济强乡、强村和骨干企业。这是左右全区经济发展快慢的主要增长点。② 外向型经济。这是启动全区经济发展的新的增长点。③ 经济开发区建设。这是改革开放和经济发展导向作用的一个增长点。④ 第三产业。这是将地理优势转化为经济优势的最佳增长点。⑤ 中远郊。这是发展潜力最大的增长点。紧紧围绕和把握以上5个增长点，首先在全区实施了“三强”战略（即强乡、强村和强项）和经济示范村（对1995年社会总产值可达6亿、7亿、8亿元的村确定为经济示范村）建设。从领导体制、管理体制、财政金融、工商税收等方面分别给予大力支持和扶持。在抓重点、抓骨干的同时，还注意兼顾经济发展薄弱村的建设。制定了扶持11个薄弱村的优惠政策，鼓励和帮助这些村尽快脱贫致富。

5. 狠抓政策激励，调动发展经济的积极性。1993年，郊区按照以效益定分配，以贡献定奖惩和上不封顶，下不保底的原则，进一步建立健全了激励机制。① 进一步开展了“晋档升级上台阶”活动，在上年制定该办法的基础上，重新调整和完善考核奖惩内容，增强了激励力度，奖罚硬度和考核透明度。② 制定了全区“经济快速增长奖”、“经济发展冠军奖”、“固定资产投入奖”、“境外项目开发奖”和“引进外资项目奖”等单项奖励办法，从经济发展的不同侧面，不同环节，不同层次给予各乡（镇）不同的奖励。③ 制定了“关于发展第三产业的意见”、“依靠科技进步，按照市场经济规律发展乡镇企业的意见”、“关于进一步放宽政策鼓励和加快个体私营经济发展的意见”等16个激励配套政策。上述激励政策的出台和实施，有力地推动了全区乡镇企业的迅速发展。

（王源民　杜东宏）

河北省沙河市

沙河市位于河北省西南部，地处冀南平原的西缘与太行山东麓的交汇处。属邢台专区管辖。全市总面积999平方公里，山区、丘陵、平原各占三分之一。总人口45万人，辖27个乡镇和街道办事处。属河北省科技试范改革县（市）之一，为河北省57个“三沿”县（市）之一。

沙河市是沟通京、津、晋、鲁、豫的交叉点，市境内设有4个较大规模的铁路客货运站。公路纵横成网，交通十分方便。市境内已发现的矿产有40余种，其中煤的储量达10亿吨，铁矿石储量达3.4亿吨，大理石5亿立方米，世界稀有的章村瓷土8 000万立方米，以及硫磺石、铝矾土、石灰石、石膏、石英、长石、重晶石、耐火土、铜、锗、钼等储量较为丰富。沿大沙河一带有用之不尽的建筑沙资源，西部山区盛产各种土特产，药材、柿饼、板栗是传统的出口产品。

沙河市领导在乡镇企业工地现场办公

党的十一届三中全会以来，沙河市乡镇企业迅速崛起。至1993年，全市乡镇企业已发展到10 164个；转移农村剩余劳动力7.5万人，占全市农村劳动力的60%以上；乡镇企业总产值达到143 367万元，总收入139 910万元，乡镇工业产值114 482万元，实现利润31 734万元，上缴国家税金2 080万元，分别比上年增长89.1%、110.7%、129.9%、201.4%和65.7%。出口产品交货值1 050万元，增长432%。在邢台19个县（市）区乡镇企业综合指标排队中，名列榜首。乡镇企业拥有固定资产原值8.9亿元，流动资金8亿元。年产值在500～1000万元的企业29家，1000万元以上的25家；规模企业年产值15.2亿元，利税1.9亿元，分别占全市乡镇企业的83.3%和85.0%。

以煤、铁、建材为主导骨干行业的沙河市乡镇企业在整体运行中表现出了五个鲜明的特点：

1. 发展速度快。1993年全市乡镇企业完成产值14.3亿元，比1991年翻了近两番，占全市工农业总产值的81.7%。乡镇企业上缴国家税金占全市财政收入的43.2%。农村人均收入达820.4元，其中90.6%来自乡镇企业。1993年全市乡镇企业涌现出9个亿元乡镇、3个亿元村和一批速度效益拔尖的企业。

2. 投入势头强劲。全市乡镇企业1993年完成投入4.2亿元，新上年产值50万元以上的规模企业364个。并先后组建形成河北恒利实业集团公司、金康集团公司、巨火企业集团公司、广进企业集团公司、福益集团公司、常锐实业有限公司、大光明玻璃集团公司等十多家集团公司。集团公司所属企业达到176家，固定资产达到2.8亿元，注册资金达3.4亿元，年产值8.2亿元，年利税1.87亿元，从业人员达22 470人。

3. 经济成分出现多元化。鼓励集体、私营、外资一起上，坚持“快、大、外”的发展思路，加速了发展格局的变化。特别是股份制和股份合作制企业正在显示出旺盛的生命力和广阔的生长空间，成为乡镇企业发展的一支劲旅。1993年全市乡镇企业股份制和股份合作制企业已发展到3 219家，参股农户3.85万户，吸纳资金3.78亿元，产值和利税分别占乡镇企业总数的83.5%和72.1%。同时非公有制企业发展势头强劲。全市非公有制企业发展到4 552家，年产值达3.77亿元，实现利税8 895万元，上缴税金538万元，从业人员达2.25万人。

4. 产业结构趋于合理。全市乡镇企业已形成了冶金、煤炭、建材为支柱，包括轻工、化工、食品、建筑、铸造等10大行业，40多个工业门类，上千种产品的经济发展格局。特别是再生平板玻璃已发展到86家95条生产线，年产量6 300万平方米，年产值3.5亿元，利税1.1亿元。年产量占全国再生平板玻璃总量的四分之一以上，被誉为“中国沙河玻璃城”。全市初步形成了以玻璃、水泥、煤炭、冶炼为主导的10个工业小区。小区内企业达759个，从业人员达35 740人，年产值10.1亿元，年利税达24 270万元，对全市经济发展产生了很好的推动和辐射效应。

5. 企业发展日益外向化。1993年全市共引进境外资金2.3亿元；引进技术260项；引进人才1 156名，其中高级人才354名；引进项目610项，其中230个建成投产；开发研制新产品24种，其中有12种获得国家专利，有7种填补了国内和省内空白。恒利集团公司研制生产的“康必得”、“通关口服液”均为国家级抗感冒新药和治癌新药，产品供不应求。全市乡镇企业先后同香港、韩国、泰国、美国、俄罗斯、意大利等10余个国家和地区，同国内220个大专院校和科研机构，建立了紧密型经济技术协作关系。“三资”企业已发展到11家，注册资金1 042.5万元。对外贸易有了新的增长，出口产品已达20多种，1993年出口产品交货额比上年增长364%。

此外，沙河市为了重奖发展乡镇企业有功之臣，再擂催征战鼓，表彰先进，鞭策后进。1993年市委、市政府隆重召开了总结表彰动员大会，奖给乡镇企业系统有功人员163万元奖金，36人上浮一级工资，42人农转非，6名乡镇经委主任转为正乡级，16名村干部转为国家正式干部，6名村支部书记提拔为正副乡级任实职。

（石占文　王源民）

河北省武安市

武安市地处河北省南部，晋、冀、豫三省交界地带。

全市总面积 1 810 平方公里，人口 65.5 万人。辖 43 个乡镇，502 个行政村。境内矿产资源丰富，铁矿石储量 5.5 亿吨；煤炭储量 23 亿吨；还有石灰石、白云石、石膏、玄武岩、石英石、金、铜、铝矾土等 20 多种有色金属和非金属矿产资源。交通运输便利。市内已安装并开通了 5 000 门程控电话、无线寻呼、移动电话。境内国有大中型企业 110 家。丰富的资源和良好的交通和通信条件为武安市乡镇企业的发展提供了雄厚的物质基础和优越的发展环境。

1993 年，武安市委、市政府坚持以经济建设为中心，坚定不移地把发展乡镇企业作为全市发展经济的战略重点，解放思想，把握机遇，依托优势，加速发展，迎来了又一次经济发展高潮。到 1993 年底，全市乡镇企业总数达到 20 354 个，从业人员 12.9 万人，固定资产原值达到 8.8 亿元。完成总产值 29.1 亿元，其中工业产值 25.1 亿元，分别比上年增长 63.2%和 65.1%。完成总收入 28.8 亿元，利润 3.8 亿元，上缴税金 4 265 万元，分别比上年增长 66.3%、67.8%和 41.2%。形成了以冶金、煤炭、建材为主，包括轻工、化工、食品、建筑、交通运输、铸造等在内的 9 大行业，上千种产品的经济格局。建成了初具规模的 8 个工业小区。乡镇企业已经成为武安市国民经济的主体和主导产业，成为全市经济发展中最具活力的增长点。1993 年底，乡镇企业总产值已占全市社会总产值的 76.2%，占全市工

武安市固镇工业小区一角

农业总产值的 88.8%；乡镇企业工业产值占全市工业总产值的 84%；乡镇企业上缴国家税金占全市财政收入的 37.8%；转移农村剩余劳力占农村总劳力的 43.3%。

1993 年武安市乡镇企业发展具有六个明显特点：

1. 速度和效益同步增长。全年乡镇企业 4 项主要经济指标的增幅均在 60%以上；工业产值利税率达到 13.7%，比上年增加 1.5 个百分点。

2. 项目和投人实现了突破。全年完成总投资 5.7 亿元，比上年增长 2 倍；新上和技改项目 487 个，其中投资在 1 000 万元以上的项目 11 个，100～1 000 万元的项目 82 个。这些项目全部投产后，可新增产值 10 亿元以上。

3. 乡镇企业的规模水平明显提高。到 1993 年底，全市乡镇企业总产值超亿元的乡镇达 10 个，比上年增加 7 个；实现产值超千万元的村 73 个，比上年增加 50 个；实现产值超千万元的企业 23 个，比上年增加 6 个。

4. 乡镇工业小区基础建设步伐加快。到 1993 年底，8 个工业小区内共有工业企业 1 037 家，拥有固定资产 3.4 亿元，从业人员 3.7 万人；完成工业产值 11.1 亿元，占全市乡镇企业工业产值的 44.3%；实现利润 1.35 亿元，占全市乡镇企业利润总额的 35%。

5. 个体私营经济发展较快。1993 年全市个体工商户发展到 1 万户，比上年增长 69%，私营企业达 104 家，比上年增长 36%；个体私营企业从业人员 2.1 万多人，比上年增长 90.5%；完成总产值 12 793 万元，完成销售收入 20 240 万元；上缴税金 2 534.4 万元，占全市工商税收的 21.7%。

6. 积极推行股份合作制。到 1993 年底，全市乡镇企业中各类含股份合作性质的企业达 2 272 家，筹集股金总额 3.7 亿元，拥有固定资产 2.8 亿元，从业人员达 2.74 万人。

武安市在发展乡镇企业工作中主要抓了以下几项工作：

1. 抓资源开发，发展优势产业。冶金、煤炭、建材已成为武安市乡镇企业的三大支柱行业。1993 年，乡镇冶金行业的矿石开采能力 220 万吨，精粉生产能力 91 万吨，行业年产值达 8.55 亿元。乡镇建材行业的水泥生产能力 97.1 万吨，年设计生产能力达 140 万吨；年产机砖 8.3 亿块，石子石料 565.6 万方，行业年产值 4.2 亿元。乡镇煤炭行业年产原煤 185.6 万吨。

2. 抓技改扩建，调整产品结构。全市制定了乡镇企业 1993 年至 1995 年三年发展规划。围绕规划的奋斗目标，突出抓了两个环节，一是在原有企业基础上大搞技改扩建和嫁接改造，提高产品档次和企业规模水平。全市乡镇冶金行业中拥有 50 立方米以上高炉的铁厂 14 家，其中有 12 家是在原有基础上扩建后形成现有生产能力的；6 家年产 10 万吨以上水泥厂，有 5 家是在原有的 2 万吨或 4.4 万吨基础上形成的。二是大力引进、聘请、委培和自培各类专业技术人才。全市乡村集体企业中聘用各类技术管理人员达 560 多人，拥有各类工程技术人员 1 890 多人，其中中级职称以上的 161 人，初级职称的 775 人。1993 年委培和自培各

类技术管理人员 3 100 多人。

3. 抓小区建设。突出抓了小区的基础设施建设。先后对 8 个工业小区进行了变电站的增容扩建；新开和整修硬化道路 90 多公里；开通了国内程控电话。全市乡镇企业年产值 1 000 万元以上的企业有 80%以上都建在小区。另一方面，工业小区带动了所在小城镇的发展，磁山小区、固镇小区等在企业发展壮大的同时，新建了文化宫、电影院、医院、商业街等，城镇面貌有了较大改观。

4. 抓政策激励。到 1993 年底，全市 43 个乡镇有 40 个乡镇在原有的规定级别上晋升了 1～3 个级别；有 69 家乡村集体企业晋升了 1～3 个级别。累计发放奖金 140 万元，奖农转工指标 150 个。99 名乡镇干部晋升或上浮了工资。乡镇企业总产值由 1990 年的 8.3 亿元增加到 1993 年的 29.1 亿元，三年平均递增 51.9%。有 20 多名有功人员被命名为“武安市乡镇企业家”。

5. 抓企业改革。近年来，武安市委、市政府把推行股份合作制作为乡镇企业工作的一个重点，常抓不懈。从 1992 年开始，首先在固镇村试行了“集体财产折股，社会扩股，职工收入转股”的做法，取得了较好效果。1993 年，又按照规范化的要求，在磁山二街 2 家村办企业进行了集体企业股份合作制改造试点，并且在该村召开了全市推行股份合作制动员大会，起到了以点带面的作用。磁山二街以此为突破口，进一步以大开放求大发展，又联合烟台市东陌堂集团总公司、本溪钢铁公司设计研究院、邯郸电力实业总公司、香港万富行发展有限公司成立了“河北太行中外实业股份有限公司”，标志着武安市发展股份合作制企业工作又向前跨了一大步。

（焦全平　李树明　姚鸿斌）

内蒙古自治区呼和浩特市郊区

呼和浩特郊区乡镇企业在坚持“多轮驱动、多轨运行”的多层次发展方针，连续几年呈现出既有较高速度，又有较好效益的发展态势。1993 年，全区乡镇企业已发展到 15 369 个，其中乡村集体企业 910 个；拥有固定资产原值 5.99 亿元，净值 5.2 亿元；从业人数 66 094 人；全员劳动生产率 3.62 万元。全年完成总产值 23.91 亿元，完成总收入 24.98 亿元，完成工业产值 12.63 亿元，实现利润 1.86 亿元，实现税金 1.14 亿元，分别比上年增长 180%，170%，170%，143%和 224%。职工人均收入 2988 元，按农业人口计算，农民人均纯收入从乡镇企业中得到 580 元，占农村人均纯收入的 52%。上缴财政税金 1 990.3 万元，占全区财政收入的 42.45%。乡镇企业用于补农建农和发展农村各项公益福利事业的建设资金，“七五”期间达到 1 081万元，1993 年当年提供 634 万元。

在 15 个乡（镇）中，已建成总产值超亿元的乡 6 个，超亿元的村 3 个；上千万元的村 47 个，500 万元的村 93 个；上千万元的企业 19 个，百万元的企业 182 个。1993 年呼和浩特市郊区被列入全国乡镇企业发展二百个先进县。呼和浩特市郊区乡镇企业初步形成了多层次、多行业、多种经济成分并存，多种生产门类配套的综合性体系，实现了产值、收入、利税的同步增长，已成为郊区国民经济的主体。

呼和浩特市郊区发展乡镇企业的主要经验是：

1. 解放思想，提高认识，加强领导是发展乡镇企业的根本保证。全区各级干部始终把解放思想作为发展乡镇企业的启动点和首要任务来抓。在企业中广泛开展“换脑筋、立目标、找差距、定措施”的活动。1992 年区级各大班子领导赴京、津、无锡、杭州等先进地区学习考察。乡（镇）、村党政主要领导、分管领导、经委主任、区有关部门和部分企业的领导，先后五批 120 多人次，赴“无锡全国乡镇企业家培训中心”进行学习，接受培训，并到当地乡（镇）、企业挂职锻炼。1993 年以来，继续组织乡（镇）村干部和企业厂长（经理）外出学习，实施“换脑筋工程”。通过这些活动，使全区上下形成了一个大抓乡镇企业的共识，为乡镇企业的大发展从思想上提供了保证。

内蒙古塑料编织袋厂

各级领导齐抓共管，形成了主要领导亲自抓，分管领导具体抓，各大班子配合抓，主管部门全力抓的组织领导体系。郊区党委、政府和主管部门坚持按月召开调度会，加强分析、研究和决策，做到了有布置、有检查、有落实。各乡(镇)逐步配齐了专抓乡镇企业的副乡(镇)

长，近郊亿元乡经委充实到了10人以上，亿元乡大部分行政村都成立了企业办，加强了乡（镇）经委和村企业办的建设，加强了对企业的服务，增强了管理职能。

2. 抓住机遇，及早安排，大胆决策，狠抓落实是发展乡镇企业的重要前提。在发展乡镇企业的工作安排上，郊区党委、政府审时度势，紧紧抓住发展机遇，各项工作都力争做到了超前研究、科学决策、早安排、早落实。确立了“四引四联、三带一靠、两翼齐飞”的总体发展战略。坚持了“两为主、双并重”，“多轮驱动，多轨运行”，“洋土群与高尖精”相结合的原则。1993年，制定出台了《呼和浩特市郊区关于进一步加快发展乡镇企业的决定》和《呼和浩特市郊区关于加快乡镇企业发展的奖励规定》，完善了激励机制，调动了广大干部群众发展乡镇企业的主动性和创造力。

3. 抓龙头带全盘，全力建设亿元单位是乡镇企业发展的主要举措。郊区党委、政府根据乡镇企业发展的实际状况，采取重点突破、整体推进，抓龙头带全盘，全力建设亿元单位的新举措，相继把近效10个重点乡、村、企业作为亿元建设对象。在合理规划，确立目标的基础上，从资金筹措、信息服务、项目和人才引进上给予政策倾斜和重点扶持，原有龙头骨干企业逐步增强其发展后劲，新的龙头骨干企业日趋增多。1993年近郊6个乡和3个村产值，收入分别达到亿元以上，产值占到了全区乡镇企业总产值的85%以上。

4. 抓投入、抓项目、抓科技进步是加快乡镇企业发展的关键要素。在资金投入上，充分发挥“造血”机能，积极探索门路，多方吸纳资金。在积极争取银行信贷、贴息周转扶持资金的同时，主要依靠企业自我积累，群众集资、引进外资、横联内资，加大乡村集体投入，转机建制等多种办法来增加投入，走出了一条多渠道，多形式筹措资金的新路子。1993年筹集资金达4.33亿元。

在项目建设上，坚持新上、技改项目一齐抓，在近郊以工业为主逐步发展起一批起点较高的龙头企业；中郊以资源开发加工增值为重点，发展了一批投资少、见效快的项目；远郊从种养加起步，发展了一批农副产品加工项目。1993年新上项目405项，完工投产350项，其中投资在300万元以上的19项；完成技术改造75项，投产56项。

在科技进步上，通过技术改造引进先进技术、设备，不断开发新产品，调整优化产品结构，增加拳头产品和出口创汇产品，形成具有地方特色的新产品体系和优势。1993年开发新产品55项，1项填补国家空白，推广高、新技术项目10项。近几年来，先后培养各类专业人才11 700人次，在全区乡镇企业中，已有中初级以上职称人员457人，其中中级以上151人。另外，从区内外引进各类专家、教授和专业人才623人。

5. 依靠政策，多层次、多形式地扩大外引内联，是加快乡镇企业发展的有效途径。在引进资金、技术和人才方面，制定了优惠政策，改善投资环境。明确规定了在郊区创办、领办乡镇企业的减免税收及使用土地，引进资金、技术、人才的奖励办法。创造了东南西北抓引进，四面八方搞联合的优势。实施“围城战略”，组织“嫁接工程”，取得了较为突出的成绩。1993年完成横联合作投产项目87项，外向型项目论证10项，已领照7项，年内投产4项。通过外引内联引进资金达1.2亿元。

6. 放手发展私营个体经济，大力兴办第三产业是推动乡镇企业发展的重要力量。抓住郊区地处城郊这一优势，放宽政策，依靠政策激励发展私营个体经济，大力兴办个体工业和第三产业。通过几年的发展，全区有私营个体企业14 459个，个体工业企业1 643个，规模较大的商业街8条，个体工业产值和第三产业收入1993年分别占总产值和总收入的22.6%和46.18%。

7. 狠抓基础管理，强化服务功能是乡镇企业发展的基础保障。在企业内部，紧紧围绕经济效益和产品质量，积极开展“质量、品种、效益”和“加强企业管理”活动，促进企业升级达标。认真贯彻《国家产品质量法》，促进企业产品质量的不断提高。在企业统计、财务和审计等方面，逐步强化统计制度，完善财务制度，规范审计程序，使基础管理紧紧与企业发展和市场经济形势相适应。加强信息服务，逐步在乡镇企业中建立健全三级信息服务网络，使收集、传递、建档系统化，为企业的发展发挥了积极的作用。

8. 深化改革，全面推行股份合作制，是大力发展乡镇企业新的生长点。从1993年6月起，全区把推行股份合作制作为乡镇企业再上新台阶的突破口和推进器。本着先发展后规范，边发展边规范的原则，转机建制工作取得了较大的成绩。截止1993年底，已建成比较规范和已具雏形的股份合作制企业达180多家。通过转换机制使亏损和濒于倒闭的企业增添新的活力，产品质量和效益显著提高，极大地调动了职工的生产积极性，增强了企业发展的后劲。

（呼和浩特市郊区区委、区政府）

江苏省江阴市

作为“三分天下有其二”的江苏江阴市乡镇工业，深化改革之年，在农村经济建设主战场上挑起大梁，

1993再创辉煌，销售产值达到301.38亿元，利润增长63%，产销率达96.6%。

乡镇工业的新飞跃，加速了全市经济高效、持续、健康发展。1993年，江阴市工农业总产值创历史最高纪录，一举超过380亿元；国民生产总值首次突破110亿元，人均1万元，提前步入小康。

江阴市始终把科学技术作为乡镇工业上新台阶的重要支撑点，积极推进高新技术产业化。1993年，在国家宏观调控的条件下，江阴市积极搞活微观，仍向乡镇工业投入技改资金34.8亿元，其中三分之二用于引进先进技术装备。新上的753个技改项目中已有620个科技含量较高的项目竣工投产。开发新产品155个，52个达到国际和国内先进水平，销售额占整个乡镇工业销售额的10%。依靠高新技术，培育企业后劲，实现高效益，江阴市被省科委授予"星火计划密集区"。江阴市溴化锂制冷机厂几年前还是一家村办小厂，就是凭着"领先一步"的技术和产品优势占领市场，1993年利税超亿元。

1993年，江阴市乡镇发展"三外"不放松，迅速步入了既有一定发展速度，又有较好经济效益全面发展的新阶段。镇、村两级外贸出口高速增长，外贸供货值和收购总额分别达到47.5亿元和48.1亿元的历史最高水平。"三资"企业由量的扩张转向质的提高转变，规模大、效益高，新办"三资"企业235家，总投资7.68亿美元，其中超千万元的项目有14家，外方出资比例均在51%。江阴市乡镇"三资"企业的另一个特点是，办一个、成一个、见效一个，进一步坚定了国外投资者的信心，出现了"以外引外"、"以小滚大"的新态势。1993年，33个项目追加扩大投资总额达5 070万美元，比前8年累计增资项目翻了一番多。江苏省第一家中外合资企业——江南模塑公司与欧洲最大注塑模具制造商之一的德国庆玛曼模塑有限公司共同投资2 000万美元，投产6个月就创利400万元。乡镇企业家敢于打"国际牌"创"跨国业"，1993年全市对外经济技术合作也异军突起，新办境外非贸易企业15家，比上年增加12家，进一步为发展外向型经济开辟了新的市场。

面对以公有制经济为主，各种经济成分群起竞争的局面，江阴市乡镇企业界形成一个共识：过去时兴船小好掉头，如今搞社会主义市场经济，船大才经风浪，万吨轮更好"出洋"。1993年，乡镇企业以优势产业、名牌产品或骨干企业为龙头，涌现出技工贸、贸工农、农工商一体化的企业集团36家，加速企业集团组建步伐，促进乡镇工业改革向深层次推进，跨入了规模竞争，多元化经营的新领域。全国500家最佳经济效益的工业企业之一，位居全国纺织行业第3名的江阴精毛纺厂，以该厂为核心，把周围14家小厂聚合起来，组建"江阴阳光集团"，成员企业在生产要素各方面实行优势互补，出现了"众星捧月"的组合效应。1993年销售收入2.5亿元，利税8 000万元，产值利税率达28%，为一般纺织企业的4倍多。

（刘荷芳）

江苏省武进县

1993年，武进县乡镇企业抓住机遇，克服困难，取得了持续、快速、健康发展的成效。各项经济指标成果显著，速度和效益同步增长。

1993年，全县乡镇企业总数5 615个，比上年增加782个，其中乡（镇）办企业1 830个，村办企业3 785个。职工总数42.96万人，其中乡（镇）办企业职工21.63万人，村办企业职工21.33万人。固定资产总额（原值）516 399万元，比上年增加169 189万元，其中乡（镇）办328 651万元，村办187 748万元。完成总产值2 945 862万元，比上年增长58.5%，其中乡（镇）办工业产值1 660 005万元，比上年增长56.6%，村办工业产值1 285 857万元，比上年增长61.1%。工业亿元乡镇达59个，其中超10亿元的乡镇8个，超5亿元的乡镇8个。实现利润67 090万元，比上年增长154.61%，其中乡（镇）办工业利润31 089万元，比上年增长142%，村办工业利润36 001万元，比上年增长110.2%。销售收入1 900 003万元，比上年增长72.18%，其中乡（镇）办工业销售收入1 054 626万元，比上年增长70.92%，村办工业销售收入845 377万元，比上年增长68.14%。产销率97.36%，比上年增加3.85个百分点。实现税金86 250万元，比上年增长58.84%，其中乡（镇）办工业实现税金44 259万元，比上年增长55.29%，村办工业实现税金41 991万元，比上年增长62.76%。

1993年武进县发展乡镇企业的主要工作及特点：

1. 结构调整步伐加快，内涵新，成效好。

一是结构调整形式多，方法活。东安镇从自身实际出发，在调整过程中采取"并小厂、填烂塘、发展规模厂"的战略，先后对13个镇办小微亏企业实行兼并和拍卖。通过兼并和拍卖，使镇办企业的结构发生了质的变化，较好地解决了长期以来困扰政府和公司的亏损问题，为发展势头好的企业提供了人力、物力、设备、场地。缩短了投入产出周期，加快了发展步伐。

二是组建乡镇企业集团的步伐加快。各地把加快组建乡镇企业集团作为乡镇企业组织结构调整、集优成势的重大举措，有计划、有组织地以一些重点骨干企业为依据，以重点产品为龙头，积极组建乡镇企业集团。截止1993年底，全县已组建乡镇企业集团26家，其中省级集团5家。这26家企业集团有紧密层企业162家，省内外松散型企业250多家。集团涉及纺织、化工、电子、机械、冶金、食品、流通等多种行业。26家集团中，有17家集团年产值超亿元，最高的武进奥普电子（集团）公司，产值达3.35亿元。

三是骨干企业队伍扩大、实力加强，挑大梁作用得到发挥。重点企业重点抓、抓住重点挑大梁，已成为各乡镇抓经济工作的科学方法。通过政策倾斜，使重点企业成为全县乡镇工业的主力军和中坚力量。1993年全县年产值超亿元厂31个，比上年增加18个，常州市第五无线电厂产值达44 735万元。

四是狠抓适销对路产品增产增收，拳头、形象产品崭露头角。各乡镇都把狠抓适销对路产品的增产增收作为完成全年计划的突破口，围绕柴油机配件、收录机、营养液寻思路、做文章，集中人财物力重点扶持。湖塘区、郑陆区等月月对适销对路产品的产销形势进行具体分析，及时解决产销中出现的矛盾，取得较好的效果。

2. 积极开拓国际市场，大力发展外向型经济。 1993年是武进县乡镇工业外贸生产形势最好的一年，保持了良好的发展势头。全年外贸收购总值达319 502万元，比上年增长65.8%，其中外贸直接收购值198 894万元。

“三资”企业的外资利用率有了较大的提高。全县乡镇工业全年新增“三资”企业266家，总投资31 761万美元。合同利用外资13 008万美元。新建的“三资”企业改变了过去小规模、小项目、小投资、求数量的问题，涌现出一批大项目、高科技的合资合作项目。全县总投资500万美元以上的合资项目达11个，累计达25个。

新的出口创汇大户不断增加，外贸收购额继续高速增长。全县乡镇工业一些原有出口创汇企业不断开发出口产品，通过抓管理、上质量，使纺织品、服装、电工旋具、电动工具、扬声器、链轮、医药中间体等一批产品继续保持了较好的出口势头。一些原来没有出口创汇的企业，进一步增强了发展外向型经济的信心和决心，多渠道开拓，全方位出击，形成了一批新的出口创汇大户。

以外引外，以外促外，境外办企业有了良好的开端。芙蓉电子实业总公司通过外销产品、吸引外资，已累计兴办“三资”企业7家，境外办企业1家，累计利用外资1 300多万美元。全县已有7个乡镇开办了7家境外企业。

3. 技改投入力度加大，新品开发步伐加快。 全县乡镇工业1993年县批技改项目144个，批准技改投入9.23亿元，比上年下降35%。全县乡镇工业全年实际投入达16.67亿元，比上年增长13.88%。企业积极组织技术力量，定新产品开发任务，落实开发奖励措施，鼓励科技人员积极开发新产品。全县乡镇企业全年开发新产品422个，197个通过各级鉴定。新产品实现产值54.05亿元，利税5.54亿元。新产品产值占全县乡镇工业产值的19.08%。全县有2个新产品获得农业部科技进步奖，5个获省科技进步奖，73个获县、市科技进步奖。

4. 以筹措资金为重点，资金紧缺的矛盾得到缓解。 在全县乡镇企业中大张旗鼓地开展了压缩三项资金活动。各级都成立了班子具体抓，采取有力措施，清欠挖潜，限产清库，健全奖惩，定期公布压缩情况，取得了明显的成效。至1993年底，全县乡镇工业三项资金余额35.68亿元，比上年增长26.07%，通过压缩三项资金活动，使全县乡镇工业三项资金占销售收入的比例比上年下降6.87个百分点。

5. 转变工作作风，部门职能作用得到进一步发挥。

一是认真搞好调查研究，主动当好参谋助手。县乡镇企业局围绕县委、县政府各个时期的中心工作，积极组织人员深入基层开展调查研究，及时掌握新情况、新问题，为领导决策提供依据。

二是认真做好经济薄弱乡的扶贫工作。先后组织了两次扶贫工作座谈会和经济薄弱乡情况交流会。坚持每季组织人员到经济薄弱乡了解生产情况，积极为他们做好各项服务工作，力所能及地为其办实事。1993年，8个经济薄弱乡完成产值160 302万元，比上年同期增长88.48%。其中浦河乡完成产值16 202万元，增长171.8%，增幅居全县60个乡镇之首。8个乡有7个乡产值超过亿元，4个乡超2亿，一个乡超3亿元。8个乡实现利税8 636万元。

三是加强企业基础管理，提高乡镇企业整体素质。1993年全县基础管理合格企业达88个。

全面质量管理达标企业60个，其中县市级达标35个，部级达标25个。

全年完成计量五基达标企业14个，计量检定人员换证、发证33张。全年有16个产品采用国际、国外先进标准生产。截止1993年底，全县乡镇工业30万元单一产品标准覆盖率已达98.5%。

四是切实加强供销服务工作。全年共组织钢材

6.58 万吨，煤炭 26 万吨，生铁 1 万吨，有色金属 5 000 吨，木材 3 万立方米，化工化纤原料 9 000 吨，各种油品 3 万吨。全局 10 个公司销售总额达 5.06 亿元，实现利税 940 多万元。

五是切实加强人才培养工作。1993 年举办了新会计培训班，培训新会计 250 多名；举办现场管理、质量管理、股份合作制、安全生产、设备原理、档案管理等培训班 46 期，3 800 多名乡镇工业联合公司的管理人员以及重点企业的骨干人员参加了学习。举办各类管理人员短期培训班 603 期，2.3 万人次参加培训；组织工人技术培训班 856 期，参加 培训学习的职工达 3.86 万人。

（卢金妹）

安徽省怀宁县

怀宁县位于长江北岸，背依大别山，属安庆市管辖。全县总面积 1 515 平方公里，耕地 54 万亩，山场 58.1 万亩，水面 21.3 万亩，辖 26 个乡镇（建制镇 16 个），359 个行政村，人口 75.8 万人。

怀宁县名胜古迹较多，旅游资源开发前景广阔。县境内矿产资源丰富，是安徽省矿产资源重点县之一。金属矿有金、铜、铁、铅、钼、锌、镁等，非金属矿有石灰石、大理石、花冈岩、重晶石、石英石、硅灰石、石墨、无烟煤、石煤等，还发现有 70 多处优质矿泉水资源。怀宁县水陆空交通十分便利。优越的地理位置和丰富矿产资源、地面资源为怀宁的经济发展创造了良好的条件。

怀宁县乡镇企业 70 年代起步，80 年代发展较快，90 年代开始进入发展的快车道。全县已有乡镇企业 25 000多个。其中乡村集体企业 1 200 多个；乡镇企业固定资产原值已达 6 亿元；从业人员达 13 万多人。1993 年全县乡镇企业产值突破 30 亿元大关，比上年增长 117%，乡村集体企业产值占有较大比重。完成工业产值 19.6 亿元，实现利税 2.69 亿元，上缴税金 4 436 万元。乡镇企业入库税金占全县工商税收的 51.4%，占县财政收入的 43.4%。怀宁县乡镇企业已成为县级经济的重要支柱；怀宁县也成为安徽省十强县之一。

“八五”期间，怀宁县委、县政府从县情出发，在全县实现“三一〇工程”(即建成 10 个开发性农业商品生产基地，建成 10 个产值超双亿元的乡镇，建成 10 个年产值超 3 000 万元的骨干企业)，围绕合安线、月北线建设“T 型”工业走廊，集中连片发展乡镇企业，以点连线，辐射全县。坚持“四轮驱动，八业并举”的发展路子，狠抓结构调整，加快了小集镇和基础设施建设步伐，不断优化发展乡镇企业的环境。乡镇企业已初步形成了建材、建筑、轻纺、化工、机电、采矿、加工和第三产业八业并兴的发展格局。

建材工业是怀宁乡镇企业的先行官和支柱产业，全县水泥设计生产能力为年产 150 万吨，建材产品品种多、规格全，一些产品开始打进国际市场。化工行业是后起之秀，近几年已先后兴建化工企业 60 多个，开发了一批高新技术产品。主要产品有高纯一氯丙酮(填补了国内空白)、双氯联苯胺、聚氨脂皮革涂饰剂、胱胺酸、亮氨酸、复合氨基酸、单细胞蛋白饲料、精品肝素钠、工业油漆、白炭黑、泡花碱、硅灰石、氧化锌等，不仅技术起点高，而且形成了规模优势。骨干机械电子企业 50 多个，产品有小型内燃机曲轴、内拖配件、全封闭蓄电池、电子元件、电器开关、碘钨灯、印刷电路板、PTC 低阻发热元件、恒温热风机、自动吹瓶机、减速器、恒温烘鞋器等。轻纺企业 100 多个，主要产品有真丝织品、仿真丝、水洗丝、棉布、宇航棉系列产品、工艺被、挂毯、服装、塑料制品、铝箔纸、水松纸、卫生纸、印刷包装制品、儿童玩具等。开发性农业崭露头角，1993 年有 6 个项目列入国家黄淮海开发计划，已投入资金 1 800 万元，绿色、蓝色企业成为新的增长点。全县还有 80 多个外贸生产企业，出口产品达 30 多种，是安庆市外贸出口重点县，1993 年出口产品交货值占安庆市乡镇企业出口产品交货值的 50%以上。

奔小康，发展村级经济是怀宁县的重头戏。针对村级发展经济潜力大的特点，怀宁县制订了“明星村”、“亿元村”、“小康村”的发展规划，把村级经济放在突出位置来抓。全县有村办企业 900 多个，实现了村村有企业。1993 年全县产值超 5 000 万元的村有 4 个，3 000～5 000 万元的 7 个；产值百万元以上的村共 345 个，占行政村总数的 96.1%。

“借梯上楼”，走科技兴企的路子是怀宁乡镇企业的又一特色。按照“科技兴县、工业富县、开发兴农”的思路，着眼效益，立足后劲，树立科技是第一生产力的思想。怀宁县政府与安徽大学和合肥工业大学建立了友好县校关系，全县各级企业分别与全国 300 多个大专院校和科研单位建立了技术合作关系，引进专业技术人才 150 多人。在引进人才的同时，还注重自身人才培养。1990 年以来，全县先后培训各类技术和管理人员 15 000 多人，评定专业技术职称 1 215 人。县里制订了一系列优惠政策，激励人才脱颖而出。为增强发展后劲，全县还注重科技投入和固定资产投入，仅 1993 年新建和技改项目就有 391 个，共投入资金 2.61

亿元，其中固定资产投资500万元以上的项目21个。全县乡镇工业企业产值超百万元的有160多个，超500万元的企业50多个（其中超千万元的企业20个）。

（怀宁县乡镇企业局）

安徽省肥东县

肥东县位于合肥市东，辖11镇，23乡，738个行政村（居委会），总面积2 222平方公里，人口103.5万人，其中农业人口90.9万人，可耕地138.5万亩。境内交通便利，淮南铁路，合浦、合裕、合蚌3条省级公路和合宁高速公路贯穿县境，水运也十分方便。县内资源比较丰富，已被列为全国粮食生产先进县、瘦肉型猪生产基地、国家建筑劳务输出县、联合国粮食计划署投资建设的水产项目区，油菜籽和花生生产是肥东县的一大优势。地下已经探明的矿产资源主要有花冈石、石灰石、大理石、白云石、磷矿石、铁矿石、石英石、重晶石、紫砂片岩、云母等。

独特的地理位置、比较丰富的自然资源和劳力资源，为肥东县发展城郊型经济提供了有利条件。全县已拥有机电、轻纺、化工、食品、冶金、建材等26个行业。1980年，肥东县乡镇企业总产值3 361万元，当时在安徽省处领先地位。由于多种原因，以后一直是波浪形发展，1990年以后，全县乡镇企业发展较快，三年迈了三大步。1993年，全县乡镇企业共完成产值310 456万元，实现营业收入310 148万元，利税总额19 482万元，上缴税金5 351万元，固定资产值23 991万元。全县乡镇企业发展到33 648个，职工147 126人。实现利税超百万元企业19个，亿元乡镇12个，千万元行政村24个。王铁磷肥厂被农业部授于部级“先进企业”称号，湖滨建安总公司获得全国乡镇建筑企业铜牌奖。

安徽省肥东县乡镇企业的发展有以下几方面的特点：

1. 建筑业发展较快。肥东县是全国30个劳务输出县之一，建筑业和机械修理业是两大优势。1993年，全县共有乡村集体建筑安装企业120个，其中有资质证书的有40个，长期在外施工的有7万人，遍及全国各地。年产值超千万元以上的有20多个，其中湖滨建安总公司1993年实现产值7 000万元，创利税638万元。同时，石塘、西山驿、王铁等乡（镇）在上海、苏州、武汉、宁夏、成都等地创办机械、电器、汽车修理厂100多个，从业人员1万多人，其中在上海就有64个，从业人员8 000人，年产值2亿多元。

2. 城郊型经济发展初具规模。肥东县在合肥市“城乡一体，共同发展”经济发展方针指导下，始终把为城市配套和服务作为富民富县，振兴乡镇企业的突破口。一是机械、铸件行业为合肥市大工业配套，如长临河镇机械厂、通机厂，龙塘冰箱配件厂，长乐前进五金配件厂，合肥塑料制粉厂为美菱冰箱配套，肥东精密铸钢厂生产的精铸件大都为合肥市大工业配套。二是建材业为合肥市政建设和群众生活服务，围绕本地资源生产的水泥、红砖、石料、黄砂、墙地装饰砖以及玻纤、防火涂料、防水材料大都销往合肥等地，如王铁东海水泥厂、复兴白水泥厂、合肥华亚化学建材总厂已成为全县乡镇龙头骨干企业。三是轻工产品和化工产品，如撮镇轧钢厂为合肥日化总厂配套生产牙膏软管圆片，复兴真空镀膜厂为美菱冰箱厂等企业配套，生产真空镀膜标牌等产品，企业效益一直很好，三十埠乡金皖化工厂生产的可发性聚苯乙烯，王铁磷肥厂生产的硫酸钾和塑料稳定剂，为大工业生产配套，产品供不应求。

3. 出口创汇企业效益显著。轻工和纺织产品是肥东县乡镇企业出口创汇的主产品，如店埠羽绒厂、羽毛球厂，店埠镇南羽绒服装厂，长临毛巾厂，解集申皖毛巾厂这几个企业占全县外贸出口额的52.4%。长临毛巾厂1993年出口产品交货值1 100万元，实现利税106万元；店埠羽绒厂1993年出口产品交货值1 761万元，实现利税101万元。

肥东县发展乡镇企业的主要经验是：

1. 领导重视，突出了乡镇企业工作的位置。1990年以来，肥东县委、县政府把发展乡镇企业作为振兴肥东经济的战略重点来抓，成立了以县委主要领导为组长的发展乡镇企业领导组，实施了一些加快发展乡镇企业的具体措施。1993年把县乡镇企业局更名上升为县乡镇企业委员会，并增加了人员编制和办公场所。通过一系列措施，县委、县政府发展乡镇企业的工作思路进一步明确，政令畅通，基层抓乡镇企业空前重视，工作抓得较实，涌现出一大批好的企业和省、市、县乡镇企业家。1993年，肥东县荣获农业部“发展乡镇企业先进县”称号。

2. 因地制宜发展乡镇企业。肥东县根据各地资源、人才、交通、风俗习惯等具体情况，坚持“五业并举”、不搞“一刀切”，不适合办工厂的地方就从其他途径着力寻找“突破口”。发挥自身的优势，扬长避短，发挥肥东建筑业及在外机电维修业就是优势和强项，走城郊型经济发展的路子。

3. 狠抓人才培养和科技进步。肥东县乡镇企业重视保护人才，引进人才，大胆使用能人担任厂长（经理），让其充分发挥特长。舍得花本钱，狠抓科技推广应用。近几年，肥东县乡镇企业有一大批产品获国家专利或省科技进步奖。如长临通机厂生产的电碳刷属合肥工业大学研制的国家专利产品，肥东铸管厂、消防器材厂、合服通达工业清洗剂厂的产品获省“星火”科技含量较高、附加值大的产品为肥东县乡镇企业下一步的发展注入了新的生机和活力。

（肥东县乡镇企业局）

安徽省桐城县

桐城县位于安徽省中部偏西南，地处长江北岸、大别山东麓，合九铁路、206国道线由北向南穿境而过。全县人口76.2万人，人均耕地不到0.7亩。

桐城县的乡镇企业诞生于50年代，经历了60年代缓进，70年代受挫，80年代突起，90年代超常发展等几个阶段。1993年，乡镇企业总产值列安徽省县级第二位，完成额34.5亿元，占全县农村社会总产值的86%，全县财政收入的46.9%、工商税收的56%来源于乡镇企业。乡镇企业职工人数达14.98万人，占农村劳动力的43%，全县企业个数达2万余个，固定资产原值5.18亿元。乡镇企业成为桐城城乡经济持续、健康、快速发展最有力的推进器。

1993年，全县乡镇企业总产值超亿元的乡镇有15个，超2亿元的乡镇有7个，超3亿元的乡镇有3个，最高的城关镇达4.52亿元。全县一批骨干乡镇企业迅速成长起来，1993年营业收入100万元以上的企业有254个，其中工业企业182个；500万元以上的企业有41个，其中工业企业24个；1 000万元以上的企业有18个，其中工业企业10个；2 000万元以上的工业企业3个，5 000万元以上的工业企业1个；并且骨干企业98%是集体企业。有2个企业获“农业部先进乡镇企业”称号，有2个企业获“安徽省先进企业”称号。全县乡镇企业共创2个部优产品，6个省优产品。

桐城县地下资源贫乏、农副产品加工量小，而精明强干的供销员却遍布全国各地，这一县情决定了桐城县乡镇企业发展走的路子：以市场为导向，抓好“两头在外”，它的核心内容是抓原材料采购和产品销售两个中心环节。这一发展战略又决定了全县乡镇企业的结构：加工工业占主导优势。1993年，全县乡镇工业产值占乡镇企业总产值的68%，建筑业占20.7%，第三产业占10.5%。工业内部结构以轻工产品加工业为主，占71.3%，且大部分是劳动密集型产品或技术劳动密集型产品，由此形成以下优势行业：塑料加工、机械加工、建材工业、精细化工、纺织服装、卫生制品、橡胶制品、棕（鬃）刷制品，其中以塑料育苗袋、食品包装袋、农膜、编织袋、塑料喷雾器为主产品的塑料加工业最为发达，年产值超10亿元，占乡村工业产值的38.8%，占合作、个体工业产值66%，因而享有安徽省乡镇工业“塑料之乡”之称；其次是以凸轮轴、轴瓦、矿山运输机械、汽车配件等为主产品的机构加工业占10.6%，产值达亿元；再次是以玻纤窗纱、砖瓦、水泥预制件为主产品的建材工业，产值近亿元；近几年来，精细化工、纺织服装加工、电子等行业发展速度加快。全县共计有30个工业行业得以发展，并且部类较为齐全，结构渐趋合理，一批拳头产品在国内市场崭露头角。区域经济特点明显的工业小区、专业市场初具雏型，如棋盘岭的玻纤工业小区，新渡镇的塑料专业市场，青草镇的卫生用品原材料交易市场，高桥镇的塑料喷雾器生产企业群体，其中桐城玻纤工业总公司的玻纤窗纱产量、销量、质量列1993年全国同行业三项第一。

桐城县乡镇企业的发展，首先得力于县委、县政府的正确领导。1984年春，桐城县委、县政府以给4 000多名供销员平反正名为契机，转变了全县发展乡镇企业的用人观。10年来，紧紧抓住人才开发这个启动点和推进器，千方百计地启用能人，以“能人效应”来带动乡镇企业的大发展。全县已培养和造就了一支由25 000多名供销员，2万名厂长（经理）的能人队伍。在10年中，为了稳定政策、稳定思想、稳定队伍，县委、县政府连续8年发了8个发展乡镇企业的县委1号文件，每年都拿出发展的思路、重点、措施、奖励办法，每年都召开一次规模较大的乡镇企业能人表彰大会。其次是建立和完善产前、产后相衔接的服务体系，把乡镇企业发展纳入社会化大生产的市场经济轨道，创造出由生产资料交易市场和公路、铁路、水运、空联运、商包邮运所组成的产前、产后相衔接的流通服务体系。全县有乡镇工业物资供应站300多个，联运站18个，商品包裹收寄点7个。三是运用“统分结合、双层经营”的经营体制，以村办集体企业为依托，把从事塑料加工、卫生制品、棕制品、电器配件组装的分散的个体、合作企业联结起来，形成经济联合体，避免了产品多、生产工艺和设备差不多的劳动技术密集型产品生产企业的互相竞争、经济秩序混乱的局面。四是开展以清产核资为中心内容的“小四清”活动，强化企业内部管理。即清理挪欠公款，清理到逾期贷款，清理在途货款，清理闲置资产。县委、县政府把它作为整顿企业财经秩序、强化企业内部管理的突破口，每年开展一次，形成制度，“小四清”活动的开展有力地增强了经营者的法制观念，促进了全县乡镇企业自我约束、自我发展行为机制的形成，同时又缓解了资金紧缺的困难。

（程玉平）

安徽省当涂县

当涂县位于安徽省东部，临江近海，毗邻长江三角洲，界于南京芜湖之间，紧倚钢城马鞍山市，境内资源丰富，交通方便。全县有25个乡镇，总人口64万人。十一届三中全会以前，当涂县的农村经济基本上还是以农业为主，工副业为辅的经济体系。三中全会以后，尤其是1984年以来，当涂县明确了乡镇企业在县级经济中的主体地位，走“两路并行，四轮驱动”的路子，坚持机关服务，结对扶持，厂乡挂钩，实行激励政策等办法促进乡镇企业发展。全县上下兴办乡镇企业的积极性空前高涨，企业规模不断壮大。当涂县乡镇企业已初步形成矿物采选、冶金加工、机械刃具、建筑建材、轻工纺织、食品化工、交通运输等多行业并举的经济新格局。

1993年，全县乡镇企业总数15 661个，从业人员10.14万人，乡镇企业营业收入29.5亿元；总产值（现行价）36.6亿元，其中工业产值（现行价）26.24亿元；实现利税40 800万元。

当涂县乡镇企业的显著特点是四个轮子一齐转，各个层次齐头并进。

1.依托“马钢”优势，冶金工业初具规模。马鞍山是全国十大钢铁基地之一，冶金工业较为发达，闻名全国的马鞍山钢铁公司是安徽省最大企业。

当涂县乡镇企业充分利用“马钢”的技术、人才及原材料等优势，依托“马钢”，发展冶金工业。全县乡镇企业中已有冶金压延及加工企业74个，不仅有金、银、铜、锡等有色金属企业的冶炼加工，也有黑色金属冶炼及压延加工。黑色金属冶炼、加工的发展尤为突出。自1984年创办第一家轧钢企业以来，到1993年底，已有轧钢企业42个，220以上轧钢48台套。全县轧钢企业不仅数量增多了，而且规模也在不断增大。丹阳轧钢厂1993年已有职工近300人，营业收入8 400万元，固定资产700万元，创利税850多万元。

黑色冶金压延及加工还从单一的轧钢扩增到炼铁、炼钢、铸钢以及钢管、钢球加工等多种门类。“钢球之乡”——查湾乡有乡、村、合作、个体钢球企业20多家，其中，钢球总厂的贝氏体耐磨钢球还获得了安徽省“七五”科技成果奖。“钢镇”——龙山桥镇不仅镇里办轧钢，而且村村办轧钢，该镇已拥有炼钢、铸钢、轧钢企业20多个，最大的龙山桥钢铁总厂连铸连轧年生产能力在10万吨以上。

1993年，当涂县乡镇冶金及压延加工行业炼钢1.5万吨，生产钢坯6万吨，各种钢材10万吨，钢球2 000吨，钢管6 000吨，其产值占全县乡镇工业产值的1/4。

2.发扬传统优势，机械刃具抢占全国大市场。随着1984年乡镇企业开始大发展以来，当涂县传统的刀具工艺得到了发扬光大，大街小巷、村庄路旁，大大小小、公公私私，数百家刃具厂星罗棋布，到处可见。一支8 000多人的刃具推销员队伍，遍及全国各大中城市。刃具产品不断翻新，并向模具、机床等方向发展，工业用刃具已有40多个系列、数千个品种。剪板机刀片荣获省优，热切新材料刀片和冷轧辊还获得“七五”全国星火计划成果博览会金奖，剪板机、折弯机、钢筋切断机等机床产品也供不应求。出现了博望刃具模具厂、新博剪板机刀片厂等一批机械刃具的规模企业。

3.依靠近城优势，轻工食品大显身手。当涂县地处城市群，紧临芜湖、马鞍山，距南京仅50公里，靠近苏南及沿江城市。当涂县充分利用靠近城市优势，发展轻工、食品等行业，服务于大中城市。

晨光金属构件厂、锦艺家私有限公司等一些企业靠生产办公用、家庭用钢木家具，在南京、合肥、芜湖、马鞍山等地市场占有一席之地；沙滩椅、金属网格等产品已批量销往日本、中东等地。

新桥粮油厂靠加工粮油起家，近年来围绕城市市场开发出了精洁免淘米、色拉油等新产品，质量高，在马鞍山、芜湖等地市场倍受青睐。

黄池食品工业公司是安徽省明星企业，企业产品有糕点、面条、酱油、酱菜等几大系列、几十个品种，年产值1 600多万元，利税165万元，产品在马鞍山、芜湖、合肥、南京等地市场供不应求。

4.发挥资源优势，资源开发性企业脱颖而出。当涂县物产丰富，有着较好的资源优势。早在乡镇企业发展之初，就在矿产资源上做起文章，办起了金、银、铁、硅石等一些矿山采选企业。近年来当涂县更加充分发挥资源优势，积极兴办资源开发性企业，资源型企业脱颖而出。首先得到开发的是砂石资源。通过成立采石供应站、黄砂公司，建立运输船队，正确引导开发砂石资源，合理开采长江黄砂，运往上海浦东等地，全县每年的砂石产量已达1 000万吨之多，砂石营运收入达2亿元左右。其次开发的是水产资源。全县有可养水面14万亩，1992年以来当涂县的水产养殖业得到迅猛发展，各乡、村纷纷养鱼养蟹，一些年利税在100万元以上的养殖公司应运而生，还出现了醉蟹厂之类的水产品加工企业。1993年，全县乡镇企业的水产品产量达3 000吨，产值1亿多元。与此同时，近年来已经办起了木板包装箱厂、竹凉席厂、胶合板厂等一些林木开发性企业。

5. 把握发展机遇，"三资"企业崭露头角。当涂县位于沿江开发经济带，近年来，抓住开发皖江，呼应浦东的机遇，制定了《鼓励外商投资的暂行办法》，积极改善投资环境，吸引外商投资。1992年以来先后有香港、台湾、新加坡、菲律宾等地客商前来合作办厂，涉及水产、食品、纺织、轻工等行业，已有5个企业建成投产，合同利用外资55万美元。中外合资金姿纺织装饰用品有限公司生产的金姿牌台布，被全国各高星级宾馆所选用，行销欧美、日本、东南亚、澳大利亚等几十个国家和地区，年产值1 000多万元，年实现利税120多万元。大业金属制品有限公司、太白矿泉水饮料公司等"三资"企业也都已开始崭露头角。

（施长斌）

安徽省繁昌县

繁昌县地处安徽省东南部，长江南岸。全县总面积880平方公里，辖5镇13乡、1个居委会，共216个行政村。总人口44万人，其中农业人口逾36万人。交通极为方便，沪铜铁路横贯东西，县内有客、货运火车站4座，有客货码头14座。繁昌县地下资源丰富，矿产有七大类34种之多，其中石灰石、花岗岩、墨玉石、沙石、煤、铁、瓷土、膨润土、硃石、石膏、粘土等矿储藏量都在亿吨以上；天燃气、矿泉水贮量也十分丰富。

繁昌县乡镇企业的发展基本上经历了三大阶段：

1. 起步阶段。党的十一届三中全会以前基本上属于小打小闹，不成气候。1977年全县乡村企业总产值和总收入仅有1 503万元和2 390万元，税金132万元，利润总额298万元。十一届三中全会之后，繁昌县乡镇企业才真正起步，经过8年的艰苦努力，1985年全县乡村企业总产值和总收入首次突破亿元大关，分别达到10 882万元和11 413万元，税金和利润分别为600万元和1 070万元，并初步形成了一批骨干企业和具有一定水平的工业产品。

2. 发展阶段。1985年以来，繁昌县上下大办乡镇企业，并取得了丰硕的成果。到1992年全县乡镇企业总产值突破10亿元，达到124 712万元，有三个乡镇的企业总产值超亿元，18个行政村和8个企业的产值突破千万元。一批优秀企业和名优产品展露锋芒，先后有6个企业被安徽省政府授予"明星企业"，有10多个企业分别获部级颁发的"优胜企业"和铜、银牌奖，有3个产品获部优，14个产品获省优和系统优，有4名优秀企业的厂长被省政府授予"乡镇企业家"称号。繁昌县被安徽省政府和农业部分别授予"发展乡镇企业先进县"奖牌，跨入全省十强县行列。

3. 起跳阶段。1993年繁昌县乡镇企业再创历史最好水平，实现总产值235 385万元，比上年增长了88.74%，其中工业总产值完成167 843万元，比上年增长78%，乡镇办工业总产值完成66 164万元，比上年增长67.5%，外贸出口交货额9 801万元，比上年增长一倍多，实现利税总额29 603万元。企业总数达到36 698个。亿元乡镇10个，千万元村和千万元企业分别达到40个和24个，创办"三资"企业12家。初步形成了既有地方特色，行业优势明显，又有一定技术水平，且门类较全，轻重工业兼备的乡镇企业发展格局。乡镇企业在县级经济中的地位日趋明显。1993年度，乡镇企业总产值占全县农村社会总产值的88.64%，乡镇工业总产值占全县工业总产值的89.15%，乡镇企业的出口产品交货值占全县出口产品交货值的81.78%，农民从乡镇企业中获得纯收入占人均总收入的85.62%，全县财政收入中的三分之二来源于乡镇企业。乡镇企业已成为繁昌经济的主力军。

繁昌县发展乡镇企业的基本做法是：因地制宜，突出重点，横向联合，全面发展。

1. 因地制宜。充分利用县内自然资源优势发展建材业、采掘业和农副产品加工业，坚持各乡镇结合自身条件发展好项目。1985年县委、县政府发出努力实现建材亿元县的号召，全县上下，因地制宜，围绕这一目标，发展以水泥为龙头的建材加工行业，至1992年，仅水泥产品一项产值就超亿元大关。全县乡镇水泥企业达23家，年设计能力达220万吨。形成以普硅水泥为主，道路水泥、白水泥、彩色水泥相继诞生的水泥系列产品。

2. 突出重点。一是发展以水泥为龙头的建材行业。二是发展以采铁、煤为主的开采业。繁昌县矿产资源丰富，分布广泛，发展采掘业，投资少，见效快，既为城市工业提供原料，又为本地乡镇企业的发展提供了后方保证，同时利用资源优势加强了与大中城市的横向联系。三是发展以铸铁件加工为主的机电冶金工业。繁昌县根据大中城市及先进国家工业生产趋势，充分利用乡镇企业优势，发展铸造件加工等，全方位接受产品扩散，甘当配角，逐步使自身成为大中型企业不可缺少的组成伙伴。四是发展以服装加工为龙头的轻纺化工业。服装纺织行业在全县乡镇企业中占有一定比重，1993年服装产量达到950万件(套)，羽毛球36.84万打，加之地毯、日用化工、制鞋、刺绣等轻工产品，均是出口创汇的主要产品。五是发展以运输业为龙头的第三产业。繁昌县交通四通八达，尤其是长江航运。几年来，县委、县政府非常重视第三产业建设，先后将公路、市场、码头和城镇建设摆上首要位置。六是狠抓亿元乡镇、亿元村和千万元企业的建设。

3. 横向联系。繁昌县立足本地优势，大搞横向联合，利用外地的人、财、物强化自身，为繁昌乡镇企业的发展注入了活力。县委、县政府提出了发展乡镇企业"三借发横财"的口号，即借资金、借技术、借脑袋，发横向经济联合之财。及时采取"一联、二靠、三引、四挂钩"的措施，即进一步开展横向联合，依靠科学、政策、引进人才、技术和资金，与科研机构、大专院校、大中城市和经济发展地区挂钩。通过横向联合，有效地解决了乡镇企业在发展中的人才缺乏、管理粗放、资金不足和发展困难的状况，促进企业走向市场。近年来不断扩大横向联合的领域。合作对象立足国内，跨出国门，发展势头日益增强。

4. 全面发展。繁昌县乡镇企业多年来坚持因地制宜，多轮趋动，多轨运行，全面发展的战略思想，坚持能快则快，能上则上，能发展什么就发展什么，形成了良好气候。其走势方兴未艾。

(繁昌县乡镇企业局)

江西省高安市

高安市地处赣中偏西北，为低山丘陵河谷平原相间的马鞍形地貌，自然资源丰富，具有山地多、水面多、石头多、矿产资源多的特点。尤其是农业生产历史悠久，以粮棉油为主，多种经营全面发展，为乡镇企业的发展提供了丰富的原料来源。

1993年，高安市乡镇企业坚持高速高效发展的方针，深化企业改革，优化经营机制，推进科技进步，突出高投入、高起点、高标准，促进企业上规模、上水平。使全市乡镇企业出现了大发展的势头，主要表现是：

1. 发展速度快。1993年，高安市乡镇企业数达到34 713个，比上年增长73.36%；企业职工人数90 266人，比上年增长25.53%；乡镇企业总产值、工业产值、总收入首次突破10亿元大关。企业总产值完成18.3亿元，比上年增长90.42%；工业产值完成14.48亿元，比上年增长81.39%；总收入完成13.92亿元，比上年增长87.09%。

2. 经济效益好。1993年，全市乡镇企业利税总额突破亿元大关。其中，上缴国家税金3 541万元，比上年增长47.3%；实现纯利润7 250万元，比上年增长42.29%。

3. 发展有后劲。全市固定资产投入16 774万元，比上年增长118.75%，名列全省第二。高投入促进了企业上规模、上水平。1993年完成新建、扩建、技改项目46个，其中投资5 000万元以上的项目2个，100万元以上项目21个。到1993年底，年产值超亿元的乡镇达到6个，超千万元的企业12个，超百万元的企业114个。

1993年，高安市乡镇企业主要抓了以下几项工作：

1. 深化企业改革，完善经营机制。一是继续完善经营承包责任制。大力推广石脑乡对企业实行"三管三不管"、"四定一包"完善经营机制、落实企业自主权的经验，使企业真正成为"四自"的经济实体，责权利相统一。二是大力推行股份合作制。高安市委、市政府组织各乡(镇)党委书记、乡(镇)长到浙江温洲参观考察，市乡镇企业局和体改委联合举办股份制学习班，并与地区乡镇企业局联合在筠阳镇进行股份制试点。在试点的基础上，大面积推广，全市建立股份合作制企业1 712家，占乡、村、联办企业总数的48.76%。三是积极组建企业集团。江西华丽地毯总厂通过与澳大利亚嘉士德澳华集团有限公司联合，组建了江西华澳地毯有限公司，将产品扩散到34个分厂；八景瑞景陶瓷厂采取兼并、租赁国有企业和其他陶瓷厂、机械厂组建成八景瑞景陶瓷总厂；灰埠陶瓷厂采取兼并亏损企业，组建了江西山河陶瓷集团有限公司。

2. 推进科技进步，增强整体素质。为加快科技转化为生产力的步伐，高安市着重抓了三个关键：一是积极培养人才。全市各级举办各种类型培训班300多期，参加培训达15 000多人次，选送了140余名职工到大专院校进修深造。全市有初、中、高级技术职称的有1 056人。二是建立科技信息网络。坚持开展"挂一校、联一所、攀一亲、靠一厂"活动。有70个企业分别与12所院校、15个科研单位、26个大中城市、38个大中型企业建立了友好合作关系，引进人才105人，引进项目49个，引进技术42项，引进资金964万美元，引进设备100多台套。三是加大投入，注重技改挖潜。全市16个建筑陶瓷企业，对10个进行了异地扩建和技改，共投入14 000多万元，占总投入的83.61%，引进高新技术、先进机械设备、改造陈旧落后设备，使产品由单一的白色釉面砖发展为彩地砖、玻化砖、外墙砖、锦砖、琉璃瓦等。

3. 强化企业管理，提高经济效益。高安市乡镇企业始终坚持把提高经济效益的着力点放在强化企业管理上，对标准计量实行了定额管理，做到产品有标准，用料有计量，消耗有定额，考核有依据。全市基础管理验收合格企业49个；对现场管理做到制度规范化、岗位责任化、考核数据化、检查经常化，现场管理验收达标企业49个。同时狠抓了质量管理，强化质量意识，树立质量第一的观点；强化质量检测手段，做到未经化验合格的原料不准入库，上道工序不合格的半成品不准流入下道工序，不合格产品不准出厂。同时采取有效措施奖优罚劣。

4. 切实加强领导，强化激励机制。高安市委、市政府始终把发展乡镇企业作为奔小康的战略重点，充实加强了以市委副书记和副市长、人大副主任、政协副主席为正副组长的乡镇企业领导小组，组织协调全市乡镇企业工作。市六套班子成员分别抓一个骨干企业和重点项目。市委、市政府主要领导亲自跑项目、跑资金，深入乡镇企业调查研究，现场办公，及时解决乡镇企业发展的难点问题。各部门实行挂钩扶持，帮助发展村办企业。各乡镇党政一把手有一人主抓，班子成员一半以上力量抓乡镇企业。初步形成了一个上下结合，各部门配合，齐抓共管的局面。为了强化激励机制，高安市委、市政府作出了关于大力发展乡镇企业的决定，提出了对乡镇实行升级奖，对部门实行服务奖，对企业实行贡献奖，对能人实行效果奖，对引进资金实行效益奖等一系列奖励办法，同时制定了18条优惠措施，促进全市乡镇企业登上新的台阶。

（宋光克）

山东省蓬莱市

近年来，蓬莱市把发展乡镇企业高新技术产业作为推动经济持续、高效、健康发展的重要战略措施。初步建立起了以基础工业为依托，高新技术和优势产业为主导的高层次工业发展框架，加速了传统工业向现代工业的转变。到1993年，全市共推出科研成果214项，其中135项填补国内和省内空白，47项在国家和省科研成果评比中获奖。先后承担国家和省级8个“火炬”计划项目的开发，在山东省县级市高新技术开发中名列前茅。在烟台市县（市、区）4处高新技术企业中，蓬莱市占2处，并有5个企业被确认为高新技术产业生长点。蓬莱市基本上形成了电子信息、高效节能、机电一体化、新材料和生物工程技术为主的高新技术发展格局。

1. 搞好科学规划，构筑高层次工业发展新框架。为有计划、有重点地发展高新技术产业，蓬莱市制定了《关于高新技术产业发展规划》和《蓬莱“星火”密集区发展规划》等文件。确立的战略目标是：通过创办高新技术开发区，推动全市高新技术产业的发展，逐步形成一批具有相当规模的支柱产业。确定的“八五”及本世纪末高新技术产业发展的重点任务是：微电子与信息技术，以视像设备厂、特种漆包线厂等企业为龙头；机电一体化技术，重点围绕智能化仪器仪表两个领域，着力开发数控、微电脑控制系统、电力设备控制系统等机电一体化产品，同时，积极开展机电一体化技术的应用研究；材料科学技术，以反渗透设备厂、稀土应用技术研究所、铸石厂等为基地；新能源技术，以节能技术及产品开发为主攻方向。重点开发高效节能灯、中频电源等系列产品。围绕节电、节水、节油等方面，进一步开发应用锌基高耐蚀涂层、钢材光亮退火、碳氮共渗热处理等新技术；生物工程技术，近期主要进行利用细胞工程技术治疗肿瘤和繁育粮、油、果作物新品种的研究。

通过实施以上重点工程，初步构筑起蓬莱市高层次工业发展的新框架。

2. 制定优惠政策、加快高新技术产业化步伐。针对高新技术研究开发和发展高新技术产业投资大、风险大的特点，依据国家支持高新技术产业发展的有关政策，蓬莱市制定了《高新技术产业若干政策规定》。一是对高新技术的研究开发和高新技术产业的发展，在税收、信贷等方面给予优惠政策，以扶持高新技术产业的发展。二是增加科技投资强度。市财政拿出财政总支出的1%，作为高新技术产业的发展基金，在银行设立专户，用于“火炬”计划预备项目开发的风险基金；“火炬”计划的贴息、垫息用于培植高新技术产业生长点等。三是金融部门每年都拿出一定比例的贷款用于高新技术攻关项目和“火炬”计划项目的匹配资金，以支持高新技术产品的开发。四是鼓励科研单位、大专院校和企业中科技人员到高新技术企业中的兼职、兴办、领办、承包高新技术企业，或离职到高新技术企业中任职。到1993年，已有来自全国各地的147名高新技术人才到蓬莱市市属和乡镇企业中兼职或任职。

3. 依靠典型引路，拓宽高新技术发展途径。为加速发展高新技术产业，在工作方法上，蓬莱市注重培养典型，靠典型引路，拓宽发展途径。主要培植了几个方面的典型：人才开发型。蓬莱市蓬龙电力电源厂；挂靠联合型。马格庄海珍品实业总公司近几年来先后与国家水产科学院黄海研究所、山东海洋中心、青岛海洋大学、山东水产学校等单位合作，共同承担了各类科研项目16个，有8项先后获得国家和山东省科技进步奖；技术引进型。光亮退火工艺是具有国际先进水平的金属表面处理技术，以前只有日本和德国掌握。大季家镇轧钢二厂与清华大学挂钩，生产的膜式水冷壁扁钢的质量达到国际先进水平，成为替代进口的产品，被列入省级“星火”计划。采用这一技术后，该厂年可增加产值1 200万元，利润250万元，为国家节约外汇800万美元；专利开发型。蓬莱市水泥厂在充分考察论证的基础上，引进了西安大学的“纸蜂窝芯复合板材”专利技术。已被列入1993年山东省“火炬”计划。

（程竹坤）

湖北省襄阳县

湖北省襄阳县环绕鄂西北历史名城——襄樊，水陆空交通便利，全县123万人，耕地173万亩，是全国著名的产粮大县。近年来，襄阳县把发展乡镇企业作为振兴全县经济的突破口，采取了一系列超常规举措，促进了乡镇企业的蓬勃发展。先后被农业部和省委、省政府授予“发展乡镇企业先进县”、“发展个体私营经济先进县”等荣誉称号。1993年，全县乡镇企业总产值达36.65亿元，利税4.16亿元，总产值绝对额在全省居第三位。

湖北襄阳县混纺织厂

1. 突破思想束缚，放开发展手脚。邓小平南巡谈话发表后，襄阳县进一步解放思想，更新观念，在思想认识上实现了五大突破：①在对乡镇企业地位作用的认识上，突破“配角论”、“补充论”等观点的束缚，树立了乡镇企业在农村经济发展中的主体意识。②在发展的指导思想上，突破重速度、重外延的作法，做到速度与效益并重、外延与内涵并举。③在发展思路上，突破主次比例关系，树立了多行业、多层次、多成分全面发展的思想。④在发展速度上，突破怕快求稳、安于守旧的思想，树立能快则快、慢进则退、敢争第一的观念。⑤在发展措施上，突破自我积累、内部循环的束缚，确立借鸡下蛋、“贪大求洋”的新模式。全县上上下下发展乡镇企业的积极性空前高涨。太平店镇积极争当“汉江边上第一镇”；泥咀、竹条、伙牌、欧庙四个乡镇明比暗赛争第一；双北村、洪山头村争夺全市首家亿元村；洪山头组力争“湖北第一组”。全县乡镇企业出现了前所未有的发展热潮。

2. 攻克发展难点，加大资金投入。多年来，由于投入不足，制约了襄阳县乡镇企业的发展。现实使县委、县政府意识到，不攻克资金难点，加大投入力度，乡镇企业不可能实现突破性发展。为此，全县通过多种途径和渠道，广辟资金：①千方百计“挤”。县里在资金供应矛盾突出的情况下，把乡镇企业作为投入重点，每年挤出贷款300多万元投向乡镇企业。②多种途径“筹”。全县广泛开展了全员风险抵押、工资转存，大力推行股份合作制。1993年，全县乡镇企业吸纳股金就达2.8亿元。③优惠政策“引”。1993年全县乡镇企业引进境外资金达1.6亿元。1993年全县乡镇企业资金投入达4.7亿元，是投入最多的一年。

3. 发挥优势，培植新的经济生长点。襄阳县在发展乡镇企业的过程中，充分发挥各自优势，因地制宜，不搞一刀切。①在层次上，乡镇办一级，依托人才、技术、资金、设备、信息、交通等优势，注意选择一些高新技术的大项目；村组企业和私营、个体企业，则依托资源等优势，适宜发展什么就发展什么。从而推动了各个层次的全面发展。乡镇办企业成为乡镇企业的龙头，产值过千万元的村达54个，产值过百万元的私营企业119个。②依托骨干企业，开展一主多营。主要是发展农工商一体化、产供销一条龙。1993年，全县开展一主多营的企业达120个，项目290个，新增产值8 000多万元。③发挥规模优势，组建企业集团。全县已组建企业集团14个，产值达2.5亿元以上。④发挥聚与散的各自优势，发展经济联合体。该县把适合个体分散加工的产品，让千家万户的农民生产，然后组织技术力量，将分散的粗加工产品进行精加工，使其不断增殖。将传统的民间加工产品组织起来，形成市场，疏通销售渠道。既壮大了集体经济，又有效地增加了农民收入。如程河的柳编公司从农户中收购柳编制品，产品销美国、日本和东南亚地区和国家，年创利润120多万元。双沟镇家具厂向农户供应宝丽板，由农户加工家具，企业负责销售，年产值突破千万元，年利税达150万元。还有食用菌、竹编、草编等制品，在全县已形成特色。

4. 主动挂靠联引，培植发展后劲。全县把挂靠大中型企业、大专院校、科研机构作为促进乡镇企业上规模、上水平、上档次、上效益的一项重要措施来抓。一是成立固定班子，常年跑项目、跑信息、跑资金。如太平店镇给“四大家”压任务，定奖惩，逼大家走出去搞引进，筹资金。二是组织采购团，集中引进。1992 年，组织了乡镇分管企业的乡镇长、企业厂长（经理）及有关技术人员，组成高新技术采购团，分别到襄樊、武汉、北京，与大中型企业、大专院校、科研机构洽淡，寻找合作伙伴。1993 年又先后组织企业厂长（经理）1 500 多人次参加了褒樊科技成果交易会、中西部地区科技交易会、诸葛亮文化节等，签订意向性项目 270 个、意向性合同 190 项，投资额 5 400 万元。1993 年，全县有 120 多个乡镇企业与全国各地的 110 多个大中型企业、大专院校、科研单位建立了经济技术协作关系，合作兴办企业 349 个，引进项目 273 个，引进设备 602 台（套），引进人才 1 625 名，购买专利 53 个，为企业快速发展，奠定了良好基础。

5. 大力发展股份合作制，促进企业经营机制的转换。近几年来，襄阳县把发展股份合作制作为深化改革、转换企业经营机制的一项重要内容，在全县乡镇企业中大力推行。1993 年，全县股份合作制企业已达 2 301 个，股东 20 996 人，吸纳股金 28 081 万元。股份合作制的全面推行，为乡镇企业快速发展增添了新的活力。

（王永有　葛天平）

广东省东莞市

以“三来一补”发达而著称的广东东莞市，乡镇企业一向被认为“只有满天星斗，唯缺一轮明月”。经过 10 多年的发展，已有一大批效益好、规模大的骨干企业迅速崛起，如广东太阳神集团公司、东莞宏远集团公司、长安福安纺织印染有限公司等等。

至 1993 年，东莞市的乡镇企业产值超千万元的有 167 个；企业集团有 8 个，其中产值超亿元的有 6 个；出口产品交货值 500 万元以上的企业 186 个，其中产值超亿元的企业的产值总和占全市乡镇企业总产值近三成。

以名、优产品为龙头，扩大企业规模，获取规模效益，是东莞市乡镇企业向高层次发展的成功经验。广东太阳神集团公司以生产太阳神保健口服液为龙头，扩大生产浓缩液、猴头菇、朱古力奶、易拉罐饮料等系列产品，并在广州、上海、天津、广西等地设立了分公司。1992 年，该公司产值达 12.5 亿元，名列全国乡镇企业八强的第 3 名，成为黄江镇的支柱企业。该公司的保健口服液多次被评为全国运动营养金奖，被指定为第 24 届、25 届奥运会中国体育代表团专用营养补剂。

以股份制形式组建大型企业，是东莞市发展规模经济的又一重大举措。如东莞宏远集团公司是由宏远发展总公司、东莞市城宝贸易公司联合组建的。从 1988 年到现在，已经发展成为一家集工业、贸易、房地产经营、高科技和商品农业开发于一体跨地域经营的现代化企业集团，公司不但在广州、东莞、深圳置有产业，而且在北京、上海、昆明、长沙及香港、美国设有子公司或分支机构。宏远集团拥有总资产已达 13.8 亿元，净资产 7.1 亿元，属下 10 多个子公司和 32 个工业企业，可以生产电子、纺织、机械、化工、塑料、医药、家电等十大类 100 多个品种的产品，年产值超过 10 亿元。此外，还有石排镇 5 个乡镇企业组建的东江实业集团股份公司和常平镇农工商联合公司等 4 个企业组建的东莞常盛实业集团股份有限公司等。

东莞市还注意发展高新科技项目和做好引进技术的消化吸收。1992 年以来，全市新上项目中，属高技术含量的有 60 多个，新办高新科技开发区 20 多个，引进超亿元项目 20 多个。近年来，全市乡镇企业通过对引进技术进行消化吸收，40 多个产品获得“省优”和“部优”称号。

东莞市已打下坚实的工业基础，有了资金和技术条件，特别是超前高起点的基础设施建设，使东莞乡镇企业逐渐由中小型企业向大型企业转变，从来料加工向自主经营过渡，从劳动密集型向技术密集型转变，初步形成了“星月交辉，众星捧月”的格局，推动了乡镇企业的发展。1993 年，全市乡镇企业总产值首次突破 100 亿元大关，达到 108.9 亿元。

（尹国强）

广西壮族自治区防城港市防城区

防城区位于广西壮族自治区南部，是新兴的防城港市所辖的县级区。境内江河纵横交错、舟楫水运十分便利。防城将是各地通往防城港和东兴开发区的必经之路，是广西乃至大西南地区最便捷的出海通道之一。

防城区原是广西 49 个贫困县之一。在改革开放大潮的推动下，防城区各级党委和政府领导各族人民抓住机遇，利用优势、艰苦奋斗，大力发展乡镇企业。经过十多年的真抓实干、初步形成了三大优势产业。一是以生产花岗岩板材为主的建材业。这里储藏的花岗岩有防城红、紫罗兰、桃红、蟹青、麻花、浪白等 10 多种，经地矿部门化验，硬度、光泽度、磨光度等各种指标均达到或超过国家标准，其中防城红、紫罗兰、蟹青等品种可与驰名世界的印度红相媲美。平木花岗岩板材厂年产荒料4万多立方米，各种板材3万多立方米，产品畅销全国各地，并已获得日本、香港和台湾多家客商的青睐。全区建材业年产值达7 000多万元。二是以生产茴桂香料为主的化工业。这里玉桂、八角资源丰富，享有“世界香料基因库”的美称。区内建有年产茴油100吨、桂油20吨和调料1 000吨的扶隆香料厂，产品质量饮誉海内外。该厂的发展和壮大，带动了玉桂、八角等香料原料的生产，该厂有苗圃600多亩，育有玉桂、八角种苗600多万株，全区种植玉桂、八角34 000公顷，年均产量达4 000吨，占广西的三分之一。三是以生产名贵海产品为主的养殖业。这里有浅海滩涂5 300多公顷，其中4 800多公顷可供发展海产品养殖业，沿海人民开发利用650多公顷滩涂养殖珍珠、大蚝、青蟹、大虾，年产值近亿元。同时，随着旅游业和水运业的发展，被列为两翼经济开发区的江山半岛和茅岭江丁麻港已成为海内外客商投资的热点。

防城区多年来一直是发展乡镇企业先进单位。1993年，全区乡镇企业营业收入达78 344万元，总产值72 584万元，工业总产值22 476万元，提供税收2 205万元，实现纯利润4 451万元，分别比上年增长1.86倍、1.78倍、1.94倍、1.15倍和1.61倍，获得了自治区人民政府设立的“图强奖”。乡镇企业在防城区显示了巨大的作用，全区12 000多个企业安排了33 000多农村劳力，约占全区农村劳力总数的23%；乡镇企业缴纳的税金约占地方财政收入的25%。回顾近几年来防城区乡镇企业的发展，主要抓了如下几方面的工作：

1. 提高认识，加强领导。为使全区人民对加快发展乡镇企业增强紧迫感和使命感，区委和区政府把发展乡镇企业作为提高农村生产力水平的战略措施来抓，四套班子的的主要领导分片包干，经常检查、指导乡镇企业工作。由于主要领导亲自抓，又有分管领导具体抓，并由企业局、财政局、工商局、税务局、农行等部门组成乡镇企业领导小组，为乡镇企业的发展提供了强有力的组织保证。

2. 推行风险抵押承包。区委和区政府每年都明确提出乡镇企业的发展目标和奖罚办法，为了达到预期目标，要求层层参与承包，人人承担风险。乡镇企业领导小组向区委和区政府抵押承包，厂长（经理）向所在乡（镇）政府承包，企业干部职工向厂长（经理）承包。由于奖罚分明，有效地调动了发展乡镇企业的积极性。

3. 竭诚帮助“空壳村”摘帽。全区原来有60多个“空壳村”。近两年来，区委和区政府与所在的11个乡（镇）签订了帮助“空壳村”摘帽的责任状，并设立了专门的机构，拿出专项资金，制订切实措施，现在经检查验收，基本摘掉了“空壳村”的帽子，这些村年收入多的达60多万元，少的也有万元以上。

4. 筹集资金，增加投人。为了发展乡镇企业，区里每年都从本级财政拨出专款扶持，并动员银行予以支持。几年来，靠贷、引、集的办法，解决资金的困难，仅1993年就筹集资金3亿多元，相当于上年的5倍，由于广开筹资门路，乡镇企业的实力不断增强，全区乡镇企业的固定资产已达2.12亿元。

5. 利用优势发展支柱产业。几年来，区委和区政府充分利用本地资源优势，初步形成以生产花冈岩板材为主的建材业，以生产茴桂香料为主的化工业，以生产名贵海产品为主的养殖业。近年边贸活跃，区里因势利导，这里的第三产业蓬勃发展，1993年全区第三产业的营业收入达4.39亿元，占全区乡镇企业营业收入的56%。

由于得天独厚的地理位置，改革开放的大势所趋，防城区可享受国家和自治区给予的对外开放、民族、边贸、侨务等一系列优惠政策，软硬投资环境日臻完善。

（陈瑞芳　礀大生）

贵州省普定县

1993年，贵州省普定县乡镇企业在上年走出低谷的基础上又有了较大幅度的发展。1993年，全县乡镇企业总产值达到15 300万元，比上年增长87.39%，其中乡镇工业产值9 840万元，比上年增长77%；乡办工业产值4 188万元，比上年增长73.56%。实现了乡镇企业营业收入16 929万元，比上年增长170%。实现利税3 106万元，比上年增长161.8%。产值、利税同步高速度增长，这在普定县乡镇企业发展史上从来没有过。由于速度快，效益好，1993年被农业部评为全国乡镇企业发展先进县。普定县之所以能取得这样的成绩，主要有如下经验：

1. 统一思想，转变观念，加强领导。面对普定县人口多、土地贫瘠、市场不发育、经济基础薄弱的状况，普定县委、县政府以党的富民政策为指针，通过广泛的调查研究和分析、明确提出：要发展普定县经济，农民要脱贫致富奔小康，就必须发展乡镇企业的发展战略。1992年，县委、县政府主要领导与近千名干部一起共商发展乡镇企业的大计，明确指出，要保护那些敢闯、敢冒、敢试的改革者，要千方百计支持乡镇企业的发展，并制定了相应的措施。即要求党、政领导要亲自抓，分管领导具体抓，有关部门协助抓；明确一名副书记、副县长专抓乡镇企业。全县11个乡（镇）抓住有利时机，针对自身优势，积极进行乡镇企业发展的规划和部署，找项目，协调资金，主动服务。全县上下齐心合力，形成了齐抓共管的良好局面。

2. 努力创造条件，广泛招商引资。要加快发展速度，首要的问题是解决资金。普定县委、县政府下大力气改变投资环境差的状况。在改善硬环境方面，修建了装机容量为7.5万千瓦的普定水电站；开通了1 000门国际国内直拨程控电话；修了近400公里的三、四级乡村公路，进行了文化及其他服务设施的建设。在软环境方面，县委、县政府积极协调，各有关部门通力合作，简化办事程序，提高办事效率，并在立项和建设期间积极介入，努力提供全方位服务，千方百计为投资者解决实际困难。由于外部环境的改善，近年来省内外投资者纷纷踏至。到普定投资的既有广东、广西、福建、浙江、湖南、四川、香港、台湾等地的客商，又有省内贵阳、安顺、毕节、六盘水市等地的客商。1993年全县共兴办乡镇企业90多个，已投入的资金3 773万元，其中引进资金达3 238万元，这在普定县乡镇企业发展史上从来没有过。这些项目的建成投产，将使全县乡镇企业的发展后劲明显增强。

中央领导同志视察普定县龙潭耐火材料厂

3. 积极进行乡镇工业小区建设。在近年来的乡镇企业发展中，普定县坚持以市场为导向，以人才为依托，在重点建设区域适当实行资金、技术和政策倾斜，对新上项目进行合理布局，走相对集中连片发展的道路。已初步形成以建材、有色金属冶炼、煤炭为主的五个乡镇工业小区，其中已有企业160多个，固定资产规模在4 000万元以上。乡镇工业小区的建设，促进了农村小集镇建设和农村经济的进一步发展。

4. 立足实际，合理规划，找准路子。为找准符合本县实际的发展路子，普定县通过摸清家底，组织力量对全县乡村的经济结构状况、资源状况、企业发展状况等进行了调查，重新认识县情、乡情、村情，在此基础上认真分析研究，制定出了县、乡级乡镇企业发展规划，确定了全县乡镇企业发展的总体思路。即：坚持国家、集体、个人一齐上的原则，因地制宜建设和发展以水电、火电、煤炭为主体的能源工业；以有色金属采选、冶炼、深加工、精加工和金属材料为主的冶金工业；以机械制造、建材为主的制造业；以粮油、水果、蔬菜、畜禽制品为主的农副产品加工业，以中药材、蘑芋、茶叶等为主的种植业，形成立体发展的格局。由于县、乡、村三级对乡镇企业的发展做到既同时并进，又在规模及项目选择上各有侧重，形成了多行业、各门类的乡镇企业网络，使普定县乡镇企业由过去结构较单一逐步向多层次、多结构、多元化方向发展。

（普定县乡镇企业局）

贵州省贵阳市乌当区

乌当区属贵州省贵阳市郊区，分东、西两个部分，全区面积为960.35平方公里，居住有汉、苗、布依、水等少数民族，辖区内有13个乡（镇），118个村，全区人口25万人，其中，农业人口18万人。党的十一届三中全会以来，乌当区乡镇企业异军突起，每年都以超常规的速度发展。1993年全区乡镇企业总产值（1990年不变价）5.03亿元，乡镇企业总收入完成4.5亿元，乡镇企业从业人数为29 300人。乡镇企业总产值已占全区社会总产值的68%，成为乌当区农村经济的重要支柱。

1. 党政齐抓，整体推动。为了促进乡镇企业的发展，乌当区的乡镇企业工作各级主要领导亲自抓、分管领导具体抓、各职能部门配合抓。在具体措施上，各乡镇结合自己的实际，纷纷制定了发展乡镇企业的优惠政策和办法，采取切实有力的措施，克服困难，形成了大办乡镇企业的好局面。

2. 抓住机遇与发挥优势相结合，走自己发展的路。乌当区地处贵阳市郊，有交通、资源优势；有政策优惠，水、电、路、通讯硬件好，投资吸引力大的环境优势；有能吸纳人才的机制等，乌当区把机遇和优势结合起来，走出了具有自己特色的路。

一是抓住三个重点，走坚持以发展乡村集体企业之路。乌当区的乡镇企业经过十多年的发展，一些乡，镇已有不少规模大、技术含量高、效益好的乡（镇）村集体企业。乌当区抓住重点乡、镇，抓住重点乡镇的重点企业，抓住重点企业的骨干产品，使全区工业生产继续保持了好的发展势头。二是引进资金、人才、技术，走科技兴企之路。全区各乡、镇上了一批规模大、科技含量高、经济效益佳、市场前景好的项目，固定资产投资总额为13 945.5万元。这为乌当区的经济发展蓄备了强大的后劲。

三是大力兴办乡镇工业小区，走集约、规模经营之路。通过兴办工业小区，带动了运输、商贸、服务各业的全面发展。全区初具规模的乡镇企业工业小区已有11个，这些工业小区全部建成投产后，产值将占全区总产值的五分之四以上，成为全区社会经济发展的骨干力量。

3. 建立健全管理体制，强化管理服务职能和宏观指导，加快乡镇企业的发展。为了更好地适应发展的需要，乌当区成立了以区长任组长，分管副区长为副组长，有关部门领导为成员的“区乡镇企业发展领导小组”。全区13个乡镇成立了以党委书记或乡（镇）长任主任，分管乡（镇）长任常务副主任的“乡镇企业办公室”。一些有条件的村成立“乡镇企业总公司”。这使全区的乡（镇）、村的管理服务网络日趋健全完善。在调查研究，摸清家底，拟定发展规划，抓好新上项目的前期准备，引进技术新产品，推动企业承包、股份合作，健全规章制度，环境保护，安全管理等方面做了大量的工作，同时在抓财务管理、统计、矿管、安全培训上更讲求实效，工作更扎实。

4. 大力推行股份合作制。乌当区从1991年开始，将股份制作为乡镇企业制度建设的重要内容进行探索以来，到1993年，全区资金在10万元以上、具有股份合作经营性质的企业共112个。在发展股份合作制企业时，主要采取对老企业进行改造，对新办企业按股份合作制运作。原则上是“点上规范化、面上多样化，在规范中求发展，在发展中求规范”。全区股份合作制企业有股份联营型，集资合作新办型，户办企业演变型，集资合股联营型，中外合资股份型。

（胡嘉坪）

甘肃省兰州市西固区

西固区是一个以石油化工为主的新型工业区，全区8个乡，农村人口7.4万人，总面积385平方公里。驻区有兰州化学工业公司、兰州炼油厂等中央和省、市属大中型企业144个，拥有科技人才近万名，是国家20个星火技术密集区之一。

这几年来，西固区乡镇企业有了很大的发展，连续六年上了五个新台阶，每年新增一个亿，名列甘肃省第一。1993年全区共有乡镇企业544个，从业人员26 852人，各类工程技术人员613人。总产值完成95 589.6万元，比上年增长51.93%，其中，乡办工业总产值完成27 017.4万元，比上年增长37.32%。总收入完成102 948万元，比上年增长62.53%，其中工业销售收入完成50 965.7万元，比上年增长61.69%。利润总额完成5 502.9万元，比上年增长55.97%。完成企业技术改造14项；新产品开发10项；培训人员800人。企业管理标准化工作完成5个，计量工作完成5个，七项基础管理达标验收12个，质检机构认可验收2个。

1993年，西固区乡镇企业抓了以下主要工作：

1. 进一步解放思想，明确发展乡镇企业的思路。1993年，西固区在分析现状，制定规划中，克服乡镇企业中存在的畏难情绪和小康即安的心理，挖潜力、找措施，并组织力量深入到各乡村了解企业发展状况，帮助企业筛选项目，确定了发展乡镇企业的目标和思路：抓住内陆开放城市建设这一有利时机，以资源为基础，以市场为纽带，以工业小区为依托，以股份合作制为组织形式，坚持提高和扩大并举，经济效益和社会效益并重，做到深化改革、稳定政策、积极扶持、加快发展。

2. 突出重点，抓项目、抓人才、抓落实。为使乡镇企业快速发展，西固区从当地优势出发，千方百计抓项目，加强论证工作。1993年共上新项目84项，其中已投产的51项，可创产值13 885万元；新办“三资”企业6个。1993年西固村实现产值8 000多万元；陈坪乡、西固乡产值分别达2亿元，柳泉乡、新城乡的产值分别超亿元。

在抓项目的同时，狠抓了人才引进和培训工作。1993年全区乡镇企业引进人才151人，聘请了410名科技人员担任厂长、技术员或“星期日工程师”。培训各类人员800人。

3. 狠抓资金落实。为了保证乡镇企业的发展，西固区采取了多种渠道筹措资金，向银行贷款4 300多万元；集体投入达200多万元；职工集资500万元；引进外资458万元。

4. 大力推行股份合作制。1993年，西固区委、区政府成立了推行股份合作制领导机构，大力宣传股份合作制基本知识，并组织有关人员赴张掖参观学习。按照“先放开、后规范，先发展、后提高”的原则，对现有的乡镇企业扩大试点。1993年已试点的企业有甘肃刘家峡化工总厂复合肥分厂，兰州黄河汽车修理厂等21个企业。在试点的基础上，逐步全面推开。对新办的企业要求积极推行股份合作制，争取短期内使乡镇企业在发展股份合作制上有新的突破。

5. 强化企业管理，提高经济效益。全区继续在乡、村两级企业中全面开展管理基础工作达标活动，对1993年安排的12个7项基础达标企业、5个标准化达标企业、5个计量达标企业以及对计量到期复验换证工作，年底全部通过验收，取得市技术监督局颁发的合格证书。在企业管理干部中进行了质量意识教育，合格率均达100%。同时在企业内部，推行技术革新，最大限度地降低能耗、物耗，降低成本，大力挖潜改造，开发新产品。1993年，全区乡镇企业改造扩建14个，新增产值3 045万元，开发新产品10项。

兰州市西固区新城化工厂

6. 狠抓了安全工作。1993年，在全区乡镇企业中，狠抓了安全生产班组建设和安全生产大检查。为了防止检查流于形式，走过场，在安全验查中依据市安委会制定的《安全生产检查标准》和《建筑业安全生产检查标准》现场打分，对提出的问题专题记载，发放事故隐患通知书，并限期指定专人进行整改，由于采取了以上措施，从而使全区乡镇企业安全工作一直保持较好。

7. 进一步强化销售工作。西固区乡镇企业在抓好生产的前提下，紧紧抓住产品销售工作，坚持内抓管理，外抓销售，以管理促质量，以质量促销售，以销售求效益。乡、村两级工业企业中，有销售人员1 300多人。各级领导部门及企业都订出有关销售奖励办法，把销售人员的工资与本企业的经济效益挂起钩来，大大促进了销售人员的积极性，促进了生产发展，增加了企业活力，压缩了滞销产品。

（兰州市西固区乡镇企业管理局）

大连市金州区

金州区属大连市城郊区，辖11个镇，2个乡，191个村，7个街道办事处和1个国有农场，陆地面积1 100平方公里，共有50.8万人口。

1993年，全区乡镇企业发展到16 745个，从业人员211 284人，拥有固定资产原值194 572万元。乡镇企业总产值实现1 031 676万元（现价），比上年增长103.1%；有2个镇企业产值超10亿元；4个镇企业产值超5亿元；15个村企业产值超亿元；13个企业产值超亿元；企业利税总额达到155 751万元，比上年增长116.8%，产值利税率15.1%；工业总产值达564 711万元（1990年不变价），比上年增长63.5%；乡村两级工业销售收入389 848万元，比上年增长68.7%，产销率为77.6%；工业利税69 999万元，比上年增长75.9%，工业利税率为11.86%；企业出口交货值120 289万元，比上年增长81.9%。

1993年金州区乡镇企业发展有以下几个特点：

1. 企业投入前所未有。全区乡镇企业当年实际投入110 987万元，比上年增长一倍。其中贷款22 270万元，引进资金47 255万元，自筹资金41 462万元。新上和技术改造项目474个，其中新上395个，改造79个。投入力度加大，不仅给企业积蓄了发展后劲，而且新上了一批规模较大和档次较高的项目，其中投入资金在千万元以上的项目有40个。

2. 外引内联迈出新步伐。1993年全区乡镇企业共批准利用外资项目63个，比上年增长103%，其中合资51个，合作10个，独资2个。协议投资总额达8 286.75万美元，比上年增长148.6%，其中注册资金6 632.15万美元，协议利用外资2 981.9万美元，增长57.3%。年产值可达100 760万元，利税22 284.5万元，年可达出口交货值54 117万元。全区最大的独资企业大连进道集装箱项目，一期投资达1 800万美元。

在外引同时，横向联合工作有新进展。一年间，全区又新发展横向经济联合企业110家，引进资金（含设备）等折款28 722万元。在新投资额逾1 000万元的25个较大项目中，绝大多数是横联项目，其中超3 000万元的8个项目，全部是合资或横联项目。

3. 第三产业和个体私营经济开始崛起。全区交通运输、商贸及房地产等第三产业产值达11亿元，比上年增长146%，第三产业占五大行业比重由上年7.7%上升到12%以上。全年新投资1.4亿元，上了30多个第三产业项目。结合地区特点，充分利用地域优势，房地产开发蓬勃发展，全区房地产开发队伍已发展到30个，城区7个街道办事处及三十里堡、石河、得胜等镇都开展了房地产开发业务，全年仅新开工商品房面积达50多万平方米，随着房地产业的发展，建筑业也迅猛发展。全区有6家建筑企业年产值超亿元，其中一建公司达到3.3亿元，全年乡镇建筑企业产值达254 191万元，比上年增长129.8%。

制定鼓励政策，创造宽松环境，全区个体私营企业如雨后春笋般地迅速发展。一年来，全区共发展个体工商户3 982户，兴办私营企业240家，分别比上年增长24.7%和155%，投入资金达1.4亿元，总产值10.8亿元，分别比上年增长47.4%和104.9%。一批私营企业大户相继出现，继被誉为“一代猪王”的刘家奎创办的云鹏有限公司之后，又出现了登沙河范家村孙盛和投资千万元，兴办大连金盛海产有限公司等私营企业。

4. 股份经济有突破性进展。为推动乡村企业深化改革，完善新的经营机制，实施了股份合作制试点工作。1993年全区乡镇企业共发展股份合作制企业261个，其中乡（镇）办56个，村办107个，联户办98个。股本金总额达到31 805.4万元，其中乡村集体股14 865.7万元，社会法人股225.9万元，职工个人股5 826.5，福利股18 053.18万元。同时，还兴办股份有限公司和有限责任公司各1个。企业集团也有新发展，全年新发展双金林木、金华、新港等3家集团企业，并按集团公司管理方式运行。

5. 基础管理工作继续加强。进一步加强了企业新产品开发、标准化、质量、生产许可证、计量定级、创名牌产品等基础管理工作。全年开发市级新产品40多项，省级12项，组织市级投产鉴定7项，获省新产品“青龙奖”4项。除加工行业外，产品标准覆盖率达90%以上，并有14个企业通过生产许可证验收。组织全区乡镇企业4 300多名干部职工参加了全国举办质量教育自学活动。获得“农业部全面质量管理达标合格”企业共20个，获得省质检机构认可证企业21个。通过计量二、三级及复检换证验收合格企业达26个。有46个企业产品获市名牌产品称号。

6. 人才培训和开发工作又有新发展。针对全区乡镇企业的实际和特点，一方面继续搞好人才培养，逐步培训现代化管理人才，另一方面又先后开设了“厂长经营术”、“投资与决策”、“计算机应用”、“经济管理学”、“市场学”等10门课程，进行较系统的继续教育。在此基础上，还着眼长远，努力办好学历教育，与大连管理干部学院、东北财经大学通力合作，共招收大专“工业会计”专业班学员46名，参加各种夜大、电大、函大及选送优秀高中毕业生到大专院校深造491名，各专业中专在读与新招学员665人，参加各专业职高在读与新招学员1 466人。

为进一步开发人才，积极组织晋升职称人员和岗位、等级工培训。1993年共举办经济、会计、统计、工程四个系列七期培训班，参加培训人员643人，配合区财政局举办新会计制度达标岗位培训达2 300人。在15个单位开办了工人技术等级工培训班，学员达1 500名。一年来培训各类人员已达8 500多人。

（马广良）

宁波市鄞县

鄞县乡镇工业在县委、县政府的正确领导和乡镇企业广大干部职工的努力下，深化改革，优化结构，明晰产权，综合推进，注重技改投入，发展外向型经济，1993年产销利税、出口创汇创历史最高纪录。其主要特点为：

1. 生产总量大幅度增加。1993年全县完成工业总产值121.5亿元，居宁波市之首，比上年增长51.9%。其中镇办企业占51.9%，村办企业占40.3%，个体私营企业占7.8%。全县23个乡镇中有22个乡镇成为亿元乡镇。工业销售产值完成117.3亿元，比上年增长58.4%。产销率高达96%，比上年提高5个百分点。

2. 外向型经济有长足的发展。1993年外贸出口交货值达到18.1亿元，比上年增长123.9%。在376个出口创汇企业中，出口商品交货值超百万元的有218个，比上年增加65个。建立和形成了一批机电、纺织、农副产品加工出口商品生产基地。新办“三资”企业87个，合同利用外资2 336万美元，超过历年总和，外资到位率达50%以上。有3个企业在境外兴办了经济实体，总投资达373万美元。

3. 技改投入加快，新产品开发增多。在宏观调控、资金趋紧的情况下，鄞县各乡镇仍然千方百计筹集资金，加快技改步伐。各乡镇和县乡镇企业局批准及转报项目616项，总投资7.9亿元，比上年增长109.9%。技改投入的规模进一步扩大，技术含量进一步提高。1 000万元以上技改项目6项，投资额7 720万元，占总投资额的9.7%。平均单个技改项目规模达到129万元。资金投向比较合理，促进了产品结构调整，增强了竞争活力。开发县级以上新产品285个，其中列入市级以上新产品118个，采有国际标准9个，达到国家级新产品水平8个。全县乡镇企业新产品产值达9.9亿元，比上年增长115%。

4. 横向联营活跃，形式灵活多样。1993年新批横向联营企业147个，总投资2.5亿元，其中引进资金7 432万元，比上年增长55.3%。横向联营由过去以上海为主向全方位转变，由资金联营、产销联营向技术联营转变。组建以产品为龙头、以资产为纽带的企业集团5个，注册资金1.1亿元，拥有固定资产8 795万元，占全县乡镇企业固定资产总额的4.1%。一批规模大、产品档次高、经济效益好的骨干企业脱颖而出，加快了组织结构和产品结构调整的步伐。

6. 明晰产权，综合推进，转换机制工作大有起色。全县已有670个乡镇办集体企业实行了机制转换，占乡镇办集体企业总数的65.5%。其中362个企业组建成股份合作制，17个实行公有私营，135个实行租赁(包括动产拍卖、不动产租赁)，84个实行拍卖，72个采取兼并及其他形式。经过不断实践，全县上下对乡镇企业转换机制已逐步形成共识，并越来越成为各方关注的热点。

纵观1993年鄞县乡镇工业发展情况，之所以发展速度比较迅猛，总体实力明显增强，一是上几年技改投入的回报，二是市场需求的拉动，三是对个体私营企业在政策到位、舆论导向正确的环境下放开手脚，得到了迅猛发展。其具体经验是：

1. 努力开拓国内外市场。鄞县十分重视把发展外向型经济作为乡镇企业的主要增长点。全县以外贸引外资，以外资促外贸，同时带动外经发展，全力推进主体外向转移。外贸的力度和广度大为增强，外贸生产在工业总产值中的比重逐步提高。同时充分利用地处沿海、侨胞、台胞众多的优势，筑巢引凤，搭船出航，瞄准国际市场，加速与世界经济接轨。许多骨干企业搞“多枝嫁接”，主动积极地向国际大公司挂钩，通过嫁接引进技术、引进资金、开拓商路、提高了企业整体素质。乡镇经济的发展，又促进了投资环境的改善，吸引了国外客商，广交了天下朋友，提高了鄞县的知名度。

2. 落实各项优惠政策，重点做好“八字”文章。鄞县委、县政府制订的政策中明确规定，凡是有利于发展外向型经济，有利于促进培育重点骨干企业，有利于搞好横向联营，都给予税收上的优惠，金融部门也给予大力支持，形成了“三公六婆大合唱，企业有难众人帮”，大家都来关心培养、支持经济主力部队成长的风气。同时重点做好“八字”文章：一是适应。即适应新的形势，迎接新的挑战。二是开拓。主攻外贸，力争外资，开拓外经。三是提高。提高出口产品水平，增强国际市场的竞争能力。四是改善。改善投资环境，增强对外开放的吸引力。

3. 狠抓技改投人，发展横向联合。全县通过政策调节，下放技改审批权限，调动了企业技改积极性，从而使技改档次提高，结构合理，规模扩大，进度加快，效益显著。各乡镇普遍对新产品开发视作开展企业竞争的关键。县乡镇企业局通过各种渠道帮助企业上报项目，争取多立项，并及时申报成果，鼓励了企业开发新产品的积极性。同时加快采用国际标准、国外先进标准和条形码的步伐，以适应进入国际市场、提高国际竞争能力的需要。紧紧依靠大工业，并为大工业配套服务，大力发展横向联合，做到优势互补，互惠互利。横向联合为企业引进了信息、资金、人才、技术、设备、产品和先进管理经验，给全县乡镇企业注入了新的活力，提高了企业整体素质。

4. 加快产权制度改革，积极转换经营机制。鄞县在进行这项工作过程中，始终坚持“先试点，后推广，先发展，后规范”的原则。从试点入手，典型引导，分批实施，稳步推进，不断完善，逐步规范。先后经历了县直接试点、乡镇扩大试点和抓住时机全面推广三个阶段，使各级干部的思想认识在实践中不断得到统一和深化，具体做法也在实践中不断探索和完善，并从中培训了骨干，积累了经验，掌握了规律。为了实现以明晰产权为核心的加快转换企业经营机制的总体目标，县委、县政府提出了转制工作的三条基本原则：一是产权明晰，二是集体资产不流失，三是加快发展生产力。在这三条基本原则指导下，允许多样化，力求规范化，在多样化中求发展，在发展中求规范。

(董其岳　任　来)

宁波市余姚市

余姚市乡镇企业年年有发展，岁岁迈新步。1993年完成工业总产值71亿元，比上年增长61.5%；实现销售收入54.93亿元，其中工业43.52亿元，建筑业1.38亿元，商业2亿元，家庭及私营经济7.35亿元，分别比上年增长56%、88%、63%、112%。村以上工业实现利润2.8亿多元，上缴销售税金2.45亿元，分别比上年增长71%和67%。外贸交货值5.42亿元，比上年增长70%。1993年，全市有工业企业万余个，其中村以上集体工业企业3000余个，在职职工16.3万人。乡镇工业的年产值已占全市工农业总产值的三分之二，占全市工业总产值的四分之三，成了全市经济的重要支撑点。

1993年余姚市乡镇企业呈现出持续快速发展的态势。每月的产值增幅都保持在50%以上，而且多轮驱动，协调发展。集体工业稳健发展，个体工业更是以1倍多的增速增长；外向型经济的发展方兴未艾，有出口创汇企业170余个，出口产品近150种。一年来，新办“三资”企业60个，总投资5 100多万美元，其中合同利用外资2 400多万美元。至1993年，全市已累计办

“三资”企业123个，总投资1.18亿美元，合同利用外资4 500余万美元。外经工作有新的起步，已兴办境外企业8个；通过科技进步，尤其是通过技术改造，产品结构不断调整、优化，1993年技改投入达5亿余元，使工业产品档次提高，企业规模日益扩大。到1993年末，村以上工业固定资产达到11.8亿元，有年工业产值上1 000万元的企业119个，其中上5 000万元以上的企业10个，年出口产品交货值上500万元的企业351个。全市22个乡镇，除少数山区乡镇外，年工业总产值都在亿元以上，最高的余姚镇达到12亿元以上。经济效益明显改善，产销利税同步增长，全员劳动生产率、“三项”资金占用率以及产品质量稳定提高率等指标都大大高于往年，达到历史最好水平。

回顾1993年余姚市乡镇企业的发展轨迹，主要有以下五个方面的经验：

1. 只有加深理解发展才是硬道理的观点，才能形成快发展的合力。1993年，余姚市乡镇企业紧紧围绕改革、开放、发展做文章，通过树立典型，表彰先进，学习先进，出台激励政策措施等手段，尤其在国家宏观调控，资金紧张的情况下，积极引导企业干部职工认识到“办法总比困难多”，牢固树立起发展才是硬道理的观点，加深机遇意识和市场意识。从而，充分调动了多方面的积极性，自觉拼搏、创新，使全年生产保持了持续快速发展。

2. 只有不断深化改革，才能增加企业发展的动力。1993年，余姚市乡镇企业面对自身机制弱化、活力减弱的严竣现实，从改革中寻求出路。通过推行股份合作制、兼并、拍卖、公有私营、联合、外资嫁接改造以及资产流动增值承包等途径，改革产权制度。至年末，全市近3 000个村以上集体企业中，已完成机制转换的超过一半。其中，有股份合作制企业272个，兼并企业16个，公有私营（租赁）企业831个，资产滚动增值承包企业326个。特别在推行股份合作制中，做到因地因厂制宜，不搞一个模式。因势利导求共识，从实出发定政策，集中力量攻难点，加强引导抓专项突破，取得了明显成效。通过机制转换的企业，较好地明晰了产权的归属，生产要素得到了较合理的配置，投资结构形成了多元化，加强了企业的“自有”机制。

3. 只有大力发展外向型经济，才能增强企业的生命力。1993年，余姚市乡镇企业把发展外向型经济作为重头戏来唱。出台了关于鼓励发展外向型经济的政策，用外向带动战略促进乡镇企业登新台阶。市乡镇企业局成立了招商力公室，推出110余个项目到国内外招商引资；在全市乡镇企业中开展发展外向型经济的“五洲杯”竞赛；主管局对外向型经济专人负责，开展“一条龙”服务。从而，出现了“三外”一齐上的态势，外向型经济发展创历史最好水平。

4. 只有坚持科技进步，才能壮大企业的实力。1993年，余姚市乡镇企业把科技是第一生产力的思想落实到企业运行实践之中，十分重视科技进步意识教育和人才培养工作。仅培训各类技术人员就达1.8万余人次，并办了电大、职校，还输送人才到大专院校进行深造，积极开展技术职称评聘工作，壮大科技队伍。其次，在资金十分紧张的情况下，千方百计增加技改投资，尤其对投资额在300万元以上的重点项目，市、乡镇和主管局的领导、机关科室建立联系制度，分工负责，明确职责，并进行及时分析跟踪服务，完成技改投入总量5亿多元，完成财务投入数3.9亿元。这对调整和优化产业产品结构，增加实力有很大作用。与此同时，开发“四新”产品120余项，新产品产值率达8.32%，主要工业产品质量稳定提高率达88%。

浙江省余姚市乡镇工业局

5. 只有创造宽松的外部环境，才能使企业增添活力。1993年，余姚市为适应改革开放和建立社会主义市场经济的新形势，十分重视企业管理系统建设。主管局不断探索自身职能的转变，加强调查研究，为市领导当参谋。建立工业乡镇长和工办主任的例会制度，及时探讨生产发展情况。健全和加强会计、统计、审计队伍，加强工作网络、信息网络、服务网络建设。并十分注意各乡镇的工办队伍建设，加强岗位责任制考核，提高办事效率和服务质量。

（楼尧水　董其岳）

宁波市慈溪市

1993年，慈溪市乡镇工业产值突破一百亿大关，外贸、外资、外经和技改投入全面实现翻番，保持了快速高效发展的好势头，跨上了一个新台阶。

1993年慈溪市乡镇企业发展的特点：

1. 生产持续高速增长。1993年，全市乡镇企业完成工业产值101.28亿元，比上年增长59.3%。其中镇（乡）办、村办、个体联户办工业分别完成产值52.52亿元、28.53亿元、20.23亿元，比上年增长50.72%、51.88%、101.35%。全市除一个镇外，22个镇（乡）工业产值超亿元，其中，超10亿镇2个，超5亿镇3个，宗汉镇实现工业产值18.56亿元。

2. 经济效益明显上升。全年，镇（乡）、村集体工业累计完成销售收入60.3亿元，利润总额3.43亿元，销售税金3.15亿元，分别比上年增长80.35%、46.68%和72.84%。产销率达90.4%，比上年提高了1.35个百分点。百元销售占用三项资金为22.21元，比上年减少22.32元。全部流动资金周转天数比上年减少48天。

3. 多产业、多行业并进有所突破。产业、行业结构出现了新的"转化"趋势：一是传统行业"一枝独秀"的地位已经动摇，逐步向传统行业、新兴行业齐头并进的多元化格局转变。14个产值超亿元行业中，塑料制品业产值12.88亿元，占村以上集体工业产值的15.9%，总量有所增加，比重略有下降；纺织工业、机械工业、有色金属冶炼业、金属制品业等传统行业继续保持快速增长势头，产值达20.9亿元、8.69亿元、5.19亿元和3.64亿元，分别占村以上集体工业产值的25.78%、10.72%、6.41%和4.49%，比重上升，纺织工业比重增加了8.68个百分点；文体用品制造业、工艺制品业和交通设备制造工业等新兴行业增势强劲，产值达1.9亿元、1.76亿元和1.56亿元，分别比上年增长97.53%、558.1%和135.73%。二是打破了行业的单一性和封闭性，交叉行业、综合行业和边缘行业生机勃勃。仅电气机械和电子通信设备制造业，产值就分别达9.22亿元和4.15亿元，占村以上集体工业产值的11.38%和5.12%，尤其是电气机械制造业产值比上年增长128.8%，比重提高3.51个百分点。三是生产以加工型、配件型为主，已向整机型、"直接上市"型为主转变。产品的生产产值已约占乡镇工业总产值的65%以上。四是打破了单一产业的格局，第三产业拓展迅速。全市乡镇企业第三产业产值达1.13亿元，比上年增长39.51%。

4. 规模经济格局初步形成。全市乡镇企业产值超100万元企业达1022个，比上年增加193个。其中，产值超500万企业298个，比上年增加85个，产值超1 000万企业167个，比上年增加56个，产值超5 000万企业17个，比上年增加10个，产值超亿元企业6个，比上年增加4个。镇（乡）村办企业每个平均产值315万元，比上年增加58%。金轮集团产值达8.01亿元，是全省生产规模最大的乡镇企业，也是全市首家国家大型一档企业。宁波兴业集团、微型轴承总厂等4个企业也已成为国家中型一档（或二档）规模企业。注册资金150万以上，挂"总"字头企业集团、总公司、总厂等累计达54个，比上年增加21个，其中企业集团2个。还有一大批企业实现了专业化生产，产品的规模和市场覆盖面不断扩大，已形成一定气候。如帘子布、氯丁橡胶同步带、输纱器、密封件、接插件等，在全国同行业中居于领先地位。

5. 实力素质迅速提高。至1993年底，全市乡镇企业固定资产（原值）达18.78亿元，比上年增长64.88%。其中村以上集体企业固定资产(原值)16.99亿元，个体私营企业1.79亿元，分别比上年增长60.34%和176.23%；全部流动资金余额达30.54亿元，比上年增长42%，其中村以上集体企业全部流动资金余额为26.88亿元，比上年增长39.05%。职工素质提高较快，人员结构明显变化。高中及大中专文化程度以上职工增加到19 883人，占职工总数的17.19%，比上年提高2.09个百分点；各类专业技术人员达8 027人，比上年增加了500多人，占职工总数的6.94%，比上年提高近1个百分点；具有各种经济技术职称的人员3 123人，比上年增加了1 123人，占职工总数的2.7%，比上年提高1.1个百分点，其中具有中级以上职称人员（含外聘）1 061人，比上年增加109.27%。

1993年的主要工作：

浙江省慈溪市的中国·金轮集团公司

1. 全力推进主体外向转移。一是拓宽了国际商路，外贸实现了翻番。1993年，对外贸易始终保持在增长一倍以上的水平，全年出口销售达10.46亿元，增幅达118.84%，占现价销售产值总额的14.63%，比上年同口径比例提高4.18个百分点。16个镇(乡)外贸翻一番以上，3个镇外贸超亿元。出口产品240个，比上年增加84个;出口企业232个,比上年增加94个;出口超百万企业126个,比上年增加58个,其中超500万企业43个,超1 000万企业24个,超5000万企业3个。二是加强对外招商,引进外资,兴办"三资"企业实现翻番。先后9次组织150家企业开展了对外招商,共推出130个对外招商项目,吸引了一大批港澳台胞、海外客商到慈溪市投资开发、兴办实业。全市新批中外合资企业97个,总投资1 1724万美元,注册资本7 403万美元,合同利用外资4 919万美元,实际引进外资2 050万美元,分别比上年增加了1.57倍、1.87倍、1.84倍、2.57倍和2.33倍。还涌现了一批"一厂带多厂"、"多枝搞嫁接"的新型合资企业。三是大胆尝试跨国经营,兴办境外企业实现了翻番。继1992年底在美国纽约兴办第一个境外企业后,1993年,全市又有6个企业分别在美国、墨西哥、孟加拉、澳门等国家和地区兴办了6个境外企业,还出现了"一厂三外"等外向发展新趋势。

2. 突出抓好投入产业。全市乡镇企业围绕"上百亿"、"跳跃式"的要求,重点抓了"三大二高一快":一是增大了投资总量。全年共实施10万元以上项目569个,计划总投资9.15亿元,财务投入7.72亿元,分别比上年增长106.2%和114.53%。二是加大了融资力度。全年财务投入中,自筹资金5.82亿元,项目资金自筹率达75.35%。三是扩大了项目规模。已实施的569个项目,平均投资额为160.8万元,比上年增加75.55%。投资100万以上项目157个,比上年增加95个,其中500万至1 000万项目10个,1 000万以上项目16个。投资超千万元项目,比上年翻了一番半。四是提高了投入的技术含量。在已实施的技改项目中,设备投资5.06亿元,设备投资率为65.54%,其中添置国内先进设备的占59%,引进国外先进设备的占11%。开发新产品的项目也大大增加,1993年共开发新产品420个,其中单列市级以上新产品82个,国家级新产品6个。五是提高了投入产出比重。全年乡镇工业净增的38亿元产值中,投入和新品开发增殖因素约占65%左右,产出比重增大,其中新产品产出约达6亿元,技改投入产出约达19亿元。六是加快了项目进度。已实施的569个项目,投资完成率高达84.37%,300万元以下项目基本实现了当年立项,当年竣工投产。

3. 重点实施经营机制转换。1993年,本着稳步推进、不断完善,分期分步实施了经营机制转换。先后开展了规范化股份制试点,股份合作制试点及"小微亏"企业拍卖、兼并、租赁的试点。在试点工作中,坚持"因厂制宜、形式多样"的原则,注重质量,精心操作,严格把关,循序渐进,探索了途径,积累了经验。一年来,全市组建股份(合作)制企业87个,占全市镇(乡)村集体企业的3.37%,其中,改组型33个,新建和重组型52个,规范化股份企业2个,总股本金为8533.66万元,其中集体股1951.7万元,企业股2369.24万元,个人股3262.2万元,法人股950.5万元。"小、微、亏"集体企业实行租赁的563个,占村以上集体企业的21.82%,租赁资产9832万元;实行兼并的22个,兼并资产3 352万元;实行拍卖的73个;拍卖回收资金1 333.79万元,拍卖重组企业22个。

4. 着力强化企业基础。主要抓了三点:一是狠抓"人才工程",注重了人才的引进和培养。共组织举办各种培训906期,受训人数达41 107人次;企业选派进修、委培的达8 392人次,其中送大中专院校培训深造的1 178人,比上年增加一倍。引进或外聘各类专门人才,累计达1 428人,分配或调到乡镇企业工作的大中专毕业生累计达102人。二是抓了技术基础工作。1993年,全市乡镇企业标准化、计量新定级升级及全面质量管理达标各达16个,制订企业标准71个;产品质量稳定提高率达91.5%,国家产品监督抽查合格率为82.5%。三是抓了企业管理。全年被评为单列市级明星企业37个,现场管理验收合格企业新增38个,其中16个企业评为现场管理示范企业和先进企业,七项基础管理验收合格企业新增25个,会计达标企业新增17个。

(潘岳钿　董其岳)

明 星 乡 镇

1993年农业部表彰的先进乡镇名单

北京市

通县城关镇
通县张家湾镇
顺义县顺义镇
丰台区芦沟桥乡
丰台区花乡

天津市

静海县蔡公庄乡
西青区大寺乡
津南区咸水沽镇
北辰区天穆镇
东丽区新立村乡

河北省

丰南县胥各庄镇
丰南县小集镇
霸州市胜芳镇
石家庄市郊区西里乡
石家庄市郊区振头乡
石家庄市郊区谈固乡
唐山市开平区开平镇
唐山市开平区越河乡
唐山市开平区缸窨乡
唐山市开平区郑庄子乡
藁城市城关镇
蠡县辛兴镇
蠡县百尺镇
蠡县留史镇
迁安县迁安镇
冀县冀州镇

山西省

左云县店湾镇
清徐县王答乡
太原市北郊区小井峪乡
晋城市郊区南村镇
晋城市郊区巴公镇
榆次市郭家堡乡
洪洞县赵城镇
大同市南郊区城关乡

内蒙古自治区

呼和浩特市郊区西菜园乡
呼和浩特市郊区巧报乡
包头市郊区河东乡
赤峰市元宝山区建昌营镇
赤峰市元宝山区山前乡
赤峰市红山区城郊乡
兴和县城关镇

辽宁省

沈阳市于洪区陵东乡
沈阳市于洪区北陵乡
沈阳市东陵区五三乡
大连市甘井子区辛寨子镇
大连市甘井子区红旗镇
大连市甘井子区南关岭镇
大连市甘井子区大连湾镇
大连市金州区石河镇
海城市腾鳌镇
辽阳县刘二卜镇

吉林省

长春市二道河子区英俊乡
长春市宽城区奋进乡
公主岭市苇子沟乡
浑江市八道江区市郊乡
吉林市丰满区江南乡

黑龙江省

牡丹江市郊区北安乡
牡丹江市郊区沿江乡
佳木斯市郊区长青乡
佳木斯市郊区松江乡
哈尔滨市太平区团结乡

上海市

嘉定区安亭镇
嘉定区马陆乡
闵行区马桥乡
浦东新区北蔡镇
松江县洞泾乡
宝山区罗南乡

江苏省

武进县横山桥镇
武进县剑湖乡
武进县湖塘镇
常州市郊区五星乡
常州市郊区茶山乡
无锡市郊区扬名乡
江阴市华士镇
无锡县前洲镇
无锡县东绛镇
无锡县华庄镇
无锡县洛社镇
江阴市长泾镇
江阴市周庄镇
张家港市杨舍镇
张家港市妙桥镇
张家港市塘桥镇
吴江市盛泽镇
常熟市王市镇
太仓市浏河镇
吴县木渎镇
昆山市玉山镇
苏州市郊区娄葑乡
吴江市芦墟镇
丹阳市皇塘镇
靖江县新桥镇
启东市汇龙镇
建湖县近湖乡
江宁县江宁镇
泗阳县洋河镇

浙江省

杭州市西湖区古荡镇
杭州市江干区笕桥镇
萧山市宁围镇
慈溪市宗汉镇
鄞县邱隘镇
宁波市江东区东郊乡
永嘉县欧北镇
桐乡市河山镇
湖州市城区龙溪乡
绍兴县柯桥镇
诸暨市店口镇
新昌县城关镇
嵊县蒋镇

东阳市吴宁镇
江山市须江镇
缙云县壶镇
临海市城关镇
黄岩市城关镇
舟山市定海区白泉镇

安徽省

合肥市郊区常青镇
合肥市郊区城东乡
合肥市郊区骆冈镇
合肥市郊区杏花村镇
全椒县襄河镇
全椒县古河镇
当涂县龙山桥镇
当涂县博望镇
淮南市田家庵区洞山乡
天长县铜城镇
桐城县双港镇
蒙城县城关镇
繁昌县荻港镇
涡阳县城关镇

福建省

福州市郊区洪山镇
福州市郊区鼓山镇
福州市郊区城门镇
晋江市陈埭镇
晋江市慈灶镇
石狮市石狮街道办事处
石狮市石蚶江镇
莆田县江口镇

江西省

南昌市郊区湖坊乡
景德镇市昌江区竟成乡
新余市渝江区沙土乡
彭泽县棉船乡
赣州市水东乡
临川县罗湖乡
上饶市茅家岭乡

山东省

济南市天桥区北园镇
济南市历下区姚家镇
章丘市明水镇
即墨市即墨镇
胶州市李哥庄镇
胶州市阜安办事处
青岛市崂山区城阳镇
淄博市淄川区昆仑镇
淄博市周村区周村镇
淄博市张店区沣水镇
牟平县宁海镇
龙口市诸由镇
蓬莱市北沟镇
蓬莱市登州镇
高密县高密镇
青州市益都镇
安丘县安丘镇
邹城市城关镇
兖州市城郊乡
泰安市郊区山口镇
荣成市寻山镇
文登市文城镇
乳山市夏村镇
广饶县大王镇
临沂市罗庄镇
临沂市兰山办事处

河南省

辉县市孟庄镇
巩义市孝义镇
巩义市小关镇
沁阳市西向镇
长葛县和尚桥镇
新乡县七里营乡
洛阳市郊区工农乡
偃师县城关镇
林县姚村镇
禹州市城关镇
密县超化镇
登封县大冶乡
济源市克井镇
汝州市寄料镇
临颍县城关镇
沈丘县槐店镇
驻马店市老街乡
镇平县城关镇

湖北省

武汉市江岸区后湖乡
武汉市洪山区和平乡
襄樊市郊区王寨乡
钟祥市郢中镇
天门市竟陵办事处
武穴市武穴办事处
襄阳县太平店镇
谷城县石花镇
鄂州市华容区华容镇
孝感市杨店镇
宜昌县鸦鹊岭镇

湖南省

长沙县果园乡
长沙县北山乡
长沙县榔梨镇
长沙市郊区马王堆乡
长沙市郊区岳麓山乡
长沙市郊区雨花亭乡
长沙市郊区洞井乡
望城县城关镇
醴陵市渌江乡
汨罗市城郊乡
临澧县新安镇

广东省

花都市新华镇
珠海市香洲区前山镇
潮阳市峡山镇
曲江县马坝镇
紫金县古竹镇
梅县雁洋镇
惠阳县淡水镇
海丰县公平镇
东莞市厚街镇
中山市小榄镇
江门市郊区环市镇
南海市南庄镇
阳西县织篢镇
吴川县塘墩镇
化州县东山镇
罗定市素龙镇
清远市清城区石角镇
潮安县庵埠镇
普宁市占陇镇

广西壮族自治区

玉林市玉林镇
玉林市南江镇
贵港市贵城镇
贵港市桥圩镇
北流县松花镇
北流县民乐镇

平南县丹竹镇
陆川县温泉镇
合浦县廉州镇
合浦县公馆镇

海南省

海口市秀英区海秀乡
儋州市那大办事处

四川省

绵竹县天池乡
重庆市沙坪坝区覃家岗镇
重庆市沙坪坝区石桥镇
重庆市九龙坡区九龙镇
重庆市九龙坡区华岩镇
重庆市九龙坡区花溪镇
成都市金牛区永丰乡
成都市金牛区金牛乡
成都市金牛区营门口乡
成都市成华区圣灯乡
德阳市市中区八角井镇
重庆市南岸区南坪镇
成都市武侯区簇桥乡
什邡县隐丰镇
成都市青羊区苏坡乡
重庆市北碚区蔡家岗镇
广汉市向阳镇
广汉市南兴镇
威远县严陵镇
成都市锦江区琉璃乡
成都市金牛区洞子口乡
德阳市市中区城区乡

贵州省

贵阳市云岩区黔灵乡
遵义市长征镇
六盘水市钟山区汪家寨镇
龙里县龙山镇
松桃县寨英镇
修文县城关镇

云南省

昆明市官渡区全马镇
昆明市官渡区福海乡
昆明市官渡区联盟镇
昆明市官渡区关上镇
昆明市官渡区前卫镇
玉溪市大营街镇
玉溪市北城镇

西藏自治区

林芝县八一镇
乃东县泽当居委会
安多县强马乡
江孜县综堆乡

陕西省

西安市未央区三桥镇
岐山县蔡家坡镇
泾阳县泾干镇
汉中市北关办事处
府谷县高石崖乡

甘肃省

兰州市西固区陈坪乡
兰州市城关区拱星墩乡
镇原县城关镇
平凉市峡门乡
白银市白银区王岘乡

青海省

民和回族土族自治县川口镇
湟中县多巴镇
祁连县八宝乡

宁夏回族自治区

中卫县城关镇
贺兰县习岗镇
青铜峡市峡口乡

新疆维吾尔自治区

乌鲁木齐县七道湾乡
乌鲁木齐县二宫乡
米泉县古牧地镇
尉犁县团结乡

明 星 乡 镇 选 介

河北省霸州市胜芳镇

霸州市胜芳镇位于河北省中部，地处北京、天津、保定三角中心的东淀北岸。全镇面积150平方公里，辖31个村，人口7万多。该镇交通便利，津保公路、廊大公路沿镇而过。

党的十一届三中全会以来，该镇迅速振兴，物质文明和精神文明建设有了长足发展。1985年，全镇乡镇企业总产值首次突破亿元大关。1993年，全镇乡镇企业总产值突破十亿元大关，达到10.02亿元；实现纯利润9 800万元；财政收入2 042万元。市政建设、文化教育、社会福利等各项事业都有发展，在连续保持省、市"文明镇"称号的同时，又跨入十佳"河北乡镇明星"行列。

改革开放以来，乡镇企业的崛起，成为胜芳镇迅速起飞的重要基础。乡镇工业已形成一定规模，成为胜芳镇经济发展的重要支柱。1993年，全镇拥有集体、个体、合资、股份制等各种类型的乡镇企业5 390个，资金总额5.17亿元。主要行业纺织服装、钢材改制、塑料制品、钢木家具、五金机电、传统食品等全部形成从主体产品到终极产品的系列化生产体系。产品畅销28个省、市并打入14个国家和地区，先后有11项产品或技术获国家发明专利，14 项产品或技术填补国家和省内空白，29 项产品获省、部优称号。

商贸流通业是胜芳镇经济的重要产业。全镇已形成规范化的交易市场 8 个，固定摊位2 500个，临时摊位1 900个，商业门店1 700个。主要经营品种有服装、日用百货、烟酒、家具、食品、机电产品、水产品等 27 类 4 000多个品种。贸易辐射面从长江以北拓展到全国各地，日客流量11 万人次，日成交额约 400 万元以上。投资2 000万元兴建的占地 5.8 万平方米的“星光商城”（食品市场）可容纳1 000多家经营商户。城内划分为四个商业小区，形成了批发零售一条街。商城建有邮电、金融、文化娱乐、饮食、停车场等基础设施和服务机构，为客户提供便利的购销条件和优雅的环境。胜芳市场以种类繁多、货真价实、薄利多销而日益受到商界人士的关注。

多年来，胜芳镇乡镇企业在基数较大、资源不足、资金紧张的形势下保持了持续、快速、健康发展。其主要经验是：靠大胆改革，克服困难，促进发展；靠扩大开放，加强联合，借力发展；靠以市场为导向，占领市场，加快发展。

1. 解放思想，外引内联，借力发展。胜芳镇党委、政府为加快乡镇企业发展步伐，首先从解放思想入手，每年都组织干部有针对性地到沿海经济发达地区和国外考察学习，借鉴先进地区经验，结合当地实际，组织干部群众深入开展解放思想，更新观念，加快发展乡镇企业大讨论，从而使干部、群众的思想不断解放，加快发展乡镇企业的责任感和紧迫感进一步增强。其次，胜芳镇注重发挥本地区位优势，加强与国内大中城市和国外企业的合作，外引内联，寻求更大范围、更高层次地借助外力，推动了当地乡镇企业的发展。近几年来，胜芳镇每年都组织开展招商引资活动，邀请北京、天津等城市大专院校、科研单位的专家、教授来胜芳举行新技术、新项目发布会，并派人赴外地参加经济贸易洽谈会，同时到日本、加拿大等国家招商引资。仅1993 年全镇就引进国内外资金 1.1 亿元人民币，合资建设、嫁接改造了一批乡镇企业。胜芳镇兴建的省级经济技术开发区，总规划面积达 6 万平方米，吸收国内外资金 10 亿元人民币。

胜芳镇投资 2 000 多万元，兴建的
占地 5.8 万平方米的“星光商城”

2. 以市场为导向，加强规划，强化引导，推动乡镇企业快速、健康发展。胜芳镇坚持以市场为导向，加强规划和基础设施建设，强化引导，促进了乡镇企业上规模、上水平。一是研究市场变化、把握市场形势，努力驾驭市场。近年来，胜芳镇每年都在分析研究市场的基础上，根据市场需求变化，筛选优先发展的行业和产品，进行重点扶持，形成了一批骨干企业和优势产品，占领了市场，收到了较好的经济效益。仅 1993 年该镇就在预测市场的基础上，结合本地行业情况，确定了 50 多个重点项目，集中5 000多万元资金进行了扩建、改造，很快形成了规模生产能力，取得了良好的经济效益，大部分企业半年就收回了投资，成为利税大户。二是加强规划，促进乡镇企业集中连片发展和上规模、上水平。全镇规划兴建了十个乡镇工业小区，引导乡镇企业集中连片发展，使冶金、服装、化工、家具等骨干行业形成了系列化、集团化生产格局，促进了乡镇企业上规模、上水平和向集约化经营转变。三是强化服务，加快基础和服务设施建设。胜芳镇为增强整体服务功能，按照“改造老区与建设新区结合，统一规划，分步实施”的原则，加快基础和服务设施建设。1993 年，修建了长 5 000米、宽 50 米的北二环路和与廊（坊）大（名）路、北环路、二环路配套的路面，同时，修建了街道排水工程，架设了照明和动力线路。为改善通讯条件，1993 年胜芳镇从加拿大引进了一套3 000门程控电话交换设备，当年完成安装投入使用，使全镇开通了与国内外大中城市的直拨电话，通讯条件大为改观。

3. 发挥优势，加快市场建设，以贸促工，共同发展。胜芳镇水陆交通便利，发展商业贸易具有得天独厚的条件和传统的优势。为发挥这一优势，把胜芳建成独具特色的商贸城镇，以商贸促工，共同发展，近年来，胜芳镇从加强市场建设入手，制定优惠政策，加强管理，强化服务，使商贸业有了长足发展，胜芳市场购销两旺，形成了区域化生产与专业市场相结合的独具特色的区域经济格局。在这方面主要抓了以下工作：一是加快市场建设，先后投资兴建了食品、钢材、服装、木材、烟草、家具、劳务、运输等 8 个专业市场。市场建设不仅为发展商贸业提供了必要的条件，同时为乡镇企业疏通了产销渠道，促进了生产要素的优化配置，推动了乡镇企业与市场经济接轨。二是制定了优惠政策。胜芳镇从促进市场发展的需要出发，本着“先予后取”的精神，对市场实行了13条优惠政策，为市场的发育注入了活力。三是强化管理。为培育发展市场，胜芳镇建立政府直接抓，有关部门各司其职，大型市场设管委会的市场管理体系，有关部门协同配合，从而保持了市场繁荣，促进了发展。

4. 深化改革，推行股份合作制，再造乡镇企业机制优势。胜芳镇党委、政府把推行股份合作制作为再造乡镇企业机制优势的根本措施来抓，制定了股份合作制企业实施方案，成立了推行股份合作制工作领导小组。在工作中，坚持“先发展后规范，边发展边完善”的原则。1993年，全镇以资金、技术、厂房、设备入股等形式，新建和改造了股份合作制企业48个，股金总额7 830万元。胜芳镇乡镇企业正沿着科技型、效益型、开放型的路子阔步前进。

（王源民　王建新　董国富）

河北省唐山市开平镇

开平镇位于唐山市近郊，全镇有耕地1.8万亩，总人口5.2万人，其中农业人口3.1万人，辖21个村、23个居委会。

开平镇地理位置优越，交通便利，唐古路、唐马路和京山铁路贯穿全镇。筹建中的京沈高速公路从镇通过。镇内安装有30万门程控电话设施。

党的十一届三中全会以来，开平镇党委、政府从本镇实际出发，发挥城郊优势，大力发展乡镇企业，推动了全镇经济的迅速发展。1993年，全镇有镇、村集体企业150个，其中镇办36个。年产值超亿元的企业有5个，营业收入超千万元的企业有14个，税利超百万元的企业21个。主要产业有冶金、煤炭、陶瓷、水泥、耐火材料、机械、建筑、运输、第三产业等。全镇年产钢20万吨，钢材60万吨，水泥25万吨，煤炭60万吨，卫生瓷40万件，日用瓷500万件，墙地砖60万平方米，耐火材料4万吨，各种运输车1 200辆，运输能力3 600万吨。1993年，全镇完成社会总产值15.4亿元，比上年增长78%。其中乡镇企业总产值完成15.2亿元，利税2.6亿元，分别比上年增长79.6%和79.2%；农业产值完成2 227万元，比上年增长了19.7%；农村经济总收入13.6亿元，增长55%。农民人均纯收入1 550元，21个村均衡发展，共同富裕。

1. 精心谋划发展思路，实施“星月工程”。1993年，开平镇制定了“以十四大精神为指导，以改革开放和科技进步为动力，加快镇办，狠抓村办，扭住主业，强化弱项，多轮驱动，全面发展”的乡镇企业发展思路。在全镇实施了“星月工程”和重点抓好三个建设规划。“星月工程”即：在全镇开展学习半壁店活动，把河北第一村半壁店作为经济发展的一轮明月，要求各村学习半壁店，争当加快发展乡镇企业的新星，形成众星捧月之势。三个建设规划就是抓好镇办、村办骨干企业的新建和扩建规划，两个工业小区建设规划和两路一城一线开发规划。为加快“星月工程”实施，制定了奖惩措施，落实了领导责任制。为抓好三个规划的实施，镇党委、政府成立了领导小组，书记、镇长亲自挂帅，实行领导包项目，落实了责任制。在工业小区建设中，坚持先规划，确定主导产业、骨干行业和“龙头”企业，抓重点、抓难点、抓关键，加快建设速度的方针，推动了工业小区建设。1993年，全镇完成较大规模的乡镇企业新建、扩建项目18项，建设工期比设计工期平均缩短三个月左右。半壁店工业小区和镇北工业小区形成了一定规模。1993年半壁店工业小区实现产值13亿元，利税2亿元。镇北工业小区以冶金、陶瓷、水泥、煤炭为支柱产业，产值达2亿元，利税1 900万元。沿唐古路、唐马路，环开平城和市区公路一线的两路一城一线开发进展顺利，第三产业得到迅速发展，实现产值5 300多万元。

开平镇唐山市第六轧钢厂年产7万吨的生产流水线

2. 走科技兴企的路子，大力推进科技进步。一是强化基础工作，加强横向联合。较大企业建立了技术科室，成立了技术攻关小组；与大专院较和科研单位广泛开展了经济技术协作联合，共同开展技术攻关和研制开发新产品；采取各种形式引进各类科技人员238名。二是采用新技术，加快技术改造步伐。1993年投资1 000多万元，对全镇耐火材料和陶瓷行业的老企业进行了技术改造，将馒头窑和倒烟窑全部改建为隧道窑或滚道窑。墙地砖厂投资120万元建起了喷雾塔，使产品合格率由原来的65%提高到90%以上。镇水泥厂投资900多万元改造了机立窑，安装了微机自动给料系统，使水泥标号提高了一个档次，日产量翻了一番。三是大力开发新产品，引导企业根据市场变化，加快研制开发新产品，增强市场竞争力。1993年全镇开发新产品6项，均通过了省级鉴定。一街耐火材料厂开发的硅石碳化硅砖填补了国内空白。四是积极引进先进技术，购买专利。镇办唐山特钢厂从俄罗斯引进的12吨直流电炉设备，是国内引进的第一台最先进的全套直流电炉。耿家营村用10万元购买了二氧化硫检测仪技术专利，年创产值450万元。

3. 多方筹措资金，加大投入力度。1993年开平镇拓宽筹资渠道，多方筹措资金，增加了乡镇企业投入，全镇完成乡镇企业投入1.2亿元，建成了一批较大的项目，使后劲明显增强。为筹措资金，镇党委、政府多方寻求联营协作，引进资金2 000万元，发动群众集资1 260万元，企业挖掘潜力自筹资金4 000万元。另一方面，积极发挥银行主渠道作用，争取贷款4000万元。为提高投资效益，作到优先保证高科技、高创汇、高附加值、高效益项目的投入，加快了重点项目建设，实现了资金投入的良性循环。镇办唐山市胜利陶瓷厂投资300万元新建一条隧道窑和一个成型车间，仅用三个月时间就完成了扩建任务，当年新增产值300万元，利税105万元。

4. 加强企业管理，提高经济效益。1993年在抓好完善企业规章制度的基础上，在全镇总结推广了胜利陶瓷厂全面质量管理和矿山设备厂实行班组核算的经验，促进了企业管理水平的提高。

5. 深化改革，推行股份合作制。为完善企业经营机制，在乡镇企业中推行了股份制和股份合作制。开平镇党委、政府成立了推行股份合作制领导小组，在镇办联合砖厂、赵庄耐火材料厂搞了试点，并及时总结经验进行推广。全镇实行股份制和股份合作制的镇、村办集体企业已达20多家。

6. 加强教育培训，提高职工素质。镇办起了乡镇企业职工培训基地，配备了教师和电教设备，实现了乡镇企业职工先培训、后上岗，技术工人持证上岗，职工素质明显提高。

（王源民）

内蒙古自治区赤峰市元宝山区建昌营镇

赤峰市元宝山区建昌营镇位于辽宁、内蒙古交界之地，地处大辽河一级支流老哈河、英金河交汇的三角地带。辖六个村民委员会，三个居委会，51个村民组。人口20 831人，其中城镇人口8 883人。总面积120平方公里，拥有耕地3.18万亩，比邻全国五大露天矿之一的元宝山露天矿和全国单机装机容量最大的元宝山发电厂。这里土地肥沃，资源丰富，交通发达，通讯便利，是一个比较富庶的地方，也是内蒙古自治区乡镇企业比较发达的乡镇。1993年，该镇共有乡镇企业1 380个，其中集体企业70个；固定资产10 040万元，从业人员11 382人，占全镇农村劳动力的87%；实现总产值30 200万元，总收入31 021万元，利税5 345万元，人均收入达到1 568元。

建昌营镇乡镇企业发展的主要经验是：

1. 充分发挥优势，大力发展资源型企业。建昌营镇地处工矿区，煤炭资源丰富，比邻国有大中企业。该镇抓住这一优势，以煤炭资源的开发为突破口，积极筹措资金，镇办，村办，镇、村联办，至1993年全镇已有煤炭企业11个，年产量70万吨，产值占乡镇企业总产值的32%以上。煤炭业的发展为乡镇企业发展的进一步壮大积累了资金。据此，建昌营镇党委、政府充分认识到资源的不可再生性，把握国家大中企业不断开发建设的机会，把发展的领域逐步转向建筑、建材业，建立建昌营建筑总公司，下设五个分公司。1993年创产值8 124万元，安排劳动力3 000多人。与建筑业相配套建立的4个砖厂，形成了年产6 200万块烧结普通砖的能力；兴建了预制件、石粉碎石及砂石厂，从而使建筑、建材业形成了产、供、销一体化的有机整体。

2. 发挥资源、地域优势，积极开展横向联合。建昌营镇在利用本地资源办好资源型企业的同时，积极进行全方位开放，走出去、请进来，制定招商引资、引进人才的重奖优惠政策。广泛开展经济协作，已同国内外十多个省、市和地区建立了经济贸易、技术协作关系。1986年首次与丹东丝绸研究所建立了建丹丝绸厂。全镇已发展横向联合企业20多个，与区政府等四家合资4 000多万元的1.2万千瓦的热电厂已初见效益；与北京农牧场管理局合作的建京奶牛场已投产；与香港宏达实业有限公司合作，投资2 226万元兴建了建港化工有限公司。同时，与黑龙江水利厅建设处合作，在海南建立房地产开发公司，1993年纯利润达到1 000万元。

3. 积极推进产权制度改革。随着市场经济的发展，为深化企业内部的改革，转换企业的经营机制，集中社会游资办大事，按照“增量吸股、存量折股”的办法，建昌营镇大力推行股份合作制。全镇的集体企业中，股份合作制企业达到50%以上。先后组建了“建发股份集团有限公司”、“昌达福利建材供销公司”等股份合作制企业。通过推进股份合作制，使全镇股本金总数达到1亿多元。特别是建昌营村组建的“宝昌企业股份有限公司”，把全村6 500多万元的固定资产全部折股，77%为集体股，23%为个人股，有效地提高了全体股民的参与意识，增强了凝聚力。这个村1993年乡镇企业产值达到1.1亿元，人均收入达到2 450元。

4.大力扶持个体私营经济发展。为促进个体私营企业上规模、上档次，建昌营镇制定了一系列扶持私营企业发展的优惠政策，建立了“建昌营镇个体私营企业联合会”，每年拿出100万元资金做为扶持个体私营企业的贴息资金。在通讯信息上进行指导，在资金上给予扶持，使建昌营镇个体私营企业发展迅猛，到1993年底，全镇个体私营企业发展到1 310家，总收入11 966万元，总产值11 790万元，实现利税2 230万元。

建昌营镇乡镇企业在改革开放的大气候下，年年上新台阶，产值、收入、利税逐年递增，进入了发展的快车道。

（王显明　马友廷）

安徽省涡阳县城关镇

涡阳县城关镇地处淮北平原，是涡阳县政治经济文化交通的中心。滔滔涡河，入淮河贯长江直航上海，濉阜铁路，接陇海联京九四通八达。全镇面积为17.68平方公里，总人口6万余人，镇辖4个办事处，11个居委会，7个行政村；有集体企业114个，联户、个体企业2 353个，股份合作制企业18个，镇直属企业15个。年产值超千万元以上的企业5个，街道、行政村12个；超500万元以上的企业3个，行政村6个。从业人员1.7万余人，固定资产净值8 873.54万元，流动资金9 136.8万元，资金占用总额为7 000.54万元。1991年全镇乡镇企业总产值超亿元；1992年实现产值2.01亿元，利税实现1 500万元，率先进入安徽省“1235”工程甲级队乡镇，为阜阳地区“十强”乡镇之一；1993年完成产值5.1亿元，实现利税5 610万元，在涡阳县先进乡镇中排第一名，再次被阜阳地区评为“十强”乡镇，并被农业部评为全国先进乡镇。

涡阳县城关镇乡镇企业有化工医药、塑料编织、钢木家具、建筑建材、农副产品、食品冷冻等十多个行业，产品分24类，538个品种。其中填补国家空白产品1个，省地空白产品6个。化工产品获国家级博览会金奖，钢门窗和塑料制品获部、省优产品称号。化工总厂、塑料总厂、钢窗厂已成为县骨干工业企业。

涡阳县城关镇在乡镇企业工作中的主要做法是：

1.解放思想，强化领导，启动发展。镇党委、政府在整体工作中，实行倾斜政策，以90%的领导力量、90%的时间、90%的精力抓乡镇企业工作，并坚持在舆论、机遇、组织、实效四落实的基础上，对全镇干部实行乡镇企业工作目标责任制，把各级干部都推上了经济工作第一线。为切实加强对乡镇企业工作的领导，镇成立了乡镇企业领导小组，建立了乡镇企业工作小区开发管理委员会，专门下发了《城关镇大力发展乡镇企业的决定》文件和“管理办法”，并把全镇辖区划分为“四个战区”，镇党委、政府的主要负责人亲任指挥，坐阵抓乡镇企业工作。政府还制定了乡镇企业领导小组、小区管委会生产调度例会制度，党委的决心和措施对推动全镇乡镇企业的发展起到了巨大的关键性作用。

2.理清思路，发挥优势，加速发展。县城繁华的市场，雄厚的资金，荟萃的人才，大厂的辐射，加之城关镇具有的骨干企业，拳头产品，这些得天独厚的优势，对加速乡镇企业的发展，提供了良好的条件。但全镇乡镇企业，县城较好，郊区较差，东部较好，西部较差。为了充分利用优势，发挥优势，促平衡快发展，城关镇党委、政府决定沿县城骨干企业、交通干线、工业小区、能源供应点兴建22个专业市场（简称422工程）。在加大改革力度，加快发展速度，加大产业和产品结构，加大整体效益的前提下，狠抓五个突出：即突出抓千家万户，实现多品种，多层次，多形式，多渠道；突出抓企业内部管理，实现企业投入效益；突出抓骨干企业，实现规模经济；突出抓重奖重罚，实行激励机制；突出抓亏损企业，实现扭亏增盈。抓工促农，抓东促西的战略布置，清晰了思路，明确了目标，振奋了人心，鼓舞了斗志。全镇上下扎扎实实地筹资金，跑项目，搞基建，购设备。这些举措，为城关乡镇企业的飞速发展，再上新台阶，奠定了坚实的基础。

3.科技兴企，选准项目，跳跃发展。城关镇在新项目的选择上，持积极慎重择优录用的方针。以发展高科技、高附加值、高效益、高创汇为重点，以高起点、高速度为主线，高低并举，推广普及，注重效益，推动发展。近两年城关镇与7家大专院校、科研单位挂钩，请技术，聘顾问，买专利，累计投资2 100多万元，使44个项目相继建成投产，共创产值5 600万元，利税135万元。兰星幅条厂就是其中的佼佼者。这个厂在筛选项目时，注重因地制宜、市场前景、剖析论证的原则，抓住机遇，全力上马，1993年初联系，四月份筹建，六月份试产，当年创产值240万元，实现利税21万元。

4.抓住龙头，建设小区，群体发展。城关镇始终坚持以骨干企业为依托，以股份合作制企业为主体，以工业小区为窗口，平面推进与结构调整相统一，内含与外延相结合的方法，不断开发系列产品，积极组织企业集团，开发工业小区，推广股份合作，努力拓展群体经济。

全镇已组建化工、塑料、钢门窗，建筑 4 大企业集团，饮食、旅馆、建材 3 大服务群体。官路口工业小区环境优美，资源丰富，交通方便，能源充足。已进入小区的工业企业达 18 个，已建成投产的 14 个，在建的 4 个，其中股份合作制企业 6 个，小区总投资 1 048 万元，1993 年产值达 5 700 万元，创利税 740 万元。抓龙头建小区，不但形成了群体发展、群体效益，还造就涌现出 7 个省地优秀企业家，实现了生产经营上的大规模，获得了经济上的高效益。

5. 全面发动，整体推进，普及发展。城关镇始终坚持解放思想，落实政策，积极鼓励联户和个体启动，尽量释放家庭经营能量，提倡市场需要什么干什么，能土则土，能洋则洋；能大则大，能小则小，土洋结合，大小并举。大发动大普及的号召，利用天时地利人和的环境，收到了多渠道大发展的硕果。全镇联户和个体企业已发展到 2 353 个，产值实现 22 640 万元，占全镇总产值的 46.4%，人均收入超千元。

（涡阳县城关镇人民政府）

江西省南昌市郊区塘山乡

塘山乡位于南昌市城东，部分地段直接与市中心插花接壤。全乡总面积 45 平方公里，全乡有 19 个村，总人口 3.2 万人。1993 年全乡实现总产值 6.37 亿元，比上年增长 102.5%。其中工业总产值达到 5.5 亿元，比上年增长 100.5%；年实现利税 6 228 万元，比上年增长 164.9%。

塘山乡交通便利，乡内有大中专院校 5 所，省、市属工厂十余家。占地 6 平方公里的省级开发区——南昌市高新技术产业开发区基本包含在乡内。

党的十一届三中全会以来，全乡经济得到迅猛发展。塘山乡之所以能在较短时间内跨入全省先进乡镇，除了城市近郊的自然优势之外，主要还在于狠抓了以下三个坚持：

1. 坚持两手抓，党政齐抓共管。多年来，乡党委、政府始终坚持一手抓党的建设，一手抓两个文明建设，结合本乡实际制定了关于《进一步加强党的建设和两个文明建设》等一系列行之有效的具体措施。在具体实施中，充分发挥了乡企办和乡机关各职能部门的作用，以发展乡、村集体经济为主，带动联户、个体经济一起上，为发展经济创造了条件。与此同时，乡党委又提出转变机关工作作风，提高办事效率，切实为基层服务，为企业服务，实实在在落实到行动上。为使各项任务真正落到实处，乡党委、政府与各村、企业签订了目标责任书，把完成目标任务的好坏直接同干部政绩挂钩。由于乡党委、政府坚持了两手抓，乡镇企业四轮齐动，在全乡形成齐抓共管的局面，全乡的经济工作，党建工作，计划生育工作，文教卫生工作，群团工作都获得省、市、区领导部门的表扬和表彰奖励。1993 年乡党委先后被省、市授于“先进基层组织”称号。

2. 坚持以经济建设为中心，大力发展乡镇企业。邓小平同志的南巡讲话，以及党的十四大精神，如一阵春风，使全国各地经济迅猛发展，塘山乡的经济也得到较大发展。1992 年底，乡党委、政府为了更好地利用这种大好形势，抓住这个发展的有利时机，当机立断，制定了 1993 年全乡经济翻番的计划。为了调整全乡经济结构，集中力量，成片开发，形成规模经济。乡党委、政府经过认真分析决定，凭借依托城市公共设施的有利条件，充分利用南昌市高新技术开发区的强大辐射功能，在青山湖大道北段，统筹规划出一片占地 500 亩的工业小区，小区内分公共设施区和产业区，产业区内又分为自办企业区和外资企业区。到 1993 年下半年小区的基础工程基本完成，3 家有一定规模的企业已在小区内“安家落户”。一家是中外合资江西华昌陶瓷有限公司，总投资为 4 600 万元，投产后年产高中档墙地砖 180 万平方米；另一家是村办企业——南昌铝型材厂，该厂总投资 1 200 万元，年产各色高、中档铝合金装饰材料 2 000 吨。还有一家是投资 1 200 万元的南昌特种钢管厂。

经过全乡上下的共同努力，塘山乡圆满地完成了翻番的计划，实现了经济跳跃发展的战略目标的第一步。1993 年全乡实现利润 5 123 万元，财政收入 607 万元。经济发展名列全省第二位，综合效益排名第四位，被省政府评为优秀乡镇。

3. 坚持扩大开放，加速经济发展。为了实现经济超常规、跳跃式发展，壮大规模经济，塘山乡在自身力量不足的时候，把目标瞄准招商引资。1993 年全乡的工作重点之一就是广泛开展招商引资。乡党委、政府的领导深知这样一个道理，吸引外资的竞争，实质上是投资环境的竞争。为此，坚持在改善投资环境上下功夫，首先下本钱改善硬环境，加大基础设施的投入，1993 年用于交通、通信、电力等项目的投资额达 520 万元。为了吸引外资，乡里还制定了一些优惠政策和措施，奖励为塘山乡吸引外资工作牵线搭桥的单位与个人。通过广交朋友，内引外联，以诚相待，优惠让利，外商纷沓而至。至 1993 年，全乡累计兴办合资企业 21 家，已开工建设的 15 家，外商实际投资 645.3 万美元，其中已正式投产的 10 家，出口额达 4 282 万元。

塘山乡还被南昌市政府评为 1993 年度招商引资

先进基层单位。

（邹昌海）

江西省南昌市郊区青云谱乡

青云谱乡辖11个行政村，59个自然村，人口20 424人。1993年，经过全乡人民的共同努力，取得了前所未有的超常发展。全乡企业总产值达到62 530万元，比上年增长103.5%。其中工业产值完成54 519万元，比上年增长101.2%；销售收入达到471 44万元，比上年增长103.8%；企业实现利润2 924万元，比上年增长87.6%；财政收入完成622.85万元，比上年增长23.3%；人均收入1 436元。在1993年江西省乡镇“双十佳”评选中，青云谱乡荣获“十佳”的光荣称号，并排名榜首。

青云谱乡多年来一直把发展乡镇企业作为振兴经济的重要支柱，在发展乡镇企业中，主要抓了以下几方面的工作：

1. 解放思想，转变观念，促进企业大发展。全乡上下树立社会主义市场经济观念，树立敢闯、敢冒、敢为人先的新观点，面向市场，抓住机遇，以争创一流的胆略和气魄，促进乡镇企业超常规、跳跃式的发展，实现企业一年一个新台阶。

2. 转换企业的经营机制，增强企业活力。乡党委、政府为转换企业的经营机制，彻底打破“三铁一大”，采取了一系列的改革措施。首先企业承包实行风险制，破除包盈不包亏的弊端。其次，干部实行聘任制，原乡任命的企业干部全部免职，由承包厂长（经理）聘任，未聘任上的当工人，做到干部能上能下。第三，职工实行合同制，实行优化组合，做到职工能进能出。第四，工资实行计件制，按照完成任务的数量、质量发放工资，做到了工资能高能低。同时乡政府加强对企业的宏观管理，一管合同、二管审计，让企业有更大的自主权。通过这些措施调动了职工的积极性，使企业的活力倍增。

3. 发挥优势，大力招商引资更快更好地发展外向型经济和横向经济联合。利用青云谱乡距英雄城南大门的地理优势和享受与沿海城市一样的待遇条件，本着“你发财，我发展；你大利，我小利；你近利，我远利”的让利原则，改善投资环境，动员一切力量，利用多种渠道，牵线搭桥，引进外资，发展外向型经济。1993年全乡新增“三资”企业9个，引进外资380万美元，年新增产值18 800万元，上缴涉外税收达41万元。在引进外资兴办外向型经济的同时，也注重横向经济的联合。1993年横向经济联合取得了突破性进展，其中，下尧村新办的大型联营企业引进外资1 560万元。

4. 大力发展股份制企业。发展股份制企业是青云谱乡加快经济建设步伐的一个有效途径。乡政府采取一系列优惠政策，鼓励和扶持农民发展股份制企业，取得了较好的成效。

5. 重视人才的引进，借脑生财。由于乡村企业不断发展壮大，昔日的作坊式经营管理已被“大规模、高科技、外向型”经营管理所代替。因此，乡党委、政府顺应市场经济规律的需求，为使人才招得进、留得住、用得上、干得好，首先是建立了新的人才机制，使人尽其才，才尽其用。二是择优选才、能者多得。三是才尽其愿、任其流动。四是制订优惠政策“诱才”，对有才者提供一切便利，解决其生活、住宿等问题。由于人才新机制的建立，增强了后劲，得到了快速的发展。

6. 依靠科技，使企业上规模、上水平、上等级。为了适应市场竞争，近年来青云谱乡不少新老企业积极通过技改，大大地提高了产品质量。同时，引进了一批新技术，开发了一批新产品，使企业上规模、上水平、上等级，从而提高了企业的竞争力，出现了像凯利这样的亿元企业。

7. 依托城市，大力发展第三产业。青云谱乡利用城乡毗邻的优势，按照“依托城市、服务城市”的方针，打破各种界限，调动社会各方面力量，建设成一套集蔬菜、禽蛋、木材、金融、饮食等为一体的第三产业体系。

乡镇企业的发展带动和促进了青云谱乡社会各项事业的进步。全乡村村通公路，村村建有文化室、老年人活动中心；退休老人有退休金。1993年投资100多万元兴建了全省第一流的敬老院，妥善安排了五保老人，解决了人民群众的后顾之忧。城南村150门程控电话的开通，标志着青云谱乡又进入了一个新的起点。

（李兴华）

广西壮族自治区合浦县白沙镇

广西合浦县白沙镇是广西发展乡镇企业“百强”乡（镇）之一。1993年，该镇乡镇企业总产值4.82亿元，比上年增长244%；营业总收入4.98亿元，比上年增长230%；实现利税总额5 116万元，比上年增长234%。按总量排队，该镇在全区“百强”乡（镇）中居第15位。

这几年，白沙镇党委、政府为发展乡镇企业做了大量工作，主要表现在如下三个方面：

1. 采取措施，筹集资金，加快发展乡镇企业。白沙镇发展乡镇企业遇到的最大困难就是资金不足。面对这一突出问题，镇委、镇政府一不埋怨，二不依赖，三不等，而是发动群众，自力更生、多方争取，自找出路。到1992年，全镇的乡镇企业形成固定资产2亿多元。1993年，是这个镇资金短缺的一年。镇领导成员深入到困难较大的厂场企业，同干部职工商量，想方设法化解资金短缺的矛盾。一是帮助企业追讨货款，镇里从镇属部门抽派干部，和企业职工一道兵分数路外出追款，追回货款180万元。二是发动干部职工集资，年内全镇内部集资828万元。三是压缩非生产性开支，从镇财政中挤出资金注入企业。四是借款和贷款，镇领导出面帮助企业借贷5 000万元。五是采取优惠政策，帮助企业引进资金。由于镇委和镇政府的大力支持，年内全镇共筹集资金8 000多万元，有效地缓和了资金紧缺的局面，解决许多企业的燃眉之急。如镇自来水厂因资金缺乏施工进度缓慢，在节骨眼上，镇里帮助解决76万元，使自来水厂的工程进度大大加快。镇水泥厂进行技术改造，由原来年产4万吨扩建到8万吨。为了确保水泥厂扩建工程顺利进行，镇委书记黄赐贵亲自出马为水泥厂借贷356万元，保证了扩建工程的如期完成。

2. 坚持"多轮驱动，多轨运行"的方针，对各种经济成分一视同仁。在北海开发热潮的涌动下，白沙镇各种经济成分的企业发展迅猛，集体、联合体、个体、"三资"企业等像雨后春笋般涌现。为了鼓励和支持各种经济成分健康发展，镇政府制定了发展规划，出台了一系列优惠措施，特别是对个体、联合体和"三资"企业，一致实行让利的低门槛的优惠政策，以此引凤筑巢，繁荣白沙。北海市有个单位到白沙投资兴办水泥厂，镇政府从各方面给予大力的支持和协助，只用一年时间就建成年产水泥5万吨、产值可达1 500万元的北海市独山水泥厂。设在白沙的金宝纸品有限公司是一家中外合资企业，计划从香港和台湾引进资金，兴办造纸厂和大酒店，镇政府以诚相待，热情支持，使港台客商大为感动，年内先后投资1120万元，新建了金宝造纸厂和金碧大酒店，使金宝纸品有限公司的固定资产由300多万元增加到1 520万元，产值由380多万元增加到1 800万元，经营范围由印刷品、纸制品、工艺品扩大到造纸、印刷、旅游、饮食、打字复印等。镇里对个体私营企业也十分关注，积极帮助个体私营企业者解决用地和资金的困难。由于白沙镇委、政府指导思想明确、措施得力，为各种经经济成分的发展创造了良好的环境。到1993年，这个镇共有镇办企业20个，固定资产6 462万元，年产值8 400万元，从业人员1 455人；联营企业138个，固定资产9 480万元，年产值5 400万元，从业人员3 027人；个体企业3 300个，固定资产1.7亿元，年产值3.5亿元，从业人员28 713人；"三资"企业6个，固定资产2 300万元，年产值3 000万元，从业人员852人。

3. 因地制宜，以优造势，帮助企业走适应市场需求的路子。白沙镇党委、政府在实践中体会到，兴办企业，发展经济，必须面向实际，面向市场，才能在竞争中立于不败之地。因此，在辖区范围内，他们千方百计不断壮大优势产业。塑料制品生产在这个镇具有很长的历史，且品种齐全、销路广。为了更好地发挥这一优势，镇委和政府大力扶持个体塑料生产企业，积极帮助这些企业解决生产中的各种棘手难题，全镇出现了个体办塑料厂的热潮。该镇共有生产塑料制品的企业27个，安排农村剩余劳力和社会闲散人员2 250多人，产值6 200多万元。白沙生产红砖条件十分有利，镇委、政府抓住北海开发的有利时机，利用本地得天独厚的资源优势，积极引导人们兴办砖厂。全镇共有红砖厂48个，年产红砖近2亿块，产值3 000多万元。此外，该镇生产水泥的资源也十分丰富，且水泥的销路一直走俏。白沙镇党委、政府正采取措施，用自办、合办和引办的办法，将水泥生产企业由一个年产8万吨扩展到5个年产50万吨并组成水泥企业集团。

合浦县白沙镇的乡镇企业已经形成了一定的基础，积累了一定的经验，白沙人在发展乡镇企业中也得到了很大的实惠，人均乡镇企业收入达到5 787元。

（黄朝桂　陈弢弘）

贵州省湄潭县湄江镇

1978年，湄江镇乡镇企业只有46个，从业人数280人，产值380万元，党的十一届三中全会后得到迅速发展。1992年企业数达到2 101个，总产值7 174.2万元，总利润1 106.97万元。1993年继续保持良好的发展势头，乡镇企业发展到2 910个，比上年增加900个。从业人数7 131人，比上年增加2 000人。完成乡镇企业总产值12 385万元，比上年增长72.64%。其中乡办工业完成2 417.6万元，比上年增长48%。实现总收入12 267.2万元，比上年增长51%；实现利润1 911万元，比上年增长72%。上缴国家税费1 884.5万元，比上年增长51%。

湄江镇乡镇企业已发展到包括酿造、建材、食品、化工、机械、纺织等20个产业，30多个品种。年产值在10万元至50万元的企业达1 164个；50至100万元的达582个；100万元以上的企业有10个。湄江镇乡镇企业之所以能取得如此成绩，主要抓了以下工作：

1. 提高对发展乡镇企业战略地位的认识。湄江镇党委、政府把发展乡镇企业作为富镇富民的战略重点来抓。确立了解放思想,更新观念,抓住机遇,争取主动,重在实干,力求发展的指导思想,把70%的领导精力和工作量用到发展乡镇企业上,镇党委、政府主要领导为发展乡镇企业的第一责任人,他们亲自出征,亲自规划,负总责任。分管领导具体跑项目,跑资金,抓具体落实。镇企管站抽出三位懂财务的干部到乡镇企业去参与管理。镇政府在有限条件下,挤出财力、物力来发展乡镇企业。

2. 支持重点企业,加快发展步伐。一是大力支持企业独立自主地开展经营活动,尽力的为企业发展提供条件,创造良好的外部环境。二是大力宣传乡镇企业在发展湄江镇经济中的地位作用,以各种形式肯定企业的成绩和贡献。三是竭尽全力为企业解决资金、场地和生产中的具体问题。

3. 强化企业管理,提高经济效益。湄江镇把向管理要效益作为"吹糠见米"的措施。如镇机制砖厂,1993年的生产规模扩大了五分之三,怎样加强管理使扩大生产后的企业实现更大的经济效益,镇政府帮助企业建立健全规章制度,提高产品质量,加强产品的宣传及

湄江镇领导视察湄江镇七星娱乐中心

售后服务工作,强化企业财务管理和安全工作。由于加强了企业管理,使企业的经济效益有了较大提高。

4. "四轮"驱动,多种形式创办乡镇企业。1993年面对银根紧缩,资金严重不足的现实,湄江镇实行"镇办、村办、户办、联户办""四轮"驱动办法,以发展股份合作企业为突破口,大力开展集资引资活动,广聚民财,增加资金投入。1993年全镇共注入乡镇企业的资金达1 318万元,其中村办、户办、联户办企业组织资金523万元,银行贷款595万元,其他来源200万元,新增产值5 211万元,税利793.5万元。

5. 努力为企业办实事,排忧解难。一是运用镇政府的行政管理职能,为支持和搞活乡镇企业服务。凡到湄江镇辖区申报立项的乡镇企业,都及时予以研究、审核、上报主管部门批准。二是在支持的服务对象上,不管是镇属企业或辖区其他单位办的企业,不管是哪种经济形式,都是一样的积极支持,帮助做好服务工作。三是及时给企业解决具体问题,给企业办实事,如联系铁路运输、购原材料等,尽力给企业工作提供方便。

6. 制定优惠政策,优化投资环境。为加快改革开放和经济发展步伐,湄江镇党委、政府及时制定了加快发展乡镇企业的优惠政策措施13条。主要包括:镇政府切实转变政府职能,保护企业的合法权益,严禁对企业乱摊派,乱收费;凡上级制定的发展乡镇企业的各项税收和减免政策,都予以兑现,不打折扣;凡到湄江镇兴办乡镇企业的,按照"优惠从速"的原则,代办征地手续;凡到湄江镇经营兴办各类项目的单位、个人,均享受优惠政策;凡新办的乡镇企业,在未有明显的效益之前,其企业管理费上缴确有困难的,可以申请减、免、缓等。由于制定了这些优惠政策措施,进一步优化了投资环境,新加坡的客商已和湄江镇签定了投资120万元新办中外合资湄江顺发采炼公司的合同;四川客商已落实了在湄江镇兴办绿色企业的事宜。开展这些工作,为湄江镇乡镇企业的发展奠定了良好基础。

(湄江镇政府)

贵州省龙里县谷脚镇

谷脚镇乡镇企业在既缺少资金、技术、人才,又无国家投资的情况下,实现了超常规、跳跃式的发展,乡镇企业产值突破亿元大关,跨上了新的台阶。1993年仅用了半年时间,共引进项目29个,引进资金5 000万元,到位资金3 000多万元,形成了一个洽谈项目多、引进资金多、工程动工多、签订协议多的"四多"新局面。

谷脚镇发展乡镇企业靠的是有宽松、和谐、优惠、高效的投资环境,归结起来有以下几方面的经验:

1. 解放思想换脑筋。谷脚镇位于黔南北部,贵阳市南部,是黔南通往贵阳的北大门,全镇总面积为144平方公里。镇所在地距贵阳市17公里,距龙里县城16公里,距新建的龙洞堡机场仅4公里。黔桂、千洗两条公路交汇于谷脚镇新兴工业区——千家卡,贵阳至南宁的高等级公路从该镇穿过,交通极为便利。矿产资源较为丰富,有储量较大的硅砂、硫铁矿、硅铁矿、煤等矿产资源,水资源开发潜力很大,具有发展经济的优势条件。但是,以前由于受旧的思想观念的束缚和影响,条件虽然优越,可全镇经济发展速度一直比较缓慢。究其原因,一是思想不解放,改革意识不强,缺乏危机感和

紧迫感，因循守旧思想较为严重。二是畏难情绪重，前怕狼、后怕虎，引进怕上当、联合怕吃亏、投资怕泡汤。错过了发展机遇，延缓了全镇经济发展的步伐。近几年来，脚谷镇通过总结经济发展中的经验教训，认识到经济要发展就得更新观念，要奔小康，思想必须解放，只要有利于生产力的发展，就要大胆地闯，大胆地试，大胆地干。镇党委决定，必须抓住大好机遇，最大限度地用足用好用活政策。在抓好粮食生产的前提下，走发展乡镇企业的道路。没有资金怎么办？只有借水行舟，走招商引资的路，在谷脚闯出一个"你投资，我批准；你赚钱，我收税；你破产，我不管"的沿海开发模式。解决了这一思想问题后，镇党委决定建立了"龙里县谷脚经济开发公司"，调集精兵强将，负责全镇经济开发。本着"让利合作，真城相待，热情服务，共求效益"的原则，已洽谈项目32个，其中签订合同的工业项目14个，基础配套服务项目15个。已动工16个，已投产和投入使用的8个，引进资金8 000多万元。

2. 优质服务引"凤"来。要引进项目，引进资金，必须给投资者创造一个宽松、和谐、优惠、高效的投资环境。为改善投资环境，脚谷镇相继出台了一系列鼓励投资的优惠政策和措施。为投资者从立项、审批、"三通一平"等"全程一站式"服务。实行一条龙办公，减少环节，简化手续。在接待客商、洽谈项目上，采取"一厂一议"、"一事一议"灵活机动的全方位优质服务，体现出"新事新办，特事特办，马上就办，主动去办"的高效办事方针。

为了改善投资环境，镇政府在财力十分困难的情况下，努力改善"硬环境"。镇政府多方集资，与县邮电局签订了总投资为82.5万元，安装256门程控电话的协议；与省、州、县水电部门联合投资3 300万元，建设日供水1.5～2万吨水厂；还与贵阳供电局联合投资400万元共建变电站一座。为"八五"至"九五"期间到谷脚镇的国内外投资者创造了一个良好的投资环境。

3. 内引外联结硕果。脚谷镇在改善硬 软环境的

龙里县谷脚镇耀霞盆景园

同时，多方联系，广交朋友，了解市场，抓住信息，多方争取内引外联。1993年，引进了台湾等地资金1 200万元，创办了中药材种植业基地，种植杜仲、绞股蓝；引进1 560万元，新建"贵州神奇制药厂"；引进贵州侨谊实业公司石油联合销售部65万元资金，合建了加油站；引进了100万元，建设了彩印包装厂；引进贵州侨谊酒家资金3 000万元，创办了冶炼压铸厂；引进新西兰资金100万元，建设土地综合利用项目。各项内引外联项目势头强劲，为脚谷镇乡镇企业的进一步发展打下了坚实的基础。

（陈　良）

贵州省都匀市小围寨镇

小围寨镇是一座新兴的卫星城镇。位于贵州省黔南布依族苗族自治州都匀市南郊，全镇环绕都匀市城，辖24个村，12个居委会，面积174平方公里。

黔桂公路、铁路纵贯小围寨镇15公里，是大西南、

都匀市小围寨镇铁合金厂

大西北与广东、广西、海南等沿海经济区和港口城市最短路线的必由之路。全镇交通四通八达，基础设施和城镇功能较为齐备，程控电话直拨国内外，镇辖区内有中央、省、州、市企事单位100余个。

小围寨镇物产资源丰富，盛产茶叶、柑橘、蔬菜、水产品，是都匀市最大的副食品生产基地。境内有丰富的矿产资源，如煤、重晶石、白云石等，其中优质白云石储量达2 495万吨。

改革开放以来，小围寨镇经济得到蓬勃发展，特别是乡镇企业异军突起，给镇的经济注入了新的活力。1993年全镇乡镇企业总产值达4 220万元，其中乡镇工业产值2 064万元，总收入3 759万元，形成了冶金建材、化肥、煤炭等支柱产业。全镇有大小企业600余家，优质产品如纸板、复合肥料、精锌粉、硅铁等远销国内外。为搞活流通，镇与工商等部门建立了小围寨镇农

贸市场、平板农贸市场、大龙田水果批发市场、蒙家桥烟酒批发市场，市场辐射州内外十余个县(市)。

为加快乡镇企业发展，小围寨镇开发了两片乡镇企业小区，一片为乡镇工业小区，一片为农副产品加工贸小区。小区已实现“三通一平”。小围寨镇本着“将欲取之，必先争之，我助你发财，你帮我发展”的原则，制定了税收、工商登记、土地审批、奖励等一系列优惠政策。并成立了贸工农总公司、经济开发总公司、迎宾实业总公司、农业科技综合服务公司和综合审批办公室等经济实体和服务机构，竭诚为镇内外投资者服务。

(都匀市小围寨镇政府)

甘肃省兰州市七里河区崔家崖乡

崔家崖乡是1983年新成立的一个菜果经济作物乡。地处兰州市近郊，占面积25平方公里，有4个行政村，22个村民小组，16 087人，总劳力7 360人，耕地面积7 214亩。经过10年的艰苦奋斗，特别是乡镇企业的崛起，崔家崖乡经济得到了奇迹般的发展。全镇乡镇企业从1983年的17个发展到1993年的186个，增长了10.94倍。乡镇企业总产值由1983年的189万元增长到1993年的21 270万元。实现利润由1983年的14.28万元增长到1993年的1 433.16万元。上缴税金由1983年的10.25万元增长到1993年的1 719.83万元。全乡人均纯收入由1983年的226元增长到1993年的1 222元。1993年全乡在乡镇企业务工人员达5 139人，其中本乡人员3 939人，占全乡总劳力的53.3%。乡村集体企业固定资产由1983年的87.27万元增加到1993年的12 447.9万元。

兰州市七里河区崔家崖乡乡办集体企业

兰州黄河集团公司

崔家崖乡乡镇企业一甩当年作坊式的粗放、单一的农副产品加工格局，形成了工业、商业、建筑、建材、交通运输、饮食、服务、开采等八大支柱产业，并形成了以乡办为主，村办、中外合资办、联办、个体办一齐上的发展格局。由于乡办企业占全乡半壁江山，从而稳定了乡镇企业发展的大局，增强了发展后劲。1993年乡办企业完成产值12 997.7万元，占总产值的61.1%；实现利润625.2万元，占总利润的43.6%；上缴税金1 345.8万元，占总上缴税金的74.4%。全乡有过亿元的村1个，过亿元的企业1个，过千万元的企业4个。有省一级企业1个，省先进企业4个；部优产品1项，省优产品2项。

党的十四大对发展乡镇企业提出了更新、更高的要求，崔家崖乡在认真学习其精神实质的同时，抓了四个方面的转变：一是把全乡发展经济的指导思想由原来的“以菜果为主体，以乡镇企业和多种经营为两翼”转变为“以科技为先导，大力发展乡镇企业，科工贸农各业全面发展”。二是把发展经济的战略重点由原来的“以小扎根，以多取胜”转变为“充分利用地理优势，围绕三路一线，大力发展商贸企业和房地产开发，促进第三产业的发展”。三是工作重点由原来的“在现有基础上挖潜改造”转变为“发展新企业，多上新项目，加快发展速度”。四是按照“精简、统一、效能”的原则，实现政府职能的转变。由于四个方面的转变，使全乡广大干部、群众的思想得以提高，激发了大办乡镇企业的积极性，保证了乡镇企业的稳步健康发展。并总结出了一套发展乡镇企业的整体思路。

树立一个指导思想：出路在于改革，关键在于领导，力量在于群众，发展在于科技。

贯彻两个方针：贯彻依托城市，开发农村，服务城市，富乡富民的方针；贯彻以工补农，工农并举，以大带小，五轮齐动的方针。

坚持六个不变：一是坚持党政一把手抓乡镇企业的决心不变。二是坚持把乡镇企业作为全乡经济支柱的地位不变。三是坚持大胆改革，锐意进取的信念不变。四是立足服务抓管理的原则不变。五是坚持效益和速度同步的方针不变。六是坚持激励乡镇企业发展的奖励政策不变。

走好八条路子：一是创建龙头产品，走以大带小的路子。二是抓名优新特产品，走质量效益型路子。三是利用城郊优势，走以城带乡的路子。四是发展农用产品，走服务农业的路子。五是巩固现有企业，走扩大发展的路子。六是依托大厂优势，走横向联合的路子。七是调整产品结构，走拾遗补缺的路子。八是引进技术人才，走科技兴厂的路子。

崔家崖乡乡镇企业通过优化产业结构，使企业向多功能、集团化和外向型经济发展。1993年崔家崖乡乡镇企业继兰州黄河集团公司后又发展了4个集产、供、销、工、商、贸为一体的公司(兰州宏伟实业总公司、兰州飞达企业总公司、兰州飞天企业总公司、兰州光华企业总公司)。这4个公司1993年实现总产值1 862.1万元,比1992年增长了67.86%。兰州黄河集团公司已发展成为拥有21个经济实体,固定资产过亿元、销售收入过亿元、1993年企业投入过亿元、实现产值过亿元的甘肃省最大的乡镇企业集团。至1993年,崔家崖乡已创办合资企业10个,吸引国内外资金12 689万元,其中外资6 700万元。

崔家崖乡发展乡镇企业的主要措施是:

1. 立足高起点、高档次、高水平创办新企业。1993年马滩村充分利用开发区和滨河西路的优势,积极与国营各企事业单位联合创办新企业5个,新增产值1 000万元,全村产值达1 996万元,比上年增长131.96%。崔家崖村创办企业4个,新增产值700万元,1993年共完成产值2 274万元,比上年增长107.86%。另外,各村沿村主干道地带积极发展第三产业。

2. 实行分级分权管理,建立高效的运行机制。经过几年的努力,崔家崖乡上规模、上档次的企业已逐步形成了三级管理体系,即决策层、管理层、执行层。通过三级管理,分清了各级的权利和责任,克服了工作中的扯皮推诿现象,强化了企业内部管理。

3. 将企业整体推向市场,实行生产经营、管理目标责任承包制。几年来,崔家崖乡党委、乡政府在对乡、村企业的管理上采取经济指标、责任指标及精神文明建设指标,任务落实到各单位,实行跟踪管理,彻底克服了等、靠、要的思想,促进了各经济实体独立地、创造性地开展工作,调整了经营战略,开拓了经营渠道,壮大了经济实力。使企业在法规赋予的范围内充分行使自己的权利,使其成为真正的独立法人。

4. 坚持内育外引的人才机制,努力克服乡镇企业人才不足的矛盾。为了适应新的会计制度和加强财务的监督管理,崔家崖乡聘请专家对38个重点企业的会计和乡经委、乡财政所的全体干部进行了业务培训。为了提高产品质量和适应市场经济的需要,全乡各企业共从国营企事业单位、科研单位、院校高薪聘请技术人员近百名,为提高企业的市场竞争能力和长远发展奠定了基础。

5. 以质量为主线,在职工队伍中牢固树立质量是企业生存的保证的思想。崔家崖乡把产品质量作为提高经济效益的条件,作为增强产品竞争力的基础,正确处理好生产与安全的关系,建立了完善的安全生产制度,健全了安全管理机构,牢固树立了安全第一的思想意识,从而促进了全乡乡镇企业的高速发展。

(*崔家崖乡政府*)

宁波市慈溪市宗汉镇

近年来,宗汉镇从本地实际出发,紧紧把握发展机遇,下大力气营造搏击市场风浪的“航空母舰”,使该镇工业呈现出经济总量超常规扩大、骨干企业群体迅速崛起的发展态势。1993年,全镇实现工业产值18.56亿元,销售15.089亿元,利税1.6332亿元,固定资产达到5.2559亿元,分别比1992年增长了66.2%、93.93%、55.34%和78.67%。全镇超千万元产值的集团型企业发展到17个,其中8亿元以上1个,3亿元以上1个,5000万元以上3个。这17家企业的产值、销售和利税分别占全镇工业的82.96%、81.96%、73.74%,成为带动全镇工业大发展、大提高的排头兵。

该镇工业之所以能保持规模化、集约化发展的强劲势头,主要是抓了这样三个方面的工作:

1. 立足发展,敢于争先,树立规模经营创大业的紧迫感。该镇工业经济经过这几年的快速发展,已经形成了一定的规模优势。但面对群雄四起,竞争激烈的新形势,该镇于1993年初提出了实施规模工程,培植骨干企业群体,带动全镇工业新腾飞的发展思路。并通过引导大家“三看”,来统一全镇上下的思想认识。

一是看历史。宗汉工业经济起步较早,初创时期小打小闹,较长时期处于徘徊之中。尽管1979年宗汉出现了全市第一家产值超百万的企业而使全镇工业首次荣登慈溪市第一,但这只是一时的辉煌。后来由于没有保持这一优势,位次一度退居到第17位。1986年后,该镇主动调整发展战略,聚集力量,扶持骨干企业上规模,从而带动了宗汉工业以年产值递增50%以上的速度发展,保持了全市领先的地位。实践使大家认识到,在新形势下要实现乡镇工业快速发展,再创竞争优势,就必须不断在经营规模上取得突破,舍此别无他途。

二是看事实。乡镇工业是凭规模效益决胜负,规模大才能领先发展。宗汉镇的锦纶总公司1987年初创时还只是一个产值不足百万的小厂,而今之所以能跃居全国同行业第一,也是因为坚定不移抓投入、上规模的结果。在事实面前,大家深切地感到,过去宗汉工业经济的发展得益于企业上规模,今后经济要发展得更快、更好,仍然要靠重点骨干企业,靠区域性规模经济的推动。

三是看形势。乡镇工业“船小调头快”的优势正在失去,“船大抗风浪”的实力势在必争。随着社会主义市场经济新体制的确立,市场竞争将日趋激烈,如果不抓紧组建自己的“船空母舰”,增强竞争实力,一个企业乃至一个地区的工业就可能被市场经济的汪洋大海所淹没。

认识统一后，该镇围绕加快实施工业"规模工程"，立足发动，大造声势，树立紧迫感。镇党委、政府适时提出了新的发展目标，激励全镇上下想大的、干大的，在发展规模经济上建功立业。

2. 发挥优势，大胆突破，开创"群龙齐舞"、抢上规模的发展格局。发展思路明确后，宗汉镇围绕上规模，面向大市场，瞄准"高、大、洋"，抓住机遇，抓好落实。

一是发挥大企业的优势上规模，加快组建集团型企业。培植一批以骨干企业为主体，集生产、经营、销售、技术开发为一体的企业集团，是1993年该镇抓企业上规模的重头戏。这方面的突破，使该镇工业企业的发展水平又有新的提高。如锦纶总公司经过几年的跳跃式发展之后，1993年又组织新的规模优势。一方面不惜投入1亿元上了锦纶四分厂，使帘子布年生产能力达到4.3万吨，确立了总公司在全国同行业的霸主地位；另一方面，以锦纶总公司为核心企业，组建了宁波金轮集团，按"一厂带十厂，十厂带百厂"的发展规划，走一业为主，多业并举的多样化经营的路子，1993年，仍保持超常规发展的势头，跃居全国最大乡镇企业第八位。1992年产值突破了亿元的兴业冶金总公司，凭借自身实力提高企业集约化水平，自1993年组建宁波兴业集团后坚持滚动投入，扩大经营规模，跨入了全国百强乡镇企业行列。

二是以产品开发促规模，凭借优势产品带动企业上台阶。以市场为导向，围绕产品开发抓投入，进而推动企业上水平、上档次，是1993年该镇追求的一又一重要目标。首先，他们不惜巨资，着力开发市场潜力大，能拉动企业上规模的新产品。1993年全镇共实施以产品为主的技改项目44个，实际投入2.61亿元，是1992年的2.44倍。当年新增产值4.2亿元，利润2 500万元，一批具有竞争潜力的产品脱颖而出，大步走向市场。如1993年宁波金轮摩车厂开发的国内首创JL80四冲程摩托车，以其耗油省、噪声小的优势，迅速占领市场。其次，抓拳头产品的深度开发，快扩产、快上市、快上规模。近年来他们瞄准铜材行业，多管齐下抓产品升档、批量扩产，现已形成了年产万吨电解铜，万吨铜板带，2万吨管、棒、线、丝和电线电缆能力。该行业的三家企业已有一家产值突破3亿元。又如国家贸易部定点生产的宁波第二激素厂凭借自行开发的绒促性素（HCG）原料优势，进行系列开发扩产，已形成年生产能力2 000亿单位HCG、2 000亿单位肝素钠原料等系列产品，其产品远销美欧日等国。镇办的太阳实业总公司继开发出国内首创的GT051输纱器后，乘势而上，又开发了填补市场空白的多种新规格和型号的输纱器系列产品，已成为东南亚同行业中规模最大的厂家。

慈溪市宗汉镇人民政府

三是发展外向拓规模，集聚生产要素增实力。首先推出企业搞"嫁接"。1993年初，宗汉镇组织50位厂长推出60多个项目，南下深圳进行为期一周的大规模的招商活动。宗汉良好的投资环境吸引了众多的外商，一年中，18家"三资"企业相继在该镇"安营扎寨"。使全镇"三资"企业达到30个，总投资4 237万美元，合同利用外资2 459.45万美元，实际利用外资1 250万美元。其次招商引资搞开发。近年来，宗汉镇抓住外向型经济迅速发展的契机，着力于"引资筑巢，借资开发"，培植宗汉工业经济新的增长点。已有一批外商投资项目投入生产。如1992年台商投资962万美元兴办的宁波展集塑料制品有限公司，1993年已创产值4 869.67万元，利税630万元。

四是转换机制促发展，推动企业上规模。1993年宗汉镇搞了6个股份合作制企业，1个股份有限公司，累计吸纳外资520万美元，职工股金280万元。同时对部分规模小、市场竞争能力弱、经济效益差的企业，与行业相关、地域相近的大企业实行兼并或拍卖。1993年兼并、拍卖了8个企业，盘活资产400万元，为骨干企业的发展注入了活力。如永兴工业布厂对经营不善、效益连年下降的涤纶化纤厂实施兼并后，企业规模扩大，活力增强，1993年产值突破3 500万元。

3. 转换职能，强化服务，为企业上规模创造良好的软硬环境。

首先，着力培养一支优秀企业家队伍。宗汉镇党委、政府从培养、爱护、支持出发，对敢闯敢冒敢上规模的企业家进行表彰鼓励；对企业上规模有顾虑的厂长做好思想工作，消除顾虑，增强信心；对个别只顾个人利益不为企业发展着想的厂长则坚决予以调整。通过这些工作，企业经营者中逐步形成了“比、学、赶、帮、超”的氛围，激发了一种积极进取、奋力向上的精神状态。

其次，主动为重点骨干企业排忧解难。宗汉镇建立了镇党政领导班子成员与重点骨干企业的联系制度，定点指导帮助，为企业发展献计献策。当骨干企业上新项目时，及时下派机关人员进行帮助；当在土地征用、厂房扩建、资金运转等方面遇到困难时，就与企业经营者一起想方设法加以解决。如1993年宏观经济控紧时，该镇一些骨干企业资金严重不足，针对这一情况，他们在积极向上争取的同时，指导镇信用社调整内部的贷款结构，催收一批小企业贷款和低效益贷款，用于支持骨干企业，从而渡过了难关。

第三，努力优化企业上规模的硬环境。宗汉镇先后建设了3.5万伏、11万伏变电所，对大部分重点骨干企业放了万伏高压输电专线，保证了供电；新增了宗汉邮电支局和4 000门程控电话；投入2 000万元资金进行道路建设。同时，依托329国道，在交通便利、设施良好的镇南地区开辟2平方公里的工业小区，吸引大项目落户。

（董其岳）

宁波市鄞县邱隘镇

邱隘镇地处浙江鄞东平原，地理位置十分优越，东濒北仑大港，南临象山港口，西傍宁波市区，北靠上海大城市。全镇面积39.2平方公里，人口44 816人，耕田面积31 859亩，辖24个行政村、1个居民区。1993年，邱隘镇乡镇企业产、销、利税、外贸出口名列鄞县乡镇首位；个体及私营企业如雨后春笋蒸蒸日上；资金投入和技改项目明显增多，为乡镇企业更上一层楼打下了扎实的基础。

1993年邱隘镇共有企业299个，其中：镇办55个，村办220个，个体及私营企业661个；中外合资企业27个（1993年新办13个），股份制企业13家。共有职工16 971人，其中镇办企业职工7 317人。在职工队伍中，有高级技术人员59人，中级技术人员139人，初级技术人员315人。

1993年，全镇乡镇企业共创产值121 850万元，其中工业企业111 850万元，镇办企业53 285万元，村办企业57 750万元，个体及私营企业10 816万元，村以上企业总产值比上年增长70%。完成销售总收入124 539万元，其中工业企业114 539万元，比上年增长94%。实现利润总额7 564万元，其中工业企业7 064万元，比上年增长90%。外贸交货总值达到22 879万元，比上年增长82%。缴纳国家营业税金（包括附加）3 770万元，比上年增长70.9%；技术改造资金投入8 332万元，完成县考核指标169.3%。

邱隘镇乡镇企业行业门类较多，主要有机械、纺织服装（以羊毛衫、针织品为主）、炼铁轧钢、造船修船、水泥管桩及砖瓦制造、塑料编织、化工原料、食品饮料、印刷造纸等八大类。

综合1993年邱隘镇乡镇企业的发展特点，可总结为以下六“靠”：

1. 靠上级党委和政府各部门的正确领导和大力支持。全镇通过进一步解放思想，抓住机遇，加大改革力度，在大胆探索经营机制上做文章，以提高企业经济效益为目的，这都靠经济政策作保证。邱隘镇从实际出发积极鼓励企业在增加投入资金上下功夫，采取多种渠道引进和筹集资金，在全镇8 332万元技改资金中，引进外资375万美元，从而促进了中外合资企业的发展。

2. 靠干部职工的努力。邱隘镇按照多劳多得的分配原则，打破大锅饭，企业大都实行定额工时制，既增加职工的收入，又促进了生产的发展。特别是一些外资企业，虽然出口产品利薄、质量要求高，但厂长们带领职工日夜苦战以保证外贸产品按时保质兑现，受到上级外贸部门和外商的赞赏。

3. 靠搞好经营机制转换。邱隘镇全力以赴帮助企业做好产权的转让、租赁和股份制工作，职工投股积极性高，17个股份制企业投股803万元，既加强了企业的后劲，又调动了入股职工的工作积极性和凝聚力。

4. 靠科技兴工和外贸产品。1993年邱隘镇成立了镇技术开发总公司，是国家科委综合试验区。与此同时，还成立镇外贸公司，设立外贸窗口，促进了邱隘镇外贸企业的发展。

5. 靠引进技术人才，培训科技骨干。邱隘镇所属宁波引发企业（集团）公司以优厚的待遇引进、招聘各类技术人员150人。镇还举办成人教育学校，设立企业管理、电脑计算、财会中专等学科，年培训达1 500人次，占企业总职工人数8.8%。从而提高了职工素质。

6. 靠强有力的政策措施作保证。1993年初，邱隘镇对所有企业和各村实行了指标考核与干部、职工资金挂钩的办法，年终审计后予以兑现，奖励先进，鞭策后进，起到良好效果。

（顾永康　董其岳）

宁波市江东区东郊乡

东郊辖11个行政村，7 420人。境内交通方便，经济发达，第三产业繁荣，村民富裕。近几年来，全乡工业企业持续高速发展，1993年实现产值8.49亿元，利润6 026万元，分别比上年增长88.39%和70.74%；人均年收入达3 000元，村民生活得到了极大地改善，85%农户建造新房。

1979年前，东郊乡村企业基础比较薄弱，仅有规模极小的农机修配厂、绳索厂等3个企业，生产方式落后，修修补补、敲敲打打。党的十一届三中全会精神唤醒了全乡干部、群众，打开了兴办工业的大门。但是步履艰难，资金不足，门路不畅，到1984年，全乡工业企业产值徘徊在2 800万元左右。

1984年后，上级党委加强了乡党委、政府的领导力量，先后派来了几位思想开拓、善于管理、懂得经营的干部充实到领导班子。他们新官上任放把火，雄心壮志绘宏图。"若要富，农工副，没有乡村企业的兴起，就没有东郊的新天地"。他们召集乡、村干部进行大商讨。"开动机器献计献策，有力出力，打出去，找门路"。乡领导、工办主任、村党支部书记、村长等乡、村两级干部南下北上，住小客栈，吃小饭摊，奔机关、下工厂。苦口婆心，笑迎客商，找米下锅，生产任务兜来一大批，全乡干部精神振奋。后来，陆续办起了轮胎翻修、有色金属、服装等近40个乡办企业。各村村办厂也如雨后春笋破土而出。至1993年，全乡企业发展到250个，工业门类可分金属冶炼、五金机械、汽车修理、建筑安装、橡胶制品、塑料电器、轻纺服装、玩具、印刷等。宁江、东升村还投资1 650万元，分别办起了上等级、上规模的蓬莱大酒家和港城饭店。乡村企业迈大步，年年大变样，1988年，东郊乡进入亿元乡行列。

东郊乡乡镇企业通过深化企业改革，调整产品结构，抓产品质量，开发新产品，取得了较好的成效。全乡先后开发电脑控制注塑机等十多个新产品。第二塑料机械厂SZ-25/20-C注塑机评为轻工部优质产品，SZ-45-E注塑机评为省优质产品，江东铜材厂生产的易切削稀土铅黄铜棒达到省优标准。各企业产品质量不断提高。

涌动的改革开放浪潮，推动了东郊乡外向型经济的发展。全乡有"三资"企业6个，引进外资百万美元，还有生产外贸产品的厂家9个。1993年，全乡外贸收购额7 442万元，比上年增长145.4%。天一玩具厂生产的各类玩具，赢得了中外客商青睐，得到近千万元外贸业务。

中央发出大力发展第三产业的决定，东郊乡的第三产业如鱼得水，蓬勃发展。全乡有第三产业单位近百个，行业结构可分房产开发、饮食服务、汽车运输、仓储、保险、旅游、物资、商业等。东城房产开发公司自1987年建立以来，已建成5层以上房屋34幢，总面积10万平方米，成为宁波市乡级房产开发公司唯一的二级企业。东郊乡的汽车修理业在宁波市独占鳌头，全乡设立了桑塔纳、奥迪、标致等轿车特约维修站。全乡第三产业向高层次、高水平方向发展，兴建了商业城、大饭店和小商品市场、蔬菜批发市场等，总投资5亿多元。

1993年，东郊乡党委、政府为加快改革开放和发展经济的步伐，采取了一系列新举措。他们从领导班子建设抓起，调整、充实村、企单位的领导力量，把一批年富力强、懂经济、善管理的党员干部选拔到村党支部领导岗位上来。新上任的惊驾村党支部书记陈信龙抓第三产业、外向型经济取得成效，1993年全村工企业实现产值6 491万元，利润421万元，分别比上年增长88.4%和229.2%；甬升村原来村级经济居全乡下游，新任党支部书记张富娣利用地理优势，兴建沿街商业用房，创办一流家具市场，村年利润增加100多万元，使后进村有了转机。

近几年来，东郊乡陆续引进科技、管理人才40多人，他们为发展东郊经济作出了贡献。徐伟民在乡落户后，负责筹建三元塑料机械厂，当年筹建，当年投产，工厂一年一个样，生产大发展，开发双色注塑机填补省内空白，1993年该厂已实现产值4 899万元，创利865万元，分别比上年增长82.57%和65.8%。乡建工业小区已引进新办企业十多个，小区建设初具规模。近几年来，全乡技改投资近亿元，收效显著。东方机芯厂依靠科技人员和乡科技拨款，试制百音琴场机芯获得成功，打破了日本垄断百音琴国际市场的局面，引起国内外同行的震惊。该厂1993年实现产值2 300万元，创利420万元。东郊乡的乡镇企业向大发展、大流通、大提高、外向型方向发展。

乡镇企业的迅速发展，有力地促进了东郊乡集体经济的巩固壮大。全乡11个村，社会总产值在3 000万元至7 000万元的有9个村。社会总产值2 000万元左右的2个村。全乡年均用于贴农资金120万元，使农村双层经营机制得到加强和完善。近几年来，全乡用于改造旧村的资金4 200万元。村民造住房，集体造大楼，新造房屋鳞次栉比，村庄呈现一派新气象。公益事业和社会福利事业大发展。乡投资25万元建立一个敬老院；全面实行了农民劳保和村干部退休养老保险制；全乡办了4个残疾人福利企业，安置70多个残疾人进厂务工；复退军人随到随安排，几年来，全乡200多名复退军人全部安置在乡村企业工作。

东郊乡在抓物质文明建设的同时，加强了精神文明建设。对青年人加强培养，使他们成为有理想、有道德、有文化、有纪律的“四有”人才，全乡多次举办普法、实用工艺、蔬菜栽培、珠算、财会、外语等培训班。在东郊尊师重教形成风气，乡村出资400多万元，新建成乡中心小学和三所村办完小的校舍。教师的生活条件也有了改善。

1993年，东郊乡被浙江省政府评为“浙江省百强乡镇”。

（蔡昌久　於平　董其岳）

优 秀 企 业

1993年农业部表彰的先进乡镇企业名单

北京市

北京凯特汽车集团公司
平谷中燕实业集团公司
北京汽车暖风机集团公司
北京新兴企业集团公司
北京奔驰集团总公司
北京高尔夫集团公司
北京市旅行车股份有限公司兴京工厂
北京市新平化肥厂
北京市海淀东升毛纺织厂

天津市

天津市渔网厂
天津市东南雨衣服装厂
天津市大站集团公司
天津市双街钢管实业总公司
天津市芦台永兴企业集团
天津市环宇地毯实业公司
天津市大邱庄钢铁总厂
天津市环球企业集团公司
天津市亚都加湿器联营厂

河北省

秦皇岛京岛汽车装配有限公司
唐山半壁店第一轧钢厂
河北省冀县暖气片厂
唐山半壁店钢铁公司第一炼钢厂
丰南县中型钢厂
石家庄市铜材厂
廊坊市安次区莱庄光明建筑公司
丰南县唐丰轧钢厂
五星啤酒厂丰南分厂
武安市城关镇中原炼钢厂
石家庄汽车改装厂联营分厂
保定市长城汽车工业公司
唐山半壁店第二轧钢厂
枣强县水暖厂
唐山市第四轧钢厂
青县锦斋枣制品厂
保定保泉祥啤酒有限公司
丰南县倴子庄镇轧钢厂
丰南县特钢厂
河北省深县西景萌化工厂
唐山市第五轧钢厂
河间市新华电缆厂

山西省

清徐县赵家堡暖气片工业公司
闻喜县三铁焦化厂
文水县工程机械总厂
河津县龙门电解铝厂
大同南郊云城建筑安装公司
霍州市辛选企业集团
太原市天龙啤酒厂
朔州市平鲁区东易煤矿
山阴县山阴城奶粉厂
壶关县型钢厂
平定县里社陶瓷厂
阳泉郊区千亨实业公司
繁峙县沙河铁厂
平定县锁簧硫酸厂
清徐县第二醋厂

内蒙古自治区

呼和浩特市郊区玛钢厂
呼和浩特市郊区风机厂
包头市蒙南轧钢厂
包头市东宝皮革厂
赤峰市郊区安庆沟煤矿
赤峰市元宝山区山前制药厂
赤峰市红山区金钢砂厂
赤峰市红山区八角楼饮料厂
哲盟育新钢丝厂
临河市曙光建筑公司
呼盟海拉尔市锅炉辅机厂

辽宁省

中国大杨服装集团
大连北市集团特钢厂
大连市甘井子区房地产开发公司
瓦房店市老虎屯水泥公司
海城市后英矿产品实业公司
大连市开发区金港房地产开发公司
大连市甘井子区碧海山庄集团公司
辽阳市五金结构厂
大连市金州登沙河金华钢厂
鞍山市旧堡区宁远第二轧钢厂
大连铝材厂
海城市英落西洋耐火材料公司
大连北市油脂厂
大石桥市青花镁矿总公司
海城市华宇集团公司
海城市牌楼镁矿
大连冶金轴承厂
锦州冶炼厂

吉林省

四平市红嘴农工商联合公司
梅河口市啤酒厂
东丰县啤酒总厂
长春市铸管厂
白城市拖车总厂
抚松县木制品股份有限公司
长春市第一水泵厂
敦化市华康制药厂
伊通满族自治县酒精厂
吉林市松江工贸企业集团公司
长春市钢丝绳厂
双阳县水泥瓦厂

黑龙江省

哈尔滨市阿鞍中型轧钢厂
黑龙江兰西亚麻纺织公司
大庆市让胡路区钻井公司
肇东市宋站乳品厂

甘南兴十四企业集团
宁安县河溪浸油厂
鹤岗市绥滨啤酒厂
佳木斯市佳西电缆厂
巴彦县西集浸油厂
讷河县油脂厂
牡丹江市绝缘材料厂
牡丹江市汽车改装厂

上海市

上海海欣有限公司
上海嘉宝实业股份有限公司
上海汽车空调器厂
上海金海鞋业有限公司
上海大顺毛皮有限公司
上海三联汽车线束公司
上海万象汽车厂
申光毛绒实业有限公司
上海宝山富强胶鞋厂
上海华汇金属制品总公司
上海海岛加油机械厂
朱家角九龙铜材实业公司
凯托纺织制衣公司

江苏省

苏州通讯电缆厂
太仓市雅鹿服装厂
无锡县线材厂
无锡市新纺合纤厂
丹徒县龙山鳗业联合公司
常州市第二电线厂
江阴市精毛纺厂
常熟市王市秋艳服装厂
江阴市溴化锂制冷机厂
常州市创成塑机有限公司
溧阳市庆丰化工厂
徐州玻璃瓶厂
南通绣衣时装（集团）公司
太仓第三棉纺厂
常州市第五无线电厂
无锡县三洲钢厂
张家港市西城经济联合总公司
常州市长江塑料机械厂
昆山市千灯仪器仪表厂
江阴市被单厂
常州市无线电总厂七分厂
吴江盛泽印染总厂
无锡县杨市钢厂
江苏省句容工艺品总厂
张家港市旅行车厂
张家港市沙洲纺织印染公司
扬州美容化妆品厂
江都线路器材总厂
常州市振华绸厂
昆山市张铺彩印厂
武进轧钢厂
宜兴市第三丝织厂
南京雨花台区光华电子注塑厂
南京电缆一厂
徐州市电器材料总厂
江苏森达集团
盐城市轻工机械厂
江苏红豆集团公司

浙江省

万向集团公司
浙江万达工具集团公司
浙江北天鹅实业公司
浙江万事利集团公司
雅戈尔制衣有限公司
慈溪市锦纶总公司
慈溪市微型轴承总厂
宁波一休童装厂
浙江省真空包装机总厂
瑞安市健美胶鞋厂
乐清新华开关厂
桐乡造漆厂
浙江茉织华制衣有限公司
浙江雪豹实业公司
工贸联营湖州第二服装厂
长兴县煤山电线厂
德清雷甸第一丝绸厂
上海远东金银饰品厂绍兴分厂
浙江合成纤维总厂
浙江省风机风冷设备公司
上虞联丰玻璃钢厂
新昌县印花机械厂
横店集团公司
义乌市衬衫厂
永康市城北五金厂
江山市何家山水泥厂
松阳县通用毛纺厂
浙江省利民皮鞋总厂
浙江海鸿水产实业总公司
玉环县压力锅厂
定海纺织机械厂

安徽省

天长县塑料编织厂
宁国县耐磨材料总厂
安徽省良友建筑工程总公司
淮北市杭淮丝绸厂
萧县老孤山煤矿
安徽省达裕实业总公司
合肥淝河钢窗厂
广德县丝绸实业公司
霍山县外贸产品联合加工厂
安徽省湖滨建筑安装工程总公司
宁国中鼎股份有限公司
淮南市第三玻璃厂
安徽省永青日用化学品有限公司
桐城凸轮轴厂
芜湖县围山机械总厂
和县农药厂
石台煤气仪表厂
当涂县黄池食品工业公司
蚌埠市白云保温瓶厂
潜山县火柴厂
黟县缫丝厂
全椒县内燃机配件厂

福建省

福建省洪山集团福州市851超级营养液厂
石狮市胸罩服装厂
福建省黎明企业集团公司
福建省新雅联合手袋公司
福建省九龙茶果集团公司
福建恒安实业有限公司
福建紫山食品饮料总公司
厦门同安湖头米粉面制品厂
莆田振兴鞋业有限公司
泉州匹克集团丰登制鞋有限公司
福鼎县东风压铸总厂
福州市鼓山针织厂
泉州元鸿集团兴华轻工业企业有限公司

福建省文岭茶厂
永安市重晶石厂
漳州芗城罐头厂

江西省

江西东方制药厂
乐平市橡胶厂
南昌市昌盛轻工业品公司
德兴市铜材线缆厂
宜丰县芳溪台板厂
万载县黄茅出口花炮厂
湖口县九江曲轴厂
崇仁县长城机械厂
德安县丰林工业集团公司
贵溪县活性炭厂
南昌县向塘磷肥厂
萍乡市芦溪水泥厂
高安县新街陶瓷厂
上高县瓷厂
余干县富湾鸭制品总厂
遂川县胶合板厂
信丰县大阿水泥厂
南城县汽车运销集团公司

山东省

山东新牟国际集团公司
烟台市牟平县明珠总行
济南清河企业集团
山东淄博万通达股份有限公司
烟台新华集团公司
山东烟台大通集团公司
山东济宁味精厂
文登市通信电缆厂
山东丛林集团公司
威海通用机械总厂
山东兴华集团总公司
菏泽市沙土酿造总厂
博兴县寨郝农工商实业公司
山东得利斯集团总公司
青岛电力电线电缆厂
青岛同和空调设备厂
青岛面粉机械厂
济南通信电缆厂
青岛飞龙工艺品公司
山东省乐陵市帆布厂
临沂市工业搪瓷厂
济宁张山水泥厂
山东淄博万祥股份(集团)有限公司
东营市造纸厂
山东省泰山造纸厂
乐陵市木制工艺品总厂
山东阳谷骆驼酿造有限公司
山东沂滨水泥厂
菏泽市铜带厂
肥城汶阳油脂化工厂
山东省标志服装厂
台儿庄造船厂
邹平县八四厂

河南省

新乡县刘庄制药厂
长葛黄河模具厂
临颍县南街糕点厂
焦作市客车厂
郑州拖拉机厂新郑分厂
河南鞋城皮革制品有限公司
郑州市少林汽车厂
河南金星啤酒厂
安阳市史家河企业集团公司
河南省定角实业总公司
郑州食品机械制造总公司
沈丘县建筑材料厂
沁阳市柏香油厂
豫中制药厂
驻马店市喷灌机厂
周口通讯电缆厂
镇平县贾宋食品系列股份集团公司
洛阳牡丹实业总公司
河南省京华实业公司
汝州市种鸡场
洛阳市环球实业总公司
洛阳市古城机械厂
长葛县八七工业公司
郑州振中实业总公司
荥阳钢铁总公司
开封县第二油厂

湖北省

潜江市幸福集团公司
天门市天宇时装有限公司
武穴市兽药厂
汉川县钢丝绳厂
湖北省三梅化工（集团）公司
湖北省三峡工贸实业总公司
黄陂县泡桐建筑装饰公司
襄阳县混纺厂
鄂州市长进制衣有限公司
武汉市白玉毛条厂
宜昌市三峡食品工业公司
十堰市钢砂厂
洪湖市振声工业总公司
仙桃市剅河服装厂
枣阳市北城首饰厂
武汉市红星化工厂
江陵县岑河内衣厂
沙市市金属制品厂
黄石市第四水泥厂
谷城县石花镇蓄电池厂
嘉鱼床具厂

湖南省

长沙市郊区大托建筑公司
长沙市郊区岳麓制鞋厂
长沙市郊区洞井建筑公司
长沙市郊区南托建筑公司
长沙县梅花车身厂
长沙县北山冲压件厂
长沙县榘梨汽车车身厂
长沙县榘梨汽车覆盖件厂
长沙县果园汽车改装厂
长沙县果园交通机械厂
长沙县榘梨重型机压件厂
长沙县第一水泥厂
长沙县江背水泥厂
长沙县河田水泥厂
株洲市均坝铸件厂
醴陵市浦口镇出口花炮厂
娄底市特种耐火材料厂
冷水江托山拉铸厂
涟源市三一集团公司
东安县二水泥厂

广东省

顺德市珠江冰箱厂
东莞市石碣电子厂
广州市番禺南村电缆厂
顺德市蚬华风扇厂
广东电饭锅厂
顺德市美的空调机厂

顺德市鹰牌电器企业集团公司
顺德市容声家用电器股份有限公司
顺德市美的风扇厂
广东神州燃气具联合实业公司
广州市百事可乐汽水厂
珠海市湾仔工业集团公司
澄海县五金工具总厂
乐昌县长来水泥厂
河源市源城区消防器材厂
梅县白渡水泥厂
博罗县响水建筑陶瓷厂
汕尾市东兴实业集团公司
东莞市寮步三联机械厂
中山市港口风扇总厂
中山市中山保达仿皮有限公司
恩平县沙湖水泥厂
佛山市广东兴发铝型材集团公司
阳西县阳江工贸联营织箦五金厂
吴川县中山镇林屋机械厂
茂名市化州县下郭工贸工业总公司
肇庆市粤西塑料制品厂
清新县石潭镇水泥厂
饶平县海山绳网厂
揭阳市天阳橡胶机械有限公司

广西壮族自治区

广西喷施宝有限总公司
博白县城厢罐头厂
广西南方儿童食品厂
平南桂安实业总公司
博白县罐头厂
北流县第三水泥厂
玉林市福绵服装总公司
玉林市纸袋厂
平乐县蚊香厂
横县西津联营钢厂
博白县烟花炮竹总厂
广西源安堂制药厂
贵港市南风化肥厂
贵港市电缆厂
柳州市西龙钢厂
荔浦县万鹏印铁制罐厂

南宁市北湖水泥厂
灵山县檀圩花炮厂
合浦县白沙水泥厂
平南县第二水泥厂

海南省

琼海市包装厂
文昌县东郊椰子总厂
三亚市滨海实业发展总公司
海口市秀英土地房产开发公司
儋州市常丰实业有限公司

四川省

成都市恩威集团公司
建新防水粉末厂
广汉市机械厂
德阳市钢铁厂
重庆市九龙坡华岩机械厂
宜宾红楼梦酒厂
甘孜龙财矿业公司
新津希望饲料公司
忠县汝溪丝厂
绵竹王家坪磷矿
广汉向阳冶金脱氧剂厂
天驹汽车股份公司
重庆歌乐山水泥厂
达县市钢铁厂
攀枝花太平焦化厂
双流高频焊管厂
四川新兴集团公司
什邡县钢铁厂
德阳柏隆丝织厂
绵阳三台纸板厂
双流冶金公司
龙虎门窗集团公司
广汉市钢铁厂
彭县三邑炼钢厂
德阳八角井水泥厂
广汉向阳纸板厂
成都建工股份公司
绵竹县玉泉钢铁厂
双流羽绒厂
简阳川府添加剂厂
合川三汇水泥厂
成都八一家具实业公司

贵州省

福泉县联营磷矿
望谟县乐元镇桐油一厂
贵阳市黔灵锌厂
遵义市董酒二分厂
贵阳市红岩冶炼厂
贵州省上海锌厂赫章分厂
六盘水市铅锌选矿厂
安龙县龙锡冶炼厂
赫章县山脚冶炼厂
锦屏县三江竹木工艺公司

云南省

呈贡钢厂
马街电磁线厂
玉溪大营街滤嘴棒厂
玉溪大营街水松纸厂
福保造纸厂
建水县永生实业公司
昆明东风建筑公司
玉溪铝箔纸厂
昆明日新塑料厂
玉溪莲池水泥厂
福保彩印包装厂

西藏自治区

尼玛县西亚尔公司
日喀则市桑珠孜饭店
康马县石材厂
当雄县羊八井火山灰厂
昌都镇预制厂
曲松县民采队
浪卡子县采金队

陕西省

西安市相桥乳品厂
西安市渔化农工商公司
西安市通惠实业集团公司
凤翔县水沟工商企业公司
宝鸡县电石厂
陕西省三原美乐公司
泾阳吉元公司
城固县东方精制食品厂
蒲城特种变压器厂
渭南市五里铺农工商总公司
华县生活锅炉厂
延安地区建筑联营公司
镇安县造纸厂
安康市恒口金矿
耀县造纸厂

甘肃省

榆中县甘草水泥厂
兰州黄河集团公司
兰州桃海钢门窗公司
白银永生冶炼化工厂
天水秦城沙发家具总厂
天水市北道区东风农机修造厂
酒泉市酒津脱水菜厂
甘肃省暖泉工业公司
平凉市白坡工业公司
夏河县兰夏绒毛厂
天祝硅锰合金厂

青海省

青海省上新庄藏毯工业公司
西宁城北铁合金厂

宁夏回族自治区

银川市郊区第二建筑公司
银川制钠厂
平罗县第二建筑安装工程公司
吴忠市银吴清真乳品厂
中卫县常乐建筑材料集团公司

新疆维吾尔自治区

乌鲁木齐县八家户农工商总公司
米泉县线路器材厂
和硕县麻黄素厂
库尔勒市第一水泥厂
洛浦县缫丝厂
布尔津县毛纺厂

部分优秀企业简介

中国亚龙集团

中国亚龙集团是集工、贸于一体的大型中外合资企业，位于河北省河间市。集团总占地面积达10万平方米，建筑面积5.1万平方米；拥有固定资产4 000万元，流动资金8 600万元；员工1 100人，其中管理人员150人，工程技术人员385人。1993年完成总产值1.59亿元，利税1 980万元。集团形成了一整套科学化、标准化、系列化的管理体系，下属的亚龙线缆有限公司（与港商合资）、亚龙铝型材有限公司（与台商合资）、亚龙绿岛织品有限公司（与台商合资）、亚龙实业公司、香港中国亚龙国际实业有限公司、亚龙线缆河间分厂为集团产业的六大支柱。

亚龙线缆有限公司是国家机电部定点生产厂家，主要生产橡套电线电缆和全塑电线电缆，产品有七大系列35个型号2 000多种规格。产品在1991年10月获得国家电工产品认证委员会认证，1992年荣获“河北省第三届消费者信得过产品”称号。企业连续7年被河北省工商行政管理局评为“重合同、守信用”单位。产品畅销全国各地，并打入了国际市场。

1992年8月与香港泛联国际公司合资创办了亚龙铝型材有限公司，引进了一套日本先进生产流水线，能生产各种规格铝合金型材产品。产品投放市场后，供不应求。企业年产值达5 000万元，利税1 000万元。

在兴办生产铝型材项目的同时，集团又与台商合资兴建了沧州亚龙绿岛织品有限公司。其主要产品马海毛织品，以出口为主，畅销英、日、美等13个国家。1993年实现产值420万元，利税67万元。

为了增强企业的竞争能力，加快发展步伐，适应市场变化，集团打破了单一加工生产的经营格局，走工贸一体化的发展路子。1992年6月又创办了亚龙实业公司，主要是在国内国际开展商贸业务。公司已在香港、海南、深圳和中俄边界、中朝边界和中蒙边界地区建立了分支机构和遍布全国的商贸信息网络，有信息站点45个，工作人员180名。

亚龙集团办公大楼

在香港注册建立的“香港中国亚龙国际实业有限公司”，发挥地理优势，沟通和拓宽了国际市场，给企业带来了巨大的经济效益，增强了企业的发展潜力。

1992年，大胆改革，积极尝试，兼并了河间市一家国营电缆厂，将乡镇企业的经营机制引入国营企业，使连年亏损的企业一年内扭亏为盈，收到了较好的经济效益和社会效益。

1. 加快技术改造，提高技术水平。集团的前身是1985年创建的河间市中山电缆厂。建厂时仅4万元固定资产。经几年的发展，到1990年虽具有一定规模，但设备技术水平仍比较落后。为提高企业技术水平，加快企业发展，1990、1991年企业进行了大规模技术改造，先后投资600万元，引进了35台（套）具有国内先进水平的设备，装备了具有国内先进水平的生产流水线。为攻克生产技术难关，集团（厂）领导带领技术人员和生产骨干多次到沈阳、天津、北京、上海等地先进企业学习考察，到科研单位拜师求教，聘请专家教授来厂帮助解决技术难题和培训技术人员。为学习先进厂经验和技术，与沈阳电缆厂开展了横向技术联合协作，不惜重金聘请技术顾问驻厂指导。

2. 强化教育培训，提高职工素质。集团十分重视职工教育培训工作，制定实施了职工教育培训计划，采用不同形式划分不同层次对职工进行教育培训，培训率达到85%以上，促进了职工队伍文化技术水平和整体素质的提高。集团选派8名技术骨干到哈尔滨电工学院进修，成为不离厂的技术专家。经过教育培训，有80多人获得了初、中级技术职称，形成了有385人的技术队伍，基本满足了企业生产的需要。

3. 健全质量体系，提高产品质量。为了不断提高产品质量，集团在引进先进设备，加强职工培训的基础上，注重强化全员质量意识，健全质量体系，完善质检手段，提高了产品的市场竞争力。集团在提高全员质量意识的基础上，推行了全面质量管理，健全了质量保证体系。成立了全面质量管理办公室，组建了技术质量检查科，并在车间、关键工序配备了质量检验员。强化质检手段，成立了中心检测室、化验室，购置了全套质检仪器，实现了从原料进厂，到产品出厂全过程、全性能的检测，使产品质量一次合格率达到98%以上。在采用标准化生产方面，成立了采用标准化生产领导小组，形成了以技术标准为中心，包括管理标准、工作标准的标准化管理体系，产品全部采用国际标准进行生产，1993年4月通过了河北省标准计量局的“双采”验收，颁发了合格证书。计量工作得到加强，建立了计量室，有专兼职计量人员6人，配备了完善的计量器具，严格执行周检制度，工艺、质量、能源、经营、管理系统计量器具配备率达100%，检测率达100%，连续7年获沧州市标准计量局颁发的三级计量合格证书。由于加强了质量管理，产品质量稳定提高，在国家加强对电缆行业管理控制，严格电线电缆生产许可证发放条件的情况下，于1993年5月获得了国家机电部颁发的电线电缆生产许可证。

4. 加强企业管理，提高经济效益。为加强基础管理，降低成本，提高效益，集团建立了物耗效益保证体系，实行了成本目标管理。集团对公司和分厂实行了产值、效益和职工工资总额挂钩办法，车间对职工实行了定额承包；加强了财务管理，健全了安全生产体系，把企业各项管理工作纳入了制度化、正规化的轨道。管理工作的加强，降低原材料消耗和活劳动，加快了资金周转，提高了经济效益。

5. 注重市场信息，加快新产品开发，努力开拓市场。1991年在研究分析市场信息的基础上，了解到橡缆市场已经趋于饱和，发展塑缆市场广阔。经征求有关专家意见，集团果断决定上塑缆生产线。仅半年时间就完成了厂房扩建和设备安装任务，开发出20多种型号的塑缆产品，很快投入批量生产，当年新产品销售额占线缆公司销售总额的80%以上，为企业带来了巨大的经济效益。1993年在市场竞争激烈的情况下，集团采取灵活机动的销售策略，开拓了市场，扩大了产品销售。集团有驻外销售机构48个，遍布全国各地，并在香港设立了办事机构，形成了庞大的销售网络。

九年来，亚龙集团累计上缴国家税收1 800万元，为社会福利事业捐资156万元。

（王源民）

河北青竹酿酒有限公司

河北青竹酿酒有限公司是一家中外合资企业。公司位于京广铁路上徐水县城西七公里处遂城镇（古称

河北青竹酿酒有限公司主要产品

遂州）。这里西依太行山，北临瀑河，东邻京广线。公司酿酒车间建在太行山下的一个古河床上。这里地表为红粘土，是酒香要素乙酸菌繁殖的最佳土壤；地表下是数十尺厚的鹅卵石，山泉终年流淌，具备发展酿酒业得天独厚的条件。因此，酿酒在这里有悠久的历史，春

秋战国时期这里就开始酿酒。到两晋时期，这里的酿酒业已享盛名。

河北青竹酿酒有限公司（前身青竹酒厂）于1984年建厂，经过十年的发展，已具有一定规模。公司占地面积6万平方米，拥有建筑面积4.5万平方米，建有现代化的厂房（2.5万平方米）和2座经营办公楼、一栋宿室楼；生产车间有发酵池800多个，自动化灌装流水线4条；公司职工600多人；年生产曲酒能力5 000吨，1993年总产值6 000万元，创利税800万元。产品有4个系列、20多个品种。其中54°精装、简装青竹酒，38°精、简装青竹酒，54°古德特曲，徐水原酒等品种一直畅销不衰，54°古德特曲还先后被评为“中国国际诗酒节金爵奖”、“河北省第六届技术交易会金奖”，54°青竹酒先后荣获“国家农业部优质产品奖”、“中国首届食品博览会金奖”、“西湖国际食品博览会金奖”、“香港国际食品博览会金奖”，被定为人民大会堂特制酒。公司（厂）先后被河北省政府命名为“省级先进企业”、“省重点骨干企业”、“省星火示范企业”，河北省工商局授予“重合同守信用单位”，中国食品进出口公司河北分公司定为白酒出口基地之一。

1. 注重提高产品质量。为了酿造出高质量和具有特色的名牌产品，公司进行了广泛技术交流和协作，对传统工艺进行了挖掘和革新。公司聘请了高级酿酒专家、国家一级评酒师金凤兰作技术顾问，坚持深入挖掘和不断改造传统酿酒技术和工艺，精心勾兑，作到继承、改造传统工艺与采用现代科学技术相结合，使产品质量不断提高，并开发出了20多个高质量的新品种。54°青竹酒以“酒质清澈、入口绵甜、醇和尾净、回味悠长”的上乘品质倍受国内外顾客的青睐，荣获十几个国内国际大奖，远销日本、韩国、东南亚各国等十几个国家。为提高产品质量，公司配备了完整的产品质量检验设备，选配了质量检验人员，建立了完善的质检体系。为了防止假冒产品，青竹酒采用了特制异型酒瓶和扭断式铝瓶盖，商标采用五星暗影的水印制纸。因重视产品质量，被评为“消费者信得过产品”。

2. 重视人才培训，推进科技进步。河北青竹酿酒有限公司十分重视人才教育培养工作。公司经常结合生产需要举办各种形式和内容的培训班，提高职工的文化、技术素质。公司还采用委托培养的形式，派技术骨干到大学去深造。公司形成了一支高、中、初级技术人员结构合理的技术队伍，拥有高、中级技术职称的工程师、经济师、会计师12名，基本满足了生产的需要。

公司把推进科技进步放到了突出位置。1991年多方筹集资金对企业进行了大规模的技术改造，引进了具有国际80年代先进水平的4条自动化灌装流水生产线和配套设备。为了加快新技术的消化吸收，公司领导提出将吸收消化新技术视同科研创新的发明，制定了对消化吸收新技术和科研成果的奖励办法，有效地调动了技术人员和职工的积极性。全公司600名职工中有100多人参加了技术攻关，近几年共完成科技攻关项目30项，改造完善工艺设备20项，研制开发系列白酒20多个新品种。其中有的新技术填补了国内空白。

3. 转换企业经营机制，完善股份合作制。为了增强企业活力和市场竞争能力，促进企业更快发展，青竹酿酒有限公司在实行股份制经营的基础上，积极探索进一步完善、规范股份合作制的路子。首先，公司借鉴国外企业管理的成功经验，以两权分离为重点，进一步完善了公司董事会领导下的总经理负责制。公司由总经理全权经营，聘用各方面贤能为高级职员，组成了一个懂技术、善经营、会管理的经营班子，使公司实现了快速、高效运转。其次，进一步完善了董事会、监事会制度。健全了公司董事会，补选了董事会成员，完善了董事会职责和工作制度。为确保公司的顺利经营和股东们的利益，成立了在董事会领导下的股东监察委员会，对公司高层领导班子正确行使权力、企业经营和资金运用进行监督。通过完善股份合作制，转换了企业经营机制，增强了企业活力，促进了现代企业制度的建立，公司生产经营保持了旺盛势头。

河北青竹酿酒有限公司在自身不断发展的同时，积极支持当地农业和精神文明建设。近几年，公司每年拿出60多万元用于支援农业建设和发展教育、文化、卫生等项事业，为农业发展和精神文明建设作出了积极贡献。

（王源民　赵云峰）

通辽市飓力恒实业总公司

内蒙古哲里木盟通辽市飓力恒实业总公司，是在原通辽钢丝厂的基础上组建的企业集团。总公司厂区占地面积12万平方米，有职工近600人，固定资产2 000多万元，自有流动资金800万元。1993年实现产值6 700万元，比上年增长219%；实现利税650万元，比上年增长253%；全员劳动生产率12.1万元。拥有钢丝厂、线材厂、电缆厂、金属制品厂、木材加工厂、建筑工程公司、运输公司、贸易公司、种植场、养殖场等10个企业。主要产品有钢芯铝铰线用镀锌钢丝、铠装电缆用低碳镀锌钢丝、电线、电缆、钢铰线、镀锌机制刺线、镀锌网围栏和水泥制品等四个系列、二十几个品种，80多种规格的产品。其中钢芯铝铰线用镀锌钢丝1989年被评为自治区优质新产品，1991年获区优质产品称号，沈阳电缆厂用之配套生产的电缆获国家质量金奖。通辽钢丝厂1991年被内蒙古自治区政府评为横向联合先进企业，厂长黄甫是农牧渔业部授予的全国乡镇企业家。

该公司的前身通辽钢丝厂原是一个乡办农机修配厂，1973年建厂时只有两间厂房，一个小烘炉，十几名职工，1976年靠自身积累建起了线材厂，1986年与沈阳电缆厂联合成立了通辽钢丝厂，1993年9月在钢丝厂基础上组建了飓力恒实业总公司。20年来，通过全体职工的拼搏进取，克服小农意识，在激烈的市场竞争中，顺应改革开放的潮流，依靠各级领导的鼎力支持，闯过了艰苦创业，提高产品质量，寻求联营伙伴，强化企业管理等一道道难关，使企业由弱变强，由小到大，特别是1990年以来连续三年迈了三大步。1992年在1990年产值1 000万元的基础上翻了一番，实现2 100万元，1993年实现6 700万元，成为自治区乡镇企业的排头兵。

跨地区，跨所有制的横向联合是该企业得以不断发展的根本原因。1986年他们与沈阳电缆厂联合，为其电缆搞配套加工，由于他们注重产品质量，信守合同，交货及时，受到联营伙伴的好评。为保证质量他们聘请沈阳电缆厂的工程技术人员到厂指导生产，培训职工，既保证了质量，又培养了自己的技术力量，双方的合作关系越来越紧密，产品质量不断提高。为增强企业发展后劲，1993年他们着重进行了技改和扩建工作。新上了一条国内最大的挂48条线的钢丝镀锌生产线，生产能力由原来的6 000吨，上升到15 000吨。根据市场需求，新上了“电缆铠装线”和“邮电通讯线”等一批新产品，既满足了市场需求，又增加了企业效益。

重视人才，培养人才，是他们发展壮大的基础。乡镇企业缺乏人才和技术制约着企业发展，他们采取高薪聘请与自己培养相结合的办法，来解决这一问题，除沈阳电缆厂定期派人来厂指导外，他们先后高薪聘请了6名高级工程技术人员，在厂内进行技术指导，几年来先后派出30多名职工到外地大专院校和企业学习，已有14人获得了初级以上专业技术职称。

走规范化管理之路，是他们发展壮大的保证。在生产过程中，他们严格执行工艺操作规程，健全检测手段，不合格产品禁止进入下道工序，决不许出厂，整个生产设备和检测手段达到了国内先进水平，使他们的产品成为东北、华北市场上的畅销品，并迈出国门，走向了世界。在经营中他们一方面坚持灵活性，一方面严格企业内部管理，总公司及各分厂领导都实行风险抵押金制度，工人实行计划定额生产，有明确的奖惩责任制，有健全的财务管理、劳动管理、生产管理、工资分配等制度。企业的管理井井有条。

通辽市飓力恒实业总公司

多方筹集资金，是企业得以发展的条件。流动资金占用规模大，企业自有资金有限，为使企业正常生产，他们广开融资渠道，采取银行贷点，职工入点，社会筹点的办法，广泛筹集资金，解决了技改扩建所需的大部分资金和部分流动资金。

任人为贤是他们的用人之道。公开招聘各厂厂长，将懂技术、善经营的能人安排在领导岗位上。总公司有管理干部25人，占职工总数的4.5%，平均年龄不到40岁，在这个年富力强的领导集体的带领下，他们以坚持从实际出发，敢想、敢干、敢为天下先的气魄，迎接新的挑战。

（哲里木盟乡镇企业处）

安徽省湖滨建安总公司

安徽省湖滨建安总公司在总经理吴本仁的领导下，十年来从一个只能出卖劳务，无任何资产的乡村小建筑队发展成有8个分公司、13个直属队、1个商场，1个化工产品经销部、3 200名职工，固定资产、流动资金1 787.5万元，年平均竣工面积14万平方米，并扎根省城合肥的建筑二级企业。十年来，建安公司借着改革的东风及国家对乡镇企业的一系列优惠政策逐步发展壮大，在激烈的市场竞争中敢于同国营大中型企业一争高低，年年有进步。进入1991年以后，企业呈现超常规的发展，当年完成产值1 800万元，实现税利161万元，被农业部授予“全国乡镇建筑优秀企业”，被中国集体建筑协会授予“全国优秀集体建筑企业”称号。1992 年又上新台阶，完成产值 3 150 万元，实现税利 247 万元，分别比上年增长 66.7%和 53.5%，工程一次交验合格率 100%，竣工 20 项工程 11 项达优良标准，优良率 56.8%。1993 年完成产值 7 000 万元，税利 650 万元，分别比上年增长 133%、163%；人均劳动生产率 23 333.3 元，工程质量合格率 100%，优良率 63%，被农业部评为全国优秀乡镇企业 500 强之一，被合肥市政府、安徽省建设厅联合授予“质量信得过企业”称号等。

在实践中，湖滨建安总公司逐步探索出适合本公司发展的道路，创造了“质量高、工期短”的湖滨特色，主要表现在：

1. 加强管理，不断完善经营承包责任制，开展多种经营。湖滨建安总公司根据本企业特点，实行“分层经营、统一管理”。所谓“分层经营”即总公司与分公司、直属队实行三种承包方式：一是以分公司和直属队为承包单位的集体承包方式。二是以施工队长、班组长等人牵头，采取费用包干使用，由几个或多人合股的承包方式。三是一人牵头，采取以工程工序按定额人工工资加一定系数的个人承包方式。“分层经营”，使经营者增强了责任感。“统一管理”即总公司对分公司和直属队实行合同统一签订、工程统一分配、生产统一安排、资金统一进帐户、干部统一调配。“五统一”使公司内各单位都置于总公司的领导之下，互相协作、互补优势，从而大大增加各自在市场上的竞争力。随着形势的发展，总公司决策者认识到只单一的从事建筑施工，利润微薄，企业发展也较慢，为了扩大规模，必须发展第三产业，走多种经营道路。总公司一方面积极征地，另一方面物色与外单位合作开发项目，以此提高经济效益。

2. 狠抓质量，敢打硬仗。湖滨建安总公司自 1984 年组建到现在所取得的效益，靠的是打硬仗、保质量而赢得社会赞誉的。自 1987 年创得安徽省粮食干校工程为第一个优良工程从而引起建设单位的重视起，到 1993 年建设部第二批住宅试点小区——琥珀山庄小区工程获市优、省优、部优三连冠止，无不浸透着广大干群拼搏的汗水及倾注的心血。为了确保每年工程质量稳中有进、不致滑坡，除了不断学习新技术、新知识外，总公司每年年初都制订质量管理计划，把创优质工程的任务落实到队。总公司坚持把好三关：图纸会审关、技术交底关、原材料验收关；做到五个到位：地基基础验收到位，样板间、墙、门窗等验收到位，每道工序验收到位，主体结构验收到位，竣工验收到位；严格实行检查、监督、验收制，坚决执行操作者自检、班组互检、专职质检员核定的三级评定质量管理办法，并以抓重点工程推进一般工程，取得较大的作用。琥珀山庄教学楼工程是靠打硬仗而获得三项殊荣的，在施工快结束时由于地坪后期保护不好，要返工，眼看交工期在即，时间紧，总公司拿出 5 000 元奖励施工人员鼓足士气，坚持最后一道工序达优良。由马鞍山分公司施工的建设部第三批住宅试点小区——马鞍山珍珠园小区工程更是以绝对的优势占稳马鞍山建筑市场，为确保质量过关，公司实行质量一票否决办法，与施工队立下军令状，规定因质量问题损失 5 000 元以上的施工队，当年无产值，取消其年终奖金，并不得承接新任务。由于措施得力，狠抓落实，分公司在珍珠园小区承建工程的主体结构全部优良，优良率 100%，成为珍珠园小区工程质量最稳定的企业，为创省优、部优打下坚实的基础。湖滨建安总公司就是以这种竞争意识，这种敬业精神敢打敢闯，创出了“质量高、工期短”的湖滨特色。合肥科技工业园工程是经国务院批准的重点工程，第三分公司承建的合肥科技工业园一幢楼房，只用 60 多天就完成 8 000 平方米主体结构，质量优良，并在全市工程质量大检查中荣获冠军。总公司工程质量每年在市工程质量大检查中都处于领先地位，连续 9 年受到合肥市建管处的表彰；1993 年竣工 19 个项目，优良率 63%，赢得较好的社会效益。

3. 加快人才的开发步伐，培养企业后进，提高全员素质。湖滨建安总公司除了聘用离退休人员及大中专学生外，还组织公司的管理干部、经营管理人员进行系统培训达百人次；为达到施工人员的实践与理论相结合的目的，1993 年一年就选派 97 人参加市培训中心举办的施工员、预算员、安全员中岗培训，持证上岗率达 95%以上。并从 1992 年开始，公司与建校挂钩，逐年委培 20 名工业建筑和民用建筑专业学生。全公司有专业技术职称人员达 214 人。

4. 注重政治思想教育，发挥党组织作用。湖滨建安总公司一直重视思想工作，积极诱导，对职工进行组织纪律教育，以建设企业为中心，以组织纪律为保证，自觉遵守规章制度，定期上党课。1993 年 9 月份，总公司被批准成立了全省乡镇企业的第一个党委，加强了党组织对企业的领导。

（安徽省湖滨建安总公司）

淮南市第三玻璃厂

安徽省淮南市第三玻璃厂(以下称玻璃厂)是以生产玻璃“瓶罐”为主的企业，隶属于田家庵区安城镇。玻璃厂是 1985 年利用国家征地款 12 万元，银行贷款

48万元，群众集资20万元兴建起来的，1986年元月建成投产。至1993年，全厂固定资产投资已达1 036万元，比1986年增长了13倍。1993年生产30 000吨玻璃，比1986年增长了2.9倍。1993年完成产值2 300万元，比1986年增长11.2倍。1993年完成利税300万元，比1986年增长9.67倍。职工人数已达580人，职工人均年收入2 000元，比1986年增长了96%。一跃成为淮南市乡镇企业的排头兵，进入全国500家先进乡镇企业行列。先后被授予省、市乡镇“明星企业”、“省科技示范先进单位”、“省级先进集体”、“市先进企业”、“市节能先进单位”等荣誉称号。

玻璃厂走过了艰苦创业，不断扩大，逐步发展的路程，其主要做法和经验是：

1. 大力推动科技进步。几年来，在推进企业科技进步方面，玻璃厂做到了“强化一个意识，突出两个重点”。“强化一个意识”就是强化“科技是第一生产力”的意识。把科技工作列入各自的岗位责任制，通过组织科技学习、宣传、培训、咨询、参观考察等一系列途径，使全厂职工提高了科技意识，增强了依靠科技振兴经济的紧迫感，切实地制订了近期及中长期的依靠科技发展经济的规划，积极地组织了技术攻关和新技术、新工艺、新材料的应用。“突出两个重点”，一是抓投入。建厂8年来，玻璃厂共投入科技发展资金780万元。1993年，为改善工艺、技术及设备，共投入科技发展资金328万余元，用于增加企业的科技含量及储备企业的发展后劲，占当年销售额的14.56%，从而有效的保障了玻璃厂工艺、技术和设备的先进性，使优质产品率达到了70%以上，设备完好率达91.4%，设备新度系数达68.7%，技术进步占经济发展的份额达77%以上。二是搞技改。首先，大胆引进先进技术节能型马蹄焰池炉，使吨产品的能耗达到了国家一等炉的水平，年节约能源价值近30万元，1993年产品能耗比上年下降了5.4%。其次，狠抓科技开发。经厂科技攻关小组的努力，在保证产品理化性能的前提下，分析对比了原材料的价格，进行了优化料方配比，减少纯碱用量，年节约原料费用近30万元。与此同时，厂科技攻关小组还攻克了产品轻量化的难关，在不增加任何原材料投入的情况下，每年增加纯收入30万元。1993年，由于采用了以上三项新技术，使玻璃厂的产品质量比较稳定，取得了较好的经济效益。

2. 不断壮大人才队伍。玻璃厂一直注重人才的开发，采取了“引进、培训、鼓励”的办法，不断扩大人才队伍。一是引进外地人才。积极与大专院校、科研单位及大中型企业挂钩，加强技术协作，建立长期稳定的技术依托关系。先后聘请了蚌埠等玻璃厂有丰富经验的退休工程师，解决生产技术与经营管理方面的问题，并负责专业技术、实用技术、管理知识等方面的培训工作；先后与上海华东理工大学、中国日用玻璃研究所、省一轻技校等大专院校、科研单位，建立了长期稳定的技术依托关系，借用他们的人才，为玻璃厂的技术改造、技术开发、科学决策服务，从而有效地解决了玻璃厂技术力量薄弱的问题。二是培养企业人才。采取送出去，请进来的办法，加强人才的培训，先后为培训各类人才投入教育资金数十万元，重点抓了三个方面的培训。首先，抓了职工的岗位培训。积极鼓励职工岗位成才，并千方百计为他们创造良好环境。其次，抓了专业技术人员的培训。先后送出170余名青工，分别到合肥、蚌埠、山东、上海等大专院校、科研单位及玻璃生产大中型企业进行技术培训和深造；与此同时，积极创造条件，鼓励职工参加了成人高考，曾有17名职工被蚌埠财贸干校录取。还联合开办了成人中专班。再次，抓了管理人员的培训。积极参加上级有关部门举办的各类专业管理培训班。通过各种方式的培训，全厂的受训人员已占职工总数的94%以上，各类专业技术人员占职工总数的12.9%，企业领导班子具有初级以上技术职称的达100%，全厂初中以上文化程度的职工已占职工总数的89%，从而有效地提高了职工素质。三是鼓励现有人才。为加快玻璃厂技术进步的步伐，激发广大职工的积极性、主动性、创造性，1993年，厂里专门设立了科技贡献奖。对职工完成的技术改革和提出的合理化建议，给予一定的精神或物质奖励。

3. 切实加强企业管理。玻璃厂按照企业管理工作的科学化、规范化的要求，从“三项管理”工作入手，逐步建立，不断完善，使管理工作形成了一整套科学管理体系。一是抓基础管理。制订了标准化、计量、信息、定额、规章制度、职工基础教育和班组建设七项基础管理的专项管理制度与基础标准共2 940条，其中规章制度1 202条。二是抓现场管理。制订并完善车间、库房、厂区环境管理标准，使车间现场、仓库管理、厂区环境都创造了良好的生产环境、正常的生产秩序，维护了职工的身心健康，保证了安全文明生产。三是抓了专业管理。制订十大专业管理标准，全面系统地对生产、计划、质量、财务、设备、供应、销售等十项管理做了具体规定，从而保证了生产经营活动有条不紊。与此同时，配套建立了TQC、信息、物耗、供销、安全生产等五个保证体系。

4. 努力开拓销售市场。一是面向市场开发品种。近几年来，玻璃厂共开发了古井系列、口子系列、焦陂系列以及其他新产品34种。1989～1992年间，因开发新品种，提高产品档次，为企业增加销售收入共1 885万元。二是面向市场调整结构。为了适应市场需要，根据用户要求，先后将三车间白酒瓶改产啤酒瓶；将二车间手工机生产线改产大口瓶，并形成批量生产，一举打开了销路，产品供不应求，资金回收率达100%。三是面向市场提高质量。厂里成立了质量检验中心，使产品个个符合要求，赢得了用户的信赖。四是面向市场确定目标。在市场竞争日益激烈的情况下，玻璃厂确定了"东进、西取、南攻、北守"的目标。采取定期走访的办法，搞好售后服务，加强感情投资，提高企业信誉。

（淮南市第三玻璃厂）

江西东方制药厂

江西东方制药厂是南昌市郊区湖坊乡湖坊村创办的村办企业。是全国乡镇企业中唯一生产抗生素类粉针系列的厂家。该厂设备先进，管理规范，检测手段齐全。1991年获农业部"全面质量管理"达标证书；1992年获江西省乡镇企业现场管理一级合格证和基础管理一级合格证。并获江西乡省镇企业"质量管理"奖；1993年被评为江西省农口系统"十佳"企业榜首，被农业部授予"乡镇企业发展好，对社会贡献大"的特殊荣誉。该厂投产三年，一年一大步。1991年试产，就完成产值2 670万元，利税208万元；1992年完成产值4 100万元，利税300多万元；1993年产值达1.01亿元，利税502万元，全员劳动生产率达30.71万元。

江西东方制药厂诞生以来的短短几年，能够取得如此大的成绩，其主要原因是：

1. 以市场为导向，牢牢把握生产主动权。根据市场变化及时调整产品结构，是江西东方制药厂取胜的法宝之一。1993年二季度，该厂根据市场信息预测到苯唑青霉素钠将呈畅销态势，立即调动全部资金大量购进原料，及时组织生产，使该品种一投放市场，立即被用户争相抢购，客户纷纷上门订货，取得了很好的经济效益。

2. 以质量求生存，从根本上获得市场"通行证"。该厂一贯高度重视产品质量，在对全员质量意识和全面质量管理知识进行普及教育的基础上，建立了严密的质量三级管理制度。一是质检科对进厂的原辅材料和出厂产品进行严格的检验把关，二是车间专职质监员对各工序生产进行严密的监控，三是班组兼职质量员对生产过程的质量进行把关。厂质检部门享有质量否决权，不论是原辅料进厂还是成品出厂，达不到标准均实行质量否决，任何人不得干预，从而保证了产品质量一直处于国内一流水平上，享有极高的声誉。几年来，该厂的产品合格率均达100%，产品优级品率超过国家规定标准。其主导产品氨苄青霉素钠在1992年全国"质量万里行"活动中被评为"信得过产品"，同年还获全国医药博览会金质奖。1993年又被江西省质量管理协会评为"用户满意产品"。

3. 以科技为动力，不断提高企业竞争能力。1992年底，该厂投资206万元，仅用45天就完成了一项技改工程，使年产量由技改前的5 000万支增加到9 000万支，取得了显著的经济效益。该厂还投资几十万元购置了较为齐全的研制设备，组织科技人员成立新产品开发研制部，充分发挥科技人员的作用，向科技要效益。1991年，成功地引进了注射用苯唑青霉素钠新品种，填补了省内空白，并获江西省新产品开发优秀奖。该产品一投放市场，就深受用户欢迎。1993年又向高层次的新品种冲刺，头孢唑啉钠（先锋5号）是具有国际领先地位的高疗效产品，该产品价值高、利润大，国内市场急需，但生产工艺复杂，要求严，技术含量高，在江西省还没有一家药厂生产。

该厂有敢为人先的勇气，有创新精神，有一支雄厚的科技队伍，有先进的设备，完全具备生产该品种的条件，于是借重科技力量，几经周折，终于成功地在省内率先生产出头孢唑啉钠，为江西省需从外地购进该产品的历史划上了句号。

江西东方制药厂

4. 以管理促发展，树立良好的企业形象。该厂自建厂以来，就按规范化和科学管理的要求，建立了一整套诸如技术管理、质量管理、劳动人事管理、财务管理、安全生产管理等行之有效的管理办法。如在成本管理中，实行厂、车间、班组三级承包制，产量、质量和消耗层层分解，定额包干，超过或低于定额实行奖罚的制度，直接与职工的收入挂钩，从而强化了干部职工的核算意识和效益观念。通过这些做法，使物耗和能耗逐年下降。建厂几年来，全厂干部坚持以身作则，不搞特殊化，从厂长到一般干部，都能自觉遵守各项规章制度，有效地增强了全厂职工的凝聚力，从而树立了良好的企业形象。

5. 由内向转外向，大步走向国际市场。东方制药厂在积极开拓国内市场的同时，已经开始把眼光投向国际市场。1992年5月，与香港力可生医药保健品有限公司合资成立了江西东方力可生制药有限公司，双方总投资439.63万美元，新建一座占地面积45亩，建筑面积16 000平方米的现代化工厂，生产经营国际水平的头孢菌素类和中成药。产品大部分外销，年产值为8 000万元，创利税700万元。

（徐子荣）

广西合浦县公馆水泥厂

合浦县公馆水泥厂，是一家有630多名职工，拥有固定资产4 300多万元、年产水泥18万吨的镇办企业。

1993年，该厂完成总产值3 375万元，比上年增长116.5%；营业总收入3 528万元，比上年增长136.6%；实现利润603万元，经上年增长242.6%；实缴税金595万元，比上年增长7.77倍。

显著的成绩来源于扎实的工作：

1. 认真抓好员工的政治思想教育和职业技术教育，努力提高企业员工素质。几年来，该厂的党组织坚持用党和国家的方针政策教育员工，一方面通过业余学校、学习班和班前班后会等多种形式，多层次地开展对员工的思想政治教育，尤其是对环境保护法、计量法和国家有关生产、质量等方面的法律，认真组织员工学习、宣传、执行，使广大员工都能做到人在企业，心想法纪，处处依法守法，按照法律准则办企业。同时，近两年来还投入资金30多万元，采取请进来派出去的办法，长短结合，立足于用，着眼长远，培养了312名员工，其中到大专院校培训的8人，参加区内培训的69人，参加县内培训的35人，企业每年都办3～5期员工岗位技术学习班，使企业员工素质不断提高，已拥有工程技术人员23人，其中中级工程人员5人，初级7人。他们勤学苦练，刻苦攻关，在生产中遇到的实际问题，能做到互相拜师，互相请教，互相学习，员工素质有很大提高。厂内员工人人做到以厂为家，生产积极性持久不衰。

2. 重视科技进步，应用科技成果，积极改造企业。前两年，该厂引进比较先进的晶种配方煅烧水泥，取得了良好的经济效益。1993年又在此基础上进一步改进煅烧配方，生产高铁水泥。由于改进配方，不仅提高了产品质量和降低了能耗，而且改善了水泥产品安定缓慢的状况，安定期由原来的8～15天缩短了3天，有效地提高了企业的经济效益。同时，该厂十分注意环境保护，经有关部门检测鉴定，厂里的防尘设施和排污处理均符合国家的环保要求。

3. 狠抓产品质量，提高竞争能力。该厂历来注重产品质量，把产品质量高低看作是企业存亡的关键。厂里建立了化验中心和质量控制组，还建立了TQC领导小组，组长由厂长担任，厂部的生产科长和车间主任为副组长，层层有人管质量，同时专门为质量设立奖罚制度，由于有领导、有措施、有奖罚，1993年该厂的产品质量合格率达到百分之百，经主管部门检查验收，该厂的全面质量管理以及基础管理与现场管理均被评为优等。

4. 继续实行全员风险抵押，调动各方面的积极性。几年来，该厂对每个职务和流水作业线的每个岗位都实行风险抵押、年初就按规定缴纳风险抵押金。由于实行风险抵押，干部职工自觉地把企业的整体利益与个人的切身利益有机地联系起来，收到了良好的经济效益。1993年，该厂继续实行全员风险抵押的办法，使职工的生产积极性持久不衰，全员劳动生产率达到62 500元，比上年提高25%。同时，随着企业效益的提高，及时给干部职工增资晋级，让增资的天平向高技术、贡献大以及苦活、累活和风险大的工种倾斜，有效地调动了干部职工的积极性。

5. 改变经营作风，抓好产品销售。近年来，该厂的产品多是顾客上门要货，一直供不应求。但是，厂领导并不盲目乐观。1993年，他们在抓好生产管理的同时，抓好产品的销售工作，把“坐厂等客”改为“送货上门”。为了争取更多客户，该厂在海南、北海等地设立销售办事处，并定期召开用户座谈会，倾听用户意见，凡是有关质量方面的意见，办事处都及时将用户的意见向厂里反馈，厂里也及时加以改进。由于改变经营作风，1993年，该厂的产品，货无积仓，货往款回，厂家与用户之间建立了良好的信誉。

6. 筹集资金，扩大企业的生产规模。该厂原是年产9万吨水泥的小厂。由于水泥销路走俏，厂领导瞄准行情，在镇委和镇政府的支持下，筹集700多万元，经上级主管部门批准，于1993年3月动工扩建，至年底，仅用9个月时间，扩建工程竣工。生产能力由原来的9万吨提高到18万吨，产量提高一倍，为今后的发展和竞争增添了强大的实力。

合浦县公馆水泥厂1993年被广西壮族自治区人

民政府授予“自治区先进乡镇企业”称号，厂长李堃彦治厂有方、成绩卓著，也被广西壮族自治区人民政府授予“自治区优秀乡镇企业家”和“自治区劳动模范的光荣称号。

（黄朝桂　陈弢弘）

金沙县铁厂

金沙县铁厂位于贵州省金沙县以东40公里的岚头镇，距历史名城遵义76公里。为充分利用当地铁矿石资源丰富的优势，1985年，金沙县主动与江苏无锡锡锌钢铁公司等单位联营，经过两年多的艰辛努力，建成投产。到1993年，金沙县铁厂已拥有职工600多人，固定资产828万元，流动资金280万元，实现销售产值1 345.8万元，上缴国家税金119.5万元，实现利润150万元，一跃成为贵州乡镇企业“百强企业”之一。金沙县铁厂为扩大生产规模，又筹集280万元资金进行扩建，兴建了3#高炉，建成后产值可增加一倍以上，达2 400万元。

金沙县铁厂厂貌

这些年来，金沙县铁厂之所以能取得这样的成绩，主要是加强管理，重视产品质量，以质量求生存，以品种求发展，以满足用户需要为目的。厂里实行领导分片承包，班组包干管理的办法，从原材料入场、加工到进炉实行一条龙的质量追踪管理，把干部、职工的报酬与产品质量直接挂钩，形成全厂上下一心，齐抓共管，相互督促，层层负责，共同把关，使生产运行一直保持良好的发展势头。该厂生产的GB717—82Z04#、Z08#、Z10#炼钢生铁和GB718—82、Z14#、Z18#、Z22#、Z26#、Z30#、Z34#铸造生铁，经省质检部门检验，全部符合国家标准，企业年年被评为“质量信得过企业”。产品得到省内外军工企业、汽车制造业和高精度铸造业等行业的认可和好评，产品远销广西、湖南、四川等省（区）。在1992年贵州省冶金行业评比中，该厂产品被评为全省铸造生铁质量第一名。经贵州省管理评价中心评价，该厂被列为全省百强企业之一，规模列58位，效益列87位，利税列68位。

该厂已有13m³高炉3座，有高级工程师5人，各类技术骨干52人，年生产能力达2 100吨。金沙县铁厂在厂长艾华书同志的领导下，积极发挥乡镇企业特有的灵活机制，努力调整产业、产品结构，正以崭新的姿态跨入现代化企业之林。

（陈　良）

遵义县桂花水泥厂

遵义县桂花水泥厂位于贵州省遵义县城15公里处，紧靠贵遵公路。该厂筹建于1983年10月，1986年6月建成投产，设计能力年产水泥4万吨，总投资436.5万元，现有固定资产533万元，职工307人，是遵义县的主要骨干企业之一。从投产至1990年期间，由于诸多原因，企业累计亏损52.89万元。在该企业面临倒闭的情况下，乡政府采取果断措施，进行了新一轮承包。遵义县龙坑乡女强人田茂碧同志力挫群雄，应聘中标。田茂碧同志担任厂长以后，该厂很快复关苏，承包当年扭亏盈利35.5万元，上缴税金30.44万元，还贷21.6万元。1992年实现产值525万元，上缴税金45.7万元，实现纯利润96.34万元。1993年实现营业收入843万元，上缴税金78.11万元，实现利润168.5万元，做到承包三年连上三个台阶。该厂连续两年被评为县、乡先进企业，“质、品、效”活动先进企业，消费者信得过企业。厂长田茂碧同志被选为遵义地区人大代表，贵州省人大代表。

遵义县桂花水泥厂一角

该厂之所以能取得如此成绩，关键是有一个精明能干的厂长和一个高效团结的领导班子。这些年来，在田茂碧厂长的带领下，主要做了如下工作：

1. 深化改革，加强企业内部管理。一是精简机构，充分发挥职能管理机构的作用，将原来的7个科室精简为5个科室，并明确了工作职责，完善了工作制度，制定了劳动纪律，出现了事事有人管，处处有人抓的良好秩序。二是签订岗位责任书。该厂在原来合格产量记件工资的基础上，改革为合格产量记件加奖惩，实行全面考核的岗位责任制，使产量、质量、安全生产、劳动纪律、环境卫生、服务质量等都有考核指标，起到了奖优罚劣、提高产品质量的效果。三是实行消耗定额承包，降低了生产成本，提高了效益。

2. 狠抓技术革新，节能降耗，提高经济效益。面对建材行业竞争激烈的状况，该厂花大力抓了新产品开发。如近年来开发了磷渣硅酸盐水泥和道路硅酸盐水泥，并通过省级鉴定，获得了地区科技成果二等奖和省科技进步三等奖。该厂还先后进行了三项技术改造，即以废煤灰取代粘土作为水泥原料、改造了热损耗高的机立窑和改造了耗电高的磨机，年可增加经济效益17.5万元。

3. 狠抓销售环节，努力开拓市场。在水泥市场竞争激烈的情况下，该厂严把质量关，使产品合格率达到100%。同时十分注重销售环节，经常深入市场调查了解情况，到大用户、大工地去进行现场使用试验，做好售后调查，及时反馈信息，调整产品结构，增强了产品的竞争能力。

4. 充分发挥党、政、工、团在企业中的骨干作用。该厂十分重视党组织建设，使党支部成为生产中的战斗堡垒。同时建立健全了团支部、工会，充分发挥党、团员的先锋模范作用，获得了精神文明和物质文明建设的双丰收。

（陈　良）

兰州桃海门窗有限公司

兰州桃海门窗有限公司是国家建设部定点生产钢门窗的企业，是省市建委定点生产空腹密闭系列节能钢门窗的企业，甘肃省二级企业，1993年改组成立为股份合作制企业。

兰州桃海门窗有限公司始建于1988年5月，当时只有十几个农民子弟在一个已倒闭的乡办农具厂的旧址上建起了兰州桃海钢窗厂，靠自筹资金8万元购置了几台简单的生产设备，在极其简陋的厂房里进行生产。1988年底生产实腹钢门窗0.34万平方米，产值14.8万元，当年企业亏损了4.98万元。到1991年，企业产值达到了348万元，比1988年增长了21.5倍；创利润6.49万元，比1988年增长了10.3倍；上缴税金17.83万元，比1988年增长了21.9倍；固定资产54.1万元，比1988年增长了6.7倍，当年还清了银行贷款。1993年公司销售收入达到2 952.5万元，比上年增长169.2%；上缴税金129.7万元，比上年增长236.9%；创利润332.2万元，比上年增长134%；企业固定资产达到513.9万元，流动资产1 575.5万元。已跻身于全国最佳经济效益500个企业行列，受到了农业部的表彰.

兰州桃海钢门窗公司

公司有主要生产设备100余台，拥有职工220人，其中工程技术人员占职工总数的8%，已形成了空腹异型钢材轧制、实腹钢门窗、空腹密闭钢门窗、空腹推拉全密闭钢门窗、铝合金门窗、静电喷塑六条生产线，是甘肃省门窗行业产品品种最全、生产能力较强的生产企业。1993年公司轧制各种规格空腹异型钢材3 000吨，生产各类钢门窗14万平方米，创历年来最好水平。

兰州桃海门窗有限公司在短短的五年之内能发展到现有的生产规模，其主要因素和经验是：

1. 依靠党和国家发展乡镇企业的政策。十一届三中全会以来，党和国家号召广大农民走向富裕的道路，鼓励农民大办乡镇企业，并给予发展乡镇企业一定的优惠政策。兰州桃海门窗有限公司就是在这样的环境下建立和发展起来的。随着企业的发展壮大，经济积累也比较雄厚，职工的工资逐年都有所增加：1989年职工人均工资2 400元，1992年达4 500元，1993年达到6 000元。人均工资的逐年提高，使职工们看到了乡镇企业的发展，就是农民致富、奔向小康、社会安定的主要途径。

2. 大胆决策，引进新技术、开发新产品。面对激烈的市场竞争，兰州桃海门窗有限公司抓住信息搞市场调查，采用新技术对原实腹钢窗生产工艺进行改造，成功地试制出了实腹钢门窗“榫接热铆”新工艺，于

1990年6月通过了省级首家新技术鉴定。这一工艺和对焊工艺相比，节约了生产设备投资2万多元，生产效率提高了4倍，保证了产品质量，给实腹钢窗创省优产品奠定了基础。

1990年9月正当一些钢门窗生产厂家热衷于生产普通空实腹钢门窗的时候，公司对建筑市场进行了调查，大胆地引进了空腹密闭钢窗和推拉窗的生产技术，制造出的空腹密闭钢窗于1991年1月通过了省级新产品鉴定，填补了省内空白。为了生产出更理想的产品，公司又耗资70万元引进了国内最新型材轧制专利技术，轧制出了属国内领先水平的新型空腹异型钢材，研制出了空腹密闭双层节能钢门窗和空腹推拉全密闭节能钢门窗，于1992年4月又一次通过了省级新产品鉴定。该类钢窗的物理性能经国家建筑工程质量监督检验测试中心检测均达到了国家标准。该类产品自1991年以来曾先后三次荣获了全国星火计划成果金奖，被国家科委、建设部列为“八五”期间重点推广的建筑节能项目。

3. 严格企业管理，提高产品质量。兰州桃海门窗有限公司从建厂以来就不断地对企业进行整顿，健全了企业的各项管理制度、管理标准和工作标准，企业的标准化、计量管理经市级达标验收为三级企业，全面质量管理通过了农业部达标验收标准。在质量管理方面由企业一把手直接领导质检机构，严格执行产品标准，严格执行自检、互检、专检的三检制度，严格执行产品质量五不准制度，严格执行产品售后服务制度。凡在产品上出了质量问题的，按其经济损失程度予以罚款或照价赔偿。确实保证产品出厂合格率达到百分之百。公司生产的实腹钢窗，1991年被评为甘肃省优质产品。

4. 发扬自力更生精神，走艰苦创业的道路。兰州桃海门窗有限公司从创建、发展至壮大，是公司全体职工发扬自力更生艰苦创业的结晶。自力更生，艰苦创业成了公司职工的传统，自己动手建造工厂，尽可能减少各项开支。建厂初期企业资金缺少买不起运输车辆，他们用三轮车、架子车给用户送货，自己制造工装台具和简易的生产设备。自己动手修补年久失修、到处漏雨的旧车间300多平方米，自己动手盖简易工棚400多平方米。1990年8月自己装卸捡砖、自己砌墙用了20多天时间盖起了120多平方米的二层办公楼。1991年9月公司为了扩大空腹密闭节能钢门窗的生产量需要扩建厂区，从运输、下地基、砌墙到焊接房梁屋架都由职工自己动手干。在短短的6个月内盖起了生产车间1 200平方米，三层办公楼1 100平方米和配电室等项生产辅助设施，使各种生产设备、电器设备提前就位形成生产线。这种自力更生，艰苦创业的精神，确实是兰州桃海门窗有限公司不断快速发展的财富。

（兰州桃海门窗有限公司）

大连特钢厂

大连特钢厂是大连市南关岭镇西部的一个村办企业。自1985年建厂以来，已发展成为集炼、轧、锻钢为一体的中型乡镇冶金企业。占地面积30余万平方米，固定资产8 000万元，职工1 600人。拥有国家一级双流水平连铸机、7.5吨电孤炉、ϕ350短应力轧机等先进炼、轧钢设备。年生产能力分别为：炼钢8万吨，轧钢10万吨，锻钢2万吨。1993年，该厂被农业部评为“全国500家优秀企业”，被辽宁省评为“全省百强乡镇企业”、“出口创汇明星企业”、“优秀市场产品明星企业”，连续三年荣获大连市工商局“重合同、守信用单位”，被大连市甘井子区人民政府授予全区唯一一个“三星级乡镇明星企业”。1993年，该厂完成工业总产值5.32亿元，销售收入5.36亿元，实现利税5 800万元。分别比上年增长了192%、150%、193%。

1993年，大连特钢厂的发展经验是：

1. 大胆采用高新技术，以科技促效益。1993年伊始，特钢厂领导班子便从北京聘请来7名冶金行业知名的高科技专家、教授，为厂新一年工作进行参谋、指导。同时，在大连市乡镇企业中首家成立了科技协会，与高科技专家、教授组成“科技智囊团”。还投资数万元，选派50多名科技人才到马鞍山等地学习一些大钢厂的先进技术。这些科技人才已在各个重要的生产岗位一展才华。

厂里投资500万元在全国乡镇企业中首家兴建的“国家一级双流水平连铸机”，是国际上先进的铸钢工艺。它全部采用微机管理、操作。采用该工艺拉出来的钢坯具有成材率高、钢坯内部结构好等特点，可以浇铸所有的特殊钢种，钢坯质量达到国际标准。为了使这项高新工艺切实得到应用，“科技智囊团”对这项工艺进行紧张的科技攻关、调试。终于使这项工艺在短期内投入正常生产。为了扩大产品品种，厂里又投资1 000多万元，建起一座锻钢分厂，与炼、轧钢分厂形成配套流水线。连铸机与锻钢分厂的上马，使特钢厂的钢材品种范围大大拓宽，使特钢的产品多方位、多渠道地占领了市场。各种钢坯、轧材、锻材可以达到上百系列、上千个品种。形成了精加工、多品种、普特结合的生产格局。

2. 抓住有利时机，创优质夺高产。大连特钢厂投资100多万元，建立起一座现代化的钢材检验站。并取得了辽宁省质检部门的认证合格证书。为了保障化验过程的准确性，厂里从一些国有大中型冶金企业聘请来一批具有化验专长的离退休工程师、技师，对本厂化验员进行传、帮、带，有效地保证了钢材化验结果的精确性。

厂里还进一步加强了质量管理部门力量，组建了11个QC小组，坚持“三不放过”的检验原则，即：发现质量问题不放过，不找出问题发生原因不放过，问题得不到最终解决不放过。严密地监视生产过程中可能出现质量问题的环节。

精密、科学的检验仪器和严格的质量管理系统，使特钢厂的产品质量达到了“国际一般标准”。1993年春季，国家质检部门对全国乡镇冶金企业进行质量行检时，特钢厂在全国仅有的14个合格产品中名列前茅。特钢厂的产品质量不仅赢得了国内用户信任，还取得了国际用户的一致好评。1993年共出口钢材9 666吨，比上年增长120%，没有出现一次质量问题。

3. 注重精神文明建设。大连特钢厂在“人”的因素上狠下功夫。一是培育职工发扬“爱特钢、做奉献、创最佳”的企业精神。让职工们感到，特钢厂就是自己的家。家富了，他们便感到荣耀，家贫了，他们也感到耻辱。二是进一步加强职工福利建设，为职工排忧解难，消除职工后顾之忧。特钢厂有800多名外来劳务人员，为了使他们能安下心来为厂发挥力量，厂里除了给他们提供“旅馆化”的住宿、“饭店化”的食堂，还投资210万元建起6栋家属楼，解决了100多户职工的住房问题。调动了职工的积极性，一次次自发地掀起大干高潮。仅轧钢分厂就创下了日产钢材383.13吨的高产纪录，全年义务奉献工时达46 241个。

4. 深挖内涵潜力，向节约要效益。为了降低产品的物质、能源消耗，特钢厂经过周密调查，制订了“两步走”的方针，获得了良好的效果。

第一步，降成本。冶金行业是用电大户，几乎无处不用电，是消耗的重要环节。特钢厂首先加强动力管理工作，对全厂各用电环节进行调查、分析，做到合理配电，杜绝了浪费现象。1993年，全厂共节电725.9万千瓦时。其次，进一步加强对用电设备的维护、监视，注意设备负荷变化，及时投切无功补偿设备，设备功率因数保持在95%以上。在大连市电业局举行的轧钢行业“节电增钢竞赛”活动中，获得大连市甘井子区唯一一家“双百分单位”。此外，对厂里几大主体生产车间工艺过程的技术革新。仅炼钢分厂通过采用合理配电、随料增碳、液渣回炉、控制其化学成分在中下限部分等方面，便使吨钢成本比同行业企业降低200元左右。而轧钢、锻钢分厂则通过改进加热炉、延长机械设备使用寿命等方式。全年节约资金数十年万元。

第二步，修旧利废。厂里每年需要冶炼废钢近10万吨，其中含有大量的可以再利用的有价值原材料。为了把修旧利废活动深入开展起来，厂里组织维修人员将新购进的废钢之中有用之材挑选出来，由维修人员自行研制了吊车、运钢车、车床、砂轮机、顶钢机等设备。1993年全厂在节能降耗、修旧利废方面共节约资金645万元。被辽宁省授予“节能样板企业”，其经验在全省推广。

5. 一业为主、多种经营，为进一步发展打下坚实基础。为了使企业在竞争中立稳脚跟，上规模、上档次，大连特钢厂组织实施了“实行大投入、主攻大项目、进军大市场”的宏伟计划。一是投资1.5亿元，上马两台20吨电炉，形成年产钢20万吨以上的生产能力。截止1993年末，特钢厂20吨电炉一期奠基工程已基本结束。二是成立优势互补的分公司、子公司。在大连周边地区大做房地产、不动产生意。坚持两头在外，大进大出，横向联合，纵深发展的发展格局。到1993年末，特钢厂已拥有12大经贸公司。其中最大的一家经贸公司，全年获利润近千万元。三是与“亚晨”股份有限公司合作，组建了一支海上船队，开辟了特钢的海上“黄金之路”。

（于传芳　李邦学　姚有亮）

中国·金轮集团公司

中国·金轮集团公司自1986年着手开发锦纶帘子布以来，经过6年多的艰苦努力，发展迅速，已拥有8 000余名职工，8.9亿元总资产，厂区占地1 000余亩，5个总公司，24个分厂，3个国内外贸易公司，3个商场，1个城市信用社，1所职工学校，1个科技中心，形成了以化纤、纺织为主，机械、冶炼、电子、塑料、服装、热能发电和第三产业为辅的多产业、多行业、多体制、国际化、集团化企业联合体；被列为国家大型一档企业、浙江省规模最大的乡镇企业，生产能力和经营规模已居中国乡镇企业化纤行业第一位。1993年创产值8.01亿元，销售8.01亿元，获利税8 162万元，出口创汇8 214万元，分别比上年增长73.14%、154.59%、42.52%和39.2%。集团成员企业改性塑料厂荣获浙江省工业最佳经济效益、行业最佳经济效益、乡镇工业最佳经济效益三个第一，并受到农业部的表彰。

1993年，中国·金轮集团公司坚定不移地走高效、快速、健康的发展之路，主要做了以下几方面的工作：

1. 统一思想认识，迎着困难求发展。由于国家实行宏观紧缩，集团公司自然而然地受到影响。集团公司及时组织干部职工学习上级有关指示精神，回顾6年来的创业历程，开展了“金轮需要什么”的大讨论，并设立“合理化建议奖”、“项目建设进度奖”、“科技成果奖”、“金轮十佳青年评选”、“三比三赛”等竞赛活动，深入进行思想发动，还利用“厂庆六周年”，“金轮腾飞研讨会”等进行思想总动员，增强职工的向心力和凝聚力。使大家感到金轮事业的过去是从各种困难中发展壮大的。现在如果不求发展，安于现状，企业就会停滞不前。只有闯新路，迈新步，企业才有希望，才有出路。这样，全集团上下进一步增强了继续发展的信心，统一了思想认识，克服了各种不利因素，不仅使干部职工经受了考验，也使社会上更多的人重新认识金轮，信任金轮。

中国·金轮集团公司锦纶股份有限公司生产车间

2. 转换经营机制，摸索和实践集团化管理模式。根据集团发展后拥有的24个成员厂实际，按照办“五大行业，十大企业，一百个分厂”的目标，随着集团规模日益增大，人员多，行业杂，生产战线长等特点，通过科学分析和决策，于1993年先后组建了宁波星星实业总公司、宁波金轮进出口公司等五大公司，使企业初步形成了“两级法人，三级管理”的公司化管理模式，理顺了集团与各公司、公司与各分厂的管理关系，使集团逐步成为投资中心，决策中心，信息中心和利益分配中心，同时让各子公司发挥更大的主动性，创造性，使其真正成为独立经营，自我积累，独立承担风险的企业法人，把各分厂更直接地推向市场，强化了他们的风险意识、效益意识、竞争意识和发展意识。集团核心企业慈溪锦纶总公司在1993年完成产值71 738万元，比上年增长了70.58%；实现利税6 347万元，比上年增长了42.55%；完成产量26 499吨，比上年增加了57.25%。这些，为金轮早日驶上快车道奠定了良好的基础。同时，在转换管理体制的过程中，分别完成了两家老企业股份制改造，创办了一家规范化的股份制企业。宁波锦纶股份有限公司，由金轮集团、中联橡胶总公司、中国农村发展信托投资公司浙江公司等五个单位，按《股份制企业试点办法》有关规定自愿联合组建，股本总额6 880万元，是自主经营、自负盈亏、自我发展、自我约束的独立法人，发起人参股6 720万元，其中：公司参股6 297.88万元，内部职工参股160万元。整个企业产权明晰，关系理顺，运转正常。

3. 注意调整结构，实现“四个转化”。近年来，集团公司在过去高速发展的基础上，按照进一步上规模、上档次、上水平、上台阶的要求，积极致力于调整结构，特别是狠抓产业结构、市场结构、投资结构和人才结构的调整和优化，实现了“四个转化”。

一是突破单一产品、行业局限，向多行业开发转化。色母粒、金轮TL80CC型摩托车、147FMB摩托车发动机等产品的问世，不但填补了国内空白，而且出现了产品供不应求的销势，并且已形成三大产业、五大行业、100多种产品的产业体系，“多元开发，多业并举”的格局已经初步形成。商贸、服务、装潢、金融、房地产开发等第三产业的营业额已超亿元。

二是调整投资结构、向重点项目转化。1993年在项目投资上集中资金保重点，千方百计带一般，为了解决企业资金不足的困难，集团通过外扩收入门路、内部自身挖潜等办法，多渠道筹集资金以弥补资金缺口，仅锦纶总公司通过压缩三项资金，就减少资金占用1 000多万元。一年来集团公司在保证正常生产的前提下，又着重抓了“锦纶四厂”，“金轮摩托车厂”、“热电厂”、“11万伏变电所”等项目，投资达2亿多元。

三是拓宽国际商路，向国内国际两个市场并举转化。为面对市场众多的竞争对手，集团千方百计动脑筋，想办法，努力为企业排难解忧，组织已内酰胺23 226吨，胶料2 976吨，销售帘子布22 120吨，完成销售额5.32亿元，货款回收率达84.78%，并在桂林召开的大型订货会上签订30 200吨的销售合同；在巩固国内市场的同时，为直接参与国际经济大循环，于1993年8月成立了拥有进出口自营权的国际贸易部，使更多的产品直接打入国际市场，既扩大了外贸，又为企业进口原辅材料提供了方便。

四是抓好人才工程，向技术、知识密集型转化。到1993年底，集团在这方面的投资已达700多万元，引进中高级科技人员和管理人员近200名，大中专毕业生138名，选送256名青年职工去高等院校进修深造，还先后邀请国内外著名专家、学者、教授前来讲学。公司职工学校依靠自己的力量办学培训，举办了各类培训班141期，受训人数达5 832人次，培养了一大批企业骨干，改善了职工队伍的素质。

（施达年　董其岳）

宁波雅戈尔（集团）股份有限公司

宁波雅戈尔（集团）股份有限公司，是一家以“雅戈尔”系列服装为龙头，以贸易、房地产为两翼，集金融、广告、包装等行业为一体的综合性公司。1993年，全公司产品销售1.88亿元，比上年翻了一番多；贸易销售8 800万元；完成利润2 182万元；出口创汇1 800万美元，比上年净增1 000万美元。近几年来，通过公司全体员工的共同努力，积极探索、勇于创新，初步走出了一条产品名牌化、经营多元化、企业集团化、集团股份化的企业发展路子。

1. 创名牌，树立企业形象。“雅戈尔”的前身是一家镇办服装小厂，初创时期，厂房简陋，设备落后，工艺简单，没有像样的产品。为了塑造良好的企业形象，他们决心创牌子。在建厂最初几年，通过积累资金，改进生产工艺，提高管理水平，为创牌子作前期准备。到1986年，首次打出了“北仑港”牌子，并一举获得成功。“北仑港”女衬衫被评为省优和全国第二名。男衬衫被评为全省第一名和全国第三名，大衣也进入了“省优”行列。在以后4年中，“北仑港”牌男女衬衫曾先后七八次参加全国或全省评比，均名列前茅，产品畅销全国各大城市，1988年，还被商业部通报为“全国最畅销商品”。通过一系列的艰苦努力，初步确立了“北仑港”牌衬衫在市场竞争中的地位和宁波青春服装厂在公众中的良好形象。

宁波雅戈尔（集团）股份有限公司

随着改革开放的不断深入，“北仑港”牌衬衫面临“外货”“广货”等高档产品的激烈竞争。在这种形势下，他们决心迎击挑战，忍痛割爱，逐步放弃苦心经营多年的“北仑港”牌衬衫，开发适应新的消费层次需求的精品衬衫。1990年8月，该厂与澳门南光国际贸易集团公司合资建立宁波雅戈尔制衣有限公司，引进先进设备，在对国际名牌产品进行认真研究的基础上，设计新的生产流程，制订高标准的质量内控指标，采用国际先进的“无浆工艺”，并将产量从原来的日产1 400件压缩到日产200件左右，以保证雅戈尔衬衫的质量。首批产品出来后，各项指标在名牌林立的上海荣获男衬衫时装设计展销会“金奖”和三优产品，而且领尖还达到了国际先进水平。“雅戈尔”牌子打出后，他们继续更新设备，改进工艺，稳定质量。1993年“雅戈尔”衬衫参加了在泰国举办的国际展评，获得了金奖荣誉。为使社会了解雅戈尔，他们在保证产品质量前提下，开展了必要的广告和公关活动，把“雅戈尔”介绍给广大消费者。

2. 高起点，开拓多元经营。一是利用名牌效应，开发“雅戈尔”系列产品，从单一的衬衫拓展到整个服装系列。首先，在原制衣厂投入2 000万元的基础上，又投入3 000万元，进行技术改造，使“雅戈尔”衬衫生产流水线达到国际一流水平。通过技术改造，不仅提高了衬衫的档次，而且扩大了生产能力和市场覆盖率，衬衫销售额从1992年的5 000万元猛增到1993年的1.2亿元，经济效益也成倍增加。其次，根据高起点、高层次的标准，大力开发系列服装，投资3 000万元，引进意大利、德国、日本的西装流水线，与意大利切维斯公司合作，开发生产具有意大利风格的雅戈尔西服；兼并了一家亏损企业，与香港合资，创建了年产100万件童装的中冠制衣有限公司；再对一家亏损企业进行改组改造，与日本合资创办了年产50万件针织时装的华盛制衣有限公司。两年来，他们在制衣业中共投入1亿元，全面投产后，产品销售额预计能达到5亿元。

二是抓住机遇，涉足新兴产业。公司与澳门南光公司合资，创办了南光和国贸物业两个房地产公司。近两年来，两个房地产公司在宁波市郊和北仑等地投资2亿元，购买了总面积为87万平方米的7幅土地，积极开展招商活动。他们还同中国农业银行鄞县支行合作，创办了农行雅戈尔办事处，涉足金融业。雅戈尔办事处经过半年多的经营，不仅自身效益良好，而且在整个集团公司的资金调度、业务结算等方面发挥了积极的作用。

三是顺应世界经济一体化趋向，积极拓展国际贸易。1992年，公司先后在上海、宁波等城市设立了雅戈尔国际贸易有限公司、雅戈尔国内贸易公司、宁波盛达发展公司和宁波保税区盛诚国际贸易有限公司等四个贸易部。这四个贸易部1993年营业额达到1 800万美元，加快了生产企业的外向型步伐。

3. 转机制，增强发展活力。雅戈尔（集团）股份有限公司的前身是宁波青春服装厂，由于投资主体单一，产权归属不清，难以跳出区域经济的局限。为了适应社会主义市场经济体制的要求，他们通过转换企业经营机制，对企业进行了股份制改造。组建了由石矸镇工业公司、鄞县青春职工发展基金会、宁波盛达发展公司三家发起的宁波市乡镇企业系统首家规范化股份制集团公司。

雅戈尔（集团）股份有限公司的建立，为企业的迅速发展注入了新的活力。集团公司通过定向募集股金，资本迅速扩大，从原来的 2 600 万元猛增到 1 亿元。同时以控股的办法，以有限责任公司的形式，先后投资创办 4 个制衣企业、2 个房地产公司、1 个广告公司、1 个银行办事处、1 个包装厂、4 个贸易公司等 13 个子公司，吸引外商和国内企业投资近 1 亿元，使集团公司及其子公司的自有资产达到 2 亿元。这样，集团公司可操作的资金从 1992 年上半年的 5 000 万元增加到 3.5 亿元，为企业的发展奠定了强大的财力基础。

集团股份有限公司的建立极大地调动了企业员工的工作积极性，增强了企业凝聚力。按股份分红的分配形式，将全体员工的福利待遇与职工基金会的收益紧密结合起来；由职工共同参股的盛达发展公司通过在集团公司中的分红与职工的收益直接结合起来；使每个员工都关心企业的经济效益。而且，他们在内部募股中，采取职工少量、中层限量、高层放开的策略，逐步形成基层职工以按劳分配为主、按资分配为辅；经营技术骨干和中层管理人员按劳与按资分配相结合；高层管理人员以按资分配为主、按劳分配为辅的分配格局。这样，不仅增强了中高层人员对企业利益特别是长期利益的关切度，而且对吸引各类人才起到了十分重要的作用。全公司 1 800 名员工人心稳定，生产热情高涨，并在两年内，吸引大专以上各类人才 56 名，初步形成了用之以才、才尽所能的良好局面，为“雅戈尔”的崛起创造了必要的条件。

（董其岳　李红飞）

宁波慈兴轴承有限公司

1993 年，宁波慈兴轴承有限公司通过不断的技改投入、产品开发、人才引进和科学管理，取得了十分喜人的成绩。公司 1993 年创产值 10 603.25 万元，销售 7 325.46 万元，创汇 3 065.83 万元，上缴国家税收 412.46 万元，利润 1 452.78 万元。与 1992 年相比，产值增长 51.22%，销售增长 47.56%，创汇增长 128.70%，利润增长 48.51%，实现了年初制订的产值超亿、创汇翻番的目标。公司拥有职工 1 060 余人，拥有建筑面积近 4.0 万平方米；办成境外企业一个，注册资本 10 万美元；国内内联企业 14 个（分厂）。在国家统计局公布的“中国 500 家最大机械工业企业”中名列第 178 位，是宁波市级明星企业。

1993 年宁波慈兴轴承有限公司主要是开展了以下一些工作：

1. 加大技改投入力度。1993 年，公司通过多种渠道引进资金，进行技术改造，共投入技改资金 1 000 万元，比 1992 年增长 55%。完成了新厂区 2 号、3 号楼轴承自动化生产线的设备安装、调试，并迅速投入了生产。与此同时，还完成了 4 号楼的基建及设备安装，为精密型轴承自动化生产投产打下了基础。公司具有专用及配套设备 530 余台，其中一半以上实现了自动化和半自动化，轴承生产过程中的关键性工艺设备已迈出三大步：即从建厂初期的手动小台磨，改进为自动摇摆磨，又进一步发展成为切入式微机控制自动磨床，全自动仿美国“勃朗特皮”磨床、仿德国的全自动超精仪机床、仿日本的全自动测量仪器和装配线。安装了常用轴承、出口轴承、仪表轴承 3 条生产流水线，初步实现了短线联接生产，确保了产品的质量精度。

1993 年，公司还开发新产品 18 个，其中属省部级 6 个，生产的 ZD3 超低音轴承可替代进口，在国内外已得到广泛应用。

2. 积极开拓国际市场。1993 年，公司凭借机电产品自行出口权和产品质量的两个优势，在积极稳固原已开发的国内外市场的基础上，着重把眼光瞄向国际市场，走国际大循环之路。公司总经理胡先根把“开洋门见洋人、挣洋钱、发洋财”作为公司的经营方针，多次率技术经营骨干考察美国、瑞士、日本、加纳、韩国、老挝、香港等地，积极通过各种渠道加强与外商的业务联系，扩大外贸产品的市场覆盖面。1993 年，公司在美国设立了经营分公司，为产品打入国际市场闯出了关键的第一步。公司按照国际标准要求，适时调整产品结构，更新技术设备，完善质量监控体系，按国际标准组织生产，不断提高产品档次。公司生产的小型系列 180901A、101、201、202 等轴承被评为省优、部优产品，微型系列轴承荣获国家“七五”星火博览会金奖。“CW”商标已在美国注册，在国外享有良好的声誉。产品不仅畅销上海、江苏、浙江、福建等地，而且远销美国、加拿大、韩国、独联体、马来西亚、香港等国家和地区。

3. 重视发挥人才效应。为了克服原来乡镇企业中普遍存在的人才缺乏、技术落后、管理薄弱的通病，公司把引进人才作为突破口，广开门路，多形式、多渠道、多层次地吸引、培育人才。主要措施有三条：

一是高薪聘请外地人才，为他们提供优厚待遇。聘任的人才中，有通过企业间协作咨询形式借调来的；有上级组织人事部门调入的，也有慕名被吸引过来的，他们中有的是轴承专家、大学教授和管理干部。

二是积极吸纳大中专毕业生，为他们在政治、经济、生活上提供各种方便，并搭好他们施展才华的舞台，鼓励他们多出成果，快出成果。已有近10名大中专毕业生在公司安心工作，他们有的已成为轴承方面的技术骨干，有的已成为中层管理干部。

三是着眼于自我培养"永久牌"的技术人员，公司通过与宁波大学、慈溪城镇职业中学实行厂校挂勾，开设轴承专业班，培养具有大中专和高中文化水平的技术工人，毕业后回公司工作；公司还选派70多名青工分批去杭州大学、中国人民大学、省机械学校等有关单位学习进修，提高技术水平；公司还通过职工技校开展内部短期培训、上岗培训等制度，提高职工的文化素质和技术水平。

宁波慈兴轴承有限公司

公司已形成了一支有100多人的具有各种专业技术职称的技术和管理队伍，其中有工程师以上职称的17人，另有高级工程师、会计师、管理专家5人，成为公司高层决策团成员。这些人才，成为公司企业生产、技术管理、财务核算和发展外经贸的骨干力量，为提高企业整体素质发挥了重大作用。

4. 加强企业内部管理。为适应市场经济的发展，1993年公司注重按国际惯例来规范企业准则，健全企业规章制度。公司制订了"宁波慈兴轴承有限公司职工手册"、"劳动工资管理实施办法"等，并发到每个职工手中，还完善了员工劳动管理、产品质量管理、生产现场管理、销售管理、物资管理、安全管理、组织管理等方面的制度，有力地保障了生产的顺利发展。如在质量管理上，按国际标准组织生产，实施全面质量管理，实行质量管理责任制，建立公司和分厂的质量保证体系和用户反馈体系，在出口生产线上设置了8个质量控制点，把产品质量好坏作为取酬的主要依据，奖优罚劣。在组织管理方面，公司按照组织原理和科学管理要求，积极深化改革；设置了海外事业部、企业管理部、生产经营部、技术装备部、财务部等部门，实行正、副总经理领导下的部长负责制，大力推行"四制"改革（部长聘任制、车间责任制、科室目标制、人才保护制），推行了"模糊"工资制，废除了干部终身制，打破了干好干坏一个样的"大锅饭"制度，使许多职工感到实干有了甜头，企业有了奔头。

企业管理是公司发展的必要保证，公司领导每年花一定的精力，结合形势发展和突出矛盾开展调研，抓问题本质，抓主要矛盾，理顺关系，协调解决，并举一反三，确立公司发展和企业管理思路。

（范伟明　董其岳）

宁波一休童装集团公司

在当今中国童装界，若问谁是行业之冠，人们会毫无疑问地回答：宁波"一休"。

宁波一休童装集团公司1990年跃居为国内最大童装企业，1993年内销和出口童装366万件套，完成销售1 0080万元，创税利2 000多万元，各项经济指标在国内同行中遥遥领先。

"一休"童装已成为中国名牌。

宁波一休童装集团

1. 艰难创业。一家好企业必有一位好经理，宁波一休童装集团公司总经理陈华姣受命于危难之时。1984年她被任命为服装制线厂厂长，这是宁海县一家镇办企业，产品都是些不起眼的薄利产品，什么拼线、布料、劳保手套……搞得好一年也只不过数千元利润，搞不好还要蚀老本。

穷则思变。厂里想方设法寻找时机。

当时，服装行业正值“西装热”。不少领导、同行都劝厂里搞西装。但厂里认为生产西装，一来工序复杂，投资太大，再说西装生产厂家太多，市场已趋饱和。经过一番市场调查和预测，选定了生产童装。

起初，只是从市场上选样品，流行什么就做什么，生意自然大不了。一次偶然的机会，厂长陈华姣结识了爱好童装设计的中学女教师吴爱卿。厂里的第一笔4万元业务，就是这位吴老师利用寒假时间设计的7件新颖漂亮的童装样品，然后一道去上海挨家挨户推销得来的。如今吴爱卿早已被聘为副总经理，并带出了20多位徒弟，建立了国内实力最强的童装设计中心。

2. 以新取胜。“一休”童装的最大特色在于款式新颖。童装设计是一门艺术。公司认为，童装不仅仅是为了打扮祖国的花朵，还应该在启迪开发儿童少年的智力上下功夫，融时代性、知识性、趣味性于一体，做到“三型四化”，即趣味娱乐型、运动健康型、智力开发型和礼品化、系列化、时装化、配套化。

走进公司的样品陈列室，就象进入了一个色彩缤纷的童话世界。设计人员根据孩子们的年龄特点，精心设计出打哈欠的小松鼠、学跳舞的蒲公英、小鹿讲故事、熊猫做算题等有趣多彩的装饰图案，并配以“神算子”、“望星空”、“面向未来”等富有诗意的名称，使孩子、家长们人见人爱。

一些同行一发现该公司新款式童装，便争相效仿。从企业角度讲，此乃商家之大忌。公司则认为：“依样画葫芦，形似神难似，让别人去学吧！‘一休’靠的是人无我有，人学我变；‘一休’要常变常新，不断变出新花样。”

1993年，“一休”推出的新款式童装达1 000余种，平均每天3种左右，被商界誉为“千面一休”。

十年来，公司已累计生产童装1 500万件套，其中50多万件套远销日本、波兰、俄罗斯、澳大利亚和香港、台湾等6个国家和地区。

3. 商标效应。当初，公司转产童装时，正值中央电视台播映日本动画片《聪明的一休》，一休的形象一时成为聪明机智少年儿童的象征。公司便顺其自然，用“一休”作了商标。

如果说当初选择“一休”商标是属于偶然的话，那末，如何利用商标来提高产品知名度，则是公司刻意追求的。

公司投资60多万元，先后在郑州亚细亚、哈尔滨秋林公司、佳木斯华联商厦等20多家大中型商场，设立一休童装屋。童装屋精美的装潢、逗人喜爱的一休形象，强烈吸引着少年儿童，起到了良好的导购作用。

公司请人设计了一枚活动的七彩塑料“一休”徽章。小朋友既可别在服装上，亦可拿着玩。“一休”徽章收到了意想不到的促销效果。

“一休”童装已是宁波市知名度最高的商标之一。1992年，“一休”商标分别被评为浙江省消费者满意商标和宁波市著名商标。“一休”童装蝉联1992、1993年度国内贸易部最畅销国产商品“金桥奖”。

4. 追求不息。“一休”集团下设一休童装厂和赛云被服有限公司、雷诺士制衣有限公司两家中外合资企业，生产高档云丝被和出口时装。公司还将继续实施多元化发展战略，创办实业，开发产品，拓展市场。

（竺济法　董其岳）

赫章县山脚冶炼厂

赫章县山脚冶炼厂地处云贵高原乌蒙山麓，距县城10公里，川滇国防公路从厂门前经过。往东北方向直通四川省泸州市；西北毗邻云南，经宣威直达昆明；南距六盘水市大湾火车站60公里，可通往全国各地。

赫章县铅锌冶炼历史悠久，由于工艺落后，资源未能充分开发利用。千百年来，赫章县人民一直守着“金山”受贫穷。党的十一届三中全会以后，由于党的“富民政策”指引，邓洪显同志（现任厂长）决心开发当地丰富的铅锌资源，拿出自己仅有的3000元储蓄作为前期开发经费。这一举措，得到了各级党政领导的重视，银行、财政等部门积极给予扶持，终于建成了赫章县山脚冶炼厂。

由于有良好的外部环境，加上全厂干部职工的奋力拼搏，使山脚冶炼厂越办越红火。在粗锌冶炼上，先后经历了马槽炉—马鞍炉—爬坡炉—八卦炉等工艺流程，使产量和质量不断提高。为改变单一出售原材料的状况，1990年至1993年期间对企业进行了技术改造，已建成三座年产5000吨的精锌炉和一条年产2000吨金属锌粉的生产线，并已全部投产，可年产粗锌3000吨，精锌15000吨，金锌粉2000吨。到1993年，全厂拥有固定资产777万元，年创产值8000万元，销售收入超亿元。

由于该厂产品质量不断提高，深受用户欢迎。产品已销往广州、深圳、北京、上海、天津、浙江、江苏、河南、湖北、四川等17个省（市），还出口日本、英国等国家。

随着山脚冶炼厂的发展，带动了周围采矿业、粗锌冶炼业、运输业、商业、饮食服务业的发展，使附近500

多户农户，2000余人走上了富裕之路。同时，厂里先后拿出30万元为当地修建民办学校，安装电灯、自来水管，建立地面卫星接收站以及其他公益事业等，深受当地人民的好评。为表彰山脚冶炼厂对社会的贡献，连续4年被县人民政府评为“重合同、守信用”单位；被地区农业银行评为“特级信用企业”；多次被地、县人民政府评为先进集体；1993年被评为农业部表彰的500个先进企业之一；还被贵州省评为全省唯一获“五一奖状”的乡镇企业。厂长邓洪显同志先后荣获省、地、县先进工作者、优秀党支部书记、优秀农民企业家等光荣称号。1993年当选为县政协常委，同年又作为全县农村唯一的党代表出席了贵州省第七次党代表大会。

（李国乔）

企　业　家

赵希良
徐绍元
蔡道峰
徐　晖
雷　雨
杨玉平
周喜玉
陆汉振
陈华姣

赵希良 安徽省良友建筑工程总公司总经理。全国乡镇企业家，安徽省劳动模范，安徽省八届人大代表，淮北市政协副主席。

艰苦创业的领头人

赵希良，淮北市濉溪县平山乡山前村人，高中毕业后到萧县汪楼村办起了建筑队。创业初期，条件十分艰苦，村里对这个企业的支持仅是一枚公章，一张村里开出的介绍信。作为一个农民的儿子，他想为乡亲做点实实在在的事情，想要乡亲们的日子过得充实一点，想要家乡富裕起来。带着这个朴实的信念，1977 年，赵希良带领着 76 名农民泥瓦匠登上了北去的列车，来到了内蒙古大草原，开始他的信念追求。刚到内蒙古，一无亲，二无故，靠着给人打零工，维持着整个队伍的生存。没有办公地点，需要结帐开发票时，两条腿一并就成了办公桌。交通工具更加简单，全队仅有一辆“永久”牌自行车。住宿条件就更加困难，常常是大家挤在一起渡过那寒冷之夜。艰苦和困难不仅磨练了这个淮北汉，同时也为他以后的人生道路奠定了坚实的基础。

1988 年 8 月，他们接到了进入内蒙古自治区十年来的最大工程，也是国家重点工程，内蒙古阿尔善—赛汉塔输油管道工程的承包项目。这个工程地处荒无人烟的大草原，无水，无电，无房屋，施工条件极其艰苦。120 名建筑工人刚到工地，用三块大石头架起锅在野外烧饭，用水需从几十里外靠汽车运来。他们用几根钢管、雨布搭篷住宿，一遇到狂风季节，风带着黄砂吹来，使人整夜难以安眠。阿赛线工程就是在这样艰苦条件下开工了。有时温度降到零下 20 多摄氏度，为了保证工期，赵希良就带领工人住在工地，睡在工地。温度低，不能施工，他们就把砂子放在铁板上加热，把水烧到 80 度以上，再加上早强剂，防冻剂搅拌成砼，就这样连续奋战五天五夜，克服了难以想象的困难，终于按工程指挥部的要求打下了 290 个网状混凝土墩，圆满完成了施工任务，保证了国家重点工程按计划进行。接着工程指挥部又将 7 号站的群体工程交给他们。当时，由于铁路运输紧张，施工机具不能及时运到现场，严重影响了施工进度。为力保国家重点工程工期，赵希良又亲自组织汽车队全线抢运物资，为甲方解决了一大难题，受到了甲方一致好评。在阿赛线工程会战中他们所承建的项目，经验收全部达到合格标准，80%以上工程达到了优良。为此，输油管道工程建设指挥部通令表彰了赵希良所带领的施工队伍，称之是一支能打硬仗，能啃硬骨头的队伍。从此，赵希良不仅在石油系统声誉卓著，而且在全内蒙古建筑市场也争得一席之地。

创优质信誉倍增

1985 年 4 月份，公司承建内蒙古房屋建设开发公司团结小区一栋 3 635 平方米的住宅楼工程。当时，发包单位有不同意见，认为他们是乡镇企业施工队伍，怕不能按时保质保量完成任务。赵希良当即表示，如果不能按时交出优良工程，愿意自动退出内蒙古建筑市场。发包单位马上表态，如果这栋搞好，再交一栋给你们。就这样，把任务接下来了。但是，由于当时施工机械不足，流动资金缺乏，给施工带来了很大的困难，怎么办？他就做工人思想工作，和大家讲清楚，这是公司生存的关键一仗，只有按时交付优良工程，今后大家才有饭吃。为了确保施工材料到位，每月每人只发给 30 元零用钱，到年底交工后再结清。为了确保这项工程达优，公司从呼和浩特市聘请了高级工程师，利用上班前、下班后，星期天到工地检查指导，每天给施工人员讲两个小时施工规范。经过七个多月的施工，该工程竣工时，经呼和浩特市质检站评定为合格。赵希良对“合格”二字很不服气，就询问质检站怎样才能达到优良工程。质检站回答：“你们冬季施工经验不足，保温措施不当，卫生间贴的瓷砖受冻后有空洞，门窗油漆漏底。这几项需要重新返工，保质保量，就可以达到优良。”为了确保优良工程，赵希良亲自带着工人，决心进行返工。此时，施工用的提升机已拆除，所有的建筑材料都要靠工人往上运，同时，公司还安排技术过得硬的人员进行施工，最后终于保质保量地完成了任务，达到了优良工程标准。虽然这项工程使公司损失了 3 万多元，但赢得了宝贵信誉，受到了内蒙古自治区的好评。从此，良友建筑工程总公司的施工质量跨入了一个新的台阶。以后施工的内蒙古团结小区二、三栋工程全部达到优良工程，北戴河“内蒙古饭店”主体工程和北京市蒲黄榆二栋 22 层高级住宅楼内外装饰工程都被评为优良工程。

几年来，公司以质量创信誉，不断发展壮大。1990 年，完成建筑面积 36 400 平方米，创产值 2 100 万元，利税 273 万元；1991 年，完成建筑面积 54 500 平方米，创产值 3 200 万元，利税 420 万元。获农业部“全国乡镇建筑优秀企业”金杯奖，被安徽省人民政府授予“明星企业”称号。

靠开拓稳步前进

良友建筑工程总公司经过十几年的艰苦创业，奋力拼搏，已步入了健康、快速发展的轨道。1993 年，他们在立足内蒙古建筑市场后，迅速将公司业务拓展到河北、海南、广西、俄罗斯等地。在河北任丘二连基地的群体工程，创下了公司“大兵团”作战的历史，30 多栋办公、住宅、后勤服务楼同时开工，并按甲方的要求，保质保量地完成了工程任务，受到了甲方一致好评。1993年，他们承建的海南省“荔枝园山庄”30栋别墅工程，要求十分严格，除主体结构具有不同特点外，而且内外装饰全部使用进口材料，稍有不慎，将会给公司带来巨大损失，为此，赵希良冒着酷暑，亲自在工地指挥，圆满地完成了任务。这项工程不仅锻炼了队伍，也体现了公司的技术实力，迅速在海南打开了局面。他们在立足国内建筑市场的基础上，同时又承包俄罗斯彼德洛夫市的住宅工程。在赵希良的带领下，经过全公司的共同努力，1993年，公司完成总产值2.2亿元，创利税2 500万元，一跃成为安徽全省乡镇企业和建筑行业的排头兵。

在发展中致富家乡

公司发展了，怎样为振兴家乡经济多做新贡献，这是赵希良时时思考的一个中心问题，也是他创业时的初衷。为此，他每年从家乡转移劳动力约5 000多人，使家乡劳动力输出找到了一条有效途径。萧县汪楼村有劳动力740人，到该公司就业的就达657人，人均年收入达1 600多元，每户住房面积达200多平方米。既解决家乡富余劳动力的就业问题，又为家乡建设投资解决资金不足的困难。除此之外，赵希良每年还在公司利润中拿出近100万元支援家乡建设，帮助村里办起了小学、医院等公共设施，实现了全村学龄儿童的免费就学和医疗半免费，教师和医务人员的费用全由公司支付。在家乡农田建设方面，由该公司投资实现农田自动浇灌和播种、收割机械化。同时，为村里办起了地毯厂和针织厂。赵希良富了不忘家乡，受到了当地政府和群众的一致好评。

（时思玉）

徐绍元

湖北三峡工贸实业总公司总经理，湖北省优秀乡镇企业家。

湖北三峡工贸实业总公司是由1983年的一家镇办小水泥厂——湖北省枝城市松木坪水泥厂，在厂长徐绍元的带领下，发展而成的一个拥有15家工商企业（其中五家“三资”企业）的集团公司。1993年，该公司创产值6 185万元，利税522万元，出口产品交货额1 779万元。

走进废墟

1983年春，枝城市松木坪水泥厂破土动工兴建。5月23日，水泥厂机立窑点火投产。然而，就在点火的一瞬间，发出一声惊天动地的巨响，工厂腾起一股冲天的浓烟，现场人员被一氧化碳爆炸的高温物料吞噬了。当场四人丧生，六人重伤，工厂变成了一片废墟。人们被这突如其来的事故惊呆了，很快，便沉浸在一片悲哀之中。

爆炸声惊醒了镇领导，也惊醒了水泥厂的全体职工。他们深深感到，光有一腔热情，没有科学的态度，只能给自己酿造苦酒。就在这时，曾担任过乡党委书记的徐绍元，走进了这片废墟，出任了松木坪水泥厂厂长。

科学治厂

徐绍元牢记这起血的教训，亮出了三招：一是引凤求凰。他到大专院校、科研院所、大型厂矿求贤，先后引进了153名技术人才，为工厂解决了一道道技术难题。二是大力培训人才。先后选送33名业务骨干到大专院校代培，他自己也参加了西北大学现代化管理专业函授学习，并取得大专毕业文凭。全厂通过各种渠道培养出具有各类技术职称的人员83名。三是寻找技术靠山，先后与北京建材工业设计院、湖北建工设计院、武汉大学、华中理工大学等20多所大专院校、科研院所建立了长期的技术协作关系。

徐绍元组织全厂职工参加了中国质量协会组织的电化教育，900多名职工通过统考，领取了合格证书；确定了38名质量管理员，设立了13个质量控制点，形成了三级质量管理体系；装备了微机、工业闭路电视及一些质量检测设备，强化了质量管理手段；建立了10个QC小组，他率领的QC小组年年发布成果，获农业部优秀QC小组和农业部科技进步奖。他们通过采取一系列措施，促进了产品质量的稳步提高。425#、325#普通硅酸盐水泥先后获省、部优质产品称号，1991年定为国家“免检产品”。

拓展市场

松木坪水泥厂通过一系列技术改造，形成总体设计能力15万吨水泥的生产规模。随着生产规模的扩大，产品销售成为企业发展的关键。

徐绍元挑选精兵强将，在中南五省设立了10多个供销网点，及时收集市场信息，根据市场需求，调整产品结构。使产品在激烈的市场竞争中，占领了一席之地。

然而，市场变化难测。1989年，由于国家压缩基建规模，水泥市场由俏变滞，松木坪水泥厂的各路销售人员频频告急。到1990年春，水泥在仓库里堆积如山，已销售的水泥货款不能回笼，企业生产严重受阻。恰在这个节骨眼上，徐绍元胆结石疼痛加剧，被迫送进医院做手术。全厂职工焦急万分，徐绍元更急，手术后第10天，他就拖着虚弱的身体，率领销售人员出征了。

春节前夕，徐绍元回来了。他带回销售合同，带回货款，也给工厂带回了希望。工资兑现了，职工们过上了愉快的新年。

为了进一步拓展市场，徐绍元将各销售网点改建成分公司，组建了有50辆大货车的运输公司，送货上门，将水泥每吨低于其他厂家5元的价格销售。从此，松木坪水泥厂生产红红火火，产品销往中南五省的几十个城市。1991年，该厂产值1 367万元，比上年翻了一番。1992年，实现总产值3 363万元，1993年为6 185万元，实现了企业的飞跃发展。

走向世界

1992年春，邓小平南巡讲话发表后，徐绍元的思路更加开阔，目标更远大、更宏伟。他以水泥厂为依托，组建了一个跨区域、跨行业的集团公司，包括了建筑业、交通运输业、商饮服务业、工业等在内的10多家企业。他抓住长江经济带开放开发和三峡工程即将上马的机遇，通过各种渠道和途径，大力兴办“三资”企业，将产品打入国际市场。

1992年6月，同外商合资的医药化工厂投产，产品漂洋过海，当年出口创汇120万美元；紧接着投资600万元，与香港中港有限公司合资建成“湖北金三峡酒店有限公司”；投资1 500万元，与香港富亚实业发展公司合资建成“宜昌亚松特种水泥有限公司”；投资2 300万元，与香港拥富公司合资兴建“湖北利达铝型材料制品有限公司”；投资2 100万元，与香港快乐狮有限公司合资兴建“湖北康亚制药有限公司”。使“三峡”走向世界。

（葛天平　薛传富）

蔡道峰　广东潮州市振园运通食品有限公司董事长、总经理。从建厂到现在，还不够六个春秋。从一个固定资产不足10万元，年产值只有50多万元的乡间工厂，一跃成为固定资产726万元，工厂占地面积12 500平方米，厂房4 000多平方米，晒埕8 000多平方米。下设5个车间，4个直属加工厂。现配备有目前国内同行业中较先进的生产及化验设备50多台（套）。其独家研制生产的九制系列凉果饮誉海内外。1993年公司实现产值2 325万元，创税利182万元，出口创汇260.4万美元。各项指标六年翻六番，人均创产值17.9万元，人均创汇2万多美元。成为广东省乡镇企业一颗璀璨明星，先后被授予“省级先进企业”、“省乡镇企业科技先进单位”、“贯彻执行食品卫生法信得过单位”和“市先进单位”、“重合同守信用单位”、“物价计量信得过单位”等荣誉称号。公司董事长兼总经理蔡道峰也因成功研制九制凉果系列产品，独树一帜，且经营有方而成了广东省知名企业家，并享有“凉果泰斗”、“一代宗师凉果王”等美称。

振园运通食品有限公司的前身是振园果子厂，是由厂长蔡道峰于1987年底东挪西借10万元创办起来的。

蔡道峰出身在蜜饯凉果世家，家中世袭相传的凉果浸制工艺，从“振园”诞生之日起，便以其首创的“九制金橘”、“九制话梅”作为拳头产品历销不衰。随着市场经济的发展，本地区凉果加工业发展迅速，新产品层出不穷，市场竞争日趋激烈。蔡道峰意识到，商品也应是变化的、常新的，要想使企业长盛不衰，就必须不断开发新产品，才能摆脱品种单调、后劲乏力之困境。于是蔡道峰将开创适销对路的优质产品占领国内外市场作为奋斗目标。他先从调查研究入手，多次带领技术骨干到广州、上海、北京、武汉、海南等省、市和港、澳、泰等国家和地区进行考察，摸透市场行情。并根据现代社会人们不仅喜欢食品味美，更追求低糖、低酸、低盐，讲求营养的实际，先后研制生产出“九制相思梅”、“九制金榄”、“九制芒果条”、“九制蜜李”、“九制甘草梅”等九制系列20多个新品种。蔡道峰对每一个新品种的研制、生产，起点要求十分严格。他经常告诫职工：企业的生命在于产品，产品的生命在于质量，没有质量就没有效益。公司是贯彻“以质量求生存，以品种求发展，以客户为上帝”的办厂宗旨，着力为市场生产一流产品。首先，在遵古法制的传统工艺基础上加以改革。公司除组织QC小组开展专题研究外，还同大专院校、科研部门、大中企业合作，攻克一些技术难题。同时，采用现代技术手段，科学地选配对人体没有副作用的天然甜味剂和香料，反复比较、筛选、确定最佳配方。其次，坚持规范操作标准。在水果规格选择、腌制手法、漂洗程序、晒制方法以及拌料时间的工艺流程上建立质量控制点，使各个产品都独具风味，柔韧俱全，甜、酸、甘、咸适中，回味持久。再次，建立质量保证体系，强化生产管理。公司按照精干、效能原则定岗定员。从原料进厂到成品出厂各个环节、各道工序都落实责任制，严格把关，使出厂产品均达到公司规定的质量要求。

几年来，该公司开发的新产品，在国内外市场享有很强的竞争力，先后获得了广东省优质产品，农业部优质产品，第三、四、五届中国新技术新产品博览会金奖产品，首届中国农业博览会金奖和国家“绿色食品”等27项荣誉称号。“振园”牌九制系列凉果也因其质量优良而荣选为国宾果，并定为人民大会堂特制产品。如今，内销产品分布广州、深圳、海南、上海、武汉、北京等省市；外销至港澳、新加坡、越南、美国、加拿大、英国等十多个国家和地区，实现了国际、国内两个市场一齐占领的目标，连年来出口产品均达80%。

蔡道峰的座右铭是：堂堂正正地做人，光明磊落地经商。他经常深入工场、车间，了解生产情况，检查产品质量。严格按照“九制”程序生产，使振园系列凉果永保“凉果之王”信誉。“好信誉就是金钱，好服务必增效益。”这是蔡道峰恪守的生财之道。他大力倡导“以诚待人，顾客至上”，“坚持重合同、守信用”，以实际行动展示“振园”优良的企业形象。该公司在与客户的贸易合作中，始终本着平等竞争、互相支持的原则，对原料进价、产品售价、成本核算都坦诚公布，友好协商，互惠互利。在业务往来上，从原料来源、质量要求、交货日期、合约期限到资金扶持等方面，无论大小客户，都建立在同一目标的基础上进行，并主动为客户提供优质服务。“精诚所至，金石为开”。几年来，“振园”公司的合同履约率都保持100%，因而赢得了客户的信赖和赞赏。“任何成功之企业，都离不开全员的共同努力”，这是出自蔡道峰肺腑之言。他的公司正是以价值规律为指导，想方设法做活“人”的文章。他们根据乡镇企业的经济性质和员工构成的实际，着力完善新的激励措施。一方面坚持用人唯贤，平等竞争。公司上下只有职务之别，没有等级之分；工资待遇以能定岗，以岗定级，联绩计酬，同时辅之以满勤、超额、创新等项目奖励。另方面重视对职工的感情投入，关心职工的生活福利。职工私事家事，难事急事，公司都加以考虑、关照。如职工有婚丧喜庆，公司必定上门慰问；对职工家属中70岁以上老人，每人每月发给20元生活补助；择优为职工购买退休养老保险金。这些激烈措施的实施，起到了良好的磁力效应。员工们普遍反映：公司这么关心职工，我们不积极拼搏就愧对公司。人心齐，效率高。1993年“振园”人均劳动生产率和创汇率居潮州市乡镇企业之冠。

“没有社会各界的支持，就没有硕果累累的‘振园’。企业兴旺发达，我固然高兴，但我更追求用自己的能力造福乡梓，带动更多的人走上致富之路”。蔡道峰这样说，也是这样做。连年来，该公司除自觉照章纳税外，先后捐资近百万元用于地方公路建设、老人及儿童福利院、教育、卫生等社会公益事业。更为可贵的是摒弃同行相斥的陈旧经营思想，满腔热忱帮助地方的凉果生产厂家解决生产、供销难题。先后无条件扶持32家水果加工厂向速度、效益型转化，使这些企业每年为地方果农解决水果出路共计2万多吨。还帮助解决2 000多人就业。

（萧亮文）

徐　晖　广西合浦县北海中晖企业集团总裁兼总经理，现年37岁。14年前，他只是一个穷乡村的拖拉机手。而今，他却成为统率1 300多人、拥有8 000多万元固定资产、年产值1.5亿元的企业集团。他，像一颗耀眼的明星，在北部湾畔上空闪烁着。

人世间的许多辉煌业绩，往往寻平常百姓干出来的。徐晖的业绩，用他家乡人的话说，是他以自己的聪明才智诚实劳动所创造的。

徐晖出生于广西合浦县公馆镇浪坡村的一户农民家庭。那时的浪坡村是个穷村，他家人口多，是村里最穷的人家之一，穷得常常交不起口粮钱。农村贫困生活的磨难，使少年徐晖萌发了改变贫穷的雄心壮志。1975年，他高中毕业后回到家里，很长一段日子，他都在琢磨着、思索着，努力寻求一条解决家庭困难的路子。开始，他去管过果园，后来，又去大队开中型拖拉机。尽管他不怕苦，不怕累，勤奋劳动，乐于助人，赢得乡亲们的夸奖，然而，贫困的生活并没有改变多少。那年月，多劳不多得，有劲使不出。他多么盼望，有朝一日，时来运转，用自己的能耐发家致富呀！机会终于来了。党的十一届三中全会的春风吹到了北部湾畔，徐晖欣喜雀跃，率先承包了大队的中型拖拉机搞运输。他起早贪黑，风里来，雨里去，三年间便成了富冠全村的运输专业户。他富了，却不忘众乡亲，自己掏钱在村里办起了拖拉机手培训班，教青年人开拖拉机，然后又热心组织他们外出跑运输。在他的带动下，全村的拖拉机发展到30多台，30多户人家走上了富裕之路。吃穿住不愁了，日子越过越甜，有人劝他说，知足者常乐。而他却认为，小富即乐，那是小家子气。他量力而行，相继买了汽车、运输船和电磨，开展运输和加工业，接着又开了餐馆，经营饮食业。前后不到6年时间，他家成了远近闻名的富裕户。

贫困的帽子甩掉了，但徐晖并不因此而满足。他想，甩掉贫困的帽子，只是人生奋斗的最低要求，生于天地间，应该对国家、对社会、对人民有更大的贡献。1988年3月，他自筹210万元决定在家乡兴办年产4万吨合浦龙联水泥厂。他以超前的意识和超人的胆识，自行设计，自行施工，当年搞好厂房和设备安装，并成功地产出了“龙”牌水泥。可是，天不作美，机器刚转，便碰上金融整顿，银根紧缩，工厂因流动资金短缺而无法正常生产。困难，重重的困难，压得他喘不过气来，而他并不心灰意冷。他语重心长地动员工人们帮助他排扰解难，又苦口婆心地向政府、向银行求援，工厂终于渡过了最困难的时期。龙联水泥厂的机器正常运转起来了，产品以强度高、凝结性能好而畅销两广和海南。人们为他高兴，而他并不因此陶醉。他对水泥市场作了反复预测之后，又以超常的发展速度对水泥厂进行技改和扩建，并当机立断办起了与水泥厂配套的纸袋厂和占地400多亩的采石场，还组建了拥有10台卡车的运输队。到1993年，龙联水泥厂已发展成为年产水泥18万吨、年产值5 000多万元，年创利润880多万元的中型企业。这些年来，徐晖所办的企业累计向国家缴纳600多万元(其中1993年缴税300多万元)，为国家和社会作出了突出的贡献。

靠党的政策和改革开放的机遇，靠自己的勤劳和智慧，徐晖富了。而他依然过着淡泊生活。他时刻怀着一颗报效之心和济贫之心。他常说：“我徐晖有今天，多得党和政府的扶持，多得乡亲和社会各界的帮助，有生之年我不会忘本！”所以，他对于家乡和社会的各项公益事业，总是慷慨解囊，竭诚奉献。1992年，县里举办首届国际采珠节，他给组委会送去10万元，为全县捐款之最。1993年5月，北海市筹建民间企业家联合会，他二话没说送去1万多元。为了激励家乡浪坡小学的老师搞好教学，他拿钱给学校的老师每人每月增加两级工资，每年春节还送去红包。对于家乡的孤寡老人，他也敬上爱心，定期定额给予济助。粗略统计，这些年来，徐晖为公益事业捐款近200万元。对于企业里的职工，徐晖更是关怀备至。他明白一条真理：职工是水，自己是舟，离开职工自己寸步难行。随着企业的发达兴旺，职工的收入也不断提高。为了稳定人才和激发科技人员的积极性，他给招聘来的技术人员押了高额的保证金。在徐晖的企业里工作的人都感到十分温暖，因为他们穿的有统一的工作服，骑的是企业里统一发的凤凰牌自行车。平时，职工及直系亲属生日，徐晖都主动派人送去红包致贺。职工家庭有红白喜事，也都得到他热情的援助。

徐晖的业绩得到了地方各级党政领导和社会各界的赞誉和推崇。他先后被授予合浦县先进工作者、北海市杰出青年、自治区优秀乡镇企业家和自治区劳动模范的光荣称号。1993年10月，他出席全国工商联七大会议，并被选为全国工商联执委，受到党和国家领导人的亲切接见。在荣誉面前，他进一步认识到人生的价值在于自强不息。从北京回来后，他即着手构思更加宏大的蓝图。他凭借雄厚的人才优势和资金优势，先后在北海和廉州等地建起了北海龙珠保健饮料厂、中晖娱乐城、北海龙发实业发展公司、中晖装修装璜公司等企业。具有工业、商业、房地产业、建筑业、饮服业等集科、工、贸为一体的“北海中晖企业集团”也就正式鸣炮挂牌了。

奋斗的旗帜，在一片赞扬声中高高飘扬。徐晖正在为谱写新的乐章而思索着……。

（黄朝桂　陆全英）

雷　雨　贵州能源电缆厂厂长，贵阳市青年企业家。

雷雨厂长在党的富民政策感召下，经过数年的艰苦奋斗，含辛茹苦，终于创办起贵州省第一家以生产电缆为主的专业厂家。该厂已具有生产控制电缆KVV、KVV22　3×37芯以内、电力电缆VV、VV22、VLV、VLV22　3×240+1×150以内等200多种规格型号产品的能力。到1993年，贵州能源电缆厂生产控制电缆594.5千米、电力电缆497.6千米、各种布电线1 254千米，总产值达846.7万元，实现利税80.26万元，上缴国家税金36.7万元。为加强企业管理，提高产品质量，雷雨厂长不惜重金从国营大中型电缆生产企业聘请数名技术、管理人才，培训了职工队伍，建立健全了财务、经营、生产、计划等管理制度，企业管理得到了加强，产品质量明显提高。贵州能源电缆厂的产品已销往成都、上海、西安、宁波、贵阳等省内外城市。

贵州能源电缆厂虽然已取得了较大的成绩，但雷雨厂长并不满足于现状，1993年已投资500多万元扩大生产规模，生产能力将扩大两倍以上。

（莫开富）

杨玉平

甘肃兰州桃海门窗有限公司董事长兼总经理。1988年他创建了兰州桃海钢窗厂，1993年成立为兰州桃海门窗有限公司。该公司是建设部定点生产钢门窗的企业，省、市建委指定生产密闭节能钢门窗的企业，甘肃省二级企业。占地面积9 000多平方米，建筑面积4 000多平方米，主要生产设备100余台，固定资产513万元，职工220人，其中工程技术人员占8%，已建成了空腹型材轧制、实腹门窗、空腹门窗、推拉门窗、铝门窗、静电喷塑六条生产线，具有雄厚的技术力量和生产能力。1993年轧制异型钢材3 000吨，生产钢门窗14万平方米，完成产值2 360万元，销售收入达2 952万元，创利润332万元，税金129万元，人均产值10.7万元、人均利税2.09万元，已跻身于全国500家最佳经济效益企业的行列，受到农业部的表彰。

该公司在短短的五年之内迅速地发展壮大，是与杨玉平的奉献密不可分，因而受到了各级政府的表彰和奖励。1990年以来多次被授予乡、市、省优秀共产党员、先进工作者的光荣称号；1991年被省团委评为新长征突击手；1992年被省政府授予优秀企业家光荣称号；同年又荣获安宁区科技先进工作者一等奖，当选为省人大代表；1993年荣获省科委“星火计划”三等奖，又被省经贸委授于新产品开发、新技术推广优秀管理工作者光荣称号。

艰苦创业

1988年5月，杨玉平辞去了安宁二建公司舒适的技术工作，组织了十几个本乡的农民，自筹资金8万元，在一个已倒闭的乡办农具厂基础上办起了钢窗厂。为了尽早地生产出钢门窗产品，他经常吃住在厂里，虽然厂子离家很近，可是每顿饭都由家里人送到厂里来，尽可能多地挤出时间精心策划、细心安排，节约使用筹集的有限资金购置设备和原材料。他白天黑夜和工人们一起对照产品标准研究技术，亲自试制和检测。经过两个多月的艰苦奋斗，终于在1988年8月正式投产，生产实腹钢门窗。然而，桃海钢窗厂的经验、技术、设备、资金诸方面，都不如同行业的生产厂家。当时建筑市场疲软，产品销售困难，年底结算，当年亏损了4.98万元。

质量第一

产品质量是企业的生命。为了把产品质量搞上去，他采取了一系列重大措施：一是强化企业管理，夯实管理基础。建厂以来，企业在他的领导下，逐步建立健全了技术标准（包括产品标准）、管理标准、工作标准和各项管理制度，使95%以上的工人，100%的管理人员，工作有标准，考核有依据。配齐了检测人员和检测器具，产品受检率达到100%。二是积极推行全面质量管理，使全体职工都重视产品质量，他带头学习全面质量管理知识，并要求全体职工都要参加全国电教统考。全公司90%以上人员取得了统考合格证书，由农业部颁发了全面质量管理合格企业证书。三是他直接领导质检机构，要求严格执行自检、互检、专检的三检制度和产品质量五不准制度。除车间班组对产品进行质量检测外，公司质检人员每月必须对各车间的产品检测四次，保证产品出厂合格率达到100%。四是保证密闭节能钢窗的安装质量，他经常深入施工工地检查公司安装队的安装质量，同时征求用户对产品质量的意见并及时进行改进，深得广大用户的好评。

由于他对产品质量一丝不苟，使该公司的产品质量在省内名列前茅，早在1991年，实腹钢窗就被评为省优产品。该公司的产品多次经省质检所抽查，一级品率始终保持在80%以上，合格率100%。

革新技术

该公司建厂初期，生产效率低，产品质量差，销售没渠道。他亲自抓信息，调查市场，率领工程技术人员和技术工人不分昼夜地研究试制，对实腹钢门窗生产工艺进行改造，成功地试制出了实腹钢窗“榫接热铆”新工艺，于1990年6月通过了省级首家新技术鉴定。这一新工艺和对焊工艺相比，节约设备投资2万多元，节约电能50%，生产效率提高了4倍，又保证了产品质量。他并不就此止步。1990年9月，他又率领技术人员上北京、山东、江苏、四川等地进行实地考察，成功地试制出了空腹密闭平开窗和密闭推拉窗，并于1991年元月通过了省级首家新产品鉴定，填补了省内空白。为了生产出更理想的产品，他引进了国内最新型材轧制专利技术，轧制出了属国内90年代领先水平的空腹异型钢材，又研制出了空腹密闭双层节能和空腹推拉全密闭节能等系列钢门窗，于1992年4月，又一次通过了省级首家新产品鉴定。该类钢窗的物理性能，经国家检测中心检测，各项指标在同类窗中属优等水平。自1991年以来曾先后三次荣获了全国“星火计划”成果金奖，一次中国首届丝路节新产品金奖。1993

年被建设部评为全国科技成果金奖，被国家科委、建设部列为“八五”期间重点推广的建筑节能项目。

为了开拓市场，杨玉平亲自拉着样品窗到省内和省外的主要城市展销，为该类节能门窗进一步推广销售拓开了市场。

为家乡做贡献

几年来，随着该公司的发展壮大，经济积累也较雄厚，职工年收入逐年都有所增加。1988 年人均工资 1 000 元左右，1993 年达到 6 000 元，是建厂初期的 5 倍多。杨玉平在 1993 年总结大会上讲：“办好乡镇企业的目的就是让我们广大农民奔向小康生活，我们职工收入增多了，生活富裕了，还不能忘记乡亲们……。” 1993 年初他向乡政府捐助人民币 10 万元，修建公路，全部是水泥结构，给各村的农民运输提供了方便；1993 年底，安宁区委、区政府奖他 10 万元，他又全部奉献出来，其中 2 万元用于乡上举办文艺活动经费，剩余资金用于补助本乡 65 岁以上从事农业生产但困难户，和购买成礼品赠送给 60 岁以上的老年人，以报答乡亲们对他工作的支持和帮助。

（甘肃省乡镇企业局）

周喜玉

辽宁省普兰店市大连冶金轴承集团公司董事长兼总经理，大连市劳动模范，优秀乡镇企业家。

周喜玉 1986 年组建大连冶金轴承厂，在一无人才，二无资金的情况下，白手起家，发扬艰苦奋斗，开拓进取的创业精神。坚持改革，锐意进取，努力提高企业素质，调整产品结构，注重产品开发和求新改造，合理利用人才，使企业逐步发展壮大，建厂八年，迈出八大步，一跃成为中国轴承行业一颗夺目明星。现已发展成拥有 32 个企业的大连冶金轴承集团公司。公司有职工 2 100 人，固定资产净值达 8 000 万元，占地面积 326 900 平方米，其中建筑面积 75 000 平方米。1993 年实现产值 1.5 亿元，利润 6 100 万元，上缴利税 1 897 万元，再创历史最好水平。利税总额居大连市乡镇企业榜首。主要产品为“2”、“3”、“7”、“9”类“V”牌轴承，产品品种达 800 余种，远销美国、日本、德国、南非、香港等 60 多个国家和地区，畅销国内首钢、宝钢、本钢 200 余个大中型企业。公司已成为国家石油、化工、冶金、机电、农业等 13 个部的定点生产企业。

周喜玉在企业管理中，大胆改革，首先推行部门负责制，分级承包，分工协作，统一管理，提高了企业整体配套管理能力。注重质量，开展 TQC 质量管理，严格 PDCA 纪律，将产品各工序间的质量有效地与职工利益相挂钩，优奖劣罚，先后制定 50 项质量管理内部标准，均等同于国标和行业标准。为贯彻落实质量管理，将产品质量考核落实到车间、班组、个人，逐级考核，并与月末年终效益挂钩，推行 QC 活动，从而将质量与职工切身利益有效地结合起来，收到良好效果，产品组装合格率、工序间的质量合格率连续八年保持在 100%。产品质量经美国世界轴承检测中心鉴定结果表明：可与世界名牌轴承瑞典 SKF 的主导产品相媲美。实行计件工资制，计时计奖，多劳多得，不吝重奖，调动职工积极性。搞好销售服务，在销售活动中做到信息反馈、质量跟踪，售后服务一条龙。大胆改革销售机制，打破条条框框，召开多种形式订货会，将客户请到厂内现场推销，以优质产品让利于客户，以产品新、付货快、质量好、价格廉、信誉高取信于客户。1993 年完成销售收入达 1.62 亿元。公司人均出口创汇、万元产值利润率列为全国机电企业榜首。

针对乡镇企业发展速度快，需要大量人才调剂，周喜玉注重人才挖掘和培训。为提高企业人才素质，首家推行“厂校联姻”，对职工进行岗位技能培训，培训人数占职工总数的 95%，企业有高级职称 2 人，中级职称 10 人，使企业整体素质有显著提高。改革用人制度，人尽其才，合理配置，采用能者上，庸者下，选拔业务能力强，有上进心员工进行培训，使产、供、销领域内人才济济，大大增强了发展后劲，逐步使企业管理走向现代化、正规化。公司中层干部平均年龄在 25 岁，达到了队伍年轻化。深化技改，加速基建步伐，达到见效快、投资少、效益高的目的。

公司连续八年被普兰店、大连市人民政府授予“先进单位、先进集体”，大连市“明星企业”等荣誉称号。

如今公司已走上“工、农、商”一体化经营，大力发展农、副业，“以工养农，以农兴工”均取得了良好的社会效益和经济效益。

周喜玉正以“树信心，立大志，为中国轴承行业腾飞创业绩”的创业意识，使公司在国内外轴承行业中飞速发展。

（石作鹏）

陆汉振

浙江省宁波市中国·金轮集团公司董事长兼总经理。

这是一个人间奇迹。全国农业劳动模范陆汉振领导的中国·金轮集团公司，仅六年时间，由一家镇村联办企业，以极其惊人的速度发展成为浙江省乡镇企业中规模最大、效益最好的企业，也是宁波市乡镇企业中唯一的国家大型二级企业。从业人员猛增到8 000余人，总资产竟然达到8.01亿元，年生产能力达4.5万吨。厂区占地1平方公里，建筑面积30万平方米，成为全国最大的帘子布生产基地。

1986年，陆汉振获得一条极为重要的信息：用作轮胎骨架材料的锦纶帘子线、帘子布，全国现有的生产量仅占市场需要的60%，国家每年得花费大量外汇进口，而且，随着我国汽车工业的发展，这个缺口将越来越大！

这是一个难得的机遇。难度虽高，风险虽大，但是，陆汉振当机立断，投资250万元，兴办一座年产2 000吨帘子线的锦纶一厂。1987年6月，锦纶一厂建成投产。仅半年时间，就奇迹般地收回了全部投资！

1988年3月，在锦纶一厂帘子线鉴定会的第二天，陆汉振又出人意料地决定：以10倍于一厂的投资，筹建年产5 000吨级帘子线的锦纶二厂。同时，还新建了5 000吨级帘子布浸胶车间，以及与之配套的热电厂和水厂。

1990年，实现了产值超1亿、利润超2 000万元的宏伟目标。但他并不满足。又筹建年产帘子布1.5万吨级的锦纶三厂。他说："船小好掉头"是事物的一个方面；然而，"船大才顶得住风浪"是事物的另一个方面。我们只有迅速扩大生产能力，上等级、上规模、上台阶，才能与大企业比高低。1990年9月，锦纶三厂破土动工，1991年8月投产，仅用了11个月的时间。1992年7月，锦纶四厂又迅速上马。使企业奇迹般地成为仅次于国营平顶山帘子布厂的全国第二大帘子布生产基地。

现代市场的竞争，归根结蒂是人才的竞争。陆汉振求贤若渴，不惜重金聘请了一批沪、杭化工业和纺织业的高级人才。更不惜重金培养自己的人才队伍。

公司有一所耗资40万元的职工学校，对来自3个省市8个县的7 000余名员工，进行各类程度不同的技术培训和文化培训。为了培养自己的高级人才，公司鼓励职工上"五大"进修，并在6年中，花费150多万元选送200余人去中国纺织大学、浙江大学等高校深造，另有200余人委托国营大企业进行技术培训。企业中的青年工人凡有进中专、大专代培的，读书期间不仅工资、奖金照发，而且车船费全包。

陆汉振舍得在文化教育事业上投资，已经在社会上传为佳话。他捐资100万元给慈溪市中学造图书馆，捐资500万元给他的企业所在地宗汉镇造一所中学……加上企业内外各类文化教育投资，总额已高达1 000多万元。

陆汉振总经理成功的观点和诀窍：

——**共同富裕**。明确办厂目的，走共同富裕道路，是陆汉振不断大规模投入的精神动力。他经常说："只有对国家、对集体、对人民有不断的新贡献，才会显示出自身的真正价值和强盛的生命力。"因此，不断投入求发展，让更多的人过上富裕、美满、幸福的生活，是陆汉振所终身追求的目标并为之付出毕生的精力。目前总公司8 000余名职工，来自3个省、8个县（市）、43个镇（乡），就是为了让更多的人走上共同富裕的道路。

——**不断发展**。陆汉振有一句口头禅："停止意味着落后，落后使人痛苦。"凭着这个观点，陆汉振创办锦纶一厂、二厂、三厂、四厂的投资规模和产品总量越来越大，滚动前进，快速投入，快速产出。一不等，二不靠，三不按步就班，利用市场的"时间差"，从而获得了理想的投资效益。

——**负债经营**。陆汉振大胆运用了借鸡生蛋、借资生财、敢冒风险、负债经营的战略方针。金轮在创业之初，就是靠借来的几千元钱负债起家的。1989年是治理整顿之年，也是锦纶总公司资金最短缺的一年。许多人建议陆汉振暂时稳一稳、停一停后再上项目。但陆汉振却认为，既然是看准了的项目，为什么非要稳一稳之后才上呢？难道要等时过境迁、丧失了时机再去上吗？他承受了极大的风险和压力，通过向银行贷款、向职工和社会集资，投入5 000多万元资金，创办了机械厂，扩建了电热厂和锦纶配套工程，为后来的发展奠定了坚实的基础，在人家治理整顿的时候获得了突飞猛进的宝贵机遇。六年来，陆汉振采用负债经营所得增值的企业固定资产，平均每年递增十倍以上，从而迅速走上了规模化、集团化的经营道路，以一年一变、三年大变的"滚雪球"速度向前发展。

——**科技兴厂**。陆汉振坚持科技兴厂，不断改进工艺设计，调整产品结构，使质量和效益水平不断提高。陆汉振创业的第一步就是科技兴厂成功的第一步。锦纶帘子布一开发，就荣获国家"星火计划"的科技金奖。从一厂到二厂、三厂直至四厂，每办一个新厂，每建成一个项目，无论是品种结构还是工艺设计，科技含量都上了一个新台阶。目前，企业主导产品大胎帘子布的优等品率已达96%以上，处于全国同行业先进水平。与此同时，企业自身的科技队伍不断壮大，科技成果不断涌现，从慈锦1#油剂的诞生，聚合管和浸胶机的技术改造，到大胎帘子布又获得省"星火计划"科技一等奖，和国家科委"星火项目"二等奖，都有力地说明了金轮创业的技术力量壮大了，水平提高了。更为可喜的是，他们已经凭借自己所掌握的技术进行技术输出，为同行业厂家提供有偿服务。

（董其岳）

陈华姣 宁波一休童装集团公司总经理。浙江省优秀乡镇企业家，浙江省"七五"劳模，全国八届人大代表。

雏燕起飞

陈华姣姣小秀气、柔中有刚，九年前还是服装制线厂的一名小会计。当时，这个厂只有30多名工人，2万元家当，产品不起眼，业务又不好，一年只有数千元利润，搞不好还要蚀老本。

1984年8月，镇领导任命陈华姣为厂长。陈华姣决心在这改革开放的好年华，寻找施展自己才能的机会。正巧，那年国营布厂因设备更新，要腾出16台布机，对方同意以16台布机为设备投资。但必须在50天内解决安装机器的地方。陈华姣奔走于城关的街头巷尾。第43天，宁海西郊冒出了16间崭新的厂房，伴随而来的是布机的欢唱声。初战告捷，她气未喘定，又在思索着下一步方案：得开发自己的产品。她想今天的儿童和我们小时候相比，真是太幸福了，这么多人关心他们，要是能为他们生产五彩缤纷的服装，祖国的百花园将更鲜艳，不仅能为孩子们增添欢乐，而且还是一个潜在的大市场啊！九年来，陈华姣尝尽了甜酸苦辣，在发展童装的大道上，一步一个脚印，从无到有，从小到大，把一个服装小厂，办成了销售量居全国之首的专业童装大厂。一休童装不仅在国内有很高的知名度，还东渡扶桑，出口俄罗斯、波兰、澳大利亚及香港等国家和地区。

陈华姣，这个当年的雏燕，如今已锻炼成精明能干、赫赫有名的总经理。

竞争强手

在中国，生产童装的厂家成千上万，大家都在不同的起跑线上竞争，谁能赢得顾客、占领市场，谁就能够成为强者。陈华姣深谙市场经济之道。她有一个观点：顾客是上帝，产品好不好，必须由上帝来评判。新产品问世，必先带设计人员上幼儿园、小学校征询老师和家长，直至小朋友的意见。受欢迎的，就加大生产量。一年365天，她和一休厂的设计人员有大半时间在全国各地考察，了解顾客需求。北至黑龙江，南至广州、福建，到处都留下她的足迹。"人无我有，人有我变"一休的产品始终是市场的热门货。

1989年底市场疲软，她和设计人员抛出了新颖别致的格子膨体呢童装。新产品一上市，顾客挤翻了柜台，第二年销售额从800多万元翻到2 000万元。待别人争相效仿时，她又准备了第二手秘密武器——条子膨体呢的童装。不出两月，仿制品铺天盖地而来，她又掉转头来，生产太丽呢水洗绉的童装……仍然是锐增的销售势头。商场的营业员说，一休的花色比孙悟空变得还快。1992年已推出新款童装730多种，平均每天2个还多。1993年，则推出1 000多个，平均每天要有3个。

随着社会的进步，产品已不是初级的原料加工，必须向更高层次的文化需求发展，这也是当今市场经济的新课题。陈华姣认准了这点，她和设计师吴爱卿把童装设计看作一门艺术，在启迪儿童的智力上下功夫。进到一休厂样品厅，真觉得进入一个色彩斑烂的童话世界。什么打哈欠的小松鼠、学跳舞的蒲公英，什么"神算子"、"望星空"，多么富有诗意呀，难怪孩子们总爱拉着家长往一休专柜跑。

市场经济，瞬息万变，她把自己的企业与市场紧紧拴在一起。这些年，因为童装好销，各地童装厂如雨后春笋，竞争对手更多。怎样保持自己的优势呢？陈华姣进行横向对比。抓住八个字做文章：扬长避短，取长补短。一休厂扬技术力量雄厚优势，开发针织牛仔系列，梭织、针织一起上，以避自己仅梭织品种之短。别人产品档次高，一休厂设计中高档的精品、礼品童装，精美、可爱的包装盒为礼品世界增添新的一员，使一休童装独占鳌头。

跑在前头

陈华姣有一股顽强的执著追求精神。1991年，产值上了5 000万元，人们都劝她煞车。邓小平同志南巡讲话犹如强劲的东风，给了陈华姣信心与力量。她召集一班人学文件，认识到改革开放是千载难逢的大好时机，别人都在跑，我们必须跑在别人前头，为振兴中华做贡献。这一年，陈华姣甩开手脚，调整经营策略，重力抓了技改投入，组建集团。

新的措施，一个个出台。“抓重点、创名牌”。在全国，她选择一百家大中型商场作为重点，搞销售试点，取得了极好的社会效益。

为了孩子

当厂长的九个年头，陈华姣一年上一个新台阶，一休童装厂也是一年变一个样，从当年的弄堂小厂到西郊，又从西郊搬到东门。1993 年 3 月，全厂职工兴高采烈进行第三次搬家，搬进占地 2.2 万平方米，总投资 1 200 万元的新厂房。这里有明亮宽敞的车间、现代化的生产流水设备和光洁的地面，真是堪称中国一流的童装城。

为了孩子，几度风雨几度春秋，陈华姣舍弃自己，全身心地投入事业。家庭、女儿都撂给全力支持她的丈夫。白天在厂里干，晚上在家里挂长途，看书报，一本“厂长必备”已被她啃破了书皮，现在又在啃“营销学”、“企业管理”。甚至住院吊盐水，另一只手还要用来听电话、写材料。对于她，二十四小时老不够用。陈华姣说，我始终有一种危机感。为了亿万孩子，为了一休的明天，陈华姣决心发挥集团群体优势，服装、鞋帽、玩具、包类等儿童系列一起上实施多元化发展，拓宽海外销售渠道，让“一休哥”走遍全世界。

（董其岳）

大 事 记

▲1月10日

农业部乡镇企业司以（1993）农（企管）字第1号文，发出了“关于印发《乡镇企业现场管理办法》、《乡镇企业物资管理办法》、《乡镇企业设备管理办法》征求意见稿的通知”。

▲2月6日

农业部乡镇企业司以（1993）农（企技监）字第9号文，发布了“1992年度全国乡镇企业系统鞋类部优产品监督检验的情况通报”。

这次共对获得皮鞋、旅游鞋部优称号的43家企业51个产品中的39家企业的46个样品进行了检查（其中1家经国家技术监督局组织抽查），其中胶粘旅游鞋7个，胶粘缝制皮鞋36个。另有5家企业的5个产品因停产、转产、合并等原因暂没有进行检查。检验结果：合格39个，不合格7个，合格率为84.8%。

▲2月10日

农业部、中国民主建国会中央委员会、中华全国工商业联合会以农业部（1993）农（企）字第2号文，发出了“关于进一步加强协作，积极开展乡镇企业人员培训工作的通知”。

▲2月14日

国务院以国发［1993］10文件发布了《国务院关于加快发展中西部地区乡镇企业的决定》。

▲2月17日

农业部乡镇企业司以（1993）农（企技监）字第13号文，公布了首批农业部乡镇企业质量监督员名单。余俊武等68名同志被聘为农业部乡镇企业首批质量监督员。这对于加强乡镇企业系统的质量管理与监督，增强乡镇企业的质量意识，建立健全乡镇企业的质量监督队伍，将会起到积极的作用。

▲2月25日

农业部以（1993）农（企）字第4号文，发出了“关于印发《农业部关于大力发展乡镇企业第三产业的意见》的通知”。

▲3月1日

国务院经济贸易办公室以国经贸办（1993）95号文批复：同意横店工业公司更名为横店集团公司；同意以横店集团公司为核心企业组建横店集团。这是全国乡镇企业第一家被批准的国家级企业集团公司。

▲3月5日

农业部乡镇企业司以（1993）农（企技监）字第14号文，发出了“关于发布《乡镇企业产品质量监督检验机构管理暂行办法》的通知”。

▲3月9日

农业部乡镇企业司印发了（1993）农（企法）字第21号文，宣布经农业部批准，成立“中国乡镇企业研究院”。

▲3月13～15日

农业部乡镇企业司在四川成都市大邑县召开了“乡镇煤矿安全生产现场会”。会议的主要内容：宣传贯彻《中华人民共和国矿山安全法》；贯彻落实国发［1993］2号《国务院批转劳动部等部门“关于制止小煤矿乱挖滥采确保煤矿安全生产意见”的通知》精神；现场学习大邑县乡镇煤矿综合管理的经验。

▲3月15日

农业部以（1993）农（企）函字第9号文发出了“关于印发当前乡镇企业宣传要点的通知”。要求大力宣传《国务院关于加快发展中西部地区乡镇企业的决定》，大力宣传乡镇企业发展股份合作制、股份制、外向型经济、第三产业、企业集团、建设工业小区、思想政治工作等方面的新典型和新经验。

▲3月22日

农业部乡镇企业司以（1993）农（企管）字第26号文，发出了“组织编写《中国乡镇企业家》一书的通知”。决定将1992年农业部表彰的500名全国乡镇企业家和省级乡镇企业家、全国青年乡镇企业家一并编入此书，向国内外发行。

▲3月25日

农业部乡镇企业司以（1993）农（企产）字第23号文，发出了“关于做好乡镇企业压力容器设计单位资格管理与监督工作的通知”。

▲3月26日

农业部以（1993）农（企）函字第13号文，发出了“征求对《关于扶持发展乡镇企业农副产品加工业的报告》意见的函”。

▲3月27日

农业部以（1993）农（企）字第6号文，发出了“关于学习宣传贯彻《国务院关于加快发展中西部地区乡镇企业的决定》的通知”。

▲3月31日

农业部乡镇企业司以（1993）农（企技监）字第46号文，发出了“关于乡镇企业系统第二次水泥物理检验、化学分析对比活动情况通报”。

▲4月1～10日

农业部乡镇企业司在天津市召开了“全国乡镇企业财务工作会议”。会议的主要任务是搞好1992年全国乡镇企业财务会计决算和汇审、汇编工作。

▲4月9日

农业部乡镇企业司以（1993）农（企技监）字第28号文，发出了“关于加强乡镇企业系统质量管理工作的通知”。

▲4月17日

农业部以（1993）农（企）函字第8号文，印发了“《乡镇企业系统贯彻企业财务制度实施办法》的通知”。

▲4月27日

农业部乡镇企业司（1993）农（企技监）字第37号文，发出通知：江西省乡镇企业食品质量检测站、福建省乡镇企业产品质量监督检验所食品检测站、黑龙江省乡镇企业食品检测中心、湖北省乡镇企业建材产品质量监督检测站、湖北省乡镇企业皮革产品质量检测站、北京市乡镇企业建材质量监督检测站通过了司级审查，验收合格，批准正式开展工作。

▲5月5日

农业部以（1993）农（企）字第9号文，发出了“关于印发《迈进二十一世纪乡镇企业环境保护行动计划》的通知”。

▲5月17日

农业部乡镇企业司以（1993）农（企技监）字第41号文，发出了“关于学习、宣传贯彻《中华人民共和国产品质量法》的通知”。

▲6月10日

农业部以（1993）农（企）函字第20号文，发出了“关于评选、表彰农业部乡镇企业成人教育先进集体、先进工作者的通知”。

▲6月22日

农业部乡镇企业司以（1993）农（企管）字第47号文，发出了“关于1992年度全国乡镇企业系统财务决算报表评比结果的通报”。

▲7月2～11日

农业部乡镇企业司在河北省承德市举办了“全国乡镇企业审计人员财务会计改革培训班”。

▲7月7日

农业部乡镇企业司以（1993）农（企统）字第51号文，发出了“关于联合投资兴建全国乡镇企业系统信息网络有关问题的通知”。农业部乡镇企业司决定从1993年起，与各省、自治区、直辖市和计划单列市乡镇企业局联合投资兴建全国乡镇企业信息网络系统，同时陆续在全国地、县级中选择300个单位建立起全国乡镇企业经济信息联系点。

▲7月15日

农业部以（1993）农（企技监）字第52号文，“关于乡镇企业系统第一届优秀质量管理小组评选结果的通报”。

通报指出：荣获1993年度部级优秀质量管理小组51个，其中一等奖9个，二等奖20个，三等奖22个；荣获乡镇企业系统优秀质量管理小组48个。

▲7月29～31日

农业部乡镇企业司在江苏省无锡市召开了“长江三角洲地区教育培训工作会议”。会议决定成立长江三角洲地区乡镇企业培训网。

▲8月2日

国家经济贸易委员会以国经贸（1993）260号文发出了“关于支持中西部地区乡镇企业发展的若干意见”。

▲8月13日

农业部以（1993）农（企）字第14号文，发出了“关于加强乡镇企业安全工作的通知”。

▲8月14～23日

农业部乡镇企业司在云南省昆明市召开了“全国乡镇企业土法炼硫污染防治现场会”。

▲9月7日

国务院办公厅以国办发电［1993］226号，发出了“关于召开全国乡镇企业工作会议的通知”。

会议由国务院办公厅副秘书长刘济民同志主持，国务委员陈俊生同志作了题为“抓住机遇，深化改革，促进乡镇企业高效持续健康发展”的报告。国务院总理李鹏为大会发来了贺信，国务院副总理朱镕基出席大会并发表了重要讲话。国务院办公厅、国务院各有关部委、各有关单位和各省、自治区、直辖市及计划单列市政府、计（经）委、乡镇企业局的领导参加了会议。这是国务院第一次专门召开乡镇企业工作会议。

会议的主题是抓住机遇，深化改革，促进乡镇企业持续、健康发展。会议的中心任务是进一步落实国务院关于加强发展中西部乡镇企业的决定，总结交流经验，增强改革开放和投入力度，研究解决当前存在的问题；讨论“乡镇企业东西合作工程”方案，推进全国乡镇企业的发展。

▲9月8～13日

农业部乡镇企业司在青海省海东地区平安县平安镇举办了“全国乡镇企业财务决算研讨班”。

▲9月11日

农业部以（1993）农（企）字第18号文印发了“关于表彰发展乡镇企业的先进县（市）、乡（镇）和先进企业的决定”。决定对乡镇企业发展好、对社会贡献大的江苏省无锡县等200个县（市），天津市静海县蔡公庄等300个乡（镇）和广东顺德珠江冰箱厂等500个先进乡镇企业给予表彰。

▲9月14日

农业部以（1993）农（企）字第19号文，发布了“农业部关于表彰全国乡镇企业成人教育先进集体、先进工作者的决定”。

决定授予北京市通县城关镇人民政府等50个单位全国乡镇企业系统成人教育先进集体称号，授予李维平等100名全国乡镇企业系统成人教育先进工作者称号。

▲9月

全国乡镇企业工作会议大会秘书处宣布：截止到1993年7月份以前，经国家经贸委审核推荐，对外贸易经济合作部审核批准赋予外贸经营权的乡镇企业有56家。

▲10月14日

农业部会同国家环境保护局以（1993）农（企）字第17号文，发出了“关于进一步加强乡镇企业土法炼硫磺污染防治工作的通知”。

▲10月20日

农业部以（1993）农（企）函字第35号文，印发了“关于撤消禹作敏全国优秀乡镇企业家称号的批复”。

▲10月20日

农业部以（1993）农（企）函第36号文，印发了“全国乡镇企业系统财务决算若干问题的通知”。通知要求按照《1993年度乡镇企业财务决算及有关问题规定》和《乡镇企业新旧会计制度衔接的帐务处理》执行。

▲11月15日

农业部乡镇企业司以（1993）农（企科）字第70号文，发出了"关于颁发1993年农业部科技进步奖（乡镇企业部分）和表彰部分申报单位的通知"。1993年度，乡镇企业系统共有38项科技成果获农业部科技进步奖。

▲11月18日

农业部乡镇企业司以（1993）农（企产）字第78号文，发出了"关于转发《水泥质量许可证管理办法》的函"。

▲11月29日

农业部乡镇企业司以（1993）农（企安）字第80号文对深圳"11.19"特大火灾事故进行了通报。

▲12月1日

农业部乡镇企业司以（1993）农（企管）字第81号文，发出了"关于公布乡镇企业系统企业管理现代化创新成果获奖名单的通知"。

▲12月2日

农业部乡镇企业司以（1993）农（企产）字第72号文，发出了"关于加强乡镇企业项目管理的通知"。

▲12月12日

中国乡镇企业协会教育委员会在山东省泰安市宣告成立。

▲12月25日

农业部同中国农业银行以（1993）农（企）字第21号文，发出了"关于加强乡镇企业资金管理搞好利润分配的通知"。

▲12月

农业部乡镇企业司公布了1992年度乡镇企业全面质量管理达标企业，1992年共有4 167个企业达到全面质量管理标准。

（王剑波）

附　录

各省、自治区、直辖市、计划单列市
乡镇企业局组织机构名录

北京市乡镇企业管理局
天津市乡镇企业管理局
河北省乡镇企业管理局
山西省乡镇企业总公司
内蒙古自治区乡镇企业管理局
辽宁省乡镇企业管理局
吉林省乡镇企业管理局
黑龙江省乡镇企业管理局
上海市郊县工业管理局
江苏省乡镇企业管理局
浙江省乡镇企业管理局
安徽省乡镇企业管理局
福建省乡镇企业管理局
江西省乡镇企业管理局
山东省乡镇企业管理局
河南省乡镇企业管理局
湖北省乡镇企业管理局
湖南省乡镇企业管理局
广东省乡镇企业管理局
广西壮族自治区乡镇企业管理局
海南省乡镇企业管理局
四川省乡镇企业管理局
贵州省乡镇企业管理局
云南省乡镇企业管理局
西藏自治区乡镇企业管理局
陕西省乡镇企业管理局
甘肃省乡镇企业管理局
青海省乡镇企业管理局
宁夏回族自治区乡镇企业管理局
新疆维吾尔自治区乡镇企业管理局
沈阳市乡镇企业管理局
大连市乡镇企业管理局
长春市乡镇企业管理局
哈尔滨市乡镇企业管理局
南京市乡镇企业管理局
宁波市乡镇企业管理局
厦门市乡镇企业管理局
青岛市乡镇企业管理局
武汉市乡镇企业管理局
广州市乡镇企业管理局
成都市乡镇企业管理局
重庆市乡镇企业管理局
西安市乡镇企业管理局

各省、自治区、直辖市、计划单列市乡镇企业局组织机构名录

北京市乡镇企业管理局

通讯地址　北京市朝阳区惠新东街 6 号
邮政编码　100101
传　　真　01—4226824
局　　长　尹恒丰　　电话　4226835
副 局 长　程　友　　4226834

常设处室			电　话
办公室	副主任	陈志峰	
外经处	副处长	谢兴国	4226820
质量处	处　长	陈　莉	4226817
	副处长	胡美华	4226817
科技处	处　长	杨　贵	4226821
生产处	处　长	翟佐栋	4226823
	副处长	刘万民	4226823
企业管理处	处　长	刘楚良	4226828
	副处长	孙　逊	4226828
教育处	处　长	朱建业	4226831
调查研究室	副主任	廖　沛	4226829
法规处			4226829
监察处			4225533—3337
人事处			4226838

天津市乡镇企业管理局

通讯地址　天津市河东区十一经路 88 号
邮政编码　300171
传　　真　022—4305108
局　　长　张克俊　　电话　4303412
副 局 长　韩瑞林　　4305128
　　　　　李瑞营　　4303512
　　　　　郑君璋　　4308230

常设处室			电　话
办公室	副主任	祁玉祥	4308235
政策研究处	处　长	张晓建	4304412
综合信息处	副处长	仲光勤	4308232
企业管理处	处　长	狄青兰	4303516
	副处长	邹继忠	4303516
生产技术处	处　长	蒋志坚	4303420
	副处长	邢文颖	4303420
安全环保处	处　长	翟锡国	4308233
	副处长	王海山	4308233
第三产业处	处　长	苏永久	4308228
外经贸处	处　长	杨同耀	4302846
质量处	处　长	周谋望	4308231
财务处	处　长	陈　慧	4308234
教育处	处　长	戴贺兰	4303565
审计处	副处长	王惠兰	
人事处	副处长	陈丽琴	4303428

河北省乡镇企业管理局

通讯地址　石家庄市石邑路 1 号
邮政编码　050051
局　　长　杨红涛　　电话　793825
副 局 长　张国范　　793823
　　　　　赵忠勋　　793824
　　　　　梁泽生　　793827
　　　　　硕晶忱　　793831

常设处室			电　话
办公室	主　任	李成章	793822
	副主任	马清强	793822
		李善斌	793822
		郭玉坤	793822
调查研究室	副主任	赵庆国	792094
综合业务处	处　长	韩秀亮	793840
	副处长	王瑞丰	793840
财务审计处	处　长	阎新义	793829
	副处长	戴居庭	793829

山西省乡镇企业总公司

通讯地址　太原市迎泽大街 329 号
邮政编码　030001
电报挂号　3054
传　　真　0351—4040688

		电话
总 经 理	杨志明	4041639
副 经 理	李海双	4040658
	李克昌	4040658
	阎逸民	4040658
	李传怀	4040658

常设处室			电　话
办公室	主　任	戒昌谦	4041639
	副主任	石缠荣	4041639
计划处	处　长	靳成福	4041502
	副处长	郭爱萍	4041502
生产处	处　长	侯香荷	4041507
	副处长	王有胜	4041507
研究室	主　任	王益录	4041531
	副主任	杨维平	4041531
科技教育处	处　长	刘太来	4042133
	副处长	康建民	4042133
人事处	处　长	卫望军	4041450
	副处长	韩金凤	4041450
监察室	主　任	曹树忠	4041447
行政处	处　长	刘根泉	4040705
	副处长	张殿榜	4040705
安全环保处	处　长	王贵芳	4041814
计划财务处	处　长	史永生	3839284
	副处长	王　珑	3839284
		李　君	3839284
审计处	处　长	楚叔军	3839284
人事教育处	处　长	孔秀香	3839382
	副处长	高　辉	3839382
技术质量处	副处长	吴　玥	3839210
生产管理处	副处长	于政治	3839290
		史书奇	3839290
外经外贸处	处　长	王　洪	3839290
	副处长	王牧云	3839290
综合法规处	处　长	刘济春	3839303
	副处长	王安伦	3839303

内蒙古自治区乡镇企业管理局

通讯地址　呼和浩特市
邮政编码　010010

辽宁省乡镇企业管理局

通讯地址　沈阳市和平区太原街 2 号
邮政编码　110001

		电话
局　　长	阎洪生	2829830
副 局 长	张缰恩	2829830
	王庆联	2829830
	王长江	2829830

常设处室			电　话
办公室	主　任	朱向忠	2829686
	副主任	胡　钢	2829686

吉林省乡镇企业管理局

通讯地址　长春市建设街 16 号
邮政编码　130061

		电话
副 局 长	王季祥	823895
	曹峦峰	829402
	刘润璞	868051

常设处室			电　话
办公室	主　任	徐邦家	823618
	副主任	张景辉	823618
人事监察处	处　长	罗永才	823873
	副处长	刘玉志	823873
经营管理处	处　长	张　敏	823677
调查研究处	巡视员	郭荣生	822936
财务审计处	处　长	张显德	820675
	副处长	王志昌	820675
科技处	处　长	叶相铎	822114
生产计划处	处　长	杜　志	822907
	副处长	袁振春	822907

黑龙江省乡镇企业管理局

通讯地址　哈尔滨市南岗区花园街 229 号
邮政编码　150001

		电话
局　　长	谢俊武	3637687
副 局 长	任　秀	3630422
	孙德义	3630894
	关　心	3637987

常设处室			电　话
办公室	主　任	常希勤	3630979

	副主任	郑凤江	3630979
计划统计处	处　长	谭　光	3637688
	副处长	徐殿功	3637688
生产管理处	处　长	佟士勇	3637986
	副处长	杨若禹	3637986
财务处	处　长	冯庆元	3637434
科技教育处	处　长	康明学	3638638
基层指导处	处　长	梁祥利	3837383
外经处	副处长	杜华舟	3624394
审计处	处　长	单庆林	3630423

上海市郊县工业管理局

通讯地址　上海市中山东一路 14 号
邮政编码　200002
电报挂号　0496
传　　真　021—3290891

局　　长	周文玄	电话	3297670
副 局 长	郎丰盈		3297750
	谢淦怀		3297750
	王昌法		3297750

常设处室			电　话
办公室	主　任	吴祥麟	3296504
	副主任	黄国梁	3286504
		杨华英	3296504
		吴可贤	3296504
政策研究室	副主任	赵宝林	3295870
企业管理处	处　长	郑崇侠	3295719
综合计划处	处　长	梅建政	3232786
对外贸易处	副处长	朱灿海	3233489
教育卫生处	副处长	范钦荣	3290471
劳动人事处	副处长	周　勇	3290471
科技处	副处长	黄肖强	3230729
		姜学鼎	3230729
		钱天华	3230729
财务处	副处长	王中法	3210087
组织处	副处长	郑秀珠	3218392
宣传处	处　长	潘贤信	3213686

江苏省乡镇企业管理局

通讯地址　南京市北京西路
邮政编码　210003

浙江省乡镇企业管理局

通讯地址　杭州市环城北路 162 号
邮政编码　310006
传　　真　0571—5156792

局　　长	黄　勇	电话	5155268
副 局 长	钱信浩		5151696
	王汀华		5151903
	王勤仁		5157836
	何荣飞		5108139

常设处室			电　话
办公室	副主任	黄德荣	5156579
		石宝淼	5156579
		赵仁春	5153639
人事处	处　长	秦伯初	5156786
审计处	副处长	吴桂英	5151953
调查研究室	主　任	高剑明	5158750
科技教育处	处　长	沈兴龙	5151469
计划财务处	处　长	张楚方	5158865
外经贸中心	主　任	陈　韫	5153236
质监中心	主　任	罗云华	5123094

安徽省乡镇企业管理局

通讯地址　合肥市屯溪路 101 号
邮政编码　230022

局　　长	张春生	电话	337401
副 局 长	李元江		332224—342
	孙鸿基		332224—344
	武忠群		332224—342
	周大忠		332224—344

常设处室			电　话
办公室	主　任	时思玉	3631286
	副主任	张泽坤	3631286
人事处	处　长	朱念萍	3631416—753
调查研究处	处　长	汪建国	3630543
生产处	副处长	王志明	3639671
安全处	处　长	沈　亮	3631416—251
外经处	处　长	王　旭	3639421
计划财务处	处　长	韦　逊	3635304
	副处长	严安云	3635304
技术监督处	处　长	欣怀元	3639172
教育处	处　长	孙桂兰	3634332—123
	副处长	王成友	3634322—123
第三产业处	副处长	许广全	3632246

食品办公室	主 任	韩继扬	3634332—238
培训中心	主 任	韦节琪	3631416—354
科技服务中心	副主任	蔡新华	3631416—494
		吴帮富	3631416—494

福建省乡镇企业管理局

通讯地址 福州市华林路斗门 4 弄 3 号
邮政编码 350013
电报挂号 8186

局 长	欧进钢	电话	7577178
副局长	陈林峰		7579543
	高仕廉		7579256
	朱光荣		7578602

常设处室			电 话
办公室	主 任	马宝光	7577785
	副主任	黄德龙	7577785
		杨秀禄	7577785
人事处	副处长	吴小平	7577654
经营管理处	处 长	程传忠	7578893
	副处长	张信仰	7578893
科技处	处 长	陈起祥	7577886
	副处长	黄锦国	7577886
外经处	副处长	林祥建	7577165
计划财务处	处 长	宋学铿	7577480
标准化室	主 任	蔡桂木	7581657
质量监督检验所	所 长	邹以强	7578333
	副所长	林超凡	7578333
干部培训学校	校 长	宁燕凌	7579754
	副校长	许烈鸿	7579754
		张新民	7579754

江西省乡镇企业管理局

通讯地址 南昌市北京西路省政府大院
邮政编码 330046
电报挂号 0120
传 真 0791—215121

局 长	沈文甫	电话	224265
副局长	邱慎诚		212912
	陈兰洲		226149
	李安全		215461
	卢耀群		215461

常设处室			电 话
办公室	主 任	张义才	215731
	副主任	李文美	215731
		卢安石	215731
人事处	处 长	卢耀群（兼）	
	副处长	战尚平	212775
生产技术处	处 长	冯起毛	212972
	副处长	林玉熙	212972
		张 灵	212972
综合计划处	处 长	徐能忠	212730
企业管理处	处 长	罗来法	212913
	副处长	张海根	212913
科教信息处	处 长	邓原有	221279
	副处长	黄元福	221279
利用外资办公室	主 任	杨辉灿	215747
审计处	副处长	化万海	215107
调查研究处	副处长	万兆金	

山东省乡镇企业管理局

通讯地址 济南市玉函路 25 号
邮政编码 250002

局 长	马洪顺	电话	6916569
副局长	高永亮		6916601—310
	金志禹		6916361
	张凤国		6916508
	黄惠亭		6916534

常设处室			电 话
办公室	主 任	乔 平	6916732
	副主任	魏锡桂	6916732
		曲荣先	6916732
劳动人事处	处 长	尹静文	6916783
	副处长	张天群	6916601—301
政策法规研究室	主 任	徐田军	6916329—205
计划财务处	处 长	谢士欣	6916402—201
	副处长	程连振	6916249—203
外经处	处 长	陈以凡	6916639—306
企业管理处	处 长	陈 颖	6916189—211
	副处长	胡光炜	6916420—211
		曾海洋	6916420—210
		王梯楹	6916420—210

河南省乡镇企业管理局

通讯地址　郑州市政七街
邮政编码　450003
电报挂号　2444

职务	姓名	电话
局　长	李克荣	5959740
副局长	包建民	5959742
	韩国耀	5959544
	王自安	5959546

常设处室	职务	姓名	电　话
办公室	主　任	蒿良同	5959401
	副主任	路连增	5959401
计划财务处	处　长	王志成	5959402
	副处长	马国民	5959402
企业管理处	处　长	刘彩玉	5959403
	副处长	王永连	5959403
政策法规处	处　长	陈根成	5959404
	副处长	张晓云	5959404
科技教育处	处　长	徐洪如	5943203
	副处长	萧　健	5943203
经济联络处	处　长	耿玉印	5959542
	副处长	王文秀	5959542
人事劳动处	处　长	王　巧	5959548
	副处长	李全高	5959548

湖北省乡镇企业管理局

通讯地址　武汉市武昌区水果湖东一路3号
邮政编码　430071
传　　真　027—7823252

职务	姓名	电话
局　长	吴威先	7816677—31708
副局长	邹成贵	7816677—31709
	吴正植	7816677—42843
	张和坤	7816677—31712
	彭洪金	7816677—42836

常设处室	职务	姓名	电　话
办公室	主　任	魏修阳	7816677—42831
	副主任	张中伟	7816677—42831
		黄荣华	7816677—42831
劳动人事处	处　长	宋振德	7816677—42832
	副处长	梁银厚	7816677—42832
政策研究室	主　任	熊光远	7816677—42835
	副主任	程守义	7816677—42835
生产安全处	处　长	孙耕田	7816677—42834
	副处长	段建民	7816677—42834
		王俊合	7816677—42834
计划财务处	处　长	傅德良	7816677—42838
	副处长	汪艳芬	7816677—42838
科技质量处	处　长	胡学佐	7816677—42833
	副处长	朱全晏	7816677—42833
		曾健雄	7816677—42833
监察处	处　长	李必胜	7816677—31714
	副处长	朱崇明	7816677—31714

湖南省乡镇企业管理局

通讯地址　长沙市五一中路
邮政编码　410011
传　　真　0731—2212136

职务	姓名	电话
局　长	文午谷	2213370
副局长	匡又成	2212734
	周桂仁	2214000
	龙新平	2213371
	刘文纬	2212252

常设处室	职务	姓名	电　话
办公室	主　任	万铁辉	2212136
	副主任	刘文珠	2212825
		邓慈常	2212825
生产技术处	处　长	邱何顺	2214043
	副处长	胡金涛	2214043
管理处	处　长	欧福生	2213374
	副处长	朱芳远	2213374
科技教育处	处　长	彭伏桂	2214044
经贸处	副处长	王志钧	2212287
		王定坚	2212287
政治处	处　长	龙光辉	2212925
	副处长	许德澎	2212925
计划财务处	处　长	廖东富	2212742
	副处长	陈振楚	2212742

广东省乡镇企业管理局

通讯地址　广州市环市东路511—513号
邮政编码　510075

职务	姓名	电话
局　长	黄柱良	7751512
副局长	林运隆	7751514
	鲁兰桂	7171443

常设处室	职务	姓名	电　话
办公室	主　任	徐家康	7761711

	副主任	冼伟谦	7751510
		陈文学	7751510
人事处	处 长	傅扬海	7751505
	副处长	魏连海	7751505
科技生产处	处 长	胡苏山	7751501
	副处长	林 兴	
		刘学明	
计划财务处	处 长	李松喜	7751497
	副处长	蔡锦洲	
经营管理处	处 长	戴达强	7751502
	副处长	李志坚	7751502
对外经济办公室	主 任	林长溪	7751504
	副主任	谭新平	7751504
法制处	副处长	李 锋	7751490
		张尧恩	7751490
培训中心	主 任	黄 道	7751506
企业办公室	副主任	罗炽南	7751497

广西壮族自治区乡镇企业管理局

通讯地址　南宁市星湖路 43 号南湖大夏
邮政编码　530022
电报挂号　3700

局　　长	黄延南	电话	564057
副 局 长	黄克贵		564127
	赖世冠		565967

常设处室			电 话
办公室	主 任	陈弢弘	564067
	副主任	江新成	564067
		张先旺	564067
产业指导处	副处长	阙光凤	554346
		布兆祥	554346
		黄德龙	554346
科技教育处	处 长	王文华	554245
	副处长	宋喜龙	554245
计划财务处	处 长	杨大器	551737
	副处长	李南平	551737
经营管理处	处 长	张尚志	551329
	副处长	杨 斯	551329
		廖石汉	551329
安全环保处	处 长	朱树华	554055
	副处长	熊福辉	554055
政策法规处	处 长	陈书贵	551933
	副处长	潘雄飞	551933

海南省乡镇企业管理局

通讯地址　海口市海府大道 67 号
邮政编码　570003
电报挂号　0010
传　　真　0898—5337048

局　　长	朱选成	电话	5342182
副 局 长	陈泰钦		5337547
	关义荣		5337547
	吉承宇		5337547

常设处室			电 话
办公室	副主任	韩瑛畴	5343537
		刘滨寄	5337048
		黄循森	5338118
政治处	处 长	徐日东	5332343
经济合作处	处 长	刘勇坤	5332847
基建财务处	副处长	韩锦如	5335084
调查研究处	处 长	曹焕青	5343512
生产计划处		李 榕	5332348
开发区办公室	主 任	欧阳顺林	5338381

四川省乡镇企业管理局

通讯地址　成都市成华街 5 号
邮政编码　610081
电报挂号　0013

局　　长	黄永光	电话	3339941
副 局 长	罗同春		3330394
	王文义		3330054
	吴德修		3341874
	侯 勇		3330421
	邹名双		

常设处室			电 话
办公室	主 任	何文富	3331993
	副主任	邓修武	3331993
		刘丽功	3331993
人事处	处 长	鲁昌惠	3339794
	副处长	黄国彬	3339794
政策法规处	处 长	张 弛	3342391
	副处长	刘秀珍	3342391
		刘粤庆	3342391
计划协作处	处 长	罗章寿	3330307
	副处长	何小陵	3330307
		杨正华	3330307
企业管理处	处 长	孟会义	3311447

	副处长	崔兴魁	3311447
		刘文一	3311447
生产处	处 长	吴文秀	3341770
	副处长	任天富	3341770
		李昌琦	3341770
		蒋昌立	3341770
科技教育处	处 长	甘乃康	3341349
	副处长	苏典超	3341349
财务处	处 长	吴蓉江	3341057
	副处长	公茂昌	3341057
安全环保处	处 长	王永勤	3341617
	副处长	李隆忠	3341617
外经处	处 长	王永其	
	副处长	陈友文	
监察审计处	副处长	颜子干	
		张 迅	

贵州省乡镇企业管理局

通讯地址 贵阳市解放路 224 号
邮政编码 550002
电报挂号 4357
传 真 0851—525099

局 长	唐昌黎	电话	528670
副 局 长	陈卫椿		528545
	肖伦祥		528106

常设处室			电 话
办公室	主 任	蒋信宏	516246
	副主任	曾国辉	516246
生产技术处	处 长	龚文跃	529467
	副处长	程和平	529467
计划管理处	处 长	方志华	528217
	副处长	陈雯茜	528217
劳动安全处	处 长	李忠权	529174
	副处长	卢瑞衡	529174
		刘寿元	529174
信息中心	处 长	童心白	529185
	副处长	冯地久	529185
		黄 鸣	529185
审计室	副主任	李桂杨	515291
经济贸易处	副处长	肖争鸣	525099
		易 军	525099
人事处	副处长	周成发	516167
教育培训中心	副主任	李金榜	529025
		张庆黔	529025

云南省乡镇企业管理局

通讯地址 昆明市环城南路和平新村 7 号
邮政编码 650011
电报挂号 4357

局 长	霸为国	电话	3133794
副 局 长	周 熊		3168322
	王润泽		3133342
	李元书		3512684

常设处室			电 话
办公室	主 任	张 明	3512685
	副主任	石 静	3167956
		文桂晶	3512685
		朱田林	3167956
政治处	处 长	张维强	3168408
	副处长	姜发增	3168408
生产处	处 长	谢雁崎	3168526
	副处长	陈寿昌	3168526
		张元文	3168526
		张立民	3168526
计划财务处	处 长	陈 浩	3130604
安全处	处 长	姜锡武	3167941
调查研究室	主 任	朱道一	3133046
审计处	副处长	魏迺吉	3168527

西藏自治区乡镇企业管理局

通讯地址 拉萨市林聚路 31 号
邮政编码 850000
电报挂号 3668

局 长	彭仕盛	电话	35075
副 局 长	公秋拉措		
	达尔娃		

常设处室			电 话
办公室	主 任	苗 青	
乡镇企业管理科	科 长	尼玛次仁	
	副科长	李季冰	
计划财务科	科 长	向 巴	
多种经营管理科	科 长	旦 增	

陕西省乡镇企业管理局

通讯地址　西安市新城省府大楼 6 楼西侧
邮政编码　710004
传　　真　029—7292815

职务	姓名	电话
局　　长	权志长	7292817
副 局 长	周伯光	7292499
	潘学正	7293401
	何济民	7293404

常设处室	电　话
办公室	7292819
政治处	7293403
政策法规处	7293402
经营指导处	7292814
规划统计处	7292812
财务审计处	7292800
科技教育处	7293400
质量安全处	7292820
监察室	7292818

甘肃省乡镇企业管理局

通讯地址　兰州市东方红广场统办 1 号楼 11 层
邮政编码　730000
电报挂号　2088

职务	姓名	电话
局　　长	李万林	8415936—2430
副 局 长	马成骥	8415936—2790
	李秀荣	8415936—2252
	黄植培	498454
	谢天昶	498454

常设处室	职务	姓名	电　话
办公室	主　任	李振兴	8825918
	副主任	张富奎	8825918
		李志华	8828552
企业管理处	处　长	朱承伟	8415963—2578
	副处长	马天义	486746
综合计划处	处　长	柳培滔	8415936—2663
	副处长	胡进德	8822649
		赵应生	8415936—2663
科技质量处	处　长	张应先	8415936—2334
	副处长	胡晓林	8415936—2334
财务处	处　长	王觉明	8415936—2253
	副处长	赵艳春	8415936—2253
安全环保处	处　长	马凯旋	8415936—2428
	副处长	胡文进	8415936—2428
政策研究室	主　任	阎生延	8415936—2561
建筑管理处	副处长	穆锡武	498450
行政监察室	副主任	钱德强	497737
人事处	副处长	赵继勇	497739
科技教育中心	主　任	靳尚杰	498305
	副主任	田国勇	498306
		邵韵文	498306
第三产业办公室	主　任	刘杰华	8828542
	副主任	施朝昌	8828542
		贾凝昌	8828542

青海省乡镇企业管理局

通讯地址　西宁市西大街省政府大院 8 号楼
邮政编码　810000

职务	姓名	电话
局　　长	霍　灿	42931—741
副 局 长	张秀功	42931—490
	李启珠	42931—743

常设处室	职务	姓名	电　话
办公室	主　任	仲生珍	47683
	副主任	秦增秀	47683
		刘占山	47683
综合处	处　长	常伟宁	42931—428
	副处长	徐　建	42931—428
管理处	处　长	张承祥	42931—471
	副处长	赵敏衡	42931—471
企业处	副处长	石振京	42931—474
		李传增	42931—474

宁夏回族自治区乡镇企业管理局

通讯地址　银川市银新南路邮政编码　750002

职务	姓名	电话
局　　长	吕重光	544306
副 局 长	李志亮	545553
	徐天有	545921
	杨　林	546686
	马景良	546066

常设处室	职务	姓名	电　话
办公室	主　任	许有华	543549
	副主任	袁正雄	546655
		刘世贤	546655
		顾维银	546655
企业管理处	处　长	张安帮	546814
	副处长	梁国俊	546814

计划财务处	处　长	刘　卉	545098
	副处长	韦　军	545098
科技教育处	处　长	马瑞兰	545514
	副处长	马万义	545514

新疆维吾尔自治区乡镇企业管理局

通讯地址　乌鲁木齐市西北路 206 号

邮政编码　830000

局　　长　任志实　　　　电话　441357

副 局 长　张国华　　　　　　　441914

　　　　　江那合买提　　　　　442291

常设处室			电　话
办公室	主　任	李文礼	441472
	副主任	赵少华	441472
科技教育处	处　长	艾海提	442248
基建处	副处长	关建南	442456
		任卓新	442456
经营管理处	处　长	哈得尔	441958
	副处长	纪宏伟	441958
计划财务处	副处长	汪宗祥	440542
		尼亚孜	440542
生产安全调度处	处　长	周延士	443763
	副处长	阎金生	443763
政治处	处　长	宋自爱	442348
	副处长	许英志	442348
信息中心	主　任	毕德贵	442960
	副主任	张大湘	442960
培训中心	主　任	吐尔逊	442162
	副主任	孙振水	442162
		杨文德	442162

沈阳市乡镇企业管理局

通讯地址　沈阳市沈河区市府大路 260 号

邮政编码　110013

传　　真　024—2720424

局　　长　齐发滋　　　　电话　2729189

副 局 长　赵宇光　　　　　　　2729177

常设处室			电　话
办公室	主　任	张　光	2720424
	副主任	张翠莲	2720424
生产调度处	处　长	李临洁	2729158
	副处长	赵洪顺	2729158
企业管理处	处　长	王国成	2720447
	副处长	许维广	2720447
经贸处	副处长	李晓白	2720433
直属企业处	处　长	张洪斌	2731601
	副处长	刘全志	2731601
人事工资处	处　长	胡青山	2731630
教育中心	主　任	杜兆文	2729209
	副主任	王乃昌	2729209

大连市乡镇企业管理局

通讯地址　大连市天津街 70 号

邮政编码　116001

传　　真　0411—2630085

局　　长　王明来　　　　电话　2630582

副 局 长　孙盛宏　　　　　　　2638954

　　　　　王辉生　　　　　　　2638954

　　　　　王连英　　　　　　　2638954

常设处室			电　话
办公室	主　任	郝思济	2636386
	副主任	鲁丕亮	2636386
		田德云	2636386
		刘心刚	2636386
生产计划处	处　长	袁克志	2638947
	副处长	赵华祥	2638947
技术处	处　长	于兴国	2638967
	副处长	刘仁安	2638967
		刘　举	2638967
人事教育处	处　长	白振芳	2639546
	副处长	于蕴华	2639546
财务审计处	副处长	谭　鹏	2634686
经济联络处	处　长	王守惟	2630085
	副处长	于文斌	2630085
外经处	处　长	刘香运	4646811—306
	副处长	舒文杰	4646811—310
企业管理处	处　长	金延麟	2630085

长春市乡镇企业管理局

通讯地址　长春市斯大林大街 57 号

邮政编码　130056

局　　长　李万仁　　　　电话　828379

副 局 长　高守山　　　　　　　827378

孙振东
张金声

常设处室			电　话
办公室	主　任	杨　坤	827378
人事处	处　长	杜凤章	
调查研究处	处　长	刘　峰	
科技情报处	处　长	于　也	
企业管理处	处　长	孙冰雁	
生产计划处	处　长	吕中和	
	副处长	邹万来	
对外经济贸易协调办公室	主　任	郑玉成	
审计处	处　长	佟振芳	
教育处	处　长	朱贵祥	
	副处长	矫建华	
矿建管理处	处　长	刘　华	
直属企业处	处　长	姚　占	

哈尔滨市乡镇企业管理局

通讯地址　哈尔滨市道里区石头道街市府大楼
邮政编码　150010

局　长	吴振东	电话 4616204
副局长	孙雨亭	4613394
	孙　前	4613394
	杨士明	4613394

常设处室			电　话
办公室	主　任	崔华胜	4616015
	副主任	党启荣	4616015
综合处	处　长	谷了海	4618909
培训处	处　长	冯金山	4614411—483
	副处长	杨朋宁	4614411—483
生产处	处　长	刘彦洛	4618138
	副处长	叶伟红	4618138
		田立功	4618138
科技质量处	处　长	苏本富	4614411—391
	副处长	盛连春	4614411—391
外经外贸处	副处长	李明珍	4614411—285
计划处	外　长	王清凤	4617344
财务处	处　长	陈建华	4617344
	副处长	韩松波	4617344

南京市乡镇企业管理局

通讯地址　南京市小营路3号
邮政编码　210016
传　　真　025—7713157

局　长	顾常宁	电话 3362019
副局长	钱石甫	7713153
	姜延成	7713153
	周永岳	3362666
	葛汝伟	3362666

常设处室			电　话
办公室	主　任	朱凤莲	7713124
	副主任	肖　建	7713124
		黄永礼	7713124
技术质量处	副处长	刘大路	7713139
		徐　鸣	7713139
生产处	副处长	王长岭	7713087
企业管理处	副处长	蔡浩中	7713071
财务处	副处长	孙兴国	7713074
规划处	处　长	耿　洪	6646653
外经处	处　长	陈　军	3362858
联合办公室	主　任	陆自力	6646653

宁波市乡镇企业管理局

通讯地址　宁波市西门口望京大夏
邮政编码　315010

局　长	虞云秧	电话 7361778—3703
副局长	李炳君	7361778—3703
	周鹏飞	7361778—3704
	柴之孟	7361778—3704

常设处室		电　话
办公室	吴作君	7361778—3701
	董其岳	7364672
政治处	郑积棠	7361778—3708
经营管理处	樊红祖	7361778—3601
生产处	张骥青	7361778—3604
	王长华	7361778—3604
外经处	周大明	7361778—3609
科技教育处	黄翔云	7361778—3608

厦门市乡镇企业管理局

通讯地址　厦门市湖滨北路市府大楼
邮政编码　301003

青岛市乡镇企业管理局

通讯地址　青岛市尖山路 39 号
邮政编码　266023
传　　真　0532—3822784

		电话
局　　长	孙玉谱	3838081
副 局 长	李秀兰	3838088
	曲春山	3838088
	杜　毅	3838088
	赵志刚	3838088

常设处室			电　话
办公室	主　任	董国强	3838081
人事处	处　长	赵　玉	3838097
综合调研处	处　长	荣学证	3822725
	副处长	潘德瑶	3822725
外经处	处　长	王培来	3838089
	副处长	朱金斗	3838089
生产计划处	处　长	贾庆华	3838104
	副处长	王福德	3838104
企业管理处	处　长	张端厚	3838073
	副处长	于贺令	3838073
科技处	处　长	韩　愚	3838082
	副处长	杨逢霖	3838082

武汉市乡镇企业管理局

通讯地址　武汉市汉口青年路 6 号
邮政编码　430022

		电话
局　　长	李世才	5865777
副 局 长	章业文	5832600

常设处室			电　话
生产计划处	处　长	吴先盛	5865095
	副处长	华乃斌	5865095

广州市乡镇企业管理局

通讯地址　广州市广园西路 16 号
邮政编码　510010
电报挂号　0857
传　　真　020—6664106

		电话
局　　长	张长彬	6663278—231
副 局 长	游汉铨	6663278—237
	叶日开	6663278—231
	苏满容	6663278—237

常设处室			电　话
办公室	副主任	劳义海	6661740
政治处	处　长	李玉钊	6663278—239
生产处	处　长	李志桂	6662598
	副处长	陈锦炎	6662598
外经处	处　长	李东全	6662598
科技教育处	处　长	李笑英	6663278—240
计财审计处	副处长	何顺开	6663278—248
法制处	副处长	林锡梅	6661740

成都市乡镇企业管理局

通讯地址　成都市一环路西三段白果林小区文华路 1 号
邮政编码　610072

		电话
局　　长	陈敦璞	7764866
副 局 长	童德昌	7760760
	吕　颐	7760760
	黄　敏	7760760
	周德如	7760760

常设处室			电　话
办公室	主　任	赵　勇	7784175
	副主任	贺孝泉	7784175
政治工作处	处　长	徐维湖	7767764
纪检监察室	副主任	丁荣修	7767764
政策研究室	主　任	姜路辉	7764092
处经贸易处	处　长	王定章	7764022
科技教育处	副处长	刘晓勇	7765952
规划发展处	处　长	肖金文	7783413
	副处长	刘建军	7783413
经营管理处	处　长	田维春	7784193
安全环保处	处　长	任国章	7763627

重庆市乡镇企业管理局

通讯地址　重庆市江北区建新北路二支路 2 号
邮政编码　630020
电报挂号　7133

		电话
局　　长	王昌渠	752136
副 局 长	黄培中	752145
	黄先一	751023
	杨纯俊	751023
	赵家明	752603

常设处室		电　话
办公室	何龙根	752603
	彭光荣	752603
法规处	戴政儒	752339
	邱昌富	752339
计划统计处	王　晓	752603
	刘晓玲	752603
财务处	王功业	750395
	黎学英	750395
外经处	王光禄	751013
	马如一	751013
科技教育处	刘　明	752598
	伍学义	752598
安全环保处	周天荣	752203
质量监督处	刘安军	751003
建筑管理处	崔德甫	752314
人事处	孔家元	752204
	向晓原	752204

西安市乡镇企业管理局

通讯地址　西安市北院门 159 号

邮政编码　710003

局　　长　陆　安　　电话　7295828

副 局 长　魏明哲　　7295830

陈联军　　7295829

常设处室			电　话
办公室	主　任	杨俊杰	7295842
	副主任	陈维钦	7295843
计划财务处	处　长	李长岭	7295832
	副处长	阎　超	7295832
经营管理处	处　长	沈曙光	7295827
生产技术处	处　长	韩宝贤	7295834
	副处长	王崇高	7295834

栏目主编名单

栏　目	主　编
发展综述	卢永军　胡永万
行业概况	施友仙　戚惟凯
各地概况	上官治国　吕　兰
文献法规	邹范鸣　李　慧
统计资料	王庆玲　吕振杰
经营管理	陈福桂　余骏武
深化改革	陈剑光　张国良
科技教育	顾大智　郑振东
外经外贸	梁书升　刘瑞琴
环保安全	郑宗道　张鲁江
专题文章	刘祖荫　杨先珍
先进县市	刘学勤　张纪新
明星乡镇	夏学禹　李建珠
优秀企业	朱桂初　李峰红
企业家	刘建水　王　伟
大事记	付金凯　王剑波
附　录	宛秀兰　张德君

主要编辑出版人员

总 编 辑　蔡盛林

副总编辑　陶岳嵩　舒代新

责任编辑　张德君

封面设计　卫水山

美术编辑　邵　伟

版式设计　胡至幸

出版印制　叶金标　郑剑玲

特约编辑(以姓氏笔画为序)

于美娟　王　珑　王乃昌　王叙元　王恕范　王源民

包力革　仲生珍　刘滨寄　刘喜文　孙学群　李　庆

李开信　李文美　李来顺　李新志　劳义海　苏本富

时思玉　何龙根　宋学铿　张　波　张　弛　张从军

张洪祥　张晓建　张健媛　张富奎　陆　刚　陈　良

陈文学　陈弢弘　和开道　赵华德　赵宝林　俞中青

袁正雄　徐田军　徐邦家　黄亚聪　梁祥利　葛天平

董其岳　鲁丕亮　尼玛次仁

（京）新登字 060 号

图书在版编目（CIP）数据

中国乡镇企业年鉴 1994/《中国乡镇企业年鉴》编辑委员会编—北京：中国农业出版社，1994.12
ISBN 7-109-03620-0

Ⅰ. 中…
Ⅱ. 中…
Ⅲ. 乡镇企业—中国—1994—年鉴
Ⅳ. F279.243

中国农业出版社出版
（北京市朝阳区农展馆北路 2 号）
（邮政编码 100026）
出版人：蔡盛林
责任编辑：张德君

北京市密云县印刷厂印刷　新华书店北京发行所发行
1994 年 10 月第 1 版　1994 年 10 月北京第 1 次印刷

开本：787 毫米×1092 毫米 1/16　印张：37.75
字数：1250 千字　印数：1—3 000 册
定价：65.00 元